2015
中国信息产业年鉴
YEARBOOK OF CHINA INFORMATION INDUSTRY

《中国信息产业年鉴》编委会 编

電子工業出版社
Publishing House of Electronics Industry
北京·BEIJING

内 容 简 介

本年鉴主要反映了2014年中国电子信息产业的发展情况和所取得的成就，较全面地展示了中国电子信息产业发展的技术现状和经济运行的有关数据等。

本年鉴原名《中国电子工业年鉴》，首次出版于1986年，2015年版为第30卷。从2009年版起更名为《中国信息产业年鉴》，主要提供给关注中国信息产业发展的各级领导，以及从事信息产业科研、生产、进出口贸易与市场营销的有关人员参考。

图书在版编目（CIP）数据

2015中国信息产业年鉴 / 《中国信息产业年鉴》编委会编. -- 北京 : 电子工业出版社, 2015.12

ISBN 978-7-121-27988-1

Ⅰ. ①2… Ⅱ. ①中… Ⅲ. ①信息产业-中国-2015-年鉴 Ⅳ. ①F49-54

中国版本图书馆CIP数据核字（2015）第314284号

责任编辑：沈艳波　徐　磊
特约编辑：伦朝丽　　文字编辑：刘娴庆
印　　刷：北京金特印刷有限责任公司
出版发行：电子工业出版社
　　　　　北京市海淀区万寿路173信箱　邮编：100036
开　　本：889×1 194　1/16　印张：38　字数：1 216千字
版　　次：2015年12月第1版
印　　次：2015年12月第1次印刷
定　　价：398.00元

ISBN 978-7-121-27988-1

凡所购买电子工业出版社的图书有缺损问题，请向购买书店调换。若书店售缺，请与本社发行部联系，联系电话：（010）88254888。

质量投诉请发邮件至zlts@phei.com.cn，盗版侵权举报请发邮件至dbqq@phei.com.cn。

服务热线：（010）88258888。

2015
中国信息产业年鉴

主管　工业和信息化部

主办　工业和信息化部电子科学技术情报研究所

中国电子信息行业联合会

《中国信息产业年鉴》
编　委　会

委　　员　(按姓氏笔画排序)

工业和信息化部及部属单位

韦　俊　工业和信息化部规划司副司长

文　勇　工业和信息化部国际合作司副巡视员

尹丽波　工业和信息化部电子科学技术情报研究所总工程师

史晓光　工业和信息化部人事教育司副司长

刘九如　电子工业出版社副社长兼总编辑

安筱鹏　工业和信息化部电子信息司副司长

李　颖　工业和信息化部软件服务业司巡视员

李国斌　工业和信息化部政策法规司巡视员

李新社　工业和信息化部电子科学技术情报研究所副所长

张志峰　工业和信息化部科技司副巡视员

张新明　工业和信息化部电子工业标准化研究院副院长

陈　英　工业和信息化部软件服务业司副司长

周　健　工业和信息化部科技司副巡视员

胡　燕　工业和信息化部电子信息司巡视员

姜子琨　工业和信息化部财务司副司长

陶少华　工业和信息化部办公厅副主任

彭红兵　工业和信息化部电子信息司副司长

韩　俊　工业和信息化部科技司巡视员

地方工业和信息化主管部门

卜江戎　湖北省经济和信息化委员会副主任

马　军　吉林省工业和信息化厅副厅长

马　勇　江西省工业和信息化委员会副巡视员

马运侠　山西省经济和信息化委员会副巡视员

王　唯　青岛市经济和信息化委员会副主任

王海峰　甘肃省工业和信息化委员会副主任

方存好　四川省经济和信息化委员会副主任

厉　敏　浙江省经济和信息化委员会总工程师

兰红星　广西壮族自治区工业和信息化委员会副主任

戎之勤　上海市经济和信息化委员会秘书长

刘永亭　河北省工业和信息化厅副厅长

刘爱丽　黑龙江省工业和信息化委员会副主任

许蒲生　陕西省工业和信息化厅副厅长

严效东　福建省经济和信息化委员会副主任

斯拉因·司马义　新疆维吾尔自治区经济和信息化委员会副主任

邹　生　广东省经济和信息化委员会巡视员

邹方斌　天津市经济和信息化委员会总工程师

张伯旭　北京市经济和信息化委员会主任

张忠军　山东省经济和信息化委员会副巡视员

张佰成　内蒙古自治区经济和信息化委员会副主任

张建明　云南省工业和信息化委员会副主任

张洪溢　青海省经济和信息化委员会副主任

陈万馨　海南省工业和信息化厅副厅长

陈汝义　辽宁省经济和信息化委员会副巡视员

陈松岭　湖南省经济和信息化委员会副主任

陈富刚　河南省工业和信息化委员会副主任

柯继安　厦门市经济和信息化局局长

俞发军　宁夏回族自治区经济和信息化委员会产业信息化处副处长

姜玉波　新疆生产建设兵团工业和信息化委员会副主任

贾兴东　深圳市经济贸易和信息化委员会副主任

夏继泽　大连市经济和信息化委员会产业政策处处长

徐　飞　西藏自治区工业和信息化厅厅长

徐　红　宁波市经济和信息化委员会副主任

涂兴永　重庆市经济和信息化委员会总经济师

曹晓武　安徽省经济和信息化委员会副主任

龚怀进　江苏省经济和信息化委员会副主任

康克岩　贵州省经济和信息化委员会副主任

其他单位

王小兵　农业部市场与经济信息司副司长

李德芳　中国石油化工集团公司信息化管理部主任

黄邦周　中国广播电视设备工业协会副会长兼秘书长

《中国信息产业年鉴》编辑部

《中国信息产业年鉴》特约编辑

(按姓氏笔画排序)

编写说明

《中国信息产业年鉴》原名《中国电子工业年鉴》，创刊于1986年，曾更名为《中国信息产业年鉴（电子卷）》，从2009年起更名为《中国信息产业年鉴》，2015年版为第30卷。

《中国信息产业年鉴》（以下简称《年鉴》）由工业和信息化部主管，工业和信息化部电子科学技术情报研究所、中国电子信息行业联合会联合主办，《中国信息产业年鉴》编委会编。

工业和信息化部电子科学技术情报研究所（简称电子一所）成立于1959年1月，于1986年创办了本《年鉴》的前身《中国电子工业年鉴》。电子一所是新中国第一批成立的中央级专业科技情报研究机构之一，也是国防科技工业技术基础六大领域（核、航天、航空、船舶、兵器、电子）情报研究所的重要组成部分。50多年来，伴随着中国电子信息产业的发展，以及中国工业化和信息化的融合进程，电子一所始终不渝地立足科技情报研究，不断推进两化深度融合、军民融合，不断优化管理和创新业务，现已成为我国工业和信息化、国防军事电子领域知名的情报研究咨询与决策支撑机构。

中国电子信息行业联合会（简称电子联合会）成立于2014年6月，由工业和信息化部属事业单位、高等学校、电子类协会、行业骨干企业等会员组成。电子联合会的组建，是深化行政管理体制改革、进一步简政放权、推进政社分开的重大举措，也是工业和信息化部机构职能调整，完善行业管理体系的一项重要工作。电子联合会作为政府主管部门、电子信息全行业和企业之间的枢纽和桥梁，其主要职能是反映会员诉求，维护会员权益，促进电子信息行业自律，协助和支撑政府开展行业管理工作，开展国际交流与合作，维护行业利益，促进电子信息行业持续健康发展。

电子一所与电子联合会联合主办《年鉴》，将充分发挥电子一所在《年鉴》编辑出版方面的丰富经验和电子联合会在行业统计数据的优势，有助于使《年鉴》更全面、系统、权威地反映我国电子信息产业年度发展情况。

2015 年版《中国信息产业年鉴》主要反映了 2014 年中国电子信息产业的发展情况和所取得的成就，较全面地展示了中国电子信息产业发展的现状和经济运行相关数据。

2015 年版《中国信息产业年鉴》的结构和体例与往年各卷相比有所变化，主要是根据中国电子信息产业不断发展变化的实际情况对栏目设置进行了调整。2015 年版《中国信息产业年鉴》的内容包括 8 个部分：

第 1 部分　电子信息产业概况；

第 2 部分　电子信息制造业；

第 3 部分　软件服务业；

第 4 部分　信息技术应用；

第 5 部分　地区概况；

第 6 部分　年度专题；

第 7 部分　国际电子信息产业概况；

第 8 部分　附录。

为本《年鉴》提供数据和报告的有工业和信息化部的有关单位、海关总署、中国广播电视设备工业协会、中国电子元件行业协会、中国电子仪器行业协会、中国电子专用设备工业协会、中国真空电子行业协会、中国电子材料行业协会、中国光学光电子行业协会，以及各省、自治区、直辖市等。其中电子信息产业概况部分的基础数据由工业和信息化部运行监测协调局提供并核准。其他系统的有关数据，均由各系统主管部门审核提供。

2015 年版《中国信息产业年鉴》中的综合统计数据未包括西藏自治区、台湾地区、香港特别行政区、澳门特别行政区的数据。

2015 年版《中国信息产业年鉴》在编辑加工和印装等方面尚有许多不足，敬请广大读者批评指正。

《中国信息产业年鉴》编辑部

2015 年 11 月

目 录

第 1 部分 电子信息产业概况

2014 年中国电子信息产业经济运行情况 …………………（1）
第 29 届中国电子信息百强企业发展评述 ………………（5）
基础数据说明 ………………………………………………（8）
表 1 2014 年规模以上电子信息产业主要指标完成情况 ……………………………………………………………（8）

规模以上制造业统计数据

表 2 2014 年按企业登记注册类型分列的电子信息产业制造业主要经济指标完成情况(1) ………………………（9）
表 3 2014 年按经济类型分列的电子信息产业制造业主要经济指标完成情况(1) ……………………………………（10）
表 4 2014 年按企业规模分列的电子信息产业制造业主要经济指标完成情况(1) ……………………………（10）
表 5 2014 年通信设备工业行业主要经济指标完成情况 (1) ……………………………………………………（10）
表 6 2014 年广播电视设备工业行业主要经济指标完成情况(1) ……………………………………………………（10）
表 7 2014 年电子计算机工业行业主要经济指标完成情况(1) ……………………………………………………（11）
表 8 2014 年家用视听设备工业行业主要经济指标完成情况(1) ……………………………………………………（11）
表 9 2014 年电子器件工业行业主要经济指标完成情况 (1) ……………………………………………………（11）
表 10 2014 年电子元件工业行业主要经济指标完成情况(1) ……………………………………………………（11）
表 11 2014 年电子测量仪器工业行业主要经济指标完成情况(1) ……………………………………………（12）
表 12 2014 年电子专用设备工业行业主要经济指标完成情况(1) ……………………………………………（12）
表 13 2014 年电子信息机电工业行业主要经济指标完成情况(1) ……………………………………………（12）
表 14 2014 年其他电子信息行业主要经济指标完成情况(1) ……………………………………………………（12）
表 15 2014 年省、市、自治区电子信息产业制造业主要经济指标完成情况(1) ……………………………………（13）
表 16 2014 年按企业登记注册类型分列的电子信息产业制造业主要经济指标完成情况(2) ……………（14）
表 17 2014 年按经济类型分列的电子信息产业制造业主要经济指标完成情况(2) ……………………………（14）
表 18 2014 年按企业规模分列的电子信息产业制造业主要经济指标完成情况(2) ……………………………（15）
表 19 2014 年通信设备工业行业主要经济指标完成情况(2) …………………………………………………………（15）
表 20 2014 年广播电视设备工业行业主要经济指标完成情况(2) ……………………………………………………（15）
表 21 2014 年电子计算机工业行业主要经济指标完成情况(2) …………………………………………………………（15）
表 22 2014 年家用视听设备工业行业主要经济指标完成情况(2) ……………………………………………………（16）
表 23 2014 年电子器件工业行业主要经济指标完成情况(2) …………………………………………………………（16）
表 24 2014 年电子元件工业行业主要经济指标完成情况(2) …………………………………………………………（16）
表 25 2014 年电子测量仪器工业行业主要经济指标完成情况(2) ……………………………………………………（16）
表 26 2014 年电子专用设备工业行业主要经济指标完成情况(2) ……………………………………………………（17）
表 27 2014 年电子信息机电工业行业主要经济指标完成情况(2) ……………………………………………………（17）
表 28 2014 年其他电子信息行业主要经济指标完成情况(2) …………………………………………………………（17）
表 29 2014 年省、市、自治区电子信息产业制造业主要经济指标完成情况(2) …………………………………（18）
表 30 2014 年按企业登记注册类型分列的电子信息产业制造业主要经济指标完成情况(3) ……………（19）
表 31 2014 年按经济类型分列的电子信息产业制造业主要经济指标完成情况(3) ……………………………（20）
表 32 2014 年按企业规模分列的电子信息产业制造业主要经济指标完成情况(3) ……………………………（20）
表 33 2014 年通信设备工业行业主要经济指标完成情况(3) …………………………………………………………（20）

表 34　2014 年广播电视设备工业行业主要经济指标完成情况(3) …………………………………………… (20)
表 35　2014 年电子计算机工业行业主要经济指标完成情况(3) …………………………………………… (20)
表 36　2014 年家用视听设备工业行业主要经济指标完成情况(3) …………………………………………… (21)
表 37　2014 年电子器件工业行业主要经济指标完成情况(3) …………………………………………… (21)
表 38　2014 年电子元件工业行业主要经济指标完成情况(3) …………………………………………… (21)
表 39　2014 年电子测量仪器工业行业主要经济指标完成情况(3) …………………………………………… (21)
表 40　2014 年电子专用设备工业行业主要经济指标完成情况(3) …………………………………………… (22)
表 41　2014 年电子信息机电工业行业主要经济指标完成情况(3) …………………………………………… (22)
表 42　2014 年其他电子信息行业主要经济指标完成情况(3) …………………………………………… (22)
表 43　2014 年省、市、自治区电子信息产业制造业主要经济指标完成情况(3) …………………………………………… (23)
表 44　2014 年光通信设备生产量、销售量和出口量汇总表 …………………………………………… (24)
表 45　2014 年卫星通信设备生产量、销售量和出口量汇总表 …………………………………………… (24)
表 46　2014 年微波通信设备生产量、销售量和出口量汇总表 …………………………………………… (24)
表 47　2014 年散射通信设备生产量、销售量和出口量汇总表 …………………………………………… (24)
表 48　2014 年载波通信设备生产量、销售量和出口量汇总表 …………………………………………… (25)
表 49　2014 年通信导航定向设备生产量、销售量和出口量汇总表 …………………………………………… (25)
表 50　2014 年数字程控交换机设备生产量、销售量和出口量汇总表 …………………………………………… (25)
表 51　2014 年固网软交换相关设备生产量、销售量和出口量汇总表 …………………………………………… (25)
表 52　2014 年光交换机设备生产量、销售量和出口量汇总表 …………………………………………… (25)
表 53　2014 年基站及基站控制器设备生产量、销售量和出口量汇总表 …………………………………………… (25)
表 54　2014 年基站天线生产量、销售量和出口量汇总表 …………………………………………… (26)
表 55　2014 年直放站生产量、销售量和出口量汇总表 …………………………………………… (26)
表 56　2014 年集群通信系统设备生产量、销售量和出口量汇总表 …………………………………………… (26)
表 57　2014 年移动通信核心网分组域设备生产量、销售量和出口量汇总表 …………………………………………… (26)
表 58　2014 年无源光网络(PON)生产量、销售量和出口量汇总表 …………………………………………… (26)
表 59　2014 年有源光网络(AON)生产量、销售量和出口量汇总表 …………………………………………… (26)
表 60　2014 年铜缆接入设备生产量、销售量和出口量汇总表 …………………………………………… (27)
表 61　2014 年电力线宽带接入设备(BPL)生产量、销售量和出口量汇总表 …………………………………………… (27)
表 62　2014 年固定无线接入设备生产量、销售量和出口量汇总表 …………………………………………… (27)
表 63　2014 年其他无线固定接入设备生产量、销售量和出口量汇总表 …………………………………………… (27)
表 64　2014 年网络控制设备生产量、销售量和出口量汇总表 …………………………………………… (27)
表 65　2014 年网络接口和适配器生产量、销售量和出口量汇总表 …………………………………………… (27)
表 66　2014 年网络连接设备生产量、销售量和出口量汇总表 …………………………………………… (28)
表 67　2014 年网络优化设备生产量、销售量和出口量汇总表 …………………………………………… (28)
表 68　2014 年网络检测设备生产量、销售量和出口量汇总表 …………………………………………… (28)
表 69　2014 年固定通信终端设备生产量、销售量和出口量汇总表 …………………………………………… (28)
表 70　2014 年移动通信终端设备生产量、销售量和出口量汇总表 …………………………………………… (29)
表 71　2014 年通信配套产品和其他通信设备制造生产量、销售量和出口量汇总表 …………………………………………… (29)

表72　2014年广播电视节目制作及播控设备制造生产量、销售量和出口量汇总表 …………………………… (29)
表73　2014年广播发射设备制造生产量、销售量和出口量汇总表 ………………………………………… (30)
表74　2014年电视发射设备制造生产量、销售量和出口量汇总表 ………………………………………… (30)
表75　2014年卫星电视设备制造生产量、销售量和出口量汇总表 ………………………………………… (30)
表76　2014年广播电视微波传输设备制造生产量、销售量和出口量汇总表 …………………………… (30)
表77　2014年有线电视网络设备制造生产量、销售量和出口量汇总表 …………………………………… (30)
表78　2014年通用应用电视监控系统设备制造生产量、销售量和出口量汇总表 …………………………… (31)
表79　2014年特殊环境应用电视监视设备制造生产量、销售量和出口量汇总表 …………………………… (31)
表80　2014年特殊成像及功能的应用电视设备制造生产量、销售量和出口量汇总表 …………………… (31)
表81　2014年其他用途的应用电视设备制造生产量、销售量和出口量汇总表 …………………………… (32)
表82　2014年广播电视设备专用配件制造生产量、销售量和出口量汇总表 …………………………… (32)
表83　2014年电子计算机整机制造生产量、销售量和出口量汇总表 …………………………………… (32)
表84　2014年电子计算机零部件制造生产量、销售量和出口量汇总表 …………………………………… (32)
表85　2014年电子计算机显示器制造生产量、销售量和出口量汇总表 …………………………………… (33)
表86　2014年电子计算机外部设备制造生产量、销售量和出口量汇总表 ………………………………… (34)
表87　2014年计算机应用产品制造生产量、销售量和出口量汇总表 …………………………………… (35)
表88　2014年信息系统安全产品制造生产量、销售量和出口量汇总表 …………………………………… (35)
表89　2014年电视机制造生产量、销售量和出口量汇总表 ……………………………………………… (36)
表90　2014年摄、录像、激光视盘机制造生产量、销售量和出口量汇总表 ……………………………… (37)
表91　2014年家用音响电子设备制造生产量、销售量和出口量汇总表 ………………………………… (37)
表92　2014年家用电子电器主要配套件制造生产量、销售量和出口量汇总表 ………………………… (37)
表93　2014年电子测量仪器制造生产量、销售量和出口量汇总表 ……………………………………… (38)
表94　2014年医疗电子设备及器械制造生产量、销售量和出口量汇总表 ……………………………… (39)
表95　2014年应用电子仪器制造生产量、销售量和出口量汇总表 ……………………………………… (40)
表96　2014年电子工业专用设备制造生产量、销售量和出口量汇总表 ………………………………… (41)
表97　2014年电子工业模具及齿轮制造生产量、销售量和出口量汇总表 ……………………………… (44)
表98　2014年其他电子设备制造生产量、销售量和出口量汇总表 ……………………………………… (45)
表99　2014年电子元件及组件制造生产量、销售量和出口量汇总表 …………………………………… (45)
表100　2014年电子印制电路板制造生产量、销售量和出口量汇总表 ………………………………… (49)
表101　2014年电力电子元件制造生产量、销售量和出口量汇总表 …………………………………… (50)
表102　2014年敏感元件及传感器制造生产量、销售量和出口量汇总表 ……………………………… (50)
表103　2014年真空电子器件制造生产量、销售量和出口量汇总表 …………………………………… (51)
表104　2014年半导体分立器件制造生产量、销售量和出口量汇总表 ………………………………… (52)
表105　2014年集成电路制造生产量、销售量和出口量汇总表 ………………………………………… (53)
表106　2014年显示器件制造生产量、销售量和出口量汇总表 ………………………………………… (55)
表107　2014年电力电子器件制造生产量、销售量和出口量汇总表 …………………………………… (55)
表108　2014年微电子组件制造生产量、销售量和出口量汇总表 ……………………………………… (55)
表109　2014年光电子器件及其他电子器件制造生产量、销售量和出口量汇总表 …………………… (56)

表 110　2014 年电子微电机制造生产量、销售量和出口量汇总表 …………………………………………… (57)
表 111　2014 年电子电线电缆制造生产量、销售量和出口量汇总表 …………………………………………… (58)
表 112　2014 年光纤、光缆制造生产量、销售量和出口量汇总表 …………………………………………… (59)
表 113　2014 年电池制造生产量、销售量和出口量汇总表 …………………………………………… (59)
表 114　2014 年太阳能电池及组件制造生产量、销售量和出口量汇总表 …………………………………………… (60)
表 115　2014 年电子元件材料制造生产量、销售量和出口量汇总表 …………………………………………… (61)
表 116　2014 年真空电子器件材料制造生产量、销售量和出口量汇总表 …………………………………………… (61)
表 117　2014 年半导体材料制造生产量、销售量和出口量汇总表 …………………………………………… (62)
表 118　2014 年信息化学品材料制造生产量、销售量和出口量汇总表 …………………………………………… (62)
表 119　2014 年电子信息产业主要产品生产能力汇总表 …………………………………………… (63)
表 120　2014 年电子信息产业主要产品分省市产量情况 …………………………………………… (63)

软件产业统计数据

表 121　2014 年软件产业主要经济指标汇总表(1) … (65)
表 122　2014 年软件产业主要经济指标汇总表(2) … (67)
表 123　2014 年软件产业主要经济指标汇总表(3) … (70)
表 124　2014 年软件产业主要经济指标汇总表(4) … (73)
表 125　2014 年软件产业主要经济指标汇总表(5) … (76)
表 126　2014 年软件产业主要经济指标汇总表(6) … (78)
表 127　2014 年软件产业主要经济指标汇总表(7) … (81)
表 128　2014 年软件产品完成情况 …………………… (84)
表 129　2014 年各省市软件产业主要指标汇总表(1) …………………………………………… (88)
表 130　2014 年各省市软件产业主要指标汇总表(2) …………………………………………… (90)
表 131　2014 年各省市软件产业主要指标汇总表(3) …………………………………………… (91)
表 132　2014 年各省市软件产业主要指标汇总表(4) …………………………………………… (93)
表 133　2014 年各省市软件产业主要指标汇总表(5) …………………………………………… (94)
表 134　2014 年各省市软件产业主要指标汇总表(6) …………………………………………… (96)
表 135　2014 年各省市软件产业主要指标汇总表(7) …………………………………………… (98)
表 136　2014 年各省市软件产品收入汇总表(1) … (100)
表 137　2014 年各省市软件产品收入汇总表(2) … (102)
表 138　2014 年各省市软件产品收入汇总表(3) … (104)

第 2 部分　电子信息制造业

通信设备工业 …………………………………… (106)
广播电视设备工业 ………………………………… (108)
视听电子工业 …………………………………… (114)
计算机工业行业 ………………………………… (119)
电子工业专用设备行业 ………………………… (121)
电子测量仪器工业行业 ………………………… (128)
集成电路产业 …………………………………… (133)
真空电子器件工业行业 ………………………… (138)
电子元件工业行业 ……………………………… (143)
电子信息材料工业行业 ………………………… (150)
光学光电子工业行业 …………………………… (155)
汽车电子工业 …………………………………… (158)
机床电子工业 …………………………………… (160)

第 3 部分　软件服务业

2014 年中国软件产业发展综述 ………………… (165)
2014 年中国信息技术服务业发展综述 ………… (167)
2014 年中国软件和信息技术服务业上市公司运行情况 …………………………………………… (169)

第 4 部分　信息技术应用

2014 年中国信息技术应用及发展综述 ………… (179)

2014 年中国企业两化融合发展现状 …………………… (183)
2014 年两化融合管理体系发展综述 …………………… (190)
2014 年中国农业信息化发展综述 …………………… (194)
2014 年中国石化信息化建设综述 …………………… (197)

第 5 部分　地区概况

北京市 …………………… (203)
天津市 …………………… (208)
河北省 …………………… (215)
山西省 …………………… (220)
内蒙古自治区 …………………… (226)
辽宁省 …………………… (233)
吉林省 …………………… (237)
黑龙江省 …………………… (243)
上海市 …………………… (251)
江苏省 …………………… (255)
浙江省 …………………… (263)
安徽省 …………………… (274)
福建省 …………………… (279)
江西省 …………………… (284)
山东省 …………………… (290)
河南省 …………………… (298)
湖北省 …………………… (303)
湖南省 …………………… (311)
广东省 …………………… (319)
广西壮族自治区 …………………… (324)
海南省 …………………… (335)
重庆市 …………………… (337)
四川省 …………………… (347)
贵州省 …………………… (357)
云南省 …………………… (364)
西藏自治区 …………………… (370)
陕西省 …………………… (372)
甘肃省 …………………… (377)
青海省 …………………… (385)
宁夏回族自治区 …………………… (388)
新疆维吾尔自治区 …………………… (392)
大连市 …………………… (398)
宁波市 …………………… (406)
厦门市 …………………… (417)
青岛市 …………………… (418)
深圳市 …………………… (423)
新疆生产建设兵团 …………………… (426)

第 6 部分　年度专题

集成电路产业进入跨越发展新时代 …………………… (430)
网络安全和信息化上升为国家战略 …………………… (433)
两化融合魅力初显 …………………… (436)

第 7 部分　国际电子信息产业概况

2014 年世界电子信息产业发展态势与特点 …………………… (438)
2014 年美国电子信息产业发展情况 …………………… (442)
2014 年日本电子信息产业发展情况 …………………… (445)
2014 年欧盟电子信息产业发展情况 …………………… (448)
2014 年韩国电子信息产业发展情况 …………………… (452)
2014 年印度电子信息产业发展情况 …………………… (455)
2014 年中国台湾地区电子信息产业发展情况 …………………… (457)
2014 年世界集成电路产业发展回顾与展望 …………………… (460)
2014 年世界电子元器件产业发展回顾与展望 …………………… (463)
2014 年世界视听产业发展回顾与展望 …………………… (467)
2014 年计算机及网络产业发展回顾与展望 …………………… (471)
2014 年世界物联网产业发展回顾与展望 …………………… (475)

第 8 部分　附录

附录 1　环境建设
2014 年电子信息产业政策法规环境建设 …………………… (478)
关于开展创建“宽带中国”示范城市（城市群）工作的通知 …………………… (482)

关于加快我国彩电行业品牌建设的指导意见 ········ (484)
关于加快我国手机行业品牌建设的指导意见 ········ (486)
关于印发《中小企业发展专项资金管理暂行办法》的
通知 ·· (488)
关于印发打击治理移动互联网恶意程序专项行动工作
方案的通知 ·· (492)
关于实施“宽带中国”2014 专项行动的意见 ······ (495)
关于印发《工业和信息化部 2014 年物联网工作要点》的
通知 ·· (498)
关于组织实施“宽带乡村”试点工程（一期）的
通知 ·· (501)
国家集成电路产业发展推进纲要 ······················ (503)
2014~2016 年新型显示产业创新发展行动计划 ······ (505)
关于印发重点实验室管理暂行办法的通知 ············ (508)
关于印发《信息化和工业化融合管理体系评定管理
办法（试行）》的通知 ································· (511)
关于向民间资本开放宽带接入市场的通告 ············ (517)
关于进一步优化光伏企业兼并重组市场环境的
意见 ·· (518)
2014 年信息产业科技工作综述 ························· (521)
2014 年度电子信息产业获国家科学技术奖励情况 ··· (523)
2014 年度批准发布的信息产业各类标准情况 ······ (526)
2014 年电子信息技术国内授权专利情况 ············ (531)
2014 年电子信息行业质量工作综述 ·················· (536)
2014 年中国电子信息产业国际合作与产品进出口贸易
情况综述 ··· (537)
2014 年中国电子信息产品进出口情况 ··············· (539)
附录 2　重要文献
推进两化深度融合　促进结构优化升级　实现新常态下
工业通信业平稳健康发展
——工业和信息化部部长苗圩在全国工业和信息化
工作会议上的报告（节选）（2014 年 12 月 22 日）
·· (564)
在地方两化融合管理体系标准贯标工作座谈会上的讲话
工业和信息化部副部长　杨学山（2014 年 9 月 25 日）
·· (571)
当今创新的新特征和新路径
工业和信息化部总经济师　周子学 ··················· (573)
在中国电子信息行业联合会成立大会上的讲话
工业和信息化部部长　苗圩(2014 年 6 月 28 日)
·· (575)
附录 3　大事记

第1部分 电子信息产业概况

2014年中国电子信息产业经济运行情况

2014年，中国经济发展进入动力切换的新常态时期，电子信息行业依靠创新驱动，加快转型升级，传统领域保持稳中有升态势，发展基础进一步夯实；重点领域不断取得新的突破，产业链条进一步完善；新兴领域呈现蓬勃增长态势，市场空间进一步拓展。电子信息行业在国民经济中的支撑带动作用持续增强，进一步成为稳增长、促转型的重要力量。

总体情况

行业增速保持领先 2014年，中国规模以上电子信息制造业增加值增长12.2%，增速同比提高0.1个百分点，领先于同期工业平均水平3.7个百分点。软件业完成收入3.7万亿元，同比增长21.1%，高于全国工业收入增速10个百分点以上。规模以上电子信息制造业收入和利润总额占工业总体比重分别达到9.3%和7.2%，同比提高0.2和0.6个百分点。

投资增速持续放缓 2014年，中国电子信息行业500万元以上项目完成固定资产投资额12 065亿元，同比增长11.4%，增速同比回落1.5个百分点，低于同期工业水平1.5个百分点。从投资结构看，重点领域保持较快增长。通信设备、集成电路和光电子器件行业固定资产投资分别增长21.0%、11.4%和18.9%。

对外贸易增势疲软 2014年，中国电子信息产品进出口总额13 237亿美元，同比下降0.5%。其中，出口7 897亿美元，同比小幅增长1.2%；进口5 340亿美元，同比下降2.8%。从外贸结构看，电子信息产品一般贸易比重提高，出口额达到1 784亿美元，同比增长17.8%，远高于全行业出口平均增速，所占比重达到22.6%，同比提高3.2个百分点。

效益水平得到提升 2014年，规模以上电子信息制造业完成主营业务收入102 988亿元，同比增长9.8%；实现利润总额5 052亿元，同比增长20.9%；上缴税金2 021亿元，同比增长9.2%。行业平均利润率为4.9%，同比提高0.5个百分点。分季度看，2014年一季度、上半年和前三季度，行业利润率分别为3.2%、4.0%、4.1%，呈一路走高态势。

自主创新成效显著 2014年，电子信息行业积极贯彻落实党中央“以创新支撑和引领经济结构优化升级”的总体部署，在多项领域取得技术突破。在集成电路领域，中芯国际成功制造了28纳米高通骁龙410处理器，标志着其28纳米工艺日趋成熟；自主知识产权的12英寸28纳米刻蚀技术取得突破，标志着中国在高端集成电路装备领域第一次实现与主流生产线需求同步；国内首颗40纳米级导航芯片问世，突破了北斗导航大规模应用的瓶颈。在新一代移动通信领域，大唐的4G基站及微基站产品通过规模试验和商用测试，实现大规模量产；国内企业自主研发的4G通信基带芯片与相关软件产品，打破了高通、博通等国外大企业的垄断；第五代通信技术的相关标准制定、技术开发及产业化实验等工作也在加快推进。在云计算和大数据领域，中国突破了EB级存储系统、亿级并发服务器系统等核心技术产品；自主产权的首款龙芯3B服务器问世，为中国信息化建设提供了强有力的技术和安全保障；此外，互联网、金融、电信等领域的大数据技术产品创新此起彼伏，应用范围不断拓宽，为产业发展不断注入新的活力。

运行特点

产业结构调整加快 面对国外市场开拓难度加大，国内生产要素成本上升，传统产品需求趋于饱和等“新常态”因素的挑战，中国电子信息行业积极加快推进结构调整。

从市场结构看，内销市场作用增强。2014年，规模以上电子信息制造业实现内销产值51 883亿元，同比增长14.9%，高于全行业销售产值增速4.6个百分点，对行业增长的贡献率达到69.5%，内销产值比重同比提高1.6个百分点。

从经济结构看，内资企业贡献提升。2014年，内资企业实现销售产值38 078亿元，同比增长20.7%，增速高出全行业平均水平10.4个百分点，内资企业对行业增长的贡献率及所占比重分别达到67.5%和36.6%，同比提高15.6和3.6个百分点。

从产品结构看，绿色智能趋势凸显。在节能环保方面，绿色低碳机房解决方案不断丰富；节能型彩电、计算机产品日趋普及；生物膜、微电解技术在元器件行业加快推广。在智能化方面，国内智能电视和智能手机的渗透率分别超过60%和90%，智能手表、智能手环、智能眼镜等新型可穿戴设备快速涌现。

从行业结构看，新兴领域蓬勃发展，逐渐成为引领产业发展的新动力。在新型显示产业领域，目前中国大陆已有17条4.5代及以上生产线建成投产，国内面板自给率超过50%，占全球市场份额超过15%。在移动智能设备领域，2014年中国自主品牌智能手机出货量占国内市场份额超过70%，全球智能手机出货量前十名中，中国厂商占了六席。在物联网领域，2014年中国物联网产业进入实际应用阶段，产业规模有望达到7 000亿元，同比增长15%以上。在云计算领域，2014年中国云计算市场继续保持了20%以上的增长速度。在大数据领域，2014年各界对大数据本质的认识逐步深入，应用路径逐渐明确，成功案例不断丰富，发展明显加快。

跨界转型趋势凸显 一是手机企业积极布局可穿戴设备。中国智能手机发展逐渐成型，部分厂商已经具备世界级规模，具有挑战新兴领域的实力。小米已投资25家智能硬件相关公司，涉及网络摄像头、智能血压计等领域，有望进一步提升增值服务类型和空间；联想发布了首款智能手环产品，且随着其对摩托罗拉收购的完成，Moto360等产品将进一步充实联想的可穿戴产品系列；中兴、华为也计划在2015年的CES期间推出可穿戴新品。二是计算机、家电企业增强全产业链智能化。紫光集团通过对展讯通信和锐迪科的并购，在短时间内跻身全球芯片设计企业前列，改善了目前中国芯片设计过于分散、企业规模偏小的发展困局。海尔电视和阿里巴巴联手发布海尔阿里智能电视，成为跨界合作的典范。此外，国内部分IT企业如小米、中科博泰等开始探索涉足智能汽车领域。

信息技术深度渗透 当前，信息技术已经成为引领各领域创新不可或缺的重要动力和支撑，正在深层次上逐步改变工业、交通、医疗、能源、金融等诸多领域。一是工业企业信息化水平显著提升，在大型工业企业中，90%以上采用ERP管理系统，80%以上采用自动化设计与生产控制系统；60%中小企业采用网上采购和询盘，一些轻工企业产品的网上销售收入占比超过30%。二是智慧城市加快实施落地，经过2013年的大范围试点，2014年中国智慧城市进入大力推广阶段，大批智能交通、智慧医疗项目落地，据IDC预计，2015年中国智慧城市市场规模将达到150亿美元。三是互联网金融不断壮大，在理财、投资和信贷领域均取得突破，阿里、腾讯和联想等企业相继投资互联网金融。

主要问题

经过多年的发展，中国电子信息制造业规模不断扩大，产业体系也不断趋于完善。但产业发展中的一些长期固有矛盾依然存在，且随着宏观经济发展进入新常态，产业技术水平升级换代加快以及国际产业竞争合作格局的变革，一些新的矛盾和问题也逐步显现，制约了产业的健康发展。

产业两头在外，增产不增效现象突出 目前，中国电子信息制造业企业大多缺少核心技术和品牌，仍处于产业价值链中的中低端，以代工装配为主（当前中国电子信息产品出口中加工贸易比重在60%以上），只能被动地接受跨国公司的分工安排和定价，仅能赚取少量加工服务费。即使是产业内的龙头企业，利润率也仅在5%左右（2013 年电子信息百强企业平均利润率 5.4%；2001 年至今，中国电子信息制造业利润率始终在 5%以下，低于中国整体制造业平均水平），远低于国外跨国公司的利润水平。随着国内劳动力、原材料、环境资源、土地等要素价格的攀升，使中国的电子信息产业成本优势正在不断削弱（据波士顿咨询集团编制的全球制造业成本竞争力指数显示，以美国为 100，中国 2014 年数值为 96。换言之，目前在美国生产相比在中国生产成本仅高出 4%）。可以看出，中国电子信息制造业依靠成本优势形成的两头在外的发展模式已难以为继，亟待转型调整。

缺乏自主创新，严重威胁产业安全 现阶段，中国电子信息制造业大而不强，自主创新能力不足，在具有“高精尖”特点的核心关键技术、产品和设备方面，对外依存度仍较高，支撑能力薄弱。目前中国有 80%左右的集成电路产品依赖进口，在高端芯片领域，进口依存度超过 90%，集成电路进口总额已超过原油，成为中国最大的进口商品；随着国内面板生产线的不断投产，面板自给率显著提升，但面板生产设备的国产化率仍处在较低水平，70%左右依赖进口；在电子材料领域，如压电晶体、磁性材料、电子陶瓷材料等生产技术水平也较落后，大量依赖进口；在软件领域，中国操作系统和数据库软件 90%以上被国外品牌占据。总体来看，中国电子信息制造业发展的诸多基础和核心环节被国外公司垄断，严重威胁产业的安全健康发展。

低端产能过剩，新兴领域成长不足 目前，电子信息制造业传统优势行业增速明显放缓，新的增长点正在形成但规模偏小。近两年来，通信设备行业的高速增长主要是得益于智能手机市场的急剧膨胀。但随着产量与保有量基数的不断扩大，下一阶段行业增长速度必将趋于平缓。而计算机、家用视听等传统行业的增长势头则明显回落，增速降至两位数以下。另一方面，新兴增长点尚未形成市场规模。云计算、大数据、移动互联网等领域当前市场规模较小，要替代传统优势行业还有一定的差距。

商业模式变革，冲击原有产业格局 当前，以互联网为基础的一系列商业模式变革，给传统产业特别是与互联网关系密切的电子信息制造业带来巨大的冲击。低成本的电商渠道以及互联网企业为代表的一批新军打着“高配低价”旗号进军硬件制造领域，依靠内容收益补贴硬件的低价模式，对消费者购买预期价格进行“洗脑”，原有的价格体系被颠覆，导致传统制造企业的经营价值受损，利润收缩。以彩电为例，从 2012 年到 2014 年的 3 年时间内，电视机平均尺寸不断提高，分别为 37 英寸、40 英寸和 42 英寸，而平均单价则分别为 3 479 元、3 576 元、3 456 元，基本处于同一水平。总体来看，当前传统单一的硬件盈利模式，正在面临着“利润空间越来越小、市场增速越来越慢、商业前景越来越渺茫”的多重挑战。除通过新技术、新产品的升级换代，刺激消费新增需求之外，应该在现有规模化用户群体的基础上，快速找到“去硬变软”的多渠道、多手段的盈利模式道路。

国际竞争加剧，贸易保护愈演愈烈 国际金融危机后，西方发达国家为摆脱国内经济增长乏力困境，纷纷实施“再工业化”，力图凭借自身在科技创新、高端人才、生产效率等方面的优势重振制造业，抢占高端制造市场并不断扩大竞争优势。美国先后制订了《重振美国制造业框架》、《先进制造伙伴计划》等计划，德国政府推出了“工业 4.0”战略，欧盟国家提出了“再制造化”目标。同时，一些后发国家依靠资源、劳动力等比较优势，大力发展加工制造业，中国面临发达国家和发展中国家的双重挤压。同时，为争夺新一代信息技术或新能源产业发展主导权，2013 年以来，欧美国家对中国电子信息制造业采取的贸易保护措施也不断增多。2013 年美国发起涉华“337 调查”17 起，居涉案国之首。2014 年前三季度，共有 21 个国家（地区）对中国出口产品发起救济调查 75 起，同比增长 17%，其中不少摩擦针对中国战略性新兴产业，且涉案金额大，对中国外贸转型升级形成冲击。贸易壁垒调查对中国电子信息制造业影响巨大。一是官司耗时耗力耗财，致使中国企业不能集中精力开拓国外市场；二是促使国内如光伏等一些产业，为规避贸易风险，开始向东南亚其他国家转移。

发展趋势

外需市场面临较多不确定性 2014 年，尽管世界经济仍处于复苏之中，但上半年增速明显低于预期，全球经济增长面临较为严峻的挑战。国际货币基金组织（IMF）在其最新报告中将 2014 年世界经济增长预期从 4 月份的 3.7%下调至 3.4%，将 2015 年经济增长预期由 4.0%下调至 3.8%。从国际 IT 市场来看，据 Gartner 发布的最新预测，2014 年全球 IT 支出总额预计将达到 3.7 万亿美元，同比增长 2.1%，较先前预测的 3.2%有所下调。预测下调的主要原因是数据中心系统与某些扩展类 IT 服务的增长不如预期。另外，市场竞争加剧、产品缺乏差异化以及可行的替代解决方案日渐多元所带来的价格压力，也对 IT 支出产生抑制作用。

外贸负增长埋下严峻基调 目前，在中国电子信息制造业中，代工装配业务仍占较大比重。电子信息产品特别是集成电路等关键零部件的进口增速对产业走势具有显著的风向标作用。2014 年，中国电子信息产品进口 5 340 亿美元，同比下降 2.8%。其中，集成电路、手机零件、硬盘驱动器和印刷电路等重点产品的进口额分别下降 5.9%、8.5%、1.2%和 1.6%，预示着行业增速在短期内难有较大回升。

内需市场有望保持平稳增长 从国内经济环境来看，中国经济虽然进入新常态时期增速放缓，但发展的基本面没有改变。同时，电子信息制造业发展面临良好的政策机遇。推动京津冀协同发展和长江经济带发展，新型城镇化规划出台实施，将刺激电子信息产品的内销市场。促进制造业结构调整和产业升级，推进重大节能环保、资源循环利用等技术装备产业化，支持企业设备更新改造等，将加快电子信息产业与传统产业的深度融合。云计算、大数据、平板显示、移动互联等领域的竞争优势加快孕育，第四代移动通信技术投入应用，将给产业发展带来新的拉动作用。

重点企业、重点领域形成积极支持 首先，重点企业经济运行平稳。2014 年，重点电子信息百强企业运行情况良好，主要经济指标增速高于行业平均水平，发挥了积极的引领与支撑作用，完成主营业务收入 18 926 亿元，同比增长 10.2%；实现利润总额 937 亿元，同比增长 30.9%；完成出口交货值 4 634 亿元，同比增长 7.4%。2014 年，重点百强企业订单保持两位数以上增长。另外，重点领域政策效应凸显。2014 年，在集成电路、平板显示、光伏企业规范条件、彩电和手机行业品牌建设以及推进云计算创新发展等方面都出台了国家级或部委级的政策措施。尤其是《国家集成电路产业发展推进纲要》将集成电路的地位提升到了国家层面，成立了1 200 亿元的国家集成电路基金，将带动全产业链的发展。

综合上述因素来看，2015 年，电子信息行业既面临传统比较优势削弱、外部市场需求不振等挑战因素，又具有国内信息化建设步伐加快、跨界转型步伐加快、重点领域成长加快等发展机遇，预计行业将继续保持平稳增长，增速在 10%左右。

[供稿：工业和信息化部运行监测协调局]

第 29 届中国电子信息百强企业发展评述

第 29 届中国电子信息百强企业是根据国家统计局批准的 2014 年电子信息产业统计年报数据为依据，由地方电子信息主管部门初审，工业和信息化部最终核定。华为技术有限公司连续九届位居榜首，海尔集团、中国电子信息产业集团有限公司分列第二、第三名。

第 29 届电子信息百强企业主要发展特点：

发展规模迈上新台阶　百强企业积极落实大公司战略，坚持做大做强，规模、效益稳步增长。本届百强企业共实现主营业务收入 2.3 万亿元，同比增长 13.3%；实现利润总额 1 416 亿元，比上届增长 18.6%；总资产合计达到 2.7 万亿元，比上届增长 13.7%；2014 年共生产计算机 3 158 万部、彩电 10 879 万台、手机 3.5 亿部和集成电路 407 亿块，分别比上届增长 7.7%、15.8%、10.0%和 21.1%。本届百强前三名的华为、海尔和中国电子信息产业集团有限公司，收入规模均超过 2 000 亿元；入围门槛达到 36.2 亿元，比上届提高 11.5 亿元。

效益质量再创新水平　百强企业在规模扩大的同时，更注重效益水平和发展质量的提升。本届百强企业平均销售利润率为 6.3%，比上届提高 0.9 个百分点，高于行业平均水平近 2 个百分点。其中，销售利润率最高水平达到 30%，超过 10%的企业有 24 家，比上届增加 7 家。百强企业平均总资产周转率达到 0.9 次，应收账款周转率达到 6.0 次，存货周转率达到 14.0 次；资产负债率 64.1%，利息保障倍数 4.9 倍；各项绩效指标均在全行业中处于领先地位，并达到《企业绩效评价标准值 2014》中所设定的电子行业优秀值水平。

自主创新取得新成果　百强企业坚持创新驱动，不断加大研发投入，高度重视知识产权积累。本届百强企业 2014 年研发投入合计 1 237 亿元，比上届增长 17.7%。其中，有 22 家企业研发投入超过 10 亿元，比上届增加 6 家。百强企业研发投入强度达到 5.5%，比上届提高 0.5 个百分点，超过全国平均水平 3 个百分点以上。本届百强企业研发人员合计 34 万人，比上届增加 4 万人，占全部从业人员比重超过 20%。截至 2014 年末，百强企业专利总量 17.6 万件，比上届增加 1.9 万件。其中，发明专利 10.8 万件，占比超过 60%。2014 年，在中国发明专利授权量前十强企业中，华为、中兴、京东方分列第一、第二和第六位。2014 年，在 PCT 国际专利申请量企业排名中，华为代表国内企业首次摘得桂冠，中兴位居第三。

跨国经营再上新层次　百强企业积极推行国际化战略，面向全球市场配置资源，跨国经营层次水平不断提升。本届百强企业共完成出口交货值 5 195 亿元，比上届增长 13.6%，占行业总量比重达到 10%，其中有 13 家企业出口交货值超过 100 亿元。百强企业 2014 年共出口计算机 1 934 万台、彩电 3 765 万台、手机 2 亿部、集成电路 201 亿块，比上届增长 10%以上，占产量比重超过 30%。在产品走出去的基础上，百强企业积极参与国际并购、标准制定与研发合作，实现了品牌、资金与技术的全方位走出去。中兴收购阿尔卡特-朗讯的网络服务部门，华为收购英国物联网研究机构 Neul，TCL 收购 Palm，创维收购德国美兹等，有效拓展了企业的海外发展渠道，提升了品牌的国际影响力；百强企业积极参与制定云计算、物联网、射频连接器、同轴通信电缆等领域的国际标准，获得国际认可，进一步提升了中国电子信息产业在国际标准化工作中的话语权。在百强企业中，华为、TCL、中兴、共进等 30 多家企业的海外收入占比超过 1/3，成为名副其实的跨国经营企业。

转型融合开创新局面　在新常态下，百强企业加快转型升级，推行融合发展，积极探索经营新模式，努力开辟市场新空间，成为引领行业发展的重要先驱。首先，百强企业依靠敏锐的嗅觉，积极把握互联网时代来临的发展契机，纷纷制定新的发展战略。海尔致力于打造平台型企业，海信规划了从智能家电到智能家居再到智能城市的系统布局，TCL 制定了“智能+互联网”与“产品+服务”的“双+”战略，长虹制定了“家庭互联网”发展战略，创维与腾讯、中国互联网电视开展战略合作，康佳推出了“终端+平台”的“1+1”战略，传统的制造型百强企业开始向智能家居、电子商务、游戏娱乐等多个领域进军，取得了积极的成效。另外，百强企业紧随国际产业发展的最新趋势，加快布局智能制造，华为、中兴、海尔、比亚迪等企业投资建立智能工厂，浪潮、紫光等与传统制造业企业紧密合作，力求在“工业 4.0”时代掌握新的竞争优势，占据有利竞争地位。

承担责任作出新贡献 百强企业依靠庞大的规模和良好的业绩，为产业发展和经济增长作出了突出贡献，本届百强企业共上缴税金 1 226 亿元，比上届增长 10%，占全行业总量的 60%以上；从业人员合计 160 万人，占全行业从业人员总量的 15%以上。同时，百强企业还注重经济贡献与社会责任的有机统一，积极履行绿色、公益、诚信的发展理念。2014 年，百强企业中有半数以上的企业发布了社会责任报告，向各类公益事业直接捐款超过 5 亿元。中国社科院发布的 2014 年中国企业社会责任排行中，华为、中兴、比亚迪、海尔、浪潮、上海贝尔等多家百强企业位居前列。在“2014 中国绿公司百强排名”中，TCL、东软、海尔、中兴、华为、比亚迪等百强企业凭借废弃产品循环利用、互联网转型、节能化创新等发展亮点入围榜单。

在新常态下，电子信息百强企业经济规模稳步扩大，转型升级步伐加快，创新能力日益增强，国际化发展层次显著提升，成为引领中国电子信息产业发展的主导力量。

【统计数据】

2015 年（第 29 届）中国电子信息百强企业名单

序号	企业名称	序号	企业名称
1	华为技术有限公司	19	南京南瑞集团公司
2	海尔集团	20	同方股份有限公司
3	中国电子信息产业集团有限公司	21	武汉邮电科学研究院
4	TCL 集团股份有限公司	22	航天信息股份有限公司
5	海信集团	23	中天科技集团有限公司
6	四川长虹电子集团有限公司	24	四川九洲电器集团有限责任公司
7	中兴通讯股份有限公司	25	宇龙计算机通信科技（深圳）有限公司
8	北大方正集团有限公司	26	深圳欧菲光科技股份有限公司
9	浪潮集团	27	康佳集团股份有限公司
10	比亚迪股份有限公司	28	研祥高科技控股集团有限公司
11	京东方科技集团股份有限公司	29	河南森源集团有限公司
12	亨通集团有限公司	30	杭州海康威视数字技术股份有限公司
13	上海仪电电子（集团）有限公司	31	通鼎集团有限公司
14	大唐电信科技产业集团	32	江苏宏图高科技股份有限公司
15	创维集团有限公司	33	宝胜集团有限公司
16	富通集团有限公司	34	永鼎集团有限公司
17	晶龙实业集团有限公司	35	震雄铜业集团有限公司
18	上海贝尔股份有限公司	36	中利科技集团股份有限公司

续表

序号	企业名称	序号	企业名称
37	许继集团有限公司	68	福州福大自动化科技有限公司
38	广州无线电集团有限公司	69	惠科电子（深圳）有限公司
39	中芯国际集成电路制造有限公司	70	深圳市神舟电脑股份有限公司
40	株洲南车时代电气股份有限公司	71	万利达集团有限公司
41	歌尔声学股份有限公司	72	东旭集团有限公司
42	浙江富春江通信集团有限公司	73	风帆股份有限公司
43	陕西电子信息集团有限公司	74	大连辽无二电器有限公司
44	福建省电子信息（集团）有限责任公司	75	大连环宇阳光集团
45	深圳华强集团有限公司	76	长飞光纤光缆股份有限公司
46	紫光股份有限公司	77	哈尔滨光宇集团股份有限公司
47	江苏协鑫硅材料科技发展有限公司	78	深圳市共进电子股份有限公司
48	普联技术有限公司	79	横店集团东磁有限公司
49	天马微电子股份有限公司	80	骆驼集团股份有限公司
50	东莞华贝电子科技有限公司	81	中国华录集团有限公司
51	上海斐讯数据通信技术有限公司	82	南通华达微电子集团有限公司
52	铜陵精达铜材（集团）有限责任公司	83	华润微电子有限公司
53	舜宇集团有限公司	84	广州佳都集团有限公司
54	中国四联仪器仪表集团有限公司	85	双登集团股份有限公司
55	中冶赛迪集团有限公司	86	昆山龙腾光电有限公司
56	东软集团股份有限公司	87	深圳市华讯方舟科技有限公司
57	上饶光电高科技有限公司	88	深圳市康冠技术有限公司
58	侨兴集团有限公司	89	闻泰通讯股份有限公司
59	展讯通信（上海）有限公司	90	山东鲁鑫贵金属有限公司
60	浙江晶科能源有限公司	91	欣旺达电子股份有限公司
61	宁波均胜电子股份有限公司	92	北京华胜天成科技股份有限公司
62	江苏新潮科技集团有限公司	93	厦门宏发电声股份有限公司
63	浙江大华技术股份有限公司	94	河南科隆集团有限公司
64	深圳市兆驰股份有限公司	95	广东汕头超声电子股份有限公司
65	安徽天康（集团）股份有限公司	96	浙大网新科技股份有限公司
66	上海华虹（集团）有限公司	97	浙江南都电源动力股份有限公司
67	普天东方通信集团	98	深南电路股份有限公司

续表

序号	企业名称	序号	企业名称
99	深圳市航嘉驰源电气股份有限公司	100	浙江长城电工科技股份有限公司

注：百强企业从规模、效益、研发创新等方面进行综合评价。其中，规模包括资产和收入规模，效益包括企业的盈利能力、发展能力、债务偿还能力以及经营能力四个方面，研发能力包括研发投入比例和专利数量两个方面。通过选取具有代表性的指标并赋予适当的权重进行加权计算，得出企业综合评分。

[供稿：工业和信息化部运行监测协调局]

基础数据说明

1. 统计范围包括：全部国有电子信息产业制造业企业和年主营业务收入在500万元以上的非国有电子信息产业制造业企业；软件产业的统计范围是年主营业务收入在100万元以上的软件企业，不包括流通、咨询、服务业的电子信息企业和个别省、市设在保税区内的电子信息产业制造业企业。

2. 此资料调查方式为普查式。历年本统计资料的报表制度均由工业和信息化部负责布置，由各省、自治区、直辖市工业和信息化主管部门收集本地区电子信息产业年度资料，报工业和信息化部运行监测协调局汇总整理。

3. 由于四舍五入，各项值累加与合计值有可能存在误差。本统计资料解释权在工业和信息化部运行监测协调局。

表 1　2014 年规模以上电子信息产业主要指标完成情况

项目名称	单位	2013 年	2014 年	增速（%）
工业增加值	%			12.2
主营业务收入	亿元	123 789	151 939	22.7
其中：制造业	亿元	93 202	102 988	10.5
软件业	亿元	30 587	48 951	60.0
利润总额	亿元	7 983	9 878	23.7
其中：制造业	亿元	4 152	5 052	21.7
软件业	亿元	3 831	4 826	26.0
税金总额	亿元	3 401	3 807	11.9
其中：制造业	亿元	1 845	2 021	9.5
软件业	亿元	1 556	1 786	14.8
固定资产投资	亿元	10 828	12 065	11.4
电子信息产品进出口总额	亿美元	13 302	13 237	–0.5
其中：出口额	亿美元	7 807	7 897	1.2
进口额	亿美元	5 495	5 340	–2.8

规模以上制造业统计数据

表2 2014年按企业登记注册类型分列的电子信息产业制造业主要经济指标完成情况（1）

单位：万元

项目名称	企业数（家）	亏损企业数（家）	工业销售产值	出口交货值	主营业务收入
总计	18 727	3 068	1 039 020 092	520 192 797	1 029 880 146
内资企业	11 879	1 413	380 780 376	73 594 851	375 048 226
国有企业	71	14	5 579 123	708 914	5 371 708
集体企业	47	8	1 848 220	534 121	1 751 729
股份合作企业	38	2	581 284	868	600 131
联营企业	4		67 918	28 585	57 073
集体联营企业	1		24 911	24 911	14 958
国有与集体联营企业	3		43 007	3 674	42 115
有限责任公司	3 320	487	153 130 546	36 306 282	154 084 312
国有独资公司	60	11	10 420 409	1 777 181	10 398 966
其他有限责任公司	3 260	476	142 710 137	34 529 102	143 685 346
股份有限公司	677	96	58 813 232	16 702 261	53 661 051
私营企业	7 674	805	159 183 555	19 029 139	157 988 232
其他内资企业	48	1	1 576 499	284 682	1 533 990
港、澳、台商投资企业	3 071	701	251 819 648	167 601 316	252 698 536
合资经营企业（港、澳、台资）	668	140	43 947 585	20 395 423	43 009 513
合作经营企业（港、澳、台资）	46	9	1 698 144	943 895	1 688 348
港、澳、台商独资经营企业	2 295	546	200 004 316	143 640 314	201 853 999
港、澳、台商投资股份有限公司	59	6	5 699 419	2 533 479	5 673 711
其他港、澳、台商投资企业	3		470 185	88 206	472 964
外商投资企业	3 777	954	406 420 068	278 996 630	402 133 385
中外合资经营企业	791	169	87 255 399	46 817 694	86 742 966
中外合作经营企业	41	18	2 857 492	2 269 031	2 908 877
外资企业	2 877	750	302 047 269	218 912 490	301 756 520
外商投资股份有限公司	59	13	13 440 543	10 972 583	9 914 946
其他外商投资企业	9	4	819 365	24 832	810 076

表 3　2014 年按经济类型分列的电子信息产业制造业主要经济指标完成情况（1）

单位：万元

项目名称	企业数（家）	亏损企业数（家）	工业销售产值	出口交货值	主营业务收入
国有经济	131	25	15 999 533	2 486 094	15 770 674
集体经济	48	8	1 873 131	559 032	1 766 687
股份合作经济	38	2	581 284	868	600 131
股份制经济	3 937	572	201 523 369	51 231 363	197 346 397
外商及港、澳、台投资经济	6 848	1 655	658 239 716	446 597 946	654 831 921
其他经济	7 725	806	160 803 061	19 317 495	159 564 337

表 4　2014 年按企业规模分列的电子信息产业制造业主要经济指标完成情况（1）

单位：万元

项目名称	企业数（家）	亏损企业数（家）	工业销售产值	出口交货值	主营业务收入
大型企业	1 420	163	649 920 884	411 955 398	640 603 723
中型企业	4 737	867	202 661 267	67 114 580	203 659 212
小型企业	12 570	2 038	186 437 941	41 122 819	185 617 211

表 5　2014 年通信设备工业行业主要经济指标完成情况（1）

单位：万元

项目名称	企业数（家）	亏损企业数（家）	工业销售产值	出口交货值	主营业务收入
合计	1 402	258	202 267 483	96 694 967	197 450 175
通信系统设备制造	707	95	78 377 674	30 938 735	75 036 438
通信终端设备制造	695	163	123 889 809	65 756 233	122 413 737

表 6　2014 年广播电视设备工业行业主要经济指标完成情况（1）

单位：万元

项目名称	企业数（家）	亏损企业数（家）	工业销售产值	出口交货值	主营业务收入
合计	596	93	16 919 885	6 318 783	16 696 828
广播电视节目制作及发射设备制造	55	6	762 340	109 595	808 087
广播电视接收设备及器材制造	369	63	9 987 994	3 906 018	9 890 709
应用电视设备及其他广播电视设备制造	172	24	6 169 551	2 303 171	5 998 033

表 7　2014 年电子计算机工业行业主要经济指标完成情况（1）

单位：万元

项目名称	企业数（家）	亏损企业数（家）	工业销售产值	出口交货值	主营业务收入
合计	1 465	281	227 285 123	173 728 973	232 219 719
计算机整机制造	160	31	137 049 821	108 839 585	142 712 542
计算机零部件制造	518	97	44 653 769	36 809 139	44 419 058
计算机外围设备制造	433	94	27 948 807	20 042 735	27 457 017
其他计算机制造	211	40	11 549 866	4 824 168	11 408 020
幻灯及投影设备制造	40	7	926 663	304 199	914 631
计算器及货币专用设备制造	103	12	5 156 197	2 909 146	5 308 452

表 8　2014 年家用视听设备工业行业主要经济指标完成情况（1）

单位：万元

项目名称	企业数（家）	亏损企业数（家）	工业销售产值	出口交货值	主营业务收入
合计	1 015	194	76 467 146	35 337 798	76 636 668
电视机制造	191	35	40 423 851	11 498 255	40 538 204
音响设备制造	544	98	13 026 333	6 892 900	12 866 988
影视录放设备制造	280	61	23 016 962	16 946 644	23 231 475

表 9　2014 年电子器件工业行业主要经济指标完成情况（1）

单位：万元

项目名称	企业数（家）	亏损企业数（家）	工业销售产值	出口交货值	主营业务收入
合计	2 554	493	151 831 877	91 940 085	146 022 390
电子真空器件制造	98	19	1 897 340	429 050	1 878 225
半导体分立器件制造	319	67	8 254 175	4 221 609	8 334 647
集成电路制造	429	83	29 150 194	19 039 520	26 717 872
光电子器件及其他电子器件制造	1 708	324	112 530 168	68 249 906	109 091 646

表 10　2014 年电子元件工业行业主要经济指标完成情况（1）

单位：万元

项目名称	企业数（家）	亏损企业数（家）	工业销售产值	出口交货值	主营业务收入
合计	6 395	970	169 344 037	72 005 337	166 785 244
电力电子元器件制造	1 194	159	19 652 340	4 735 796	19 329 051
电子元件及组件制造	4 328	632	114 041 548	47 283 883	112 280 133
印制电路板制造	873	179	35 650 149	19 985 658	35 176 060

表 11　2014 年电子测量仪器工业行业主要经济指标完成情况（1）

单位：万元

项目名称	企业数（家）	亏损企业数（家）	工业销售产值	出口交货值	主营业务收入
合计	836	84	21 202 082	3 757 424	21 351 544
环境监测专用仪器仪表制造	93	11	2 013 529	293 365	1 964 381
运输设备及生产用计数仪表制造	191	15	6 270 652	776 463	6 304 016
导航、气象及海洋专用仪器制造	60	8	1 252 378	440 383	1 269 722
农林牧渔专用仪器仪表制造	13		371 011	3 908	368 825
地质勘探和地震专用仪器制造	62	8	1 644 632	70 672	1 483 312
核子及核辐射测量仪器制造	7	1	78 188	1 381	77 011
电子测量仪器制造	150	17	2 905 133	391 367	2 895 440
医疗诊断、监护及治疗设备制造	260	24	6 666 559	1 779 884	6 988 837

表 12　2014 年电子专用设备工业行业主要经济指标完成情况（1）

单位：万元

项目名称	企业数（家）	亏损企业数（家）	工业销售产值	出口交货值	主营业务收入
合计	1 576	231	43 907 540	13 582 121	43 416 841
电子工业专用设备制造	495	53	11 034 688	1 598 109	10 658 169
其他电子设备制造	1 081	178	32 872 851	11 984 012	32 758 672

表 13　2014 年电子信息机电工业行业主要经济指标完成情况（1）

单位：万元

项目名称	企业数（家）	亏损企业数（家）	工业销售产值	出口交货值	主营业务收入
合计	2 365	375	102 572 557	22 740 113	102 139 766
微电机及其他电机制造	916	88	23 010 005	6 244 742	22 418 595
光纤、光缆制造	226	25	15 140 433	797 881	15 469 763
光伏设备及元器件制造	608	127	44 198 871	9 971 006	44 105 049
锂离子电池制造	495	113	16 025 082	4 459 803	16 038 402
镍氢电池制造	120	22	4 198 166	1 266 681	4 107 958

表 14　2014 年其他电子信息行业主要经济指标完成情况（1）

单位：万元

项目名称	企业数（家）	亏损企业数（家）	工业销售产值	出口交货值	主营业务收入
信息化学品制造	476	86	25 139 048	3 685 475	24 998 759

表 15　2014 年省、市、自治区电子信息产业制造业主要经济指标完成情况（1）

单位：万元

省、市、自治区名称	企业数（家）	亏损企业数（家）	工业销售产值	出口交货值	主营业务收入
北京市	397	84	25 300 261	9 972 035	30 357 723
天津市	400	111	31 018 153	15 179 520	30 846 841
河北省	257	28	8 338 155	1 491 623	8 710 849
山西省	43	17	6 584 531	4 243 218	6 192 948
内蒙古自治区	29	3	1 626 705	10 239	1 714 150
辽宁省	313	43	12 348 176	3 371 634	12 513 876
吉林省	50	4	1 316 059	69 038	1 285 256
黑龙江省	38	3	616 989	50 173	646 992
上海市	675	139	57 982 544	42 660 834	62 461 997
江苏省	3 916	742	243 341 273	122 698 124	243 111 377
浙江省	2 034	288	41 245 596	15 032 386	41 642 825
安徽省	559	58	21 090 746	6 440 848	20 566 950
福建省	598	84	33 890 609	19 224 419	32 867 220
江西省	461	41	23 707 398	5 148 372	24 217 144
山东省	1 134	111	66 277 509	17 504 164	65 912 079
河南省	420	19	33 605 108	22 874 132	33 361 700
湖北省	439	56	20 923 086	5 100 294	18 818 078
湖南省	510	39	19 830 710	4 532 246	19 304 214
广东省	5 434	1 054	297 423 993	172 973 568	286 204 796
广西壮族自治区	129	14	12 406 953	2 583 166	11 818 409
海南省	6	1	419 841	191 262	433 752
重庆市	234	27	29 543 167	21 943 089	29 432 089
四川省	401	53	40 481 065	25 269 631	38 079 736
贵州省	35	5	953 766		794 996
云南省	18	4	310 786	26 644	386 477
西藏自治区	1	1			6 681
陕西省	147	25	5 917 877	1 402 769	5 801 079
甘肃省	23	6	716 585	194 414	566 974
青海省	13	6	433 886		422 544
宁夏回族自治区	8	2	369 760	2 078	424 487
新疆维吾尔自治区	5		998 808	2 877	975 911

表 16　2014 年按企业登记注册类型分列的电子信息产业制造业主要经济指标完成情况（2）

单位：万元

项目名称	主营业务成本	营业费用	主营业务税金及附加	管理费用	财务费用	利息支出	应交增值税
总计	910 417 769	22 112 950	3 163 455	43 653 058	4 487 360	5 644 309	17 043 720
内资企业	310 052 837	13 152 770	1 959 169	23 827 994	3 628 797	3 349 325	9 636 828
国有企业	4 361 871	217 355	24 226	534 439	14 393	49 492	93 112
集体企业	1 536 021	28 221	2 943	84 242	9 351	9 025	44 036
股份合作企业	500 164	20 945	4 843	25 999	4 403	2 374	22 783
联营企业	47 935	1 410	190	4 137	99	11	1 873
集体联营企业	14 385			392	30		
国有与集体联营企业	33 550	1 410	190	3 745	69	11	1 873
有限责任公司	124 721 885	6 468 541	719 569	12 102 976	1 493 163	1 368 254	4 464 483
国有独资公司	9 052 911	483 832	32 908	520 982	98 287	106 993	250 562
其他有限责任公司	115 668 974	5 984 709	686 661	11 581 994	1 394 876	1 261 260	4 213 921
股份有限公司	42 563 889	2 713 115	341 197	3 688 485	697 681	731 004	1 018 338
私营企业	134 985 435	3 664 508	858 804	7 322 336	1 383 529	1 165 975	3 969 741
其他内资企业	1 335 638	38 676	7 399	65 381	26 178	23 189	22 462
港、澳、台商投资企业	230 871 642	3 220 568	468 758	7 817 814	273 214	1 179 286	3 060 046
合资经营企业（港、澳、台资）	38 390 035	822 519	118 333	1 618 904	291 733	362 267	800 890
合作经营企业（港、澳、台资）	1 497 936	18 675	6 747	93 417	9 839	8 470	21 155
港、澳、台商独资经营企业	186 363 760	2 205 604	318 333	5 707 375	−39 307	770 754	2 069 493
港、澳、台商投资股份有限公司	4 212 233	162 573	24 838	385 332	3 280	30 126	155 450
其他港、澳、台商投资企业	407 677	11 198	507	12 786	7 669	7 669	13 059
外商投资企业	369 493 290	5 739 611	735 528	12 007 250	585 349	1 115 698	4 346 846
中外合资经营企业	77 385 168	2 325 747	193 812	2 912 563	284 751	332 449	1 364 323
中外合作经营企业	2 678 441	57 583	1 500	75 562	12 430	6 133	35 211
外资企业	279 402 834	3 147 168	525 909	8 744 740	277 500	737 891	2 879 657
外商投资股份有限公司	9 275 161	204 074	11 226	263 907	9 012	37 656	48 165
其他外商投资企业	751 686	5 039	3 081	10 478	1 656	1 569	19 491

表 17　2014 年按经济类型分列的电子信息产业制造业主要经济指标完成情况（2）

单位：万元

项目名称	主营业务成本	营业费用	主营业务税金及附加	管理费用	财务费用	利息支出	应交增值税
国有经济	13 414 782	701 188	57 135	1 055 421	112 680	156 486	343 674

续表

项目名称	主营业务成本	营业费用	主营业务税金及附加	管理费用	财务费用	利息支出	应交增值税
集体经济	1 550 406	28 221	2 943	84 634	9 381	9 025	44 036
股份合作经济	500 164	20 945	4 843	25 999	4 403	2 374	22 783
股份制经济	158 232 862	8 697 824	1 027 858	15 270 478	2 092 558	1 992 264	5 232 259
外商及港、澳、台投资经济	600 364 932	8 960 180	1 204 286	19 825 065	858 563	2 294 983	7 406 892
其他经济	136 354 623	3 704 593	866 392	7 391 462	1 409 776	1 189 176	3 994 076

表 18　2014 年按企业规模分列的电子信息产业制造业主要经济指标完成情况（2）

单位：万元

项目名称	主营业务成本	营业费用	主营业务税金及附加	管理费用	财务费用	利息支出	应交增值税
大型企业	580 848 823	11 420 927	1 339 400	19 484 733	1 545 126	2 996 724	7 791 925
中型企业	178 336 675	4 117 796	785 293	10 206 308	1 487 659	1 456 534	3 945 596
小型企业	151 232 271	6 574 226	1 038 762	13 962 017	1 454 575	1 191 051	5 306 200

表 19　2014 年通信设备工业行业主要经济指标完成情况（2）

单位：万元

项目名称	主营业务成本	营业费用	主营业务税金及附加	管理费用	财务费用	利息支出	应交增值税
合计	165 761 507	7 868 300	695 604	11 872 376	541 096	737 430	4 156 663
通信系统设备制造	53 668 917	5 149 657	477 121	8 497 431	569 380	487 158	2 590 354
通信终端设备制造	112 092 590	2 718 643	218 483	3 374 945	−28 284	250 273	1 566 308

表 20　2014 年广播电视设备工业行业主要经济指标完成情况（2）

单位：万元

项目名称	主营业务成本	营业费用	主营业务税金及附加	管理费用	财务费用	利息支出	应交增值税
合计	13 981 201	510 188	71 849	968 836	125 197	103 385	286 933
广播电视节目制作及发射设备制造	648 422	40 325	4 420	64 960	14 322	14 348	18 407
广播电视接收设备及器材制造	8 245 293	262 692	49 656	575 393	79 518	55 569	188 279
应用电视设备及其他广播电视设备制造	5 087 486	207 171	17 774	328 483	31 358	33 468	80 247

表 21　2014 年电子计算机工业行业主要经济指标完成情况（2）

单位：万元

项目名称	主营业务成本	营业费用	主营业务税金及附加	管理费用	财务费用	利息支出	应交增值税
合计	217 197 483	2 831 609	274 669	4 845 334	−69 509	695 281	1 874 220
计算机整机制造	135 188 213	1 586 700	79 112	1 940 175	−82 730	493 249	1 072 623
计算机零部件制造	41 293 277	306 593	87 679	1 224 125	−28 712	81 551	381 195

续表

项目名称	主营业务成本	营业费用	主营业务税金及附加	管理费用	财务费用	利息支出	应交增值税
计算机外围设备制造	25 483 494	386 625	55 355	776 507	−278	64 627	208 167
其他计算机制造	9 865 616	311 427	30 187	609 605	29 121	43 143	112 799
幻灯及投影设备制造	800 622	20 324	4 277	48 926	2 722	2 330	9 208
计算器及货币专用设备制造	4 566 261	219 940	18 060	245 996	10 370	10 381	90 227

表 22　2014 年家用视听设备工业行业主要经济指标完成情况（2）

单位：万元

项目名称	主营业务成本	营业费用	主营业务税金及附加	管理费用	财务费用	利息支出	应交增值税
合计	69 442 526	2 127 962	209 213	2 729 933	181 875	209 810	1 136 475
电视机制造	36 813 016	1 494 039	120 142	1 276 568	97 229	110 299	547 620
音响设备制造	11 438 203	217 800	43 249	650 111	42 411	33 394	245 694
影视录放设备制造	21 191 307	416 123	45 823	803 253	42 235	66 117	343 161

表 23　2014 年电子器件工业行业主要经济指标完成情况（2）

单位：万元

项目名称	主营业务成本	营业费用	主营业务税金及附加	管理费用	财务费用	利息支出	应交增值税
合计	130 624 598	1 953 076	351 916	6 619 975	648 683	945 305	1 676 183
电子真空器件制造	1 557 633	48 959	11 665	132 895	35 516	32 123	59 410
半导体分立器件制造	7 252 141	137 100	32 748	508 686	54 933	81 988	111 576
集成电路制造	22 892 490	311 428	73 042	1 876 276	95 857	172 688	372 370
光电子器件及其他电子器件制造	98 922 333	1 455 589	234 461	4 102 117	462 377	658 506	1 132 827

表 24　2014 年电子元件工业行业主要经济指标完成情况（2）

单位：万元

项目名称	主营业务成本	营业费用	主营业务税金及附加	管理费用	财务费用	利息支出	应交增值税
合计	146 378 396	2 829 282	750 464	7 608 175	768 896	868 917	3 128 326
电力电子元器件制造	16 477 400	453 391	102 399	1 052 091	136 602	111 187	443 956
电子元件及组件制造	98 336 631	1 926 364	549 912	5 072 795	515 536	581 068	2 223 639
印制电路板制造	31 564 366	449 528	98 152	1 483 289	116 758	176 662	460 731

表 25　2014 年电子测量仪器工业行业主要经济指标完成情况（2）

单位：万元

项目名称	主营业务成本	营业费用	主营业务税金及附加	管理费用	财务费用	利息支出	应交增值税
合计	16 753 965	942 733	133 971	1 680 572	138 065	119 075	677 756

续表

项目名称	主营业务成本	营业费用	主营业务税金及附加	管理费用	财务费用	利息支出	应交增值税
环境监测专用仪器仪表制造	1 608 834	81 215	10 759	103 324	17 095	15 072	80 431
运输设备及生产用计数仪表制造	5 187 472	160 488	34 233	417 608	51 129	40 942	180 226
导航、气象及海洋专用仪器制造	1 118 857	24 936	4 588	74 403	7 649	6 563	24 787
农林牧渔专用仪器仪表制造	320 285	5 267	1 272	17 472	1 801	2 054	10 531
地质勘探和地震专用仪器制造	1 162 264	35 800	12 846	102 895	12 478	11 181	44 460
核子及核辐射测量仪器制造	68 698	2 746	232	3 477	386	514	1 569
电子测量仪器制造	2 183 190	153 098	22 967	264 846	11 690	14 728	112 689
医疗诊断、监护及治疗设备制造	5 104 367	479 182	47 073	696 548	35 838	28 022	223 064

表26 2014年电子专用设备工业行业主要经济指标完成情况（2）

单位：万元

项目名称	主营业务成本	营业费用	主营业务税金及附加	管理费用	财务费用	利息支出	应交增值税
合计	37 302 296	991 853	193 469	2 217 257	233 881	197 635	1 020 910
电子工业专用设备制造	9 014 936	224 454	72 780	539 655	95 800	77 550	292 000
其他电子设备制造	28 287 360	767 399	120 689	1 677 602	138 081	120 084	728 910

表27 2014年电子信息机电工业行业主要经济指标完成情况（2）

单位：万元

项目名称	主营业务成本	营业费用	主营业务税金及附加	管理费用	财务费用	利息支出	应交增值税
合计	89 490 717	1 695 216	393 233	3 967 801	1 436 637	1 276 484	2 490 010
微电机及其他电机制造	19 140 634	451 048	106 523	1 044 093	155 553	141 483	612 230
光纤、光缆制造	13 444 169	278 430	47 702	490 451	195 931	200 050	526 458
光伏设备及元器件制造	39 184 334	602 800	136 166	1 487 416	899 516	743 203	920 888
锂离子电池制造	14 011 277	284 011	83 252	803 485	150 012	164 049	317 692
镍氢电池制造	3 710 303	78 927	19 591	142 356	35 626	27 699	112 742

表28 2014年其他电子信息行业主要经济指标完成情况（2）

单位：万元

项目名称	主营业务成本	营业费用	主营业务税金及附加	管理费用	财务费用	利息支出	应交增值税
信息化学品制造	21 690 563	304 438	82 004	1 000 440	471 477	474 410	571 128

表29 2014年省、市、自治区电子信息产业制造业主要经济指标完成情况（2）

单位：万元

省、市、自治区名称	主营业务成本	营业费用	主营业务税金及附加	管理费用	财务费用	利息支出	应交增值税
北京市	26 505 659	1 163 099	67 086	1 677 720	66 267	211 078	404 708
天津市	27 180 353	1 132 621	88 273	838 165	68 933	112 572	537 311
河北省	7 330 838	173 612	43 836	432 458	152 973	130 442	172 809
山西省	5 736 161	18 337	17 166	238 029	4 516	32 121	120 734
内蒙古自治区	1 586 104	21 919	1 913	56 849	33 886	33 242	13 886
辽宁省	10 760 611	338 477	62 847	702 371	81 507	75 244	299 156
吉林省	1 066 513	27 577	5 919	74 586	8 684	7 629	28 859
黑龙江省	507 126	25 063	3 160	56 324	12 347	3 579	18 676
上海市	57 854 205	990 428	26 627	2 254 418	20 486	462 695	222 237
江苏省	219 322 019	2 884 494	577 682	7 887 878	1 168 760	1 433 606	4 326 196
浙江省	34 268 010	1 190 112	191 098	2 865 876	551 548	584 171	1 011 855
安徽省	17 997 168	314 679	71 877	896 714	115 902	147 485	335 008
福建省	29 407 602	742 569	83 182	1 393 337	84 913	151 883	351 805
江西省	21 358 589	249 240	97 805	647 493	163 066	144 460	602 091
山东省	58 481 741	1 364 554	268 619	1 807 455	319 557	264 260	1 278 357
河南省	31 150 164	240 099	71 403	559 731	−10 574	127 341	193 669
湖北省	16 362 557	780 771	87 210	1 102 163	117 378	105 424	273 590
湖南省	17 126 855	319 592	123 281	696 903	106 769	83 469	523 610
广东省	245 592 632	8 691 712	1 008 567	16 757 100	954 254	1 051 725	4 951 144
广西壮族自治区	11 101 162	102 166	35 429	242 757	14 659	21 108	84 655
海南省	349 726	26 715	518	33 634	21 893	19 918	859
重庆市	27 770 782	325 182	72 172	686 503	16 304	81 914	302 904
四川省	33 580 713	788 115	123 257	1 141 631	243 339	201 468	870 901
贵州省	684 522	43 981	8 671	26 354	4 733	4 169	16 984
云南省	338 627	7 878	793	36 858	17 955	17 460	5 974
西藏自治区	6 400	163	2	511			
陕西省	4 977 218	120 430	19 328	414 924	65 343	57 417	71 519
甘肃省	467 263	10 595	2 380	50 093	5 047	5 889	12 259
青海省	389 141	2 639	139	18 836	13 992	9 300	98
宁夏回族自治区	388 012	2 683	566	20 635	9 506	8 584	5 291
新疆维吾尔自治区	769 296	13 448	2 649	34 752	53 417	54 656	6 575

表 30　2014 年按企业登记注册类型分列的电子信息产业制造业主要经济指标完成情况（3）

单位：万元

项目名称	利润总额	税金总额	应收账款	产成品存货	资产总计	负债合计
总计	50 518 571	20 207 175	182 780 051	93 448 959	753 015 660	435 281 669
内资企业	24 105 426	11 595 997	70 690 857	45 486 063	353 548 129	198 646 073
国有企业	315 872	117 338	1 604 721	1 581 745	10 953 000	5 592 594
集体企业	93 431	46 979	108 743	84 139	917 316	484 637
股份合作企业	45 282	27 626	67 542	24 679	283 919	111 528
联营企业	3 213	2 063	2 610	3 629	12 430	9 562
集体联营企业	62				265	
国有与集体联营企业	3 151	2 063	2 610	3 629	12 164	9 562
有限责任公司	9 466 521	5 184 052	30 493 047	20 035 859	152 095 990	93 874 987
国有独资公司	470 885	283 471	2 191 119	1 445 018	12 305 977	7 520 568
其他有限责任公司	8 995 636	4 900 582	28 301 928	18 590 841	139 790 013	86 354 419
股份有限公司	4 274 307	1 359 535	15 449 163	9 880 909	80 721 945	37 120 615
私营企业	9 845 730	4 828 544	22 755 124	13 594 904	106 928 424	60 210 297
其他内资企业	61 071	29 860	209 908	280 199	1 635 106	1 241 854
港、澳、台商投资企业	10 486 672	3 528 803	47 258 855	19 393 950	164 175 938	103 594 332
合资经营企业（港、澳、台资）	2 308 850	919 222	7 044 427	3 890 184	34 707 410	21 859 059
合作经营企业（港、澳、台资）	67 257	27 902	305 237	306 626	1 201 308	642 729
港、澳、台商独资经营企业	7 013 854	2 387 826	38 432 947	14 696 412	121 170 768	78 767 333
港、澳、台商投资股份有限公司	1 063 092	180 288	1 433 869	475 662	6 964 875	2 240 568
其他港、澳、台商投资企业	33 619	13 565	42 375	25 066	131 578	84 643
外商投资企业	15 926 474	5 082 375	64 830 339	28 568 946	235 291 593	133 041 265
中外合资经营企业	4 478 144	1 558 135	12 692 827	6 297 415	54 149 054	27 688 676
中外合作经营企业	119 393	36 712	537 154	191 603	1 559 887	974 573
外资企业	10 613 290	3 405 565	49 100 442	21 109 635	169 944 648	99 923 012
外商投资股份有限公司	676 922	59 391	2 448 426	939 403	9 327 878	4 350 629
其他外商投资企业	38 726	22 572	51 491	30 891	310 126	104 376

表 31　2014 年按经济类型分列的电子信息产业制造业主要经济指标完成情况（3）

单位：万元

项目名称	利润总额	税金总额	应收账款	产成品存货	资产总计	负债合计
国有经济	786 757	400 809	3 795 839	3 026 763	23 258 977	13 113 163
集体经济	93 493	46 979	108 743	84 139	917 581	484 637
股份合作经济	45 282	27 626	67 542	24 679	283 919	111 528
股份制经济	13 269 943	6 260 116	43 751 091	28 471 750	220 511 958	123 475 033
外商及港、澳、台投资经济	26 413 146	8 611 178	112 089 194	47 962 896	399 467 531	236 635 596
其他经济	9 909 952	4 860 468	22 967 641	13 878 732	108 575 694	61 461 713

表 32　2014 年按企业规模分列的电子信息产业制造业主要经济指标完成情况（3）

单位：万元

项目名称	利润总额	税金总额	应收账款	产成品存货	资产总计	负债合计
大型企业	28 415 304	9 131 325	108 979 841	50 811 980	423 417 139	255 603 479
中型企业	10 338 898	4 730 889	39 880 818	21 797 835	174 137 734	93 683 807
小型企业	11 764 369	6 344 961	33 919 392	20 839 143	155 460 787	85 994 383

表 33　2014 年通信设备工业行业主要经济指标完成情况（3）

单位：万元

项目名称	利润总额	税金总额	应收账款	产成品存货	资产总计	负债合计
合计	10 558 073	4 852 267	42 716 378	8 880 648	151 502 549	99 016 169
通信系统设备制造	6 592 667	3 067 476	21 144 137	6 190 344	81 330 027	50 096 755
通信终端设备制造	3 965 406	1 784 791	21 572 241	2 690 304	70 172 522	48 919 414

表 34　2014 年广播电视设备工业行业主要经济指标完成情况（3）

单位：万元

项目名称	利润总额	税金总额	应收账款	产成品存货	资产总计	负债合计
合计	1 076 418	358 783	3 465 554	697 589	13 245 050	6 574 973
广播电视节目制作及发射设备制造	31 639	22 827	118 333	32 592	652 975	297 659
广播电视接收设备及器材制造	663 542	237 935	2 250 415	378 574	7 905 824	3 991 038
应用电视设备及其他广播电视设备制造	381 237	98 020	1 096 805	286 423	4 686 251	2 286 276

表 35　2014 年电子计算机工业行业主要经济指标完成情况（3）

单位：万元

项目名称	利润总额	税金总额	应收账款	产成品存货	资产总计	负债合计
合计	6 996 221	2 148 888	38 170 551	4 100 764	111 297 266	76 958 593
计算机整机制造	3 151 373	1 151 734	20 004 906	1 701 497	54 401 031	42 718 813

续表

项目名称	利润总额	税金总额	应收账款	产成品存货	资产总计	负债合计
计算机零部件制造	1 641 900	468 874	8 551 602	1 075 982	27 550 057	18 544 003
计算机外围设备制造	1 177 125	263 522	5 775 908	618 239	16 710 342	9 034 874
其他计算机制造	665 621	142 987	2 600 239	336 482	8 385 834	4 456 174
幻灯及投影设备制造	36 268	13 485	162 908	34 755	550 643	281 750
计算器及货币专用设备制造	323 934	108 287	1 074 988	333 808	3 699 360	1 922 980

表 36　2014 年家用视听设备工业行业主要经济指标完成情况（3）

单位：万元

项目名称	利润总额	税金总额	应收账款	产成品存货	资产总计	负债合计
合计	2 662 481	1 345 689	10 672 204	2 787 927	45 077 801	28 266 520
电视机制造	1 375 022	667 761	5 606 097	1 674 502	26 239 092	17 423 986
音响设备制造	514 535	288 944	1 966 088	442 927	7 229 032	3 987 073
影视录放设备制造	772 924	388 984	3 100 019	670 499	11 609 677	6 855 462

表 37　2014 年电子器件工业行业主要经济指标完成情况（3）

单位：万元

项目名称	利润总额	税金总额	应收账款	产成品存货	资产总计	负债合计
合计	7 430 304	2 028 100	25 055 658	4 877 293	139 123 673	70 299 537
电子真空器件制造	118 670	71 075	423 668	135 505	4 022 178	2 070 251
半导体分立器件制造	412 433	144 324	1 415 138	336 244	8 783 901	3 685 340
集成电路制造	2 121 233	445 413	4 753 957	837 784	35 824 582	15 646 297
光电子器件及其他电子器件制造	4 777 969	1 367 288	18 462 896	3 567 761	90 493 012	48 897 648

表 38　2014 年电子元件工业行业主要经济指标完成情况（3）

单位：万元

项目名称	利润总额	税金总额	应收账款	产成品存货	资产总计	负债合计
合计	9 331 965	3 878 789	28 210 894	5 204 303	115 799 671	54 850 755
电力电子元器件制造	1 231 017	546 355	3 999 274	734 102	15 121 303	7 126 003
电子元件及组件制造	6 397 912	2 773 551	16 590 880	3 509 705	72 001 701	33 257 245
印制电路板制造	1 703 036	558 883	7 620 740	960 496	28 676 667	14 467 507

表 39　2014 年电子测量仪器工业行业主要经济指标完成情况（3）

单位：万元

项目名称	利润总额	税金总额	应收账款	产成品存货	资产总计	负债合计
合计	2 078 974	811 727	3 784 719	776 349	19 003 352	8 026 930

续表

项目名称	利润总额	税金总额	应收账款	产成品存货	资产总计	负债合计
环境监测专用仪器仪表制造	154 333	91 190	312 241	54 531	1 587 494	643 562
运输设备及生产用计数仪表制造	489 089	214 459	1 027 701	231 907	4 667 828	2 285 192
导航、气象及海洋专用仪器制造	50 564	29 375	306 327	69 447	1 229 587	677 895
农林牧渔专用仪器仪表制造	25 165	11 803	14 464	10 892	133 131	49 940
地质勘探和地震专用仪器制造	170 743	57 306	459 353	73 963	1 674 096	604 515
核子及核辐射测量仪器制造	1 874	1 801	26 747	415	346 160	247 763
电子测量仪器制造	290 426	135 656	406 689	87 463	2 175 448	812 532
医疗诊断、监护及治疗设备制造	896 781	270 137	1 231 198	247 732	7 189 608	2 705 529

表 40　2014 年电子专用设备工业行业主要经济指标完成情况（3）

单位：万元

项目名称	利润总额	税金总额	应收账款	产成品存货	资产总计	负债合计
合计	2 809 826	1 214 380	7 123 003	1 652 457	32 941 989	15 753 456
电子工业专用设备制造	754 914	364 781	1 887 649	457 921	10 214 705	4 655 981
其他电子设备制造	2 054 912	849 599	5 235 354	1 194 536	22 727 285	11 097 475

表 41　2014 年电子信息机电工业行业主要经济指标完成情况（3）

单位：万元

项目名称	利润总额	税金总额	应收账款	产成品存货	资产总计	负债合计
合计	5 901 294	2 883 243	19 319 335	4 356 638	89 693 468	54 791 765
微电机及其他电机制造	1 605 029	718 753	3 054 452	832 357	14 188 272	7 359 494
光纤、光缆制造	1 115 367	574 160	3 032 432	856 392	13 413 838	7 528 844
光伏设备及元器件制造	2 264 175	1 057 054	10 263 375	1 568 613	44 349 710	29 648 958
锂离子电池制造	770 050	400 944	2 573 880	957 697	15 229 589	9 037 413
镍氢电池制造	146 674	132 333	395 196	141 579	2 512 058	1 217 056

表 42　2014 年其他电子信息行业主要经济指标完成情况（3）

单位：万元

项目名称	利润总额	税金总额	应收账款	产成品存货	资产总计	负债合计
信息化学品制造	1 509 442	653 132	3 790 973	992 698	33 047 386	19 469 968

表43 2014年省、市、自治区电子信息产业制造业主要经济指标完成情况（3）

单位：万元

省、市、自治区名称	利润总额	税金总额	应收账款	产成品存货	资产总计	负债合计
北京市	1 299 412	471 794	4 933 809	3 979 349	32 737 644	16 298 910
天津市	1 640 189	625 584	3 528 868	2 460 028	15 323 728	7 827 810
河北省	706 449	216 645	2 462 997	774 635	12 472 090	6 562 881
山西省	198 118	137 900	1 716 818	753 354	6 665 978	4 397 575
内蒙古自治区	24 996	15 799	77 385	123 604	2 017 028	1 295 075
辽宁省	793 293	362 003	1 767 466	1 189 281	11 761 274	5 054 956
吉林省	108 054	34 777	114 199	91 512	1 017 502	437 838
黑龙江省	62 109	21 836	173 997	132 738	1 210 503	546 817
上海市	2 006 292	248 863	13 436 875	4 942 970	42 556 182	25 337 666
江苏省	12 405 760	4 903 878	37 736 449	17 017 639	156 736 321	83 774 314
浙江省	3 243 729	1 202 953	11 216 713	5 811 154	45 842 436	24 419 279
安徽省	1 370 340	406 885	5 955 479	1 904 674	22 574 325	12 993 680
福建省	1 519 861	434 988	5 354 471	2 337 585	21 286 139	11 958 696
江西省	1 743 350	699 896	2 437 786	1 124 011	15 853 588	9 237 720
山东省	3 841 626	1 546 976	6 314 842	3 751 175	34 683 915	17 917 873
河南省	1 446 172	265 072	7 929 009	2 402 559	25 769 429	18 390 719
湖北省	545 364	360 800	4 595 711	2 947 154	18 329 417	10 578 213
湖南省	760 068	646 891	1 254 388	889 313	8 933 854	4 342 884
广东省	14 012 348	5 959 715	59 236 489	34 229 980	220 600 629	136 106 354
广西壮族自治区	368 888	120 084	1 117 523	421 346	3 154 652	1 956 069
海南省	14 053	1 377	256 018	75 304	927 097	559 541
重庆市	659 018	375 076	3 092 777	1 260 498	10 227 265	7 551 148
四川省	1 268 587	994 157	5 607 737	3 233 266	24 754 050	17 466 862
贵州省	31 290	25 654	80 918	54 402	290 641	158 823
云南省	–13 820	6 767	110 762	84 547	881 951	477 884
西藏自治区	–392	2	1 479	5 638	11 572	11 636
陕西省	337 976	90 846	1 579 896	1 025 355	11 154 592	6 268 010
甘肃省	49 627	14 640	204 384	84 819	1 132 604	478 800
青海省	–28 869	237	104 487	48 796	1 047 005	752 431
宁夏回族自治区	4 596	5 856	106 079	68 103	839 915	586 384
新疆维吾尔自治区	100 087	9 224	274 240	224 172	2 222 334	1 534 821

表 44　2014 年光通信设备生产量、销售量和出口量汇总表

产品名称	计量单位	企业数（家）	本年生产量	本年销售量	本年出口量
光端机	部	37	9 490 496	9 483 037	2 063
光缆中继设备	部	36	8 923 076	8 912 642	60
光纤放大器	部	22	136 392 667	135 061 296	280 005
波分复用器	部	4	224 225	219 417	42 572
光交叉联接设备	端	7	201 590 923	197 619 816	107 945 328
光分插复用设备（ADM）	部	1	814	714	
多业务传送设备（MSTP）	部	11	39 377	39 394	
电光转换器	部	19	6 850 701	6 872 179	1 301 056
无源光分路器	部	10	2 226 034	2 153 396	187 018

表 45　2014 年卫星通信设备生产量、销售量和出口量汇总表

产品名称	计量单位	企业数（家）	本年生产量	本年销售量	本年出口量
卫星通信设备合计	部	51	36 794 233	36 183 495	6 378 447
卫星地面接收机	部	13	18 222 744	17 986 948	4 121 102
卫星接收天线	部	13	8 327 499	8 052 016	1 710 708
GPS 接收机	部	13	4 468 497	4 451 156	542 050
GPS 天线	部	6	5 728 447	5 646 474	4 587
卫星通信地面站终端机	部	5	6 128	5 983	
卫星地面站零部件	部	1	40 918	40 918	

表 46　2014 年微波通信设备生产量、销售量和出口量汇总表

产品名称	计量单位	企业数（家）	本年生产量	本年销售量	本年出口量
微波通信设备合计	部/套	20	8 100 731	7 684 850	109 020
微波收发通信机	部	11	108 482	106 115	
微波终端机	部	3	37 534	37 508	
微波天线、馈线	套	6	7 954 715	7 541 227	109 020

表 47　2014 年散射通信设备生产量、销售量和出口量汇总表

产品名称	计量单位	企业数（家）	本年生产量	本年销售量	本年出口量
散射通信天线	部	2	731 435	728 947	501 862

表48 2014年载波通信设备生产量、销售量和出口量汇总表

产品名称	计量单位	企业数（家）	本年生产量	本年销售量	本年出口量
电力线载波机	部	3	985	982	

表49 2014年通信导航定向设备生产量、销售量和出口量汇总表

产品名称	计量单位	企业数（家）	本年生产量	本年销售量	本年出口量
通信导航定向设备合计	部	17	379 623	381 729	
飞机通信导航定向设备	部	2	2 760	2 753	
航用通信导航定向设备	部	5	13 724	13 790	
地面通信导航定向设备	部	10	363 139	365 186	

表50 2014年数字程控交换机设备生产量、销售量和出口量汇总表

产品名称	计量单位	企业数（家）	本年生产量	本年销售量	本年出口量
数字程控交换机合计	线	29	31 232 158	31 228 033	12 654 913
用户交换机	线	13	16 919 132	16 918 958	3 013 276
端局交换机	线	2	1 125 470	1 125 371	
汇接局交换机	线	1	214	244	
其他数字程控交换机	线	13	13 187 342	13 183 460	9 641 637

表51 2014年固网软交换相关设备生产量、销售量和出口量汇总表

产品名称	计量单位	企业数（家）	本年生产量	本年销售量	本年出口量
固网软交换相关设备合计	台/线	8	685 984	693 519	
软交换控制设备	台	5	465 095	465 398	
综合接入设备（IAD）	线	1	2 000	2 000	
接入媒体网关（AG）	线	1	100 000	100 000	
中继媒体网关（TG）	线	1	118 889	126 121	

表52 2014年光交换机设备生产量、销售量和出口量汇总表

产品名称	计量单位	企业数（家）	本年生产量	本年销售量	本年出口量
光交换机	台	1	48 454	48 454	37 935

表53 2014年基站及基站控制器设备生产量、销售量和出口量汇总表

产品名称	计量单位	企业数（家）	本年生产量	本年销售量	本年出口量
基站及基站控制器	万信道	14	24 464.97	24 477.46	5.47

表 54 2014 年基站天线生产量、销售量和出口量汇总表

产品名称	计量单位	企业数（家）	本年生产量	本年销售量	本年出口量
基站天线合计	套	11	163 872 517	164 625 977	65 141 415
智能天线	套	6	159 014 108	159 835 055	65 140 360
非智能天线	套	5	4 858 409	4 790 922	1 055

表 55 2014 年直放站生产量、销售量和出口量汇总表

产品名称	计量单位	企业数（家）	本年生产量	本年销售量	本年出口量
直放站	部	8	192 012	195 663	

表 56 2014 年集群通信系统设备生产量、销售量和出口量汇总表

产品名称	计量单位	企业数（家）	本年生产量	本年销售量	本年出口量
集群基站设备	信道	3	146 855	147 028	
集群基站天线	套	4	3 887 881	3 888 826	

表 57 2014 年移动通信核心网分组域设备生产量、销售量和出口量汇总表

产品名称	计量单位	企业数（家）	本年生产量	本年销售量	本年出口量
移动通信核心网分组域设备	套	1	5 242	5 242	

表 58 2014 年无源光网络（PON）生产量、销售量和出口量汇总表

产品名称	计量单位	企业数（家）	本年生产量	本年销售量	本年出口量
光线路终端（OLT）	线	11	277 207	276 464	7 648
光网络单元（ONU）	部	6	16 037 813	15 860 368	12 464 453

表 59 2014 年有源光网络（AON）生产量、销售量和出口量汇总表

产品名称	计量单位	企业数（家）	本年生产量	本年销售量	本年出口量
有源光网络（AON）合计	台	8	553 452	558 680	13 985
局端设备（CE）	台	5	538 056	537 715	13 985
远端设备（RE）	台	3	15 396	20 965	

表 60　2014 年铜缆接入设备生产量、销售量和出口量汇总表

产品名称	计　量 单　位	企业数 （家）	本　年 生产量	本　年 销售量	本　年 出口量
非对称数字用户线（ADSL）合计	部	1	6 496 862	6 493 074	
ADSL 调制解调器（ADSL MODEM）	部	1	6 496 862	6 493 074	
高速率数字用户线路调制解调器（HDSL MODEM）	对	2	2 212	2 207	

表 61　2014 年电力线宽带接入设备（BPL）生产量、销售量和出口量汇总表

产品名称	计　量 单　位	企业数 （家）	本　年 生产量	本　年 销售量	本　年 出口量
电力网桥	线	2	6 890	7 284	
电力线调制解调器（电力猫）	部	4	7 386 664	7 146 635	6 540 000

表 62　2014 年固定无线接入设备生产量、销售量和出口量汇总表

产品名称	计　量 单　位	企业数 （家）	本　年 生产量	本　年 销售量	本　年 出口量
WiMAX 基站	万信道	1	8.9	8.9	

表 63　2014 年其他无线固定接入设备生产量、销售量和出口量汇总表

产品名称	计　量 单　位	企业数 （家）	本　年 生产量	本　年 销售量	本　年 出口量
基站	万信道	4	10 120.33	10 027.33	125
用户端设备	部	8	68 340	72 136	

表 64　2014 年网络控制设备生产量、销售量和出口量汇总表

产品名称	计　量 单　位	企业数 （家）	本　年 生产量	本　年 销售量	本　年 出口量
网络控制设备合计	台	12	667 732	664 479	
通信控制处理机	台	4	25 213	24 874	
集中器	台	1	11 760	13 313	
终端控制器	台	7	630 759	626 292	

表 65　2014 年网络接口和适配器生产量、销售量和出口量汇总表

产品名称	计　量 单　位	企业数 （家）	本　年 生产量	本　年 销售量	本　年 出口量
网络接口和适配器合计	台	6	575 182	567 903	251 924
网络收发器	台	2	309 203	301 924	251 924
网络分配器	台	1	210 870	210 870	
通信网络时钟同步设备	台	3	55 109	55 109	

表 66　2014 年网络连接设备生产量、销售量和出口量汇总表

产品名称	计量单位	企业数（家）	本年生产量	本年销售量	本年出口量
集线器	台	1	50 000	50 000	
路由器	台	22	180 023 605	175 025 893	37 499 233
数字交叉连接设备	台	2	926 608	923 108	
二层交换机	台	3	340 046	300 043	40 000
无线局域网接入点（AP）	台	3	12 745 600	12 765 390	9 010 000

表 67　2014 年网络优化设备生产量、销售量和出口量汇总表

产品名称	计量单位	企业数（家）	本年生产量	本年销售量	本年出口量
网络优化设备合计	台	7	157 379	157 096	8
负载均衡器	台	3	24 855	24 630	8
流量控制器	台	4	132 524	132 466	

表 68　2014 年网络检测设备生产量、销售量和出口量汇总表

产品名称	计量单位	企业数（家）	本年生产量	本年销售量	本年出口量
网络检测设备合计	台	3	30 441 042	27 314 042	107
协议测试设备	台	2	42	42	
差错检测设备	台	1	30 441 000	27 314 000	107

表 69　2014 年固定通信终端设备生产量、销售量和出口量汇总表

产品名称	计量单位	企业数（家）	本年生产量	本年销售量	本年出口量
收发合一中小型电台合计	部	9	16 819	15 327	640
短波电台	部	1	16	78	
超短波电台	部	2	1 486	1 431	
短波跳频电台	部	3	6 723	4 987	
超短波跳频电台	部	3	8 594	8 831	640
电话单机合计	部	34	99 642 278	99 514 688	43 570 923
固定电话机	部	28	98 100 488	97 993 214	43 550 921
特种电话机	部	6	1 541 790	1 521 474	20 002
数据终端设备合计	部	3	2 385 177	2 397 976	1 427 388
传真机	部	2	2 384 235	2 397 034	1 427 388
数传机（含机械、电子打字机）	部	1	942	942	

表70 2014年移动通信终端设备生产量、销售量和出口量汇总表

产品名称	计量单位	企业数（家）	本年生产量	本年销售量	本年出口量
手机	部	136	1 627 198 168	1610 475 000	880 118 662
其中：3G手机	部	31	214 475 798	214 827 876	81 739 845
4G手机	部	42	309 756 224	301 972 830	98 619 128
其他移动通信终端合计	部	13	3 087 173	3 356 908	
集群通信终端	部	6	303 417	301 798	
对讲机	部	7	2 783 756	3 055 110	

表71 2014年通信配套产品和其他通信设备制造生产量、销售量和出口量汇总表

产品名称	计量单位	企业数（家）	本年生产量	本年销售量	本年出口量
通信电源合计		23	14 607 069	14 607 092	662 694
一次电源	台	14	14 512 438	14 301 291	662 694
二次电源	台	9	94 631	92 986	
配线分线设备	部	15	40 045 994	40 357 883	5 897 391
其他配套设备	部	88	40 089 674 332	36 509 084 810	53 615 880
其中：通信用油机	部	1	253	253	

表72 2014年广播电视节目制作及播控设备制造生产量、销售量和出口量汇总表

产品名称	计量单位	企业数（家）	本年生产量	本年销售量	本年出口量
音频节目制作和播控设备合计	部	5	6 268	6 448	5 130
广播专用录音、放音设备	部	4	5 268	5 448	5 130
调音台	部	1	1 000	1 000	
视听节目制作及播控设备合计	部	12	1 744 723	1 649 004	1 381
广播电视专业录、摄像机	部	1	2 509	2 438	1 381
非线性编辑设备	部	2	1 104	1 200	
虚拟演播室设备	部	3	1 324 981	1 272 987	
信号源设备	部	1	54 800	51 686	
视频信号处理设备	部	5	361 329	320 693	

表 73　2014 年广播发射设备制造生产量、销售量和出口量汇总表

产品名称	计量单位	企业数（家）	本年生产量	本年销售量	本年出口量
广播发射设备合计	部	6	60 411	58 909	2
调频同步广播设备	部	3	300	300	1
调幅同步广播设备	部	3	60 111	58 609	1

表 74　2014 年电视发射设备制造生产量、销售量和出口量汇总表

产品名称	计量单位	企业数（家）	本年生产量	本年销售量	本年出口量
电视发射设备合计	部	12	529 670	566 661	215
模拟电视发射机	部	4	446 238	478 468	
数字电视发射机	部	7	83 116	87 887	215
电视转播发射机	部	1	316	306	

表 75　2014 年卫星电视设备制造生产量、销售量和出口量汇总表

产品名称	计量单位	企业数（家）	本年生产量	本年销售量	本年出口量
卫星电视设备合计	部	11	25 732 501	25 479 419	5 187 258
卫星电视上行发射设备	部	1	773	758	758
卫星电视接收转发设备	部	8	13 078 970	12 829 875	5 185 532
卫星电视配套设备	部	2	47 207	43 235	968

表 76　2014 年广播电视微波传输设备制造生产量、销售量和出口量汇总表

产品名称	计量单位	企业数（家）	本年生产量	本年销售量	本年出口量
广播电视微波传输设备合计	部	2	16 000	16 000	
点对点数字微波中继设备	部	2	16 000	16 000	

表 77　2014 年有线电视网络设备制造生产量、销售量和出口量汇总表

产品名称	计量单位	企业数（家）	本年生产量	本年销售量	本年出口量
有线电视网络设备合计	部	47	25 955 005	26 325 739	12 071 482
有线电视网络前端设备小计	部	12	3 253 767	3 172 689	127 857
数字电视编码器、解码器	部	4	656 314	655 930	121 441
调制、解调器	部	5	2 586 297	2 506 109	5 520

续表

产品名称	计量单位	企业数(家)	本年生产量	本年销售量	本年出口量
网络管理/控制设备	部	2	7 256	7 254	
数字电视复用器	部	1	3 900	3 396	896
有线电视光缆传输系统设备小计	部	28	22 003 312	22 457 152	11 943 625
工作站	部	5	77 553	73 682	65
发射机	部	5	21 741	21 393	37
接收机	部	12	21 862 221	22 318 216	11 943 013
放大器	部	4	7 313	9 361	510
无源器件	部	2	34 484	34 500	
有线电视电缆分配系统及终端设备小计	部	7	697 926	695 898	
放大器	部	1	15 507	15 304	
分配器	部	2	441	441	
用户端接口	部	1	60 000	60 000	
电缆调制解调器	部	3	621 978	620 153	

表78 2014年通用应用电视监控系统设备制造生产量、销售量和出口量汇总表

产品名称	计量单位	企业数(家)	本年生产量	本年销售量	本年出口量
黑白、彩色监控用摄像机	部	12	1 644 891	1 721 202	58 328
黑白、彩色视频监视器	部	3	28 008	26 958	17 597
信号控制设备（控制主机）	套	4	398 858	397 861	16 391
视频信号传输设备	套	5	27 822	27 811	

表79 2014年特殊环境应用电视监视设备制造生产量、销售量和出口量汇总表

产品名称	计量单位	企业数(家)	本年生产量	本年销售量	本年出口量
特殊环境应用电视监视设备	部	1	600	577	

表80 2014年特殊成像及功能的应用电视设备制造生产量、销售量和出口量汇总表

产品名称	计量单位	企业数(家)	本年生产量	本年销售量	本年出口量
特殊成像及功能的应用电视设备	部	4	117 232	116 214	92

表 81　2014 年其他用途的应用电视设备制造生产量、销售量和出口量汇总表

产品名称	计　量 单　位	企业数 （家）	本　年 生产量	本　年 销售量	本　年 出口量
其他用途的应用电视设备	部	9	5 879 885	5 451 684	4 211 134

表 82　2014 年广播电视设备专用配件制造生产量、销售量和出口量汇总表

产品名称	计　量 单　位	企业数 （家）	本　年 生产量	本　年 销售量	本　年 出口量
双工器	个	3	255 271	247 240	
输出滤波器	个	7	106 203 646	106 189 999	513 244
发射天线	套	6	7 241 469	7 372 784	1 100 602

表 83　2014 年电子计算机整机制造生产量、销售量和出口量汇总表

产品名称	计　量 单　位	企业数 （家）	本　年 生产量	本　年 销售量	本　年 出口量
计算机工作站合计	台	8	70 650	70 546	
高性能计算机	台	6	43 870	43 771	
工作站	台	2	26 780	26 775	
微型计算机设备合计	台	167	350 795 739	347 120 860	238 778 527
台式微型计算机	台	55	71 658 345	71 508 992	22 679 051
便携式微型计算机小计	台	112	250 267 101	248 701 835	214 382 233
笔记本计算机	台	64	164 287 267	164 008 696	142 641 532
平板计算机	台	48	85 979 834	84 693 139	71 740 701
服务器	台	16	3 945 498	3 964 104	766 363
电子计算机数字式处理部件合计	台	35	24 725 186	24 718 959	21 044 845
高性能计算机数字式处理部件	台	4	22 785 021	22 785 021	21 043 739
微型计算机数字式处理部件	台	5	654 422	653 786	
工业控制计算机	台	26	1 285 743	1 280 152	1 106

表 84　2014 年电子计算机零部件制造生产量、销售量和出口量汇总表

产品名称	计　量 单　位	企业数 （家）	本　年 生产量	本　年 销售量	本　年 出口量
微机板卡合计	块	30	358 876 919	354 955 440	94 824 045
微机主机板	块	13	103 087 611	102 183 482	28 520 854
内存条	块	3	761 014	763 385	
显卡	块	5	12 195 034	12 118 724	11 215 388
网卡小计	块	9	242 833 260	239 889 849	55 087 803

续表

产品名称	计量单位	企业数（家）	本年生产量	本年销售量	本年出口量
有线局域网网卡	块	2	164 958 335	164 831 580	
无线局域网网卡	块	4	75 888 674	73 092 018	55 087 803
移动通信上网卡	块	3	1 986 251	1 966 251	
电源合计	部	38	270 933 665	261 352 865	6 720 524
开关电源	部	27	267 572 899	258 006 571	5 562 571
UPS 电源小计	部	11	3 360 766	3 346 294	1 157 953
在线式 UPS 电源	台	7	547 837	544 141	83 661
后备式 UPS 电源	台	4	2 812 929	2 802 153	1 074 292
其他配套产品及耗材					
机箱	万个	38	80 045.57	79 616.08	9 318.69
鼠标器	万只	6	13 138.33	13 666.39	1 827.12
键盘	万只	16	25 238.15	25 255.15	6 950
打印头	万只	3	492	488	175
墨盒	万片	7	27 328.63	27 324.63	23 389
硒鼓	万只	9	23 879.03	23 706.31	741.76
色带	万只	1	2 245	2 204	2 204

表 85　2014 年电子计算机显示器制造生产量、销售量和出口量汇总表

产品名称	计量单位	企业数（家）	本年生产量	本年销售量	本年出口量
终端显示设备合计	台	61	242 367 695	241 022 055	92 633 903
字符汉字终端	台	2	77 356	77 356	
图形图像终端	台	4	11 657 739	11 209 607	3 319 000
显示器小计	台	55	230 632 600	229 735 092	89 314 903
单色显示器（CRT）	台	3	55 218	55 210	2 000
彩色显示器（CRT）	台	19	16 760 776	16 637 058	9 314 433
平板显示器	台	33	213 816 606	213 042 824	79 998 470

表 86　2014 年电子计算机外部设备制造生产量、销售量和出口量汇总表

产品名称	计　量 单　位	企业数 （家）	本　年 生产量	本　年 销售量	本　年 出口量
输入设备合计	台	69	1 190 622 121	1 199 618 148	130 841 107
绘图仪	台	1	1 053	1 038	
扫描仪	台	5	343 054	334 149	92 330
IC 卡读写机具	台	5	14 629 480	13 794 958	10 689 064
数字照相机	台	8	8 508 601	8 565 027	8 416 191
磁卡读写器	台	3	32 943	31 318	
摄像头	台	20	840 934 305	850 241 626	111 282 458
图形板	台	1	13 350	13 998	
触感屏	台	15	325 997 481	326 477 960	341 264
射频卡机（RFID 读写器）	台	7	28 034	27 988	
生物特征识别设备	台	4	133 820	130 086	19 800
输出设备合计	台	72	184 708 818	184 719 832	51 151 320
打印设备小计	台	54	179 833 571	179 898 209	48 062 239
针式打印机	台	13	2 674 428	2 670 517	1 369 372
激光打印机	台	14	30 059 738	30 369 857	21 543 417
喷墨打印机	台	11	128 293 007	128 205 316	10 716 500
多功能打印机	台	14	18 804 715	18 650 644	14 432 950
喷绘机	台	2	1 683	1 875	
图形图像输出设备	台	4	108 325	108 325	
投影仪	台	14	4 766 922	4713 298	3 089 081
外存储设备合计	台	42	799 475 961	674 703 870	266 854 102
硬盘类存储设备小计	台	18	375 879 733	361 252 928	199 752 943
硬盘驱动器	台	12	182 870 484	177 819 760	148 138 717
移动硬盘	台	5	192 009 249	182 433 168	51 614 226
微硬盘驱动器	台	1	1 000 000	1 000 000	
光盘驱动器	台	2	46 769 257	46 265 155	42 111 965
半导体储存器小计	台	18	376 208 210	266 567 026	24 664 194
半导体存储盘	台	12	182 745 413	182 455 180	4 247 080
半导体存储卡	台	4	176 808 303	68 116 924	4 427 209
固态存储器 SSD	台	2	16 654 494	15 994 922	15 989 905
网络存储设备	台	2	611 360	611 360	325 000

续表

产品名称	计　量 单　位	企业数 （家）	本　年 生产量	本　年 销售量	本　年 出口量
磁性存储设备	台	2	7 401	7 401	
阅读机、数据转录及处理机械合计	台	4	114 005	113 866	
数据处理机械	台	4	114 005	113 866	

表 87　2014 年计算机应用产品制造生产量、销售量和出口量汇总表

产品名称	计　量 单　位	企业数 （家）	本　年 生产量	本　年 销售量	本　年 出口量
计算机辅助教学系统	部	11	62 679	62 192	10
计算器	部	8	31 331 545	31 019 115	7 004 646
金融、商业、税务电子应用产品合计	部	46	8 700 365	8 547 264	2 583 914
点钞机	部	8	402 147	390 231	15 118
自动柜员机（ATM）	部	10	344 714	342 955	2 288
银行自助服务终端	部	4	838 030	849 302	
POS 机	部	10	5 779 624	5 739 387	2 566 508
税控机	部	9	1 151 381	1 041 914	
鉴别仪	部	5	184 469	183 475	
汽车电子合计	套	79	26 951 024	26 809 592	6 996 275
动力总成控制系统	套	16	5 451 267	5 396 391	1 690 000
新能源汽车电池管理系统	套	10	927 149	934 305	
电机控制系统	套	28	7 262 232	7 180 967	31 980
ABS	套	8	1 786 713	1 782 575	45 798
车载导航	套	17	11 523 663	11 515 354	5 228 497
其中：北斗导航终端	套	2	3 795	3 568	
智能穿戴设备	部	1	4 088 200	4 084 870	
其他应用产品合计	部	3	58	58	
会议视频系统	部	3	58	58	

表 88　2014 年信息系统安全产品制造生产量、销售量和出口量汇总表

产品名称	计　量 单　位	企业数 （家）	本　年 生产量	本　年 销售量	本　年 出口量
边界防护类设备和系统合计	台、套	9	350 054	349 984	
防火墙、防水墙	台	6	28 010	27 935	
虚拟专用网设备（VPN）	台	2	165 804	165 809	

续表

产品名称	计量单位	企业数（家）	本年生产量	本年销售量	本年出口量
抗拒绝服务（DoS）攻击系统	套	1	156 240	156 240	
数据保护类设备和系统合计	套	1	6 940	6 625	
数据备份系统	套	1	6 940	6 625	
安全检测类设备和系统合计	套	8	511 562	508 426	40
入侵检测系统	套	4	475 184	473 248	
入侵防御系统	套	2	2 766	2 766	
安全扫描器	台	2	33 612	32 412	40
安全智能卡类设备和系统	套	22	586 822 131	586 807 131	83
密钥管理类设备和系统	套	12	3 420 298	3 382 710	10

表 89 2014 年电视机制造生产量、销售量和出口量汇总表

产品名称	计量单位	企业数（家）	本年生产量	本年销售量	本年出口量
彩色电视机合计	台	119	141 288 715	140 938 216	66 435 343
显像管彩色电视机	台	10	1 051 911	1 055 526	547 974
平板电视机小计	台	108	140 236 732	139 868 127	65 763 153
其中：液晶（LCD）电视机	台	97	138 658 865	138 246 646	65 648 701
屏幕尺寸<38cm	台	21	29 388 100	28 366 265	13 238 404
38cm≤屏幕尺寸<102cm	台	43	62 234 770	62 568 134	28 495 321
屏幕尺寸≥102cm	台	33	47 035 995	47 312 246	23 914 977
等离子（PDP）电视机	台	11	1 577 867	1 606 202	314 551
屏幕尺寸<102cm	台	7	405 084	396 927	182 155
屏幕尺寸≥102cm	台	4	1 172 783	1 209 275	132 396
其中：超高清电视	台	25	13 932 456	13 535 262	7 155 447
其中：智能电视	台	67	83 257 732	82 290 841	36 041 969
投影电视机	台	1	72	72	
黑白电视机	台	2	42 297	44 750	
电视接收机顶盒合计	部	42	84 318 107	84 217 570	29 343 040
有线电视机顶盒	部	34	75 455 479	75 550 084	23 920 258
地面广播机顶盒	部	4	3 187 515	3 131 534	2 466 026
卫星广播机顶盒	部	4	5 675 113	5 535 952	2 956 756
网络智能机顶盒	部	2	279 513	275 992	25 992

表90　2014年摄、录像、激光视盘机制造生产量、销售量和出口量汇总表

产品名称	计量单位	企业数（家）	本年生产量	本年销售量	本年出口量
摄、录像、激光视盘机制造合计	台	37	167 211 023	167 020 710	130 863 973
录像机小计	台	9	4 532 594	4 374 219	1 737 900
家用摄录一体机	台	5	4 342 872	4 182 957	1 549 050
数码摄像机	台	4	189 722	191 262	188 850
数字激光音、视盘机	台	28	162 678 429	162 646 491	129 126 073

表91　2014年家用音响电子设备制造生产量、销售量和出口量汇总表

产品名称	计量单位	企业数（家）	本年生产量	本年销售量	本年出口量
家用音响合计	台	103	134 434 228	134 132 768	43 545 006
组合音响	台	61	98 547 906	98 175 716	34 490 485
MP3、MP4播放器	台	14	28 579 330	28 582 615	5 131 078
功率放大器	台	18	6 610 506	6 609 048	3 746 008
数字录音机（笔）	台	3	476 304	510 639	177 435
数字化多媒体组合机	台	7	220 182	254 750	
汽车电子音响设备	台	29	44 569 514	44 514 302	7 746 129

表92　2014年家用电子电器主要配套件制造生产量、销售量和出口量汇总表

产品名称	计量单位	企业数（家）	本年生产量	本年销售量	本年出口量
音像盘片	万片	12	40 802.27	41 264.53	6 169.91
录音录像磁鼓	万只	1	1 860	1 823	
充电器	万只	18	53 056.33	50 694.13	21 751
遥控器	万只	13	21 364.2	21 108.04	661
光机引擎	套	5	107 491	106 493	
各种接口合计	万只	31	534 753.13	533 021.42	784.28
通用串行总线接口（USB）	万只	5	244 213	242 371.58	231.13
高清多媒体接口（HDMI）	万只	1	1 000	1 000	
亮/色（Y/C）分离接口	万只	2	5 350	5 146.7	
其他接口	万只	23	284 190.13	284 503.14	553.15

表 93 2014 年电子测量仪器制造生产量、销售量和出口量汇总表

产品名称	计量单位	企业数（家）	本年生产量	本年销售量	本年出口量
频率测量仪器合计	台	47	3 996 714	3 963 585	323 296
数字脉冲频率测量仪	台	15	118 778	116 300	8
模拟式频率测量仪	台	9	1 265 261	1 264 248	
计数器	台	10	2 445 120	2 415 911	305 288
计数器扩频装置	台	1	14 032	14 032	
时间测量仪器	台	4	110 296	110 065	18 000
特种计数器	台	4	13 029	12 994	
频率标准	台	3	27 866	27 866	
校频比相仪	台	1	2 332	2 169	
电压测量仪器合计	台	37	26 197 839	26 324 224	3 440 586
直流数字电压表	台	5	764 110	757 759	
交流数字电压表	台	3	579	564	
数字多用表	台	15	22 945 751	23 070 075	2 700 315
电压电源标准装置	台	14	2 487 399	2 495 826	740 271
示波器	台	3	127 670	129 269	9 360
器件参数测量仪器合计	台	34	2 419 176	2 408 143	72 202
数字 IC 测试仪	台	1	70	66	
光电器件测试仪	台	7	334 978	331 935	1 442
电力电子器件测试仪	台	22	2 016 377	2 008 410	70 760
半导体器件图示仪	台	4	67 751	67 732	
元件参数测量仪器	台	7	97 678	97 212	
脉冲测量仪器	台	2	2 200	2 032	
扫描、频谱波形分析仪器合计	台	8	99 659	99 901	2 100
扫频仪	台	3	93 065	93 305	2 100
频谱分析仪	台	4	6 496	6 498	
频偏调制度测量仪	台	1	98	98	
微波测量仪器合计	台	3	28 583	31 166	
雷达综合测试仪	台	1	1 601	4 184	
微波测量仪器部件	台	2	26 982	26 982	
通信测量仪器合计	台	4	58 889	58 589	
载波通信测量仪	台	1	4 800	4 500	

续表

产品名称	计量单位	企业数（家）	本年生产量	本年销售量	本年出口量
PDH/SDH 传输分析仪	台	1	2 000	2 000	
模拟数字移动通信基台移动台	台	2	52 089	52 089	
超低频测量仪器合计	台	5	3 374 937	3 321 301	
频响分析仪	台	1	17	28	
滤波器、放大器	台	4	3 374 920	3 321 273	
声学测量仪器合计	台	7	81 796	81 788	
电源、声震信号发生器	台	2	5 776	5 771	
声级计	台	1	6 000	6 000	
电声发生器	台	1	51 020	51 020	
振动脉击测量仪器	台	1	600	597	
声震仪整件	台	2	18 400	18 400	
稳压电源	台	5	566 187	551 930	93 850
记录显示仪合计	台	12	6 139 286	6 145 890	
记录仪	台	8	93 572	91 296	
显示仪	台	4	6 045 714	6 054 594	
信号源合计	台	5	945 176	918 741	809 026
信号发生器	台	5	945 176	918 741	809 026
其他测量仪器合计	台	15	844 705	875 556	
标准电感电容电阻器	台	5	647 133	664 603	
激光测距	台	5	195 459	208 774	
水声设备	台	3	1 130	1 130	
原子射线仪器	台	1	35	35	
气象仪器	台	1	948	1 014	
电子测量仪器零附件	台	21	7 314 575	7 317 399	1 421 004

表 94　2014 年医疗电子设备及器械制造生产量、销售量和出口量汇总表

产品名称	计量单位	企业数（家）	本年生产量	本年销售量	本年出口量
医用电子仪器设备合计	台	50	61 231 344	57 696 651	40 589 361
心电、生理示波及记录仪器	台	4	5 499	5 387	
监护仪器	台	16	430 981	431 655	335 440
心电遥测仪器	台	2	41 248	37 977	

续表

产品名称	计量单位	企业数（家）	本年生产量	本年销售量	本年出口量
治疗急救装置	台	5	1 072 530	1 028 006	
血液测定仪器	台	5	19 962 210	16 179 811	16 157 936
气体分析测量仪器	台	7	8 610	8 219	12
电子体温、压力测量装置	台	11	39 710 266	40 005 596	24 095 973
医用超声仪器	台	15	172 706	172 894	5
医用激光仪器及设备	台	6	5 594	5 546	450
医用生化分析仪器合计	台	12	26 491	26 496	982
分离制备仪器	台	4	16 234	16 174	840
生化分析仪器	台	8	10 257	10 322	142
医用高频微波射线核素仪器合计	台	16	293 160	293 178	
医用高频设备	台	4	1 912	1 914	
医用微波诊断、治疗仪器	台	6	261 577	261 585	
医用射线诊断、治疗仪器	台	5	921	929	
医用核素诊断、治疗仪器	台	1	28 750	28 750	
中医用仪器合计	台	10	114 607	117 886	
诊断仪器	台	5	5 722	5 690	
各种电疗磁疗光疗针麻仪器	台	5	108 885	112 196	
其他医疗电子仪器合计	台	20	171 904	166 918	62 731
医用光学仪器	台	18	169 330	164 344	62 731
体外循环仪器	台	2	2 574	2 574	

表 95　2014 年应用电子仪器制造生产量、销售量和出口量汇总表

产品名称	计量单位	企业数（家）	本年生产量	本年销售量	本年出口量
农业电子应用仪器合计	台	8	104 181	103 607	5
土壤测定分析仪器	台	3	9 321	9 241	5
牧副渔业仪器	台	5	94 860	94 366	
工交电子应用仪器	台	19	1 780 548	1 813 965	43 588
文教电子应用仪器	台	9	216 553	214 116	2
其他仪器	台	148	37 146 753	37 051 009	20 856 725
电子电表合计	万只	11	3 350.57	3 257.43	0.17

续表

产品名称	计　量 单　位	企业数 （家）	本　年 生产量	本　年 销售量	本　年 出口量
直流电流电压表	万只	3	1 023	988.2	
交流电流电压表	万只	2	873	824	
热电式高频电流表	万只	1	188	181	
功率表	万只	4	1 256.57	1 254.23	0.17
电平表	万只	1	10	10	
电子专用电表合计	万只	37	88 913.72	89 386.73	495.86
特殊用途电表	万只	9	28 844.27	28 845.66	2.76
IC卡智能表及远程智能表系列	万只	28	60 069.45	60 541.07	493.1
安规仪器合计	台	6	300 477	300 472	
耐压测试仪	台	3	257 069	257 064	
泄漏电流测试仪	台	1	1 600	1 600	
脉冲电压发生器	台	2	41 808	41 808	
电化学测试仪器合计	台	8	5 514	5 616	1 208
恒电位/电流仪	台	1	20	20	
电化学测试系统	台	6	5 294	5 396	1 208
酸度计	台	1	200	200	

表96　2014年电子工业专用设备制造生产量、销售量和出口量汇总表

产品名称	计　量 单　位	企业数 （家）	本　年 生产量	本　年 销售量	本　年 出口量
半导体材料生产、加工设备合计	台	60	214 815	213 211	49 010
太阳能级半导体材料生产、加工设备小计	台	35	178 797	177 275	47 339
多晶硅铸锭炉	台	8	40 603	40 538	
单晶炉	台	10	10 371	10 348	
线切割机	台	12	65 489	63 670	
清洗设备	台	5	62 334	62 719	47 339
集成电路、分立器件半导体材料生产、加工设备小计	台	25	36 018	35 936	1 671
单晶炉	台	1	30	30	
滚圆切断机	台	1	3 000	3 000	
倒角机	台	1	6 220	6 277	
线切割机	台	10	18 333	18 376	893

续表

产品名称	计量单位	企业数（家）	本年生产量	本年销售量	本年出口量
磨片机	台	2	501	501	
抛光机	台	4	4 268	4 047	
清洗设备	台	6	3 666	3 705	778
半导体器件和集成电路制造设备合计	台	66	1 226 298	1 225 674	412
晶硅太阳能芯片制造设备小计	台	10	18 836	18 809	
扩散炉	台	3	12 097	12 097	
等离子刻蚀机	台	1	800	780	
等离子体增强化学气相淀积设备 PECVD	台	1	205	197	
网带自动烘干炉	台	2	60	60	
自动测试分选设备	台	3	5 674	5 675	
薄膜太阳能片制造设备小计	台	4	2 326	2 323	
沉积设备（PECVD）	台	2	2 003	2 003	
激光刻蚀机	台	2	323	320	
集成电路、分立器件芯片制造设备小计	台	52	1 205 136	1 204 542	412
外延设备	台	5	13 053	13 053	
扩散设备	台	1	3 767	3 767	
快速热处理设备	台	13	180 665	180 604	
匀胶、显影设备	台	1	90	91	
光刻机	台	2	1 155	1 166	
化学气相淀积设备	台	4	1 315	1 315	
化学机械抛光设备（CMP）	台	2	3 043	2 939	
自动探针测试台	台	2	6 032	6 032	
减薄机	台	2	881 169	881 171	
划片机	台	1	25	40	
粘片机	台	2	32	49	
键合机	台	3	547	574	
自动封装设备	台	7	81 915	82 265	409
自动测试分选设备	台	4	17 601	17 583	
自动打标编带设备	台	3	14 727	13 893	
电真空器件专用设备合计	台	35	63 083 593	62 964 419	60 235 687
真空开关管生产设备	台	8	120 247	116 337	

续表

产品名称	计量单位	企业数(家)	本年生产量	本年销售量	本年出口量
微波真空管生产设备	台	4	194 951	193 880	
电光源生产设备	台	8	1 003 344	1 003 353	103
显像管及电子枪生产设备	台	1	2 835	2 836	
平板显示器件（FPD）生产设备小计	台	14	61 762 216	61 648 013	60 235 584
液晶显示器件（LCD）生产设备	台	7	61 747 376	61 633 521	60 233 010
等离子显示器件（PDP）生产设备	台	1	1 825	1 595	
OLED 生产设备	台	1	1	1	
其他平板显示器件生产设备	台	5	13 014	12 896	2 574
电子元件专用设备合计	台	78	4 514 135	4 398 337	12
电阻、电位器生产设备	台	4	564 434	564 432	
电容器生产设备	台	14	79 106	78 329	
陶瓷元件生产设备	台	1	11 100	11 100	
磁性材料及元件生产设备	台	9	209 216	208 291	2
印制电路板生产设备	台	6	314 066	309 003	10
线缆生产设备	台	4	181	183	
敏感元器件及传感器生产设备	台	7	2 923 455	2 824 561	
频率元器件生产设备	台	1	1 103	1 156	
绿色电池生产设备	台	3	366	367	
电感器件、特种变压器生产设备	台	17	351 570	341 983	
压电晶体生产设备	台	1	223	223	
电声器件生产设备	台	2	36 531	35 832	
开关接插件生产设备	台	9	22 784	22 877	
气候环境模拟和可靠性试验设备合计	台	11	12 093	12 089	
气候环境模拟试验设备	台	3	9 338	9 338	
力学环境试验设备	台	2	1 312	1 305	
综合试验设备	台	4	1 370	1 369	
可靠性试验设备	台	2	73	77	
水、气净化设备合计	台	30	3 270 964	3 079 633	486 147
空气净化设备小计	台	20	3 038 089	2 860 684	476 076
净化空气	台	12	2 992 026	2 814 621	476 076
净化工作台	台	3	1 825	1 825	

续表

产品名称	计量单位	企业数（家）	本年生产量	本年销售量	本年出口量
高效过滤器	台	2	27 551	27 551	
净化检测设备	台	3	16 687	16 687	
水纯化设备	台	4	179 189	169 249	10 071
气体纯化设备	台	1	50 000	46 000	
废水处理设备	台	5	3 686	3 700	
电子整机装联设备合计	台	42	436 580	432 931	1 728
自动贴片机	台	3	5 174	5 174	
装配生产线	台	16	7 713	7 681	1 728
波峰焊接、再流焊接设备	台	2	684	684	
自动检测仪器（机）	台	16	398 073	394 482	
自动X射线轮廓仪	台	1	405	405	
自动清洗设备	台	4	24 531	24 505	
电子通用设备合计	台	37	263 017	262 331	3 192
真空获得设备	台	7	51 259	51 236	
超声波设备	台	9	7 812	7 715	
精密焊接设备	台	11	98 189	98 187	25
干燥设备	台	6	74 233	73 653	3 167
精密电子丝网印刷设备	台	2	2 531	2 547	
防静电系列产品	台	2	28 993	28 993	

表 97　2014 年电子工业模具及齿轮制造生产量、销售量和出口量汇总表

产品名称	计量单位	企业数（家）	本年生产量	本年销售量	本年出口量
模具	付	120	60 517 263	60 529 381	2 657 555
模架	套	18	19 732 763	19 653 942	1 682 295
模具标准件	件	31	417 757 893	414 481 023	3 811 229
气动工具	件	15	1 661 860	1 687 262	242 657
电动工具	件	27	14 771 917	13 935 610	2 926 860
焊接工具	件	10	9 174 889	9 063 235	

表 98　2014 年其他电子设备制造生产量、销售量和出口量汇总表

产品名称	计量单位	企业数（家）	本年生产量	本年销售量	本年出口量
其他电子设备制造合计	台	65	3 603 295	3 580 871	1 162 509
邮政专用设备及器材制造小计	台	4	33 089	33 089	
邮政营业设备	台	2	23 084	23 084	
邮政内部处理设备	台	1	5	5	
邮政投递设备	台	1	10 000	10 000	
激光设备制造	台	51	2 563 865	2 541 449	162 509
电子垃圾处理设备制造	台	10	1 006 341	1 006 333	1 000 000

表 99　2014 年电子元件及组件制造生产量、销售量和出口量汇总表

产品名称	计量单位	企业数（家）	本年生产量	本年销售量	本年出口量
电容器合计	万只	263	80 413 358.59	78 090 143.58	48 893 645.6
纸介电容器	万只	23	1 128 034.18	1 132 160.68	49 946
塑料介质电容器小计	万只	83	3 359 700.17	3 363 792.49	840 134.1
聚酯膜电容器	万只	36	823 397.05	834 775.64	228 982.1
聚丙烯膜电容器	万只	30	1 752 092.92	1 747 444.95	322 495
聚苯乙烯电容器	万只	6	38 399.2	38 378.9	
聚碳酸酯电容器	万只	3	24 284	24 184	
片式有机介质电容器（SMC）	万只	8	721 527	719 009	288 657
瓷介电容器小计	万只	38	66 284 050.94	64 063 135.05	46 857 686.9
圆片瓷介电容器	万只	22	858 183.55	836 247.64	93 964.9
多层瓷介电容器	万只	16	65 425 867.39	63 226 887.41	46 763 722
其中：片式贴装瓷介电容器	万只	3	53 756 842	53 992 884	44 361 509
超大容量电容器	万只	6	24 816	24 310	22
云母电容器	万只	5	7 874	7 869	
玻璃釉电容器	万只	2	10 009	10 009	
电解电容器小计	万只	99	9 574 568	9 464 992.46	1 145 856.6
铝电解电容器	万只	93	8 740 497.67	8 653 491.3	1 145 856.6
其中：片式铝电解电容器	万只	2	12 086	12 084	1 547
钽电解电容器	万只	6	834 070.33	811 501.16	
其中：片式钽电解电容器	万只	2	12 071.91	11 584.23	

续表

产品名称	计量单位	企业数（家）	本年生产量	本年销售量	本年出口量
可变电容器	万只	3	342.8	332.6	
真空电容器小计	万只	2	5 962.3	5 962.3	
可变真空电容器	万只	2	5 962.3	5 962.3	
电容网络	万只	2	18 001.2	17 580	
电阻、电位器合计	万只	95	54 457 172.41	54 259 933.66	12 546 240.94
固定电阻器小计	万只	72	53 496 060.66	53 299 554.08	12 188 965.94
碳膜电阻器	万只	11	10 551 359	10 917 574.98	398 543
金属膜电阻器	万只	16	3 938 916.01	3 926 519.81	1 837 578.64
氧化膜电阻器	万只	3	49 612.07	49 767.94	
玻璃釉电阻器	万只	3	8 231.56	7 665.66	121
线绕电阻器	万只	12	391 589.47	387 587.14	1 990.32
合成膜电阻器	万只	2	141 978	144 068	
实芯电阻器	万只	1	42 342	42 078	15 256
片式电阻器	万只	20	38 369 715.12	37 821 934.06	9 935 338
熔断电阻器	万只	4	2 317.43	2 358.49	138.98
电位器小计	万只	23	961 111.75	960 379.58	357 275
线绕电位器	万只	6	15 996.5	15 905.51	7 289
碳膜电位器	万只	7	911 222.25	911 130.07	338 005
实芯电位器	万只	2	7 649	7 149	400
玻璃釉电位器	万只	2	7 962	7 919	1 223
导电塑料电位器	万只	3	13 078	13 072	7 848
片式电位器	万只	3	5 204	5 204	2 510
电连接器合计					
低频连接器小计	万只	135	8 797 888.22	8 752 460.32	2 927 066.26
圆形连接器	万只	32	419 461.95	418 212.53	17 432.13
矩形连接器	万只	16	103 018.57	98 508.51	34 120.03
条形连接器	万只	36	1 413 545.07	1 410 262.06	1 139 552.72
印制电路连接器	万只	4	51 387.65	47 772.32	0
带状电缆连接器	万只	13	554 320.58	552 814.52	3 230.42
端子	万只	29	6 183 139.29	6 152 062.23	1 674 116.95

续表

产品名称	计量单位	企业数（家）	本年生产量	本年销售量	本年出口量
表面贴装型低频连接器	万只	5	73 015.11	72 828.15	58 614
射频连接器	万只	25	82 255.06	81 591.85	10 111.87
光连接器	万只	12	413 911.38	415 885.45	405 934
特种连接器	万只	28	479 512.83	480 634.75	56 688.34
各类开关	万只	71	2 114 652.77	2 108 996.55	158 701.6
各类插座	万只	22	76 535.67	76 908.4	15 839.73
各类插塞、插孔	万只	19	173 736.1	173 419.1	17 344
控制元件合计	万只	33	312 605.53	309 242.65	74 089.62
电子继电器小计	万只	33	312 605.53	309 242.65	74 089.62
电磁继电器	万只	27	295 013.91	291 707.7	73 944.62
固态继电器	万只	6	17 591.61	17 534.95	145
磁性材料元件及感性器件					
软磁材料元件小计	万公斤	49	179 800.84	178 147.82	14 886.23
金属软磁小计	万公斤	16	31 722.59	31 762.86	
硅钢片	万公斤	10	24 686.1	24 771.1	
金属磁粉心	万公斤	4	6 503.49	6 461.76	
铁镍合金	万公斤	2	533	530	
铁氧体软磁小计	万公斤	33	148 078.25	146 384.96	14 886.23
锰锌铁氧体	万公斤	27	42 341.31	40 342.71	14 402.64
镍锌铁氧体	万公斤	5	105 526.36	105 819.17	470
镁锌铁氧体	万公斤	1	210.58	223.08	13.59
硬磁材料元件小计	万公斤	47	75 728.68	72 953.39	11 006.04
铁氧体永磁	万公斤	20	43 683.24	40 973.87	8 223.8
钕铁硼永磁	万公斤	26	32 024.44	31 958.52	2 782.24
铝镍钴永磁	万公斤	1	21	21	
其他磁性材料元件	万公斤	8	4 830.76	4 823.76	3.18
感性器件小计	万只	297	3 811 315.47	3 800 106.92	470 081.63
变压器小计	万只	204	1 371 115.35	1 368 098.55	100 326.05
电源变压器	万只	99	501 139.4	499 734.85	56 910.49
开关电源变压器	万只	43	759 914.37	758 907.88	7 784

续表

产品名称	计量单位	企业数（家）	本年生产量	本年销售量	本年出口量
音频变压器	万只	5	10 927.92	11 031.22	4 375
脉冲变压器	万只	3	11 423	11 443	1 072
其他功能变压器	万只	54	87 710.66	86 981.6	30 184.56
电感器小计	万只	93	2 440 200.12	2 432 008.37	369 755.58
小型电感器	万只	53	2 019 710.52	2 006 887.2	146 737.06
电感滤波器	万只	20	85 564.11	85 931.22	19 204.92
扼流圈	万只	4	235 881.2	238 891.2	171 960
发射或接收线圈	万只	3	888	882.55	499.6
空心线圈	万只	13	98 156.29	99 416.2	31 354
电声器件合计	万只	180	3 182 303.95	3 190 326.02	931 006.16
通信传声器件小计	万只	36	400 360.77	400 325.04	97 708.95
送话器	万只	4	2 884.07	2 985.67	
受话器	万只	10	126 220.06	126 315.58	46 172.82
组合件	万只	22	271 256.63	271 023.79	51 536.13
传声器小计	万只	14	336 732.76	346 694.71	38 989.65
电容式传声器	万只	6	19 334	19 237	37
驻极体传声器	万只	6	283 818.76	295 289.71	8 411.65
硅传声器	万只	1	33 560	32 148	30 541
无线传声器	万只	1	20	20	
扬声器小计	万只	62	2 217 949.99	2 217 587.77	765 695.66
号筒扬声器	万只	21	92 345.22	91 955.08	5 221
直接辐射式扬声器	万只	15	2 083 128.76	2 083 305.86	755 342.23
球顶形扬声器	万只	6	19 927	19 936	
汽车扬声器	万只	20	22 549.01	22 390.83	5 132.43
音箱、音柱小计	万只	14	1 946.92	1 964.27	929.1
专业用音箱（厅堂馆所）	万只	4	370	379	374
家庭用音箱	万只	10	1 576.92	1 585.27	555.1
耳机	万只	43	155 381.31	155 075.87	22 785.13
蜂鸣器	万只	6	32 130.2	29 210.36	622.67
蜂鸣片	万只	5	37 802	39 468	4 275

续表

产品名称	计量单位	企业数（家）	本年生产量	本年销售量	本年出口量
频率控制元件合计	万只	84	2 338 910.08	2 322 252.68	551 434.81
压电陶瓷及频率元件小计	万只	25	752 390.65	752 924.2	126 909.7
压电陶瓷滤波器	万只	9	601 482.7	601 505.2	112 691.1
压电陶磁谐振器	万只	1	23 203.8	25 028.4	5 530.3
压电陶磁振荡器	万只	2	88 000.4	87 160.6	
压电陶瓷检频器	万只	1	377.4	408	78.3
片式压电陶瓷器件	万只	5	28 553.8	28 081.1	7 879
声表面波滤波器	万只	5	6 418.55	6 585.9	484
声表面波振荡器	万只	1	1 008	1 018	
片式声表面波器件	万只	1	3 346	3 137	247
压电石英晶体元器件					
压电石英晶体谐振器	万只	29	392 210.1	388 514.06	131 336.91
压电石英晶体滤波器	万只	3	1 589.86	1 523.85	30
压电石英晶体振荡器	万只	11	402 649	397 464	263 345
片式压电晶体器件	万只	3	182 639.8	173 300.5	16 458.2
石英晶片	万片	13	607 430.67	608 526.07	13 355
其他元件及零部件合计	万公斤	27	681 862.68	682 910.64	3 371.7
电子陶瓷零件小计	万公斤	17	4 413.27	4 345.74	396.7
氧化铝瓷件	万公斤	16	4 297.27	4 229.74	396.7
氮化铝瓷片	万公斤	1	116	116	
石英晶体管壳、管座	万公斤	1	10.4	10.9	
电声器件零部件	万公斤	7	658 111	658 101	2 975
电容器用铝壳	万公斤	2	19 328	20 453	

表 100　2014 年电子印制电路板制造生产量、销售量和出口量汇总表

产品名称	计量单位	企业数（家）	本年生产量	本年销售量	本年出口量
电子印制电路板合计	平方米	344	1 121 214 228	1 132 002 097	64 353 085.8
刚性印制电路板小计	平方米	218	318 564 809.3	317 066 626.2	36 341 644.9
刚性单面板	平方米	78	187 881 858.6	186 319 596.5	16 717 552.34
刚性双面板	平方米	62	33 499 707.42	33 393 308.66	7 214 043.2

续表

产品名称	计量单位	企业数（家）	本年生产量	本年销售量	本年出口量
刚性多层板	平方米	78	97 183 243.28	97 353 721.05	12 410 049.36
挠性印制电路板	平方米	65	619 338 909.1	618 293 414.9	6 106 214.86
刚-挠性印制电路板	平方米	61	183 310 510	196 642 056	21 905 226.04

表 101　2014 年电力电子元件制造生产量、销售量和出口量汇总表

产品名称	计量单位	企业数（家）	本年生产量	本年销售量	本年出口量
继电器合计	万只	36	97 052.6	96 076.16	35 206.42
电磁继电器	万只	23	93 913.2	92 937	35 125
永磁继电器	万只	1	72.19	73.32	73.32
热电继电器	万只	4	171.06	171.09	8.1
感应继电器	万只	2	62	62	
静电继电器	万只	4	2 456	2 456.5	
光电继电器	万只	2	378.15	376.25	
继电器保护装置	万只	4	419.69	424.98	201.15
配电或电器控制设备专用零件	万只	54	43 608.96	43 272.3	2 449.36

表 102　2014 年敏感元件及传感器制造生产量、销售量和出口量汇总表

产品名称	计量单位	企业数（家）	本年生产量	本年销售量	本年出口量
敏感元件及传感器合计	万只	180	4 320 473.41	4 265 491.65	287 193.31
敏感元件小计	万只	99	3 716 114.31	3 661 554.15	276 906.08
力敏元件	万只	10	233 161.44	233 159.22	1 719
压敏电阻器	万只	15	2 758 457.07	2 717 794.8	16 607.68
光敏电阻器	万只	14	7 403.52	7 281.52	997
热敏电阻器	万只	35	397 019.56	391 055.81	17 611.4
磁敏感元件	万只	19	319 658.12	311 848	239 971
湿敏元器件	万只	2	41.6	41.5	
气敏元器件	万只	4	373	373.3	
传感器	万只	81	604 359.11	603 937.5	10 287.23

表 103　2014 年真空电子器件制造生产量、销售量和出口量汇总表

产品名称	计量单位	企业数（家）	本年生产量	本年销售量	本年出口量
电子管合计	万只	56	269 660.3	271 451.17	537.8
收讯放大管	万只	5	23 368.8	22 123.2	
发射管小计	万只	19	151 242.23	156 487.7	357.8
中小功率发射管	万只	10	148 004.87	153 255.24	355.3
大功率玻璃发射管	万只	5	2 557.55	2 557.66	
调制管	万只	4	679.8	674.8	2.5
超高频管小计	万只	16	4 060.67	4 081.67	
磁控管	万只	4	430.07	442.07	
微波气体放电管	万只	3	22.09	24.09	
速调管	万只	4	446.5	435.5	
行波管	万只	3	127.01	145.01	
天线开关管	万只	2	3 035	3 035	
稳定管小计	万只	12	73 838.6	71 618.6	180
稳压管	万只	9	17 276.5	17 211.5	180
稳流管	万只	3	56 562.1	54 407.1	
离子管小计	万只	4	17 150	17 140	
闸流管	万只	1	170	170	
放电管	万只	3	16 980	16 970	
电子束管合计	万只	8	2 307.15	2 392.85	154
彩色电视显像管（CPT）小计	万只	3	231.65	243.65	
54cm	万只	2	178.65	188.65	
37cm	万只	1	53	55	
彩色显示管（CDT）	万只	3	2 054	2 127.8	154
其他电子束管小计	万只	2	21.5	21.4	
投影管	万只	1	6.5	6.4	
监视管	万只	1	15	15	
真空开关管合计	万只	26	8 564.1	8 313.23	33.46
高、中压真空开关管（3kV 以上）	万只	20	8 326.01	8 078.24	18.72
低压真空开关管（3kV 以下）	万只	6	238.09	234.99	14.74
其他电真空器件合计	万只	2	28 100	26 170	

续表

产品名称	计　量 单　位	企业数 (家)	本　年 生产量	本　年 销售量	本　年 出口量
真空规管	万只	2	28 100	26 170	
真空电子器件零件					
显像管配件小计	万只	2	4 908	4 911	
彩色显像管玻壳小计	万只	1	108	111	
37cm	万只	1	108	111	
彩色显象管用荫罩小计	万只	1	4 800	4 800	
74cm 及以上	万只	1	4 800	4 800	
电子管零件	万件	6	15 271	14 079	

表 104　2014 年半导体分立器件制造生产量、销售量和出口量汇总表

产品名称	计　量 单　位	企业数 (家)	本　年 生产量	本　年 销售量	本　年 出口量
半导体二极管合计	万只	86	28 821 164.04	28 556 035.55	7 206 574.14
小信号二极管	万只	19	17 164 634	17 090 871	5 872 114
稳压、整流、开关二极管	万只	59	11 589 602.42	11 398 867.59	1 332 881.14
过电流保护二极管	万只	4	63 986.43	63 407.77	1 529
高频（微波）二极管	万只	4	2 941.19	2 889.19	50
小信号晶体管合计	万只	30	2 732 240.05	2 721 593.06	1 236 446
双极晶体管	万只	11	1 444 230.5	1 436 246.49	225 910
场效应晶体管	万只	13	1 175 621.75	1 172 719.77	1 010 536
高频（射频与微波）晶体管	万只	6	112 387.8	112 626.8	
功率晶体管合计	万只	24	1 651 097.53	1 648 273.99	196 159
高频（微波）功率晶体管	万只	5	288 972.71	298 867.58	102 467
高频（微波）功率晶体管模块	万只	1	5	4.9	0
通用双极功率晶体管	万只	10	1 169 360.02	1 156 649.71	85 828
通用场效应功率晶体管	万只	8	192 759.8	192 751.8	7 864
整流管合计	万只	15	396 156.4	395 622.8	8
0.5~3.0 A（含）整流管	万只	4	352 666	351 476	
3.0~35.0 A（含）整流管	万只	7	42 254.5	42 934.6	8
大于 35.0 A 整流管	万只	4	1 235.9	1 212.2	
半导体敏感器件合计	万只	20	104 059.25	103 995.16	8 856.98

续表

产品名称	计量单位	企业数（家）	本年生产量	本年销售量	本年出口量
压力敏感器件	万只	5	75 481.4	75 459.4	7 184
磁敏器件	万只	3	23 694	23 696	
气敏器件	万只	1	1 519	1 485	1 433
静电感器件	万只	1			
光敏感器件	万只	4	305.85	305.76	0.28
热敏感器件	万只	5	2 904	2 898	239.7
速度和加速度敏感器件	万只	1	155	151	

表 105　2014 年集成电路制造生产量、销售量和出口量汇总表

产品名称	计量单位	企业数（家）	本年生产量	本年销售量	本年出口量
集成电路制造合计	万片	45	1 016 735.64	997 445.54	197 865.35
12 英寸集成电路硅片小计	万片	5	660 855.2	654 339.2	3 678.3
线宽 45 纳米及以下	万片	2	6 501.4	6 001.3	1.3
线宽 45 纳米以上	万片	3	654 353.8	648 337.9	3 677
8 英寸集成电路硅片小计	万片	14	262 364.48	248 071.47	182 337.59
线宽 0.18 微米及以下	万片	5	151 484.84	141 072.87	140 557.58
线宽 0.18 微米至 0.35 微米	万片	8	110 785.87	106 904.83	41 731.85
线宽 0.35 微米以上	万片	1	93.77	93.77	48.16
6 英寸集成电路硅片小计	万片	11	76 826.84	79 347.09	7 636.25
线宽 0.8 微米及以下	万片	6	63 817.09	66 552.07	367
线宽 0.8 微米以上	万片	5	13 009.75	12 795.02	7 269.25
5 英寸集成电路硅片小计	万片	7	16 409.09	15 408.83	4 205.57
线宽 0.8 微米及以下	万片	5	16 370.1	15 369.4	4 171
线宽 0.8 微米以上	万片	2	38.99	39.43	34.57
4 英寸集成电路硅片	万片	6	245.04	243.96	7.65
4 英寸以下集成电路硅片	万片	2	35	35	
集成电路封装测试合计	万只	83	8 253 928.74	8 160 538.5	4 260 009.82
TO 系列	万只	14	1 067 161.32	1 059 786.29	566 188
SOT（SOD）系列	万只	9	2 031 868	2 002 830	956 077
DIP/SIP/ZIP 系列	万只	14	1 665 335	1 646 611.9	563 822

续表

产品名称	计量单位	企业数（家）	本年生产量	本年销售量	本年出口量
SOP/SOJ 系列	万只	17	1 929 165.05	1 917 121.54	940 808.8
QFP 系列	万只	11	776 983.1	756 327.64	538 510.89
BGA/PGA 系列	万只	10	234 196.84	230 154.4	148 193.4
Flip Chip 系列	万只	3	55 906.72	55 910.97	54 910.97
CSP 系列	万只	4	490 868.71	489 382.76	489 085.76
MCP 系列	万只	1	2 444	2 413	2 413
集成电路产品合计	万只	88	1 383 603.74	1 380 668.91	598 803.14
逻辑电路小计	万只	7	371.4	360.4	
数字双极电路	万只	4	197	187	
MOS 逻辑电路	万只	2	136.4	135.4	
现场可编程逻辑电路（FPLD，含 FPGA）	万只	1	38	38	
MOS 存储器小计	万只	7	48 779.8	46 700.5	35 526
DRAM	万只	2	2 789	2 795	1 746
Flash 存储器	万只	2	43 547	41 462	33 780
其他存储器	万只	3	2 443.8	2 443.5	
模拟电路小计	万只	19	374 261.37	383 763.06	36 845.8
放大器电路	万只	8	82 163.97	83 434.03	1 256.8
接口电路	万只	1	18 771	18 771	
电源电路（模拟开关、线性滤波器等）	万只	5	134 361.39	142 566.03	35 589
电压比较器	万只	1	456	460	
压控振荡器	万只	1	200	200	
DC-DC 变换器	万只	2	2 609.01	2 632	
其他模拟电路	万只	1	135 700	135 700	
专用电路小计	万只	22	184 533.51	182 862.42	8 556.54
消费电子类电路	万只	6	152 422.73	150 224.73	5 459
计算机及外部设备电路	万只	3	9 268.17	9 118.17	
通信与网络电路	万只	2	9 963.31	10 798.96	2.98
机动车专用电路	万只	2	55.8	55.4	
电源管理电路	万只	2	149	148	
其他专用电路	万只	7	12 674.5	12 517.16	3 094.56

续表

产品名称	计量单位	企业数（家）	本年生产量	本年销售量	本年出口量
智能卡芯片及电子标签芯片小计	万只	15	246 652.29	246 588.04	4 532.52
接触式智能卡芯片	万只	8	209 388.29	209 409.04	4 532.52
非接触式智能卡芯片	万只	7	37 264	37 179	
其中：RFID 电子标签芯片	万只	2	219.44	219.44	
混合集成电路	万只	18	529 005.37	520 394.49	513 342.28

表 106　2014 年显示器件制造生产量、销售量和出口量汇总表

产品名称	计量单位	企业数（家）	本年生产量	本年销售量	本年出口量
液晶显示屏合计	万片	78	297 181.29	293 411.08	44 181.82
24 寸及以上	万片	19	41 815.68	42 043.21	10 215.51
7 寸 <尺寸≤11 寸	万片	31	108 317.67	108 381.08	14 974.99
2.5 寸≤尺寸≤7 寸	万片	28	147 047.94	142 986.79	18 991.32
等离子显示器件 PDP	万片	4	5 170	5 166	3 293
液晶显示模组及主要配套材料	万套	111	442 587.16	437 182.36	162 827.02
等离子显示模组	万套	2	77	77	
有机发光显示器件 OLED	万只	30	349 515.57	345 470.93	314.2
其他显示器件	万只	74	459 364.76	443 865.3	87 263.24

表 107　2014 年电力电子器件制造生产量、销售量和出口量汇总表

产品名称	计量单位	企业数（家）	本年生产量	本年销售量	本年出口量
晶闸管	万只	18	52 940.57	53 044.92	2 955.77
绝缘栅极晶体管及模块（IGBT、IGCT）	万只	9	14 587.93	14 435.53	
快恢复二极管（FRD）	万只	7	41 417.07	41 906.07	9 167
肖特基二极管	万只	6	137 624.06	133 700.06	
金属氧化物半导体场效应管（MOSFET）器件及模块	万只	5	28 496.01	28 402.01	28 275

表 108　2014 年微电子组件制造生产量、销售量和出口量汇总表

产品名称	计量单位	企业数（家）	本年生产量	本年销售量	本年出口量
微电子组件合计	万只	89	1 270 528.78	1 244 520.03	98 263.43
集成电路模块	万只	31	689 636.52	673 328.79	22 878.56

续表

产品名称	计量单位	企业数（家）	本年生产量	本年销售量	本年出口量
多芯片封装组件（MCM）	万只	11	42 164.91	42 094.91	24 650
其他微电子组件	万只	47	538 727.36	529 096.32	50 734.87

表 109　2014 年光电子器件及其他电子器件制造生产量、销售量和出口量汇总表

产品名称	计量单位	企业数（家）	本年生产量	本年销售量	本年出口量
电子束光电器件合计	万只	26	29 717.11	29 723.86	12 998.88
光电倍增管	万只	7	10 693.27	10 747.55	871.3
X 射线图像增强管	万只	1	4.9	4.9	
摄像管	万只	3	948.51	870.21	
光电图像器件	万只	15	18 070.43	18 101.21	12 127.58
电真空光电子器件合计	万只	141	3 170 249.6	3 166 529.08	1 184 738.16
发光器件	万只	81	2 434 469.18	2 437 803.25	885 188.56
光敏器件	万只	19	101 675.4	100 444.1	9 552
光电耦合器件	万只	9	300 073.2	295 614.18	173
红外器件	万只	4	15 187	14 290	
X-射线（光）管小计	万只	7	12 437.8	12 332.8	0.6
医用 X 射线（光）管	万只	2	2.7	2.7	0.6
工业用 X 射线（光）管	万只	5	12 435.1	12 330.1	
其他真空光电子器件	万只	21	306 407.02	306 044.75	289 824
电光源合计	万只	157	459 169.58	455 680.43	64 078.38
白炽灯	万只	16	33 939.02	34 358.71	2 594.66
荧光灯	万只	81	322 475.45	319 262.01	52 310.23
卤钨灯	万只	26	79 216.82	78 865.44	4 846.39
气体放电灯	万只	13	2 405.28	2 384.27	444
汞蒸汽灯（含汽车灯）	万只	18	20 748	20 427	3 862.1
钠蒸汽灯	万只	3	385	383	21
半导体光电器件合计	万只	172	37 260 725.7	35 526 257.74	1 045 249.71
光电探测器件	万只	4	744.3	732.7	2.2
发光二极管	万只	168	37 259 981.4	35 525 525.04	1 045 247.51
激光器件合计	万只	19	2 390.31	2 277.68	346.16

续表

产品名称	计量单位	企业数（家）	本年生产量	本年销售量	本年出口量
半导体激光器件	万只	15	2 355.92	2 243.47	346.16
固体激光器件	万只	1	7	7	
气体激光器件	万只	3	27.38	27.21	

表 110　2014 年电子微电机制造生产量、销售量和出口量汇总表

产品名称	计量单位	企业数（家）	本年生产量	本年销售量	本年出口量
驱动微电机合计	万只	187	359 409.34	352 658.68	69 345.4
异步电动机	万只	45	9 847.29	9 556.13	68.96
同步电动机	万只	19	5 842.77	5 815.78	34.83
直流电动机	万只	60	203 302.8	204 233.34	39 725.08
直线电动机	万只	4	76 251.8	69 723.11	3.28
冷却用小型风机	万只	13	3 798.81	3 767.81	
平面无刷电动机	万只	3	4 937	4 823.72	4 812
其他驱动微电机	万只	43	55 428.88	54 738.8	24 701.25
控制微电机合计	万只	87	50 984.98	50 495.13	2 931.2
自整角机	万只	1	0.08	0.07	
旋转变压器	万只	7	321.1	321.07	
感应移相器及同步器	万只	5	4 275.1	4 182.1	
伺服电动机	万只	16	1 176.95	1 155.18	1.05
测速发电机	万只	3	42.02	42.02	
步进电机	万只	21	24 299.72	24 037.62	101
力矩电机	万只	13	1 368.69	1 366.7	1
微特电机机组及组合装置	万只	19	19 251.2	19 130.25	2 828.15
伺服测速机组	万只	2	250.13	260.12	
专用微特电机合计	万只	16	84 128.77	83 058.3	42 902
传真机、电传机用电机	万只	1	4.55	4.54	
音视盘机用电机	万只	1	3 644.9	3 644.8	
手机、BP 机用微型振动马达	万只	14	80 479.31	79 408.96	42 902
电源电机合计	万只	28	766.03	740.58	107.12
变频、变流电机	万只	11	95.46	95.63	
发电机组	万只	17	670.56	644.95	107.12

续表

产品名称	计量单位	企业数（家）	本年生产量	本年销售量	本年出口量
其他电机合计	万只	28	10 732.16	10 607.33	618.15
洗衣机电机	万只	2	220	220	
风扇电机	万只	9	531.64	531.35	13.06
压缩机电机	万只	17	9 980.52	9 855.98	605.09

表 111　2014 年电子电线电缆制造生产量、销售量和出口量汇总表

产品名称	计量单位	企业数（家）	本年生产量	本年销售量	本年出口量
安装线缆					
安装线	公里	79	37 865 577.33	37 552 872.73	458 830.9
安装电缆	公里	194	9 956 525.6	9 781 064.35	353 353.5
带状电缆	公里	24	855 843.1	827 220.7	
电话机、计算机用弹簧绳	万根	17	114 795.41	114 966.41	8
电源插头线	万根	49	184 152.35	184 326.25	21 027
射频电缆合计	公里	70	33 584 058.86	32 100 346.25	21 535 572
柔软同轴电缆	公里	38	28 455 390.5	26 998 087.89	21 527 616
其中：CATV 电缆	公里	2	56 734	54 350	707
半硬（半软）同轴电缆	公里	10	366 145	364 323	1 590
其中：波纹管电缆（RF 电缆）	公里	2	14 615	12 804	1 590
硬同轴电缆	公里	8	3 824 322.36	3 810 282.36	
特种同轴电缆小计	公里	14	938 201	927 653	6 366
漏泄电缆	公里	4	11 961	11 503	825
稳相电缆	公里	6	874 666	869 002	
水密电缆	公里	4	51 574	47 148	5 541
综合电缆	公里	146	55 765 016.44	54 918 742.31	1 514 780
通信及电子网络用电缆合计	公里	76	6 879 910.75	6 869 014.95	1 609 956.33
军用通信电缆	公里	6	152 103	150 778	
电话电缆	公里	27	2 123 737.4	2 113 250.5	39 961.84
井下及隧道用监控、通信电缆	公里	13	175 853	177 845.7	
计算机网络用电缆	公里	30	4 428 217.35	4 427 140.75	1 569 994.49
电子线材合计	吨	195	3 850 703.12	3 843 115.19	97 653.6

续表

产品名称	计量单位	企业数（家）	本年生产量	本年销售量	本年出口量
电子元器件引线	吨	23	1 514 913.72	1 512 830.4	82 795.6
裸铜线	吨	52	644 793.57	642 413.57	
铜包钢线	吨	20	89 219.36	89 405.49	6 837
铜包铝线	吨	27	231 615.54	232 237.75	5 111
微细漆包线（小于 0.6mm）	吨	17	219 093.57	217 788.66	303
一般漆包线（大于 0.6mm）	吨	46	1 115 916.09	1 113 447.41	1 573
纱包线及绕包线	吨	10	35 151.27	34 991.91	1 034

表 112　2014 年光纤、光缆制造生产量、销售量和出口量汇总表

产品名称	计量单位	企业数（家）	本年生产量	本年销售量	本年出口量
光纤接入设备合计	公里	28	114 397 220.6	113 436 176.1	277 110
单模光纤	公里	14	109 613 038.5	108 493 726.9	225 090
多模光纤	公里	10	4 358 559.05	4 516 726.16	52 020
塑料光纤	公里	4	425 623	425 723	
光缆合计	芯公里	79	182 294 640.7	177 359 149.2	5 772 076
通信用室（野）外光缆	芯公里	43	135 264 474.7	133 446 638.2	2 701 453
通信用移动式光缆	芯公里	8	1 619 782	1 627 190	439
通信用室（局）内光缆	芯公里	7	38 510 401	35 285 246	2 835 363
通信用设备内光缆	芯公里	2	57 800	55 933	
通信用海底光缆	芯公里	1	971	845	
接入网用光纤带光缆	芯公里	5	1 063 673	1 062 768	127 231
通信用特殊光缆	芯公里	6	1 960 566	1 981 267	107 590
非通信用光缆	芯公里	7	3 816 973	3 899 262	

表 113　2014 年电池制造生产量、销售量和出口量汇总表

产品名称	计量单位	企业数（家）	本年生产量	本年销售量	本年出口量
碱性蓄电池合计	千瓦时	27	56 797 583.91	51 394 406.38	5 728
锌银蓄电池	千瓦时	5	6 346.07	6 350.52	
铁镍蓄电池	千瓦时	1	1 000	1 000	
圆柱形密封镉镍蓄电池	千瓦时	3	188 636	188 636	

续表

产品名称	计量单位	企业数（家）	本年生产量	本年销售量	本年出口量
镍氢蓄电池	千瓦时	18	56 601 601.84	51 198 419.86	5 728
酸性蓄电池合计	万kVH	87	435 125.22	425 970.57	304.5
密封铅酸蓄电池	万kVH	82	434 718	425 533.36	304.5
非密封铅酸蓄电池	万kVH	5	407.21	437.21	
锂蓄电池合计	千瓦时	60	273 790 355.2	267 760 977.7	4 385 423.48
锂离子单体电池（电芯）	千瓦时	34	250 377 756.4	244 396 053.9	3 042 403.6
其中：液体锂离子电池	千瓦时	2	53 728	51 929	
聚合物锂离子电池	千瓦时	2	68 964 381	69 367 705	
锂离子电池组	千瓦时	26	23 412 598.86	23 364 923.8	1 343 019.88
原电池合计	万只	20	782 938.04	767 212.27	312 567.3
普通锌锰干电池	万只	11	193 543.63	192 654.86	57 632.3
碱性锌锰电池	万只	6	392 884	391 232	209 822
锌空气电池	万只	1	3.41	3.41	
锌锰扣式电池	万只	2	196 507	183 322	45 113
贮备电池合计	万只	1	14 529	14 328	
热电池	万只	1	14 529	14 328	
物理-化学电源能电源系统	套	2	59 808	53 828	22 604
蓄电池充电器	万只	3	457.11	457.12	14
电池专用配件					
泡沫镍、纤维镍带	平方米	4	6 351 192.86	6 128 370.66	
锂蓄电池专用配件	万只	17	203 618	192 035	11 221

表114　2014年太阳能电池及组件制造生产量、销售量和出口量汇总表

产品名称	计量单位	企业数（家）	本年生产量	本年销售量	本年出口量
太阳能电池合计	兆瓦	99	415 903.79	407 264.96	1 792.29
多晶硅电池	兆瓦	48	31 948.51	26 676.88	1 162.56
单晶硅电池	兆瓦	22	363 985.24	363 955.21	413.33
硅基薄膜电池	兆瓦	2	142.41	136.85	
其他太阳能电池	兆瓦	27	19 827.62	16 496.02	216.4
太阳能电池组件合计	兆瓦	85	129 785.04	127 618.53	2 030.67

续表

产品名称	计量单位	企业数（家）	本年生产量	本年销售量	本年出口量
单晶硅电池组件	兆瓦	27	21 797.79	21 445.23	252.25
多晶硅电池组件	兆瓦	52	100 316.46	98 541.16	1 778.31
薄膜电池组件	兆瓦	6	7 670.79	7 632.14	0.11

表115 2014年电子元件材料制造生产量、销售量和出口量汇总表

产品名称	计量单位	企业数（家）	本年生产量	本年销售量	本年出口量
电子元件材料合计	公斤	125	617 476 156.9	607 837 054	99 122 794.1
纸绝缘板	公斤	24	196 046 083	193 058 883	42 161 154
纸基敷铜板	公斤	15	76 501 663.26	77 813 843.03	18 197 646
玻璃布基敷铜板	公斤	10	104 340 560.9	99 905 321.2	36 653 204.89
电子光学玻璃	公斤	15	31 851 000	30 825 101.3	1 800
电解二氧化锰粉	公斤	3	51 092 000	51 315 000	
电容器用材料小计	公斤	41	96 947 991.6	94 679 256.32	2 108 989.21
铝箔	公斤	20	31 095 741.9	31 154 072.9	960 576.6
聚酯膜	公斤	9	29 456 748.7	29 025 254.53	223 912.61
聚丙烯膜	公斤	12	36 395 501	34 499 928.89	924 500
压电材料小计	公斤	3	787 512	631 644	
人造水晶	公斤	3	787 512	631 644	
光纤预制棒	公斤	3	233 483	214 296	
电解铜箔	公斤	11	59 675 863.1	59 393 709.1	

表116 2014年真空电子器件材料制造生产量、销售量和出口量汇总表

产品名称	计量单位	企业数（家）	本年生产量	本年销售量	本年出口量
真空电子器件材料合计	公斤	69	48 399 438.56	50 046 673.56	4 485 511
钨制品	公斤	5	333 634	331 939	
钼制品	公斤	7	3 082 148	3 071 141	6 007
镍基合金	公斤	2	680 322	806 654	340 637
复合金属电子材料	公斤	19	33 943 850.56	35 329 388.56	3 456 117
触头材料	公斤	6	525 766	572 593	2 500
其中：铜钨合金	公斤	1	37 300	35 500	

续表

产品名称	计　量 单　位	企业数 （家）	本　年 生产量	本　年 销售量	本　年 出口量
电真空器件用玻璃	公斤	1	230 000	222 000	
液晶材料	公斤	10	78 963	80 570	15 235
合金材料	公斤	19	9 524 755	9 632 388	665 015

表 117　2014 年半导体材料制造生产量、销售量和出口量汇总表

产品名称	计　量 单　位	企业数 （家）	本　年 生产量	本　年 销售量	本　年 出口量
半导体单晶合计	公斤	74	388 446 508.8	379 375 986.9	5 840 796.95
锗单晶	公斤	1	59 754.68	59 754.68	
硅单晶	公斤	28	56 005 285.37	56 100 542.08	899 438.95
化合物单晶	公斤	5	1 565 673	1 574 944	
多晶硅	公斤	40	330 815 795.8	321 640 746.1	4 941 358
半导体片材合计	万片	48	532 923.59	573 603.29	14 986.41
硅抛光片	万片	5	15 513.18	14 420.48	38
硅外延片	万片	10	62 736.99	62 086.73	75.93
其他半导体片材	万片	33	454 673.42	497 096.08	14 872.48
半导体封装材料					
键合用金丝	公斤	5	14 733.2	14 609	179
键合用硅铝丝	公斤	1	636 416	622 047	4 622
封装用金属管壳	万只	2	478.4	465.46	
封装用陶瓷外壳	万只	5	331 017.55	331 127.55	112 825
分立器件塑封引线框架及金属带材	万只	11	6 599 820	6 542 538.6	298 163.6
集成电路塑封引线框架及金属带材	万只	16	4 364 437.79	4 303 667.71	1 920
封装用模塑料粉及辅料	吨	12	101 343.5	96 661.34	12 541
光刻掩膜版	张	2	22 973 685	22 551 476	48 870
石英制品	公斤	36	92 075 649.5	91 610 076.5	5 377 010
导电膜玻璃	平方米	12	68 878 994.48	66 884 948.18	

表 118　2014 年信息化学品材料制造生产量、销售量和出口量汇总表

产品名称	计　量 单　位	企业数 （家）	本　年 生产量	本　年 销售量	本　年 出口量
荧光粉	公斤	9	6 886 970.6	6 234 017.66	

续表

产品名称	计量单位	企业数（家）	本年生产量	本年销售量	本年出口量
消气剂	万只	1	13 450	13 350	
光刻胶	公斤	7	2 739 761	2 631 201	350 210

表 119 2014 年电子信息产业主要产品生产能力汇总表

产品名称	计量单位	年初生产能力	年末生产能力
手机	万部	170 013	198 865
传真机	万部	224	282
程控交换机	万线	4 008	3 538
台式微型计算机	万台	8 316	9 574
服务器	万台	1 059	1 729
笔记本计算机	万台	31 278	33 984
平板计算机	万台	20 096	19 047
电视机	万台	18 881	20 407
其中：彩色电视机	万台	18 656	20 203
激光视盘机	万台	22 538	20 503
数码摄像机	万台	328	364
显示器	万台	51 287	84 180
集成电路	万块	22 406 547	24 876 530
半导体分立器件	万只	36 388 345	43 545 037
半导体发光二极管（LED）	万只	29 215 480	46 145 074

表 120 2014 年电子信息产业主要产品分省市产量情况

地区名称	微型计算机设备（万台）	笔记本计算机（万台）	彩色电视机（万台）	液晶（LCD）电视机（万台）	移动通信手持机（手机）（万台）	程控交换机（万线）	集成电路（万块）
总计	35 080	22 729	14 129	13 866	162 720	3 123	10 154 051
北京市	1 016	74	194	194	17 984	973	542 593
天津市	1 101		279	270	9 754		142 233
河北省						14	4 649
山西省					2 255		
内蒙古自治区			172	172			
辽宁省			338	336	2 895	63	563

续表

地区名称	微型计算机设备（万台）	笔记本计算机（万台）	彩色电视机（万台）	液晶（LCD）电视机（万台）	移动通信手持机（手机）（万台）	程控交换机（万线）	集成电路（万块）
黑龙江省	3						26 007
上海市	6 295	4 473	155	155	5 485	216	2 192 236
江苏省	6 708	6 139	1 077	1 077	2 884	2	3 289 302
浙江省	191	172	457	457	3 611	179	608 521
安徽省	1 716	1 716	484	484			5 655
福建省	985	429	1 475	1 475	1 278		4 451
江西省			20	20	5 541		
山东省	23		1 653	1 646	6 591	11	3 025
河南省			29	29	12 065		
湖北省	121		36	36	2 888	52	
湖南省	34	9	24	24	61	3	1 007
广东省	2 820	810	6 333	6 186	79 563	1 605	1 764 133
广西壮族自治区	1		93	93			
海南省							
重庆市	6 447	6 349			9 418		
四川省	7 619	2 557	1 196	1 097	411		411 991
贵州省			116	116	7		713
云南省						5	
陕西省					29		1
甘肃省							1 156 971

软件产业统计数据

表 121 2014 年软件产业主要经济指标汇总表（1）

单位：万元

项目名称	企业数（家）	软件业务收入	其中 1.软件产品收入	2.信息技术服务收入	3.嵌入式系统软件收入	其中 软件外包服务收入
软件企业合计	37 102	370 264 197	121 984 962	187 110 900	61 168 335	18 318 223
一、按企业登记注册类型分列						
内资企业	33 807	282 669 324	100 535 829	144 124 365	38 009 131	11 649 250
国有企业	712	24 203 790	6 339 958	13 527 876	4 335 956	741 665
集体企业	50	4 467 786	380 523	2 867 381	1 219 882	25 240
股份合作企业	162	1 390 006	685 339	303 956	400 711	153 289
联营企业	84	744 607	239 577	412 393	92 638	80 928
国有联营企业	23	163 703	81 392	47 589	34 722	18 431
集体联营企业	14	121 895	66 618	55 276		1 569
国有与集体联营企业	12	214 970	34 851	179 655	464	22 591
其他联营企业	35	244 039	56 715	129 872	57 452	38 337
有限责任公司	14 354	126 220 589	42 371 675	67 755 761	16 093 153	5 334 487
国有独资公司	167	3 927 242	1 389 340	1 912 163	625 739	297 795
其他有限责任公司	14 187	122 293 347	40 982 334	65 843 599	15 467 414	5 036 692
股份有限公司	3 020	56 981 559	22 813 532	24 938 312	9 229 715	2 714 821
私营企业	14 380	63 776 677	25 576 627	32 045 167	6 154 882	2 531 055
其他内资企业	1 045	4 884 311	2 128 598	2 273 520	482 193	67 765
港、澳、台商投资企业	967	33 411 420	7 597 961	21 112 382	4 701 076	1 067 451
合资经营企业（港、澳、台资）	243	4 312 615	1 661 242	1 933 080	718 293	271 397
合作经营企业（港、澳、台资）	18	225 470	91 004	23 505	110 961	1 614
港、澳、台商独资经营企业	674	27 701 153	5 642 204	18 727 629	3 331 320	693 552
港、澳、台商投资股份有限公司	27	748 849	201 832	409 007	138 010	100 888
其他港澳台商投资企业	5	423 333	1 679	19 161	402 493	
外商投资企业	2 328	54 183 453	13 851 172	21 874 154	18 458 128	5 601 522
中外合资经营企业	542	9 083 933	1 980 725	2 436 532	4 666 676	680 275
中外合作经营企业	36	532 519	88 742	316 532	127 245	12 513
外资企业	1 695	42 131 809	11 058 061	18 806 787	12 266 961	4 783 573
外商投资股份有限公司	42	2 001 958	709 188	270 733	1 022 036	120 359
其他外商投资企业	13	433 235	14 456	43 570	375 208	4 802

续表

项目名称	企业数（家）	软件业务收入	其中 1.软件产品收入	其中 2.信息技术服务收入	其中 3.嵌入式系统软件收入	其中 软件外包服务收入
二、按经济类型分列						
国有经济	902	28 294 736	7 810 690	15 487 628	4 996 417	1 057 890
集体经济	64	4 589 681	447 141	2 922 657	1 219 882	26 809
股份合作经济	162	1 390 006	685 339	303 956	400 711	153 289
股份制经济	17 207	179 274 906	63 795 866	90 781 910	24 697 130	7 751 513
外商及港、澳、台投资经济	3 295	87 594 873	21 449 133	42 986 536	23 159 204	6 668 973
其他经济	15 472	69 119 996	27 796 792	34 628 214	6 694 990	2 659 748
三、按控股经济分列						
公有控股经济	3 974	86 506 719	29 729 147	44 002 421	12 775 151	3 726 753
国有控股	2 251	65 452 619	22 634 177	33 442 722	9 375 720	2 815 623
国有绝对控股	1 617	48 967 732	15 263 698	26 415 375	7 288 659	1 879 697
国有相对控股	634	16 484 887	7 370 479	7 027 347	2 087 061	935 926
集体控股	1 723	21 054 100	7 094 970	10 559 699	3 399 431	911 130
集体绝对控股	747	13 191 001	3 684 848	7 209 033	2 297 120	404 001
集体相对控股	976	7 863 099	3 410 121	3 350 667	1 102 311	507 128
非公有控股经济	33 128	283 757 479	92 255 815	143 108 479	48 393 185	14 591 470
私人控股	30 003	201 827 156	72 438 107	101 829 309	27 559 740	8 306 985
私人绝对控股	23 821	157 090 914	55 711 000	81 181 610	20 198 304	6 365 678
私人相对控股	6182	44 736 243	16 727 108	20 647 699	7 361 437	1 941 307
港澳台商控股	926	28 058 774	5 814 069	17 538 299	4 706 406	691 141
港澳台商绝对控股	770	25 180 054	5 235 429	16 608 831	3 335 794	603 766
港澳台商相对控股	156	2 878 720	578 640	929 468	1 370 612	87 375
外商控股	2 199	53 871 548	14 003 639	23 740 871	16 127 038	5 593 345
外商绝对控股	1 879	48 125 811	12 738 427	21 328 791	14 058 592	4 950 676
外商相对控股	320	5 745 738	1 265 211	2 412 080	2 068 446	642 669
四、按软件出口基地分列						
北京软件出口基地	142	3 962 896	1 481 662	2 479 956	1 278	528 904
天津软件出口基地	43	244 987	70 690	174 297		31 185
大连软件出口基地	2 064	14 708 131	5 797 192	7 758 953	1 151 986	3 317 716
上海软件出口基地	308	4 172 745	1 362 129	2 810 617		434 137

续表

项目名称	企业数（家）	软件业务收入	其中			其中
			1.软件产品收入	2.信息技术服务收入	3.嵌入式系统软件收入	软件外包服务收入
深圳软件出口基地	424	4 484 102	2 051 095	1 591 658	841 348	169 948
西安软件出口基地	1 020	8 864 383	2 709 425	4 974 035	1 180 923	2 008 598
五、按软件园区分列						
北京中关村软件园	1 724	33 436 393	12 876 318	20 486 275	73 800	679 695
大连软件园	2 063	14 708 001	5 797 192	7 758 823	1 151 986	3 317 716
上海浦东软件园	308	4 241 235	1 362 129	2 879 107		434 137
南京软件园	478	9 049 381	3 605 167	4 817 895	626 319	277 790
杭州软件园	730	17 141 255	5 427 002	11 445 359	268 893	502 623
山东齐鲁软件园	564	7 617 190	3 839 339	3 113 887	663 964	697 328
长沙软件园	477	1 483 247	900 977	579 818	2 452	39 594
广州天河软件园	764	6 327 847	2 063 522	4 223 841	40 484	145 458
珠海南方软件园	79	893 705	320 514	302 633	270 558	27 269
成都软件园	876	6 871 836	3 249 210	3 557 905	64 722	503 897
西安软件园	1 020	8 864 383	2 709 425	4 974 035	1 180 923	2 008 598
六、按行业分列						
软件产品行业	20 526	131 077 074	103 494 341	25 855 772	1 726 960	8 495 840
信息技术服务行业	12 943	163 441 724	11 216 578	150 916 705	1 308 442	9 194 578
嵌入式系统软件行业	3 633	75 745 399	7 274 043	10 338 423	58 132 933	627 805
七、按企业规模分列						
大型企业	2 512	225 734 483	62 204 858	124 115 966	39 413 660	11 589 178
中型企业	8 327	102 434 062	39 432 202	46 107 712	16 894 147	4 929 860
小型企业	23 263	41 260 415	19 921 276	16 672 250	4 666 890	1 767 257
微型企业	3 000	835 237	426 626	214 973	193 639	31 929

表 122　2014 年软件产业主要经济指标汇总表（2）

单位：万美元

项目名称	软件业务出口	软件外包服务出口	嵌入式系统软件出口
软件企业合计	4 867 058	972 598	2 103 493
一、按企业登记注册类型分列			
内资企业	2 922 318	369 815	1 430 434
国有企业	66 035	18 888	42 697

续表

项目名称	软件业务出口	软件外包服务出口	嵌入式系统软件出口
集体企业	15 173	1 590	9 445
股份合作企业	1 280	723	196
联营企业	1 614	1 614	
国有联营企业	1 506	1 506	
集体联营企业	54	54	
国有与集体联营企业	54	54	
其他联营企业			
有限责任公司	1 806 796	121 051	936 293
国有独资公司	10 614	8 879	81
其他有限责任公司	1 796 182	112 172	936 212
股份有限公司	740 455	125 549	350 393
私营企业	284 626	99 635	87 378
其他内资企业	6 339	765	4 033
港、澳、台商投资企业	399 548	59 194	99 356
合资经营企业（港、澳、台资）	16 954	8 416	5 844
合作经营企业（港、澳、台资）	1 866	264	171
港、澳、台商独资经营企业	376 486	46 829	93 113
港、澳、台商投资股份有限公司	4 135	3 686	122
其他港澳台商投资企业	106		106
外商投资企业	1 545 193	543 589	573 702
中外合资经营企业	151 829	39 326	91 757
中外合作经营企业	1 709	1 409	
外资企业	1 263 663	501 406	407 208
外商投资股份有限公司	72 376	1 353	19 216
其他外商投资企业	55 617	95	55 522
二、按经济类型分列			
国有经济	78 155	29 273	42 778
集体经济	15 227	1 644	9 445
股份合作经济	1 280	723	196
股份制经济	2 536 637	237 721	1 286 604
外商及港、澳、台投资经济	1 944 740	602 783	673 058

续表

项目名称	软件业务出口	软件外包服务出口	嵌入式系统软件出口
其他经济	291 019	100 454	91 411
三、按控股经济分列			
公有控股经济	341 792	104 565	112 862
国有控股	283 662	80 263	98 070
国有绝对控股	167 869	43 667	95 073
国有相对控股	115 793	36 596	2 997
集体控股	58 130	24 302	14 792
集体绝对控股	26 786	10 956	10 193
集体相对控股	31 343	13 345	4 599
非公有控股经济	4 525 266	868 033	1 990 630
私人控股	2 587 337	295 952	1 354 640
私人绝对控股	2 053 152	203 303	988 376
私人相对控股	534 185	92 649	366 264
港澳台商控股	435 020	54 831	145 478
港澳台商绝对控股	366 587	50 596	84 674
港澳台商相对控股	68 433	4 235	60 804
外商控股	1 502 909	517 250	490 512
外商绝对控股	1 394 064	504 797	408 190
外商相对控股	108 845	12 453	82 323
四、按软件出口基地分列			
北京软件出口基地	86 702	86 702	
天津软件出口基地	4 367	3 752	
大连软件出口基地	462 723	278 372	12 680
上海软件出口基地	39 869	28 842	
深圳软件出口基地	100 277	3 512	44 184
西安软件出口基地	65 228	52 737	12 491
五、按软件园区分列			
北京中关村软件园	111 416	111 356	60
大连软件园	462 723	278 372	12 680
上海浦东软件园	38 678	28 842	
南京软件园	31 289	15 242	16 010

续表

项目名称	软件业务出口	软件外包服务出口	嵌入式系统软件出口
杭州软件园	141 223	48 096	15 526
山东齐鲁软件园	14 181	14 073	
长沙软件园	4 074	464	270
广州天河软件园	11 063	8 444	321
珠海南方软件园	34 967	1 362	19 934
成都软件园	118 195	24 667	257
西安软件园	65 228	52 737	12 491
六、按行业分列			
软件产品行业	1 033 954	505 156	6 897
信息技术服务行业	1 030 111	454 945	1 579
嵌入式系统软件行业	2 802 993	12 497	2 095 016
七、按企业规模分列			
大型企业	4 012 200	662 117	1 848 046
中型企业	667 715	227 701	207 708.7
小型企业	184 105	81 594	46 405
微型企业	3 037	1 187	1 332

表 123　2014 年软件产业主要经济指标汇总表（3）

单位：万元

项目名称	利润总额	流动资产平均余额	资产合计	负债合计	固定资产投资额
软件企业合计	48 262 878	286 438 369	519 570 041	258 161 298	11 349 482.73
一、按企业登记注册类型分列					
内资企业	33 675 165	226 298 393	416 940 391	210 656 598	9 256 716
国有企业	2 082 750	19 263 903	38 682 450	22 336 182	677 377.51
集体企业	371 856	233 717	6 198 213	4 573 398	6 691.24
股份合作企业	139 009	1 119 540	2 254 596	995 964	71 227.21
联营企业	105 314	281 477	13 162 472	5 083 548	15 265.75
国有联营企业	21 926	61 293	200 786	65 485	3 054.37
集体联营企业	14 395	26 595	12 637 308	4 843 654	6 194
国有与集体联营企业	22 770	72 800	185 353	84 184	3 991.71
其他联营企业	46 223	120 788	139 026	90 226	2 025.67

续表

项目名称	利润总额	流动资产平均余额	资产合计	负债合计	固定资产投资额
有限责任公司	16 139 527	97 597 038	160 368 617	86 659 899	4 261 113.51
国有独资公司	395 796	3 528 404	5 302 050	2 931 138	103 974.68
其他有限责任公司	15 743 731	94 068 635	155 066 567	83 728 761	4 157 138.83
股份有限公司	8 404 099	61 235 048	112 518 224	45 963 992	2 592 902.84
私营企业	6 086 765	45 242 579	81 710 029	43 947 034	1 605 758.75
其他内资企业	345 846	1 325 090	2 045 791	1 096 580	26 379.2
港、澳、台商投资企业	10 261 336	31 917 056	50 569 488	20 933 457	919 595.62
合资经营企业（港、澳、台资）	269 284	2 976 146	4 604 493	2 535 781	72 329.96
合作经营企业（港、澳、台资）	11 928	142 861	236 186	104 454	4 549
港、澳、台商独资经营企业	9 903 266	27 773 416	44 183 450	17 605 272	827 316.29
港、澳、台商投资股份有限公司	77 150	1 021 964	1 536 785	680 340	15 395.33
其他港澳台商投资企业	−291	2 668	8 575	7 610	5.04
外商投资企业	4 326 377	28 222 920	52 060 162	26 571 243	1 173 171.11
中外合资经营企业	767 734	4 608 124	9 274 507	4 900 989	133 858.36
中外合作经营企业	59 854	321 889	476 233	282 964	13 061.95
外资企业	3 326 240	22 088 316	40 201 260	20 416 106	942 462.91
外商投资股份有限公司	139 396	1 037 212	1 785 494	751 919	63 941.59
其他外商投资企业	33 154	167 379	322 667	219 266	19 846.3
二、按经济类型分列					
国有经济	2 500 472	22 853 600	44 185 287	25 332 805	784 406.56
集体经济	386 250	260 312	18 835 520	9 417 052	12 885.24
股份合作经济	139 009	1 119 540	2 254 596	995 964	71 227.21
股份制经济	24 147 830	155 303 683	267 584 791	129 692 753	6 750 041.67
外商及港、澳、台投资经济	14 587 713	60 139 976	102 629 650	47 504 700	2 092 766.73
其他经济	6 501 604	46 761 258	84 080 198	45 218 024	1 638 155.32
三、按控股经济分列					
公有控股经济	9 550 181	73 187 039	157 089 075	80 328 897	2 848 874.69
国有控股	7 061 037	62 323 738	108 682 009	56 433 431	2 234 451.23
国有绝对控股	5 261 297	47 490 702	82 079 895	44 473 995	1 514 582.68
国有相对控股	1 799 740	14 833 036	26 602 114	11 959 436	719 868.55
集体控股	2 489 144	10 863 301	48 407 066	23 895 467	614 423.46

续表

项目名称	利润总额	流动资产平均余额	资产合计	负债合计	固定资产投资额
集体绝对控股	1 538 755	5 417 134	29 237 530	14 130 116	223 795.56
集体相对控股	950 390	5 446 167	19 169 536	9 765 350	390 627.91
非公有控股经济	38 712 697	213 251 330	362 480 967	177 832 401	8 500 608.04
私人控股	26 570 329	160 305 404	270 160 734	134 386 493	6 752 742.77
私人绝对控股	21 519 819	117 707 759	203 500 024	103 258 438	4 971 097.78
私人相对控股	5 050 510	42 597 645	66 660 709	31 128 055	1 781 644.99
港澳台商控股	7 142 820	25 730 249	41 802 662	18 464 370	658 685.73
港澳台商绝对控股	6 867 882	23 999 452	39 166 540	17 060 884	586 340.79
港澳台商相对控股	274 938	1 730 797	2 636 122	1 403 486	72 344.95
外商控股	4 999 549	27 215 678	50 517 571	24 981 538	1 089 179.54
外商绝对控股	4 547 281	24 577 680	43 845 728	21 628 437	996 238.69
外商相对控股	452 268	2 637 998	6 671 844	3 353 101	92 940.85
四、按软件出口基地分列					
北京软件出口基地	431 232	3 740 963	6 355 321	2 757 854	56 861.06
天津软件出口基地	3 435	140 186	402 553	156 645	4 398.41
大连软件出口基地	589 223	7 749 470	14 903 541	8 494 473	292 569.93
上海软件出口基地	1 088 591	5 505 081	10 069 247	4 362 623	319 747.91
深圳软件出口基地	1 368 245	7 339 220	10 679 054	4 390 666	209 444.34
西安软件出口基地	513 066	5 953 073	10 760 491	5 825 183	336 002.32
五、按软件园区分列					
北京中关村软件园	4 910 603	34 315 902	53 906 939	25 539 238	890 212.75
大连软件园	589 212	7 749 470	14 903 541	8 494 473	292 569.93
上海浦东软件园	1 091 280	5 497 486	10 105 396	4 364 024	319 624.91
南京软件园	1 054 777	6 779 590	11 404 743	6 318 549	149 859.11
杭州软件园	5 850 521	18 249 312	29 422 083	12 265 410	581 838.9
山东齐鲁软件园	1 221 412	3 775 025	8 440 331	6 076 002	124 066.18
长沙软件园	296 214	4 639 226	4 499 226	2 163 688	103 782.09
广州天河软件园	921 740	4 338 958	10 042 406	5 568 845	79 084.12
珠海南方软件园	70 692	654 346	1 193 766	669 176	37 987.65
成都软件园	1 017 897	4 870 228	16 979 959	6 937 023	385 780.49
西安软件园	513 066	5 953 073	10 760 491	5 825 183	336 002.32

续表

项目名称	利润总额	流动资产平均余额	资产合计	负债合计	固定资产投资额
六、按行业分列					
软件产品行业	20 688 452	128 482 056	213 862 806	99 453 814	4 939 760.35
信息技术服务行业	22 828 621	121 625 495	243 378 433	120 437 287	5 567 405.36
嵌入式系统软件行业	4 745 805	36 330 818	62 328 802	38 270 198	842 317.02
七、按企业规模分列					
大型企业	33 655 529	170 659 467	314 762 396	160 125 194	7 743 044.19
中型企业	10 324 889	67 614 865	134 590 589	66 404 282	2 126 563.93
小型企业	4 162 272	44 295 633	68 331 969	30 781 655	1 434 896.09
微型企业	120 187	3 868 405	1 885 086	850 167	44 978.52

表 124 2014 年软件产业主要经济指标汇总表（4）

单位：万元

项目名称	主营业务税金及附加	年末所有者权益	年初所有者权益	应交增值税
软件企业合计	6 997 116	261 408 743	186 028 651	10 859 273
一、按企业登记注册类型分列				
内资企业	6 113 070	206 283 793	149 055 200	8 581 658
国有企业	545 141	16 346 268	12 723 796	486 952
集体企业	27 327	1 624 815	1 178 592	8 229
股份合作企业	24 648	1 258 631	740 238	33 864
联营企业	21 259	8 078 924	201 251	13 366
国有联营企业	1 970	135 301	61 996	3 966
集体联营企业	14 324	7 793 654	20 344	1 724
国有与集体联营企业	2 772	101 170	84 557	5 393
其他联营企业	2 194	48 800	34 354	2 283
有限责任公司	2 736 053	73 708 718	56 337 808	4 664 803
国有独资公司	113 057	2 370 912	1 958 000	81 567
其他有限责任公司	2 622 995	71 337 806	54 379 808	4 583 236
股份有限公司	1 184 081	66 554 232	45 769 485	1 545 159
私营企业	1 405 806	37 762 995	31 355 078	1 775 194
其他内资企业	168 756	949 210	748 951	54 091
港、澳、台商投资企业	377 266	29 636 031	20 792 350	1 108 062
合资经营企业（港、澳、台资）	39 733	2 068 712	1 571 194	124 901

续表

项目名称	主营业务税金及附加	年末所有者权益	年初所有者权益	应交增值税
合作经营企业（港、澳、台资）	710	131 731	77 400	2 265
港、澳、台商独资经营企业	301 019	26 578 178	18 350 291	939 372
港、澳、台商投资股份有限公司	35 787	856 445	792 746	40 508
其他港澳台商投资企业	16	965	718	1 015
外商投资企业	506 780	25 488 919	16 181 102	1 169 553
中外合资经营企业	105 429	4 373 519	3 334 627	204 164
中外合作经营企业	9 013	193 269	169 560	16 493
外资企业	301 178	19 785 155	11 804 731	929 106
外商投资股份有限公司	90 367	1 033 575	805 945	17 388
其他外商投资企业	793	103 401	66 239	2 402
二、按经济类型分列				
国有经济	660 168	18 852 481	14 743 793	572 486
集体经济	41 650	9 418 469	1 198 937	9 953
股份合作经济	24 648	1 258 631	740 238	33 864
股份制经济	3 807 076	137 892 037	100 149 293	6 128 396
外商及港、澳、台投资经济	884 046	55 124 950	36 973 452	2 277 614
其他经济	1 579 528	38 862 174	32 222 940	1 836 960
三、按控股经济分列				
公有控股经济	1 589 021	76 760 177	49 637 262	3 016 009
国有控股	1 159 607	52 248 578	41 224 447	2 329 006
国有绝对控股	760 035	37 605 900	30 745 239	1 213 788
国有相对控股	399 572	14 642 678	10 479 208	1 115 218
集体控股	429 414	24 511 599	8 412 814	687 003
集体绝对控股	268 988	15 107 414	4 894 877	331 172
集体相对控股	160 426	9 404 186	3 517 937	355 831
非公有控股经济	5 408 095	184 648 566	136 391 390	7 843 264
私人控股	4 572 975	135 774 241	103 965 684	5 918 312
私人绝对控股	3 252 771	100 241 586	76 797 360	5 024 264
私人相对控股	1 320 203	35 532 655	27 168 323	894 048
港澳台商控股	327 379	23 338 291	16 871 848	818 018
港澳台商绝对控股	272 092	22 105 655	15 903 722	763 754

续表

项目名称	主营业务税金及附加	年末所有者权益	年初所有者权益	应交增值税
港澳台商相对控股	55 287	1 232 636	968 126	54 264
外商控股	507 742	25 536 034	15 553 859	1 106 934
外商绝对控股	410 472	22 217 291	13 604 799	978 792
外商相对控股	97 270	3 318 743	1 949 060	128 142
四、按软件出口基地分列				
北京软件出口基地	25 519	3 597 467	2 991 965	106 802
天津软件出口基地	1 003	245 908	115 711	1 745
大连软件出口基地	315 046	6 409 068	5 769 744	285 186
上海软件出口基地	111 333	5 706 624	4 737 645	101 093
深圳软件出口基地	49 961	6 288 387	4 847 463	187 047
西安软件出口基地	343 733	4 935 307	4 427 409	106 006
五、按软件园区分列				
北京中关村软件园	274 397	28 367 701	23 160 563	1 230 984
大连软件园	315 034	6 409 068	5 769 744	285 186
上海浦东软件园	111 335	5 741 372	4 772 321	101 122
南京软件园	283 330	5 086 194	8 668 024	292 515
杭州软件园	238 247	17 156 673	11 060 042	681 663
山东齐鲁软件园	164 665	2 364 329	2 105 761	143 777
长沙软件园	27 345	2 335 538	2 024 363	155 540
广州天河软件园	81 699	4 473 560	3 243 501	174 659
珠海南方软件园	3 293	524 590	418 736	17 159
成都软件园	93 202	10 042 936	2 862 388	317 656
西安软件园	343 733	4 935 307	4 427 409	106 006
六、按行业分列				
软件产品行业	3 149 414	114 408 992	85 267 589	5 791 901
信息技术服务行业	3 200 796	122 941 146	84 287 764	3 829 008
嵌入式系统软件行业	646 906	24 058 605	16 473 298	1 238 364
七、按企业规模分列				
大型企业	4 229 722	154 637 202	111 885 655	7 069 053
中型企业	1 845 856	68 186 308	40 719 241	2 416 445
小型企业	894 065	37 550 315	32 616 275	1 352 603

续表

项目名称	主营业务税金及附加	年末所有者权益	年初所有者权益	应交增值税
微型企业	27 473	1 034 919	807 480	21 172

表 125　2014 年软件产业主要经济指标汇总表（5）

单位：万元

项目名称	应交所得税	出口已退税额	研发经费	主营业务成本
软件企业合计	5 916 115	867 038	31 325 094	321 202 910
一、按企业登记注册类型分列				
内资企业	3 881 111	589 697	24 183 077	247 547 796
国有企业	343 166	65 804	1 770 352	26 898 510
集体企业	66 513	610	39 927	3 610 317
股份合作企业	13 007	2 221	69 030	1 312 165
联营企业	7 802	19 370	54 135	1 485 279
国有联营企业	1 365	76	10 344	123 691
集体联营企业	1 187	614	4 654	934 802
国有与集体联营企业	4 373		18 596	223 832
其他联营企业	878	18 680	20 541	202 954
有限责任公司	1 664 364	130 578	11 870 131	102 612 400
国有独资公司	51 615	1 250	191 600	3 283 487
其他有限责任公司	1 612 748	129 329	11 678 531	99 328 912
股份有限公司	913 870	314 629	4 798 021	59 930 855
私营企业	850 460	55 324	5 413 407	49 021 141
其他内资企业	21 927	1 161	168 075	2 677 130
港、澳、台商投资企业	1 113 009	143 473	3 113 370	20 674 408
合资经营企业（港、澳、台资）	33 401	9 500	352 108	2 948 188
合作经营企业（港、澳、台资）	1 412	3 892	12 554	185 879
港、澳、台商独资经营企业	1 065 402	127 471	2 601 968	16 710 842
港、澳、台商投资股份有限公司	7 916	2 579	146 504	411 729
其他港澳台商投资企业	4 879	32	235	417 771
外商投资企业	921 995	133 868	4 028 647	52 980 706
中外合资经营企业	119 400	16 385	455 414	8 930 632
中外合作经营企业	7 692	1 466	25 119	343 865
外资企业	686 935	97 635	3 455 320	41 958 440

续表

项目名称	应交所得税	出口已退税额	研发经费	主营业务成本
外商投资股份有限公司	14 918	222	75 011	1 370 075
其他外商投资企业	93 050	18 160	17 783	377 695
二、按经济类型分列				
国有经济	396 147	67 130	1 972 296	30 305 688
集体经济	67 700	1 224	44 581	4 545 119
股份合作经济	13 007	2 221	69 030	1 312 165
股份制经济	2 526 618	443 958	16 476 552	159 259 767
外商及港、澳、台投资经济	2 035 004	277 340	7 142 017	73 655 114
其他经济	877 638	75 165	5 620 619	52 125 057
三、按控股经济分列				
公有控股经济	1 359 321	149 651	6 735 197	85 561 461
国有控股	1 070 201	99 361	5 047 958	65 596 078
国有绝对控股	786 755	88 407	3 474 655	48 749 037
国有相对控股	283 446	10 954	1 573 303	16 847 041
集体控股	289 120	50 290	1 687 239	19 965 383
集体绝对控股	173 183	6 049	954 670	10 819 304
集体相对控股	115 937	44 241	732 569	9 146 080
非公有控股经济	4 556 794	717 387	24 589 897	235 641 449
私人控股	2 897 394	437 318	18 260 920	162 260 008
私人绝对控股	2 327 017	210 648	14 308 990	121 918 742
私人相对控股	570 377	226 670	3 951 930	40 341 266
港澳台商控股	874 699	145 426	2 398 943	20 368 151
港澳台商绝对控股	762 611	121 652	2 237 866	17 855 167
港澳台商相对控股	112 088	23 774	161 076	2 512 984
外商控股	784 700	134 642	3 930 035	53 013 291
外商绝对控股	720 692	113 012	3 655 619	46 819 541
外商相对控股	64 008	21 631	274 415	6 193 749
四、按软件出口基地分列				
北京软件出口基地	58 974		385 567	2 551 408
天津软件出口基地	965		13 907	166 553
大连软件出口基地	257 613	6 960	385 415	12 201 215

续表

项目名称	应交所得税	出口已退税额	研发经费	主营业务成本
上海软件出口基地	171 415	2 900	506 376	2 261 186
深圳软件出口基地	103 520	65 759	838 640	4 630 510
西安软件出口基地	88 243	4 267	606 480	4 630 438
五、按软件园区分列				
北京中关村软件园	657 638		2 939 056	19 329 806
大连软件园	257 613	6 960	385 415	12 201 150
上海浦东软件园	171 380	2 835	507 876	2 317 949
南京软件园	142 530	18 652	664 522	8 214 588
杭州软件园	614 519	51 126	2 435 304	9 498 578
山东齐鲁软件园	135 982	1 615	436 446	7 358 584
长沙软件园	37 783	1 947	170 628	1 768 263
广州天河软件园	109 771	2 942	919 656	5 691 763
珠海南方软件园	7 457	6 193	72 859	846 394
成都软件园	218 163	1 954	981 395	5 853 065
西安软件园	88 243	4 267	606 480	4 630 438
六、按行业分列				
软件产品行业	2 317 493	315 984	15 417 701	113 598 932
信息技术服务行业	3 078 898	239 344	12 250 614	152 091 391
嵌入式系统软件行业	519 724	311 709	3 656 780	55 512 588
七、按企业规模分列				
大型企业	3 942 077	698 944	19 873 671	203 444 472
中型企业	1 467 125	116 650	6 861 972	87 205 541
小型企业	500 414	50 032	4 486 643	30 044 617
微型企业	6 498	1 412	102 808	508 280

表 126 2014 年软件产业主要经济指标汇总表（6）

单位：万元

项目名称	应收账款	应付账款	固定资产折旧	本年应付职工薪酬
软件企业合计	87 357 456	75 897 091	18 984 758	57 531 358
一、按企业登记注册类型分列				
内资企业	69 818 521	63 003 762	14 222 841	43 280 650
国有企业	6 270 467	5 666 387	1 566 865	2 881 403

续表

项目名称	应收账款	应付账款	固定资产折旧	本年应付职工薪酬
集体企业	4 437 291	1 375 149	21 083	280 261
股份合作企业	380 995	218 861	86 691	217 271
联营企业	72 163	45 350	22 448	88 783
国有联营企业	27 680	16 744	9 684	21 195
集体联营企业	11 908	5 667	4 878	9 721
国有与集体联营企业	2 064	2 795	3 622	23 176
其他联营企业	30 511	20 143	4 264	34 691
有限责任公司	27 774 557	22 866 769	6 383 075	17 536 909
国有独资公司	1 124 498	1 204 127	193 903	500 442
其他有限责任公司	26 650 059	21 662 642	6 189 173	17 036 467
股份有限公司	17 604 365	13 714 381	3 140 388	9 181 355
私营企业	12 848 054	18 812 585	2 868 129	12 199 310
其他内资企业	430 630	304 281	134 163	895 358
港、澳、台商投资企业	7 124 698	5 243 930	1 616 535	5 030 180
合资经营企业（港、澳、台资）	1 531 260	542 711	164 134	633 040
合作经营企业（港、澳、台资）	66 780	36 899	16 833	47 670
港、澳、台商独资经营企业	4 994 875	4 540 391	1 369 850	4 101 340
港、澳、台商投资股份有限公司	531 214	120 989	51 376	234 138
其他港澳台商投资企业	570	2 940	14 342	13 991
外商投资企业	10 414 237	7 649 399	3 145 383	9 220 527
中外合资经营企业	1 533 630	1 186 160	521 688	1 130 956
中外合作经营企业	123 872	42 750	25 088	79 271
外资企业	8 218 492	5 997 767	2 509 192	7 762 679
外商投资股份有限公司	393 476	278 963	66 727	223 734
其他外商投资企业	144 766	143 759	22 688	23 887
二、按经济类型分列				
国有经济	7 422 645	6 887 259	1 770 451	3 403 040
集体经济	4 449 199	1 380 817	25 961	289 981
股份合作经济	380 995	218 861	86 691	217 271
股份制经济	44 254 424	35 377 022	9 329 561	26 217 822
外商及港、澳、台投资经济	17 538 935	12 893 329	4 761 917	14 250 707

续表

项目名称	应收账款	应付账款	固定资产折旧	本年应付职工薪酬
其他经济	13 311 259	19 139 804	3 010 178	13 152 535
三、按控股经济分列				
公有控股经济	29 159 106	22 847 063	5 043 260	12 384 012
国有控股	20 548 994	19 013 662	4 288 829	9 406 160
国有绝对控股	15 195 284	14 739 828	3 198 671	6 695 061
国有相对控股	5 353 710	4 273 834	1 090 158	2 711 098
集体控股	8 610 112	3 833 401	754 431	2 977 852
集体绝对控股	6 905 488	2 341 162	281 504	1 841 775
集体相对控股	1 704 624	1 492 240	472 927	1 136 077
非公有控股经济	58 198 350	53 050 028	13 941 498	45 147 346
私人控股	41 933 702	40 802 416	9 484 503	31 647 167
私人绝对控股	32 114 887	32 699 111	7 630 291	24 239 017
私人相对控股	9 818 815	8 103 305	1 854 212	7 408 151
港澳台商控股	6 594 627	4 984 948	1 455 636	4 470 740
港澳台商绝对控股	5 950 917	4 527 711	1 343 349	4 200 928
港澳台商相对控股	643 710	457 237	112 287	269 812
外商控股	9 670 021	7 262 664	3 001 359	9 029 439
外商绝对控股	8 672 384	6 654 741	2 832 352	8 244 229
外商相对控股	997 638	607 923	169 007	785 210
四、按软件出口基地分列				
北京软件出口基地	1 548 297	945 494	76 740	1 400 258
天津软件出口基地	47 714	15 133	11 666	50 834
大连软件出口基地	1 778 668	1 601 288	968 341	1 591 118
上海软件出口基地	1 100 282	1 011 071	690 321	973 438
深圳软件出口基地	2 901 852	1 409 162	238 712	1 119 444
西安软件出口基地	291 904	249 700	206 824	748 155
五、按软件园区分列				
北京中关村软件园	9 322 630	5 835 863	692 041	7 335 428
大连软件园	1 778 668	1 601 288	968 341	1 591 088
上海浦东软件园	1 092 400	1 005 634	690 016	971 808
南京软件园	3 692 111	2 284 869	266 014	865 367

续表

项目名称	应收账款	应付账款	固定资产折旧	本年应付职工薪酬
杭州软件园	3 607 729	3 075 371	1 078 803	2 583 387
山东齐鲁软件园	814 582	427 998	306 590	515 218
长沙软件园	1 070 309	1 847 341	144 990	293 870
广州天河软件园	1 444 124	1 005 332	376 361	1 087 928
珠海南方软件园	188 221	323 681	30 505	218 133
成都软件园	1 783 593	1 089 668	373 885	1 183 188
西安软件园	291 904	249 700	206 824	748 155
六、按行业分列				
软件产品行业	39 464 747	35 565 529	7 038 749	28 358 027
信息技术服务行业	31 146 003	28 429 304	9 422 281	24 278 627
嵌入式系统软件行业	16 746 706	11 902 257	2 523 728	4 894 703
七、按企业规模分列				
大型企业	57 314 230	45 512 483	12 590 055	34 867 597
中型企业	19 483 709	15 354 773	3 879 531	13 036 203
小型企业	10 338 079	14 936 497	2 365 907	8 970 636
微型企业	221 438	93 339	149 266	656 923

表 127　2014 年软件产业主要经济指标汇总表（7）

单位：人

项目名称	从业人员年末数	软件研发人员	管理人员	硕士以上人员	大本人员	大专以下人员
软件企业合计	5 457 806	2 451 852	658 193	557 089	3 064 271	1 836 339
一、按企业登记注册类型分列						
内资企业	4 428 181	1 997 093	526 880	440 338	2 557 808	1 429 958
国有企业	346 360	131 808	35 589	46 991	174 929	124 452
集体企业	22 414	10 030	1 509	6 270	14 119	2 028
股份合作企业	35 664	32 726	4 734	3 159	19 839	12 669
联营企业	10 153	6 369	1 078	1 375	5 622	3 153
国有联营企业	1 889	2 425	232	218	1 202	468
集体联营企业	1 623	536	154	139	1 038	446
国有与集体联营企业	2 746	1 188	391	172	1 640	934
其他联营企业	3 895	2 220	301	846	1 742	1 305
有限责任公司	1 833 439	855 005	226 931	204 735	1054 030	574 651

续表

项目名称	从业人员年末数	软件研发人员	管理人员	硕士以上人员	大本人员	大专以下人员
国有独资公司	42 648	25 831	5 948	6 195	25 769	10 686
其他有限责任公司	1 790 791	829 174	220 983	198 540	1028 261	563 965
股份有限公司	930 178	399 596	101 788	81 318	519 091	329 758
私营企业	1 138 231	522 616	141 166	82 863	692 426	362 893
其他内资企业	111 742	38 943	14 085	13 627	77 752	20 354
港、澳、台商投资企业	370 570	158 191	55 922	44 501	167 756	158 297
合资经营企业（港、澳、台资）	54 768	31 557	4 728	7 704	23 827	23 234
合作经营企业（港、澳、台资）	7 059	1 006	482	254	1 103	5 702
港、澳、台商独资经营企业	293 559	117 384	47 935	34 290	133 857	125 400
港、澳、台商投资股份有限公司	14 716	8 178	2 757	2 235	8 778	3 703
其他港澳台商投资企业	468	66	20	18	191	258
外商投资企业	659 055	296 568	75 391	72 250	338 707	248 084
中外合资经营企业	104 920	52 232	14 934	9 071	60 032	35 806
中外合作经营企业	9 761	2 885	900	587	4 810	4 364
外资企业	520 270	234 361	58 571	60 633	262 205	197 428
外商投资股份有限公司	21 152	5 935	772	1 879	10 542	8 732
其他外商投资企业	2 952	1 155	214	80	1 118	1 754
二、按经济类型分列						
国有经济	390 897	160 064	41 769	53 404	201 900	135 606
集体经济	24 037	10 566	1 663	6 409	15 157	2 474
股份合作经济	35 664	32 726	4 734	3 159	19 839	12 669
股份制经济	2 720 969	1228 770	322 771	279 858	1547 352	893 723
外商及港、澳、台投资经济	1 029 625	454 759	131 313	116 751	506 463	406 381
其他经济	1 256 614	564 967	155 943	97 508	773 560	385 486
三、按控股经济分列						
公有控股经济	1 126 944	547 028	132 397	147 870	631 709	347 384
国有控股	844 542	399 442	103 634	114 294	466 810	263 445
国有绝对控股	590 678	272 162	76 827	82 900	322 597	185 197
国有相对控股	253 864	127 280	26 807	31 394	144 213	78 248
集体控股	282 402	147 586	28 763	33 576	164 899	83 939
集体绝对控股	145 113	72 343	13 437	20 452	88 018	36 652

续表

项目名称	从业人员年末数	软件研发人员	管理人员	硕士以上人员	大本人员	大专以下人员
集体相对控股	137 289	75 243	15 326	13 124	76 881	47 287
非公有控股经济	4 330 862	1 904 824	525 796	409 219	2 432 562	1 488 955
私人控股	3 332 319	1 466 318	388 556	301 772	1 938 713	1 091 722
私人绝对控股	2 523 625	1 113 918	305 909	241 656	1 455 858	826 010
私人相对控股	808 694	352 400	82 647	60 116	482 855	265 712
港澳台商控股	336 685	135 899	56 512	37 322	146 763	152 589
港澳台商绝对控股	305 254	124 728	53 886	35 572	132 434	137 242
港澳台商相对控股	31 431	11 171	2 626	1 750	14 329	15 347
外商控股	661 858	302 607	80 728	70 125	347 086	244 644
外商绝对控股	580 966	261 088	67 669	64 201	297 332	219 431
外商相对控股	80 892	41 519	13 059	5 924	49 754	25 213
四、按软件出口基地分列						
北京软件出口基地	63 706	56 163	7 645	10 254	39 490	13 962
天津软件出口基地	5 525	2 695	382	322	3 420	1 783
大连软件出口基地	247 487	113 306	21 199	26 325	192 118	29 040
上海软件出口基地	51 700	22 441	5 295	7 087	34 310	10 303
深圳软件出口基地	92 751	50 897	11 929	9 339	52 736	30 671
西安软件出口基地	108 477	90 504	15 644	13 692	63 292	31 491
五、按软件园区分列						
北京中关村软件园	430 569	354 731	79 208	51 232	242 410	136 919
大连软件园	247 477	113 302	21 196	26 322	192 114	29 037
上海浦东软件园	54 259	23 679	6 618	8 249	35 417	10 593
南京软件园	75 333	36 113	10 807	15 144	45 060	15 124
杭州软件园	194 818	63 406	24 075	19 062	105 476	70 277
山东齐鲁软件园	97 629	29 792	14 693	10 813	68 457	18 362
长沙软件园	45 100	15 647	5 914	3 200	28 296	13 604
广州天河软件园	101 013	64 588	9 924	5 547	58 653	36 811
珠海南方软件园	15 787	7 699	1 110	2 471	8 342	4 974
成都软件园	116 493	43 758	12 873	11 299	65 347	39 851
西安软件园	108 477	90 504	15 644	13 692	63 292	31 491

续表

项目名称	从业人员年末数	软件研发人员	管理人员	硕士以上人员	大本人员	大专以下人员
六、按行业分列						
软件产品行业	2 444 374	1 147 171	301 394	245 269	1 505 506	693 599
信息技术服务行业	2 438 801	941 031	281 379	253 080	1 341 216	844 505
嵌入式系统软件行业	574 631	363 650	75 420	58 740	217 549	298 235
七、按企业规模分列						
大型企业	3 130 234	1 344 378	342 479	358 588	1 630 244	1 141 404
中型企业	1 406 688	625 926	174 231	119 945	867 454	419 307
小型企业	902 417	466 554	137 918	76 870	554 726	270 758
微型企业	18 467	14 994	3 565	1 686	11 847	4 870

表 128　2014 年软件产品完成情况

项目名称	企业数（家）	本年收入（万元）	其中：本年出口（万美元）
软件业务收入明细合计	53 907	370 264 197	4 867 058
软件产品行业（E6201）			
一、软件产品合计	26 518	121 984 962	1 173 315
（一）基础软件	6 072	22 678 073	155 144
1.操作系统	1 254	5 673 192	42 787
2.数据库管理系统	887	2 648 686	16 912
3.中间件	1 110	5 431 521	41 154
4.办公软件	1 121	2 231 841	6 258
5.其他	1 700	6 692 832	48 032
（二）支撑软件	1 406	3 936 608	16 015
1.开发工具和平台软件	751	2 130 663	9 786
2.测试工具软件	294	701 514	1 913
3.其他支撑软件	361	1 104 431	4 315
（三）应用软件	12 706	61 868 781	612 203
1.通用应用软件	5 139	18 330 682	128 714
2.行业应用软件	7 567	43 538 099	483 489
（四）工业软件	1 656	6 953 918	47 295
1.产品研发类软件	586	2 270 393	8 549

续表

项目名称	企业数（家）	本年收入（万元）	其中：本年出口（万美元）
2.生产控制类软件	1 070	4 683 525	38 746
（五）嵌入式应用软件	1 903	11 962 026	120 735
（六）信息安全产品	1 495	7 468 515	87 582
1.基础类安全产品	269	879 424	6 649
2.终端与数字内容安全产品	178	1 409 592	55 311
3.网络与边界安全产品	260	2 347 844	12 147
4.专用安全产品	240	1 154 417	1 534
5.安全测试评估与服务产品	99	277 127	3 045
6.安全管理产品	213	635 470	4 089
7.其他信息安全产品及相关服务	236	764 640	4 808
（七）移动应用软件（APP）	354	1 946 898	13 160
（八）软件定制服务	926	5 170 144	121 183
信息技术服务行业（E6202）			
二、信息技术服务行业合计	22 878	187 110 900	1 590 250
（一）信息技术咨询设计服务	7 243	37 758 901	404 312
1.信息化规划	474	3 240 055	62 922
2.信息系统设计	2 018	11 845 359	47 909
3.信息技术管理咨询	3 211	15 492 953	273 935
4.信息系统工程监理	501	1 976 954	8 855
5.测试评估	265	3 431 257	6 239
6.信息技术培训	774	1 772 322	4 451
（二）信息系统集成实施服务	6 482	57 359 113	593 599
1.基础环境集成实施服务	687	6 286 113	31 989
2.硬件集成实施服务	1 323	14 796 433	478 924
3.软件集成实施服务	1 679	7 433 187	39 250
4.安全集成实施服务	380	1 871 802	1 335
5.系统集成实施管理服务	2 413	26 971 578	42 100
（三）运行维护服务合计	3 827	12 192 700	27 845
1.基础环境运维服务	362	1 683 809	5 579
2.硬件运维服务	458	1 475 755	3 377

续表

项目名称	企业数（家）	本年收入（万元）	其中：本年出口（万美元）
3.软件运维服务	1 574	3 203 061	6 776
4.安全运维服务	284	850 076	
5.运维管理服务	1 149	4 979 999	12 112
（四）数据服务	1 697	14 142 161	110 110
1.数据加工处理服务	954	8 712 343	52 559
2.数字内容处理服务	743	5 429 818	57 551
（五）运营服务	2 420	34 197 176	96 647
1.软件运营服务	512	4 961 029	18 894
2.平台运营服务	1 520	23 894 618	18 380
（1）物流管理服务平台	140	2 335 225	1 270
（2）在线信息平台	362	5 807 043	142
（3）在线娱乐平台	412	7 817 775	14 974
（4）在线教育平台	176	690 659	182
（5）其他在线服务平台	430	7 243 916	1 811
3.基础设施运营服务	246	3 678 853	5 042
4.呼叫中心服务	142	1 662 676	54 331
（六）电子商务平台服务	623	20 056 244	29 968
1.在线交易平台服务	480	16 177 557	9 995
2.在线交易支撑服务	143	3 878 687	19 973
（七）集成电路设计	586	11 404 605	327 770
嵌入式系统软件行业（E6203）			
三、嵌入式系统软件合计	4 511	61 168 335	2 103 493
（一）通信设备	1 230	24 543 521	1 546 436
1.通信传输设备	470	6 294 325	314 982
（1）光通信设备	178	4 160 959	248 338
（2）卫星通信设备	69	674 021	50 680
（3）无线通信设备	223	1 459 345	15 963
2.通信交换设备	99	1 145 978	60 524
（1）数字程控交换机	66	958 410	60 367
（2）软交换机	17	92 851	61

续表

项目名称	企业数（家）	本年收入（万元）	其中：本年出口（万美元）
（3）光交换机	16	94 716	96
3.移动通信设备	75	10 400 309	974 095
（1）基站	53	10 344 146	974 014
（2）直放站	22	56 163	81
4.网络设备	586	6 702 909	196 835
（1）网络控制设备	331	3 531 253	70 807
（2）网络接口和适配器	71	628 149	59 454
（3）网络连接设备	140	2 121 579	59 960
（4）网络优化设备	44	421 928	6 614
（二）数字家用视听产品	158	4 502 545	103 112
1.电视接收机顶盒	74	2 281 335	95 339
2.家庭网关中心	84	2 221 210	7 773
（三）计算机应用产品	964	12 843 780	275 320
1.金融、商业、税务电子应用产品	109	786 151	9 095
（1）银行自助服务终端	46	204 800	865
（2）POS 机	34	265 567	2 744
（3）税控机	29	315 784	5 486
2.汽车电子	327	6 428 604	19 220
（1）传动系控制系统	66	992 866	2 340
（2）行驶系控制系统	64	448 161	3 711
（3）车身控制系统	98	2 903 299	451
（4）安全控制系统	99	2 084 278	12 717
3.智能交通	78	426 911	3 051
（1）交通信号控制机	78	426 911	3 051
4.医疗电子设备	195	860 602	36 663
（1）医用电子仪器设备	162	758 571	32 138
（2）医学影像设备	33	102 031	4 525
5.智能识别装置	189	3 771 603	204 762
6.自动检售票设备	18	77 873	22
7.超大屏幕控制器	48	492 036	2 507

续表

项目名称	企业数（家）	本年收入（万元）	其中：本年出口（万美元）
（四）信息系统安全产品	178	1 466 044	23 632
1.边界防护类设备和系统	50	193 531	1 460
2.密钥管理类设备和系统	128	1 272 513	22 172
（五）装备自动控制产品	1 981	17 812 446	154 993
1.集散控制系统	665	9 980 938	65 842
2.电气传动及控制系统	566	3 684 131	49 131
3.装备制造工控系统	750	4 147 377	40 020

表 129　2014 年各省市软件产业主要指标汇总表（1）

单位：万元

地区	企业数（家）	软件业务收入	其中			其中
			1.软件产品收入	2.信息技术服务收入	3.嵌入式系统软件收入	软件外包服务收入
软件企业合计	37 102	370 264 197	121 984 962	187 110 900	61 168 335	18 318 223
(一) 按省市分列						
北京市	2 723	47 965 752	18 419 803	29 427 239	118 710	1 248 101
天津市	609	9 068 842	2 461 160	5 467 309	1 140 373	53 395
河北省	286	1 499 060	370 616	1 112 220	16 224	15 407
山西省	123	227 374	152 742	70 757	3 875	606
内蒙古自治区	82	294 602	144 081	150 029	492	1 137
辽宁省	4 282	30 613 714	10 747 253	16 736 210	3 130 251	4 854 620
吉林省	956	3 812 816	1 025 110	2 203 139	584 567	190 608
黑龙江省	488	1 333 085	576 393	681 694	74 997	590 640
上海市	2 799	28 993 538	9 954 801	17 202 127	1 836 610	1 212 569
江苏省	5 314	61 725 909	16 518 427	22 813 075	22 394 408	2 371 152
浙江省	1 699	24 376 170	8 015 827	14 467 882	1 892 461	572 014
安徽省	430	1 453 247	827 590	522 516	103 141	68 157
福建省	1 942	15 154 824	5 515 805	7 787 021	1 851 997	146 497
江西省	141	761 233	221 151	533 531	6 550	14 344
山东省	3 093	30 886 774	12 666 816	12 200 561	6 019 396	1 586 285
河南省	291	2 339 218	796 163	1 453 448	89 607	4 788
湖北省	2 501	8 511 963	4 348 201	3 575 705	588 057	493 910
湖南省	610	3 017 375	1 866 787	881 285	269 303	45 209

续表

地区	企业数（家）	软件业务收入	其中			其中
			1.软件产品收入	2.信息技术服务收入	3.嵌入式系统软件收入	软件外包服务收入
广东省	4 486	60 186 904	15 305 893	25 941 481	18 939 531	1 240 944
广西壮族自治区	241	756 626	234 583	518 524	3 519	14 121
海南省	62	170 294	92 643	75 654	1 997	2 565
重庆市	832	7 062 363	1 182 699	5 100 159	779 506	982 179
四川省	1 461	18 955 652	7 166 321	11 682 365	106 966	546 685
贵州省	222	885 739	351 207	519 464	15 068	
云南省	109	469 826	112 616	354 289	2 922	38 534
陕西省	1 020	8 864 383	2 709 425	4 974 035	1 180 923	2 008 598
甘肃省	94	272 311	76 418	193 516	2 378	5 516
青海省	20	12 387	1 491	9 597	1 298	55
宁夏回族自治区	66	94 388	33 571	48 835	11 982	201
新疆维吾尔自治区	120	497 827	89 368	407 234	1 226	9 385
（二）按副省级城市分列						
大连市	2 063	14 708 001	5 797 192	7 758 823	1 151 986	3 317 716
宁波市	618	2 989 048	800 177	1 294 554	894 317	58 378
厦门市	854	7 494 211	1 780 800	4 178 621	1 534 791	32 563
青岛市	1 029	10 450 631	3 682 776	3 544 554	3 223 301	72 871
深圳市	2 176	35 480 022	6 988 223	13 182 962	15 308 838	437 351
沈阳市	1 949	14 997 575	4 364 965	8 700 992	1 931 619	1 533 431
长春市	570	2 704 496	821 697	1 385 286	497 513	177 477
哈尔滨	411	858 218	371 580	415 667	70 971	373 015
南京市	1 824	27 359 928	9 201 142	14 914 463	3 244 323	1 517 072
杭州市	748	20 731 762	6 918 437	12 916 477	896 848	501 986
济南市	1 666	17 567 953	8 202 423	7 783 039	1 582 491	1 463 172
武汉市	2 429	8 424 666	4 314 333	3 533 221	577 112	493 775
广州市	1 652	19 453 127	7 123 107	11 514 588	815 433	724 443
成都市	1 431	18 314 010	6 986 229	11 227 446	100 336	537 491
西安市	1 020	8 864 383	2 709 425	4 974 035	1 180 923	2 008 598

表 130　2014 年各省市软件产业主要指标汇总表（2）

单位：万美元

地区	软件业务出口	软件外包服务出口	嵌入式系统软件出口
软件企业合计	4 867 058	972 598	2 103 493
（一）按省市分列			
北京市	204 594	204 206	388
天津市	50 270	5 067	
河北省	6 620	1 037	
内蒙古自治区	169	169	
辽宁省	605 408	322 213	31 412
吉林省	12 811	8 009	1 873
黑龙江省	4 165	3 402	763
上海市	305 720	105 693	17 643
江苏省	789 765	82 305	519 213
浙江省	251 577	51 959	38 373
安徽省	11 512	4 869	3 260
福建省	14 888	6 129	551
江西省	8 193	26	2
山东省	122 206	24 207	83 076
河南省	288	277	11
湖北省	10 807	8 103	66
湖南省	4 093	464	270
广东省	2 257 647	61 647	1 392 135
广西壮族自治区	307		
海南省	211	211	
重庆市	6 799	4 503	954
四川省	133 263	25 337	796
云南省	240		
陕西省	65 228	52 737	12 491
甘肃省	246	30	216
青海省	31		
（二）按副省级城市分列			
大连市	462 723	278 372	12 680

续表

地区	软件业务出口	软件外包服务出口	嵌入式系统软件出口
宁波市	53 388	3 053	21 924
厦门市	4 448	1 848	
青岛市	55 443	4 109	42 137
深圳市	2040 986	11 999	1 257 734
沈阳市	140 678	43 542	18 112
长春市	9 515	6 090	1 873
哈尔滨	3 235	2 652	583
南京市	68 042	41 964	20 871
杭州市	195 508	48 096	15 526
济南市	20 319	17 826	1 489
武汉市	10 807	8 103	66
广州市	52 889	47 510	762
成都市	133 169	25 243	796
西安市	65 228	52 737	12 491

表 131　2014 年各省市软件产业主要指标汇总表（3）

单位：万元

地区	利　润 总　额	流动资产 平均余额	资　产 合　计	负　债 合　计	固定资产 投资额
软件企业合计	48 262 878	286 438 369	519 570 041	258 161 298	11 349 483
（一）按省市分列					
北京市	6 329 528	47 705 938	75 699 115	36 396 126	1 281 090
天津市	792 726	1 987 513	12 918 648	1 720 715	58 632
河北省	230 987	1 581 575	2 306 108	1 265 587	49 933
山西省	31 734	386 405	596 834	226 535	72 934
内蒙古自治区	19 565	141 792	271 647	112 729	3 398
辽宁省	1 803 696	10 323 280	20 580 587	10 672 843	656 754
吉林省	263 167	884 088	1 347 918	510 288	85 417
黑龙江省	253 190	442 799	1 092 932	168 584	75 628
上海市	4 102 119	24 927 673	43 329 077	22 097 751	734 003
江苏省	5 142 062	31 611 970	79 732 375	38 599 318	2 530 486
浙江省	6 986 233	24 065 530	37 156 311	15 664 010	799 924

续表

地区	利润总额	流动资产平均余额	资产合计	负债合计	固定资产投资额
安徽省	310 548	1 898 580	3 348 427	1 425 786	116 812
福建省	1 031 849	11 862 018	15 552 145	11 132 119	853 518
江西省	107 074	631 875	1 112 104	503 894	12 353
山东省	4 598 585	25 344 186	41 013 591	25 556 920	808 594
河南省	398 255	2 543 772	2 954 648	1 071 783	73 921
湖北省	864 120	11 416 730	19 006 079	9 740 777	744 473
湖南省	620 213	6 870 375	8 530 276	3 974 884	197 529
广东省	10 250 995	62 448 843	106 469 009	56 010 004	1 146 773
广西壮族自治区	164 029	307 843	452 845	194 613	12 346
海南省	26 599	292 639	402 874	227 955	2 961
重庆市	478 251	3 693 137	9 079 309	3 409 986	109 784
四川省	2 798 245	6 772 233	22 208 445	9 723 979	512 575
贵州省	35 983	708 902	1 188 024	585 072	20 074
云南省	24 648	624 424	870 763	465 451	10 522
陕西省	513 066	5 953 073	10 760 491	5 825 183	336 002
甘肃省	21 425	405 252	604 191	324 291	15 185
青海省	87	12 241	18 915	8 889	
宁夏回族自治区	9 833	59 674	122 955	59 215	6 258
新疆维吾尔自治区	54 066	534 008	843 396	486 009	21 604
（二）按副省级城市分列					
大连市	589 212	7 749 470	14 903 541	8 494 473	292 570
宁波市	207 415	2 162 652	3 868 272	2 079 041	104 705
厦门市	568 524	3 472 780	4 037 205	2 952 362	55 937
青岛市	1 286 170	16 187 384	17 083 360	10 476 635	34 160
深圳市	6 619 604	33 067 641	62 995 965	36 838 832	686 901
沈阳市	1 106 651	1 588 979	4 004 634	1 418 741	262 192
长春市	170 649	674 726	1 088 171	411 845	39 041
哈尔滨	171 194	390 336	822 254	156 803	47 940
南京市	3 156 951	21 086 219	37 163 238	20 759 573	2 019 876
杭州市	6 710 727	21 280 474	32 267 490	13 091 377	658 859

续表

地区	利　润总　额	流动资产平均余额	资　产合　计	负　债合　计	固定资产投资额
济南市	3 012 558	7 590 112	20 327 485	13 904 026	622 299
武汉市	849 420	11 270 221	18 789 104	9 657 882	733 042
广州市	2 876 688	19 187 849	35 710 027	15 808 648	289 966
成都市	2 695 270	6 002 721	20 647 862	8 807 817	490 434
西安市	513 066	5 953 073	10 760 491	5 825 183	336 002

表 132　2014 年各省市软件产业主要指标汇总表（4）

单位：万元

地区	主营业务税金及附加	年末所有者权益	年初所有者权益	应交增值税
软件企业合计	6 997 116	261 408 743	186 028 651	10 859 273
（一）按省市分列				
北京市	413 616	39 302 990	32 672 967	1 626 815
天津市	58 286	11 197 933	1 024 689	193 383
河北省	15 172	1 040 521	948 598	78 500
山西省	3 076	370 299	340 393	11 903
内蒙古自治区	2 955	158 918	111 341	4 865
辽宁省	1 097 099	9 907 743	8 815 049	388 048
吉林省	98 985	837 631	656 100	78 265
黑龙江省	14 217	924 348	800 879	40 891
上海市	336 271	21 231 326	17 766 264	715 341
江苏省	951 238	41 133 056	23 788 283	1 212 829
浙江省	361 453	21 492 300	14 926 296	918 747
安徽省	19 645	1 922 642	1 561 625	58 960
福建省	505 911	4 420 026	3 583 070	276 746
江西省	10 841	608 209	541 473	23 014
山东省	776 779	15 456 671	11 732 921	1 363 471
河南省	28 300	1 882 865	1 455 407	123 777
湖北省	121 437	9 265 302	6 735 429	278 571
湖南省	46 888	4 555 392	3 591 766	242 952
广东省	868 001	50 459 006	39 725 531	2 321 441
广西壮族自治区	22 978	258 232	208 591	7 783
海南省	3 415	174 919	158 956	5 982

续表

地区	主营业务税金及附加	年末所有者权益	年初所有者权益	应交增值税
重庆市	113 006	5 669 323	4 814 611	248 360
四川省	721 755	12 484 467	4 208 283	492 876
贵州省	36 339	602 952	430 997	11 898
云南省	5 501	405 312	376 725	6 632
陕西省	343 733	4 935 307	4 427 409	106 006
甘肃省	8 092	279 901	240 687	4 965
青海省	61	10 026	7 627	69
宁夏回族自治区	1 202	63 740	48 276	2 029
新疆维吾尔自治区	10 864	357 388	328 408	14 154
（二）按副省级城市分列				
大连市	315 034	6 409 068	5 769 744	285 186
宁波市	34 648	1 789 230	1 618 851	97 125
厦门市	103 802	1 084 843	792 301	17 295
青岛市	144 062	6 606 725	4 215 429	260 298
深圳市	384 767	26 157 132	19 123 340	1 457 100
沈阳市	760 810	2 585 892	2 199 588	60 475
长春市	66 542	676 326	559 056	37 565
哈尔滨	8 183	665 451	591 422	26 287
南京市	646 002	16 403 665	17 327 245	902 641
杭州市	319 325	19 176 113	12 822 020	799 769
济南市	408 471	6 423 460	5 468 894	1 044 493
武汉市	119 393	9 131 222	6 616 712	272 835
广州市	444 006	19 901 378	17 278 317	713 721
成都市	708 937	11 840 044	3 662 034	447 742
西安市	343 733	4 935 307	4 427 409	106 006

表 133 2014 年各省市软件产业主要指标汇总表（5）

单位：万元

地区	应交所得税	出口已退税额	研发经费	主营业务成本
软件企业合计	5 916 115	867 038	31 325 094	321 202 910
（一）按省市分列				
北京市	890 903		4 104 121	28 079 252

续表

地区	应交所得税	出口已退税额	研发经费	主营业务成本
天津市	81 263	392	260 346	8 267 298
河北省	58 936	764	89 681	1 418 083
山西省	8 940	24	35 554	253 993
内蒙古自治区	1 885		6 220	281 748
辽宁省	335 979	26 120	859 129	21 808 433
吉林省	25 637	3 936	144 053	2 818 069
黑龙江省	35 467	1 219	118 896	816 317
上海市	469 167	109 883	3 456 604	20 281 396
江苏省	640 765	145 445	2 758 783	77 697 351
浙江省	733 977	124 936	2 868 607	16 618 606
安徽省	31 790	1 856	183 240	1 320 246
福建省	87 372	33 574	1 414 451	15 058 007
江西省	13 010	5 739	64 649	881 812
山东省	506 867	11 949	2 348 805	33 378 134
河南省	54 135	197	307 618	3 402 595
湖北省	103 840	38 942	807 833	8 465 806
湖南省	88 619	2 845	312 121	3 500 391
广东省	1151 079	349 278	7 846 365	47 293 595
广西壮族自治区	4 674	146	17 025	676 104
海南省	4 619		26 685	218 064
重庆市	146 934	3 122	846 305	6 386 587
四川省	329 809	2 065	1 731 552	15 382 264
贵州省	5 708		30 481	594 880
云南省	4 043	282	39 517	483 509
陕西省	88 243	4 267	606 480	4 630 438
甘肃省	3 055	36	13 045	323 795
青海省	146		242	19 469
宁夏回族自治区	1 145	2	7 971	89 425
新疆维吾尔自治区	8 111	17	18 716	757 240
（二）按副省级城市分列				
大连市	257 613	6 960	385 415	12 201 150

续表

地区	应交所得税	出口已退税额	研发经费	主营业务成本
宁波市	25 873	42 658	118 076	4 391 767
厦门市	12 963	13 978	500 613	9 600 331
青岛市	76 079	4 067	1 077 474	10 429 183
深圳市	505 328	286 024	4 734 469	24 854 592
沈阳市	62 650	11 727	420 970	8 700 070
长春市	21 401	468	113 546	2 017 471
哈尔滨	22 839	1 036	79 591	508 040
南京市	350 204	99 796	1 893 651	37 516 837
杭州市	696 521	81 095	2 678 685	11 605 931
济南市	327 668	6 615	1 176 656	18 420 158
武汉市	102 745	38 942	774 932	8 396 980
广州市	488 470	5 920	2 705 617	18 044 244
成都市	275 386	2 032	1 676 720	14 688 919
西安市	88 243	4 267	606 480	4 630 438

表 134　2014 年各省市软件产业主要指标汇总表（6）

单位：万元

项目名称	应收账款	应付账款	固定资产折旧	本年应付职工薪酬
软件企业合计	87 357 456	75 897 091	18 984 758	57 531 358
（一）按省市分列				
北京市	12 971 448	8 481 927	1 051 079	11 093 203
天津市	542 113	496 129	131 085	860 396
河北省	638 522	439 819	98 388	436 365
山西省	172 506	79 885	20 560	150 500
内蒙古自治区	56 660	25 539	18 345	24 641
辽宁省	3 860 331	2 400 807	1 749 733	4 519 156
吉林省	241 080	122 162	178 709	176 744
黑龙江省	109 655	76 629	47 939	234 412
上海市	7 939 009	7 864 430	2 080 996	5 898 273
江苏省	14 059 485	9 974 479	3 236 189	9 934 578
浙江省	5 112 438	4 054 987	1 516 515	3 373 958
安徽省	921 072	476 844	104 632	250 925

续表

项目名称	应收账款	应付账款	固定资产折旧	本年应付职工薪酬
福建省	2 304 229	2 699 333	1 038 042	2 488 838
江西省	284 247	186 929	77 644	178 558
山东省	8 102 841	3 676 622	1 438 684	2 813 597
河南省	968 965	491 891	157 025	226 394
湖北省	3 929 374	2 453 770	612 360	1 733 081
湖南省	1 622 016	2 321 246	297 995	487 738
广东省	18 063 529	16 921 854	3 782 723	8 427 617
广西壮族自治区	147 623	200 474	27 667	101 626
海南省	118 498	68 723	9 537	34 809
重庆市	1 417 608	1 692 953	327 013	673 395
四川省	2 657 893	9 668 147	617 563	2 381 027
贵州省	169 804	263 414	46 687	69 614
云南省	251 099	187 430	23 880	68 995
陕西省	291 904	249 700	206 824	748 155
甘肃省	108 769	68 833	22 684	34 544
青海省	3 924	1 993	1 347	1 753
宁夏回族自治区	21 708	18 156	4 324	16 566
新疆维吾尔自治区	269 105	231 987	58 589	91 901
（二）按副省级城市分列				
大连市	1 778 668	1 601 288	968 341	1 591 088
宁波市	678 472	509 861	184 630	449 955
厦门市	928 343	1 285 973	329 564	1 051 473
青岛市	4 814 956	1 782 126	570 842	1 288 334
深圳市	12 187 974	9 883 203	2 356 670	4 231 746
沈阳市	1 638 538	603 026	674 531	2 149 097
长春市	196 961	99 286	131 206	125 344
哈尔滨	97 702	73 624	34 531	175 408
南京市	9 116 629	7 352 545	1 263 842	4 853 358
杭州市	4 223 232	3 409 184	1 275 782	2 825 330
济南市	2 734 415	1 604 439	691 894	1 293 201

续表

项目名称	应收账款	应付账款	固定资产折旧	本年应付职工薪酬
武汉市	3 877 994	2 429 516	594 218	1 705 935
广州市	4 625 731	5 710 302	1 045 809	3 400 846
成都市	2 +313 132	9 434 764	561 917	2 267 976
西安市	291 904	249 700	206 824	748 155

表 135　2014 年各省市软件产业主要指标汇总表（7）

单位：人

地区	从业人员年末数	软件研发人员	管理人员	硕士以上人员	大本人员	大专以下人员
软件企业合计	5 457 806	2 451 852	658 193	557 089	3 064 271	1 836 339
（一）按省市分列						
北京市	624 096	515 165	112 546	76 562	344 565	202 961
天津市	87 162	31 006	6 124	4 653	49 813	32 699
河北省	33 586	8 964	2 928	3 008	18 082	12 498
山西省	8 757	3 885	1 196	482	5 768	2 508
内蒙古自治区	4 716	1 579	638	223	2 859	1 634
辽宁省	535 910	251 876	54 016	58 197	404 467	73 237
吉林省	43 773	17 126	4 759	3 820	32 895	7 058
黑龙江省	27 526	19 746	4 231	1 639	18 600	7 288
上海市	372 250	138 946	39 611	50 862	240 156	81 234
江苏省	1050 110	228 111	118 855	91 437	442 262	516 328
浙江省	290 060	87 592	34 419	24 400	142 811	122 842
安徽省	35 845	15 206	4 508	3 610	21 487	10 747
福建省	224 452	69 620	26 360	13 657	111 638	99 154
江西省	17 422	5 653	2 147	1 005	10 990	5 428
山东省	393 745	134 987	55 684	42 806	241 690	109 242
河南省	35 212	11 898	4 693	2 778	20 587	11 851
湖北省	262 519	168 677	36 891	29 321	164 707	68 495
湖南省	65 390	20 255	8 247	5 495	39 521	20 376
广东省	841 357	508 811	87 868	90 468	456 252	294 619
广西壮族自治区	21 200	3 058	1 615	1 044	10 772	9 384
海南省	5 031	2 036	604	394	3 154	1 483

续表

地区	从业人员年末数	软件研发人员	管理人员	硕士以上人员	大本人员	大专以下人员
重庆市	101 304	33 754	9 724	9 196	65 514	26 601
四川省	217 730	63 432	18 749	24 456	123 120	70 157
贵州省	14 137	8 809	1 504	2 706	7 005	4 428
云南省	10 785	5 031	1 342	440	6 819	3 525
陕西省	108 477	90 504	15 644	13 692	63 292	31 491
甘肃省	8 431	2 574	1 477	263	5 478	2 691
青海省	677	313	76	46	416	216
宁夏回族自治区	3 193	1 464	420	94	2 208	889
新疆维吾尔自治区	12 953	1 774	1 317	335	7 343	5 275
（二）按副省级城市分列						
大连市	247 477	113 302	21 196	26 322	192 114	29 037
宁波市	58 477	11 219	6 457	1 567	19 527	37 383
厦门市	109 736	14 723	15 808	7 567	42 159	60 010
青岛市	112 162	43 970	17 923	12 347	62 303	37 504
深圳市	386 936	251 404	41 468	57 125	211 797	118 000
沈阳市	268 936	133 914	30 326	31 094	205 492	32 343
长春市	29 340	12 308	3 261	2 583	22 414	4 342
哈尔滨	21 099	15 527	3 240	1 387	14 851	4 860
南京市	540 474	130 049	44 050	74 236	274 941	191 270
杭州市	215 333	69 822	25 766	22 295	116 502	76 534
济南市	232 555	77 307	33 200	28 215	158 025	46 317
武汉市	258 847	167 617	36 400	29 144	162 521	67 187
广州市	357 156	221 041	37 543	28 171	203 194	125 786
成都市	209 949	61 395	17 407	23 693	119 398	66 862
西安市	108 477	90 504	15 644	13 692	63 292	31 491

表 136　2014 年各省市

地区	软件产品合计	位次	其							
			基础软件	位次	支撑软件	位次	应用软件	位次	工业软件	位次
合计	121 984 962		22 678 073		3 936 608		61 868 781		6 953 918	
北京市	18 419 803	1	1 796 601	7	31 856	16	11 446 829	1	534 237	5
天津市	2 461 160	12	98 565	17	44 420	13	820 927	11	522 066	6
河北省	370 616	19	36 744	22	19 475	19	101 745	21	40 704	19
山西省	152 742	23	32 671	23	528	27	83 262	24	11 584	23
内蒙古自治区	144 081	24	8 927	28	2 828	25	87 289	23	35 935	20
辽宁省	10 747 253	5	3 728 098	1	193 157	8	4 903 977	6	614 993	4
吉林省	1 025 110	15	146 369	13	10 673	21	720 936	12	69 045	16
黑龙江省	576 393	18	63 419	19	71 356	12	206 971	18	76 262	14
上海市	9 954 801	6	546 857	9	393 499	4	6 684 127	4	287 961	10
江苏省	16 518 427	2	2 265 484	4	484 504	2	9 143 554	3	1 290 856	1
浙江省	8 015 827	7	1 814 300	6	267 044	5	3 165 029	7	377 454	8
安徽省	827 590	16	118 547	15	109 034	11	444 884	14	54 610	18
福建省	5 515 805	9	2 083 167	5	217 998	7	2 172 930	9	309 481	9
江西省	221 151	22	39 669	21	3 119	24	160 566	20	4 791	24
山东省	12 666 816	4	3 705 238	2	924 975	1	5 293 412	5	852 169	2
河南省	796 163	17	70 162	18	36 529	14	167 639	19	70 564	15
湖北省	4 348 201	10	209 637	12	177 112	10	2 499 644	8	188 648	11
湖南省	1 866 787	13	146 183	14	15 550	20	247 597	16	64 328	17
广东省	15 305 893	3	1 662 204	8	415 549	3	10 174 959	2	447 324	7
广西壮族自治区	234 583	21	51 877	20	28 342	17	90 088	22	27 617	22
海南省	92 643	26	28 460	24	31	29	64 032	26		
重庆市	1 182 699	14	277 769	11	34 215	15	523 134	13	100 037	12
四川省	7 166 321	8	3 225 087	3	177 641	9	1 879 738	10	99 796	13
贵州省	351 207	20	99 310	16	19 693	18	229 506	17		
云南省	112 616	25	15 344	26	3 523	23	79 567	25	2 395	25
陕西省	2 709 425	11	370 328	10	243 172	6	381 073	15	839 336	3
甘肃省	76 418	28	13 687	27	1 710	26	56 824	27	2 168	26
青海省	1 491	30	486	30			290	30		
宁夏回族自治区	33 571	29	2 698	29	233	28	19 537	28		
新疆维吾尔自治区	89 368	27	20 183	25	8 843	22	18 716	29	29 557	21

软件产品收入汇总表（1）

单位：万元

中							
嵌入式应用软件	位次	信息安全软件	位次	移动应用软件（APP）	位次	软件定制服务	位次
11 962 026		7468 515		1 946 898		5 170 144	
202 603	14	2258 905	1	692 508	1	1 456 264	1
821 739	7	32 779	15	24 904	13	95 760	9
153 802	15	2 513	24	8 269	17	7 364	19
18 069	19	2 864	22			3 764	23
6 135	22	1 286	25	237	24	1 444	24
253 802	11	191 394	10	53 298	9	808 533	3
6 969	21	48 343	13	520	22	22 255	16
87 615	17	20 278	16	9 120	16	41 371	12
826 898	6	234 555	9	28 669	11	952 236	2
2 253 771	1	470 848	6	24 096	14	585 314	4
1 227 210	4	820 644	4	83 909	6	260 237	6
86 068	18	8 965	19	52	25	5 430	20
202 973	13	261 648	8	204 162	4	63 447	11
108	26	5 910	21	1 973	20	5 015	22
604 617	8	938 957	3	74 248	8	273 200	5
398 240	9	17 898	18	26 977	12	8 154	18
1 083 736	5	65 740	11	96 526	5	27 157	13
1 281 253	3	40 729	14	47 996	10	23 152	15
1 687 114	2	454 652	7	263 043	2	201 047	8
5 039	23	19 760	17	6 450	18	5 411	21
						119	28
150 652	16	62 668	12	9 321	15	24 904	14
378 498	10	988 884	2	208 695	3	207 983	7
		2 698	23				
2 203	24	570	26	513	23	8 502	17
210 705	12	506 136	5	78 081	7	80 595	10
		160	29	1 307	21	562	25
		200	27			515	26
10 498	20	176	28	20	26	409	27
1 710	25	8 356	20	2 003	19		

表 137　2014 年各省市

地区	信息技术服务合计	位次	其					
			信息技术咨询设计服务	位次	信息系统集成实施服务	位次	运行维护服务合计	位次
合计	187 110 900		37 758 901		57 359 113		12 192 700	
北京市	29 427 239	1	4 937 697	2	6 719 240	3	1 356 021	3
天津市	5 467 309	10	635 697	13	826 367	14	217 710	16
河北省	1 112 220	16	59 847	21	667 698	16	370 602	13
山西省	70 757	28	12 481	27	39 761	28	12 744	27
内蒙古自治区	150 029	26	49 040	22	80 212	26	16 897	26
辽宁省	16 736 210	5	7 181 480	1	3 532 642	7	1 599 327	1
吉林省	2 203 139	14	439 307	14	899 545	12	438 187	9
黑龙江省	681 694	18	61 925	20	256 787	21	147 835	18
上海市	17 202 127	4	1 675 335	8	5 335 050	4	380 647	12
江苏省	22 813 075	3	2 353 180	7	9 471 716	1	1 009 722	5
浙江省	14 467 882	6	848 235	12	3 555 421	6	471 224	8
安徽省	522 516	20	125 233	16	286 542	19	50 111	22
福建省	7 787 021	9	879 467	10	2 911 612	8	871 922	6
江西省	533 531	19	108 584	17	257 394	20	61 046	21
山东省	12 200 561	7	4 182 245	4	3 787 951	5	1 411 829	2
河南省	1 453 448	15	162 261	15	889 576	13	383 187	11
湖北省	3 575 705	13	1 066 834	9	1 184 305	11	341 095	14
湖南省	881 285	17	47 758	23	177 380	24	186 004	17
广东省	25 941 481	2	4 500 118	3	9 254 610	2	1 220 701	4
广西壮族自治区	518 524	22	69 535	19	241 527	22	114 174	20
海南省	75 654	27	2 786	29	60 030	27	10 355	28
重庆市	5 100 159	11	858 306	11	2 751 744	9	637 155	7
四川省	11 682 365	8	4 014 041	5	2 417 657	10	425 017	10
贵州省	519 464	21	31 786	24	328 641	17	116 632	19
云南省	354 289	24	27 824	25	287 989	18	31 239	23
陕西省	4 974 035	12	3 320 909	6	771 969	15	264 353	15
甘肃省	193 516	25	19 014	26	109 089	25	18 505	25
青海省	9 597	30	1 076	30	5 021	30	869	30
宁夏回族自治区	48 835	29	4 708	28	23 795	29	5 889	29
新疆维吾尔自治区	407 234	23	82 192	18	227 841	23	21 704	24

软件产品收入汇总表（2）

单位：万元

中							
数据服务	位次	运营服务	位次	电子商务平台服务	位次	集成电路设计	位次
14 142 161		34 197 176		20 056 244		11 404 605	
2 438 231	1	12 135 228	1	929 498	6	911 324	5
265 370	11	1 014 095	10	1 148 140	5	1 359 929	3
7 780	22	5 272	24	1 021	22		
4 587	24	1 185	29				
514	28	3 366	27				
1 728 485	4	2 231 191	4	249 832	10	213 253	8
149 996	13	273 768	13	2 104	19	232	17
95 788	14	94 224	16	25 136	15		
1 537 767	5	2 883 791	3	2 973 905	3	2 415 631	2
1 206 246	6	1 787 582	6	3 487 351	2	3 497 279	1
306 448	10	1 386 483	8	7 707 717	1	192 354	9
9 611	20	15 470	21	14 050	16	21 498	15
534 014	8	1 787 740	5	372 544	9	429 722	7
9 047	21	26 940	19	11 952	17	58 569	13
698 506	7	1 512 167	7	508 014	8	99 850	11
5 494	23	12 065	23	709	23	156	18
483 591	9	289 739	12	143 209	13	66 932	12
45 875	17	231 663	15	192 605	11		
1 751 697	3	6 643 158	2	1 381 354	4	1 189 841	4
42 915	18	48 075	17	2 017	20	281	16
		2 483	28				
251 213	12	266 229	14	146 575	12	188 937	10
2 386 385	2	1 091 322	9	620 022	7	727 922	6
2 272	26	32 549	18	7 584	18		
2 605	25	4 566	25	66	25		
83 545	15	373 462	11	128 931	14	30 866	14
21 070	19	25 808	20			30	19
364	29	580	30	1 688	21		
914	27	13 309	22	220	24		
71 831	16	3 666	26				

表138　2014年各省市

地区	嵌入式系统软件合计	位次	其			
			通信设备	位次	数字家用视听产品	位次
合计	61 168 335		24 543 521		4 502 545	
北京市	118 710	14	59 376	11	9 557	8
天津市	1 140 373	9	33 287	13	3 229	12
河北省	16 224	19	1 897	19		
山西省	3 875	23	1 012	24		
内蒙古自治区	492	30	357	25		
辽宁省	3 130 251	4	473 958	5	148 543	4
吉林省	584 567	12	1 463	21	1	15
黑龙江省	74 997	18	5 197	16	3 319	11
上海市	1 836 610	7	351 752	7		
江苏省	22 394 408	1	5 624 026	2	2 410 169	1
浙江省	1 892 461	5	191 339	9	5 156	10
安徽省	103 141	16	11 870	14	210	14
福建省	1 851 997	6	1 019 405	4	52 411	5
江西省	6 550	22	4 146	18		
山东省	6 019 396	3	1 590 888	3	1 076 646	2
河南省	89 607	17	5 347	15		
湖北省	588 057	11	128 078	10	332	13
湖南省	269 303	13				
广东省	18 939 531	2	14 356 083	1	753 088	3
广西壮族自治区	3 519	24	1 446	22		
海南省	1 997	27	1 632	20		
重庆市	779 506	10	276 839	8	12 969	7
四川省	106 966	15	45 078	12	21 161	6
贵州省	15 068	20	4 153	17		
云南省	2 922	25	328	26		
陕西省	1 180 923	8	353 445	6	5 752	9
甘肃省	2 378	26	13	28		
青海省	1 298	28				
宁夏回族自治区	11 982	21	44	27		
新疆维吾尔自治区	1 226	29	1 064	23		

软件产品收入汇总表（3）

单位：万元

中					
计算机应用产品	位次	信息系统安全产品	位次	装备自动控制产品	位次
7 641 666		6 668 158		17 812 446	
10 319	14	37 030	9	2 428	21
605 245	5			498 612	6
2 351	17	944	19	11 031	19
		130	21	2 732	20
75	24	60	23		
225 433	10	194 693	5	2 087 624	2
403 644	8	26 822	11	152 636	11
23 493	13	16 004	12	26 985	15
1472 415	2			12 443	17
2190 037	1	2 134 556	1	10 035 620	1
680 948	3	144 028	6	870 989	5
419	19	36 889	10	53 753	13
42 048	12	702 711	4	35 422	14
116	22	1 360	18	928	25
518 356	6	1 340 332	3	1 493 174	3
7 370	15	7 600	15	69 289	12
235 520	9	37 694	8	186 433	10
8	25			269 295	9
621 334	4	1 914 344	2	1 294 681	4
				2 073	22
191	21	98	22	76	28
98 990	11	41 017	7	349 690	7
1 362	18	14 260	13	25 106	16
328	20	9 390	14	1 197	24
2 391	16			203	27
499 159	7	6 454	16	316 114	8
114	23	1 580	17	671	26
				1 298	23
				11 938	18
		162	20		

第 2 部分　电子信息制造业

通信设备工业

【综述】

2014 年，中国通信设备行业发展特点如下：

行业保持平稳增长　2014 年，中国通信设备行业增速稳居电子信息制造全行业之首，行业实现销售产值 20 226 亿元，同比增长 16.6%，高出全行业平均水平 6.3 个百分点，销售产值占全行业比重为 19.5%，高于 2013 年同期 1.3 个百分点。其中，出口交货值增长 16.9%，高于全行业平均水平 10.9 个百分点；内销产值增长 16.4%，高出全行业平均水平 1.5 个百分点。通信终端设备制造业作为推进通信设备行业增长的主要动力，2014 年实现主营业务收入12 241.4 亿元，同比增长 19.6%；实现利润总额 396.5 亿元，同比增长 11.7%。

投资实现较快增长　受益于 4G 网络建设带来的旺盛需求，2014 年，通信设备行业为全行业投资增速最快的领域，500 万元以上项目完成固定资产投资1 085 亿元，同比增长 21%，但增速低于 2013 年同期 16.1 个百分点，新开工项目增长 0.2%。其中，通信终端设备制造业 500 万元以上项目完成固定资产投资 569 亿元，同比增长 31%，高于电子制造业平均水平 19.7 个百分点，但比 2013 年下降 7.8 个百分点，投资重点集中在设计和软件开发等环节。

产品出口额稳步提升　2014 年，中国通信设备出口额为 1 976 亿美元，增长 11.4%。华为、联想、中兴、小米和酷派等自主品牌智能手机企业的国际竞争实力日益增强，2014 年，中国手机出口量和出口额呈同步增长态势，手机出口 13.1 亿部，同比增长 10.5%；出口额 1 153.6 亿美元，同比增长 21.3%，但手机零件出口额 311 亿美元，下降 12.6%。2014 年，中国通信设备进口额为 460 亿美元，下降 5.6%，其中手机零件进口额 308 亿美元，下降 8.5%。

手机产量增速明显放缓　2014 年中国生产手机 16.3 亿部，同比增长 11.6%，增速比 2013 年回落 14.2 个百分点。手机产量增速放缓显示出国内手机市场正在趋于饱和状态，手机行业的规模快速扩张已接近尾声。但伴随着 4G 正式商用，4G 手机呈爆发式增长，2014 年，国内市场手机出货量为 4.52 亿部，同比下降 22%，但 4G 手机出货量持续扩大，从 9 月份开始，4G 出货量超过 50%，全年 4G 手机出货量为 1.71 亿部，占比为 37.8%。智能手机方面，2014 年出货量为 3.89 亿部，同比下降 8.2%，市场占有率为 86%，比 2013 年提高 12.9 个百分点。

科技进步与应用

5G 研发布局进一步加强 国内企业积极发力 5G 研发。2014 年年初，华为公司宣布在高频段无线 5G 空中环境下实现 115Gbps 的峰值传输速率；10 月，提出 4.5G 概念；11 月，英国萨里大学 5G 创新中心（5GIC）携手华为公司及其他 5GIC 的重要成员，宣布启动全球首个 5G 通信技术测试床。中兴通讯于 2014 年 6 月提出了 Pre5G 理念和技术路标，认为可将 5G 技术运用到现有 4G 网络，提供类似于 5G 的超高业务体验；2014 年 11 月，中兴通讯联合中国移动等多个全球领先的运营商完成了 Pre5G Massive MIMO 外场预商用测试，可以实现 400Mbps 的峰值速率，是现有 4G 网速的数倍。2014 年，大唐电信在大规模天线、新型多址接入、低时延高可靠、灵活频谱共享等多个技术专题开展研究，负责 5G 潜在频率分析工作，协助设计 5G 关键能力指标，牵头探讨 5G 在 3GPP 标准化立项准备工作，向 ITU IMT.vision 和 ITU IMT.trend 提供系列输入。

政策与法规

2014 年 3 月，工业和信息化部发布《关于加快我国手机行业品牌建设的指导意见》，指出建设企业主体、政策引导、多方参与、协调联动的手机品牌建设体系，形成有利于优势品牌成长、特色品牌发展的政策环境；手机产品的质量效益和市场表现进一步提升，在高端市场实现突破；手机企业品牌意识、产品定义和设计能力、技术和商业模式创新能力、产业链整合能力、市场营销能力显著增强，逐步形成品牌影响力和盈利能力达到全球领先水平的手机企业。

2014 年 5 月，工业和信息化部、国家发展和改革委员会、教育部、科学技术部、财政部等 14 个部门联合发文《关于实施“宽带中国”2014 专项行动的意见》，指出 2014 年主要引导目标是：宽带网络能力持续增强，新增 FTTH 覆盖家庭 3 000 万户，新建 TD-LTE 基站 30 万个，新增通宽带行政村 1.38 万个；惠民普及规模不断扩大，发展固定宽带接入用户 2 500 万户，发展 TD-LTE 用户 3 000 万户；宽带接入水平进一步提升，使用 8Mbps 及以上接入速率的固定宽带接入用户占比达到 30%，其中东部地区力争达到 40%，鼓励有条件的地区推广 50Mbps、100Mbps 等高带宽接入服务；创建示范效果初步显现，推动创建 20 个以上“宽带中国”示范城市（城市群）。

2014 年 6 月，工业和信息化部批准中国联通和中国电信分别在 16 个城市开展 LTE-FDD 与 TD-LTE 的混合组网试验；8 月，工业和信息化部再次批准中国电信和中国联通 TD-LTE 与 LTE-FDD 混合组网试验分别扩大到 40 个城市；11 月，为配合世界互联网大会在浙江乌镇召开，两家运营商增加了一个试验城市浙江嘉兴；12 月，工业和信息化部又批准中国电信和中国联通混合组网试验城市分别增加 15 个，累计达 56 个。

2014 年 12 月，工业和信息化部发布《关于向民间资本开放宽带接入市场的通告》以及《宽带接入网业务开放试点方案》，鼓励民间资本以多种模式进入宽带接入市场，促进宽带网络基础设施发展和业务服务水平提升，首批试点确定 16 个城市，试点时间是三年。

此外，2014 年，发改委、商务部还对高通进行了反垄断调查，有效改善国内通信设备企业发展环境。

市场分析与预测

行业增速将逐步回落 从 2013 年三季度开始，由于智能手机普及率快速提升，市场正逐渐饱和，行业增速呈现出下滑趋势。受 4G 网络建设效应带动，预计未来通信设备行业仍将是电子信息制造业最重要的引领者，但鉴于智能手机市场的逐渐饱和，增速仍将持续下降。

手机代工企业面临洗牌 2014 年年底，国内中低端手机代工企业出现倒闭现象，深圳市鸿海触控有限公司、奥思睿德世浦电子科技有限公司、东莞万士达液晶显示器有限公司、联胜（中国）科技有限公司、联建（中国）科技有限公司和闳晖科技（苏州）有限公司等知名手机零部件代工厂倒闭或停产。未来，中低端手机品牌、山寨手机的生存空间将越来越小，很多生产山寨手机的代工厂处境将越来越艰难。

跨界合作趋势进一步增强 腾讯、百度、阿里、360 和乐视等互联网企业纷纷与手机企业联手合作，以达到创新营销和巩固渠道的目的。如腾讯与互联网手机品牌大Q开展基于QQ空间营销的合作；百度提出Baidu Inside计划，将在智能硬件生态链上输出技术能力；阿里借助魅族的MX4，推出搭载基于阿里YunOS底层的Flyme系统手机；360向酷派投资4亿美元，并与其成立合资公司，欲借助手机弥补其在移动平台领域的弱势。

存在问题

企业力量分散，龙头企业少 本土通信企业在与跨国公司的竞争中逐渐成长起来，如在运营商网络领域，华为、中兴在全球具备了较大的影响力。但国内通信设备企业数量较多，力量过于分散，大多企业在通信产业化进程、产品质量、生产成本等方面整体上与世界通信设备厂商存在一定差距。伴随着铁塔公司成立等事件的影响以及市场竞争的加剧，一些中小规模的企业会逐渐被淘汰或合并，少数规模较大且具备核心竞争力的企业得以留存。

通信设备出口面临严峻挑战 首先，上升势头正劲的中国设备厂商在开拓国外市场时面临越来越复杂的知识产权环境和考验。其次，欧元汇率的下跌给跨国经营的中国通信设备企业的欧元资产带来潜在影响，人民币升值和汇率避险工具的缺失使得企业外币资产风险敞口暴露，产品的比较竞争力下滑。同时，非洲、中东、南美等国家的税收管理环境较差，这给中国企业在当地的正常运营带来不良影响。

手机行业效益水平有待提高 2014年，手机行业平均利润率为3.2%，低于电子制造业平均水平1.7个百分点。近两年，随着国产手机企业的崛起，市场竞争加剧使产品价格不断下降，在一定程度上影响了手机行业的利润。此外，不少国产厂商没有严格按照标准执行生产，品质控制环节不严，缺乏品牌意识，看重微薄的盈利而损失巨大的利润空间是国产手机企业发展中的共性问题，亟待引起关注。

[撰稿：商超　审稿：刁石京]

广播电视设备工业

【综述】

中国广播电视设备工业协会现有会员单位177家。其中各类产品的生产企业数如下：中波广播发射机企业6家，短波广播发射机企业2家，调频广播发射机企业15家；1kW以上米波（含1kW，下同）电视发射机企业10家，1kW以上分米波电视发射机企业10家，1kW以下米波电视发射、转发设备企业7家，1kW以下分米波电视发射、转发设备企业8家；微波传输设备企业3家；有线电视及网络工程设备企业18家；应用电视设备企业2家；音视频节目制作、播控及灯光设备生产企业8家；卫星电视广播地面接收设备企业6家；广播电视配套设备企业23家。

2015年5月，国家新闻出版广电总局广播电视设备器材入网认定年检情况公告显示，近三年来取得“入网认定证书”的企业数为：广播电视中心节目制作和播出设备企业5家，广播电视信号无线发射与传输设备企业49家，有线电视系统前端设备器材企业35家，有线电视系统用户分配网络设备企业271家，卫星广播设备器材企业49家，移动多媒体广播设备企业19家。

根据中国广播电视设备工业协会对58家主要会员企业的抽样统计显示，2014年末固定资产净值平均余额333 011万元，比上年增长3.1%；全部从业人员平均人数34 624人，比上年下降0.4%。

生产与销售

中国广播电视设备工业协会对58家主要会员企业2014年各主要经济指标抽样统计结果如下：全部产品现

价工业总产值 3 089 384 万元，比上年增长 4.2%，其中，本行业产品现价工业总产值 1 406 216 万元，比上年增长 1.6%；全部产品工业增加值 785 358 万元，比上年增长 36.9%，其中，本行业产品工业增加值 414 177 万元，比上年增长 110.6%；全部产品销售收入 3 273 176 万元，比上年增长 8.5%，其中，本行业产品销售收入1 476 154 万元，比上年增长 6.5%；税金总额 92 740 万元，比上年增长 2.2%；利润总额 159 489 万元，比上年下降 13.2%；固定资产净值平均余额 333 011 万元，比上年增长 3.1%。

在本行业产品中，2014 年广播（含短波、中波和调频）发射机生产量 3 431 部，比上年增长 44.0%；销售量 3 872 部，比上年增长 40.1%；销售收入 15 358 万元，比上年下降 9.2%。电视发射机生产量 1 388 部，比上年增长 10.7%；销售量 1 316 部，比上年增长 1.7%；销售收入 15 212 万元，比上年下降 5.6%。有线电视及网络工程销售收入 626 420 万元，比上年下降 6.1%。卫星电视广播地面接收设备销售收入 120 474 万元，比上年下降 10.7%。音视频节目制作、播控及灯光设备销售收入 121 802 万元，比上年下降 8.2%。广播电视配套设备销售收入 60 523 万元，比上年增长 42.5%。

科技进步与应用

在第八届（2014 年度）广播电视科技创新奖评审中，共有 18 家业内企业申报了 26 个项目，高于上届的 16 家企业申报的 20 个项目。经过由业内专家组成的评审委员会评审，北京同方吉兆科技有限公司的“3kW 调频频段数字音频广播（CDR）发射机”、杭州杭淳广播电视设备有限公司的“HCDF-1kW 地面数字电视发射机”、北京东华广信科技发展有限公司的“KU-E2000 AVS+ Dual Pass 高清编码器”、北京天马中视科技有限公司的“湖南广播电视台智能媒资系统项目”、北京世纪睿科系统技术有限公司的“CCTV AVS+ nCC 网管控制系统项目”、北京北广科技股份有限公司的“大功率系列调频发射机”、北京捷成世纪科技股份有限公司的“吉林电视台超高清包装系统”、华创科技（北京）股份有限公司的“EPK 动通制播车”、北京北电科林电子有限公司的“新疆和田县平安乡镇建设视频监控系统工程”、上海云视科技有限公司的“双向认证系统 BiCAS”获得 2014 广播电视科技创新优秀奖。这些项目涵盖了广电设备的各个领域，既有产品系列，也有工程实现，体现了这一年中本行业科技创新的成果。2014 广播电视科技创新奖未评出特等奖。

国际合作与进出口贸易

在出口贸易方面，中国广播电视设备工业协会对协会会员单位上报的数据汇总显示，2014 年，全部产品出口交货值 571 333 万元，比上年下降 2.9%，其中，本行业产品出口交货值 298 979 万元，比上年下降 12.9%。

政策与法规

国家发改委发布规范性文件“立改废”公告 2014 年年初，国家发改委发布规范性文件“立改废”公告。公告中，与总局联合印发的《关于印发全国“十二五”广播电视村村通工程建设规划的通知》、《关于做好广播电视高山无线发射台站基础设施建设管理工作的通知》、《关于印发有线数字电视基本收视维护定价成本监审办法（试行）的通知》等文件继续有效。

国务院三天下发两个“意见”，文化产业布局谋变 2014 年 3 月，三天内，国务院连续下发两个关于文化产业发展的意见：14 日，国务院发布《推进文化创意和设计服务与相关产业融合发展的若干意见》；17 日，国务院印发《关于加快发展对外文化贸易的意见》。如此密集的利好消息，如此高规格的重磅政策，立即引起各方关注，文化传媒板块的股票也“应声而涨”。从长远看，新一轮投融资拉开大幕，人们参与的热情提高，文化产业将迎来新的腾飞。

仔细研读两个意见，文化产业发展的新布局跃然纸上，文化产业发展的新思路也清晰可见：从国内来看，文化产业跳出影视、出版、演艺等传统领域，融入国民经济的“大循环”中，这是文化产业的经济布局。文化创意和设计服务将深度融合到装备制造业、消费品工业、建筑业、信息业、旅游业、农业和体育等七大产业，放大文化的“溢出”效应，提升文化的附加值，文化也将像科技一样，成为国民经济转型升级的“新引擎”。从国际来看，文化贸易推动原创的、高附加值的文化产品走向世界，既提高中国在世界文化贸易中的“硬实力”，又提升中国文化的“软实力”，实现“中国制造”向“中国智造”的升级。

国务院发布进一步支持文化企业发展的规定 2014

年4月，国务院办公厅发布《关于印发文化体制改革中经营性文化事业单位转制为企业和进一步支持文化企业发展两个规定的通知》，《通知》包括《文化体制改革中经营性文化事业单位转制为企业的规定》和《进一步支持文化企业发展的规定》两个文件，主要涉及财政税收、投资融资、资产管理、土地处置、收入分配、社会保障、人员安置、工商管理等多方面支持政策。

根据《文化体制改革中经营性文化事业单位转制为企业的规定》，经营性文化事业单位转制为企业后，免征企业所得税，该政策执行期限为2014年1月1日至2018年12月31日。

根据《进一步支持文化企业发展的规定》，2014年1月1日至2016年12月31日，对广播电视运营服务企业收取的有线数字电视基本收视维护费和农村有线电视基本收视费，免征增值税。

国家新闻出版广电总局要求全国有线必须从5个方面加快NGB建设 2014年7月，国家新闻出版广电总局向各省、自治区、直辖市广播影视局，新疆生产建设兵团广播电视局以及总局直属各单位下发《国家新闻出版广电总局关于加快推动下一代广播电视网标准应用的通知》（新广电发［2014］144号）与《国家新闻出版广电总局关于大力开展智能电视操作系统TVOS1.0规模应用试验、加快推动广播电视终端标准化智能化的通知》（新广电发［2014］149号）。

通知要求，全国各地有线电视网络公司必须加快网络升级改造和NGB建设，自2014年9月1日起开始实施以下5项工作：一是数字电视增值业务前端系统集成和建设方面，二是视频点播系统集成和建设方面，三是条件接收系统集成和建设方面，四是网络双向改造和宽带网络建设方面，五是智能电视操作系统TVOS1.0规模应用试验、加快推动广播电视终端标准化智能化方面。

国家新闻出版广电总局促进信息消费发展 促进信息消费发展是中国当前经济发展的重要组成部分，2014年《国务院政府工作报告》将此列入重点工作，并要求相关部门认真探索研究推动信息消费发展的路径，逐步解决当前面临的制约因素。国家新闻出版广电总局开展研究分析，采取有效措施，积极推进广播影视行业内的信息消费发展，主要包括实施“宽带中国”战略、推进三网融合、规范互联网电视行业秩序、培养信息消费需求、做好网络与信息安全保障。

工业和信息化部向民间资本开放宽带接入市场，首批试点16个城市 2014年12月，工业和信息化部发布《关于向民间资本开放宽带接入市场的通告》。通告提出，鼓励民间资本以多种模式进入宽带接入市场，同时基础电信企业要按照公平合理、平等协商的原则，积极与民营企业进行合作，在合作过程中要严格遵守国家法律法规、相关行业制度，此外，民营企业在参与宽带接入网络建设运营及宽带转售的过程中，也应严格遵守国家相关法律法规、电信行业管理要求。通告指出，首批16个试点城市分别为沈阳市、哈尔滨市、上海市、南京市、杭州市、宁波市、厦门市、青岛市、郑州市、武汉市、长沙市、广州市、深圳市、重庆市、成都市，试点时间为3年，试点方案自2015年3月1日起实施。

市场分析与预测

有线电视设备与工程 李克强总理在2014年两会政府报告中指出，“要促进信息消费，实施‘宽带中国’战略，大幅提高互联网网速，在全国推行‘三网融合’”。

国务院新闻办公室发布的《2014年中国人权事业的进展》白皮书显示，全国有线电视用户3.21亿户，有线数字电视用户1.87亿户。另有数据显示，截至2014年年底，全国有线电视双向网改覆盖用户突破1.1亿户，增长幅度超过20%，覆盖率超过50%；双向网改渗透用户突破3 700万户，渗透率16.5%。虽然有线运营商在2014年加大业务推广力度，渗透用户增长加速，但是渗透率依旧较低。

《中国广电双向网络改造发展白皮书》显示，截至2014年年底，全国广电宽带用户数超过1 100万户，较2013年增长超过350万户，增长幅度达到45.0%，广电宽带发展步伐逐渐加快。

2014年5月成立的中国广播电视网络有限公司（以下简称国网公司）经过深入调研论证，拟以5年为期限，基本完成全国有线电视网络整合，真正实现“全国一网”，建设兼具宣传文化媒体和综合信息服务特色的可管可控的新型融合网络，建立统一规划、统一建设、统一运营、统一管理的全国运营管理体系。2015年，公司将按照新闻出版广电总局印发的《加快推进全国有线电视网络整合发展试点工作方案》的要求，完成6~8家省级网络公司整合试点任务。此外，国家新闻出版广电总局已经批准了国网公司约20亿元的先导项目，此项目得到工业和信息化部电信研究院的大力支持。此项目基本上分为三部分：第一部分是广电云，初步考虑在北京市、西安市和南京市建IDC机房，建设自己的广电云平台；第二部分是IP交换和CDN，基于国家广播电视干线网，在光的承载网上为配合国务院授予的基础建设运营资质开展IP交换骨干网的建设；第三部分是媒体内容和融合服务平台，目标是覆盖4类终端。

国家"宽带中国"战略大环境以及国网公司对有线电视网的整合、规划与发展，将在以后几年为有线电视设备与工程相关企业提供相当巨大的市场。

机顶盒　络达咨询发布的《中国互联网（OTT）电视市场发展现状及预测分析报告（2014年版）》数据显示，2014年年底，OTT电视机顶盒终端产品累计市场规模约4 000万台，OTT电视机终端产品累计市场规模约6 000万台。

根据CCBN大会数据，直播卫星公共服务的覆盖面在不断扩大，截至2015年3月中旬，户户通用户超过2 248万，村村通用户超过2 025万，总的用户规模已经超过4 000万，已成为全球最大的一个直播卫星的平台。

从全球情况看，市调机构IHS统计的2014年出货量显示，IPTV机顶盒2 900万台，OTT机顶盒2 800万台，有线电视机顶盒4 900万台，卫星机顶盒3 900万台。同时，该机构预测的2015年出货量为IPTV机顶盒2 900万台（持平）、OTT机顶盒3 100万台、有线电视机顶盒5 700万台、卫星机顶盒5 400万台。

高清、交互、智能化和网络化将是机顶盒的发展方向。此外，价格低廉的电视盒子更受用户关注。据统计，2014年，200~300元价格段以77%的关注度比例占据榜首位置，超过第二名67个百分点，排在第二、第三位的价格段分别是300~400元价格段以及100~200元价格段，其关注度比例分别是9.3%和7.4%。

在卫星机顶盒方面，2015下半年将推出下一代高清机顶盒，具备USB接口，可以接入硬盘等外部设备，支持Wi-Fi，便于在家庭组网，还有高清录制回看及高清回放的功能。

地面无线广播电视发射设备　中国广播电视设备工业协会的统计显示，2014年，广播（含短波、中波和调频）发射机销售量3 872部，比上年增长40.1%；电视发射机销售量1 316部，比上年增长1.7%；地面无线广播电视发射设备的销售额（包括配套设备和微波设备）103 547万元，比上年增长20%。在连续两年的低迷后，已经开始回升。

2014年11月2日，国家新闻出版广电总局召开地面数字电视和数字音频广播设备需求通气会，计划在全国2 562个无线台站部署地面数字电视设备，实现县级以上发射台站全覆盖。

2014年12月30日，国家新闻出版广电总局和财政部联合印发《关于实施中央广播电视节目无线数字化覆盖工程的通知》（新广电发［2014］311号）。《通知》明确中央广播电视节目无线数字化覆盖工程由国家新闻出版广电总局、财政部统一规划、统一标准、统一组织，各省（区、市）新闻出版广电局负责具体建设。计划分两步实施。第一步：2015年，利用全国无线广播电视骨干发射台基本实现12套中央电视节目的无线数字化覆盖，启动3套中央广播节目的无线数字化覆盖试点。第二步：2015~2016年，根据中央电视节目无线数字化覆盖效果，继续补充完善覆盖建设，以进一步扩大覆盖面、提高覆盖质量；根据中央广播节目无线数字化覆盖试点情况，做出下一步中央广播节目无线数字化覆盖总体方案，再分年实施。这是继前些年的"西新工程"、"村村通"和"无线覆盖工程"之后，地面无线广播电视发射设备相关厂商的又一次市场机遇。

视、音频节目制作和播控设备　根据中国广播电视设备工业协会的统计数据，2014年，视、音频节目制作和播控设备销售收入为121 802万元，比上年下降8.2%，连续2年同比下降。

2015年3月，国家新闻出版广电总局发布《关于调整广播电视专用传输卫星上中央电视台标清节目信号的通知》，对中星6A、6B卫星上的中央电视台部分标清节目信号进行调整。此番在节目信号上星传输采用AVS+，意味着在中央48亿元无线数字化覆盖工程里，端到端的编码标准都将采用AVS+，这对于AVS产业无疑是重大利好。4月，国家新闻出版广电总局针对无线数字化覆盖工程进行招标，其中"AVS+专业卫星综合接收解码器"中标金额约2.5亿元。

此外，4K、H.265等技术产品也应是相关厂商重点关注与发展的重点。

【统计数据】

表1 2014年中国广播电视设备行业企业规模情况

类别	研究机构（家）	企业数量（家）	总人数（人）
广播电视设备研发生产	5	172	34 624

注：数据来源于中国广播电视设备工业协会。

表2 2012~2014年中国广播电视设备行业主要产品产量情况

产品名称	单位	2012年		2013年		2014年	
		产量	增长率（%）	产量	增长率（%）	产量	增长率（%）
中波广播发射机	部	282	13.7	424	50.4	489	15.3
短波广播发射机	部	67	−58.1	30	−55.2	23	−23.3
调频广播发射机	部	3 781	−17.5	1 929	−49.0	2 919	51.3
VHF1kW以上电视发射机	部	197	22.4	160	−18.8	224	40.0
UHF1kW以上电视发射机	部	629	−53.1	628	−0.2	680	8.3
VHF1kW以下电视发射机	部	228	109.2	145	−36.4	170	17.2
UHF1kW以下电视发射机	部	334	−59.4	321	−3.9	314	−2.2
微波传输设备	部	263	−7.4	279	6.1	730	161.6
卫星广播电视地面接收设备（含高频头、天线等）	万台/件	1 558	30.8	1 593	2.2	2 051	28.8
视、音频节目制作和播控设备	部	56 511	−18.0	78 848	39.5	59 891	−24.0
广播电视配套设备	部	17 379	−36.5	7 800	−55.1	92 881	1 090.8

注：数据来源于中国广播电视设备工业协会。表中的电视发射机包括数字和模拟。

表3 2012~2014年中国广播电视设备行业主要产品销量情况

产品名称	单位	2012年		2013年		2014年	
		销量	增长率（%）	销量	增长率（%）	销量	增长率（%）
中波广播发射机	部	268	−1.1	409	52.6	477	16.6
短波广播发射机	部	40	−66.7	30	−25.0	23	−23.3
调频广播发射机	部	4 210	−21.6	2 324	−44.8	3 372	45.1
VHF1kW以上电视发射机	部	231	20.9	185	−19.9	240	29.7
UHF1kW以上电视发射机	部	557	−52.9	608	9.2	540	−11.2
VHF1kW以下电视发射机	部	363	87.1	223	−38.6	180	−19.3

续表

产品名称	单位	2012 年		2013 年		2014 年	
		销量	增长率（%）	销量	增长率（%）	销量	增长率（%）
UHF1kW 以下电视发射机	部	319	−48.6	278	−12.9	356	28.1
微波传输设备	部	262	−4.0	278	6.1	724	160.4
卫星广播电视地面接收设备（含高频头、天线等）	万台/件	1 592	30.2	1 585	−0.4	2 016	27.2
视、音频节目制作和播控设备	部	60 024	5.9	73 795	22.9	61 625	−16.5
广播电视配套设备	部	17 866	−33.4	8 248	−53.8	92 672	1 023.6

注：数据来源于中国广播电视设备工业协会。表中的电视发射机包括数字和模拟。

表 4　2012~2014 年中国广播电视设备行业主要产品销售额情况

产品名称	单位	2012 年		2013 年		2014 年	
		销售额	增长率（%）	销售额	增长率（%）	销售额	增长率（%）
中波广播发射机	万元	2 020	4.6	3 552	75.8	2 974	−16.3
短波广播发射机	万元	6 412	−47.6	2 527	−60.6	1 237	−51.9
调频广播发射机	万元	9 008	−24.6	10 829	20.2	11 147	2.9
VHF1kW 以上电视发射机	万元	2 978	−5.8	2 330	−21.8	2 927	25.6
UHF1kW 以上电视发射机	万元	15 286	−43.2	11 730	−23.3	9 830	−16.2
VHF1kW 以下电视发射机	万元	553	21.5	433	−21.7	449	3.7
UHF1kW 以下电视发射机	万元	2 228	−76.4	1 624	−27.1	2 006	23.5
微波传输设备	万元	9 188	51.6	10 773	17.3	12 454	15.6
有线电视及网络工程	万元	769 810	36.4	667 122	−13.3	626 420	−6.1
应用电视设备	万元	6 810	−19.4	6 505	−4.5	7 435	14.3
卫星广播电视地面接收设备（含高频头、天线等）	万元	130 351	−53.1	134 929	3.5	120 474	−10.7
视、音频节目制作和播控设备	万元	136 714	11.4	132 680	−3.0	121 802	−8.2
广播电视配套设备	万元	36 135	−18.9	42 474	17.5	60 523	42.5

注：数据来源于中国广播电视设备工业协会。表中的电视发射机包括数字和模拟。

表 5　2012~2014 年中国广播电视设备行业主要经济指标完成情况

项目名称	单位	2012 年	2013 年	2014 年	2014 年同比增长率（%）
全行业工业总产值（现行价）	万元	2 746 333	2 965 780	3 089 384	4.2

续表

项目名称	单位	2012 年	2013 年	2014 年	2014 年同比增长率（%）
其中：本行业工业总产值（现行价）	万元	1 499 987	1 383 607	1 406 216	1.6
全行业工业增加值	万元	502 380	573 878	785 358	36.9
其中：本行业工业增加值	万元	194 808	196 653	414 177	110.6
全行业销售收入	万元	2 782 116	3 017 255	3 273 176	8.5
其中：本行业销售收入	万元	1 452 594	1 386 173	1 476 154	6.5
全行业出口交货值	万元	546 360	588 450	571 333	–2.9
其中：本行业出口交货值	万元	323 705	343 334	298 979	–12.9
全行业完成税金总额	万元	80 848	90 729	92 740	2.2
全行业实现利润总额	万元	151 998	183 784	159 489	–13.2
固定资产净值平均余额	万元	253 122	323 114	333 011	3.1

注：数据来源于中国广播电视设备工业协会。表中的本行业是指广播电视设备行业。

[撰稿：赵宗儒　审稿：黄邦周]

视听电子工业

【综述】

据工业和信息化部数据，2014 年，中国家用视听行业实现销售产值 7 647 亿元，同比增长 4.2%；其中，内销产值 4 113 亿元，同比增长 2.4%；出口交货值 3 534 亿元，同比增长 6.5%，完成固定资产投资同比增长 8.3%。2014 年，中国电视机制造业实现主营业务收入4 054 亿元，同比增长 1.1%；实现利润 138 亿元，同比增长 20.2%；行业平均利润率为 3.4%，低于电子制造业平均水平 1.5 个百分点。

生产与销售

彩色电视机　据工业和信息化部统计，2014 年，中国生产彩电 14 129 万台，同比增长 10.9%。其中，液晶电视产量 13 866 万台，同比增长 13.3%，占彩电比重由 2013 年的 96.2%提升为 98.1%。

据奥维咨询统计，2014 年国内市场彩电销售量 4 461 万台，同比下降 6.6%。其中，液晶电视销售量 4 400 万台，同比下降 3.4%；等离子电视销售量 61 万台，同比下降 69.4%；CRT 电视销售量 0.2 万台。

机顶盒　中国机顶盒产量稳中有升。据格兰研究统计，2014 年中国机顶盒总出货量达到 21 400 万台，比 2013 年的 19 500 万台增长 9.7%，其中，有线机顶盒占 24.8%，地面机顶盒占 13.6%，卫星机顶盒占 37.4%，IPTV 机顶盒占 9.6%，其他类型机顶盒（以网络智能机顶盒为主）出货量大幅度增长，占比从 2013 年的 8.3% 提升为 14.7%。内销机顶盒以有线机顶盒为主，网络智能机顶盒出货量呈现较快增长；出口机顶盒以地面机顶盒和卫星机顶盒为主。

据格兰研究统计，截至 2014 年年底，中国有线机顶盒市场保有量达到 23 151.6 万台，有线高清机顶盒数量达到 4 725.5 万户，随着各地有线运营商加大高清互动业务的推广力度，高清机顶盒市场将继续保持快速增长，市场占比进一步扩大。网络智能机顶盒继续呈现快速增长，2014 年国内市场累计出货量达到 3 040 万台。

音响类产品 据中国电子音响行业协会统计，2014 年中国主要电子音响产品产值为 2 774.0 亿元，同比增长 15.5%；出口总额为 298.4 亿美元，同比增长 16.7%；进口总额为 68.1 亿美元，贸易顺差 230.3 亿美元。

音响类产品基本是以订单定产量，产销量基本相当。从各主要产品产销情况看，2014 年，组合音响和家庭影院（指家庭影院的放声系统）产销量为 5 806 万套，比 2013 年的 4 025 万台增长 44.2%，其中内销 710 万台；功放产品产销量为 4 728 万台，比 2013 年的 4 881 万台下降 3.1%，其中内销 1 105 万台；激光视盘机产销量为 8 866 万台，比 2013 年的 9 557 万台下降 7.2%，其中内销 599 万台；汽车多媒体（含汽车导航）产销量为 5 679 万台，比 2013 年的 5 672 万台增长 0.1%，其中内销 1 615 万台；音箱产品产销量为 36 496 万台，比 2013 年的 34 057 万台增长 7.2%，其中内销 7 289 万台；耳机产品（含无线耳机）产销量为 215 753 万个，与 2013 年的 215 790 万个基本持平，其中内销 16 905 万个。

科技进步与应用

平板电视产业链建设取得成效 2014 年，中国以液晶面板为代表的平板显示产业发展形势持续向好，已有 17 条 4.5 代及以上生产线建成投产，平板显示行业销售收入达到 1 400 亿元，同比增长 30%，全球产业重心进一步向中国转移。京东方鄂尔多斯 5.5 代线、合肥 8.5 代线、苏州三星 8.5 代线顺利点亮投产。大尺寸、超高分辨率的 55 英寸 4K×2K 液晶电视面板实现量产。电视用 55 英寸以上有源有机发光二极管（AMOLED）面板样品研制成功。液晶面板自给率从 2013 年的 35%提升到 2014 年的 50%。2014 年，液晶面板全年贸易逆差为 118.9 亿美元，同比下降 13.3%，连续 3 年收窄。

智能电视自主芯片和操作系统取得阶段性重大突破 在"核高基"国家科技重大专项支持下，海思和创维等国内彩电企业联合合作，2014 年 5 月研制出国内首款智能电视核心芯片 Hi3751，整体性能优于市场同类芯片。创维基于海思芯片推出了 GLED 系列高端智能电视，2014 年 8 月实现量产和销售。新闻出版广电总局广科院联合创维、海信等终端企业以及东方有线、江苏有线等运营商，共同研发自主智能电视操作系统 TVOS 1.0，并在上海、南京等地的有线电视网络开展了应用示范。海思智能电视芯片的量产和 TVOS 1.0 成功应用示范对改变中国彩电行业芯片和操作系统受制于人的局面、提高产业核心竞争力具有重要意义。

互联网模式升级推动传统企业加快转型 2014 年，智能电视快速发展，一二级城市智能电视已经进入普及应用阶段。据奥维咨询统计，2014 年中国智能电视市场零售量 2 603 万台，同比增长 23%，占国内彩电销量的比重达到 58.4%，其中自主品牌市场占有率超过 86%，远远高于国外品牌。传统彩电企业面对互联网模式的加速冲击，积极加快自身转型，TCL 集团深入实施"智能+互联网，产品+服务"转型战略，长虹进一步转型"多终端协同"战略，海信电视联合腾讯游戏推出"聚好玩"电视游戏体验平台，彩电领域迎来互联网转型的全新发展时期。

新技术新产品催生新的消费热点 2014 年，超高清、激光投影、量子点、OLED、新型人机交互、绿色节能等新技术迅速发展，催生智能电视、超高清电视、激光短焦投影电视等新的信息消费热点。据奥维咨询统计，2014 年国内市场 4K 超高清电视销售 626 万台，同比增长 649%，渗透率达到 14%，中国品牌增长速度超过日韩；激光投影电视发展迅速，海信等多款激光投影电视推向市场；量子点技术逐渐引起关注，TCL 推出全球首款量子点电视。

数字家庭应用示范和产业基地建设不断推进 2014 年，工业和信息化部持续推进数字家庭典型业务应用示范工程，在厦门、福州、青岛、济南、深圳等地，面向老年关爱和健康管理服务等生活需求，支持开发相关典型业务系统并建设智慧家庭体验中心，探索可持续运营模式。继续推进国家数字家庭应用示范产业基地创建工作，批复厦门、福州、济南、青岛、大连创建国家数字家庭应用示范产业基地，国家数字家庭应用示范产业基地总数达到 9 个。2014 年 10 月，工业和信息化部联合福建省人民政府在厦门组织召开了第四届数字家庭技术创新与产业应用年会。

国际合作与进出口贸易

产品出口 据海关统计，2014 年中国彩电出口量达到

7 406万台，同比增长 24.3%；出口额135.53亿美元，同比增长 22.6%。彩电出口量占总产量的比重为 52.4%，较上年上升了 5.8 个百分点。其中，液晶电视出口 6 871 万台，同比增长25.9%；出口额 128.3 亿美元，同比增长 20.5%；出口量及出口额占彩电比重分别达 92.8%和 94.7%。

海峡两岸合作 据中国电子视像行业协会统计，2014 年大陆海信、创维、TCL、长虹、康佳、海尔 6 家骨干彩电企业采购中国台湾地区面板共计 2 300 万片，金额 35.17 亿美元，其中 4K 面板 344 万片，占采购总量的 15.3%，对台采购电视面板尺寸不断提高，2014 年平均尺寸达 43.86 寸。8 月，中国电子音响行业协会组团赴台参加两岸音响领域强制认证互惠磋商交流活动，推动两岸音响产品强制认证的互惠互认。

政策与法规

加快彩电行业品牌建设的指导意见 2014 年 3 月，工业和信息化部发布《关于加快中国彩电行业品牌建设的指导意见》。《意见》指出，要把握国家实施信息消费战略的重大机遇，以持续提升品牌价值和创新能力、增强国际竞争力为主线，坚持企业主体与政府引导相结合，坚持市场导向与政策支持相结合，坚持品牌建设与创新驱动相结合，坚持行业自律与社会监督相结合，积极营造有利于彩电行业公平竞争的品牌建设环境，积极推动企业从规模成本优势向品牌效益优势转型，实现中国由彩电大国向彩电强国的转变。

普及地面数字电视接收机工作稳步推进 工业和信息化部等六部门贯彻落实《关于普及地面数字电视接收机的实施意见》，稳步推进相关工作。2014 年，工业和信息化部支持建立普及地面数字电视接收机公共服务平台，修订完善地面数字电视接收机配套标准，组织开发统一的 AVS+、DRA 标准符合性测试码流库，为地面数字电视接收机产品提供完善的检测测试条件。2014 年 12 月，工业和信息化部发布《关于实施地面数字电视接收机标识的通告》，制定统一的地面数字电视接收机标识，引导企业自觉落实责任，加强宣传引导，推动普及地面数字电视接收机的顺利实施。

AVS+标准产业化和推广应用取得重要进展 2014 年 1 月 1 日，中央电视台 CCTV-2、CCTV-7、CCTV-9、CCTV-10、CCTV-12、CCTV-14 六套高清节目采用 AVS+标准开播，标志着 AVS+标准在广播电视领域的应用取得重大突破。2014 年 4 月，工业和信息化部与国家新闻出版广电总局联合发布《广播电视先进视频编解码(AVS+)技术应用实施指南》，按照“快速推进、平稳过渡、增量优先、兼顾存量”的原则，明确了分类、分步骤推进 AVS+在卫星、有线、地面数字电视及互联网电视和 IPTV 等领域应用的时间表。《指南》对加快实现 AVS+端到端的应用推广，推动 AVS+在广播电视领域的应用，带动电子信息产业发展，具有重要意义。

【统计数据】

表 1 2012~2014 年中国视听行业主要产品产量情况

产品名称	单位	2012 年		2013 年		2014 年	
		产量	增长率（%）	产量	增长率（%）	产量	增长率（%）
彩色电视机	万台	12 823	4.8	12 776	−0.4	14 129	10.9
激光视盘机	万台	12 578	−21.4	9 557	−24.0	8 866	−7.2
收音机	万台	17 057	−10.6	16 982	−0.4	13 987	−17.6
录音机（含收录机）	万台	6 082	−7.5	6 208	2.1	8 927	43.8
组合音响及家庭影院	万台	4 720	−9.1	4 025	−14.7	5 806	44.2
CD 唱机	万台	1 058	−3.1	908	−14.2	1 112	22.5
电子乐器	万台	1 205	−7.9	1 103	−8.5	1 116	1.2
汽车多媒体音响	万台	6 128	0.8	5 672	−7.4	5 679	0.1
功放	万台	6 289	1.2	4 881	−22.4	4 728	−3.1

续表

产品名称	单位	2012年		2013年		2014年	
		产量	增长率（%）	产量	增长率（%）	产量	增长率（%）
视盘机芯	万千克	2 872	–4.7	2 508	–12.7	2 325	–7.3
音箱产品	万台	30 931	–0.4	34 057	10.1	36 496	7.2
耳机（含无线）	万部	209 782	4.6	215 790	2.9	215 753	

表2　2012~2014年中国视听行业主要产品销量情况

产品名称	单位	2012年		2013年		2014年	
		销量	增长率（%）	销量	增长率（%）	销量	增长率（%）
彩色电视机	万台	10 492	–2.2	10 738	2.3	11 867	10.5
激光视盘机	万台	12 578	–21.4	9 557	–24.0	8 866	–7.2
收音机	万台	17 057	–10.6	16 982	–0.4	13 987	–17.6
录音机（含收录机）	万台	6 082	–7.5	6 208	2.1	8 927	43.8
组合音响及家庭影院	万台	4 720	–9.1	4 025	–14.7	5 806	44.2
CD唱机	万台	1 058	–3.1	908	–14.2	1 112	22.5
电子乐器	万台	1 205	–7.9	1 103	–8.5	1 116	1.2
汽车多媒体音响	万台	6 128	0.8	5 672	–7.4	5 679	0.1
功放	万台	6 289	1.2	4 881	–22.4	4 728	–3.1
视盘机芯	万千克	2 872	–4.7	2 508	–12.7	2 325	–7.3
音箱产品	万台	30 931	–0.4	34 057	10.1	36 496	7.2
耳机（含无线）	万部	209 782	4.6	215 790	2.9	215 753	

表3　2012~2014年中国视听行业主要产品出口量情况

产品名称	单位	2012年		2013年		2014年	
		出口量	增长率（%）	出口量	增长率（%）	出口量	增长率（%）
彩色电视机	万台	6 148	6.0	5 959	–3.1	7 406	24.3
激光视盘机	万台	10 497	–20.8	8 954	–14.7	8 267	–7.7
收音机	万台	15 701	–13.6	15 991	1.8	13 000	–18.7
录音机（含收录机）	万台	5 176	1.3	5 849	13.0	8 579	46.7
组合音响及家庭影院	万台	3 468	–11.1	3 316	–4.4	5 096	53.7
CD唱机	万台	909	–6.3	711	–4.9	909	27.8
电子乐器	万台	812	–2.6	778	–4.2	787	1.2

续表

产品名称	单位	2012 年		2013 年		2014 年	
		出口量	增长率（%）	出口量	增长率（%）	出口量	增长率（%）
汽车多媒体音响	万台	4 472	−1.2	4 084	−8.7	4 064	−0.5
功放	万台	4 492	13.2	3 829	−14.8	3 623	−5.4
视盘机芯	万千克	1 628	−25.4	1 192	−26.8	1 016	−14.8
音箱产品	万台	25 155	−9.5	26 805	6.6	29 207	9.0
耳机（含无线）	万部	200 184	1.9	199 053	−0.6	198 848	−0.1

表 4　2012~2014 年中国视听行业主要产品出口额情况

产品名称	单位	2012 年出口额	2013 年出口额	2014 年	
				出口额	增长率（%）
彩色电视机	亿美元	121.09	110.50	135.53	22.6
激光视盘机	万美元	411 618	331 090	296 904	−10.3
收音机	万美元	92 922	111 813	107 071	−4.2
录音机（含收录机）	万美元	118 127	102 051	123 858	21.4
组合音响及家庭影院	万美元	103 881	108 699	155 041	42.6
CD 唱机	万美元	25 998	21 214	26 499	24.9
电子乐器	万美元	56 204	53 029	54 916	3.6
汽车多媒体音响	万美元	375 381	364 059	354 719	−2.6
功放	万美元	180 978	180 581	195 070	8.0
视盘机芯	万美元	103 754	80 248	66 302	−17.4
音箱产品	万美元	302 149	355 911	460 616	29.1
耳机（含无线）	万美元	486 262	491 060	518 071	5.5

注：数据来源于工业和信息化部、海关总署、中国电子视像行业协会、中国电子音响行业协会、奥维咨询、格兰研究。

[撰稿：王中　审稿：乔跃山]

计算机工业行业

【综述】

2014 年，中国计算机行业整体处于低迷态势，并呈现以下特点：

产量保持增长，销售产值增速放缓 中国累计生产电子计算机 4.06 亿台，同比增长 7.7%。微型计算机 3.51 亿台，同比下滑 0.4%，其中，笔记本电脑 2.58 亿台，同比下滑 5.5%；服务器产量 5 486 万台，增幅超过一倍以上。计算机全行业实现销售产值 22 729 亿元，同比增长 2.9%，增速低于电子信息制造业全行业 7.4 个百分点，低于 2013 年 2.6 个百分点。

出口降幅扩大，平板电脑出口数量占一半以上 全年微型计算机实现出口额 1 147.8 亿美元，同比下降 2.5%，降幅比 2013 年扩大 1.2 个百分点。出口的微型计算机中，平板电脑的数量比重上升到 53.8%，但出口金额比重仅占 28.6%；台式微型计算机的比重下降至 2.8%，同比下滑 0.2 个百分点。

主营业务收入成本上升，效益增长持续放缓 2014 年，中国计算机行业完成主营业务收入 23 222 亿元，同比增长 2.7%，增速比 2013 年下降 2.7 个百分点；实现利润总额 699.6 亿元，同比增长 5%，增速比 2013 年下降 7 个百分点。计算机行业每百元主营业务收入成本为 95.6 元，比 2013 年提高 2.6 元，远高于全行业 88.4 元的平均成本；销售利润率 3%，比 2013 年下降 0.2 个百分点，低于全行业 1.9 个百分点。

固定资产投资增长低迷，计算机整机下滑严重 中国计算机行业完成固定资产投资 859 亿元，同比增长 4.3%，增速比 2013 年回升 2.5 个百分点，但仍低于全行业平均水平 7.1 个百分点。其中，计算机整机领域的固定资产投资下滑严重，同比下降 34.6%；零部件制造领域的固定资产投资同比增长 34.1%。

产品结构不断调整，移动化趋势总体未变 微型计算机市场中，虽然传统的台式微型计算机和一体机市场份额有限，占比已经降至 20%以下，但产销量较为稳定，全年的销量同比增长超过 20%。在消费领域，便携、移动、娱乐等趋势主导市场，笔记本电脑大量取代传统台式微型计算机的同时，受市场饱和、创新产品不足及平板电脑的替代分流等因素的影响，其产销量下跌幅度超过 5%，但在微型计算机产量中的占比仍达 73.5%；平板电脑的销量增长 10%左右，但增速比 2013 年有较大下降，价格下降也较快。

生产与销售

生产情况 2014 年，中国累计生产电子计算机 4.06 亿台，同比增长 7.7%。累计生产微型计算机 3.51 亿台，同比下滑 0.4%，其中，笔记本电脑 2.58 亿台，同比下滑 5.5%，占微型计算机总产量的 73.5%，低于 2013 年同期的 81.0%；累计生产服务器 5 486 万台，同比增长 126.3%。

销售情况 2014 年，中国电子计算机行业实现销售产值 22 729 亿元，同比增长 2.9%，低于电子信息制造业全行业增速 7.4 个百分点，低于 2013 年同期 2.6 个百分点。计算机行业占全行业的比重为 21.9%，同比下降 2 个百分点；对全行业增长的贡献率为 6.6%，同比下降 5.8 个百分点。实现出口交货值 17 373 亿元，同比增长 1.0%。

科技进步

2014 年11 月，由国防科学技术大学研制，位于广东国家超算中心的“天河二号”继 2013 年 6 月份荣登全球超级计算机 500 强排行榜榜首后，第四次保持第一的位置。“天河二号”的计算速度达到了每秒 3.386 万万亿次的浮点运算，比第二位的泰坦（Titan）的运算速度高出一倍，系统综合水平处于世界先进行列，预计

“天河二号”的优势将会保持到2015年。中国在超级计算机领域仅次于美国排在第二位，2014年在全球超级计算机500强排行榜中的数量为61个。

由浪潮集团承担的“高端容错计算机项目”获得2014年度国家科技进步一等奖。浪潮集团于2010年8月研发成功中国首台具有自主知识产权的高端容错计算机，并将其命名为浪潮天梭K1系统。K1可扩展32颗处理器，可用性超过99.9994%，每分钟完成几百万次交易事务处理。这一研发成果使中国成为继美国、日本之后第3个有能力研制32路高端计算机的国家，标志着中国的关键数据从此可以运行在自主平台上。2014年，天梭K1完成了金融、电力、公安、交通等12个行业市场的应用突破，建设银行、农业部、胜利油田、北京市财政局、广州白云机场、洛阳银行都在核心业务中用天梭K1替代了进口产品。

国际合作与对外贸易

2014年，主要计算机产品进出口总额为2 877亿美元，同比增长1.2%。其中，出口额2 267亿美元，同比增长1.0%；进口额610亿美元，同比增长1.8%。

出口情况 2014年，中国计算机产品的出口额为2 267亿美元，同比增长1.0%，其中，微型计算机出口额为1 147.8亿美元，同比下降2.5%，降幅比2013年扩大1.2个百分点，服务器产品出口额为1 119.2亿美元。1~4季度的微型计算机出口额分别为259.1亿美元、255.0亿美元、279.3亿美元和354.5亿美元，同比增幅分别为-10.4%、-2.2%、2.8%和-0.3%。笔记本电脑全年出口额为758亿美元，同比下降31.6%，低于手机产品出口额的1 154亿美元，不再是电子器件类产品中出口额最高的电子信息产品；平板电脑的数量比重上升到53.8%，但出口金额比重仅占28.6%；台式微机的比重下降至2.8%，同比下滑0.2个百分点。

进口情况 计算机产品的进口贸易继续保持微量增长，进口额为610亿美元，同比增长1.8%。其中硬盘/光盘驱动器进口额为159亿美元，比2013年的161亿美元略有下降；台式微型计算机、笔记本电脑、显示器、打印机的进口额与2013年基本持平。

市场分析与预测

计算机市场持续下滑，但下滑幅度开始放缓 从市场总量上看，计算机行业的需求一直处于缓慢的下滑状态，企业对新设备的需求在减弱，预计2015年全年计算机产量将保持在4亿台左右。微型计算机仍然是工作中最常用的设备，并且在新兴市场的年需求量依旧在不断上升，有着较大的市场空间。同时，智能手机、平板电脑等移动设备在户外工作中逐步发挥更大作用，进一步模糊了工作和生活之间的界限。计算机市场的这一下滑态势预计在1~3年内仍将持续。

智能化趋势为计算机行业带来新的机遇 以智能化穿戴设备、超高清智能电视、智能型家居产品为主角的物联网技术，将为计算机行业带来新的机遇。无论是物联网、云计算，还是互联网+等应用环境下，包括微型计算机在内的任何设备都是一个技术节点，这使得计算机可能以一种前所未有的姿态重新焕发生机，并仍是未来计算环境中的核心设备。

游戏本发展迅猛，为整机市场带来新的亮点 2014年，中国市场上新增的笔记本电脑品牌大部分是游戏本，如雷神、机械师、机械革命、战神等，传统板卡厂商也十分看好游戏本市场，微星、技嘉都推出了自有品牌的产品。在计算机市场整体下滑的态势下，游戏本一枝独秀，让厂商们看到了市场的新亮点。基于游戏本的爆发式增长，英伟达推出了有利于游戏本功能改进的9系显卡，在加强笔记本显卡性能的同时可降低功耗，为游戏本发展提供了新的可能性。预计2015年，游戏本仍将延续较高的增长速度，但因其市场份额较小，仍难以改善计算机整体市场的低迷态势。

国产化替代浪潮，为国内计算机市场增加新动力 2014年，中国信息安全相关政策频繁推出，从重要部门招标禁用Windows 8操作系统，到将推出“网络安全审查制度”，再到有关金融行业将全面落实国产化替代等，软硬件国产化进程有望加速，国内厂商即将迎来重要发展机遇。自主可控的信息安全体系需从硬件、基础软件、行业应用软件乃至行业解决方案全面实现国产化，其中硬件设备是能够最快实现国产化的领域，无论是国产终端、服务器还是ATM等应用设备的推广应用，都将为中国计算机行业未来一段时间的发展带来新的市场增长动力。

政策与法规

为了促进电子信息产业更好发展，中国政府及时调整宏观经济政策、货币政策、外包政策和财政政策，出台了一系列鼓励措施来保增长，拉动内需市场。与计算机产业相关的政策有：

2014 年 3 月 12 日，《国务院关于改进加强中央财政科研项目和资金管理的若干意见》发布。意见要求：通过深化改革，加快建立适应科技创新规律、统筹协调、职责清晰、科学规范、公开透明、监管有力的科研项目和资金管理机制，使科研项目和资金配置更加聚焦国家经济社会发展重大需求，基础前沿研究、战略高技术研究、社会公益研究和重大共性关键技术研究显著加强，财政资金使用效益明显提升，科研人员的积极性和创造性充分发挥，科技对经济社会发展的支撑引领作用不断增强，为实施创新驱动发展战略提供有力保障。

2014 年 6 月，《国家集成电路产业发展推进纲要》正式公布。纲要突出企业主体地位，以需求为导向，以整机和系统为牵引、设计为龙头、制造为基础、装备和材料为支撑，以技术创新、模式创新和体制机制创新为动力，破解产业发展瓶颈，推动集成电路产业重点突破和整体提升，实现跨越发展，为经济发展方式转变、国家安全保障、综合国力提升提供有力支撑。

存在问题

整机市场萎缩显著，重点企业整合转型压力进一步加大　由于移动设备的替代作用，消费者对购买台式机和笔记本电脑的兴趣大幅降低，整机市场特别是消费类整机市场萎缩速度已超过预期。面对不利的市场形势，国际厂商纷纷做出调整，2014 年年初索尼宣布出售自己的微型计算机业务，惠普将微型计算机和打印机业务单独拆分出来，国内企业则出现小企业退市、大企业整合转型的情况。中国计算机整机行业的企业数由 2008 年的 185 家下降为 2014 年的 160 家，实际有 PC 整机产出的企业则不到 100 家，其中 90%以上为代工企业；国内品牌整机企业除联想外，长城、海尔、同方等产量都在迅速萎缩，转向其他业务发展；联想正努力向利润更高也更有发展前景的移动业务、企业级和云服务业务转型。由于利润率不断下滑，以和硕联合和纬创为例，来自笔记本电脑业务的收入已不到总收入的一半，台湾各代工厂纷纷另谋出路，投资核心业务以外的领域，如隐形眼镜生产、塑料回收等。

企业创新不被市场认可，“缺芯”限制发展　近几年来，个人计算机领域创新亮点缺乏，笔记本电脑方面只有超级本得到了关注，而平板电脑只是向更轻薄的方向进行了拓展，其他一些创新，如人脸识别、体感设备、双显卡等都未得到市场认可，创新不足或者说创新不到位已经制约个人计算机市场的发展，再加上智能手机、可穿戴设备的崛起，更是对个人计算机市场形成了冲击。创新不足的深层次原因，在于包括联想、戴尔、华硕、惠普在内的主要计算机企业，都不掌握核心的芯片技术，多年来的发展都过分依赖英特尔。只有拥有自主的芯片技术，才能从根本上找到创新的立足点和突破点，而不只是拘泥于表面化的产品设计和简单的功能变化。

[撰稿：商超　审稿：刁石京]

电子工业专用设备行业

【综述】

2014 年，中国电子专用设备行业也遇到了市场有效需求不足与产能过剩矛盾相互作用、设备自主创新困难与转型升级问题的相互交织，发展也遇到了困难，在中央一系列扩大内需、稳增长、淘汰落后产能、支持重大技术装备的各项政策的推动下，行业内企业攻坚克难，行业走出低谷，呈现快速增长的态势。

依据中国电子专用设备工业协会对 2014 年从事电子专用设备生产和研发的 69 家主要生产单位的统

计：2014 年总销售收入、主营产品销售收入、工业增加值、实现利润分别增长 11.2%、20.3%、12.3%和 17.1%。

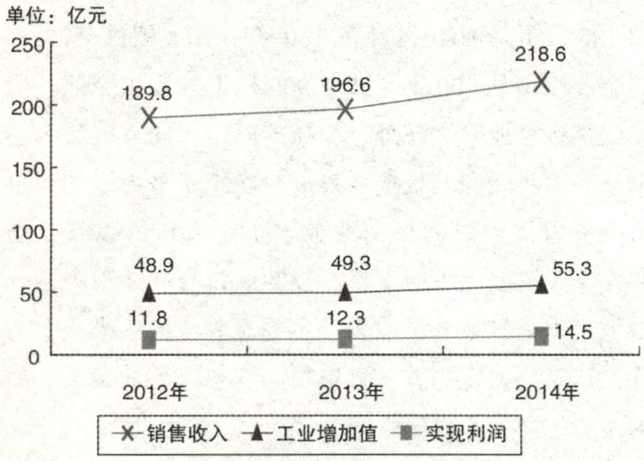

图 1 2012~2014 年电子专用设备行业完成销售收入、工业增加值和实现利润情况

数据来源：中国电子专用设备工业协会

2014 年，行业从业人员 27 450 人，比 2013 年减少 3.6%。其中，工程技术人员 8 613 人，比 2013 年增长 5.1%。2014 年，全行业固定资产净值为 80.45 亿元，比 2013 年增长 12.8%。

生产与销售

根据行业内 69 家主要生产单位的统计，2014 年电子专用设备工业行业完成总产值（现价）249.4 亿元、工业增加值 55.3 亿元、销售收入 218.6 亿元，分别比 2013 年同期增长 11.2%、12.3%和 11.2%。

2014 年，十强产销总规模也走出低谷，呈现快速增长态势。2014 年，电子专用设备行业前十名销售收入总额达到 158.44 亿元，占全行业销售收入的 72.5%，比 2013 年的前十名总销售收入增长 12.2%。2014 年，十强单位完成的行业主营产品（电子专用设备和电子专用工模具）销售收入达到 58.02 亿元，比 2013 年的前十名行业主营产品销售收入增长 18.7%。

2014 年，本行业主营产品（电子专用设备和电子专用工模具）的销售收入摆脱下跌态势，呈现快速增长。2014 年，行业主营业务（电子专用设备和电子专用工模具）销售收入为 106.3 亿元，比 2013 年增长 20.3%。其中，电子整机装联设备、半导体器件和集成电路设备、电真空器件和光电器件设备、电子专用工模具等产品分别增长 43.3%、34.5%、29.2%和 48.1%。

2014 年，晶硅太阳能设备市场复苏，集成电路、发光二极管和分立器件等半导体器件设备继续保持较高增长。根据对中国 35 家主要半导体设备制造商的统计，2014 年共销售半导体设备 3 849 台、销售收入 40.52 亿元，同比增长 34.5%。

2014 年，中国晶硅太阳能设备受国内光伏市场需求扩大和新一代晶硅太阳能设备进入生产线的影响，太阳能电池设备市场随之复苏，销售走出低谷，呈现小幅增长。全年销售晶硅太阳能设备 1 225 台，销售收入 14.66 亿元，同比增长 11.5%。

2014 年，半导体器件（含 IC、LED、分立器件）设备销售继续保持快速增长，同比增长达到 52.3%。其中，集成电路设备销售 1 396 台，销售收入 15.96 亿元，同比增长 54.4%；LED 设备销售 863 台，销售收入 7.14 亿元，同比增长 41.4%；分立器件设备及其他销售 365 台，销售收入 2.77 亿元，同比增长 75.3%。

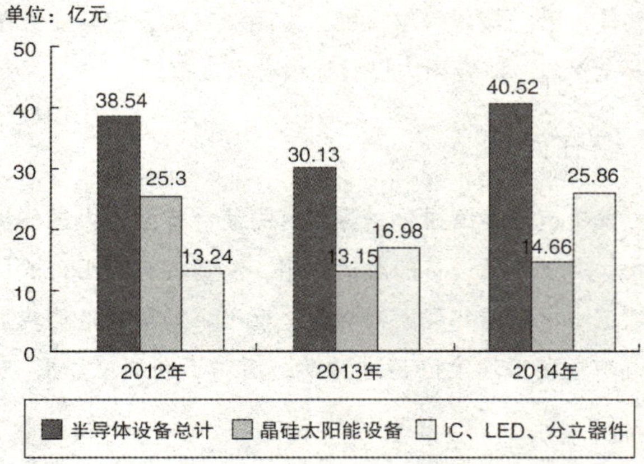

图 2 2012~2014 年中国半导体设备销售完成情况

数据来源：中国电子专用设备工业协会

2014 年，行业利润迅速增长，亏损额大幅减少，行业经济效益明显上升。2014 年，行业完成利税总额 21.39 亿元，同比增长 12.56%。其中，实现利润 14.46 亿元，同比增长 17.1%。2014 年，亏损企业 6 家，亏损总额 6 045.1 万元，亏损企业比 2013 年减少 4 家，亏损额同比下降 75.6%，行业经济效益明显上升。

2014 年，行业利税前十名企业实现利润 9.58 亿元，平均增长率为 11.95%。占全行业利润的 66.3%。中国电子科技集团公司第 48 研究所 2014 年实现利润 2.2 亿元位居行业首位。北京京运通科技股份有限公司2014年利润增长最快，同比增长达到120.1%。

科研与新产品

6项半导体设备被评为中国半导体设备创新产品 在中国电子专用设备工业协会、中国半导体行业协会、中国电子材料行业协会和中国电子报等四单位共同举办的第九届（2014年度）中国半导体创新产品和技术评选评审会上，6项半导体设备被评为2014年度中国半导体设备创新产品。

电子专用设备、专用工模具新产品完成349项 根据对行业内69家主要单位的统计，2014年完成电子专用设备、专用工模具新产品349项，比2013年增加19项。具有自主知识产权、性价比高的新产品增强了国产电子专用设备的市场竞争力。本行业以外的新产品完成46项，提高了在市场经济条件下企业生存的竞争能力。

一是全自动、高转换效率的国产太阳能电池新设备推出，促进了太阳能电池生产线的转型升级。浙江晶盛机电股份有限公司研制的全自动半熔高效多晶铸锭炉实现了籽晶高度的自动监测，有效地控制籽晶保留量，成功解决了高效长晶长期无法自动化的技术障碍，并实现了国内首次高效多晶硅铸锭工艺的全自动控制，使整锭平均电池转换效率提高至18%，有效地降低了晶体生长成本。北京中科信电子装备有限公司承担的高效晶体硅太阳能电池生产线升级改造项目开发了全自动制绒前装片机、制绒及刻蚀后花篮插片机、扩散炉石墨舟插片机、PECVD石墨舟自动插片机、丝网印刷和测试分选设备的全自动化，该项目使生产线装片效率达到2 400~2 600片/小时，碎片率<0.1/1 000片，将原有的100MW产能的生产线提高到了150MW。大大提高了国产晶体硅太阳能电池生产线的自动化、智能化水平。深圳市捷佳伟创新能源装备股份有限公司研制的全自动单晶制绒酸洗综合设备和全自动石墨舟装卸片机有效地提高了电池片的转换效率和生产效率。中国电子科技集团公司第45研究所研制的自动太阳能电池印刷系统，全线实现自动化生产，生产效率达到1 200片/小时，碎片率<0.5%（多晶），基片厚度可达到180微米。设备问世后，受到用户的欢迎，销售业绩显著。中国电子科技集团公司第2研究所研制的太阳能电池分检测试设备，从电池片的拾取、对位、光照、得到电性能参数及电池分档等均实现了全自动无人操作。大大减少了检测过程中的人工干预，提高了准确性，同时也降低了太阳模拟器对员工的身体照射伤害。

二是在平板显示器生产设备中，发片喷码检测清扫自动化线研制成功，并实现了量产。中国电子科技集团公司第2研究所与客户合作，研发成功发片喷码检测清扫自动化线，改变了偏光片生产工艺，极大地提高了生产效率，提升了产品合格率及喷码精度，而且全过程自动化，减少了人工干预，提升了偏光片清洁度。

三是2项新型锂离子电池生产设备研制成功，提高了生产效率、降低了成本。中国电子科技集团第48研究所研制的“锂离子电池正极材料辊道烧结窑”设备，替代了现有的锂离子电池正极材料推板窑，实现了产量大、能耗低，成为一款全新的高效节能型设备，当年销售合同金额达到3 000万元。日联科技有限公司研制的X射线电池检测设备，实现了锂离子电池的全自动检测，并具有SPC数据统计功能，每一块电池都会对应一张X光照片，随每一块电池的条码一起，终身反映电池的生产品质状态，形成电池安全的大数据（BigData），满足了生产线的自动化需求。

四是电子整机装联设备中，点胶机器人替代了半自动点胶机。常州快克锡焊股份有限公司研制的具备自动化功能的QUICK点胶机器人，具有全面支持三维和大容量（999个）动态存储文件等主要功能，全面实现了精确的点胶控制并推动点胶领域的自动化进程，适应了当前电子产品生产线对自动化技术强烈需求的发展趋势。

重大科技项目 国家科技重大专项“极大规模集成电路制造装备及成套工艺”14项集成电路设备项目通过用户验收，实现了销售。

国际合作和对外贸易

中国电子专用设备工业协会与美国国际半导体设备和材料协会（SEMI）合作举办中国国际半导体设备和材料展览会暨研讨会《SEMICON China》。2014年3月17~19日在上海举办的《SEMICON China》在60 000平方米的SEMICON/FPD展馆里，来自18个国家和地区的863家展商在2 623个展位上，与来自40个国家和地区的39 927名专业观众进行了面对面交流和商业洽谈。这是SEMI与中国电子专用设备工业协会等合作伙伴共同推出迄今为止全球规模最大的一次半导体设备产业盛会。

在半导体设备和光电器件设备出口的推动下，主营产品出口交货总值增长了 1 倍。

2014 年，行业在半导体设备和光电器件设备出口的推动下，出口交货总值达到 15.1 亿元，同比增长 38.3%，其中电子专用设备和电子专用工模具的出口交货值为 9.11 亿元，同比增长 103%。

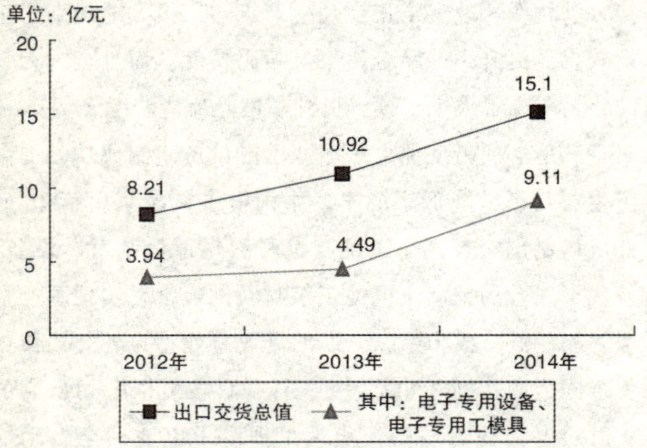

图 3　2012~2014 年电子专用设备行业出口交货值情况

2014 年，集成电路设备出口交货值达到 4.23 亿元，同比增长 44.4%，集成电路设备出口迅速增长。其中，2014 年中微半导体设备（上海）有限公司研制的等离子体刻蚀设备达到 2.44 亿元，这标志国产自主创新的大规模集成电路高端装备批量进入了国际市场。

2014 年，平板显示器件设备出口交货值达到 2.66 亿元，而 2013 年没有出口。其中，湖南宇晶机器实业有限公司出口 1.35 亿元，北京七星华创电子股份有限公司出口 1.31 亿元。

2014 年，合肥恒力电子装备公司研制的用于电子元器件封装的气氛保护网带烧结炉再次进入美国市场，与美国同类产品媲美。

政策与法规

国家 6 个部、委、局发出关于调整重大技术装备进口税收政策的通知　2014 年 2 月 18 日，财政部、国家发展改革委、工业和信息化部、海关总署、国家税务总局、国家能源局发出《关于调整重大技术装备税收政策的通知》（财关税［2014］2 号）。这项政策的实行，无疑将提高国产电子信息装备的市场竞争力。

《国家支持发展的重大技术装备和产品目录（2014 年修订）》文件中，电子信息装备 21 项列入目录中，其中，太阳能电池设备 8 项，半导体发光二极管（LED）生产设备 3 项，集成电路关键设备 5 项，新型平板显示器件生产设备 2 项，锂离子动力电池设备 2 项，其他电子元器件生产设备 1 项。

《重大技术装备和产品进口关键零部件及原材料商品目录（2014 年修订）》文件中，相对应的上述电子信息装备中 140 项关键零部件及原材料列入了目录中，进口这些关键零部件及原材料将免征关税和进口环节增值税。

市场分析与预测

2015 年是全面深化改革的关键之年，是全面推进依法治国的开局之年，也是全面完成“十二五”规划的收官之年，国家在进入新常态经济下，中国电子专用设备的自动化、智能化的步伐将加快。

全自动、高转换效率的光伏新设备将进入生产线，推动现有光伏生产线的升级改造。2015 年，国家将继续扩大国内光伏市场，光伏行业年度增长率目标将超过 70%，中国已成为全球光伏最大的终端市场，光伏企业将加快淘汰落后生产线设备扩大产能，全自动、高转换效率的光伏新设备将进入生产线，给中国光伏设备制造商带来了新的发展机遇。

LED（照明）生产线关键设备国产化进程加快。2015 年，在国家电子发展基金的支持下，国产 LED 设备将全面进入 6 家 LED 制造商的生产线中，这无疑将加快 LED 设备国产化的进程。

国产集成电路设备的国内外市场将继续得到增长。2015 年，在 02 专项和国家集成电路发展基金的支持下，更多的国产集成电路设备将进入大生产线（刻蚀机、CVD、PVD、氧化炉、先进封装设备），国产集成电路设备的国内外市场将继续得到增长。

在新常态经济下，智能化、自动化的电子专用设备将得到更快的发展。2015 年，在电子信息产品市场的推动下，在电子产品的检测、焊接、装配等领域将越来越多地采用自动化智能化设备和机械手生产，这些设备将得到更快的发展。

净化设备、试验设备、电子整机装联设备（除自动贴片机外）等领域的国产设备性价比较高，市场竞争力较强，随着电子信息产品市场的增长，2015 年将继续保持稳步增长。

综上所述，2015 年行业将保持继续增长的态势，与 2014 年相比，行业的销售收入增速预计将在 10%左右。

存在问题

高端装备市场占有率低　目前，大规模集成电路芯片生产线设备、液晶显示器（TFT-LCD）前道生产线设备和表面贴装（SMT）自动贴片机等高端装备大都还要依赖进口，国产设备市场占有率低。例如，2014 年集成电路设备进口额达到 43.66 亿美元，国产集成电路设备销售额仅占当年全国集成电路设备进口额的 5.9%，2014 年 SMT 高速自动贴片机进口达到 16.6 亿美元，国产高速自动贴片机还是空白。

设备的设计制造与之配套的工艺技术脱节　中国电子专用设备的发展始于消化吸收进口设备，设备本体的设计与制造和与之配套的工艺技术脱节比较严重，战略模式、商业模式、创新能力与国际仍存在较大差距，而且设备供应商缺乏对产品应用趋势和发展方向的深入了解。既使某些设备供应商的研发团队具有国际前沿技术研发能力，开发出高端设备，却苦于没有机会进入应用领域进行验证，导致无法在工艺验证及批量生产过程中发现问题、改进设备，最终高端设备无法实现批量销售、缺乏市场竞争力。

缺乏高端人才组成的领军团队　当前高端电子专用设备知识产权壁垒很高，国内企业大都缺乏高端人才组成的领军团队，缺乏对现有的专利进行全面分析，也就很难有自己独立的知识产权去开发高端的电子专用设备。

【统计数据】

表 1　2014 年中国电子专用设备工业行业规模情况

类别	研究所数（个）	企业数（个）	总人数（人）	其中：技术人员（人）
国有及国有控股	4	12	12 082	4 487
民营		33	3 916	909
股份		17	10 651	2 764
三资		3	801	453
合计	4	65	27 450	8 613

表 2　2012~2014 年中国电子专用设备工业行业产品销量情况

产品名称	单位	2012 年		2013 年		2014 年	
		销量	增长率（%）	销量	增长率（%）	销量	增长率（%）
半导体与集成电路设备	台	5 203	−34.1	4 053	−22.1	3 849	−5.0
电子元件设备	台	6 383	−30.6	5 538	−13.2	3 796	−31.5
电真空和光电器件设备	台	2 698	−50.7	1 706	−36.8	2 933	71.9
环境与可靠性试验设备	台	2 312	23.8	2 409	4.2	2 143	−4.1
净化设备	台	44 457	12.1	59 724	34.3	63 535	6.1
电子整机装联设备	台	2 856	−9.6	4 346	52.2	5 392	24.1
电子通用设备	台	15 643	−32.6	16 660	6.5	38 911	134
电子专用工具	万件	17.74	4.3	21	18.4	19.85	−5.5
电子专用模具	付	40 682	2 713.4	40 876	0.5	35 034	−14.3

表 3　2012~2014 年中国电子专用设备工业行业产品销售收入情况

产品名称	单位	2012 年		2013 年		2014 年	
		销售收入	增长率（%）	销售收入	增长率（%）	销售收入	增长率（%）
半导体与集成电路设备	万元	367 785.5	−49.1	301 250.3	−18.1	405 212.2	34.5
电子元件设备	万元	125 312.0	−12.5	125 507.0	0.2	120 581.0	−3.9
电真空和光电器件设备	万元	74 071.8	−35.7	73 120.3	−1.3	94 451.6	29.2
环境与可靠性试验设备	万元	23 812.5	20.3	31 583.3	32.6	27 115.5	−14.1
净化设备	万元	184 423.4	23.2	211 014.8	14.4	252 099.8	19.5
电子整机装联设备	万元	42 679.9	−2.7	49 590.2	16.2	71 050.8	43.3
电子通用设备	万元	70 477.2	5.3	70 918.0	0.6	62 325.3	−12.1
电子专用工具	万元	13 727.9	59.4	7 867.3	−42.7	8 888.0	13.0
电子专用模具	万元	20 601.0	15.9	12 587.0	−38.9	21 411.0	70.1

表 4　2012~2014 年中国电子专用设备工业行业主要产品产量情况

产品名称	单位	2012 年		2013 年		2014 年	
		产量	增长率（%）	产量	增长率（%）	产量	增长率（%）
电子专用设备	台、套	83 425	−16.1	92 147	10.5	121 372	31.7
电子专用工具	万件	17.74	4.3	21	18.4	20.65	−1.7
电子专用模具	付	40 692	2 532.1	40 876	0.5	35 073	−14.2

表 5　2012~2014 年中国电子专用设备工业行业主要产品产值情况

产品名称	单位	2012 年		2013 年		2014 年	
		产值	增长率（%）	产值	增长率（%）	产值	增长率（%）
电子专用设备	万元	832 399.5	−42.4	914 267.4	9.8	1 089 044.6	19.1
电子专用工模具	万元	36 430.0	7.7	36 444.0		44 697.0	22.6

表 6　2012~2014 年中国电子专用设备工业行业产品出口额情况

产品类别	单位	2012 年交货值	2013 年交货值	2014 年	
				交货值	增长率（%）
电子专用设备	万元	34 783.4	42 136.4	84 641.8	100.9
电子专用工模具	万元	4 588.8	2 751.0	6 528.0	137.3
其他产品	万元	51 475.7	64 294.3	59 801.7	−7.0

表 7 2012~2014 年中国电子专用设备工业行业主要经济指标完成情况

项目名称	单位	2012 年	2013 年	2014 年	年均增长率（%）
全行业工业总产值（现价）	万元	2 011 757.6	2 242 665.1	2 494 052.2	11.3
其中：本行业产品工业产值（现价）	万元	901 286.6	950 711.4	1 133 741.6	12.2
全行业工业增加值	万元	489 226.4	492 706.6	553 359.9	6.4
其中：本行业产品增加值	万元	313 200.8	279 653.5	299 836.6	–2.2
全行业销售收入	万元	1 897 505.0	1 966 103.4	2 186 448.4	7.3
其中：本行业产品销售收入	万元	940 581.3	883 438.2	1 063 135.2	6.3
全行业实现利税总额	万元	192 955.6	190 047.2	213 913.0	5.3
全行业实现利润总额	万元	117 819.6	123 419.4	144 572.7	10.8

表 8 2014 年中国电子专用设备行业前十名单位总销售收入完成情况（不含亏损单位）

排序		单位名称	2014 年		其中：电子专用设备、专用工模具	
2014 年	2013 年		总销售收入（万元）	同比增长（%）	销售收入（万元）	同比增长（%）
1	1	中国电子科技集团公司第四十八研究所	647 423.0	7.3	36 831.0	37.6
2	2	江苏苏净集团有限公司	303 502.7	12.3	243 219.4	15.3
3	3	西北机器有限公司	153 809.0	14.7	35 001.0	–25.3
4	4	北京七星华创电子股份有限公司	94 153.6	14.9	52 561.4	20.3
5	5	格兰达技术（深圳）有限公司	81 626.8	15.1	17 365.2	15.1
6	6	中国电子科技集团公司第二研究所	78 238.0	30.4	78 238.0	30.4
7	8	北京京运通科技股份有限公司	69 481.0	49.1	26 567.9	30.9
8	9	中国电子科技集团公司第四十五研究所	55 809.0	31.0	53 591.0	41.2
9	7	四川丹甫制冷压缩机有限责任公司	55 389.9	–8.6	176.0	–70.8
10	10	天通吉成机器技术有限公司	45 001.0	9.00	36 660.0	22.94
	合计		1 584 434.0		580 210.9	

注：表 1~表 8 数据来源于中国电子专用设备工业协会。

表 9 第九届（2014 年度）中国半导体设备创新产品

序号	产品名称	制造厂商
1	DSE200L 深硅刻蚀设备	北京北方微电子基地设备工艺研究中心有限责任公司
2	28–15 纳米去耦合反应等离子体刻蚀机	中微半导体设备（上海）有限公司
3	芯片倒装键合设备	北京中电科电子装备有限公司

续表

序号	产品名称	制造厂商
4	300mm 全自动装片机	大连佳峰电子有限公司
5	IC 芯片自动测试分选机	格兰达技术（深圳）有限公司
6	即时智能配比混合系统	张家港易化设备科技有限公司

[撰稿：金存忠 审稿：彭红兵]

电子测量仪器工业行业

【综述】

目前，中国经济仍然处于去产能、去杠杆、去泡沫进程中，经济增长动力不足，需求乏力，实体经济形势严峻。随着“一带一路”的发展，将会给中国经济注入新的活力，也会给中国电子测量仪器行业带来新的发展动力。2014 年，中国仪器仪表行业总体来看增长较慢，其中环境监测专用仪器仪表和导航、气象及海洋专用仪器的增幅较大。

工业和信息化部统计结果表明，2014 年电子测量仪器工业行业规模以上企业 836 家，销售产值 2 120.2 亿元，出口交货值 375.7 亿元，资产总值 1 900.3 亿元，其中，电子测量仪器制造业规模以上企业 150 家，销售产值 290.5 亿元，出口交货值 39.1 亿元，资产总值 217.5 亿元。

生产与销售

2014 年，电子测量仪器工业行业整体销售情况与 2013 年相比增幅有限，销售产值为 2 120.2 亿元，同比增长 6.3%，其中，电子测量仪器制造业的生产、销售情况与 2013 年相比增幅较大，销售产值为 290.5 亿元，同比增长 16.9%。

科研与新产品

2014 年，中国电子测量仪器制造企业取得一批科研成果。

中国电子科技集团公司第 41 研究所研发的“TD-LTE 射频一致性测试系统”，视频带宽≥20MHz，频谱带宽 1.4MHz~20MHz。本产品采用数字取样稳幅技术，实现了脉冲调制信号功率输出的稳定控制，可应用于通信基站、终端/芯片的研发、认证/预认证、生产及维修测试等产业链各个环节，可广泛应用于终端方案提供商、生产企业以及基站的研发和生产企业，还可以用于终端或基站入网前的预测试，能大大降低企业的入网时间和成本。本系统的成功研制，打破了国外禁运和技术封锁，填补了国内无线通信基站和终端一致性测试仪表的空白，解决了中国自主创新移动通信标准的基站和终端认证测试技术难题，提高了中国通信高端认证测试仪表的设计和制造水平，增强了中国基站和终端研发、生产测试技术储备，促进了相关测试仪器研制。产品总体技术水平居国际领先水平，具有功能全、成本低、可靠性高等特点，社会效益显著。

“AV9208 TD-LTE TTCN 扩展测试集仪表”频率范围 1 800MHz~2 800MHz，频率分辨率 1Hz。本产品采用无线网络信令与时频码多域信号融合处理、最佳样值符号同步提取及软件定义信令交互等技术，实现了信令的准确提取、无线网络协议的实时分析。本产品的成功研制，打破了国外禁运和技术封锁，总体技术水平居国际领先水平。填补了国内 TD-LTE TTCN 扩展测试集仪表（无线资源管理部分）的空白，解决了 TD-LTE 终端的部分无线资源管理测试功能技术难题。本产品可以改变中国通信测试行业现状，改变中国移动通信完全跟随发达国家发展的模式，不仅从产业链的中上游突破国外技术垄断，而且下游的手机生产线也完全取代国外进口测试仪表。产品具有终端小区重选与切换、RRC 连接移动性控制、时间和信令参数关联、UE 测量过程相关、测量精度要求等标准测试功能，可自定义测试脚本功能，具有显著的社会效益。

“AV6592 便携式太阳能电池测试仪”温度测试范围-20℃~100℃，温度测试准确度±1℃。本产品采用可变电子负载驱动电路设计和伏安特性测试等技术，结合辐照度监控预测，实现了太阳能电池光伏组件全辐照度范围内的动态测试，支持 MODBUS/TCP 远程监控协议，功能满足 IEC61853 组件能量等级划分标准要求，总体技术达到国内领先水平。本产品可为太阳能电站设计、验收、维护提供测试保障，是电站建设单位、质检部门、生产厂家、科研单位等必备检测工具。

“AV6418 高性能微型光时域反射计”测距准确度±（0.75m+取样间隔+0.0025%×距离）（不包括折射率置入误差）。本产品采用单光口低损耗一体化光路设计技术，降低了光路损耗，实现了基于单光口的离线测试与在线测试功能，采用宽带低噪声前置放大、过采样及数字滤波技术，有效提高了对长距离光缆链路的探测能力，具有探测灵敏度高、盲区小、覆盖波长范围大等特点，总体技术达到国内领先水平。本产品是针对 FTTx 网络而设计的一款高性能多功能测试仪器，主要用于测量光纤光缆的长度、传输损耗、接头损耗等光纤物理特性，并能对光纤线路中的事件点、故障点准确定位，广泛应用于光纤通信系统的工程施工、维护测试、紧急抢修、研制与生产测试等工作中。

“AV5264 通信矢量信号分析仪”频率范围 9kHz~3GHz，扫频宽度 500Hz~6GHz。本产品采用小数分频合成方式和宽带数字调制方式设计，实现大动态范围高精度频偏估计，提高复杂信道误码率测试精度，解决了宽带通信矢量信号接收分析难题，实现了 9kHz~6GHz 通用矢量调制信号接收和解调分析、GSM/CDMA/TD-SCDMA/WCDMA/CDMA2000/TD-LTE/FDD-LTE 等标准通信制式信号分析，具有射频信号功率测试、频谱发射模板测试、邻道泄漏抑制比、信号质量等多域测试功能。本产品综合性能达到国内领先、国际先进水平，可应用于各类射频电子设备及部件的科研、生产、计量、维修和教学工作中。

“AV3680A 手持式天馈线测试仪”频率范围 1MHz~4GHz。本产品针对现场测试应用，采用先进的射频电路与数字电路混合集成设计技术、宽带基波混频技术、数字化中频处理技术、智能电源管理技术等新技术，可以对电缆或天线的驻波比、回波损耗、特性阻抗和相位进行测试，精确定位故障点。本产品可用于各种通信基站天馈线系统的测试，包括集群、GSM、PCS/DCS、CDMA、GPRS、WCDMA、CDMA2000、TD-SCDMA、LTE 及寻呼等系统。

“AV5251 终端综合测试仪”频率范围 800MHz~2 800MHz。本产品具备 TD-LTE/TD-SCDMA 系统模拟、信号发生和信号分析等功能，可以全面提供 CW 波、TD-LTE/TD-SCDMA 系统上下行信号的发生、呼叫、功率控制、矢量分析等复杂功能，可支持 TD-LTE/TD-SCDMA 终端射频测试，可模拟 TD-LTE 基站、RNC 和核心网信令功能，测试 TD-LTE 终端在多种状态下性能指标，可以广泛应用于 TD-LTE/TD-SCDMA 终端的设计、研发、生产、认证、维修等领域。

“AV6472 高性能光纤熔接机”光纤识别：SM（单模），MM（多模），DS（色散位移），NZDS（非零色散位移）；熔接损耗（典型值）：0.02dB（SM），0.01dB（MM），0.04dB（DS、NZDS），0.04dB（EZ-Bend）。本产品是一款设计紧凑、操作简单、易于携带的全新光纤熔接设备，可用于包括干线在内的所有光缆线路工程施工、线路维护、应急抢修、光纤器件的生产测试以及科研教学中。

“AV6419 光纤应力分布测试仪”工作波长 1 550nm±5nm，光纤类型单模。本产品能够同时测试光纤光缆的应变分布、损耗分布及各距离点的布里渊散射谱，具备 3D 及多种分布参数同时显示功能，具有应变测试精度高、重复性好及单端无损测试等优点。本产品可广泛应用于桥梁、大坝、隧道、高大建筑、石油钻井平台、石油管道等重要设施的健康状态检测工作，可对山体滑坡、泥石流及地震等地质灾害预测预报，对大型海上舰艇、航空航天器等智能结构的健康状态进行检测，也适用于在光纤陀螺、光纤水听器的研制与生产检测过程中及在海底光缆的研制、生产、施工、验收及链路维护等过程中对光纤环及海底光缆的应变分布测试。

江苏绿扬电子仪器集团公司研发的“高精度手持式频率计”可以测量连续波和函数波，频率测量范围：0.001Hz~300MHz。产品广泛适用数字广播电视产品及设备、现代通信设备、家用音视频娱乐产品、医疗仪器、电子信息、电力电子产品及设备的维护和故障测试，还可以应用于各类电子设备系统（如无线通信、光通信、电子对抗、宇航控制、雷达、导弹、无人机等）的测量和分析，也适用于高等院校和科研单位的信号测量分析。

“高速逻辑分析仪”16.5GHz 高速数据采集，协议触发与实时解码分析，高速混合触发。预计项目达产后可实现良好的经济效益，对培育地方经济增长点和推进地方经济发展将起到有力的推动作用。

上海创远仪器技术股份有限公司开发的“上海无线通信测试仪器工程技术研究中心”，可实现复杂无线信号的捕获、记录及分析，对空间复杂和瞬变信号的无缝捕获，对高采样率信号数字化并进行长时间记录，对多频段宽带信号接收和频谱分析，实时频谱分析大于100MHz 带宽的信号，对空间信号相关参数自动测量和分析。在该工程中心建设期间，共计申请专利 22 项，授权 4 项；建成移动终端设计开发、验证测试平台，该测试平台将支持多种移动通信制式的测试，包括 GSM/TD-SCDMA/WCDMA/LTE，处于国内领先、国际先进水平；建成宽带无线信号仿真和模拟测试验证平台，处于国内领先、国际先进水平；建成复杂无线信号的捕获、记录及分析测试验证平台，该平台处于国内领先、国际先进水平；建成移动通信无线环境测试评估平台，提供对 GSM/TD-SCDMA/WCDMA/LTE 网络无线环境结构指数的评估及干扰分析等功能。该平台组建完成后，将根据规划进一步拓宽研究领域，在多个子领域形成一套完整的无线通信测试仪器设计理论和试验方法，以及一套完整的试验数据库。该项目已成功通过验收。

重大工程与重点项目

中国电子科技集团公司第 41 研究所承担的国家重大科学仪器设备开发专项“高性能微波频谱分析仪研制与应用开发”，研制高性能微波频谱分析仪，攻克超宽频带微波部件设计制造等仪器核心技术，自主研发67GHz 程控步进衰减器等关键部件，开展在通信、雷达和无线电监测等领域的应用开发工作，开展仪器可制造性和工程化方面的研究工作，研制具有自主知识产权的高性能微波频谱分析仪。拓展仪器在通信、雷达和无线电监测等领域的应用功能，通过系统集成、软件开发和工程化开发，形成完整、稳定的制造工艺体系。该项目计划于 2017 年完成。

国家重大科学仪器设备开发专项“微波矢量信号发生器开发和应用”，将攻克低噪声频率合成、多制式基带信号发生、67GHz 微波毫米波信号发生组件设计制造等关键技术。通过在雷达、无线连接和卫星导航等领域应用开发，丰富仪器功能，优化技术方案，形成具有自主知识产权、功能健全、质量稳定可靠的微波矢量信号发生器。项目验收后计划达到年产整机 600 台（套）生产能力，为航空航天、卫星导航等工程应用提供测试技术支撑。该项目计划于 2017 年完成。

江苏绿扬电子仪器集团有限公司承担的国家重大科学仪器设备开发专项“超高速数字荧光串行信号分析仪开发与产业化”项目，是以江苏绿扬集团为主导，联合中科院声学所、南京大学、北京邮电大学、总参第 63 所和中电第 50 所等技术优势单位，在研究高速数字存储示波器技术、数字荧光成像技术、高速大容量数据与交换技术、高速串行信号分析等核心技术基础上，开发新型超高速数字荧光串行信号分析仪器。研制具有自主知识产权的超高速数字荧光串行信号分析仪器的关键部件与整机，实现整机工程化和批量生产，填补国内空白，技术水平达到国际先进水平，使中国成为世界上第二个掌握该技术并实现产业化的国家。目前，该项目已完成总体方案设计和优化，处于初样机开发阶段，主要对核心技术和关键部件的研制，项目计划于 2016 年完成。

上海创远仪器技术股份有限公司承担的国家科技重大专项“LTE/TD-SCDMA/WCDMA/GSM 终端综合测试仪开发”项目，实现 LTE-Advanced/LTE/TD-SCDMA/WCDMA/GSM 全模综测仪，针对 LTE-A/LTE/TD-SCDMA/WCDMA/GSM 多模终端特点以及相关新技术和实际测试需求，同时研究 LTE Advanced 多模终端的射频测试方法，整合当前所有主流通信制式的测试功能，开发出符合 3GPP 以及行业标准的 LTE-A/LTE/TD-SCDMA/WCDMA/GSM 多模终端综合测试仪，使得芯片企业在实验室就能够高效地完成必要的测试验证，同时也为终端企业完成后续的生产测试提供必要保证。本课题研发的 LTE/TD-SCDMA/WCDMA/GSM 多模终端综合测试仪将依据 3GPP R10 标准，研制硬件平台和设计软件模块，开发出符合 3GPP 以及行业标准要求的 LTE 全模终端综合测试仪，促进终端芯片产业发展。项目计划于 2015 年完成。

国家科技重大专项“LTE 及 LTE-Advanced 信号源及无线信号分析仪开发”项目，以研究开发 LTE 及 LTE-Advanced 矢量信号源及信号分析仪为目标，同时开发出通用、稳定、高性能的矢量信号源与信号分析仪硬件和软件平台，并可以扩展支持各种通信制式信号测量。本课题的目标是研究开发 LTE 及 LTE-Advanced 矢量信号源及信号分析仪硬件和软件平台，用于通信元器件和收发信机的研发和生产测试，研制出高测量带宽、优异测量性能、矢量信号源与信号分析仪集成一体、并且支持 LTE 及 LTE-Advanced（TDD、FDD）标准信号测量（3GPP R9、R10）的矢量信号源及信号分析仪。项目计划于 2015 年完成。

市场分析与预测

近年来，国家强调环境治理工作，与此相关联的空气、水以及土壤分析类仪器的需求量会有较大幅度的增长。太赫兹测试技术在卫星通信、天文观测、机场安检、无损检测等应用领域具有独特的优点，相关联的仪器需求量会有较大幅度增长。2020 年前后，5G 移动网络将投入市场，针对毫米波频段的高带宽应用测试仪器将有更为广泛的需求。

便携式测试仪器需求旺盛。在通信、消费电子、国防等应用领域，便携式仪器需求强劲，同时提出了功能完善、高精度、工作时间长、数据存储方便、防水防撞设计等方面的更高要求。集成式多合一用户可定制测试仪器，节省了仪器设备成本和空间，代表着测试仪器发展的一个新趋向。

无面板也是测试仪器未来发展的一个趋势。由于商用电脑性能更加强大，具有实现快速傅里叶变换（FFT）的频谱分析过程所需要的极强运算能力，无面板仪器无需再增加昂贵的 DSP 或 FPGA 到仪器中，只需要模拟前端、数字化仪和总线接口，剩余的其他任务由电脑主机完成，从而降低了产品成本，同时，将信号处理部分从仪器中拿出还可以减少来自仪器设计的内部干扰问题。

预计 2015 年中国电子测量仪器行业总体保持约 7% 的增长幅度。

政策与法规

国发［2014］49 号《国务院关于加快科技服务业发展的若干意见》指出，近年来，中国科技服务业发展势头良好，加快科技服务业发展。到 2020 年，基本形成覆盖科技创新全链条的科技服务体系，加大对基础研究的投入力度，支持开展多种形式的应用研究和试验发展活动。加快发展第三方检验检测认证服务，建立健全事业单位大型科研仪器设备对外开放共享机制，完善高新技术企业认定管理办法，充分考虑科技服务业特点，将科技服务内容及其支撑技术纳入国家重点支持的高新技术领域，对认定为高新技术企业的科技服务企业，按 15%的税率征收企业所得税。

工信部规［2014］67 号《关于加快推进工业强基的指导意见》提出加快推进工业强基，提升关键基础材料、核心基础零部件（元器件）、先进基础工艺、产业技术基础发展水平，夯实工业发展基础，推进工业大国向工业强国转变。要以提高工业核心竞争力为主攻方向，加强顶层设计，完善政策措施，着力解决工业基础领域的关键问题，加快推动创新成果产业化，积极构建生产和应用良性互动机制，夯实工业发展基础。工业强基的发展目标是到 2020 年，中国工业基础领域创新能力明显增强，关键基础材料、核心基础零部件（元器件）保障能力大幅提升，先进基础工艺得到广泛应用，产业技术基础支撑服务体系较为完善，基本实现关键材料、核心部件、整机、系统的协调发展，工业基础能力跃上新台阶。明确指出了关键基础材料、核心基础零部件（元器件）、先进基础工艺、产业技术基础的发展重点，明确了推进工业强基的六大任务：实施工业强基工程，持续提升产业链整体水平；加强基础领域研发创新，促进科技成果产业化；推动产用互动，加快推广应用；提高产品质量，强化品牌建设；深化军民结合，促进军民基础产业互动发展；优化产业结构，促进产业集约集聚。

工业和信息化部全面部署实施“宽带中国”2015 专项行动，加快建设网络强国和制造业强国。中国已在 5G 关键技术等方面取得了积极的进展，主管部门已投入了约 3 亿元，先期启动了国家 863 计划第五代移动通信系统重大研发项目。在全国科技工作会议上，5G 被列为 2015 年重点突破的核心关键技术之首。

存在问题

缺少核心技术，是影响中国电子测量仪器行业发展的重要因素，再加上仪器技术水平和产品质量与发达国家存在一定的差距，直接限制了国产电子测量仪器中高端产品的研发、生产和销售。国产电子测量仪器主要集中在中低端产品上，低水平竞争问题严重。国家对电子测量仪器行业的重视程度和支持力度不够，缺乏有效的支持电子测量仪器行业发展的采购政策，电子测量仪器企业纳税负担偏重，缺少对科技人才的税收优惠政策支持，高素质人才缺乏。

【统计数据】

表 1　2012~2014 年中国规模以上电子测量仪器行业和电子测量仪器制造业部分主要经济指标情况

类别	经济指标	2012 年		2013 年		2014 年	
		总额（万元）	增长率（%）	总额（万元）	增长率（%）	总额（万元）	增长率（%）
电子测量仪器行业	销售产值	16 743 113	60.3	19 946 335	19.1	21 202 082	6.3
	税金总额	618 374	46.9	793 915	15.2	811 727	2.2
	利润总额	1 673 106	63.3	1 937 716	15.8	2 078 974	7.3
电子测量仪器制造业	销售产值	2 218 461	33.5	2 485 958	12.1	2 905 133	16.9
	税金总额	85 453	34.2	94 828	11.0	135 656	43.1
	利润总额	209 864	5.4	239 896	14.3	290 426	21.1

表 2　2014 年中国规模以上电子测量仪器行业主要经济指标完成情况（1）

项目名称	销售产值（万元）	利润总额（万元）	税金总额（万元）	出口交货值（万元）	资产总计（万元）
总计	21 202 082	2 078 974	811 727	3 757 424	19 003 352
环境监测专用仪器仪表制造	2 013 529	154 333	91 190	293 365	1 587 494
运输设备及生产用计数仪表制造	6 270 652	489 089	214 459	776 463	4 667 828
导航、气象及海洋专用仪器制造	1 252 378	50 564	29 375	440 383	1 229 587
农林牧渔专用仪器制造	371 011	25 165	11 803	3 908	133 131
地质勘探和地震专用仪器制造	1 644 632	170 743	57 306	70 672	1 674 096
核子及核辐射测量仪器制造	78 188	1 874	1 801	1 381	346 160
电子测量仪器制造	2 905 133	290 426	135 656	391 367	2 175 448
医疗诊断、监护及治疗设备制造	6 666 559	896 781	270 137	1 779 884	7 189 608

表 3　2014 年中国规模以上电子测量仪器行业主要经济指标完成情况（2）

项目名称	产成品存货（万元）	应交增值税（万元）	负债合计（万元）	企业数（家）	亏损企业数（家）	亏损企业亏损额（万元）
总计	776 349	677 756	8 026 930	836	84	45 222
环境监测专用仪器仪表制造	54 531	80 431	643 562	93	11	3 902

续表

项目名称	产成品存货（万元）	应交增值税（万元）	负债合计（万元）	企业数（家）	亏损企业数（家）	亏损企业亏损额（万元）
运输设备及生产用计数仪表制造	231 907	180 226	2 285 192	191	15	14 648
导航、气象及海洋专用仪器制造	69 447	24 787	677 895	60	8	11 095
农林牧渔专用仪器制造	10 892	10 531	49 940	13		
地质勘探和地震专用仪器制造	73 963	44 460	604 515	62	8	1 278
核子及核辐射测量仪器制造	415	1 569	247 763	7	1	112
电子测量仪器制造	87 463	112 689	812 532	150	17	3 463
医疗诊断、监护及治疗设备制造	247 732	223 064	2 705 529	260	24	10 725

注：表 1~表 3 数据来源于工业和信息化部。

[撰稿：方荣　审稿：彭红兵]

集成电路产业

【综述】

2014 年，全球经济进一步复苏，电子整机等需求持续回暖，带动半导体市场回升，全球半导体市场实现销售额 3 358.4 亿美元，同比增长 9.9%。在内需市场和投资的带动下，中国集成电路产业呈现快速发展态势。2014 年，全行业实现销售收入 3 015.4 亿元，同比增长 20.2%，集成电路产量为 1 034.8 亿块，首次突破千亿块，同比增长 19.3%。其中，集成电路设计业继续保持高速增长，占全行业比重持续提高，成为带动全行业增长的重要动力。

生产与销售

集成电路设计业　在移动智能终端等旺盛市场需求的持续拉动下，2014 年中国集成电路设计业继续保持快速增长态势，全年实现销售收入 1 047.4 亿元，同比增长 29.5%，占全行业收入比例从 2013 年的 32.2%提升至 34.7%。技术水平明显提升，先进设计水平达到 16 纳米，主流设计水平提高至 40~28 纳米。企业规模进一步扩大，中国前十大集成电路设计企业销售额均突破 15 亿元，在 2014 年全球前 50 大芯片设计企业排名中占据了 9 个席位。

芯片制造业　在集成电路设计业快速发展的带动下，中国芯片制造业规模稳步扩大，2014 年实现销售收入 712.1 亿元，同比增长 18.5%，占全行业比重为 24%。截至 2014 年年底，国内已建成 8 条 12 英寸生产线、18 条 8 英寸生产线。90~45 纳米工艺产能持续扩充，32~28 纳米工艺实现试量产，高压功率器件等特色工艺取得突破。

封装测试业　2014 年，中国封装测试业实现销售收入 1 255.9 亿元，同比增长 14.3%，占全行业比例为 41.6%。先进封装技术及产品开发和生产取得新进展，球栅阵列封装（BGA）、圆片级封装（WLP）、3D 封装（TSV）等先进封装规模持续扩大，占封装业规模达到 25%。

科技进步与应用

2014 年，随着中国集成电路产业规模的不断扩大，集成电路产业链各环节表现出较强的创新活力，为产业后续发展奠定了较好基础。

集成电路新产品 深圳市海思半导体有限公司成功开发了国内首款智能电视 SoC 芯片 Hi3751 并实现量产。该芯片集成了 4 颗 ARM A9 CPU 内核，主频达到 1.5GHz，搭载了 8 颗 GPU 和 2 颗 VPU 内核，在视频解码速度等核心性能方面居于行业领先水平，并在创维智能 LED 电视中实现首批应用。

展讯通信有限公司开发的五模 LTE 智能手机平台（SC9830），采用 28 纳米工艺，集成了四核 ARM A7 处理器，支持 3D 图形加速，支持 TD-LTE、LTE FDD、WCDMA、TD-SCDMA、GSM 五种当前主流网络制式，具有较高性价比，已在联想、酷派等手机中实现应用。

杭州中天微系统有限公司开发的基于自主指令架构的嵌入式 CK-CPU，采用 16/32 位混合指令编码，具有高性能、高代码密度、低设计复杂度和可扩展等特点，可应用于物联网、数字电视、网络通信、工业控制、安防监控及汽车电子等领域。

上海富瀚微电子股份有限公司开发的高性能图像信号处理芯片 FH8521，实现了高清图像实时高动态处理（HDR），3D 图像降噪技术使低照度下图像的细节和清晰度提升了 30%以上，并完成图像的自动曝光和自动白平衡实时处理，面向专业安防摄像机，配置不同的 CMOS 传感器可覆盖中、高端模拟摄像机市场。

集成电路制造技术 中芯国际集成电路制造（北京）有限公司开发的 55 纳米低功耗嵌入式闪存工艺平台，可为智能卡客户提供兼具高性能和低成本的解决方案，金属后段采用铜制程，提升器件的工作速度和可靠性，该技术已申请国内外共 90 多项专利。

上海华虹宏力半导体制造有限公司开发的嵌入式非易失性存储器芯片制造平台，采用嵌入式浮栅型和电荷捕获型 SONOS 结构及 0.18 微米至 0.13 微米工艺，构建了集整套芯片检测技术于一体的高性能嵌入式非易失性存储器制造关键技术。

集成电路封装与测试技术 江苏长电科技股份有限公司开发的指纹识别模块 IC 双面系统封装技术，整合了 SiP、双面封装、芯片 Trench 及 SMT 等封装技术，可集成指纹感应芯片、MCU、Flash、ESD 等元件，实现产品高度集成。

天水华天科技股份有限公司开发的多圈 AAQFN 封装工艺，集合厚度小于 0.45mm、节距小于 0.4mm 的 AAQFN 封装防翘技术，以及涂覆绿油环、二次塑封技术，提高了产品的可靠性。

南通富士通微电子股份有限公司开发了 IPM（智能功率模块）封装技术，其框架设计单元结构采用竖排方式，具有特殊形状结构的键合夹具设计可一次性完成所有焊线连接。此 IPM 模块广泛应用于变频调速、电力牵引等领域。

重大工程与重点项目

重点项目进展顺利 909 升级改造项目主体——华力微电子有限公司产能规模持续扩大，产能利用率不断提高。中芯北方集成电路制造（北京）有限公司 12 英寸 32~28 纳米生产线项目设备调试到位，并开始小批量生产。三星电子在西安投资的 12 英寸闪存芯片生产线项目实现大规模量产。株洲南车时代电气股份有限公司建成国内首条 8 英寸绝缘栅双极型晶体管（IGBT）生产线并实现试投产。

国内兼并重组日趋活跃 紫光集团有限公司先后完成了并购展讯通信有限公司、锐迪科微电子有限公司，上海浦东科技投资有限公司完成对澜起科技有限公司的收购，中国振华电子集团有限公司先后收购了盛科网络（苏州）有限公司和成都华微电子科技有限公司，江苏长电科技股份有限公司联合国家集成电路产业投资基金等共同收购新加坡星科金朋公司等。

国际合作与进出口贸易

2014 年，中国集成电路进出口量继续增长、进出口金额出现下滑。进口方面，2014 年中国集成电路产品进口量为 2 856.6 亿块，同比增长 7.3%。受集成电路价格持续走低等因素影响，进口金额同比下降 5.9%，达到 2 176.2 亿美元。出口方面，2014 年中国集成电路产品出口量为 1 535.2 亿块，同比增长 7.6%。出口金额为 608.7 亿美元，同比下降 30.6%。出现出口量增长和出口额减少的原因主要有：一方面，中国大量中低端芯片逐步占领其他发展中国家市场，芯片出口量进一步增长；另一方面，随着中国集成电路市场需求大幅增长，原本在中国封装再出口的高端芯片开始应用于国内市场，导致出口金额大幅减少。

主要企业发展情况

芯片设计方面，深圳市海思半导体有限公司成功开发出国内首颗智能电视 SoC 芯片，手机芯片市场占有率进一步提升。2014 年实现销售收入 146 亿元，同比增长 12%，跻身全球前十大集成电路设计企业之列；展讯通信（上海）有限公司 2014 年移动通信终端 SoC 芯片出货量达到 4.5 亿颗，2014 年实现销售收入 72 亿元。

芯片制造方面，中芯国际集成电路制造有限公司 28 纳米工艺产品已实现试产，2014 年实现销售收入 120.2 亿元，已连续 12 个季度实现盈利，为全球第 5 大集成电路制造企业；华虹宏力特色产能持续释放，2014 年实现销售收入 40.3 亿元；武汉新芯集成电路制造有限公司与北京兆易创新科技股份有限公司合作生产的 12 英寸闪存出货量突破 10 万片。

封装测试方面，江苏新潮科技集团有限公司在先进封装技术方面持续突破，成功导入 FC-BGA 产品并进入量产，2014 年实现销售收入 69.1 亿元；南通华达微电子集团有限公司持续拓展产能规模，提高 WLP 等先进封装产品市场份额，2014 年实现销售收入 52.1 亿元；天水华天科技股份有限公司向美国 FCI 公司提出收购要约，完善先进封装技术能力。

政策与法规

2014 年 6 月，国务院批准发布了《国家集成电路产业发展推进纲要》（以下简称《推进纲要》），作为今后一段时期指导中国集成电路产业发展的纲领性文件，这是继《国务院关于印发鼓励软件产业和集成电路产业发展若干政策的通知》（国发［2000］18 号）、《国务院关于印发进一步鼓励软件产业和集成电路产业发展若干政策的通知》（国发［2011］4 号）发布后，国家出台的又一项推进集成电路产业发展的战略举措。《推进纲要》更加突出企业的主体地位，以需求为导向，以技术创新、模式创新和体制机制创新为动力，破解产业发展瓶颈，着力发展集成电路设计业，加速发展集成电路制造业，提升先进封装测试业发展水平，突破集成电路关键装备和材料，推动集成电路产业重点突破和整体提升，实现跨越发展。

2014 年 9 月，国家集成电路产业投资基金发起设立，募资规模超千亿元，并已完成第一批项目投资。基金实施市场化运作、专业化管理，采取股权投资等多种形式，重点投资集成电路芯片制造业，兼顾芯片设计、封装测试、设备和材料等产业，推动企业提升产能水平和实行兼并重组、规范企业治理，形成良性自我发展能力。

市场分析与预测

得益于以智能手机为代表的移动智能终端继续保持增长，2014 年中国集成电路市场规模增至 10 393.1 亿元，增速为 13.4%，高于全球集成电路市场增速 3.5 个百分点。从应用结构看，消费电子、计算机和网络通信仍然是中国集成电路最主要应用领域。从市场增速看，随着汽车产销量的不断增加，以及汽车电子化水平不断提高，汽车电子领域成为 2014 年引领中国集成电路增长的首要细分市场。此外，全球计算机产量的下滑直接导致中国计算机领域集成电路市场的增速放缓，市场占比进一步下滑，其细分市场规模出现负增长态势。从产品结构看，存储器、标准集成电路、模拟电路、中央处理器是前四大需求产品，合计市场份额约 73.4%。

展望未来，全球集成电路产业正处于重大变革时期，由移动互联网引发的新业态将继续推动全球产业的发展，随着中国制造 2025、“互联网+”行动指导意见等国家战略的实施，中国集成电路产业将迎来难得的发展机遇和广阔的市场空间。《推进纲要》的发布以及国家集成电路产业投资基金的成立，将有助于破解产业发展面临的主要瓶颈，中国集成电路产业将继续保持平稳快速发展态势。从产业链各环节看，集成电路设计业将继续保持发展活力，技术和产品进一步提升和拓展，系统开发能力得到加强，同时随着整合重组步伐的加快，企业实力也将进一步扩大；芯片制造业方面，多条 12 英寸生产线的投产、扩产将进一步提升中国芯片制造业规模，32~28 纳米工艺将实现大规模量产，16~14 纳米工艺加紧布局中；封装测试方面，企业集中度将进一步提高，发展水平和层次不断提升。预计 2015 年，中国集成电路产业增速将达到 20%左右，产业规模可望超过 3 500 亿元。从中长期来看，中国集成电路产业还将保持快速稳定增长势头。

存在的问题

中国集成电路企业规模普遍较小，从芯片设计、制造、封装测试到专用设备和材料等产业链各环节都缺乏具有国际竞争力的大企业。500 多家集成电路设计企业收入仅约是美国高通公司的 60%~70%。骨干芯片企业虽已初步形成一定盈利能力，但不巩固，自我造血机能相对较差，无法通过技术升级和规模扩张实现自我良性发展。

先进加工制造技术能力、产能规模、IP 数量、服务质量的不足，导致高端芯片设计与制造工业结合不紧密，芯片代工企业无法承接国内先进芯片产能。芯片设计企业的高端产品大部分在境外制造，尚未与国内集成电路制造企业形成协作发展模式。

尽管近年来中国集成电路产业在手机、IC 卡、数字电视、通信专用和多媒体芯片方面取得较大技术突破，但规模和技术水平仍难以满足国内市场需求，在通用 CPU、存储器、微控制器和数字信息处理器等通用集成电路和一些高端专用电路方面，还存在多处技术空白，产品自主配套能力不足。集成电路多年位居中国最大宗进口商品前两位，国内市场所需高端集成电路严重依赖进口的局面未得到根本改善。

【统计数据】

表 1　2009~2014 年中国集成电路产业主要经济指标情况

项目名称	单位	2009 年	2010 年	2011 年	2012 年	2013 年	2014 年
集成电路产量	亿块	414.4	652.5	719.6	823.1	867.6	1 034.8
集成电路产业销售额	亿元	1 109.1	1 440.2	1 933.7	2 158.5	2 508.5	3 015.4
集成电路产业销售额增长率	%	−11.0	29.8	34.3	11.6	16.2	20.2
其中：设计业销售额	亿元	269.9	363.9	526.4	621.7	808.8	1 047.4
设计业增长率	%	14.8	34.8	44.7	18.1	30.1	29.5
制造业销售额	亿元	341.1	447.1	431.6	501.1	600.9	712.1
制造业增长率	%	−13.6	31.1	−3.5	16.1	19.9	18.5
封装测试业销售额	亿元	498.2	629.2	975.7	1 035.7	1 098.8	1 255.9
封装测试业增长率	%	−19.5	26.3	55	6.1	6.1	14.3
产业占电子信息产品制造业比重	%	2.0	1.8	2.1	2.5	2.7	2.9
产业占世界集成电路市场比重	%	8.5	8.6	9.8	14.4	16.1	18.0

注：数据来源于工业和信息化部、国家统计局、中国半导体行业协会。

表 2　2014 年中国前 10 名集成电路设计企业销售额情况

排序	企业名称	销售额（亿元）	排序	企业名称	销售额（亿元）
1	深圳市海思半导体有限公司	146	4	大唐半导体设计有限公司	31.3
2	展讯通信有限公司	72	5	深圳市中兴微电子技术有限公司	30.6
3	华大半导体有限公司	32.1	6	北京南瑞智芯微电子科技有限公司	24.8
7	锐迪科微电子（上海）有限公司	22.0	9	杭州士兰微电子股份有限公司	19.6
8	格科微电子（上海）有限公司	20.4	10	北京中星微电子有限公司	17.5

表 3 2014 年中国前 10 名集成电路及分立器件制造企业销售额情况

排序	企业名称	销售额（亿元）	排序	企业名称	销售额（亿元）
1	中芯国际集成电路制造有限公司	120.2	6	台积电（中国）有限公司	39.3
2	SK 海力士半导体（中国）有限公司	112.3	7	英特尔半导体（大连）有限公司	33.8
3	三星（中国）半导体有限公司	50.5	8	西安微电子技术研究所	19.0
4	华润微电子有限公司	50.4	9	和舰科技（苏州）有限公司	16.2
5	上海华虹宏力半导体制造有限公司	40.3	10	吉林华微电子股份有限公司	12.6

表 4 2014 年中国前 10 名封装测试企业销售额情况

排序	企业名称	销售额（亿元）	排序	企业名称	销售额（亿元）
1	江苏新潮科技集团有限公司	69.1	6	天水华天电子集团	40.3
2	威讯联合半导体（北京）有限公司	63	7	海太半导体（无锡）有限公司	35.5
3	飞思卡尔半导体（中国）有限公司	53.9	8	三星电子（苏州）半导体有限公司	25.9
4	南通华达微电子集团有限公司	52.1	9	上海松下半导体有限公司	25.5
5	英特尔产品（成都）有限公司	42.6	10	星科金朋（上海）有限公司	23.3

注：表 2~表 4 数据来源于中国半导体行业协会。

表 5 2009~2014 年中国集成电路产品进出口额情况

项目名称	单位	2009 年	2010 年	2011 年	2012 年	2013 年	2014 年
进口额	亿美元	1 199.0	1 569.9	1 702.0	1 920.6	2 313.4	2 176.2
增长率	%	−7.2	30.9	8.4	12.8	20.4	−5.9
出口额	亿美元	233.0	292.5	325.7	534.3	877	608.7
增长率	%	−4.3	25.5	11.4	64.1	64.1	−30.6

注：数据来源于海关总署。

[撰稿：任爱光 审稿：彭红兵]

真空电子器件工业行业

【综述】

2014 年，真空电子器件工业已完成了彩色显示器件的产品结构调整，新品经济效益初步形成转型企业的主要来源。传统真空电子器件由于品种多、技术难度大，仍然保持了比较平稳的发展。高性能微波器件的研发仍在继续，不仅在国防尖端领域占有重要地位，而且在国民经济发展的各个领域发挥了巨大的作用。电子束管中的彩色显像管及其配套件虽已衰退，但是光电倍增管、X-射线管、光电图像显示管以及真空光电器件却有较快发展。真空开关管及其配套件的生产规模已满足市场的需求，增速开始放缓。

2014 年，真空电子器件行业的企业结构变化不大，据中国真空电子行业协会的统计，现有会员单位 73 家，其中研究所有 4 家：中电科技集团公司第 12 研究所、中电科技集团公司第 55 研究所、中科院电子学研究所和安徽芜湖电真空研究所。现有从业人员 50 595 人，同比下降 3.8%，其中，技术人员 9 538 人，同比增长 0.8%；管理人员 5 789 人，同比下降 7.0%；工人 35 268 人，同比下降 4.5%。显然，产业结构调整后，企业结构相对稳定，人员结构处于合理的调整区间。为提高企业的运行效率精简机构，管理人员调整幅度较大。

2014 年，随着国家宏观经济增速的减缓，真空电子器件的市场收紧，产能过剩，价格下滑。企业采取了稳中求进、转变经济发展方式，注重节能减排，保护环境和资源，加强管理，降低成本，追求企业利润的最大化。2014 年，完成工业总产值 189.73 亿元，同比下降 14.5%；实现销售收入 187.82 亿元，同比下降 13.8%；利润总额 11.87 亿元，同比下降 7.6%；上缴税金总额 7.11 亿元，同比下降 10.8%。显然，工业总产值与销售收入比上年下降幅度收窄，而利润总额下降的幅度更小，上缴税金比上年下降的幅度较大。

生产与销售

2014 年，中国真空电子器件总产量 3 156 854 万只，同比增长 19.6%；销量 3 155 916 万只，同比增长 19.9%；产销率达到 99.9%。真空电子器件的总体产销量均有小幅度增长，其中，收讯放大管、发射管、摄像管、光电耦合器件均有大幅度增长；电光源的总产量 458 808 万只，同比下降 12.3%；销量 455 679 万只，同比下降 11.9%，产销率达到 99.3%。其中，汞蒸气灯市场较好，增幅较大。

真空电子管 2014 年，真空电子管产量 269 658 万只，同比增长 74.2%；销量 271 449 万只，同比增长 76.9%；产销率达到 100.6%。其中，收讯放大管产量 23 368 万只，同比增长 1 067.8%；销量 22 123 万只，同比增长 972.9%，产销率达到 94.7%。收讯放大管主要用于高档音响系统，除满足国内市场需求以外还供应国际市场。发射管用于广播电台和电视台以及工业高频介质加热装置，产量 151 242 万只，同比增长 436.2%；销量 156 487 万只，同比增长 458.9%，产销率达到 103.5%，出口 357.8 万只。超高频管又称微波管，主要包括磁控管、微波气体放电管、速调管、行波管、天线开关管，2014 年产量 4 060 万只，同比下降 10.9%；销量 4 081 万只，同比下降 11.1%；产销率达到 100.5%。超高频管除用于国防工程和尖端科技领域外，还大量用于家用电器和医疗卫生等行业。近年来，广东、上海、南京、北京、天津以及成都等地区，都陆续建成相当规模的微波管生产线，提升了微波管的生产能力。稳定管用于电源输出的平稳，又分为稳压和稳流，其中稳压管用量较大。2014 年稳定管产量 73 838 万只，同比增长 104.3%；销量 71 618 万只，同比增长 99.8%，产销率达到 96.9%。

离子管主要包括气体放电管、闸流管、触发管等。2014 年，离子管产量 17 150 万只，同比下降 79.6%；销量 17 140 万只，同比下降 79.3%，产销率达到 99.9%。

其中，主要是通信设备过电压保护的气体放电管市场需求量较大。湖北汉光科技股份有限公司和镇江电子管厂是生产和销售气体放电管规模较大的企业，还有一批民营小企业，由于气体放电管的生产成本和技术含量低，利润空间大，也在从事气体放电管的经营。

电子束管　电子束管包括彩色显像管、光电倍增管、摄像管和光电图像显示管。2014 年，电子束管总产量 29 942 万只，同比下降 75.6%；销量 29 961 万只，同比下降 75.8%，产销率达到 100.1%。其中，2014 年，彩色显像管（CPT）产量 231 万只，销量 243 万只，与上年持平，产销率达到 105.2%。彩管玻壳产量 108 万套，同比下降 93.8%；销量 111 万套，同比下降 93.6%，产销率达到 102.8%。彩管荫罩产量 4 800 万片，同比下降 0.9%；销量 4 800 万片，同比下降 1.0%，产销率达到 100.0%。

2014 年，彩管及其配套企业已完成企业转型，在维持现有彩管市场供应的情况下，有些新建项目已初见成效，有些企业已经转亏为盈。现在，国内还有广东的外资企业，凭借着国外市场，仍在坚持彩管的经营业务。河南安彩高科有限责任公司的新产品收入已占总收入的 98%以上，彩管玻壳根据市场需求的订单，定量生产。南京网板公司在以新品为主业的同时，也按国内外市场需求的订单，定量生产销售彩管荫罩。2014 年，彩管的产销量与上年持平；玻壳的产销量大幅度下降；彩管荫罩略有下降。

2014 年，光电倍增管产量 10 693 万只，同比下降 84.5%；销量 10 747 万只，同比下降 86.2%，产销率达到 100.4%。摄像管产量 948 万只，同比增长 703.4%；销量 870 万只，同比增长 683.8%，产销率 91.8%。光电图像显示管产量 18 070 万只，同比下降 66.3%；销量18 101 万只，同比下降 65.9%，产销率达到 100.2%。

真空开关管　真空开关管是国家电网真空开关的核心器件，电力是现代社会的基础，市场需求量很大。真空开关管通过“十一五”和“十二五”的发展，已形成规模，完全能够满足国内的市场需求。同时，在国家转变发展方式、稳中求进、放缓增长速度的大环境下，真空开关管的发展速度已经放缓。据《中国电子信息产业统计年鉴》统计，2014 年，真空开关管产量 8 564 万只，同比下降 28.7%；销量 8 313 万只，同比下降 26.4%，产销率达到 97.1%。生产中、高压真空开关管的外资和中外合资企业有德国西门子、美国诺顿、厦门阿尔法、ABB 和东芝白云（锦州）真空开关管有限公司。内资规模较大的企业有陕西宝光电器股份有限公司，产量 54.3 万只，同比增长 17.3%；销量 48.8 万只，同比下降 2.9%，出口国际市场收入 1 774.83 万美元，同比增长 63.3%。2014 年，成都旭光电子股份有限公司面对经济增长放缓和市场竞争日益严峻的情况下，不仅维持了国内的市场，还扩大了国外市场。真空开关管产量 34.1 万只，同比增长 17.2%；销量 30.9 万只，同比增长 23.1%；出口额 721 万美元。中国振华集团宇光电器有限公司产量 24.7 万只，同比下降 4.6%；销量 22.6 万只，同比增长 0.4%；出口额 122 万美元。湖北汉光科技股份有限公司生产真空开关管 25.1 万只，销量 24.6 万只。在低压真空开关管生产企业中，昆山国力电子有限公司、温州星光电子有限公司、安徽宿州电光有限公司、成都国光电子股份有限公司和甘肃虹光电子有限公司的生产规模都比较大，完全能够满足市场的需求。

为真空开关管配套的瓷壳生产企业主要有广东大埔特种陶瓷有限公司、锦州金属陶瓷有限公司、湖南湘瓷和北京路星宏达电子有限公司等单位，其中，北京路星宏达电子的陶瓷金属化检测设备比较齐全。为本行业配套的触头材料生产企业主要是陕西斯瑞工业有限责任公司，其触头配套能力已达到国内市场的 70%，还有批量出口。

目前，国家电网使用的真空开关管，在 40.5kV 以下已经得到广泛应用，但是，在 40.5kV 以上仍用 SF6 开关。众所周知 SF6 是破坏臭氧层的六大公害气体之一，联合国《京都议定书》明确规定，从 2008 年开始，将逐步消减 SF6 排放量，因此世界各国都在研发 126kV 真空开关，推广应用。但是，这项工作迄今尚未引起国家及其市场的关注。2014 年，国内研制出的 126kV 开关管还在整机试用。北京京东方电器有限公司研制出的 126kV 和 72.5kV 的高压真空开关管，除给整机试用外，并有部分出口国际市场。真空开关管的市场大有潜力，目前，国家强调把钱用在“刀刃”上，所谓的“刀刃”，就是支持经济增长，惠及民生的急需领域，包括重大水利工程、棚户区改造和农村电网改造等重大工程，为真空开关管的发展提供了机遇。同时，国家正在推行“一带一路”的发展战略，开拓国际市场，其主要任务是基础设施的建设，包括电力、铁路运输和港口码头等项目，为真空开关管走出国门创造了条件。

真空光电器件 2014 年，真空光电器件产量2 848 654 万只，同比增长 56.0%；销量 2 846 193 万只，同比增长 55.9%，产销率达到 99.9%。其中发光器件产量2 434 469 万只，同比增长 44.9%；销量 2 437 803 万只，同比增长 44.9%，产销率达到 100.1%。光敏器件产量 101 675 万只，同比下降 23.1%；销量 100 444 万只，同比下降 22.8%，产销率达到 98.8%。光电藕合器件产量 300 073 万只，销量 295 614 万只，产销率达到 98.5%。X-射线管产量 12 437 万只，同比增长 2.5%；销量 12 332 万只，同比增长 2.5%，产销率达到 99.2%。其中，主要是用于工业探伤、安全检测和医疗卫生等领域发展较快，医疗 CT 机用的高速旋转 X-射线管（俗称球管）价格昂贵，目前仍需进口，国内仍属空白。其他未归类的真空光电子器件，2014 年产量 306 407 万只，同比增长 164.0%；销量 306 044 万只，同比增长 164.3%。

电光源 电光源是人类用来照明的消耗品，市场需求量很大，根据不同的用途可选择各种不同类型的光源。随着科技进步，为了提高发光效率和美化环境以及适用于各种不同的用途，开发研制出了各种不同类型的光源。目前，市场需求量比较大的光源有白炽灯、荧光灯、卤钨灯、气体放电灯、汞蒸气灯和钠蒸气灯等产品。国内从事电光源生产的企业很多，产量也很大。2014 年，电光源产量 458 808 万只，同比下降 12.3%；销量 455 679 万只，同比下降 11.9%；产销率达到 99.3%。其中，白炽灯产量 33 939 万只，同比下降 45.4%；销量 34 358 万只，同比下降 44.7%，产销率达到 101.2%。荧光灯产量 322 475 万只，同比下降 9.0%；销量 319 262 万只，同比下降 9.0%，产销率达到 99.0%。卤钨灯产量 79 216 万只，同比下降 19.7%；销量 78 865 万只，同比下降 18.9%，产销率达到 99.6%。气体放电灯产量 2 045 万只，同比下降 18.9%；销量 2 384 万只，同比下降 3.9%，产销率达到 116.6%。汞蒸气灯产量 20 748 万只，同比增长 344.8%；销量 20 427 万只，同比增长 341.9%，产销率达到 98.5%。钠蒸气灯产量 385 万只，同比增长 1.9%；销量 383 万只，同比增长 2.4%，产销率达到 99.5%。显然，随着国民经济转变发展方式，放缓增长速度的调整，电光源的发展也随其减速，唯有用于机场、码头、高速公路和铁路的汞蒸气灯保持了连续高速发展的态势。

科研与新产品

真空电子行业中，从事科研与新品开发的产品，主要是超高频管、真空开关管、真空光电子器件和电光源。研制和生产超高频管的骨干单位有中电科技集团公司第 12 研究所、中科院电子所、成都电子科技大学、南京三乐电子信息产业集团有限公司、成都国光电气股份有限公司和湖北汉光科技股份有限公司等单位。2014 年，超高频管通过省部级鉴定的项目有 49 项，不仅满足了国防现代化建设和科学研究的需要，而且带动了整个行业的发展。第 12 研究所设有“国家大功率微波管实验室”，从事高端微波管的研制，承担国家重点项目，同时，利用现有的技术条件开发了医用 X-光管、CT-机用的球管和医用加速器用的磁控管、速调管、加速管、闸流管等。湖北汉光科技与中科院高能物理所合作，在湖北汉光科技建立了院士工作站，2014 年研制的大功率速调管及其配套件，在北京正负电子对撞机直线加速器上成功稳定的运行。南京三乐电子信息产业集团公司在完成国家重点微波管的研制和生产以外，正在建设大功率微波能工业应用服务平台为社会服务，首先解决褐煤提质和医用垃圾处理装备，大力推广微波能应用，开拓新的经济增长点。

真空开关管的新品研制与开发工作主要在西安交通大学、西安高压电器研究所与各个相关企业。2014 年，通过省部级鉴定有 45 项，其中，陕西宝光电器股份有限公司有 14 项。其中，申报国家专利 9 项，取得专利授权 11 项，特别是《一种高绝缘小型化真空灭弧室》获得了韩国国家专利证书，实现了国际专利零的突破。中国振华集团宇光电工有限公司研制开发了《DDB 系列航空真空断路器（1A-35A)》，经检测主要指标均达到国际水平。中电科技集团公司第 55 研究所、芜湖电真空研究所、东南大学、华东电子集团公司和彩虹集团公司等单位从事真空光电器件和光电显示器件的研制与新品开发，承担国防建设急需的真空光电器件的项目。为了提高研发能力，芜湖电真空研究所在国家的支持下，设立了博士后工作站，形成了安徽省光电子产业研发基地。彩虹集团公司产品结构调整以后，利用原彩管玻壳的技术基础进入了 LED 平板玻璃制造行业，2014 年，G4、G6 生产线的产品合格率已达 80%以上，生产平板玻璃 121.97 万片，销售 92.64 万片，同比增长 1.6%，实现销售收入 1.5 亿元，同比增长 58%，已成为国内平板玻璃的生产基地之一。为进一步攻克高世线的技术壁垒，国家授予彩虹“国家平板显示玻璃工艺技术实验室”。

电光源行业的企业多数是品种少、产量大，追求企业效益最大化的地方企业。科研和新品开发主要在各地研究所和大型企业，其中，中电熊猫照明有限公司一直秉承“科技领先”战略的指导思想，把科研和新品开发作为重点工作。

国际合作和对外贸易

中国真空电子器件参与国际合作和对外贸易的产品很多，近年来，彩色显像管和彩色显示管受平板显示器件的影响，进出口的数量逐年减少，而其他真空电子产品逐渐增多。2014 年，彩色显像管（CPT）全年进口量 21.2 万只，同比下降 48.3%；进口额 470.8 万美元，同比下降 37.2%；出口量 500.4 万只，同比下降 26.7%；出口额 15 599.2 万美元，同比下降 21.8%。显然，彩色显像管进出口的数量和金额继续下降，显示了国内外彩色显像管彩电市场的需求量逐年减少。

2014 年，彩色显示管（CDT）产量 2 054 万只，销量 2 127 万只，出口 154 万只。其他真空电子产品出口数量较大的还有：电子管出口 537.8 万只，同比下降 77.2%；电子束光电器件出口 12 998.88 万只，同比下降 52.2%，其中，光电图像显示器件 12 127.58 万只；电真空光电子器件出口 1 184 738 万只，同比增长 129.9%，其中，真空发光器件 885 188.6 万只，真空光敏器件 9 552 万只，光电耦合器件 173 万只，其他真空光电子器件 289 824 万只；电光源出口 64 078 万只，同比增长 140.9%，其中，白炽灯 2 594 万只，同比增长 473.9%，荧光灯 52 310 万只，同比增长 118.7%，卤钨灯 4 846 万只，同比增长 187.3%，汞蒸气灯 3 862 万只，同比增长 964.5%。显然，电真空光电子器件与电光源的出口形势一片大好。

【统计数据】

表 1 2014 年中国真空电子器件企业与人员构成情况

项目名称	企业数（家）	年末从业人员总数（人）	人员构成		
			技术人员（人）	管理人员（人）	工 人（人）
彩色显示器件及其配套	10	19 389	2 907	2 103	14 379
无源真空器件及其配套	37	11 877	1 862	1 565	8 450
真空光电器件及其配套	8	9 183	2 335	1 282	5 566
真空电子器件及其配套	18	10 146	2 434	839	6 873
合计	73	50 595	9 538	5 789	35 268

注：数据来源于中国真空电子行业协会。

表 2 2012~2014 年中国真空电子行业主要经济指标完成情况

项目名称	2012 年（亿元）	增长率（%）	2013 年（亿元）	增长率（%）	2014 年（亿元）	增长率（%）
工业总产值	611.46	0.1	222.02	–63.7	189.73	–14.5
销售收入	598.38	–0.1	217.94	–63.6	187.82	–13.8
利润总额	19.34	–13.1	12.85	–33.6	11.87	–7.6
税金总额	8.18	6.5	7.97	–2.6	7.11	–10.8

表 3　2012~2014 年中国真空电子器件产销量情况

产品名称	2012 年 产量（万只）	2012 年 销量（万只）	2013 年 产量（万只）	2013 年 增长率（%）	2013 年 销量（万只）	2013 年 增长率（%）	2014 年 产量（万只）	2014 年 增长率（%）	2014 年 销量（万只）	2014 年 增长率（%）
电子管	108 800	106 016	154 798	42.3	153 442	44.7	269 658	74.2	271 449	76.9
其中：收讯放大管	10 181	10 181	2 001	–80.3	2 062	–79.7	23 368	1 067.8	22 123	972.9
发射管	42 661	41 764	28 207	–33.9	27 999	–32.9	151 242	436.2	156 487	458.9
超高频管	14 485	14 091	4 561	–68.5	4 589	–67.4	4 060	–10.9	4 081	–11.1
稳定管	10 745	10 748	36 140	236.3	35 853	233.6	73 838	104.3	71 618	99.8
离子管	30 727	29 232	83 889	173.0	82 939	183.7	17 150	–79.6	17 140	–79.3
电子束管	116 601	115 899	122 884	5.4	123 724	6.8	29 942	–75.6	29 961	–75.8
其中：彩色显像管	190	170	231	21.5	243	42.9	231		243	
光电倍增管	40 917	40 921	68 955	68.5	70 137	71.4	10 693	–84.5	10 747	–86.2
摄像管	2 015	2 010	118	–94.1	111	–94.5	948	703.4	870	683.8
光电图像显示管	73 479	72 798	53 580	–27.1	53 233	–26.9	18 070	–66.3	18 101	–65.9
真空开关管	12 250	11 754	12 014	–1.9	11 295	–3.9	8 564	–28.7	8 313	–26.4
真空光电器件	3 334 358	3 337 110	1 826 041	–45.2	1 825 137	–45.3	2 848 654	56.0	2 846 193	55.9
其中：发光器件	2 961 637	2 962 282	1 680 178	–43.3	1 681 566	–43.2	2 434 469	44.9	2 437 803	44.9
光敏器件	89 025	88 273	132 255	48.6	130 059	47.3	101 675	–23.1	100 444	–22.8
光电耦合器件	274 559	277 521	1 471	–99.5	1 528	–99.4	300 073	20 299	295 614	19 246
X–射线管	9 137	9 034	12 137	32.8	12 034	33.2	12 437	2.5	12 332	2.5
电光源	407 994	389 160	522 844	28.1	517 650	33.0	458 808	–12.3	455 679	–11.9
其中：白炽灯	35 796	35 215	62 190	73.7	62 095	76.3	33 939	–45.4	34 358	–44.7
荧光灯	282 486	266 534	354 472	25.5	350 843	31.6	322 475	–9.0	319 262	–9.0
卤钨灯	85 211	82 980	98 617	15.7	97 234	17.2	79 216	–19.7	78 865	–18.9
气体放电灯	2 939	2 903	2 522	–14.2	2 483	–14.5	2 045	–18.9	2 384	–3.9
汞蒸气灯	1 492	1 458	4 665	212.7	4 622	217.0	20 748	344.8	20 427	341.9
钠蒸气灯	70	70	378	440.0	374	434.3	385	1.9	383	2.4

表 4　2012~2014 年中国真空电子行业产品进出口量情况

产品名称	2012 年 进口量（万只）	2012 年 出口量（万只）	2013 年 进口量（万只）	2013 年 增长率（%）	2013 年 出口量（万只）	2013 年 增长率（%）	2014 年 进口量（万只）	2014 年 增长率（%）	2014 年 出口量（万只）	2014 年 增长率（%）
彩色显像管	118	548	41	–65.3	683	24.5	21.2	–48.3	500.4	–26.7

表 5 2012~2014 年中国真空电子行业产品进出口额情况

产品名称	2012 年		2013 年				2014 年			
	进口额（万美元）	出口额（万美元）	进口额（万美元）	增长率（%）	出口额（万美元）	增长率（%）	进口额（万美元）	增长率（%）	出口额（万美元）	增长率（%）
彩色显像管	2 465.8	19 315	750	–69.6	19 949	3.3	470.8	–37.2	15 599.2	–21.8

注：表 2~表 5 数据来源于《中国电子信息产业统计年鉴》。

[撰稿：应文娟 审稿：李庆和]

电子元件工业行业

【综述】

2014 年，世界主要发达经济体经济运行分化加剧，发展中经济体增长放缓，主要发达经济体消费低迷，世界贸易低速增长，世界经济复苏依旧艰难曲折。在世界经济增长速度趋缓、面临下行压力增大的经济环境下，中国电子元件制造业整体规模保持缓慢增长的态势。

2014 年，中国许多中小型电子元件生产企业的发展比较困难，企业破产倒闭的情况时有发生，一些外资电子元件生产企业已经或者正在计划将生产线迁出中国大陆，其中，不乏历届的电子元件百强企业。这说明，中国电子元件行业的转型升级已经进入深水区，大企业通过资本运作，通过进入优质客户的供应链实现大者恒大。日益高昂的人力成本、研发成本、社会责任成本足以将缺乏实力的企业淘汰出局。

中国拥有全世界最多的电子元件生产企业数，可是，具有国际竞争力的企业寥寥无几；中国几乎能生产所有类别的电子元件产品，但是，高端市场领域很少能看到国产电子元件品牌。要扭转中国电子元件行业的不利态势，优胜劣汰对中国电子元件行业的未来发展是大势所趋。

2014 年，中国电子元件产品海关进出口贸易强于全国全部产品的海关进出口贸易，电子元件产品的海关出口贸易又好于进口贸易，进一步加大了贸易顺差，为中国的出口创汇做出了贡献。同时，中国电子元件行业内的并购重组活跃、海外扩张取得了比较好的成果，虽然与国外跨国企业相比仍存在一定的差距，但在某些领域的部分优秀代表企业的国际竞争力得到了进一步提升。

中国的宏观经济已经进入“新常态”，在“工业强基”等国家重点战略的推动下，以电子元件百强企业为代表的中国电子元件行业优秀企业还将获得更大的发展机遇，成为整个电子元件行业向创新型、集约型、环保型、和谐型行业发展的先锋队。

不少企业在大环境不乐观的情况下保持强劲的增长态势，无论是规模还是效益，都有较大程度的增长。作为产业基础支撑，电子元件在关系重大的国民经济各行业的作用进一步增强，为中国国防装备、宇航等高新技术方面做出了应有的贡献。

生产与销售

2014 年，中国电子元件制造业整体规模保持缓慢增长的态势。中国电子元件行业重点骨干企业实现销售收入 16 934 亿元，同比增长 10.5%；实现利润总额 1 092 亿元，同比增长 6.77%。根据海关的数据，电子元件 14 大类 71 小类产品出口额为 832 亿美元，同比增长 9.36%； 进口额 643 亿美元，同比增长 1.05%。

中国电子元件行业协会根据企业规模实力、财务状况、研发能力等多方面指标，发布了2015年（第28届）中国电子元件百强排名，本届电子元件百强企业共完成主营业务收入2 423亿元，实现利润总额201.5亿元，上缴税金总额96亿元，出口额99亿美元，拉动就业近30万人。在中国经济增长速度趋缓，面临下行压力增大的经济环境下，新一届中国电子元件百强企业依然交出了亮丽的答卷，为整个行业树立了榜样，为中国电子元件行业的转型升级和电子信息产业的健康发展做出了卓越的贡献。本届电子元件百强中，有41家企业的主营业务收入超过10亿元，比上届减少3家；有11家企业超过50亿元，比上届增加2家；亨通集团有限公司、富通集团有限公司、中天科技集团有限公司、永鼎集团有限公司、浙江富春江通信集团有限公司、歌尔声学股份有限公司六家企业的主营业务收入均超过100亿元。其中，亨通集团有限公司主营业务收入达380.6亿元，并以超强的综合实力领跑中国电子元件百强，实现七连冠。

在本届电子元件百强企业中，94家企业有出口业务，出口总额达到98.6亿美元，约占主营业务收入总额的4%。其中，出口额超1亿美元的有19家，歌尔声学股份有限公司以16.37亿美元居首位，瑞声科技控股有限公司和立讯精密工业股份有限公司位居第二和第三。

科研与新产品

2014年，由华中科技大学、深圳市安培盛科技有限公司、深圳顺络电子股份有限公司等9家单位联合研发的“微晶热敏陶瓷纳米粉体及其片式元件制备技术”获得中国电子学会电子信息科学技术奖科技进步类一等奖。

由北京信息科技大学、北京沃尔康科技有限责任公司、北京国科舰航传感技术有限公司联合研发的“载体驱动微机械陀螺机理及关键技术”获得中国电子学会电子信息科学技术奖技术发明类三等奖。

由长飞光纤光缆股份有限公司研发的“高速互联的新一代弯曲不敏感高带宽多模光纤关键制备技术与应用”、四川永贵科技有限公司研发的“高速轨道交通车辆全自动车钩电连接器”获得中国电子学会电子信息科学技术奖科技进步类三等奖。

在第28届电子元件百强企业中，共获得国家知识产权局授权专利3 047项，总数远高于往届，但发明专利仍然仅有475项，与上届的457项相比，增长不大，这从侧面说明中国电子元件行业的创新质量还有待提高。

对外贸易与国际合作

进出口贸易 2014年，中国电子元件14大类71小类产品进出口贸易总额为1 474.83亿美元，占中国海关进出口贸易总值的3.43%，较2013年增长5.57%。实现贸易顺差188.40亿美元，同比增长52.06%。其中，出口总额831.61亿美元，同比增长9.36%；进口总额643.21亿美元，同比增长1.05%。可以看出，2014年中国电子元件产品海关进出口贸易要强于全国全部产品的海关进出口贸易，而电子元件产品的海关出口贸易又好于进口贸易，进一步加大了贸易顺差。

在电子元件14大类产品中，压电陶瓷器件出口额以32.62%的增幅居首，电阻电位器（22.60%）、电接插元件（17.01%）、电池（14.85%）、电声器件（13.01%）、电控制元件（10.22%）、光电线缆（10.21%）及微特电机（10.17%）也都实现了两位数的出口增长，为出口创汇做出较大的贡献。出口额同比出现负增长的仅有3类，分别是：电子变压器（–5.00%）、石英晶体器件(–2.44%)、电感器件（–0.99%）。

2014年，中国电子元件进口额同比下降较多，大部分产品都是同比下降。只有4个大类产品为同比增长，依次为：电控制元件（9.76%）、石英晶体器件（9.30%）、电接插元件（8.22%）及电容器（2.52%）。进口贸易额同比出现负增长的前3类产品分别是电池(–91.60%)、压电陶瓷器件（–26.20%）、电子变压器(–14.64%)。

2014年，中国电子元件进出口贸易实现顺差188.4亿美元，同比增长52.06%。其中，贸易顺差居前3位的大类产品是：电声器件102.72亿美元，同比增长19.19%；电池80.66亿美元，同比增长121.19%；光电线缆66.51亿美元，同比增长20.73%。贸易逆差居前3位的大类产品是：电容器38.27亿美元，同比下降5.53%；电接插元件19.13亿美元，同比下降24.93%；石英晶体器件18.99亿美元，同比增长19.95%。

国际合作 2014年，中国电子元件行业举办、协办及参加的大型展览会和研讨会有“2014年慕尼黑上海电子展"、"2014 深圳国际电源工业及电子变压器展览会"、"2014 海峡两岸光通信论坛"、"第六届国际工业陶瓷展览会"、"德国国际绕制线圈、电机电器及绝缘材料展（CWIEME）"、"2014 中国国际磁性材料及生产技术展览会"、"中国磁性材料及应用产业发展论坛"、"2014 深圳国际绕线设备与技术展览会"等。

2014 年，电子元件行业内的并购重组活跃、海外扩张成果显著：歌尔声学股份有限公司并购丹麦丹拿公司，卧龙电气集团股份有限公司并购意大利 SIR 公司，中国光纤控股日本 Api 公司，中国光纤加拿大建厂生产光纤连接器陶瓷插芯毛坯，烽火通信科技股份有限公司厄瓜多尔光缆工厂开工建设，中天科技集团有限公司巴西光缆工厂开工建设，亨通光电股份有限公司巴西光缆工厂投产。

市场分析与预测

在经过数年的高速增长之后，包括中国市场在内，全球智能手机的增速将开始逐渐放缓。在国内宽带提速的拉动下，光纤宽带网络市场 2015 年仍将保持较快增长态势。随着中国"互联网+"、《中国制造业发展纲要（2015~2025）》等一系列重要政策和战略规划的推出和实施，工业机器人、工业自动化设备市场将有望获得较快增速。

预计未来几年，穿戴式设备、智能家居、高档数控机床和机器人、新能源汽车、智能电网、医疗电子等新兴市场将有望获得较高增长。3D 打印、机器人、工业 4.0 等新的制造技术将助力电子元件行业向智能制造转型。

【统计数据】

表 1　2014 年中国电子元件各行业经济指标完成情况

行业分类	2014 年销售收入（亿元）	同比增长（%）	行业分类	2014 年销售收入（亿元）	同比增长（%）
电子元件合计	16 934	10.5	继电器	214	8.1
电容器	935	6.14	接插件	2 101	8.67
电阻电位器	201	12.05	微特电机	879	6.66
磁性材料与器件	531	1.42	电声器件	762	14.11
电感器件	212	–0.25	光电线缆	3 867	13.9
电子变压器	575	2.85	敏感元件及传感器	495	20.85
混合集成电路	66	12.21	印制电路板	1 734	1.26
电子陶瓷及器件	135	3.8	其他	4 052	
压电晶体	175	4.17			

表 2　2012~2014 年中国电子元件产品进出口贸易完成情况

产品名称	2012 年		2013 年		2014 年			
	出口额（万美元）	进口额（万美元）	出口额（万美元）	进口额（万美元）	出口额（万美元）	增长率（%）	进口额（万美元）	增长率（%）
合计	6 941 532	6 000 812	7 604 251	6 365 270	8 316 148	9.36	6 432 136	1.05
电容器	385 394	862 292	708 840	1 113 971	759 297	7.12	1 142 030	2.52
电阻电位器	131 518	206 700	138 369	223 821	169 646	22.60	221 512	–1.03
磁性材料与器件	318 498	114 372	228 726	80 814	232 992	1.87	74 612	–7.67

续表

产品名称	2012 年		2013 年		2014 年			
	出口额（万美元）	进口额（万美元）	出口额（万美元）	进口额（万美元）	出口额（万美元）	增长率（%）	进口额（万美元）	增长率（%）
电感器	237 010	312 145	329 103	378 513	325 859	–0.99	358 503	–5.29
电子变压器	176 975	91 842	217 110	123 617	206 251	–5.00	105 520	–14.64
压电陶瓷器件	4 647	11 599	5 403	12 580	7 166	32.62	9 284	–26.20
石英晶体器件	107 450	269 123	143 742	302 041	140 236	–2.44	330 119	9.30
电控制元件	105 964	86 129	112 843	95 467	124 374	10.22	104 780	9.76
电接插元件	905 415	1 154 221	961 541	1 216 336	1 125 079	17.01	1 316 352	8.22
电声器件	1 192 376	342 139	1 236 324	374 547	1 397 109	13.01	369 939	–1.23
微特电机	474 926	316 559	505 882	315 252	557 336	10.17	301 191	–4.46
光电线缆	815 422	349 536	950 095	399 145	1 047 079	10.21	381 944	–4.31
印制电路板	1374 560	1 448 191	1 335 604	1 364 756	1 384 282	3.64	1 343 492	–1.56
电池	706 263	435 449	728 964	364 316	837 181	14.85	30 600	–91.60

表 3　2015 年（第 28 届）中国电子元件百强企业

总排名	企业名称	2014 年主营业务收入（千元）	主营产品
1	亨通集团有限公司	38 058 708	光电线缆
2	富通集团有限公司	20 185 650	光电线缆
3	中天科技集团有限公司	19 995 008	光电线缆
4	歌尔声学股份有限公司	12 698 986	电声器件
5	瑞声科技控股有限公司	8 879 300	电声器件
6	永鼎集团有限公司	15 522 749	光电线缆
7	潮州三环（集团）股份有限公司	2 196 700	陶瓷插芯、基座、阻容元件、陶瓷材料
8	立讯精密工业股份有限公司	7 295 949	连接器
9	广东生益科技股份有限公司	7 299 514	覆铜板
10	厦门宏发电声股份有限公司	3 953 810	继电器
11	长飞光纤光缆股份有限公司	5 508 340	光电线缆
12	浙江富春江通信集团有限公司	12 950 648	光电线缆
13	中航光电科技股份有限公司	3 491 246	连接器
14	江苏俊知技术有限公司	2 658 093	光电线缆
15	横店集团东磁有限公司	5 203 360	磁性材料

续表

总排名	企业名称	2014 年主营业务收入（千元）	主营产品
16	中山大洋电机股份有限公司	2 794 802	微特电机
17	浙江长城电工科技股份有限公司	3 622 280	光电线缆
18	深圳市得润电子股份有限公司	2 634 868	连接器
19	深圳市崇达电路技术股份有限公司	1 544 773	印制电路板
20	汕头超声印制板公司	1 952 391	印制电路板
21	国光电器股份有限公司	1 962 805	电声器件
22	厦门法拉电子股份有限公司	1 393 592	薄膜电容器
23	深圳顺络电子股份有限公司	1 162 529	电感器、LTCC 射频器件
24	电连精密技术有限公司	642 287	连接器
25	湖南艾华集团股份有限公司	1 615 380	铝电解电容器
26	四川九洲线缆有限责任公司	3 480 943	光电线缆
27	浙江天乐集团有限公司	3 002 350	电声器件
28	广东风华高新科技股份有限公司	2 227 191	阻容感元件、电子材料等
29	贵州航天电器股份有限公司	1 604 339	连接器、继电器
30	金龙控股集团有限公司	1 310 461	微特电机
31	开平依利安达电子有限公司	1 889 928	印制电路板
32	东莞美维电路有限公司	1 569 032	印制电路板
33	杭州富生电器股份有限公司	1 612 161	微特电机
34	广东江粉磁材股份有限公司	2 022 177	磁性材料
35	北京七星华电科技集团有限责任公司	1 508 373	电声器件、阻容元件、晶体器件等
36	江苏华威世纪电子集团有限公司	1 421 574	铝电解电容器
37	南通江海电容器股份有限公司	1 155 209	铝电解电容器
38	深圳市和宏实业股份有限公司	970 944	电接插件
39	安徽铜峰电子集团有限公司	1 459 408	薄膜电容器及薄膜、石英晶体器件
40	成都宏明电子股份有限公司	968 672	陶瓷电容器、电阻器
41	湖北瀛通通讯线材股份有限公司	620 206	光电线缆
42	江苏上骐集团有限公司	1 079 541	微特电机
43	珠海格力新元电子有限公司	753 490	电容器
44	东莞市三友联众电器有限公司	850 706	继电器
45	深圳市新宙邦科技股份有限公司	756 782	电解液

续表

总排名	企业名称	2014 年主营业务收入（千元）	主营产品
46	东莞铭普光磁股份有限公司	1 011 972	电子变压器，光电模块等
47	合兴集团有限公司	1 134 900	连接器
48	中国振华（集团）新云电子元器件有限责任公司	884 626	钽电解电容器
49	杭州日月电器股份有限公司	861 400	电接插件
50	天通控股股份有限公司	1 124 552	磁性材料
51	深圳市凯中精密技术股份有限公司	744 628	微特电机
52	浙江万马天屹通信线缆有限公司	731 605	光电线缆
53	浙江永贵电器股份有限公司	384 067	连接器
54	南通海星电子股份有限公司	754 612	电极箔
55	山东共达电声股份有限公司	653 623	电声器件
56	四川永星电子有限公司	346 928	电阻器
57	武汉华工新高理电子有限公司	506 642	热敏电阻器
58	绵阳开元磁性材料有限公司	736 432	磁性材料
59	杭州微光电子股份有限公司	385 726	微特电机
60	汇港控股集团有限公司	584 764	继电器
61	江西联创宏声电子有限公司	584 131	电声器件
62	合肥博微田村电气有限公司	646 371	电子变压器
63	福建火炬电子科技股份有限公司	302 256	多层片式陶瓷电容器
64	成都银河磁体股份有限公司	379 038	磁性材料
65	浙江凯文磁钢有限公司	528 587	磁性材料
66	陕西华达科技股份有限公司	554 553	连接器
67	上海欧姆龙控制电器有限公司	398 064	控制继电器
68	新岱电子（深圳）有限公司	391 265	印制电路板
69	宁波碧彩实业有限公司	544 695	薄膜电容器
70	北京元六鸿远电子技术有限公司	428 219	多层片式陶瓷电容器
71	宁波福特继电器有限公司	433 520	继电器
72	扬州升达集团	495 971	电极箔
73	上海埃斯凯变压器有限公司	419 749	电子变压器
74	深圳市宇阳科技发展有限公司	545 032	MLCC

续表

总排名	企业名称	2014 年主营业务收入（千元）	主营产品
75	汕头高新区松田实业有限公司	294 470	陶瓷电容器等
76	东莞市大忠电子有限公司	455 160	电子变压器
77	深圳市京泉华科技股份有限公司	726 579	电子变压器
78	苏州华之杰电讯有限公司	435 495	电接插元件
79	南阳森霸光电股份有限公司	121 063	光电传感器
80	广东奥迪威传感科技股份有限公司	220 167	压电电子元器件、传感器
81	浙江全方音响科技有限公司	398 658	电声器件
82	湖北泰晶电子科技股份有限公司	246 698	石英晶体器件
83	深圳市海光电子有限公司	549 521	电子变压器
84	深圳可立克科技股份有限公司	739 265	电子变压器
85	广东惠伦晶体科技股份有限公司	404 139	石英晶体器件
86	深圳市金洋电子股份有限公司	529 290	连接器
87	广东百圳君耀电子有限公司	241 063	电子保护元器件
88	常州祥明电机有限公司	308 178	微特电机
89	浙江五峰电子有限公司	351 068	薄膜电容器
90	四川华丰企业集团有限公司	522 875	连接器
91	深圳振华富电子有限公司	295 454	片式电感器
92	山东国瓷功能材料股份有限公司	374 884	陶瓷电容器
93	深圳市麦捷微电子科技股份有限公司	218 364	电感器、LTCC 射频器件
94	浙江凯恩特种材料股份有限公司	550 556	电解纸
95	肇庆华锋电子铝箔股份有限公司	298 405	电极箔
96	嘉兴佳利电子有限公司	234 556	微波介质器件
97	江苏江佳电子股份有限公司	292 232	陶瓷频率器件
98	浙江嘉康电子股份有限公司	145 798	陶瓷频率器件
99	深圳市振华微电子有限公司	190 160	混合集成电路
100	应达利电子（深圳）有限公司	146 037	石英晶体器件

注：表 1~表 3 数据来源于中国电子元件行业协会。

[撰稿：娄龙　审稿：古群]

电子信息材料工业行业

【综述】

2014 年，由于世界经济仍处于缓慢复苏状态，国内经济处于艰难的调整转型之中，中国电子材料行业经历了又一个不平凡的年度。虽然产能过剩、竞争激烈、成本上升和转型艰难等始终困扰国内电子材料企业，但在国家创新驱动发展和促进信息消费等政策的支持下，在行业内各企业的共同努力下，中国电子材料行业整体发展还是维持了平稳且略有增长，2014 年实现销售额 2 969.4 亿元，较 2013 年增长 7.9%。同时在国内经济进入常态化发展形势作用下，电子材料企业尤其是骨干企业的技术进步与产品结构调整进一步加快。

生产与销售

多晶硅 2014 年，我国多晶硅产业和市场回暖，龙头企业结束了连续多个季度的亏损开始扭亏为盈，产量大幅度回升。全年多晶硅产量超过 14 万吨，同比 2013 年 8.4 万吨增长幅度超过 67%；全年销售收入超过 150 亿元，年增长超过 35%。尽管 2014 年 1 月，商务部发布了对美、韩进口太阳能多晶硅“双反”仲裁的决定，然而，从两国出口到中国的多晶硅大多通过加工贸易等渠道避免了关税，导致全年我国多晶硅的进口量仍持续在较高位。其中 2014 年 1~10 月份，中国多晶硅进口量达到 8.1 万吨，全年总进口量约 10 万吨。2014 年 8 月，商务部发布了“关于暂停太阳能级多晶硅加工贸易进口业务申请受理的公告”，并未起到预期效果。国内多晶硅企业不能因为市场回暖就过于乐观地估计形式，仍需对产能过剩、无序发展和国际竞争保持警惕。

集成电路半导体硅衬底片、外延片 由于半导体、集成电路产业的发展对硅衬底片、外延片市场需求较好，中国在重掺、轻掺硅片（掺砷、磷、锑等）方面具有优势，进入国内外市场较多，由于市场的波动，需求时而下滑，价格出现大跌（约 50%），如重掺片由 2013 年的 130~140 美元/片，下降至 100 美元/片以下，轻掺片由 2013 年的 110 美元/片，下降至 80 美元/片以下。而进口的石英坩埚、多晶硅、化学品等价格不变，同时企业要上交进口关税，致使硅衬底片企业的效益下滑明显。部分外延片生产的企业情况较好，总体产量增长在 15%，但利润增长仅在 5%。

键合金丝 随着半导体及集成电路向高密度、小型化及多引线化发展，要求键合线的线径更细，电学性能更好，同时还要选择成本低下的键合线。目前选用的键合线主要有金丝、银线、铜丝和铝线。2014 年国内 10 多家生产企业的键合丝产量和销量超过了 560 多亿米，由于铜线的防氧化镀钯技术已经解决和基本成熟，而铜丝的价格较金丝的价格低很多，2014 年铜丝的产量和用量超过了 40%，而金丝用量持续在降低。合金线是金丝的替代产品，它的物理特性与金丝类似，硬度低于金丝，主要用于 BGA 等多种封装形式的半导体集成电路产品，银线在 IC 市场获得了应用，市场增长较快。如 80%金、20%银合金线，相同线径时，合金线可以节省 15%成本，如果银的含量再高一些，产品成本更低。合金线在 LED 产业已大量应用，国内主要生产企业有贺利氏招远（常熟）电子材料公司和招远贵金属材料公司、北京达博有色金属焊料公司和宁波康强电子股份公司。

塑封料 据国际 SEMI 报告，2014 年全球塑封料出货量较 2013 年增长了约 8%，销售额增长约 3%。主要生产和供应商是住友电木、日立化成、信越化学、松下电子、京瓷化学、长春树脂 6 家公司占有约 70%的市场份额，中国和韩国企业占有较小份额，产量近 15 万吨，约有不到 5%的增长，其中绿色环保产品约占 60%。2014 年我国国内产量约 6 万多吨，生产企业超过 10 家，主要有汉高华威电子公司、中鹏新材料公司、科化新材料科技公司、华海诚科材料公司、日立化成公司等日资、台资、韩国企业。低端产品竞争非常激烈，产能处于过剩状况，形成产量价格同时下降的局面。国内企业还需要在塑封料产品的质量稳定性，包括电性能、力学性能、吸潮性、粘附性、杂质含量、放射性粒子等方面进一步提高，为高密度、小型化先进封装形式提供更多的高端塑封料产品。

引线框架　2014 年，全球引线框架生产状况没有大的变化，产量增长缓慢的同时，产品价格也在下降，总体产销量增长缓慢。增长较好的仍以日、韩及中国台湾为主要生产企业和供应商，排名第一的三井高科，2014 年销售收入为 4.76 亿美元，市场占有率约 15%。市场需求较好的是 QFN/DFN/SON/LGA/BCC 等高端封装用引线框架产品，同时 LED 器件封装的快速增长为引线框架的市场需求带来较好的发展机遇。2014 年国内引线框架行业市场销售额比 2013 年下降约 2.3%为 9.30 亿美元。国内引线框架龙头企业是宁波康强电子公司，其生产技术和规模位列国际第八位，2014 年引线框架数量增长 8.8%，达到 560 亿只，由于原材料铜价格的下滑，销售额仅比 2013 年增长 1.6%。引线框架发展趋势是高密度、薄形化、小型化、高脚位，封装方式不断向 SOP、QFP、BGA、CSP 等封装形式发展，同时需要蚀刻高端引线框架，康强电子在国内首先建成了年产 1 000 万条的蚀刻引线框架生产线，打破了高端引线框架长期以来被国外企业垄断的局面。

覆铜板　2014 年，中国覆铜板产量 5.35 亿平方米，增长 10.9%；销售收入 356.1 亿元，比 2013 年增长 2.8%。进出口量和出口额同比降幅大大收窄，而进口额变为正增长，趋势基本向好。总体产能利用率 80%，产能有所过剩。全行业对压缩中低档同质化的覆铜板产能过剩基本形成共识，但实现这一任务非常艰难。另外，近几年凡有实力涉足高技术的覆铜板企业，如生益、台光、联茂、台虹、松下等，经济运行状况也较乐观。在下游 PCB 小幅增长的带动下覆铜板业界的悲观气氛正在逐渐退去，长达四五年的下行趋势正在走出谷底。

电子铜箔　2014 年，全国电子铜箔产能达到 30 万吨，产量预计为 21 万吨，与 2013 年基本持平，产能利用率再次下降至 70%。完成铜箔销售量 23.5 万吨，实现销售收入 162.1 亿元，分别比 2013 年增长 3.5%和 13.5%。根据国家海关统计，2014 年电子铜箔的进出口有明显的下滑，出口萎缩在 25%以上。中国电子铜箔企业所面临的国际市场环境很不乐观。2014 年，国内外对 PCB 用电子铜箔的市场需求量并未有明显的提升，而随着国内一些新建铜箔厂（包括台资企业）的陆续竣工投产及销售，2014 年销量和销售额均有较大的增长，而国内铜箔市场供大于求、产能过剩的矛盾更加突出。在企业经营上，“量增收入降”的非正常局面在我国铜箔行业还在持续。行业产能严重过剩，导致国内中低端铜箔的同质化竞争问题愈演愈烈，大多企业陷入价格战，铜箔产品销售价格一度低至成本线以下。国内部分企业亏损严重，一些企业因资金链、技术、市场等原因开始停产关闭或生产线“瘦身”改造。业界普遍认为，2014 年是我国电子铜箔行业中经营很艰难的一年，我国电子铜箔行业已经到了一个行业重组、产品档次、品质提高的关键时期。

压电晶体材料　2014 年，压电晶体材料产量 1 300 吨，销售额 3.5 亿元，比 2013 年产量、销售额都下降约 10%左右。材料进出口总额达 0.556 亿美元，其中，出口 0.41 亿美元，进口 0.146 亿美元。从进出口数据看出，进口量比 2013 年下降近 1/3，出口量略低于 2013 年 12%，但价格下降幅度较大，尤其是出口日本额下降 20%多，主要是受日元贬值影响。进口量低是由于成品厂自用材料量降低，成品尺寸小型化，用料减少；2014 年全行业固定资产投资减少，设备生产量下降，工装生产量下降，只是填平补齐，少部分更新换代，还有部分厂家转向其他行业，如半导体、光伏、蓝宝石等。

锡焊料　2014 年，中国锡焊料行业景气不足，据统计，2014 年精锡产量达到 16 万吨，比 2013 年略有上涨，其中再生锡产量下降明显，其原因是废渣回收少。2014 年国内锡价整体均在低位，约为 13.76 万元/吨，同比下降 5.9%。行业总体效益下滑，一是原材料价格下跌，二是产量下降。行业约三成企业产量与 2013 年持平或略有增长，七成企业产量下降，下降幅度不等，个别企业产量下滑比较严重达到 50%。总体产量呈下降趋势。从产品品种来看，锡丝、条下滑最严重，但有铅焊料比往年增产，得益于我国 LED 产业的发展。电子元器件的小型化、微型化，使锡粉、锡膏的产量明显上涨。

电子精细化工材料　由于半导体、LED 平板显示产业的稳定增长，电子精细化工材料湿化学品（高纯试剂、光刻胶、液晶材料、显影液、蚀刻液等）、基板玻璃、光学薄膜材料等材料的需求增长约在 30%，电子级树脂等约有 2%的增长。

真空电子与专用金属材料电子 联系落实了德国西门子公司、美国伊顿公司与我国有关管壳公司进行技术交流，有针对性解决管壳的质量和可靠性问题。邀请受聘有关国外公司的中国科技人员写文章做报告，提出解决质量问题的措施，收到初步的效果。牵线窑炉公司和耐火材料公司加强协作，共同开发中国产的名牌窑炉和耐火材料，初步完成全氧化锆纤维高温窑炉的制造。开发金属化技术专用 Mo 粉，初步解决了 Mo 粉二次加工的关键技术问题，做到“开盒即用”。为进一步提高陶瓷金属化质量打下了良好的基础。完成 11 种“陶瓷-金属封接强度的测试方法”标准文件报批稿。

陶瓷材料 电子陶瓷材料 2014 年运行综合情况比 2013 年有所提高，其中 MLCC 瓷粉的销量较 2013 年增长 20%左右，主要是出口量的增长，销售收入与 2013 年基本持平；微波瓷料的销量较 2013 年增长近 15%，销售收入增长近 10%；而圆片瓷粉的销量和销售收入较 2013 年下降 10%左右，主要原因是受到国内电子行业的发展影响，随着元器件小型化和高性能化的需求，对 MLCC 瓷粉和微波瓷料的需求日益增加，而圆片瓷粉必须提高其性能水平才能满足元器件的需求，否则需求会下降。目前元器件向小型化、高频化发展的速度越来越快，因此电子陶瓷材料未来的发展会倾向于 MLCC 和微波瓷料的发展。而圆片瓷粉的销量处于基本维持或者逐年下降的趋势。

磁性材料 2014 年，中国磁性材料市场整体依然低迷。时至今日，稀土永磁产业仍然在低谷振荡，受专利制约，中高端产品出口不畅，行业企业平均开工率不到 6 成；软磁铁氧体材料产能也出现了严重过剩，需求不旺，竞争激烈，行业企业平均开工率不到 7 成；由于稀土永磁相对永磁铁氧体仍然成本较高，加上出口受专利制约，而永磁铁氧体原材料近两年价格也持续降低，在供大于求市场竞争加剧的情况下，下游应用对性价比相对高的永磁铁氧体产业在经过 2012 年的低迷后，2013 年进入平稳增长发展，少数企业订单充足，行业企业平均开工率约 9 成。2014 年，中国稀土永磁产量约 8.5 万吨；软磁铁氧体产量约 37.5 万吨，与 2013 年相比维持平稳态势；永磁铁氧体产量约 73 万吨，相比 2013 年约 70 万吨有所增长。

综上所述，2014 年电子材料行业中低端产品严重过剩，亏损企业增多，压缩中低档同质化产品是行业需要研究和克服的共同任务。高端产品发展较好，重点企业的产品结构调整、转型升级在加快，经济效益逐渐提升。全行业平均产、销与 2013 年基本持平，增长 7.9%，销售额 2 969.4 亿元，将很快超过 3 000 亿元大关。

科技创新

在贯彻国家科技发展观、以科技引领企业技术升级、产品结构调整，电子材料行业企业注重技术创新，加大科技研发费用的投入，企业研发投入强度平均占企业总销售收入的 3.5%左右。如晶龙实业集团有限公司主要从事半导体器件、光伏太阳能电池及相关配套件的研发生产，发明专利 28 件，实用新型专利 293 件，合计为 321 件；横店集团东磁股份有限公司主要产品是磁性材料与器件，发明专利 76 件，实用新型专利 220 件，合计为 296 件；长飞光纤光缆股份有限公司从事光纤预制棒、光纤、光缆全产业链的产品研发与规模化生产，发明专利 84 件，实用新型专利 129 件，合计为 213 件；广东生益科技股份有限公司主要从事电子级树脂、印刷电路板用粘结片、高端覆铜板的研发和规模化生产，发明专利有 79 件，实用新型专利 31 件，合计为 110 件。这些企业既是国内电子材料专业制造领域的排头兵，又是推进中国电子信息材料产业自主创新、技术进步、产品升级换代的主力攻坚者。同样，天津中环公司的环欧半导体材料公司、江苏中能硅业科技发展有限公司、新特能源股份有限公司、山东金宝股份有限公司等企业，坚持技术创新、驱动发展，为中国电子材料技术发展做出了突出贡献，在冲破国际技术壁垒、开展自主创新的能力上得到迅速成长。

在半导体材料中获得 2014 年创新奖的有：湖北兴福电子材料有限公司的电子级磷酸制备技术，主要有黄磷金属离子去除、特种燃磷炉与电子级吸收塔工艺优化、磷酸脱砷技术等，以普通黄磷初步净化处理后，使铬、钴、铁、砷及其他金属离子的含量大大降低，生产出电子级磷酸；江苏中鹏新材料股份有限公司的 QFN 封装用绿色环保型塑封料产品 SP-G900，解决了超大规模集成电路薄型封装中低热膨胀、低粘度、低应力、高粘接、低吸潮、低翘曲、均匀分散等关键技术难题，能够提高环氧塑封料与芯片的粘接性，提高工艺成型性能，解决环氧模塑料在高温时产生的内部分层或开裂等现象；安集微电子（上海）有限公司的铜抛光液（AFP U3000）与铜阻挡层抛光液（TCU2000-H6P），采用含有羧基、碳酸基、羟基或磷酸酯的亲水集团、双官能团X-R-Y 铜抑制剂、过抛时具有自停止功能铜抛光液和灵活控制抛光液稀释比例满足不同芯片制造工艺要求；苏州金宏气体股份有限公司的 7N（99.99999%）电子级超纯氨，通过自力式调节阀，保证液氨汽化系统稳定，采用间歇性精密汽化、高效除油、深度吸附干燥、ppb，级双塔精馏以及终端纯化等创新工艺，使产品纯度达到7N 级；浙江水晶光电科技股份有限公司的 LED 图形化蓝宝石衬底（包括 2 英寸、4 英寸片）是利用超高温（超过 1 200℃）热处理和高精度光刻工艺、亚纳米级超光滑的表面加工和高精度的检测技术开发出的，精度高、性能稳定。以上产品均已进入半导体和 LED 用户市场。

进出口情况

2014 年我国电子材料的进出口额较 2013 年略有增长，其中进口额为 91.27 亿美元，比 2013 年增长了 5.38%；出口额为 49.54 亿美元，年增长率为 3.04%。在我国电子材料的重点产品中，电子锡焊料、电子铜箔等产品出口额都出现较大的跌幅。单晶硅（包括棒、片）、磁性材料、光导纤维的出口额比 2013 年有不同程度的增长。在进口额方面，多晶硅增长率较高，PCB 用覆铜板、电子锡焊料略有增长，其他材料进口额均有不同程度减少。

【统计数据】

表 1　2014 年中国电子信息材料行业主要产品销售收入情况

产品名称	销售收入（亿元）			增长率（%）	备注
	2012 年	2013 年	2014 年	2014 年	
多晶硅	87	112	152	35.8	
太阳能电池用硅片	226	238	307	28.9	含进口多晶硅，国内加工片
微电子用单晶硅	49.5	55	63.3	15.0	包括硅棒、硅片等
半导体封装材料	217.3	369.4	373.1	1.0	包括塑封料、引线框架、键合丝等
电子精细化工材料	280	285.6	299.9	5.0	包括光刻胶、电子高纯试剂、电子特气、导电浆料、特种树脂等
PCB 用覆铜板	356.5	346.2	356.1	2.8	包括刚性覆铜板、挠性覆铜板、半固化片等
电子铜箔	146.4	142.8	162.1	13.5	包括 PCB、覆铜板用电解铜箔、压延铜箔
电子锡焊料	350	435.1	413.3	-5.0	包括精锡，及电子领域用焊条、焊膏、焊粉、焊球、助焊剂等
磁性材料	312	355	372.8	5.0	不含磁性材料器件
压电晶体材料与器件	129	116.1	117.0	持平	含压电晶体器件
光纤材料	98	90	94.5	5.0	光纤预制棒、单模、多模光纤
平板显示主要材料	118	147.5	193.6	31.3	玻璃基板、液晶、偏光片、化学品等
其他电子信息材料	57	60.4	64.7	7.1	包括真空电子与专用金属材料、电子陶瓷材料等
合计	2 426.7	2 753.1	2 969.4	7.9	增长率与 2013 年持平

注：数据来源于中国电子材料行业协会。

表 2 2013~2014 年中国主要电子信息材料产品进出口额情况

产品名称	进口额			出口额		
	2013 年（亿美元）	2014 年（亿美元）	增长率（%）	2013 年（亿美元）	2014 年（亿美元）	增长率（%）
多晶硅	15.13	21.95	45.08			
单晶硅（包括棒、片）	9.42	9.65	2.44	8.85	11.04	24.74
PCB 用覆铜板	11.38	11.70	2.81	7.68	7.33	–4.56
电子锡焊料	8.74	8.61	–1.49	2.19	1.47	–32.88
磁性材料	3.08	2.99	–2.92	15.19	15.93	4.87
压电晶体材料	0.19	0.146	–23.16	0.41	0.41	持平
PCB 用电子铜箔	15.28	13.45	–11.98	4.05	2.78	–31.36
光纤预制棒	4.44	3.76	–15.32			
光导纤维	3.75	2.31	–38.4	1.21	1.38	14.05
其他	15.30	16.7	9.15	8.50	9.2	8.24
总计	86.61	91.27	5.38	48.08	49.54	3.04

注：数据来源于中国海关、中国电子材料行业协会。

表 3 2014 年中国电子信息材料行业销售收入排名前 10 名的企业情况

序号	企业名称	企业性质	销售收入（万元）		主营业务（主导产品）
			2014 年	2013 年	
1	晶龙实业集团有限公司	民营	2 108 352	2 665 612	单晶硅棒、硅片、石英坩埚
2	云南锡业股份有限公司	国企	1 559 448	1 563 968	精锡、焊锡、铅、铜、铟
3	天津中环半导体股份有限公司	股份制	761 100	1 058 603	半导体硅单晶、硅抛光片、硅切磨片
4	江苏中能硅业科技发展有限公司	民营	564728	885 698	多晶硅
5	长飞光纤光缆有限公司	中外合资中方控股	472 326	543 176	预制棒、光纤光缆、光器件
6	山东鲁鑫贵金属有限公司	民营	425 320	450 523	键合金丝、铝丝等金属材料
7	广东生益科技股份有限公司	中外合资中方控股	418 941	431 540	覆铜板
8	横店集团东磁有限公司	民营	326 850	366 880	磁性材料、电容器、扬声器、电感器件、磁电机
9	广东风华高新科技股份有限公司	股份制	223 070	224 792	电子陶瓷材料、电子浆料
10	山东圣泉新材料股份有限公司	国企	202 831	219 603	环氧树脂、酚醛树脂等电子化学品

注：数据来源于中国电子材料行业协会。

[撰稿：鲁瑾　权美子　审稿：袁桐]

光学光电子工业行业

【综述】

2014 年，智能手持设备、移动终端等成为光电行业的风向标，与之相关的镜头模组、滤光片、LTPS 液晶显示面板、触摸屏幕、传感器件等得到飞速发展。而光电行业的其他领域，虽然也有增长，但不及与智能手持设备相关的光电领域。LED 照明产品的价格进一步下探，市场占有率进一步上升；激光加工已经广泛应用于各个工业领域，激光增材制造（俗称 3D 打印）成为前沿技术；光纤传感器由于具有不受电磁场影响、耐腐蚀、灵敏度高等优点，可用于许多传统传感器难以涉足的极端恶劣场合，成为发展最快的一大类传感器。

在光电材料领域，随着苹果公司 iPhone6 智能手机的上市，美国蓝宝石玻璃生产商 GT Advanced 宣告申请破产保护，蓝宝石材料又暂时回归到 LED 衬底、高级手表等传统应用中。而尚在研发中的石墨烯材料，由于其应用潜力非常广泛，在半导体产业、光伏产业、锂离子电池、新一代显示技术、航天、军工等传统领域和新兴领域都将带来革命性的技术进步。受此影响，各地纷纷上马石墨烯产业园、石墨烯研发中心等，但是石墨烯材料的量产与实际应用还有一定的距离。

从 2014 年下半年开始，以上市的光电企业为主，掀起了国内行业并购整合大潮，对于解决中国光电行业的产能过剩、产品重复起到积极作用，并购整合主要在 LED 封装、LED 照明、LED 显示、光电显示、光学元件、激光应用等领域。

激光行业 2014 年，通过对国内激光行业上市公司以及部分行业内大型企业报表的统计，国内激光产品包括激光晶体、各种激光器件以及激光加工等应用产品的总产值约为 200 亿元。

中国激光企业主要分布在湖北省、北京市、江苏省、上海市及深圳市等地，已基本形成以上述省市为主体的华中、环渤海、长三角、珠三角四大激光产业基地，其中有一定规模的企业约 300 家。这四个产业带侧重点不同，珠三角以中小功率激光加工机为主，长三角以大功率激光切割焊接设备为主，环渤海以大功率激光熔覆和全固态激光为主，以武汉为首的华中地区则覆盖了大、中、小激光加工设备。

深圳市已成为继武汉市之后的国内第二大激光产业聚集地，出现了 200 多家激光企业，激光产品的年产值达到 120 亿元，其中大族激光 2014 年产值达到 55 亿元，占深圳行业产值的 40%。

中国激光主要应用于加工、医疗等行业，其中，科研开发领域占 12%，材料加工领域占 32%，通讯领域占 12%，信息领域占 14%，医学领域占 20%，测量与其他领域各占 9%和 1%。

光学元件及仪器行业 2014 年，中国的光学元件的产能和出口份额已经在全球名列前茅，规模以上光学元件企业达到 2 500 多家，根据光学相关上市公司的年报汇总，2014 年度中国光学材料及光学元件的营业收入约为 120 亿元，较上年增长 20%。龙头企业是舜宇光学，2014 年实现营收 68 亿元，利达光电 7.07 亿元，水晶光电的精密光学薄膜元器件营业收入为 6.7 亿元，光电股份的光学材料及元件实现营业收入 3.6 亿元，凤凰光学约为 6 亿元，成都光明光电实现收入 16 亿元，宇迪光学收入 2.8 亿元，奥普光电的光学材料部分收入 0.3 亿元。

红外民品行业 红外民用产品包括红外热像仪、红外测温仪、红外安防产品等，2014 年度中国民用市场规模约为 75 亿元，同比增长 15%。

红外行业的核心器件——焦平面探测器是生产各种红外产品所需的核心元器件。中国红外企业基本上采购来自法国 SOFRADIR 和 ULIS 公司的焦平面探测器。国际上高端焦平面探测器仍然对中国禁运。经过多年努力，国内已经有部分公司可以自主生产中低分辨率非制冷焦平面探测器，有效减少了国内市场对该类元器件进口的依赖。

LED 行业 2014 年被业内称为 LED 的替换年，也是 LED 照明的普及年。2014 年，中国 LED 产业整体规模达到了 3 462 亿元，较上年的 2 586 亿元增长 33%。其中，上游外延芯片规模达到 131 亿元，中游封装规模达到 536 亿元，下游应用规模则达到 2 795 亿元。

LED 上游芯片生产的关键设备 MOCVD 的全国保有量达到 1 290 台，国内 LED 产品的光效已经达到每瓦 160 流明的实验室光效，在产业批量投产的 LED 产品最高光效达到每瓦 140 流明。

平板显示行业 2014 年，中国显示行业产值达 1 365 亿元，同比增长 28%。其中，显示器件（面板）产值 910 亿元（TFT-LCD 器件 860 亿元，TN/STN 器件 50 亿元），同比增长 38%；上游材料产值 400 亿元，同比增长 10%；上游装备产值 55 亿元，同比增长 10%。国内面板的出货面积超过 3 000 万平方米，同比增长 50%。全球市场占有率超过 17%，面板厂的出货数量累计超过 10 亿片。预计到 2015 年，中国大陆将建成 9 条 8.5 代液晶面板生产线，超越中国台湾地区，成为全球第二大平板显示生产基地。

2014 年，平板显示产业上游设备材料领域国产化率有了进一步提升，随着面板产业规模不断提升，政府对面板厂商提出了配套上游设备材料领域国产化率的要求，如京东方推进上游材料的国产化和本地化方面取得了一定成绩。截至 2014 年 11 月，京东方 TFT-LCD 显示器件材料的国产化种类覆盖率接近 70%，设备国产化种类覆盖率接近 20%，原材料种类本地化覆盖率接近 80%。另一家本土面板企业华星光电也是如此，并与三利谱、盛波光电、东旭、和成显示等本土龙头材料厂商结合战略合作伙伴。

2014 年，液晶面板厂商竞争力进一步提升，无论从中小面板还是大尺寸面板，出货量都大幅提高，市场份额逐渐扩大，如：手机用液晶面板从上年的 23%提高到 29.6%，平板电脑用面板从上年的 11%提高到 22.1%，笔记本电脑用面板从上年的 7.4%提高到 10%，显示器用面板从上年的 16.9%提高到 20.8%，电视用面板从上年的 16.3%提高到 18.8%。智能手机平均尺寸也不断增大，2014 年一季度为 4.5 英寸，四季度增至 4.77 英寸。中国彩电品牌已占全球超高清（4K）电视市场五成份额，华为、联想、小米等中国手机品牌的出货量也快速增长。4K 电视、4G 手机仍是带动面板需求增长的市场热点。2014 年，4K 电视的渗透率达到了 7.1%，4G 手机在中国市场的渗透率达到了 45%。

2014 年，国内液晶面板产能继续扩大，新增多条面板产线。如京东方合肥 8.5 代线、三星苏州和 LGD 广州 8.5 代工厂分别于 2013 年 5 月、9 月和 11 月实现满产。天马厦门的 5.5 代 LTPS 生产线于上年年底满产。2014 年，面板企业投建新的液晶面板，如厦门天马的 6 代 LTPS 面板产线、华星光电二期 8.5 代线及武汉三期 6 代 LTPS 面板产线、京东方成都投建 6 代 LTP/AMOLED 面板产线等。

科技进步

2014年，中国液晶面板中小和大尺寸高端产品方面有明显突破，天马实现 LTPS 背板 FHD 清晰度的智能机面板量产出货，京东方也将在 a-Si 产线上量产 FHD 清晰度的智能机面板，打破日韩厂商的垄断。大尺寸方面，UHD 4K 电视面板厂京东方和华星基本实现 48 英寸以上全线量产出货。

2014 年，电视面板自给率提升较快。电视面板的自给率已从上年的 29.7%提升至 36.9%，华星光电、京东方、三星、LG 为中国大陆的主要面板生产商。

国内有多家 LED 封装企业均开始投入到 CSP（Chip Scale Package）封装的研发及生产过程中，基本与国外同步。国内 LED 产品的光效已经达到每瓦 160 流明的实验室光效，在产业批量投产的 LED 产品最高光效达到每瓦 140 流明。

2014 年，小间距 LED 显示屏市场规模逐步扩大，小间距的尺寸也一再被刷新。目前，市场主流小间距产品是指 P1.6、P1.5、P1.2 等级别的产品。其中，像素间距 1.2mm 的产品是量产型产品中像素密度最高的。从实验室产品看，1.0mm 的产品已经达到量产水平，0.8mm 的产品已突破所有关键技术。

非制冷焦平面探测器国产化进程加速，国内已经有浙江大立、高德红外、沃浦光电、艾睿光电等公司在建设或已经投产红外焦平面探测器器件生产线。

重大工程与重点项目

继上年德豪润达收购雷士、三安光电收购台湾璨圆光电后，2014年，又有同方股份以9亿港元入股真明丽，珈伟股份则以1.23亿元并购品上照明等多起LED行业的并购事件发生。目前国内的LED企业很少有产值超过10亿元的企业，如何快速做大做强就需要LED行业更多的兼并购、重组、入股。

雷曼光电使用自有资金出资5 204万元收购并增资取得深圳市康硕展电子有限公司51%股权。深圳市康硕展电子有限公司是LED创意显示屏领域的领先企业，其创意LED显示屏技术在业内领先。此次收购利于发挥雷曼光电品牌、资金、管理、技术、文化、产业链协同的优势，填补雷曼光电在创意LED产品及在国内区域市场LED显示屏销售的空白。2014年7月，雷曼光电与深圳市豪迈瑞丰科技有限公司（下称豪迈公司）签署协议，以转让加增资的方式，获得豪迈公司51%的股权。

2014年7月，飞乐音响与国内LED高亮度绿色照明产业知名企业北京申安集团达成了收购协议。飞乐音响收购申安集团100%股权。

2014年5月，欧司朗位于中国无锡的LED封装厂正式投产，欧司朗无锡工厂投资数亿欧元，占地面积约10万平方米，预计至2017年，员工数量将达到2 100人。新工厂的运营不仅扩大了LED后端（封装）工厂的产能缓解满载压力，还提升了在全球最大单一照明市场的影响力。

继彩电巨头海信宣布将推出激光电视后，长虹也正式对外宣布，长虹激光电视即将上市。激光电视产业已进入长虹核心产业规划，长虹已与光峰光电进行了长达一年的深度合作项目计划，即将推出第一款激光电视。

LCD平板显示这一主流技术，将受到新兴的激光投影技术的冲击和颠覆。未来“无屏”的激光显示一定会以巨大的成本、重量和功耗优势为消费者所接受，最终取代平板显示。随着显示技术日新月异，拥有类似影院效果的激光投影显示技术如能在技术方面取得突破，将会有广阔的前景。

【统计数据】

表1 2012~2014年中国LED行业产业链环节和应用产业链环节的产值情况

项目名称	2012年 产值（亿元）	2012年 增长率（%）	2013年 产值（亿元）	2013年 增长率（%）	2014年 产值（亿元）	2014年 增长率（%）
产业链环节	1 954	26.3	2 586	32.3	3 462	33.9
其中：外延芯片	74	19.4	96	29.7	131	36.5
封装	320	12.3	420	31.3	536	27.6
应用	1 560	30.0	2 070	32.7	2 795	35.0
应用产业链环节	1 560	30.0	2 070	32.7	2 795	35.0
其中：通用照明	439	46.3	696	58.5	1 145	64.5
背光应用	290	38.1	390	34.5	447	14.6
景观照明	340	18.1	435	27.9	475	9.2
显示屏	197	17.3	240	21.8	307	27.9
信号及指示	82	13.9	87	6.1	89	2.3
汽车照明	20	11.1	27	35.0	30	11.1
其他	192	33.3	195	1.6	302	54.9

注：数据来源于中国光学光电子行业协会。

[撰稿：关积珍 刘育青 胡春明 程慧云 审稿：王琳]

汽车电子工业

【综述】

2014 年，中国汽车电子行业在汽车产业蓬勃发展的带动下得以迅速发展，已发展成为全球重要的汽车电子市场之一。同时，由于信息技术企业加快在汽车领域的布局，以及智能汽车、新能源汽车、智能网联汽车、车联网等的快速发展，中国汽车电子技术和产品取得了一系列重大突破。2014 年，中国加大了对新能源汽车和智能网联汽车发展的政策扶持力度。在政策推动、信息技术企业介入以及传统车企转型发展的共同促进下，未来中国汽车电子行业将迎来发展的黄金阶段。

市场分析

2014 年，中国汽车市场呈现平稳增长态势。据中国汽车工业协会统计，中国全年累计生产汽车 2 372.29 万辆，同比增长 7.3%；销售汽车 2 349.19 万辆，同比增长 6.9%。其中，乘用车产销分别为 1 991.98 万辆和 1 970.06 万辆，同比分别增长 10.2%和 9.9%；商用车产销分别为 380.31 万辆和 379.13 万辆，同比分别下降 5.7%和 6.5%。中国已经成为全球汽车消费大国，汽车市场的发展推动了汽车工业及相关的零配件、汽车电子产业的发展。2014 年中国汽车电子市场规模约为 3 500 亿元，同比增长 13%，占据全球份额的 11.5%。

科技进步与应用

车载系统　2014 年 4 月，奇瑞推出智云娱乐行车系统，实现 360 度智能行车娱乐信息系统、C-Cloud 云技术远程管理及诊断系统、U-Only 个性化车内环境自适应系统、NVR 自然语音识别应用技术、WFY24 小时一键式呼叫救援等五大功能。

智能汽车和无人汽车　2014 年 2 月，比亚迪与新加坡科技研究局通讯研究院签署合作协议，将联合建立实验室，整合双方在电动车领域和无人驾驶领域的优势，联合研发无人驾驶电动汽车技术，以打造下一代智能化电动车。

新能源汽车及相关技术　2014 年 9 月，全国第一辆全数字化车联网电动车在江苏新日电动车股份有限公司诞生。该车联网电动车基于物联网技术，历时两年多时间研发成功。该车搭载了一项基于 GPS 卫星定位的车联网技术革新产品——智能防盗系统“车精灵”，车主通过在智能手机上安装这一软件，可实时查询车辆位置、行驶轨迹等。如果车辆被盗，“车精灵”可协助警方快速定位，找回失窃车辆。2014 年 9 月，风帆股份有限公司研制的国内首款轻混合动力用 AGM 蓄电池通过德国大众实验室验证，与大众、宝马、奔驰、通用等公司达成合作意向。风帆 AGM 蓄电池利用冲孔等新技术，可使电池极板厚度降到 0.7 毫米，耐受性更强，电池容量更大而重量更轻。应用于混合动力汽车上，可减少 3%~6%的二氧化碳排放量，实现节油 8%~15%，技术国际领先。2014 年 12 月，中兴通讯在新能源汽车充电技术领域取得重大创新突破，世界首个大功率无线电充电线路在湖北襄阳投入商用，让中兴成为世界领先的汽车无线充电厂商。

车联网解决方案　2014 年 4 月 21 日，百度推出车联网产品 CarNet，该款产品能实现移动语音搜索、地图位置搜索等相关应用。2014 年 9 月 24 日，北京四维图新科技股份有限公司与腾讯公司共同推出了车载互联网整体解决方案趣驾 WeDrive。这是业界首次具备全方位优质互联网服务和云端跨屏同步能力的整体车载解决方案，也标志着自 2014 年 5 月腾讯入股四维图新之后双方在共同开拓车联网领域上的合作落地。

出口贸易

2014 年，汽车零部件出口全年整体趋势表现为前高后低，总体出口金额表现较好，但出口增幅稳中趋缓。中国汽车工业协会整理的海关进出口数据显示，2014 年中国汽车商品出口金额继续保持小幅增长，累计出口金额 843.14 亿美元，同比增长 7.08%。其中，汽车零部件出口金额为 646.17 亿美元，同比增长 8.02%，增幅较上年略有减缓；占汽车商品出口总额的 76.64%，占有率较上年提升 0.36 个百分点。而汽车整车出口占比仅为 15.23%，远低于零部件出口占比。总体看来，2014 年汽车零部件出口形势较好。零部件出口成为拉动汽车商品出口增长的主要因素。四大类汽车零部件品种（发动机，汽车零件、附件及车身，汽车、摩托车轮胎，其他汽车相关产品）出口金额较上年均呈增长。其中，发动机出口 366.22 万台，同比增长 10.56%，出口金额 16.80 亿美元，同比增长 6.69%；汽车零件、附件及车身出口金额 353.59 亿美元，同比增长 11.96%，幅度较上年明显提升；汽车、摩托车轮胎和其他汽车相关商品出口金额增幅较上年有所放缓，分别出口 151.51 亿美元和 124.27 亿美元，同比分别增长 1.83%和 5.43%。

综合 2014 年 1~12 月的出口数据看，在四大类汽车零部件品种中，汽车零件、附件及车身的出口额仍然占据半壁江山。总体而言，出口的产品结构没有发生太大变化，出口产品的附加值没有明显增长。

此外，从中汽协会整理的七类主要零部件出口品种（电控燃油喷射装置、车身、座椅安全带、安全气囊装置、变速器、驱动桥、减震器）表现来看，电控燃油喷射装置出现了严重下降，出口累计 312.8 万套，同比下跌 69.92%。其他六类呈一定增长，其中座椅安全带、驱动桥与减震器出口金额同比实现两位数增长，总体表现较为出色，剩余三类实现小幅度增长。

大排量发动机出口量大增。2014 年，在四大类汽车零部件品种中，发动机出口额的增长主要来源于 1 升~3 升发动机，出口达 40.99 万台，2014 年出口金额达到 5.77 亿元，增幅出现下降，同比下降 7.24%。而排量超过 3 升的发动机，2014 年出口金额达到 0.12 亿元，同比增长 171.15%，出口量达到 3 160 台，增幅高达 478.75%。除此之外，由于近年来国内柴油机企业加大大排量柴油机的研发力度，产品逐步向市场推广，得到国内外客户的认可，玉柴、锡柴等企业发动机海外销量均大幅增长。2014 年，132 千瓦及以上柴油发动机出口金额达到 2.66 亿元。

政策法规

国务院办公厅发布《关于加快新能源汽车推广应用的指导意见》。要求加快新能源汽车的推广应用，有效缓解能源和环境压力，促进汽车产业转型升级。

国家发改委发布《关于电动汽车用电价格政策有关问题的通知》。要求对电动汽车充换电设施用电实行扶持性电价政策，对电动汽车充换电服务费实行政府指导价管理，将电动汽车充换电设施配套电网改造成本纳入电网企业输配电价。

财政部、国家税务总局、工业和信息化部发布《关于免征新能源汽车车辆购置税的公告》。自 2014 年 9 月 1 日至 2017 年 12 月 31 日，对购置的新能源汽车免征车辆购置税。

工业和信息化部、国家税务总局发布《免征车辆购置税的新能源汽车车型目录》（第一批）。根据目录，低速电动车和包括特斯拉在内的外资企业车型未列入此次车型目录；在纯电动汽车方面，有 17 款乘用车车型和 75 款客车车型以及 5 款专用车车型入选；在插电式混合动力方面，有 6 款乘用车车型和 10 款客车车型入选。

工业和信息化部、国家税务总局发布《免征车辆购置税的新能源汽车车型目录》（第二批）。此次名单包括纯电动乘用车 28 款、客车 57 款、货车 1 款，以及专用车 19 款；同时名单还包括插电式混合动力客车 13 款，分别来自金龙联合汽车（苏州）公司，以及安徽安凯、湖南南车时代。

财政部、科技部、工业和信息化部、国家发改委发布《新能源汽车推广应用示范城市（群）配套政策出台情况公示》。共 39 个城市（群）88 个城市列入新能源汽车推广应用城市（群），从 2013 年 1 月至 2014 年 9 月底，39 个推广应用城市（群）累计推广新能源汽车 3.86 万辆，其中 2014 年 1~9 月推广 2.05 万辆。截至 2014 年 10 月底，有 30 个城市（群）65 个城市出台了新能源汽车推广应用配套政策措施。

财政部、科技部、工业和信息化部、国家发改委发布《关于新能源汽车充电设施建设奖励的通知》。中央财政拟安排资金对新能源汽车推广城市或城市群给予充电设施建设奖励。

工业和信息化部、国家税务总局发布《免征车辆购置税的新能源汽车车型目录》（第三批）。此次名单包括纯电动乘用车 12 款，纯电动客车 92 款，纯电动专用车 23 款；插电式混合动力乘用车 5 款，插电式混合动力客车 14 款。

工业和信息化部大力推动智能网联汽车发展。对《中国制造 2025》规划的解读中提出“智能网联汽车”概念，在未来五到十年以智能网联汽车产业为发展目标，提出围绕智能网联汽车开展工作的重点领域。

存在问题

汽车电子行业进入门槛高 作为整车配套产品，必须适应整车对可靠性、稳定性、安全性的要求，从设计到生产定型需经过 2~3 年的严格测试认证以及数百万公里以上路测检验。产品定型周期长，进入门槛高，不具备规模和技术实力的企业难以进入。

国产汽车电子产品前装难 中国汽车市场以合资或授权生产的国外品牌为主，国产品牌数量少，市场份额有限。国产汽车电子产品难以进入合资或授权生产的国外品牌整车厂配套体系，一方面是由于中国汽车电子研发和制造水平与国外差距较大，汽车电子技术成熟度及产品的可靠性、安全性和稳定性不够；另一方面是在国内合资整车厂中，产品设计和零部件选型采购由外方决定，国产汽车电子产品难以进入国外品牌汽车的前装配套体系。

缺乏核心技术，国内企业竞争力不足 国产汽车电子后装产品已形成产业化，具备一定的竞争优势，但普遍技术含量低、利润少、竞争激烈，低价格成为主要竞争手段。在技术含量和价值更高的发动机（动力）控制系统、底盘（安全）控制系统、车身电子等前装市场，核心技术掌握在国外企业手中。国内企业面临重重专利和技术壁垒，短期内难以被整车厂家认可，处于竞争劣势。

产业链不完善，上下游互动机制尚未形成 产业链发展不成熟，上下游没有互相带动，也就形不成汽车电子产业链紧密协同作战局面。整车厂商、新兴的汽车电子制造商及相关汽车研发院根据整车产品配置需求开展项目合作的商业模式没有完全建立起来。由于缺乏整车的需求牵引，汽车电子制造商不得不自行研发产品的功能性样机，然后送到整车厂接受测试，通过测试之后才寻求配套厂家。这一研究与实践的过程复杂繁琐，而且存在不同车型、不同汽车制造厂的标准不统一的问题，因此，做出的产品在稳定性、安全性和一致性上难以达到国际标准的要求。

国内缺乏汽车电子专业人才 在汽车机械技术和电子技术结合这一环节上，本土企业与国外存在较大差距，主要原因是国内缺乏汽车电子专业人才。国内汽车电子企业科研人员主要以汽车专业或电子专业为主，缺少既懂汽车又懂电子的复合型人才。

[撰稿：余雪松　审稿：杨旭东]

机床电子工业

【综述】

2014 年，中国数控机床平稳发展，产量继续增加，数控机床行业的需求仍保持高速增长。2005~2014 年间数控机床年均复合增长率（CAGR）为 30.2%，远高于金属切削机床 10.89%的年均复合增长率。但与发达国家相比，中国数控机床的数控化率仍存在较大差距。目前，发达国家数控机床产量数控化率的平均水平在 65%以上，产值数控化率在 80%左右，因此中国数控机床的发展尚有较大潜力。

在国家宏观调控力度加大和产业结构调整升级的驱动下，2014 年中国数控机床产业涌现出一大批中高档数控机床创新成果，产品无论在高速化、精密化还是复合化等方面都取得了突破性进展，然而在可靠性、精度性方面仍与国际先进水平存在差距，有待进一步提升。2014 年，机床电子行业产品进口总额和出口总额稳定增加，但出口产品仍以中低端为主，进口产品则更偏向于高端数控产品，凸显中国机床电子行业产品结构、高档数控机床研发能力与市场需求不相适应的矛盾仍然突出。因此，挖掘数控机床发展潜力、加强数控机床在其他行业的应用将成为下一步产业发展重点。

生产与销售

数控机床产量保持上升态势　2014 年，中国数控机床产品产量保持上升态势，1~12 月产量为 30.79 万台，同比增长 18%。其中，数控金属切削机床产量为 26.09 万台，同比增长 14.78%；数控金属成形机床 4.70 万台，同比增长 39.18%。

产业集中度进一步提高　2014 年，辽宁、浙江、山东继续位居中国数控金属切削机床产量的前三位，产量分别为 63 328 台、50 976 台、41 711 台，其中，辽宁和山东均保持了较高的增长速度，分别达到 24.04%和 20.45%，三省数控金属切削机床产量占中国产量的 59.8%，与 2013 年持平。2014 年中国数控金属成形机床产量最高的前四个省区市为湖南、江苏、山东和浙江，占全国比重高达 89.2%，比 2013 年提高 4 个百分点。

数控机床占比持续增长　2014 年中国金属切削机床的数控率达到了 34.5%，比 2013 年提高了 5.7 个百分点，其中 2014 年 12 月的中国金属切削机床的数控率已提升至 36%。中国金属成形机床的数控率为 13.56%，比 2013 年提高了约 6.6 个百分点。

科技进步与应用

北京京城机电控股有限责任公司旗下北京北一机床股份有限公司与北京工业大学完成的“重型龙门数控机床大型结合面关键技术研究与应用”获得北京市科学技术奖励大会科学技术二等奖。“重型龙门数控机床大型结合面关键技术研究与应用”在先进制造与工业技术领域，以国家重大科技专项课题“数字化设计——重型龙门数控机床大型结合面实验研究与应用”为依托，对重型机床大型结合面动静态特性进行研究，使北一重型龙门机床从 8 米跨越到 13 米以上，并应用于跨度超过 10 米的重型立车新产品。

GNC62 是大连光洋在 GNC60/GNC61 总线开放式数控系统的基础上，对多方面技术改进和完善、研制的新一代高性能全功能型高档数控系统。GNC62 升级了 GNC60/61 的硬件，采用 intel i5 多核 CPU，同时继承了 GNC60/61 的软件体系结构，继承了 GNC60/61 的多轴多通道控制能力，全面提升了数控系统的五轴控制技术，提升了数控系统及伺服驱动的动态响应能力，提升了数控系统的几何误差补偿能力，增加了系统三维在线切削仿真和 GMDL 会话式编程引擎，拓展了系统的人机交互能力，提供了更为方便的对刀方式和刀尖点坐标显示，提供了更便于数控程序调试运行的手轮速度功能，进一步增强了数控系统的开放性，为用户自行定制和二次开发具有个性化的机床控制器提供便利。

TX-6 数控砂带磨床在华中数控提供系统、北京胜为弘技数控装备有限公司制造、德阳东汽工模具有限公司三方的共同努力下，拥有了从硬件结构、控制系统到专用编程后处理软件的完全自主知识产权，打破了国外对五轴联动数控砂带磨床的技术封锁，大大改变了只有个别国产数控机床采用国产五轴联动数控系统的尴尬局面，更表明了中国高档数控系统的关键技术已有重大突破，正在向产业化迈进。

青海华鼎重型机床有限责任公司（青重）的 CHG61250×6/40 型数控卧式车铣复合机床部分精度指标达到了国际先进水平。该机主要用于加工各种轴类零件的外圆柱表面、异形曲面、锥面、螺纹、键槽端面等，具备车、铣、镗、钻功能，充分体现出重型卧式车床复合、高精、高速的特点。该机床身为整体四导轨结构，保证了整机刚性；用于刀架的两条导轨采用了高速、低摩擦的直线导轨副。直线导轨应用在数控重型卧式车床上是不多见的。主传动采用了当今世界上先进的双电机驱动技术，机床具有大功率车削主运动，又具有高精度的 C 轴功能，从而实现了机床的铣、钻、镗的复合功能。

中传重机的 HTⅣ160.03 型数控重型卧式车床代表了中国高水平的数控重型卧式车床，该机床适用于加工轴类、盘类及其他回转类零件，可采用高速钢、硬质合金及陶瓷刀具，对黑色金属、有色金属及非金属零件进行圆柱面、圆锥面、切槽、螺纹及各种旋转曲面的粗、精加工。其结构特点为：x、z 轴均为静压导轨，具有无机械摩擦、无爬行、高刚度、高精度的特点；主轴箱采用穿轴结构，并配有热对称键，各齿轮均为 5 级磨齿工艺。尾座套筒采用热补偿结构，配备有顶紧力检测及过流继电器双保险机构，保证了机床工作安全可靠。尾座在床身上移动时，采用了蜗杆蜗母条的形式，止退效果好。主体大件全部采用高强度灰铸铁，应用了先进的有限元分析技术，对零件的刚度进行分析优化，提高了机床的整机性能和稳定性。

重大工程与重点项目

云南省科技厅大力支持高端数控机床关键技术创新驱动高端装备制造业跨越发展，实施“TNC-B16D 高速精密数控纵切车铣复合中心研究及产业化”项目，研发具有自主知识产权的七轴五联动 TNC-B16D 高速精密数控纵切车铣复合中心并实现产业化，研发产品填补省内空白，可替代进口同类机床，大幅降低生产成本。实施“高架桥式龙门五面体加工中心光机研发”项目，研发产品与国内外同类产品相比在精度水平、交货周期、价格等方面有明显的竞争优势。实施“CXH700 数控龙门车铣复合加工中心研究开发”项目，在引进德国希斯技术的基础上，开发工作台宽度为 7 000mm 的数控超重型龙门车铣复合加工中心，产品将填补国内空白，机床精度等性能指标达到国内领先、国际先进水平。实施“VTC 系列数控立式车床研发及产业化”项目，研发国际先进水平的 VTC 系列数控立式车床，填补云南省立式数控车床制造领域空白，研发产品综合性能指标可达到国内领先、国际先进水平，与国内外同类产品形成差异化，且规格齐全、适用范围广，产品价格相比国外进口产品有较强的竞争优势。实施“系列化新型数控外圆磨床研发及产业化”项目，吸收瑞士斯都德公司技术，研发市场需求量大、加工直径为 320mm 和 200mm 的系列化新型数控外圆磨床，研发产品将填补云南轴类零件磨削加工机床空白，产品工作精度可达国内先进水平，可大幅降低生产成本。

冠泓高档数控机床二期建设项目总投资 29 947 万元，项目主要通过新建生产车间及辅助设施建筑面积 30 000 平方米，购置国内先进生产设备及相应的检测设备 121 台（套）。该项目已于 2012 年 3 月开工建设，于 2014 年 2 月完工。项目建成投产后，将成为具有国内先进水平的节能型高档数控机床生产基地，形成年生产高档数控机床 305 台套的生产能力，预计可年新增营业收入 56 966 万元，年新增利润总额 10 622 万元。该项目的建设，对引领带动当地企业以数控智能化为重点加快实施转调，促进行业结构优化升级，进一步增强企业的综合市场竞争力，全面提升装备制造业发展水平具有重要示范作用。

江苏亚威机床股份有限公司作为国内数控机床领先企业与外资合作进入机器人领域。2014 年 6 月 24 日，江苏亚威机床股份有限公司与德国 ReisGmbH & Co.KG Maschinenfabrik（德国徕斯机械制造公司）正式签署《合资经营协议》、技术许可主协议及一揽子配套协议，拟成立合资公司“亚威徕斯机器人制造（江苏）有限公司”。合资公司除制造销售被许可的全系列线性机器人和水平多关节机器人产品外，将根据市场需求开发、制造及销售其他机器人产品，包括开发生产亚威股份机床自动化生产线所需备类专用机器人技术产品，根据协议合资公司为亚洲市场生产线性机器人和水平多关节机器人。

GL8-V 门型立式五轴加工中心是泉州“数控一代”示范项目，由嘉泰数控与华中数控公司、福建工程学院合作，采用华中数控系统，在五轴头等结构和关键零部件进行优化组合，实现五轴数控的高速化与高精度，拥有多项专利，技术指标已达到国外同类产品水平，而售价约为国外同类产品的 1/3，可替代进口，现已和华中科技大学、福建工程学院等十多所院校达成合作意向。事实上，嘉泰于 2004 年就开始接触做五轴，但由于市场需求等各种原因，没有进行批量化生产。之后，每年都在不断研发提升。一直到近两年来，在国家推广“数控一代”项目的契机下，他们推出了全国产化 GL8-V 门型立式五轴联动加工中心。

国际合作与对外贸易

数控机床产品进口总额稳定增加，进口产品以高端为主 2014 年，中国机床电子行业产品进口总额稳定增加，增速同比下降。进口产品以高端数控系统及精密伺服、控制元器件为主。进口国家主要为日本、德国、美国和韩国等机床电子产业发达的国家和地区，中国大陆企业从台湾进口相关产品的总量增加。从数控系统、伺服系统两类机床电子重点领域的进出口情况看，中国机床电子对外需求程度保持增长趋势。2014 年前三季度，中国数控系统进口额为 132.5 亿元，全年预计达到 183.6 亿元，继续保持高速增长势头。进口国集中在日本和德国，高端进口数控系统如西门子数控主要应用于国内高端数控机床制造，中高端数控系统如发那科、三菱数控系统用于国内中高端数控机床制造及数控化改造。

数控机床产品出口增速加快，出口产品结构明显改善 2014 年，数控机床类商品出口 30.8 亿美元，增长

18.7%。新兴经济体国家制造业发展使得海外市场对数控机床产品客观需求增加，促使机床出口大幅增长。长期以来，海外市场对于中国的机床产品一向有着不小的需求，但由于中国国内市场需求旺盛，许多数控机床企业忙于国内市场，无暇顾及海外市场。而最近两年来，由于国内市场需求放缓，机床企业开始把更多精力用于开拓海外市场，带动了数控机床产品出口的较快增长。在数控机床产品出口增速加快的同时，出口产品结构也发生了明显改善，用户对于高端机床产品的需求日益加大，机床生产商对数控类机床产品的开发速度明显加快，国产数控机床已经基本实现产业化与普及化。

政策与法规

《国家支持发展的重大技术装备和产品目录（2014 年修订）》　2014 年 2 月 18 日，财政部、国家发展改革委、工业和信息化部、海关总署、国家税务总局、国家能源局联合印发《国家支持发展的重大技术装备和产品目录（2014 年修订）》。在《国家支持发展的重大技术装备和产品目录（2014 年修订）》中，涉及数控机床的产品有：立式和卧式加工中心、龙门式加工中心（含龙门镗铣床）、数控车床、重型数控卧式车床、大型数控立式车床、数控铣镗床、数控滚齿机、插齿机、剃齿机、数控铣齿机、数控磨齿机、数控闭式机械压力机及大型多工位压力机、数控激光冲压切割复合机、数控不落轮车床、柔性制造系统、数控磨床、数控特种加工机床。

《重大技术装备和产品进口关键零部件及原材料商品目录（2014 年修订）》　根据近年来国内装备制造业及其配套产业的发展情况，国家决定对重大技术装备进口税收政策有关规定和目录进行调整。对符合规定条件的国内企业为生产国家支持发展的重大技术装备或产品而确有必要进口部分关键零部件及原材料，免征关税和进口环节增值税。在《重大技术装备和产品进口关键零部件及原材料商品目录（2014 年修订）》中，涉及数控机床的产品有：立式和卧式加工中心、龙门式加工中心、数控车床、重型数控卧式车床、大型数控立式车床、数控铣镗床、数控滚齿机、插齿机、剃齿机、数控铣齿机、数控磨齿机、数控闭式机械压力机及大型多工位压力机、数控激光冲压切割复合机、数控不落轮车床、柔性制造系统、数控磨床、数控特种加工机床。

存在问题

技术水平不高，中高档数控系统和主要功能部件严重依赖进口　现阶段中国数控机床先进技术的来源多数是通过对国外先进技术的引进、消化和吸收，总体还处于技术跟踪状态，对消化、吸收和改进的投入远远不够。高效、柔性、精密机床主机及关键功能部件的设计技术、制造技术、试验技术、集成技术和用户工艺研究等方面的自主研发能力还有待加强；对数控机床功能和性能起决定作用的中高档数控系统、精密大功率电主轴等关键功能部件，拥有自主知识产权的先进核心技术仍有待发展。高性能数控系统及智能化技术还不够成熟，使得完整的技术链和产业链尚未形成，专业化分工也还不明确，难以满足高端数控机床的应用需求，至今大部分依然靠国外进口。

产品质量及可靠性不高，机床综合利用率较低　目前，中国数控机床企业制造出的产品可靠性及精度保持性较低的原因有两点：一是精密制造设备品种较少、自动化水平不高及环保性差；二是企业的质量争优意识还不够深化，质量管理能力薄弱等。而数控机床的制造过程，是一个将原材料通过能源和资源的消耗转化为产品的过程。由于机床行业制造设备相对落后、工艺不够先进以及管理水平不高，使零件加工精度低、工时长、不合格品和废品率增高；制造过程中功耗较大，整个生产过程资源利用率低，导致制造成本居高不下。同时，轻量化设计技术应用较少，产品节能和无害化方面考虑不足，导致产品在使用过程中综合能耗、物耗、污染物排放等仍然较高；加之对切削加工工艺优化及用户工艺研究方面做得还不够，使机床的综合利用率较低。

发展趋势

经过几十年的不断发展，特别是近年来得益于国家科技重大专项的强有力支持，中国数控机床产业加快升级的步伐，涌现出一大批中高档数控机床创新成果，形成了良好的发展基础，数控化率稳步提高。但是，机床消费和生产的结构性矛盾仍然比较突出，在产品质量、产品研发、应用领域研究、品牌宣传、营销手段、服务专业化等方面，特别是为用户提供整套解决方案的能力方面还有很长的路要走。

2015 年，“中国制造 2025”正式发布实施，这是中国实施制造强国战略第一个十年的行动纲领。“中国制造 2025”提出的“9 大任务、10 大重点领域、5 项重点工程”都明确提出要发展“组织研发具有深度感知、智慧决策、自动执行功能的高档数控机床”。中国政府已将高端数控机床行业提高到了战略性位置，把发展大型、精密、高速数控设备和功能部件列为国家重要的振兴目标之一，也将促进行业的快速发展。数控技术的突飞猛进和高端市场的强力增长，为数控机床的技术进步提供了加速引擎。

预计 2015 年将是中国数控机床快速发展的一年，在国家政策大力支持、上下游产业振兴发展的背景下，中国数控机床行业仍将保持高速增长，尤其是高档数控机床将迎来更大的市场空间。未来，随着汽车及零部件、航空航天、模具、铁路运输装备、工程机械以及其他各类装备制造业的生产规模扩张和全球产业转移等趋势的形成，以及相关行业对多层次机床产品的强劲需求，将进一步推动中国数机床制造行业的快速成长。

[撰稿：余雪松　审稿：杨旭东]

第3部分　软件服务业

2014年中国软件产业发展综述

【综述】

2014年，伴随全球宏观经济企稳向好，美国等发达国家IT需求的复苏，云计算、移动互联网、大数据等创新业务的逐步落地以及人工智能、智能制造、工业互联网等热点领域受到投资机构的追捧，全球软件产业保持较高景气度。谷歌、甲骨文、微软等IT巨头纷纷加快云计算、大数据等领域并购整合力度，完善自身业务体系和生态布局。在经济增长新常态下，中国软件产业保持平稳增长，新兴信息技术服务在产业整体中的比重不断提高，产业集中度进一步提高，自主创新能力获得较大提升。

产业保持平稳较快增长，软件出口持续低迷　2014年，在经济增长放缓成为新常态、产业加速转型调整的背景下，中国软件产业保持平稳较快增长，实现软件业务收入3.7万亿元，同比增长21.1%，虽然增速较2013年低2.3个百分点，但仍比电子信息制造业增速高出10个百分点以上。相比于2011年，软件业务收入规模从1.9万亿元增长到3.7万亿元，3年翻了一倍，年均增长率为25.3%。

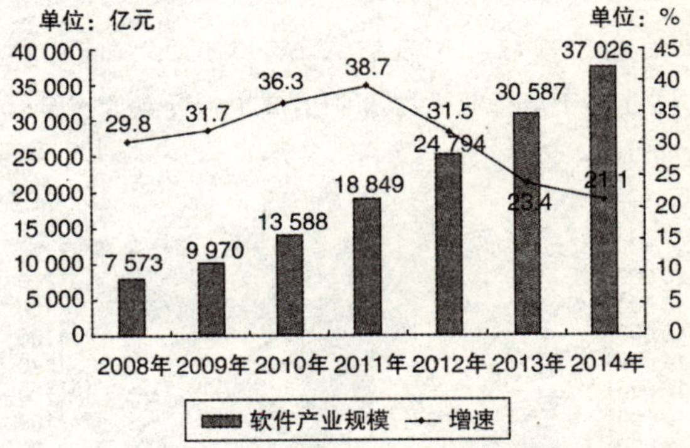

图1　2008~2014年中国软件产业规模与年增长率情况

数据来源：工业和信息化部

从利润增长和从业人员情况看，2014年，中国软件产业实现利润总额4 826亿元，同比增长26%；从业人员平均人数超过539万人，同比增长16.1%。

受外部市场需求复苏缓慢、生产要素成本上升导致传统竞争优势削弱、外贸环境欠佳等因素影响，中国软件出口增速出现较大幅度下降。2014年，中国软件出口额为487亿美元，同比增长3.8%，增速较2013年同期低15.2个百分点，低于2011年和2012年25.8和10.1

个百分点。

信息技术服务增势突出，服务化转型加速 随着《关于加快发展生产性服务业促进产业结构调整升级的指导意见》、《关于加快科技服务业发展的若干意见》、《国家集成电路产业发展推进纲要》等促进信息技术服务发展政策密集出台，云计算、大数据、移动互联网等新兴信息技术服务快速发展并与各领域加速融合不断衍生新业态。随着智慧城市建设带动医疗、交通等行业的信息技术服务需求快速增长，运营相关服务、电子商务平台服务、IC 设计等信息技术服务业务仍表现出较好的增长态势，占软件产业比重不断提高，推动软件产业服务化转型调整。

根据工业和信息化部数据，2014 年，中国信息技术服务收入增势突出，成为增长最快的业务领域，完成收入 18 711 亿元，同比增长 185.7%，增速高出全行业平均增速 164.6 个百分点，占全行业比重为 50.5%。传统软件产品增长平稳，但仍是软件产业的重要组成部分，共完成收入 12 198 亿元，同比增长 23.5%，高于全行业平均增速 2.4 个百分点，占全行业比重为 32.9%，高于上一年比重。在移动智能终端、平板电脑、消费类电子以及汽车电子产品、数控设备、医疗仪器等对嵌入式系统市场需求不断增长的推动下，嵌入式系统软件是增长最快的业务领域，实现收入 6 117 亿元，同比增长 102.9%，高于全行业平均水平 81.8 个百分点，占全行业的比重为 16.5%。

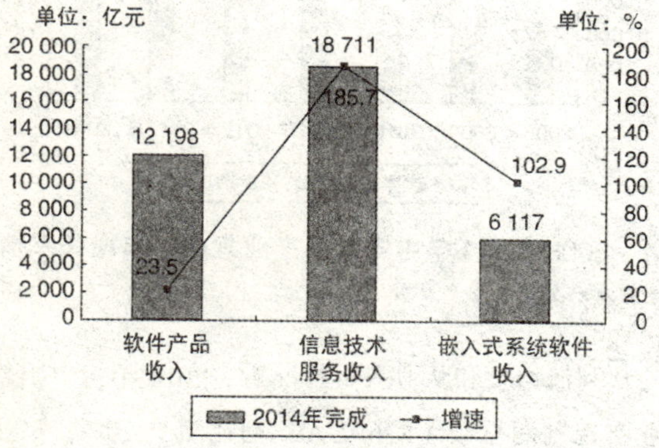

图 2 2014 年软件产业分类收入增长情况

数据来源：工业和信息化部

产业集聚效应进一步强化，中心城市增势放缓 2014 年，中国 15 个副省级城市共完成软件业务收入 2.1 万亿元，在全国软件业务收入中所占比重为 56.8%，高于 2013 年比重 0.2 个百分点，同比增长 21.5%，高于全国平均水平 0.4 个百分点，低于 2013 年同期 6.1 个百分点。其中，深圳、南京、杭州、广州、成都、济南、沈阳、大连、青岛等中心城市软件业务规模超过 1 000 亿元，成为中国软件产业发展的主要聚集地。

从软件名城产业集聚情况看，根据 2014 年工业和信息化部的统计数据，南京、济南、成都、广州、深圳、上海、北京、杭州等 8 个软件名城共实现软件业务收入 21 586.6 亿元，占全国的比重为 58.3%，同比增长 19.1%，低于全国软件行业增速 2 个百分点。其中，济南、杭州和广州的软件业务收入增速高于全国平均水平，分别完成软件业务收入 1 756.8 亿元、2 073.2 亿元和 1 945.3 亿元，同比增速分别为 31.4%、28.6%和 22%。深圳、南京和成都的软件业务收入增速略低于全国平均水平，分别完成软件业务收入 3 548 亿元、2 736 亿元和 1 831.4 亿元，增速分别为 19.3%、18.5%和 18.2%。北京和上海的软件业务收入分别为 4 796.6 亿元和 2 899.4 亿元，增速分别为 13.9%和 14.2%。

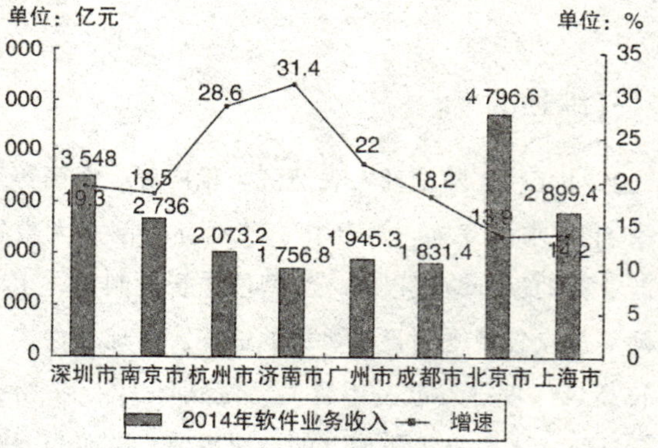

图 3 2014 年中国软件名城软件业务收入情况

数据来源：工业和信息化部

东部地区增长较快，东北地区增势放缓 近年来，东部地区软件业务收入增速持续放缓，但仍是软件产业发展的主要集聚地。2014 年，东部地区实现软件业务收入 28 002.8 亿元，占全国软件业务收入的比重为 75.6%，同比增长 22.4%，增速高于全国 1.3 个百分点，其中江苏、广东和北京成为全国软件业务收入规模最大的前三大省份，分别实现软件业务收入 6 172.6 亿元、6 018.7 亿元和 4 796.6 亿元。

中、西部地区日益成为中国软件产业发展的新增长极，分别完成软件业务收入 1 631 亿元和 3 816.6 亿元，占全国的比重分别为 4.4%和 10.3%，同比增速分别为 20.8%和 21.2%。

东北地区增速放缓，共实现软件业务收入 3 576 亿元，同比增长 11.1%，低于全国平均水平 10 个百分点，占全国软件业务收入的比重为 9.7%。

【统计数据】

表 1 2011~2014 年中国软件出口增长情况

年份	软件出口规模（亿美元）	同比增速（%）	年份	软件出口规模（亿美元）	同比增速（%）
2011 年	346	29.6	2013 年	469	19
2012 年	394	13.9	2014 年	487	3.8

注：数据来源于工业和信息化部。

[撰稿：孙文龙 审稿：陈伟]

2014 年中国信息技术服务业发展综述

【综述】

2014 年，在中国经济结构调整优化的大趋势下，信息技术服务业继续保持平稳增长，市场规模不断扩大，大数据、云计算等新兴技术驱动新兴业务快速发展，产业转型稳步推进。

生产与销售

2014 年，随着新兴技术的快速发展和应用，信息技术服务类收入平稳增长，达到 18 711 亿元，同比增长 16.7%。2014 年，中国软件业务实现出口 487 亿美元，同比增长3.8%。

科技进步与应用

信息技术服务标准化工作 组织开展信息技术服务标准（ITSS）研制和应用推广工作，指导成立中国电子工业标准化技术协会信息技术服务分会，依托行业协会开展标准符合性评估。推动开展 IT 服务成熟度、方法论、服务工具和数据中心运营管理等方面的研究和应用示范。指导 ITSS 标准工作组推进基础标准、咨询设计和集成实施等标准的研制，面向业界组织召开《IT 服务从业人员能力规范》等标准的征求意见会。组织地方主管部门和行业协会开展运维通用要求标准系列宣贯活动。

云计算产业发展 促进云计算服务产业化，创新发展软件和信息技术服务新业态。批复哈尔滨、西安和咸阳之间的西咸新区两地开展云计算服务创新发展的申请，纳入试点示范城市的范围。实施 2014 年云计算示范工程，重点支持公有云服务平台、基于云计算的大数据服务、专有云及大数据解决方案等三个方面，并完成项目评审。组织有关标准化机构和专家，编制完成《云计算综合标准化体系建设指南》。

重大工程与重点项目

电子信息产业发展基金 2014 年电子发展基金重点支持了安全可靠信息系统能力建设，包括基于安全可靠架构的数据中心运营管理系统研发，安全可靠软硬件集成开发环境（IDE）研发，面向证券、银行领域的安全可靠业务系统研发及应用示范，基于安全可靠架构的数据中心运营管理系统研发等项目，大大提升了安全可靠软硬件产业支撑能力，有效促进重点领域应用安全可靠信息系统。

软件公共服务平台 完成 2013 年软件公共服务平台专项验收及绩效评价。组织实施 2014 年平台专项，重点支持三个方向：一是面向产业集聚区软件和信息技术服务企业的公共服务平台；二是面向软件和信息技术服务全行业的支撑服务平台；三是面向生产性服务，促进两化深度融合的软件和信息技术服务平台。经过专家评审，确定了 8 家平台建设单位。

软件和信息服务业示范基地 开展第四批软件和信息服务业示范基地创建工作，新认定“陕西西咸新区沣西”为示范基地。

信息技术服务业企业信用评价 指导中国软件行业协会开展第七批软件和信息服务业企业信用评价工作，新评出信用企业 119 家并公布企业名单。

国际合作与进出口贸易

积极参与国际云计算标准化工作。2014 年 10 月，中国重点参与的两项云计算国际标准——ISO/IEC 17788:2014《信息技术 云计算 概述和词汇》和 ISO/IEC 17789:2014《信息技术 云计算 参考架构》正式发布，标志着云计算国际标准化工作进入了一个新阶段。标准规范了云计算的基本概念和常用词汇，有助于实现对云计算的统一认识。

中国国际软件博览会、中国电子信息博览会等国际展会为国内外信息技术企业提供了沟通交流的平台，引进国外优秀企业和相关产品的同时，为中国信息技术企业走出去提供了便利，有助于企业提升竞争意识，塑造自主品牌。

政策与法规

2014 年 11 月15 日，国务院部署确定促进云计算创新发展措施，培育壮大新业态新产业。提出要积极支持云计算与物联网、移动互联网等融合发展，催生基于云计算的在线研发设计、教育医疗、智能制造等新业态。在疾病防治、灾害预防、社会保障、电子政务等领域开展大数据应用示范。加强信息安全评估和防护。支持云计算关键技术研发和重大项目建设。

2014 年 11 月 17 日，国务院部署加快发展服务外包产业。提出要大力发展软件和信息技术、研发、金融、政府服务等领域的服务外包，推动向价值链高端延伸。鼓励服务外包企业专业化、规模化、品牌化发展，培育一批创新和竞争能力强、集成服务水平高的龙头企业，扶持一批“专、精、特、新”中小型企业。

2014 年 12 月 3 日，国务院部署在更大范围推广中关村试点政策，激发科研人员的主动性、积极性、创造性，加快创新成果转化，推动高新技术产业成长，打造中国经济发展新动力，促进经济向中高端水平迈进。

市场分析与预测

随着产业结构和布局的良性调整，云计算、大数据等新技术、新业态的进一步落地，信息技术咨询服务、数据处理和存储类服务等新兴业务保持快速增长态势。信息技术与传统产业的结合更加紧密，以互联网为基础的新兴业态将密集涌现。在市场环境的推动和政策利好因素的鼓励下，投资并购热潮将继续延续。

存在问题

中小企业转型压力加大 一方面行业龙头跨界转型加剧了信息技术服务业的竞争；另一方面中小企业业务集中在低端实施领域，对新兴领域的商业模式和业务运作还处在探索阶段，面临着短期内难以获得明显业绩的挑战。

新兴业态中的行业应用不足 云计算、大数据等新技术在面向企业或行业应用时，服务模式和商业模式仍处在初期探索阶段。

新兴领域的信息安全问题不容忽视 中国智能终端所使用的核心芯片、操作系统等关键软硬件产品及部分关键网络设备的核心技术都掌控在国外企业手中，信息安全受到严重威胁。

[撰稿：任利华 贾子君 审稿：陈伟]

2014年中国软件和信息技术服务业上市公司运行情况

【综述】

本报告涵盖了中国软件和信息技术服务业上市公司217家，其中沪深股市144家、美国股市45家、香港股市28家。

2014年，全球资本市场持续回暖，资产价格一路上扬。主要发达经济体股市大幅上涨，多数新兴市场经济体股市波动性加大，软件产业在这一过程中继续受到市场追捧。中国资本市场的改革方兴未艾，《国务院关于进一步促进资本市场健康发展的若干意见》等一系列重要的股市政策和规划先后出台，以及首次公开募股（IPO）重启与注册制改革加速等举措的实施，对2014年A股市场走势产生了极其重要的影响。

中国软件和信息技术服务业上市公司总体情况

新技术新应用刺激需求，软件行业板块走势向好 2014年1月1日至2014年12月31日期间，美国纳斯达克指数上涨14.6%，上证综指和深证成指分别增长33.6%和20.9%，而“中国软件100指数”[①]涨幅达35.1%。自2012年12月25日以来，“中国软件100指数”趋势向好，由起初的1 021.6点上涨至2 638.8点，历史最高位2 994.1点。特别是2014年第三季度以来，由于IT行业并购与重组规模井喷式增加，信息安全、互联网金融领域发展活跃，带动了指数持续单边上涨。2014年万得（Wind）二级行业景气指数结果也显示，软件与信息技术服务业板块继金融、房地产、公用事业和运输等行业板块之后，市场表现强劲。

软件企业实力增强，企业国际化进程加快 从中国软件行业上市公司的市值表现来看，一方面，国内软件企业技术创新和商业模式创新能力正在逐步增强，特别是具有实力的大企业已经把目光由国内市场转向了国际市场竞争；另一方面，随着国内企业国际化进程的加快，以及国际市场信用度的提高，更被国际资本市场所关注，境外融资能力也越来越强[②]。

截至2014年12月31日，统计样本内的中国软件行业上市公司共计217家，其中，沪深股市144家，香港股市28家，美国股市45家。2014年12月31日，软件行业上市公司总市值8 665.2亿美元，比2013年同期增长近一倍，比2010年同期翻一番；其中，沪深股市2 502.9亿美元，香港股市1 721.0亿美元，美国股市4 441.2亿美元。按上市公司当日平均市值计算，沪深股市17.4亿美元，香港股市61.5亿美元，美国股市98.7亿美元[③]。

上市公司营收增长稳健，境内上市企业成长性放缓 从软件行业上市公司主营业务收入变化来看，中国软件产业经过2012~2013年的阶段性调整后，产业规模呈现稳中有升的特点，行业收入增速放缓，波动幅度处于合理区间。究其原因，一方面近十年来软件产业高速发展，在现有技术水平和应用程度之下，产业规模已接近一个峰值；另一方面受到了国际国内宏观经济增速放缓的影响。2010~2014年，软件行业上市公司主营业务收

注① 中国软件100指数是指工业和信息化部电子科学技术情报研究所经软件和信息技术服务业行业梳理和企业分类，确定的沪深两市上市的、代表国内软件产业走势的144家上市公司二级市场走势数据。

注② 对于境内上市公司而言，2014年新股国内首次公开募股（IPO）的重启、暂停、再重启等政策性因素，以及第三季度以来A股市场整体逆势走强等特殊情形，对市值表现企业实力和投资者信心方面有所影响。

注③ 2014年，由于阿里巴巴（2014年12月31日市值2 583.6亿美元）、京东商城（2014年12月31日市值315.2亿美元）等巨头在美国上市，其市值之和占中国在美国上市软件企业市值的65.3%，若剔除这两家公司，美国股市中国软件行业上市公司的平均市值为34.3亿美元。

入复合年均增长率为 22.9%，其中，沪深股市 12.4%，美国股市 68.4%，香港股市 19.7%。2014 年，中国软件行业上市公司主营业务收入 2 143.6 亿美元，同比增长 27.8%，其中，沪深股市 10.7%，美国股市 48.3%，香港股市 34.1%。

从软件行业上市公司主营业务收入在软件产业收入中的占比来看，这一比例处于逐年下降的趋势，2014 年有微弱上调。首先，软件和信息技术服务已经深入渗透到社会各个领域，“大软件”概念提高了软件产业规模计算的基数。其次，随着这两年云计算、移动互联网、大数据等投资和创新应用的兴盛，企业级应用已经开始由管控层面转向了营销层面和互联网渠道，而国内传统软件产业暂时还处于转型期，并未跟上市场需求变化。再次，中国软件行业上市公司中系统集成企业 112 家，占比高达 51.6%，而且多数处于产业链的中下游，产品和服务模式附加值较低。另外，可以预见的是，产业的去中心化和流动性加强，使得软件产业的部分财富价值可能由大企业向创新性和成长性强的中小企业乃至个人主体转移。2014 年，软件行业上市公司主营业务总收入增长率 27.8%，高于软件产业总收入增长率 9 个百分点；前者在后者中的占比为 35.7%，同比上升 2.5 个百分点。

从主营业务收入增长率和净利润增长率对比变化来看，2012 年以来在美国、香港上市的软件企业经营业绩和成长性都有一个良好的走势，主营业务的获利能力不断提高，但有一定幅度的波动，继 2013 年净利润增长率高于主营业务收入增长率 30~40 个百分点之后，2014 年获利水平再次有所减弱。而在中国境内上市的软件企业度过 2012 年的调整期后，2014 年的净利润增长率也仅勉强与主营业务收入增长率持平，约 11.5%。

从软件行业上市公司营业利润变化来看，在美国、香港上市的软件公司经营状况整体呈现缓慢上升趋势，沪深股市软件企业有待加强创新投入和战略结构调整。2014 年，中国软件行业上市公司营业利润 174.0 亿美元，同比增长 6.3%，这一数据在沪深股市、美国股市、香港股市分别是 23.4%、-21.1%、39.1%。显然，香港股市上市企业从产品与服务定价、附加值以及营销策略等方面都胜出一筹。

从对比各年度营业利润率和净利润率的角度来看，2010~2014 年，中国软件行业上市公司总体营业利润率、净利润率在缓慢平稳增长，尤其在港上市企业表现较好。2014 年，软件行业上市公司营业利润率 8.1%，略低于净利润率的 8.3%。但是，境内上市公司存在一定问题，自 2010 年以来，上市公司净利润率持续走低，并且高于同期营业利润率水平。这一现象表明：绝大多数境内上市公司以企业经营为主要目的，无力进行高端技术研发，盈利的相当一部分来自投资收益、补贴收入和营业外收入，也就是说通过上市途径的融资并未尽可能地用于中长期研发投入以及产品和服务的创新。

上市公司整体盈利能力同比略有下滑，但在美上市企业保持较强实力 净资产收益率是最能够充分表现企业全部资产的获利水平和经营管理水平的重要指标。通过分析 2010~2014 年各交易所上市的软件企业净资产收益率（摊薄）数据变化来看，随着中国软件产业发展到一定成熟期，软件行业上市公司净资产收益率逐年下降，可能国家对上市公司监管政策日趋严格导致的数据缩水也是一方面原因。然而，2014 年，在美国上市的软件企业净资产收益率已恢复到 2012~2013 年的水平，平均值为 7.0%；香港股市、沪深股市的这一值分别是 7.0%、7.3%。

研发和管理费用逐年递增，境内上市企业盈利受影响较大 中国软件行业上市公司研发费用投入力度不断增大，据不完全统计，2010~2014 年上市公司研发费用由 23.5 亿美元增加至 116.8 亿美元。然而，受外部经济影响，投入总额同比增速由 2010 年的 56.42%降至 2014 年的 40.06%。在美国、香港上市的企业更加注重中长期战略的构建和信息技术研发，以创新引领企业参与国际竞争；相比而言，2014 年度境内上市企业流向技术研发的金额虽略有增幅，但增速和比重与历史平均水平相比，显著减少。

另外，从企业内部管理的角度说，管理费用、销售费用的支出已经成为国内软件行业成本控制的瓶颈问题之一。特别是软件行业薪酬支出占营业成本的比例超过三成，并成为行业成本端变动的主因。

中国软件各子行业上市公司运行情况

上市公司子行业分布集中，互联网服务价值凸显 中国软件行业上市公司子行业分布集中，互联网服务、智能交互、信息安全、财税金融、管理等相关子行业的软件上市公司实力较强。从上市公司数量来看，系统集成和信息技术咨询服务企业集中于境内上市企业范畴，而新兴的互联网服务企业主要在美国上市。在总计 217 家软件行业上市公司中，系统集成和信息技术咨询服务企业 112 家，占比 51.6%；互联网服务企业 47 家，占比 21.7%。从上市公司市值分布来看，截至 2014 年 12 月 31 日，互联网服务企业总市值高达 5 983.0 亿美元，占比 69.0%；系统集成和信息技术咨询服务总市值为 1 848.1 亿美元，占比 21.3%；此外，市值在百亿美元以上的子行业还有信息安全类软件、管理类软件和游戏类软件。如按照各子行业公司平均市值计算，互联网服务以 127.3 亿美元遥遥领先，是位居第二位的智能交互类软件的 6 倍之多。

各子行业处于不同产业发展阶段，盈利能力参差不齐 通过划分子行业分析中国软件行业上市公司来看，2014 年上市公司整体发展平缓、低迷，子行业盈利能力参差不齐，境内上市企业成长性较弱。主要表现为以下几个特点：

第一，中国软件行业上市公司营业收入主要来源于系统集成和信息技术咨询服务、互联网服务子行业。2014 年，两个子行业收入分别为 1 294.0 亿美元、714.4 亿美元，在软件行业上市公司总收入中的占比为 93.7%。其中，系统集成和信息技术咨询服务类的营收中，纯软件收入占该子行业总收入的 54.5%。

第二，新兴的互联网服务、游戏类软件子行业盈利能力和成长性较高，系统集成和信息技术咨询服务行业硬件软件化、产品服务化程度正在加深。2014 年，互联网服务行业企业平均利润 1.36 亿美元，是位居第二位的系统集成类软件的 2.7 倍；平均净利润前三位的子行业分别是互联网服务、系统集成和信息技术咨询服务、游戏类软件。

第三，从子行业营业利润率和净利润率比较来看，互联网服务、游戏类软件、系统集成和信息技术咨询服务子行业的年度表现较好；在香港、美国上市的企业经营状况相对良好，境内上市企业中地理信息类、系统集成和信息技术咨询服务、IC 设计、外包服务类软件的净利润率在 10%以下之外，其他子行业普遍高于这一比率。

【统计数据】

表 1 中国软件和信息技术服务业沪深股市上市公司

序号	类别	代码	名称	市值（亿元）	主营业务收入（亿元）
1	系统集成	300017.SZ	网宿科技	151.19	19.11
2	管理	002410.SZ	广联达	168.51	17.60
3	系统集成	002415.SZ	海康威视	898.43	172.33
4	系统集成	002153.SZ	石基信息	202.78	21.86
5	游戏	300315.SZ	掌趣科技	205.41	7.75
6	互联网	603000.SH	人民网	231.86	15.84
7	系统集成	002236.SZ	大华股份	256.87	73.32
8	系统集成	300182.SZ	捷成股份	84.12	12.34
9	互联网	300113.SZ	顺网科技	58.54	6.49
10	系统集成	300002.SZ	神州泰岳	219.66	25.49
11	系统集成	600850.SH	华东电脑	114.67	57.50
12	管理	002063.SZ	远光软件	92.58	8.17
13	系统集成	300231.SZ	银信科技	35.15	4.89
14	管理	300253.SZ	卫宁软件	151.18	4.91
15	信息安全	300369.SZ	绿盟科技	72.13	7.03

续表

序号	类别	代码	名称	市值（亿元）	主营业务收入（亿元）
16	财税金融	300380.SZ	安硕信息	44.19	2.20
17	互联网	300104.SZ	乐视网	272.88	68.19
18	系统集成	600271.SH	航天信息	281.73	199.59
19	系统集成	002065.SZ	东华软件	270.64	51.71
20	系统集成	000977.SZ	浪潮信息	197.61	73.07
21	系统集成	300339.SZ	润和软件	54.56	7.33
22	财税金融	600570.SH	恒生电子	338.31	14.22
23	财税金融	600571.SH	信雅达	54.51	11.01
24	系统集成	300170.SZ	汉得信息	72.59	10.09
25	交互技术	002230.SZ	科大讯飞	213.83	17.75
26	系统集成	600804.SH	鹏博士	250.13	69.63
27	基础软件	300379.SZ	东方通	42.72	1.94
28	系统集成	002376.SZ	新北洋	66.06	9.92
29	系统集成	002649.SZ	博彦科技	53.09	15.61
30	外包	002195.SZ	二三四五	149.00	6.54
31	系统集成	600406.SH	国电南瑞	353.41	89.07
32	管理	600588.SH	用友网络	273.58	43.74
33	管理	300075.SZ	数字政通	48.11	5.46
34	信息安全	300352.SZ	北信源	63.69	2.63
35	系统集成	300245.SZ	天玑科技	31.81	4.09
36	系统集成	002546.SZ	新联电子	32.66	5.80
37	财税金融	600446.SH	金证股份	123.83	23.68
38	财税金融	002152.SZ	广电运通	198.62	31.52
39	系统集成	002008.SZ	大族激光	168.58	55.66
40	系统集成	300168.SZ	万达信息	225.06	15.43
41	信息安全	002439.SZ	启明星辰	108.93	11.96
42	系统集成	002421.SZ	达实智能	77.15	12.63
43	系统集成	002396.SZ	星网锐捷	95.87	36.42
44	系统集成	600728.SH	佳都科技	63.77	22.65
45	系统集成	600845.SH	宝信软件	121.98	40.72

续表

序号	类别	代码	名称	市值（亿元）	主营业务收入（亿元）
46	系统集成	002368.SZ	太极股份	120.47	42.56
47	系统集成	300271.SZ	华宇软件	56.93	9.03
48	管理	002279.SZ	久其软件	47.50	3.27
49	信息安全	300311.SZ	任子行	26.13	2.97
50	系统集成	000938.SZ	紫光股份	60.03	111.45
51	系统集成	002465.SZ	海格通信	192.72	29.54
52	互联网	300059.SZ	东方财富	338.20	6.12
53	信息安全	300188.SZ	美亚柏科	57.99	6.03
54	系统集成	300310.SZ	宜通世纪	33.98	9.11
55	系统集成	300047.SZ	天源迪科	37.94	11.87
56	系统集成	002308.SZ	威创股份	68.94	8.03
57	系统集成	002657.SZ	中科金财	75.27	10.98
58	系统集成	002642.SZ	荣之联	111.67	14.98
59	系统集成	601567.SH	三星电气	76.37	28.74
60	系统集成	300020.SZ	银江股份	76.08	23.19
61	互联网	002315.SZ	焦点科技	64.39	5.10
62	管理	300229.SZ	拓尔思	44.73	2.90
63	游戏	300052.SZ	中青宝	52.91	4.90
64	互联网	300226.SZ	上海钢联	94.18	75.57
65	互联网	002095.SZ	生意宝	66.51	1.60
66	财税金融	000997.SZ	新大陆	146.42	22.35
67	系统集成	002090.SZ	金智科技	29.09	11.79
68	系统集成	002339.SZ	积成电子	42.47	11.09
69	系统集成	300324.SZ	旋极信息	124.04	3.62
70	系统集成	300074.SZ	华平股份	41.68	2.21
71	财税金融	002312.SZ	三泰控股	105.61	12.56
72	系统集成	300025.SZ	华星创业	42.87	10.59
73	信息安全	002268.SZ	卫士通	133.22	12.37
74	系统集成	002261.SZ	拓维信息	67.65	6.58
75	系统集成	601126.SH	四方股份	70.34	32.64

续表

序号	类别	代码	名称	市值（亿元）	主营业务收入（亿元）
76	系统集成	600776.SH	东方通信	102.11	37.12
77	财税金融	002177.SZ	御银股份	52.98	9.72
78	系统集成	600037.SH	歌华有线	154.14	24.66
79	IC 设计	002139.SZ	拓邦股份	27.37	11.15
80	地理信息	002405.SZ	四维图新	135.07	10.59
81	系统集成	002178.SZ	延华智能	42.57	8.24
82	外包	600718.SH	东软集团	194.08	77.96
83	系统集成	600198.SH	大唐电信	144.40	79.84
84	系统集成	300203.SZ	聚光科技	86.90	12.31
85	系统集成	002544.SZ	杰赛科技	143.59	19.47
86	系统集成	002280.SZ	联络互动	89.34	3.23
87	系统集成	002331.SZ	皖通科技	37.51	7.81
88	系统集成	000748.SZ	长城信息	158.48	17.10
89	系统集成	000851.SZ	高鸿股份	66.17	70.81
90	系统集成	600990.SH	四创电子	79.26	16.85
91	互联网	300033.SZ	同花顺	121.93	2.66
92	系统集成	600756.SH	浪潮软件	56.84	10.85
93	系统集成	300010.SZ	立思辰	61.53	8.47
94	系统集成	300044.SZ	赛为智能	29.41	6.20
95	财税金融	300085.SZ	银之杰	95.63	1.92
96	地理信息	300036.SZ	超图软件	27.35	3.61
97	系统集成	002474.SZ	榕基软件	65.52	5.98
98	IC 设计	300205.SZ	天喻信息	58.19	13.55
99	地理信息	002151.SZ	北斗星通	80.14	9.54
100	系统集成	002519.SZ	银河电子	51.60	11.76
101	系统集成	600100.SH	同方股份	256.71	259.94
102	IC 设计	002017.SZ	东信和平	38.06	12.87
103	系统集成	002401.SZ	中海科技	44.21	5.55
104	互联网	000503.SZ	海虹控股	281.15	1.95
105	系统集成	002089.SZ	新海宜	75.61	11.42

续表

序号	类别	代码	名称	市值（亿元）	主营业务收入（亿元）
106	系统集成	600498.SH	烽火通信	153.45	107.21
107	系统集成	002528.SZ	英飞拓	52.74	9.79
108	系统集成	002296.SZ	辉煌科技	64.22	5.26
109	系统集成	300096.SZ	易联众	42.10	4.02
110	系统集成	002184.SZ	海得控制	48.00	15.44
111	系统集成	002121.SZ	科陆电子	48.55	19.55
112	系统集成	600601.SH	方正科技	102.72	68.62
113	互联网	601519.SH	大智慧	118.86	8.20
114	系统集成	002093.SZ	国脉科技	52.59	4.60
115	系统集成	300101.SZ	振芯科技	61.13	4.07
116	系统集成	600410.SH	华胜天成	130.64	42.79
117	系统集成	600536.SH	中国软件	162.71	32.33
118	系统集成	000021.SZ	深科技	105.64	164.44
119	系统集成	000682.SZ	东方电子	47.93	18.41
120	系统集成	300081.SZ	恒信移动	34.10	6.67
121	系统集成	600764.SH	中电广通	31.72	7.19
122	系统集成	002373.SZ	千方科技	136.49	13.61
123	系统集成	002253.SZ	川大智胜	32.31	2.21
124	IC 设计	600460.SH	士兰微	71.21	18.70
125	系统集成	600288.SH	大恒科技	44.99	33.49
126	系统集成	600289.SH	亿阳信通	56.17	11.72
127	系统集成	002583.SZ	海能达	70.13	19.49
128	系统集成	002232.SZ	启明信息	41.96	13.88
129	系统集成	600875.SH	东方电气	413.60	390.36
130	系统集成	600680.SH	上海普天	55.96	17.87
131	财税金融	000948.SZ	南天信息	33.37	18.29
132	外包	600797.SH	浙大网新	59.82	47.04
133	系统集成	000066.SZ	长城电脑	75.84	758.02
134	系统集成	600560.SH	金自天正	24.89	5.72
135	地理信息	002383.SZ	合众思壮	44.48	4.90

续表

序号	类别	代码	名称	市值（亿元）	主营业务收入（亿元）
136	IC 设计	300077.SZ	国民技术	72.57	4.26
137	系统集成	600345.SH	长江通信	29.84	8.66
138	系统集成	600268.SH	国电南自	46.69	48.61
139	系统集成	000836.SZ	鑫茂科技	23.43	10.07
140	交互技术	002362.SZ	汉王科技	35.78	3.54
141	系统集成	002115.SZ	三维通信	36.39	9.05
142	系统集成	002052.SZ	同洲电子	62.29	16.02
143	IC 设计	600770.SH	综艺股份	112.58	7.15
144	系统集成	002417.SZ	*ST 元达	22.33	5.21

表 2　中国软件和信息技术服务业香港股市上市公司

序号	行业	代码	名称	市值（亿美元）	主营业务收入（亿美元）
1	游戏	6899.HK	联众	2.67	0.78
2	互联网	0700.HK	腾讯控股	1 359.09	128.99
3	游戏	3888.HK	金山软件	23.52	5.48
4	管理软件	1297.HK	中国擎天软件	4.14	0.57
5	系统集成	3898.HK	南车时代电气	68.57	20.55
6	系统集成	0992.HK	联想集团	146.08	462.96
7	系统集成	1075.HK	首都信息	2.28	1.24
8	系统集成	0354.HK	中国软件国际	5.27	7.24
9	系统集成	8095.HK	北大青鸟环宇	1.02	1.48
10	管理软件	0268.HK	金蝶国际	7.67	2.53
11	系统集成	0861.HK	神州数码	10.14	88.11
12	系统集成	0465.HK	富通科技	0.54	5.07
13	系统集成	0418.HK	方正控股	0.63	1.39
14	系统集成	0569.HK	中国自动化	1.60	3.62
15	互联网	2383.HK	TOM 集团	7.68	1.95
16	系统集成	0596.HK	浪潮国际	1.80	2.20
17	系统集成	1900.HK	中国智能交通	2.20	3.70
18	系统集成	8045.HK	南大苏富特	0.49	0.85

续表

序号	行业	代码	名称	市值（亿美元）	主营业务收入（亿美元）
19	系统集成	0751.HK	创维数码	15.43	51.76
20	外包	0299.HK	中讯软件	2.46	0.75
21	互联网	0696.HK	中国民航信息网络	31.61	8.69
22	系统集成	8235.HK	赛迪顾问	0.32	0.21
23	互联网	8006.HK	华泰瑞银	2.40	0.11
24	外包	8031.HK	易通讯集团	0.61	0.23
25	互联	0543.HK	太平洋网络	5.19	1.61
26	游戏	0777.HK	网龙	8.80	1.57
27	游戏	0484.HK	云游控股	2.41	1.05
28	财税金融	8018.HK	汇财软件	6.37	0.07

表3 中国软件和信息技术服务业美国股市上市公司

序号	类别	代码	名称	市值（亿美元）	主营业务收入（亿美元）
1	互联网	BABA.N	阿里巴巴	2 585.31	124.07
2	互联网	YY.O	欢聚时代	35.33	6.01
3	互联网	BIDU.O	百度	800.32	80.16
4	信息安全	QIHU.N	奇虎360	73.83	13.91
5	互联网	SFUN.N	搜房网	30.56	7.03
6	互联网	ZPIN.N	智联招聘	7.58	N/A
7	互联网	VIPS.N	唯品会	111.90	37.74
8	游戏	GAME.O	盛大游戏	15.27	6.08
9	互联网	NTES.O	网易	129.60	19.14
10	互联网	JOBS.O	前程无忧	21.15	2.99
11	游戏	CYOU.O	畅游	14.43	7.55
12	游戏	CMGE.O	中国手游	5.61	2.07
13	游戏	KZ.O	空中网	2.55	2.28
14	互联网	DATE.O	世纪佳缘	1.58	1.00
15	互联网	XNET.O	迅雷	4.78	1.80
16	互联网	SINA.O	新浪	22.46	7.68
17	游戏	TAOM.N	淘米	1.22	0.42

续表

序号	类别	代码	名称	市值（亿美元）	主营业务收入（亿美元）
18	互联网	JD.O	京东商城	316.06	187.94
19	互联网	RENN.N	人人	8.58	0.83
20	互联网	EFUT.O	富基融通	0.17	0.36
21	互联网	CTRP.O	携程	63.97	12.01
22	系统集成	STV.N	永新视博	1.83	0.82
23	互联网	TOUR.O	途牛	7.54	5.78
24	信息安全	NQ.N	网秦	3.57	3.32
25	互联网	MOBI.O	斯凯	1.06	N/A
26	系统集成	HOLI.O	和利时自动化	14.22	N/A
27	互联网	SOHU.O	搜狐	20.48	16.73
28	互联网	KUTV.O	酷6	0.48	0.09
29	互联网	VNET.O	世纪互联	10.22	4.70
30	互联网	YOKU.N	优酷土豆	34.43	6.90
31	互联网	LONG.O	艺龙	6.45	1.78
32	互联网	CNET.O	中网在线	0.33	0.39
33	互联网	JRJC.O	金融界	1.20	0.84
34	系统集成	CNTF.O	泰克飞石	0.59	0.97
35	互联网	MCOX.O	麦考林	0.49	0.50
36	系统集成	KONE.O	联合信息	0.03	0.06
37	互联网	CNIT.O	中国信息技术	1.26	0.68
38	互联网	GSOL.O	环球资源	1.90	1.98
39	互联网	SBAY.OO	数百亿网	0.00	N/A
40	互联网	CMCM.N	猎豹	20.50	2.88
41	互联网	JMEI.N	聚美优品	19.78	6.33
42	游戏	CCGM.OO	联游网络	0.01	N/A
43	系统集成	TSTC.OO	东方信联	0.00	N/A
44	互联网	WB.O	微博	29.00	3.34
45	互联网	MOMO.O	陌陌	22.67	0.45

注：表1~表3数据来源于wind。表中上市公司市值均为2014年12月31日收盘价格；主营业务收入为2014年度总收入。

[供稿：工业和信息化部电子科学技术情报研究所]

第4部分　信息技术应用

2014年中国信息技术应用及发展综述

【综述】

信息技术应用情况

一是信息技术与传统领域加速融合渗透。伴随着云计算、移动互联网等新兴领域的蓬勃发展以及"中国制造2025"战略实施，金融、交通、医疗、电力等各行业信息技术应用不断深化。这些行业同时也是IT需求大、普及率高的行业，是国内企业重点耕耘的领域。其中电力系统的国产信息系统适配优化程度最高，政务、金融等特殊领域的安全可靠需求较高，基于国产软硬件的信息系统建设试点和推广应用逐步开展。超图软件公司已经成为亚洲最大的地理信息系统平台软件厂商，易构软件研发的智能交通软件平台已经在全国十几个省区市得到应用，为广大居民出行提供了高效便捷服务。东软开发出Neu Viz 64恒睿CT解决方案，已经在临床实用型CT领域为不同用户提供不同的解决方案，中国电信、百度等企业发挥各自优势推出智能医疗服务产品。南瑞、南自、金智、科远、方天等企业充分发挥电子自动化和智能电网领域的优势，在发电、输电、变电、配电和调度等产业链的各个环节形成自主知识产权的产品群，帮助国家电网实现了安全可控的智能化。

二是新一代信息技术与工业融合发展迈上新台阶，正步入综合集成应用的新阶段。产品智能化水平不断提升，骨干企业研发设计向集成协同发展，智能装备在重点行业开始广泛普及，异地协同设计、个性化定制、网络众包、云制造等新的研发生产组织不断涌现。数控机床行业技术水平明显提升，部分机床设备智能化技术达到国际水平，机床数控化率稳步提升，2014年金属切削机床数控化率达到34.5%，比2013年增加5.7个百分点，成形机床数控率为13.6%，同比增加6.6个百分点。上海宝信等骨干企业面向钢铁行业提供信息化和生产过程管理解决方案，长春泰坦斯提供智能工厂、智能车间、智能生产线的总体设计、总包管理、工程实施和维保服务，普华软件能够提供符合OSEK/VDX和AUTOSAR国际标准的操作系统产品。

三是智慧城市建设步伐加快。经过2013年的大范围试点，2014年中国智慧城市建设进入推广阶段。国务院批准实施《国家新型城镇化规划》，明确提出推进智慧城市建设及发展方向，为中国智慧城市建设提供更大发展动力。截至2014年年底，全国共有193个城市开展智慧城市试点建设。2014年8月，国家发展改革委联合七部委发布《关于促进智慧城市健康发展的指导意见》，对促进中国智慧城市顶层设计，指导各地智慧城市统筹规划，适度建设，引领社会各领域参与智慧城市建设具有重要意义。在政策利好和市场需求加大的推动下，智慧城市业务迎来快速发展，神州数码、东软等信息技术服务企业与各地政府签署众多智慧城市战略合作框架协议，主要围绕政务、交通、医疗等方面，并逐步由小部分项目开始实质性落地。

四是云计算、大数据进入快速增长期。云服务企业积极开展全国布局。2014 年，包括阿里、京东等互联网企业，以及移动、联通、电信等电信运营商在内的大型云计算企业非常重视云计算服务发展，通过在全国各地建设数据中心加快布局，意图在云服务大范围普及的时候能够拥有最全面的基础设施，掌握未来云服务发展的主动权。云计算领域各环节企业纷纷开放平台或者战略合作，构建自己的生态圈。2014 年，全国各地发展大数据积极性较高，行业应用得到快速推广，市场规模增速明显。百度、阿里巴巴、腾讯、京东等互联网企业抓紧布局大数据领域，纷纷推出大数据产品和服务，抢占数据资源。中国大数据产业集聚发展效应开始显现，出现京津冀区域、长三角地区、珠三角地区和中西部四个集聚发展区，各具发展特色。北京依托中关村在信息产业的领先优势，快速集聚和培养了一批大数据企业，继而迅速将集聚势能扩散到津冀地区，形成京津冀大数据走廊格局。长三角地区城市将大数据与当地智慧城市、云计算发展紧密结合，使大数据既有支撑又有的放矢，吸引了大批大数据企业。珠三角地区在产业管理和应用发展等方面率先垂范，对企业扶持力度大，集聚效应明显。

五是电子商务持续快速发展。2014 年，中国电子商务整体市场规模达 16.4 万亿元，同比增长 59.4%，仅 2014 年 11 月 11 日当天，阿里巴巴旗下淘宝天猫交易额就突破 570 亿元，同比增长 63.1%。其中，在企业自建的电商平台上实现的交易额为 8.72 万亿元，同比增长 65.9%；在为其他企业或个人提供商品或服务交易的电商平台上实现的交易额为 7.01 万亿元，同比增长 53.8%；在既有第三方又有自营的混营平台上实现的交易额为 0.66 万亿元，同比增长 41.1%。就工业行业来看，计算机、通信和其他电子设备制造业，汽车制造以及黑色金属冶炼和加工行业在开展电子商务交易应用（含电子商务采购、电子商务销售）方面比较积极。其他行业如邮政、旅游、保险等也都在已有的信息化建设基础之上，着力发展电子商务业务。

基础设施发展情况

一是信息网络基础设施持续提升。2014 年，中国电信固定资产投资完成额达到 3 992.6 亿元，全年新建光缆线路 300.7 万千米，总长度达到 2 046 万千米，同比增长 17.2%。互联网宽带接入端口数量突破 4 亿个，比上年净增 4 160.1 万个，同比增长 11.5%，其中光纤接入 FTTH/O 端口达到 1.63 亿个，占互联网接入端口的比重由 2013 年的 32%提升至 40.6%。互联网国际出口带宽达到 4 118 663Mbps，同比增长 20.9%。移动通信设施建设步伐加快，新增移动通信基站98.8 万个，是 2013 年同期净增数的 2.9 倍，总数达 339.7 万个。WLAN 网络热点覆盖继续推进，新增 WLAN 公共运营接入点（AP）30.9 万个，总数达到 604.5 万个，WLAN 用户达到1 641.6 万户。

二是信息技术产业在规模领先的基础上加速“质”的赶超。高性能计算、网络通信设备、集成电路、平板显示、智能终端等领域取得突破，部分领域跻身世界前列，正处于从跟随、并肩到跨越发展的关键时期。集成电路设计、制造工艺水平持续提升，28nm 处理器成功制造；国内首款智能电视 SoC 芯片研发成功并量产，改变了中国智能电视缺芯局面。新型平板显示 8.5 代线建设持续推进，国产电视面板自给率超过 50%。国内首条、世界第二条 8 英寸 IGBT（绝缘栅双极型晶体管）专业生产线建成投产，打破国外垄断，有效提升中国在船舶、电网以及轨道交通车辆方面的智能化水平。自主品牌智能手机、智能电视、通信设备和服务器国内市场占有率分别超过 70%、87%、70%和 50%。自主可控国产软件系统已基本具备国产化替代能力，上下游企业“抱团”竞争，应用推广取得新进展，国产操作系统、数据库、中间件等已有自主知识产权产品面市，产品性能、稳定性、兼容性和易用性方面获得较大提升，并在部分行业开始规模化应用。虚拟技术、分布式计算、海量数据存储、低功耗芯片、新型嵌入式软件系统等云计算技术加快产业化，库内分析、内存计算、连续计算、实时流处理、并行处理技术等大数据关键技术取得突破，云计算、大数据、移动互联网等进入落地应用阶段，带动形成了阿里云、浪潮、曙光、华为、亿赞普、拓尔思等一批本土企业，在政务、医疗、交通、能源、金融等领域形成不少较好的应用。物联网产业生态体系基本建成，应用领域不断扩大，带动了技术突破、标准成型和产业发展。

三是开放平台建设推进产业协同发展。随着以云计算、大数据、移动为标志的新兴信息技术保持迅速发展，信息技术服务业由传统 PC 时代向新兴技术转移的节奏开始加速。企业专注自身优势领域的同时，亟需结合新兴技术支撑自身业务发展，开放合作成为产业主要趋势。与此同时，信息技术产业的竞争正从单一企业竞争演进到以聚合生态圈协同效应的全产业链竞争，生态圈建设的重要性凸显。企业纷纷开放平台，构建自己的生态圈。2014 年，阿里云宣布启动“云合计划”，拟招募万家云服务商打造开放式云服务生态，并为合作伙伴提供资源共享；中软国际发布 Jointforce 平台，即面向行业开放的整合解决方案研发实施、组织社交、需求发布的 IT 服务众包平台。开放平台建设推进形成以某家企业为主导的产业生态圈，同时有助于营造高效率、低成本的产业创新创业环境。

政策措施

出台《关于加快发展生产性服务业促进产业结构调整升级的指导意见》　为加快重点领域生产性服务业发展，进一步推动产业结构调整升级，国务院于 2014 年 7 月发布了《关于加快发展生产性服务业促进产业结构调整升级的指导意见》（国发［2014］26 号）。明确生产性服务业的发展导向。要以产业转型升级需求为导向，引导企业进一步打破“大而全”、“小而全”的格局，分离和外包非核心业务，向价值链高端延伸，促进中国产业逐步由生产制造型向生产服务型转变；鼓励企业向产业价值链高端发展；推进农业生产和工业制造现代化；加快生产制造与信息技术服务融合。明确生产性服务业的发展重点。现阶段中国生产性服务业重点发展研发设计、第三方物流、融资租赁、信息技术服务、节能环保服务、检验检测认证、电子商务、商务咨询、服务外包、售后服务、人力资源服务和品牌建设，并提出了发展的主要任务。制定促进生产性服务业发展的政策措施。要着力从深化改革开放、完善财税政策、强化金融创新、有效供给土地、健全价格机制和加强基础工作等方面，为生产性服务业发展创造良好环境，最大限度地激发企业和市场活力。

印发《关于促进智慧城市健康发展的指导意见》　为贯彻落实《中共中央国务院关于印发〈国家新型城镇化规划（2014~2020 年）〉的通知》（中发［2014］4 号）和《国务院关于促进信息消费扩大内需的若干意见》（国发［2013］32 号）有关要求，促进智慧城市健康发展，经国务院同意，国家发展改革委联合七部委联合印发了《关于促进智慧城市健康发展的指导意见》，指出中国智慧城市建设按照走集约、智能、绿色、低碳的新型城镇化道路的总体要求，发挥市场在资源配置中的决定性作用，推动新一代信息技术创新应用，加强城市管理和服务体系智能化建设，积极发展民生服务智慧应用，强化网络安全保障，有效提高城市综合承载能力和居民幸福感受。提出中国智慧城市的主要目标，到 2020 年，建成一批特色鲜明的智慧城市，聚集和辐射带动作用大幅增强，综合竞争优势明显提高，在保障和改善民生服务、创新社会管理、维护网络安全等方面取得显著成效。

存在问题

一是信息技术与传统产业融合发展的广度、深度和成效仍有差距。信息技术在各行业领域的应用整体处于较低水平，根据中国电子信息产业发展研究院公布数据显示，全国两化融合工业应用指数由 2013 年的 57.34 提升到 2014 年的 59.70，与欧美等发达国家的差距较为明显。大部分企业仍以信息化手段单项应用为主，面临集成应用困难、智能装备不足、流程管理缺失等挑战，以及国产研发设计工具、制造执行系统、工业控制系统、大型管理软件缺失等一系列问题。

二是信息技术产业基础尚显薄弱。尽管中国信息产业规模已经位居世界前列，但产业整体面临着知识产权缺失、关键器件和设备依赖进口、集成服务能力差、核心技术受制于人等问题，国际先进、自主可控的产业生态尚未形成。跨学科、跨领域的政产学研用协同、以企业为主体的制造业创新体系尚不健全。

三是信息基础设施和信息消费发展滞后，尚不能满足网络强国的发展需求。2014 年，全国两化融合发展总指数为 66.14，比 2013 年增长 4.19，但仍只处于世界中等水平。宽带基础设施与国际水平差距不断扩大，2014 年年底全国宽带普及率不足 15%，而 OECD 国家 2012

年年底平均水平为26.3%。信息消费对经济增长的带动作用仍有待提高，全国信息消费指数世界排名第35位，信息消费支出占GDP总比重约4%，与发达国家相比还有很大提升空间。

四是配套环境建设步伐尚待加快。随着信息技术发展速度以及与各行业融合速度不断加快，新技术、新产品、新服务相继涌现，与之配套的环境建设步伐略显滞后。电子商务、数据开放、信息安全、个人隐私、互联网金融等领域发展亟待更加完善的法律环境。同时，技术、产品、安全、应用协同机制尚不健全，政府采购政策对国内新产品新服务发展支持不足，支持融合发展的财政、税收、金融等政策仍需进一步协调配合。

发展趋势

一是产业规模将延续有力增长态势。中国信息技术服务业在国家政策、社会需求和产业资金不断改善和发展的驱动下，有望保持有力增长。随着中国经济转型成效逐步扩大，产业得到新的驱动力量和发展机会。一方面高速发展的信息消费，逐渐成为推动中国经济增长的主要因素，不断深入社会经济和社会组织形式，带动数字内容、移动互联网等产业发展，信息平台建设和对接需求大大增加；另一方面发展空间巨大的新兴科技领域，随着以云计算、移动互联和大数据代表的技术创新和突破，产业发展方向愈发明显，与传统行业融合不断深化，催生IT系统建设需求。

二是智能制造领域应用创新活跃。在两化融合深度融合的推进下，智能制造将成为信息技术服务的重要应用方向，为产业带来新的巨大发展空间。工业企业的市场预测、创新研发、生产线分析、供应链优化等需求，将促进云计算、大数据等服务创新加速。工业企业提高生产率、增强灵活性等需求，将加大工业互联网的研发投入，推动软硬件与服务的有机融合和协同发展。智能制造应用需求旺盛，为工业大数据、工业云平台以及企业级信息安全等相关服务发展带来巨大的发展前景和市场助力。

三是新兴技术融合发展步伐加快。2015年，受行业应用和企业级市场的需求推动，移动互联、云计算、大数据等技术创新驱动成为企业在市场竞争中占据有利地位的主要发展路径，企业研发投入和创新步伐不断加快。企业级的移动云应用将持续升温，移动云办公领域成为业界服务优先考虑的项目之一。易观国际数据显示，大数据加速发展趋势不变，2015年、2016年中国大数据的市场规模分别可达到98.9亿元和129.3亿元，两年的同比增速均为30.7%。

四是医疗、金融市场需求快速增长。2015年，医疗IT、金融IT等重点领域规模将持续扩大，业内企业利用自己的业务优势进一步加强产业资源整合的步伐，跨界企业将并购作为其向平台服务提供商转型升级、加快生态圈布局跨界重要途径。移动医疗、智慧医疗、远程医疗等医疗新模式的发展，将不断扩展信息技术服务业在医疗领域外延。中国巨大的人口基数和人口老龄化趋势、人们不断增强的保健意识、中国政府医疗改革政策和医疗设备替代化的全面开展以及海外市场需求持续增加，这四大因素将共同促使中国医疗IT业持续快速发展。移动医疗企业将进入调整时期，利用充裕的资金创新商业模式，探索可持续的盈利模式，一方面与传统医疗机构寻求合作，打入医疗核心领域，探讨共同盈利方式；另一方面，借助互联网创新商业模式，对传统医疗带来强势冲击，促使传统医疗继续变革。

[撰稿：余雪松　审稿：杨旭东]

2014 年中国企业两化融合发展现状

【综述】

当前，全球新一轮科技革命和产业变革蓄势待发，以德国工业 4.0、美国工业互联网为代表，发达国家正在积极谋划部署，加速重构全球产业发展格局，抢占信息化环境下制造业竞争的制高点。

自 2009 年起，工业和信息化部开始探索并形成了一套两化融合评估引导体系，2013 年《工业企业信息化和工业化融合评估规范》作为国家标准发布，可支持政府和行业全面摸清中国工业企业两化融合发展现状，为科学决策提供量化依据；可服务于企业开展两化融合自我诊断和自我对标，为企业指明发展重点、目标和方向。两化融合评估服务平台上线运行，为国家、地方省市、行业、企业开展评估诊断和对标引导提供了互联网工具和手段，通过向企业在线反馈自评估报告，支持在全国范围内开展企业对比和行业对比分析，充分激发了企业内生动力，目前已积累了 30 000 多家企业数据。基于这些数据，得出 2014 年中国企业两化融合发展水平和现状。

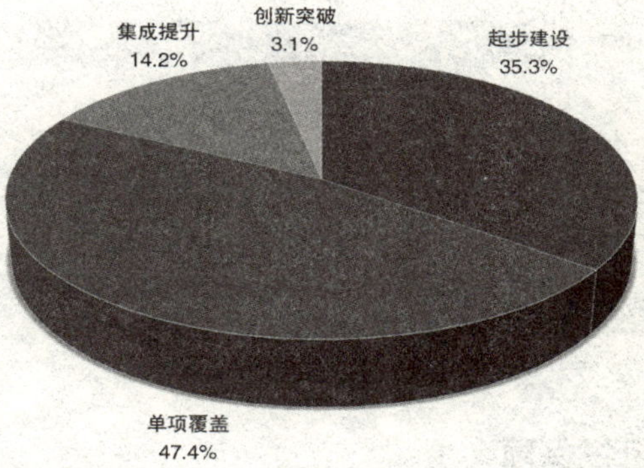

图 1　2014 年中国企业两化融合发展阶段分布图

两化融合总体发展水平

中国企业两化融合发展指数综合反映出了中国企业两化融合的总体走势。2014 年中国企业两化融合指数为 61.2，2013 年为 57.2，2012 年为基期 50。

中国企业处于起步建设、单项覆盖、集成提升、创新突破发展阶段的企业比例分别为：35.3%、47.4%、14.2%和 3.1%（见图 1）。17.2%的企业两化融合具有较高水平，进入了集成提升和创新突破阶段，比其他阶段企业竞争力高出 15.4%，经济社会效益高出 10.3%。

大型冶金、电力行业两化融合发展水平较高，处于集成提升以上阶段的企业比例达到 30%以上。其次是电子、医药、石化、交通设备、机械、食品等行业，建材、纺织、轻工等行业处于集成提升以上阶段的企业占比较低（见图 2）。

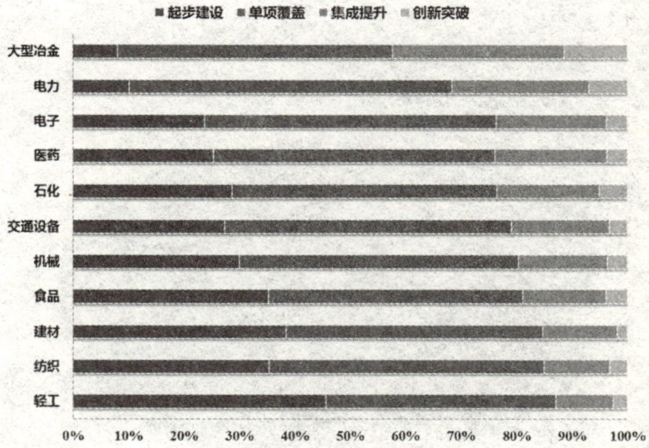

图 2　2014 年各重点行业两化融合发展阶段分布图

不同规模企业的两化融合发展阶段分布具有显著差异，中国大型企业两化融合处于集成提升及以上阶段的比例已达到 43.9%，中小型企业处于集成提升及以上阶段的比例为 14.8%（见图 3）。

两化融合关键指标

依据《工业企业信息化和工业化融合评估规范》（GB/T 23020-2013）和企业两化融合评估指标体系，遴

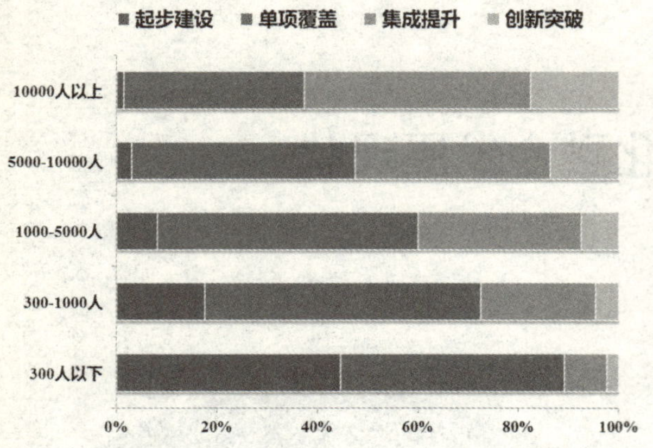

图3　2014年不同规模企业两化融合发展阶段分布图

选了衡量企业两化融合发展水平的12个关键指标（见表1）。

组织保障

专职信息化部门设置率反映了企业信息化组织保障水平。2014年，中国工业企业专职信息化部门设置率为32.3%。仍有22.0%的企业没有信息化部门，45.7%的企业信息化部门下属于其他业务部门（见图4）。

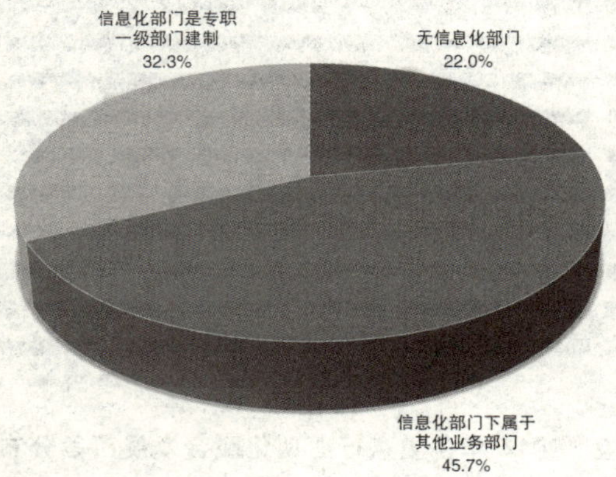

图4　中国企业信息化组织建设情况

两化融合不仅是单纯的技术问题，还往往伴随着业务流程重组或变革等，涉及企业各部门的分工协作、组织机构重组、流程再造、权利和利益再分配等，如果没有优化的组织结构、规范的管理机制，效果往往难以实现，尤其是两化融合发展到集成提升以上阶段，融合的

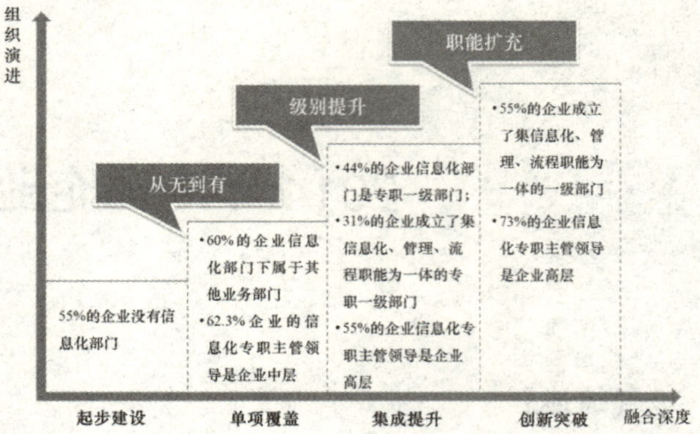

图5　不同两化融合发展阶段企业的信息化组织演进情况

组织架构尤为重要（见图5）。

近几年，有许多企业为适应信息化环境下的新竞争形势，已经开展了与信息化相关的组织管理变革，部分典型企业的两化融合推进组织构成如表2所示。

数字化生产装备

中国工业企业生产设备数字化率为45.0%，数字化生产设备联网率为39.0%。交通设备制造、机械等装备制造业行业生产设备数字化率偏低，生产设备数字化率为38.6%，数字化生产设备的联网率为31.7%（见图6）。

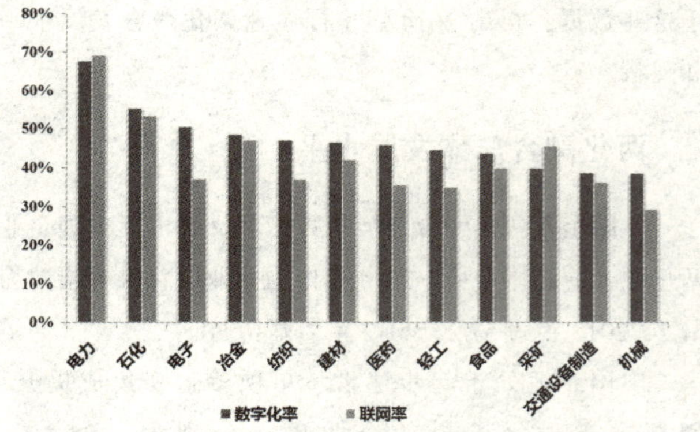

图6　重点行业企业生产设备数字化率和联网率情况

中国工业企业关键工序数控化率为45.8%，冶金、石化、电力、建材等行业关键工序数控化率较高，达到50%以上，钢铁、石化、建材、造纸等流程型行业的大型企业关键工序数控化率均达到90%以上。交通设备制造、机械等装备制造业关键工序数控化率较低，机械行

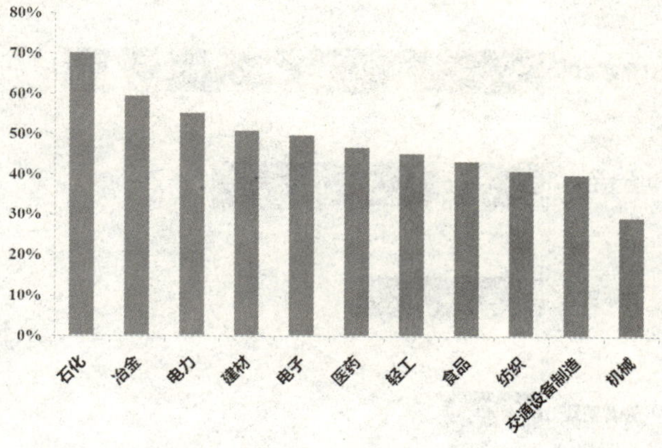

图 7　中国各重点行业关键工序数控化率对比情况

业还不到 30%（见图 7）。

产品研发设计

2014 年，中国工业企业数字化研发设计工具普及率约为 55.1%，二维设计仍是主流的建模工具，将三维设计作为主流设计工具的企业仅占 21.7%。交通设备制造、机械等装备制造业企业数字化研发工具普及率较高，分别达到 71.2%和 67.8%。交通设备、机械、电子等行业中尚未运用计算机辅助设计工具的企业均是 300 人以下的小型企业（见图 8）。

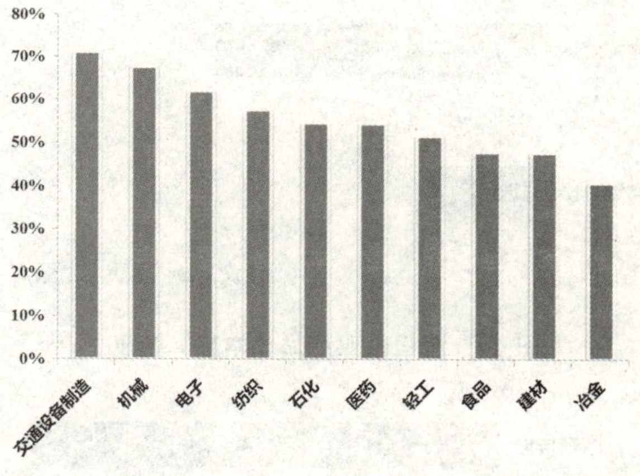

图 8　中国各重点行业数字化研发设计工具普及率图

产品数据管理能够帮助企业实现产品设计、工艺设计、生产制造乃至用户服务等各环节的产品数据的一致性、唯一性，是实现产品设计与制造集成的关键内容。中国有 53.8%的离散制造业企业应用了产品数据管理，但仅 29.6%的企业覆盖了从产品设计、工艺设计到生产制造等环节，15.7%的企业能够直接覆盖到现场安装调试等用户服务环节（见图 9）。

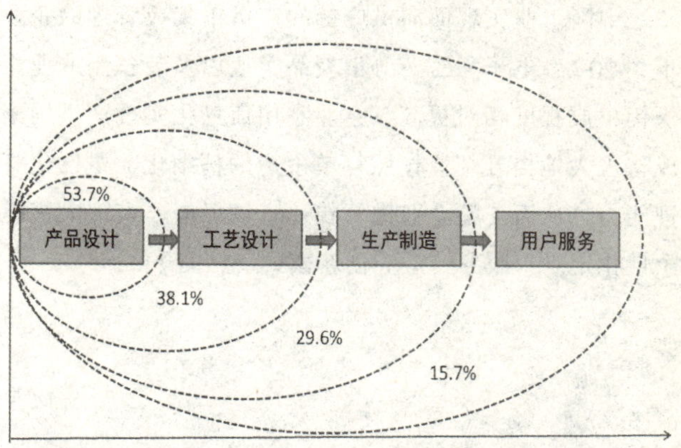

图 9　中国工业企业产品数据管理系统覆盖范围图

产品生产制造

中国具备智能制造基础的企业仅占 4.7%（注：具备智能制造基础是指装备数控化率超过 50%，且管控集成和产供销集成已基本实现的企业。）

中国工业要全面普及智能化、精细化、绿色化的现代生产管控模式还有较长的路要走，流程工业和离散工业的实现重点和路径具有较大差别。流程型企业呈现出“两头高、中间底”的趋势，精细生产管控的核心薄弱环节就在车间级制造执行。而离散工业呈现“前低后高”的趋势，薄弱环节除车间级制造执行外，还需进一步提高底层装备和过程控制数字化水平（见图 10）。

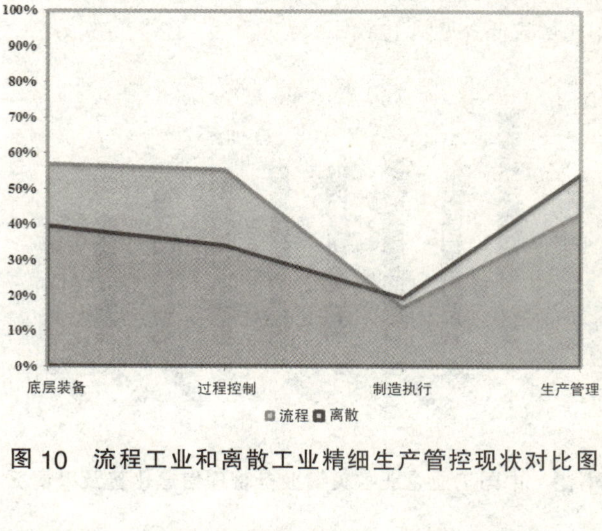

图 10　流程工业和离散工业精细生产管控现状对比图

中国实现管控集成的企业约占 18%，管控集成水平较低制约了中国工业企业实现更为精细化的生产管控模式，虽然中国已有 33.2%的企业应用了车间级制造执行系统，但仍有 15.2%的企业无法实现与上层管理和下层控制系统的集成。

中国工业实现面向供应链的产供销集成管理的企业不到20%，电子、医药等消费品工业以及装备制造业产供销集成程度相对更高。企业利用信息化实现产供销集成将极大地提升企业按照订单生产的精细化、柔性化管理能力，从而支持企业进行快速市场反应，实现大规模个性化定制、服务转型等创新模式（见图11）。

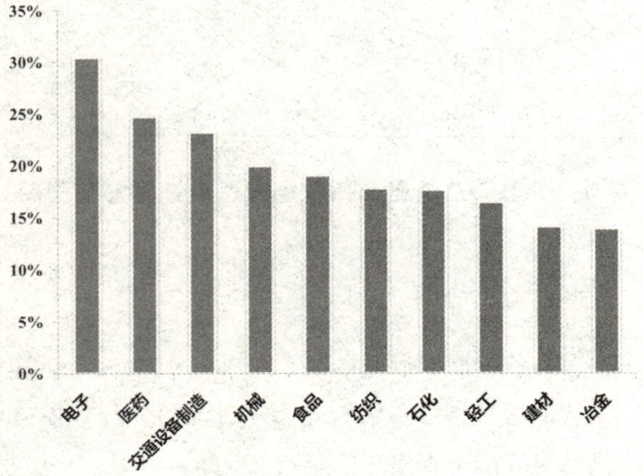

图 11　中国各重点行业实现产供销集成的企业比例情况

企业经营管理

从中国工业企业各关键业务管理信息化普及情况来看，财务管理、办公自动化应用比例最高，超过了80%；销售、人力资源、库存、采购等次之，在70%左右。企业质量管理、生产管理、能源管理等业务系统应用比例较低（见图12）。

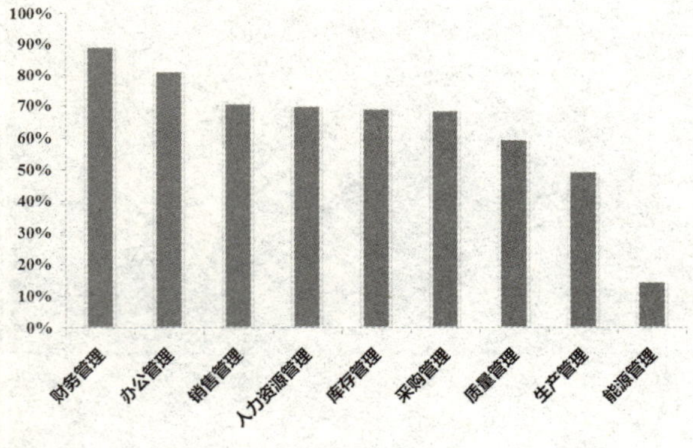

图 12　中国工业企业各关键业务管理信息化普及率情况

中国财务会计管理信息化已全面普及，但仅有39.7%的企业利用信息系统开展了成本管理，20.4%的企业开展了预算管理，急需加强产品实际成本精细化管理和实施全面预算管理，实现从核算会计向管理会计的转变，提升财务风险管控能力（见图13）。

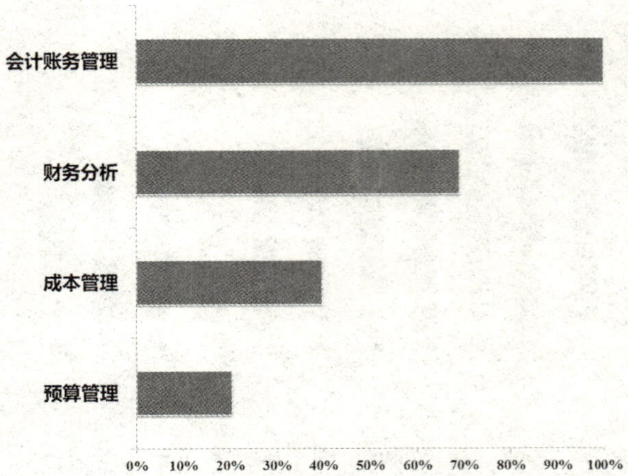

图 13　中国工业企业利用信息系统开展财务管理的情况

在能够应用信息系统实现产品实际成本核算的企业当中，流程工业企业成本核算能够精确到批次的仅为23.8%。离散工业企业中能够精确到单个产品的约49.6%，能够精确到零部件约22.3%（见图14、图15）。

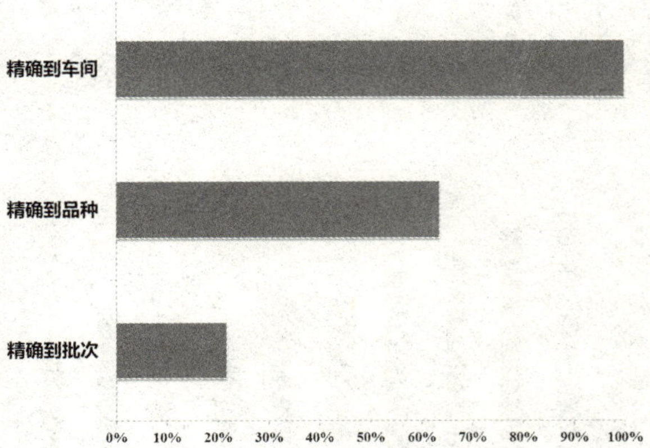

图 14　流程企业产品成本核算精度

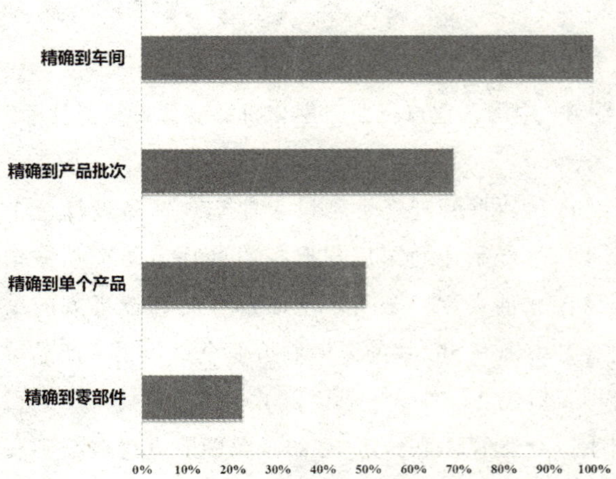

图 15　离散企业产品成本核算精度

客户市场服务

从电子商务普及率角度来说，电子制造行业以及纺织、食品等消费品工业开展电子商务的企业比例较高，都达到了 55%以上。从电子商务交易额度上来说，机械行业网上采购率较高，石化等行业虽然在电子商务普及率上表现并不突出，但其大宗采购以及产品网上期货交易等特点使得其网上采购率和销售率较高(见图 16)。

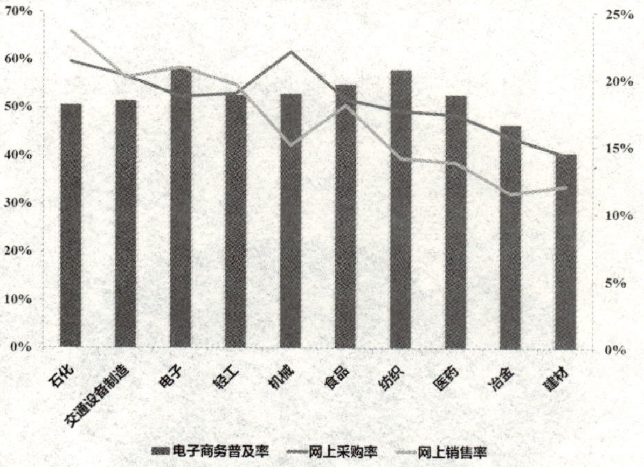

图 16　中国重点行业电子商务普及情况

近几年，越来越多的企业意识到，产业竞争已不仅是技术、产品、人才和管理的竞争，也是生产组织和服务方式的竞争。中国工业企业服务模式创新与服务化转型活跃，纷纷利用信息化实现以用户为导向的个性化、精准化的生产和服务方式（见表 3)。

绩效产出

从不同发展阶段企业的竞争力和经济社会效益水平看，两化融合发展阶段与企业竞争力、经济社会效益具有较为明显的正相关性，达到集成提升以上阶段可实现两化融合效能突破性提升（见图 17)。

两化融合对企业财务优化、订单响应、劳动生产率、单位能耗等竞争力指标的提升均产生了重要作用(见图 18、图 19、图 20、图 21、图 22)。

评估分析说明

截至 2014 年年底，全国两化融合评估样本企业共 30 374 家。

样本企业行业分布情况、两化融合样本区域分布情况、两化融合样本企业规模分布情况详见图 23、图 24、图 25 所示。

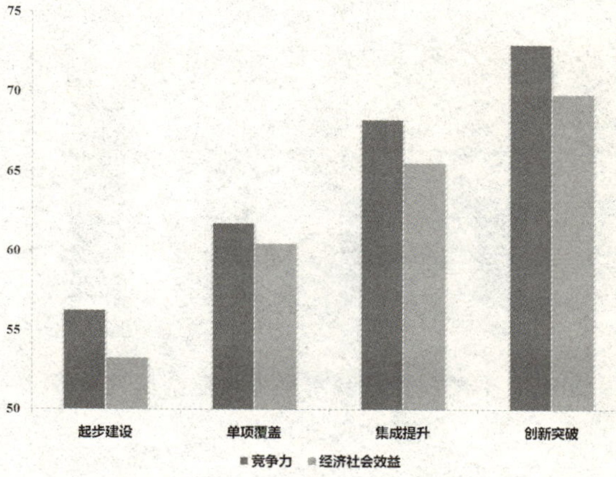

图 17　不同两化融合发展阶段的企业竞争力和效益情况

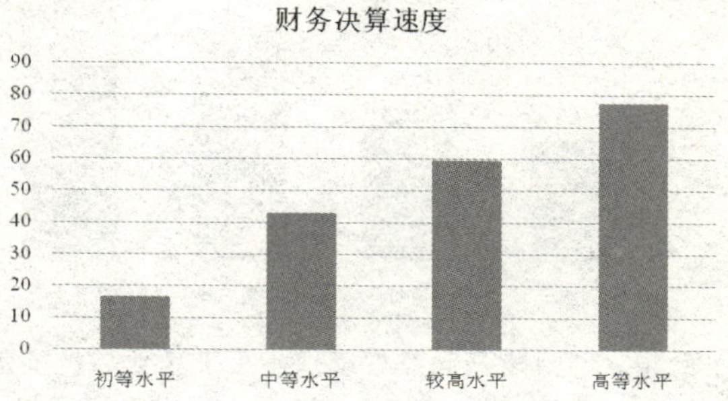

图 18　不同财务与业务集成水平下企业财务决算速度（评估得分）情况

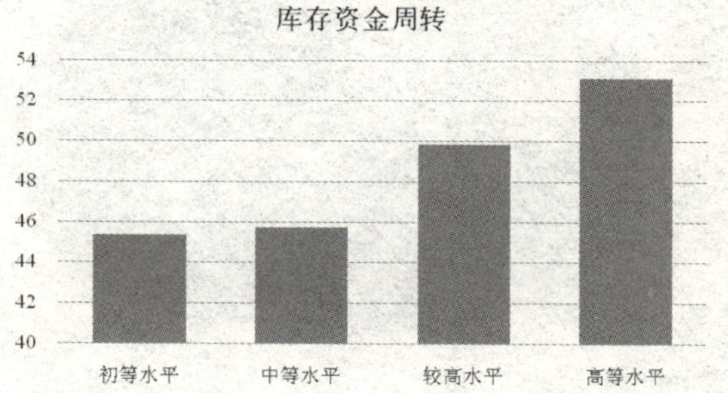

图 19　不同综合集成水平下企业库存资金周转（评估得分）情况

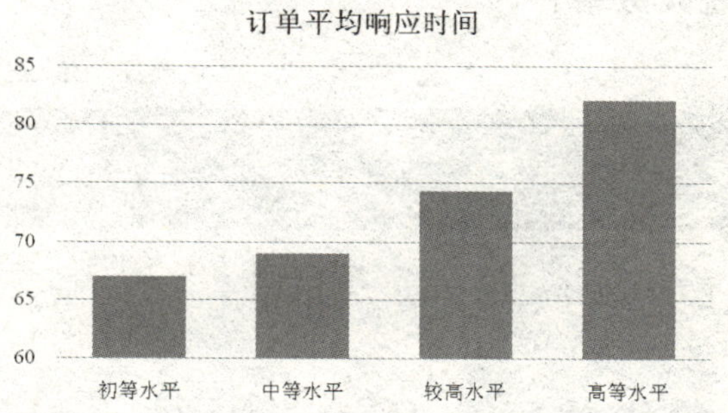

图 20　不同产供销集成水平下企业订单响应速度（评估得分）情况

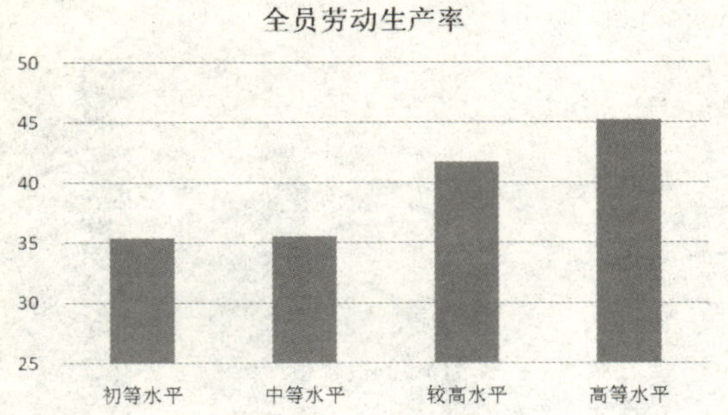

图 21　不同两化融合水平下企业全员生产率（评估得分）情况

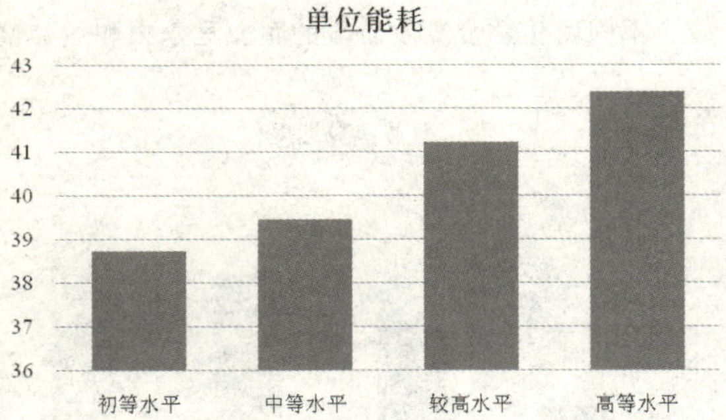

图 22　不同能源监控与管理水平下企业单位能耗（评估得分）情况

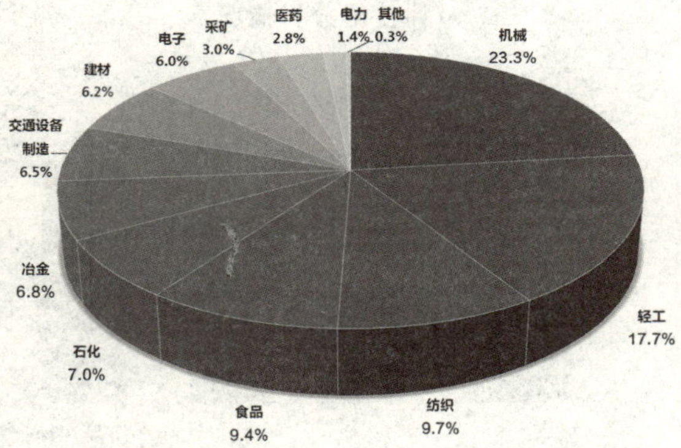

图 23　样本企业行业分布情况

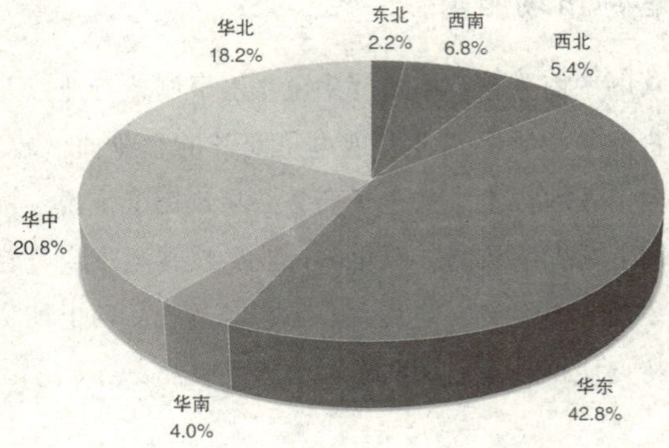

图 24　两化融合样本区域分布情况

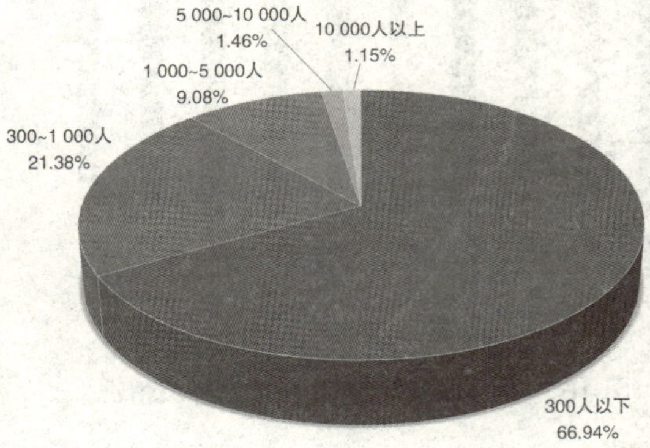

图 25　两化融合样本企业规模分布情况

【统计数据】

表 1　企业两化融合发展 12 个关键指标

序号	指标	指标计算	全国	原材料	装备	消费品
1	信息化投入占比（%）	近五年信息化平均投入×100%/销售收入	0.25%	0.19%	0.28%	0.26%
2	设置专职信息化部门的企业比例（%）	信息化部门是专职一级部门建制的规模以上企业数量×100%/规模以上企业总数量	32.3%	29.4%	36.3%	29.2%

续表

序号	指标	指标计算	全国	原材料	装备	消费品
3	生产设备数字化率（%）	数字化生产设备数量×100%/生产设备总数量	45.0% (36.4%)	51.0% (37.2%)	38.6% (35.5%)	45.1% (34.8%)
4	实现企业级编码统一的企业比例（%）	主要编码均实现企业级统一的规模以上企业数量×100%/规模以上企业总数量	23.2%	20.2%	27.7%	20.8%
5	数字化研发设计工具普及率（%）	应用数字化研发设计工具的规模以上企业数量×100%/规模以上企业总数量	55.1%	47.9%	68.6%	52.4%
6	关键生产工序数控化率（%）	数控化的关键生产工序数量×100%/关键生产工序总数量	45.8% (30.1%)	62.8% (35.8%)	33.4% (26.3%)	44.2% (30.3%)
7	关键业务环节全面信息化的企业比例（%）	实现关键业务环节全面信息化的规模以上企业数量×100%/规模以上企业总数量	29.0%	25.0%	29.9%	30.3%
8	实现能源管理信息化的企业比例（%）	实现能源管理信息化的规模以上企业数量×100%/规模以上企业总数量	14.7%	19.4%	10.1%	14.3%
9	应用电子商务的企业比例（%）	应用电子商务的规模以上企业数量×100%/规模以上企业总数量	52.0%	46.3%	52.8%	54.6%
10	实现管控集成的企业比例（%）	实现管控集成的规模以上企业数量×100%/规模以上企业总数量	18.0%	13.7%	20.5%	16.3%
11	实现产供销集成的企业比例（%）	实现产供销集成运作的规模以上企业数量×100%/规模以上企业总数量	14.0%	11.3%	18.3%	13.7%
12	实现产业链协同的企业比例（%）	实现产业链协同的规模以上企业数量×100%/规模以上企业总数量	8.2%	8.3%	7.2%	8.8%

注：括号内的数值是企业算数平均值，括号外的数值是按照企业规模的加权平均值。

表 2　典型企业两化融合推进组织构成

企业	两化融合组织保障
潍柴动力	成立企业管理和信息化部，负责企业信息化战略规划的制定及滚动更新、业务流程的梳理及优化、项目监督、企业内控等
苏州金龙	设立变革与流程管理委员会，成立流程与 IT 部门，负责流程管理、流程变革项目的组织与管理，以及信息系统建设、运维等
南京钢铁	企业综合管理部负责企业流程优化，以及信息化推进过程中的协调。成立金恒公司，负责信息化、自动化、智能化、网络工程项目的策划与实施
特变电工	成立信息资源管理中心，赋予生产自动化、管理信息化、资源标准化和产品智能化等的归口管理职能

表 3　部分重点行业服务创新的典型模式和企业

名称	主要模式和趋势	典型企业
钢铁	加强与汽车等行业的产业链集成与服务，实现产品深加工、产品物流配送、客户生产计划衔接、客户厂前库管理、客户整体供货等新模式	宝钢、南钢、武钢等
重大装备	利用信息技术实现在线实时监控和远程诊断，为客户提供远程故障维修、备品备件预防性维护等服务，提高产品附加价值	徐工、中联、三一、潍柴、陕鼓等
机械	利用信息化形成集中管控优势，发展工程总承包新型模式；充分发挥数据的核心作用，发展融资租赁、卖方信贷等新型模式	特变电工、南阳二机等
轻工纺织	利用互联网思维，实现客户与工厂的直接对话，形成以需求为导向的供应链集群，建立标准化模型库，实现个性定制规模生产模式	海尔、唯尚、红领、波司登、鲁泰等
食品	实现从原料、生产、加工、包装、仓储、运输到终端销售等全产业链追溯。利用微信、微博、可追溯等定位用户群，实现精准社交营销和个性化服务	伊利、洋河、双汇等

[撰稿：马冬妍　审稿：梅扬]

2014 年两化融合管理体系发展综述

【综述】

工业和信息化部于 2013 年 8 月印发的《信息化和工业化深度融合专项行动计划（2013~2018 年）》，将“企业两化融合管理体系标准建设和推广行动”作为首个行动提了出来。通过借鉴 ISO9000、ISO14000 等以往成熟管理体系的做法，总结提炼中国广大企业在两化融合和信息化环境下企业管理等方面的实践经验、规律和方法，已形成一套融入信息时代管理规律和管理模式的系统推进两化融合的管理体系标准，可有效引导和帮助企业以融合和创新的理念方式推进两化融合，普及两化融合先进管理经验，指导企业战略转型、组织变革，推动企业普遍创新，加速实现产业整体升级。2014 年，两化融合管理体系标准已在全国 500 余家企业开展了实践应用。

两化融合管理体系的理论框架

两化融合管理体系是企业系统地建立、实施、保持和改进两化融合过程管理机制的通用方法，覆盖企业全局，可帮助企业依据为实现自身战略目标所提出的需求，规定两化融合相关过程，并使其持续受控，形成获取可持续竞争优势所要求的信息化环境下的新型能力。两化融合管理体系能够提供持续改进的框架，帮助企业不断提高获取可持续竞争优势的机率。两化融合管理体系的基本框架如图 1 所示。

九项管理原则　两化融合管理体系提出九项管理原则，包括：以获取可持续竞争优势为关注焦点，战略一致性，领导的核心作用，全员参与、全员考核，过程管理，全局优化，循序渐进、持之以恒，创新引领，开放协作。在九项管理原则的指导下，有效建立、实施、保持和改进两化融合管理体系，围绕打造信息化环境下新型能力这一主线，推动战略、要素、管理三个循环，以实现两化融合管理的闭环联动、持续改进和螺旋提升，确保了企业战略要求的有效落地，以及战略目标的有效实现。

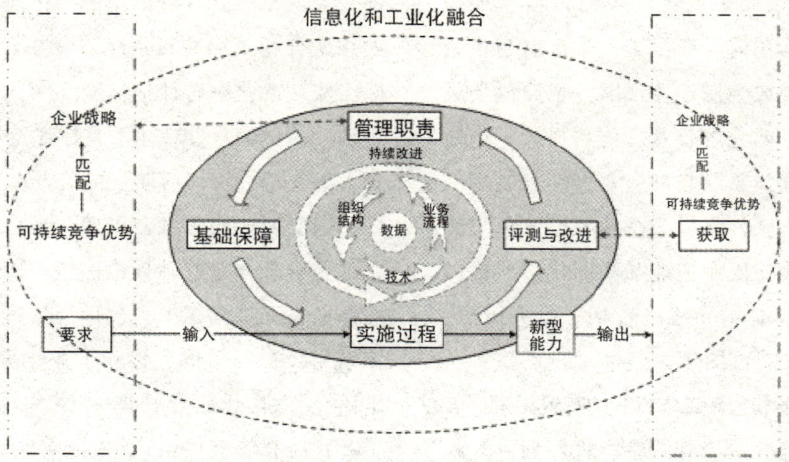

图 1　两化融合管理体系的基本框架

战略循环是与企业战略匹配的可持续竞争优势对打造信息化环境下新型能力的要求，是两化融合管理体系的输入；通过两化融合所形成的信息化环境下的新型能力，是两化融合管理体系的输出。准确界定输入并评价输出对于可持续竞争优势获取的符合性，对于确保和提升两化融合管理体系的有效性具有至关重要的作用。

要素循环是企业两化融合在操作层面可体现为不断推进数据、技术、业务流程、组织结构四要素互动创新和持续优化的过程。企业拟打造的信息化环境下的新型能力可分解为对技术、业务流程、组织结构和数据开发利用的具体需求，并可将这些需求进一步细化落实到企业所有相关的职能和层次，从而将战略要求传递到执行层，并通过要素循环实现四要素的互动创新和持续优化，以确保战略要求的有效落实。

管理循环是两化融合管理体系涵盖管理职责、基础保障、实施过程以及评测与改进四个相互作用的管理域。通过管理循环，实现管理职责、基础保障、实施过程、评测与改进四个管理域的闭环联动，确保打造信息化环境下新型能力的目标、四要素同步创新的具体需求等在两化融合过程中有效实现，从而支持企业战略的持续改进。

两化融合管理体系的重要价值与意义

当前中国经济发展进入新常态，在诸多方面发生了趋势性的变化，增速变化、结构优化、动力转型特别明显，认识新常态、适应新常态、引领新常态，要把握新一轮技术变革和产业革命的发展趋势，大力推进信息化和工业化深度融合，抢占新一轮产业竞争制高点。两化融合管理体系贯标是推动两化深度融合的重中之重，也是应对当前新一轮产业革命的重要抓手。

体现全球新一轮产业变革的发展理念和趋势　应对全球新一轮科技革命和产业变革，关键是要大力推动两化深度融合，全面提升制造业产品、装备、生产、管理、服务的智能化水平。认真分析以德国工业 4.0、美国工业互联网为代表的发达国家新一轮产业变革战略布局，可以看出，其与两化融合管理体系工作在理念、任务、方法等方面异曲同工。一是在发展理念上，都强调数据的核心驱动作用。美国的工业互联网和德国的工业 4.0 都将数据作为核心资产和竞争力的重要来源，两化融合管理体系则将数据作为企业新的核心要素和创新动力。二是在工作任务上，都强调信息综合集成的重要性。德国工业 4.0 把纵向集成、横向集成、端到端集成作为企业转型的核心任务，两化融合管理体系提出将实现企业管理、供应链、产品全生命周期综合集成，作为企业信息化迈上高级阶段的重要标志。三是在推进方法上，都将标准引领作为落实战略的基本途径。美国工业互联网在国际、国内率先推进标准化路线图，标准化工作也是德国工业 4.0 八项计划的首要任务，两化融合管理体系标准是统领中国两化深度融合工作的重要手段。

成为全面推动中国制造业转型升级的重要抓手　当前，中国工业增长正从高速转向中高速，经济结构正从增量扩能为主转向调整存量、做优增量并举，发展方式正从规模速度型转向质量效率型，发展动力正从要素驱动转向创新驱动。回顾制造业强国发展史：当美国成为制造业强国时，诞生了以泰勒制为代表的古典管理理论；当日本成为制造业强国时，诞生了以丰田制为代表的经典管理理论。中国要成为制造业强国，也需要形成自己的管理理论和方法，两化融合管理体系提供了这样一个契机。两化融合管理体系既是制造业创新发展的一项重要任务，也是信息化条件下提升企业核心竞争力的基本方法和重要途径，为传统制造业互联网化转型提供了实现方法和可行路径，是指导战略转型、服务用户、组织变革的参考框架和发展蓝图。

推动深化行政体制改革和创新工作方式的有效探索 面对全面深化改革的新形势，围绕管战略、管规划、管政策、管标准的行业管理职责，工业和信息化部一直探索推动两化深度融合的新思路、新方法和新手段，形成了把两化融合管理体系作为统领、引导、推动两化深度融合的基本思路，是深化行政体制改革、创新行业管理模式的有益探索。在实践中已形成两个工作重心。一是如何营造发展的新环境。两化融合管理体系本质上是一套系统推进两化融合的管理方法论，主要解决在信息化条件下企业战略转型"怎么干"、"怎么干好"的问题，而不是"干什么"的问题，是授人以渔，而不是授人以鱼。工业和信息化部组织发动社会力量，通过研制标准、搭建平台、宣传培训、政策引导、试点示范，形成以贯标促转型、求发展的良好氛围和共识。二是如何激发市场的新活力。两化融合管理体系最根本的作用是充分调动和激发贯标企业、咨询机构、行业组织及解决方案提供商的积极性和主动性，形成以市场服务为纽带、以价值链共创为基础的市场化运行机制。概括起来，贯标工作坚持为了企业、依靠企业、服务企业的理念，转变了职能、理顺了关系，形成多方参与、分工合理的发展模式。

两化融合管理体系标准推广机制及进展

组建两化融合管理体系标准工作组织体系 两化融合管理体系工作领导小组、专家指导委员会与联合工作组于 2013 年 10 月成立，工业和信息化部部长苗圩担任工作领导小组组长，并根据两化融合管理体系标准研制与推广工作需求，动态优化完善两化融合管理体系标准工作组织体系。作为联合工作组秘书单位，工业和信息化部电子科学技术情报研究所联合相关单位发起组建了中国两化融合咨询服务联盟，发动更广泛的社会力量共同夯实两化融合管理体系的理论研究和标准基础，推广两化融合相关标准和共性解决方案，围绕标准研制与国际交流、两化融合评估诊断、两化融合管理体系宣贯与培训、两化融合管理体系贯标评定等，组织开展了近 30 场大型交流、培训活动，覆盖人次过万。

研制形成两化融合管理体系系列基础标准 基于两化融合管理体系基础理论框架，研制起草了两化融合管理体系系列基础标准，包括《信息化和工业化融合管理体系 要求》、《信息化和工业化融合管理体系 基础和术语》、《两化融合管理体系 实施指南》、《信息化和工业化融合管理体系 审核指南》。截至 2014 年年底，4 项基础标准均已完成国家标准立项，前 3 项标准已通过工业和信息化部公告的形式正式发布。这套管理体系是中国首个自主研制且大范围应用推广的管理体系类标准，也是首个正向国际输出的管理体系类标准，可通过企业所建立管理机制的符合性和机制运行的有效性，判断企业信息网络时代可持续发展的潜力。下一步，还将结合广大企业主体、咨询服务机构在两化融合管理体系标准实践应用过程中的实际需求，提出其他配套标准及细分领域指导标准。

建立两化融合管理体系普及推广的市场化服务体系 初步研究建立包括咨询、评定、培训等标准应用推广的市场化服务机制，营造了两化融合管理体系普及推广的良好生态环境。在企业贯标方面，工业和信息化部遴选并推动 500 余家国家级试点企业开展贯标，广东省、安徽省等陆续推动省级试点企业开展贯标，同时也有一批企业积极自行开展贯标。在贯标咨询服务方面，培育并推荐了几十家贯标咨询服务机构，研制发布了《两化融合管理体系贯标咨询服务监督与评级办法（试行）》，对贯标咨询服务机构进行信息公开和服务监督，推动贯标咨询服务业务与战略咨询、管理咨询、IT 咨询等业务融合创新发展，促进贯标咨询服务市场形成优胜劣汰的市场化机制，实现贯标咨询服务质量的持续提升。在评定服务与结果采信方面，一是研制出台了《两化融合管理体系评定管理办法（试行）》，明确评定工作程序，并依托评定管理平台对评定业务进行全流程跟踪和监督管理；二是遴选确定了一批评定机构（10 家）和评定人员开展评定业务，并对评定机构和评定人员进行信用评级管理；三是初步建立起了评定结果的政府和市场采信机制，促进评定工作与智能制造、技术改造、

"互联网+"等工作重点相结合，推动将评定结果作为政策支持、供应商选择、融资审批和授信等的重要依据。在培训服务方面，初步建立了两化融合管理体系培训课程体系，组织编写了培训专题教材，出版了《信息化和工业化融合管理体系理解、实施与评估审核》培训教材。面向政府、企业、咨询机构、评定机构等分批分类广泛开展专题培训，全国围绕两化融合管理体系的培训达 600 余场，培训人员超过 10 万人次。

搭建两化融合管理体系工作平台 为了给开展两化融合管理体系标准研制、评估诊断、评定、咨询、培训等相关工作的单位提供规范流程、方法和系统工具，为两化融合管理体系普及推广提供专业服务和知识，工业和信息化部电子科学技术情报研究所牵头建设并运营中国两化融合咨询服务平台（www.cspiii.com），并在此基础上建立了专门的两化融合管理体系工作平台（gltx.cspiii.com）。平台覆盖 32 个省的网站群，由两化融合管理体系贯标跟踪系统、两化融合管理体系评定系统、两化融合管理体系咨询服务信息公开系统、两化融合评估系统、博客和论坛等组成，能够确保针对政府、协会、企业、咨询机构、评定机构等平台各类应用主体信息可发布、流程可贯通、业务可集成、知识可共享。平台还开通了微信公众号，提供国家产业政策、两化融合资讯、标准研究进展、优秀案例等方面的信息服务。微信公众号已被近 10 000 余位专业读者持续关注，累计发布文章 1 000 余篇。

建立有利于两化融合管理体系应用推广的基础数据采集渠道 一是依据《工业企业信息化和工业化融合评估规范》，制定 9 类两化融合评估指标问卷，明确企业两化融合现状诊断和评估分析的流程和方法。从行业和区域两个角度切入，联合行业协会和地方工业和信息化主管部门，依托中国两化融合咨询服务平台组织企业开展两化融合自评估、自诊断、自对标，建立完善两化融合周期性数据采集机制，为两化融合管理体系系列标准研制提供产业基础数据，数据采集覆盖了全国 32 个省（自治区、直辖市）共 51 000 余家企业，占列入国家统计监测的规模以上工业企业总数的 14.5%，涵盖机械、轻工、纺织、食品、石化、冶金、交通设备制造、建材、电子等各个行业以及大中小型等不同规模的企业。二是依托中国两化融合咨询服务平台搭建多个用于开展标准应用推广过程跟踪和管理的系统，包括贯标跟踪系统、评定管理系统以及咨询服务信息公开系统等，实现对标准应用过程的数据和资料进行实时采集、积累、分析和知识挖掘，加大标准推广力度，促进标准不断完善。

两化融合管理体系评定成果

2014 年，全国500 余家企业陆续开展了两化融合管理体系贯标，先后开展了贯标启动、现状调研及诊断、体系分析策划、文件编写及发布、试运行、内部审核和管理评审等工作。全国首批共有 200 家企业通过第三方评定，并形成两化融合管理体系评定成果总结。

通过评定的企业具有较好的覆盖性和代表性 通过评定的企业已有 200 家。从行业来看，覆盖原材料、装备、消费品、电子信息、能源、服务业六大行业门类，涵盖钢铁、机械、纺织、电子等 19 个细分行业。机械行业企业数量最多，达到 47 家，占到总数近 1/4。从区域来看，江苏省通过评定企业的数量最多，达到 32 家。广东省、山东省、安徽省、福建省、浙江省、北京市通过评定的企业均超过 10 家。从规模来看，首批通过评定的企业以大型企业为主，1 000 人以上的大型企业占 85.5%，1 万人以上的超大规模企业占 21.5%。从企业性质来看，国有企业占比最高，占 50%；民营企业在本次贯标工作中的积极性也较为突出，达到 37%；其他外资、港澳台投资以及中外投资的企业占比约为 13%。从两化融合发展阶段来看，67%的企业处于集成提升及以上阶段，单项业务信息化已基本覆盖，并不同程度地开展了系统集成基础上的资源优化和一体化管理。其中，18.5%的企业达到创新突破阶段，在综合集成基础上实现跨企业的业务协同和模式创新。

信息化环境下新型能力建设具有明显的行业特征 评定范围所涉及的新型能力反映了在当前信息化环境下，中国企业实现可持续发展的新型能力建设重点。全面梳理首批通过评定的 200 家企业共 300 个新型能力，可归纳为六大类：研发创新类、生产管控类、供应链管理类、财务管控类、经营管控类以及用户服务类能力。

原材料企业更为关注生产管控类和经营管控类能力。在生产管控类能力方面，重点方向是实现产能平衡和稳定生产，以及质量、安全、能耗、环保等生产重大影响因素的精细化管控；在经营管控类能力方面，重点关注财务、人力、采购、销售、生产等环节的综合集成，核心经营和绩效指标数据的全面采集分析以及智能决策，集团型企业还关注全集团人财物资源的集中共享和调度；在财务管控类能力方面，面向经营与资金的监控预警和风险防范，企业注重财务与业务集成，提高产品成本核算精度和准确性，部分大型集团企业还注重加强全面预算管理，建立适度集权的集团财务管控模式。

装备企业普遍致力于提升研发创新和生产管控类能力。在研发创新类能力方面，大多数多品种、小批量生产企业都非常注重产品标准化和模块化设计快速响应客户需求进行数字化定制研发；部分企业致力于加强产品研发、工艺设计、生产制造等的协同优化；一些大型设备制造企业关注多研发中心之间或与供应商、配套厂商间的协同研发，少数企业正探索建立用户全流程交互与参与的产品协同研发体系。在生产管控类能力方面，致力于打造面向订单的精益生产与敏捷制造能力，按照客户订单定制化需求对产品生产进行全流程监控、反馈和优化，实现生产资源的柔性配置。在用户服务类能力方面，注重对客户订单的快速响应与服务，实现售前快速报价、售中订单实时跟踪和快速准时交付、售后备品备件快速调度与服务支持；不少企业通过开展产品远程监控和诊断，为客户提供增值服务。

消费品企业在打造用户服务和供应链管理类能力方面最为活跃。在用户服务类能力方面，重点关注基于海量市场信息和用户行为数据的精准营销、基于移动互联的新型营销服务模式、一站式的用户互动与敏捷服务、产品全生命周期管控与服务等活动；在供应链管理类能力方面，注重采购、库存、生产、物流、销售等供应链各环节的模式创新和集成运作，产供销平衡和精细管理，企业内外部供应链协同运营，以及基于互联网金融平台的供应链融资租赁等活动。

两化融合管理体系引领企业转型发展 两化融合管理体系标准建设与推广行动已取得良好的工作成效，社会影响力和认可度快速提升，两化融合管理体系贯标正在成为引领中国企业全面转型升级的重要手段。一是帮助企业有效识别和打造新型能力。贯标工作引导企业以新型能力为主线开展两化融合工作，从全局战略出发，识别可持续竞争优势，开展新型能力顶层设计，并从业务流程、组织结构、技术、数据等全要素的角度，按照一套行之有效的方法，策划和打造信息化环境下的新型能力。二是促进企业建立适应信息时代的治理体系。通过贯标工作推动企业建立全员参与的两化融合组织体系，企业可对照两化融合管理体系标准，结合自身业务特点和管理需求，全面梳理和优化企业内部管理制度，以业务流程为导向调整优化制度间的关系，建立起多体系融合的管理架构。三是引导企业提升数据的核心驱动作用。企业通过贯标，明确了信息资源标准化、数据管理、数据开发利用等的责任主体、内容和方法，全面布局数据采集、传输和共享机制，培育全员的数据意识，并通过数据开发利用不断改善和优化技术应用、业务流程和组织结构。四是推动企业有效探索新模式、新业态。企业通过贯标将互联网、大数据、云计算、物联网、智能制造等先进技术有效地与业务流程、组织结构优化变革融为一体，在数据的核心驱动作用下，不断探索“互联网+”与智能制造等方面的新模式、新业态，形成适应信息时代发展需求的可持续竞争优势。

[供稿：工业和信息化部电子科学技术情报研究所]

2014 年中国农业信息化发展综述

【综述】

2014 年，农业信息化工作紧紧围绕“两个千方百计、两个努力确保、两个持续提高”的中心任务，不断向纵深推进，在加快转变农业发展方式、建设现代农业方面起到了引领和驱动作用。信息进村入户取得重要阶段性成果，较好地解决了农村社会化服务资源分散、渠道不畅等问题。农业物联网试验示范成果丰硕，在设施园艺、规模种养、大田苗情、农产品质量安全追溯等方面应用积累了丰富的经验。农业电子商务基础研究进一步夯实，提出发展的基本思路和相关政策建议。同时，全面加强网络与信息安全工作，统筹推动农业信息化重点任务，完成“金农工程”一期验收，认真谋划“金农工程”二期和农业信息化重大项目，强化农业信息化标准建设，完善评价指标体系，推进农业信息技术创新。

农业信息服务开创新局面

为了让现代信息技术更好地武装农民、建设农村、服务农业，大力提升农民信息获取能力、致富增收能力、社会参与能力和自我发展能力，促进信息服务惠及农村农民，有效缩小城乡“数字鸿沟”，农业部按照中央 1 号文件的部署要求，认真谋划并积极推动信息进村入户试点工作。

信息进村入户试点工作稳步推进　一是印发《农业部关于开展信息进村入户试点工作的通知》及工作方案，明确该项工作的重要意义、总体思路、试点目标和重点任务，在北京市等 10 个省市、22 个县率先开展试点。二是召开信息进村入户现场部署会。2014 年 5 月 29 日，农业部在福建省南安市召开全国信息进村入户试点工作现场部署会，贯彻落实 2014 年中央 1 号文件关于“推进信息进村入户”的要求，研究部署信息进村入户试点工作重点任务，推动形成多方参与、共同推进试点工作的新机制。截至 2014 年底，已建成益农信息社2 549 个，提供公益服务 645.8 万人次，开展便民服务 89.8 万人次、涉及金额 4 530.3 万元，实现电子商务交易额 8 828.3 万元，已有 6 省（市）初步建立起以企业为主体的市场化运营机制。

扎实推进益农信息社建设　根据整县推进的原则，按照有场所、有人员、有设备、有宽带、有网页、有持续运营能力的“六有”标准和提供公益、便民、电子商务、培训体验等“四类”服务的要求，在农户集中、交通便利的地段，充分利用已有场所因地制宜建设益农信息社。

切实抓好信息员培训配备工作　按照“有文化、懂信息、能服务、会经营”的标准，切实抓好信息员的选聘、培训、管理等工作。在选聘方面，重点从村干部、大学生村官、返乡农民工、农村青年、专业合作组织负责人、农村商超店主中遴选，目前每个益农信息社至少配备了 1 名信息员。在培训方面，依托农业部实用人才和市场信息系统业务培训项目举办了 11 期信息进村入户专题班，共培训骨干信息员 1 100 人次，试点省(市)、县累计培训信息员 3 558 人次，为信息进村入户顺利推进提供了人才保障。在管理方面，制定完善了一批服务标准和管理办法，规范信息服务记录和留痕，严格考核奖惩，确保服务质量。

强力推动各类服务资源整合　试点省（市）各级农业部门在整合农业部门服务资源的基础上，融合相关涉农部门服务资源，吸引优质社会服务资源，丰富了信息进村入户服务内容，最大程度满足了农民的多样化、个性化生产与生活需求。一是以 12316 服务热线为纽带，在强化政策、技术、市场行情、投诉受理服务的基础上，进一步整合相关服务资源，提供全面的农业专业服务；二是通过聚合有关涉农部门和公用企事业单位的资源，提供便民服务，让村里人与城里人一样享受便捷服务；三是利用益农信息社实体网络巨大的潜力优势，吸引通信、物流、金融、电商和信息服务等企业参与益农信息社建设与运营，拓展农村市场空间，为信息员提供创业条件，增强站点自我造血能力。

积极探索可持续运营机制　按照充分发挥市场配置资源的决定性作用的要求，各级农业部门积极组织相关企业开展政企、企企合作，创新益农信息社建设与运营机制，重点探索了“羊毛出在牛身上”的利益置换模式、政府补贴机制等，公益性服务与经营性服务相辅相成的可持续发展模式已初步显现。

农业生产智能化水平不断提高

2014 年，农业部以农业物联网应用示范为抓手，推进现代信息技术在农业生产过程中的集成、组装和应用，农业生产智能化水平不断提高。

深入实施农业物联网区域试验工程　组织试点省市加快推进农业物联网区域试验工程，派出专家组督导进展情况，确保了区试工程的顺利开展。2014 年 1 月 10 日，在上海市召开区试工程年度总结，交流试点省市的好做法、好经验，研究部署下一阶段工作重点。2014 年 6 月 12 日，在天津市开展农业物联网成果观摩交流活动，组织各省、农业农村信息化示范基地、科研单位、企业代表考察天津农业物联网区域工程示范基地，交流了天津市、上海市、安徽省、北京市、黑龙江省、江苏省农业物联网建设经验，现场观摩了农业物联网新技术、新产品、新模式。

继续推进国家物联网应用示范工程 组织实施的黑龙江农垦大田种植、北京设施农业、江苏宜兴养殖业等3个国家物联网应用示范工程智能农业项目获得国家发改委补助资金批复，又推动内蒙古玉米、新疆棉花2个大田国家物联网应用示范工程二期建设项目获得国家发改委批复同意。

促进农业物联网技术产品推广应用 在全国范围内组织征集农业物联网成果，并组织专家从先进性、实用性、成熟度、可推广价值等方面进行评选，从中选出148个硬件设备、80个软件设备、39个应用模式、43个市场化解决方案和典型应用案例，集中编入《全国农业物联网产品展示与应用推介汇编2014》。

农业电子商务蓬勃发展

农业部积极探索农业电子商务，组织各省（区、市）农业部门进行全面调查，先后深入乡村、农民合作社、农业企业、批发市场、电商企业等进行调研，多次组织专家、企业负责人召开座谈会研究，全面梳理农业电子商务发展面临的形势和挑战，研究提出推动发展的基本思路和重点任务。多次与阿里、京东、中国农业银行、中国邮政总公司等企业就平台建设、乡村网点布局、物流、支付、培训等方面进行探讨交流，达成了合作意向，初步明确了合作内容，并已在信息进村入户试点工作中取得一定的合作成效。农业电子商务2014年交易额达到1 000亿元以上，继续保持翻番增长的速度。农业电子商务发展有以下几个显著的特点：

一是农产品网上交易以干货和加工品为主，生鲜产品快速增长。电子商务交易的农产品主要是地方名特优、“三品一标”的农产品，如干果、茶叶等占农产品电子商务交易总额的八成。生鲜产品增速迅猛，水果、蔬菜、水产品的增幅均超过300%，但基本以进口、高端产品为主。

二是农资、休闲农业电子商务开始起步。化肥、种子、农药等农资生产企业开始关注电商，60%的农资企业已进驻电商平台，专营农药的“农一网”已上线运行。各地纷纷探索利用信息化平台整合乡村旅游资源并对接消费者，有效促进了乡村旅游提档升级。

三是电子商务正向农业生产环节渗透。产业链、价值链等现代产业发展理念和组织方式开始进入农业，预订农业、私人订制农产品应用而生，“互联网+电商”推动分散的、个性化的消费者需求与小规模的农产品生产有效对接已有成功案例，为实现市场经济条件下有计划生产、防止农产品价格过度波动、发展多种形式适度规模经营提供了新的思路和路径。

四是电商平台竞相发展。2014年农产品电商数量还在不断增加，已经接近4 000家。阿里、京东、1号店等电子商务平台农产品电子交易额名列前茅。以阿里巴巴平台为例，2014年农产品销售额为483.1亿元，比上年增长69.8%。截至2014年，经营农产品的卖家数量为76.2万个，其中零售平台卖家74.9万个，比上年增长60.5%。全国已发现淘宝村的数量从上年的20个激增到212个，同时涌现了19个淘宝镇，涵盖农村网点7万家，极大地带动了周边物流、金融及上下游产业发展。

五是形成政府、企业共同推动发展的格局。国家发改委、商务部等有关部门先后出台扶持发展有关农产品电子商务的政策文件，一些省（区、市）也陆续出台支持政策，已有24个省（市）、31个地县在阿里平台上开设特色馆。一些大型电子商务企业将农业农村市场作为“蓝海”来开拓，纷纷采取渠道下沉战略，大举布局乡村网点。

农业管理高效透明

农业部门系统推进农业政务信息化始于“金农工程”一期，2014年6月19日，“金农工程”一期建设完成且顺利通过验收。通过该项目，推进现代信息技术改造传统农业管理方式，提升农业政务信息化水平。

“金农工程”一期完成验收 “金农工程”一期项目是《国家信息化领导小组关于我国电子政务建设指导意见》（中办发［2002］17号）中确定的12个国家重点建设的电子政务项目之一，是农业电子政务建设和农业信息化的重要基础项目。项目建成了互联互通的国家和省两级农业数据中心、国家农业科技数据分中心、国家和省级粮食购销调存数据中心、国家农业综合门户网站和农业监测预警、农产品和生产资料市场监管、农村市场和科技信息服务三大类应用系统；构建了部省两级信息安全管理体系、技术体系、运维体系和农业电子政务标准规范体系。

农业行政管理效率提升 通过“金农工程”项目的建设实施，各级农业部门信息化基础设施水平明显提升，政务信息资源建设和共享水平明显提高，部省之间、行业之间业务协同能力明显增强，有效提高了农业行政管理效率以及服务“三农”的能力和水平，取得显著成效。一是统一电子政务标准规范体系建设为全国农业信息化标准先行奠定了基础，二是农业监测预警为防范农业风险和政府科学决策提供了有力支撑，三是农产品及生产资料市场监管提高了农业部门依法行政、市场监管工作质量和水平，四是农业科技市场信息为引导农业生产和促进农民增收提供了有力支持，五是应急指挥场所建设提升了农业部门应对自然灾害、处置突发事件的能力和效率。

2015 年农业信息化重点工作

2015 年，农业信息化工作将围绕“稳粮增收调结构、提质增效转方式”的工作主线，进一步明确工作思路和重点任务，夯实发展基础，强化理论研究和顶层设计，坚持创新发展，继续攻坚克难，推动各项工作取得更大成就。

一是深入推进信息进村入户工作。全面完成首批 10 个试点省（市）22 个试点县的建设任务，并适当扩大试点范围，坚持“整县推进”，加快益农信息社的建设，确保形成规模效应，坚持创新驱动，着力在政企合作的市场化运营机制、管理制度建设、平台建设、风险防控、理论研究等方面取得突破，圆满完成各项试点工作目标任务，为全国推广积累经验打好基础。

二是继续开展物联网区域试验工作。组织实施好国家物联网应用示范工程和农业物联网区域试验工程，开展节本增效现代信息技术应用示范，推动农业物联网国家标准编制工作，完善国家农业物联网公共服务平台，强化市场应用模式的探索和创新，推动农业物联网持续快速健康发展。

三是加快推动农业电子商务发展。大力培育农业电商市场主体，加强冷藏、冷链等基础设施建设，完善农产品质量标准和检测体系，强化市场信息服务和电商人才培养。加强与电商龙头企业在信息进村入户、农资电商、鲜活农产品进高端社区、农产品分类分级、数据共享以及重大问题战略研究等方面的合作。

四是积极推进“互联网+农业”行动计划。以全面提升生产、经营、管理、服务信息化水平为重点，加快推进移动互联网、云计算、大数据、物联网等现代信息技术与农业深度融合，充分发挥互联网在引领创新、驱动产业转型中的积极作用，为现代农业发展注入新活力，增添新动力。

五是加强农业大数据应用。构建覆盖农业生产经营、流通消费等全产业链过程的农业大数据，实现数据资源由“传统静态”到“智能动态”的转变。建立全国统一农业行业监测预警信息发布平台，完善中国特色的农业监测信息发布机制。运用大数据技术建立健全农产品信息溯源体系，提高信息准确度和完整性，方便公众查询，加强市场监管，确保农产品质量安全。

六是强化网络与信息安全工作。开展农业部系统网络安全顶层设计，建立信息安全通报机制，完善安全防护能力提升规划，全面开展相关标准制度规范建设，做好农业部系统信息与网络安全培训和网络安全专项检查工作，全面提升网络与信息安全保障能力。

[撰稿：王松　审稿：王小兵]

2014 年中国石化信息化建设综述

【综述】

2014 年，中国石油化工集团公司（以下简称中国石化）信息化工作围绕公司发展战略，坚持“集中集成、共享服务、创新驱动、协同智能”的工作方针，按照两化深度融合的总体思路，积极推进“三大平台”完善提升和“四项示范工程”建设，持续强化信息化管理工作，公司信息化综合能力进一步提升，有 19 家下属企业入选工业和信息化部首批“两化融合管理体系”贯标试点企业，信息化有力支撑了公司的改革转型和管理提升，在安全环保、节能减排和绿色低碳发展上发挥了不可替代的作用。

四项示范工程建设

2014 年，中国石化经营管理平台集中集成、移动应用、IT 共享服务中心、智能石化试点等四项示范工程建设各项工作全面推进，在生产运营、经营管理等领域的建设与应用取得了明显成效。

经营管理平台集中集成 2014 年，建成了集成、优化的 ERP 大集中模板，流程标准化率达到 94%，胜利油田、镇海炼化、江苏石油等 10 家试点企业 ERP 大集中系统实现成功切换上线，提高了企业流程标准化程度，整合了跨板块、跨职能的业务操作，支持了共享服务、热电水务、油田区块核算等业务创新应用；在 ERP 大集中实施过程中，构建了以企业服务总线为核心的系统集成平台，为 20 余个总部统建应用系统设计接口模板 183 个，规范了 110 余个企业自建应用系统的集成方式，实现了 ERP 大集中系统与各个应用系统间的集成；构建了以数据仓库为核心的数据集成平台，搭建了数据分发系统，实现了 ERP 数据共享。

移动应用 2014 年，初步建成了自主研发的统一移动应用平台，在生产经营管理各领域推广应用。完成总部和 19 家企业移动应用平台、移动业务功能实施，实现了业务审批、统计分析、外操巡检、客户服务等移动应用功能；油田企业实现了生产经营指标、HSE 风险监控、管道占压 GIS 地图等经营信息展示和数据分析；炼化企业利用移动终端开展日常巡检，现场采集故障数据和运行参数，及时发现、处理设备缺陷和存在的安全隐患；油品销售企业建立了“掌上营业厅”，开展了多渠道加油卡充值、促销信息推送等增值服务。

IT 共享服务中心 2014 年，搭建了基础设施云平台，为财务共享、ERP 大集中等 40 个系统应用和大数据分析等 8 个项目开发测试提供了资源服务，实现了软硬件资源的按需分配和应用系统快速部署；初步建成了中国石化 IT 运维平台框架，完成了呼叫中心、IT 服务门户、服务管理等系统的基础功能开发实施，实现了对服务过程和服务水平的全透明化管理；建成财务共享服务技术服务平台（SSF），已有胜利油田、股份国勘等 13 家试点企业上线运行，为财务共享服务中心正式运营提供了技术支撑。

智能石化试点 2014 年，初步形成了涵盖业务标准、数据标准、技术标准等内容的智能工厂标准化体系；九江石化建成智能化生产管控中心，建立了计划、生产一体化优化模型，实现计划、调度和生产操作的协同优化，全年综合增效 2.2 亿元；燕山石化建立了异常识别模型，形成了九大类生产预警信息的三级报警模式，实现了调度异常实时监控及调度指导方案的主动推送；镇海炼化开发完成动土作业管理、设备运行管理、腐蚀管理等三维模拟应用；茂名石化建立三维事故模拟和虚拟演练模型，实现了 287 个公司级环境排放点监控与分析；金陵石化日效益管理系统推动各生产装置优化日效益，助力 8 种高附加值产品产量创历史新高。智能化管线管理系统在管道储运、茂名石化、销售华南等 7 家试点企业上线运行，实现了 39 条（1 939 千米）管线和 27 座站场的数字化、可视化管理。完成了智能油田建设整体规划与方案设计，中原油田、西北油田等企业在部分高产井实现了生产现场可视化管理，提高了管理效率和劳动生产率。启动了智能销售的规划设计工作，广东石油、浙江石油等企业构建了全省统一的视频监控平台，实现了对油库和加油站的实时远程监控，提升了管控和安防能力。

经营管理平台完善提升

ERP 系统 配合企业管理体制机制变革要求，完成物装国事、联合石化、管道储运公司等 17 家企业 ERP 组织架构调整；根据销售板块混合所有制改革、润滑油“分转子”改革要求，完成了 33 家油品销售企业、润滑油 22 家单位的 ERP 系统调整。完成总部统一数据仓库（EDW）系统向 HANA（内存计算）迁移，数据加载性能和处理能力得到显著提升；初步搭建了经营大数据分析平台，在北京石油、上海石油等 5 家销售企业开展了非油品类分析大数据应用，支持了商品促销、铺货等商业决策；建设化销换货、工程物资等专项分析应用，其中化销换货分析上线 5 个月节省物流费用 2 635 万元。

2014 年，组织对 2013 年应用达标检查工作中存在的问题进行了认真梳理分析，结合新的业务需求和管理需要，修订发布了新版《ERP 登高计划指标》，修订指标 592 项、合并消减指标 59 项，根据企业专业化、一体化的管理特点，对天然气、催化剂、化工销售等 6 家专业公司设立了专门的指标体系。在达标验收中，90%

企业实现了新一轮应用达标，涌现出 29 家 ERP 应用登高示范企业；以提升业务绩效为主题，进一步开拓 ERP 应用新领域和新方法，形成创新应用成果 208 项。

各类业务系统 资金集中管理系统应用扩展到境外所有单位，建成资金集中管理综合分析平台，提升了集团境内外资金整体运营能力，集团公司构建起了“统一运作、统筹调控”的资金集中管理模式，年节约财务费用 20 亿元以上。

新版物资采购电子商务系统（5.0）顺利上线，新版物料编码全面启用，进一步规范了物资供应管理，2014 年网上采购率 96.6%，采购资金节约成效显著。

人力资源管理（HR）系统功能得到提升，开发了人力资源配置平台，支持内部人力资源共享优化，提高了人才内部配置使用效率。

合同管理系统在 8 家境外单位完成推广，总部和境内单位系统平稳运行，在线管理合同 151 万份，标准合同文本使用率从 68%提升到 73%，实现了制度、流程、系统的衔接一致，应用成效在 2014 年 11 月的中央企业法制工作会上做了专题经验介绍。

总部协同平台实现了对应用注册、发布、共享、复用等的在线管理，各岗位业务应用的集中展示和待办集成，在 4 个部门实现了日常办公和业务办理的一站式服务。

重点业务公开系统全年公开业务条目 443.4 万条，涉及金额 1.6 万亿元、1 219 亿美元，为集团公司反腐倡廉、惩防体系建设提供了支撑。

审计信息集成管理系统实现了审计项目 100%线上管理，支撑了各级审计组织机构的日常沟通协作，增强了风险防范能力。

远程培训系统在线课程学习 2 469 万人次，在线课程学习时长 2 027 万小时，相当于举办了 12 600 多个培训班。

总部利用视频会议系统召开会议 803 次，与会人数超过 60 万人次，其中境外参会 3 万人次。

生产营运平台完善提升

供应链与物流管理、安全环保等系统 生产计划优化（PIMS）系统完成 34 家炼油企业级 PIMS 模型的提升，完成了炼油板块生产计划整体优化系统建设，应用炼油、化工板块生产计划优化系统，整体资源优化配置效果显著，2014 年综合增效 5.83 亿元。

炼油、化工生产调度指挥系统得到提升，炼油装置实时监控报警准确率提高到 90%以上，化工装置非计划停工专业化管理水平得到进一步提升。

化销物流管理系统加强公路运输业务实时监控，优化返程车配货换货管理，2014 年节约物流成本 3 598 万元。

安全管理系统完成 16 家企业功能升级，累计完成 42 家企业推广，已覆盖所有炼化企业，在线监控企业 154 项安全指标，登记关键装置、要害部位等安全问题 51 万多项，应急物资 6 万多项，提高了 HSE 管理效率和水平。

环境保护系统在线监测功能上线运行，实现了对企业 362 个国控和省控污染源外排口的在线监测，系统满足了环保项目全生命周期管理、风险防控、绩效评价、综合管理与决策诊断四条核心业务管理要求。

应急指挥系统初步形成了总部、企业和现场三级一体化的应急指挥体系，支撑了境外应急综合演练，参与处置了 4 次突发应急事件。

油田企业重点系统 源头数据采集系统完善了运维体系，保障了各企业 2 700 余个采集点的稳定采集，有效支持了油田企业 100 多个应用系统。

勘探开发数据中心在中原油田、江汉油田建设投用，累计建成 4 个企业级勘探开发数据中心，管理了 4 705 个区块（单元）的数据资料和 6 万多口井的生产动态数据，支撑了 26 个局级重点应用系统，为 14 类综合研究主流专业软件提供了数据服务。

勘探开发综合应用服务平台建成，完成采油厂、分公司、研究院 3 个层面的应用整合。

集输与注水系统在胜利油田、河南油田部分采油厂推广应用，节能率达到 3.5%以上。

炼化企业重点系统 炼化企业生产执行（MES）系统完成 7 家企业功能提升和工程扩建同步适应性改造，实现 27 家企业 MES 化工产品生产及库存与化销公司的产销衔接应用，全面支撑化工产品经营和生产的协同；2014 年优化了 MES 达标指标，对 27 项内容、64 项指标进行了完善，评价基准与加工损失、物耗、能耗等技经指标拟合度进一步提高。在达标验收中，100%企业实现了新一轮应用达标，涌现出 5 家 MES 应用先进企业，形成创新应用成果 138 项。

操作管理系统在齐鲁石化、广州石化等 4 家炼化企业推广应用，在 290 余套主体装置上建立了 23 000 余条装置操作监控指标，实现了内、外操作管理高效协同，操作平稳率提高2%以上。

能源管理系统在燕山石化、扬子石化试点成功，实现了能流可视化、能效最大化与在线可优化，两家企业年节约能源成本1 168万元。

先进过程控制（APC）系统新增24套炼油装置和6套化工装置，累计在178套生产装置上推广应用，实现了APC系统与实时优化系统集成应用，提高了装置运行平稳率和目标产品收率，促进了节能降耗，年增效益3亿元以上。

销售企业重点系统 加油卡系统平稳运行，2014年发卡2 378万张，客户持卡消费比例达到39%，拓展服务渠道，全年实现加油卡网上充值690亿元。

零售管理系统覆盖了3万余座加油站，实现了总部、省市、片区、加油站的“一体化管理”与监督分析，加油站管理由事后管理变为事前预防、事中控制，加油站经营数据上报及时率达到99%以上。

非油品业务经营管理系统（二期）项目建设完成，覆盖了2万多座易捷便利店，系统管理商品6.5万种、供应商8 800多家、品牌23 630个，商品、供应商等基础数据和采购、结算等业务纳入统一管理，实现了供应商的协同服务。

客户关系管理（CRM）系统在燃料油、润滑油等各专业销售企业建成，通过客户平台、客户移动APP、客户服务中心等应用建设，提供了销售、营销、服务等多种业务在线支持，提升了客户体验。

科研、工程企业重点系统 知识管理系统在勘探院、工程院等4家单位上线试运行，为11个项目提供了知识检索和推送服务。

科研门径系统已在北化院、抚研院等5家科研院所得到初步应用，实现了118个科研项目不同科研阶段门径量化管理。

炼油技术分析及远程诊断系统在138套炼油装置投用，累计达到315套炼油装置，实现6大类炼油主装置全覆盖，700多名专家在线开展问题诊断，月均解决企业生产问题50余项。

石油工程利用精准化钻井、三维地质导向等自主知识产权软件，为安全高效钻井和提高水平井储层钻遇率提供了有力支持。

炼化工程开展了一体化信息管理平台、多专业协同设计平台和数字化工厂交付平台建设，大力推进设计集成化和管理现代化。

信息基础设施与运维平台建设

信息基础设施建设 完成华北、华中等5个国内区域网络中心建设，11个国内区域中心全面投用，147家企业通过区域中心联网，提升了主干网运行稳定性及传输能力；完成加油卡等10个重要应用系统灾备建设，开展了资金集中、MES系统灾备应急演练，保障了重要应用系统的安全性和可用性；加强了运维保障和支持工作，主动发现服务器问题1 038次，主动发现率86%以上，解决各类基础设施问题8 256次。

信息安全建设 加强组织保障，在总部成立了专职安全技术管理处，在企业落实了信息安全管理专职岗位，建立了信息安全通报机制；加强了信息安全顶层设计，初步完成了信息安全专项规划编制；开展了信息安全管控中心（SMCC）、网络准入控制、互联网出口监控与综合防护等安全建设；完成统一身份管理系统试点建设，实现胜利油田、燕山石化、九江石化110多个应用系统的集成；完成20家省市公司加油卡系统等保测评，对18家企业开展了安全风险评估；及时发布高危漏洞风险预警，处理安全事件和隐患整改33起。

信息化管理

健全信息化制度体系 根据公司改革发展要求，梳理、构建了较为完善的信息化制度体系框架，发布了新的《信息化管理办法》，梳理优化了重点环节工作流程。按照公司业务流程梳理工作整体部署，完成了信息化相关业务流程、工作职责、流程图的梳理、制定工作。

加强信息化队伍建设 在全集团开展了信息化专家评定工作，首批评出信息化专家55名；组织举办了信息安全技术竞赛，72家企业440名选手参赛，12家企业和24名个人分获团体和个人金银铜奖。组织了多维度、多层级信息化培训，配合集团公司党组中心组学习，开展了“新技术发展和创新应用”讲座；组织了3期企业领导人员信息化培训班，培训党组管理干部85人；举办了3期企业信息处长培训，1期油田、炼化企业销售处长ERP应用培训，4期业务专家培训；在公司范围选拔35名优秀青工，组织开展了信息化国际化人才培训；统一举办各类信息化管理、技术、应用培训 129 期，参培人员 5 000 多人次。

积极推进两化深度融合 为做好深化应用工作，进一步加强了系统应用监控。一是完善监控指标，为提升化销产品 MES 与 ERP 系统库存集成应用实效，设置了 3 个监控指标，通过监控，企业化工产成品入库及时率平均由 69.75%提升到 93.53%，化工产成品移库及时率平均由 68.44%上升到 96.17%；二是完善监控系统，ERP 应用监控覆盖 98 家企业，涉及 598 项指标，MES 应用监控覆盖 37 家企业，涉及 55 项指标。系统监控发现 ERP 应用问题 540 个，同比下降 44.1%；发现 MES 应用问题 482 个，同比下降 18%；问题整改完成率达到 96.5%，比上年又提高了 1%。2014 年，组织技术专家深入一线开展 22 次帮促交流活动，现场培训 920 人，为企业解决问题 385 个。积极开展“两化融合管理体系”贯标工作，有 19 家下属企业入选第一批贯标试点企业；组织企业参加工业和信息化部举办的贯标培训和交流，及时向企业通报最新贯标精神，组织企业用好工业和信息化部贯标工作平台；召开集团公司贯标专题会，邀请工业和信息化部有关领导、专家现场解读“两化融合管理体系”要点和贯标要求。

2015 年工作重点

一是建设统一电子商务、客户关系管理、供应链与物流管理、支付与金融服务等平台，打造石化商业新业态。建成化工品、润滑油、燃料油等销售电子商务，以及工业品（物装）电子商务；建成油品/非油品销售 CRM 应用，建立集中统一的客户资源信息库，进一步拓展 CRM 平台功能，支撑汽车服务、广告等新业务发展；建立统一在线支付中心，开展大数据分析应用，实现跨业务的多样化精准营销、交叉营销和优质服务；搭建整个供应链监控与分析系统，提高可视化管理能力；整合完善原油资源调运系统，涵盖原油资源配置、采购、船期、运输计划及远洋运输管理；完成化工板块生产计划整体优化系统建设，实现总体资源优化、产品链优化和产品结构优化；开展化工销售智能物流建设，实现透明运输、移动物流、产品追踪、物流风险管理等应用；整合提升成品油一、二次物流系统，实现成品油资源、供应、配置、运输计划联动控制，计划、调运、费用业务全周期闭环管理。

二是推进 ERP 大集中建设，强化经营管理系统集成应用，打造集约化、一体化的经营管控新方式。分两批完成 50 家企业 ERP 大集中系统推广，建立大集中模式下的运维体系，确保快速响应企业需求，提高运维效率；完成国勘、石油工程、炼化工程 ERP 模板设计并启动试点工作；配合公司管理体制机制变革，及时完成企业 ERP 系统调整和功能完善。完成投资管理系统与工程项目管理系统的方案设计并启动试点实施；搭建统一招投标平台，实现工程建设、物资采购在线招标；完成资金集中管理系统境外银行直联接口拓展推广工作，完善票据池管理功能和资金支付监控功能，提高票据周转效率和资金统筹运作能力；完成股份财务报表合并系统架构优化，初步搭建财务分析综合应用平台，实现总部财务管理基于财务指标和 KPI 的灵活分析；开展海外单位 HR 系统试点实施和合同管理系统推广建设；深化数据仓库应用，在 25 家销售企业推广非油品类分析应用，新建工程项目监控、润滑油利润贡献分析等专项应用。

三是加快安全、环保等系统推广，全力推进智能石化建设，打造生产运营新模式。继续完善智能化管线管理系统功能，完成 57 家企业系统推广，实现长输与厂际管线的标准化、数字化、可视化；完成 9 家炼化企业应急指挥系统推广，支撑企业日常应急管理、应急响应和应急演练；完成 61 家企业安全管理系统推广，实现集团公司各板块企业全覆盖；建立一体化环境保护管理系统，完成总部和 4 家试点企业系统实施，支撑环境在线监测、环境评价、环境风险防控等环保专业化管理，实现泄漏检测与修复（LDAR）模块在炼化企业的全覆盖应用；建成中国石化质量管理信息系统，通过各环节质量管理，持续改进产品质量，提升客户满意度。

在油田企业，完成 66 个管理区的油气生产信息化建设，启动 1~2 家智能油田试点；完成 11 家企业源头数据采集系统提升，建立勘探开发数据资源发布系统，支持企业重点局级应用，完善企业级数据中心综合应用服务功能，支撑产能建设、开发动态分析等生产管理业务；开展勘探开发专业共享服务云建设，提高软硬件资源利用率。

在炼化企业，完成 4 家智能工厂试点建设，智能调度实现生产异常工况的自动判断、预测预警和处理方案的自动推送；计划调度一体化模型实现生产计划、调度排产和生产操作的业务协同；能源在线优化实现全厂产能的整体优化，氢气和瓦斯的产耗平衡和优化利用；设备健康和可靠性管理实现大型机组等主要设备预知性维修；初步建立智能工厂框架和建设模板，形成智能化生产运营解决方案。

在销售企业，完善加油卡大集中方案，启动试点建设；开展资金智能监控系统试点建设，提升资金防控能力；完成智能销售的总体规划和站级一体化方案设计，启动 2~3 家智能销售企业试点；完成 3~5 个重点业务领域车联网应用建设，实现“线下和线上”用户双向引流，提升核心业务竞争力；完成 6 家企业大物流系统建设，实现油品、非油品业务管输、汽运等多种物流方式的整体优化，降低物流成本。

在工程、科研企业，开展科研成果共享服务系统建设，推进跨企业知识交流与共享，有效支撑海外科研工作；完成上游板块科研知识管理试点，开展炼化板块知识管理试点建设；整合提升科研项目管理和门径管理系统，开展量化评价体系优化，提高科研项目管理水平；在石油工程开展以单井、单项目为核心的项目管理系统建设，实现项目从启动到完工结算全过程监控；在炼化工程开展以项目成本控制和分包管理为核心的集成化项目管理平台建设，构建工程云平台和主数据中心，为智能化工厂设计与建设提供支撑。

四是建设统一的云平台和大数据分析平台以及 IT 运维、移动应用等系统，打造敏捷高效的 IT 服务新能力。整体规划中国石化统一的云平台，实现 IT 资源统一配置、集中共享、按需扩展和便捷接入，建成一体化的云管理平台，支撑业务应用快速构建；搭建大数据分析平台，汇聚各业务条线客户、供应商的静态信息、动态交易信息等数据资源，为“主动、差异化、精准营销、交叉营销”提供有力支撑。完善提升总部、区域中心到企业的主干网络，开展软件定义网络（SDN）应用研究；开展企业无线网络专项建设，有效满足云平台、大集中系统、移动应用等建设需要；建成统一的 IT 运维系统，实现对总部基础设施和 ERP、资金集中等 50 套应用系统的集中监控和运维服务；提升完善共享服务平台功能，完成 IT 共享服务试点建设，为财务、人事等共享服务建设提供有效支撑。进一步完善移动应用平台功能，鼓励企业开展多种形式的移动应用创新，在经营管理领域实现公文管理、合同审批、员工自助、信息查询等移动应用，在油品、非油品、化工品等市场营销领域开展移动支付、移动营销等应用建设，开展智能工厂、智能管线等生产层面移动应用建设。

五是加强信息安全风险管控，保障业务系统安全运行。进一步完善信息安全管理制度和技术规范，完成信息安全专项规划，全面开展信息安全通报工作；完成信息安全管控中心（SMCC）试点建设，实现对区域中心互联网出口和资金集中、电子商务等重点系统的安全风险集中监控，提高安全预警和风险处置能力；建设 8 个区域中心互联网出口，完成 50 家企业互联网应用集中管控；加强信息安全监管，落实信息安全责任，开展安全风险评估，督查问题和隐患整改；完成所有企业国产防病毒、终端安全管理、网络准入控制系统部署；广泛调研企业工业控制网络和数采现状，制定工控网安全隔离方案和标准，开展试点建设；完成 ERP 大集中、合同管理等 19 套重点应用系统灾备建设，开展 ERP、区外加油卡等系统灾备演练，形成比较完善的灾备恢复演练机制。

[撰稿：王景涛　审稿：姜晓阳]

第5部分　地区概况

北　京　市

【综述】

电子信息制造业

2014年，根据工业和信息化部数据显示，北京市电子信息制造业全行业实现销售产值2 530.03亿元，同比增长7.4%；主营业务收入3 035.77亿元，同比增长9.1%；利润总额129.94亿元，同比增长4.6%；出口交货值997.20亿元，同比下降8.7%；固定资产投资额53.2亿元，同比下降30.2%；从业人员达116 604人，同比下降3.54%。根据北京市统计局数据显示，北京市全年规模以上工业增加值按可比价格计算，比上年增长6.2%；计算机、通信和其他电子设备制造业增长17%，行业增加值高于北京市工业增加值10.8个百分点。

产品产量总体与上年同期相比基本持平。移动手持机产量占全国手机产量的10.9%；手机生产企业小米通讯公司1~12月份手机产量为6 290万部，同比增长226.6%。液晶显示面板生产企业京东方显示和京东方光电产量稳步增长，全年生产液晶显示面板19 046.7万片。

2014年，北京市电子信息制造业经济运行特点如下：

一是传统优势企业深度调整，部分企业风险显现。诺基亚在被微软并购后，调整升级效果未实现突破，在成本、资源限制的条件下，微软决定放弃中国诺基亚工厂，2015年将整体转移至越南。索爱手机全球市场占有率进一步下滑，但凭借北京工厂的管理运营优势，在高端智能机市场仍占全球智能机市场约4%份额。联想PC业务全球市场占有率连续两年稳居全球第一，但受移动智能终端突起分割市场影响，联想近年来将部分业务调整至外地，致使对北京贡献值降低。

二是增量创新持续涌现，打造全新经济增长点。小米全面覆盖消费电子各个领域，致力于打造互联网产品生态系统，手机、机顶盒、电视、路由器、智能穿戴等每款新产品市场表现都超过预期，带来了企业规模成倍增长。2014年，小米销售手机6 112万台，较上年增长227%；含税销售额743亿元，较上年增长135%。1~12月累计产值569.8亿元（上年同期213.2亿元），同比增长167.3%。乐视构造“平台+内容+终端+应用”的垂直整合生态体系，以对传统家电领域的颠覆和突破带来可观的营收规模，市场占比持续高速扩张，几乎囊括了39

英寸、50英寸、60英寸、70英寸全部TOP1单品。紫光集团完成对展讯和锐迪科两大集成电路设计企业的收购，一跃成为中国最大的集成电路设计企业，并已获得英特尔90亿元的注资，实现强强联手。大唐集团对旗下联芯科技、大唐微电子、大唐恩智浦进行整合成立大唐半导体设计公司，力争在移动终端芯片、智能卡安全芯片、汽车电源管理驱动芯片等领域实现资本整合和技术共享，占领集成电路高端市场。紫光与大唐的产业整合逆转了北京市在全国集成电路产业骨干城市的弱势地位，将成为未来北京市电子信息产业新的潜力增长点。

三是企业横向联合促进产业链高端环节跨越发展。京东方显示产品实现在小米智能穿戴设备领域的应用，通过双方全面合作，将有可能打通小米手机、小米电视等高出货量产品的供应渠道。中芯北方与高通通过在28纳米工艺制程和晶圆制造服务方面紧密合作，提升了中芯北方28纳米制程的成熟度及产能，目前中芯北方已成功制造高通骁龙64位410处理器，从而有望进一步提升北京市集成电路设计企业在本地流片的份额，实现真正意义上的芯片自主可控。

软件和信息服务业

北京市软件和信息服务业在市场需求、政策推动、技术变革等多重因素推动下面临较好的发展机遇。一是国际国内市场软件市场需求在不断增长；二是国家政策利好效应将得以进一步释放，国家信息安全战略的实施、《关于进一步加强军队信息安全工作的意见》、国务院《关于促进地理信息产业发展的意见》、《关于促进智慧城市健康发展的指导意见》等将进一步激发产业的发展潜力；三是全球ICT行业正在向以云计算、移动化、大数据和社交为代表的新型平台技术演进；四是北京市企业综合实力不断提升。

2014年，北京市软件和信息服务业围绕“优化布局、加速升级、促进创业”的总基调，以高端化、平台化、国际化、自主化为发展方向，产业规模温和扩张，发展质量和效益稳步提高，企业创新进一步活跃，新业态蓬勃发展，产业转型升级取得明显成效。

2014年，北京市软件和信息服务业发展特点如下：

一是政策效应陆续释放，产业增速稳步回升。随着促进信息产业发展政策的落实推进，全行业发展势头良好。2014年，全行业实现增加值同比增长11.7%，占全市GDP比重为9.7%，较上年提高0.3个百分点；实现营业收入5 462.3亿元，同比增长10.6%；信息技术服务外包实现35.7亿美元，同比增长17.3%。

二是产业提质增效显现成效，单位生产效益不断提升。规模以上企业平均营收约2亿元，同比增长15.4%；人均营业收入持续提高，达到87.4万元/人，比上年同期提高了5万元/人；从业人员人数同比增长2.1%，增速较上年下降2.3个百分点。

三是结构调整初见成效，新增点多元发展。北京市成为首批国家信息消费试点城市。产业互联网化、移动化、平台化趋势日益明显。互联网信息服务实现收入同比增长23%，占全行业收入比重约27.5%，比重较上年同期提高了2.2个百分点。打造自主可控的信息安全产业链。新兴企业的新产品、新服务日趋成熟，百度、京东和奇虎360等9家云服务商获得国内首批“可信云服务认证”证书。高端海外市场拓展取得新成效。出口向高端化转型，欧美市场占70%。亚信、广联达等企业在挪威、芬兰等新的市场加快拓展。

四是社会资本对行业投入大幅上升，新一代互联网应用领域最受社会资本青睐。2014年，北京市软件和信息服务业上市企业数已达182家，融资额达216.7亿元。行业并购、融资活跃度远高于上年同期，发生并购案例121起，是上年同期的2.5倍，涉及金额约463.4亿元，是上年同期的1.1倍。其中，新一代互联网应用领域（含互联网教育、互联网金融、互联网游戏、社交网络及其他新一代互联网应用）发生并购49起，涉及金额162.6亿元。发生融资活动（含战略投资）485起，为上年同期的4.6倍，融资规模达到639.4亿元，为上年同期的5.8倍。其中，新一代互联网应用领域发生融资活动（含战略投资）248起，涉及金额214.9亿元。

工作亮点 一是加快推进新兴产业。深入实施“祥云工程”2.0版，一批云产品、云服务问世发布。由北京市政府倡导、百度牵头，与智能设备厂商和服务商联手打造的“北京健康云”服务平台已对接12家穿戴终端设备厂商，服务北京市民5万余人，辐射全国共计约21万人，朝阳、海淀等区域的健康云市民体验示范中心启动建设；国内首款具有自主知识产权的桌面云平台发布；中关村“创新云”发布，提供四大类30余种服务应用；智慧交通公共云服务平台项目已启动；云计算产业园迈入京冀协同共建新阶段，国电通张北云产业基地计划建成容纳 20 万台服务器规模的数据中心，首期2 万台工作已启动。北斗产业化应用进一步加快。以总装备批复北京市成为国家区域北斗卫星导航应用示范区域为契机，围绕“城市精细管理、城市安全运行、便捷民生服务、高效产业提升”四大板块，开展 11 个示范项目建设，已完成新装北斗定位设备 2.7 万台套，成为全国北斗应用最广泛、终端推广量最大的城市。组织协调完成了北京市 14 个北斗地基增强站的改造升级工作。北斗产业公共平台加快建设，已有在线用户 20 万户。北京元心科技公司发布了首个自主可穿戴设备平台和首款可穿戴设备、全金属的 Tick 智能手表，打造国产智能移动终端开放平台，并推出手机操作系统，推动北京市信息消费产品升级。北京大数据交易服务平台正式上线服务。

二是着力实施信息平台战略。信息平台战略的实施促进北京市信息产业向更加符合新一代信息技术走向、更加高端、更加轻型化的方向发展。一批骨干企业向信息网络平台型企业转型。网络入口平台型企业百度公司引导流量占全国的 12.3%，移动互联网业务占总收入比重已超过 30%，在中国的搜索份额为 70%。电子商务平台型企业京东公司正式在美国纳斯达克挂牌上市，成为中国最大的 B2C 电子商务公司。新媒体平台型乐视公司已成为全国最大的网络视频服务网站，拥有电视剧版权 7 万多集和电影版权 4 千多部，PC 端用户过亿，移动端用户超过 2 000 万。智能设备平台型企业小米公司已聚集 4 000 多万活跃用户、1 000 多家零部件、游戏企业和数字内容企业。骨干企业实力更加突出，32 家企业入选“2014 年中国软件业务收入百强”企业，数量连续 13 年居全国首位。27 家企业通过国家运维通用要求符合性评估，约占全国的 28%。

三是构建自主可信技术体系。推动高端计算系统的国产化进程，组织实施北京可信开放高端计算系统（TOP）产业化项目，首台具有自主可控的可信计算系统的新云东方 Power System 服务器全系列产品下线量产，打造自主、安全、可靠、国产化的 Power 产业链。推广可信计算技术，开展“白细胞”操作系统免疫平台在京试点，解决操作系统安全问题。建立信息安全产业联盟。神州数码、曙光、东方通等企业组成联盟，合作开展安全可靠解决方案的应用。信威集团自主研发并拥有知识产权的 McWill 技术（宽带无线通信技术）标准正式确认为国际短信联盟公共安全和救灾通信（PPDR）国际标准，这是中国通信标准国际化的重要突破。

四是多维度优化产业发展环境。出台《北京市关于促进信息消费扩大内需的实施意见》（京政发［2014］5 号）、《北京市关于进一步促进软件产业和集成电路产业发展的若干政策》（京政发［2014］6 号），进一步加强政策支撑，优化了发展环境。定位于下一代互联网及其产业集群中关键技术及应用项目孵化的北京市首家软件企业创业孵化基地——同方科技园正式挂牌，并提供 1 亿元专项发展基金，集中资源扶植创新创业。组织完成互联网信息安全产业并购基金组建方案。产业公共服务平台不断完善，发布《北京市软件企业认定和软件产品登记管理实施细则》，企业办理“双软认证”所有事项均走网上审核，不需要提交纸质材料，基本实现“全程无纸化，企业零跑腿”，服务效率提高，办理时间缩短 30%以上。2014 年，完成 1 958 家软件企业的年审审核工作，完成 8 343 件国产软件登记和 1 317 家软件企业的认定；享受软件产品增值税“即征即退”减免税额达 60 亿元。根据工业和信息化部要求，取消了计算机信息系统集成企业资质认定等四项行政许可工作，已移交相关行业协会，做好相关工作。

主要问题

北京市电子信息制造业主要问题如下：

一是市场需求不明朗，部分企业增长动力不足。计算机市场受智能终端冲击不断萎缩，移动通信企业正处于技术升级和产品转型期，加上受国内外经济形势影响，未来市场需求不明朗，联想、同方、索爱等部分传统品牌企业产值增速乏力。

二是产业结构调整和资源环境约束，导致产业投资形势严峻，重大项目接续不足。北京市正在依据首都功能定位开展产业结构调整，空间、成本压力不断上升，资源环境限制不断收窄，部分企业正重新考虑在京投资计划。部分落地项目受碳排放指标不足、环评要求更严、工业用地审批暂停、交通限制等方面因素影响，建设进度趋缓。

三是基础领域关键技术创新与设备制造有待突破。大尺寸 OLED 生产工艺技术尚处于验证期，集成电路 28 纳米以下的制程工艺和专用设备研发与产业化遇到瓶颈等问题制约了电子信息制造业形成新的高速增长点。

北京市软件和信息服务业主要问题如下：

一是产业需要新增长点的支撑。总部型企业出现京外收入增幅高于在京收入的趋势，企业的研发、运营总部在京，但新增长业务在京外，且出口业务不计入总部；传统大企业的领域优势抵挡不住产业平台化、规模化、国际化的发展趋势，能否成功转型升级又存在不确定性；新兴企业规模尚不足以支撑全行业，培育尚需时日。

二是产业管理与促进工作在经济新常态下的思路和方式需要调整跟进。

三是在产业融合发展的大趋势下，软件产业既是高精尖产业的一部分，又支撑高精尖产业的发展，对二者的认识需进一步加深。

【统计数据】

表 1　2014 年北京市电子信息制造业人员构成情况

企业类别	企业数（家）	年末从业人员总数（人）	其中：研发人员（人）
国有企业	14	4 485	611
集体企业	3	1 947	562
股份合作企业	1	1 178	550
有限责任公司	46	33 601	2 077
股份有限公司	19	16 162	6 817
私营企业	5	1 033	189
三资企业	32	63 038	1 522
合计	120	121 444	12 328

表 2　2012~2014 年北京市电子信息制造业基本情况

项目名称	单位	2012 年	2013 年	2014 年
工业总产值（现行价）	万元	19 951 722	20 929 963	22 617 679.3
工业销售产值	万元	19 629 126	23 538 797	21 854 591.8
出口交货值	万元	8 953 997	10 974 925	7 005 452.6
流动资产平均余额	万元	17 576 303	19 141 289	24 268 548.6
固定资产净值平均余额	万元	3 925 126	3 421 507	2 770 009.6
资产总计	万元	30 843 908	37 219 356	42 026 556.5
负债合计	万元	18 382 719	22 597 549	20 170 782.8
主营业务收入	万元	24 822 286	27 853 722	30 919 276.1
税金总额	万元	113 038	378 317	101 407.3
利润总额	万元	824 973	1 163 439	1 209 001.9
应交所得税	万元	148 836	136 199	157 027.0
从业人员年末人数	人	125 004	118 785	118 733
从业人员年工资总额	万元	1 005 101	1 227 283	1 994 143.3

表 3　2012~2014 年北京市电子信息制造业三资企业基本情况

项目名称	单位	2012 年	2013 年	2014 年
工业总产值（现行价）	万元	15 661 474	16 467 488	17 356 567.4
工业销售产值	万元	15 408 844	16 307 140	17 016 222.2
出口交货值	万元	8 781 101	9 147 380	5 857 119.0
流动资产平均余额	万元	7 014 725	7 363 083	8 677 519.4
固定资产净值平均余额	万元	1 085 535	1 367 292	1 372 999.8
资产总计	万元	10 100 518	10 129 113	11 440 059.1
负债合计	万元	6 867 188	6 690 998	7 831 190.5
主营业务收入	万元	18 435 948	19 082 718	20 308 430.2
税金总额	万元	37 059	24 538	–50 131.1
利润总额	万元	305 349	423 186	359 626.1
应交所得税	万元	85 394	80 911	76 175.6
从业人员年末人数	人	72 963	65 595	63 038
从业人员年工资总额	万元	608 939	661 316	1 469 359.7

表 4　2012~2014 年北京市电子信息制造业主要经济效益指标完成情况

项目名称	单位	2012 年	2013 年	2014 年
全员劳动生产率	元/人	186 483	207 780	312 760
流动资产周转率	次	1.51	1.46	1.27
产品销售率	%	98.1	112.5	96.6
总资产贡献率	%	3.5	5.7	4.2
资产保值增值率	%	106.9	108.7	144.2
资产负债率	%	59.6	60.7	48.0

表 5　2012~2014 年北京市电子信息制造业三资企业主要经济效益指标完成情况

项目名称	单位	2012 年	2013 年	2014 年
全员劳动生产率	元/人	159 932	221 638	335 853
流动资产周转率	次	2.63	2.59	2.34
产品销售率	%	98.4	99.0	98.0
总资产贡献率	%	3.8	8.0	3.0
资产保值增值率	%	104.8	104.2	108.8
资产负债率	%	68.0	66.1	68.5

表 6　2012~2014 年北京市主要电子信息产品产销量情况

产品名称	单位	产量			销量		
		2012 年	2013 年	2014 年	2012 年	2013 年	2014 年
移动手持机	万部	19 971.5	18 558.85	17 718.3	20 030.8	18 522.15	17 472.9
微型计算机	万台	1 125.8	929.9	689.3	1 121.8	888.38	696.5

表 7　2012~2014 年北京市三资企业主要电子信息产品产销量情况

产品名称	单位	产量			销量		
		2012 年	2013 年	2014 年	2012 年	2013 年	2014 年
移动手持机	万部	19 971.5	18 558.9	17 718.3	20 030.8	18 522.15	17 472.9
微型计算机	万台	870.2	781.28	542.2	867.9	773.06	545.3

注：表 1~表 7 数据来源于北京电子商会。

[供稿：北京市经济和信息化委员会]

天　津　市

【综述】

电子信息制造业

2014 年，天津市电子信息产品制造业保持快速增长，工业总产值达到 3 618.4 亿元，增长 2.4%，占全市工业比重 12.9%；实现主营业务收入 3 404 亿元，下降 2.6%；完成利税总额 174.1 亿元，下降 7.5%。平板电脑、可穿戴设备、云计算、新型显示器件等战略性新兴领域产业加快发展，特种光缆、信息传输交换设备、高效太阳能材料、汽车电子等领域一批重大项目相继开工。开发区和高新区是天津市电子信息产业发展较为迅速的两个区域，其中，开发区依托电子信息产品制造业的良好基础，形成通信设备制造、电子元器件、智能家电等主导行业，产值、出口等在全市电子信息产业中占有较大比重。

计算机制造行业　天津市计算机制造企业主要聚集了钜宝电子、曙光信息产业股份有限公司等 19 家企业，产品涉及平板电脑、监控显示器、服务器、墨盒等。拥有处于世界前列的天河一号超算中心、亚洲最大的腾讯云计算中心，曙光计算机产业基地成为亚洲最大的高性能计算机生产基地。其中，高性能计算机、平板电脑、服务器、存储器、光端机、条码打印机等产品市场占有率不断提升，2014 年，计算机制造产业收入达 379 亿元。

通信设备制造行业　2014 年，天津市通信设备工业行业主要聚集了三星通信、伟创力、津亚电子、大唐电信、展讯等 28 家企业，形成了以三星、中兴等大型整机企业和其他配套企业为主体的产业集群，产品包括交换设备、手机、基站、对讲机等，产业链不断完善，产品涉及基带芯片、整机制造等，行业收入达到 929.96 亿元。

广播电视设备制造行业　2014 年，天津市广播电视设备制造行业主要聚集了韩国相信电子等 4 家企业，产品主要为录音话筒、手机耳机、滤波器等，年收入 1.5 亿元。

视听设备制造行业 天津市视听设备制造行业主要聚集了三星 SDI、三星视界、三星 LED 等 12 家企业，产品包括平板显示器、液晶电视机、智能电视机、激光视盘机等。2014 年，行业主营业务收入达到 267 亿元，年产平板显示器 280 万台、激光视盘机 300 万台。

电子元器件制造行业 天津市电子元器件行业主要聚集了罗姆电子、松下部品、三星高新电机、三星电机、有容蒂康等 166 家企业。其中中芯国际、飞思卡尔、松下部品、三星电机、三星高新电机、罗姆半导体、中环半导体等行业为行业骨干企业。产业链高端产品涉及金属膜电阻、电感触摸屏、手机主板、手机摄像头、光敏传感器等产品。中环半导体的高压硅堆产量居全国第 1 位、场应管产量居全国第 2 位。2014 年，行业收入达到 1 056 亿元。

天津中环电子信息集团 2014 年，天津中环电子信息集团有限公司固定资产合计 268.5 亿元，从业人员 64 011 人，在 2014 年公布的中国企业 500 强名列第 86 位、中国制造业企业 500 强名列第 30 位。主营业务收入 1 539 亿元，下降 17.1%，其中，国有企业主营业务收入 221 亿元，增长 18%。利润总额 74 亿元，下降 25.6%。

公司全年实施固定资产投资项目 17 项，总投资 10.4 亿元。科技创新重点企业科技投入达 6.1 亿元，完成新产品产值 79.7 亿元。完成全红电子装备公司等 13 家企业放开搞活，完成天达信息港公司等 11 家企业清理退出。集团公司搭建了资金集中管理平台，首批 100 家企业纳入资金集中管控，实现资金的监控和部分归集功能。NC 财务报表平台和 BI 商业智能平台正式运行，实现财务数据可视化展示和基础财务分析功能，公司成立非生产资料集采公司（天津中环信息技术有限公司），集采电商平台上线运营。

天津光电集团有限公司 天津光电集团有限公司是专门从事以信息安全、光通信产品为主的光电通信设备产业以及以汽车电子变压器产品为主的电子器件产业等研发、生产、销售和服务的国家级高新技术企业。下设 17 个控股和参股企业，员工总数 5 000 名，注册资本 4.5 亿元，公司拥有 1 个国家级企业技术中心、4 个市级企业技术中心、1 个市级激光打印技术企业重点实验室和 1 个市级工业设计中心。拥有信息安全打印机、传真机、安全硒鼓、多种保密机和干扰机等信息安全设备。网络安全单向导入管理、密码级门禁管理、3G 智能手机加密、文件输出安全管理和语言录音截断器等信息安全产品。

2014 年，公司实现销售收入 22.6 亿元、利润总额 1.62 亿元。公司持续加大技改投入，当年实施项目 17 个，验收项目 10 个；激光打印技术企业重点实验室通过天津市认定，6 个单位通过市级企业技术中心考评；开展质量技术公关 31 项，质量成本改进提升 0.14%；新品收入 5.8 亿元，申请专利及著作权 190 项。重点项目建设如期推进，无线通信技术平台得到提升；“线路交叉”和“低阶交叉汇聚”两款设备得到应用推广；重点工程加固型一体机项目完成正样联试；专用双色激光打印机进入小批量试制阶段。“光电通”传真加密一体机系列产品获得多项国家专利，具有完全自主知识产权，获市最具影响力品牌产品、市名牌产品等称号。

软件和信息服务业

2014 年，天津市软件产业以“推进产业聚集、发展重点领域、突出产业特色、做好产学研对接”为战略发展举措，实现产业稳步增长。软件产业实现业务收入 907 亿元，增长 29.4%，其中软件产品收入、信息技术服务收入和嵌入式系统软件收入分别占软件业务收入的 27.1%、60.3%和 12.6%。

天津市共认定软件企业 77 家，累计通过认定软件企业 621 家；登记软件产品 547 件，累计登记软件产品 3 029 件；计算机软件著作权登记 949 件，累计登记著作权达到 12 797 件。新增 12 家系统集成资质企业和信息工程监理资质企业，累计达到 130 家，完成 8 家资质单位换证；20 人获得系统集成（高级）项目经理和监理工程师资格证书，完成（高级）项目经理换证 9 人，累计达到 874 人。

2014 年，天津市软件和信息服务业涌现出基于“天河一号”超级计算机的多领域云计算平台、展讯通信公司的基于 28nm 的多核智能手机核心芯片、天地伟业数码公司的新一代安防解决方案、南大通用公司的支持大数据应用的国产新型数据库、书生公司的新一代云存储技术以及 3D 打印、增强现实等为代表的一批涉及云计算、物联网、移动互联网、大数据和智慧城市的新技术和新产品。

在产业招商引资方面，天津市充分利用京津冀一体化发展战略，发挥京津科技研发、产业、土地等互补优势，开展全方位的产业转移和对接合作，吸引了一批北京知名软件企业、研发基地等来津发展。2014 年，赶集网、猎聘网、芯愿景等一批优秀的软件和信息服务业企业落户天津。此外，阿里巴巴、裂帛网、京东商城等一批颇具实力的电子商务企业加速在天津市聚集。初步形成了以滨海新区为龙头的产业核心区，以周边区县软件园为主体的产业辐射区和以中心城区商务楼宇为核心的产业特色区，形成各有优势、各有特色的园区发展特点，实现资源互补和产业结构升级。

软通动力信息技术有限公司 软通动力信息技术有限公司（以下简称天津软通）于 2006 年 12 月 6 日在天津市成立，注册资本 1 亿元，是软通动力集团的全资子公司。天津软通于 2009 年通过 ISO9001 认证及 CMMI3 级认证，2010 年通过国家高新技术企业认定，2012 年通过国家规划布局内重点软件企业和系统集成二级企业认定，2013 年通过天津市企业技术中心认定和 ITSS 运维认证，2014 年通过 ISO27001 信息安全认证。公司的经营范围包括计算机软件开发与销售、IT 技术服务、IT 咨询服务、IT 产品技术培训，以承接服务外包的方式从事财务、人力资源相关的计算机软件信息、数据处理服务，以及计算机信息系统集成、建筑智能化工程等。公司成立 8 年来，在建设全球交付中心、技术创新中心、全球资源培训中心等工作中取得突飞猛进的发展，公司连续多年获评保税区百强企业。

全球交付中心承接了多个国际客户的离岸开发中心、BPO 服务实施中心的建设与实施，成功引进日本 NCR、美国医疗信息、沃尔沃 IT、英国电信、四方股份等大项目落地实施，并促成 CSC、欧迪办公、沃尔沃信息技术（天津）有限公司成功落户空港经济区。

公司技术创新中心以天津市为研发基地，成立了天津软通研究院，从事财产保险、资金管理、大数据、云计算、宽带移动终端软件等多项解决方案与技术研究，拥有 48 项软件著作权及 22 项软件产品。近年来，天津软通在智慧城市建设方面不断取得突破，现已形成包含电子政务、智慧医疗、智慧旅游等多项解决方案。

全球资源培训中心是与天津保税区管委会合作成立并经天津市政府认证的服务外包人才培训基地，与 10 余所本地高校建立合作关系，与团市委合作开展千名大学生实训就业活动，已经累计免费培训大学生 8 000 多人，软通动力录用 2 000 多人，持续为天津区域行业提供大量的公共产业人才。

天津天地伟业数码科技有限公司 天津天地伟业数码科技有限公司是在天津市滨海新区注册的国家级高新技术企业和软件企业，主要面向物联网和安防监控行业，提供全线自主研发的视频监控软硬件产品和行业解决方案。公司现有员工 1 600 人，科技研发人员 600 余人，先后成立博士后科研工作站、院士专家工作站、市级企业技术中心、市级工程中心，聘请行业内知名专家进站工作，主持和参与起草国家/行业标准 17 项，申请专利 200 余项，多次荣获天津市科学技术进步奖，连续两年被认定为“中国软件百强企业”和“国家规划布局内重点软件企业”。

2014 年，公司在技术创新方面取得了全新突破，自主研发出星光级视频监控技术、H.265 编码技术和 4K 极清视频采集技术等行业领先技术。公司通过应用星光级视频监控技术、H.265 编码技术和 4K 极清视频采集技术研发出了全新嵌入式软件系统高清智能分析交通监控系统，该系统被认定为“天津市杀手锏产品”，为中国智能交通整体水平的提升做出了积极贡献。以上技术和产品突破，为公司带来了良好的经济效益和社会效益。同时，新技术突破提升了安防行业整体技术水平。

神舟通用数据技术有限公司 神舟通用数据技术有限公司隶属中国航天科技集团公司，是国内最具影响力的基础软件企业之一。公司提供神通数据库系列产品与服务，产品技术领先，先后获得 30 余项数据库技术发明专利及 18 件数据库产品著作权，在国产数据库行业处于领先位置。神通数据库获得了国家核高基科技重大专项的重点支持，在国家主管部门组织的国产数据库测评中综合排名第一。公司拥有北京研发中心、天津研发中心、杭州研发中心 3 家产品研发基地，与浙江大学、北京航空航天大学、北京大学、中国科学院软件研究所等高校和科研院所开展了深度合作，具有数十名八年以上的数据库核心研发人才。公司客户主要覆盖政府、电信、能源、交通、网安、国防和军工等领域，率先实现国产数据库在电信行业的大规模商用。

2014 年，公司通过财政部国有资本金信息安全专项项目检查，完成总装备部预研项目“大数据存储和查询关键技术”项目申报。天津科技支撑项目、企业技术中心创新能力建设项目通过验收。完成 Oracle 函数、过程语言等兼容特性项 8 项，支持 UTF8 中文字符集、过程语言调试工具等 25 项新特性。针对神通 KSTORE 及集群产品，新研 30 余项产品，定制现有数据挖掘产品的大量接口和功能，数据库产品质量得到进一步提升。

科技进步与应用

云计算产业 2014 年，天津市大力发展云计算产业，形成以天河、腾讯、曙光、惠普、联通、东软等企业为龙头的云计算产业体系。在核心产品方面，形成较为完善的产业链，曙光高性能服务器达到 50 万台生产能力。在计算技术方面，天河一号目前已应用石油勘探、生物医药、航空航天、气象预报等上百个领域，全球用户已突破 500 家。腾讯正式投入运行的天津数据中心已经成为腾讯亚洲首屈一指的数据中心，共计 8 万平方米、约 20 万台服务器。天津市还与浪潮集团签署合作协议，将共同推动大数据与云计算产业的发展。

信息基础设施建设

2014 年，天津市实施“宽带天津”工程，大力推进光纤宽带网络建设，不断优化第三代移动通信网络，加快建设第四代移动通信网络及公共区域无线局域网。

全市网络覆盖能力持续增强，互联网城市出口带宽达到 2 520Gbps。宽带用户 260 万户，住宅接入带宽具备 100Mbps 能力，光纤入户能力达到 407 万户，实际接入用户 145 万户；全市固定电话用户 360.6 万户，固定电话普及率为 24.5 部/百人。3G 网络覆盖全市，4G 基站建成超过 1.1 万个，网络覆盖了城区和主要乡镇；在高校、酒店、商场、机场及火车站等 5 000 处热点地区建设了无线局域网（WLAN），共开通 AP 数量 9 万个。全市移动电话用户 1 351.8 万户，移动电话普及率为 91.8 部/百人。建成覆盖全市范围、具备下一代广播电视网络（NGB）主要功能的双向化数字化广播电视网络，全市有线电视双向化覆盖率近 90%，城区基本实现全覆盖；农村有线电视网络改造加速推进，在农村 110 个乡镇中，77 个乡镇数字电视平台的建设已经完成，网络双向化改造实施了 20 万户，发展用户超过 15 万户。

信息技术应用

信息化和工业化融合 2014 年，天津市加快推进应用大数据、云计算、物联网等新一代信息技术提升改造传统产业，培育壮大生产性服务业，全面提升企业在信息化环境下的新能力，实现“天津制造”向“天津创造”转变。

在智能制造领域，应用信息技术提升改造传统产业成效显著，推动企业在集团管控、数据采集、设计协同、过程控制等关键环节向敏捷制造、柔性制造和绿色制造转型，生产效率明显提升。全市重点企业 ERP 应用达 63.9%，数控装备化率达 39.1%，生产环节 MES 普及率达 61.7%，供应链环节 SCM 普及率达 55.2%。

“滨海工业云”作为国家工业云创新示范工程，依托国家超算天津中心计算等资源优势，聚集了本市大专院校核科研院所等信息服务资源，为企业提供高性能计算、遥感数据、石油勘探、天气预报、动漫渲染、生物医药、工业设计仿真、建筑设计、施工造价、线缆工艺设计等云服务。

在大数据建设领域，天津市已将物联网、云计算、大数据等新一代信息技术纳入战略性新兴产业总体规划。物联网、大数据、云计算等新一代信息技术在城市管理、节能减排、食品安全、公共交通、现代物流和设施农业的一批国家和天津市示范项目通过验收。

在农业信息化建设领域，天津市作为国家农业物联网应用试验区之一，建成了市农业综合服务平台，建立了农业生产、市场、农资等行业数据库 17 个，实现了 25 个生产基地传感数据在线采集；农业电子商务不断取得新进展，积极培育本市特色农业电商企业；农村党员培训、农技服务、农业气象等信息服务通过网络、手机等多种方式服务广大农民。

在两化深度融合领域，加强推进企业两化融合水平评估和管理体系建设，通过企业对标总结提炼推广示范经验和成果，不断提升两化融合水平；开展企业两化融合管理体系贯标试点，引领企业提升信息化环境下的新能力。全市 14 家企业列入国家贯标试点，长城（天津）质量保证中心等 2 家企业成为国家首批咨询服务机构。在全市评选 100 家两化深度融合示范园区和示范企业，组织实施一批两化融合示范项目，北辰区列入国家工业电子商务示范区、滨海工业云列入国家工业云创新示范项目，4 家企业列入国家级两化融合示范企业，6 个项目列入国家电子商务集成创新试点工程，2家企业列入国家农产品冷链信息化应用试点企业。

电子政务 2014年，天津市大力推进电子政务公共平台建设，进一步加强政务公开，创新政府管理，促进政府提高管理和服务的水平。

一是推动电子政务顶层设计。圆满完成基于云计算的电子政务公共平台顶层设计国家试点工作，完成天津市基于云计算的电子政务公共平台顶层设计书编制工作，制定相关配套文件初稿12件。开展天津市电子政务项目管理办法等4项政府规章草案编制工作，其中，天津市电子政务管理办法（修订）被列入2015年法制办调研项目。

二是推动重点应用项目建设。年度联网审计实现100余家单位的在线审计。智能交通管理实现对交通流量的监控和预测、实时人口分布显示和分析。楼宇经济动态监管服务实现集监管、服务、信息查询、统计分析等功能为一体的动态监管服务平台。天津市小客车调控管理系统实现车辆指标管理的公平、公正、公开。城市建设管理系统实现城市建设管理领域的信息共享，搭建统一的综合监管平台。市场主体信用信息公示平台对促进市场公平竞争、维护市场正常秩序起到了积极作用。提供了网络支持。民生档案数据资源建设工程为人民群众提供高效便捷的民生档案信息资源服务。政务云计算中心迁入公安、工信委、民政、食药监等10余个部门业务应用，部署的政务云服务平台和桌面云试点为近20个业务应用提供支撑服务。

三是民心工程项目进展顺利。以社区1.5~2千米半径范围开展社区商家的接入工作，已经初步纳入68项便民服务，推动网上15分钟社区生活服务圈建设，为社区居民提供咨询服务、家政服务、生活用品配送、社区信息、预定服务等。搭建物业公司与社区居民的互动平台，帮助社区居民解决安防、缴费、维修、停车、休闲娱乐等物业管理问题，大大提高了办事效率和服务水平。建立政府与市民互动平台，社区居民可通过手机对城市和社区管理中出现的污水跑冒、煤水电气、供热采暖、环境卫生等问题，通过市民报料系统进行上报，随时随地拍照取证并上传到相应的管理部门，系统按照不同的事项类别自动分发到相关管理单位进行处理，并对问题的处理结果可以查询，为全体市民提供参与城市管理的新途径。

四是社会信息化惠民作用日益明显。天津图书馆建设完成包括3个关于天津地区非物质文化遗产专题内容子库的数据库，实现数据库上网发布供读者免费使用，提供资源模糊检索，文本、图像、视频相结合的多媒体体验方式。“妇女就业创业网上综合平台”将创业咨询、技能培训、就业信息、创业指导、创业融资等功能融入本平台，打造妇女创业就业一条龙服务综合平台。“印象·天津”信息港依托新华社的全球视野、海量资讯、先进技术优势，搭建“印象·天津”网上资讯平台，以独特的第三方视角客观地呈现国内其他地区眼中的天津变化，全球眼中的天津变化。

信息消费 2014年，天津市加快推进信息消费示范城市建设，创建15个信息消费体验中心，组织实施一批信息消费示范工程，培育信息消费需求，增加有效供给，引导移动互联网、工业互联网、智能制造、电子商务等信息消费创新发展，全年信息消费规模达到3 000亿元，增长30%。

在信息惠民试点方面，天津市被列入国家信息惠民试点城市，重点开展了智慧健康、智慧养老、智慧教育等15项信息惠民工程。到2016年基本建成一体化公共服务智慧应用体系，实现居民候诊时间较目前缩短2/3以上，城市居民健康信息档案覆盖率超过98%，将在全市主要居家、日托和养老机构推广“移动护理”等智慧养老服务。

在信息便民服务方面，政府网上办公大厅提供服务事项达3 100余项。社保卡实现医院就诊实时结算、社保缴费、养老金和低保发放等领域一卡通，银行卡消费额占社会消费品零售总额的比例达到52%，互联网交通违法自助裁决和缴罚平台及“掌上路路通”APP上线运行，城市卡逐步实现公共交通领域一卡通，“车来了”手机APP方便市民出行，全市三级医院门诊综合预约率达40%左右，通信、广电、电力、燃气、自来水、供热等公用领域实现网上缴费和客户服务。

在电子商务方面，加快推进优势产业电子商务平台建设，促进企业供应链协同能力升级，渤交所、联交所、渤商网、爱商网、融宝支付、天物大宗商城、天士力大健康网、长荣健豪云印刷等一批行业电商平台投入运营。全市重点企业采购和销售环节电子商务应用率分别达到15.2%和12.6%。全国知名电商前20强聚集天津。

在电子信息产品供给方面，软件和信息服务产业发展势头良好，软件收入711亿元，增长28%，增幅高于全国平均水平5个百分点。科技服务业增加值达405亿元，增长12%。娱乐类、游戏类、信息服务类等移动互联网应用软件及服务快速发展；全市移动终端生产能力超过2亿部，高性能计算机服务器、存储设备等产品制造能力位居全国前列。

在信息消费政策环境方面，天津市已转发《关于促进天津市信息消费扩大内需的实施意见》、《天津市新一代信息服务产业发展行动方案》、《天津市推进电子商务发展三年行动计划》、《"宽带天津"实施方案》、《天津市促进互联网金融健康发展指导意见》、《天津市现代物流业三年行动计划》、《促进快递服务业发展的实施意见》等文件，各委办还制定了多个配套文件。全市信息消费政策环境不断完善。

信息安全 2014年，天津市信息安全工作重点保障基础信息网络和重要信息系统安全，切实加强电子政务安全管理，继续加强天津市信息安全保障体系建设，不断提高信息安全保障能力，促进信息安全产业发展，取得良好成效。在有效的措施和机制应对下，全市未发生重大信息安全事故。

2014年，在全市政务系统和市政领域开展为期四个月的信息安全检查工作，重点对河西区政府、津南区政府、市科委、市口岸办、天津海事局等近30个单位的信息系统和全市政务部门共计500余个政府网站进行了现场抽查和远程检测，较为准确地掌握了各个单位系统网络安全状况，针对存在问题提出整改意见，有效提高了信息安全防护能力，确保政府信息系统安全稳定运行。

结合信息技术发展和信息安全形势，组织开展全市各委办局、区县和其他重要信息系统共93家单位的信息安全岗位培训。同时，与市网信办、市教委、市公安局、市安全局、市通信管理局等部门配合，深入贯彻落实习近平总书记关于网络安全和信息化工作系列重要讲话精神，结合金融、电信、电子政务、电子商务等重点领域和行业的网络安全问题，通过主题宣传教育活动，增强全民网络安全意识，提高信息安全保护能力。

经过一年的前期筹备和紧张建设，天津市信息安全测评中心已经完成攻防实验室和政府网站信息安全监控平台建设，具备千兆以太网的实验室网络、各类专用的扫描工具、各类专业的网络性能测试设备，主要从事信息技术产品安全测评、信息系统安全测评、信息安全评估服务、信息安全管理体系咨询、岗位人员培训等核心业务，并在此基础上拓展包括产品功能选型测试、公共信息系统安全测评等多种业务类型，基本具备开展相关业务工作的能力。

在基础设施建设、市场规范和培育、核心技术引进和推广、产业政策完善等方面，进一步优化天津市信息安全产业发展环境。依托国家信息安全工程技术研究中心，组建天津国家信息安全产业基地信息安全工程技术推广中心，建设科技成果转化区、信息安全技术服务区、综合服务区3个核心功能区。依托国防科技大学建设的天津市滨海军民融合创新研究院，首批启动了飞腾CPU产业化、麒麟操作系统、北斗导航产业化等5个国家级核心项目，数字中国联合会、天津密码行业联盟等4个行业联盟先后落户，有效带动一批信息安全企业向产业基地集中。

国家计算机病毒应急处理中心致力于中国计算机病毒预警体系和应急体系建设，建成一支覆盖全国的计算机病毒事件应急处置队伍，成为国家公共互联网安全事件处理体系的重要支撑部门，先后处理了严重影响中国信息网络安全的"红色代码"、"冲击波"、"尼姆达"、"网银大盗"等重特大计算机病毒事件182起，是网络安全领域的一支重要力量。2014年，中心被天津市科学技术委员会确认为科学研究机构，并获批建立博士后工作站分站。现中心研发核心团队包括中国科学院、南开大学、公安大学、天津理工大学以及国家工程实验室参加单位中的知名防病毒企业，共有科研人员2 000余人，其中院士3人，还包括中国反恶意软件联盟中国内企业研发人员1 500余人。病毒中心还先后被命名为国家级和市级引进国外智力先进单位。

天津国家信息安全产业基地位于天津市西青区学府工业园，规划建设四大功能区：研发区、产业区、培训教育区和配套服务区，总投资100亿元，以信息安全产业为核心，以国家新一代信息技术云计算、物联网、移动互联、现代电子五大产业为应用方向构成基地产业集群布局，是国家信息安全工程技术研究中心、天津市科学技术委员会和天津市西青区人民政府共同支持建设的天津市重大产业项目。2011年被科学技术部认定为国家火炬计划特色产业基地。2014年12月，基地先后被天津市授予“天津小企业创业基地”、西青区人社局授予“博士后创新实践基地”，基地被列入“天津国家自主创新示范区”，基地海澜德生产力促进中心被认定为市级示范生产力促进中心。截至2014年年底，基地共入驻企业近60家，先后承担国家项目2项、天津市重大工业项目2项、天津市自主创新产业化重大项目3项、天津市文化产业重点项目2项及国家各类项目若干项，吸引国家政策支持近2 000万元。

天津滨海信息安全产业园位于滨海新区，由海洋高新区管委会开发建设，天津信为科技有限公司负责运营。园区立足于国家信息安全产业战略需求，政策分析、资源整合与成果推广并重，技术创新与服务创新相结合，为政府在信息安全产业方面的政策制定提供理论参考和决策支持。园区拥有良好的信息安全政产学研用合作条件和技术创新氛围，以信息安全市场为导向、以企业为主体、以高等院校和科研院所为技术依托、以产业化为目标，在促进科技成果转化和自主创新、培育创新人才等方面具有示范带动效应。截至2014年年底，园区一期建筑面积12万平方米、13栋楼宇已全部竣工投入使用。园区围绕信息安全企业汇聚、产业促进、企业发展需求，搭建了包含3个中心、3个实验室和1个平台的公共服务平台，用以探索创新的科技服务模式、培养信息安全相关的高精尖技术人才、提升信息安全企业创新研发与市场推广能力、促进产业链的整合，从而带动地区乃至全国的信息安全产业的发展。园区成功引进国防科技大学、东方灵盾等行业龙头企业落户，并成功引进具有引领军企混合式管理新方式的天津市滨海新区军民融合创新研究院。飞腾CPU项目、北斗项目、自主物联网项目、麒麟操作系统也落户园区，并已开展工作。

【统计数据】

表1　2012~2014年天津市电子信息制造业基本情况

项目名称	单位	2012年	2013年	2014年
企业数	家	610	638	575
工业总产值	亿元	3 293.3	3 647.0	3 618.4
主营业务收入	亿元	3 130.1	3 789.0	3 404.0
税金总额	亿元	75.7	101.2	69.8
利润总额	亿元	161.7	195.7	174.4
从业人员数	万人	25.4	26.8	23.0

表2　2012~2014年天津市主要电子信息产品产量情况

产品名称	单位	2012年	2013年	2014年
移动通信手持机（手机）	万部	9 193.9	10 336.3	9 754.2
显示器	万台	626.3	420.4	506.1
集成电路	亿块	8.5	9.6	14.2
电子元件	亿只	5 665.9	6 290.9	6 377.7
照相机	万台	812.8	627.1	264.5

注：表1~表2数据来源于天津市统计局。

[撰稿：贾文娟　审稿：周胜芒]

河 北 省

【综述】

2014 年，河北省电子信息产业入统企业 592 家，从业人员约 20 万人；电子信息产业累计完成主营业务收入 1 187.61 亿元，同比增长 12.47%。其中，电子信息制造业累计完成主营业务收入 969.49 亿元，同比增长 14.08%；软件业累计完成主营业务收入 218.12 亿元，同比增长 5.84%，其中，软件业务收入合计 150.06 亿元，同比增长 11.79%。电子信息产业累计实现利税 129.7 亿元，同比增长 47.84%，其中，利润完成 96.81 亿元，同比增长 60.49%。电子信息制造业累计实现利税 95.89 亿元，同比增长 111.44%，其中，利润完成 72.87 亿元，同比增长 169.89%；软件业累计实现利税 33.81 亿元，同比下降 20.22%，其中，利润完成 23.94 亿元，同比下降 28.13%。电子信息产业累计出口 19.15 亿美元，同比增长 0.98%。其中，电子信息制造业累计出口 18.49 亿美元，同比增长 0.54%；软件业累计出口 0.66 亿美元，同比增长 13.79%。

电子信息制造业

2014 年，衡水英利等 3 家企业入围第二批光伏制造行业规范条件公告，河北省纳入光伏制造行业规范管理企业达 13 家，全年主营业务收入累计 257 亿元，占全省电子制造业的 26%，同比增长 26.99%，增速高于全行业 10.8 个百分点；利润 7 415 万元，较上年同期增长 26.74 亿元，盈利能力逐步恢复。

太阳能电池实际完成量 3 958MW，同比增长 16.67%，重点监测的省内 7 家企业累计生产太阳能电池组件 3 128MW，同比增长 3.54%，硅片 73 547 万片，同比增长 12.83%；电池片 3 434MW，同比增长 29%。投资 58 亿元的河北曹妃甸汉能光伏有限公司 600MW 铜铟镓硒薄膜太阳能电池项目已开工建设。

通信产业增速平稳，全年主营业务收入 138.61 亿元，同比增长 12.69%；实现利税 23.41 亿元，同比增长 99.59%，出口创汇 2.62 亿美元，同比下降 49.80%。

平板显示呈现低速增长，全年实现主营业务收入 103.21 亿元，同比增长 4.85%；利税总额 8.8 亿元，同比增长 7.73%；出口创汇 2.11 亿美元，同比增长 4.41%。继上年东旭集团玻璃基板生产线第二条线顺利投产，2014 年第三条线顺利点火投产。

受国际市场需求放缓，基础公共照明设施工程总量下降的影响，半导体照明产业增速迅速下降。全年实现主营业务收入 23.32 亿元，同比增长 7.62%；利税总额 2.80 亿元，同比下降 1.28%；出口创汇 3 948.91 万美元，同比增长 2.52%。

行业电子增幅强劲，全年主营业务收入 170.30 亿元，同比增长 13.87%；利税总额 19.62 亿元，同比增长 24.22%；出口创汇 6.31 亿美元，同比增长 33.07%。投资 35 亿元的威县全德翰电子科技有限公司年产 170 万套高端电子产品生产线项目一期土建工程已基本完工，总投资 10.18 亿元的汉光光电科技园项目进展顺利。

软件业

2014 年，全省软件产业自进入“十二五”软件业务收入首次实现两位数增长，实现软件业务收入 150.06 亿元，同比增长 11.79%。其中，软件开发收入 35.56 亿元，同比下降 0.85%；信息系统集成服务收入 106.38 亿元，同比增长 17.37%；信息技术咨询服务收入 3.41 亿元，同比增长 36.12%；数据处理和存储服务收入 1.49 亿元，同比增长 53.68%；集成电路设计收入 159.31 万元，同比下降 91.13%。

截至 2014 年年底，全省通过软件企业认定并年审有效的企业有 350 家；累计登记软件产品 5 027 件；具备计算机信息系统集成资质的企业有 102 家，其中，一级 5 家，二级 11 家，三级 57 家，四级 29 家；具备信息系统工程监理资质单位的企业有 8 家，其中，乙级 3 家，丙级 3 家，丙级（暂定）2 家；19 家企业通过 CMMI（软件能力成熟度模型）认证；3 家通过 ITSS（信息技术服务）通用部分符合性评估。

基础设施建设

2014 年，全省电话用户达到 7 314.2 万户，电话普及率 100%，其中，移动电话用户 6 229.1 万户，固定电话 1 085.1 万户。互联网宽带用户达到 1 127.6 万户，4.94 万个行政村通宽带，比例达到 98.7%。4G 建设运营势头良好，全行业投资 89.06 亿元，新建改建 4G 基站 2.2 万个。

有线数字电视整体转换及城区有线电视网络双向改造继续推进，广电增值业务和广电互联网业务有序开展。完成全省城区和大部分农村有线模拟电视向有线数字电视的整体转换，少量的农村正在推进整体转换工作。完成全省 11 个市区有线电视网络双向改造，市级双向网改造完成率达到 100%；全省 136 个县中，1/3 的县区正在进行双向网改造。建设完成河北广电互联网运营支撑平台。截至 2014 年年底，全省有线数字电视总用户 940 万户，广电宽带用户 31 万户。

信息化建设应用取得新进展。智慧环保建设进一步加快，省环保网上审批系统升级改造完成，实现 11 项行政许可事项的电子化流转审批。教育领域完成普通高考网上报名、网上支付、志愿填报等系统的升级改造，满足了现阶段的业务的需要。河北经济户籍管理系统建成，围绕市场主体信息，实现大业务整合，开发河北市场主体信用信息公示系统，向社会公示市场主体信用状况。搭建食品药品安全社会共治平台，化解监管任务繁重与监管力量不足的现状和矛盾，“药食安美”平台正式上线。开发河北省旅游局网上举报系统，使公众能够更好地对旅游行业进行监督，畅通公众投诉渠道。河北交通应急指挥中心投入运行，全省高速公路 ETC 车道实现全覆盖。

科技进步与应用

积极落实《河北省人民政府关于进一步推进物联网发展的实施意见》，研究起草《关于加快推进我省物联网发展的九项措施》。目前，石家庄卫星导航等六大物联网产业基地、河北广联国家二维码注册解析等 10 个公共服务平台、河北蓝海工业企业能耗监控等 9 个物联网应用示范工程进展顺利，物联网标准化工作已经起步。康泰医学远程医疗系统等 3 个项目入选国家物联网示范应用案例，数量全国领先。由河北广联搭建基于 OID 体系的国家二维码注册、解析平台已投入运营，国内 300 余家企事业单位已完成注册并展开应用，涵盖农业、家电、媒体、烟草、IT 等 20 多个行业，目前正在进行商业模式和应用模式创新。同时，依托 I-OID 注册解析平台，河北广联公司联合中国环科院、保定风帆和天津大学承担国家发改委“基于物联网技术构建铅酸电池资源循环体系”课题研究，对废旧电池回收实施可追溯管控。积极争取国家物联网发展专项资金支持。河北省风帆股份等 5 个项目获得国家专项资金支持，项目支持数量和资金额度均领先各省。2014 年 1 月，作为唯一省级工业和信息化主管部门，国家标准化委员会确定河北省工业和信息化厅为国家智慧城市标准化总体组成员单位（标委办工二［2014］33 号），参与研究制定中国智慧城市标准体系框架。

信息产业基地建设

河北融投中小微企业担保公司、中国农业银行河北省分行营业部、河北世纪方舟律师事务所、河北经济日报社、国家火炬计划软件产业基地（石家庄）等 10 个单位结为协作单位，共同搭建软件与信息服务业融资担保、法律咨询、宣传推介和园区建设等综合服务平台，为企业提供全方位服务。新搭建的融资平台已为会员企业——万方中天科技有限公司提供了 2 000 万元的融资担保业务。

润泽国际信息港项目规划总机架 11 万架，1 万余台服务器已经投入商业运营。中国联通华北（廊坊）基地项目规划云计算机架 4 万余个，一期机房楼已完成设备安装调测阶段。一批国家级金融数据用户相继落户廊坊数据园区，该园区已经成为国家重要的金融数据基地。

编制完成张北数据产业基地发展规划（初稿），待征求各方面意见后组织专家论证。协调推进张北云联数据中心、阿里云数据中心、“京北云谷”、全国教育云数据中心等建设项目进度，使其成为中国北方重要的数据产业基地，促进河北省云计算和大数据产业快速发展。

热点

积极推进两化融合贯标工作，24 个企业和 2 个服务机构被工业和信息化部列为首批两化融合管理体系贯标试点企业和服务机构，数量在全国并列居第5位。培育认定15家省级两化融合示范企业、10个省级两化融合公共服务示范平台和14家省级制造业信息化科技工程试点企业。邢台、廊坊、沧州、衡水等市以示范企业为载体，多次举办现场推广和对标培训会。全省通过各种活动，共培训企业人员约2 000人次。全省7个大宗交易平台初具规模，60多个县域特色电商平台、100多家单品电商平台和7个省级电子商务园区投入运营，安平“融贷通赢”、河北航证“月赢通”等一批互联网金融平台快速发展，石家庄先后被授予国家电子商务示范基地和电子商务示范城市。印发《2014年河北省百家两化融合重点企业目标任务及责任分工》，确定109家省级两化融合重点企业和100项两化融合重点推进项目。其中，50个两化融合项目和两化融合公共服务平台项目列入省千项技改计划，34个项目获得省技改资金支持2 032万元，东旭光电获得国家智能制造专项资金支持6 000万元。

【统计数据】

表1　2014年河北省电子信息制造业人员构成情况

企业类别	企业数（家）	年末从业人员总数（人）	其中：研发人员（人）
内资企业	227	86 325	8 982
国有企业	12	16 342	2 896
集体企业	3	272	28
股份合作企业	2	744	25
有限责任公司	121	34 332	2 134
股份有限公司	35	18 117	2 906
私营企业	47	8 379	884
其他内资企业	7	8 139	109
港、澳、台商投资企业	12	14 416	1 595
三资企业	48	82 385	2 097

表2　2012~2014年河北省电子信息制造业基本情况

项目名称	单位	2012年	2013年	2014年
工业总产值（现行价）	万元	10 448 692	8 232 875	9 776 205.6
工业销售产值	万元	7 196 846	8 096 546	9 596 182.0
出口交货值	万元	1 276 353	1 176 882	1 183 325.0
流动资产平均余额	万元	7 063 530.1	7 537 696.2	7 787 001.8
固定资产净值平均余额	万元	2 985 779.9	3 595 007.7	2 594 196.7
资产总计	万元	13 142 755	14 773 668	15 604 889.9
负债合计	万元	7 241 089	7 537 923	8 490 280.9
主营业务收入	万元	7 560 723	8 490 845	9 694 877.5
税金总额	万元	303 302	183 150	230 244.0

续表

项目名称	单位	2012 年	2013 年	2014 年
利润总额	万元	125 766	269 886	728 696.2
应交所得税	万元	54 682	98 712	110 943.2
从业人员年末人数	人	142 719	295 274	183 126
从业人员工资总额	万元	531 943	1 049 804	678 079.4

表 3　2012~2014 年河北省电子信息制造业三资企业基本情况

项目名称	单位	2012 年	2013 年	2014 年
工业总产值（现行价）	万元	1 730 257	2 652 352	3 350 622.6
工业销售产值	万元	1 624 677	2 867 616	3 637 669.7
出口交货值	万元	567 862	727 792	635 669.6
流动资产平均余额	万元	1 119 523.1	2 732 641.2	2 501 404
固定资产净值平均余额	万元	708 970.5	1 521 392.8	902 774.8
资产总计	万元	2 009 193	5 036 995	5 902 671.7
负债合计	万元	1 095 233	2 987 127	3 553 305.4
主营业务收入	万元	1 637 884	2 973 096	3 426 316.7
税金总额	万元	65 455	46 319	77 277.2
利润总额	万元	–10 596	10 507	233 113.7
应交所得税	万元	13 571	43 250	51 889.1
从业人员年末人数	人	42 953	206 028	82 385
从业人员工资总额	万元	179 896	252 228	307 474.4

表 4　2012~2014 年河北省主要电子信息产品产销量情况

产品名称	单位	产量			销量		
		2012 年	2013 年	2014 年	2012 年	2013 年	2014 年
数字程控交换机	线	120 000	41 300	100 000	120 000	41 255	100 000
通信及电子网络用电缆	千米	276 704.2	126 345	172 978.8	273 598.4	126 961.1	171 785.1
太阳能电池	兆瓦	766.9	3 421.6	1 383.5	753.5	3 524.9	1 385.5
电子印制电路板	平方米	457 799	1 505 483.7	1 736 165.5	460 056	1 444 887.8	1 786 927.3
半导体光电器件	万只	22 557	21 334.7	39 112	22 439	21 139.6	37 313.6

表 5　2012~2014 年河北省三资企业主要电子信息产品产销量情况

产品名称	单位	产量			销量		
		2012 年	2013 年	2014 年	2012 年	2013 年	2014 年
半导体材料	千克	1 276 127	5 849 450	1 830 721	1 345 684	6 050 540	2 033 393
电子印制电路板	平方米	281 961	1 213 444.4	1 416 914.5	279 937	1 150 375.4	1 467 993.3
外存储设备	台	45 035 716	29 903 337	24 412 254	44 511 307	29 913 628	25 131 246
电子测量仪器零附件	台	4 805 519	3 679 478	2 896 409	4 694 354	3 679 400	2 896 080

表 6　2014 年河北省软件产业人员构成情况

企业类别	企业数（家）	年末从业人员总数（人）	人员构成			
			管理人员（人）	在总人数中所占比例（%）	软件开发研究人员（人）	在总人数中所占比例（%）
内资企业	312	32 181	2 877	8.9	8 343	25.9
国有企业	6	1 382	125	9.0	738	53.4
集体企业	1	39	8	20.5	25	64.1
股份合作企业	1	42	5	11.9	21	50.0
有限责任公司	171	19 932	1 327	6.7	3 782	19.0
股份有限公司	22	2 689	371	13.8	786	29.2
私营企业	110	7 761	1 013	13.1	2 687	34.6
其他内资企业	1	336	28	8.3	304	90.5
三资企业	4	3 727	367	9.8	785	21.1

表 7　2012~2014 年河北省软件产业基本情况

项目名称	单位	2012 年	2013 年	2014 年
软件业务收入	万元	1 273 289	1 342 256	1 500 604.2
软件业务出口收入	万美元	5 105	5 767	6 632.2
软件产品销售收入	万元	341 063	358 602	371 928.5
流动资产平均余额	万元	1 485 581	1 472 598	1 673 799.8
固定资产投资额	万元	25 109	49 903	54 496.1
资产合计	万元	1 920 536	2 083 967	2 450 938.6
负债合计	万元	1 010 103	1 044 744	1 327 265.8
税金总额	万元	89 026	90 680	98 559.4
利润总额	万元	396 410	333 121	239 495.1

续表

项目名称	单位	2012 年	2013 年	2014 年
应交所得税	万元	25 416	31 133	59 754.2
从业人员年末人数	人	31 084	30 358	35 908
从业人员工资总额	万元	228 078	297 435	451 539.8

表 8　2012~2014 年河北省软件产业三资企业基本情况

项目名称	单位	2012 年	2013 年	2014 年
软件业务收入	万元	71 904	90 372	93 104.4
软件业务出口收入	万美元	747	753	1 502.3
软件产品销售收入	万元	68 555	68 386	73 473
流动资产平均余额	万元	314 888	327 372	354 011.9
固定资产投资额	万元	1 993	17 809	15 003
资产合计	万元	366 084	392 239	426 063.5
负债合计	万元	113 669	127 246	126 071.2
税金总额	万元	17 248	18 685	17 211
利润总额	万元	78 348	89 067	80 445.1
应交所得税	万元	12 205	17 296	39 729.1
从业人员年末人数	人	2 583	2 288	3 727
从业人员工资总额	万元	16 936	20 006	21 898.4

注：表 1~表 8 数据来源于河北省工业和信息化厅。

[供稿：河北省工业和信息化厅]

山　西　省

【综述】

2014 年，山西省规模以上电子信息制造业销售产值完成 658.5 亿元，同比增长 21.4%。电子信息产业固定资产投资累计完成 138.4 亿元，同比增长 67.4%；电子信息制造业实现利润总额 19.8 亿元、税金总额 13.8 亿元，软件业务收入完成 22.7 亿元。

电子信息制造业

2014 年，山西省电子信息制造业运行特点如下：

一是固定资产投资大幅增长。2014 年，山西省电子信息产业固定资产投资累计完成 138.4 亿元，增长 67.4%。一批重点项目建设步伐加快，百度阳泉云计算中心、晋能清洁能源科技有限公司 500MW 光伏电池及

600MW 光伏组件项目、吕梁军民融合研究院及超算中心项目、长治高科光电集团 LED 全产业链等重大项目建设提速。

二是电子信息制造业销售产值波动较大。2014 年，山西省规模以上电子信息制造业销售产值完成 658.5 亿元，同比增长 21.4%。虽然上半年山西省规模以上电子信息制造业销售产值仅为 195.1 亿元，同比下降 19.0%，但是 7 月份以后受富士康集团销售产值增加影响，全省电子信息制造业销售产值迅速拉高。

三是电子信息制造业出口交货值大幅攀升。2014 年，山西省电子信息产品产量稳定增长，出口交货值大幅攀升。全年规模以上电子信息制造业累计完成出口交货值 516.3 亿元，同比增加 146.07 亿元，增长 39.5%。2014 年，山西省手机出口增势强劲，出口总值同比增长 15.2%，占全省出口总值的近四成。特别是富士康手机出口增长较快，连续 3 年占据山西省出口商品首位。

典型企业　山西中天信科技股份有限公司是山西省国信投资集团有限公司与北京中星微电子有限公司共同出资组建的合资企业。该公司目前已经成为掌握国家标准并具备完整产业链的领军企业，拥有 170 多项国际国内专利技术，是山西省最大的安防监控企业，同时占领了河北省、湖南省、广东省、新疆维吾尔自治区等地市场，出口欧美，成为目前国内安防监控领域推广 SVAC 国家标准最大的整体解决方案提供商。

山西乐百利特科技有限公司是一家专门从事大功率半导体光电技术研究、开发、转让和半导体光源及相关产品生产、销售的高新技术企业，承担了包括国家“863 计划”、“嫦娥二号”卫星光源研发与生产计划和山西省科技创新计划在内的多项科研计划，并列入国家发展和改革委员会和财政部重点支持产业项目。该公司在大功率 LED 照明封装领域达到世界先进水平。

晋能清洁能源科技有限公司采用全球最先进的设备建设 500MW 太阳能电池、600MW 光伏组件全智能化生产线，引进国际千人计划专家、留学博士杨立友，以及国内优秀的光伏专业人才，组成了一支国际一流的研发、运营管理团队，通过精准的技术路线规划、优化的产能配置、高效的运营管理，实现了 2014 年“当年开工、当年投产、当年见效”的目标。2014 年，实现销售收入 2.51 亿元，税前利润总额 4 525 万元，多晶硅电池转换效率达到 18.5%，多晶硅组件转换效率达到 16.5%，全面达到工业和信息化部光伏行业准入标准以及国家能源局、工业和信息化部、国家认证认可监督管理委员会颁布的光伏行业“领跑者计划”要求。

软件和信息服务业

2014 年，山西省软件企业达到 145 家，全年软件服务企业主营收入完成 40.27 亿元，软件业务收入完成 22.7 亿元。其中，软件产品收入 15.27 亿元，信息技术服务收入 7.08 亿元，嵌入式系统软件收入 3 874.55 万元。全省软件和信息服务业从业人员年末人数达到9 098 人。

典型企业　山西精英科技股份有限公司在煤炭行业信息化建设领域拥有国内领先的技术和研究成果，主要服务于以安全监管为核心的政府行业管理和以管控一体化为核心的企业信息化应用两个领域。2014 年 11 月，该公司与中国科学院计算技术研究所签署合作协议，联合建立“山西科创数字化矿山研发基地”，开展煤炭行业大数据、数字化矿山关键技术的基础应用和研究。在“2014 中国方案商大会暨（第十六届）金软件金服务颁奖盛典”上，该公司获得 2014 年度中国金软件煤炭信息化领域最具影响力企业称号。

山西中网信息产业有限公司成立于 2002 年，是一家集信息安全产品生产、计算机信息系统集成、网络运维服务为一身的高新技术企业及双软企业，是山西省首家商用密码产品生产定点单位及信息安全综合提供商，主要产品方向是为政府、企事业单位提供信息安全战略、信息安全规划、信息安全解决方案等服务。“中网信息安全防护系统终端”技术水平达到国际先进，成为山西省首款获国密型号产品。

电子产品进出口贸易

2014 年，山西省规模以上电子信息制造业出口交货值完成 516.3 亿元，同比增长 39.5%。全年手机出口 1 421 万台，手机出口货值完成 206 亿元，同比增长 15.2%。

科技进步与应用

电子商务推动企业销售额强劲增长　山西贡天下电子商务有限公司是山西省电子商务示范企业，打造的山西贡天下特产网是山西省最大的电子商务平台。网站致力于土特产品及鲜活农产品行业的电子商务化，目前已经拥有 300 多万优质用户资源，与国内数百家土特产生产企业建立合作关系，并在北京市、浙江省、云南省等多地建立了办事处，与天猫、淘宝、京东、苏宁易购等十余家知名电商实现深度合作，交易方式均为 B2C（公司对消费者交易），交易商品类别为粮油、食品、饮料烟酒等土特产及农产品。2014 年，该公司销售额达到 4.65 亿元，比上年增长一倍多。

移动大数据助力山西旅游信息化 2014 年，中国移动通信集团山西有限公司为山西省旅游局量身定制“景区游客流量动态监测平台”，利用移动公司已有移动基站，通过信令侦测技术，结合 GIS 地理信息技术，锁定各个景区范围在网用户，实时接收用户时空信息，进而分析出游客的流动情况。主要有六大功能：一是景区接待统计，统计景区游客接待人数情况，按年、季度、月、日统计，计算同比、环比增长比例；二是游客归属地分类统计，按国内游客、海外游客、港澳台游客统计各月份、各季度游客人数和比例；三是景区实时游客数统计，通过实时数据采集、分析，统计分析景区当前在园的游客数量；四是景区新增游客数统计，通过实时数据采集、比对，统计分析景区每小时内新增的游客数量；五是游客旅游天数统计，按游客旅游天数统计各月份、各季度游客人数和比例，分析游客在山西省的旅游天数，同时按游客景区驻留时间段进行统计分析，分析各景点游客驻留时长；六是景区排行统计，通过分析各景区的入园总数或驻留时长进行综合排名，确定各个景区热度。

信息基础设施建设

2014 年，山西省电信业务总量累计完成 394.6 亿元，同比增长 11.8%；电信主营业务收入累计完成 263.8 亿元，同比下降 2.5%（按可比口径计算，同比增长 2.2%）。其中，固定通信业务收入实现 54.1 亿元，同比增长 1.9%；移动通信业务收入实现 209.7 亿元，同比下降 3.5%。

2014 年，山西省电话用户总数累计 3 886.6 万户，比上年末净增 196.6 万户。其中，固定电话用户数比上年末减少 30.2 万户，总量为 554.2 万户；移动电话用户数比上年末净增 226.8 万户，达到 3 332.3 万户，3G 电话用户数达 1 139.6 万户，比上年末净增 187.6 万户，4G 电话用户数达 179.8 万户，比上年末净增 179.8 万户。全省电话普及率达到 107.6 部/百人，其中，固定电话普及率为 15.4 部/百人，移动电话普及率为 92.3 部/百人。

2014 年，山西省（固定）互联网宽带接入用户数达 571.1 万户，比上年末净增 49.8 万户。其中，XDSL 用户达 239.9 万户，比上年末减少 42.6 万户；FTTH/0 用户达 220.4 万户，比上年末净增 90.9 万户，占宽带用户比重由上年末的 24.8%提升至 38.6%，提高了 13.8 个百分点；8Mbps 以上宽带用户达 81.6 万户，比上年末净增 65.1 万户，在宽带用户中占比达 14.3%。移动互联网用户达 1 917.1 万户，比上年末净增 62.1 万户。其中，手机上网用户达 1 861.3 万户，比上年末净增 59 万户；无线上网卡用户达 10.5 万户，比上年末减少 4.6 万户。

2014 年，山西省互联网宽带接入端口数量达 997 万个，其中，FTTH/0 端口总数达 439 万个，移动通信基站总数达 10.5 万个，其中，3G 基站总数达 3.63 万个，4G 基站总数达 21 521 个。WLAN 公共运营接入点（AP）达 35.5 万个，全省互联网省际出口带宽达 3 320Gbps。

2014 年，山西省广播电视台 114 座，电视台 2 座，中短波转播发射台 15 座，调频转播发射台 119 座，一百瓦以上电视转播发射台 145 座。广播人口覆盖率 98.04%，电视人口覆盖率 98.95%，有线电视用户 514.8 万户。

信息产业基地和园区建设

中天信安防科技产业园 该园区是山西中天信科技股份有限公司“基于 SVAC 国家标准，打造新标准下的安防监控系统产业化”基地。首次创新提出“政、产、学、研、用”的一条龙产业建设模式，建设全国一流的现代化安防产品生产服务基地。项目占地约 200 亩，总建筑面积 20.7 万平方米，总投资 12.9 亿元。产业园项目全部建成达产后，可实现年产星光级摄像机系列 12 万台、基于 SVAC 的摄像机 40 万台、网络硬盘录像机系列 8 万台、行业安防解决方案 9 500 套。

山西软件园 该软件园成立于 2007 年，以服务扶持山西软件企业为根本任务，以工业控制软件、煤化工软件、嵌入式软件、管理软件、动漫软件和软件服务外包等为发展重点，是全国 35 家国家级软件园之一，并被科技部正式授予“软件产业基地”。园区总占地面积约 55 万平方米，共有入园企业 260 家，其中“双软”

企业超过 90 家，占山西省 60%以上；获得计算机信息系统集成资质企业超过 38 家，占山西省数量的 60%以上。

信息技术应用

宽带山西 2014 年，山西省制定《山西省贯彻“宽带中国”战略工作方案》，内容涵盖推进城乡宽带协调发展、优化升级宽带网络、提高宽带网络应用水平、培育发展宽带网络产业、增强网络与信息安全保障能力、加强宽带应用培训及人才培养等 6 项工作。截至 2014 年年底，山西省宽带网络已覆盖全部城镇和行政村，3G 网络覆盖 100%的城镇和 80%的行政村，4G 网络实现了 11 个市主城区的全覆盖，广播电视在 20 户以上自然村全部实现“村村通”。全省宽带用户普及率 15.6%。

两化融合 山西省印发 2014 年两化融合管理体系贯标工作方案，积极推进两化融合。工业和信息化部下发的《关于印发 2014 年两化融合管理体系贯标工作方案和贯标试点企业名单的通知》（工信厅信函［2014］281 号）中，山西省的太重、太钢、阳煤等 12 户企业入选 2014 年工业和信息化部两化融合管理体系贯标试点企业。

电子商务 2014 年，山西省重点推进 7 个工业和信息化部电子商务集成创新试点工程项目建设。其中，中国（太原）煤炭交易中心功能不断扩展、业务不断完善，交易额持续上升；山西荣国旅游电子商务服务平台正式上线运行，全面整合旅游资源，为广大旅游爱好者和旅游从业人员提供预定、咨询、销售、在线交流及培训等服务；山西贡天下电子商务有限公司与淘宝共同成立淘宝大学贡天下山西培训中心。

热点

2014 年，山西省信息产业发展的一个热点是推进民生领域信息化建设。

智慧城市试点建设 在抓好太原市、阳泉市、长治市、晋城市等被国家列入“智慧城市”试点建设的基础上，2014 年山西省重点推进运城市智慧城市建设，山西省通信管理局和运城市人民政府签署共建“宽带运城”示范城市战略合作协议，中兴网信集团与运城市人民政府共同建设运城市“智慧城市”，并完成实施方案的拟制评审。

电子政务应用 推进全省电子政务建设及应用，政府门户网站基本实现全覆盖，完成了人口、法人、基础地理等基础数据库建设；教育领域重点推进宽带网络“校校通”；卫生信息化实现了 110 个市县（区）新农合管理覆盖；社保“一卡通”已累计制发卡超过 2 200 余万张，养老保险信息系统覆盖全省各区县；农业综合信息服务平台实现了语音热线、专家咨询、农特产品、市场、技术和农资信息等信息化服务；公安在线、交通联网服务、电子认证服务等在全省全面推行。

云计算中心建设 2014 年，山西省推进阳泉百度云计算项目和吕梁军民协同研究院超级计算中心建设。阳泉百度云计算中心已成功实现 3 万台以上服务器安装调测，进入试运行阶段。

其他

2014 年，山西省制定出台一系列相关政策法规，全面推进信息化建设。

2014 年 3 月 3 日，山西省印发《山西省信息化和工业化深度融合专项行动计划（2014~2018 年）的通知》（晋经信信息化字［2014］56 号）。

2014 年 5 月 8 日，山西省政府办公厅印发《山西省贯彻落实“宽带中国”战略工作方案》（晋政办发［2014］35 号）和《山西省促进信息消费实施方案》（晋政办发［2014］36 号）。

2014 年 9 月，山西省下发《关于 2014 年全省网络安全检查有关工作安排的通知》（晋经信信安字［2014］303 号），在全省范围内部署网络安全检查工作，检查对象是自行运行维护和管理以及委托其他机构维护和管理的办公系统、业务系统、网站及终端等非涉密信息系统。

2014 年，山西省下发《关于进一步推广数字证书应用工作的通知》（晋经信信安字［2014］304 号），要求全省在电子政务领域和电子商务活动中，凡具有身份认证、授权管理、责任认定要求的，均应使用数字证书，并力争 2020 年年底全面完成各类重要信息系统中数字证书的应用工作。

主要问题

一是骨干企业带动力不足。山西省从事电子信息产业的大企业少而不强，至今尚无中国电子信息制造业和软件服务业百强企业。骨干企业规模偏弱对产业链的辐射带动作用不足。

二是产业配套措施不完善。山西省电子信息产业配套能力较弱，生产所需的主要器件及包装材料不能完全本地解决，导致企业成本加大、产品推出缓慢、利润率在行业内偏低、市场竞争处于劣势，在一定程度上削弱了山西省大规模吸引外资和承接产业转移的能力。

三是人才供求结构性矛盾需进一步解决。山西省科技发展与发达省份相比相对落后，吸引人才的优惠政策力度不够，加上待遇偏低、产业发展环境、社会惯性思维、企业经营管理水平不足等原因，导致企业高学历、高素质人才比例失衡，中高层次复合型人才和技术带头人缺乏，导致山西省电子信息类企业创新能力弱、自主知识产权存量不足、科技成果转化率低。

四是企业融资渠道不畅。山西省电子信息产业绝大多数企业规模偏小，普遍存在资金短缺现象。中小企业融资渠道缺乏，从银行贷款的手续繁琐、过程冗长、难度较大。融资难问题已经成为制约企业发展的瓶颈。

【统计数据】

表 1　2014 年山西省电子信息制造业人员构成情况

企业类别	企业数（家）	年末从业人员总数（人）	人员构成					
			工程技术人员（人）	在总人数中所占比例（%）	管理人员（人）	在总人数中所占比例（%）	研发人员（人）	技术工人（人）
有限责任公司	134	43 156	5 165	12.0	3 218	7.5	4 165	27 972

表 2　2012~2014 年山西省电子信息制造业基本情况

项目名称	单位	2012 年	2013 年	2014 年
工业销售产值	万元	4 566 091	5 156 846	6 585 324
出口交货值	万元	2 899 647	3 702 300	5 163 243
主营业务收入	万元	4 594 012	5 216 181	6 192 948
税金总额	万元	69 079	71 703	137 900
利润总额	万元	242 353	83 189	198 118
应交所得税	万元	6 532	7 012	39 114
从业人员年末人数	人	115 155	135 543	97 309
从业人员工资总额	万元	372 707	392 356	403 652

表 3　2012~2014 年山西省电子信息制造业主要经济效益指标完成情况

项目名称	单位	2012 年	2013 年	2014 年
全员劳动生产率	元/人	38 136	39 302	39 846
流动资产周转率	次	1.3	1.3	1.3
产品销售率	%	93.6	95.1	95.3

续表

项目名称	单位	2012 年	2013 年	2014 年
总资产贡献率	%	3.4	3.5	3.5
资产保值增值率	%	131.2	132.1	132.5
资产负债率	%	68.3	69	69.1

表 4 2012~2014 年山西省主要电子信息产品产销量情况

产品名称	单位	产量			销量		
		2012 年	2013 年	2014 年	2012 年	2013 年	2014 年
智能手机	万部	900	1 100	1 500	880	1 056	1 302

表 5 2014 年山西省软件产业人员构成情况

企业类别	企业数（家）	年末从业人员总数（人）	人员构成			
			管理人员（人）	在总人数中所占比例（%）	软件开发研究人员（人）	在总人数中所占比例（%）
私营企业	145	9 098	1 358	14.9	3 885	42.7

表 6 2012~2014 年山西省软件产业基本情况

项目名称	单位	2012 年	2013 年	2014 年
软件业务收入	万元	299 441	396 700	227 373.6
软件产品销售收入	万元	601 627	486 823	152 742.0
流动资产平均余额	万元	322 507	328 485	407 469.4
固定资产投资额	万元	14 890	9 227	73 514.0
资产合计	万元	496 611	590 113	622 492.4
负债合计	万元	195 558	254 058	235 007.4
利润总额	万元	50 402	47 383	32 894.4
应交所得税	万元	16 035	5 260	9 235.9
从业人员年末人数	人	8 722	9 236	9 098
从业人员工资总额	万元	37 379	39 918	152 978.6

注：表 1~表 6 数据来源于山西省经济和信息化委员会。

[供稿：山西省经济和信息化委员会]

内蒙古自治区

【综述】

电子信息产业

2014 年，内蒙古自治区（以下简称内蒙古）电子信息制造业实现稳步增长，经济运行态势稳中向好，质量和效益稳步提升，有力促进了全区信息化发展水平的提高和两化深度融合。

2014 年，内蒙古电子信息制造业实现销售收入 162 亿元，同比增长 14.7%。全区生产多晶硅 8 192.5 吨，同比增长 19.4%；生产单晶硅 9 498.3 吨，同比增长 43.8%。

2014 年，内蒙古软件和信息技术服务业实现销售收入 29.5 亿元，同比增长 5.8%。其中，软件产品收入 14.4 亿元，同比增长 6%；信息技术服务收入 15 亿元，同比增长 6.6%；嵌入式系统软件收入 492 万元，同比下降 72.3%；软件业务出口 162 万元，基本与上年持平。

主要经济运行特点如下：

一是产业基础初步形成。2014 年，全区电子信息产业快速增长，增速比上年同期大幅度提高。多晶硅价格缓降趋稳，企业经营状况有所改善。在产多晶硅企业产能利用率提高，全区多晶硅、单晶硅产量保持旺盛增长态势。全区规模以上电子信息制造企业达到 32 家，软件认证企业达到 104 家，初步形成以部分消费电子产品、电子基础原材料为主，包括电子元器件、软件开发、信息服务等门类的电子信息产业体系。产业发展的政策、机制等外部环境逐步健全，为下一步电子信息产业的壮大奠定了良好基础。

二是产业特色逐步显现。近年来，全区依托资源、能源、政策优势，大力发展稀土新材料、LED 衬底材料、晶体硅、化成箔、锗金属等电子基础原材料产业并取得初步成效。依托民族特色，加快蒙古文软件的开发和推广应用，目前已开发出蒙汉双语图书管理系统和档案管理软件、蒙古文 WPS、Office2000 等办公自动化软件。依托包头市等工业基地优势，加快工业自动化控制系统研发，其中自主研发的“啤酒工控系统”、“炼钢转炉计算机控制系统”处于国内领先水平。

三是新型产业不断涌现。2014 年，全区加大经济结构调整力度，积极推动电子信息产业转型升级，培育引进了云计算、大数据、物联网、发光二极管、蓝宝石衬底、光热产业等技术领先、特色鲜明的新型产业，初步形成了集聚发展的态势。云计算产业目前已形成 16 万台服务器的承载能力，到 2020 年全区云计算产业规模将达到千亿元以上。全区已建成投产发光二极管项目 3 个，其中鄂尔多斯源盛光电有限责任公司第 5.5 代有机发光二极管显示件项目已完成投资 171 亿元，2014 年年底前将实现满负荷生产。包钢稀土高科技股份有限公司和河北新奥集团合作创建的包头市稀宝博为医疗系统有限公司定位于高端医疗影像诊断设备——永磁磁共振成像仪（MRI）的研发与制造，已建成世界规模最大的一体化永磁 MRI 生产基地。

四是配套环境有所改善。贯彻落实《国务院关于加快培育和发展战略性新兴产业的决定》，从产业政策引导、产业基金扶持、公共服务建设、加强对外交流等方面优化产业发展环境，先后出台《内蒙古自治区人民政府关于加快培育和发展战略性新兴产业的实施意见》、《内蒙古自治区关于促进光伏产业发展的实施意见》等规划和政策性文件。启动内蒙古战略性新兴产业发展专项资金，采取直接投资、投资补助、贷款贴息、以奖代补等方式支持战略性新兴产业重点项目建设，引导战略性新兴产业发展。

全系统完成的主要工作如下：

一是出台《内蒙古自治区人民政府关于促进光伏产业健康发展的实施意见》（以下简称《意见》）。《意见》从 4 个方面提出了促进光伏产业健康发展的具体措施。一是严格准入，集中发展；二是落实好相关支持政策；三是鼓励光伏企业技术创新；四是推动光伏产品应用。《意见》要求，3~5 年内集中建设呼和浩特金桥、沙尔沁、包头市土右旗、鄂尔多斯市伊金霍洛旗、巴彦淖尔市乌拉特后旗和阿拉善经济开发区光伏产业园等自治区明确的重点光伏产业园。力争到 2020 年，全区多晶硅产能达到 10 万吨，单晶硅产能达到 4 万吨，太阳能电池及组件超过 10 吉瓦；培育产值超 100 亿元龙头企业 5 家，全区光伏产业产值达到 1 000 亿元。

二是组织召开“2014 年中国国际硅产业大会暨光伏产业博览会”。来自全国 250 多家企业 400 余人、国外客商 30 多人参加会议，内蒙古 15 家企业参会，7 家重点光伏企业进行展示和交流。

三是组织内蒙古盾安硅业、内蒙古中环申报国家《光伏制造行业规范条件》，并配合工业和信息化部有关专家对盾安硅业、中环光伏材料进行实地抽查。

四是深入呼和浩特市、包头市、鄂尔多斯市、巴彦淖尔市、阿拉善盟等地，对 5 个重点光伏产业园等情况进行调查研究，并撰写完成《关于推进我区光伏产业健康快速发展的调查与思考》的调研报告。

信息基础设施建设

2014 年，内蒙古电话用户总数 2 993.7 万户，固定电话用户总数 359.1 万户，移动电话用户总数 2 634.6 万户，电话普及率 120.23%，互联网普及率 79.97%。2014 年，全区信息消费规模 450 亿元，同比增长 10%以上。鄂尔多斯市、满洲里市成为国家第二批信息消费试点城市。

云计算产业 截至 2014 年年底，全区初步建成或在建的云计算数据中心项目有 10 个，分布在呼和浩特、包头、鄂尔多斯、乌兰察布等市，已形成云计算数据中心约 1.5 万个机架的承载量，实际部署约 5 万台服务器。

三大电信运营企业在呼和浩特市投资建设的云计算数据中心项目进展较快。其中，中国电信（呼和浩特）云计算园区项目已完成 4 栋 8 000 机架的承载量，已部署服务器约 3 万台；2014 年 3 月，启动 7 栋机房楼新建工程。中国联通西北（呼和浩特）数据中心项目已建成 3.5 万平方米 1 栋机房；2014 年 3 月，开展已建成的 1 栋机房投产准备，启动 2 栋机房新建工程。中国移动（呼和浩特）数据中心项目已开工建设，2014 年 3 月，启动 7 万平方米新建工程。国家安全部云应用检测中心呼和浩特项目的土地手续已完成，将于 2015 年开工建设 35 万平方米机房。

曙光、中兴、华为公司等电子信息企业投资建设的云计算数据中心项目进展如下：曙光公司在包头市青山区投资 4 亿元建设的包头云计算中心项目已支撑电子政务网络、社会管理创新平台、工业云服务平台等信息化应用，2014 年完成新建机房工程。中兴能源公司在鄂尔多斯市投资建设的绿色数据中心项目一期工程建设 1 万平方米规模的数据中心，2014 年一季度投入试运营；鄂尔多斯鼎联数码公司网络通信数据中心项目已完成 1 500 平方米机房主体框架，2014 年开始装修；鄂尔多斯市政府委托内蒙古亿利资源集团投资建设的云计算数据中心标准化机房项目已完成 20 万平方米机房主体框架，2014 年开始配套建设。华为公司云计算项目在乌兰察布市落地，2014 年启动 2 万平方米数据中心机房设计和施工。赤峰蒙东云计算产业孵化园建筑面积 20 万平方米，正在建设中。

三网融合与宽带内蒙古建设 协调并支持内蒙古联通公司、内蒙古电视台、内蒙古广电网络公司在全区范围内积极推广使用 IPTV、有线电视宽带上网等融合业务。截至 2014 年年底，全区 IPTV 用户达到 2.5 万多户。

软件园区建设

一是在引进培育新一代信息技术产业项目工作方面取得突破。为了适应新的产业发展要求，2014 年招商引资的重点放在对新一代信息技术产业项目上，并取得明显成效。截至 2014 年年底，引进 7 个新一代信息技术产业项目：集成电路芯片设计项目 1 个，即内蒙古智网能达信息科技有限公司的《智能电网 AMI 标准系统芯片研发及产业化》；物联网项目 1 个，即包头市亿创智能科技有限公司研发的《基于 RFID 技术的远程无人值守变电站安全管理控制系统》；云计算应用项目 2 个，即内蒙古正和云教育股份有限公司的《教育云平台》、包头市谊丰网络科技有限公司的《教育云交互平台软件及教学资源》；电子商务项目 3 个，即包头市彦旭电子科技有限公司的《大宗商品企业电子商务服务》、内蒙古云商网络科技有限公司的《连锁超市 O2O》、内蒙古乐善网络科技有限公司的《乐善电子网络劳务派遣管理系统》。

二是深入推进两化融合工作。立足于推进内蒙古地区工业及各行业企业信息化改造升级，在优化地区产业结构、改变经济增长方式、提升企业核心竞争力。软件园与包头市和各区加强合作，通过组织软件园企业参加包头市两化融合暨工业云创新服务平台应用培训，推动10家软件企业将它们的简介、项目、产品上传包头市两化融合暨工业云创新服务平台，为包头市的工业企业提供工业云服务。

三是不断提高企业自主创新能力。为亨达海天、金名等申报包头市企业技术研发中心，为华通科技等公司申报包头市创新型试点企业，组织企业申报各类科技计划项目，争取项目资金达到772万元。完成科技部项目《内蒙古软件园软件测试公共技术服务平台》项目的验收工作，完成包头市科技计划项目《内蒙古软件园公共技术服务平台》的验收工作。

科技进步与应用

2014年1月，内蒙古汇天网络技术有限公司采用计算机网络与通信、数据库、地理信息系统（GIS）、遥感（RS）、全球定位系统（GPS）、多媒体和三维虚拟仿真等信息技术，结合三维地图数据及基础人口数据的统一管理平台——阿拉善民生综合管理服务平台正式上线。该平台实现社区基础数据的互联、互通、共享，并提供社区基础地理信息的数字化管理和维护工具，通过图形信息查询功能掌握全面、具体的社区空间信息，提供专项查询与辅助分析功能直接应用于社区管理部门的日常工作系统。主要特点是社区网格化管理、地物和人口信息双向查询、集成地物的管理和维护、社区管理业务与GIS系统相融合。

2014年2月，内蒙古科电数据服务有限公司自主研发成功“物资管理系统”。该系统依托信息化手段，实现招标与采购流程统一、过程受控、全程在案、结果公开、永久追溯的目的，从而提升企业集中采购的质量、效率和效益，实现阳光采购，稳定供应链，为企业提供物资供应保障与服务。伴随着未来集中规模采购规范、物资种类与数量的增加、供应商数量的增长以及降低采购成本支出、和供应商形成一体化的战略伙伴关系要求的背景下，企业需要大力推行物资集约化管理和创新集中规模招标采购，需要建设一级部署的物资管理平台，实现从需求计划管理、采购管理、合同管理、供应商管理、监造管理、仓库管理、废旧物资管理等较完整的物资全生命周期的闭环管理。通过电子化的采购管理、合同管理、供应商管理等手段实现采购模式与方式多元化、合同执行管控化、供应商协同一体化、决策支持科学化。

2014年4月，内蒙古誉华世纪网络有限责任公司自主研发成功“中小企业内部办公通讯系统”。该系统利用现代计算机网络通信技术进行信息交互，使人与人之间、企业与企业之间的交互变得方便而高效，体现出了与个人即时通讯产品的明显差异，根据企业用户的需求，该系统以高效性、稳定性和安全性作为其产品开发的重点。在企业级应用中，符合企业本身的特点，力求与业务流程相结合，与企业办公软件相结合，成为其企业管理系统的一部分。

2014年5月，内蒙古瑞特优化科技股份有限公司自主研发成功“基于大数据挖掘技术的火电厂锅炉性能优化项目”。该项目依托大数据分析技术建立锅炉系统可调输入量和锅炉性能、排放物之间的特性关系，量化锅炉运行参数之间的相互作用关系，综合运用智能控制、多目标优化、进化算法、统计学习等先进理论，建立数学优化模型，对锅炉运行控制系统进行在线、全面、深度优化。项目技术的突破有利于改善煤质波动、控制效果不佳、锅炉升负荷速率偏低等问题，从而提高了锅炉的效率和优化性能。该项目通过由内蒙古自治区科技厅组织的科技成果鉴定,专家委员会一致认为该成果达到国内领先水平，技术发展前景广阔，应用效果良好，可在燃煤电厂应用推广。

2014年8月，内蒙古华昕立合科技有限公司自主研发成功“蒙古族语言及有关传统文化资源库网络共享平台”。该平台是一个以文字、语音（视频）为一体的2亿词次级的多语种大型综合性资源库为基础，利用现代计算机和网络技术搭建的公益性网络资源共享平台。平台资源库分蒙古族、达斡尔、鄂温克、鄂伦春族语言和传统文化资源库等四大分库。分库又分文本（文献）资源库、自然口语（方言/言语）资源库、媒体语言资源库和传统文化资源库等若干子库。平台的建立促进了蒙古语等少数民族语言文字的规范化、信息化进程，并为有关民族语言及其文化传统的研究、挖掘、抢救、保护、传承和发展提供良好的基础和帮助，推动自治区经济社会全面协调可持续发展。

2014年8月，内蒙古汇天网络技术有限公司采用计算机网络与通信、工业自动化控制、数据库、地理信息系统（GIS）、遥感（RS）、多媒体和三维虚拟仿真等信息技术，结合三维地图数据及危化相关数据的统一管理平台——阿拉善危化企业综合管理平台正式上线。该系统实现了危化企业安全数据的实时上传及可视化监管，并通过图形及空间信息查询功能掌握全面、具体的危险源空间信息，提供实时数据及影像信息直接应用于危化企业危险源监管部门的日常监管和应急联动。系统主要特点是危险源网络化监控、危险源仿真定位、集成空间信息的管理和维护、危化企业管理数据实时监控。

2014 年 9 月，内蒙古瑞特优化科技股份有限公司自主研发的“瑞特建筑智能一体化平台的应用与开发项目”在呼和浩特市科技局进行科技成果鉴定。该项目采用智能一体化集中管理模式，采用多层次、多结构控制技术，最上层建立基于云服务器的优化指导层，中间层建立基于中心服务器的协调层，最下层为具有不同功能的模块化控制层。通过各子系统间统筹协调、统一接口、合理设计，避免重复配置，实现各能源控制系统间联动联调，使建筑达到全局节能降耗和联动安全保护的运营效果。项目总体设计合理、技术创新点突出，达到国内先进水平，具有广泛的应用前景。

2014 年 10 月，内蒙古华昕立合科技有限公司自主研发成功“基于智能手机的停车场、高速公路收费管理系统”。该系统将完美解决在停车场、高速公路收费问题上存在的诸多不便利的问题。利用智能手机中的 NFC、蓝牙 4.0、GPS 等装置再结合现代网络技术与网络支付手段，可以实现无须收发卡环节、自动准确计费、网上自动结算等功能，并完全实现替代高速公路 ETC 的所有功能。这一技术将对停车场收费管理、公路收费管理工作带来一场革命性变革。

信息技术应用

工业两化深度融合 一是工业云创新服务平台的应用与推广工作。工业云创新行动是工业和信息化部两化深度融合创新推进专项行动，包钢机制公司、包头北方创业公司、太阳电缆有限公司、新宏昌专用汽车有限公司等 30 余家企业用户已经在工业云平台下载 CAD、电子图板、实体设计、协同管理、数控仿真、工艺图表等 20 余类软件和工具 80 余次，工业云平台的功能和示范效应正在显现。

二是启动内蒙古网络协同制造中心平台建设工作。为进一步深入推进工业云创新服务，全面落实自治区“8337”发展思路和打造现代装备制造业基地的发展战略，2014 年，内蒙古以包头市为试点启动“内蒙古网络协同制造中心平台”项目建设工作，计划通过整合工业设计与制造资源，推动数字化协同设计、制造、加工等应用，实现地区装备制造能力的跨越式提升。项目建设采取“政府主导，市场化运营”的模式，计划投入 1 亿元左右，用两年左右的时间，分两个建设阶段进行实施。计划到 2016 年末，累计改造和升级机床设备 200 台套，联网数控机床设备 400 台套，联网设备的加工效率提高 35%以上，联网企业 50%左右能够开展协同设计，60%以上的联网设备能够承接网络订单，成为中西部地区乃至全国有影响力的协同制造中心。

三是深入开展工业云创新服务培训工作。2014 年，围绕工业云创新服务及工业云平台的应用，在包头市举办 30 余场培训活动，累计培训 1 000 余人次。2014 年 11 月初，在包头市举办全区制造业两化融合培训班，为下一步在全区推广工业云创新服务打下基础。

四是工业云创新服务体验中心建成并投入使用。按照工业云创新服务平台建设规划，2014 年 11 月 6 日，工业云创新服务体验中心建成并投入使用。工业云创新服务体验中心是工业云创新服务平台的重要组成部分，也是完善地区工业云创新服务体系的重要内容。

五是开展两化融合管理体系推广工作。落实工业和信息化部两化融合管理体系试点贯标工作，对内蒙古两化融合管理体系贯标 12 家试点企业进行跟踪服务；按照工业和信息化部统一部署，认定内蒙古 10 家试点企业完成达标认定工作。

农畜产品加工行业两化深度融合 在农畜产品加工领域开展两化深度融合工作，以内蒙古牛羊肉全过程追溯体系建设为切入点，将信息、网络、物联网以及移动互联网技术融合在农畜产品加工行业的生产、管理、销售等各个环节，促进内蒙古农畜产品加工行业的两化深度融合工作。2014 年，在锡林郭勒盟和呼伦贝尔市率先开展区域范围内羊肉全过程追溯体系试点工作，其中呼伦贝尔市完成 10 万只羊的电子耳标任务。自治区两化深度融合专项资金支持了锡林郭勒盟和呼伦贝尔市 5 个屠宰企业的追溯系统试点建设。与中国电子技术标准化研究院承办的“内蒙古基于物联网的畜肉产品追溯地方标准制定工作”正式启动，有 5 项物联网技术标准制定工作纳入“2014 年第二批内蒙古自治区地方标准制修订项目计划”。同时自治区牛羊肉全过程追溯体系被工业和信息化部列为国家行业试点。自治区畜产品追溯与监管服务平台已在自治区政务云中心完成部署，并开始试运行。随着自治区牛羊肉全过程追溯体系的试点工作开展，初步效益已开始显现，对内蒙古草原畜牧业发展、牧民收入增加、自治区绿色品牌的创建、牧区经济合作组织建立、牧业生产的保险金融服务奠定了良好基础。

电子政务应用 2014 年，自治区电子政务外网工作围绕“完善机制、整合资源、扩大应用、保障服务”原则，全力推进全区电子政务建设和应用，强化信息资源共享和业务协同，电子政务建设效能得到进一步发挥，获得国家外网办多项通报表彰。

一是自治区编办批复内蒙古经济和信息化委员会信息化推进处加挂自治区电子政务外网管理办公室的牌子，具体负责电子政务外网的建设规划运维及管理。同时指导盟市、旗县区完善本地区电子政务外网管理机制和运行机制。截至 2014 年年底，已有两个盟市在外网主管部门加挂外网办的牌子。

二是自治区政府召开推进电子政务工作专题会议，决定依托电子政务外网已有资源以集约化模式建设自治区电子政务云中心。2014 年 8 月 26 日，自治区电子政务工作领导小组正式成立，领导小组办公室设在自治区经济和信息化委员会；10 月，依托原自治区电子政务外网平台升级改造的自治区电子政务云中心正式运行，使内蒙古电子政务集约化建设走在全国前列。

三是完成自治区本级电子政务云平台顶层设计实施方案及自治区电子政务云中心运维服务标准规范，其中，自治区电子政务顶层设计获得工业和信息化部专家评审优秀案例。

四是召开 2014 年度全区电子政务外网工作会议，盟市及所属旗县区电子政务主管部门领导及运维技术负责人、应用直属相关部门负责人、各旗县区政府分管电子政务工作的旗县区长及主管部门负责人和技术负责人共计 200 余人参加会议。

五是加强骨干线路运行情况的监管，对运营商线路运行情况进行质量跟踪考核，制定并发布《内蒙古自治区电子政务云中心线路考核办法（试行）》，确保了线路运行全年基本畅通，自治区电子政务外网广域骨干链路连通率全年平均为 99.7%以上。

六是完成对自治区、盟市、旗县区三级网络平台、三级骨干线路和三级骨干核心设备的全方位监控与管理。全年共完成对各类故障（事件）处理 359 件，处理客户服务请求 89 件，完成各类变更 117 件，完成对接入电子政务外网厅局用户回访共 502 人次，政务外网运行中出现的各类故障（事件）及用户申告的各类服务请求均得到快速解决并进行满意度回访。

七是配合国家电子政务外网管理中心完成国司法部、中央综治委、全国妇联、全国残联三级接入和全国价格监督系统五级接入，配合自治区各部门利用电子政务云中心部署业务应用系统，全年共新增业务系统 116 个。目前自治区电子政务云中心已经托管了 13 个部门的 186 台设备，承载了 80 多个中央部委 1 200 多项业务系统和自治区本级 108 个部门 433 项业务应用系统。

八是内蒙古电子政务外网办获得“保障中央广域网骨干网络全年畅通单位”和“及时完成 12358 价格举报系统接入任务单位”两项表彰。国家电子政务外网管理中心在《关于表彰 2014 年度省级政务外网建设运维单位的通知》（政务外网［2014］13 号）中对内蒙古电子政务外网办予以通报表彰。

【统计数据】

表 1　2014 年内蒙古自治区电子信息制造业人员构成情况

企业类别	企业数（家）	年末从业人员总数（人）	其中：研发人员（人）
内资企业	20	5 568	548
国有企业	2	596	10
集体企业	1	63	
有限责任公司	10	3 770	510

续表

企业类别	企业数（家）	年末从业人员总数（人）	其中：研发人员（人）
股份有限公司	1	589	
私营企业	6	550	28
港、澳、台商投资企业	3	444	

表 2　2012~2014 年内蒙古自治区电子信息制造业基本情况

项目名称	单位	2012 年	2013 年	2014 年
工业总产值（现行价）	万元	895 337	1 020 305.5	9 946 909.1
工业销售产值	万元	790 685	1 001 984.9	10 547 596.3
出口交货值	万元	51 275	30 834.9	262 447
资产总计	万元	245 250	1 360 167.3	12 417 900.2
负债合计	万元	866 556	915 082.0	8 394 330.8
主营业务收入	万元	800 064	990 616.9	11 064 540.8
税金总额	万元	31 294	32 855.5	151 154
利润总额	万元	53 524	52 258.9	298 483.2
应交所得税	万元	1 835	9 993.9	69 865.1
从业人员年末人数	人	5 650	5 964	6 012
从业人员工资总额	万元	20 611	24 514.2	311 852.5

表 3　2012~2014 年内蒙古自治区电子信息制造业主要经济效益指标完成情况

项目名称	单位	2012 年	2013 年	2014 年
流动资产周转率	次	1.1	1.07	1.3
产品销售率	%	88.3	98.2	106.0
总资产贡献率	%	5.5	7	4
资产保值增值率	%	113.4	113.7	106.5
资产负债率	%	69.5	67.3	67.2

表 4　2014 年内蒙古自治区软件产业人员构成情况

企业类别	企业数（家）	年末从业人员总数（人）	人员构成			
			管理人员（人）	在总人数中所占比例（%）	软件开发研究人员（人）	在总人数中所占比例（%）
内资企业	80	4 663	626	13.4	1 425	30.6
有限责任公司	15	1 321	156	11.8	452	34.2

续表

企业类别	企业数（家）	年末从业人员总数（人）	人员构成			
			管理人员（人）	在总人数中所占比例（%）	软件开发研究人员（人）	在总人数中所占比例（%）
股份有限公司	5	182	28	15.4	46	25.3
私营企业	60	3 160	442	14.0	927	29.3

表 5　2012~2014 年内蒙古自治区软件产业基本情况

项目名称	单位	2012 年	2013 年	2014 年
软件业务收入	万元	253 582	278 410.7	294 602
软件业务出口收入	万美元	128	167.1	169.2
软件产品销售收入	万元	102 732	135 935.5	144 080.9
流动资产平均余额	万元	221 571	105 851.2	142 499
固定资产投资额	万元	833	2 111.5	3 397
资产合计	万元	162 969	219 788	272 721.2
负债合计	万元	67 319	82 492.2	112 860.6
税金总额	万元	11 130	11 565.1	10 548
利润总额	万元	24 490	25 390.6	20 139.7
应交所得税	万元	2 322	2 668.1	1 885.3
从业人员年末人数	人	4 073	4 259	4 663
从业人员工资总额	万元	16 847	19 795.4	25 293.8

表 6　2012~2014 年内蒙古自治区软件产业主要经济效益指标完成情况

项目名称	单位	2012 年	2013 年	2014 年
流动资产周转率	次	1.3	2	2.5
产品销售率	%	40.5	40	40
总资产贡献率	%	17.1	19.5	12
资产保值增值率	%	155	140.4	143
资产负债率	%	41.3	37.5	41.4

注：表 1~表 6 数据来源于内蒙古自治区经济和信息化委员会。

[撰稿：梁玉龙　审稿：霍航雄]

辽　宁　省

【综述】

2014 年，辽宁省电子信息产业积极采取措施，努力克服行业下行压力，保证了辽宁省电子产业平稳发展。辽宁省电子信息产业实现主营业务收入 4 859.6 亿元，同比增长 7.4%；实现利润 272.2 亿元，同比增长 5.9%；实现税金 225.7 亿元，同比增长 9.3%；出口创汇 144.3 亿美元，同比增长 0.9%。

电子信息制造业

截至 2014 年年底，辽宁省电子信息制造业纳入国家统计范畴的企业数 472 家，从业人员数约 19 万人，实现主营业务收入 1 750.3 亿元，同比增长 2.4%；实现利润 84.9 亿元，同比增长 3.7%；完成出口交货值 501.9 亿元，同比下降 2.6%。

主要产品产量　手机 2 895 万部，同比增长 6.6%；汽车音响 1 150 万台，同比增长 7.8%；液晶电视机 343 万台，同比下降 1.2%；激光视盘机 189 万台，同比下降 8.7%；打印机 61 万台，同比下降 5.7%。

软件和信息技术服务业

截至 2014 年年底，辽宁省软件和信息技术服务业纳入国家统计范畴的企业数为 4 286 家，其中，沈阳市 1 949 家，大连市 2 063 家；软件从业人员 56 万人，实现主营业务收入 3 065.3 亿元，实现软件业务出口收入 60.6 亿美元，实现软件外包服务收入 485.6 亿元，其中，软件外包服务出口收入 32.2 亿美元，同比增长 20%，约占全国的 1/3，连续 9 年保持全国第一。

2014 年，辽宁省共有东软集团股份有限公司、大连华信计算机技术股份有限公司等 5 家企业入围中国软件业务收入前百家企业名单，11 家企业成为 2013~2014 年度国家规划布局内重点软件企业。

信息技术应用

做好两化深度融合工作　一是省政府常务会议审议通过辽宁省经济和信息化委员会草拟的《辽宁省推动两化深度融合促进四化同步发展行动计划》，并于 10 月 31 日以辽政办发［2014］50 号文件下发，该行动计划明确提出了推进辽宁省信息化工作的指导思想、基本原则、发展目标、主要任务、重大工程和保障措施，是指导辽宁省各领域两化深度融合的纲领性文件。

二是制定下发《辽宁省经济和信息化委关于推进两化深度融合实施方案》，将涉及辽宁省经济和信息化委员会的七大任务工程分解落实，由主要领导负总责，有关分管领导分工负责，明确了牵头处室和参与处室，确保《行动计划》真正落到实处。

三是积极做好两化融合管理体系贯标工作。辽宁省鞍钢股份、沈飞集团等 12 家企业以及沈阳赛宝等 3 家机构分别入选国家首批两化融合管理体系贯标试点企业和咨询服务机构。11 月，组织召开辽宁省两化融合管理体系贯标座谈会，组织试点企业开展两化融合管理体系贯标工作。截至 2014 年年底，试点企业全部完成贯标方案编制工作，一些试点企业已经与咨询服务机构合作进入贯标下一阶段，辽宁省两化融合管理体系贯标工作取得阶段性成果。

四是积极组织省内企业做好两化融合发展水平评估调查，已有 135 家企业完成数据填报工作，比上年增加 31 家。

五是落实国务院有关东北振兴 28 号文件中“支持东北地区开展工业化与信息化融合发展试点，用信息技术改造提升制造业”意见要求，根据沈阳市政府请求，辽宁省经济和信息化委员会已向工业和信息化部正式推荐沈阳市申报国家级两化深度融合智能制造试验区。

六是抓好国家两化融合示范项目鞍山亨通阀门的基于工业装备敏捷制造的集成一体化综合信息系统建设的验收工作。

进一步规范省政务外网运行维护和应用工作　一是成立省政务外网技术支撑中心，相继印发《关于进一步做好省政务信息资源共享交换平台建设与应用的函》、

《关于充分使用省级电子政务外网综合平台现有资源的函》、《省直单位接入省级政务外网平台管理规范（试行)》3 个省政务外网指导性文件，指导省政务外网技术支撑中心编印《省级政务外网建设、安全、运维技术规范》。

二是组织召开辽宁省电子政务外网安全和应用推广培训，大力推广政务外网综合平台应用。省政务外网已接入 127 家单位，共计 140 个接入点，运行网站、邮件、视频应用、服务审批等 602 个各委办厅局的应用，其中省财政厅、省金融办、省旅游局等 12 家单位的 28 个应用托管到省政务外网云平台。

推进辽宁省信息化建设 一是组织下达省信息化发展资金计划。经与省财政厅联合组织、审核，共安排信息化发展资金项目 49 个，资金总额 4 825 万元，重点支持省直各部门电子政务建设。

二是开展信息化项目绩效评价。为加强省信息化发展资金的管理，根据《辽宁省省级财政绩效监控管理暂行办法》（辽财预 [2014] 275 号）和委专项资金项目检查评价工作要求，开始建立执行信息化发展专项资金检查评价管理制度，对上年已经安排的 51 个省信息化发展资金项目从项目决策、项目管理和项目绩效等 3 个方面开展绩效评价。

推进三网融合 围绕大连市、沈阳市国家三网融合试点城市建设，辽宁省三网融合工作已逐步在辽宁省推广。以联通公司为代表的电信运营企业开展 IPTV 业务试点应用，效果良好。目前，国务院开展国家三网融合第二批试点双向进入业务许可申报工作，辽宁省正在组织具备条件的企业做好相关的申报工作。

推进信息消费试点 根据工业和信息化部安排，积极争取辽宁省有关市地争取国家信息消费试点市（县、区）。

信息产业基地建设

国家（大连）电子元件产业园 该园区位于大连市金州新区，于 2006 年 7 月获原信息产业部批准。园区内现有规模以上企业 120 家，主要产品有新型元件、敏感元器件和传感器、LED 光电子、车用元器件等。2014 年实现收入 484.4 亿元。多数企业尤其是骨干企业的核心产品均拥有自主知识产权，重点产品的技术水平居于国际同类产品的领先或先进水平。如：微型特种电动机约占国际市场份额的 60%，计算机用光驱电动机和车载电动机约占市场份额的 80%。

国家（大连）视听产品产业园 该园区位于大连高新技术园区，于 2006 年 6 月经原信息产业部批准并授牌。园区内现有规模以上企业 60 余家，主要产品包括激光视盘机整机及机芯、激光电视、3D 电视、多媒体数字移动电视、汽车音响、音/视频矩阵产品等，2014 年实现收入 82.5 亿元。随着数字家庭产业发展进程加快，终端产品不断推陈出新，带动数字家庭高清机顶盒、网关设备、家庭影院、电视增值业务、有线电视互联网及互动业务和数据平台系统形成产业化，传统数字视听行业经营模式由单纯制造业逐步转为“制造业+增值服务”。

【统计数据】

表 1　2014 年辽宁省电子信息制造业人员构成情况

企业类别	企业数（家）	年末从业人员总数（人）	人员构成			
			工程技术人员（人）	在总人数中所占比例（%）	管理人员（人）	在总人数中所占比例（%）
制造业企业合计	472	189 976	15 398	8.1	9 537	5.0
内资企业	324	104 490	8 862	8.5	6 401	6.1
国有企业	29	36 225	3 015	8.3	2 234	6.2
集体企业	5	4 697	188	4.0	315	6.7
股份合作企业	6	1 115	99	8.9	91	8.2
联营企业	1	39	5	12.8	8	20.5

续表

企业类别	企业数（家）	年末从业人员总数（人）	人员构成			
			工程技术人员（人）	在总人数中所占比例（%）	管理人员（人）	在总人数中所占比例（%）
有限责任公司	150	34 667	2 024	5.8	1 159	3.3
股份有限公司	29	12 840	952	7.4	785	6.1
私营企业	103	14 866	2 569	17.3	1 803	12.1
其他内资企业	1	41	10	24.4	6	14.6
港、澳、台商投资企业	32	13 016	1 302	10.0	658	5.1
三资企业	116	72 470	5 234	7.2	2 478	3.4

表 2　2012~2014 年辽宁省电子信息制造业基本情况

项目名称	单位	2012 年	2013 年	2014 年
工业总产值（现行价）	万元	18 380 474	18 020 436	17 493 351
工业销售产值	万元	16 885 960	17 676 655	17 168 841
出口交货值	万元	5 340 705	5 280 656	5 018 927
流动资产平均余额	万元	7 983 569	8 862 972	9 692 786
固定资产净值平均余额	万元	3 388 832	3 425 167	5 090 812
资产总计	万元	15 252 571	17 154 581	19 287 906
负债合计	万元	6 960 269	7 784 171	8 187 644
主营业务收入	万元	16 500 751	17 642 479	17 503 248
税金总额	万元	183 855	182 485	173 130
利润总额	万元	789 510	792 958	849 378
应交所得税	万元	122 318	124 121	115 806
从业人员年末人数	人	206 246	205 367	189 976
从业人员工资总额	万元	843 969	933 917	853 539

表 3　2012~2014 年辽宁省电子信息制造业主要经济效益指标完成情况

项目名称	单位	2012 年	2013 年	2014 年
全员劳动生产率	元/人	189 579	206 947	211 908
流动资产周转率	次	2.07	1.99	1.72
产品销售率	%	91.9	98.1	98.1
总资产贡献率	%	7.9	6.4	6.6

续表

项目名称	单位	2012年	2013年	2014年
资产保值增值率	%	105.0	107.7	115.4
资产负债率	%	45.6	45.4	42.4

表4　2012~2014年辽宁省主要电子信息产品产销量情况

产品名称	单位	产量			销量		
		2012年	2013年	2014年	2012年	2013年	2014年
电视机	万台	498	444	343	495	439	343
激光视盘机	万台	168	202	189	171	204	188
汽车音响	万台	945	1 066.7	1 150	939.9	1 071	1 172
手机	万部	1 680.7	2 715	2 895	1 680.7	2 695	2 880
打印机	万台	65	78	61	66	74.6	62

表5　2014年辽宁省软件产业人员构成情况

企业类别	企业数（家）	年末从业人员总数（人）	人员构成			
			管理人员（人）	在总人数中所占比例（%）	软件开发研究人员（人）	在总人数中所占比例（%）
软件企业合计	4 286	560 044	55 817	10.0	251 968	45.0
内资企业	3 930	473 287	50 470	10.7	217 557	46.0
国有企业	50	11 477	1 280	11.2	5 399	47.0
集体企业	4	237	34	14.3	185	78.1
股份合作企业	9	489	46	9.4	104	21.3
联营企业	1	21	4	19.0	6	28.6
有限责任公司	762	107 265	9 162	8.5	57 297	53.4
股份有限公司	221	69 112	7 103	10.3	40 741	58.9
私营企业	2 158	201 854	22 064	10.9	85 126	42.2
其他内资企业	725	82 832	10 777	13.0	28 699	34.6
港、澳、台商投资企业	43	6 996	672	9.6	3 266	46.7
三资企业	313	79 761	4 675	5.9	31 145	39.0

表6　2012~2014年辽宁省软件产业基本情况

项目名称	单位	2012年	2013年	2014年
软件业务收入	万元	21 356 992	27 795 022	30 653 236
软件业务出口收入	万美元	477 696	605 645	605 715
软件产品销售收入	万元	7 302 751	9 700 131	10 765 679

续表

项目名称	单位	2012 年	2013 年	2014 年
流动资产平均余额	万元	5 534 472	8 913 981	11 434 636
固定资产投资额	万元	521 323	603 157	694 441
资产合计	万元	16 822 120	21 890 090	25 005 394
负债合计	万元	8 472 944	11 867 308	12 508 503
税金总额	万元	1 403 854	1 684 770	2 515 277
利润总额	万元	1 890 013	2 024 661	2 306 071
应交所得税	万元	281 912	344 691	559 143
从业人员年末人数	人	435 755	503 897	560 044
从业人员工资总额	万元	3 275 885	3 303 973	4 897 818

表 7　2012~2014 年辽宁省软件产业主要经济效益指标完成情况

项目名称	单位	2012 年	2013 年	2014 年
流动资产周转率	次	3.85	3.12	268.1
资产保值增值率	%	122.1	115.6	18.4
资产负债率	%	50.4	54.2	111.1

注：表 1~表 7 数据来源于辽宁省经济和信息化委员会。

[撰稿：王永剑　审稿：陈汝义]

吉　林　省

【综述】

2014 年，吉林省电子信息产业呈现平稳增长态势，累计完成工业总产值 855.3 亿元，同比增长 12%。其中，规模以上电子信息制造业实现产值 474.3 亿元，同比增长 6.7%；软件和信息技术服务业实现主营业务收入 381 亿元，同比增长 19.1%。

电子信息制造业

2014 年，吉林省纳入统计口径的电子信息制造业规模以上企业 192 家，累计完成产值 474.3 亿元，同比增长 6.7%；完成销售产值 463.6 亿元，同比增长 7.2%；完成主营业务收入 452.8 亿元，同比增长 6.1%；实现利税 36.7 亿元，同比持平；实现利润 25.3 亿元，同比增长 2.4%；完成税金 11.3 亿元，同比下降 6.1%；从业人员年末人数超 3.6 万人。

2014 年，吉林省生产的电子器件工业产品中：半导体分立器件 34.5 亿只，同比下降 7%；光电子器件 11.36 亿只（片），同比增长 15.2%；灯具及照明装置 154.4 万套（台），同比增长 47.4%。生产的电子测量仪器产品中：工业自动调节仪表与控制系统 40 027 台（套），同比下降 6.2%；电工仪器仪表 36 244 台，同比增长 3.7%；分析仪器及装置 1 118 台，同比增长 21.4%；试验机 332 台，同比增长 43.7%；环境监测专用仪器仪表 5 731 台，同比下降 35.7%；光学仪器 94 370 台，同比下降 13.9%；汽车仪器仪表 71.4 万台，同比增长 23.4%。生产的电子信息机电产品中：风力发电机组 224 000 千瓦，同比下降 12.5%；交流电动机 35 590 千瓦，同比下降 78.4%；变压器 9 888 130 千伏安，同比增长 32.4%；电力变压器 1 072 120 千伏安，同比下降 9.5%；电力电容器 9 311 千乏，同比增长 15.3%；高压开关板 2 461 面，同比增长 13.1%；低压开关板 21.6 万面，同比增长 13.8%；高压开关设备 1 831 台，同比增长 8.4%；电力电缆 436 442 千米，同比增长 9.5%；绝缘制品 10 491 吨，同比下降 52.5%。

光电子行业 吉林省是中国光电子领域科研、人才和产业发展较集中的地区之一，拥有较好的技术优势和产业基础。2014 年，吉林省纳入光电子产业集群的企业已达 70 家，形成了以光显示器件及其上下游产品为主体，以光电子材料与器件、光电仪器仪表、国防光电子为重点的产业结构，产品主要集中在光显示器件及上下游产品、光电子器件与材料、光电仪器仪表与设备、嵌入式软件等领域。依托中科院长春光机所、长春应化所、吉林大学、长春理工大学等科研院所和高校，联合国内外研发机构和高技术企业，建立光电子产业公共技术新平台，加强光电子产业链关键环节的核心技术创新和集成创新，建立以企业为主体的技术创新体系，着重突破一批关键核心技术，引领产业发展，为光电子产业快速发展提供技术支撑。发挥吉林省在光电器件及仪器设备等领域具有较强技术和人才优势以及良好产业基础，采取增强自主创新能力和做大产业规模并举的发展战略，重点在激光、光电分析检测仪器设备、照明与显示等领域构建产业链，推动光电子行业向高端化、规模化、集群化方向发展。

汽车电子行业 吉林省是国家重点支持的汽车生产基地，在以一汽集团为核心的汽车工业体系框架下，形成以长春市为集聚中心、辐射周边地区的产业发展格局。2014 年，吉林省纳入汽车电子产业集群的企业有 20 余家。其中，外商独资及合资的汽车电子企业由于技术先进、附加值高等因素，整体形势较好，占市场份额较大；内资企业技术水平相对较低，其产品由于国内同类产品较多，同质化竞争较为明显，企业盈利能力十分有限。随着汽车智能化的不断发展，吉林省引进汽车电子上游技术和生产环节，提高产业协作配套能力，加大汽车电子各领域关键、共性技术的研发力度，增强企业自主研发能力。重点在车载电子、车身控制系统、动力控制系统、底盘控制系统、新能源汽车电子、车用元器件和部件等六大产业领域构建汽车电子产业链，产品涉及车身控制、高端车用仪表、音响、电线束、主动安全系统、新能源汽车控制系统及电池、汽车制造线机器人、北斗卫星导航系统等 10 余类 100 多种。

电力电子行业 在整个行业投资放缓的大环境下，吉林省电力电子行业提高科研创新能力、加大开拓市场力度，积极寻求发展机遇。主导产品主要有永磁式高低压真空断路器、高压真空接触器及熔断器组合电器、交流接触器等。产品全部采用具有自主知识产权的永磁操动机构和脉冲励磁电路，尤其是开发的永磁开关控制电路，解决了控制电路无法承受大功率和尖峰电压的技术难题，减少了控制电路的故障率，突破了永磁开关性能可靠性的“瓶颈”，真正实现了永磁开关的大规模工业化使用。8 英寸新型电力电子器件芯片项目、智能型永磁高压真空断路器项目、智能限流保护装备产业化项目、大容量智能限流保护装置系统项目等进展顺利，对推动吉林省电力电子产业的发展起到了积极作用。

电子元器件行业 在国内外错综复杂的经济形势背景下，吉林省电子元器件行业通过产品结构调整、积极开拓市场、与科研院所合作研发等一系列措施，不断提高产品市场占有率及高端产品竞争力，为吉林省电子元器件行业长远发展奠定了一定的基础，但行业仍处于高成本、低利润的“微增长”时期。2014 年，吉林省电子元器件行业运行相对平稳，采用双极、MOS 技术及集成电路等核心制造技术生产的 N 沟道增强型场效应晶体管、快恢复二极管、N 沟绝缘栅双极晶体管等重点产品，广泛应用于消费电子、节能照明、计算机、PC、汽车电子、通信保护与工业控制等领域。

重点企业 2014 年，吉林华微电子股份有限公司继续落实“三个结构”调整，坚持以改善经营管理质量为主要方向和目标，逐步推进市场、客户和产品结构的调整，继续通过“抓大抓优”的市场策略，把产品结构调整和市场销售紧密结合起来。通过加强内控体系建设，不断提高公司治理水平和规范运作能力，逐步夯实企业长远、可持续发展的基础。同时，加快推进公司 MOSFET、IGBT 产品、太阳能用肖特基产品的系列化和新品开发工作，通过自主创新全年共申报专利 21 项，明确经营管理主线，使各项经营指标趋向于良性增长，经营质量得到明显提升，保持了产品在市场竞争中的优势。2014 年，该公司实现销售收入 12.57 亿元，同比增长 7.64%。

软件和信息服务业

2014 年，吉林省实现软件业务收入 381 亿元，同比增长 19.1%。其中，软件产品收入 102.6 亿元，占软件业务收入的 26.9%；信息系统集成服务收入 97.8 亿元，占软件业务收入的 25.6%；信息技术咨询服务收入 72.4 亿元，占软件业务收入的 18.9%；数据处理和运营服务收入 43.1 亿元，占软件业务收入的 11.3%。

从软件企业发展情况来看，2014 年，吉林省从事软件及信息服务业的企业超过千家。软件企业在研究开发投入、建立和完善核心技术创新体系、提高自主创新能力、扩大产业规模以及丰富产品结构等方面均有较大突破。拥有自主知识产权、具有核心技术优势和特色的软件产品，市场占有率不断提高，品牌效应不断提升。2014 年，吉林省组织 4 家软件企业申报电子信息发展基金项目，有 1 家软件企业得到发展基金的支持。另外，省信息产业发展专项资金对 11 个软件项目进行了支持。在 2014 年中国软件前百家企业评选中，吉林省启明公司入选，排名第 72 位。

在产品种类上，吉林省应用软件占有绝对优势，系统软件和支撑软件数量较少。其中，汽车、信息安全、教育、政府、农业等行业应用软件在市场占有率、技术水平及知名度等方面处于国内领先水平。

在软件园建设上，吉林省明确提出，将着力把信息服务业打造成重要的特色产业，着力建设长春软件园、吉林软件园和延边中韩软件园，以形成优势互补、共同发展的新格局。其中，长春软件园主要发展企业管理软件、人口信息管理软件、汽车软件、教育软件、信息安全软件；吉林软件园主要发展嵌入式软件和电力行业、石化行业大型应用软件；延边中韩软件园着重承接韩国、日本的软件外包和信息服务。据统计，全省 80%以上的软件企业、85%的软件收入都主要集中在这 3 家软件园区，聚集效应十分显著。

重点企业　启明信息技术股份有限公司成立于 2000 年 10 月 25 日，2008 年 5 月 9 日在深圳证券交易所上市，现拥有 14 家分、子公司，各行业的客户遍布全国。启明信息作为国内唯一一家专门从事汽车业管理软件与汽车电子产品研发、制造及服务的高科技企业，以壮大民族汽车 IT 业为己任，以具有自主知识产权的汽车业管理软件和汽车电子产品为公司业务的核心，全面发展管理软件业务、汽车电子业务、集成服务业务，在汽车业管理软件和车载信息系统两个领域的市场份额居国内第一。

科技进步与应用

200~400nm 波段紫外激光器　该产品采用全球先进的谐振腔设计和薄膜技术，可实现 W 级 355nm、266nm 等 200~400nm 波段的紫外激光，作为一种相干光源具有体积小、结构紧凑、寿命长、效率高、运转可靠、光速质量好、重量轻、操作简单等一系列实用化优点。作为激光设备的核心光源器件，可广泛用于光学数据存储、材料切割、激光打孔、3D 快速成型、相干激光检测、生物学、微电子学、光谱分析、大气探测、空间光通信、激光诱发的物质原子荧光和 UV 吸收及医疗等领域。产品已获专利 2 项，项目期内，计划再申请专利 1~2 项。

可编程光学滤波器　该项目为自主研制能够在 10GHz 带宽以下以 MHz 量级分辨率进行任意滤波形状配置的光学滤波器，产品满足高速光通信、微波光子系统、高精度光学计算的发展需求，填补当前在 10GHz 带宽以下高分辨可编程滤波的空白。项目主要解决滤波器窄带、矩形响应、高分辨率可编程的三大技术难点，波长覆盖范围宽，可在可见光至近红外；可达到超窄带滤光，窄带宽低至 0.1nm；滤波器形状、中心波长、带宽可变等方面的创新已申请国家发明专利 1 项。

DBW 型系列箱式变电站　一系列的母线槽，可为三相三线、三相四线、三相五线，频率为 50Hz 或 60Hz，额定工作电压 660V，额定工作电流 100~5 000A，具有体积小、输送电流大、安全可靠、安装灵活配电施工互不干扰等优点，是现代大、中型企业高层建筑引进工程实践基地等场所最理想的供电设备，已申请专利 4 项，其中申报的远程智能控制漏电保护装置具有更大的发展空间和市场潜力。

基地和园区建设

吉林省国家汽车电子高新技术产业化基地　2014 年，该基地以打造国内领先、国际知名的汽车电子高新技术产业集群的园区为愿景，以创客空间-孵化器-加速器-产业园-产业集聚、有机融合的园区发展模式为目标，通过资源整合、科技引领、服务创新，积极推进产业化基地的建设进程，并取得丰硕成果。延锋伟世通、马瑞利、三菱电机等世界知名汽车电子企业入驻园区，产品涵盖空调、汽车内饰、照明等多种汽车电子产品，极大地提高了基地的科技水平及产品的市场竞争力；长春丽明科技开发有限公司，致力于汽车电子嵌入式软件、行业信息化等业务，2014 年 11 月 27 日，在北京全国中小企业股份转让系统挂牌（股票代码 831306），丽明股份成为"新三板"资本市场中汽车电子嵌入式软件领域的第一股，也是吉林省新三板挂牌第 5 家企业；吉林省启明软件园企业孵化有限公司 2007~2014 年在基地建设和运营服务上，累计投入资金 17 674 万元，在国家和各级地方政府的支持下，获得国家级科技企业孵化器认定。2014 年，基地入驻企业 43 家，基地公司股权投资企业 8 家，资产总额达 3 亿元。

信息技术应用

信息消费试点城市建设　落实《吉林省促进信息消费推动信息化建设实施方案》（吉政办发［2013］46 号），加快信息基础设施改造升级。实施宽带吉林工程，推动下一代广电网络建设，推进三网融合；加强智能化 IP 城域网及数据传输网建设，实现有线电视网络双向化。重点促进信息消费试点城市实施方案落实，开展信息消费项目示范，确定总投资 40.9 亿元的三大类 20 个信息消费示范项目，涵盖信息消费示范工程、公共服务信息化、智慧城市发展平台等，2014 年计划投资 14.8 亿元，已完成投资约 9.44 亿元。其中，驾驶者伙伴（D-partner）服务平台、"一网全城"电子商务平台、智慧农业服务平台、68 所名校 100 分试卷网、社区电子商务平台、社会综合治税信息共享平台已投入使用。

信息化与工业化深度融合　一是落实《吉林省推进信息化与工业化深度融合专项行动计划（2013~2015 年）》。确定以特色工业园区为主体的吉林市汽车工业园区、辽源东北袜业纺织工业园、公主岭经开区汽车及零部件工业园为 2014 年度省级两化融合试验区。截至 2014 年年底，省级两化融合试验区已达 7 个。

二是开展两化融合管理体系贯标工作。吉林建龙钢铁有限责任公司、中化吉林长山化工有限公司等 7 家企业入选工业和信息化部确定的两化融合管理体系贯标试点企业，吉林省电子检验院被工业和信息化部确定为首批两化融合服务机构；启动省级两化融合管理体系贯标试点企业工作，确定吉林华正农牧业开发股份有限公司等 22 家企业为 2014 年度省级两化融合管理体系贯标试点企业。

三是两化融合重点项目进展顺利。2014 年，全省滚动实施两化融合重点项目 122 个，计划总投资 32.2 亿元，截至 2014 年年底，完成投资约 19.7 亿元，31 个项目建设完成；结合省重点产业发展引导资金，支持全省 66 个信息化重点项目建设，涵盖汽车零部件、软件和云计算、医药等 20 个产业集群，带动企业信息化建设总投资 10.35 亿元。

重点领域物联网应用　一是加快推进车联网应用。一汽启明基于车联网的汽车行业物流公共信息系统及呼叫中心已投入运营，截至 2014 年年底，搭载 D-partner 平台的车台数共计 225 367 台（含兼容北斗/GPS 导航定位行车记录仪及 GPS 车台等），其中较上年新增行车记录仪 8 382 台；无忧车检（OBD）模块在红旗 H7 车型、奔腾 B70/50 车型、森雅 S80 等车型试装 242 台。

二是加快重点食品安全追溯平台建设。皓月牛肉食品质量安全追溯平台已完成投资 2 300 余万元，占总投资的 40%，牛源采购系统、销售系统、养殖系统全面追溯等支撑溯源平台应用系统已正式上线使用；华正基于物联网的肉品安全追溯及生猪产业链综合管理平台已正式上线运营，实现高端猪肉产品条码系统应用、养殖、加工销售等环节市场追溯；抚松县宏久和善堂人参有限公司的人参产品全产业链信息追溯项目已实现参地种植环境数据采集、数据库存储、质检检测、生产加工过程物联网技术应用。

三是加快安全生产监控平台建设。全省安全生产隐患排查管理系统已投入使用，覆盖全省 7 个地市近 10 000 家企业。

公共领域信息化建设　一是实施"智慧吉林"工程。按照省政府与中国联通签订的《"智慧吉林"战略合作协议》，围绕智慧强政、智慧兴业和智慧惠民等领域推动信息技术应用，确定 26 个"智慧吉林"合作项目。截至 2014 年年底，已有 23 个项目开工，总投资 1.04 亿元。基于汽车定位、无忧车检服务的汽车信息化平台已累计发展超过 1.2 万户，网络发票项目累计发展 4 万余户，安监生产监管平台项目累计发展 1 万户，智慧农村手机支付项目累计发展约 2.2 万户。

二是推动“无线城市”建设。截至 2014 年年底，全省无线城市注册用户超过 577 万户，各市（州）无线城市累计上线应用 1 120 余项，较上年年底累计新增应用 420 余项，门户访问量达 1.66 亿次，主要涉及民生、政务、交通、教育、医疗、餐饮、旅游、就业等领域。

三是推进云计算与数据中心产业发展。目前，吉林省数据中心主要分布在长春、吉林、白城、辽源等地。吉林省数据灾备中心、吉化数据中心、白城云计算中心、IBM 东北卓越云计算中心已投入运营，中国石油数据中心主体已建成，正在进行设备安装和电力设施改造，吉林市江南数据中心、延边州云计算数据中心及云计算产业中心正在建设。

四是完善电子政务基础设施建设。建设 155M 政府系统专网，改扩建省、市（州）、县（市）三级广域网（市州 155M、县市 100M）。建成县、市、区级行政审批平台，实现专网互联。推动政务信息系统项目建设。实施电子政务外网信息交换平台建设，省发改委、省民委、省林业厅、省物价局、省信访办、森工集团按国家外网要求接入吉林省外网节点；协调省密码局完成国家电子政务外网吉林省电子认证注册服务中心落地；完成省电子政务外网等保三级认定；组织专家审核省政务大厅信息系统搬迁、商务厅吉林电子口岸、吉林日报中国吉林网改造、国土厅金土二期信息化项目、省安监局企业安全预警监控平台、省环保厅、省住建厅、省交通厅、省工商局、省食安委等部门政务信息化建设项目，进一步推进全省政务信息系统项目建设步伐。

主要问题

吉林省电子信息制造业主要问题如下：

一是规模小。产业规模小、链条短，发展基础还不够牢靠，产业转型升级压力依然很大。

二是竞争力不强。吉林省电子信息制造业企业数量少、规模小、关联度差，大部分产品处于中下游环节，附加值不高。

三是研发创造能力弱。产业主要核心技术缺乏，关键零部件、重要材料和专用设备对外依存度高，大部分企业自主研发实力薄弱。

四是尖端人才少。企业规模小，产品以中低端为主，使其人才价值难以体现，高技术复合型人才缺口较大。

吉林省软件和信息服务业主要问题如下：

一是城乡差距明显，共享性较低；二是政策环境有待完善；三是人才问题日趋突出，制约企业长远发展；四是低价竞争现象明显，市场环境有待完善；五是研发创造能力和新技术应用不足；六是制约因素日益凸显。

【统计数据】

表 1　2012~2014 年吉林省电子信息制造业基本情况

项目名称	单位	2012 年	2013 年	2014 年
工业总产值（现行价）	万元	3 901 664	4 444 891	4 743 220
工业销售产值	万元	3 821 650	4 324 368	4 636 332
出口交货值	万元	60 123	91 317	97 168
资产总计	万元	2 388 553	2 763 515	2 947 857
负债合计	万元	1 064 147	1 231 911	1 343 510
主营业务收入	万元	3 848 057	4 268 232	4 528 058
税金总额	万元	97 765	120 255	113 240
利润总额	万元	299 056	246 986	253 365
应交增值税	万元	74 946	99 772	90 791
从业人员年末人数	人	35 040	32 625	36 474
从业人员工资总额	万元	135 927	135 659	145 158

表 2　2012~2014 年吉林省电子信息制造业主要产品产量情况

产品名称	单位	2012 年	2013 年	2014 年
功率半导体分立器件	万只	327 053	371 694	345 057

表 3　2012~2014 年吉林省电子信息制造业主要经济效益指标完成情况

项目名称	单位	2012 年	2013 年	2014 年
全员劳动生产率	元/人	356 329	434 416	355 678
流动资金周转率	次	1.1	2.8	3
产品销售率	%	98.0	97.3	97.7
总资产贡献率	%	17.6	15.3	14.3
资产负债率	%	44.6	44.6	45.5

注：表 1~表 3 数据来源于吉林省统计局。

表 4　2012~2014 年吉林省软件产业基本情况

项目名称	单位	2012 年	2013 年	2014 年
软件业务收入	万元	2 699 958	3 195 737	3 813 615.8
软件业务出口收入	万美元	1 660	3 444	12 830.6
软件产品销售收入	万元	618 219	825 656	1 025 710.0
流动资产平均余额	万元	751 449	746 989	963 690.3
固定资产投资金额	万元	72 821	124 759	97 751.7
资产总计	万元	1 590 223	1 325 242	1 870 706.9
负债合计	万元	548 200	465 831	728 648.7
税金总额	万元	7 356	5 549	9 988.4
利润总额	万元	288 588	218 409	346 167.0
应交所得税	万元	37 521	28 361	44 705.7
从业人员年末人数	人	47 543	47 742	50 501
从业人员工资总额	万元	152 171	152 013	204 598.7

表 5　2012~2014 年吉林省软件产业主要经济效益指标完成情况

项目名称	单位	2012 年	2013 年	2014 年
全员劳动生产率	元/人	72 617	101 794	112 845
流动资产周转率	次	383	447	521
产品销售率	%	23	26	27

续表

项目名称	单位	2012 年	2013 年	2014 年
总资产贡献率	%	16	17	19
资产保值增值率	%	123	126	133
资产负债率	%	34	35	39

注：表 4~表 5 数据来源于吉林省工业和信息化厅。

[撰稿：盛延鹏　杨锁　汪洋　审稿：王增华]

黑龙江省

【综述】

2014 年，黑龙江省电子信息产业实现主营业务收入 272 亿元，同比增长 7.9%。其中，电子信息制造业实现主营业务收入 138.69 亿元，同比增长 3.1%；软件和信息技术服务业实现主营业务收入 133.31 亿元，同比增长 12.8%。

电子信息制造业

基本情况　2014 年，黑龙江省列入统计的电子信息制造业企业有 46 家，完成主营业务收入 138.69 亿元，同比增长 3.1%；实现利润总额 13.82 亿元，同比增长 6.9%；实现主营业务税金及附加 1.77 亿元，同比增长 39.9%；应交所得税 1.01 亿元，同比增长 9.7%。

百强企业　黑龙江省电子信息制造业龙头企业哈尔滨光宇集团股份公司连续 12 年进入国家电子信息产业百强序列。该公司一直致力于动力锂电池、电池管理系统和电池系统集成技术的研发。积累了大量的动力锂电池产品设计、研发、生产技术等经验，进行了大量的安全性试验、耐久性寿命试验、可靠性试验、功率试验、能量试验、温度影响等试验，企业有 20 多款电池和系统已经大批量生产，企业发展前景良好。2014 年，该公司实现主营业务收入 55.31 亿元，同比增长 2.3%；利润 1.82 亿元，同比增长 82.6%。

典型企业　哈尔滨奥瑞德光电技术有限公司主要从事蓝宝石晶体材料及专有设备的研发、生产、加工与销售业务。近年来通过对原有单晶炉设备的改进，极大地提升了产品良品率，将单台设备的产出率提升近 2 倍。2014 年 8 月 12 日，奥瑞德公司借壳西南药业在 A 股上市，公司估值已超过 40 亿元。2014 年，该公司蓝宝石晶棒（折合 2 英寸）销售数量为 1 643 万毫米，位于全球第 1 位；完成主营业务收入 6.46 亿元，同比增长 63.4%；实现利润 1.82 亿元，同比增长 82.6%。

重点项目　一是哈尔滨奥瑞德光电技术有限公司总投资 4 亿元、新增 200 台 80 千克单晶炉的 LED 蓝宝石晶体材料扩建项目已于 2014 年 8 月完成，新增设备全部投入生产。二是双鸭山汉能薄膜太阳能电池制造基地建设项目于 2014 年完成 300MW 薄膜太阳能电池生产线和辅助配套设备的建设安装，形成年产 300MW 薄膜太阳能电池生产能力。三是哈尔滨鎏霞光电股份有限公司开发出 360°全角发光半导体照明产品，形成年产 150 万盏半导体照明节能球泡灯生产能力。四是牡丹江龙腾电子玻璃有限公司电容式触屏玻璃盖板项目，总投资 1 亿元，其中固定资产投资 9 000 万元。项目于 2014 年启动，达产后每月产玻璃盖板 800 万片，销售收入 3 亿元，利税 5 000 万元。五是哈尔滨海能达科技有限公司数字集群产学研基地项目，2014 年 9 月 4 日，国家重大专项支持项目“宽带多媒体集群和 PDT 集群”产业研发中心正式落户哈尔滨海能达数字集群通信产学研基地。该项目预计总投资 10 亿元，项目全部建成后，将成为新一代数字集群通信研发和产业化基地、地铁通信系统集成中心以及国家科技重大专项“宽带多媒体集群和PDT集群”研发中心，并作为海能达北方运营总部。项目达产后，预计可实现年销售收入10亿元。

软件和信息技术服务业

基本情况 2014年，黑龙江省软件和信息技术服务产业累计实现软件业务收入133.31亿元，同比增长12.8%，增速比上年同期提高2.2个百分点。嵌入式系统软件完成收入7.5亿元，同比增长36.3%；集成电路设计没有收入；信息系统集成服务、数据处理和存储服务、软件产品、信息技术咨询服务分别完成收入30.34亿元、15.05亿元、57.64亿元和22.78亿元，同比分别增长6.8%、13.8%、14.2%和10.9%。软件外包服务完成收入59.06亿元，同比增长31%。

主要工作 一是加大力度，推动云计算产业发展。协调中国移动、电信、联通三大电信运营商在黑龙江省开展云计算和数据中心业务，同时加快推动中国移动和中国联通的数据中心建设，加速数据中心机房建设，促进全省云计算产业快速发展。二是积极协调，组织举办报告会和对接会。举办了“大数据和云计算发展报告会”、“智慧时代的企业信息化发展之路”——黑龙江信息服务产业报告对接会，邀请了国内各领域知名专家，组织全省相关部门、园区、电信运营企业、增值业务企业、软件企业、云计算企业以及相关科研机构等单位参加，参会人数总计超过400人；会同省通信管理局组织项目对接会，三大电信运营商、哈尔滨经开区（云谷）、大庆服务外包园和18家相关企业参加了本次项目对接。三是保驾护航，确保大项目顺利实施。大力推动中国云谷国裕数据绿色海量云存储基地、中国移动数据中心、中国联通数据中心、曙光哈尔滨云计算中心、新华08国际石油咨询中心和大庆联想科技城等重点云计算产业大项目建设，协调有关部门解决项目实施中存在的问题，保证项目按期完成。四是组织培训，促进工业设计产业快速发展。举办了“国家设计政策与促进发展工业设计事业高级研修班”，委直属部门相关单位设计人员、省内高校、骨干企业设计人员、有关政府部门负责人员等70多人参加了研修，为推进全省工业设计产业发展奠定了基础。

动漫产业 黑龙江省动漫基地与黑龙江移动联合搭建“乐在龙江”专区，在原创动漫影视、动漫游戏等开发及应用领域结成全面战略合作伙伴关系，在互联网及移动互联网领域加深合作，整合阅读、动漫视频、动漫游戏、手机应用等内容型产品，为移动客户提供本地特色娱乐内容，做好园区作品运营推广服务；又与黑龙江省报刊发行局合作，依托全省报刊的零售渠道，建设动漫主题的书店和报刊亭，利用龙江动漫原创形象建设动漫主题书店，同时在书店中设立动漫作品及衍生产品销售专区，打通动漫衍生产品销售渠道，使龙江动漫形象深入大众内心，扩大消费人群，培育人们良好的阅读习惯，为推广黑龙江动漫基地品牌营造氛围。作为首批国家级文化和科技融合示范基地，首次在文博会三号馆动漫游戏展厅独立设展，集中展示龙江动漫及文化科技融合产业发展取得的成就。在以往获得6项国家级荣誉的基础上，2014年获得共青团中央首批“全国青年创业示范园区”命名，成为拥有7块国家级奖牌的示范基地。基地企业新洋科技公司和广州金川文化联合制作的三维动画电影《白雪公主之矮人力量》于2014年8月21日在院线上映，圣文公司动画《甜甜圈宝贝》在内蒙古及福建电视台少儿频道播出。新洋科技公司制作的104集原创动画《卡卡和他的朋友们》，从众多国产优秀电视动画中脱颖而出，在央视少儿频道黄金时段首播。由动漫基地与哈尔滨冰灯办携手建设的“冰雪动漫盛会”，首次将动漫文化与哈尔滨冰雪旅游文化相融合，重新定义冰灯文化概念。通过龙江动漫形象展示，增加冰灯游园会的互动性、趣味性、科技性，打造出哈尔滨崭新的冰雪创意旅游目的地，成为哈尔滨冰雪旅游新的名片。努力实现“时尚创意与民俗传承”、“冰雪文化与动漫文化”、“文化产业与科技创新”和“冰雪旅游与新媒体技术”四个方面融合，为传统冰灯游园会增添新色彩。

上市公司 哈尔滨工业大学软件工程股份有限公司创建于1995年3月，现注册资本8 250万元，总部位于哈尔滨市松北区科技创新城创新路1599号，占地面积1万平方米，建筑面积3万平方米。该公司核心资质有计算机信息系统集成一级资质、通过CMMI-ML3级评估、ISO9001\ ISO14001\ OHSAS18001\ISO20000\ISO27001管理体系认证证书、高新技术企业证书、软件企业认定证书。核心技术有自主研发的“海量数据处理技术”和“并行计算技术”，具备大规模软件项目的规划、顶层设计及过程管理能力，具备数字电路设计及嵌入式软件开发技术，具备大规模计算机信息系统的集成能力，具备大规模信息系统的运营及服务保障能力。该公司汇聚了很多具备科研能力的专家、教授、学者、博士从事科学技术研究，曾两次荣获“国家科技进步二等奖”及多项省部级奖项。该公司在云计算、物联网、大数据和智慧化新业态下，致力于应用先进成熟的信息化技术，面向税务、社保、安全、交通、环保、政务、民生等领域提供信息化服务。应用互联网、物联网技术建设智慧城市、智慧农业、智慧校园、智慧家园等。在新业态下持续提升公司软件和智能终端产品的研发能力，积极拓展增值业务，形成软件、智能终端和增值业务相互融合的业务发展格局。该公司时刻秉承“规格严格、功夫到家”的校训，历经 20 年的创新发展已经具备一定规模。

典型企业　哈尔滨精达测量仪器有限公司创建于 2001 年，从事机械制造行业精密测量仪器开发设计、生产销售及技术服务，专业技术力量雄厚，具有多年的技术积累和实践经验。该公司主要研发齿形齿向测量仪、凸轮轴测量仪、智能齿轮双面啮合测量仪等，现已形成高、中、低档，大、中、小规格的多系列量仪产品。该公司高端技术的 JA 系列齿轮测量中心，采用代表齿轮量仪发展潮流的多项最新技术，最大测量直径达到 1 米；成熟的 JD 系列齿轮测量中心在国内拥有最大的市场份额；新开发完成的新 JE 系列电子展成式齿轮量仪，为用户提供高效、实用、具有最佳性价比的新一代齿轮量仪。该公司产品在小模数齿轮测量领域具有独到的优势，最小测量齿轮模数达到 0.3mm，得到广泛应用。该公司厂区总面积 1.5 万平方米，拥有自己独立的机械加工车间，经过 10 多年的发展，精达品牌得到了国内外广大用户的认可与信赖。精达齿轮量仪测控及齿轮误差评值软件系统 GIES（Automated Gear Inspecting & Evaluating Software System）是哈尔滨精达测量仪器有限公司多年开发成熟的齿轮量仪，应用通用微机进行高精度闭环轨迹数控、测量数据采集、数据处理，按国际齿轮精度标准对齿轮检测控制及对测量结果进行误差评值的软件系统，多年形成具有自身鲜明特点的“精达软件”系统，该软件系统是高档齿轮量仪的核心组成部分，扩展齿轮量仪的测量功能，满足工业生产中对齿轮（包括齿轮刀具）检测提出的新的要求，提高了国产齿轮量仪的测量精度，在技术上处于国内领先水平。

科技进步与应用

黑龙江省软件企业在云服务、物联网和解决方案等领域里不断加大研发力度，主要成果如下：

一是哈尔滨工业大学软件工程股份有限公司《云技术领域解决方案》。工大软件云技术领域解决方案以高端服务器、海量存储为平台；以具有自主知识产权的云应用技术为核心；以自主研发的智能终端产品为智能云终端。为自然人、企业法人、政府部门提供不同的信息服务，实现民生平台的“从云到端”的云解决方案。通过云解决方案，实现民生平台“从云到端”的落地，从而使民生平台更加“为民”、“便民”、“利民”，促进政务公开，使政府职能透明化、流程规范化，增强管理部门的监督、监管力度；推动信息资源的整合，促进信息共享、业务协同，提高政府部门工作效率、反应速度，有效防止“跑冒滴漏”，节省大量资金。

二是黑龙江农垦垦通信息通信有限公司《垦通农业物联网应用系统软件 V1.0》。智慧农业物联网平台承载着水稻大棚育苗系统、农田监测系统、大农业生产管理系统、农业专家诊断系统、食品安全追溯系统。集新兴的现代农业移动互联网、视频监控、RFID、软件工程等技术为一体，依托部署在农业生产现场的各种传感节点（环境温/湿度、土壤水分、空气质量、二氧化碳、二维码、图像等）和无线通信网络实现农业生产环境的智能感知、智能预警、智能分析、智能决策、专家指导，为农业生产提供精准化种植、可视化管理、智能化决策。

三是大庆紫金桥软件技术有限公司的两项自主知识产权软件：紫金桥监控组态软件 RealInfo 和紫金桥实时数据库 RealDB，专注于石化行业软件十余年，已形成具有 20 年知识库积累的专业解决方案。目前金桥监控组态软件 RealInfo 和金桥实时数据库 RealDB 的稳定性、可靠性、方便性都达到或超过了国外同类产品水平，产品从石油化工领域推广到钢铁、水电、机械、制药、造纸、采矿、环保、智能楼宇、仓储、物流、水利等多个行业的自动化过程控制、管理监测、现场监视、企业管理/资源计划等系统。目前紫金桥软件已经在多个国家重点项目中得到应用，其性能得到广大用户和专家的高度评价。RealInfo 监控组态软件运用最前沿的 IT 技术，面向通用监控组态软件市场，作为工业自动化软件中的基础平台软件，完全支持微软的各种操作系统，可以实现全新系统接入和新旧系统转换时的平滑过渡。RealDB

是真正意义上的分布式数据库平台，其性能好、容量大、可靠性高、安全性强，强大的灵活性保证了其数据服务器、Web 服务器、设备驱动、人机界面、实用工具可任意组合，分别运行在相同或不同机器上。其实时数据、历史数据、过程报警、事件等作为整个系统的共有资源可为其他客户端和数据库共享。该软件适用于数据存储、生产管理、先进控制、优化控制、流程模拟等应用，是企业信息化的桥梁，可以提高工厂管控一体化水平，有效降低企业成本。

信息基础设施建设

2014 年，黑龙江省移动电话基站数达到 7.8 万个，比上年增加 2.3 万个，同比增长 41.0%；各基础电信运营企业共建设 Wi-Fi 热点 4 347 处，基本覆盖了全省主要交通枢纽、大型场馆等公共服务场所；投资 650 万元完成亚雪公路通信信号覆盖工程一阶段工作，共新建共享 4 个基站，覆盖 25 条公路；电话普及率为 106.9 部/百人，宽带用户 484.6 万户，普及率为 12.6%。

信息产业基地和园区建设

园区建设　哈南国际数据城注册商标是“中国云谷”，坐落于哈南工业新城内，2010 年 11 月正式揭牌，总规划面积为 16 平方千米，规划建设云计算数据中心基地、应用创新研发基地、企业孵化基地、产业发展基地。哈尔滨科技创新城云计算产业发展计划——“云飞扬”计划已正式通过专家论证并全面启动实施，规划建设总面积 2.5 平方千米的云计算产业基地，包括云计算核心区、云计算智汇园、云应用创新园、云综合拓展区等四大功能区，重点构建公共技术测试、技术交流、人才培训、投融资、企业孵化等“五位一体”的云计算服务体系。哈南工业新城中国云谷拥有 320 家企业。2014 年，“中国云谷”亿元以上的信息服务业项目有 4 项，完成投资额 5.22 亿元。

建成项目情况　哈尔滨目前已建成并正式运营的数据中心项目有 4 个，分别是国裕公司绿色国际数据中心群项目一期、曙光公司哈尔滨云计算数据中心项目一期、浪潮公司云计算产业基地项目一期、乐辰公司哈尔滨市医疗云计算项目一期。项目总投资 31.2 亿元，已完成投资 6 亿元。其中，国裕数据中心已入驻龙江银行、哈尔滨银行、省及市工商局等客户；浪潮数据中心面向电子商务客户开展业务；曙光数据中心开展电子政务方面的相关业务；乐辰数据中心面向医院、社区卫生机构开展业务。

在建项目情况　哈尔滨目前正在建设的云计算项目有 3 个，分别是中国移动数据中心项目一期、中国联通数据中心项目一期、哈工大沿海创意科技港物联网技术研发中心。项目总投资 33.8 亿元，截至 2014 年年底，完成投资 13 亿元。

大庆联想科技城项目由联想融科智地投资建设，占地面积约 100 万平方米，建筑面积约 200 万平方米，总投资 114 亿元，项目主要建设云计算中心、物联网中心、移动互联中心、创业中心、物联商业街、青年创富中心、云端智能住宅、物联购物中心、智能娱乐体验中心、云端智能公寓、体验式 3C 数码广场等 11 类产品。项目全部建成后，预计年实现产值 340 亿元以上，利税超过 100 亿元。

大庆云计算中心项目是联想科技城项目的重要板块，占地面积 2.75 公顷，总建筑面积 3.2 万平方米，总投资 8.8 亿元，计划建成 Tier3-Tier4 标准的数据中心机房（共可容纳 6 000 个标准机柜，6 万台标准服务器），分两期完成。其中，一期计划投资 3.9 亿元，建成 1.48 万平方米数据中心机房，可容纳 2 400 个机柜；二期计划于 2015 开工建设，总面积 1.8 万平方米。项目全部投入运营后可实现年销售收入 3.1 亿元、利税 0.65 亿元。该项目一期工程土建部分已经完成，主要机电设备的招标初步筛选方案已确定，其中 30%的机电设备订购已经完成，正在进行外墙装饰、内部精装修、强弱电以及机电基础施工、网络带宽租赁谈判及招商等工作。

信息技术应用

2014 年，黑龙江省深入推进信息技术在各行业中的广泛应用，着力提升企业两化融合能力，积极培育新型服务业态，稳步提高社会事业信息化水平，不断强化信息技术在推动经济发展过程中的创新驱动作用。企业两化融合管理体系贯标和推广全面展开，哈电、一重等 10 家企业成为全国两化融合管理体系贯标试点，企业两化融合能力稳步提升。市（地）两化融合评估和重点行业两化融合评估工作有序开展，两化融合服务支撑体系进一步完善。政务信息云迁移试点工作扎实推进，电子商务应用领域不断拓展，惠农农业电子商务产业链等项目列入工业和信息化部电子商务集成创新试点工程。物联网、云计算等信息技术与产业融合创新取得进展，哈尔滨市被列为国家云计算服务创新发展试点，完达山乳业物联网体系建设被列为国家试点，黑龙江工业云服务平台已上线开始提供服务。信息基础设施建设不断完善，哈尔滨市、大庆市成为国家首批“宽带中国”示范城市。智慧城市建设稳步推进，齐齐哈尔市、牡丹江市、肇东市、安达市、肇源县、桦南县 6 个市县成为国家智慧城市试点，哈尔滨市、大庆市进入全国 20 个智慧城市试点示范城市之列。信息消费呈现较快速增长态势，哈尔滨市、大庆市、牡丹江市入选国家信息消费试点城市。

黑龙江赛格国际贸易有限公司一直从事传统对俄贸易，随着电子商务的兴起，赛格抓住了跨境电子商务的商机，2012 年 10 月，“come365 中国站”对俄电子商务平台正式上线运营，截至 2014 年年底，拥有俄语国家注册用户 27 万，该平台从国内 14 万家供应商处采购了 80 多万个品类商品销售到俄罗斯和独联体等各个俄语国家，主要品类除了女装、男装、婚纱、家居等轻工产品外，还包括 3C 产品、汽车配件等。截至 2014 年年底，已有 500 多家卖家完成注册。黑龙江赛格国际贸易有限公司与哈尔滨市政府共同设立 200 万元“购无忧”消费赔付基金，客户购买商品一旦出现问题会先行赔付。

哈尔滨敦煌禾光信息技术有限公司简称为敦煌网俄语平台（www.ru.DHgate.com），系敦煌网在哈尔滨市设立的全资子公司，承担敦煌网俄语平台的研发、运营建设以及对俄语系国家专业外贸商家与国际买家在对俄跨境电子商务平台交易的全流程服务，担负着“哈尔滨对俄电子商务运营中心”的研发、支付、风控、物流、供应链等各业务端、各产业链项目的研发、运营与保障建设。敦煌网是中国第一家整合在线交易和供应链服务的第三方 B2B 电子商务网站，是协助中国广大中小供应商向海外庞大的中小采购商直接供货的新生代网上批发交易平台。2013 年年底，敦煌网与哈尔滨市政府签署战略合作协议，哈尔滨市政府就敦煌网在哈筹建“哈尔滨对俄电子商务运营中心”给予大力支持。该中心作为哈尔滨本地 B2B 对俄电子商务运营平台，业务使命是深入推进黑龙江省及东北区域对俄电子商务贸易的业务，带动哈尔滨市对俄跨境电子商务全产业链发展。敦煌网以互联网和移动技术等为载体，将国际贸易和电子商务服务整合为一体，为中小企业提供一体化的在线外贸交易平台服务。通过自主开发的第三方电子商务平台，研发在线物流系统、在线支付系统、在线融资系统以及移动商务技术等，并进行产业化应用和推广。2014 年，率先开启了在线外贸的创新业务模式和“未成功付费”的佣金制盈利模式，在推动中小企业信息化和本地企业国际化方面发挥了重要影响。

主要问题

一是软件企业研发投入费用明显不足。部分软件企业应收账款不能及时收回，部分客户拖欠账款时间较长，这些软件企业只能用本年收到的回款去填补上年欠下的货款，精力牵扯较大，导致这些软件企业研发费用投入不足。

二是软件产品更新换代的速度趋缓。2014 年上半年，软件产品登记 88 件，同比下降 48.2%。软件企业开拓创新的动力不足，无法向产业链条更高端的层次跃升。

【统计数据】

表 1　2014 年黑龙江省电子信息制造业人员构成情况

企业类别	企业数（家）	年末从业人员总数（人）	其中：研发人员（人）
内资企业	44	12 641	1 593
国有企业	3	544	37
有限责任公司	20	4 716	807
股份有限公司	10	5 091	622
私营企业	11	2 290	127
三资企业	2	8 196	

表 2 2012~2014 年黑龙江省电子信息制造业基本情况

项目名称	单位	2012 年	2013 年	2014 年
工业总产值（现行价）	万元	1 297 252	1 337 357	1 503 193
工业销售产值	万元	1 211 358	1 297 820	1 389 964
出口交货值	万元	75 523	97 436	106 931
流动资产平均余额	万元	1 296 479	1 012 932	1 432 752
固定资产净值平均余额	万元	321 125	186 458	381 599
资产总计	万元	1 961 194	2 279 308	2 348 280
负债合计	万元	888 497	1 120 440	1 156 591
主营业务收入	万元	1 206 324	1 375 908	1 386 912
税金总额	万元	27 673	22 970	27 862
利润总额	万元	122 549	135 896	138 232
应交所得税	万元	8 532	10 090	10 113
从业人员年末人数	人	16 678	22 376	20 837
从业人员工资总额	万元	39 740	54 619	44 760

表 3 2012~2014 年黑龙江省电子信息制造业三资企业基本情况

项目名称	单位	2012 年	2013 年	2014 年
工业总产值（现行价）	万元	575 040	574 001	617 277
工业销售产值	万元	574 946	574 001	564 381
出口交货值	万元	54 192	77 555	83 185
流动资产平均余额	万元	458 829	121 645	599 262
固定资产净值平均余额	万元	102 074	29 272	143 015
资产总计	万元	758 678	835 452	918 998
负债合计	万元	414 381	465 874	517 661
主营业务收入	万元	530 835	540 747	590 923
税金总额	万元	49	5 460	1 389
利润总额	万元	36	36 814	52 376
从业人员年末人数	人	4 122	8 015	8 196
从业人员工资总额	万元	3 553	7 044	4 754

表 4 2012~2014 年黑龙江省电子信息制造业主要经济效益指标完成情况

项目名称	单位	2012 年	2013 年	2014 年
全员劳动生产率	元/人	78 667	116 001	133 171
流动资产周转率	次	93	105	96.8
产品销售率	%	93.3	97	92.5
总资产贡献率	%	7.6	7.2	7.2
资产保值增值率	%	102.2	99.6	106.5
资产负债率	%	45.3	55.8	49.2

表 5 2012~2014 年黑龙江省电子信息制造业三资企业主要经济效益指标完成情况

项目名称	单位	2012 年	2013 年	2014 年
全员劳动生产率	元/人	101 545	112 562	144 110
流动资产周转率	次	119	112	98.6
产品销售率	%	100	100	91.4
总资产贡献率	%	5.8	5.1	5.9
资产保值增值率	%	102.1	89.1	105.4
资产负债率	%	54.1	55.7	56.3

表 6 2012~2014 年黑龙江省主要电子信息产品产销量情况

产品名称	单位	产量			销量		
		2012 年	2013 年	2014 年	2012 年	2013 年	2014 年
台式微型计算机	台	35 620	34 708	34 984	35 739	34 708	34 987
开关电源	万部		90	140		87.5	130
遥控器	万只	2 545	2 910	3 151	2 545	2 910	3 151

表 7 2014 年黑龙江省软件产业人员构成情况

企业类别	企业数（家）	年末从业人员总数（人）	人员构成				
			工程技术人员（人）	在总人数中所占比例（%）	管理人员（人）	在总人数中所占比例（%）	软件开发研究人员（人）
合计	476	27 526	6 545	23.8	4 629	16.8	16 352
国有企业	12	1 363	402	29.5	198	14.5	763
集体企业	1	190	54	28.4	30	15.8	106
股份合作企业	8	425	125	29.4	68	16.0	232

续表

企业类别	企业数（家）	年末从业人员总数（人）	人员构成				
			工程技术人员（人）	在总人数中所占比例（%）	管理人员（人）	在总人数中所占比例（%）	软件开发研究人员（人）
联营企业	4	1 048	286	27.3	126	12.0	636
有限责任公司	257	11 887	2 883	24.3	2 325	19.6	6 679
股份有限公司	54	6 228	1 315	21.1	829	13.3	4 084
私营企业	133	5 938	1 310	22.1	989	16.7	3 639
其他内资企业	4	291	125	43.0	42	14.4	124
三资企业	3	156	45	28.8	22	14.1	89

表 8　2012~2014 年黑龙江省软件产业基本情况

项目名称	单位	2012 年	2013 年	2014 年
软件业务收入	万元	1 069 933	1 182 164	1 333 085
软件业务出口收入	万美元	3 337	3 866	4 165
软件产品销售收入	万元	396 033	504 758	576 393
流动资产平均余额	万元	798 732	682 218	486 639
固定资产投资额	万元	84 740	27 202	108 920
资产总计	万元	1 154 419	1 429 735	1 317 657
负债合计	万元	314 566	390 416	191 634
税金总额	万元	62 278	93 625	14 217
利润总额	万元	204 709	223 179	253 190
应交所得税	万元	24 240	26 574	35 467
从业人员年末人数	人	22 446	25 863	27 526
从业人员工资总额	万元	82 600	166 584	234 412

表 9　2012~2014 年黑龙江省软件产业三资企业基本情况

项目名称	单位	2012 年	2013 年	2014 年
软件业务收入	万元	21 198	24 516	37 683
软件业务出口收入	万美元	310	572	785
软件产品销售收入	万元	8 446	10 366	23 973
流动资产平均余额	万元	26 260	24 811	10 334
固定资产投资额	万元	550	430	3 315

续表

项目名称	单位	2012 年	2013 年	2014 年
资产总计	万元	45 962	42 648	37 918
负债合计	万元	5 754	6 644	2 976
税金总额	万元	3 509	1 842	26
利润总额	万元	3 641	3 301	12 826
应交所得税	万元	168	692	2 436
从业人员年末人数	人	450	1 020	156
从业人员工资总额	万元	1 289	5 873	11 679

注：表 1~表 9 数据来源于黑龙江省工业和信息化委员会。

[供稿：黑龙江省工业和信息化委员会]

上 海 市

【综述】

电子信息制造业

2014 年，上海市对接国家战略、谋划顶层设计、聚焦重点领域、营造政策环境，各项工作取得良好成效。

产业发展总体保持良好势头 产业规模持续健康增长。1~12 月，上海市电子信息制造业完成销售收入6 691 亿元，同比增长 1.6%；其中，新型显示产业同比增长 15.5%，集成电路制造业同比增长 14.1%。

产业效益持续稳步提高。全产业经济效益提升百分比保持两位数，远高于规模扩张。1~12 月，上海市电子信息制造业实现利润 212.8 亿元，同比增长 20.1%。产业从规模扩张向效益提升转变，从“做大”逐步向“做强”转变。

产业结构持续转型提升。1~12 月，上海市新一代信息技术制造业完成工业总产值 2 258 亿元，同比增长 8.3%，增幅明显高于全行业；电子组装加工业延续向内地转移，规模继续缩减，1~12 月，完成工业总产值 3 015 亿元，在电子信息制造业总产值中占比 48%，提前实现“十二五”规划目标；受组装加工业外迁影响，低端就业人口比例降低，截至 12 月底，全行业从业人员 52 万人，比上年同期减少 10.2%；在沪产品逐渐向服务器、高端消费电子产品集中，企业运行质量进一步提升。

产业创新活力持续积聚迸发。“新技术、新产品、新业态、新商业模式”加速演进，创新活力持续迸发。产业发展内生动力显著增强，两个 IT（Information Technology、Industry Technology）结合效果初步显现，传统产业附加值稳步提升，创新供给需求显著激活，产业跨界融合的趋势更加突出。

产业重点领域取得突破性成效 集成电路产业引领国家战略，迎来重大发展机遇。一是依托上海市在集成电路领域的既有优势，多方呼吁促请国家组建千亿规模集成电路产业基金；支持本市国资参与国家基金公司以及基金管理公司的组建工作；梳理本市重点企业的下阶段发展重点，组织企业开展重大项目方案的编制工作，积极争取获得国家基金的支持。二是配合完成“本市集成电路设计产业并购基金”的组建工作，配合国家及本市基金投入方向，支持重点领域、重点企业先进技术及产业化。三是推动本土集成电路龙头企业抢占国际产业高端。积极落实本市“26 号文”，落实首轮流片专项资助政策，帮助联芯科技公司在中芯国际生产线上成功实现流片并完成量产；完成集成电路设计企业认定和年审的初审工作，共 107 家单位通过年审、11 家单位通过认定初审，上述企业均顺利通过工业和信息化部复审。

互联网领域把握发展脉搏，引领跨界融合新趋势。一是车联网领域形成完整产业链。已初步形成涵盖芯片、车载终端、关键零部件、总线系统、应用软件、通信网络、内容提供、标准检测、知识产权等环节的完整产业链。同时，交通智能调度、信息发布、事件检测、应急处置、汽车电子身份识别等系统日趋完善，为车联网产业发展创造了良好条件。在大众市场，用户规模已突破百万，处于国内绝对领先地位。荣威汽车的车联网产品前装车突破 20 万辆；博泰成为国内最大的自主车联网产品与服务提供商；喜泊客成为国内唯一提供规模化实时停车数据的智能静态交通方案提供商，目前已覆盖本市 9 个区 2 800 多个停车场，并拓展到北、广、深等城市。在行业市场，公交车、危化品运输车、物流车、渣土车、救护车等领域加快推广车联网应用。已完成 1 300 个电子站牌建设，通过电子站牌、手机 App 等渠道，发布 640 条公交线路、12 000 辆公交车的实时位置信息。二是健康物联网领域迈出产业发展与应用示范新步伐。与卫计委、民政局等五部门共同制定、发布《上海市健康物联网推进工作方案》；协助市科委、申康中心等组织三级康复网络应用示范工程；市、区联手，指导闵行区制订健康物联网产业规划，组织开展徐汇三级康复网络，闵行居家远程医疗，浦东医疗设备在线监控和服务等应用示范工程；推动成立健康物联网促进中心，促进产学研用合作创新。

移动智能设备领域契合时代需求，加快实现软硬件和互联网一体化。在大众领域，手机设计产业转型取得新成效，华勤、龙旗、闻泰、锐嘉科、优思 5 家企业入选中国手机独立设计商（IDH）十强，其中华勤、龙旗、闻泰分列全国前 3 位；希姆通公司保持全球第 2 位的通信模块出货量，斐讯通信成为上海市首个入围“中国电子百强”的民营企业。会同公安部第三研究所制定完善移动警务终端标准规范；会同央行上海分行组织移动金融试点城市方案，分别开展移动智能设备在金融、政务领域的应用示范；希姆通自主研发的自动售货机软硬件平台系统，在商圈、机场、园区等领域发展终端客户近 1 000 家。

新型显示领域实现自主创新突破，AM-OLED 国产化生态环境日益完善。AM-OLED 突破产业化瓶颈，和辉光电成为国内第一个小批量量产 AM-OLED 面板的企业；天马 5.5 代模组线已完成基础工程建设并组建了近 400 人的技术团队；国内领先的 AM-OLED 材料公司吉林奥来德成功落户上海，计划在金山建设厂房，打造国际一流的 OLED 研发中心、升华提纯中心、检测中心和企业运营总部，逐步将企业核心移至上海市，为本市面板企业提供成品材料配套；引导本市产业链上材料、设备、应用等企业与面板企业相互合作。

软件和信息技术服务业

2014 年，上海市软件和信息技术服务业围绕“四新”经济发展和目标，坚持鼓励龙头企业和培育新兴企业共同发展的原则，对接工业和信息化部软件名城和信息消费工作部署，着力推进产业发展，不断加快建设试点示范，拓展培育新兴产业和业态，加强产业基础建设，夯实核心领域优势，不断提升上海市软件和信息技术服务业的产业高地和资源集聚的领先地位。

2014 年，上海市软件和信息技术服务业实现软件业务收入 2 899.35 亿元，比上年同期增长 15.6%。其中，软件产品实现业务收入 995.48 亿元，信息技术服务收入实现业务收入 1 720.21 亿元，嵌入式系统软件实现业务收入 183.66 亿元。实现利润总额 410.21 亿元，平均营业利润率为 12%。软件出口达到 38.49 亿美元，同比增长 23.4%。截至 2014 年年底，上海市规模以上软件和信息技术服务业从业人员近 40 万人，累计 47 家信息服务企业在海内外上市。

2014 年，上海市软件和信息技术服务业发展特点如下：

一是企业实力不断增强。截至 2014 年年底，上海市规模以上软件和信息技术服务企业近 3 000 家，其中 2014 年经营收入超亿元企业 437 家。全市累计认定软件企业 4 624 家，其中，2014 年新增认定软件企业 329 家，2014 年经营收入超亿元软件企业 349 家，较上年增加 43 家；经营收入超 10 亿元软件企业 38 家，较上年增加 6 家；人员规模超千人的软件企业 45 家，较上年增加 4 家。9 家企业获得 2013 年度软件和集成电路核心团队专项奖励，比上年增加 6 家，奖励金额为 5 500 万元，较上年增加 4 000 万元。据市税务部门公布的 2014 年上海纳税百强企业排行，共有 6 家软件和信息服务业企业入选 2014 年第三产业税收排名前 100 位企业，分别为中国移动通信集团上海有限公司、国际商业机器（中国）有限公司、中国银联股份有限公司、百度（中国）有限公司、上海华为技术有限公司和中国联合网络通信有限公司上海市分公司。中国银联、华东电脑、宝信软件等 8 家企业入选中国软件业务收入前百家。

二是产业链整合力度加大。大企业通过换股、并购入股等手段，在全国乃至全球布局，加大产业链整合力度。据不完全统计，2014 年，上海市软件和信息技术服务业发生重大并购案例 26 起，涉及金额超过 200 亿元，平均单笔案例融资 7.7 亿元。其中，大智慧试图通过收购湘财证券成为第一家拥有券商牌照的互联网金融公司；金仕达卫宁通过收购北京宇信网景信息技术有限公司、山西导通信息科技有限公司达到快速切入北京市、山西省的医疗信息市场，完善其全国化布局；华东电脑通过业务规划、资本运作、整合上市公司与各业务子公司的资源，布局成为中国软件与信息服务领域的龙头企业。

三是自主创新能力成效显著。2014 年，上海市软件产品登记再创历史新高，全年共登记国产软件产品有4 675 个，较上年增长 8.22%。累计登记软件产品54 561 个。其中，2014 年新增应用软件 4 376 个，占全部登记软件产品的 93.6%，较上年增长 9.35%。登记数量较多的类型是：行业管理软件 1 365 个；信息管理软件 583 个；控制软件 654 个，较上年增长约 20%；网络应用软件 345 个；嵌入式应用软件 368 个；游戏软件 280 个，较上年大幅增长 53.85%。2014 年，以操作系统和嵌入式操作系统为主的上海市登记系统软件产品共计 25 个。2014 年，上海市登记软件产品中支持软件总计 274 个，占全部登记软件产品总数的 5.86%，主要以各类工具软件和中间件软件为主。

2014 年，全国共登记软件著作权 218 783 项，登记量较上年增长 33.12%。上海市以 19 623 项位列全国第 3 位，同比大幅增长 30.91%。北京市、广东省、上海市、江苏省和浙江省登记量分列全国前 5 位，共占全国软件登记量的 64.13%。

四是产业集聚效应更加明显。上海市规模以上的信息服务业基地共有 50 多个，自 2010 年以来，在原先认定的市级软件产业基地的基础上，先后认定一批以漕河泾开发区、紫竹高新区、浦东软件园、天地软件园等为代表的信息服务产业综合基地和以云计算、数字内容、数据服务、移动互联网、互联网金融等领域为重点的信息服务产业特色基地。截至 2014 年年底，这些市级信息服务产业基地累计已达 35 个，其中，2014 年认定的市级信息服务产业基地有 17 个。全市软件和信息服务业 63%的经营收入来自于这些产业基地，70%的软件和信息服务业企业集聚在这些产业基地。上海市的信息服务产业基地正逐步从中心城区向交通便利的中外环间扩散。

软件和信息技术服务业重点领域 软件产业有力促进上海产业转型和新经济发展。2014 年，上海市软件产品收入达到 995.48 亿元，比上年同期增长 16%，高于上海市软件和信息技术服务业的增长速度；累计有 269 家企业获得计算机信息系统集成资质，其中，一级资质 12 家，二级资质 45 家，三级资质 123 家，四级资质 89 家；获得计算机信息系统工程监理资质的企业 17 家，计算机信息系统集成项目经理 2 809 人，其中，高级项目经理 709 名；共有 9 家企业通过 ITSS 符合性评估。

软件产业成为新经济发展的催化剂，持续向服务化、网络化及平台化模式发展，软件技术成为支撑传统产业技术创新和商业模式创新的重要手段，并催生出一批新业态，显著提升了商务、金融、物流、旅游等现代服务业的水平。围绕智慧城市建设，建成了智能水网、智能电网、智能交通、数字教育工程、电子账单等一系列城市智能应用，改善了服务效率和市民体验。

软件对工业的促进作用持续加强。上海市工业软件在钢铁冶金领域强化既有优势、拓展业务空间，逐步形成自动化工程总包能力；在轨道交通领域发挥产业集聚优势、加快国产化进程，推进产业创新突破；在石化领域紧密结合应用需求、瞄准高端产品，形成生产过程三优技术（优化运行、优化控制、优化管理）的产业优势。

信息技术服务业保持高速增长。2014 年，上海市信息技术服务业共实现业务收入 1 720.2 亿元。其中，网络游戏经营收入 337.7 亿元，比上年同期增长 29.8%，产值约占全国市场份额的 1/3。上海市从事网络游戏运营研发的企业超过 300 家，从业人员约 6 万。从发展趋势看，客户端游戏增长逐步放缓，但依旧是网络游戏业的主要经营收入来源。同时，网页游戏、移动游戏高速增长，市场份额逐步增加。

互联网金融产业已经形成规模。金融资讯服务、第三方支付、网络融资中介服务、网上金融产品销售、互联网小贷等主要互联网金融业态均有不同程度发展。交通银行、浦发银行、国泰君安等有关金融机构也纷纷向互联网金融、移动金融领域拓展并取得初步成效。2014年，上海市互联网金融经营收入近260亿元，较上年同期增长30%，国内首家持牌互联网金融机构众安在线保险已落户上海。其中第三方支付收入近220亿元，比上年同期增长30%。国内第三方支付领域60%左右的业务量54家企业汇集上海。东方财富、诺亚财富等首批获得第三方基金销售牌照并开展网上销售；重点跟踪的21家网络信贷企业交易额达到331.97亿元，2014年，上海网络信贷交易额超过400亿元，平安陆金所、融道网、点融网等国内主要P2P网络融资中介平台均集聚上海。

网络视听优势资源不断汇集，吸引培育了天翼视讯、中移动咪咕视讯、聚力传媒（PPTV）、众源网络（PPS）、土豆网等领先企业和喜马拉雅、哔哩哔哩等高成长性企业。创新能力显著提升，聚焦内容制作、跨屏流通发布、高清播控等方向，涌现出一批对接市场多元化需求的创新产品。2014年，经营收入超过110亿元，较上年同期增长50%以上。增速远远超过全国网络视听产业和全市信息服务产业增速，占据全国市场约1/4份额。

互联网教育2014年新增企业60家，成为新兴热点产业，企业创新速度加快，新业态不断涌现，产业增长潜力巨大，产品覆盖互联网教育产业链各环节，包括教育平台、教育工具、内容提供、慕课（大规模网络开放课程，MOOC）、技术支撑5类，并初步形成了竞争力。

新兴产业脱颖而出。一是云计算。2014年上海市云计算继续快速增长。IaaS平台在规模和数量上有大幅提升，并且受到了资本市场的高度关注，优刻得等企业获得大额融资，显示出旺盛的市场生机；IaaS市场竞争者呈现出多样化竞争局面，IDC厂商、传统电信运营商以及IT厂商纷纷构建形成自己的生态系统；企业级SaaS服务和企业移动应用成为新亮点。基于移动互联网的ERP、CRM、OA等企业服务，以及在线会议视频、在线教育、网游、动漫、电商等SaaS服务发展迅速。二是大数据。上海市企业和研究机构率先发力大数据技术研究、产品研发与模式创新。华存数据、华院数据等一批企业在面向对象的数据库、分布式存储、分布式内存计算等大数据关键技术以及面向行业应用的数据模型等技术领域率先投入。聚胜万合、易传媒、分享传媒等互联网企业在基于互联网领域的大数据研究与商业模式创新处于国内领先水平，已经成长为行业龙头企业。银联商务、理想信息、万达等数据资源企业在金融、电信、市民服务领域建立行业大数据平台。三是移动互联网。通过融合商贸流通、金融、餐饮、汽车等优势行业基础，在移动旅游、移动餐饮、移动娱乐、移动生活等方面居于国内领先位置，汇集一批全国领先的第三方支付平台、一批与国际接轨的数字内容提供平台、一批代表新兴互联网业态的O2O服务平台，形成具有上海特色的移动互联网的产业集群。

【统计数据】

表1　2012~2014年上海市电子信息制造业基本情况

项目名称	单位	2012年	2013年	2014年
工业总产值（现行价）	万元	67 911 404	64 863 502	62 523 360
工业销售产值	万元	66 729 014	63 874 274	62 390 199
出口交货值	万元	46 535 282	44 052 261	44 297 086
主营业务收入	万元	68 910 829	65 605 155	66 914 880
税金总额	万元	335 408	350 748	369 710
利润总额	万元	1 623 746	1 816 698	2 128 098
从业人员年末人数	人	582 788	580 420	518 122

表 2 2012~2014 年上海市主要电子信息产品产量情况

产品名称	单位	2012 年	2013 年	2014 年
集成电路	万块	1 602 978	1 613 762	2 233 261

注：表 1~表 2 数据来源于上海市统计局。

表 3 2012~2014 年上海市软件产业基本情况

项目名称	单位	2012 年	2013 年	2014 年
软件业务收入	万元	20 862 403	25 088 773	28 993 538
软件业务出口收入	万美元	269 932	342 167	384 987
软件产品销售收入	万元	6 527 646	8 580 141	9 954 801
利润总额	万元	3 280 615	3 821 805	4 102 118
从业人员年末人数	人	319 627	338 202	372 250
从业人员工资总额	万元	4 404 085	4 462 732	5 898 272

注：数据来源于上海市经济和信息化委员会。

[供稿：上海市经济和信息化委员会]

江 苏 省

【综述】

2014年，江苏省电子信息产业实现销售收入 35 627 亿元，增长 9.0%。其中，电子信息产品制造业实现产品销售收入 29 188 亿元，增长 6.4%；软件产业完成业务收入 6 439 亿元，增长 24.4%。

电子信息产品制造业

2014 年，江苏省电子信息产品制造业规模以上企业达 5 106 家。其中，国有企业 7 家，集体企业 25 家，股份合作企业 6 家，股份制企业 2 871 家，其他内资企业 137 家，三资企业 2 060 家。江苏省电子信息产品制造业发展基本情况如下：

一是产业规模进一步扩大。2014 年，全省电子信息产品制造业实现主营业务收入 29 188 亿元，同比增长 6.4%；规模以上企业 5 106 家，比上年同期增加 10 家；资产总计 18 959 亿元，同比增长 8.2%；全行业实现利税 2 211 亿元，同比增长 20.3%，增速比上年提高 7.2 个百分点。

二是投资规模居全国前列。近年来，江苏省新型显示、集成电路、半导体照明以及光纤光缆等战略性新兴产业领域保持较高的投资强度，投资增速小幅回升，投资规模持续全国领先。2014 年，全行业固定资产投资2 345.7 亿元，同比增长 5.6%，增速比上年同期提高 3.9 个百分点，占全国的比重达 19.4%，占东部地区投资总量的 41.8%。

三是行业效益大幅提高。2014 年，受电子元件、器件、信息化学品制造等行业利税大幅反弹的拉动，全行业利税和利润增速双双突破 20%。其中，全行业利润增速达到 24.8%，比上年同期大幅提高 14.3 个百分点；全行业亏损面持续降低为 17.9%，比上年同期降低 2.1 个百分点；亏损企业亏损总额同比下降 15%；行业平均利润率有所提高，从上年的4.5%提高到5.3%。

四是区域发展北快南慢。2014年，苏北地区共实现主营业务收入3 219.7亿元，同比增长27.7%，比上年同期提高9.6个百分点，占全省产业比重由上年的9.1%提高至11%。苏中地区共实现主营业务收入5 388.4亿元，同比增长14.8%，增速比上年同期回落5.7个百分点，占全省产业比重由上年的17%提高至18.5%。苏南地区增速继续放缓，共实现主营业务收入20 579.9亿元，同比增长1.8%，增幅回落1.9个百分点，占全省产业比重由上年的73.9%下降至70.5%。

五是出口降幅略有收窄。2014年，受计算机制造出口下滑等因素影响，全行业共实现出口交货值12 679亿元，同比下降1.2%，比上年同期下降0.4个百分点；全行业出口依存度为43.0%，比上年同期下降1.6个百分点；实现内销产值为16 819亿元，同比增长13.1%，占行业比重达57%，比上年同期提高2.6个百分点。

六是内资占比持续提高。近年来，省内产业重点地区加大了对本土骨干企业的扶持力度，企业实力和自主创新能力进一步提高，涌现出一批拥有较强核心竞争力的内资骨干企业。同时，国内消费能力不断提高，消费市场不断细分，也极大地带动了内资企业的发展。2014年，全行业内资企业发展表现好于三资企业，实现产值11 221亿元，同比增长12.4%，对全行业增长的贡献率达68.6%，占产业比重为37.3%，比上年同期提高2.2个百分点；三资企业实现产值18 870亿元，同比增长3.1%，其中，港澳台资企业、外资企业分别增长10.0%和0.4%。

软件和信息服务业

2014年，江苏省软件和信息服务业整体呈现平稳增长态势，收入增速比上年同期有所放缓，但基本保持在20%~25%之间，产业结构进一步调整，新业务新业态快速增长。全省软件和信息服务业发展基本情况如下：

一是软件业务收入增长保持在20%~25%区间内。2014年1~12月快报数据显示，江苏省软件和信息服务业实现软件业务收入6 439亿元（年报数据为6 173亿元），同比增长24.4%，增速比上年下降2.8个百分点。但是连续四个季度保持在20%~25%区间内，增速分别为24.7%、22.2%、21%、24.4%，呈现平稳增长态势。实现利润742亿元，同比增长35.6%，高于收入增长11.2个百分点。实现软件业务出口127亿美元，同比增长25.4%，一至四季度增速分别是13.1%、28.1%、16.3%、25.4%，增速时高时低，波动比较大。

二是嵌入式系统软件比重继续提高。1~12月，从软件业务收入六大类型来看，软件开发收入实现1 765亿元，同比增长13.7%，占全业务比重为27.4%，同比下降0.7个百分点；信息系统集成服务、信息技术咨询服务、数据处理和运营服务3项信息服务类收入分别完成1 058亿元、440亿元和683亿元，合计2 181亿元，同比增长21.6%，占全业务比重为33.9%，同比下降0.7个百分点；嵌入式系统软件收入实现2 229亿元，同比增长37.9%，增速高于同行业平均水平13.5个百分点，占全业务比重为34.6%，同比提高1.8个百分点；IC设计收入实现265亿元，同比增长22.8%，占全业务比重为4.1%，同比下降0.4个百分点。

三是苏中地区软件产业发展增速加快。从各市快报数据来看，1~12月，南通、泰州、扬州等苏中3个市完成软件业务收入合计190亿元，同比增长52%，增速高于全省平均水平27.6个百分点，在全省所占比重为2.9%；南京、苏州、无锡、常州、镇江、昆山等苏南6市完成软件业务收入合计6 193亿元，同比增长24.7%，增速高于全省平均水平0.3个百分点，在全省所占比重为94.7%；徐州、连云港、淮安、盐城、宿迁等苏北5市完成软件业务收入合计156.5亿元，同比增长17.9%，在全省所占比重为2.4%。从以上数据可以看出，苏南软件产业集聚明显，苏中地区增速最快。

四是重点软件企业培育取得新突破。近年来，江苏省全力推进软件产业发展的同时，加大重点软件企业的培育工作。2014年，江苏省新认定软件企业797家，增长21.14%；申报认定的省规划布局内重点软件企业98家，其中，规模型36家，出口型4家，潜力型61家。入榜“省重点企业”中有17家是国家规划布局内重点软件企业。另外，2014年，全省一批骨干企业登陆资本市场。据了解，南京市有6家经认定的软件企业登陆新三板，分别是南京芒冠光电科技股份有限公司、南京奥派信息产业股份公司、南京腾楷网络股份有限公司、南京华苏科技股份有限公司、江苏艾倍科科技股份有限公司、南京光辉互动网络科技股份有限公司。它们在各自领域以登陆新三板为契机，加快自身发展。瑞翼信息、迈科网络、瀚远科技、凌志软件4家软件企业成功挂牌新三板，盈联智能被香港上市公司成功收购，同程网获得腾讯、博裕、元禾三家机构 5 亿元投资，旭创科技获得谷歌资本与光速安振中国创业投资 3 800 万美元投融资，一方面体现资本市场看好江苏省软件企业的发展前景，另一方面也有利于助推软件企业实现几何级增长。

五是软件业新服务新业态呈现快速发展态势。1~12 月，全省云计算业务收入 1 247 亿元，同比增长 50.2%，高于全省软件业平均增速 25.8 个百分点。说明云计算作为软件业新业态之一呈现加快发展态势。新业态项目成为各地招商引资重点，2014 年，全省各地在招商引资上注重软件产业新业态项目的引进，以促进当地软件业的发展。2014 年，南京市共有 5 个与新业态相关的项目落地：4 月，南京市首个视听产业基地项目落户浦口、中国移动 IDC 数据中心项目正式落户南京软件园西区；6 月，南京市政府与京东集团就开展电子商务运营中心等达成协议、阿里巴巴菜鸟网打造的中国智能骨干网（南京·空港）项目落户江宁区；9 月，南京大数据产业基地在软件谷正式授牌。2014 年 5 月，中电智云华东大数据及高科技数据产业园项目正式签约落户连云港开发区，提升了该开发区软件园产业层次，促进了该园区产业提档升级。2014 年 7 月，扬州市政府与省电信公司就合作共建“中国·扬州云计算中心”举行签约仪式，项目建成后，将主要为国内知名互联网企业提供数据储存和应用服务。

六是园区建设从“科技地产”走向“科技孵化器”。近年来，各级软件园区更加注重园区的产业孵化功能，推动园区从“科技地产”走向“科技孵化器”。2014 年，相关园区推出各自举措：中国（南京）软件谷建“高成长种子库”，该园区每年选出 10 家左右高成长性本土企业，将其纳入该园区的“种子库”，对这些种子企业，软件谷给予全方位的政策引导、资源倾斜，量身定制服务事项；针对有些共性问题，软件谷内安排各种专业机构对接，免除企业的后顾之忧。江苏软件园于 2014 年 7 月成立中国首个移动互联网青年创新创业孵化基地，基地以公益性、专业性为主要特征，致力于成为开展培训认证、赛事活动、就业实践、精品运营、风投撮合等一站式服务的就业创业帮扶平台；与南京工业职业技术学院合作，致力于科技成果孵化、人才培养、项目申报、成果转化投融资 4 个方面合作，共创合作新模式。无锡软件园于 2014 年 8 月建立中国（无锡）大学生服务外包创新创业基地，无锡市区两级共配套 500 万元创业基金，并吸纳社会资金 3 000 万元，扶持大学生服务外包创业项目。南京软件园在西区特建孵鹰大厦，大厦集孵化器、加速器、中试用房为一体，加快该园区产业孵化集聚。苏州国际科技园成功引入 11 家孵化器，优秀项目被引入孵化器孵化，创客邦孵化器已入驻团队 16 个，苏大天宫孵化器已入驻团队 11 个，CICI 城市信息云平台梦工场已入驻团队 8 个，蒲公英孵化器已入驻团队 6 个，这些项目和团队的引进为苏州国际科技园引爆新的产业增长点。

信息基础设施建设

一是提前完成全省信息基础设施“十二五”投资建设任务。按照省政府“十项重点、百项指标”要求，充分发挥省信息基础设施建设联席会议办公室的职能作用，加强工作组织协调、督查考核和奖励激励，推动省电信、广电网络运营商加大建设投入。2014 年，全省完成信息基础设施建设投资 432 亿元，“十二五”以来累计投资达到 1 620 亿元，提前一年超额完成“十二五”建设 1 350 亿元投资目标。广电网络和电信运营商年度采购江苏产品和服务金额 454 亿元，“十二五”累计采购额达到 2 016 亿元，已完成“十二五”采购计划的 90.4%。截至 2014 年年底，全省宽带用户达到 2 000 万户，家庭宽带普及率超过 73%，其中 FTTH 用户数达到 800 万户；移动电话用户数达到 8 700 万户，普及率为 109 部/百人，其中 3G/4G 用户数达到 4 500 万户。南京、苏州、镇江、昆山 4 市入选 2014 年度宽带中国示范城市。组织认定全省信息基础设施建设试点示范工程项目 42 个。江苏省信息化发展指数跃居全国各省区第 2 位，网络就绪度指数位居全国第 1 位。

二是启动 5 年信息基础设施建设顶层设计工作。牵头拟制完成省政府与中国电信、移动、联通、铁塔集团公司 2015~2019 年战略合作协议文本，协助省政府办公厅落实协议签署工作。2014 年 11 月，省政府与四家电信集团公司签署战略合作协议。协议明确 5 年投资 1 750 亿元加强江苏省信息基础设施建设、采购江苏省信息技术产品和服务超过 2 600 亿元，分别比上一轮合作增长 30%、46%。负责拟制《省政府关于推进信息基础设施建设（2015~2019 年）的实施意见》，为未来五年全省信息基础设施建设工作谋篇布局。总结“十二五”以来全省信息基础设施建设成果，启动《江苏“十三五”信息基础设施建设规划研究》课题，为编制《江苏省“十三五”信息基础设施建设专项规划》做好准备。

三是信息基础设施统筹规划布局与集约化建设取得新进展。牵头拟制并推动省政府出台《关于大力实施“宽带中国”战略加快提升全省宽带发展水平的意见》（苏政发［2014］50号），将编制信息基础设施空间布局规划列入各市2014年度任务，召开2014年全省信息基础设施建设工作会议，组织指导各市全面开展规划编制工作。无锡市已正式发布信息基础设施空间布局规划，苏州、常州、泰州、宿迁、连云港、淮安等市也完成主城区、新城区和产业园区的空间布局规划，并已经开始推广常州、淮安、南京等市集约化建设先进模式。

四是加快江苏省无线城市建设模式的探索。发布全省免费Wi-Fi城市群建设实施意见，组织省内信息服务企业、电信运营商，借鉴互联网思维，鼓励和引导多方资源进入，促进商业模式创新、服务品质提升和信息安全保障，与电信运营商签署战略合作协议，对南京、无锡、常州、扬州等市及省市电信、移动公司的免费Wi-Fi项目予以支持，全省免费Wi-Fi城市群建设进展顺利，为实现2015年全省省辖市城区主要公共场所免费Wi-Fi全覆盖的目标奠定了扎实基础。

三网融合试点工作　组织完成国家三网融合第二批试点工作。组织完成第二批试点城市双向业务进入许可的报批工作，组织开展全省三网融合安全检查，组织认定14个省三网融合业务创新基地和试点示范园区，三网融合业务进一步在全省推广，其中IPTV用户数达到530万，继续保持全国第一。基本完成各省辖市三网融合云媒体电视对接上线。

信息技术应用

两化融合　新认定省级两化融合示范区7家、试验区16家，配合工业和信息化部完成国家区域两化融合发展水平评估工作，江苏省两化融合发展水平总指数为92.17，连续3年位居全国第1位。同时，进一步完善江苏省区域两化融合发展水平评估指标体系，组织开展评估工作，发布全省两化融合发展水平评估报告。

推进产品装备、生产过程智能化、企业管理现代化转型升级。拟定《信息化与工业化融合——江苏省转型升级示范企业标准》，大力实施重点装备产品智能化、生产过程智能化和企业管理现代化提升工程。引导和支持传统产品向数控产品转型、数控产品向智能产品转型；引导和支持传统生产过程向自动化生产过程转型、自动化生产过程向智能化生产过程转型；引导和支持重点企业完成企业信息化管理系统的高度集成，延伸和拓展对企业管理亟需解决的、以提高企业管理绩效为目标个性应用模块，推动基于消费需求动态感知的研发、制造和产业组织方式变革，形成个性化定制的生产新模式。2014年，共认定57家两化融合示范转型升级示范企业，试点企业523家。

贯彻管理体系标准，推动两化融合规范化。根据工业和信息化部制定下发的企业两化融合管理体系标准，积极组织和引导企业参加国家第一批企业两化融合贯标试点企业和服务机构申报，经工业和信息化部认定，江苏省有59家企业（全国共502家企业）入选第一批企业两化融合贯标试点企业，入选数量全国第一。通过贯标评定的企业32家（全国200家），通过率全国第一。

引导互联网融合创新，推动企业向高端攀升。充分发挥江苏省互联网产业的优势，重点建设在个性化定制、众包以及移动O2O三个方面积聚产业资源较好的平台。2014年，江苏洋河酒厂股份有限公司的个性化定制营销平台以及苏宁云商集团打造的基于移动端产品、终端Wi-Fi、家庭互联网的社交营销——苏宁云信列入工业和信息化部互联网融合创新重点项目。

信息资源开发利用　推动“智慧江苏”门户平台创新发展，推进平台开发合作经营和混合所有制改造，为成立股份制公司牵线搭桥，推广O2O服务模式。截至2014年年底，已汇聚社会信息资源500多项，接入智慧应用112项，注册用户1 080万，月活跃用户430万，点击量超11亿次，信息消费额超过1.8亿元。

信息安全　一是加强全省信息安全工作统筹协调。印发《2014年全省网络与信息安全工作要点》，明确重点工作及任务分解，进一步促进形成多部门的工作合力。印发《关于切实做好2014年重要时期全省信息安全保障工作的通知》，有效指导各地各部门做好重要时期的保障工作。针对信息安全检查、信息安全事件处置等全省性管理工作，充分发挥牵头协调作用，组织各职能部门共同研究制定工作方案、共同组织实施。

二是有效保障全省重要信息系统安全平稳运行。深入开展信息安全检查。修订检查指标体系，积极适应信息安全形势发展的需要；进一步量化指标项，提升可操作性和可比性；强化检查动员和培训，检查结果更加符合工作实际；加强检查结果的统计、分析并总结上报，为领导和上级部门决策提供依据。加强政务网站日常监测处置。充分发挥省级政务网站及重要信息系统安全监测预警平台、攻防实验室作用，加大在线监测频度，并加强成员单位间的信息交流、沟通，较好实现了全省党政机关重要网站安全隐患和安全问题的及时发现。全年进行外部安全测试 518 站次，发现存在严重或较严重安全隐患 28 站次，发现 5 075 个安全漏洞；制发事件通报 186 份；指导各地各部门处置网站安全事件 492 起。加强特殊时期的应急保障。加强对全省各地特殊时期信息安全应急管理工作部署，全力保障“两节”、“两会”、青奥会等重要敏感时期的信息安全，分析可能风险、排查存在隐患、提供检测服务、指导建立应急机制。

三是夯实提升信息安全保障服务能力。提升灾备中心服务能力。落实省灾备中心运维原厂服务保障，省灾备中心日常安全运维有序开展，灾备系统运行情况总体良好。完成省灾备中心介质备份服务基础设施及相关管理制度建设，基本具备了向省级机关重要信息系统提供同城介质备份服务的条件。提升监测预警平台能力。实现暗链的及时发现功能，平台预警监测服务水平进一步提高。启动应急指挥平台建设。完成方案制定、公开招投标、实施方案论证、系统软硬件配备、应用开发等，目前平台已完成上线调试并投入试运行。加强信息安全风险评估机构的引导与管理。开展风险评估市场情况的调研、分析，加强对备案机构开展信息安全风险评估工作的引导，完成对备案机构资质的审核。

四是创新工控系统信息安全管理工作思路和方法。根据国家加强工控系统信息安全管理的要求，在全国率先开展工控领域的信息安全管理工作试点，探索工控领域信息安全管理标准规范建设，在印发全省《关于加强工控系统信息安全管理实施办法》的工作基础上，出台《工控系统信息安全保护基本要求》地方标准，并开展工业控制系统信息安全管理监督检查实施规范研究。

五是营造信息安全发展良好环境。大力开展信息安全宣传普及。围绕社会信息安全知识普及教育、专业人才选拔培养、技术防护能力提升等内容，以“共建网络安全、共享网络文明”为主题，联合省有关部门举办江苏省第二届网络与信息安全宣传周系列活动。成功举办第三届信息安全技能竞赛、网络安全专家讲座、信息安全产业发展论坛、人才见面会和第七届信息安全高层论坛等活动，受到社会的广泛参与和积极评价，对帮助公众更好地了解、感知身边的网络安全风险、提高网络安全防范意识和技能、强化专业人才队伍建设起到了有力推动作用。扎实开展信息安全员人才培训。组织实施并指导各地开展党政机关信息安全员培训，累计发放培训合格人员上岗证 2 461 张，全省信息安全管理队伍能力与水平得到进一步提升。服务信息安全产业发展。编制年度信息安全产业发展报告，组织省内信息安全企业参加软博会，指导产业联盟服务企业，举办信息安全产学研交流对接会，努力搭建业界专家、高等院校、科研院所与企业用户的沟通桥梁，积极促进产用对接，推动信息安全产业加快提档升级。

【统计数据】

表 1　2014 年江苏省电子信息制造业企业构成情况

企业类别	企业数（家）	企业类别	企业数（家）
国有企业	7	股份制企业	2 871
集体企业	25	其他内资企业	137
股份合作企业	6	三资企业	2 060

表 2　2012~2014 年江苏省电子信息制造业基本情况

项目名称	单位	2012 年	2013 年	2014 年
工业总产值（现行价）	万元	263 246 232	283 611 235	300 907 221
工业销售产值	万元	257 907 957	277 800 783	294 981 386
出口交货值	万元	126 046 732	123 976 973	126 790 378
流动资产平均余额	万元	96 923 000	106 111 000	115 886 300
资产总计	万元	158 690 200	174 576 700	189 594 300
负债合计	万元	88 993 800	96 452 200	101 242 800
产品销售收入	万元	255 350 000	275 103 000	294 123 300
税金总额	万元	4 956 200	5 949 700	6 901 600
利润总额	万元	11 605 100	12 409 200	15 555 400
从业人员年末人数	人	2 568 600	2 527 400	2 548 700

表 3　2012~2014 年江苏省电子信息制造业三资企业基本情况

项目名称	单位	2012 年	2013 年	2014 年
工业总产值（现行价）	万元	178 221 941	184 102 783	188 697 446
工业销售产值	万元	174 483 541	1 804 356 573	184 963 935
流动资产平均余额	万元	60 687 000	63 819 200	67 703 600
资产总计	万元	100 837 700	105 250 100	110 096 200
负债总计	万元	55 791 200	56 984 400	57 791 100
产品销售收入	万元	173 112 200	179 188 300	184 600 500
税金总额	万元	2 129 500	2 366 100	2 721 000
利润总额	万元	6 166 400	6 217 100	8 149 600

表 4　2012~2014 年江苏省电子信息制造业主要经济效益指标完成情况

项目名称	单位	2012 年	2013 年	2014 年
流动资产周转率	次	2.6	2.6	2.5
产品销售率	%	98.0	98.0	97.7
总资产贡献率	%	11.6	11.5	11.8
资产负债率	%	56.1	55.2	53.4

表 5　2012~2014 年江苏省电子信息制造业三资企业主要经济效益指标完成情况

项目名称	单位	2012 年	2013 年	2014 年
流动资产周转率	次	2.9	2.8	2.7
产品销售率	%	97.9	98.0	98.0
总资产贡献率	%	9.1	8.9	9.8
资产负债率	%	55.3	54.1	52.5

表 6　2012~2014 年江苏省主要电子信息产品产量情况

产品名称	单位	2012 年	2013 年	2014 年
个人计算机	万部	8 862	7 521	6 708
其中：笔记本电脑	万部	7 487	6 832	6 139
彩色电视机	万台	1 432	1 059	1 522
集成电路	亿块	293	286	328
光缆	万芯千米	6 271	9 733	12 814
半导体分立器件	亿只	1 498	1 507	1 707

表 7　2014 年江苏省软件产业人员构成情况

企业类别	企业数（家）	年末从业人员总数（人）	人员构成			
			管理人员（人）	在总人数中所占比例（%）	软件开发研究人员（人）	在总人数中所占比例（%）
内资企业	4 610	740 698	72 176	9.7	173 027	23.4
国有企业	92	76 742	9 900	12.9	19 236	25.1
集体企业	2	96	15	15.6	36	37.5
股份合作企业	40	5 700	382	6.7	2 515	44.1
联营企业	10	469	45	9.6	127	27.1
国有联营企业	5	304	25	8.2	40	13.2
集体联营企业	2	62	5	8.1	11	17.7
国有与集体联营企业	1	26	4	15.4	22	84.6
其他联营企业	2	77	11	14.3	54	70.1
有限责任公司	1 517	312 303	32 045	10.3	72 331	23.2
国有独资公司	11	2 262	281	12.4	472	20.9
其他有限责任公司	1 506	310 041	31 764	10.2	71 859	23.2
股份有限公司	367	175 600	11 976	6.8	24 070	13.7

续表

企业类别	企业数（家）	年末从业人员总数（人）	人员构成			
			管理人员（人）	在总人数中所占比例（%）	软件开发研究人员（人）	在总人数中所占比例（%）
私营企业	2 537	164 176	16 591	10.1	52 673	32.1
其他内资企业	45	5 612	1 222	21.8	2 039	36.3
港、澳、台商投资企业	184	119 902	22 804	19.0	16 637	13.9
合资经营企业（港、澳、台资）	51	11 467	956	8.3	6 096	53.2
合作经营企业（港、澳、台资）	6	5 563	237	4.3	226	4.1
港、澳、台商独资经营企业	122	101 869	21 145	20.8	10 149	10.0
港、澳、台商投资股份有限公司	5	1 003	466	46.5	166	16.6
外商投资企业	518	189 349	23 859	12.6	38 409	20.3
中外合资经营企业	96	20 135	2 811	14.0	9 747	48.4
中外合作经营企业	11	1 856	117	6.3	522	28.1
外资企业	404	157 595	20 733	13.2	26 516	16.8
外商投资股份有限公司	7	9 763	198	2.0	1 624	16.6

表 8　2014 年江苏省软件产业基本情况

项目名称	单位	2014 年	项目名称	单位	2014 年
软件业务收入	万元	61 725 909	负债合计	万元	38 599 318
软件业务出口收入	万美元	789 764	税金总额	万元	1 212 829
软件产品销售收入	万元	16 518 426	利润总额	万元	5 142 062
流动资产平均余额	万元	31 611 969	应交所得税	万元	640 764
固定资产投资额	万元	2 530 486	从业人员年末人数	人	1 049 949
资产总计	万元	79 732 374	从业人员工资总额	万元	9 934 578

表 9　2014 年江苏省软件产业三资企业基本情况

项目名称	单位	2014 年	项目名称	单位	2014 年
软件业务收入	万元	22 051 349	流动资产平均余额	万元	6 752 077
软件业务出口收入	万美元	692 145	固定资产投资额	万元	237 241
软件产品销售收入	万元	3 103 262			

注：表 1~表 9 数据来源于江苏省统计局。

[撰稿：李雨斐　审稿：龚怀进]

浙　江　省

【综述】

2014年，浙江省电子信息产业继续保持稳步增长态势，总量规模继续扩大。电子信息产业增加值占全省GDP的比重为6.33%，比上年提高0.43个百分点，已成为浙江省的先导产业、基础产业和支柱产业。

2014年，全省电子信息产业拥有规模以上企业4 964家，从业人员达到103.8万人，年末资产总额9 886.6亿元；全行业实现主营业务收入12 651亿元，比上年增长13.1%；实现利税总额1 397亿元，增长17.9%，其中，利润总额1 028亿元，增长17.4%；完成出口交货值2 482亿元，增长6.8%，电子信息产业综合实力不断提高。

加快推进信息经济发展，深入推进信息化和工业化深度融合，加快智慧城市建设示范试点，全省信息化水平得到全面提升。根据中国电子信息产业发展研究院发布的评估报告，2014年浙江省信息化发展指数达到84.8，居全国第3位；两化融合水平大幅提升，发展指数达到86.26，从2012年全国第7位提升到2014年全国第3位。

电子信息制造业

2014年，浙江省电子信息行业经济运行总体呈现“高开稳走向好”态势，生产、效益、创新等指标均好于全省规模以上工业，新一代信息技术产业引领增长，龙头企业带动突出，创新驱动成效显著，经济增长内生动力进一步增强。

生产平稳增长　2014年，全省规模以上电子信息制造业生产同比增长8.2%，比全省规模以上工业增速提高1.3个百分点，总体上呈平稳增长态势。从行业分类看，40个子行业中有13个子行业生产增速高于行业水平，其中，通信设备、广播发射设备、音响设备、光纤光缆、光伏设备及器件和电子信息材料等行业生产明显较快，增速均在15%以上，分别增长21.1%、18.1%、15.9%、29.7%、23.9%和15.6%。从企业类型看，国有企业和有限责任公司增加值分别同比增长17.4%和25.9%，明显高于全行业增幅水平；集体企业和港澳台投资企业增长下滑；小型企业活力增强，增长16.9%，分别高出大型、中型企业12.7和11.4个百分点。

出口逆势回升、内销仍占主导　2014年，全省规模以上电子信息制造业完成出口交货值1 774.8亿元，同比增长4.7%，增速比前三季度提高0.2个百分点，通信系统设备、计算机应用产品、广播发射电视、光纤光缆和锂离子电池出口分别增长35.1%、25.1%、20.9%、21%和57.5%，均高出行业平均水平。内销仍占主导，增长稳中有进。2014年，全省规模以上电子信息制造业完成内销产值4 097.5亿元，同比增长7.3%，内销占比达69.8%，内销对全行业增长贡献率达到76.4%，拉动全行业增长4.9个百分点。尽管出口持续回升，但内销仍是增长的主动力。

质量效益向好　2014年，浙江省规模以上电子信息制造业实现利税572.9亿元、利润409.5亿元，分别同比增长11.2%和10.9%，明显高出全省规模以上工业6和5.8个百分点，尤其利润增速是全省工业的2.14倍，利润占全省规模以上工业利润比重达11.6%，对全省工业利润增长贡献率达22.4%，拉动规模以上工业增长1.14个百分点。全行业主营业务收入利润率达6.96%，高出全国电子信息行业和全省规模以上工业2.56和1.36个百分点；人均创利税增长12.9%，高于规模以上工业3.9个百分点。企业亏损明显改善，企业亏损面为14.6%，比全国低2.2个百分点；亏损额同比下降19.2%，亏损企业数比年初减少了564家。

新一代信息技术引领增长　2014年，新一代信息技术产业增加值同比增长11.5%，高出战略性新兴产业增幅2.9个百分点，主营业务收入、利润分别增长14.3%和14.7%，高出战略性新兴产业8.9和5.4个百分点。利润增长贡献提升，对当前全省战略性新兴产业利润增长的贡献率达24.2%，通信、计算机及网络设备、物联网、视频监控、集成电路、新型元器件等行业增长加快。

软件和信息技术服务业

2014 年，浙江省软件产业发展势头良好，收入、结构、效益和出口实现协同增长，产业规模迅速扩大，产业结构不断优化，经济效益持续攀升，新业务新业态不断涌现，产业综合竞争力不断增强。2014 年，浙江省软件产业实现软件业务收入 2 437.6 亿元，同比增长 28.4%。杭州市实现软件业务收入 2 072.9 亿元，同比增长 28.6%，占全国软件收入规模（3.7 万亿元）的 5.6%。软件出口增长加快，全省完成软件出口 25.2 亿美元，同比增长 46.4%，高出全国软件行业平均水平 30.9 个百分点。盈利水平领先全国，全省软件产业实现利税 826.6 亿元，同比增长 27.9%，其中，利润总额 698.6 亿元，同比增长 27.5%。行业盈利水平提升明显，软件产业销售利润率达 28.7%，高出全国软件行业平均 15.4 个百分点。浙江省软件收入占全国的 6.6%，实现利润却占全国的 14.5%，行业贡献突出。

2014 年，全省认定软件企业 282 家，累计认定企业 2 480 家；完成软件产品登记 3 739 件，累计登记软件产品 20 394 件；通过计算机信息系统集成资质认证企业 316 家，其中一级、二级资质认证企业 46 家，居全国第 3 位。入选国家规划布局内重点软件企业有 26 家（全国第 4 位）。天猫、淘宝、恒生电子、网易网络、中控科技、信雅达、快威等一批行业龙头企业带动性突出，综合实力明显提升。积极贯彻落实国家支持软件产业发展的政策措施，2014 年，全省软件产业享受优惠政策已退税款 52.1 亿元，增强了软件企业发展后劲。推动支持杭州市创建“中国软件名城”工作，2014 年 4 月，工业和信息化部正式授予杭州市“中国软件名城”称号。引导、支持省内有条件的地区加强软件园区、信息外包服务基地、电子商务服务基地、动漫游戏产业基地、数字内容服务基地、呼叫中心等产业集聚区建设。

科技进步与应用

新品产出增势良好 2014 年，全省规模以上电子信息制造业完成新产品产值 2 901.7 亿元，同比增长 22.2%，占全省规模以上工业新品产值的 14.9%。新品产值率屡创新高，2014 年达 47.7%，高出全省规模以上工业新产品产值率 18.5 个百分点。2014 年，涉及电子信息领域的 24 项新产品被认定为省级优秀工业新产品，占到全省的 1/4 左右，电子信息制造业已成为浙江省工业创新的高产区。

创新投入持续加大 近年来，全省电子信息行业科技活动经费支出占销售收入比重逐年提高，2014 年行业科技活动经费支出占主营业务收入的比重达 2.83%，高出全省规模以上企业 1.5 个百分点。2014 年电子信息制造业完成科技活动经费支出 166.5 亿元，占全省规模以上工业的比重达 21%，同比增长 11.1%，高出同期主营业务收入增速 6.2 个百分点。软件信息技术服务、计算机通信行业的企业研发费用加计扣除总额位居全省各行业首位，研发投入力度明显高于传统产业。

创新驱动发展取得初步成效 创新发展获得新突破，注重企业创新，近年来信息技术领域专利申请年均增长 20%以上，2014 年，全省 3 项发明专利获中国专利优秀奖，其中杭州华三通信技术有限公司、矽力杰半导体技术（杭州）有限公司 2 项发明专利获中国专利优秀奖。全省电子信息行业共有 7 个团队被确定为首批浙江领军型创新创业团队，占到全省一半。银江股份有限公司、超威电源有限公司 2 家企业被新认定国家级企业技术中心，浙江大华技术股份有限公司被新认定国家技术创新示范企业，创新成效明显。

信息产业基地建设

继续加大推进电子信息产业基地（园区）发展，产业集聚发展趋势更加明显。2014 年着力推进专用电子产业基地创建工作，启动温岭市、嘉兴南湖区、金华高新区 3 个专用电子示范基地和新松工业机器人智能装备、中科领航汽车电子、嘉蓝海洋及船舶装备电子等第二批 3 家省级重点企业研究院的建设工作，不断提高装备数字化、智能化、网络化程度，提高生产效率和产品附加值。大力推进国家数字家庭应用示范产业基地、舟山海洋电子信息产业基地及省内电子信息产业相关基地（园区）的建设，大力培育宽带移动通信、数字音视频、集成电路与传感器、物联网与下一代互联网、云计算与高端服务器、新型电子元器件及材料，以及各类应用电子等产业集聚发展。2014 年，全省形成通信和计算机网络、软件与信息服务业、通信电缆及光缆、电子信息机电和电子元器件及材料等超千亿产业集群 5 个，分别实现主营业务收入1 507 亿元、2 437 亿元、1 066 亿元、

1 165 亿元和 1 971 亿元，促进了电子信息产业集群发展。

杭州高新区、未来科技城、西湖区转塘科技园、宁波国家高新区等抢抓机遇，以“政府主导、名企引领”的创新模式，打造“创业生态系统”，大力推进信息经济发展，取得明显成效。以网络信息技术为重点的杭州高新（滨江）区已成为浙江省信息产业的集聚区和信息经济应用的先行区。信息软件、电子商务、物联网、数字安防、集成电路等重点产业经济总量增幅均保持在 20%以上。西湖区发力信息经济，打造中国首个云计算产业生态小镇。各园区从搭建发展平台入手，积极做好国内外信息经济龙头企业的招引工作。发挥阿里巴巴等互联网龙头企业的“引力”，吸引国内知名互联网企业投资杭州。目前腾讯已在西湖区西溪谷创建腾讯创业基地，百度在西湖区设立首家分公司——百度百付宝杭州分公司，京东则宣布投资 13 亿元在富阳开建电商产业园。另外，国家级的钱江传感谷、智慧健康谷等相继落户杭州钱江开发区和萧山经济技术开发区。嘉兴、桐乡乌镇以举办世界互联网大会为契机，积极推进互联网产业基地创建，打造乌镇“互联网小镇”。一批互联网创业小镇、基金小镇、云计算小镇正在各地兴起。

龙头企业培育

深入实施三名工程，积极培育龙头企业，龙头企业引领增长。2014 年，全省电子信息制造业 30 强企业实现主营业务收入 1 669 亿元，利润总额 184.8 亿元，分别增长 20.9%和 20.7%，占全省规模以上电子信息制造业的 28.4%和 45.1%；软件十强企业实现软件业务收入 1 013.9 亿元，利润总 512.2 亿元，分别同比增长 31.7%和 30%，其收入和利润分别占全省软件行业的 41.6%和 73.3%。以移动通信、计算机、数字安防、电子商务、云计算、大数据等新一代信息技术为主的龙头骨干企业增长势头良好。着力培育电子行业超百亿企业，2014 年全省百亿企业达到 8 家，比上年新增 2 家，富通集团有限公司、宁波群志光电有限公司、杭州海康威视数字技术股份有限公司、杭州华三通信技术有限公司、浙江富春江通信集团有限公司、浙江天猫技术有限公司、淘宝（中国）软件有限公司和支付宝（中国）网络技术有限公司 8 家企业主营收入超百亿元，富通集团有限公司首次突破 200 亿元。2014 年，全省电子信息行业收入超亿元的企业达 352 家，收入超 10 亿元的企业达 87 家，超 50 亿元的企业达 19 家。全省入围第 28 届全国电子信息百强企业有 13 家（入围家数居全国第 3 位），第 13 届全国软件百强企业 9 家（入围家数居全国第 3 位），第 27 届全国电子元件百强企业 23 家（入围家数居全国第 2 位）。

信息基础设施建设

信息基础设施不断优化升级。大力推进宽带普及提速、光纤到户、无线城市、4G 网络、广电“一省一网”整合等信息基础设施演进升级，网络覆盖和保障能力不断提升，各项指标处于全国前列。截至 2014 年 12 月，全省固定电话用户 1 642 万户，普及率达 29.9 线/百人；移动电话数用户 7 371 万户，普及率达 134.1 部/百人，固定、移动电话普及率分别居全国第 3 位、第 4 位；全省互联网用户达 6 341 万户，累计建设 3G、4G 基站约 15.4 万个，TD-LTE 已完成全省商用覆盖，建成并开放 i-Zhejiang 免费 Wi-Fi 热点约 10 万个。全省城域网出口宽带达 11 939Gbps，固定宽带端口平均速率达 8.04Mbps，分别较上年增长 3 617Gbps 和 3.04Mbps。全省有线电视城镇联网率和行政村通达率实现全覆盖，有线电视用户达 1 465 万户，广播电视有线网络“一省一网”整合发展基本完成，杭州市、宁波市三网融合试点工作积极推进，建成省“三网融合”IPTV 集成播控平台，并与省电信传输系统实现对接。

信息技术应用

两化深度融合　两化深度融合不断深入，综合水平位居全国前列。围绕“两化深度融合国家示范区”建设，加快传统产业信息技术应用。2014 年 4 月，浙江省政府制定出台《关于建设信息化和工业化深度融合国家示范区的实施意见》（浙政发［2014］18 号），确定 2014~2017 年全省两化深度融合工作的总体要求、发展目标和重点任务。

一是抓区域两化深度融合。全省启动 18 个两化深度融合示范试点区域建设，实施示范试点项目 865 多项，总投资达 426 亿元。20 个工业强县全部制定了两化深度融合实施方案，确定杭州滨江区等 10 个为第一批两化深度融合综合性示范区域，确定台州温岭市等 3 个县（市、区）为首批装备电子（软件）产业基地，确定富阳市等 5 个县（市、区）为首批绿色安全制造信息化示范区，依托示范区建设加快皮革、印染、造纸、蓄电池、化工等易污染产业转型，工业企业智能制造水平不断提高。大力推进以“机器换人”为核心的两化深度融合，2014 年，全省规模以上企业实施 500 万元以上“机器换人”项目近 6 000 项，完成技术改造投资 5 419.6 亿元，万元工业增加值用工人数下降 8.6%，全省工业机器人的使用量占全国的 15%，居全国第 1 位。

二是抓企业两化深度融合。围绕工业设计数字化、装备产品智能化、生产过程自动化、经营管理现代化、营销体系网络化五大重点领域，分类推进传统行业、产业集群、重点骨干企业三个层次的两化深度融合，企业信息化应用水平明显提高。全省重点企业信息化规划普及率 55.04%，ERP 普及率 57.69%，MES 应用率 25.81%，销售电子商务应用率 16.85%，装备数控化率 35.67%。实施“百千万”智能化新产品开发计划（全省每年开发出 100 套成台智能化装备、1 000 台智能单机装备、10 000 种智能化新产品），推动工业产品的智能化。

三是抓两化融合第三方服务。发布 2014 年全省首批 16 家两化深度融合第三方服务机构，其中 4 家企业获得国家级的两化融合管理体系贯标咨询服务资质，全年为工业企业信息化规划咨询、企业机器换人、机联网工程实施等完成合同额超过 110 亿元，咨询服务量同比增长 35%。积极培育工业信息工程公司，其中 12 家工业信息工程公司争创省级重点企业研究院，围绕轻工、纺织、医化、电子等行业需求，提供“机器换人”和“云网端”一体化的智慧工厂解决方案。18 个两化融合国家示范区域也同步加强第三方服务体系建设，培育了 40 家两化融合第三方服务机构。

四是抓宣传培训推广工作。全面组织实施两化深度融合“千人”培训计划，全省共培训两化融合和企业经营管理人员 21 万人次左右。与省委组织部联合举办全省领导干部两化深度融合专题培训班。开展两化深度融合服务年活动，以两化深度融合示范试验区为重点，举办上百场专项服务活动。

智慧城市建设　一是加快推进智慧城市建设示范试点工程。2014 年，围绕智慧健康、智慧安居、智慧高速等 20 个智慧城市示范试点项目，按照“一揽子”解决方案，开发云、管、端一体化的专项业务操作系统，应用的智慧化程度和实效不断提高。通过三年来的示范建设，省智慧高速、省智慧能源监测、省电动汽车充换电服务网络、杭州智慧城管，宁波智慧健康、智慧物流，嘉兴智慧电网，绍兴智慧安居和衢州智慧环保项目 9 个项目进展很快，取得较好应用成效。

二是以智慧城市建设为导向，发展智慧产业。引进和培育一批网络技术骨干企业，中国电信、中国移动、航天科工、中电科技、思科、IBM 等相关产业和研究机构纷纷落地浙江，推进滨江高新国家示范区集聚形成智慧产业基地，带动不同行业智慧产业的发展。深化推进智慧城市大型软件（操作系统）领域的产业技术创新综合试点，抓好已经部署的 14 家智慧城市领域企业研究院建设。培育发展云工程和云服务产业，出台全国第一个省级层面培育云工程与云服务产业的意见（浙政办发［2014］67 号），培育创建 10 家云工程与云服务重点企业研究院。

三是加快智慧城市标准化建设。制定《浙江省智慧城市标准化建设五年行动计划（2014~2018 年）》，形成智慧城标准体系总体框架，初步建立以智慧城市相关国家标准、行业标准为主体，地方标准为补充的标准体系，明确了 5 年内要推进的 16 项标准化重大工程。

信息安全与社会信息化　信息安全保障体系逐步完善。全省信息安全组织责任体系、信息安全“136”保障工程和省市县三级网络与信息安全工作联络体系建设加快推进。信息安全标准体系建设不断完善，参与国家云计算信息安全保障标准制定。信息安全等级保护和个人信息安全测评等工作全面推进，全省发行电子数字证书超过 74 万张，2014 年完成 17 家单位、28 个信息系统的等级评审，开展首批 11 地市数据集中单位个人信息安全检查。网络与信息安全考核体系不断健全，将各市、县（区）的信息安全组织建设、安全预案、互联网接入口、安全事件等工作，纳入“平安浙江”考核体系。强化监测和执法力度，完成高考等重大活动的信息安全保障工作。

全省已建成统一的电子政务网络，省市县三级政府网站开通率达 100%，网站群访问总人数达 1.8 亿人次，日均访问达 48.5 万人次，分别较上年增加 0.5 亿和 12 万人次，电子政务在改善公共服务、加强社会管理、强化综合监管、完善宏观调控等方面发挥了积极作用。企业基础信息库应用取得新成绩，人口基础信息资源共建共享工程正式启动，全省农村信息化示范试点工程、教育信息化建设工程、文化共享工程及金盾、金审、金税、金质等重点信息化工程扎实推进。

热点

一是电子商务成为全省经济增长的新引擎。杭州市、宁波市被列为国家首批跨境电子商务试点。全国约有 85%的网络零售、70%的跨境电商交易和 60%的企业间电商交易依托浙江省电商平台完成。全省销售超亿元的网络零售企业达 100 余家，网盛生意宝、5173 等知名企业在同行业领先，阿里巴巴已成为中国最大、全球第二的网络公司。网络消费已成为全省居民日常消费的重要渠道，2014 年全省实现网络零售额 5 641.6 亿元，同比增长 47.6%，继续保持快速增长势头。农村电子商务领跑全国，极大地促进了全省县域经济的快速发展，据阿里研究院发布的数据显示，全国电子商务百强县中浙江省占 49 席，全国 211 个淘宝村中浙江省占 62 席，均位居全国第一。

二是物联网呈现快速发展的良好势头。形成了以杭州市为核心，宁波、嘉兴和温州等市为重点的“一核多星”产业布局，建立了一条从上游关键控制芯片设计研发，到传感器和终端设备制造，再到下游物联网系统集成及相关运营业务的较为完整的产业链体系，数字安防已成为中国三大安防产业集群之首。培育了多家国家级技术创新平台和高技术服务产业基地，在射频识别、无线传感器网络、物联网系统集成等方面掌握了一批核心技术。全省拥有物联网产业相关上市公司 20 余家，主营业务收入超亿元的企业 50 多家，杭州海康威视数字技术股份有限公司、中控科技集团有限公司、三维通信股份有限公司、银江股份有限公司等企业在业内已形成较强竞争优势。

三是云计算及大数据产业基础坚实。杭州市于 2010 年被国家发展和改革委员会、工业和信息化部确定为全国云计算服务创新发展试点城市。阿里云的电子商务云开放平台和华数传媒的媒体云综合运营系统被列为国家云计算应用示范项目。众多行业软件领军企业在云计算及大数据处理领域打下了扎实的基础，并逐步推出相应的服务产品，如：财税领域的税友软件集团股份有限公司，证券金融领域的恒生电子股份有限公司、浙江核新同花顺网络信息股份有限公司，数字监控领域的杭州海康威视数字技术股份有限公司、浙江大华技术股份有限公司、浙江宇视科技有限公司，网络存储方面的华三通信技术有限公司等处于全国领先水平。

四是互联网金融创新发展。支付宝、余额宝、阿里小微贷、众安在线等互联网金融产品快速发展，为解决电子商务交易过程中的金融支付和小微企业融资难等问题提供了解决方案。支付宝已成为国内第三方支付的领导者，自 2013 年 6 月上线至 2014 年 9 月底，余额宝规模达到 5 349 亿元，用户数达到 1.49 亿，累计为用户创造的收益超过 200 亿元，平均为每位用户赚 133 元。阿里小微贷累计投放贷款超过 1 700 亿元，服务小微企业超过 70 万家，不良率小于 1%。杭州市成为互联网金融创新发展“高地”，“挖财”、“51 信用卡”、“铜板街”、“盈盈理财”等理财 App 多为“杭州制造”。温州金融改革试点和首批 2 家民营银行试点，也将为浙江省互联网金融加快发展拓展空间。

五是智慧物流市场巨大。全省交通基础设施建设水平和运输能力位居全国前列，物流配送快速发展，众多中外快递企业总部或转运中心落户杭州。物流服务体系和公共信息平台建设加快，“传化公路港”运行模式全国领先，“英特物流”等一批专业物流企业迅速发展，全省共有 A 级以上物流企业 400 家，占全国的 15.8%，居全国第 1 位。2014 年，全省规模以上快递服务企业业务量累计完成 24.57 亿件，同比增长 73.1%，日均约 682.6 万件；业务收入累计完成 274.4 亿元，同比增长 52.7%，继续呈快速增长势头。

六是数字内容产业资源丰富。华数传媒拥有丰富的网络资源、内容资源和应用资源，构建了“数字电视、数字化内容与应用服务、宽带通信、新业态电视传媒”等产业集群，新媒体服务深入电信、移动、联通三大通信运营商，覆盖全国近 30 个省的广电网络，以及全国数千万台互联网电视终端，并已建成全国最大的数字节目内容库，位居全国数字化媒体第一阵营。中国移动、中国电信在杭州市率先启动手机阅读基地建设，面向全国推广各类手机阅读业务。中国移动手机阅读累计覆盖 3.5 亿人，手机报付费用户超过 3 700 万人，成为数字阅读消费用户规模和消费金额最大的平台。

七是信息消费活力不断激发，成为经济重要的增长点。组织实施《关于促进信息消费扩大内需的实施意见》等政策意见，努力扩大信息消费，积极推进信息惠民，着力培育新的经济增长点。杭州市、宁波市、金华市（义乌）、嘉兴市被入选全国首批信息消费试点城市，杭州市、宁波市、温州市、嘉兴市入选全国信息惠民试点城市，信息消费活力不断激发。2014 年，全省信息消费规模达 2 905.3 亿元，同比增长 21.1%，比全省经济增速高出 13.5 个百分点。

其他

产业合作交流 一是积极开展行业协会之间的产业合作、技术交流活动。做好美国华美半导体协会代表团来杭州、绍兴、宁波等地的考察交流活动，在集成电路、物联网、云计算、大数据等新一代信息技术领域开展合作交流。组织全省电子信息行业企业和市县管理部门参加工业和信息化部举办的第二届中国电子信息博览会。

二是成功举办世界互联网大会。专门举办“透过浙江看中国”信息经济发展论坛，全方位展示了浙江省发展信息经济的优势、成效与愿景，再造信息经济发展新热潮。积极借势加快谋划乌镇中国互联网产业基地创建方案，吸引国内外知名互联网企业来浙江省发展，目前，亚马逊、腾讯、百度、京东等企业均已在杭州市投资发展。

三是加强对已落地海归企业的引导帮助工作。重点关注杭州滨江区、未来科技城、西湖区转塘科技园、宁波国家高新区等海归 IT 创业企业的发展，帮助研发信息安全存储芯片的华澜微科技、TFT-LCD 平板显示真空镀膜设备的上方能源、WIFI 智能设备的康凯科技等企业加快落地、项目推进和市场推广等工作。

政策环境建设 一是积极贯彻落实国家集成电路产业发展推进纲要、光伏、手机及彩电行业品牌建设等产业政策，联合省财政厅修订发布《国家 01-04 科技重大专项资金配套管理办法（暂行)》，强化部省联合配套扶持机制，加强政策引导，支持企业开展关键核心技术、工艺和装备的研发，提升产业发展水平。

二是出台加快信息经济发展的政策意见。省政府制定出台《关于加快发展信息经济的指导意见》，成为全国首个省级层面提出发展信息经济的政策意见。编制《浙江省信息经济发展规划（2014~2020)》，明确全省信息经济发展的十大重点领域。2014 年，省政府专门设立信息经济创业投资基金，规模已达 50 亿元，省基金与嘉兴、台州、金华、余杭等地合作的 4 个规模均为 10 亿元的区域子基金已进入实质性运作阶段。

三是加强行业管理和服务。做好浙江省国家集成电路设计企业认定、年审工作、加强行业自主品牌培育，做好行业优势企业排序、百强企业推荐以及行业标准、质量等相关工作，不断提升行业服务水平。组织开展 2014 年度集成电路设计企业认定等审核工作。全省集成电路设计企业新认定 3 家、年审通过 17 家。组织开展全国第二、三批光伏制造行业规范条件企业申报审查工作，12 家企业通过认定，累计达 25 家（总数居全国第 3 位)。定期发布产业动态运行分析报告，完善产业预测预警机制。

四是加强政府资金引导，做好各类专项的组织申报工作，促进电子信息产业持续快速增长。积极组织企业申报国家重大科技专项、电子信息产业发展基金、平板显示和宽带网络设备研发及产业化、光伏重点项目等专项，积极争取国家支持，共上报 32 项，计划总投资 12.95 亿元。做好国家、省级各类专项资金下达工作，全年已获各类专项资金 13 880 万元。组织实施 2014 年省电子信息产业重点项目计划，共安排 205 项，涉及总投资 29.7 亿元。组织实施 2014 年省信息服务业专项，共安排 130 项，涉及补助资金 9 400 万元，用于扶持电子信息、软件及物联网、云计算、平板显示等产业的发展。

主要问题

一是特重大项目引进不足。2014 年全省电子信息行业完成固定资产投资 425.1 亿元，仅增长 2.3%，尤其是投资规模 10 亿元及以上的重特大项目意愿不强，影响力大、带动性强的龙头企业引进很少。

二是产业层次偏低，高端、核心、品牌整机类产品较少。浙江省电子信息行业带动性大、高附加值的系统整机类产品较少，软件产业则偏重行业应用软件。

三是地区发展不平衡。信息产业主要集中在杭州市、宁波市，两市占据了全省 2/3 的总量和软件产业的 95%，其余地市发展基础薄弱、规模偏小，没有形成全国有影响力的信息产业集聚中心。

【统计数据】

表 1 2014 年浙江省电子信息制造业重点企业人员构成情况

企业类别	企业数（家）	年末从业人员总数（人）	其中：研发人员（人）
内资企业	552	322 235	40 888
国有企业	8	2 476	243
国有独资公司	1	302	
股份合作企业	7	1 248	77
有限责任公司	279	173 337	21 905
股份有限公司	99	63 746	6 630
私营企业	152	76 577	11 638
其他内资企业	6	4 549	395
港、澳、台商投资企业	46	15 152	1 848
三资企业	84	32 554	2 160
合计	682	369 941	44 896

注：数据来源于浙江省经济和信息化委员会。

表 2 2012~2014 年浙江省电子信息制造业规模以上企业基本情况

项目名称	单位	2012 年	2013 年	2014 年
工业总产值（现行价）	万元	57 879 468	57 449 024	60 789 215
工业销售产值	万元	55 759 101	55 666 952	58 723 438
其中：出口交货值	万元	16 707 250	16 673 722	17 747 671
流动资产平均余额	万元	36 235 508	37 108 350	41 110 306
资产总计	万元	57 893 982	56 090 547	61 702 295
负债合计	万元	33 051 229	31 011 154	33 454 425
主营业务收入	万元	56 611 352	56 480 181	58 826 087
税金总额	万元	1 431 817	1 465 832	1 634 203
利润总额	万元	3 350 064	3 659 378	4 094 739
从业人员年末人数	人	821 096	729 607	747 752
从业人员工资总额	万元	3 511 918	3 651 683	4 246 760

表3　2012~2014年浙江省电子信息制造业规模以上企业三资企业基本情况

项目名称	单位	2012年	2013年	2014年
工业总产值（现行价）	万元	23 307 439	22 638 538	22 763 511
工业销售产值	万元	22 294 222	21 999 995	22 068 978
其中：出口交货值	万元	10 188 676	10 720 811	10 699 696
流动资产平均余额	万元	14 436 936	14 169 554	14 355 265
资产总计	万元	21 536 511	20 985 293	21 353 679
负债合计	万元	11 633 782	10 936 411	10 342 053
主营业务收入	万元	22 539 622	22 031 129	21 945 289
税金总额	万元	481 206	515 991	554 692
利润总额	万元	1 618 156	1 745 408	2 037 958
从业人员年末人数	人	313 912	277 754	268 937
从业人员工资总额	万元	1 471 350	1 690 021	1 692 354

表4　2012~2014年浙江省电子信息制造业规模以上企业主要经济效益指标完成情况

项目名称	单位	2012年	2013年	2014年
全员劳动生产率	元/人	119 132	133 131	151 587
流动资产周转率	%	156.2	152.2	143.1
产品销售率	%	96.3	96.9	96.6
总资产贡献率	%	10.3	10.1	10.7
资产保值增值率	%	109.8	101.0	111.8
资产负债率	%	57.1	55.3	54.2

表5　2012~2014年浙江省电子信息制造业规模以上企业三资企业主要经济效益指标完成情况

项目名称	单位	2012年	2013年	2014年
全员劳动生产率	元/人	125 622	139 054	157 828
流动资产周转率	%	156.1	155.5	152.9
产品销售率	%	95.7	97.2	96.9
总资产贡献率	%	11.3	11.2	13.4
资产保值增值率	%	110.1	101.5	112.8
资产负债率	%	54.1	52.1	48.4

注：表2~表5数据来源于浙江省统计局。

表 6　2012~2014 年浙江省主要电子信息产品产销量情况

产品名称	单位	产量			销量		
		2012 年	2013 年	2014 年	2012 年	2013 年	2014 年
移动通信手机	万部	1 735	4 510	4 148	1 714	4 447	4 201
程控交换机	万线	178	169	161	171	178	160
彩色电视机	万台	362	350	463.2	360	348	458.9
其中：液晶电视机	万台	360	346	449.8	257	347	445.7
液晶显示模组	万套	6 026	5 520	5 504	6 091	5 537	5 487
集成电路	亿块	20.9	24.1	31.8	21.2	23.7	27.5
半导体分立器件	亿只	438.8	368.7	554.9	425.3	358.8	559.7
电子元件类	亿只	502.1	492.2	341.9	496.8	484.2	339.3
笔记本电脑	万部	161	162.3	172.8	162	161.9	172.5

表 7　2012~2014 年浙江省三资企业主要电子信息产品产销量情况

产品名称	单位	产量			销量		
		2012 年	2013 年	2014 年	2012 年	2013 年	2014 年
移动通信手机	万部	253.1	1 376.2	495.4	240.9	1 391.9	501.5
笔记本电脑	万部	161	162	172.8	162	161	172.5
集成电路	亿块	8.4	3.8	4.3	8.5	3.7	3.7
半导体分立器件	亿只	175.5	147.5	221.9	170.1	143.5	223.9
电子元件类	亿只	200.8	130.0	90.3	198.7	125.2	89.6
液晶显示模组	万套	6 026	5 483	5 504	6 091	5 503	5 487

表 8　2014 年浙江省软件产业人员构成情况

企业类别	企业数（家）	年末从业人员总数（人）	人员构成			
			管理人员（人）	在总人数中所占比例（%）	软件开发研究人员（人）	在总人数中所占比例（%）
内资企业	1 591	259 643	28 783	11.1	77 045	29.7
国有企业	26	15 187	584	3.8	1 502	9.9
国有独资公司	6	2 807	203	7.2	717	25.5
集体企业	5	679	73	10.8	291	42.9
股份合作企业	5	202	20	9.9	74	36.6
联营企业	1	117	15	12.8		
有限责任公司	975	146 166	18 728	12.8	47 736	32.7

续表

企业类别	企业数（家）	年末从业人员总数（人）	人员构成			
			管理人员（人）	在总人数中所占比例（%）	软件开发研究人员（人）	在总人数中所占比例（%）
股份有限公司	134	63 108	5 937	9.4	18 471	29.3
私营企业	426	30 895	3 141	10.2	7 988	25.9
其他内资企业	13	482	82	17.0	266	55.2
港、澳、台商投资企业	56	23 412	4 879	20.8	8 626	36.8
三资企业	52	7 005	757	10.8	1 921	27.4
合计	1 699	290 060	34 419	11.9	87 592	30.2

表 9　2012~2014 年浙江省软件产业基本情况

项目名称	单位	2012 年	2013 年	2014 年
软件业务收入	万元	13 553 435	18 988 428	24 376 170
软件业务出口	万美元	115 231	171 779	251 577
流动资产平均余额	万元	11 845 473	15 819 253	24 065 530
固定资产投资额	万元	312 109	564 660	799 924
资产总计	万元	21 187 473	29 241 680	37 156 311
负债合计	万元	8 206 981	12 360 674	15 664 010
税金总额	万元	842 129	982 518	1 280 200
利润总额	万元	3 682 673	5 479 240	6 986 233
应交所得税	万元	332 712	304 343	733 977
从业人员年末人数	人	221 916	250 144	290 060
从业人员工资总额	万元	1 648 905	2 227 726	3 373 958

表 10　2012~2014 年浙江省软件产业三资企业基本情况

项目名称	单位	2012 年	2013 年	2014 年
软件业务收入	万元	4 864 936	4 331 225	5 697 640
软件业务出口	万美元	65 846	15 245	74 304
流动资产平均余额	万元	4 704 758	3 913 398	7 359 976
固定资产投资额	万元	96 529	155 318	313 180
资产总计	万元	6 649 907	6 192 565	9 148 805
负债合计	万元	2 589 789	2 648 354	2 798 410

续表

项目名称	单位	2012 年	2013 年	2014 年
税金总额	万元	307 200	316 781	252 677
利润总额	万元	2 304 066	2 733 693	3 451 570
应交所得税	万元	170 252	84 461	382 719
从业人员年末人数	人	52 024	41 354	30 417
从业人员工资总额	万元	613 925	470 997	502 762

表 11 2012~2014 年浙江省软件产业主要经济效益指标完成情况

项目名称	单位	2012 年	2013 年	2014 年
全员劳动生产率	元/人	289 651	374 728	415 149
流动资产周转率	%	114.4	120.0	130.4
销售利润率	%	27.2	28.9	21.4
总资产贡献率	%	21.7	26.1	22.6
资产保值增值率	%	141.5	130.0	127.3
资产负债率	%	38.7	42.3	42.2

表 12 2012~2014 年浙江省软件产业三资企业主要经济效益指标完成情况

项目名称	单位	2012 年	2013 年	2014 年
全员劳动生产率	元/人	619 384	693 713	925 348
流动资产周转率	%	103.4	110.7	101.1
销售利润率	%	47.4	63.1	60.6
总资产贡献率	%	39.2	47.6	48.3
资产保值增值率	%	190.6	212.6	174.3
资产负债率	%	38.9	42.8	30.6

注：表 6~表 12 数据来源于浙江省经济和信息化委员会。

[撰稿：郑闽红　审稿：姚建中]

安 徽 省

【综述】

2014 年，安徽省电子信息行业呈现“高位运行、强势突破、争先进位、龙头崛起、提质增效”的发展态势，电子信息产业成长为对全省工业增长和效益提升贡献率最大的行业。

电子信息制造业

主要经济指标快速增长 2014 年，电子信息制造业工业增加值对全省规模以上工业增长贡献率高达 13.8%，比上年提高 6.1 个百分点，居全省 40 个工业大类行业首位；完成销售产值 2 109.1 亿元，同比增长 43.9%，总量跃居全省八大战略性新兴产业第一，增速高出全国同行业平均水平 33.6 个百分点；主营业务收入跨上 2 000 亿元台阶，达到 2 056.7 亿元，增长 46.6%；实现利润 137 亿元，增长 32%，增长贡献率居全省各行业之首；实现税金总额 40.7 亿元，增长 7.6%，对全省工业经济效益支撑作用显著增强。

三驾马车协同发力 固定资产投资额居全国同行业前列，全年 500 万元以上项目累计完成固定资产投资 725.6 亿元，列全国同行业第 6 位。出口规模大幅走高，全年完成出口交货值 644.1 亿元，增长超过 1 倍，增幅居全国同行业第 2 位，联宝（合肥）电子科技有限公司晋升为全省最大进出口企业。消费电子蓬勃兴起，笔记本电脑产量跃入全国中部首位，全年累计生产 1 715.9 万台，增长 155.4%；黑电生产走出低谷，液晶电视产量突破 600 万台，12 月增速创出 49.1%新高，全年累计增长 7.4%；智能手环出货量突破百万枚，居国内同类产品首位。

高成长领域爆发式增长 新型显示产业持续快速成长，2014 年，全省液晶显示屏产量突破 5.2 亿片，带动显示器件行业产值增至 366.4 亿元，增速高达 45.8%。其中，合肥鑫晟光电科技有限公司 TFT-LCD8.5 代线建成投产，2014 年年底前顺利达到设计产能；合肥京东方光电科技有限公司 6 代线保持满产满销，成为国内运营情况最良好的一条高世代线；芜湖东旭光电科技有限公司、合肥彩虹蓝光科技有限公司共 7 条 6 代线液晶玻璃基板生产线实现投产，开始为合肥京东方光电科技有限公司等配套；合肥鑫晟光电科技有限公司、芜湖长信科技股份有限公司、安徽方兴科技股份有限公司等触摸屏、基板减薄项目进展顺利；合肥新站区国家级平板显示产业基地完成新型显示项目投资 152 亿元，逐步成长为国内面板产能居前、产品线最丰富、技术水平一流的产业集聚区。智能终端产业迅速发展壮大，2014 年，作为全省智能终端主导产业的计算机制造业实现产值 570 亿元，增长 234.7%，联宝（合肥）电子科技有限公司跃升合肥市最大工业企业，进出口额占全省 9%，整机产量翻番，还带动零部件配套行业增长 9 倍多，合肥经济技术开发区跃升为国内第三大笔记本电脑制造基地；智能穿戴产品销售收入突破亿元，安徽华米信息科技有限公司成功成为小米智能穿戴产业链核心企业；合肥宝龙达信息技术有限公司等一批智能手机项目建设正填补安徽省手机规模量产空白。

光伏骨干企业复苏 合肥阳光电源有限公司光伏逆变器全球年发货量达到 4.2GW，供应国家和地区增至 40 多个，国内市场占有率超过 30%，年产值与出口分别增长 70.1%、45.1%；合肥晶澳太阳能科技有限公司生产光伏电池组件 1.5GW，增长 181%，实现产值与收入同步翻番，均超过 50 亿元；通威太阳能（合肥）有限公司电池片产能已恢复至 1GW 水平，正积极开拓加拿大和美国市场。受骨干企业复苏拉动，2014 年，全省光伏设备及元器件行业实现产值 257 亿元，增长 66.3%。

集成电路发展加快 产业链高端的集成电路产业发展逐步加快，12 月增速达 43.9%，全年实现产值 57 亿元，以合肥市为中心聚焦发展效应初见成效，君正微处理芯片、杰发汽车电子、北方通用 MEMS 等一批项目正在加速实施。

区域发展亮点纷呈 合肥市成为全省首家电子信息

制造业年产值超过千亿城市，并以 62.4%的高增速领跑全省各市；芜湖市以 35 亿元产值、蚌埠市以 48.2%增长速度分列全省总量与增速第 2 位；各市电子信息制造业增长普遍高于同期工业增幅，其中淮北、阜阳、六安、亳州、池州、宣城等市电子信息制造业增速超过 20%。

软件服务业

产业规模实现新突破 2014 年，全省软件和信息技术服务业实现主营业务收入 226.2 亿元，增长 41%；年收入超亿元的软件企业突破 50 家，超 10 亿元企业达 3 家。

产业结构不断优化 2014 年，全省软件企业实现软件业务收入 145.3 亿元，增长 45.9%。其中，软件产品收入 82.8 亿元，增长 63.2%；信息技术服务收入 52.3 亿元，增长 24.2%；嵌入式系统软件收入 10.3 亿元，增长 53.7%。

聚集式发展态势明显 2014 年，合肥市软件企业完成主营业务收入 167.4 亿元，增长 21.3%；芜湖市 26.8 亿元，增长 570%；马鞍山市 8.2 亿元，增长 148%；铜陵市 5.9 亿元，增长 1.7%。合肥市、芜湖市、马鞍山市、铜陵市软件企业收入分别占全省软件产业总收入的 74%、11.8%、3.6%和 2.6%。全省软件产业呈现出以合肥市为中心，芜湖、马鞍山等市快速跟进发展格局。

重点企业实力增强 2014 年，全省亿元以上软件企业实现主营业务收入 167.4 亿元，占全行业总收入的 74%。安徽科大讯飞信息科技股份有限公司实现主营收入 17.8 亿元，增长 42.4%；安徽四创电子股份有限公司 16.9 亿元，增长 52.7%。安徽科大讯飞信息科技股份有限公司、安徽电力继远软件有限责任公司、科大国创软件股份有限公司被认定为“2013~2014 年度国家规划布局内重点软件企业”。

行业效益稳步提升 2014 年，全省软件服务业实现利润总额 34 亿元，增长 55.3%，营业利润率达 15%；实现税金总额 8.5 亿元，增长 30.8%；软件企业享受优惠政策退税 3.1 亿元，较上年增长 63.2%；享受出口退税 3 113 万元，较上年增长 78.1%。

动漫游戏软件增长迅猛 2014 年，网络游戏、手机游戏成为安徽省软件服务业的新增长点，安徽尚趣玩网络科技有限公司、安徽九娱网络科技有限公司、合肥完美世界网络技术有限公司、合肥乐堂动漫信息技术有限公司 4 家游戏软件企业完成主营业务收入 18.6 亿元，与上年同期相比增长 8 倍；实现利润 6.7 亿元，是上年同期的 70 倍。

产品进出口贸易

2014 年，全省电子信息制造业实现出口交货值 644.1 亿元，增长 124.9%。主要出口产品包括笔记本电脑、液晶显示屏、彩色电视机、汽车电子仪表、电容器用聚丙烯膜及电容器、导电膜玻璃、集成电路封装模具、覆铜箔积层板、永磁铁氧体、电阻器、稳压电源及电源变压器、遥控器、数据电缆及光纤等。实现软件业务出口 1.2 亿美元，增长 55.6%，其中，联发科技（合肥）有限公司、合肥美亚光电有限责任公司、合肥完美世界网络技术有限公司、合肥泰禾光电科技股份有限公司分别实现软件业务出口 3 180 万美元、2 030 万美元、1 858 万美元和 1 190 万美元，主要出口亚洲、欧美等国。

科技进步与应用

智能语音产业优势突出 以科大讯飞股份有限公司为龙头的智能语音技术在移动互联网、呼叫中心等领域应用全面展开，并不断向家居、汽车等领域渗透，科大讯飞语音云平台总下载量超过 8 亿次，用户数超过 5 亿人，第三方开发者和创业公司的应用项目超过 4.5 万个，全省智能语音产业总产值规模超过 70 亿元。

云计算领域开始布局 中国移动安徽数据中心一期工程正式动工，建成后将形成 1.5 万个机架的托管能力、超过 10 000Gbps 互联网出口带宽；占地 500 亩的宿州智慧云计算产业园首期 18 个项目已入驻；浪潮集团投资 1 亿元的浪潮（合肥）云计算中心已投入试运行，将形成存储量 1 000T 的数据支撑能力；科大国创软件股份有限公司规划面积 5.8 万平方米、8 000 台服务器的云计算研发中心即将开工建设。

信息基础设施建设

截至 2014 年年底，全省（固定）互联网宽带接入用户比上年末净增 82.8 万户，总数达到 725.4 万户。其中，4Mbps 以上用户 680.8 万户，占总用户数的 93.8%；8Mbps 以上用户 224.5 万户，占总用户数的 30.9%；20Mbps 以上用户 86.4 万户，占总用户数的 11.9%。全省家庭宽带接入用户比上年末净增 88.3 万户，总数达到 625.6 万户，FTTH/O 用户比上年末净增 134.4 万户，总数达到 313.2 万户。移动互联网用户比上年末净增 281.8 万户，总数达到 2 668.6 万户。互联网宽带接入端口比上年末增加688.2 万个，达到 1 650.3 万个。全省出口带宽达到229.8Gbps。

移动基站比上年末增加 3.9 万个，达到 11.3 万个，其中 4G 基站达到 3.1 万个，信号覆盖乡镇以上区域、交通干线和 3A 级以上旅游景点；3G 移动电话用户1 678.5 万户，其中 TD-SCDMA 用户达到 869.6 万户，4G 移动电话用户达到 235 万户。

全省长途光缆纤芯长度比上年末增加 6.1 万芯千米，达到 88.2 万芯千米；本地光缆纤芯长度比上年末增加 194.2 万芯千米，达到 1 455 万芯千米。

移动电话交换机容量达到 7 561.9 万户，短消息中心容量达到 2.9 亿条。固定电话交换机容量达到 723.1 万门。

信息技术应用

在 2014 年中国两化融合发展水平评估中，安徽省两化融合发展综合指数达到 76.95 分，名列全国第 9 位、中部第 1 位。其中，工业应用指数达到 85.04 分，居全国第 1 位。两化融合发展总指数和工业应用指数增幅双居全国第一。

两化融合管理体系贯标试点成效显著 经工业和信息化部评审和考核认定，安徽合力股份有限公司等 24 家企业入围 2014 年国家级贯标试点企业，合肥昊邦信息科技有限公司、安徽新世纪药业有限公司等 2 家企业入围工业和信息化部首批推荐的贯标咨询服务机构。最终有 14 家企业通过国家首批两化融合管理体系达标认证，通过数居全国第 4 位、中部第 1 位。

云计算政务公共平台建设和应用稳步推进 为促进互联互通和信息共享，推动电子政务向集约、高效、安全和服务方向发展，经工业和信息化部审批，安徽省及马鞍山市、池州市成为首批基于云计算的电子政务公共平台建设和应用试点省市。省级电子政务云平台建设应用工作组成立，负责指导全省电子政务云平台建设应用工作。

信息公开和诚信体系建设取得成效 2014 年，全省已公开项目信息和信用信息总数量 75 162 条，其中信用信息 13 096 条，不良信息 287 条，为净化工程领域市场环境、完善惩治和预防腐败体系建设、从源头上防范各类腐败现象的发生发挥积极作用。

其他

出台集成电路产业发展政策 2014 年，安徽省人民政府办公厅发布《关于加快集成电路产业发展的意见》(皖政办［2014］18 号)，制定提出安徽省发展集成电路产业的目标、原则、重点、主要任务和保障措施，着力推进以合肥市为中心、辐射皖江城市带、具有区域影响力的特色集成电路产业集聚区建设。

信息化立法工作取得进展 2014 年，《安徽省信息化条例》被列入省人大立法调研论证计划，在调研基础上已完成草案编制、条文释义、资料整理、政策汇编等相关基础性整理工作，并报送省人大财经委。

主要问题

一是技改投入趋缓。2014 年下半年起，受经济下行、融资增难、大项目竣工等影响，全行业技术改造投资开始出现负增长。

二是两端人才紧缺。集成电路、智能穿戴等高新产业加速萌芽发展，对硬件开发、软件设计等高端创新型人才需求旺盛，企业普遍反映高端技术人才招聘难问题，已一定程度影响产业发展；随着电子制造业规模的快速扩张，产线工人需求量大幅上升，用工供给出现明显不足，企业招工留人难问题较为严重。

三是软件产业总量较小。安徽省软件企业以中小规模居多，占全国软件业务收入的比重偏小，超过一半的软件企业年收入在 1 000 万元以下，缺乏带动力强的龙头企业。

【统计数据】

表 1　2014 年安徽省电子信息制造业人员构成情况

企业类别	企业数（家）	年末从业人员总数（人）	人员构成					
			工程技术人员（人）	在总人数中所占比例（%）	管理人员（人）	在总人数中所占比例（%）	研发人员（人）	技术工人（人）
内资企业	1 104	285 845	26 324	9.2	13 673	4.8	15 330	66 556
国有企业	30	8 947	1 254	14.0	817	9.1	1 045	3 782
集体企业	9	1 211	23	1.9	15	1.2	76	385
有限责任公司	475	108 556	10 248	9.4	5 742	5.3	6 129	26 471
股份有限公司	177	45 652	6 879	15.1	3 573	7.8	3 757	19 346
私营企业	374	75 462	6 944	9.2	2 570	3.4	2 869	12 392
其他内资企业	39	46 017	976	2.1	956	2.1	1 454	4 180
港、澳、台商投资企业	27	21 191	3 384	16.0	844	4.0	2 842	5 230
三资企业	36	18 953	1 637	8.6	562	3.0	497	2 160

表 2　2012~2014 年安徽省电子信息制造业基本情况

项目名称	单位	2012 年	2013 年	2014 年
工业总产值（现行价）	万元	14 147 568	18 114 384	23 022 605
工业销售产值	万元	13 699 428	14 812 894	21 090 746
出口交货值	万元	1 623 900	2 847 224	6 440 848
资产总计	万元	15 664 800	16 175 803	18 583 276
负债合计	万元	8 102 700	9 264 054	10 467 485
主营业务收入	万元	13 458 141	16 485 905	20 566 950
税金总额	万元	537 458	377 200	406 885
利润总额	万元	1 318 196	1 105 223	1 370 340
应交所得税	万元	127 519	64 106	77 172
从业人员年末人数	人	173 613	249 568	325 989

表 3　2012~2014 年安徽省电子信息制造业主要经济效益指标完成情况

项目名称	单位	2012 年	2013 年	2014 年
产品销售率	%	96.8	81.8	91.6
资产负债率	%	51.7	57.3	56.3

表 4　2012~2014 年安徽省主要电子信息产品产销量情况

产品名称	单位	产量			销量		
		2012 年	2013 年	2014 年	2012 年	2013 年	2014 年
彩色电视机	万台	610.5	561.8	602.23	610.5	561.8	602.23
微型计算机	部	3 393 618	6 717 762	17 158 900	3 393 618	6 701 571	17 158 900
液晶显示屏	万片	3 250	10 657	52 005	3 250	10 657	52 005

注：表 1~表 4 数据来源于安徽省统计局。

表 5　2014 年安徽省软件产业人员构成情况

企业类别	企业数（家）	年末从业人员总数（人）	人员构成			
			管理人员（人）	在总人数中所占比例（%）	软件开发研究人员（人）	在总人数中所占比例（%）
内资企业	418	33 199	4 273	12.9	13 231	39.9
国有企业	8	2 597	118	4.5	243	9.4
有限责任公司	179	11 742	1 596	13.6	5 058	43.1
股份有限公司	41	10 291	1 251	12.2	4 275	41.5
私营企业	188	8 250	1 287	15.6	3 586	43.5
其他内资企业	2	319	21	6.6	69	21.6
港、澳、台商投资企业	1	578	20	3.5	558	96.5
三资企业	11	2 068	235	11.4	1 712	82.8

表 6　2012~2014 年安徽省软件产业基本情况

项目名称	单位	2012 年	2013 年	2014 年
软件业务收入	万元	752 332	995 709	1 453 247
软件业务出口收入	万美元	5 055	7 396	11 512
软件产品销售收入	万元	382 069	507 062	827 590
流动资产平均余额	万元	1 146 212	1 257 741	1 898 580
固定资产投资额	万元	66 624	96 208	116 812
资产合计	万元	1 707 307	2 498 225	3 348 427
负债合计	万元	690 161	935 889	1 425 786
税金总额	万元	47 522	65 286	78 605
利润总额	万元	165 357	218 649	310 548
应交所得税	万元	20 896	23 050	31 790

续表

项目名称	单位	2012 年	2013 年	2014 年
从业人员年末人数	人	23 916	31 673	35 845
从业人员工资总额	万元	131 627	203 622	250 925

表 7 2012~2014 年安徽省软件产业主要经济效益指标完成情况

项目名称	单位	2012 年	2013 年	2014 年
资产负债率	%	40.4	37.5	42.6

注：表 5~表 7 数据来源于安徽省经济和信息化委员会。

[供稿：安徽省经济和信息化委员会]

福 建 省

【综述】

2014年，福建省电子信息产业实现销售收入 6 459 亿元，同比增长 12.9%。其中，电子信息制造业实现销售收入 4 943 亿元，同比增长 10.7%；完成出口交货值 2 067 亿元，同比增长 5.5%；宸鸿、戴尔、友达、捷联、华映、冠捷显示和达运精密 7 家企业年产值超百亿元，省电子信息集团、福大自动化和宏发电声 3 家企业入围第 28 届中国电子信息百强企业。全省软件和信息服务业实现销售收入 1 516 亿元，同比增长 20.3%；福大自动化、星网锐捷、新大陆、瑞芯微等 4 家企业进入中国软件业务收入前百强，19 家企业列入国家规划布局内重点软件企业和集成电路设计企业，全省上市软件企业有 18 家。

电子信息制造业

新型显示产业 2014 年，福建省生产液晶显示器 3 097 万台、液晶电视 1 471 万台、液晶显示模组 17 087 万套、液晶显示屏 12 330 万片，拥有宸鸿、友达、捷联、冠捷、华映、达运 6 家百亿企业，在液晶显示模组、触控模组和整机等产业链中下游产品规模继续位居全国前列。厦门天马微投资 70 亿元建设的国内首条、全球第二条 5.5 代 LTPS 及彩色滤光片生产线已实现量产；京东方投资 300 亿元新布局一条 8.5 代新型半导体显示器件生产线在福州市签约落地，项目预计 2017 年投产，设计产能 12 万张/月，将填补福建省高世代大尺寸面板生产空白；华映光电、捷联电子的触控屏生产线项目建成投产；万利达集团收购原厦华彩电生产线和相关业务，为产业发展增强了后劲。

计算机及网络通信产业 2014 年，福建省生产计算机 985 万台（其中，笔记本电脑 541 万台）。戴尔、万利达、星网锐捷、联迪商用、新大陆等公司适应市场变化，及时推出计算机、笔记本电脑、PAD、“易收银”YPOS 机、POS 终端、网络交换机等系列产品占领市场。联迪商用、新大陆和星网锐捷 3 家企业生产各类金融支付 POS 机 450 万台，市场占有率居全国第一。在移动通信产业领域，联想移动、万利达公司等积极开拓国内外智能手机市场，提高产品市场占有率，新大陆通信、神州电子等公司继续为广电户户通工程提供直播星终端产品，星网锐捷的网络通信产品发明专利量居全国同行第 22 位，公司生产的网络通信、交换机、K 米娱乐产品等市场占有率全国领先。

LED 产业 福建省形成涵盖衬底、外延、芯片、封装、应用产品等较为完整的产业链。鑫晶刚玉公司成功研发 150KG 和 220KG 级蓝宝石晶体，成为国内同行的技术领跑者，公司产品已成为华为、OPPO 和苹果等著名企业的合格供应商，开发晶照明公司的高亮度蓝光外延片项目顺利投产，三安光电在厦门市投资 100 亿元建设全省最大的外延片生产线、乾照光电的高亮度芯片、兆元光电的处延片等项目进展顺利，立达信、华联电子、德泓光电、强力巨彩等一批封装企业继续做大做强。

产业发展亮点 一是全省首条 12 英寸集成电路芯片生产线正式投建。《国家集成电路产业发展推进纲要》实施以来，中国集成电路产业迎来新一轮发展机遇。2014 年，厦门联芯 12 英寸芯片项目取得重大进展，目前项目正加紧投建，计划于 2016 年 9 月投产，改变了福建省没有高端集成电路生产线的历史；同时，厦门联芯项目也创下了台商单笔投资大陆最高金额的纪录，进一步密切了两岸产业合作，为集成电路产业全面深度对接奠定良好基础。

二是全省首条 8.5 代 TFT-LCD 面板生产线签约落地。京东方投资 300 亿元新布局一条 8.5 代新型半导体显示器件生产线在福州市签约落地，项目预计 2017 年投产，设计产能 12 万张/月，将填补福建省高世代大尺寸面板生产空白。

软件和信息服务业

2014 年，全省累计认定软件企业 1 343 家，累计登记软件产品 9 389 个，相关软件产品和应用在通信、金融、电力、医疗、银行业、工业控制、移动互联等领域具有一定的优势。2014 年，共有 8 家软件企业在香港联交所、新三板挂牌上市。

软件名城建设和园区基地的集聚效应凸显 福州、厦门两市的软件业务收入占全省的 83%，福州软件园已建成四期工程，入驻企业 436 家；厦门软件园三期已于 2013 年年底开园，共核准入园企业 341 家。

骨干企业竞争力持续较快提升 福大自动化、星网锐捷、新大陆、瑞芯微 4 家企业进入中国软件业务收入前百强，19 家企业列入国家规划布局内重点软件企业和集成电路设计企业。全省有 34 家软件企业的 39 项软件产品技术在相关细分领域位居全国第一乃至全球领先水平。

推动安全可靠工控系统产业发展 2014 年，编制印发《福建省安全可靠工业控制系统产业发展专项规划》，该规划在全国的高度布局安全可靠工业控制系统产业发展，得到工业和信息化部领导的高度评价。

动漫游戏跨越发展，品牌培育卓有成效 2014 年，全省动漫游戏总收入 170.3 亿元，同比增长 25%。其中，厦门市动漫游戏收入超过 80 亿元，增长速度超过 60%。2014 年，全省电视动画片产量为 34 部 14 814 分钟，从事动漫游戏相关业务的企业超过 400 家，从业人员超过 3 万人，全省共有 37 家动漫企业通过国家动漫企业认定。

信息基础设施建设

根据中国电子信息产业发展研究院发布的《2014 年中国信息化发展水平评估报告》显示，福建省信息化发展指数为 79.4，高于全国平均指数 66.56，居全国第 6 位，比上年上升 1 位，其中多项指标居全国前列，如宽带速率居第 3 位、政务应用指数居第 3 位、居民应用指数居第 3 位、网络就绪度居第 5 位、智能终端普及指数居第 5 位、宽带普及指数居第 5 位。两化融合发展水平居全国第 7 位，有 3 家企业被评为国家级两化深度融合示范企业。

带宽接入能力持续提升，城市地区 20Mbps 及以上接入带宽覆盖比超过 90%，商务楼宇通光纤率达 100%，建制村光纤通达率达 99%。4G 应用加快推广，建成基站超过 3 万个，4G 用户达 156 万户。互联网用户加速普及，用户数达 3 859 万户，新增 269 万户，其中移动互联网用户 2 956 万户，新增 218 万户，固定宽带用户 903 万户，互联网普及率 102.3%，4Mbps 及以上宽带用户占比 89.01%，信息通信业非话业务占比 63%，均居全国前列。三网融合加快推进，IPTV 用户超过 170 万户，广电双向网络覆盖用户超过 270 万户，高清电视用户 110 万户，互动电视用户 28 万户，广电宽带用户 20 万户，建成福建高清互动云电视平台一期工程。闽台通信基础设施加快建设，建成厦门-金门直达通信光缆、海峡光缆 1 号工程。

持续推进三网融合试点。一是部署落实国家试点工作要求。针对三网融合网络信息安全和文化安全，组织相关部门单位召开研讨会，配合国家三网办对厦门市相关工作进行检查和调研。二是加快试点城市引领示范。出台《福建省加快推进三网融合工作指导意见》，推动三网融合深入发展。厦门市着力网络基础设施共建共享，厦门电信、移动、联通、广电网络共同签订《加快三网融合促进信息消费战略协议》，推进电信与广电网络基础设施共建共享共维、城市通信管道管线统建共享。福州市加快推动 4G 网络建设，获批成为全国首批开展 TD-LTE/LTE FDD 混合组网试验的城市。三是推进业务双向进入创新。省广电网络集团联合新大陆、移动等单位，开发基于机顶盒的视频通话业务，已实现机顶盒之间以及与 4G 手机的视频通话功能；省广播影视集团已建成 IPTV 集成播控平台，与省电信、爱上电视传媒有限公司就平台链路连接开展合作，加快平台的投入使用。

信息技术应用

福建省自主创新水平不断提高，近 40 项信息产品在细分领域居全国乃至全球领先水平，如 91 手机助手是国内移动互联网领域首个用户数过亿的第三方应用平台、冠捷是全球智能电视领先生产商、福建上润的高精度压力传感器技术水平位居全球前三、福昕软件的电子文档 PDF 系列产品和瑞芯微的数字移动多媒体高端芯片市场占有率全球第二、美图秀秀软件在各大软件网站高居图片类榜首等。

电子商务　据不完全统计，2014 年，全省电子商务交易额 4 800 亿元，同比增长 46%。泉州、莆田获批第二批国家电子商务示范城市；福州市被列为全国电子商务与物流快递协同发展首批 5 个试点城市之一；福州市（含平潭县）获批设立海峡两岸电子商务经济合作试验区；全省 14 个市县入围中国电子商务百佳县，居全国第 4 位。

国家信息化试点　推动福州市、厦门市、泉州市、石狮市建设国家信息消费试点城市；福州市、厦门市被列为国家数字家庭产业应用示范基地；福州市、厦门市、泉州市、莆田市列入全国首批信息惠民试点城市；组织企业申报国家电子发展基金、物联网、国家倍增计划等项目，加快实施数字家庭应用示范工程、食品溯源、空气检测、车联网等信息消费项目的应用与研发。

信息消费　自 2013 年出台全国首份贯彻落实国务院促进信息消费意见的省级政府文件——《福建省人民政府关于促进信息消费扩大内需十二条措施的通知》后，福建省推进试点工作取得初步成效。福州市着力发展公共服务信息消费项目，在全国率先开通基于三维成像技术的旅游电子信息系统，实现全市 4A 级景区 3D 全景导览，建成“福州教育区域云学习中心”，推进“数字青少年宫活动室”在农村中心小学以上学校的全覆盖。厦门市推进信息消费体验，初步构建了“城市综合展示、企业市场运营、社区便民体验”三级架构的信息消费体验体系，建成“i 厦门”一站式惠民服务平台和“海峡两岸信息消费体验馆”。石狮市重点推进信息服务创新，实施“东方米兰”计划，加大投资和梯次推进甲骨文纺织服装创新发展云平台等信息服务项目，组织企业抱团发展电子商务。

数字家庭　一是制定支持政策，研究印发《关于加快数字家庭应用发展促进信息消费的指导意见》，在全国率先提出大力推广数字家庭“1+1”模式，即基于一个网关（或家庭控制中心）加一个基本应用的数字家庭户，启动建设国家电子发展基金项目“数字家庭产业集聚区 10 万用户级应用示范项目”。

二是在全国率先启动数字家庭体验活动，全省已建成数字家庭体验中心超过 40 个，覆盖 9 个设区市，体验中心成为福建省数字家庭企业的增长亮点，其中，由安明斯集团自筹建设的“数字生活体验馆”自 2014 年 5 月运行以来，实现合同签约数 8 000 多万元；厦门市开展数字家庭“7+1 专项行动”，建成由两岸共谋共建的“海峡两岸信息消费体验馆”。

物联网　一是搭建公共平台。筹建福建省物联网应用发展促进会，整合对接各行业应用物联网技术；建成闽藏物联网技术与应用对接平台，帮助物联网企业拓展市场；推动闽台物联网应用促进中心建设，为闽台物联网对接合作、技术交流、咨询培训提供综合服务。

二是举办对接活动。举办第三届海峡物联网产业博览会、以车联网和智能汽车为主题的物联网产业合作发展论坛、福州市开发区物联网协会与中国台湾亚太物联网协会对接会，促成有关企业与中国台湾博科信息、安康世界等企业达成智慧旅游和智能健康云等一批合作项目。

三是推动发展物联网智能应用集中区。武夷山已建成随身游平台、景区智能管理等 17 项服务产品；鼓楼区打造完成集“吃、行、游、购”于一体的津泰路智慧街区；马尾区正在争创国家新型工业化产业示范基地（物联网）；平潭县与航天神舟合作引入空间信息应用、云计算、大数据处理等方面的技术和资源。

四是持续拓展行业应用。在旅游行业，土楼实现基于 Wi-Fi 的手机自助游，马尾东江滨实现公园土壤实时监控和自动化灌溉，泉州景区全面推行二维码门票；在教育行业，省电信助力建设 2 100 多所“智慧校园”，与近 500 所学校开展“教育云”合作，福州市、漳州市部分中学试点“智慧课堂”，为师生提供全面智能的教学感知环境和综合信息服务；在交通行业，厦门市、漳州市、龙岩市实现公交卡互联互通，福州市、厦门市、漳州市等地全面实现掌上公交应用，厦门智能快件箱覆盖全市 200 个社区，有效弥补了快件投递“最后 100 米”难题；在医疗行业，省立医院、口腔医院、医科大学附属第一医院等开展“智慧医疗”试点，协和医院将 3D 和智能机器人技术应用于临床手术。

企业信息化 一是联合省电信和网龙公司，推进智慧企业建设和人才管理信息化提升工程，全省建设智慧企业超过 6.8 万家，人才管理信息化云服务应用企业超过 4.6 万家企业。

二是提升企业内部各环节全流程信息化水平。汽车、船舶等大型企业加速内部信息系统的集成互通，部分家电企业更是提出从订单到生产发货的全程自动化；一些乳品、茶叶、车载终端、金融支付终端等生产企业率先建立起产品溯源系统；大型食用菌生产企业逐步全面引进日本先进菌类生产和加工技术。

三是在泉州举办纺织服装智慧企业座谈会，为数十家工业企业提供信息化咨询服务。

网络安全 一是稳妥做好计算机信息系统集成资质和监理资质管理工作。确定省信息产业商会为集成资质和监理资质认定机构；实施行政监督管理，完成 65 家系统集成企业和 7 家监理单位的年度数据信息填报及检查工作。全省现有计算机信息系统集成资质企业 162 家，其中，一级 11 家，二级 21 家，三级 87 家，四级 43 家；信息系统工程监理资质单位 11 家，其中，乙级 1 家，丙级 7 家，丙级（暂定）3 家，总体水平位居全国前列。

二是加强安全可靠工控系统产业发展，研究提出《福建省安全可靠工业控制系统产业发展专项规划》、《关于促进安全可靠工业控制系统产业发展若干措施》(征求意见稿)。

两化融合 一抓部署，组织全省两化融合 2014 年专项行动，出台《福建省信息化和工业化融合 2014 年专项行动实施方案》；二抓项目，启动省级两化融合重点项目库建设工作，列入第一批的重点项目共计 581 项，总投资 1 065 亿元；三抓示范，开展省级两化融合示范企业发布工作，共发布第二批省级两化融合示范企业 73 家；四抓贯标，组织参加国家管理体系贯标试点工作，有 19 家重点企业入围国家两化融合管理体系贯标试点名单；五抓提升，组织开展整体性评估工作，针对机械、冶金、石化、建材、轻工、纺织、食品、医药、电子信息、电力等行业企业开展评估工作；六抓宣传，加强培训对接宣贯推广工作；七抓重点，开展工业重点领域装备智能化工作，出台《福建省“数控一代”装备创新工程行动方案》，实施“数控一代”装备创新工程；八抓支撑，争取国家系统集成核心能力提升专项。

智慧城市 2014 年 4 月，出台《关于数字福建智慧城市建设的指导意见》，提出到 2020 年，基本形成“基础设施更智能、公共服务更便捷、社会管理更精细、生态环境更宜居、产业体系更优化、发展机制更完善”的智慧化应用格局。南平市、莆田市、平潭县、福州市仓山区、泉州市台商投资区入选国家智慧城市建设试点，漳州市入选中欧绿色智慧城市试点。

主要问题

一是创新能力有待加强。随着经济和社会发展越来越依赖软件和信息系统，对软件的支撑服务要求也越来越高，提升福建省软件企业的创新驱动、可持续发展能力迫在眉睫。

二是人才问题仍较突出。高层次的专业技术人才、领军人物、行业带头人比较缺乏，高素质的技能型人才严重不足，高校人才培养的质量与企业实际需求存在较大差距，跨学科的复合型人才少，同时，区域间、企业间人才竞争激烈，人员流动性大，流向珠三角、长三角区域的优秀人才增多。承接高端集成电路制造工艺、高世代面板生产技术的人才队伍有待培育。

三是融资信贷渠道缺乏。由于产业的特殊性，中小软件企业无法提供相应的固定资产进行抵押，融资信贷在实际操作过程中存在很大困难。融资难、贷款成本高已严重制约了福建省中小软件企业的发展壮大。

四是传统优势企业发展放缓。由于计算机、液晶显示产品等市场需求趋于饱和，且产品单价不断下降，部分龙头企业增长乏力。

五是围绕集成电路、面板等重大项目的产业集聚尚未形成。

【统计数据】

表 1　2012~2014 年福建省电子信息制造业基本情况

项目名称	单位	2012 年	2013 年	2014 年
工业总产值（现行价）	万元	39 021 300	44 628 387	49 428 501
工业销售产值	万元	38 160 000	41 250 960	47 724 074
出口交货值	万元	21 293 000	22 378 943	20 670 000
流动资产平均余额	万元	13 591 000	14 691 871	12 602 300
资产总计	万元	15 271 500	15 939 349	27 317 600
负债合计	万元	9 449 500	954 854	15 170 200
主营业务收入	万元	38 160 000	41 250 960	39 595 300
税金总额	万元	353 610	372 550	666 700
利润总额	万元	1 571 900	1 342 147	1 998 400
从业人员年末人数	人	373 100	394 600	392 100

表 2　2012~2014 年福建省电子信息制造业主要经济效益指标完成情况

项目名称	单位	2012 年	2013 年	2014 年
全员劳动生产率	元/人	130 860	136 586	126 064
流动资产周转率	%	2.6	2.69	2.37
产品销售率	%	98.2	98.1	96.6
资产保值增值率	%	105.8	102	112
资产负债率	%	61.9	59.9	57

表 3　2012~2014 年福建省主要电子信息产品产量情况

项目名称	单位	2012 年	2013 年	2014 年
微型计算机	万台	929	1 285	985
其中：笔记本电脑	万台	543	855	541
手机	万部	2 968	3 661.8	1 278
平板显示器	万台	2 999	2 810.3	3 097
彩色电视机	万台	953	891	1 475
锂离子电池	万只	20 712	20 959	41 927

注：表 1~表 3 数据来源于福建省统计局。

[供稿：福建省经济和信息化委员会]

江 西 省

【综述】

2014年，江西省电子信息产业保持平稳较快增长，效益规模稳步提升，三大主导产业发展势头良好，产业集群和省级产业基地聚集效应持续增强，重点企业拉动力不断增强。

电子信息制造业

2014 年，江西省电子信息制造业实现主营业务收入 1 138.4 亿元，同比增长 13.8%（江西省电子信息制造业统计口径不含光伏、锂电产业，以下同），高于全省工业增速 0.8 个百分点；实现利税总额 101.8 亿元，同比增长 22.7%，高出工业增速 8.3 个百分点（按工业和信息化部电子信息制造业统计年报制度统计）。2014 年，江西省电子信息制造业特点如下：

一是各地区发展势头良好。在全省电子信息制造业过千亿的大目标引领下，各地掀起了电子信息产业发展热潮。2014 年，11 个设区市中有 5 个主营业务收入增速在 20%以上，吉安、赣州等产业基础较好、基数较大的设区市继续保持两位数“2 字头”的增速；宜春、抚州等原电子信息制造业基础较为薄弱的设区市产业规模增速迅猛。

二是三大主导产业保持较快增长。面对全国经济总量增速放缓、外销市场不畅、综合经营成本上升等不利因素，江西省半导体照明、通信和数字视听三大主导产业仍取得较好的增长。2014 年，江西半导体照明产业规模以上企业实现主营业务收入 185 亿元，同比增长 20.3%；完成利税 15.7 亿元，同比增长 22.1%。1~12 月，全省通信产业生产企业实现主营业务收入 410 亿元、利税 29.6 亿元，同比分别增长 32.9%和 21.4%。1~12 月，数字视听产业完成主营业务收入 234 亿元，同比增长 18.1%；实现利税 19.6 亿元，同比增长 14.5%。

三是产业集聚（基地）增速领跑，地位和作用凸显。江西省电子信息制造业已初步形成南昌高新区光电及通信产业集群、南昌经开区光电产业集群、井开区通信终端设备产业集群、吉州区通信传输系统产业集群、吉安县数字视听产业集群、泰和县液晶电子产业集群等九大特色产业集群，重点培育南昌高新区光电及通信产业和井开区通信终端设备产业示范产业集群。2014 年，九大产业集群累计完成主营业务收入 762.5 亿元，同比增长 26.7%；实现利税 66.7 亿元，同比增长 44.2%。5 个省级电子信息产业基地累计完成主营业务收入 744.6 亿元，同比增长 25.5%；实现利税 63.8 亿元，同比增长 32.1%。

四是重点企业发展进一步加快。重点企业发挥了龙头带动作用，继续领跑全省电子信息制造业。2014 年，全省调度 43 家重点企业实现主营业务收入 572.2 亿元，占全省电子信息制造业主营业务收入的 50.3%。2014 年，新增产值超过 100 亿元的企业有 1 家，南昌欧菲光实现主营业务收入 146 亿元；实现产值超 10 亿元的企业有联创光电、联创电子、合力泰科技、红板电子、航盛电子、兴飞科技等 20 家企业。2014 年，红板电子和合力泰科技 2 家公司被列入第 28 届中国电子信息百强企业，分列第 86 位和第 99 位；合力泰科技和申安光电 2 家企业成功实现上市。这些重点企业为全省电子信息制造业加快发展提供了示范和带动作用。

五是光伏产业进入相对稳定的增长期。2014 年，全省光伏产业总体保持健康、稳定、向好的发展态势。全年实现主营业务收入 872.1 亿元，同比增长 5.6%；实现利税 90.6 亿元，同比增长 4.4%。集中度进一步提升，晶科、赛维等排名全省前十位光伏企业实现主营业务收入 718 亿元，占全行业总量的 82.3%。

软件和信息服务业

2014 年，江西省软件服务行业积极推进各项重点工作，大力推动重大项目建设，产业规模继续壮大，保持良好发展势头。全省软件服务业全年实现营业收入 121 亿元，同比增长 19%。其中，实现软件业务收入 76.2 亿元，同比增长 17.1%；实现利润 11.1 亿元，同比增长 7.2%。信息系统集成服务、信息技术咨询服务以及数据处理和存储服务实现收入 47.8 亿元，同比增长 17.3%，合计占全省软件业务收入的 62.8%，江西省软件服务业网络化、服务化、智能化发展趋势进一步明显。全省营业收入超亿元的软件服务企业达到 25 家，营业收入达到 96.7 亿元，占全省软件服务业营业收入的 80%。其中，先锋软件、捷德（中国）信息 2 家企业营业收入超过 10 亿元，思创数码、汇天科技、泰豪软件、北方联创、江西通信产业服务公司等 5 家企业营业收入超过 5 亿元。

项目进展与科技进步

2014 年，江西景光电子有限公司的“核磁共振医疗设备关键部件——功率振荡发射管研发与产业化”项目获得工业和信息化部电子发展基金 400 万元资助；晶能光电（江西）有限公司的“LED 芯片生产线用关键成套设备工艺开发及产业化”项目获得电子发展基金 1 000 万元资助。

2014 年，江西省电子信息行业有 8 个项目被列入全省第一批重点推进重大工业项目，总投资 223.48 亿元。其中，南昌欧菲光公司光电子产品生产项目已完成投资 14.5 亿元，建成中大尺寸电容屏生产线、强化玻璃生产线和 16 条高像素摄像模组生产线，形成月产 2.1KK 中大屏、5.74KK 强化玻璃、10.7KK 摄像头模组的产能。江西奥其斯科技有限公司年产 4.36 亿套 LED 灯具项目购置日光灯管全自动化生产线和球泡灯全自动化生产线各 20 条，形成月产 LED 灯具 45 万支的产能。

2014 年，全省新认定软件企业 33 家，累计认定软件企业 277 家；新登记软件产品 166 项，累计登记 1 153 项；新申报计算机信息系统集成企业资质 11 家，全省计算机信息系统集成资质企业达到 62 家。帮助汇天科技、金格软件获得省服务业发展资金 200 万元。

信息产业基地与园区建设

南昌高新区　该园区电子信息制造业保持较高的增长态势，区内已形成以电子通信、LED、微电子等为主要特色的光电及通信产业集群，光电及通信产业集聚效应明显，产业链条较为完备，品牌优势逐步凸显。2014 年，园区内电子信息制造业生产企业 105 家，累计完成主营业务收入 210 亿元，同比增长 15%；实现利税 7.5 亿元，同比增长 45%。园区主要特点如下：

一是现有产业集聚效应明显，产业链条日益完整。高新区现已拥有以手机生产为终端的较完整的产业链。

二是企业产品技术含量较高，中高端产品占比较高。晶和照明运用自主创新的“非对称蝙蝠翼形配光透镜”技术研制出“百变系列”LED 路灯新产品，填补了国内空白，推出后立即获得来自南美洲的订单。

三是光电及通信产品国内外市场占有率高，部分产品供不应求。联创宏声公司的多个产品市场占有率高，其中电声器件产量名列全国前茅，教学头戴耳机占到全国市场份额的 60%以上。联创电子近几年整合资源，已拥有中兴、宇龙、海信、天宇、TCL、海尔等一批优质客户，产品供不应求。

吉安市吉泰走廊电子信息产业基地　该基地是江西省重要的电子信息制造业集聚区，成功获批“国家新型工业化产业示范基地”，基地内红板电子、合力泰科技跻身第 28 届全国电子信息百强企业，成为 2014 年全省获此殊荣的两家企业之一。全省 7 个电子信息产业集群中走廊内占了 4 个，分别为井开区通信终端设备、吉安县数字视听、吉州区通信传输系统、泰和县触控显示器产业集群，其中井开区通信终端设备产业集群被江西省推进新型工业化领导小组认定为全省首批 20 个工业示范产业集群之一，并成功申报省工业产业集群公共服务平台项目，获得扶持资金 100 万元。2014 年，基地电子信息产业实现主营业务收入 446.6 亿元，同比增长 26.8%，占规模工业比重 27.5%，占吉安市电子信息产业比重 84%。

信丰省级电子信息产业基地　该基地积极承接沿海发达地区产业转移，电子信息产业发展迅速，规模不断扩大，产业集群发展成效显著，逐渐成为信丰县的特色产业集群。园区现有电子信息产业投产企业 58 个（其中规模以上企业 18 家），在建项目 13 个。2014 年，园区电子信息实现主营业务收入 33.8 亿元，占园区总量的 25.1%。

信息基础设施建设

2014 年，江西省固定电话用户 577.3 万户，减少 45.1 万户，固定电话普及率 12.8 部/百人；移动电话用户新增 131.6 万户，达到 2 938.5 万户，移动电话普及率 65.0 部/百人。移动电话用户中，4G 用户达到238.7 万户。固定互联网宽带用户新增 24.1 万户，达到434.2 万户（固定互联网宽带相关数据未包括江西移动用户，下同），其中接入速率大于 8 兆的用户达到 146.2 万户，占所有用户的 33.7%。

2014 年，江西省网络基础设施建设跃上新台阶，固定资产投资 93.3 亿元，同比增长 1.4%，全省光缆总长度达 58.4 万千米，其中 105.1 万个家庭已实现光纤上网，互联网宽带接入端口 975.1 万个。TD-LTE 基站达到 2.5 万个。无线网络公共运营接入点达到 11 万个。互联网省级出口带宽 274.7 万兆，固定宽带家庭普及率 34.7%，移动互联网接入流量 4 495.2 万 Gbps。

2014 年，江西省共建基站 233 个、共建杆路 125.2 线路千米、共建管道 141.1 线路千米、共建铁塔 204 个、共享基站 301 个、共享杆路 616.8 线路千米、共享管道 110.0 线路千米、共享铁塔 269 个，节省建设投资约 1.86 亿元。

2014 年，江西省广播综合人口覆盖率 97.44%，电视综合人口覆盖率 98.52%。全省骨干广播电视发射台和转播台 635 座，有线广播电视传输干线总长 122 638 千米。2014 年，村村通工程采用直播卫星接收方式在全省完成 12 333 个村（场）的村村通工程建设，项目总投资 6 135 万元。

2014 年，江西省有线电视数字化整体转换继续推进，有线广播电视用户 621 万户，入户率 51.38%。数字电视用户 504.63 万户，增加 84.33 万户，数字电视入户率 41.76%，有线电视数字化整转率 81.3%。全省高清互动机顶盒约 10 万台，网内传输的高清频道数量增加到 41 套以上，数字电视节目频道达到 180 余套。全省有线电视双向覆盖用户达到 94.8 万户，其中 CMTS 覆盖用户为 23.2 万户，EOC 覆盖用户 51.4 万户，LAN 覆盖用户 20.4 万户。

热点

江西省电子信息制造业主营业务收入过千亿元 认真贯彻落实《江西省人民政府办公厅关于加快电子信息制造业发展的意见》，牢牢把握做大总量、优化结构、提升集聚、推动升级的行业发展思路，精心实施《2014 年江西省电子信息制造业主营业务收入过千亿实施方案》，大力推进产业集群发展和产业基地建设，积极推动重大项目竣工投产，精心培育龙头骨干企业发展壮大，实现全行业持续、健康、较快发展，圆满完成主营业务收入过千亿目标任务。电子信息制造业成为江西省第 8 个主营业务收入过千亿的产业。

万载县 LED 照明灯饰产业基地获批复 为了承接沿海地区半导体照明产业梯度转移，加速万载县 LED 产业的集聚发展，推动全省传统照明产业转型升级，江西省工业和信息化委员会授予万载县省级 LED 照明灯饰产业基地称号。

江西省组团参加第二届中国电子信息博览会 2014 年 4 月 10~12 日，江西省工业和信息化委员会组织江西省电子信息骨干企业参加工业和信息化部、深圳市政府联合主办的第二届中国电子信息博览会。本次博览会较好地宣传了江西省电子信息产业的特色和优势，提升了骨干企业的形象和影响力。

2014 年全国电子信息行业座谈会暨第 28 届中国电子信息百强企业发布会在吉安市举行 2014 年 7 月 11 日，2014 年全国电子信息行业座谈会暨第 28 届中国电子信息百强企业发布会在吉安市成功召开。来自工业和信息化部、国家统计局相关司局及行业协会，各省（区、市）工业和信息化主管部门，电子信息百强企业等近 300 名代表参加会议。会上发布第 28 届中国电子信息百强企业名单并授牌。

首届中国青年企业家（共青城）发展峰会——手机产业论坛在共青城市举行 根据支持共青城市发展领导小组办公室第九次全体会议精神，江西省工业和信息化委员会牵头举办首届中国青年企业家（共青城）发展峰会——手机产业论坛，邀请国内知名通信终端企业、三大运营商等来赣考察，3 家手机企业与共青城市进行签约。论坛为宣介江西省和共青城市手机产业发展，促进手机制造商和投资、营运商交流与合作搭建了平台，为吸引更多优秀手机企业来赣投资兴业，推动江西省手机产业做大做强发挥了积极作用。

江西省网络安全和信息化领导小组成立 2014 年 2 月 28 日，为进一步加强对全省网络安全和信息化工作的组织领导，江西省成立省网络安全和信息化领导小组。

江西省正式迎来全新的 4G 时代 2014 年 1 月 17 日，中国移动江西公司 4G 商用暨 4G 产业联盟新闻发布会在南昌市举行，宣布在江西省实现 4G 正式商用，全年分阶段实施建设约 11 000 个基站，4G 网能力快速提升，实现全省县级以上城市主城区连续覆盖。

江西 4 地列入国家智慧城市试点 2014 年 6 月，住房和城乡建设部公布 103 个国家智慧城市试点名单，江西省新余市、樟树市、共青城市、婺源县4地入选。这是继萍乡市、南昌红谷滩新区被列为第一批国家智慧城市试点城市后，江西省新入选的4座城市。试点城市注重突出自身特色、注重顶层设计引领，推动全省新型城镇化进程，让广大市民体会到城市生活的便捷。

【统计数据】

表1 2014年江西省电子信息制造业人员构成情况

企业类别	企业数（家）	年末从业人员总数（人）	人员构成		
			工程技术人员（人）	在总人数中所占比例（%）	研发人员（人）
内资企业	210	119 323	5 368	4.5	5 368
国有企业	2	523	21	4.0	21
集体企业	1	226			
有限责任公司	24	23 441	1 244	5.3	1 244
股份有限公司	8	9 805	1 705	17.4	1 705
私营企业	175	85 328	2 398	2.8	2 398
港、澳、台商投资企业	28	27 946	345	1.2	345
三资企业	20	18 473	842	4.6	842

表2 2012~2014年江西省电子信息制造业基本情况

项目名称	单位	2012年	2013年	2014年
工业总产值（现行价）	万元	12 233 223	8 445 736.2	11 418 814.3
工业销售产值	万元	11 942 295	8 113 750	11 001 792.2
出口交货值	万元	2 858 853	2 644 353	281 2755
流动资产平均余额	万元	3 862 413	2 352 607	2 967 635.5
固定资产净值平均余额	万元	3 419 266	1 469 098	2 107 257.8
资产总计	万元	8 111 963	4 753 018	6 322 457.8
负债合计	万元	4 767 973	2 540 517	3 293 632.6
主营业务收入	万元	12 248 809	8 513 390	11 383 797.4
税金总额	万元	280 892	253 272	300 680.6
利润总额	万元	794 103	576 527	717 478.3
利息支出	万元	93 484	33 921	4 114.3
应交所得税	万元	58 431	62 639	39 092.3
从业人员年末人数	人	128 600	111 162	165 742
从业人员工资总额	万元	420 354	410 525	920 430.6

表 3　2012~2014 年江西省电子信息制造业三资企业基本情况

项目名称	单位	2012 年	2013 年	2014 年
工业总产值（现行价）	万元	2 752 751	1 286 996	1 535 125
工业销售产值	万元	2 661 860	1 230 821	1 475 861
出口交货值	万元	722 208	511 580	568 957
流动资产平均余额	万元	1 775 206	279 548	372 098.8
固定资产净值平均余额	万元	1 754 570	156 502	181 964
资产总计	万元	3 549 452	512 657	593 212.9
负债合计	万元	2 517 845	320 721	334 282.2
主营业务收入	万元	2 748 214	1 284 163	1 533 591.4
税金总额	万元	47 837	49 629	57 697.1
利润总额	万元	130 487	88 041	118 217.4
利息支出	万元	37 956	6 264	8 491
应交所得税	万元	10 130	15 134	17 422.5
从业人员年末人数	人	27 224	17 618	18 084
从业人员工资总额	万元	84 501	59 149	71 764.4

表 4　2012~2014 年江西省电子信息制造业主要经济效益指标完成情况

项目名称	单位	2012 年	2013 年	2014 年
全员劳动生产率	元/人	199 764.9	159 551.3	144 679.7
流动资金周转率	%	317.1	361.9	383.6
产品销售率	%	97.6	96.1	96.4
总资产贡献率	%	14.4	18.2	16.2
资本保值增值率	%	108.8	114.0	136.7
资产负债率	%	58.8	53.5	52.1

表 5　2012~2014 年江西省电子信息制造业三资企业主要经济效益指标完成情况

项目名称	单位	2012 年	2013 年	2014 年
全员劳动生产率	元/人	212 341.2	153 405.1	178 266.0
流动资金周转率	%	154.8	459.4	412.2
产品销售率	%	96.7	95.6	96.1
总资产贡献率	%	6.1	28.1	31.1
资本保值增值率	%	103.2	97.7	119.5
资产负债率	%	70.9	62.6	56.4

表 6　2012~2014 年江西省电子信息产品产销量情况

产品名称	单位	产量			销量		
		2012 年	2013 年	2014 年	2012 年	2013 年	2014 年
手机	万部	4 439	5 514	5 126	4 437	5 488.5	5 126
电视机	台	1 328 600	467 600	195 745	1 324 700	442 600	195 745
其中：彩色电视机	台	1 328 600	467 600	195 745	1 324 700	442 600	195 745
汽车音响	台	4 424 000	3 781 177	1 249 175	4 424 000	3 447 282	1 249 175
电容器	万只	405 842	381 926	942 679	405 842	381 926	942 679
印制电路板	平方米	10 688 274	3 483 041	61 170 946	10 446 260	3 468 141	61 170 946
电声器件	万只	22 855	48 702	35 090	23 141	47 693	35 090
光电器件	万只	590 083	514 690	512 670	590 083	514 690	512 670
电线电缆	千米	932 709	2 209 773	994 076	919 643	2 141 752	994 076
光缆	皮长千米	37 592	93 232	841 933	43 639	92 943	841 933
LED 芯片	亿粒	260	212.2	139.7	250	212	139.7
电解铜箔	吨	19 001	15 996	17 717.7	18 801	16 168	17 717.7

表 7　2014 年江西省软件产业人员构成情况

企业类别	企业数（家）	年末从业人员总数（人）	人员构成			
			管理人员（人）	在总人数中所占比例（%）	软件开发研究人员（人）	在总人数中所占比例（%）
内资企业	142	16 766	2 176	13.0	5 491	32.8
国有企业	3	558	30	5.4	204	36.6
有限责任公司	89	10 087	1 277	12.7	2 998	29.7
股份有限公司	17	4 267	632	14.8	1 672	39.2
私营企业	33	1 854	237	12.8	617	33.3
港、澳、台商投资企业	1	342	22	6.4	71	20.8
三资企业	4	925	33	3.6	126	13.6

表 8　2012~2014 年江西省软件产业基本情况

项目名称	单位	2012 年	2013 年	2014 年
软件业务收入	万元	546 905	650 215	761 692
软件业务出口收入	万美元	4 249	5 974	8 193
软件产品销售收入	万元	147 054	182 318	280 060
流动资产平均余额	万元	513 665	464 882	661 243

续表

项目名称	单位	2012 年	2013 年	2014 年
固定资产投资额	万元	12 044	21 501	13 641
资产总计	万元	821 396	958 480	1 165 271
负债合计	万元	362 390	394 910	520 829
利润总额	万元	82 862	103 603	110 656
应交所得税	万元	10 877	12 320	13 401
从业人员年末人数	人	15 358	16 489	18 033
从业人员工资总额	万元	67 723	82 690	90 432

表 9　2012~2014 年江西省软件产业三资企业基本情况

项目名称	单位	2012 年	2013 年	2014 年
软件业务收入	万元	36 147	128 368	63 957
软件业务出口收入	万美元	4 221	5 948	8 165
软件产品销售收入	万元	1 562	7 924	1 286
流动资产平均余额	万元	41 996	79 939	83 858
固定资产投资额	万元	21	3 373	340
资产总计	万元	59 710	106 304	99 437
负债合计	万元	29 016	60 139	63 404
利润总额	万元	6 119	8 181	13 512
应交所得税	万元	787	1 048	1 898
从业人员年末人数	人	893	1 304	925
从业人员工资总额	万元	5 363	9 135	7 626

注：表 1~表 9 数据来源于江西省工业和信息化委员会。

[撰稿：黄美昌　审稿：马勇]

山 东 省

【综述】

2014 年，山东省大力推进现代信息技术产业体系建设，积极引导信息技术企业抢抓国家促进信息消费扩大内需等战略机遇，努力开拓国内外市场，产业创新能力明显增强，产业规模稳步扩大，产业布局日益优化，质量效益持续提升，竞争优势显著提高。2014 年，全省信息技术产业（含制造业、软件业）统计内规模以上企业共 4 251 家，实现主营业务收入 12 274.34 亿元、利润 702.39 亿元、利税 1 079.48 亿元，分别同比增长 15.97%、10.53%、11.71%，分别高于全省工业 6.16、5.89、6.07 个百分点。

信息技术产业

信息技术制造业平稳增长，产值规模保持全国前三　信息技术制造业依然延续了平稳增长的态势，规模和效益同步提高。2014 年，全省信息技术制造业规模以上企业为 1 411 家，主营业务收入、利润和利税分别实现 8 032.97 亿元、518.88 亿元和 579.48 亿元，分别同比增长 12.2%、9.1%和 5.3%。根据工业和信息化部公布的数据显示，山东省信息技术制造业销售产值和主营业务收入仅次于广东省和江苏省，稳居全国第 3 位。重点调度的产品中，除电子元件（产量 162.30 亿只，同比下降 7.52%）、笔记本电脑（产量 75.00 万台，同比下降 22.44%）和打印机（产量 558.80 万台，同比下降 7.58%）受国内外市场疲软因素出现下滑之外，其他产品均实现良好增长。其中，服务器产量 28.10 万台，手机产量 6 590.80 万部，光电子器件产量 300.70 亿片，移动通信基站产量 1 821.30 万信道，液晶电视机产量 1 646.00 万台，分别同比增长 64.33%、29.32%、27.74%、25.48%和 7.81%。

软件产业增长迅速，新兴信息技术服务比重继续提高　全省软件产业“名城、名园、名企、名品”协同发展的良好态势已经形成，保持了快速发展势头。济南中国软件名城建设提速，城市品牌和聚集效应进一步提升，国家超算中心、省云计算中心等重大项目顺利实施。培育建设了 14 家软件产业园区和多个公共服务平台，齐鲁软件园、青岛软件园入围全国第一批 8 个软件和信息服务业类“国家新型工业化产业示范基地”，入园企业超过 1 000 家。培育 22 家上市企业、76 家软件工程技术中心、7 个产业联盟，5 家企业入围全国软件业务收入百强。对涉及自主知识产权产品和技术的基础软件、通用软件、应用软件和行业综合解决方案等多个环节统筹布局，初步形成了大中小企业协同发展、技术产品自主可控的软件产业体系。2014 年，全省累计实现软件业务收入 3 100 亿元，提前完成 2 500 亿元的“十二五”规划目标，利润 157.9 亿元，利税 317.7 亿元，分别同比增长 30.4%、20.3%和 21.0%，其中，软件业务收入同比增长高出全国软件行业平均增幅 10.2 个百分点。软件服务化趋势日渐明显，产业结构持续向服务业方向转变，软件开发、数据处理和运营、集成电路设计全年共完成收入 1 327 亿元，平均增长 32%，增长快速。

产业转型创新加速，特色企业不断涌现　全省集成电路、云计算、数字家庭、新型电子材料等新一代信息技术领域的创新成果不断涌现，产业规模逐步壮大，成为带动产业发展的重要力量。浪潮集团继续保持国产服务器品牌国内市场占有率第一，并首次进入国际市场前五位，八路服务器市场占有率近 20%。海信平板电视国内零售市场占有率超过 10%，连续十年成为中国液晶电视销量冠军。山东华芯自主设计的 DRAM 产品制程达到 38 纳米，并研发成功国内首款超高速安全存储控制芯片。山东瀚高的国产数据库、山大华天软件的三维 CAD（计算机辅助设计）软件、山东概伦电子的 EDA（电子辅助设计）工具、山东天岳的碳化硅晶体材料、恒汇电子的 IC 卡封装载带、济南晶正电子的铌酸锂电子材料等在电子材料、数据存储、软件设计等领域达到世界领先水平，多项技术产品打破国外垄断，处于国内相关专业市场的龙头地位，一批“专、精、特、新”的小巨人企业正在加速崛起。

产业布局日益优化，骨干企业带动作用不断增强　经过多年的发展，全省信息技术产业聚集效应明显，产业布局日益优化。2014 年，烟台市、青岛市和威海市的信息技术制造业产业规模持续保持在全省前三位，三市合计占全省的 65.56%，成为全国重要的信息技术产品制造业基地。济南市、青岛市和烟台市分别完成软件业务收入 1 750 亿元、1 039 亿元和 186 亿元，分别同比增长 29.9%、31.2%和 29.5%，三市合计占全省软件业的 95.97%。骨干企业规模和效益逐年攀升，海尔、海信、浪潮、润峰电力、歌尔声学、山东鲁鑫贵金属 6 家企业入围全国电子信息百强，6 家企业的收入和利润约占全行业的 30%。海尔、浪潮、海信、中创、东方电子 5 家企业入围全国软件百强，其中海尔、浪潮、海信分列第 3 位、第 5 位、第 7 位，5 家企业利润占全省软件利润的近 40%。7 家企业入围国家规划布局内重点软件和集成电路设计企业。骨干企业在生产经营、科技创新、国际合作、节能减排等多方面起着重要的引领作用。

云计算、物联网等新兴业态蓬勃发展　山东省在全国率先成立了省级云计算中心，组建了省云计算产业联盟，推动省云计算中心与相关部门、企业合作，加快云计算技术的应用落地。浪潮集团成功研发出中国第一款云计算数据中心操作系统——云海操作系统。依托省云计算中心的"山东省建设领域项目信息和信用信息公开共享平台"、"山东省中小企业公共服务平台"、"山东省电子政务综合服务平台"等重点工程顺利实施并取得了显著应用成效；"区域医疗信息服务平台"在蒙阴、莒县应用；"煤炭安全质量标准化管理平台"在山西、河北等省的多个大型煤炭企业实施。目前全省从事物联网产业研发、生产、应用等企业达 1 000 多家，涵盖电子信息、软件服务、物流、交通、家居、医疗等多个领域。浪潮、海尔、海信、积成电子、北洋、中创、华翼等企业在射频识别（RFID）、传感器及节点、应用软件、高端集成、服务应用、网络通信、云计算、云安全等领域居全国领先水平。

固定资产投资增速有所下滑，制造业对外出口增长迅速，软件出口持续低迷　2014 年，全省信息技术产业 500 万元以上项目累计完成固定资产投资 786.4 亿元，比上年增速有所下降，说明省内企业投资欲望不足，会对以后发展形成不利影响。制造业方面：受国际形势好转、出口需求增加的影响，全省信息技术制造业产业出口摆脱了上年负增长的态势，实现了快速增长；2014 年，全省信息技术制造业出口交货值实现 1 898.08 亿元，同比增长 18.91%，占全省规模以上工业出口交货值的 22.2%。软件业方面：软件业务出口已持续两年处于逐步回落态势，软件业实现出口 7.27 亿美元，同比增长 0.7%，低于上年同期 2.6 个百分点；其中，外包服务出口呈现负增长、同比降低 1.9 个百分点，嵌入式系统软件出口增长 3.9%、低于上年同期 4.5 个百分点，下行压力较大。

信息基础设施建设

随着宽带中国战略稳步推进，全省互联网基础设施加快演进升级。2014 年，全省移动电话用户总数为 8 664.1 万户，移动电话 89 部/百人。全省共有各类网站 158 028 家，占全国网站总数的 4.7%，工业企业互联网普及率达 98%以上。各电信运营企业共完成固定资产投资 25.8 亿元，全省光缆线路长度达到 64.9 万千米。新增移动通信基站 6.3 万个，总数达 20.6 万个。其中，3G 基站新增 1.3 万个，总数达到 7.7 万个，移动网络服务质量和覆盖范围继续提升。WLAN 网络热点覆盖继续推进，总数达到 112.2 万个。移动互联网发展迅速。2014 年，全省网民规模达 4 634 万人，移动互联网用户达到 5 569.2 万户；全省手机上网用户占比达到 92.6%，移动互联网流量高速增长，全年累计接入流量达到 1.07 亿 Gbps，同比增长 27.4%，月户均移动互联网接入流量达到 161Gbps，同比增长 22.3%。青岛、淄博、威海、临沂等市被列为 2014 年度"宽带中国"示范城市。全省 1 960 万有线电视用户中，1 260 万户完成模拟数字整体转换,占 64%。省 IPTV 集成播控分平台、青岛和济南两市 IPTV 内容分发平台建成使用，开通直播频道 117 路，点播节目超过 3 万小时，实现了与央视 IPTV 集成播控平台互联互通。

信息化应用

信息化与工业化加速融合　全省两化深度融合工作呈现良好发展态势，企业两化融合整体水平明显提高，总体正处于由单项业务应用向综合集成应用过渡阶段。

一是区域两化融合发展水平层次分化明显。2014 年全省区域两化融合发展水平与各市工业规模和整体发展水平相吻合，呈现"东高西低"梯度排列，总体分为三个梯队。第一梯队分别是青岛市、济南市、烟台市、东营市、淄博市，总指数突破 55，两化融合水平处于全省领先地位；第二梯队分别是威海市、滨州市、潍坊市、济宁市、泰安市、德州市和聊城市，指数相对接近，平均在 50 左右；第三梯队多分布在鲁西南地区，分别是枣庄市、临沂市、莱芜市、日照市和菏泽市，总指数较低，两化融合发展水平处于相对落后地位。

二是行业两化融合发展水平表现均衡。2014 年评估企业涉及轻工、纺织、机械、化工、冶金、建材、电子等 9 个行业，各行业平均得分依次为：电力 62.7、电子 59.55、医药 55.58、化工 55.25、建材 54.37、轻工 54.06、机械 53.63、纺织 52.93、冶金 49.67。与上年度评估结果相比，得分均有不同程度增加，冶金行业增幅最大（增长 11.71）。轻工、纺织、机械、化工、冶金、建材等 6 大传统行业中，从一级指标得分来看，优势各有特点。基础建设指标，机械行业得分最高（60.48）；单项应用指标，化工最高（57.2）；综合集成指标，建材最高（45.26）；协同与创新指标，轻工最高（30.02）；

竞争力指标，化工最高（67.4）；经济和社会效益指标，建材最高（69.46）。

三是企业两化融合总体水平持续提升。2014 年全省工业企业两化融合发展水平平均得分为 54.52，较上年增长 7.37。与国家两化融合发展水平评估结果相比较，高出全国企业平均得分（45.88）8.64。6 类一级评价指标中，基础建设水平为 60.77，增长 7.37；单项应用水平为 54.94，增长 9.67；综合集成水平为 44.12，增长 2.72；协同与创新水平为 40.76，增长 13.82；竞争力为 64.66，增长 4.48；经济和社会效益水平为 65.4，增长 3.2。连续参与评估的 350 家重点企业两化融合发展水平平均得分为 56.72，较上年增长 6.93。从全省工业企业所处阶段占比来看，2014 年处于起步建设阶段的企业占 8.13%，较上年下降 15.36%；处于单项覆盖阶段的企业占 54.63%，增长 10.5%；处于集成提升阶段的企业占 30.11%，增长 2.25%；处于创新突破阶段的企业占 7.14%，增长 2.61%。1 668 家样本企业中，华泰、海尔、红领、鲁泰纺织等 97 家企业两化融合发展水平已进入创新突破阶段，较上年增加 36 家。进入综合集成阶段、单项应用阶段的企业分别达到 409 家、742 家。

电子商务实现井喷式发展 2014 年，全省电子商务继续保持快速发展态势，与农业、工业和服务业加速融合，第三方平台、互联网支付、网络营销等新型服务业态快速发展，全省电子商务交易额达到 1.3 万亿元左右，增长约 25%。

一是第三方电子商务平台迅速发展，加快利用互联网进行资源优化配置。2014 年，调度的 70 家第三方电子商务平台交易总额达到 1 556.4 亿元，同比增长 93.7%；处理网络订单 3 183.2 万笔，同比增长 124.3%；交易服务收入达到 7.1 亿元，同比增长 32.3%；从业人员 1.24 万人，同比增长 107.2%。其中，行业 B2B 电子商务平台发展迅速。调度的 45 个行业平台分布在与全省工农业密切结合的石化、机械、农产品等领域。2014 年交易额达到 1 468.7 亿元，同比增长 92.6%；注册企业用户数 118.1 万个，同比增长 33.9%。居前三位的平台分别是黄河棉花和化肥平台、黄河三角洲石油化工网及休斯顿石油装备平台，2014 年交易额分别为 760 亿元、225 亿元、175 亿元。

二是传统产业网络采购和销售持续增长，推动实现产供销一体化。2014 年，调度的 70 家传统企业电子商务销售额为 1 206.2 亿元，占总销售额的 25.4%，同比增长 27.2%；电子商务采购额为 1 188.4 亿元，占总采购额的 38.3%，同比增长 13.1%。其中，53 家企业拥有自主建设的网络销售平台和采购平台，占调度企业总数的 75.7%。分行业看，消费品制造业网络销售占比逐步提高。调度的海尔集团、九阳股份、金猴集团、张裕集团等 26 家企业主要集中在家用电器、服装鞋帽、纺织、食品等领域。2014 年，面向代理商的网络分销额 680.7 亿元，占总销售额的 44.5%，同比增长 21.9%；面向消费者的网络零售额 102.5 亿元，占总销售额的 6.7%，同比增长 32.8%。

三是互联网新兴业态加快发展，面向电子商务的支撑服务快速增长。2014 年，“好品山东”网络营销管理服务平台新增上线企业 10 370 家，全部上线企业达到 15 671 家，带动企业完成网上交易额 509 亿元；“联行支付”第三方互联网支付平台新增企业用户 1.3 万家，企业用户达到 7.9 万家，实现支付额度 182.3 亿元，同比增长 109.1%。60 家企业主要集中在网络营销、互联网支付、数据处理、信息安全、呼叫中心、快递物流等领域，2014 年，电子商务服务销售额 48.9 亿元，同比增长 63.7%；电子商务服务收入 4.1 亿元，同比增长 86.8%；从业人员 8 768 人，同比增长 83.7%。

信息消费增长较快 2014 年，全省信息消费重点产业主营业务收入实现 6 120.19 亿元，最终信息消费规模达到 4 590.14 亿元，同比增长 25.96%，高于同期社会消费品零售总额增速 13.39 个百分点。

一是信息服务消费增长较快，市场空间进一步扩大。随着全省“宽带中国”、数字家庭以及智慧城市建设加快推进，信息服务消费快速增长。2014 年，全省信息服务消费实现 3 445.55 亿元，同比增长 28.02%。其中，居民电信消费规模 1 067.34 亿元，同比增长 17.18%。增值电信企业（主要是互联网企业）完成业务收入 371.38 亿元，同比增长 11.76%；居民广电网络消费支出 53.27 亿元，同比增长 17.59%；软件及其他信息服务消费支出 2 324.94 亿元，同比增长 30.43%。

二是信息产品消费增长稳定，高端智能产品加快普及。随着智能手机和平板电脑等移动电子设备加速普及，消费者对高端智能产品的需求加快增长，电视机等传统消费信息产品需求趋缓、增幅回落，市场传统优势和主导地位趋弱，甚至面临负的增长。2014 年，全省信息产品消费支出达到 1 144.59 亿元，同比增长 20.14%。主要信息产品中，功能手机和智能手机消费 741.47 亿元，同比增长 29.32%，依旧保持较大增幅；计算机消费支出 28.44 亿元，当月同比增长 19.82%；智能电视机消费支出 374.68 亿元，同比增长 7.5%，增幅进一步回落。

电子政务与信息资源开发利用取得重大进展 2014 年，全省电子政务已从注重基础设施建设进入着力推进信息资源开发应用阶段，把政务信息资源共享作为电子政务发展的重点工作着力推进，取得了突破性进展。目前，财政、税务、民政、人社、人口、公安、质监、工商、国土、海洋与渔业等近 80%的省直部门都建立了自己较为完善的业务应用系统，核心业务信息化覆盖率达到 75%以上，全省电子政务应用系统已具规模，应用水平位居全国先进行列。形成了一批基础性数据库。公安、质监、工商、国土、统计、经信、税务等部门承担的人口、法人、空间地理、宏观经济、诚信山东等基础数据库已投入使用；农业、林业、民政、卫生、计生、人社、住建、海洋渔业、气象、畜牧等部门通过数据大集中也形成了海量政务数据库。启动了首批由公安、民政、人社、计生、工商 5 个部门参加的省级人口基础信息资源共享工程建设，并依托省科学院的省云计算中心，建设了省级电子政务综合服务平台启动了数据的批量交换。目前，5 个部门通过该平台开展了 13 类信息共计 144 个信息项的共享与交换，累计交换了 1 887 829 条数据。

信息惠民工程深入推进 全省深入推进信息惠民工程实施，重点解决社保、医疗、教育、养老、就业、公共安全、食品药品安全、社区服务、家庭服务等重大领域突出问题，创新服务模式，拓宽服务渠道，构建方便快捷、公平普惠、优质高效的公共服务信息体系，全面提升各级政府公共服务水平和社会管理能力，信息消费需求进一步释放。

一是社会保障信息惠民。社会保险核心业务平台在全省 17 个地市和全部县市区得到应用。社保卡发行规模进一步扩大，省直及各市累计发行社保卡约 800 万张。8 个地市列入金保工程示范城市。新农保信息系统建设进一步推进，电话咨询服务中心建设进一步加强，全省 17 地市分中心共设立 85 个座席，13 年接听来电 198 万个。“山东省就业服务管理信息系统”被授予“国家信息化试点工程”。

二是健康医疗信息惠民。全省基层医疗卫生信息化建设项目启动，将投资 3.6 亿元，完成 140 个县级数据中心的建设及 2 217 个基层医疗卫生机构的设备配置。截至 2014 年年底，基本覆盖乡镇卫生院、社区卫生服务机构和有条件的村卫生室，完成与省级卫生信息资源综合平台的对接，打造具备承担全省卫生信息交换与共享能力的有效载体，提高基层医疗卫生服务质量和水平。

三是优质教育信息惠民。目前全省教育信息化基础建设初具规模。山东省教育科研计算机网主干网已连接了全省所有普通本科高等学校、部分高等职业学校和部分教育城域网。全省 17 市 140 个县（市、区）全部建立了教育城域网；100%的高等院校、88%的普通高中、70%的初中、34%的小学建成了校园网；三分之一以上的县（市、区）所属中小学实现了“班班通”。全省中小学现有学生用计算机 83.82 万台，生机比 13.8:1；教师用计算机 34.32 万台，师机比 2.2:1。

智慧山东建设加快 据不完全统计，截至 2014 年年底，全省所有的副省级城市、90%的地级城市和 45%的县级城市提出了建设智慧城市的规划目标。相关部门累计批复县级以上试点示范 53 个，建设覆盖面涉及交通、市政、教育、应急等 20 多个领域。各市积极贯彻落实有关要求，智慧城市建设全面提速。济南市基于物联网完善智能交通系统，有效整合资源，为交通管理、企业生产经营、市民出行服务提供了有力支撑，提升了城市管理水平；青岛市整合全市地理空间信息，以在线共享形式支持 51 个部门 97 个业务系统应用，日均访问量超过 60 万次，实现了全市共用一张图，信息资源共享取得巨大进展；威海市“市民网”实行了“一楼式办公、一窗式收费、一站式服务”，开辟了 318 个服务窗口，覆盖了 66 个部门、426 项行政审批和公共服务事项，全流程审批周期大大缩短，公共服务进一步改善；智慧潍坊数据运行中心计划整合 42 个市政部门和 13 个区县政府的数据，实现多项业务协同，建成后交通、土地、环境、民生等实时数据日均交换 500 万条，峰值达 1 500 万条，将有效支撑城市运行管理各项业务。加快智慧城市建设已经成为各地科学发展、增强区域竞争力的重要举措。

信息安全保障能力进一步提升 统筹协调机制基本完善，网络和信息安全基础设施建设初见成效。近年来，全省一直十分重视网络和信息安全基础设施建设，每年设立 800 万元专项资金，用于支持跨部门、综合性、全局性的信息安全项目建设。2013 年建成并投入使用的省网络与信息安全突发事件监控平台、涉网邪教信息监控处理系统、网评员信息管理平台以及数据灾难备份中心，在应对信息安全突发事件、及时发现应对、快速处置、消除不良影响方面发挥了极大的作用。网络和信息安全应急管理有新进展。加强了对政府网站安全运行的监测，利用省网络与信息安全突发事件监控平台对全省各级政府部门 1 085 个网站进行实时监测，及时发现漏洞和隐患，对网站遭受网络攻击的情况及时进行分析，协助管理者做好防护和处置工作，有关情况定期通报各市、各单位进行整改。2014 年省网络与信息安全应急支援中心现场处置网络和信息安全事件 12 起，通过应急支援呼叫中心提供电话咨询及远程技术服务 130 余次，还协助多家单位进行了信息安全技术及教育培训。

【统计数据】

表 1　2014 年山东省电子信息制造业人员构成情况

企业类别	企业数（家）	年末从业人员总数（人）	其中：研发人员（人）
国有企业	10	31 346	780
集体企业	6	61 705	
股份合作企业	9	5 203	118
联营企业	1	264	
有限责任公司	154	56 646	11 969
股份有限公司	87	65 492	5 852
私营企业	224	34 098	1 971
其他内资企业	23	657	82
港、澳、台商投资企业	43	63 646	347
三资企业	212	147 407	612

表 2　2014 年山东省电子信息制造业基本情况

项目名称	单位	2014 年	项目名称	单位	2014 年
工业总产值（现行价）	万元	75 487 985	税金总额	万元	606 759
工业销售产值	万元	74 298 394	利润总额	万元	5 188 834
出口交货值	万元	18 980 800	应交所得税	万元	374 189
资产总计	万元	55 775 725	从业人员年末人数	人	472 687
负债合计	万元	36 299 645	从业人员工资总额	万元	3 041 361
主营业务收入	万元	80 329 672			

表3　2014年山东省电子信息制造业三资企业基本情况

项目名称	单位	2014年	项目名称	单位	2014年
工业总产值（现行价）	万元	20 586 250	税金总额	万元	145 635
工业销售产值	万元	20 045 901	利润总额	万元	1 046 389
出口交货值	万元	3 098 490	应交所得税	万元	80 416
资产总计	万元	6 722 788	从业人员年末人数	人	147 407
负债合计	万元	3 380 216	从业人员工资总额	万元	767 292
主营业务收入	万元	19 864 534			

表4　2014年山东省电子信息制造业主要经济效益指标完成情况

项目名称	单位	2014年	项目名称	单位	2014年
产品销售率	%	98.42	资产保值增值率	%	115.16
总资产贡献率	%	10.64	资产负债率	%	65.08

表5　2014年山东省电子信息制造业三资企业主要经济效益指标完成情况

项目名称	单位	2014年	项目名称	单位	2014年
产品销售率	%	97.38	资产保值增值率	%	111.75
总资产贡献率	%	18.23	资产负债率	%	50.28

表6　2014年山东省主要电子信息产品产销量情况

产品名称	单位	产量	销量
液晶电视	万台	1 646	1 646
电子元件	亿只	162.3	162
打印机	万台	558.8	616.7
手机	万台	6 590.8	6 552.5
笔记本电脑	万台	75	75

表7　2014年山东省三资企业主要电子信息产品产销量情况

产品名称	单位	产量	销量
电子元件	亿只	75.23	75.2
打印机	万台	488.1	487.2
笔记本电脑	万台	75	75

表 8　2014 年山东省软件产业人员构成情况

企业类别	企业数（家）	年末从业人员总数（人）	人员构成			
			管理人员（人）	在总人数中所占比例（%）	软件开发研究人员（人）	在总人数中所占比例（%）
内资企业	3 017	540 780	65 597	12.1	128 307	23.7
国有企业	37	84 219	6 017	7.1	10 473	12.4
集体企业	7	60 286	3 824	6.3	8 031	13.3
股份制合作企业	10	786	103	13.1	292	37.1
联营企业	16	5 229	646	12.3	2 569	49.1
有限责任公司	1 334	186 146	28 785	15.5	55 040	29.6
股份拟有限公司	303	79127	7 914	10.0	15 888	20.1
私营企业	1 292	120 319	18 004	15.0	35 575	29.6
其他内资企业	18	4 668	304	6.5	439	9.4
港、澳、台商投资企业	20	8 064	1 189	14.7	1 593	19.7
三资企业	97	22 333	2 891	13.0	5 490	24.7

表 9　2014 年山东省软件产业基本情况

项目名称	单位	2014 年	项目名称	单位	2014 年
软件业务收入	万元	31 002 969	负债合计	万元	54 964 321
软件业务出口收入	万美元	122 206	税金总额	万元	1 598 543
软件产品销售收入	万元	12 668 116	利润总额	万元	1 579 622
流动资产平均余额	万元	37 794 685	应交所得税	万元	819 783
固定资产投资额	万元	996 589	从业人员年末人数	人	571 177
资产合计	万元	86 101 710	从业人员工资总额	万元	3 686 469

表 10　2014 年山东省软件产业三资企业基本情况

项目名称	单位	2014 年	项目名称	单位	2014 年
软件业务收入	万元	1 393 887	负债合计	万元	1 345 785
软件业务出口收入	万美元	44 369	税金总额	万元	36 308
软件产品销售收入	万元	270 329	利润总额	万元	208 378
流动资产平均余额	万元	2 704 932	应交所得税	万元	14 405
固定资产投资额	万元	42 241	从业人员年末人数	人	22 333
资产合计	万元	2 058 208	从业人员工资总额	万元	220 162

表 11　2014 年山东省软件产业主要经济效益指标完成情况

项目名称	单位	2014 年	项目名称	单位	2014 年
流动资产周转率	次	1.9	资产保值增值率	%	127
总资产贡献率	%	8	资产负债率	%	60

表 12　2014 年山东省软件产业三资企业主要经济效益指标完成情况

项目名称	单位	2014 年	项目名称	单位	2014 年
总资产贡献率	%	7	资产负债率	%	60
资产保值增值率	%	117			

注：表 1~表 12 数据来源于山东省经济和信息化委员会，为部分企业数据。

[供稿：山东省经济和信息化委员会]

河　南　省

【综述】

2014 年，河南省电子信息制造业继续保持快速发展的良好态势，全年实现主营业务收入 3 336 亿元，同比增长 23%；利润总额 145 亿元，同比增长 38.6%；税金总额 27 亿元，同比增长 17.3%；出口交货值 2 287 亿元，同比增长 18.4%；500 万元以上项目完成固定资产投资额 1 050.8 亿元，同比增长 18.8%。软件服务业持续快速发展，产业规模继续扩大，软件服务业快速增长，实现软件业务收入 233.92 亿元，同比增长 21%；利润总额 39.83 亿元，同比增长 31.2%；出口收入 288 万美元，同比下降13.7%。

电子信息制造业

2014 年，河南省电子信息制造业发展主要特点如下：一是电子信息制造业持续快速发展。由于富士康产能逐步释放，2014 年河南省电子信息制造业继续保持较快增长态势。全年完成主营业务收入 3 336 亿元。根据河南省统计局数据，1~12 月份，电子信息行业增加值同比增长 29.7%，高于全省工业平均增速 18.5 个百分点。省辖市中郑州市发展最为迅速，2014 年，郑州市电子信息产业在全国 27 个省会城市和 35 个大中城市中增速连续第三年保持第一。

二是发展思路更加明确。2014 年，河南省编制《智能终端（手机）产业链图谱》和《河南省智能终端（手机）产业发展三年行动计划（2014~2016 年）》，科学指引河南省智能终端产业发展；编制《先进制造业大省建设行动计划》，将电子信息产业列入高成长性制造业发展工程，集中力量打造全球重要的智能手机生产基地，积极发展平板电脑、智能电视和可穿戴智能终端产品，培育适应信息消费和新兴业态发展需要的制造业增长点。

三是智能终端引领产业快速发展。2014 年，河南省手机产量 1.4 亿部，占全国手机产量的 8.6%，是全球最大的苹果手机生产基地。富士康为河南省智能终端产业发展的雁阵头雁。2014 年，富士康手机产量 1.186 亿部，同比增长 22.1%。同时引进正威、酷派、中兴、天宇、瑞弘源、展唐、联懋、辉烨等手机整机及配套企业，已有中兴、天宇、创维、华世基等 12 家企业正式投产。全球重要的智能终端生产基地已初步形成。

四是支撑体系逐步完善。围绕智能终端产业构建的全球物流体系、支撑服务体系基本形成，郑州航空港区国际化综合交通枢纽体系建设加快推进，郑州机场已开通至欧洲、北美、日本等地货运航线 10 条，郑欧国际铁路货运班列实现每周一班定期运行，综合保税区、跨境贸易电子商务服务试点等开放平台相继建立，UPS 快递等全球性综合物流商陆续进驻，国家移动通信终端设备重点检测实验室落户郑州，与智能终端出口加工、全球采购配送相配套的支撑服务体系逐步完善，已具备综合性竞争优势。

软件和信息服务业

2014 年，河南省软件服务业软件业务收入结构不断调整，信息技术服务收入增长最为迅猛，所占比重进一步攀升。实现软件产品收入 79.6 亿元，同比增长 11.1%；信息技术服务收入 145.3 亿元，占软件业务收入总额的 62.1%；软件外包服务收入 4 788 万元；嵌入式软件收入 89 607 万元，占软件业务收入总额的 3.8%。全行业实现利润 39.8 亿元，上缴税金 17.8 亿元，从业人员达到 3.5 万人，同比增长 27.5%。

2014 年，河南省共进行了七批“双软认定”，新认定软件企业 94 家，新登记软件产品 609 个。截至 2014 年年底，全省通过 2013 年年审和 2014 年新认定的软件企业共有 418 家。系统集成工作方面，认真落实 2014 年 11 月中国电子信息联合会《关于开展计算机信息系统集成企业资质认定》等 4 项资质认定工作的通知，学习文件要求，领会文件精神，明确工作方向、目标和任务，严格按照中电联各项工作安排要求和时间节点，有效地完成计算机信息系统集成企业资质、计算机信息系统集成项目经理人员资质、信息系统工程监理单位资质和信息系统集成工程监理工程师资格 4 项资质资格认定各项工作任务。

电子产品进出口贸易

2014 年，河南省电子信息产业对外贸易继续活跃。出口交货值 2 287 亿元，同比增长 18.4%，增长动力主要来自富士康智能手机项目。2014 年，富士康郑州园区实现进出口总额 391 亿美元，同比增长 10.7%。其中，出口 214 亿美元，同比增长 5.8%；进口 177 亿美元，同比增长 16%。

信息基础设施建设

2014 年，河南省实现 3G 网络县城以上城区及乡镇、农村数据热点的全面覆盖，4G 网络县城以上城区及部分城镇的覆盖。郑州国家级互联网骨干直联点正式开通运行。加快推进电信网、广播电视网、互联网三网融合，推广 IPTV（交互式网络电视）、手机电视、互联网视频等业务，郑州市已基本完成广电有线电视网络数字化、双向化升级改造。督促三大电信运营商落实与省政府签订的战略合作协议，2014 年三大电信运营商完成信息网络基础设施建设投资 332.28 亿元。

信息产业基地和园区建设

近几年，河南省电子信息产业发展较快，产业结构持续优化升级。一是全省积极承接产业转移。组织国际智能终端博览会、河南航空物流电子信息产业香港专题推介等集群引进活动，与富士康的战略合作进一步深化，酷派智能手机产业园、正威手机产业园、阿里巴巴云计算和大数据基地等一大批龙头型、基地型项目成功落地。二是产业集群效应凸显。郑州航空港经济全产业链综合效应发力，河南省智能终端基地发展迅猛，产品产量、产值均有较大提升；智慧洛阳建设取得突破进展，洛阳移动智能终端产业园、宜阳电子信息产业园顺利建设；新乡红旗区光电信息产业园规划编制已完成；国家（许昌）电力电子系统产业园已发展成为国内综合实力最强的电力装备供应基地之一；信阳电子信息产业集聚示范区初步形成智能通信终端、智能显示终端两大产业链和智能手机产业园、伯皇 IT 产业园两大功能区。三是加快重大项目建设。以抓开工、保进度、促投产为重点，完善省市县联动推进工作机制，落实项目建设目标责任制。2014 年，500 万元以上项目完成固定资产投资 1 050.8 亿元，同比增长 18.8%；新增固定资产投资 604.2 亿元，同比增长 31.2%。

信息技术应用

电子政务 目前，河南省统一的电子政务网络框架基本形成，较好地支撑了各级、各部门纵向业务系统应用。

一是深化重要业务系统应用。“金”字工程建设及应用不断深化，重要业务系统建设完成了全省部署，教育、医疗、社保、养老等社会民生领域信息化应用稳步推进，综合监管和公共服务水平有效提升。

二是推进试点建设。全面推进智慧城市、基于云计算的电子政务公共平台顶层设计试点建设，郑州、漯河、济源等9个国家级和南阳、开封、许昌等9个省级智慧城市试点建设取得积极成效；指导郑州、济源、焦作、新乡、商丘等5个国家级电子政务云平台试点城市顺利通过国家阶段性成果评审。

三是扩容电子政务网络。在原有电子政务网的基础上把网络延伸至10个直管县，同时对电子政务网络进行了扩容扩建，有效解决互联网出口严重拥堵的问题。

四是启动建设电子政务云平台。与阿里巴巴签订战略合作协议，启动电子政务云建设，逐步推进基础资源互联互通、共建共享，构建集约化、低成本、高效协同的电子政务发展新模式。

两化融合 河南省坚持改造提升传统产业，加快产业结构优化升级，制定实施《河南省信息化和工业化深度融合专项行动计划（2014~2018）》。以智能制造为主攻方向，围绕重点行业，发挥国家和省级两化融合示范企业引领作用，大力提升制造业产品、装备、生产、管理和服务的智能化应用水平。据《2014年中国信息化与工业化融合发展水平评估报告》显示，河南省2014年两化融合发展水平评估总指数为68.25，高于全国平均水平（66.14）2.11个点，增速超全国平均水平（其中3项分指数增速均高于全国水平值），处于全国第16位。

一是开展两化融合管理体系贯标。按照工业和信息化部统一部署，引导工业企业参与“企业两化融合管理体系”国家标准及相关技术规范的建设工作。通过建立第三方认定服务体系，推动企业对照标准和规范，建立、实施和改进两化融合管理体系，运用信息化提升企业核心竞争力。河南省共有14家企业被确定为试点企业，争取试点资金140万元。

二是推进试点示范建设。推动郑州市高标准完成国家级两化融合试验区各项建设任务，认定25家省级两化融合试验区，发挥试验区对全省两化深度融合的辐射和带动作用。围绕电子信息、装备制造、汽车及零部件、食品等14个重点行业，筛选100家省级示范企业，带动行业信息系统普及应用，发挥信息化在改造传统优势产业、提升高成长性产业、带动先导产业等方面的重要作用。

三是开展中小企业信息化建设。加快中国中小企业河南网建设，利用网络技术对1万多家企业进行在线培训，目前累计培训人员10万多人次。开展“创新中国行”中小企业信息化推广活动、中小企业“数字企业（智慧企业）”建设活动，累计覆盖中小企业超过2.3万家，提升中小企业信息化水平。

四是加快工业云建设。积极开展云计算相关研究，组织开展工业云创新服务试点建设，聚合云服务资源，促进产业转型升级。3家企业入选工业和信息化部确定的2014年互联网与工业融合创新试点，省电子制造云计算服务平台列入国家工业云创新服务试点。

信息安全 一是发挥安全管控平台作用。建设完成河南省网络与信息安全管控平台，通过对全省各地和有关省直单位110个政府网站进行定期监测扫描，及时发现安全事件，限期对漏洞进行整改复查，全面提升信息安全应急响应能力。2014年，累计监测河南省政府部门网站35 641次，累计发现网站被挂马103次、网页被篡改8次、网站出现违规关键字538次、网站出现暗链45 514次；进行漏洞扫描3 144次，累计发现危急漏洞1 388个、其他漏洞110多万个。

二是开展信息安全检查。组织开展2014年度全省政务信息系统信息安全检查工作，以查促改、以改保安，把握了全省政务信息系统存在的问题及面临的形势，排查了将近100万个安全漏洞，发现并排查了一些系统可被渗透、用户信息可被篡改等隐患，维护了河南省网络与信息安全。

信息消费 全面贯彻落实国家和省关于促进信息消费、加快信息化发展的总体部署，加强顶层设计，发挥试点城市示范引领作用，持续扩大信息消费规模。

一是组织制定政策文件。根据河南省政府《关于加快推进信息化促进四化同步发展的意见》（豫政［2013］68号），组织起草《河南省推进信息化促进信息消费实施方案（2014~2016年）》（豫政办［2014］137号），并抓好方案的任务分解、组织协调和督促落实。

二是发挥信息消费试点城市示范作用。总结试点城市经验，充分发挥信息消费在稳增长、促改革、调结构、惠民生中的积极作用。指导、督促郑州市、济源市加快推进首批国家信息消费试点城市建设，指导洛阳市、新乡市申报并成功获批第二批国家信息消费试点市。

电子商务和物联网　全方位推进电子商务应用，积极搭建工业企业和电商企业对接平台，在省辖市开展“豫货通天下”工业企业和电商企业对接活动，安阳市被工业和信息化部确定为工业电子商务区域试点，2014年全省电子商务交易额5 660亿元，增长34.8%。开展河南省物联网产业基地、特色产业园区、骨干企业、应用示范工程等一系列认定工作，大力支持物联网产业发展，河南省主营业务收入过亿元的物联网骨干企业已有12家。

信息化专项资金使用　结合河南省信息化和信息产业发展实际，确定省信息化发展专项资金重点支持方向；将8 000万元信息化专项资金切块分配至各省辖市、省直管县（市），指导、督促各地规范项目申报程序、用好资金，提升专项资金使用效益。

主要问题

电子信息制造业主要问题如下：

一是产业基础薄弱，产业总体规模小。河南省电子信息制造业缺乏具有较强竞争力的、带领产业发展的龙头企业。

二是创新能力不强，关键核心技术受制于人。产业总体上仍处价值链中低端，代工制造和加工贸易所占比重较高，技术附加值低。企业研发投入普遍不足，缺少领先水平的关键技术，产品更新换代慢，难以应对电子产品快速升级带来的冲击。

三是区域发展不平衡，主要聚集在郑州市、洛阳市、新乡市、信阳市等地。对个别企业的依存度过高，产业发展存在一定风险。

四是政策、资金扶持力度不够。缺少资金、融资渠道窄、技术与人才引进困难阻碍企业快速发展，本土化企业发展速度过慢。

软件和信息服务业主要问题如下：

一是产业总体规模偏小，发展水平偏低，不能适应河南省经济社会的发展需求。全省信息服务业主要靠信息传输服务业（通信行业）担当主力。信息技术服务业（软件、系统集成、服务外包）对河南省经济社会的贡献率还比较低。信息服务外包还处在起步阶段。行业内多数企业经营规模小、发展水平低、竞争能力弱，已成为河南省信息服务业的“短板”和“软肋”。

二是企业技术团队建设水平低，中高端人才缺口大。河南省软件服务业一方面人才引进难，另一方面人才流失又比较严重。尤其缺少能承担高级设计的领军人物和具有创新素质的复合型高层次管理人才。

三是软件园区建设不规范、缺乏总体规划。从全省软件园区来看，积聚能力不强，需要采取统一规划、合理布局、扩大招商引资力度等一系列措施，全面提高园区建设水平。

【统计数据】

表1　2014年河南省电子信息制造业基本情况

项目名称	单位	2014年	项目名称	单位	2014年
出口交货值	万元	22 870 000	税金总额	万元	270 000
主营业务收入	万元	33 360 000	利润总额	万元	1 450 000

注：数据来源于工业和信息化部。

表 2　2014 年河南省软件产业人员构成情况

企业类别	企业数（家）	年末从业人员总数（人）	人员构成			
			管理人员（人）	在总人数中所占比例（%）	软件开发研究人员（人）	在总人数中所占比例（%）
内资企业	219	31 276	4 187	13.4	10 162	32.5
国有企业	9	6 313	750	11.9	1 985	31.4
集体企业	1	268	35	13.1	95	35.4
有限责任公司	174	12 325	1 577	12.8	5 268	42.7
股份有限公司	35	12 370	1 825	14.8	2 814	22.7
港、澳、台商投资企业	2	134	10	7.5	93	69.4

表 3　2012~2014 年河南省软件产业基本情况

项目名称	单位	2012 年	2013 年	2014 年
软件业务收入	万元	1 571 969	1 932 503.3	2 339 218
软件业务出口收入	万美元	284	333.6	288
软件产品销售收入	万元	579 052	716 345.7	796 163
流动资产平均余额	万元	1 065 850	996 345	2 543 772
固定资产投资额	万元	5 078 444	5 097 474	73 921
资产合计	万元	1 661 190	2 007 424	2 954 648
负债合计	万元	636 190	718 991	1 071 783
税金总额	万元	118 205	266 064	177 912
利润总额	万元	208 357	303 476	398 255
应交所得税	万元	48 012	150 646	54 135
从业人员年末人数	人	28 446	27 620	35 212
从业人员工资总额	万元	131 220	314 984	226 394

注：表 2~表 3 数据来源于河南省软件服务业协会。

［撰稿：刘辉　潘建伟　阮征　白平　审稿：李涛　郭瑞山］

湖 北 省

【综述】

2014年，湖北省信息产业保持平稳运行、较快增长态势，实现主营业务收入 3 833 亿元，同比增长 25.7%。其中，电子信息制造业实现主营业务收入 2 982 亿元，同比增长 27.4%；软件业务收入 851 亿元，同比增长 20%；全年主营业务收入超过亿元的企业有 547 家，比上年增加 54 家；全省有三资企业 111 家，比上年减少 9 家，共实现产值 281.9 亿元，同比增长 2.7%；产业从业人数从上年的 44.1 万人增加到 52.9 万人，增长 19.9%。

主要产品产量 2014 年，湖北省光纤产量 4 095.15 万千米，同比增长 278.7%；光缆产量 7 574.6 万芯千米，同比增长 163.6%；台式计算机产量 120.7 万台，同比增长 20.7%；电话单机产量 4.9 万部，同比下降 73.5%；平板显示器产量 60.2 万只，同比下降 94.4%；集成电路产量 492 万片，同比增长 0.9%；手机产量 5 495.3 万部，同比增长 958.9%。

电子信息产品制造业

2014 年，湖北省 1 114 家规模以上电子信息制造业企业实现主营业务收入 2 982 亿元，同比增长 27.4%，占全国规模以上电子信息产品制造业主营业务收入的 2.8%，比上年提高 0.3 个百分点，占湖北省规模以上工业销售产值的 7%，比上年提高 0.7 个百分点。全年实现利税 198.3 亿元，增长 11.4%。其中，实现利润总额 131.3 亿元，增长 9.5%。全行业工业总产值过 100 亿元的企业有 4 家，与上年持平；过 10 亿元的企业有 48 家，比上年增长 50%；过亿元的企业有 413 家，比上年增长 10.4%。2014 年，全行业从业人员达到 34.4 万人，比上年增长 9.9%。

2014 年，湖北省电子信息产品制造业区域发展更趋协调。武汉市电子信息产品制造业实现主营业务收入2 044 亿元，占全省电子信息产品制造业主营业务收入的 68.5%。其他市（州）加速发展，有 7 个市州电子信息制造业主营业务收入同比增长超过 20%，其中黄石、十堰、咸宁等市同比增长均超过 25%。襄阳市电子信息制造业主营业务收入突破 290 亿元，宜昌市、荆州市则分别达到 155 亿元和 121 亿元。

上市（含挂牌）公司 2014 年，湖北省电子信息制造业有上市（含挂牌）公司 32 家，比上年净增 9 家，实现主营业务收入共计 357.5 亿元，占全行业主营业务收入的 11.9%。各公司完成主营业务收入情况：华工科技产业股份有限公司 23.1 亿元，同比增长 1.7%；湖北凯乐集团 47.9 亿元，同比增长 28.4%；武汉长江通信产业集团股份有限公司 8.8 亿元，同比下降 4.1%；烽火通信科技股份有限公司 122.2 亿元，同比增长 9.4%；武汉光迅科技股份有限责任公司 10.7 亿元，同比增长 13.8%；湖北新华光信息材料股份有限公司 4.3 亿元，同比增长 4.2%；武汉凡谷电子技术股份有限公司 17.5 亿元，同比增长 59%；荆门市格林美新材料有限公司 26.7 亿元，同比增长 20.7%；武汉高德红外股份有限公司 3.9 亿元，同比增长 20.1%；湖北台基半导体股份有限公司 2.5 亿元，同比下降 7.8%；湖北鼎龙化学股份有限公司 2.3 亿元，同比下降 5.8%。武汉中元华电科技股份有限公司 1.9 亿元，同比增长 7.8%；湖北骆驼蓄电池股份有限公司 66.7 亿元，同比增长 12.5%；武汉华中数控股份有限公司 2.5 亿元，同比下降 28.8%；武汉力源信息技术股份有限公司 3.1 亿元，同比下降 48.8%；武汉金运激光股份有限公司 1.1 亿元，同比下降 26.7%；华灿光电股份有限公司 6.4 亿元，同比增长 18.2%；武汉微创光电股份有限公司 1.1 亿元，同比增长 11%；武汉吉事达科技股份有限公司 0.8 亿元，同比下降 20%；湖北华奥安防科技运营股份有限公司 0.5 亿元，同比增长 175.3%。

典型企业 2014 年，湖北省被纳入全省电子信息制造业重点监测的 20 家企业实现主营业务收入共计1 295.2 亿元，占全行业主营业务收入的 43.4%，比上年减少 2.4 个百分点。各公司完成主营业务收入情况：鸿富锦精密工业（武汉）有限公司 327.5 亿元，同比下降 6.7%；联想移动通信（武汉）有限公司 310 亿元，同比增长 111.8%；武汉新芯集成电路制造有限公司 9.1 亿元，同比下降 14.4%；冠捷显示科技（武汉）有限公司 42.9 亿元，同比下降 22.2%；武汉邮电科学研究院 235.3 亿元，同比增长 17.2%；长飞光纤光缆有限公司 33.9 亿元，同比下降 28.9%；武汉凡谷电子技术股份有限公司 17.5 亿元，同比增长 59%；名幸电子（武汉）有限公司 18.5 亿元，同比增长 16.9%；武汉恒生誉天实业有限公司（原武汉恒生光电产业有限公司）14.5 亿元，同比增长 3.1%；武汉中原电子集团有限公司 24.5 亿元，同比增长 17.2%；武汉非凡电源有限公司 5.7 亿元，同比增长 12.9%；武汉恒发科技有限公司 19.7 亿元，同比增长 40.2%；武汉天马微电子有限公司 71.8 亿元，同比增长 15.2%；华灿光电股份有限公司 6.39 亿元，同比增长 18.2%；武汉日新科技股份有限公司 0.5 亿元，同比下降 46%；华工科技产业股份有限公司 23.1 亿元，同比增长 1.7%；宜昌南玻硅材料有限公司 7.4 亿元，同比增长 184.6%；宜都东阳光化成箔有限公司 31.8 亿元，同比增长 10.7%；宜昌劲森照明电子有限公司 32.2 亿元，同比增长 6.9%；湖北凯乐集团 47.9 亿元，同比增长 28.4%；随州波导电子有限公司 14.7 亿元，同比增长 21.5%。

软件业

2014 年，湖北省软件业务收入 851.2 亿元，比上年增长 20.1%，占全省电子信息产业规模的 22.2%。2014 年，纳入统计范围的 2 501 家软件企业中，软件业务收入在1 000 万元以上的企业有 1 222 家，比上年增加 365 家；5 000 万元以上的企业有 303 家，比上年增加 78 家；1 亿元以上的企业有 134 家，比上年增加 15 家；5 亿元以上的企业有 20 家，比上年增加 6 家。

2014 年，新认定软件企业 153 家，注销 314 家，累计有效认定软件企业 659 家；新登记软件产品 1 053 件，注销 97 件，累计有效登记软件产品 4 564 件。全省获得计算机信息系统集成资质单位 161 家，其中，一级 4 家，二级 25 家，三级 114 家，四级 18 家。行业从业人员超过 26 万人。

上市（含挂牌）公司 湖北省软件业有上市（含挂牌）公司 20 家，比上年增加 5 家。各公司完成主营业务收入情况：精伦电子股份有限公司 2.8 亿元，同比增长 9.2%；武汉天喻信息产业股份有限公司 14.5 亿元，同比增长 16.8%；武汉光谷信息技术股份有限公司 1 亿元，同比增长 22.6%；武汉时代地智科技股份有限公司 1.4 亿元，同比增长 40.2%；武汉地大信息工程股份有限公司 903 万元，同比下降 23.4%；武汉华敏测控技术股份有限公司 1.5 亿元，同比增长 11.2%；武汉亿房信息股份有限公司 3 159.5 万元，同比增长 9.6%；武汉蓝星科技股份有限公司 3 975.5 万元，同比下降 0.7%；武汉尚远环保股份有限公司 1.1 亿元，同比增长 297.8%；武汉康普常青软件技术股份有限公司 3 030.2 万元，同比下降 24.4%。

典型企业 2014 年，湖北省规模领先的主要软件企业：烽火通信科技股份有限公司 46.7 亿元，同比增长 11%；软通动力技术服务有限公司 18 亿元，同比增长 57%；武汉广电网络投资有限公司 8.3 亿元，同比增长 33%；武汉虹信通信技术有限责任公司 17 亿元，同比增长 95%；武汉天喻信息产业股份有限公司 13.5 亿元，同比增长 7%；腾迅科技（武汉）有限公司 7.1 亿元，同比增长 427%；领航动力信息系统有限公司 4.3 亿元，同比增长 3%；国网电力科学研究院武汉南瑞有限责任公司 5 亿元，同比增长 121%；中电科长江数据股份有限公司 2.6 亿元，同比增长 713%；湖北众友科技实业股份有限公司 1.3 亿元，同比下降 16%。

基础设施建设

湖北省积极实施“宽带中国·光网城市”等工程。2014 年，全省光纤到户覆盖数达到 1 035.2 万户，是实际安装用户的 4.9 倍，为后期推进光纤到户快速发展打下了坚实基础；省移动加快 4G 网络战略布局，新增 4G 基站 30 000 多个，移动 4G（TD-LTE）网络基本覆盖全省地市及全省高速公路和高铁沿线。中国电信湖北分公司、中国联合网络通信有限公司湖北省分公司也在部分城市开展 FDD-LTE 和 TD-LTE 混合组网试验，布局 4G 基站。2014 年，全省移动电话用户 4 608.8 万户，同比增长 2.1%；移动电话用户数中 3G 用户 1 716.6 万户、4G 用户 368.5 万户；移动互联网用户 2 904.5 万户。2014 年，全省固定宽带用户达到 987.7 万户，其中，中国电信湖北分公司用户 869.7 万户，长城宽带网络服务有限公司武汉分公司用户 60 万户，湖北省楚天广播电视信息网络有限责任公司用户 50 万户，湖北艾普科技有限公司用户 8 万户。中国电信湖北分公司用户较上年净增 56 万户，同比增长 8.96%；湖北省楚天广播电视信息网络有限责任公司用户较上年净增 20 万户，同比增长 67%。

科技进步与应用

2014 年，湖北省规模以上企业研发投入占销售收入的比重达到 3.1%，继续保持较高的科研投入。

一是围绕产业核心关键技术突破和科技成果产业化，积极争取国家支持。武汉虹信通信技术有限责任公司、烽火通信科技股份有限公司、武汉天喻信息产业股份有限公司等企业获得了“核高基”、“新一代宽带无线移动通信网”等国家重大科技专项资金支持。

二是加强创新联盟建设。武汉新芯集成电路制造有限公司与中芯国际集成电路制造有限公司、清华大学等单位合作成立“集成电路先导技术研究院”，携手打造国内最先进的集成电路工艺技术研发机构；联想移动通信（武汉）有限公司、武汉邮电科学研究院等发起成立湖北省移动互联产业协会，联合移动互联产业链上下游 70 多家企业抱团发展、协同创新。

三是技术创新成果丰硕。武汉邮电科学研究院的“以太网与 SDH 传输网融合传送的 LAPS 设备装置”项目获国家技术发明二等奖，武汉邮电科学研究院的“分组传送网（PTN）重大技术攻关、设备研制和应用创新”项目获国家科技进步二等奖。武汉光迅科技股份有限公司和武汉邮电科学研究院的“阵列波导光栅集成光路芯片和封装技术及产业化应用”项目获湖北省技术发明二等奖，宜昌南玻硅材料有限公司的“电子级多晶硅低能耗闭路循环生产关键技术”、湖北能一郎科技股份有限公司的“环保型航模类大倍率镍氢电池”2 个项目获湖北省技术发明三等奖，长飞光纤光缆股份有限公司的”高速互联的新一代弯曲不敏感高带宽多模光纤关键制备技术与应用”、武汉虹信通信技术有限责任公司和武汉邮电科学研究院的“多业务多模有源无线覆盖分布系统”、武汉优乐光电科技有限公司和华中科技大学的“环保型硅太阳能电池背场电极浆料”3 个项目获湖北省科技进步二等奖，武汉精测电子技术有限公司、湖北瀛通电子有限公司获湖北省科技型中小企业创新奖。

电子产品进出口贸易

2014 年，湖北省有 9 家电子信息企业名列全省进口前 20 名，累计进口 39.3 亿美元，比上年进入前 20 名电子信息企业累计进口增长 15.7 亿美元，同比增长 66.7%，占全省外贸进口总额的 23.9%，比上年增长 6.6 个百分点。其中，鸿富锦精密工业（武汉）有限公司累计进口 12.8 亿美元，同比增长 7.7%；联想移动通信（武汉）有限公司、海思光电子有限公司累计进口分别是 11.3 亿美元、4.1 亿美元，分别是上年同期的 4.9 倍和 4.5 倍。

2014 年，湖北省有 8 家电子信息企业名列全省出口前 20 名，累计出口 48.1 亿美元，比上年进入前 20 名电子信息企业累计出口增长 9.4 亿美元，同比增长 24.4%，占全省外贸出口总额的 18%，比上年增长 1.1 个百分点。其中，鸿富锦精密工业（武汉）有限公司累计出口 28.3 亿美元，同比增长 4.6%；随州波导科技有限公司、武汉烽火国际技术有限责任公司分别增长 70%、55.4%；武汉新芯集成电路制造有限公司累计出口是上年同期的 2.7 倍。全省出口电子产品主要有台式及平板计算机、智能手机、集成电路、液晶显示器等。

全省出口过千万美元以上的电子信息企业有 28 家，其中，鸿富锦精密工业（武汉）有限公司、联想移动通信（武汉）有限公司、冠捷显示科技（武汉）有限公司、武汉烽火国际技术有限责任公司、武汉新芯集成电路制造有限公司全年累计出口创汇分别名列全省出口企业的第 1 位、第 6 位、第 8 位、第 9 位、第 11 位。

信息产业基地建设

2014 年，国家(宜昌）电子材料产业园完成固定资产投资 12.4 亿元，研发投入 101.7 万元；实现工业总产值 62.4 亿元，占全行业总产值的 1.5%；完成出口交货值 1.4 亿元，同比下降 36.4%。国家（武汉）光电子产业基地拥有企业 425 家，比上年减少 28 家；全年完成固定资产投资 192.5 亿元，同比增长 13.8%；研发投入 52.8 亿元，同比增长 12.6%；实现工业总产值 1 340.2 亿元，占全行业总产值的 32.3%；完成出口交货值 291.9 亿元，同比增长 18.8%。

信息化应用与建设

信息化总体发展态势良好。根据工业和信息化部发布的 2014 年全国信息化发展水平评估报告，对各省市信息网络就绪度、信息通信技术应用、应用效益三大类共 20 个指标进行分项比较、定量评价和区域对比。根据调查信息，2014 年湖北省信息化发展指数为 67.16，比上年增长 11.5%（全国平均增速 5.6%），高于同期 GDP 增速，全国排名第 11 位。其中，三个一级指标均取得较大增长，网络就绪度指数、信息通信技术应用指数、应用效益指数分别为 60.52、70.88、72.99，分别增长 9.26、5.0、3.12。值得注意的是，二级指标中宽带普及率达到 70.01，从上年全国第 15 位跃至第 10 位；政务应用指数达到 76.4，从全国第 10 位跃至第 7 位；其他如有线电视发展指数、智能终端普及指数、企业应用指数、劳动生产率指数、技术创新指数、节能降耗指数也取得较快发展，均高于全国发展平均水平。

湖北省信息化发展呈现以下几个特点：一是 2014 年湖北省信息化发展水平处于“中部领先、全国靠前”的位置，在全国排名第 11 位，较上年上升两位，中部排名第 2 位。二是湖北省信息化发展速度较快。2014 年湖北省信息化发展指数增长 11.5%，高于全国平均增速 5.9 个百分点，特别是网络就绪度指数增长率达到 18.1%。三是湖北省信息化发展指标绝大多数在中部领先。一级指标中，网络就绪度指数和应用效益指数排名第 2 位，信息通信技术应用指数排名第 3 位。

热点

重大项目建设 2014 年，湖北省电子信息产业完成投资 752 亿元，增长 22.7%；新增固定资产 140 亿元，增长 13.5%。主要包括：武汉华星光电技术有限公司在武汉东湖高新区左岭产业投资 160 亿元建设第 6 代显示面板生产线，武汉天马微电子有限公司第 6 代低温多晶硅（LTPS）TFF-LCD 及彩色滤光片生产线项目投资 120 亿元，联想移动通信（武汉）有限公司智能手机和 pad 生产基地项目及移动互联和数字家庭运营中心新投产项目 50 亿元，湖北华为武汉研发中心项目 50 亿元，武汉奇宏电子有限公司华中基地项目 53 亿元，华讯方舟科技（湖北）有限公司空间通讯科技城生产基地项目总投资的卫星通信网络传输设备新投产项目 15 亿元，健鼎（湖北）电子有限公司的印制电路板新投产项目 10 亿元，武汉软件新城已完成投资额 200 亿元（竣工面积达 72 万平方米）等。

信息消费 2014 年，湖北省信息消费规模达到 2 329 亿元，同比增长 45.6%，其中，全省电信业务总量达到 621.7 亿元，同比增长 31.3%，信息消费成为稳定经济增长的新着力点。黄石市成为国家信息消费试点城市，全省国家信息消费试点城市增加到 4 个。全省宽带网络覆盖范围全面扩大，2014 年新增 FTTH（光纤入户）覆盖家庭 180 万户、发展固定宽带接入用户 140 万户，全省宽带用户及基站数量平均增幅达 30%，保持了较高发展水平。企业电子商务成效显著。2014 年，全省大型企业电子商务应用普及率近 70%，中小企业超过 50%，越来越多的企业正在“触电”发展，2014 年全省 B2B 交易额突破 7 000 亿元。十堰亿脉科技有限公司建设的商用汽车及零部件电子商务公共服务平台——“汽配人网”，已吸引 30 万家企业在网上开店，企业可以利用平台进行产品推广在线交易，拉动当地汽车汽配产业新增销售收入 30 亿元以上。

智慧城市 2014 年，湖北省 5 市 2 区获批国家智慧城市试点。各试点城市成立了智慧城市建设领导小组，编制了智慧城市建设总体规划或方案，组织实施了一批涉及智慧政务、智慧城管、智慧教育、智慧居家养老、智慧医疗、智慧农业、智慧交通等示范项目建设。宜昌市、襄阳市和孝感市还被评为信息惠民国家试点城市。

数字家庭 2014 年，湖北省数字家庭产业规模以上企业 170 多家，实现主营业务收入 800 亿元，同比增长 21.2%；初步形成从研发、生产、应用、服务“四位一体”的数字家庭产业体系。

产业链不断延伸。在设备制造领域，拥有烽火通信科技股份有限公司、联想移动通信（武汉）有限公司、鸿富锦精密工业（武汉）有限公司、武汉雅图数字视频技术有限公司、精伦电子股份有限公司等一批实力派企业。在系统集成领域，已集聚国家系统集成一级资质的武汉烽火信息集成技术有限公司以及武汉安通科技产业发展有限公司、武汉领航动力信息系统有限公司、武汉兴得科技有限公司等上百家具有资质的数字家庭系统集成商。在数字内容领域，汇聚了湖北江通动画股份有限公司、长江出版传媒股份有限公司、湖北盛泰文化传媒有限公司、武汉银都文化传播有限公司、超级玩家网络科技有限公司(SG) 等文化创意及内容提供企业。在运营服务领域，中国电信湖北分公司、中国移动湖北分公司、中国联通湖北分公司、湖北省广播电视信息网络股份有限公司等运营商开展的数字家庭业务，正在不断丰富全省数字家庭业务内容。

技术创新活跃。湖北数字家庭产业领域现有国家级企业技术中心 2 个，省级 7 个；国家级工程研究及工程技术研究中心（实验室）7 个，省级 3 个，推动湖北数字家庭科技创新能力显著提升。武汉邮电科学研究院“以太网与 SDH 传输网融合传送的 LAPS 设备装置”、华中科技大学“主动对象海量存储系统及关键技术”获得国家技术发明二等奖。武汉联想基于智能电视的多业务（含视听娱乐、家居控制、社区业务）集成门户和空鼠多信源切换技术、烽火通信基于电信网络的家庭网关系列产品、精伦电子融合有线电视与互联网影音的 DVB+OTT 双模智能终端等一大批具有国内先进水平的新产品、新技术为数字家庭基地的发展奠定了坚实基础。

集聚效应显现。2014 年，湖北数字家庭产业领域多个应用示范工程启动。武汉光谷高清科技发展有限公司和武汉兴火源科技有限责任公司在左岭搭建完成数字家庭 O2O 社区体验屋，业务平台已试运行，覆盖用户5 000 户；武汉精伦电子股份有限公司与湖北黄冈广电数字传媒有限公司搭建完成的视听互动及相关业务平台已开通上线运行，目标用户 3 万户；武汉光谷数字家庭研究院、武汉中建智能工程有限公司、联想移动互联（武汉）产业基地在武汉东湖明珠小区开展应用示范，用户数 249 户；武汉安通科技产业发展有限公司与中国电信武汉分公司搭建完成 2 个多模业务体验屋；武汉烽火普天信息技术有限公司与鄂州广电网络传媒有限公司搭建的业务平台已开通上线，用户数 2 万户。湖北数字家庭产业呈现出产业集聚发展、应用示范推动的良好势头。

三网融合 按照国务院推进三网融合总体方案的通知精神，湖北省印发了《湖北省推广三网融合总体方案》，成为全国第 1 个在省级层面范围推广三网融合的省份。推出“幸福新农村”项目，集农村网络综治及农技平台、村级“三务”公开平台、IPTV 及党员远教交互式平台于一体，实现计算机、电视、手机三屏互动，将基层党建、村务信息、农业技术、综合治理等服务信息进村入户，2014 年已覆盖 137 个村镇，发展用户近 9 000 户。在城市地区开展了党建、交通、金融、医疗、教育、社保、水电煤缴费等社区服务，方便了人民群众的生活。推动 IPTV、移动电视、城市电视、手机电视、互联网电视等新媒体业态快速发展。

融合业务广泛应用。湖北省广播电视台与中国电信湖北分公司联手打造了“幸福新农村”IPTV 项目，在随州市、宜昌市、襄阳市、黄冈市等多个地市加快推进，目前该项目已经发展 5.5 万户用户，基本形成了湖北省农村宽带建设新模式。

家电下乡 2014 年 7 月，商务部会同财政部、工业和信息化部、质检总局组织调研组来湖北省调研，主要围绕湖北省农村家电维修服务体系总体情况、湖北省落实国家四部门《关于家电下乡维修服务体系工作方案》情况及对建设完善家电维修服务体系的政策建议等方面展开，湖北省家电维修行业管理中心开展了全省调研、制定全省建设规划、建设信息平台、开展人员培训及网络试点建设等方面工作。

2014 年，湖北省家电维修行业管理中心与山东青岛赛维电子信息服务股份有限公司、北京泰瑞特检测技术服务有限责任公司共同完成《家电下乡产品售后维修服务信息系统开发与应用示范》项目建设，并通过工业和信息化部组织的验收。项目的建设和实施促进了湖北省家电下乡售后维修服务综合信息平台的推广应用，为广大消费者维修家电提供了便捷顺畅的服务方式。2014 年，利用平台全年直接接收报修 3 503 条，发布相关信息 482 条。同时，湖北省家电维修行业管理中心抓住家电下乡售后服务体系试点建设契机，组织召开试点建设现场会，不断推进全省维修服务网络建设上台阶。

技能鉴定工作继续保持较好发展势头。2014 年，鉴定工业和信息化部电子行业特有工种中、高级人员 2 950 人，完成湖北省人力资源和社会保障厅通用工种鉴定人数570 人。

其他

2014 年，湖北省出台的相关政策：1 月 10 日，《湖北省人民政府办公厅关于印发湖北省物联网发展专项行动计划（2014~2017 年）的通知》（鄂政办发［2014］4 号）；2 月 6 日，《湖北省人民政府关于促进信息消费扩大内需的意见》（鄂政发［2014］8 号）；3 月 14 日，《省人民政府办公厅关于印发湖北省推广三网融合总体方案的通知》（鄂政办函［2014］1 号）；3 月 21 日，《湖北省加快推进信息化与工业化深度融合行动方案（2014~2017 年）的通知》（鄂政办函［2014］30 号）；3 月 14 日，《湖北省人民政府办公厅关于进一步推进软件和信息技术服务业发展的意见》（鄂政办发［2014］20 号）；4 月 18 日，《湖北省人民政府关于大力推进电子商务发展的意见》（鄂政发［2014］21 号）；7 月 23 日，《湖北省人民政府关于贯彻落实“宽带中国”战略及实施方案的意见》（鄂政发［2014］34 号）；9 月 28 日，《湖北省人民政府关于印发湖北省集成电路产业发展行动方案的通知》（鄂政发［2014］44 号）；11 月 6 日，《湖北省人民政府关于湖北省集成电路产业投资基金设立方案的批复》（鄂政函［2014］193 号）。

【统计数据】

表 1　2014 年湖北省电子信息制造业人员构成情况

企业类别	企业数（家）	年末从业人员总数（人）	其中：研发人员（人）
内资企业	1 007	276 098	40 550
国有企业	49	51 332	12 857
集体企业	5	978	95
股份合作企业	7	930	39
联营企业	18	5 295	709
有限责任公司	549	91 214	10 197
股份有限公司	212	80 342	11 917
私营企业	68	20 853	1 245
其他内资企业	99	25 154	3 491
港、澳、台商投资企业	31	34 059	730
三资企业	76	33 659	3 957

表 2　2012~2014 年湖北省电子信息制造业基本情况

项目名称	单位	2012 年	2013 年	2014 年
工业总产值（现行价）	万元	21 616 368	26 917 425	34 498 986
工业销售产值	万元	20 981 625	25 880 697	32 983 686
出口交货值	万元	5 370 898	3 826 310	5 267 248
流动资产合计	万元	7 854 188	18 118 053	21 520 464
固定资产合计	万元	4 446 844	6 483 075	6 843 992
资产总计	万元	20 430 389	45 203 989	35 384 208
负债合计	万元	11 705 604	26 402 569	30 496 449
主营业务收入	万元	20 108 726	23 390 328	29 820 562
税金总额	万元	455 445	580 689	1 048 001
利润总额	万元	1 128 783	1 198 706	1 312 973

续表

项目名称	单位	2012 年	2013 年	2014 年
应交所得税	万元	105 997	149 150	385 530
从业人员年末人数	人	274 699	312 444	343 816
本年应付工资总额	万元	1 126 085	1 457 691	1 974 429

表 3 2012~2014 年湖北省电子信息制造业三资企业基本情况

项目名称	单位	2012 年	2013 年	2014 年
工业总产值（现行价）	万元	2 571 791	2 803 888	2 782 459
工业销售产值	万元	2 423 788	2 872 629	2 629 615
出口交货值	万元	253 830	344 081	315 905
流动资产合计	万元	1 379 185	1 936 491	1 783 054
固定资产合计	万元	611 821	1 058 651	812 806
资产总计	万元	2 468 143	3 352 404	2 904 638
负债合计	万元	1 218 794	1 708 682	1 349 597
主营业务收入	万元	2 498 082	2 989 654	2 721 081
税金总额	万元	48 954	69 934	95 545
利润总额	万元	200 408	285 322	205 350
应交所得税	万元	21 977	25 933	83 125
从业人员年末人数	人	29 393	35 809	33 659
本年应付工资总额	万元	128 611	176 428	174 512

表 4 2012~2014 年湖北省主要电子信息产品产销量情况

产品名称	单位	产量			销量		
		2012 年	2013 年	2014 年	2012 年	2013 年	2014 年
电话单机	部	218 534	185 126	49 126	213 169	183 126	49 126
手机	部	4 189 644	5 189 644	54 953 320	3 654 200	4 654 200	54 682 189
台式微型计算机	台	2 207 485	999 869	1 206 868	2 207 485	1 000 449	1 248 055
显示器	台	10 855 000	10 727 165	7 472 121	10 898 830	10 616 748	7 295 022
平板显示器	台	10 855 000	10 727 165	602 200	10 898 830	10 616 748	602 090
集成电路	万片	1 085.7	487.5	492	716.7	485.1	492
光纤	千米	33 208 700	10 812 114	40 951 500	38 706 430	10 799 955	38 138 469
光缆	芯千米	22 800 640	28 730 227	75 746 220	36 002 640	28 201 008	72 003 416

表 5　2014 年湖北省软件产业人员构成情况

企业类别	企业数（家）	年末从业人员总数（人）	人员构成			
			管理人员（人）	在总人数中所占比例（%）	软件开发研究人员（人）	在总人数中所占比例（%）
内资企业	2 439	345 793	48 723	14.1	160 783	46.5
国有企业	147	65 977	9 609	14.6	29 339	44.5
集体企业	11	1 751	299	17.1	596	34.0
股份合作企业	16	53 868	8 312	15.4	26 386	49.0
联营企业	9	4 642	670	14.4	2 112	45.5
有限责任公司	1 614	132 664	18 496	13.9	61 916	46.7
股份有限公司	263	64 827	8 657	13.4	28 141	43.4
私营企业	317	18 567	2 296	12.4	11 032	59.4
其他内资企业	62	3 497	384	11.0	1 261	36.1
港、澳、台商投资企业	11	881	92	10.4	361	41.0
三资企业	51	15 030	2 053	13.7	7 533	50.1

表 6　2012~2014 年湖北省软件产业基本情况

项目名称	单位	2012 年	2013 年	2014 年
软件业务收入	万元	3 680 895	7 094 478	8 511 963
软件业务出口收入	万美元	12 679	19 543	10 807
软件产品收入	万元	1 727 400	3 069 070	4 348 201
流动资产平均余额	万元	5 372 260	11 673 006	11 416 730
固定资产投资额	万元	401 197	909 842	744 473
资产合计	万元	9 256 982	21 505 593	19 006 079
负债合计	万元	4 558 815	12 059 864	9 740 777
税金总额	万元	215 055	417 788	400 008
利润总额	万元	472 366	1 076 832	864 120
应交所得税	万元	89 958	114 539	103 840
从业人员年末人数	人	111 670	221 992	361 704
本年应付职工薪酬	万元	614 753	1 272 230	2 277 999

表 7　2012~2014 年湖北省软件产业三资企业基本情况

项目名称	单位	2012 年	2013 年	2014 年
软件业务收入	万元	154 812	231 357	327 314
软件业务出口收入	万美元	2 885	3 950	947
软件产品收入	万元	72 013	114 321	191 016
流动资产平均余额	万元	189 852	290 389	375 502
固定资产投资额	万元	3 197	5 521	32 818
资产合计	万元	291 970	437 924	627 346
负债合计	万元	112 321	197 599	283 491
税金总额	万元	7 156	12 266	15 184
利润总额	万元	23 814	36 742	27 737
应交所得税	万元	2 422	5 908	2 092
从业人员年末人数	人	5 407	8 655	15 030
本年应付职工薪酬	万元	30 863	48 054	95 613

表 8　湖北省信息化发展指数和位次情况

项目名称	2014 年分值	2013 年分值	2014 年全国位次	2013 年全国位次	2014 年中部位次
信息化发展指数	67.16	60.85	11	13	2
网络就绪度指数	60.52	51.26	11	10	2
信息通信技术应用指数	70.88	65.94	13	14	3
应用效益指数	72.99	69.87	13	14	2

注：表 1~表 8 数据来源于湖北省经济和信息化委员会。

[撰稿：郑汪洋　审稿：王成祥]

湖 南 省

【综述】

2014 年，湖南省电子信息产业继续保持平稳快速的增长态势，成为全省工业经济发展的新亮点。据湖南省统计局核定数据，全省电子信息产业全年实现主营收入 2 578.1 亿元。其中，电子信息制造业实现主营收入 2 116.4 亿元，增长 25.7%；软件和信息服务业实现主营收入 301.7 亿元，增长 14.9%；移动互联网产业实现主营收入 160 亿元，增长 120%。

电子信息制造业

产业规模保持稳定增长　据工业和信息化部数据，

2014 年，全省电子信息制造业实现销售产值 1 983.07 亿元，增长 29.4%；实现主营收入 1 930.42 亿元，增长 28.9%。据湖南省统计局数据，2014 年，全省电子信息制造业实现工业增加值 745.56 亿元，增速达 29.6%，高出全省规模工业平均水平 20 个百分点，连续 5 年领跑全省各主要行业。行业增加值占全省规模工业的 7.1%，较上年上升 0.4 个百分点。电子信息产业作为全省多点支撑产业格局中重要支撑点的作用进一步增强。

产业结构继续优化 一是龙头企业快速成长。继蓝思科技、衡阳富士康集团后，南车时代跻身百亿。蓝思科技、利德浆料、艾华集团成功上市。其中蓝思科技创造了创业板营收、净利、资产等多个第一。2014 年，分别有 2 家、1 家、3 家企业入围全国电子企业百强、中国电子元件百强和中国内资印制电路排行榜。二是“大企业顶天立地，小企业铺天盖地”的格局基本形成。全省电子信息制造业规模在 100 亿元以上的企业有 3 家，50~100 亿元的企业有 3 家，30~50 亿元的企业有 4 家，10~20 亿元的企业有 18 家，1 亿元以上的企业有 290 家。三是产业集聚发展明显。长株潭及郴州市增加值合计占全省总数的 75%。浏阳经开区得益于电子信息产业，位列长沙五个国家级园区绩效考核首位。

产业出口、投资增势突出 据工业和信息化部数据，2014 年，全省电子信息产品实现出口交货值 453.2 亿元，同比增长 30.6%。全年完成固定资产投资 590.33 亿元，增长 20.3%。投资 60 亿元的中光通信第二代光纤项目奠基。投资 10 亿元的中国电子信息产业集团有限公司的自主可控国产计算机整机项目和投资 13.9 亿元的中国电子科技集团微电子与光电子装备研发与产业化基地落户。蓝思科技三期、基伍手机、威胜集团智能配用电产业园、笔电锋手机、益阳多家印制电路等项目进展顺利。集成电路招商力度加大，呈现聚集发展态势。

行业影响力进一步提升 南车时代电气、科力远电池继续入围全国电子企业百强。艾华集团入围 2014 年（第 27 届）中国电子元件百强，位列铝电解电容器类企业第一。3 家企业入围第十三届中国内资印制电路排行榜。蓝思科技股份有限公司董事长周群飞等 9 位企业家获得 2014 全国电子信息行业优秀企业家表彰。湖南红太阳光电科技有限公司、湖南红太阳新能源科技有限公司双双入选国家火炬计划重点高新技术企业。南车时代电气、高斯贝尔、华菱线缆等 3 家电子信息企业获“省长质量奖”。新亚胜光电 LED 显示屏产品成功进入伦敦奥运会、索契冬奥会、巴西世界杯等世界级大型体育赛事。

科技创新取得新进展 国防科大“天河一号”超算获 2014 年度国家科技进步奖特等奖。南车时代电气国内首条、世界第 2 条 8 英寸 IGBT 专业芯片生产线正式投产，打破国外垄断，入选 2014 年中国半导体十大事件。长沙景嘉微电子推出国内首款高性能低功耗高可靠性的图形处理芯片（GPU）。国科微电子高速数模模数转换芯片流片成功。中电科 48 所实现国产离子注入机在高端集成电路生产线上成功量产的重大突破。

软件和信息服务业

产业规模平稳增长 湖南省软件和信息服务业 2001~2011 年一直保持年均 25%的增长速度，居中部地区第一。从 2012 年开始，湖南省软件和信息服务业进入平缓增长期和发展转型期，大量做纯软件开发的企业向服务化转型，软件产品的收入增长势头趋缓，服务收入的比重逐步提高，新业态处于培育发展期。

移动互联网产业快速发展 2014 年，湖南省出台一系列鼓励产业发展的政策和措施，全省移动互联网产业实现总收入 160 亿元，增长 120%，产业发展特色凸显。一是移动支付带动互联网金融。中移电子商务业务全年交易额突破 3 000 亿元，同比增长 230%；国内著名企业 58 同城金融公司、易宝支付第二基地落户长沙，步步高支付、慧支付、唯楚电子等数十家新的移动支付和互联网金融企业先后成立，湖南省移动支付的牌照数量和交易额已在中西部地区领先。二是移动电子商务成为重要增长点。2014 年，湖南省电子商务交易额突破 2 500 亿元，增幅超过 100%，移动电子商务领域空前活跃，媒体电商向移动电商快速发展，传统零售企业开始向 O2O 电子商务转型，工业企业加快移动电子商务布局，涉农电子商务依托移动互联网加快发展。三是移动互联网与制造业融合促进产业转型升级。中联重科智能、三一智能、南车时代电气等装备制造重点企业，通过移动互联网推动制造服务化，并带动了工业大数据的发展。四是传统优势媒体与新兴媒体融合带动内容产业快速发展。湖南省已形成以天闻数媒、湘教传媒为主体的数字教育平台，以红网、潇湘晨报为主体的新闻资讯平台，以大湘网、无线湖南、枫网为主体的生活服务平台，以动漫游戏为核心的互动娱乐平台四大新媒体平台。

工业控制软件促进优势产业转型升级 工业控制软件作为两化融合的重要切入点，成为湖南省软件产业的优势领域，对工业的渗透由外围转向核心，推动湖南省优势制造业的核心竞争力的提升。在轨道交通领域，南车时代电气通过传统电气技术与信息技术对接融合，形成七大核心技术，打造了中国高铁的“中国脑”、“中国芯”，排全国软件百强企业第 17 位。在机械装备领域，湖南省工程机械核心企业中联和三一立足于信息技术与机电技术的融合，分别组建了中联重科智能和三一智能，成为湖南省软件行业的骨干企业，通过自主研发的远程监控系统，可对遍布全球的机械设备实施卫星定位、远程监测、数据采集分析、故障诊断和技术支持，实现了由“生产型制造”向“服务型制造”的转变。智能控制软件的发展促进了湖南省智能机器人和 3D 打印的发展。

园区服务能力不断提升 长沙软件园和长沙信息产业园整合后，服务能力进一步提升，基地已聚集了长沙市 90%的软件企业，出台了促进软件、电子商务及服务外包产业发展规划和政策，成为湖南省首个移动互联网产业集聚区。长沙高新区已聚集移动互联网企业 605 家，其中 2014 年新入驻 58 同城、金蝶互联、友阿云商、步步高支付等 413 家。常德市武陵区已开始建设移动互联网专业园区，浏阳市成立移动互联网创业中心，有效推动了传统烟花制造、文化创意与互联网产业的融合发展，株洲、衡阳、岳阳、娄底等市正在规划建设移动互联网产业园区。

科技进步与应用

突破信息产业重点领域 2 项关键技术 中国在信息产业五大重点领域突破 6 项关键技术，其中 2 项由湖南省实现，分别是：南车时代电气具有完全自主知识产权的大功率 IGBT 芯片，该芯片已通过专家鉴定并投入批量生产，终结了高端 IGBT 芯片完全依赖进口的历史，将为中国轨道交通、电力系统等相关行业的发展提供强劲支撑；国防科技大学研制的“天河二号”荣登全球超级计算机 500 强排行榜榜首，再次彰显了湖南省电子信息产业的科技实力和研发优势。

国内首条 8 英寸 IGBT 生产线投产 2014 年 6 月 20 日，投资近 15 亿元的 IGBT 产业化基地在中国南车株洲电力机车研究所投产，首批 8 英寸 IGBT 芯片下线。这是国内首条、世界第 2 条 8 英寸 IGBT 专业芯片生产线，首期将实现年产 12 万片 8 英寸 IGBT 芯片，配套生产 100 万只 IGBT 模块，年产值超过 25 亿元，真正实现 IGBT 的国产化。它的投产，将打破国外公司在高端 IGBT 芯片技术上的垄断。经多年研发，南车株洲所攻克了 30 多项重大难题，终于掌握了 IGBT 成套技术，成功研制出从 650 伏到 6 500 伏高功率密度 IGBT 芯片及模块，形成了 IGBT 的完整产业链。集 IGBT 产品设计、芯片制造、模块封装测试、可靠性试验、系统应用等成套技术研究、开发及产品制造于一体，其产业规模和技术实力达到国际领先水平。特别是在沟槽技术、高能离子注入、超薄片加工、激光退火与铜金属化工艺等关键技术的运用方面都走在国际前列。据介绍，除生产 8 英寸 IGBT 芯片外，该基地还将建设多条满足不同行业用途的 IGBT 模块生产线。

长沙景嘉微电子成功研发国内首款高性能 GPU 耗时 7 年、耗资亿元、国内首款高性能低功耗高可靠性的图形处理芯片（GPU）——JM5400 于 2014 年 4 月在湖南长沙景嘉微电子股份有限公司研发成功。该款芯片拥有完全的自主知识产权，目前已申报 56 项国家发明专利，其中已有 23 项获得授权。该款芯片在外存位宽、容量、接口支持方面达到或优于常用国外产品，全面支持国产 CPU 和国产操作系统，打破了 GPU 市场被国外产品完全垄断的局面。

中国“天河二号”获世界超级计算机四连冠 2014 年 11 月 17 日，国际组织 TOP500 在美国发布全球超级计算机 500 强最新排行榜。中国国防科技大学研制的“天河二号”超级计算机以每秒 33.86 千万亿次的浮点运算速度获得四连冠。美国能源部下属橡树岭国家实验室的“泰坦”则连续 4 次屈居亚军，其浮点运算速度为每秒 17.59 千万亿次。

信息基础设施建设

2014 年，全省电话用户较上年末新增 103.2 万户，总数达到 5 587.6 万户。固定宽带用户新增 80.8 万户，达到 783 万户，同比增长 11.5%。全省累计已有 9 家移动转售企业在湖南省开展业务，共发展用户 8 400 余户。移动互联网用户新增 539 万户，增幅达 20%，总数达到 3 223 万户。2014 年，新增行政村通宽带 1 012 个，任务完成率为 101%，全省行政村通电话率、乡镇通宽带率均已达到 100%，自然村通电话比率达 98%，行政村通宽带比率达 96.3%。村通工程的实施缩小了城乡差距，助力偏远农村脱贫和新农村建设。

信息技术应用

开展两化融合推进活动 2014 年，组织开展了一系列企业两化融合“登高计划”活动。成功举办湖南省企业两化融合对接会。会议以“推动两化深度融合，促进工业转型升级”为主题，来自国际国内的 50 多家信息技术服务企业、省内 200 多家工业企业的 400 多人参加会议。信息技术服务企业围绕产品研发信息化、生产装备数字化、生产过程智能化、经营管理网络化等方面展示了多种两化融合解决方案。一批两化融合项目在对接会上成功签约。开展企业信息化“翔计划”、“企业信息化巡展”等活动。其中，“翔计划”开展培训活动 116 场，培训人数达 10 446 人次；“企业信息化巡展”开展培训活动 12 场，培训人数达 2 400 人次。开展“移动 4G 惠三湘”活动，累计开展宣讲 10 991 场次，为 150 余万户企事业单位提供了 4G 信息化服务，4G 信息化终端使用率为 49.7%。2014 年，先后组织两期企业信息化培训班，参加培训企业共 260 多家，人数达 450 多人次。

根据中国电子信息产业发展研究院发布的《2014 年中国信息化与工业化融合发展水平评估报告》显示，湖南省两化融合发展综合指数为 76.06，比上年的 68.96 增长了 7.10，比全国平均水平高 9.92，居全国第 10 位，是发展总指数增长最快的 5 个省份之一。湖南华菱湘潭钢铁有限公司、南车株洲电力机车有限公司、三一集团有限公司等 14 家企业入选工业和信息化部两化融合管理体系贯标试点企业。常德市武陵区入选第二批国家信息消费试点城市。

推进政务信息资源开发应用与共享，在线服务能力不断提升 全省网上政务服务和电子监察系统纳入 55 家省直单位系统事项共 1 348 项，14 个市州本级纳入系统事项共 10 687 项，123 个县市区纳入系统事项共 55 834 项，2014 年共在线办理事项 600 余万件，实现了网上横向联合办理，系统应用成效显著，社会效应不断扩大。全省经信系统电子政务建设项目已经启动。项目建成后，将覆盖全省经信系统的公文传输系统、协同办公系统、视频会议系统、政务数据资源管理服务总线等电子政务系统，实现资源高效整合和利用，推进政府管理和服务创新。

加强信息安全建设，强化信息安全意识 启动湖南省重点行业网络与信息安全公共服务平台项目建设，构建集安全状况感知、检测、监控、应急处置于一体的安全防护体系。联合湖南省网络与信息安全测评中心对全省非涉密网站和重点领域信息系统安全的监测、风险评估、事件通报等工作，对全省各级政府部门、企业网站等 800 多个重要信息系统实施 7×24 小时的安全监测，对长沙、常德、岳阳等 11 个市州进行了巡查，为各地发布信息安全监控专报 18 期，指导各地网络与信息安全保障工作，促进了全省政企部门安全意识、安全管理和技术防护能力的提升。2014 年 12 月举办了“湖湘杯”全国网络信息安全公开赛，吸引了来自全国 22 个省、直辖市、自治区的 684 支战队、1 400 多人报名参赛，进一步提高了全社会对网络信息安全的重视程度。

主要问题

一是区域竞争加剧。中部地区竞争激烈，湖南省电子信息制造业投资增速排名在上半年还居中部第 1 位，年底只排第 3 位；在投资规模上一直仅高于山西省，位于中部第 5 位。软件和信息服务业方面，上海市自由贸易区将成为中国现代服务业的极地，对湖南省新兴的信息服务业产生很强的极地效应。南面广东省的信息服务业挤压湖南省信息服务业发展空间；西面和北面的四川省、重庆市、湖北省打造现代信息服务业的政策洼地，对湖南省信息服务业招商引资形成巨大挑战。

二是企业利润下滑。企业运营成本普遍升高，盈利能力下降。据湖南省统计局数据，2014 年电子信息制造业全行业完成利润 77.95 亿元，同比下降 4.9%，主营收入利润率为 4.2%，较全省规模以上工业平均低 0.37 个百分点。

三是产业结构尚待优化。全省过 200 亿元的电子信息企业仅蓝思科技和衡阳富士康 2 家，大企业的波动直接影响全省的产业发展形势。省内缺乏整机带动，主要以电子元器件为主，处于价值链低端，利润率微薄。配套体系不健全。上下游产业链配套难，部分原材料、元器件要外购；服务业配套还不能满足企业需求。

四是人才、资金及基础设施等产业要素差距较大。高层次、复合型、领军型人才依然缺乏；信息网络基础设施有待加强，无线信号覆盖区域存在盲点，产业园区服务能力建设有待加强；投融资机构与沿海发达地区存在一定的差距。

此外，湖南省产业总量规模仍然偏小，优势企业不多；软件及信息服务业在全省信息产业中占比小，移动互联网产业只能算是刚刚起步，龙头企业不多；信息技术渗透、带动、融合特征发挥不够，企业运营成本普遍升高，盈利能力下降等。

【统计数据】

表 1　2014 年湖南省电子信息制造业人员构成情况

企业类别	企业数（家）	年末从业人员总数（人）	其中：研发人员（人）
内资企业	322	130 950	8 603
国有企业	2	3 305	263
集体企业	1	53	8
股份合作企业	3	358	20
有限责任公司	121	27 921	1 523
股份有限公司	48	63 486	5 211
私营企业	145	35 426	1 557
其他内资企业	2	401	21
港、澳、台商投资企业	24	17 516	149
三资企业	35	28 340	290

表 2　2012~2014 年湖南省电子信息制造业基本情况

项目名称	单位	2012 年	2013 年	2014 年
工业总产值（现行价）	万元	12 953 022	16 226 508.8	17 490 469.8
工业销售产值	万元	10 979 006	15 140 008.3	16 704 413.9
出口交货值	万元	2 723 449	4 701 037.8	3 385 742.0
流动资产平均余额	万元	3 934 481	4 142 720.3	5 006 368.0
固定资产净值平均余额	万元	2 105 380	1 974 245.4	1 936 122.0
资产总计	万元	7 659 831	7 349 841.5	8 521 972.1
负债合计	万元	3 650 944	3 241 855.9	3 585 377.9
主营业务收入	万元	10 698 945	14 981 739.9	16 192 507.1
税金总额	万元	300 873	540 261.7	711 166.2
利润总额	万元	832 820	914 973.9	985 348.3
应交所得税	万元	67 546	86 883.9	92 928.4
从业人员年末人数	人	141 752	156 992.0	159 271.0
从业人员工资总额	万元	704 481	640 369.8	586 155.9

表 3　2012~2014 年湖南省电子信息制造业三资企业基本情况

项目名称	单位	2012 年	2013 年	2014 年
工业总产值（现行价）	万元	3 267 227	4 694 719.7	3 316 546.2
工业销售产值	万元	3 163 632	4 552 815.5	3 003 997.6
出口交货值	万元	1 774 462	3 690 661.8	1 117 874.2
流动资产平均余额	万元	1 383 235	728 836.4	672 363.6
固定资产净值平均余额	万元	681 154	357 008.4	150 739.5
资产总计	万元	2 632 069	1 328 109.2	1 281 850.7
负债合计	万元	1 406 521	513 403.2	487 295.2
主营业务收入	万元	3 124 634	4 554 935.1	2 925 532.6
税金总额	万元	44 488	142 169.9	71 588.2
利润总额	万元	151 501	178 297.0	143 220.4
应交所得税	万元	4 310	4 430.8	7 938.4
从业人员年末人数	人	28 786	30 553	28 340
从业人员工资总额	万元	98 217	111 943.9	113 249.3

表 4　2012~2014 年湖南省电子信息制造业主要经济效益指标完成情况

项目名称	单位	2012 年	2013 年	2014 年
全员劳动生产率	元/人	233 233.6	170 580.6	188 850.0
流动资产周转率	次	2.7	3.6	3.2
产品销售率	%	84.8	93.3	95.5
总资产贡献率	%	14.8	19.8	19.9
资产保值增值率	%	139.4	136.8	120.3
资产负债率	%	47.7	44.1	42.1

表 5　2012~2014 年湖南省电子信息制造业三资企业主要经济效益指标完成情况

项目名称	单位	2012 年	2013 年	2014 年
全员劳动生产率	元/人	120 153.2	135 766.0	127 753.7
流动资产周转率	次	2.3	6.3	4.4
产品销售率	%	96.8	97.0	90.6
总资产贡献率	%	5.9	24.1	16.8
资产保值增值率	%	138.0	116.6	107.1
资产负债率	%	53.4	38.7	38.0

表 6　2012~2014 年湖南省主要电子信息产品产销量情况

产品名称	单位	产量			销量		
		2012 年	2013 年	2014 年	2012 年	2013 年	2014 年
机顶盒	万台	274.2	222.8	249.1	277.1	226.7	241.8
打印机	部	56 912	51 736	47 421	55 241	41 705	44 906
电子元件	亿只	364.9	470.0	456.7	361.1	463.6	455.8
手机摄像头	万只	150	100	876	150	95	798
卫星接收天线	万部	12.3	13.7	15.2	12.4	13.7	15.1
集成电路	万块	118 157.9	15 445	9 780	117 507.3	15 445	9 608
笔记本电脑	台	609 726	244 920	156 855	603 918	248 760	156 855

表 7　2012~2014 年湖南省三资企业主要电子信息产品产销量情况

产品名称	单位	产量			销量		
		2012 年	2013 年	2014 年	2012 年	2013 年	2014 年
电子元件	万只	1 364 384.8	1 127 979.8	1 088 255	1 333 634.8	1 112 046.8	1 090 882
笔记本电脑	台	609 726	244 920	156 855	603 918	248 760	156 855

表 8　2014 年湖南省软件产业人员构成情况

企业类别	企业数（家）	年末从业人员总数（人）	人员构成			
			管理人员（人）	在总人数中所占比例（%）	软件开发研究人员（人）	在总人数中所占比例（%）
内资企业	625	63 864	10 130	15.9	26 784	41.9
国有企业	12	3 519	982	27.9	1 352	38.4
集体企业	3	1 565	220	14.1	33	2.1
股份合作企业	1	491	45	9.2	165	33.6
国有独资公司	4	1 211	110	9.1	221	18.2
有限责任公司	320	20 265	3 837	18.9	8 945	44.1
股份有限公司	56	17 592	2 147	12.2	6 854	39.0
私营企业	229	19 221	2 789	14.5	9 214	47.9
港、澳、台商投资企业	4	567	90	15.9	269	47.4
三资企业	6	959	97	10.1	483	50.4

表 9　2012~2014 年湖南省软件产业基本情况

项目名称	单位	2012 年	2013 年	2014 年
软件业务收入	万元	2 363 509	2 556 575.6	3 017 374.9
软件业务出口收入	万美元	4 268	7 711.8	4 092.5
软件产品销售收入	万元	1 048 725	1 115 257.3	1 866 786.6
流动资产平均余额	万元	2 948 032	8 860 327.7	9 448 150.6
固定资产投资额	万元	130 558	100 103.6	197 967.7
资产合计	万元	6 817 807	7 593 516.1	9 507 071.6
负债合计	万元	3 073 165	3 399 478.4	4 127 662.0
税金总额	万元	175 526	187 330	244 531.2
利润总额	万元	495 757	476 044.4	620 212.8
应交所得税	万元	62 335	68 051.4	88 619.2
从业人员年末人数	人	55 373	53 346	65 390
从业人员工资总额	万元	321 618	333 086.5	487 738.0

表 10　2012~2014 年湖南省软件产业三资企业基本情况

项目名称	单位	2012 年	2013 年	2014 年
软件业务收入	万元	220 467	227 073.4	20 811.2
软件业务出口收入	万美元	1 677	1 631.8	154.0
软件产品销售收入	万元	191 682	201 447.2	8 696.2
流动资产平均余额	万元	389 039	1 101 910.7	17 606.2
固定资产投资额	万元	3 744	2 721.8	776.6
资产合计	万元	534 952	513 478.1	10 714.3
负债合计	万元	235 292	211 390.1	6 230.2
税金总额	万元	10 264	17 185.8	1 011.0
利润总额	万元	35 193	40 437.5	3 509.2
应交所得税	万元	5 050	6 646.4	556.7
从业人员年末人数	人	5 186	5 371	959
从业人员工资总额	万元	32 192	33 984.2	13 255.8

表 11 2012~2014 年湖南省软件产业主要经济效益指标完成情况

项目名称	单位	2012 年	2013 年	2014 年
全员劳动生产率	万元/人	15.8	14.4	15.1
流动资产周转率	次	80.2	42.0	52.1
产品销售率	%	100	100	100
总资产贡献率	%	10.2	7.7	11.2
资产保值增值率	%	78.4	128.0	131.2
资产负债率	%	45.1	44.8	43.4

表 12 2012~2014 年湖南省软件产业三资企业主要经济效益指标完成情况

项目名称	单位	2012 年	2013 年	2014 年
全员劳动生产率	万元/人	11.1	17.5	18.2
流动资产周转率	次	56.7	28.8	36.6
产品销售率	%	100	100	100
总资产贡献率	%	9.6	5.5	8.9
资产保值增值率	%	109.9	100.4	110.3
资产负债率	%	44.0	41.2	58.2

注：表 1~表 12 数据来源于湖南省经济和信息化委员会，为部分企业数据。

[撰稿：易永彤 审稿：彭涛]

广 东 省

【综述】

2014 年，广东省以提高经济增长质量效益为中心，围绕高水平发展电子信息产业的目标，以重大项目、重要平台、骨干企业和关键技术为抓手，促进产业转型升级，推进两化深度融合，积极鼓励创新创业，确保产业的平稳增长和创新突破。

电子信息制造业

总量保持稳定增长 在总体经济持续放缓的大背景下，2014 年，广东省电子信息制造业保持较为稳定的增长态势。据工业和信息化部统计，2014 年，广东省规模以上电子信息制造业实现销售产值 2.97 万亿元，占全国的 28.6%，同比增长 8.1%，增速比全国平均水平低 2.2 个百分点，比上年同期低 1.9 个百分点；实现出口交货值 1.73 万亿元，占全国的 33.3%，同比增长 4.2%，增速比全国平均水平低 1.8 个百分点，比上年同期提高 0.2 个百分点。企业盈利能力持续提升，实现主营业务收入 2.86 万亿元，占全国的 27.8%，同比增长 7.4%；实现利润总额 1 401.2 亿元，占全国的 27.8%，同比增长 20.3%；实现税金总额 596.0 亿元，占全国的 29.5%，同比增长 11.1%。主要经济指标连续第 24 年位居全国首位。

产业结构调整进入攻坚期 产品结构方面，由于内需市场缺乏新一轮热点带动，终端类电子产品增速放缓。据广东省统计局统计，2014 年，广东省实现手机产量 9.2 亿部，同比增长 5.2%，增速比上年下降 29 个百分点；电子计算机产量 5 027.7 万台，同比增长 5.2%；彩色电视机产量 7 039.9 万台，同比增长 0.1%，增速比上年下降 4.2 个百分点。关键元器件产量增速也相应下降，光电子器件产量 2 590.3 亿只，同比增长 32.1%，增速比上年下降 20.3 个百分点；集成电路产量 190.5 亿块，同比下降 2.3%。

产业布局更加合理，区域一体化协同发展。珠三角地区特别是“深莞惠”核心圈依旧保持较高增速，但比上年均有所下降。其中，深圳市电子信息制造业销售产值增长 10.9%，东莞市增长 14.3%，惠州市增长 7.8%；粤东西北部分地区快速发展，其中，河源市增长 23.7%，汕尾市增长 10.8%。

骨干企业竞争能力进一步增强。2014 年，广东省共有 19 家企业入围第 28 届全国电子信息产业百强，比上一年度减少 3 家。全球五大电信设备制造商中，华为继上年实现对爱立信的超越之后，在 2014 年进一步加大了领先优势。排在第五位的中兴与欧洲三强（爱立信、阿尔卡特朗讯、诺基亚）之间的差距也在进一步减小。华为、酷派、中兴 3 家企业进入 2014 全球智能手机出货量前十（TrendForce 发布），市场占有率合计达 11.2%，占有率进一步提升；彩电领域中，TCL、创维、康佳战胜东芝、松下，进入全球出货量前十。

重点领域延续良好发展态势 平板显示领域中，在华星光电、乐金显示、信利 AMOLED 等一批重大项目的相继投产和建设的带动下，全产业链均实现稳定增长。广州乐金显示 8.5 代线一期项目于 2014 年 9 月 1 日正式投产，项目总投资 40 亿美元，第一阶段月产 6 万片玻璃基板，计划到 2016 年年底可实现月加工玻璃基板 12 万片产能。深圳华星光电 8.5 代液晶面板项目自投产后持续满产满销，2014 年实现营收 180 亿元，利润 24.3 亿元，成为全球 8.5 代面板线产量最大、效率最高的工厂。在广东省财政厅 2014 年组织的绩效评价中，华星光电 8.5 代线项目获得 90.7 分，成为广东省截至目前唯一一个绩效评价结果为“优”的省财政扶持企业项目（援疆、援藏项目除外）。在平板专项的带动下，2014 年，广东省液晶电视产量达 6 611 万台，同比增长 18.2%，全国占比 47.7%。惠州信利 4.5 代与 5.5 代 AMOLED 面板项目进展顺利，该项目完全量产后，年销售收入预计可超百亿元，并可带动手机、工业仪表、高端家电等高端新型电子信息和高端装备制造等战略性新兴产业发展。

终端制造业在移动互联网大发展的带动下，逐渐向高端转型。2014 年，在工业和信息化部指导下，广东省经济和信息化委员会联合中国电子信息产业发展研究院、惠州市人民政府共同举办“2014 中国手机创新周暨第二届中国手机创新设计大赛”活动。活动历时 5 个月，吸引方案设计、整机制造、配套厂商、应用开发、运营商产业上下游共 400 余家骨干企业深度参与，大赛共征集参赛作品 500 多件，集中向世界展示了当前中国手机产业发展的最高水平。其中，获得大赛最高奖“天鹅奖”之一的华为 Mate7，成为挑战苹果、三星霸主地位的国产高端手机典型代表，上市仅 3 个月销量即突破 150 万台。2014 年，广东省手机产量达 9.2 亿部，全国占比 56.4%，在全球手机出货量前十中，广东省企业占据 4 席（华为、中兴、酷派、TCL）。

软件和信息服务业

产业平稳较快发展 2014 年，广东省软件与信息服务业把握云计算、互联网的发展浪潮，产业规模保持平稳较快发展。全年实现软件业务收入 6 018.7 亿元，同比增长 22.7%，全国占比 16.3%。软件出口回升明显，全年实现软件业务出口 225.8 亿美元，同比增长 11.9%，全国占比 46.4%，深圳市继续保持全国软件出口龙头地位。企业盈利能力提升，实现利润总额 1 025.1 亿元，同比增长 21.9%。共认定软件企业 1 017 家，登记软件产品 6 944 件，截至 2014 年年底，全省累计有效企业数为 3 975 家，累计登记软件产品 43 991 件，全行业在境内外上市（包括新三板）企业共 144 家。

软件名城带动产业集聚效应明显 自 2012 年成功创建广州、深圳“中国软件名城”以来，广东省逐步形成以珠三角地区为主体，广州、深圳为中心辐射区、各地市软件及信息服务业园区为载体的产业布局。目前，广东省拥有广州、深圳两个国家级软件名城，拥有广州、深圳和珠海三大国家级软件产业（出口）基地，建成国家级、省市级信息服务业相关园区 20 多个。2014 年，珠三角地区合计完成软件业务收入 6 006.5 亿元，占全省的99.8%，广州、深圳两市产业规模占全省的93.2%，产业集聚效应凸显。其中，广州市集聚广东省83%的信息技术咨询服务和47%的数据处理运营服务，在移动互联网、数字内容创意产业、云计算、工业软件、卫星导航等信息服务业高端领域和新兴领域开拓创新，不断涌现新亮点。深圳市则集聚了全省86%的嵌入式系统软件服务，形成以通信设备、医疗设备、工业控制、消费电子、数字电视等为代表的嵌入式系统软件集群。

软件企业创新体系逐步完善 2014年，广东省制定出台物联网基地建设和认定办法，提出建设物联网基地的建设目标、认定范围、认定条件和认定程序，目前正在建设东莞、广州、惠州、佛山、中山、深圳等10个物联网产业基地。据行业机构测算，2014年，全省物联网市场规模突破2 400亿元，增长26%，涌现出华为技术有限公司、中兴通讯股份有限公司、深圳市远望谷信息技术股份有限公司、东信和平智能卡股份有限公司、深圳先施科技有限公司等一大批物联网重点研发单位。实施省信息产业发展专项，扶持云计算、物联网、互联网等重点领域发展。发布优秀核心工业软件目录，引导企业加强工业软件在智能制造等领域的深入应用。深化信息技术服务标准（ITSS）试点工作，目前已有广州南天电脑系统有限公司、广州华南资讯科技有限公司等13家企业通过国家ITSS通用要求符合性评估。此外，全省软件著作权登记量延续了近年来高速增长的发展态势，共登记37 643件，同比增长41.9%，占全国登记总量的17.2%。

龙头骨干企业竞争力不断提升 在广州市、深圳市“中国软件名城”的带动下，广东省积极培育软件和集成电路设计百强，骨干企业实力不断提升，华为技术有限公司率先成为全国的唯一一家超千亿软件企业，并成功闯入2014年“全球百强创新机构”榜单，成为中国唯一一个荣登此榜的企业。4家软件企业收入超百亿元，55家软件企业收入超10亿元，579家软件企业收入超亿元。全省经认定的软件企业3 975家；75家企业入选2013~2014国家规划布局内重点软件企业，15家企业入围第14届全国软件收入前百家名单。多家骨干企业核心技术产品研发能力在全国行业中居领先地位。广州市的网易计算机系统有限公司、广州海格通信集团股份有限公司、广州数控设备有限公司、广州市动景计算机科技有限公司、广东国笔科技股份有限公司，以及深圳市的华为技术有限公司、中兴通讯股份有限公司、腾讯计算机系统有限公司、迈瑞生物医疗电子股份有限公司、深圳华强集团有限公司等一大批自主创新能力强的企业，在高端知识产权领域已初步具备与跨国企业抗衡的实力。

互联网产业倍增发展 2014年，全省互联网企业3 000多家，占据全国一半规模。全国互联网十强企业中，广东省占据4席，包括腾讯计算机系统有限公司、网易计算机系统有限公司、广州唯品会信息科技有限公司、欢聚时代科技有限公司（YY）。其中，腾讯在全球游戏公司中位居第一，已进入全球互联网公司十强之列。唯品会2014年全年收入37亿美元，同比增长122.4%。动景公司的UC浏览器全球下载量突破13亿次，稳居浏览器APP第一。欢聚时代（YY）2014财年净营收为5.928亿美元，比2013财年增长101.7%，净利润1.7亿美元，比上年增长122.8%。此外，广州梦芭莎贸易有限公司、广州酷狗计算机科技有限公司、金山软件股份有限公司、广东雨林木风计算机科技有限公司、广东全通教育股份有限公司等多家企业，也占据了国内的电子商务、网游、手游、教育等互联网行业的龙头骨干位置。

信息基础设施建设

大力推进信息化基础设施建设 2014年，广东省信息基础设施加快建设，移动通信及互联网宽带应用支撑能力进一步提升。固定互联网宽带接入用户2 409.8万户；无线宽带网络覆盖率达72.5%，其中，珠三角地区无线宽带网络覆盖率83.1%，粤东西北各市无线宽带网络覆盖率67.9%。互联网普及率为68.5%。全省网民数量7 286万人，占全国11.2%。固定电话用户2 950.6万户；移动电话用户14 943.4万户，移动电话普及率为140部/百人，其中，3G移动电话用户4 981.2万户，4G移动电话用户1 469.7万户。新增基站22.6万座，为历年建设的1.75倍，累计达35.5万座；新建Wi-Fi热点6 800个，累计9.3万个；新增AP点2.5万个，累计达39.7万个。基本实现3G网络覆盖城乡，4G网络重点覆盖城市主城区，并向城郊区域覆盖延伸，公共区域无线局域网（WLAN）接入建设稳步推进。中国铁塔广东公司完成组建并正式开始运营，广东省通信基础设施共建共享战略合作暨产业联盟正式成立。

“三网”融合试点不断深入 制定《加快推进三网融合工作方案》，扎实推进网络基础设施建设，基本完成试点地区网络双向化改造；大力推进基础设施和安全监管平台建设，制订实施省级《广电信息网络视听节目监管平台建设方案》，促进广播电视网与电信网、互联网的有效融合。推动频率资源配置向效益最大化和效率最优化方向发展。本着集约、高效原则，为中山市、珠海市政府调度通信网配置 800MHz 数字集群频率资源，建立 800MHz 数字集群共网系统频率协调机制，提高频率资源复用率；加快对珠海横琴新区 1.4GHz 频段无线政务网频率申请评估，统筹有关部门对频谱资源的共性需求，推进频率资源的高效集约利用。

信息技术应用

两化深度融合 制定实施《大力发展智能制造，推进“两化”深度融合，加快产业转型升级专项行动计划(2014~2015 年)》，遴选 100 家试点企业、12 家服务机构参加贯标试点，推动广东省成为全国唯一的国家与省共同开展贯标试点的省份，试点规模全国第一。安排补助资金 783.2 万元保障试点实施，在全国率先编制贯标教材，开展试点业务培训，举办 12 场两化融合管理体系贯标现场交流暨两化融合牵手工程对接会；推动 100 家试点企业与 1 000 家 IT 企业牵手合作。推动东莞市成为广东省第 2 个国家级两化深度融合暨智能制造试验区。召开国家级两化深度融合智能制造试验区建设会议，推动全省两化融合不断深入。开展互联网与工业融合创新试点。指导北江纺织有限公司、中国南方航空股份有限公司、广东广新信息产业股份有限公司、广州普金计算机科技股份有限公司 4 家企业列入 2014 年国家首批 23 家试点，规模全国第一。推动揭阳市成为首批国家工业电子商务示范城区，发展特色工业产业电子商务，辐射带动粤东地区工业转型升级。

电子政务 编制实施《广东省电子政务发展规划(2014~2020 年)》，确立未来 5 年间广东省电子政务应该重点解决的问题及行动计划。电子政务公共基础设施建设协调推进取得进展。电子政务畅通工程、广东省省级电子政务云平台扩容工程等重点工程顺利推进。完成《广东省无障碍公共服务平台》建设，统一实现对全省 61 个省直部门、21 个地市的 1 200 个市直单位、121 个县区政府网站的无障碍服务支持。成功申请成为电子政务云平台建设试点省，并推举广州、佛山、珠海、惠州、韶关、清远 6 个地市列入国家电子政务云平台建设试点。

电子政务信息安全 广东省政务外网信息安全在线监测系统和电子政务信息安全协调工作系统上线试运行，覆盖全省 4 套班子 94 个单位，2014 年通告处理全省电子政务网络信息安全预警事件 247 起。基本完成三大支撑服务机构（互联网网上办事大厅监测预警中心、信息安全检测实验室、网络和信息安全测评中心）建设，完成各类监测和检测标准制订、设备购置等。同时依托国家信息安全力量，建设 2 个网络信息安全中心、1 个信息安全测评实验室，为政府和社会使用安全可靠信息产品提供坚实支撑。加快数字证书应用普及，全年发证量增长 33%。约占全国总量的 3/4。推广粤港电子签名证书互认应用，建设粤港网上贸易便利化平台和粤港网上服务自由办平台，开展跨境供应链可视化项目试点。

信息产业热点

积极实施大数据战略 2014 年，广东省在全国率先成立省大数据管理局，推动政府、企业和社会等大数据资源的采集、分析和应用。编制广东省大数据发展规划，开展大数据示范应用。探索研究大数据标准体系，成立电子证照和电子政务互联互通标准工作组，筹备成立省大数据标准化委员会。开展政务大数据应用需求调查，收集整理 26 个省直部门提出的 433 项应用需求，编制政务大数据应用需求目录和政务信息资源共享目录，建设政务大数据库，累计共享数据信息 29 亿条。推进企业大数据建设，开展企业情况综合工作，采集全省 12.5 万家企业数据，建设企业情况综合数据库，初步整合形成企业情况综合数据平台，编制《广东省企业情况综合白皮书 2014》。

物联网产业快速发展 紧紧围绕打造十大产业基地、十大技术研发中心、十大公共支撑平台、十大应用工程和百家示范企业的目标，推动物联网加快发展。举办省政府与中星微电子集团战略合作框架协议签约，推动“星光中国芯物联网工程”落户广东，启动安防监控物联网研发中心、安防监控物联网系统研发中心、数据多媒体芯片技术国家重点实验室广东省研究院建设工作。在东莞、惠州、茂名、阳江、河源和顺德区开展SVAC国家标准应用试点，推动物联网芯片规模化商用。推动国家级唯一的物联网标识管理公共平台落户广东，2014年，实现注册标识8 935万条，日均解析量约10 000次。智慧应用快速拓展，2014年，全省岭南通智能卡发卡量累计达4 113多万张，增长26.2%，日均日刷卡量1 067万人次，日跨区刷卡量83万次，最高达105万人次，成为全国最大的区域交通智能卡系统。

云计算产业发展壮大 实施云计算应用示范工程，出台云计算发展规划，制定云计算应用标准。建成广州、深圳、珠海、佛山、东莞、中山、肇庆等云计算数据中心，建成广州、深圳国家超算中心。举办第三届中国物联网云计算技术应用博览会和粤港云计算产业大会。推动中国电子信息谷、信息产业基地和信息安全平台建设。推动以北斗产业为主体的自主时空信息服务壮大规模，研究制定推动自主时空信息服务工作方案，率先开展自主时空信息服务公共平台建设，支持航天三院卫星应用检测平台、工业和信息化部卫星应用知识产权平台、中国电子卫星应用技术创新平台落户珠三角。

电子商务规模不断扩大 2014年，广东省电子商务交易总额达到2.63万亿元，增长超过30%。网络零售额增长超过70%，明显快于全国的56.2%，相当于社会消费品零售总额的2.3%，拉动社会消费品零售总额增长1.1个百分点，网络购物订单数持续排名全国第一，数量远高于全国其他省份。电子商务应用不断拓展，尤其是钢铁、塑料、汽车等行业性电子商务平台增长迅速。如：中国首家钢铁现货交易网站“欧浦钢网”，2014年实现营业收入17.74亿元，同比增长187.8%。广东省揭阳市获工业和信息化部批准开展工业电子商务区域试点工作。电子商务生态体系进一步完善，信用服务、电子支付、物流配送和电子认证等支撑体系不断优化，29家机构获得央行颁发的第三方支付牌照。

【统计数据】

表1 2012~2014年广东省电子信息产品制造业基本情况

项目名称	单位	2012年	2013年	2014年
主营业务收入	亿元	23 492.3	25 898.4	28 620.5
工业销售产值	亿元	23 492.3	26 828.2	29 742.4
出口交货值	亿元	15 183.3	16 338.0	17 297.4
利润总额	亿元	867.9	1 145.1	1 401.2
税金总额	亿元	426.2	523.7	596.0

注：数据来源于工业和信息化部。

表2 2012~2014年广东省主要电子信息产品产量情况

项目名称	单位	2012年	2013年	2014年
集成电路	亿块	172.3	181.8	190.5
程控交换机（含移动通信交换机）	万线	1 313.4	1 821.9	1 605.8
移动通信基站设备	万信道	9 298.7	11 280.6	31 759.6
移动通信手持机	万部	57 599.3	77 818.0	92 435.6
微型计算机设备	万台	5 382.5	3 614.0	2 830.6
其中：笔记本电脑	万台	921.2	954.9	816.2
彩色电视机	万台	5 810.1	6 691.1	7 039.9
其中：LCD电视	万台	4 284.6	4 512.5	6 611.3

续表

项目名称	单位	2012 年	2013 年	2014 年
电子元件	万只	14 460.0	13 592.2	15 304.5
发光二极管（LED）	亿只	553.5	1 132.5	1 874.1

注：数据来源于广东省统计局。

表 3　2012~2014 年广东省软件业基本情况

项目名称	单位	2012 年	2013 年	2014 年
软件业务收入	亿元	4 152.9	4 906.4	6 018.7
利润总额	亿元	604.7	841.2	1 025.1

注：数据来源于工业和信息化部。

[供稿：广东省经济和信息化委员会]

广西壮族自治区

【综述】

2014 年，广西壮族自治区（以下简称广西）电子信息产业继续保持快速发展态势，经济运行情况良好，已初步形成以北海、南宁、桂林 3 个市为区域中心的电子信息产业聚集区，梧州、贺州、钦州、玉林、柳州等市的电子信息产业也正在发展壮大，产业具备了快速发展和规模发展的基础，后发优势逐渐显现。2014 年，广西电子信息制造业完成工业总产值 1 527.51 亿元，同比增长 74.8%；软件与信息技术服务业完成主营业务收入 100.74 亿元，同比增长 11.7%。提前一年实现“十二五”规划产业发展目标，成为广西第 10 个千亿元产业。

电子信息制造业

2014 年，广西电子信息制造业列入统计范围的企业有 108 家。其中，国有企业 9 家，集体企业 1 家，有限责任公司 25 家，股份有限公司 6 家，私营企业 34 家，其他内资企业 10 家，港澳台商投资企业 23 家。年末职工总数 92 123 人，全行业固定资产 138.47 亿元，流动资产 183.8 亿元。

2014 年，广西电子信息制造业完成工业总产值 1 527.51 亿元，同比增长 74.8%；完成工业销售产值 1 486.86 亿元，同比增长 94.5%；完成出口交货值 276.96 亿元，同比增长 120.5%；完成主营业务收入 1 386.52 亿元，同比增长 97.4%；实现利润 42.87 亿元，同比增长 183.5%；实现税金 8.06 亿元，同比增长 58.3%。

2014 年，广西电子信息制造业完成工业总产值 1 亿元以上的企业有 62 家。其中，产值 100 亿元以上的企业有 2 家，产值 80~100 亿元的企业有 1 家，产值 50~80 亿元的企业有 2 家，产值 30~50 亿元的企业有 4 家，产值 10~30 亿元的企业有 11 家，产值 1~10 亿元的企业有 42 家。

主要产品　主要产品包括以平板电脑、液晶显示器、计算机零部件等为代表的电子计算机产品；以移动终端、光通信、微波通信设备等为代表的通信设备产品；以医疗分析仪、医疗超声仪器等为代表的医疗电子产品；以电视机、液晶显示器等为代表的家用电子产品；以电阻、电容、传感器、电位器等为代表的电子元器件产品；以太阳能电池、太阳能组件、太阳能灯具等为代表的太阳能光伏产品，以及 LED 产品、电机产品、汽车电子产品等。

典型企业　南宁富桂精密工业有限公司从属富士康科技集团通讯网络产品事业群，主要开发、生产、销售新型电子元器件、宽带接入网通信系统设备、传送通信系统设备、城域以太网通信系统设备、无线局域网（广域网）设备、高端路由器、高端交换机、便携式微型计算机、车载通讯装备、移动上网装置、平板电脑、卫星导航定位接收设备、无线通讯模块、光收发模块、模块外壳体、基站滤波器等电子产品。2014 年，该公司完成工业总产值 203.84 亿元。

广西新未来信息产业股份有限公司创建于 1997 年，总部在广西北海市，在深圳市、苏州市分别建有厂区与子公司。以电子元器件、模块化电源和安防业务为三大主导业务，主导产品有压敏电阻、SPD 防雷模块、PTC 热敏电阻、NTC 温度传感器等电子元器件和大功率模块化电源产品。公司成立了千亿元研发中心、自治区级企业技术中心、广西敏感元器件工程技术研究中心等三个自治区级研发中心，是 863 项目承担单位、自治区第五批人才小高地、广西创新型企业、国家级知识产权运用示范企业，是国内最大的压敏电阻芯片企业之一，连续四年被评为“中国电子元件百强企业”，是广西唯一入围的企业。2014 年，该公司完成工业总产值 43.07 亿元。

冠捷显示科技（北海）有限公司主要从事液晶显示器、液晶电视、电脑显示一体机、其他显示产品及其相关零组件的研发、制造、销售和售后维修服务。公司厂房占地面积约 16 500 平方米，建筑面积约 47 000 平方米；拥有 6 条生产线，包括 2 条 SMT 线体、2 条 MI 线体、2 条 SI 线体；拥有员工 500 多人。主要产品有注塑、金属件、包装、泡沫板、数据线、电源线等上游电子产品，以及显示一体机、电脑整机、液晶电视机等下游电子产品。2014 年，该公司完成工业总产值 21.64 亿元。

桂林海威科技有限公司创立于 1994 年，注册资本2 000 万元，是集 LED 封装、LED 节能照明、LED 电子显示屏系统设计、生产、安装与服务为一体的高新技术企业，拥有员工 300 多人；主要产品有 LED 路灯、LED 亮化灯、LED 日光灯、LED 庭院灯、LED 隧道灯等节能亮化照明灯具和各类 LED 节能型电子显示屏；是广西高新技术骨干企业、国家建设部认定的电子工程总承包企业、国家火炬计划项目实施企业、科技部创新基金支持企业、省级守合同重信用企业、桂林市重点支持工业企业；参与了工业和信息化部组织的中华人民共和国电子行业标准《LED 显示屏通用规范》的制定，被列入国家显示屏标准工作组首批成员单位和国家显示协会理事单位。2014 年，该公司的“路灯、隧道灯半导体照明标准器件研发及产业化项目”获得工业和信息化部电子信息产业发展基金资助 300 万元。2014 年，该公司完成工业总产值 1.63 亿元。

软件和信息服务业

2014 年，广西软件与信息技术服务业列入统计范围的企业有 241 家。其中，国有企业 10 家，有限责任公司 101 家，股份有限公司 16 家，私营企业 109 家，其他内资企业 5 家。年末从业人员 21 200 人，其中，从事软件产品研发的技术人员有 3 058 人。

2014 年，广西软件与信息技术服务业完成主营业务收入 100.74 亿元，同比增长 11.7%；完成软件业务收入 75.66 亿元，与上年同期持平。其中，软件产品收入 23.46 亿元，同比下降 31.5%；信息技术服务收入 51.85 亿元，比上年同期大幅增长。完成软件业务出口 307.22 万美元，同比增长 6.8%。

2014 年，广西软件与信息技术服务业完成主营业务收入 1 000~2 000 万元的企业有 37 家，2 000~5 000 万元的企业有 82 家，5 000 万元~1 亿元的企业有 30 家，超过 1 亿元以上的企业有 11 家。

2014 年，广西新认定软件企业 50 家，新登记软件产品 205 个。截至 2014 年年底，广西累计认定软件企业 411 家，登记软件产品 1 109 个。

主要产品　广西软件产品涉及金融、保险、交通、电力、旅游、酒店、教育、医疗、城市综合管理等多个领域。主要产品有酒店信息管理系统软件、网络游戏软件、项目综合管理系统软件、社区管理（网络化）信息平台软件、车辆管理系统软件、糖厂无线调度指挥系统软件、电子签章系统软件等。

典型企业　北海石基信息技术有限公司成立于 2008 年 1 月，从事数字化酒店信息系统的计算机软件开发、销售及相关的系统集成、技术服务以及电子产品、网络设备、网络技术的研究开发、销售及服务。2014 年，被国家发展和改革委员会、工业和信息化部、财政部、商务部、国家税务总局联合认定为 2013~2014 年度国家规划布局内重点软件企业，是广西唯一一家连续两次（2011~2012 年度、2013~2014 年度）列入国家规划布局内重点软件企业。主要产品有石基酒店售后服务支持系统、石基银行卡收单一体化系统、石基酒店前台管理系统、Sinfonia 酒店前台管理系统、Pastoral 酒店前台管理系统等，产品占据全国高端酒店管理软件市场 90%的份额。2014 年，该公司完成主营业务收入 2.63 亿元。

广西博联信息通信技术有限责任公司成立于 2004 年，注册资金 3 032.4 万元，从事软件研发、系统集成、通信自动化和信息化技术服务四大领域，拥有计算机信息系统集成二级、通信工程施工总承包二级、安防工程企业一级、ISO 9000、ISO 20000、CMMI 开发模型成熟度 3 级、安全生产许可证、增值电信业务经营许可证等行业资质。主要产品有博联电力生产管理信息应用平台软件、博联配电网地理管理信息软件、博联信息门户与数据交换平台软件、博联协同办公平台软件、博联输电移动作业系统软件 V1.0、博联信息运维系统软件等 20 多个具有著作权的软件产品。公司也是广西自治区级“高新技术企业”、南宁市“重合同守信用企业”，多次获得南宁市高新区经济发展“特别贡献奖”、中国南方电网公司科学技术三等奖、广西电网公司科学技术进步二等奖等荣誉。2014 年，该公司完成主营业务收入 2.2 亿元。

广西瀚特信息产业股份有限公司成立于 1999 年 10 月，注册资本 2 100 万元，位于广西桂林市高新区创意产业园，员工 120 多人；是“新三板”挂牌上市企业、中国 RFID 产业联盟理事单位、中国北斗产业化应用联盟会员单位、国家高新技术企业、国家认定的软件企业、国家集成电路公共服务平台（物联网技术创新中心）等；先后获得中国优秀民营科技企业、广西服务业品牌企业、广西创新型企业、广西优秀软件企业等荣誉称号；通过了 ISO 9001：2008 质量管理体系认证，具有计算机系统集成资质、安防工程企业资质等行业资质。公司承担了 20 多项国家、省部级科研及产业化项目，拥有 40 多项专利、软件著作权，开发的《智慧家庭系统》（智慧家）、《智慧小区系统》（智慧邦）、《RFID 读写器》、《远程数字监控系统》、《物流管理系统》、《资产管理系统》、《智能一卡通系统》、《变电站视频及环境监控系统》等多个软件产品，应用于军队、电力、金融、房地产、教育、政府等领域。2014 年，该公司完成主营业务收入 3 054 万元。

广西德意数码股份有限公司成立于 1997 年，注册资金 2 550 万元，获得国家计算机信息系统集成二级资质、安防工程企业一级资质，是国家火炬计划软件产业基地骨干企业。主营业务为系统集成和技术服务。主要产品有中间件、协同管理、税务、物联网等系列软件产品，涉及政府、税务、海关、商检、劳动社保、司法、口岸、制造业、房地产等 10 多个行业。先后承担了科技部 863 计划项目、国家发改委高技术产业化项目、国家级火炬计划项目、工业和信息化部电子信息发展基金项目、工业和信息化部物联网项目和近 50 项广西省市级科研、产业化项目。多项研究成果获得广西省市级科技进步奖、2014 年度“自治区服务业品牌”称号。2014 年，该公司完成主营业务收入 6 409 万元。

电子产品进出口贸易

2014 年，广西电子信息制造业完成出口交货值 276.96 亿元，同比增长 120.5%。主要出口企业有南宁富桂精密工业有限公司、建兴光电科技（北海）有限公司、丰达电机（南宁）有限公司、冠捷显示科技（北海）有限公司、桂林思奇通信设备有限公司、桂林广陆数字测控股份有限公司、桂林 NEC 无线通信有限公司、广西桂东电子科技有限责任公司等。主要出口产品有通讯网络产品、电子计算机（含显示器、硬盘驱动器等）、电机产品、液晶显示器、液晶电视、卫星电视接收转发设备、微波通信设备、通信测试分析仪、电子印刷设备、数显量具、电子铝箔等。

2014 年，广西软件业务出口 307.22 万美元，同比增长 6.8%。主要出口企业有桂林力港网络科技有限公司、广西三原高新科技有限公司、南宁奇网计算机有限公司、柳州蓝海科技有限公司、柳州市达迪通信设备有限公司、南宁海蓝数据有限公司等；出口的国家和地区主要有日本、美国、中国香港特别行政区等。软件外包服务企业主要有广西瀚特信息产业有限公司、广西安盟信息科技有限公司等，软件外包服务的国家和地区主要有日本、中国香港特别行政区等。

科技进步与应用

2014 年，广西工业和信息化委员会安排财政专项资金 810 万元扶持企业科技技术改造（创新能力建设、技术创新和新产品新技术产业化）项目 12 项，该批项目总投资 13 646 万元，推动广西电子信息产业科技进步与应用。主要项目有南宁富桂精密工业有限公司的“自治区级研发中心创新能力建设项目”、广西西江开发投资集团有限公司的“船联网北斗卫星导航监测终端研发项目”、广西盛源行电子信息有限公司的“物流仓储用北斗手持机的研发项目”、广西泽龙电子科技有限公司的“室内自动巡航预警装置研发项目”、广西威尔特照明有限公司的“大功率高频等离子体无极放电灯研发项目”、桂林力港网络科技有限公司的“《三国泡泡龙卡牌》手机游戏软件研发项目”、广西金源信息产业股份有限公司的“自适应便携式智能两轮观光电动车的研发项目”、梧州恒声电子科技有限公司的“高性能微型电声器件研发项目”、广西新未来信息产业股份有限公司的“高性能 SPD 防雷模块研发项目”、钦州盛和电子科技有限公司的“LED 衬底材料碳化硅的研发项目”、柳州市达迪通信设备有限公司的“基于北斗/GPS 卫星双模高精度定时系统产业化项目”、桂林海威科技有限公司的“高光效大功率 LED 灯系列产品产业化项目”等。

2014 年，广西工业和信息化委员会、科学技术厅、发展与改革委员会等部门联合认定电子信息领域自治区级企业技术中心 4 家，包括润建通信股份有限公司、南宁富桂精密工业有限公司、梧州恒声电子科技有限公司、钦州盛和电子科技有限公司。认定自治区级研发中心 3 家，包括桂林力港网络科技有限公司、桂林优利特电子集团有限公司、冠德科技（北海）有限公司，以推动技术创新系统建设。

信息基础设施建设

2014 年，广西信息基础设施建设力度不断加大，通信网络能力持续提高，信息网络覆盖全区，形成了以电信、移动、联通、广电网络等运营商互为补充、覆盖全区的信息传输网络，基本实现了村村通电话和互联网。全年新增 420 个行政村通宽带，行政村通宽带率比上年年底提高 3 个百分点。

2014 年，广西电信业务总量累计完成 467 亿元，同比增长 15%；电信主营业务收入累计完成 286 亿元，同比增长 1%；固定资产投资累计完成 99 亿元，同比增长 12.1%，其中 3G/4G 直接投资 12 亿元。截至 2014 年年底，广西全区电话用户数达到 4 054 万户，电话普及率达到 85.9 部/百人，其中，移动电话用户占比为 87.7%，3G/4G 电话用户达到 1 643 万户，4G 移动电话用户达到 286 万户；固定互联网宽带接入用户达到 672 万户（含移动宽带融合业务用户 79 万户），移动互联网用户达到2 587 万户。在互联网宽带用户中，农村宽带用户占比为 18.3%；4Mbps 以上宽带用户占比为 78.1%，8Mbps 以上宽带用户占比为 32.9%。

信息产业基地建设

北海电子信息产业基地 该基地是广西主要电子信息产业聚集区，主要包括中电北海电子信息产业园、北海工业园区和北海出口加工区，重点发展计算机整机及零部件、液晶显示器、光电、电力电子、电子元件及组件等电子产品以及系列软件产品。其中，以永昶科技电子（北海）有限公司、广西新未来信息产业股份有限公司等为龙头企业生产电容、电阻等电子元件及组件产品；以建兴光电科技（北海）有限公司、广西三诺电子有限公司、冠捷显示科技（北海）有限公司、广西惠科科技有限公司等为龙头企业生产光电、计算机整机及零部件、液晶显示器等产品，打造广西最大的光电、计算机、液晶显示器研发生产基地；以北海银河产业投资股份有限公司、北海银河科技变压器有限公司等为龙头企业生产电力电子产品；以北海石基信息技术有限公司、北海银河科技有限公司等为龙头企业，发展壮大北海市软件与信息服务业产业。

南宁电子信息产业基地 该基地主要包括南宁富士康科技产业园、南宁高新技术开发区、南宁市经济技术开发区，重点发展通讯、智能手机、高端路由器、高端交换机网卡、数字家电、智能仪表、新型电子元器件、汽车电子仪器、电线电缆等电子产品以及系列软件产品。其中，以南宁富桂精密工业有限公司、丰达电机（南宁）有限公司、南宁富泰宏精密工业有限公司、广西广缆科技集团有限公司等为龙头企业生产通讯、数字家电、智能仪表、新型电子元器件、汽车电子仪器、电线电缆等电子产品，推动南宁电子信息制造业发展；以广西博联信息通信技术有限责任公司、广西德意数码股份有限公司、广西三原高新科技有限公司、南宁超创信息工程有限公司等为龙头企业，发展软件与信息技术服务业。截至2014年年底，南宁市是广西软件与信息技术服务业最主要聚集区。

桂林电子信息产业基地 2014年1月28日，工业和信息化部公布第五批“国家新型工业化产业示范基地”名单，该基地榜上有名，成为广西首个国家级新型工业化电子信息产业示范基地。基地主要包括桂林国家高新区、西城经济开发区、八里街经济开发区、兴安工业园区等，重点发展通信设备（光通信和微波通信）、应用电子、光电、光伏等电子产品以及系列软件产品。其中，以桂林尚华新能源有限公司、桂林尚鼎新能源有限公司、桂林凯创光伏科技有限公司等为龙头企业生产太阳能电池及组件、太阳能照明灯具、半导体照明等光电产品，壮大桂林市太阳能光伏产业；以桂林大为通信技术公司、桂林市思奇通信设备有限公司、桂林NEC无线通信有限公司等为龙头企业生产微波通信、光电、光通信系列主机及部件产品、核心芯片开发，培育壮大光电、光通信产业链；以桂林优利特电子集团有限公司、桂林市啄木鸟医疗器械有限公司为龙头企业，形成具有特色的医疗器械产业群；以广西瀚特信息产业股份有限公司、桂林力港网络科技有限公司、桂林五星网络有限公司、广西金源信息产业股份有限公司等为龙头企业，发展壮大桂林市软件与信息服务业产业。

梧州电子信息产业基地 该基地以梧州工业园区为核心，按照“园中园”方式建设电子信息产业园，重点发展手机主板、整机生产及笔记本电脑等电子产品。其中，以鑫华通科技有限公司、梧州盛意达文化发展有限公司等企业为龙头，发展壮大梧州电子信息产业。通过加快发展掌上多媒体产业及信息服务产业，配套推进电子信息材料产业，推动建设电子信息产业研发和检测中心，进一步延伸产业链。

贺州电子信息产业基地 该基地是广西主要铝电工业制造基地，主要生产铝电解电容器、电极箔等产品。其中，以贺州市桂东电子科技有限责任公司、吉光电子科技有限责任公司、大锰银鹤电池工业有限公司等企业为龙头，发展贺州市铝电、电极箔产业。着力开发精铝、铝光箔产品，提升中、高压电子铝箔生产能力，引进铝电解电容器生产厂家，引进发展计算机、太阳能、高能电池等产业，努力建设成为综合型电子信息制造业基地。

钦州电子信息产业基地 该基地以钦州高新技术产业开发区为核心，重点发展数字电视、液晶显示器、计算机整机及周边配件、微型机电、新型平板显示器、LED、电子元器件、汽车电子信息和数字音视频等电子产品。其中，以广西钦州同方数字技术有限公司、广西钦州宇欣电子科技有限公司、广西钦州福晟电子有限公司、钦州同方和宸电子科技有限公司、钦州盛和电子科技有限公司、广西钦州天山微电子有限公司等企业为龙头，推动钦州电子信息产业发展，努力打造成为面向东盟的数字电视生产基地。

信息技术应用

电子政务 2014年，广西率先发布全国第一个省级电子公文传输与交换地方标准，实现全区统一的行政审批目录库及封闭式管理，利用电视、微博、微信等新兴信息化技术拓展和深化政务服务和政府信息公开应用，取得较好进展。

开展广西电子政务内网总体设计。按照国家电子政务网络及广西电子政务“十二五”规划工作要求，组织开展广西电子政务内网总体方案设计，并根据国家关于电子政务内网建设和管理要求，组织协调广西电子政务内网建设和管理协调小组成员商讨广西电子政务内网建设事宜，为全面推进广西电子政务内网网络建设奠定基础。

进一步完善广西电子政务外网网络。2014年，广西电子政务外网省级网络平台新增接入自治区本级单位11家，自治区本级接入单位总数达到107家。广西电子政务外网出口总带宽由原来的700Mbps扩大至2Gbps，电子政务外网访问互联网速度大大提高。同时，创新电子政务外网运维管理方式，建设基于GIS技术的光纤管线网络资源管理平台，实现对电子政务外网城域光纤网资源的图形化、智能化管理。新增自治区民委、司法厅、扶贫办、信访局、综治办、禁毒办、气象局、物价局、残联等部门业务应用11项，电子政务外网承载应用总数达26项，其中，纵向部署到县级部门的业务应用13项。

搭建广西电子政务信息共享和数据交换平台，推进政务信息资源目录、业务数据交换标准体系建设，采用试点先行引路、以点带面推进的方式，在自治区住建厅、国土厅等信息化程度较高的区直单位开展试点应用。广西电子政务信息共享和数据交换平台已覆盖区直部门，并延伸至14个设区市政府，为广西跨地区跨部门信息系统互联互通业务协同以及重要政务信息资源共享提供强有力技术支撑。借助广西电子政务信息共享和数据交换平台，实现发改、公安、国土、住建、卫生等多部门共享信息上传，主要共享内容覆盖全区主要经济指标、进出口贸易、重大项目进展、人力资源保障工作动态、建设项目用地审批、地质灾害灾情统计、全区卫生医疗机构基本信息等多行业多领域。

开展电子公文、行政审批等电子政务信息系统互联互通，已完成全区27个区直部门、50%以上市级政府办公文系统接入交换平台，实现国土厅、建设厅、药监局等具有行政审批权限区直单位与全区政务服务及监察通用软件数据对接，以及14个市级政务办行政审批系统对接。

推行公文电子化、标准化、规范化管理，提高公文处理和流转的效率。一是推行全区政府系统公文传输与交换的标准化和规范化。组织编制并发布推行全国第一个省级地方标准《政府系统电子公文传输与交换》，明确各级各部门电子公文的交换方式、交换内容、交换规范，促进各级各部门电子公文系统相互衔接、公文办理协同运转，标志广西政务信息共享、业务协同进入标准化轨道。二是建设区直机关机要文件智能交换箱系统，按照中办、国办的标准和要求大力推行二维条码应用，在256个区直单位推动机要文件安全可靠的交换管理，实现纸质文件交换的全过程跟踪记录和信息化管理。

搭建全区行政审批目录库，对广西1 220多个乡镇、6 700个行政村的22万个服务事项数据以及129个政务服务中心6 000多个窗口单位32.7万条信息进行统一标准、统一管理，避免了部门对行政审批目录的随意修改。通过技术手段严格限制不在行政审批目录库的事项不得实施审批，进一步规范了广西行政审批权力库的运行。

两化融合　根据中国电子信息产业发展研究院2014年发布的《2013年度中国信息化与工业化融合发展水平评估报告》显示，2013年全国信息化与工业化融合发展指数为61.95，广西为63.91，位列全国第15位，较上年提升4位，位列西部第2位。

2014年，广西工业和信息化委员会组织开展广西自治区级两化融合标杆企业申报、推荐和认定工作，经专家评审，认定2013年广西两化深度融合标杆企业30家，并对标杆企业名单予以公布下达。在工业和信息化部印发的2014年两化融合管理体系贯标工作方案和贯标试点企业名单中，广西柳工机械股份有限公司、广西糖网食糖批发市场有限责任公司、中国铝业股份有限公司广西分公司、广西玉柴机器股份有限公司、桂林立白日化有限公司、燕京啤酒（桂林漓泉）股份有限公司、桂林三金药业股份有限公司等7家企业入选。入选企业将按照《两化融合管理体系要求（试行）》开展贯标工作。

信息技术在广西工业行业应用程度高，柳工、上汽通用五菱、中铝广西分公司、玉柴等重点企业CAD技术应用达到100%，产品开发周期缩短1/3以上。重点行业典型企业制造执行系统MES、企业资源计划ERP、产品生命周期管理PLM、供应链管理系统SCM、装备数控率分别为43.2%、55.2%、56.7%、70.1%和56.8%。电子商务和物流业的快速发展为两化融合提供了支持和保障，广西企业在采购环节电子商务应用普及率指数为75.36，重点行业典型企业销售环节电子商务应用普及率指数为92.11，均高于全国平均水平。

2014年，广西工业和信息化委员会安排自治区两化融合专项资金2 000万元，扶持项目49项，此批项目共拉动投资约12.67亿元，进一步推动了信息技术在工业领域的推广应用。广西工业和信息化委员会还会同自治区财政厅组织开展对2010~2013年度两化融合项目验收工作。截至2014年年底，已在11个市开展项目验收工作，共验收项目55个。

2014年，根据工业和信息化部《关于做好2012年信息化和工业化深度融合专项项目验收工作的通知》要求，广西工业和信息化委员会组织项目验收专家组，在柳州市对2012年7月工业和信息化部安排两化融合专项资金支持的柳工国际化运营平台、广西糖网食糖产业第三方电子商务信息化服务平台升级改造两个项目进行了现场验收。两个项目完成了建设内容，达到了预期效果，符合验收条件，专家组同意通过验收。

2014年，广西工业和信息化委员会组织开展全国优秀首席信息官（CIO）申报、推荐工作。经工业和信息化部、中国首席信息官联盟批复，柳工集团罗维同志获得全国百佳首席信息官（CIO）称号，桂林漓泉啤酒蒋受旭等13位同志获得全国优秀首席信息官（CIO）称号。

2014年6月，广西工业和信息化委员会指导成立

"广西两化融合推进联盟"。联盟由南宁两化融合信息科技有限公司、广西玉柴机器集团有限公司、广西柳工机械股份有限公司、桂林福达集团有限公司、南宁糖业股份有限公司、广西皇氏甲天下乳业股份有限公司等企业发起成立。联盟的宗旨是广泛联合工业企业、高等院校、科研院所和 IT 厂商及有关专家，形成联盟优势，推动企业通过信息化手段提升核心竞争力和创新能力，加快产业转型升级，推进广西信息化和工业化融合发展。

2014 年 9 月，广西开展两化融合人才的培训工作，在华中科技大学（武汉）举办了"2014 广西两化融合干部高级培训班"，对来自广西全区 14 个地市工信委的两化融合分管领导、科室领导和业务骨干共 46 名干部进行了培训。

信息安全 2014 年 3 月，广西工业和信息化委员会组织召开 2014 年度全区重点领域信息安全检查工作布置会，全区 14 个市信息安全主管部门负责人和相关技术支撑机构参会。会议总结了 2013 年度广西重点领域信息安全检查工作情况，通报表扬了在 2013 年度检查工作表现突出的优秀人员，对 2014 年度全区信息安全重点工作进行了布置。

2014 年广西重点领域信息系统安全检查工作由广西工业和信息化委员会牵头，会同自治区公安厅、保密局、安全厅等单位共同开展，对县级以上政府部门信息系统组织、管理、防护、应急、培训教育及重点工控行业等重点内容开展安全检查工作。检查工作以自查为主、抽查为辅的方式开展，涉及全区 14 个地级市、112 个县（区、市）、45 个区直单位。共有 2 394 个重要的信息系统进行了自查（其中，工业控制系统运营单位26 家，重要工业控制系统 48 个）。抽查了 102 家单位、186 个重要信息系统（其中，工业控制系统运营单位 5 家，重要工业控制系统 8 个）。从检查结果看，全区重点领域信息安全状况良好，没有发生重大信息安全事故，整体防护水平相比上年有了进一步提高，信息安全意识得到加强。

2014 年，为增强广西网络安全和信息化科学研究、技术创新及公共服务能力，广西信息安全测评中心与中国工程院院士、国家信息化专家咨询委员会委员、自治区主席院士顾问沈昌祥院士签署了共建广西网络安全和信息化院士工作站合作协议，重点在信息安全领域通过产学研合作形式，开展技术交流与合作。

2014 年 6 月，广西工业和信息化委员会在深圳市市举办了 2014 年广西网络与信息安全专题培训班，广西 14 个市工信委信息安全工作分管领导及科室负责人、技术支撑机构负责人等 40 多人参加了培训。

2014 年 11 月，广西网信办会同自治区编办、工信委、教育厅、公安厅、新闻出版广电局、通信管理局、人民银行南宁中心支行等单位在南宁市联合举办中国首届国家网络安全宣传周（广西）活动。宣传周以"共建网络安全，共享网络文明"为主题，围绕金融、电信、电子政务、电子商务等重点领域和行业网络安全问题以及社会公众关注的热点问题举办了网络安全体验展等系列主题宣传活动。

信息消费 2014 年，广西出台并实施《广西促进信息消费扩大内需实施方案》、《宽带广西战略行动计划》，信息化建设与应用工作取得明显成效，移动互联网得到快速发展和应用，信息消费环境得到改善，居民的信息消费水平明显提高。2014 年，广西买家总消费额为 12.46 亿元，同比增长 72%，其中手机、平板等无线智能终端成交占比为 39.1%；卖家总销售额为 0.66 亿元，同比增长 99.8%。

电子认证服务 广西数字证书认证中心有限公司（以下简称广西 CA）是广西唯一一家电子认证服务机构。2014 年，广西 CA 为广西高级人民法院、地方税务局、国土资源厅、食品药品监督管理局、社会保险事业局等近 30 家单位提供电子认证服务。2014 年，完成主营业务收入 1 182.72 万元，数字证书发证量 10.74 万份。

2014 年初，广西 CA 通过中国信息安全测评中心审核，获得《国家信息安全测评信息安全服务资质证书》（信息安全服务资质安全开发类一级证书），标志着广西 CA 的信息安全服务和保障能力获得了国家信息安全权威部门的认可。2014 年 2 月，经国家密码管理局考核评估，广西 CA 获得国家密码管理局许可，列入电子政务电子认证服务机构目录，获准为政务部门开展社会管理、公共服务等政务活动提供电子认证服务。

2014 年，广西 CA 还按照国家卫生和计划生育委员会的要求，开展了申请纳入卫生系统电子认证服务体系的工作。根据《卫生系统电子认证服务管理办法（试行）》要求，广西 CA 达到了为卫生系统提供电子认证服务的相关要求，截至 2014 年年底，已经为广西百余家医疗机构提供了电子认证服务，并与广西行政区域范围内的其他行业认证互信互联，为卫生系统以及广西电子政务信息化安全建设提供良好的基础认证平台，避免信息孤岛的产生。2014 年 12 月，广西 CA 通过了国家卫计委电子认证服务系统接入的测试。

重点信息化项目 根据工业和信息化部电子发展基金管理办公室《关于申报 2014 年度电子信息产业发展基金项目的通知》精神，2014 年 4 月，广西工业和信息化委员会组织广西企业积极申报国家电子发展基金项目。2014 年 10 月，工业和信息化部下达 2014 年度电子信息产业发展基金项目计划，桂林海威科技有限公司的“路灯、隧道灯半导体照明标准器件研发及产业化项目”获得工业和信息化部电子信息产业发展基金资助 300 万元，项目总投资为 3 000 万元。

2014 年，广西财政安排信息服务业发展专项资金 2 000 万元，扶持项目 50 项，重点支持北斗卫星导航应用和产业化、大数据研究和应用、可穿戴设备研发和产业化、云计算、移动互联网关键技术研发及服务、信息服务关键支撑技术开发与产业化、面向装备制造业、糖业等重点产业的工业软件、信息安全软件及服务等项目。此批项目拉动投资约 4.2 亿元，进一步推动了广西软件与信息技术服务业的发展。

热点

2014年，广西电子信息产业的发展热点：一是北斗导航、遥感遥测产品，重点发展北斗卫星及多模式兼容的移动导航信息系统应用产品、无人航空器，推动“北斗”卫星导航系统在经济社会领域的应用及产业化；二是云计算、大数据、移动互联网，重点发展面向多业态的第三方支付平台研发及产业化、基于智能终端的信息内容产品开发及服务、基于 ICT 的动漫游戏、数字媒体(出版)、数字互动娱乐、移动支付、位置服务、数字影视等信息服务关键支撑技术开发与产业化；三是工业软件、行业解决方案与信息安全服务，重点发展居于全国领先水平或具有区域特色的行业解决方案、东盟语种应用软件、数字内容加工处理技术软件、嵌入式软件、3D 打印机等产品，推动信息安全产业发展，完善信息系统安全测评、信息系统安全风险评估、信息安全等级测评及技术支持、涉密信息系统安全保密测评服务等，支持银行业金融机构开展安全可控信息技术推进工作，进一步推进广西数字证书在全区各行业、各领域的推广应用。

2014 年 9 月，广西工业和信息化委员会向工业和信息化部 ITSS 秘书处推荐广西博联信息通信技术有限责任公司申请信息技术服务运行维护符合性评估，当月该公司通过了《信息技术服务运行维护第 1 部分：通用要求》专家评审和网上公示。9 月底，工业和信息化部 ITSS 秘书处公布全国获得 ITSS 符合性评估证书的 88 家企业名单，广西博联信息通信技术有限责任公司位列其中，成为广西首家获得 ITSS 符合性评估证书的企业。

2014 年 12 月，在中国游戏行业年会上，桂林力港网络科技有限公司获得“2014 年度中国动漫游戏行业优秀企业”称号，总经理孔桂全获得“2014 年度中国动漫游戏行业优秀企业家”称号。公司出品的《武林盟主手机版》获得“2014 年度中国动漫游戏行业最受期待金手指奖”，是游戏行业含金量最高和级别最高的专业奖项之一。

其他

2014 年 1 月，广西工业和信息化委员会制定《2014 年广西电子信息和软件业工作指导意见》，明确 2014 年推进电子信息和软件业发展的工作目标、工作任务、工作措施等，确定 2014 年广西电子信息产业重点发展计算机、光通信、电子元器件、电子原材料、电子节能、光伏等产品以及北斗导航、云计算、工业软件、行业解决方案、信息安全服务等。

2014 年 5 月，广西人民政府办公厅印发实施《自治区人民政府办公厅关于印发广西促进光伏产业健康发展实施方案的通知》（桂政办发［2014］48 号），促进广西光伏产业健康发展。

2014 年 5 月，广西工业和信息化委员会印发《关于推进广西软件和信息服务业品牌培育工作的通知》（桂工信电软［2014］381 号），推进广西软件和信息服务业品牌培育工作。

2014 年 6 月，广西工业和信息化委员会与财政厅联合印发《广西信息服务业发展专项资金项目验收管理暂行办法》（桂工信电软［2014］489 号），加强对广西信息服务业发展专项资金项目的管理。

2014 年 8 月，广西人民政府办公厅印发实施《自治区人民政府办公厅关于印发广西推进北斗导航产业发展工作方案的通知》（桂政办发［2014］82 号），推动广西北斗导航产业发展。

主要问题

一是产业基础相对薄弱，自主创新能力偏弱。广西电子信息产业企业偏少、规模偏小，产业层次较低，产业缺乏龙头企业与知名品牌带动。另外，企业自主创新能力整体偏弱，自主创新产品较少，技术水平偏低，影响了企业产品结构的调整优化升级和企业的发展壮大。

二是基础设施配套不足，物流成本高。电子信息产业园区公共服务设施较少，园区内缺乏学校、医院、市场、商场、餐饮、银行等设施，难以满足园区工作人员的生活需求。交通设施建设未能与产业发展相适应，港口集装箱作业泊位少，设施没能达到规模化作业要求，影响了港口运营效率。产品进出口集装箱配置不均衡，物流成本高。

三是产业关联度不高，地区发展不平衡。广西电子信息产业门类较多，产品发展方向较为分散，来料加工产品较多，自主创新产品较少，产业关联度不高。产业主要集中在北海、南宁、桂林3个市，桂东地区的电子信息产业还比较薄弱，桂西地区基本上没有电子信息产业，地区发展不平衡仍然比较突出。

四是工资收入偏低，企业招工难普遍存在。由于电子信息产业工资收入普遍偏低而对相关人才缺少吸引力，以及用人单位对专业技工的要求较高而具备相应技能的应聘者较少，加上广西大部分地区主要劳动力向广东等沿海地区输出，广西电子信息产业企业普遍存在招工难问题。

五是企业融资难，融资成本高。受国家现行稳健的货币政策及企业抵押物不足、担保难等因素影响，企业普遍存在融资难等问题，企业融资成本（利息、担保费、抵押物评估费、登记费等）较高，负担较重。

六是光伏产业仍处在困难时期。受全球经济增速放缓、欧债危机、美国及欧盟“双反”调查等因素的影响，广西光伏产业仍处在困难时期，部分企业处于停产或半停产状态。

七是产业高级人才相对缺乏。广西虽然有多所高等院校和科研院所为电子信息产业发展培养了大批技术人才，但是高层次、高技能人才相对缺乏。

【统计数据】

表1 2014年广西壮族自治区电子信息制造业人员构成情况

企业类别	企业数（家）	年末从业人员总数（人）	人员构成					
			工程技术人员（人）	在总人数中所占比例（%）	管理人员（人）	在总人数中所占比例（%）	研发人员（人）	技术工人（人）
内资企业	85	62 260	9 570	15.4	6 452	10.4	1 817	44 421
国有企业	9	5 238	691	13.2	562	10.7	236	3 749
集体企业	1	395	48	12.2	53	13.4	18	276
有限责任公司	25	9 367	1 653	17.6	1 036	11.1	726	5 952
股份有限公司	6	2 385	302	12.7	297	12.5	95	1 691
私营企业	34	39 247	6 253	15.9	3 815	9.7	509	28 670
其他内资企业	10	5 628	623	11.1	689	12.2	233	4 083
港、澳、台商投资企业	23	29 863	3 564	11.9	4 231	14.2	530	21 538

表 2　2012~2014 年广西壮族自治区电子信息制造业基本情况

项目名称	单位	2012 年	2013 年	2014 年
工业总产值（现价）	万元	7 317 922	8 739 742	15 275 088
工业销售产值	万元	6 774 529	7 646 084	14 868 631
出口交货值	万元	1 073 142	1 256 264	2 769 589
流动资产平均余额	万元	1 139 455	1 426 425	1 838 041
固定资产净值平均余额	万元	362 147	313 879	1 384 709
资产总计	万元	2 839 337	2 551 145	4 187 034
负债合计	万元	1 634 910	1 625 102	1 935 814
主营业务收入	万元	6 252 185	7 023 426	13 865 183
税金总额	万元	42 800	50 915	80 621
利润总额	万元	160 632	151 200	428 721
应交所得税	万元	8 470	10 847	16 449
从业人员年末人数	人	70 687	66 014	92 123
从业人员工资总额	万元	154 074	158 527	163 960

表 3　2012~2014 年广西壮族自治区电子信息制造业主要经济效益指标完成情况

项目名称	单位	2012 年	2013 年	2014 年
全员劳动生产率	元/人	92 682	132 392	172 539
流动资金周转率	次	2.36	2.9	4.2
产品销售率	%	92.6	87.5	93.2
总资产贡献率	%	11.5	10.3	14.6
资产保值增值率	%	127.2	113.2	125.6
资产负债率	%	42.4	63.7	49.4

表 4　2012~2014 年广西壮族自治区主要电子信息产品产销量情况

产品名称	单位	产量			销量		
		2012 年	2013 年	2014 年	2012 年	2013 年	2014 年
电子计算机（含显示器）	万台	3 163	4 280	4 962	2 983	3 980	4 958
微波/光通信设备	台	3 653	3 900	3 782	3 603	3 820	3 780
通信测试分析仪	台	3 650	3 820	4 138	3 630	3 800	4 121
数显量具	万件	236	560	573	230	530	572
医疗电子设备	台	8 230	9 360	10 210	8 212	9 312	10 200

续表

产品名称	单位	产量			销量		
		2012 年	2013 年	2014 年	2012 年	2013 年	2014 年
电视机	万台	117	152	173	116	130	170
电视显示器	万台	316	300	639	315	285	638
电子通用设备	台	130	170	236	125	155	233
电子铝箔	万平方米	1 980	2 800	3 200	1 975	2 675	3 200
电容器	万只	109 300	126 380	321 160	109 180	126 100	321 152
电子印刷电路板	平方米	12 890	15 090	18 052	12 832	15 000	18 009
太阳能电池	千伏安	2 500 000	2 860 000	3 156 800	2 450 000	2 850 000	3 156 752
汽车电子产品	万套	150	168	192	145	160	190
开关设备	台	14 890	16 750	21 364	14 790	16 130	21 359

表 5　2014 年广西壮族自治区软件产业人员构成情况

企业类别	企业数（家）	年末从业人员总数（人）	人员构成			
			管理人员（人）	在总人数中所占比例（%）	软件开发研究人员（人）	在总人数中所占比例（%）
内资企业	241	21 200	1 615	7.6	3 058	14.4
国有企业	10	3 526	102	2.9	369	10.5
有限责任公司	101	5 928	651	11.0	983	16.6
股份有限公司	16	1 737	76	4.4	162	9.3
私营企业	109	9 321	737	7.9	1 539	16.5
其他内资企业	5	688	49	7.1	5	0.7

表 6　2012~2014 年广西壮族自治区软件产业基本情况

项目名称	单位	2012 年	2013 年	2014 年
软件业务收入	万元	592 224	754 924	756 625
软件业务出口收入	万美元	206	287.56	307.2
软件产品销售收入	万元	306 152	342 650	234 583
流动资产平均余额	万元	256 773	374 273	307 843
固定资产投资额	万元	8 755	17 964	12 345
资产总计	万元	526 890	682 071	452 845
负债合计	万元	221 681	323 785	194 613
税金总额	万元	32 788	36 348	12 457

续表

项目名称	单位	2012 年	2013 年	2014 年
利润总额	万元	117 272	171 222	164 029
应交所得税	万元	4 498	31 822	4 674
从业人员年末人数	人	17 355	19 651	21 200
从业人员工资总额	万元	86 241	120 731	101 626

表 7 2012~2014 年广西壮族自治区软件产业主要经济效益指标完成情况

项目名称	单位	2012 年	2013 年	2014 年
全员劳动生产率	元/人	132 132	162 938	165 326
流动资金周转率	次	3.96	3.3	4.1
产品销售率	%	98.5	96.3	97.5
总资产贡献率	%	21.56	18.7	23.7
资产保值增值率	%	117.8	115.6	120.2
资产负债率	%	42.1	47.5	53.5

注：表 1~表 7 数据来源于广西壮族自治区工业和信息化委员会。其中各年统计企业数：2012 年，电子信息产品制造业为 120 家，软件和信息服务业为 223 家；2013 年，电子信息产品制造业为 92 家，软件和信息服务业为 235 家；2014 年，电子信息产品制造业为 108 家，软件和信息服务业为 241 家。

[撰稿：罗家泰　审稿：杜文宏]

海 南 省

【综述】

2014 年，海南省规模以上信息产业实现产值 318 亿元，同比增长 8.42%。其中，电子信息制造业实现销售产值 36.64 亿元，同比下降 11.9%；软件和信息技术服务业实现营业收入 185 亿元，同比增长 24.4%。

电子信息制造业

2014 年，海南省电子信息制造业实现销售产值为 36.64 亿元，同比下降 11.9%；完成出口交货值 19.12 亿元。2014 年的统计口径中剔除了产值较大的海南金盘电气有限公司（年产值为 15.54 亿元）、海南威特电气集团有限公司（年产值为 16.03 亿元）两家企业。全年行业经济运行主要特点如下：

一是电子信息制造业发展平缓。2014 年，海南省电子信息制造企业产销衔接良好，产品销售率达 96.94%。

二是投资规模较小。以多晶硅电池、基站、移动通信基台、刚性多层板、非接触式智能卡芯片、多模光纤、通信用室外光缆等为代表的主要产品固定投资和实际利用外资额较少。

三是总产值缓慢增长。海南省由于受“岛屿经济”的限制，电子信息制造业起步晚、基础弱、规模小，2010~2014 年，海南省信息电子信息制造业总产值缓慢增长，2010~2014 年的产值分别为 10.08 亿元、11.65 亿元、19.00 亿元、41.59 亿元、36.64 亿元（不包括金盘电气和威特电气）。

软件和信息技术服务业

截至 2014 年年底，海南省通过软件认定企业 41 家，294 个软件产品通过登记，拥有国家级计算机信息系统集成资质企业 30 家，具有信息系统工程监理资质企业 2 家，总收入仅占全省工业总产值的 8%。全年行业经济运行主要特点如下：

一是软件和信息技术服务业发展较快。海南省信息产业起步晚、基础弱、规模小，近年来，海南省抢抓新一轮信息技术发展的重要机遇，采取有效措施，推动信息服务业快速发展。从总营业收入看，2010~2014 年的营业收入分别为 16.73 亿元、66.93 亿元、109.77 亿元、148.66 亿元、185 亿元，四年间信息服务业总营业收入增长 10 倍，近 5 年平均增速为 62.8%。海南省无可比拟的生态环境和相对低廉的创业成本，吸引着越来越多的信息服务企业落户海南，营业收入占全省信息产业的 53%，成为海南省信息产业发展的最大亮点。

二是信息产业园区的产业集聚带动作用突显。近几年海南省集中力量打造以海南生态软件园和海口美安科技新城为核心的琼北高新技术产业基地，以三亚创意产业园和陵水清水湾国际信息产业园为核心的琼南创新创意产业基地，加大对园区基础设施建设以及公共技术服务平台的支持，开创了产业集聚化发展的新格局。特别是海南生态软件园发展较快。园区于 2009 年 5 月开工建设，2010 年营业收入就达到 13.9 亿元，之后保持高速发展，2014 年达到 115 亿元，同比增长 23.26%，占全省软件和信息技术服务业收入近 2/3，占全省信息产业收入 1/3 以上。三亚创意产业园 2014 年实现产值 5.85 亿元，同比增长 19.39%，占全省软件和信息技术服务业的 3.16%。海南国际创意港实现主营业务收入 6.5 亿元，同比增长 30%，占全省软件和信息技术服务业的 3.51%。三亚动漫产业基地实现主营业务收入 2.5 亿元，同比增长 56.25%，占全省软件和信息技术服务业的 2.94%。这几个园区主营业务收入占整个软件和信息技术服务业的 70.19%，产业集聚作用突显。

三是龙头企业布局海南省成为软件和信息技术服务业发展的关键因素。目前，海南省已经陆续与惠普、微软、IBM、NIIT 等国外 500 强以及中国电子、中国电科、中兴通讯、用友、东软、浪潮等国内信息产业龙头企业签署战略合作协议，在海南相关园区建设区域总部基地，成为海南产业园区未来发展的关键因素。

主要园区 海南生态软件园一期规划 3 000 亩，2009 年 5 月开工建设，累计完成投资 93.4 亿元，完成建筑面积 40 万平方米，80 万平方米在建。2014 年实现营业收入 115 亿元，同比增长 24%，占全省软件和信息技术服务业收入的 62%。截至 2014 年年底，已吸引腾讯、中电、中软、东软、浪潮、长城信息等 414 家国内外 IT 企业注册入驻，园区从业人员超过 5 000 人，2013 年被认定为国家新型工业化电子信息产业示范基地和国家级科技企业孵化器。

海口美安生态科技新城规划面积约 60 平方千米，分三期建设，一期规划面积 18.4 平方千米，以电子信息产业、生物医药产业为支柱建设成为综合产业园区。2012 年园区开工建设，目前累计完成征地 11.4 平方千米，一期基础设施建设正加速推进，累计完成总投资 28 亿元。储备项目 20 多个，开始启动招商工作。

三亚创意产业园规划面积约 17.19 平方千米，以高新技术、文化创意、教育培训、总部集群、南海资源开发服务等为主导产业，已开工建设面积 974 亩，完成建筑面积约 60 万平方米，累计完成投资 37.3 亿元。引进中兴通讯、用友新道、中航国际区域总部、百泰纳米生物科技等 25 个项目。2014 年园区实现营业收入 5.85 亿元，同比增长 19.39%。

清水湾国际信息产业园于 2012 年 3 月开工建设，总规划面积近 3 000 亩（一期 562 亩、二期 2 435 亩），目前一期已开工建设 327 亩，开工建筑面积 21.2 万平方米，完成投资 13.8 亿元，完成建筑面积 18.7 万平方米。已有惠普、微软、飞利浦、中电科等 10 家国内外知名 IT 企业入驻园区。

[供稿：海南省工业和信息化厅]

重庆市

【综述】

2014 年，重庆市电子信息产业保持快速增长，成为全市经济高速发展的支柱行业之一，全年实现产值 5 034.6 亿元，同比增长 23%。其中，规模以上电子信息制造业实现产值 3 683.6 亿元，同比增长 22%；实现软件主营业务收入 1 351 亿元，同比增长 26%，为全市工业稳健增长和转型升级做出重要贡献。

电子信息制造业

2014 年，重庆市电子信息制造业实现规模以上工业总产值 3 683.6 亿元，同比增长 22%，占全市规模以上工业总产值的 17%，增速居全市第一。累计生产计算机 6 446.8 万台，同比增长 15.3%；打印机 1 616.3 万台，同比下降 16.8%；显示器 1 467.3 万台，同比增长 47.5%；手机 9 418.2 万台，同比增长 121%。中冶赛迪和四联集团入围 2014 年（第 28 届）中国电子信息百强，分别排名第 54 位、第 61 位。

软件和信息服务业

2014 年，面对错综复杂的国内外经济形势，重庆市继续大力推进云端计划与大数据行动计划，抓龙头带产业发展，寻差异求产业突破，以信息技术促产业升级，多措并举，全市软件和信息服务产业保持持续稳步上升的发展态势，行业主要特点如下：

一是产业规模不断扩大，产业增速小幅下降，整体发展稳中向好。2014 年，重庆市软件和信息技术服务业实现年营业收入 1 351 亿元，同比增长 26%；实现软件业务收入 706.2 亿元，同比增长 29.1%。在产业规模不断扩大的基础上，增速略有下降。整体呈现出健康稳健的发展形势。

二是产业结构进一步调整。其中，实现软件产品收入 118.3 亿元，同比增长 23.9%；信息技术服务收入 510 亿元，同比增长 34.2%；嵌入式系统软件系统收入 77.9 亿元，同比增长 20.5%。新增纳入统计的网络电商企业 90 家，实现营业收入 59 亿元，同比增长 55.6%，以互联网为基础的新兴业态增长较快。

三是企业和从业人员数量稳步增加，产业创新能力明显提升。重庆市新认定软件企业 63 家，累计 598 家，全行业企业 4 000 余家。新登记备案软件产品 495 件，累计登记备案软件产品 2 649 件。企业自主创新能力不断提升，亚德区域卫生信息平台、讯美安全与智能化综合管理系统等多项软件产品获批国家重点新产品等。

四是产业聚集效益日益明显。重庆市软件和信息服务企业主要集中在北部新区、九龙坡区、渝北区、沙坪坝区、江北区、渝中区。软件产品涵盖行业包括通用管理、医疗卫生、智能交通、能源技术、办公 OA、信息安全、ERP、教育、勘测、物流等领域。其中，渝北区以嵌入式软件类的汽车电子为优势领域，北部新区以行业应用软件开发为优势领域，九龙坡、沙坪坝等以工业控制软件等为优势领域，在全国范围内均具有较强的竞争力。

重点企业　2014 年，重庆市软件和信息服务骨干企业经营状况良好，对全局支撑作用明显。新思维、亚德、信威通信、耐德工业、猪八戒、金美通信等重点企业主营业务收入和软件业务收入增速均超过 30%以上，其中新思维、猪八戒、金美通信等企业增速超过 50%。

由重庆猪八戒网络有限公司运营的猪八戒网是中国最大创意交易平台、中国最大威客网站，拥有文化创意注册用户超过 1 300 万，平台累计交易额超过 66 亿元，稳居同行业第一名。2014 年，交易额超过 30 亿元，同比翻了一番。猪八戒网近年将服务商从个人孵化成公司的企业一共有 1 300 家，解决就业人口超过 10 000 人；获得团中央“全国青年创业示范园区”、文化部“国家文化产业示范基地”称号。2014 年，猪八戒网成立国内首家文化创意虚拟产业园，利用平台为全国孵化小微文化企业，拟 3 年内孵化 10 000 家公司。

重庆梅安森科技股份有限公司是一家专业从事矿山安全生产监控设备及成套安全保障系统研发、设计、生产、销售为一体的高科技上市公司，是重庆市首家上市软件企业。2014 年，公司实现煤矿安全生产监控产品销售收入 20 118.07 万元，实现非煤矿山安全生产监控产品销售收入 1 309.25 万元，公共安全监控产品销售收入 4 598.75 万元。立足于公司在煤矿以及非煤矿山安全信息化建设的技术基础，公司新开拓公共事业和特种工业行业领域，为客户提供安全生产成套解决方案。在公共安全领域，公司开发城市排污在线监测监控系统、城市管网安全监测监控系统等业务。利用物联网技术、网络技术、云计算、大数据应用技术、有毒有害气体及环境监测技术，为公共事业和特种领域提供安全保障的信息化系统建设。

重庆亚德科技股份有限公司于 1999 年在重庆高新区成立，员工 300 余人，拥有 2 家子公司、3 家分公司、8 家办事处，是国家高新技术企业、软件企业，具有计算机信息系统集成一级资质，跨地区互联网增值业务许可证（全网），并获得软件能力成熟度 CMMI4 认证、ITSS 运维标准符合性认证以及 ISO9001、ISO14001、ISO20000 和 ISO27001 等体系认证。公司产品主要集中在教育与医疗卫生行业。其中，亚德卫生信息平台已成功应用于重庆市及其下辖各区县，2014 年通过国家卫计委的验收，并获得国家卫计委的高度认可，成为中国西部地区首个区域卫生成功应用的标杆。该平台不仅是全国第一家通过 3A 评测的省级平台，还被科技部认定为 2014 年度国家重点新产品计划。同时，亚德区域卫生信息平台获得国内上市企业海南海药（000566）1.8 亿元的风险投资。

重庆中联信息产业有限公司成立于 1992 年，专注于医疗卫生信息化产品的开发、销售与服务。主要产品为面向数字医院的成套产品与服务，近年来开始发展区域卫生信息化产品等，已有近 3 000 家中型以上的医院客户和 100 余个区县以上的区域卫生客户。2014 年，公司完成营业收入 2.1 亿元，软件业务收入 2.1 亿元，实现利税 1 亿元。2012~2014 年，公司用于研发的经费分别为1 955 万元、2 559 万元、2 083 万元，保障了研发能力的持续创新。公司产品全部为自主研发，拥有软件著作权 26 项、软件产品登记 16 项、成果认定 2 项、重点新产品 3 项。

重庆金美通信有限责任公司（重庆七一六厂）位于重庆市沙坪坝区，注册资本 1 亿元，资产总额 8.99 亿元，公司现有员工 687 人，研发及工程技术人员 371 人，硕士及以上学历 137 人，具有各类高中级职称 155 人（其中，正高级工程师 8 人）。2014 年，公司实现产值 5.7 亿元，软件业务收入 2.7 亿元。公司主要从事军用通信产品（系统）的开发、生产、销售和工程服务，经过多年的技术积累和沉淀，形成系统、有线、无线、网络、终端五大门类，共 80 余种产品。“十二五”期间，公司先后被授予“国家信息产业基地龙头企业”、“国家火炬计划重点高新技术企业”、“重庆市工业企业 100 强企业”、“全国电子信息行业优秀创新企业”的殊荣，先后有近 20 个产品通过部级定型，多项产品获得“国家科学技术进步奖”二等奖、“国防科学技术进步奖”一等奖、“国防科学技术进步奖”三等奖、“电子信息科学技术奖”二等奖等 10 项奖励。

重庆新世纪电气有限公司创建于 1992 年，注册资金 8 600 万元，是具有独立法人资格的民营高科技企业。公司主要致力于电力系统的自动化软件产品及其相关技术装备的研发、制造、销售和技术服务，涉足新能源、电动汽车、智能电网、物联网、轨道交通、工业控制等诸多行业应用技术开发，向客户提供自动化系统的整体技术解决方案和成套设备的总包供应和服务。公司现有员工 480 余人，其中，专业技术人员占 61%，本科以上人员占 75.7%，硕士、博士学位及中高级专业技术职称人员占 35%。2014 年，公司完成主营业务收入 4.6 亿元，软件业务收入 2.7 亿元，产品市场覆盖全国 30 多个省、市、自治区以及东南亚国家和地区，在电力、铁路、石油、化工、冶金、交通等行业领域应用广泛。

电子产品进出口贸易

2014 年，重庆市电子信息制造业实现出口交货值 2 199.4 亿元，同比增长 25%，占全市工业出口交货值的 79%，对全市工业出口增长贡献率达到 86%。

科技进步与应用

2014 年，全行业启动技术创新项目 16 个，总投资约 7 000 万元，预计实现销售收入 5.6 亿元；获得发明专利授权 7 个，受理 6 个，技改项目 10 个，计划投资 2.3 亿元，全部完成后预计实现销售收入 5 亿元；新产品开发项目 43 个，计划投资 7.3 亿元，全部完成后预计实现销售收入 35 亿元。

信息基础设施建设

2014 年，重庆市电话用户 3 172.9 万户，按照常住人口 2 970 万人计算，电话普及率达到 106.8 户/百人。其中，移动电话用户 2 589.9 万户，3G/4G 用户 1 284.1 万户，3G/4G 用户在移动电话用户中的渗透率达到 49.6%，移动流量总量为 34 560T，同比增长 40%。全市移动互联网用户 2 014.1 万户，固定宽带接入用户 537.9 万户，8Mbps 以上宽带用户比重达 32.9%。光缆线路长度 53.9 万皮长千米，宽带接入端口新增 312.3 万个，达到 962.3 万个。

一是加快城市宽带提速。推进社区光网工程。贯彻落实《住宅区和住宅建筑群内光纤到户通信设施工程设计规范》、《住宅区和住宅建筑群内光纤到户通信设施工程施工及验收规范》，切实保证新建住宅小区的光纤入户。综合利用 VDSL 等多种技术，实现城市地区宽带用户接入宽带平均能力达到 20Mbps，推进百兆光纤工程，主城核心区高端商务区宽带接入平均能力率先达到 100Mbps。推进智慧城市热点工程。完善城市公共热点区域无线局域网（WLAN）建设，开展无线局域网合作运营模式探索，实现公共热点区域无线局域网的免费接入和使用，服务地方经济发展，促进民生改善。2014 年，全市无线 AP 总数超过 14 万个。其中，重庆电信投资 2 700 万元，AP 总数达到 39 772 个；重庆移动投资4 600 万元，AP 总数超过 60 000 个；重庆联通重点对 WLAN 既有资源进行了优化，AP 总数达到 41 117 个；重庆有线完成 WLAN 无线网络规划建设工作，完成富士康、鲁能星城 1-4 街区、中山医院、詹家溪街道办事处、奥体重报网球场等热点区域无线 WLAN 覆盖的勘测、设计和施工建设，AP 总数达到 833 个。

二是基本建成国家级互联网骨干直联点。重庆电信、重庆移动、重庆联通、重庆铁通积极争取集团公司政策、资金支持，提前建设开通了骨干直联点，重庆市互联宽带能力达到 1 030G，本地互联互通质量得到极大改善，各项网络指标比肩北上广。互联网出口带宽由上年年底的 1 680G 提升到 3 600G，连城城市由 5 个增加到 17 个。重庆市由全国通信网络的二级节点升级为全国互联网骨干枢纽，具备疏通西南地区各省同全国之间互联互通流量的功能，在全国通信网络中的地位显著提升。

三是加快宽带和 4G 发展步伐。积极实施“宽带中国”2014 专项行动，在实现行政村通宽带的基础上，重庆电信积极推动光纤网络向农村腹地延伸，主动推进行政村通光纤工作。重庆市行政村光纤通达率达到 70%。在 4G 建设和发展中，重庆移动新建 4G 基站 1.9 万个，实现全市县级以上城市区域的 4G 网络连续覆盖，50% 的乡镇实现 4G 信号初步覆盖。重庆联通认真落实与市政府签订的战略合作协议，已建成 1 700 个机柜服务能力的数据中心。重庆铁通也积极发挥专业优势，有力推动了铁路沿线通信网络设施建设。全市新建住宅小区光纤到户占比达到 100%，实施了 50 万户既有住宅小区光纤到户改造。全市基站建设投资达到 58.5 亿元，2G/3G 基站超过 60 000 个，4G 基站超过 25 000 个。其中，重庆移动 4G 网络基站建成规模位列直辖市第一，共计完成投资 38.5 亿元，相当于重庆移动 6 年 TD-SCDMA（3G）建设数量总和。

三网融合　2014 年，重庆市有线电视用户 600 万户，其中，数字电视用户 465 万户；双向化网络改造用户 480 万户。有线电视入户率 50.5%，双向化率 72%；高清、互动用户数达 251 万，有线网络宽带在册用户 52.9 万；IPTV 用户达到 60 万户（其中，电信 50 万户，联通 10 万户），同比增长 33%；OTT 用户 23 万户，同比增长 283%；有线电视宽带网络用户 55 万户，同比增长 175%；手机电视业务用户 400 万户，同比增长 40%。

一是加快传输网络建设。重庆有线投资 6 131 万元用于管道建设，新增 1 232 千米；投资 7 969 万元用于光缆建设，新增 11 000 千米；投资 1963 万元用于分配网建设，完成全年 24.82 万户的目标，其中，新安装 19.6 万户，改造 5.22 万户。

二是继续推进双向网络改造。33 个区县分公司已全面完成城区双向网络覆盖工作，重点场镇网络双向化改造工作全面铺开。其中，涪陵、合川、大足、铜梁、丰都、潼南、万州等 29 个区县已完成重点场镇 44.8 万户双向网络改造覆盖。主城（7 区）双向网络覆盖用户数合计约 175 万户，双向网络覆盖率 96%。各区县分公司双向网络覆盖用户数合计 315 万户，县城城区双向网络覆盖率 97%。

三是加快集成播控平台建成。按照国家《推进三网融合的总体方案》和《三网融合试点方案》的总体要求，严格依照中央—地方两级平台架构进行三网融合集成播控平台建设。完成不同形态的新媒体内容的汇聚、加工、存储工作，并向集成播控系统提供所需的节目，也可向有线电视、电信、联通等企业提供所需的原始素材和加工后的内容产品。

四是社区信息化建设工作全面铺开。指导重庆电信、重庆有线等企业以电信光纤网络建设和有线电视网络“双改”工程为基础，利用政府及社会相关资源，调动运营企业和信息服务企业力量，打造融合政府资讯、公共服务、物业服务、商业服务、公益服务的社区信息化平台，并在全市范围内大力开展基于三网融合的社区信息化建设。2014 年，重庆市已有近千个社区、酒店、医院等单位签约进行社区信息化建设，已建成的近 380 家。

信息产业基地建设

2014 年，重庆石墨烯产业园在高新区金凤园区正式揭牌，重庆市经济和信息化委员会联合九龙坡区、高新区提出产业规划、政策导向、招商引资等建议，并赴京邀请石墨烯产业联盟成员单位来渝投资设厂，做大重庆市石墨烯产业。

信息技术应用

电子政务　2014 年，重庆市电子政务工作围绕创新管理、强化服务、提升效能的主线，重点推动信息化系统集约化建设，提高政府科学管理水平，提升政府公共服务能力。

一是高度重视社会公共信息资源整合与应用。市委市政府高度重视社会公共信息资源整合与应用，将其列为重庆市全面深化改革的 25 个重点专项之一，市政府印发《重庆市社会公共信息资源整合与应用实施方案》，明确提出建设三大基础数据库（自然人信息数据库、法人信息数据库、地理空间信息数据库）、四大公共应用平台（政务共享应用平台、信息惠民应用平台、信用建设应用平台、社会治理应用平台）。充分发挥市场机制作用，推进数据中心集中化，推进应用平台社会化、推进信息服务市场化。

市政府办公厅印发《关于加强全市信息化系统集约化建设管理的通知》，要求新建信息系统统一实行集约化建设管理，凡是国有资金部分或全额投资新建的信息化系统，一律采取购买云计算服务方式，向两江国际云计算产业园集中，配套的数据中心项目一律停止审批，尚未开工的项目一律停止建设；原有信息化系统逐步纳入集约化管理，按照“关停并转、分步实施”原则，逐渐向两江国际云计算产业园迁移整合。

二是提升政务信息化水平。在医疗卫生领域，初步构建起卫生信息三级网络，完成 5 个试点区（县）的卫生信息专网改造工作，实现试点区域内 1 411 家卫生机构的平台接入。全面开展预约就诊、预约体检、在线咨询等服务项目，支持多种预约方式和支付方式，实现注册用户突破 400 万、预约诊疗每天 4 000 人次以上、月交易额 150 万元的公众应用服务量。

在交通领域，基于 RFID 技术的“重庆交通信息卡系统”进一步完善，实现车辆驾驶证、行驶证、车牌的电子化，已累计发放近 1 100 万张；2014 年发放城市“一卡通”智能卡 130 万张，累计达 1 000 万张；重庆高速公路 60%收费站已覆盖 ETC，公路客运联网售票系统建成并投入使用，实现全市 61 个二级及以上客运站联网售票。

在教育领域，重庆市 50%普通中小学、90%中职学校、所有高校建设了“校园网”。全市建成多媒体教室 6.5 万间，计算机网络教室 8 千间。高校计算机生机比达到 6:1、中职学校达到 8:1、中小学达到 13:1。中小学教师笔记本电脑配备率达 75.59%。通过“农村中小学远程教育工程”、“区县教育城域网建设工程”、“西部大学校园计算机网络建设工程”等一系列工程建设，初步形成重庆市教育网络体系。重庆市各区县已建设教育城域网络，同时以卫星接收和互联网宽带为补充，实现农村边远学校和教学点网络接入。建立重庆市基础教育资源库、“重庆市中小学数字图书馆”、重庆大学城资源共享平台。在渝高校建设 2 万节网络课程、300 余门国家及市级数字精品课程，数字文献资源规模和质量明显提升。

在社会保障领域，推进金保工程二期建设。截至 2014 年年底，重庆市已建成全市数据集中管理覆盖城乡 3 200 多万人口的社会保险、劳动就业、基金监管、公共服务、12333 电话咨询等应用系统，业务专网已覆盖到全市所有乡镇（街道）及部分社区、1.3 万个医保定点医疗、药店，发放具有金融功能社会保障卡 3 265 万张，已与市地税、工商、公安、质监、民政等部门实现数据实时共享。

在工商领域，截至 2014 年年底，联合征信系统共征集整合各类市场主体信用信息 3 112 万条，其中全国黑牌企业警示信息 311.86 万条，重庆市场主体信用信息2 514.34 万条。征集的信用信息数据量、质量均在全国处于领先地位。

在社会安全领域，大力推进社会安全事件应急联动指挥系统工程建设，2014 年基本完成一期工程视频系统建设，建设高清镜头 2.3 万个并实现联网，为社会治安、反恐等发挥重要作用。

在政务领域，圆满完成重庆市行政审批电子监察系统建设，市级 508 项行政审批项目、区县 13 680 项行政审批项目纳入电子监察，系统共受理行政审批事项 30 794 件，办结 30 063 件，提前办结 25 658 件，提前办结率 85.35%。

两化融合　一是制定指导文件，深入推进。根据工业和信息化部《信息化和工业化深度融合专项行动计划(2013~2018)》精神，结合实际，制定发布《重庆市人民政府办公厅关于印发重庆市信息化和工业化深度融合专项行动计划（2014~2018）的通知》（渝府办发［2014］29 号）和《重庆市 2014 年信息化和工业化融合专项行动实施方案》（渝经信发［2014］27 号），为深入推进两化深度融合明确了路径和措施。

二是推进国家试点，成效突出。2014 年，重庆市 8 家企业成为全国首批两化融合管理体系贯标试点企业，2 家企业成为国家首批推荐的两化融合管理体系贯标咨询服务机构；重庆海特克制造业信息化生产力促进中心有限公司成为国家首批两化融合管理体系评定机构，全国首批互联网与工业融合创新试点企业——重庆猪八戒网络有限公司多次得到国家领导人及有关部委领导的视察肯定。

三是强化示范带动，效果明显。围绕重点行业和重点领域，重点实施工业装备数字化智能化改造与提升应用示范，企业管理、设计、制造智能化提升应用示范，智能产品产业化和智能工业技术服务体系培育三大工程；实施相关项目 300 多个，累计投入各类资金 4 亿元，有效推动了信息技术在“6+1”支柱产业的广泛深入应用，促进了工业企业的转型升级。如长安汽车建立以三维数字化设计和全球协同设计为核心的汽车产品智能化研发平台，实现“五国九地”（中国、意大利、英国、美国、日本、重庆、上海、北京、哈尔滨、江西、诺丁汉、横滨、都灵、底特律）的网络化异地协同开发，开发出 5 个整车平台、2 个发动机平台和 1 个混合动力车型，使长安公司新产品的贡献率达到 80%以上，自主产品的开发量占总量的 60%左右，有力支撑了全国第三大汽车生产基地的打造。

四是完善服务支撑体系，加强培训。进一步加强重庆市两化融合促进和服务中心、重庆市 CIO（首席信息官）协会、重庆市两化融合物流信息化技术应用中心、重庆市两化融合电子商务技术应用中心、重庆市两化融合信息技术节能降耗技术应用中心和重庆市两化融合物联网技术应用中心等服务支撑机构的建设，着手筹建重庆市工业云创新服务联盟。2014 年，为重庆市 10 多个区县和 200 多家大中型企业提供技术咨询和规划设计，完成 100 多家企业两化融合项目的指导实施，开展 5 万多人时的两化融合人才培训。

五是支持工业云创新发展，推动企业转型升级。重庆市作为国家“工业云”试点，着力推动个性化定制、网络众包、移动 O2O 等新业态的发展，重点以工业云平台建设为核心，积极整合通信运营商、IT 服务商的优势资源，提升传统产业在设计研发、原料采购、资源调度、生产、销售、仓储、运输等环节的综合利用率，加快工业生产向智能化、柔和化和服务化转变，加速制造业转型升级。

六是开展“两化深度融合园区行”活动，服务企业需求。为加深企业两化深度融合认识，服务企业信息化需求，2014 年，组织开展渝北站、九龙坡站、巴南站、万州站、黔江站、江津站、永川站 7 场两化深度融合园区行专项活动，服务 38 个区县近 1 000 家工业企业。

物联网　一是物联网产业发展行动计划发布实施。按照《重庆市加快培育十大新兴产业集群的意见》精神，为扎实推进物联网产业发展，制定发布《重庆市加快物联网产业发展行动计划（2014~2020)》（渝府办发［2014］158 号）。

二是 5 项物联网重点项目获国家支持。物联网产业 5 个重点项目获得国家 2014 年物联网发展专项支持资金 1 750 万元，创历史新高，支持资金额度继续稳居全国前列。截至 2014 年年底，重庆市已有 20 个项目获得国家专项资金支持，总经费达 5 000 万元。

三是重点物联网应用示范工程顺利推进。国家信息化试点项目“基于 RFID 的智能交通物联网应用示范工程（电子牌)”是重庆市正在实施的智能交通物联网应用示范工程，截至 2014 年年底，已安装 RFID“电子牌”1 000 多万张；市人大、市政协机关车辆及人员智能门禁系统于 2014 年 7 月通过专家验收；基于“电子牌”建设的“黄标车”限行管理信息系统和路桥收费动态管理集成系统建设顺利；基于"电子牌"的机动车尾气排放管理监控系统开始建设；为缓解重庆主城交通压力，提升城市交通通行能力，重点实施智能交通升级改造工程，已完成智能交通升级改造工程可研报告。

四是北斗产业发展有所突破。2014 年 6 月，重庆北斗中心开园仪式暨招商推介会召开，签约落户企业 20 余家；由重庆北斗导航应用技术股份有限公司和工业和信息化部电信研究院西部分院编制的"重庆北斗卫星导航产业发展规划"已初步完成，为北斗产业的发展提供了方向和途径。北斗导航系统已在交通运输、电力电信、工程建设等方面得到初步应用。

五是物联网对外合作交流不断加强。随着物联网产业发展驶入快车道，国内外、行业间、区域间的交流和合作不断加深。2014 年，重庆市承办"中国与东盟物联网技术在智慧城市中应用"研讨会、"2014 年中国 TD-LTE 产业发展研讨会"中移物联网公司车联网论坛等重要活动。工业和信息化部物联网标准制定调研组、宁波市智慧城市建设调研组、长春市汽车身份电子识别系统调研组、洛阳市无线电管理局调研组等先后赴重庆市开展调研工作。

六是物联网招商引资取得成效。上海天游软件有限公司在北部新区注册成立重庆隆讯科技有限公司，并筹备建立手游产业园；东莞市沃凯德触控技术有限公司在南岸区注册成立重庆美景光电科技有限公司，拟建立手机屏、手机组装及摄像头生产基地；在 2014 中国 500 强企业高峰论坛上，重庆市经济和信息化委员会与中移物联网有限公司签订战略合作协议，共同打造物联网产业园区，联合推进物联网应用示范。

七是南岸物联网国家示范基地建设进展顺利。为促使南岸物联网基地建设快速推进，围绕车联网和智能家居两大方向，新引进美的、海尔等知名企业 100 多家，初步形成物联网产业链；赛迪研究院西部分院成功落户，研发能力进一步增强。以长江工业园内 4.7 平方千米为物联网产业核心发展区，重点打造为产业集聚区。2014 年，通过应用示范建设带动产业发展、优化产业环境、壮大产业集群，应用示范工作取得一定成效，共推进 27 个物联网应用示范项目和 10 个重点推进项目，涵盖智能工业、智慧旅游、智慧养老、智慧城管等领域。

农村信息化建设 一是农村信息化平台务实服务"三农"。农村信息化建设持续推进，农村信息化综合服务平台有效服务农业生产和农村生活。政务信息化平台使用单位达 11 173 户，其中，乡镇覆盖率达 100%，行政村覆盖率达 85%以上。2014 年，政务信息化平台发布信息 4 998 万条、彩信 69 万条、收发文 49 万次、彩信简报 154 万条；商贸信息化平台开通涉农企业、合作社 995 户，发布市场信息 30 余万次，企业招聘发布 100 余万次，投送简历 30 余万份；民生信息化平台用户达 760 万户，服务用户数超过 1 800 万户，百事易可查询医保、户改、就业、水电气等生活实用信息，访问次数 1.8 亿次；6995 平安互助平台已在云阳、南川和璧山等 31 个分公司开通。

二是重庆市电脑百村工程缩小城乡数字鸿沟。按照《重庆市"电脑百村工程"实施方案》，坚持"一年示范、两年铺开、三年推广"的工作思路，在全市 38 个区县精心选择 100 个行政村分 3 批进行引领示范，以优惠价格让更多村民拥有电脑、手机等信息终端。2014 年，总计为各区县 40 个示范行政村配备电脑 120 台，配装 80 条电信 2Mbps 宽带，以优惠价推广销售重庆造电脑 3 181 台，在镇村组织开展 40 场次的信息技术培训会，累计培训达 1 200 余人次。

信息安全 建立健全网络安全和信息化管理机构。2014 年初，重庆市成立市委网络安全和信息化领导小组，负责贯彻落实国家网络安全和信息化发展战略、宏观规划和重大政策；研究制定全市网络安全和信息化发展战略、宏观规划和重大政策，推动全市网络安全和信息化法治建设；统筹协调涉及全市各个领域的网络安全和信息化重大问题；督促全市网络安全和信息化重大战略、规划和政策落实。领导小组下设办公室，与市互联网信息办公室合署办公。办公室成立后制定下发《关于加强全市信息网络安全工作的通知》、《关于加强党政机关网站安全管理的通知》、《关于进一步加强工业控制系统信息安全管理的通知》等文件，并积极推进区县网络安全工作机构的建设，加强对全市网络安全工作的组织和领导。

积极推进网络信任体系建设。一是围绕电子商务用户主体可信和过程可信两个方面，加快"可靠电子签名及数据电文应用"项目推广应用，截至 2014 年年底，该项目签约 37 份，签约金额 1 650 万元。二是推进数字认证工作，重庆市数字认证（CA）证书已累计发放 306.32 万个，2012~2014 年新增发数字证书 187.54 万余个（其中，身份认证类 108.86 万个，网站认证 219 个，电子签名 78.66 万个）。三是积极推进信息安全标准化建设，组织指导相关单位研究制定《工业控制系统信息安全 第 1 部分：评估规范》等国家标准 4 项、行业和地方标准 17 项，其中，《工业控制系统信息安全实施指南》获国家标准化委员会立项。

大力推进信息安全基础平台建设。一是建设工业控制系统信息安全模拟测试实验平台，为相关企业及组织提供信息系统信息安全公共测试环境。二是建立全市信息系统基础数据库平台，其中，政府系统信息安全基础数据库收录全市 1 230 套政府信息系统的基本情况和信息安全状况，工业控制系统基础数据库收录全市 925 套工业控制系统的基本情况和信息安全状况，包括 SCADA 系统 63 套、DCS 系统 127 套、PLC 系统 696 套、其他系统 39 个，涉及行业 39 个，其中重要工业控制系统 82 套。三是建成工业控制系统信息安全漏洞网上信息共享平台，开展工业控制系统信息安全漏洞信息的收集、汇总和分析研判工作，2014 年发布工业控制系统漏洞信息 130 余条，其中，高危漏洞信息 70 余条。

加强重要信息系统安全监督管理。一是指导相关机构对全市 40 个行业开展等级保护工作，定级备案单位 1 627 个，同比增长 12%，备案系统 4 134 个，其中三级以上系统 420 个，定级备案率达 90%以上。全市共 405 个系统开展了系统安全等级测评，其中三级以上系统 341 个，年内测评系统 172 个；3827 个系统开展安全建设和整改，三级及以上系统的安全建设整改率达 83.6%，等级测评率达 81.2%。二是指导支撑机构对 10 余家单位共 20 余个工业控制系统开展安全咨询和测评，涉及电力、燃气、水务、汽车制造、钢铁等重点领域工业控制系统，共发现管理漏洞和系统风险点 1 000 多个，提出整改建议 300 余条。三是依托重庆市 5 家网络与信息安全教育培训基地，实现培训信息安全高级管理人员 3 000 余人次。

加强重点领域工业控制系统信息安全指导管理。在重庆钢铁集团、重庆水务集团、重庆燃气集团等 3 家单位工业控制系统信息安全管理前期试点成果的基础上，结合重庆市信息化和工业化融合 2014 年专项行动，指导重点工业控制企业和 8 家两化融合试点企业建立覆盖工业控制系统信息安全技术管理、应急管理、机构和人员安全管理等方面的管理制度，进一步推进工业控制系统信息安全责任制的落实。

推进信息安全产业发展。一是支持信息安全关键核心技术产品创新发展及推广应用，重点支持云安全技术产品、工业控制系统信息安全产品、网络审计技术产品、移动智能终端安全检测技术产品等 10 余项技术产品的开发应用。其中，网络安全审计类产品已推广应用到 20 个省市，集中审计管控 2 000 余家酒店和 3 000 余家网吧的终端，在相关领域发挥了重要作用。二是积极与多家单位洽谈信息安全项目引进合作事宜，共同推进重庆网络信息安全产业基地建设。

信息消费 2014 年，重庆市不断完善信息基础设施，着力培育特色信息服务，逐步增强信息产品有效供给，全力提升居民信息消费体验，按计划进度全面推进信息消费试点工作。

一是信息消费规模稳步上升。2014 年，重庆市信息消费额为 610 亿元，同比增长 28%，比全国平均水平高出 3 个百分点；全市电子商务交易额超过 4 500 亿元，同比增长超过 50%，其中，网络零售额近 380 亿元，同比增长 73%。

二是信息基础设施承载能力显著增加，重庆国家级互联网骨干直联点顺利开通，TD-LTE 网络实现县级以上城市区域全覆盖，IPTV、有线电视网络宽带、手机电视（视频）访问、OTT 视频业务用户量分别同比增长 33%、175%、40%、283%。

三是信息消费重点示范项目推进顺利，全市信息惠民公共服务应用平台工作方案和技术方案编制完成，工业云服务平台完成开发测试并推广应用，重庆国家跨境贸易电子商务服务试点项目进入实质性运转阶段。

四是信息产品供给能力逐步增强。全年生产电脑 6 446.8 万台，同比增长 15.3%，占全球笔记本电脑产量的 40%左右；显示器、网通产品和手机产品产量分别同比增长 51%、13%、116.9%。

五是信息消费体验渠道和内容日益丰富，车联网、智慧家居、动漫科技、物联网等信息消费专题体验中心已陆续建成并对外开放。

六是加强信息安全保障，打造可信电子商务网络环境，推动数字认证在电子商务领域创新应用。

热点

招商引资成效明显 2014 年，重庆市高度重视招商引资工作，全年电子制造业共签约项目 12 个，协议投资 240 亿元。其中，世界 500 强企业 4 家，协议投资 73 亿元。4 月 21 日，与中国移动签署《关于共同建设 TD-LTE 应用合作示范区的战略合作协议》；5 月 15 日，与中航工业集团签订《关于加快中航（重庆）微电子有限公司发展的合作协议》；5 月 27 日，与北京天宇朗通通信设备股份有限公司签约天语手机项目；先后引进法液空大宗气体、芜湖长信科技 TFT-LCD 液晶面板薄膜和 TPLCM 模组、上海通彩自动化设备有限公司冲压件、东进世美肯电子化学品、住友化学电子化学品、金名山光电导光板等 6 家京东方面板项目配套企业落户两江新区水土工业园；9 月 21 日，与上海华虹集成电路有限责任公司签订智慧城市和智能交通项目战略合作协议；12 月 24 日，与中国电子信息产业集团签署《战略合作框架协议》；12 月 30 日，与惠科集团签订《液晶面板第 8.5 代生产线项目投资协议》。

重大项目顺利推进 一是 SK 海力士半导体项目按期投产。该项目从 2013 年 9 月开工建设至 2014 年 6 月搬入设备试生产，仅用 10 个月时间，创造了 SK 海力士海外建厂最快速度。二是京东方液晶面板项目主体完工。2014 年，京东方重庆新型半导体显示器件及系统项目建设顺利，截至 12 月底，项目主体工程已完工并开始搬入生产设备，将于 2015 年 4 月正式投产。

其他

为营造发展电子信息产业的良好氛围，重庆市策划和承办“第十二届中国半导体封装测试技术与市场年会”、“TD-LTE 产业研讨会”、“重庆市半导体行业协会年会”等会议，百余家半导体、通讯行业企业参会，并表达来渝合作投资的意愿。

主要问题

一是产业发展不平衡。产业结构失衡，计算机行业一枝独秀，占全行业比重高达 53%，产业抗风险能力不强；区域差距较大，都市功能区电子信息制造业占全市比重达 84%，其他地区仅占 16%；对外资依赖明显，全市电子信息制造业中，外资和港澳台资企业数量占 21%，而产值占 66%，内资企业数量占 79%，而产值仅占 34%。

二是持续发展能力有待提高。具有重大影响力的新项目、新企业较少，增长带动作用不明显，行业全年产值增速较上年下降 10 个百分点；产业创新能力不强，企业对技术创新、技术改造及新产品开发投入较少，行业 R&D 仅为 0.4%，处于较低水平。

【统计数据】

表 1　2014 年重庆市电子信息制造业人员构成情况

企业类别	企业数（家）	年末从业人员总数（人）	企业类别	企业数（家）	年末从业人员总数（人）
内资企业	298	3 309	股份有限公司	13	
国有企业	6	3 125	私营企业	184	
集体企业	1	84	港、澳、台商投资企业	34	
股份合作企业	1	100	三资企业	45	
有限责任公司	93				

表 2　2012~2014 年重庆市电子信息制造业基本情况

项目名称	单位	2012 年	2013 年	2014 年
工业总产值（现行价）	万元	22 274 436	29 346 734	36 836 210
工业销售产值	万元	21 548 413	28 798 233	36 442 923
出口交货值	万元	12 142 136	17 532 466	21 994 369
资产总计	万元	8 891 686	13 781 467	11 206 248

续表

项目名称	单位	2012 年	2013 年	2014 年
负债合计	万元	6 404 764	10 561 583	8 120 303
主营业务收入	万元	21 345 814	28 421 826	29 077 104
税金总额	万元	19 775	37 074	27 058
利润总额	万元	610 347	730 274	722 721
从业人员年末人数	人	170 917	201 498	152 859

表 3　2012~2014 年重庆市电子信息制造业三资企业基本情况

项目名称	单位	2012 年	2013 年	2014 年
工业总产值（现行价）	万元	4 924 800	9 940 383	13 106 706
工业销售产值	万元	4 811 208	9 808 416	11 151 194
出口交货值	万元	3 134 411	7 851 231	10 736 872

表 4　2012~2014 年重庆市电子信息制造业主要经济效益指标完成情况

项目名称	单位	2012 年	2013 年	2014 年
全员劳动生产率	元/人	1 303 231	1 456 428	1 664 161
产品销售率	%	96.7	98	98.9
资产负债率	%	72	76.6	72.5

表 5　2012~2014 年重庆市电子信息制造业三资企业主要经济效益指标完成情况

项目名称	单位	2012 年	2013 年	2014 年
产品销售率	%	97.7	98.7	99.7

表 6　2012~2014 年重庆市主要电子信息产品产量情况

产品名称	单位	2012 年	2013 年	2014 年
电子计算机整机	台	41 608 803	55 934 975	64 467 800
其中：笔记本计算机	台	40 305 683	54 710 628	63 488 400
电话单机	部	52 102	7 110	7 640
移动通信基站设备	信道	206 208	125 736	639 840
移动通信手持机（手机）	台	10 957 617	35 456 852	94 182 396
通信及电子网络用电缆	对千米	103 237	14 764.8	14 434
光缆	芯千米	331 742	247 278	3 092 204
电子元件	万只	75 331.0	973 692.5	1 268 438

续表

产品名称	单位	2012 年	2013 年	2014 年
印制电路板	平方米	5 440 181	7 714 928	13 017 988
集成电路圆片	万片	19.1	38.2	33
显示器	台	8 076 296	9 948 068	14 673 404
其中：平板显示器	台	8 076 296	9 948 068	12 779 923
打印机	台	9 013 510	19 436 941	16 162 897
光电子器件	万只（片）	58 102	78 872.6	59 111
锂离子电池	只（自然只）	8 794 028	11 664 288	62 126 593

注：表 1~表 6 数据来源于重庆市统计局。

表 7　2012~2014 年重庆市软件产业基本情况

项目名称	单位	2012 年	2013 年	2014 年
软件业务收入	万元	4 224 058.4	5 469 408.2	7 062 363.4
软件业务出口收入	万美元	11 015.8	20 271.5	6 798.8
软件产品销售收入	万元	751 949.6	750 026.7	1 182 698.9
流动资产平均余额	万元	2 432 628.2	2 503 419.7	4 334 851.4
固定资产投资额	万元	73 552.0	83 281.7	117 255.6
资产合计	万元	6 099 793.2	6 490 615.5	10 754 952.7
负债合计	万元	2 563 199.3	2 877 799.6	4 114 295.6
税金总额	万元	153 407.2	128 995.6	113 006.3
利润总额	万元	526 475.1	423 811.0	478 251.1
应交所得税	万元	30 873.2	26 513.6	146 933.6
从业人员年末人数	人	83 045	84 752	101 304
从业人员工资总额	万元	449 155.8	463 192.9	673 394.9

注：数据来源于重庆市经济和信息化委员会。

[撰稿：苏波　审稿：涂兴永]

四 川 省

【综述】

2014 年，四川省电子信息产业完成主营业务收入 5 703.6 亿元。其中，电子信息产品制造业完成主营业务收入 3 808 亿元，同比增长 10.1%；软件与信息服务业完成软件业务收入 1 895.6 亿元，同比增长 18.5%。

电子信息产品制造业

2014 年，四川省规模以上电子信息产品制造业完成销售产值 4 048 亿元，同比增长 19.6%；实现主营业务收入 3 808 亿元，同比增长 10.1%；实现利润 126.9 亿元，同比下降 9.7%；税金总额 99.4 亿元，同比下降 14.8%。

对工业增长贡献作用突出 2014 年，四川省规模以上电子信息制造业完成工业增加值占全省规模以上工业增加值的 7.7%，比重比上年同期提高 0.4 个百分点，对规模以上工业增加值增长的贡献率为 10%。四川省规模以上电子信息产品制造业完成销售产值 4 048 亿元，同比增长 19.6%。

增长减速换挡 四川省电子信息产品制造业 2011~2014 年增加值增速分别为 65.3%、32.9%、20.1%、12.8%，主营业务收入增速分别为 67.2%、27.4%、22.5%、10.1%，均呈逐年下降趋势。

固定资产投资下降 2014 年，四川省电子信息产品制造业 500 万元以上项目完成投资额 438.8 亿元，同比下降 26.8%。

主要产品保持增长 2014 年，四川省生产微型计算机 7 619 万台，同比增长 22.9%；生产笔记本计算机 2 559 万台，同比增长 110.4%；生产平板计算机 4 878 万台，同比增长 3.8%；生产彩色电视机 1 027.7 万台，同比增长 3.6%；生产集成电路 41.2 亿块，同比增长 2%。

三资企业贡献突出 2014 年，四川省规模以上电子信息产品制造业三资企业完成现价工业总产值 2 559.2 亿元，同比增长 39.9%；完成销售产值 2 550.8 亿元，同比增长 42.1%；实现主营业务收入 2 348.1 亿元，同比增长 24.4%；实现利润 126.4 亿元，同比下降 1.9%。规模以上三资企业以占 10.2%的企业数量，创造了 60.4%的现价工业产值、61.7%的主营业务收入、99.6%的利润。

软件与信息服务业

2014 年，四川省软件与信息服务业实现主营业务收入 2 488.5 亿元，同比增长 18%；完成软件业务收入 1 895.6 亿元，同比增长 18.5%；从业人数近 22 万人，同比增长 15%。

产业集中度高 四川省以成都市“中国软件名城”建设为产业发展抓手，成都市软件产业占全省比重 96.3%，同时辐射成都市周边地市发展软件产业，绵阳市软件与信息服务业正蓄势待发，产业占全省比重 2.4%，比上年同期提高 1.2 个百分点。雅安市、攀枝花市等地利用智慧城市建设等契机，逐步做大做强软件与信息技术服务业。四川省形成以国家软件产业基地（成都）、国家集成电路设计成都产业化基地、国家信息安全成果产业化基地（四川）、国家数字娱乐产业示范基地、武侯科技工业园、青城山软件产业基地、双流物联网产业园为主要载体的软件产业发展聚集区。

产业增速有所回落 2014 年，四川省软件与信息服务业继续保持平稳快速增长，增速比上年略有回落。全年完成主营业务收入同比增长 18.5%，增速比上年回落 0.6 个百分点；软件业务收入同比增长 18.3%，增速比上年回落 3.3 个百分点。

产业结构发生变化，产业结构调整转型明显 随着下一代互联网、移动互联、物联网、云计算、大数据等技术发展与应用兴起，四川省软件与信息服务业产业结构进一步得到调整，信息服务类继续保持较大比重。2014 年，信息系统集成服务、信息技术咨询服务、数据处理和运营服务等信息技术服务收入占全省软件业务收入超过 59.9%，传统 IT 制造企业与基础运营商转型明显加快；基于云计算、移动互联的服务内容与模式不断丰富；数字内容产业快速发展，动漫游戏做大做强；信息安全产品发展势头旺盛；自主可控的产品门类覆盖逐步扩大。

创新能力不断增强，产业可持续发展能力提高 一是引导促进开发新的软件，提升软件产品登记数量，加强知识产权保护，推进软件正版化。截至 2014 底，四川省累计认证软件企业 1 528 家，全年新认定软件企业 230 家，软件产品登记 6 839 个，新登记软件产品 1 002 个；现共有系统集成资质企业 266 家（其中，一级 7 家，二级 27 家，三级 150 家，四级 82 家），全年新增 51 家；共有监理企业 5 家，其中，甲级 3 家，丙级 1 家，丙级（暂定）1 家；共有计算机信息系统集成项目经理 1 791 人，全年新增 140 人；共有高级项目经理 642 人，全年新增 34 人；共有监理工程师 155 人，全年新增 26 人。

二是提升骨干企业的创新能力和承担重大信息化项目的能力。2014 年，四川省通信产业服务有限公司、四川九洲电器集团有限责任公司等企业进入中国软件百强企业行列；四川九洲电器集团有限责任公司、成都三泰电子实业股份有限公司、迈普通信技术股份有限公司、成都任我行软件股份有限公司、成都金山数字娱乐科技有限公司、四川久远银海软件股份有限公司、音泰思计算机技术（成都）有限公司、成都西山居互动娱乐科技有限公司、成都索贝数码科技股份有限公司、四川川大智胜软件股份有限公司 10 家企业列入国家规划布局内重点软件企业；四川久远银海软件股份有限公司、成都勤智数码科技股分有限公司、四川创意信息技术股份有限公司、四川长虹佳华数字技术有限公司、成都四方信息技术有限公司、成都万江港利科技有限公司、四川大宇信息系统有限公司、四川格瑞特科技有限公司、四川省天财网络有限公司、四川中电启明星信息技术有限公司 10 家企业通过 ITSS 标准符合性评估。86 家企业的 456 件产品列入本地名优产品，省工业资金支持软件与信息服务业创新项目超过 2 亿元。

三是公共服务能力提升。四川省先后建立国家软件基地（成都）公共技术支撑平台、移动互联网公共服务平台、公共服务信息系统、软件测试中心、信息安全测评中心、软件外包平台、数字娱乐软件开发平台、软件人才培训联盟公共服务平台、软件投融资平台等公共平台，为企业尤其是中小企业提升创新能力提供助力。

电子产品进出口贸易

2014 年，四川省电子产品进出口贸易保持增长，进出口总额 321.8 亿美元，同比增长 9.7%。其中，进口 129.1 亿美元，同比增长 11.3%；出口 192.9 亿美元，同比增长 8.8%，贸易顺差 63.7 亿美元。

出口位居全国同行业前列 2014 年，四川省电子信息产品制造业规模以上企业完成出口交货值 2 527 亿元，同比增长 20%，总量排名全国前列。据成都海关统计，2014 年，四川省出口以便携式计算机、集成电路为代表的电子产品 192.9 亿美元，同比增长 8.8%，总量占全省的 43%。其中，计算机产品出口 140.7 亿美元，同比增长 8.7%；集成电路出口 30.36 亿美元，同比持平；耗散功率小于 1 瓦的晶体管出口 8.35 亿美元，同比增长 261.6%。

进口电子产品超过全省进口额一半 据成都海关统计，2014 年，四川省进口以集成电路为代表的电子产品 129.1 亿美元，同比增长 11.3%，进口增速超过出口增速 2.5 个百分点，总量占全省的 50.8%。

集成电路仍是进口总额最大的单项产品 集成电路仍是四川省进口额最大的单项产品，全年进口集成电路 97.7 亿美元，同比增长 13.7%，占全省进口总额的 38.5%，占进口电子产品的 75.7%。

科技进步与应用

创新体系较为完善 截至 2014 年年底，四川省电子信息产业拥有国家级企业技术中心 7 家，省级企业技术中心 89 家，全年新增 9 家，总数分别占全省的 18.2%和 8.7%。

技术创新投入增加 2014 年，四川电子信息产业技术创新投入达 50.3 亿元，同比增长 16.6%。四川省产业研究与开发专项资金安排 7326 万元支持电子信息产业的发展，同比增长 11.2%。

技术改造投入下降 2014 年，四川省电子信息产业累计完成技改投资 275.5 亿元，同比下降 14.3%，占全省技改投资的 5.5%。2014 年，四川省电子信息产业获得中央及省级财政技术改造专项资金 2 953 万元，其中，获产业振兴和技术改造项目中央资金 1 000 万元。

创新成果显现 截至 2014 年年底，全省电子企业申请专利共64 390件，其中，实用新型23 492件，外观19 247件，发明专利21 651件；授权专利38 466件，其中，实用新型21 584项，外观12 764项，发明专利4 118项。

全行业13个项目获省科技进步奖。其中，四川长虹电器股份有限公司“大尺寸（51英寸）显示面板关键技术研发及产业化应用”、电子科技大学“高性能红外辐射热成像探测系统关键技术及应用”2个项目获一等奖；成都光明光电股份有限公司公司“环境友好重火石（H-ZF类）光学玻璃产业化研究”、四川大学与南京三乐微波技术发展有限公司联合申报的“多场协同计算平台及在微波能工业中的应用”、国网四川省电力公司与无锡物联网产业研究院以及浙江宇视科技有限公司公司联合申报的“基于多元异构信息融合技术的海量数据平台”3个项目获二等奖。

信息基础设施建设

2014年，四川省信息基础设施建设力度加快，中国西部通信枢纽地位进一步巩固。

基础设施建设加快，产业承载能力增强 截至2014年年底，四川省长途光缆线路长度56 905千米，本地网光缆线路长度1 238 376千米，本地固定电话用户1 294.2万户，移动电话用户6 608.5万户，固定电话普及率16.0%，移动电话普及率81.5%。互联网宽带用户883.1万户，移动互联网用户5 030万户。中国电信云计算基地、中国移动（四川成都）数据中心基地、中国联通IDC（成都）基地三大数据中心的建设以及IBM西南云计算中心项目的实施等为产业发展与转型提供更大承载能力。

完成四川省宽带中国2014专项行动 制定《关于实施四川省“宽带中国”2014专项行动的意见》，组织相关基础电信企业推进“宽带中国”战略实施。截至2014年年底，四川省光纤到户覆盖家庭达到1 600万户，固定宽带接入用户达到900万户，8Mbps及以上用户比例达到62%，4Mbps及以上用户比例达到89%，LTE基站数达到3.5万个，LTE和3G移动电话用户数达到2 900万户。成都骨干直联点开通试运行，网间带宽达到110Gbps，互联网网间通信质量明显改善，网间忙时下载速度提高近1倍，平均时延减少63%，平均丢包率降低59%，省际直联城市达到26个，省际出口带宽从4 995Gbps增至8 385Gbps，增长67.8%，极大提升了成都西部信息枢纽地位。成都、攀枝花、阿坝3市成为全国首批“宽带中国”示范城市，四川省成为国家三部委“宽带乡村”两个试点省份之一，“农村宽带应用和网络建设示范工程”等5个示范项目获基础电信企业集团公司支持。攀枝花市于2014年10月建成全国首个“全光网市”，阿坝州建成全国第一个“全光网州”，成都市光纤到户的密度和规模达到副省级城市最高水平。

园区建设

绵阳科技城 2014年，绵阳科技城范围内实现GDP 1 055.7亿元，增长10.4%；规模以上工业增加值同比增长10.1%；利税总额173.1亿元，同比增长11.5%；主营业务收入2 134.3亿元，增长9.1%；全社会固定资产投资819.1亿元，增长8.5%；社会消费品零售总额495.5亿元，增长13.8%。研发经费支出占GDP比重达到6.58%，科技进步综合水平指数达到65.04%。长期在绵阳科技城工作的著名核物理学家、“两弹一星”功勋于敏院士获2014年度国家最高科学技术奖。

一是创新能力显著提升。创新中心二期落成，绵阳市孵化器面积达到60万平方米。成立“中国科技城·绵阳信息安全产业联盟”及其专家委员会，著名信息安全专家方滨兴院士担任专家委员会名誉主任，共计省内外63家企业、科研院所和高校成为联盟成员单位。下一代互联网设备国家工程实验室西南中心、灾备技术国家工程实验室西南分院已正式落户绵阳。初步形成产学研用协同发展格局。新增8个省级企业技术中心，绵阳芯联芯公司与北京交通大学联合建设的下一代互联网设备国家重点实验室已投入运行。“绵阳造”安全保密手机、千兆网系统等52个新产品成功上市。

二是企业规模实力加快壮大。2014年，四川长虹股份有限公司、四川九洲电器集团有限责任公司分别实现主营业务收入931.5亿元、201.2亿元。

三是产业项目陆续入驻落地。华正OEM电子配套园二期、九洲光电线缆等项目建成投产，永年3D打印产业园、中物院军民融合产业园等10个重点项目已陆续开工，已储备高世代面板生产线等重大项目。

成都高新区软件产业园 成都市是继南京市、济南市后全国第3个、西部首个软件名城。2014年，成都高新区软件及信息技术服务业实现销售收入802.2亿元，同比增长 17.97%；软件业务收入 309 亿元，同比增长 28.8%；服务外包全年完成合同执行额 8 亿美元，同比增长 30%。截至 2014 底，成都高新区已获得“国家软件产业基地”、“国家软件出口基地”、“国家火炬计划软件产业基地”等 12 个国家级基地授牌。软件产业聚集企业总数 1 200 余家，从业人员超过 10 万人。其中，全球软件 10 强企业 6 家，全国软件百强企业 22 家，获得软件企业认证 524 家，CMMI 认证企业 114 家；2014 年新增软件企业认证 146 家，新增通过 CMMI3 认证企业 14 家。逐步形成以信息安全、移动互联网、物联网为引领的高端软件及新兴信息服务产业集群。

一是信息安全产业西部第一。在信息安全领域聚集企业 90 余家，代表企业包括成都卫士通信息产业股份有限公司、成都市华数信息技术有限公司、成都飞鱼星科技开发有限公司、四川无声信息技术有限公司等，形成以网络通信和信息安全为主的核心技术，涉及通信保密及终端、安全应用系统、身份认证、授权访问控制、安全存储、数据库管理系统、基础安全模块、入侵检测、漏洞扫描等 11 类信息安全产品系列，是全国第二、西部第一的信息安全产品研发和生产基地。

二是移动互联网产业生态链初步形成。在移动互联网领域聚集企业 680 家，代表企业包括腾讯科技（成都）公司、TCL 王牌电器（成都）有限公司、成都卓星科技有限公司、触控科技（成都）有限公司、成都尼毕鲁科技有限公司等，重点发展移动游戏、移动行业应用、网络视听、移动支付（电子商务）等移动应用和服务领域，初步形成了“产品+服务+平台”的产业生态链。

三是物联网产业发展加快。在物联网领域聚集企业 71 家，代表企业包括曙光信息产业股份有限公司成都公司、成都精工伟达科技有限公司、成都安可信电子股份有限公司、成都华迈通信技术有限公司等，主要应用在智能交通、食品溯源、现代物流、城市管理、智能家居、安防监控等行业领域。2014 年，物联网产业增速超过 35%。

信息技术应用

电子政务 一是电子政务外网基础进一步夯实。梳理完善省到市级 8Mbps 多运营商第二备份线路，建立全网骨干设备时间同步系统，完成省级电子政务外网数据中心虚拟化技术改造，实现双数据中心同城异地容灾备份，已具备约 250 台基本服务器运算和 41TB 存储能力。

二是推动认证体系建设。加强数字证书注册服务分中心（LRA）建设，指导绵阳、攀枝花、凉山等地建成 LRA，帮助眉山、宜宾、乐山等地向国家主管部门提交申请；在行政权力依法规范运行平台、金审工程、国有资产监督管理平台、绵阳市云办公平台等全省和市（州）级应用上大力推广数字证书使用，证书有效用户量达到 4.1 万张，超额完成年度任务。

两化融合 一是专项资金支持两化融合项目，组织各市（州）和扩权县开展两化融合专项资金项目申报，并召集专家评审。最终从“信息技术提升工业设计水平、信息技术促进生产过程控制的数字化、信息技术促进工业产品智能化、工业云平台、能源管控信息化、数字园区、管理信息化、行业典型解决方案、物联网技术应用”9 个方向支持项目，带动项目总投资 14.9 亿元，预计实现就业 927 人。

二是构建推进两化融合的基础体系。在全省开展两化融合调查统计，编制《四川省两化融合发展报告》，系统性掌握和分析全省两化融合状况；在全省开展两化融合发展水平评估，分别从不同地区、不同产业两个维度进行量化分析，编制《四川省两化融合发展水平评估报告》，提供工作决策科学依据；组织编写《四川省中小企业信息化指南》，指导广大中小企业如何实施信息化建设，促进企业发展；开展企业信息化公共服务平台战略研究，探索如何利用新一代信息技术，建设两化融合公共平台，快速、高效推进两化融合。

三是进行两化融合管理体系贯标试点。按工业和信息化部要求开展全国两化融合管理体系贯标试点工作，全省共有 9 家企业参与贯标试点和 1 家咨询服务企业提供贯标服务。

电子发展基金 2014 年，四川省获得电子发展基金资助项目 2 项，电子发展基金资助 1 300 万元。按工业和信息化部基金办要求组织开展四川省项目承担单位电子发展基金项目绩效评价工作，完成 9 个单位 10 个项目绩效评价工作任务。

热点

信息安全产业 2014 年 7 月，四川省把信息安全产业确定为五大高端成长型产业，建立产业和产业项目推进机制，印发《四川省人民政府办公厅关于印发四川省五大高端成长型产业发展工作推进方案的通知》（川办发［2014］89 号），确立了 56 个重大产业项目，建立了推进工作机制。中国电子科技集团公司网络信息安全产业园、中国电子科技集团公司第 30 研究所、中国移动通信四川公司、中兴通讯股份有限公司、四川长虹电子集团有限公司联合实施的安全手机研发及产业化项目、中国电子信息产业集团公司信息安全产业基地项目等重大项目落地。2014 年，四川省实现信息安全产业产值 183.4 亿元，较上年同期增长 33.6%。

集成电路产业　一是四川省决定设立四川省集成电路产业投资基金。2014 年 7 月，四川省发布关于贯彻落实《国家集成电路产业发展推进纲要》的实施意见，明确将设立四川省集成电路产业投资基金。

二是产量、产值、IC 设计在全国占有重要地位。2014 年，四川省生产集成电路 41.2 亿块，同比增长 2%，占全国的 4.1%；集成电路产业完成销售收入 364 亿元，占全国的 12.1%，其中，IC 设计收入为 73.1 亿元，同比增长 13.3%。

三是产业链相对完善。四川省已初步形成设备、材料、设计、制造、封测等较为完整的产业链。在设备方面，有以先进科技为代表的集成电路设备研发企业；在材料方面，有以峨嵋半导体材料研究所、爱发科东方真空（成都）有限公司、成都住矿电子有限公司等为代表的配套企业；在 IC 设计方面，有成都振芯科技股份有限公司、四川虹微技术有限公司、四川和芯微电子股份有限公司、成都嘉纳海威科技有限责任公司、成都雷电微力科技有限公司、成都锐成芯微科技有限责任公司为代表的 IC 设计企业约 60 余家；在制造方面，有 2 条 8 英寸晶圆生产线、1 条 6 英寸平面光波导晶圆生产线，另有嘉石科技 6 英寸第二代和第三代集成电路芯片生产线、士兰半导体 6 英寸芯片生产线、广义微电子公司 MOSFET 芯片生产线项目、上特科技有限公司芯片及封装项目、洪芯微科技有限公司先进功率芯片生产线项目正在建设；在封装测试方面，有芯片封装测试企业 5 家，英特尔总投资 16 亿美元的“骏马”项目、德州仪器封装测试项目已经启动。

四是教育科研、人才优势突出。目前四川省电子类相关专业的高校数十所，拥有集成电路专业人才 3.4 万人，电子科大集成电路专业招生人数居全国高校第一，正在积极建设首批国家微电子示范学院。同时，四川和芯微电子股份有限公司、四川虹微技术有限公司、成都振芯科技股份有限公司和电子科技大学已入围国家“核高基”科技重大专项，科研优势明显。

物联网　2014 年，四川省物联网产业销售收入 900 亿元，近四年平均增长 30%以上。加大对物联网关键技术研发创新项目、重大产业化项目、重点应用示范项目和基础设施建设等资金支持力度，发挥财政资金的引导作用。积极争取国家发展改革委、工业和信息化部、科技部等国家部委的支持。2014 年，四川省共有 3 个物联网项目申报获得国家物联网专项资金支持，共计 900 万元；有 12 个物联网项目获得省级财政资金支持，共计 1 800 万元。

云计算、大数据　一是数据中心建设取得积极进展。中国移动（成都）数据中心主要发展 IDC 托管业务，同时也兼顾四川省网集中化的 IT 支撑平台、核心网、业务平台的需求。数据中心占地 400 亩，计划投资 60 亿元。预计 2015 年年底完成机房部分施工工作，2016 年 8 月完成相关配套设备工程，2019 年二期工程建成。中国联通数据中心（成都）基地机房建设面积约 6 万平方米，主体大楼建设已基本完工，2015 年将逐步完成配套设备工程并投入运营。四川广电网络 EDC 数据中心、四川广电网络 EDC 安全域建设 2 个项目于 2014 年 5 月完成建设，旨在搭建弹性数据中心，确保接入安全域、核心安全域、核心交换区或管理安全域的安全。2014 年 10 月立项并在之前的基础上进行“四川广电网络 EDC 数据中心升级扩容工程”及“四川广电网络 EDC 安全域升级扩容工程”2 个项目，目前系统设计完成进入实施阶段。项目完成后可使所有承载在 EDC 的应用系统具备等级保护三级水平。

二是电子科技大学、成都卫士通信息产业股份有限公司等联合建立可信云计算与大数据省级重点实验室。通过 5 年建设，2014 年，“可信云计算与大数据”四川省重点实验室获得批准，主要从事可信云平台技术、基于云平台的可信大数据技术、具有自主知识产权的可信云计算与大数据解决方案研发及产业化。自主可控云计算与大数据应用工程中心开始运行。依托该联合工程中心，在公安、区域医疗、公路铁路运输、军队等重点领域和行业开展技术合作与行业拓展；围绕云计算和大数据领域进行研发行业大数据分析平台、抽象行业共性需求并融合互联网以实现数据服务开发与运营等大数据平台研发和数据服务应用创新工作。

北斗产业 2014 年，四川省北斗产业实现销售收入超过 15 亿元，从理论研究、标准制定、芯片、模块、天线、终端、系统集成到“运营服务平台”的产业链更加完善。

一是电子科技大学、四川大学、西南交通大学、成都理工大学对卫星导航相关理论和技术研究有着深厚的积淀。

二是中国电子科技集团第 10 研究所、第 29 研究所、第 30 研究所、四川航天技术研究院、振芯科技股份有限公司等单位先后参与了中国北斗系统建设和相关标准制定。

三是振芯科技股份有限公司、天奥电子股份有限公司、嘉纳海威集成电路股份有限公司、成都华力创通股份有限公司、四川九洲电器股份有限公司、四川长虹电器股份有限公司等企业都具备北斗应用产业化的经验和基础。

四是四川省有北斗导航民用服务运营中心 4 家，民用高精度基础数据中心 1 家。四川省北斗综合应用示范项目正在实施。绵阳市成功入选国家首批北斗卫星导航产业区域重大应用示范城市。

智慧城市 一是制定智慧城市建设指导文件。四川省组织召开“电子信息产业促进智慧城市加快建设专题工作会”，部署智慧城市建设工作，省住房和城乡建设厅印发《四川省智慧城市建设试点 2014~2017 年行动方案》，并编制《四川省智慧城市建设顶层设计》、《四川省智慧社区建设指南（试行)》。

二是试点示范建设。50%以上市（州）和部分县区制定当地“智慧城市总体规划”，纷纷开展政务服务、智慧社区、智慧交通、数字城管、城市一卡通等试点示范建设。

数字家庭 四川省国家数字家庭应用示范产业基地建设加快。2014 年，四川省数字家庭技术与产业发展报告（2014 年版）发布。由四川省数字家庭产业与应用促进会、数字家庭产业与应用促进中心主办，四川虹电数字家庭产业技术研究院有限公司承办的 2014 中国数字家庭创意与应用大赛成功举行。长虹聚焦智能家电、智能家居、移动终端、健康终端等领域大力发展终端产业，搭建基于智慧社区的多种云端应用服务平台，以 IPP2.0 技术架构为核心打造智慧社区接入与汇聚平台，发掘基于智能终端的多种增值服务，持续打造智能研发、智能交易、智能制造三大赋能平台，实现 CHiQ 二代智能终端系列产品的发布，CHiQ 电视系列产品销售量占整个电视销售量的 20%左右。

平板显示 PDP 项目终止，京东方、国显光电、中电子、中建材等一批重大项目进入论证阶段。

【统计数据】

表 1 2014 年四川省电子信息制造业人员构成情况

企业类别	企业数（家）	年末从业人员总数（人）	人员构成	
			研发人员（人）	在总人数中所占比例（%）
内资企业	342	169 331	14 979	8.8
国有企业	11	20 960	2 537	12.1
集体企业	2	448	2	0.4
股份合作企业	2	491	107	21.8
有限责任公司	161	83 221	9 198	11.1
股份有限公司	20	24 222	1 985	8.2
私营企业	145	39 820	1 150	2.9
其他内资企业	1	169		

续表

企业类别	企业数（家）	年末从业人员总数（人）	人员构成	
			研发人员（人）	在总人数中所占比例（%）
三资企业	39	145 901	1 384	0.9

表 2　2012~2014 年四川省电子信息制造业基本情况

项目名称	单位	2012 年	2013 年	2014 年
工业总产值（现行价）	万元	29 413 303	37 455 111	42 371 917
工业销售产值	万元	28 655 281	35 797 125	40 481 065
出口交货值	万元	15 013 498	20 694 480	25 269 631
资产总计	万元	21 497 127	23 216 823	26 892 697
负债合计	万元	13 698 227	14 703 926	18 440 918
主营业务收入	万元	27 106 372	34 309 585	38 079 736
税金总额	万元	1 272 956	1 250 819	994 157
利润总额	万元	1 467 385	1 665 635	1268 587
应交所得税	万元	128 803	121 534	171 265
从业人员年末人数	人	342 632	310 964	315 232
从业人员工资总额	万元	1 390 566	1 306 041	1 410 524

表 3　2012~2014 年四川省电子信息制造业三资企业基本情况

项目名称	单位	2012 年	2013 年	2014 年
工业总产值（现行价）	万元	15 081 686	18 294 495	25 591 808
工业销售产值	万元	15 282 484	17 953 407	25 508 295
出口交货值	万元	13 505 771	17 350 668	23 939 274
资产总计	万元	6 586 418	6 123 091	8 390 986
负债合计	万元	4 795 648	3 301 939	6 236 875
主营业务收入	万元	12 879 751	18 874 362	23 480 980
税金总额	万元	11 206.7	13 214	126 507
利润总额	万元	612 644	1 289 722	1 264 413
应交所得税	万元	45 331	37 465	41 106
从业人员年末人数	人	195 444	158 633	145 901
从业人员工资总额	万元	594 540	621 554	671 278

表 4 2012~2014 年四川省电子信息制造业主要经济效益指标完成情况

项目名称	单位	2012 年	2013 年	2014 年
流动资产周转率	次	2.3	2.6	2.27
产品销售率	%	97.4	95.6	106.5
总资产贡献率	%	15.0	13.8	9.3
资产保值增值率	%	131.6	109.2	101.2
资产负债率	%	63.7	63.3	68.6

表 5 2012~2014 年四川省电子信息制造业三资企业主要经济效益指标完成情况

项目名称	单位	2012 年	2013 年	2014 年
流动资产周转率	次	5.4	5.3	3.8
产品销售率	%	101.3	98.1	91.8
总资产贡献率	%	15.6	20.6	17.1
资产保值增值率	%	171.3	157.5	102.8
资产负债率	%	72.8	53.9	74.3

表 6 2012~2014 年四川省主要电子信息产品产销量情况

产品名称	单位	产量			销量		
		2012 年	2013 年	2014 年	2012 年	2013 年	2014 年
彩色电视机	万台	1 265.1	991.6	1 027.7	1 160.3	892.4	1 027
笔记本计算机	万台	430	1 216	2 559	450	1 155	2 559
平板计算机	万台	3 784.2	4 700	4 878	3 750.8	4 465	4 878
手机	万部	986.2	760	291	912.1	719	298
机顶盒	万台	1 625.2	1 992.3	831	1 698.1	1 830.2	835
集成电路	万块	104 092	403 387	411 991	102 556	403 387	411 991
电子元件	万只	631 303	1 387 406	1 144 686	623 948	1 374 919	1 144 686
电子器件	万只	7 328 865	13 072 922	15 163 000	7 355 745	13 276 952	15 021 498

表 7 2012~2014 年四川省三资企业主要电子信息产品产销量情况

产品名称	单位	产量			销量		
		2012 年	2013 年	2014 年	2012 年	2013 年	2014 年
笔记本计算机	万台	430	1 216	2 557	450	1 155	2 559
平板计算机	万台	3 784.2	4 700	4 878	3 750.8	4 465	3 991

续表

产品名称	单位	产量			销量		
		2012 年	2013 年	2014 年	2012 年	2013 年	2014 年
彩色电视机	万台	190.7	100.7	130	190.7	100.7	131
电子元件	万只	125 299	1 268 947	1 046 951	134 575	1 245 461	1 046 951
电子器件	万只	2 916 558	5 753 454	6 673 307	2 917 806	5 753 471	6 673 307
集成电路封装测试	万只	38 056	250 000	205 328	36 520	250 000	205 328

表 8 2014 年四川省软件产业人员构成情况

企业类别	企业数（家）	年末从业人员总数（人）	人员构成			
			管理人员（人）	在总人数中所占比例（%）	软件开发研究人员（人）	在总人数中所占比例（%）
内资企业	1 358	188 228	16 910	9.0	51 952	27.6
国有企业	39	41 031	3 750	9.1	10 192	24.8
集体企业	1	5 002	50	1.0	154	3.1
股份合作企业	3	158	19	12.0	86	54.4
联营企业	1	23	5	21.7	5	21.7
有限责任公司	640	65 687	5 248	8.0	20 511	31.2
股份有限公司	73	34 252	3 624	10.6	7 829	22.9
私营企业	592	40 614	4 124	10.2	12 821	31.6
其他内资企业	9	1 461	90	6.2	354	24.2
港、澳、台商投资企业	23	6 220	255	4.1	2 454	39.5
三资企业	80	23 282	1 584	6.8	9 026	38.8

表 9 2012~2014 年四川省软件产业基本情况

项目名称	单位	2012 年	2013 年	2014 年
软件业务收入	万元	13 164 807	16 003 085.7	18 955 652.2
软件业务出口收入	万美元	101 588	119 375.4	133 263.4
软件产品销售收入	万元	4 396 873	5 345 358.9	7 166 321.2
流动资产平均余额	万元	9 675 247	4 736 085.8	6 772 233.0
固定资产投资额	万元	395 364	221 242.0	512 574.8
资产合计	万元	15 154 442	15 461 547.4	22 208 445.5
负债合计	万元	5 135 260	8 382 776.5	9 723 978.8
税金总额	万元	369 086	927 198	1 214 632

续表

项目名称	单位	2012 年	2013 年	2014 年
利润总额	万元	2 107 092	2 513 510.7	2 798 245.5
应交所得税	万元	86 526	88 472.1	329 808.7
从业人员年末人数	人	159 226	194 359	217 730
从业人员工资总额	万元	1 308 842	2 668 639.3	2 381 027.5

表 10　2012~2014 年四川省软件产业三资企业基本情况

项目名称	单位	2012 年	2013 年	2014 年
软件业务收入	万元	190 517	2 084 214.5	5 625 997.0
软件业务出口收入	万美元	1 212	102 799.8	86 403.8
软件产品销售收入	万元	70 613	415 882.9	1 825 678.0
流动资产平均余额	万元	111 516	496 798.5	458 254.9
固定资产投资额	万元	5 677	18 182.2	239 252.6
资产合计	万元	178 664	4 046 451.6	1 049 297.0
负债合计	万元	72 071	292 295.0	418 152.8
税金总额	万元	16 413	34 132.9	78 348.2
利润总额	万元	42 885	344 326.6	747 450.7
应交所得税	万元	2 071	5 625.3	149 985.8
从业人员年末人数	人	5 826	24 784	23 282
从业人员工资总额	万元	267 657	340 143.8	284 388.5

表 11　2012~2014 年四川省软件产业主要经济效益指标完成情况

项目名称	单位	2012 年	2013 年	2014 年
全员劳动生产率	元/人	394 425	397 507.9	408 786
流动资产周转率	次	1.8	4.5	3.7
产品销售率	%	95	96	97
总资产贡献率	%	21.9	22.8	23.6
资产保值增值率	%	115.7	178.2	297
资产负债率	%	33.9	54.2	43.8

表 12 2012~2014 年四川省软件产业三资企业主要经济效益指标完成情况

项目名称	单位	2012 年	2013 年	2014 年
全员劳动生产率	万元/人	64.1	38.1	98.6
流动资产周转率	次	1.5	7.7	15.8
产品销售率	%	94	93	94
总资产贡献率	%	25.3	18.4	79.4
资产保值增值率	%	126.4	3 062	405
资产负债率	%	40.3	7.2	39.9

注：表 1~表 12 数据来源于工业和信息化部、四川省经济和信息化委员会。

[撰稿：苏平 审稿：方存好]

贵 州 省

【综述】

2014 年，贵州省把发展大数据产业上升为全省战略，省大数据产业发展领导小组第一次会议召开以来，全省紧密围绕工业转型升级要求，创新发展理念，着力引进重大项目，壮大产业规模，推动创新发展，扎实推进各项工作，产业发展速度加快。

2014 年，以大数据为引领的电子信息产业实现规模总量 438 亿元，同比增长 26.7%。其中，电子信息制造业完成工业总产值 350 亿元，同比增长 27.3%；软件和信息服务业实现业务收入 88.9 亿元，同比增长 25.2%。

2014 年，全省规模以上信息产业企业 295 家，年主营业务收入亿元以上企业 38 家。信息增值服务企业加快成长，新增增值电信服务企业 51 家，总数达到 351 家。贵州电子商务云入驻企业 300 余家，实体企业转电商企业数新增 200 余家，省级电子商务示范基地 7 个，省级电子商务示范企业 27 个。以贵州朗玛为代表的一批本土企业加快转型成长。

2014 年，贵州省平板电脑、电子白板等产品实现零突破，智能手机生产规模进一步扩大。大数据、云计算、物联网等新一代电子信息技术的广泛应用，加快了传统产业改造升级步伐，推动大健康、大旅游等产业与大数据融合发展，催生了电子商务、网络新媒体、智能安防、导航服务等一批新型业态。

电子信息制造业

2014 年，贵州省电子信息产业主要产品产销趋于平稳，累计生产手机 1 813 万部，同比增长 14.7%，产销率 100%；液晶电视机 115.7 万台，同比下降 5.1%；电子元器件 134 亿只，同比下降 7.5%；电冰箱 147.5 万台，同比增长 6.9%。

重点项目建设进展顺利。一是富士康在贵安新区建成第四代绿色生态产业园，在贵阳市、六盘水市建设生产基地，主要开展智能手机、平板电脑、纳米触控屏、游戏机遥控器、服务器等电子终端产品生产及前沿光电技术研发。富士康贵安厂区产品已下线，实现了平板电脑等多个“贵州造”零突破。二是以晴集团“新蒲高科技产业园”项目加快建设，计划总投资 30 亿元，重点研发生产 3D 电视机、平板电脑、3G/4G 手机、手机触控屏等配套端产品。三是由贵州省苗族青年返乡创业组建贵州中科汉天下公司研发的蓝牙射频芯片以及 2.4GHz 无线通信 SOC 等产品，满足市场的多重需求，目前已经占据全球该产品 50%的市场份额，填补贵州物联网核心芯片空白。四是推动中兴通讯“专用安全手机”项目、惠普国产服务器制造项目、CEC 集成电路“三二一”工程项目落地建设。

软件和信息服务业

2014 年，全省软件和信息技术服务业实现主营业务收入 88.9 亿元，同比增长 25.2%。其中，软件产品收入 35.12 亿元，信息技术服务收入 51.95 亿元，嵌入式系统软件收入 1.5 亿元。实现利润总额 3.6 亿元，从业人员 1.4 万人。

软件和信息技术服务业企业纳入统计 222 家。全省获计算机信息系统集成资质企业 29 家，其中，二级 2 家，三级 22 家，四级 5 家。获项目经理资质 224 人，获高级项目经理资质 40 人；获信息系统工程监理丙级企业 6 家，获信息系统工程监理工程师资质 56 人；认定软件企业 93 家，累计登记软件产品 689 个；国家规划布局内重点软件企业 1 家；上市软件企业 2 家，其中东方世纪公司于 2014 年上市。另外，贵州黔驰、精英天成、卓讯、海誉、世纪恒通、汇通华城等公司已开展筹备上市工作。

软件超市、3D 打印、呼叫外包、电商平台、网络营销、基因服务等一批数据增值服务企业不断涌现。金万维“工业云”软件超市正式开业。截至 2014 年年底，已上架 CAD、CAM、进销存等工业设计、制造、管理软件近千个，吸引 6 000 余户企业入驻工业云平台。一批电商平台项目启动建设。亿赞普跨境电子商务、北京恒言观山湖电子商务创业基地、九州通医药集团西南医药流通行业电子商务平台、北京电商置业电子商务（北京）总部基地、中华全国工商业联合会西部工业基础件电子商务交易中心等电商平台落地建设。3D 打印在贵州省首次生产。“土生土长”的高新翰凯斯（Flexbot）公司开发了世界上第一款批量生产的 3D 打印多旋翼飞行器，产品销往全球 150 多个国家和地区。呼叫中心产业加快推进。30 万坐席的“黔中声谷”服务外包产业基地加快建设。贵阳呼叫中心产业和服务外包示范基地、贵阳呼叫中心教育培训体系与呼叫中心实训基地、黔北县域“务川、正安、道真”呼叫中心示范基地等一批呼叫项目启动建设，已达到 3.2 万席规模。贵阳服务外包及呼叫中心产业招商推介会上签约 16 个项目，签约金额 30.8 亿元。六盘水、铜仁、毕节呼叫中心项目相继启动。百鸟河数字小镇启动建设，重点发展互联网营销服务外包产业，一批企业签订了入驻意向协议。

科技进步与应用

2014 年，全省累计认定软件企业 93 家，登记软件产品 97 个，累计登记软件产品 689 个。全省现有大数据科研机构 23 个、院士工作站 6 个。中科院软件所贵阳分部贵阳信息技术研究院、贵州大学贵阳创新驱动发展研究院、贵州省大数据产业研究院、朗玛与电子科大共建的健康大数据科学研究中心、贵州大学-天津大学大数据联合研究中心共 5 个科研机构在贵州省建立。

信息基础设施建设

一是互联网数据中心加快建设。富士康绿色隧道数据中心、三大运营商贵安数据中心一期机房拟于 2015 年陆续投入使用。申黔互联、中电翼云、翔明科技等企业自建数据中心投入使用。北京市供销合作总社与贵阳高新区签署协议，投资 120 亿元共建大数据产业园，其中 IDC 数据中心规模为 20 万台服务器，投资 100 亿元。

二是出省带宽能力迅速提升。2014 年出省带宽达到 2 100Gbps，比上年扩大 1 倍，超出预定目标 300Gbps。

三是小康讯建设加快推进。全省行政村通宽带、自然村通电话比例分别达到 91.6%和 99%以上，比上年分别提升 18.6 和 1 个百分点，超额完成目标任务。建设开通 700 兆 4G 组网试验基站 34 座。

四是北斗导航位置服务网取得进展。北斗地基增强站网 20 个站点土建完工。省北斗公共位置服务中心形成基础服务能力，省北斗综合应用示范工程推广应用北斗交通终端 25 649 台套、旅游终端 4 000 台套、地质灾害监测预警终端 1 500 台套。总体上，全省信息基础设施对数据采集、存储、传输、交换、开发和应用的支撑能力快速提升。

五是贵阳、遵义、安顺、贵安新区本地网并网升位，实现通信同城化。

六是三网融合用户规模不断扩大。贵阳市作为国家第二批三网融合试点城市，省电信公司获批在贵阳市经营 IPTV 业务、省广电网络公司获批经营互联网增值业务。三网融合用户规模达到 13 万户。

七是贵阳市启动建设全国首个免费 Wi-Fi 无线城市。总体上，全省信息基础设施对数据采集、存储、传输、交换、开发和应用的支撑能力快速提升。

信息产业基地和园区建设

贵州省开展创建国家级贵阳·贵安大数据集聚发展示范区申报工作。工业和信息化部按程序批复，这是全国第一个大数据集聚发展示范区。

中关村贵阳科技园、贵安新区电子信息产业园、遵义湘江信息技术产业园、毕节奥斯科尔高新产业园、北大方正科技园、京东电子商务产业园等以信息产业为主导的产业园区加快建设，基础设施建设逐步完善，吸引大量优秀企业和人才入驻。

信息技术应用

“云上贵州”系统平台　“云上贵州”系统采用阿里飞天操作系统，国产服务器、交换机等搭建，已建成运行。“云上贵州”系统平台是全国首个省级政府、企业数据统筹交换共享平台，可通过电子政务外网和互联网为政府部门、企事业单位、公众用户提供云主机、云数据库、云存储及负载均衡等云计算服务，目前使用率已达到54%。强化“云上贵州”系统平台安全可控。平台依托贵州联通互联网数据中心（IDC）机房，基于自有知识产权的阿里云“飞天”操作系统，采用国产的服务器（浪潮）、交换机和路由器设备（华为）建设。制定平台服务参考标准（试行），为各单位购买“云上贵州”云服务、编制技术方案和财政预算提供参考。探索平台运营商业模式，与阿里巴巴、中软国际、浪潮、华为、启明星辰、航天二院等签约启动“云上贵州”系统平台系列项目建设，构建平台商业模式，最大限度开发平台应用价值。启动建设数据交换平台和交易市场。云上贵州大数据产业发展公司与中软国际已启动建设全省政府企业数据统筹交换共享平台；由北京云基地、亚信科技、富士康、高新产投集团等企业联合组建贵阳数据交易有限公司，在贵阳市率先启动建设全国大数据交易市场；分层次、分步骤在省内政府部门之间探索数据交换机制，再逐步拓展到政府与企业、企业与企业之间的数据交换和交易。

云应用系统　2014 年“7 朵云”第一批 41 个应用系统已全部迁上“云上贵州”系统平台实现应用。电子政务云实现省政府、省经信委、毕节市政府、南明区政府等共 26 家单位门户网站以及贵阳、遵义、安顺等五套办公系统迁入“云上贵州”平台。智能交通云“黔通途”手机应用软件实现对高速公路实时路况查询、路线查询、黔通卡业务查询、通行费查询。食品安全云“食安测”手机软件已进入安卓市场、360 等手机应用市场，消费者可以通过手机客户端对进入食品安全云数据库的超市食品进行扫码，获得食品生产厂家、主要成分等信息。工业云提供云应用服务近 200 个，已吸引 6 000 多家企业登录云平台，目前已有云服务相关企业 15 家，其中 2 家是省外企业在贵州省注册成立的新公司。环保云以污染源数据管理为出发点，将各企业的基本信息、污染排放监测数据、视频图像监控数据、三维监控信息等纳入信息化系统，进行查看、管理和分析。智慧旅游云完成“多彩贵州–云上旅游”手机 APP、基于北斗的旅游监管和服务平台开发，功能覆盖景区客流调度、食宿管理、导游服务、交通疏导管理等应用系统。电子商务云已有 630 余家企业入驻，涉及商品类目 5 400 余种，跨域 30 余个不同行业，带动配套服务产业 20 个，新增实体企业转型电商数 300 余家。同时，“N 朵云”加快建设步伐，北斗位置云、朗玛医疗健康云、贵阳市民生云、惠普·贵州国际金贸云、培生教育集团智慧教育云等启动建设，云应用领域不断扩大。每朵云都将培育一个开发应用龙头企业，催生带动一批增值服务企业，形成一个子产业链。

热点

一是举办四次重大招商活动。贵州省先后在国内京、沪、深和爱尔兰开展 4 次大数据产业招商推介活动，累计签约项目 162 个，签约投资额超过 1 700 亿元。

二是举办“云上贵州”大数据国际年会等重大活动。“云上贵州”大数据国际年会、大数据产业专家咨询委员会首次全体会议、惠普 CIO 全球高峰会·云峰会、2014 客户联络中心与服务外包国际峰会暨贵阳呼叫中心产业发展论坛、“云上贵州 2014 阿里云开发者大会西南峰会”等重要会议和重大活动在贵州省举办，提高了贵州大数据产业的发展影响力，吸引人才和创业者向贵州省集聚。

三是组织 2014 中国“云上贵州”大数据商业模式大赛。大赛自 2014 年 9 月开始，从参赛规模、举办规格、意向投资基金规模等方面衡量，已是国内大数据领域第一大赛。此外，省级政府部门数据资源目录首次开放、全国率先开放省级政府数据目录和部分数据资源支撑“智慧交通算法大挑战”、以省级工业和信息化专项技改资金奖励扶持优胜落地企业团队等举措，亮点频出。自开赛以来，省内外以及美国、加拿大、澳大利亚、中国香港特别行政区等国家和地区超过 8 615 支队伍报名参加，已有 427 支团队表达来贵州省创业意愿。

其他

2014 年，贵州省在全国率先出台《贵州省信息基础设施条例》、《关于加快大数据产业发展应用若干政策的意见》、《贵州省大数据产业发展应用规划纲要》等一系列政策法规，发布《关于加快大数据产业发展的实施意见》、《贵州省信息基础设施建设三年会战实施方案》等重要文件。贵阳市出台《关于加快推进大数据产业发展的若干意见》、《关于加快推进大数据产业人才队伍建设的实施意见》和《贵阳大数据产业行动计划》等政策措施。从省级到地方，一系列政策措施的出台，促进产业发展的政策环境持续优化，规章制度日臻完善，招商引资优惠有据可依，项目建设支持有章可寻。

主要问题

一是贵州省信息产业总量规模偏小，比重仍然较低。从制造业看，2014 年，全省规模以上电子信息制造业企业数、主营业务收入占全国的比重分别为 0.7%和 0.14%；从信息产品生产情况看，2014 年，全省手机、微型计算机和彩色电视机占全国的比重，除彩色电视机为 0.83%以外，其余均不到 0.01%；从软件企业看，2014 年，工业和信息化部重点监控的全国 4 个直辖市和 15 个中心城市合计软件业务收入超过 3 万亿元，其中软件业务收入超过 1 000 亿元的城市已达到 11 个，同期贵州省软件业务收入仅占全国 4 个直辖市和 15 个中心城市合计的 0.29%。

二是产业投资不足、研发投入偏少。全省信息产业投融资渠道较为单一，以政府引导为主的投资方式难以支撑产业的投资需求和跨越发展。2014 年，全省电子信息产业固定资产投资占全省固定资产投资的比重仅为 0.2%，电子信息制造业投资占工业投资的比重为 0.93%，投入不足将影响产业发展后劲。全省现有企业生产产品大部分为代工，没有自主品牌和核心技术，创新能力不强，受市场需求影响较大，对新产品和技术的研发投入比较低。

三是对外开放程度低，区域发展不平衡。2014 年，全省电子信息制造业出口交货值占销售产值的比重不足 0.5%，增速低于销售产值增速。全省电子信息产业主要集中在贵阳市、遵义市、安顺市及黔东南州等地，地区间发展差异较大。贵阳市 2014 年电子信息制造业总产值在全省的比重为 72.9%，其余市（州）占全省比重均在 8%以下。

四是企业人才匮乏，高技术人才短缺。电子信息产业是以人的智力劳动为主的高技术产业，人才是最主要的资本。但由于贵州省地域、区位、基础条件、经济发展、产业环境等各方面原因的制约，信息化人才培养落后于实际需要，企业引进人才困难，特别是缺乏高层次、复合型人才以及实用性产业技术领头人才。

【统计数据】

表 1　2014 年贵州省电子信息制造业人员构成情况

企业类别	企业数（家）	年末从业人员总数（人）	其中：研发人员（人）
内资企业	80	36 134	4 236
国有企业	14	9 485	1 942
股份有限公司	56	22 075	1 640
私营企业	7	2 785	618
其他内资企业	3	1 789	36
港、澳、台商投资企业	1	206	
三资企业	1	167	29

表 2　2012~2014 年贵州省电子信息制造业基本情况

项目名称	单位	2012 年	2013 年	2014 年
工业总产值（现行价）	亿元	146	275	350
工业销售产值	亿元	137	247.2	332
出口交货值	亿元	5.5	3.4	6.4
资产总计	亿元	166.5	128.7	196.2
负债合计	亿元	87.2	63.4	98.4
主营业务收入	亿元	124	220.7	316.4
税金总额	亿元	3.2	5.6	9.4
利润总额	亿元	6.2	8.2	13.7
应交所得税	亿元	1.0	1.8	3.6
从业人员年末人数	人	29 041	29 066	36 507
从业人员工资总额	亿元	14.1	18.7	28.9

表 3　2012~2014 年贵州省电子信息制造业三资企业基本情况

项目名称	单位	2012 年	2013 年	2014 年
工业总产值（现行价）	亿元	0.96	1.3	1.4
工业销售产值	亿元	0.9	1.26	1.28
资产总计	亿元	1.2	1.3	1.4
负债合计	亿元	0.3	0.09	0.26
主营业务收入	亿元	0.9	1.3	1.4
税金总额	亿元	0.12	0.2	0.23
利润总额	亿元	0.15	0.09	0.26
应交所得税	亿元	0.04	0.03	0.04
从业人员年末人数	人	155	165	167
从业人员工资总额	亿元	0.09	0.09	0.11

表 4　2012~2014 年贵州省电子信息制造业主要经济效益指标完成情况

项目名称	单位	2012 年	2013 年	2014 年
全员劳动生产率	元/人	160 566	170 852	174 863
流动资产周转率	次	1.2	1.8	1.5
产品销售率	%	93.8	92.6	91.8

续表

项目名称	单位	2012 年	2013 年	2014 年
总资产贡献率	%	6.5	5.8	6.3
资产保值增值率	%	136.9	112.4	123.1
资产负债率	%	52.4	49.3	51.3

表 5　2012~2014 年贵州省电子信息制造业三资企业主要经济效益指标完成情况

项目名称	单位	2012 年	2013 年	2014 年
全员劳动生产率	元/人	243 786	273 402	268 345
流动资产周转率	次	2.6	2.6	2.5
产品销售率	%	98.7	98.7	97.9
总资产贡献率	%	7.8	7.8	7.7
资产保值增值率	%	141.7	145.6	143.4
资产负债率	%	16.1	12.1	15.2

表 6　2012~2014 年贵州省主要电子信息产品产销量情况

产品名称	单位	产量			销量		
		2012 年	2013 年	2014 年	2012 年	2013 年	2014 年
手机	万部	904.8	1 580.7	1 813	922.9	1 580.7	1 813
电子元器件	亿只	120	145	134	115	136	117
电视机	万台	90.6	122.0	115.7	87.8	119.6	106
电冰箱	万台	152	138.0	147.5	147	136	141
电子信息专用材料	千克	3 983 000	3 426 350	3 256 750	3 896 000	3 345 420	3 018 976

表 7　2012~2014 年贵州省三资企业主要电子信息产品产销量情况

产品名称	单位	产量			销量		
		2012 年	2013 年	2014 年	2012 年	2013 年	2014 年
电子级三氯氧磷	千克	147 107	900 000	870 000	139 044	880 000	810 000

表 8 2014 年贵州省软件产业人员构成情况

企业类别	企业数（家）	年末从业人员总数（人）	人员构成			
			管理人员（人）	在总人数中所占比例（%）	软件开发研究人员（人）	在总人数中所占比例（%）
内资企业	230	14 574	1 558	10.7	8 910	61.1
国有企业	37	2 099	230	11.0	1 270	60.5
集体企业	2	75	8	10.7	47	62.7
股份合作企业	6	502	51	10.2	316	62.9
联营企业	1	26	3	11.5	16	61.5
有限责任公司	127	7 452	809	10.9	4 550	61.1
股份有限公司	20	2 227	234	10.5	1 327	59.6
私营企业	16	915	94	10.3	577	63.1
其他内资企业	21	1 278	129	10.1	807	63.1

表 9 2012~2014 年贵州省软件产业基本情况

项目名称	单位	2012 年	2013 年	2014 年
软件业务收入	万元	608 302	707 286	889 104
软件产品销售收入	万元	256 616	286 687	351 392
流动资产平均余额	万元	235 072	581 539	742 934
固定资产投资额	万元	9 655	13 177	20 377
资产总计	万元	481 936	939 926	1 232 256
负债合计	万元	154 850	521 147	610 333
税金总额	万元	31 495	37 717	37 395
利润总额	万元	36 335	36 503	36 094
应交所得税	万元	6 672	4 289	6 036
从业人员年末人数	人	11 780	12 008	14 574
从业人员工资总额	万元	62 445	67 149	72 494

表 10 2012~2014 年贵州省软件产业主要经济效益指标完成情况

项目名称	单位	2012 年	2013 年	2014 年
全员劳动生产率	万元/人	54.6	58.9	61
流动资产周转率	次	2.6	1.2	1.2
总资产贡献率	%	16.8	10.5	10.9

续表

项目名称	单位	2012 年	2013 年	2014 年
资产保值增值率	%	125.8	128	139.7
资产负债率	%	32.1	55.4	49.5

注：表 1~表 10 数据来源于贵州省经济和信息化委员会。

[供稿：贵州省经济和信息化委员会]

云 南 省

【综述】

2014 年，云南省电子信息产业结构调整不断优化，产业转型升级势头初显，但质量和效益增长不明显，软件和信息技术服务业影响尤深。2014 年，全省电子信息产业实现主营业务收入 151.3 亿元，同比下降 4.6%；实现利润 10.85 亿元，同比增长 3.9%；上缴税金 4.17 亿元，同比下降 28.6%；从业人员 2.4 万人，同比增长 0.59%；劳动者从业报酬 19.46 亿元，同比下降 0.31%；研发经费投入7.85 亿元，同比下降 2%。

电子信息制造业

2014 年，云南省电子信息制造业统计企业 18 家，新纳入统计企业 2 家，分别是生产程控交换机的塔迪兰和生产 LED 灯的华尔贝。全行业实现主营业务收入 89.43 亿元，同比增长 9.6%；实现出口交货值 2.75 亿元，同比增长 140%；实现利润 8.41 亿元，同比增长 18.95%；上缴税金 2.34 亿元，同比下降 31.2%；从业人数 1.36 万人，同比增长 7.8%；从业人员劳动报酬 12.49 亿元，同比增长 35.0%；全年研发资金投入 3.86 亿元，同比增长 29.1%，总体指标高于全省工业发展水平。

产品产销率 全行业产品产销率 94.15%，保持较高水平。其中，南天信息的存折打印机产销率 82.18%，银行自助服务终端产销率 92.02%，山灞图像医用治疗仪产销率 88.89%，贵研铂业传感器产销率 99.21%，LED 蓝宝石基片产销率 84.41%，电子浆料、数字程控交换机、有线电视机顶盒、锗单晶、锗光学镜片、自动化物流系统等产品均为零库存，电话电缆和锂电池材料产销率较低。

主要经济指标 2014 年，全省电子信息制造业主营业务收入增幅波动较大，年初高速增长，一季度季末回落，二季度、三季度、四季度增幅在 10%以内上下波动；主营业务收入、工业总产值、利润总体增长，波动较大，三项指标变化基本相符。

软件和信息技术服务业

2014 年，全省 109 家软件和信息技术服务业企业实现软件业务收入 46.98 亿元，同比下降 15.0%；实现利润 2.46 亿元，同比下降 27%；上缴税金 1.81 亿元，同比下降 25.8%；平均从业人数 10 511 人，同比下降 8.2%；应付职工薪酬 6.9 亿元，同比下降 32.8%；研发经费 3.95 亿元，同比下降 21.3%。全部重要经济指标均下降。2014 年，完成全省 5 批次双软认定工作，全省认定软件企业 152 户，登记软件产品 189 个。

随着全国软件收入前百家的门槛提高到近 10 亿元，云南省入围全国软件收入前百家企业仅有南天信息 1 家，软件业务收入 15 亿元。软件业务收入上亿元的企业有昆船物流、中通网信、云电同方、金隆伟业、邮电工程、盛云科技、能讯科技、爱迪科技 8 家企业，较上年减少 2 家，分别是电信公众和官房电子。原来的云南通服进行业务拆分，经营软件服务业的公司更名为中通网信。南天信息和中通网信都减少了毛利率低、成本高的订单，电信公众内部整合，公司经营方向发生变化，南天信息、昆船物流、中通网信、云电同方、电信公众等几家大的软件企业业务量均大幅萎缩。

电子信息产业主要特点

一是制造业保持稳定增长。2014 年，LED 产业回暖，飞隆劳尔的球墨抛光机、蓝晶科技的 LED 衬底片、华尔贝的荧光灯都实现不同程度的增长。云南锗业的锗系列产品大部分系使用自有原料进行生产，外购原料使用同比减少；公司火法加工和湿法提纯的工艺技术进一步提高，各生产工段的锗金属回收率稳中有升；产品结构逐步优化，成本得到有效控制。南天信息的核心业务是金融电子，IT 服务的未来趋势是提供硬件和软件结合的综合解决方案，特别是银行走向智能化、核心业务系统集成化的升级，都需要具备集成能力的 IT 服务供应商的支持。南天信息在银行业务终端、网络、软件、核心业务系统等方面均有涉及，在解决银行 IT 综合方案领域具有充分优势。

二是新项目建设顺利。随着中国贵金属废弃物高峰的到来，贵研铂业年回收 5 吨贵金属募投项目逐步投产建成，贵金属再生成为主要业务，在铂族金属需求景气持续上行的运行背景下，二次回收业务的快速增长成为公司业绩增长的最大推力。云南锗业集锗矿开采、冶炼及深加工为一体，是国内唯一一家拥有完整产业链的锗行业上市公司，锗产品销量全国第一；“30 万片高效太阳能电池用锗单晶及晶片产业化建设项目”和“3.5 万具红外光学锗镜头工程建设项目”试生产，“30 吨光纤四氯化锗项目”已正式投产，不断向精深加工领域发展，锗镜片、锗单晶毛坯、太阳能电池用锗晶片、光纤用四氯化锗的产销量大幅度增长，其产品结构正在逐步升级。

三是新技术、新模式运用推广逐步扩大。随着云计算、大数据、物联网、移动互联网等新技术的推进，南天信息并购大数据公司，随着互联网金融、电子商务等载体的快速发展为银行业提供借助大数据打破数据边界、提升整体服务和战略决策的前瞻性和精准度的信息服务。南天中标四川农信社合同，重点放在核心系统建设上，力争在大数据形式下，在银行核心业务系统建设领域具备更强的竞争能力。科海电子把“B-O-T”模式成功运用到“平安城市”建设中，取得较好的社会效应和经济效益。启创科技、信龙软件与韩国公司合作，开发东南亚多语种机器翻译软件。官房电子的“智慧社区”管理运用有望推广复制。

信息基础设施建设

2014 年，昆明市区域国际通信出入口初步建成，连接缅甸、老挝等国的国际光纤网已经形成。截至 2014 年年底，全省光缆线路长度近 50 万千米，5 条出省光缆汇入国家 8 纵 8 横光缆网。全省固定电话用户规模为 429.8 万户，移动电话用户规模为 3 748 万户，固定宽带用户规模为 428.4 万户，移动互联网用户规模为 2 459 万户。全省有线电视用户超过 505 万户，广播电视综合覆盖率达到 97%。

信息化建设

各行业领域信息化　在政务领域，全省电子政务在全国处于中等水平，当前正处于由分散建设向集约管控、信息资源共享、协同开发转变的关键时期。在经济领域，全省烟草、电力、冶金等支柱产业的信息化水平在全国领先，广大中小企业信息化应用水平极低。昆明市被列为国家两化融合试验示范区。截至 2014 年年底，全省发放金融 IC 卡 2 060.67 万张，提前完成 2015 年发卡目标。在社会领域，全省实现接入互联网的学校 7 694 所，中小学生人机比达到 22:1。全省基本实现劳动就业和社会保障业务信息系统管理，养老、工伤、生育保险实现“三险合一”，省内跨统筹区持卡就医购药实现联网结算。

信息化工作主要特点　2014 年，云南省推进信息化重大项目实施，统筹信息产业布局，加大招商引资力度，全省信息化工作成效明显，主要呈现出以下特点：

一是顶层设计基本形成。云南省围绕国际通信枢纽建设、信息化发展指数开展寻标、对标研究，提出赶标的意见和办法。提出《云南省信息化跨越式发展战略及路径研究》、《云南省信息产业发展重点及产业布局研究》、《关于加快我省云计算大数据产业发展对策建议的报告》、《云南省云计算产业运用与发展指南》、《加快云南机器翻译技术产业发展的建议》等一批课题项目研究，为政府决策和“十三五”规划制定奠定了基础。通过上述工作，进一步加大了对全省信息化工作的宏观统筹力度，全省信息化发展方向、目标和任务日益清晰、明朗。

二是全方位发展格局逐步形成。2014 年，云南省积极规划布局与云计算大数据产业紧密相关的软件与信息服务业基地、北斗导航位置信息服务云平台等产业发展方向，鼓励支持龙头企业以“园中园”的开发模式，引进、聚集行业内相关企业实现集群发展。截至 2014 年年底，全省新一代信息技术产业的发展格局基本形成。策划中的产业发展方向和领域还包括云计算、信息门户、跨境电子商务、小语种机器翻译产业、社交平台和国际呼叫中心、超算中心等。

三是国内外信息化巨头相继进入。云南省结合实际情况，加大项目策划力度，积极与国内一批知名企业洽谈，大力开展招商引资工作，推动合作项目落地。相继引进浪潮集团、华为公司、兵器集团、神州数码、深圳融创天下、联想融科置地、深圳天安数码、中兴通讯、阿里巴巴等知名企业。引进浪潮集团与省能投集团合资成立能投浪潮公司，在昆明市高新区、经开区启动云计算中心项目建设；浪潮集团与保山市政府签订合作建设保山云计算产业园的协议；引进华为公司在玉溪市建设华为西南云计算中心，规划布局玉溪云产业基地；引进阿里巴巴集团在 8 个领域开展深入合作，首个合作项目——农村电子商务试点已启动；引导云投集团进军信息产业，投资开发呈贡信息产业园，规划布局与云计算大数据产业紧密相关的软件与信息服务业基地、北斗导航位置信息服务云平台等。全省发展新一代信息技术产业的政策环境、产业环境及发展格局基本形成，政策的影响力、吸引力在发散和放大。

四是州市及省内企业积极性日益高涨。云投集团、能投集团加快了进军信息产业的步伐。云投集团与云南省工业和信息化委员会签订战略合作协议，合作建设全省信息化公共基础设施及信息产业园区；能投集团与浪潮集团合作，将企业资源优势与云计算产业有机结合。玉溪、保山、大理等州市纷纷在信息消费、信息惠民、农村电商等领域寻找新的发展方向和领域。信息化作为转方式、调结构的主要途径和手段日益得到全省上下认可。

信息化重点工作 一是信息化规划统筹力度进一步增强。根据《国务院关于促进信息消费扩大内需的若干意见》（国发［2013］32 号）精神，云南省出台《云南省促进信息消费的实施意见》。为推动云计算、大数据、物联网和北斗卫星导航等战略性新兴产业在云南省的布局，提升云南省云计算和大数据服务、运营、管理创新能力，分别制定了若干细化、可操作的配套政策。在云计算大数据产业领域，起草《云南省促进云计算大数据产业发展的若干政策》、《云计算产业规划布局指南》、《云计算政府购买服务标准》、《云计算项目实施指南》等文件；在物联网产业领域，起草拟定《云南省鼓励物联网产业健康有序发展指导意见》；在北斗卫星导航产业领域，制定《云南省北斗卫星导航产业发展专项规划（2015~2020）》、《云南省北斗卫星应用推广方案》、《云南省推进北斗强制应用若干政策和标准》等文件。

二是桥头堡信息化建设稳步推进。按照国际通信枢纽、区域信息汇集中心、宽带云南建设规划及实施方案，加快相关建设工作。会同省通信管理局和三大通信运营商，主要开展 3G/4G 覆盖工程、骨干网改造工程、宽带接入工程和通信服务基地建设，2014 年前三季度固定资产投资完成 85 亿元。以中国电信云南分公司为主的省内运营商提出国际信息服务基地建设、国际光缆建设、国际通信业务出入口局提升工程、宽带云南工程、新一代移动通信建设工程、深化普遍服务建设、信息承载网络建设、信息应用业务平台等一批工程任务，正在按照规划实施方案，持续推进项目建设。

三是两化深度融合。充分酝酿并出台《云南省信息化和工业化深度融合专项行动计划（2014~2020）》。开展两化融合服务支撑能力建设，完成云南省两化融合在线普查评估分析系统和云南两化融合网的建设工作。利用两化融合在线普查评估分析系统对全省 1 400 多家企业两化融合水平开展试评估工作，组织相关企业开展两化融合管理体系贯标试点，为调动企业积极性、促进企业在全产业链和管理全过程应用信息化工具、占领工业制造制高点奠定了基础。

【统计数据】

表 1　2014 年云南省电子信息制造业人员构成情况

企业类别	企业数（家）	年末从业人员总数（人）	其中：研发人员（人）
内资企业	15	10 410	3 602
国有企业	4	1 344	150
有限责任公司	5	3 844	969
股份有限公司	3	5 054	2 464
私营企业	3	168	19
港、澳、台商投资企业	2	3 157	31
三资企业	1	53	7

表 2　2012~2014 年云南省电子信息制造业基本情况

项目名称	单位	2012 年	2013 年	2014 年
工业总产值（现行价）	万元	616 001	676 464	749 901.7
工业销售产值	万元	568 533.1	632 475.6	706 000.7
出口交货值	万元	19 417.7	11 455.8	27 489.4
流动资产平均余额	万元	746 936.2	857 180.8	905 600.3
固定资产平均净值余额	万元	263 721.8	216 493	265 553.3
资产总计	万元	1 341 513.8	1 453 715.2	1 566 670.9
负债合计	万元	506 458.5	503 154.7	539 723.9
产品销售收入	万元	746 676.8	815 584.6	894 280.6
税金总额	万元	3 414.4	5 411.3	4 586.1
利润总额	万元	43 254.9	70 720.9	84 114.5
应交所得税	万元	5 758.8	7 501.7	6 100
从业人员年末人数	人	13 098	12 870	13 620
从业人员工资总额	万元	78 486	66 739.5	46 074.9

表 3　2012~2014 年云南省电子信息制造业主要经济效益指标完成情况

项目名称	单位	2012 年	2013 年	2014 年
全员劳动生产率	元/人	48.6	53.6	55.1
流动资产周转率	次	1	0.95	0.99
产品销售率	%	92.3	93.5	94.2

续表

项目名称	单位	2012 年	2013 年	2014 年
总资产贡献率	%	34.4	7.9	2.6
资产保值增值率	%	2.4	19.3	7.4
资产负债率	%	37.8	34.6	34.5

表 4　2012~2014 年云南省主要电子信息产品产销量情况

产品名称	单位	产量			销量		
		2012 年	2013 年	2014 年	2012 年	2013 年	2014 年
其他数字程控交换机	线			52 597			52 597
台式微机	台	11 100	12 200	7 600	11 100	12 200	7 600
针式打印机	台	69 900	71 219	66 040	79 830	66 611	58 061
有线电视机顶盒	部			174 610			174 610
传感器	万只	5.49	5.4	6.29	5.44	5.35	6.24
荧光灯	万只			53			52

表 5　2014 年云南省软件产业人员构成情况

企业类别	企业数（家）	年末从业人员总数（人）	人员构成			
			管理人员（人）	在总人数中所占比例（%）	软件开发研究人员（人）	在总人数中所占比例（%）
内资企业	107	10 630	1 327	12.5	4 901	46.1
国有企业	7	1 594	274	17.2	937	58.8
股份合作企业	1	51	1	2.0	10	19.6
有限责任公司	32	2 230	325	14.6	809	36.3
股份有限公司	3	3 868	310	8.0	2 197	56.8
私营企业	63	2 829	410	14.5	942	33.3
其他内资企业	1	58	7	12.1	6	10.3
港、澳、台商投资企业	1	60	5	8.3	45	75.0
三资企业	1	95	10	10.5	85	89.5

表 6　2012~2014 年云南省软件产业基本情况

项目名称	单位	2012 年	2013 年	2014 年
软件业务收入	万元	546 873	552 840	469 826
软件业务出口收入	万美元	249	275.5	240
软件产品销售收入	万元	70 318	80 557.5	112 615.9
流动资产平均余额	万元	538 459	631 490.5	624 424.1
固定资产投资额	万元	14 869	17 504	10 521.8
资产合计	万元	757 905	892 495.4	870 763
负债合计	万元	381 451	462 945.4	465 451.1
税金总额	万元	18 634	18 667.6	7 444.5
利润总额	万元	28 864	33 667.9	24 647.8
应交所得税	万元	4 603	5 724.6	4 043.4
从业人员年末人数	人	10 823	11 575	10 785
从业人员工资总额	万元	96 232	102 674.1	68 995.2

表 7　2012~2014 年云南省软件产业三资企业基本情况

项目名称	单位	2012 年	2013 年	2014 年
软件业务收入	万元	2 530	1 762.9	1 481
软件业务出口收入	万美元	249	275.5	240
软件产品销售收入	万元	1 592	1 762.9	1 481
流动资产平均余额	万元	2 026	891.8	874
固定资产投资额	万元	6	21.5	1.1
资产合计	万元	2 249	911.7	916
负债合计	万元	740	207.2	203
税金总额	万元	42	0.9	2.4
利润总额	万元	–63	–8.1	–6
从业人员年末人数	人	185	95	95
从业人员工资总额	万元	1 194	776.3	275

表8　2012~2014年云南省软件产业主要经济效益指标完成情况

项目名称	单位	2012年	2013年	2014年
流动资产周转率	次	1.02	1.22	13.1
总资产贡献率	%	5.5	7.1	8.0
资产保值增值率	%	100.8	100.2	100.1
资产负债率	%	50.33	51.87	51.7

表9　2012~2014年云南省软件产业三资企业主要经济效益指标完成情况

项目名称	单位	2012年	2013年	2014年
流动资产周转率	次	1.25	1.98	12.4
总资产贡献率	%	1.97	–0.9	–0.97
资产保值增值率	%	99.99	99.99	99.96
资产负债率	%	32.91	22.72	32.9

注：表1~表9数据来源于云南省电子工业行业协会。

[撰稿：陇玉　审稿：聂里宁]

西藏自治区

【综述】

软件和信息服务业

典型企业　西藏珂尔信息技术有限公司是区内首家计算机信息系统集成资质四级、信息系统安全集成服务资质三级获得企业，为国家高新技术企业、ISO9001质量管理体系、国家新型创新型（试点）企业，是一家集软件研发、系统集成、运营维护、提供技术支持及应用系统整体解决方案自为一体的专业公司。2014年，珂尔信息总收入为2 655万元，其中净利润917万元，同比增长18%。其中，软件开发（包括社保医疗等系统）创造利润420.6万元，电子商务及IDC业务创造利润近500万元。在软件开发方面，珂尔信息自主开发了社保网上申报系统，项目初期合作单位达到1 200家，创造利润达到197.68万元；为西藏自治区（以下简称西藏）医疗行业研发了珂尔医院信息管理藏文系统，并广泛应用于西藏各地市医院，推动了整个西藏医药卫生信息产业的发展；开发并投资了西藏藏药品溯源管理系统。

信息基础设施建设

西藏坚持降本增效和多网协同，持续打造精品网络。开展2G高质差高干扰优化以及3G拥塞优化、翻频翻扰、弱项指标提升等专项优化，实现了2G保质量和3G调结构、扩容量以及WLAN提升利用率。新建2G基站590个，优化2G现网资源、拆闲补忙，提高网络资源利用率。新建3G基站360个，提高码资源利用率，缓解2G网压力。启动4G一期和二期工程，在县城区建设3G/4G双模基站，先行开通3G网络。WLAN新建AP点集中在智慧型新社区。深化网络运维集中化改革，3G分流水平远超内地公司没有4G时的水平。

信息技术应用

依托基地平台，打造“天上西藏”项目。2014 年 1 月 10 日，“天上西藏”项目联合 TVB、香港联合知识产权交易所正式在中国香港特别行政区面向全球发布；2 月 16 日，“天上西藏”运营中心正式在成都市挂牌；4 月 2 日，“天上西藏”项目参展全国第五届物联网大会，被评为“中国中西部最佳智慧应用奖”，成为通信运营商唯一获奖项目。2014 年下半年，“天上西藏”组织天籁之音歌手选拔赛、“骑行进藏”活动，汇集优秀藏元素歌曲和原生态旅游资源。2014 年年底，“天上西藏”项目已建成权威藏元素内容库和垂直互联网平台，实现文化、旅游、信息产业的跨界经营。形成门户网站、魔幻明信片、“跑向珠峰”手机游戏、实景视频、旅行助手、天籁之音客户端、虚拟现实实景旅游系统、微信导游等一系列文化和智慧旅游类互联网产品。2014 年被列入“科技部文化遗产示范项目”。

升级部署“端、管、云”端口产品快速发展，集团号簿、校讯通、企信通、行业手机报、物联网等成长为百万级产品；管道入口优化整合，加快大数据融合能力部署，基于集团用户、家庭用户、个人用户实现入口优化和需求精准挖掘；云平台资源加快整合，依托人口计生信息智能采集、智慧柳梧、高法专线、农村信息文化站等项目，面向用户提供包括网络接入、云资源、行业应用在内的一站式信息服务，加快各行业数字化服务与应用。召开信息化产品推荐会，为公安、医院等特种行业提供个性解决方案。打造西藏首个智慧新区，为拉萨提供智能城市管理和智能家居生活。推出藏语语音播报、一县一报业务、惠农网、农村综合信息文化站等西藏特色产品。

热点

2014 年，西藏全区电子商务销售收入达 3 135 万元，与上年相比销售额大幅度增长。其中，拉萨百货大楼、百益超市和圣美家超市线上销售收入为 345 万元，西藏七芝堂实业有限公司线上销售收入 580 万元，西藏金哈达羊绒制品线上销售收入 1 510 万元。

近年来，网购凭借其开放式、低成本、高效率的优势，迅速被西藏消费者接受。西藏统计部门指出，西藏网购者最常用的支付方式是网上银行，购买最多的是服装、日用品、鞋帽包配饰等。从 2014 年年底支付宝发布的十年对账单看，2014 年，西藏的移动支付比例占总支付比例的 62.2%，并从 2012 年开始蝉联全国冠军。其中，拉萨市的支付宝用户上年人均网上支出 10 790.98 元；山南地区 2014 年人均支付金额是 10 年前的 600 多倍，日喀则市达到 10 年前的 145 倍。从 2014 年年底发布的支付宝十年账单数据显示，西藏是中国移动支付比例最高的地区。同时，高原特产也经由电商渠道迅速走向内地市场。“十三五”期间，电子商务将成为西藏重要社会商品和服务流通方式，西藏全区网络零售额相当于全区社会消费品零售总额的 12%，规模以上企业应用电子商务比例达 90%以上；力争将拉萨、日喀则等市纳入国家电子商务示范城市，并创建 3~5 个国家电子商务示范基地，创建 10~20 家电子商务示范企业。

2014 年，总投资 6 亿元的西藏电子商务工程启动，标志着西藏区域电子商务生态体系的建设拉开帷幕，预计 2015 年年底，工程核心业务平台将正式上线运行。这一工程将成为拉动西藏区内企业拓展区外市场的强力引擎，还能成为有助于政府了解产业发展、进行宏观调控的数据支撑平台。

2014 年 5 月 25 日，由新华社西藏分社打造的中国首个以涉藏题材为主的图片总库，即涉藏图片交易网站“特别图——西藏图片网”（tibettu.com）在拉萨市正式上线，填补了中国涉藏图片电子商务网站的空白，为国内外摄影爱好者、摄影发烧友及国内外涉藏图片供需媒体、企业和个人提供了最佳平台，同时也为涉藏图片对外宣传担负着重要使命。

2014 年 7 月 22 日，渤海商品交易所冬虫夏草现货挂牌上市仪式在拉萨市举行，这标志着西藏冬虫夏草在互联网的机遇下将走出“深闺”，实现电商化的运营模式。

[供稿：西藏自治区工业和信息化厅]

陕 西 省

【综述】

2014年，陕西省电子信息行业围绕全省工业“稳定增长、打造支柱、淘汰落后”的总体要求，加快发展集成电路、智能手机、北斗卫星导航、物联网、云计算与大数据等新一代信息技术产业，着力抓好一批重大项目的招商引资工作，全行业实现了高速增长。

经济效益 2014年，陕西省电子信息产业实现主营业务收入1 478.2亿元，同比增长20.8%，迎来了高速增长。其中，电子信息产品制造业规模以上企业实现销售产值591.8亿元，同比增长15.3%；软件服务业实现业务收入886.4亿元，同比增长26.4%。陕西省电子信息产业出口交货值99.4亿元，同比增长111.5%；固定资产投资436.6亿元，同比增长26.3%。

产值产量 2014年，陕西省雷达设备生产303部，销售303部，分别同比下降50.2%和50.3%；电子元器件生产59.6亿只，销售59.6亿只，与上年基本持平；集成电路生产4.1亿只，销售3.1亿只，分别同比增长45.4%和14.4%。

陕西省软件和信息服务产业实现业务收入886.4亿元，同比增长28.8%。其中，软件产品收入270.94亿元，同比增长37.7%，占总业务收入的30.6%；信息技术服务收入497.4亿元，同比增长17.4%，占总业务收入的56.1%；嵌入式系统软件收入118.09亿元，同比增长74.2%，占总业务收入的13.3%。

电子信息产品制造业

三星效益凸显，集成电路产业迎来爆发式增长 2014年5月，三星12英寸闪存芯片项目如期实现规模化生产，成为陕西省电子信息行业发展新的里程碑。2014年月均产量已达到2.5万片，实现收入约60亿元。一期项目全部满产后，预计可形成660亿元的年销售收入，吸引上万人就业。随着三星项目放大效应逐步显现，陕西省半导体制造、应用产业链中硅材料、芯片制造、封装测试、研发设计、设备制造、智能终端等重点环节将得到进一步加强，集成电路产业发展环境趋向良好，市场发展到了重要的战略机遇期，出口结构得到优化，各相关上下游配套产业链将迎来爆发式增长。

中兴、比亚迪手机项目成功落户，千亿级手机产业链正在加速形成 2014年，中兴通讯在陕西省开工建设西部最大的智能终端生产基地，项目一期将达到年产1 500万部智能终端，涵盖单板测试加载、全自动化分板点胶、整机音频测试、整机软件加载等全流程自动化生产，年产值和销售收入均为100亿元，项目将于2015年年初在西安高新区投产。比亚迪高端手机配套生产项目计划投资100亿元，一期项目将于2015年年初投产，建成后每年可生产手机金属机壳6 000万套，产值合计约为70亿元，预计增加3万余个就业岗位。

雷达、导航、电子元器件等传统领域运行平稳 陕西省雷达、卫星导航等电子设备企业具有较强的技术和研发优势，但产品市场受国家计划限制，供需相对单薄、固定，与往年相比没有太大起伏，运行继续保持了平稳。省电子集团在军品稳步发展的同时，民品发展加快，民品收入占总收入的比重从以前的30%上升到2014年的70%，军民品结构趋于合理，初步形成了“以军工产业为根本、战略性新兴产业为主导、其他产业为补充”的产业格局。半导体分立器件在771所、华天科技、卫光科技、华讯微电子、西安华芯等本土企业的支撑下，形成了设计、制造、封装、测试等全产业链，市场供需企稳向好。

国家级北斗卫星导航应用示范项目启动建设，卫星导航及应用产业迎来发展机遇 2014年，总装备部和陕西省共同启动陕西北斗卫星导航应用示范项目建设，这是北斗导航在西部省份的率先示范应用，将推动陕西省北斗导航产业与移动通信、地理信息、卫星遥感等融合发展。项目总投资约2.6亿元，计划两年内在西安、延安、榆林等试点地市安装、配发各类北斗导航终端90 000余台。

工业投资高速增长 2014 年，陕西省电子信息行业工业投资保持了较高的增长速度，同比增长超过 26%。投资 70 亿美元的三星 12 英寸闪存芯片一期项目已全面建成投产；投资 5 亿美元的三星半导体封装测试项目已全面完成厂房建设，预计 2015 年 5 月份投产，该项目是为配套三星 12 英寸闪存芯片生产线建设的 10-X 纳米级闪存芯片封装测试及固态硬盘组装生产线；新落地的中兴通讯智能终端生产基地、比亚迪高端手机配套生产项目已开工建设；西安软件新城二期项目、电子集团半导体产业园项目、西咸新区大数据与信息服务产业园项目等一批重点项目正在加快建设。

龙头企业发展势头良好 陕西电子信息集团是陕西省委、省政府为进一步整合陕西省军工电子资源禀赋优势，根据“大集团引领、大项目支撑、集群化推进、园区化承载”工业发展战略于 2007 年组建的大型企业集团，是陕西省发展电子信息产业、太阳能光伏和半导体照明产业的龙头企业。拥有一级企业 20 户，所属企业均具备完善的军工质量保证和保密体系。

陕西电子信息集团拥有院士专家工作站 2 个、博士后工作站 4 个、博士后创新基地 1 个、国家级工程研究中心 1 个、国家级企业技术中心 1 个、国家级科技企业孵化器 1 个、省级企业技术中心 12 个、省级工程研究中心 5 个、省级工程技术研究中心 7 个，累计获权专利 714 项、发明专利 97 项；获得中国驰名商标认定 2 项，获得省级著名商标认定 6 项，获得软件著作权 13 件，获得集成电路布图设计权 3 件；是首家通过陕西省知识产权局的企业知识产权管理规范贯标试点验收的企业；拥有电磁环境实验室、可靠性摸底实验室、环境实验室、电声实验室等共 52 个；拥有各类工程技术人员 5 969 人，其中，高级工程师 758 人，工程师 3 422 人；先后有 300 多项产品和研究成果获得省部级以上表彰奖励。2014 年，陕西电子信息集团实现营业收入 126.64 亿元，资产总额为 226.78 亿元，在第 28 届（2014）全国电子信息百强综合排名位居第 33 位。

彩虹集团公司是中国电子信息产业集团有限公司的全资子企业。前身是陕西彩色显像管总厂（国营四四零零厂），成立于 1977 年，1996 年 1 月更名为彩虹集团公司（简称彩虹集团）。2003 年国务院国资委成立后，将彩虹集团作为直接监管的中央企业之一。2012 年 12 月 31 日，经国务院国资委批准，整体并入中国电子信息产业集团有限公司。

彩虹集团公司是中国首家从事彩色显像管及其玻壳、荧光材料等全套零部件配套的企业，在电子信息产业重要产品技术领域相继创造出了中国第一只彩色显像管、第一套彩色玻壳、第一只彩色投影管、第一块等离子显示屏、第一块 OLED（有机发光二极管）显示屏、第一块液晶基板玻璃等 6 项“中国第一”。重组到中国电子信息产业集团有限公司后，彩虹集团着力培育液晶基板玻璃和光伏玻璃等产业。2008 年 9 月 8 日，中国首块拥有自主知识产权的 5 代液晶基板玻璃产品在彩虹集团成功下线，填补了国内空白。2014 年 11 月 16 日，彩虹集团正式获批建设中国首家基板玻璃工艺技术国家级工程实验室。建设中的 8.5 代液晶基板玻璃、盖板玻璃生产线将于 2015 年下半年投入运行。彩虹集团现有职工近 8 000 人，总资产 179 亿元，2014 年实现营业收入 27.5 亿元。

西安中兴新软件有限责任公司于 2008 年 12 月成立，注册资金 6 亿元，主要从事手机、无线通讯系统及部件、下一代通讯系统预研等研究与开发以及软件产品的生产和销售。2012 年，中兴西安研发生产基地一期工程投入使用，终端研发、无线系统产品研发、IC 芯片产品研发及全球云服务中心等多部门入驻，解决就业人数 8 000 余人；2014 年 7 月底，中兴通讯智能终端项目落户西安。截至 2014 年年底，中兴通讯驻地西安公司落地陕西的专利申请包括中国专利申请 40 件，PCT 专利申请 40 件，软件著作权 200 个，软件产品 200 个，累计投资 41.1 亿元（其中固定资产 16.7 亿元），实现年产值 75.2 亿元，上缴税金近 3.8 亿元。

软件和信息服务业

陕西省是国内最早从事软件产品研发、生产和服务的省份之一。近年来，陕西省高度重视软件及信息技术服务产业的发展，把大力发展软件及信息技术服务产业作为转变经济发展方式、提高综合实力的重要组成部分。而陕西省稳定的人才保障、高效的政府服务、良好的生态环境及完善的产业配套，也让软件和信息技术服务产业如虎添翼。

收入保持高速增长 2014 年，陕西省软件服务业实现业务收入 886.4 亿元，同比增长 26.4%，连续 11 年保持 25%以上的高速增长速度。已有越来越多的跨国软件企业纷纷落户陕西，陕西省在软件和信息技术服务方面的价值和地位已不亚于东部省份和沿海地区。可以说，以软件和信息技术服务产业为代表的“低碳经济”，已经成为陕西省经济社会发展的新亮点和新引擎。

本土企业发展实力不断增强 陕西省本土软件企业的研发实力和竞争力不断增强，承担了众多国家级重点项目。近年来，西安协同数码公司、西安华芯公司、西安华迅微电子公司、西安交通大学、西安电子科技大学等单位承担了多个国家核高基重大科技项目；西安航空计算机研究所在国产飞机的计算机系统及网络方面技术遥遥领先，占据了该领域绝大部分市场份额；西安西电捷通公司、西安未来国际公司参与了国家有关信息安全和信息技术服务标准（ITSS）的制定工作；西安交大捷普公司、西安三茗科技公司等一批优秀本地企业，开发生产了一大批具有自主知识产权的软件及信息安全产品，网络和信息安全产品的市场占全国的 13%。同时，陕西省软件企业的信息系统集成能力较强，综合服务水平全国领先。

产业发展格局分布合理 目前，陕西省形成了以西安高新区的软件产业、西咸新区的大数据产业、航天基地的北斗导航产业、经济技术开发区及国际港务区的信息技术服务产业为重点承载区的软件和信息技术服务产业空间分布格局。

主要问题

一是受流动性影响，电子信息制造企业流动资金紧张。随着集成电路、北斗卫星导航、智能终端终端等新一代信息技术产业在陕西省的加快发展，各相关重点企业跟随市场需求，引导配套产品规模化发展，随着经营规模的进一步扩大，企业的应收账款和存货也随之增长，资金流动性有所减弱。

二是电子产品价格压力持续增大，企业盈利能力下降。近年来，电子信息各类产品的价格都趋于稳定，不少产品甚至处于下降趋势。同时，随着人口红利的减弱，劳动力成本上升较快，企业生产成本不断增加，导致企业盈利空间缩小。此外，各项融资费用的增长也进一步挤压了企业的利润空间。

三是在产业结构上，仍严重缺乏具有规模经济、具备较大产业拉动作用、拥有巨大市场空间的消费类电子整机产品。目前国家重点监测的电子产品中，陕西省除新引进的智能手机、存储芯片产品外，其余全部是显示器件（已正在萎缩）、半导体分立器件、发光二极管、电子元件、电子材料等，主力军仍是以元器件为主的配套电子产品，带动和拉动产业高速增长且能迅速形成规模的消费类电子终端产品和整机产品恰恰是陕西省的缺项，产业结构的不合理影响了陕西省电子信息行业的总体规模和增长空间。

【统计数据】

表 1　2014 年陕西省电子信息制造业人员构成情况

企业类别	企业数（家）	年末从业人员总数（人）	其中：研发人员（人）
内资企业	55	91 770	23 343
国有企业	29	39 860	8 746
有限责任公司	14	45 095	13 547
股份有限公司	8	5 811	585
私营企业	4	1 004	465
港、澳、台商投资企业	11	9 986	1 926

表 2 2012~2014 年陕西省电子信息制造业基本情况

项目名称	单位	2012 年	2013 年	2014 年
工业总产值（现行价）	万元	4 781 500	5 547 396	6 017 245
工业销售产值	万元	4 822 642	5 477 368	5 917 877
出口交货值	万元	519 670	586 258	1 402 769
流动资产平均余额	万元	4 251 371	5 393 800	6 308 245
固定资产净值平均余额	万元	2 095 900	2 496 961	2 765 125
资产总计	万元	8 114 265	9 946 636	11 223 524
负债合计	万元	4 555 300	6 375 037	7 520 360
主营业务收入	万元	4 711 288	5 278 250	5 801 079
税金总额	万元	114 114	126 566	90 846
利润总额	万元	28 875	160 395	337 976
应交所得税	万元	38 272	32 852	36 874
从业人员年末人数	人	95 573	98 856	101 756
从业人员工资总额	万元	432 473	482 311	501 338

表 3 2012~2014 年陕西省主要电子信息产品产销量情况

产品名称	单位	产量			销量		
		2012 年	2013 年	2014 年	2012 年	2013 年	2014 年
雷达	部	613	608	303	598	610	303
电子元件	亿只	34.1	33.2	40.1	34.2	31.5	39.2
半导体电子器件	亿只	101.5	25.3	19.5	64.9	24.4	20.4
集成电路	亿只	2.55	2.82	4.1	2.54	2.71	3.1

表 4 2012~2014 年陕西省软件产业基本情况

项目名称	单位	2012 年	2013 年	2014 年
软件业务收入	万元	4 907 957.9	6 883 101.7	8 864 383.3
软件业务出口收入	万美元	38 070.9	49 692.6	65 228.0
软件产品销售收入	万元	1 377 924.9	1 966 776.6	2 709 425.5
流动资产平均余额	万元	7 264 586.2	7 396 871.8	5 953 073.0
固定资产投资额	万元	540 982.8	464 680.9	336 002.3
资产合计	万元	10 763 730.8	13 640 878.2	10 760 490.5

续表

项目名称	单位	2012 年	2013 年	2014 年
负债合计	万元	5 581 205.4	7 419 536.0	5 825 183.3
税金总额	万元	386 157.9	442 456.0	343 733.1
利润总额	万元	376 050.1	495 374.9	513 066.3
应交所得税	万元	73 724.6	92 112.8	88 242.5
从业人员年末人数	人	123 572	128 460	132 686
从业人员工资总额	万元	811 960.6	864 282.7	974 681.7

表 5　2012~2014 年陕西省软件产业三资企业基本情况

项目名称	单位	2012 年	2013 年	2014 年
软件业务收入	万元	893 348.4	1 213 847.8	1 563 250.5
软件业务出口收入	万美元	12 683.4	17 053.3	22 384.7
软件产品销售收入	万元	235 625.2	341 272.4	470 135.8
流动资产平均余额	万元	1 242 244.2	1 722 072.3	1 385 940.2
固定资产投资额	万元	92 508.1	112 349.2	81 237.7
资产合计	万元	1 840 598.0	2 525 961.2	1 992 583.0
负债合计	万元	954 386.1	1 342 132.2	1 053 727.1
税金总额	万元	66 033	93 431.9	72 585.0
利润总额	万元	64 304.6	88 542.3	91 704.4
应交所得税	万元	12 606.9	18 101.8	17 341.2
从业人员年末人数	人	22 590	27 615	28 523.5
从业人员工资总额	万元	138 845.3	203 869.3	229 910.5

表 6　2012~2014 年陕西省软件产业主要经济效益指标完成情况

项目名称	单位	2012 年	2013 年	2014 年
全员劳动生产率	元/人	397 173	535 816.7	552 197.4
流动资产周转率	次	0.68	0.93	0.89
产品销售率	%	28.1	28.6	29.3
总资产贡献率	%	7.5	7.2	7.5
资产保值增值率	%	143.6	149.0	149.6
资产负债率	%	51.9	54.4	53.3

表 7　2012~2014 年陕西省软件产业三资企业主要经济效益指标完成情况

项目名称	单位	2012 年	2013 年	2014 年
全员劳动生产率	元/人	395 462	439 561	452 999
流动资产周转率	次	0.72	0.70	0.67
产品销售率	%	26.4	28.1	28.9
总资产贡献率	%	7.6	7.4	7.7
资产保值增值率	%	139	146.3	146.8
资产负债率	%	52.6	53.1	52.0

注：表 1~表 7 数据来源于陕西省工业和信息化厅。

[供稿：陕西省工业和信息化厅]

甘 肃 省

【综述】

2014 年，甘肃省信息产业实现规模总量 332.34 亿元，同比增长 32.9%，环比上升 1.35 个百分点；主营业务收入 237.2 亿元，同比增长 11.4%。其中，电子信息产业实现主营业务收入 103.14 亿元，同比增长 30.4%。

2014 年，甘肃省电子信息企业 2 600 多家，其中，电子商务企业 1 500 多家，软件开发和信息集成企业近 1 000 家，电子制造业企业约 100 家。截至 2014 年年底，甘肃省行业统计内的电子信息产业企业共 123 家，其中，电子制造企业 19 家，软件服务企业 101 家。CMMI3 级认证企业 4 家，国家规划布局内重点软件企业 2 家，全国智能交通领域重点骨干企业 1 家。华天微电子等 3 家企业入选甘肃省战略性新兴产业总体攻坚战培育骨干企业。

电子信息制造业

2014 年，甘肃省电子信息制造业实现主营业务收入达到 63 亿元，同比增长 36.6%，环比上升 8.5 个百分点；完成工业总产值 73.8 亿元，同比增长 45.6%；完成出口交货值 19 亿元，同比增长 12.5%；完成集成电路封装 115.7 亿块，同比增长 26.3%。

主要特点　一是固定资产投资有所回升。2014 年，甘肃省电子信息产业 500 万元以上项目累计完成投资 40.5 亿元，同比增长 27.2%；新增固定资产 21.9 亿元，同比增长 38.3%。其中，华天微电子总投资 6.2 亿元的 IGBT 器件封装与测试技术研发及产业化、通讯多媒体集成电路封装测试产业化等 7 个项目加快建设，其中芯片多叠层先进集成电路封装技术研发及产业化项目已完成投资，达到竣工条件。兰州新区 6 个重点项目已累计完成投资 19.09 亿元，新增投资 4.74 亿元。

二是骨干企业拉动明显。2014 年，华天微电子、天水铁路电缆、甘肃长风等 3 家重点企业实现主营业务收入 44.93 亿元，占全省电子信息制造业的 71.4%。其中，华天微电子完成主营业务收入 37.86 亿元，同比增长 13.9%；实现工业总产值 42.61 亿元，同比增长 18.6%；完成出口交货值 18.41 亿元，同比增长 9.5%，分别占甘肃省电子信息制造业的 60.1%、58.1%、95.7%。天水电子信息制造业在甘肃省占比 74.2%，已逐步形成微电子、通信设备集聚发展态势。

三是技术创新能力不断提升。2014 年，华天微电子共申报专利 94 项，其中，发明 56 项，实用新型 38 项；目前共有授权专利 300 项，其中，发明 42 项，实用新型 255 项，外观设计 3 项。华天科技公司研发的“多圈

V/UQFN 新型封装产品”被评为国家重点新产品，天水华天电子集团获得“甘肃省企业技术创新示范奖”。甘肃长风的电子产品在国内处于领先地位。虹光公司 8mm 同轴磁控管填补了国内空白。

四是社会贡献率持续提高。2014 年，甘肃省电子信息制造业实现利润 4.86 亿元，同比增长 36.4%，环比上升 11.9 个百分点，增速较上年同期回落 5.8 个百分点；上交税金 1.48 亿元，同比增长 28.6%。其中，华天微电子上交税金 1.23 亿元，同比增长 18.3%；利润总额达到 4.12 亿元，同比增长 27.1%。

五是企业经营成本上升。2014 年，甘肃省电子信息制造业产成品存货达到 8.13 亿元，同比增长 61.1%，环比上升 15.9 个百分点，库存压力加剧；主营业务成本达到 50.32 亿元，同比增长 37%；管理费用 6.21 亿元，同比增长 33.1%。

重点企业 天水华天电子集团是甘肃省规模最大的集成电路封装企业，主要产品有塑封集成电路、模拟/混合集成电路、半导体功率器件、电源模块、集成压力传感器/变送器、半导体封装设备/模具、半导体封装材料、MEMS 及 LED 等九大系列 1 000 多个品种，产品在航空、航天、兵器、船舶、工业自动化控制、计算机、网络通讯以及消费类电子等领域广泛应用。2014 年，实现工业总产值 42.6 亿元，同比增长 35.9%；完成集成电路封装 115.7 亿块，同比增长 26.31%；实现主营业务收入 37.86 亿元，同比增长 13.9%。

长风信息集团是省内大型电子工业企业集团。企业目前建成洗衣机生产线、电视机生产线、电冰箱生产线和精密加工中心，形成年生产 80 万台洗衣机、20 万台电视机、20 万台电冰箱生产能力。拥有比较完备的科研生产能力，工艺门类齐全，主要有铸造、机械加工、镀金冲压、焊接、齿轮加工、元件、塑压、电装、金装、表面处理、热处理、例试等。工厂现有各类普通设备 700 余台，精密加工设备 20 余台，建立了拥有高精度卧式镗铣床、高精度电火花加工机床及高速数控铣等组成的精密加工中心和比较先进的综合环境试验中心。2014 年，完成总产值 2.85 亿元，同比增长 3.8%；完成主营收入 3.22 亿元，同比增长 8.2%。

天光半导体有限责任公司是国家重点工程的配套生产研制单位，现有 4 英寸 3 微米生产线 1 条，2~3 英寸 5 微米生产线 1 条。近年来为满足市场需求相继开发的大功率三极管、固体放电管、发光二极管、肖特基整流二极管、功率集成电路等系列产品在用户中享有较高信誉。2014 年，完成工业总产值 1.93 亿元，同比增长 18.5%；完成主营业务收入 1.31 亿元，同比增长 16%。

华洋电子科技股份有限公司主要生产半导体集成电路引线框架和高精密蚀刻电子器件，生产能力达到年产集成电路引线框架 90 亿只，其自主开发的以光学蚀刻法生产的计算机 FGC030 系列产品填补了国内空白。2014 年，实现总产值 2.12 亿元，同比增长 34.1%；用于研发的科技投入 1 285 万元，同比增长 59.2%。2014 年 11 月，华洋科技在新加坡成立第一家境外销售公司，为公司高端产品迈出国门走出了关键的一步。

甘肃虹光电子有限责任公司是研制生产军用微波电真空器件的专业生产企业。企业有 41 种产品填补国内空白，54 种产品达到国内先进水平，18 种产品接近国际水平，4 种产品获国家科技进步奖，18 种产品获部级科技成果奖，40 多种产品直接与国防工程相配套。目前相继开展了 3 毫米磁控管、高放行波管系列产品、栅控行波管、多注速调管和无源微波气体放电管系列产品等用于先进武器装备系统的新型器件的研发工作。

酒泉正泰太阳能科技有限公司是一家专业从事生产太阳能组件和光伏应用产品的新能源企业，公司占地面积 100 亩，预计总投资 15 亿元，项目现已投入资金近 7 亿元，2014 年投入近 5 亿元，2015 年计划投入 5.5 亿元。公司目前已拥有 300 兆瓦国内领先的光伏组件自动生产线 6 条，年可生产 200 兆瓦，是甘肃省最大的光伏组件生产基地。

软件和信息技术服务业

2014 年，全省软件和信息技术服务业实现营业收入 40.19 亿元，同比增长 22.6%，全年月均增速达 28.7%；实现利润 2.27 亿元，同比增长 17.4%；上缴税金 13.92 亿元，同比增长 0.68%。其中，信息技术咨询服务、数据处理和存储服务等新业态持续高速增长，软件出口继续呈波动和低迷态势，行业发展差异化明显。

主要特点 一是产业结构不断优化。2014 年，甘肃省软件产业结构在软件和信息技术服务业全面综合发展的格局上不断优化。全省实现软件业务收入 27 亿元，同比增长 15.5%，月均增速 10.3%。其中，软件产品、信息系统集成服务仍是支撑行业发展的主要力量，两项合计占全行业的 80.9%；数据处理和存储服务等服务类收入实现增长 36.6%。

二是企业社会贡献稳步提高。2014 年，全省软件和信息技术服务业从业人员平均人数新增 1 137 人，达到 7 942 人，同比增长 16.7%；从业人员工资总额同比增长 18.4%，月均增速达 26.1%。

三是企业实力持续增强。2014 年，甘肃省从事软件开发、销售和服务的企业近 1 000 家，主营业务收入过千万的企业有 77 家，其中过亿元的企业有 7 家。全年新认定软件企业 22 家，现有通过认定软件企业 102 家；登记软件产品 116 个，现有登记软件产品 516 个；新增 5 家系统集成资质企业和信息系统工程监理资质企业，累计达 64 家，其中，系统集成资质一级资质 2 家，二级资质 3 家、信息系统工程监理乙级资质 2 家。650 人获得高级项目经理、项目经理和监理工程师资格证书。CMMI3 级认证企业有 4 家。

四是骨干企业实力增强。2014 年，甘肃省软件业务收入超千万企业 52 家，过亿元 4 家。6 家省内重点软件企业实现主营业务收入 12.07 亿元、软件业务收入 11.03 亿元，分别占全省软件和信息技术服务业的 30.0%和 40.2%。2 家企业入选 2013~2014 年度国家规划布局内重点软件企业，1 家企业入选全国智能交通领域重点骨干企业，2 家企业入选全省第一批战略性新兴产业总体攻坚战骨干企业。甘肃紫光公司先后通过 CMMI3 级正式评估和《运维通用要求》符合性评估，成为甘肃省首家获得“信息技术服务运行维护标准符合性证书”的企业。甘肃万维打造“一云多屏”产品体系，面向全国提供移动互联网产品与解决方案服务，营业收入首度突破 3 亿元，同比增长 37.4%。

五是创新能力不断提升。甘肃省三维数字社会服务管理系统行业标准发布之后，社会服务管理信息化通过了工业和信息化部国家行业标准立项。全省软件和信息技术服务业新增省级企业技术中心 1 个，1 家企业被认定为 2014 年甘肃省技术创新示范企业，全省软件和信息技术服务业累计拥有国家级企业（工程）技术中心 1 个、省级企业技术中心 10 个、省级重点实验室 5 个。在第十八届中国国际软件博览会上，13 项软件产品获金奖和创新奖。甘肃紫光公司的高等级公路联网收费系统列为国家火炬计划项目；正远科技公司的大型国际机场物流控制及管理信息系统获得省科技进步奖；同元信息技术有限公司的藏文安全信息识别软件被工业和信息化部在全国藏区推广应用；大成科技的铁路计算机连锁信号控制系统等相关技术实现了产业化。

六是园区基地逐步完善。2014 年，兰州市争创“国家软件和信息服务业示范基地”，有力带动了软件产业基地和园区的建设。兰州软件园以兰州高新区、兰州经济技术开发区、兰州新区为依托，全省 95%以上的软件企业聚集到各类园区中。兰州市三维数字社会服务管理系统联盟推广中心开工建设，三维商城电子商务产业孵化园加快推进。兰州新区信源软件信息产业园、联创智业园等软件园区基地建设有序推进，累计完成投资约 15.34 亿元。兰州经济开发区以兰州交通大学国家科技园为依托，重点发展科技创新与成果转化、高新技术企业孵化、创业人才培养和科技产业辐射。兰州市软件和信息技术服务业初步形成了“一园三区”的发展格局。敦煌文化创意产业园则以文化创意为核心，以文化与科技信息、教育、旅游相融合，以动漫企业和软件研发企业为主，力求放大敦煌文化效应。北京妙音动漫艺术设计有限公司、四川美院影视动画学院、西北师大敦煌学院、敦煌画派画家工作室等多家文化企业和高等院校分校入驻园区或设立窗口。全省通过积极培育发展软件园区和基地，产业集聚效应初步显现。

典型企业　甘肃紫光智能交通与控制技术有限公司是甘肃省政府与清华大学省校合作项目，是国家认定的软件企业、高新技术企业、计算机信息系统集成一级企业和国家规划布局内重点软件企业，也是甘肃首家从事智能交通化建设与高等级公路机电系统开发、建设、经营和维护的专业高科技企业，在全国智能交通领域排名进入前五位，成为 2014 年度中国软件和信息服务智能交通领域杰出企业，成功推广应用交通综合业务平台、交通综合监控决策支持系统平台级产品及联网收费软件系统、监控系统、电子不停车收费软件系统（ETC）等 40 多个系统软件。

甘肃万维信息技术有限责任公司是甘肃省首家通过 CMMI（软件能力成熟度模型）3 级评估、ISO20000 服务体系认证、ISO9000 质量体系认证三项国际标准的企业，入选中国电信集团公司教育、医疗两大行业信息化应用基地。教育基地已在 19 省实现产品落地，累计发展用户 169.59 万户。医疗基地积极打造产品发展示范点，预约挂号平台注册用户数已达45万户，周预约量超过8千人次。

兰州天际环境保护有限公司是中国交通储运扬尘治理系列喷洒装备、扬尘治理成套设备全自动控制系统、扬尘治理系列抑尘剂的主要研究、开发及生产基地。公司研发的煤炭扬尘治理成套装备在全国29个省市、18个铁路局全面覆盖，共建立了362个推广应用示范体系(站点)，铁道部煤炭抑尘市场占有率超过75%，每年通过抑尘减少煤炭损失超过1 500万吨。

兰州大成科技股份有限公司是国家创新型试点企业、国家火炬计划重点高新技术企业、软件企业。在铁路信号全电子计算机连锁系统、聚光太阳能与光热发电，绿色镀膜新能源（聚光太阳热能）等多个领域，取得了一系列成果，并在铁路等多个领域得到过广泛应用。其中，“全电子化计算机联锁系统”通过了国际上安全等级最高的欧标SIL4级安全认证，标志中国自主创造的全电子信号系统已达到了国际公认的安全水平，为在国内外推广应用奠定了坚实的基础，完全打破了发达国家对中国的技术封锁。

甘肃成兴信息科技有限公司是一家集软件开发、销售、服务为一体的专业性软件企业，主要针对招投标活动中前期的“围标串标”、评标的公正性、中标后的分包行为等问题，自主研发了《成兴电子招投标系统软件》，该软件集成电子签章、数字证书等第三方软件，登录、签名、加解密采用同一Ukey，选择阿里云为系统运行平台，系统揉合了各方交易主体间不可分割的办事流程，招标人、交易市场、监管方在系统上行使各自职责，使各环节招标人对招投标的组织、交易市场的服务、监管方审批监督的办理实现无缝对接；同时该系统针对不同主体使用界面各有特点，操作简单易学。铁路建设工程下放地方交易市场后，公司又针对铁路工程建设项目的特点，开发了铁路电子招投标系统软件。目前，公司具有自主知识产权的《成兴电子招投标系统软件》和《成兴评标专家库管理系统软件》已获软件著作权。

科技进步与应用

2014年，全省电子信息产业共有国家级企业（工程）技术中心2个、省级企业技术中心21个及省级重点实验室6个，软件产品460项，著作权600多项。先后获得省级以上科技奖励近20项、国家专利授权120多项，通过鉴定的新产品、新技术和新成果100余项，有40余种产品填补了国内空白，50多项技术和产品达到国内领先或接近国际先进水平。天水华天电子集团荣获2014“甘肃省企业技术创新示范奖”。甘肃紫光为全省首个获得国家“信息技术服务运行维护标准符合性证书”企业，连续两年入围“全国软件和信息技术服务业重点子行业骨干企业”。甘肃万维翼校通、班班通、人人通等项目产品在全国20个省得到广泛应用，2014年，翼校通用户数667万户，其中C网用户数超过300万户。

信息基础设施建设

2014年，甘肃省加快实施“宽带中国”战略，促进宽带应用的普及和推广，推动信息基础设施水平的提升，更好地发挥信息基础设施在支撑全省信息化水平全面提升和经济社会发展中的关键作用。推进兰州市三网融合试点工作，4G牌照已经下发，三大平台建设进展顺利，广电播控平台正在与央视开展节目源对接工作。协调通信运营商全面落实与省政府签订的战略合作框架协议，跟踪落实战略合作投资项目进度。2014年，全省基础电信运营企业完成固定资产投资70.23亿元，同比下降12.6%。全省电话用户2 403.29万户，比上年同期增长0.25%，固定互联网宽带接入用户225.42万户，比上年同期增长11.35%；移动互联网用户1 668.84万户，同比增长14.21%，移动电话用户数持续增长，累计达到2 058.66万户，同比增长4.17%。固定电话用户312.36万户，同比下降6.42%。3G业务完成投资10.81亿元，3G基站数26 494个，3G用户数累计达到835.82万户，4G移动用户已突破100万户。

信息产业基地和园区建设

经过几年的发展，甘肃省信息产业发展集聚态势逐步形成。兰州市以兰州新区、兰州经济技术开发区为依托，积极创建“国家软件和信息服务业示范基地”，四联光电高新技术西北产业基地、正威国际集团兰州新区电子信息产业园、甘肃北斗卫星导航产业园及示范城市项目、信源软件产业园、联创智业园等一批软件和信息技术服务业重大项目建设按进度推进，带动兰州市软件和信息技术服务业加快发展。天水市以华天电子集团、天光半导体有限责任公司、天水华洋电子科技股份有限公司、天水六九一三电子科技有限责任公司等企业为龙头，通过实施华天电子科技园基地等重点项目，发展集成电路封装、特种集成电路芯片制造、电子器件、半导体分立器件、移动终端设备及相关配套产品，逐步发展形成天水电子信息产业基地。目前，天水电子信息制造业占全省电子信息制造业 78%，带动上下游相关产业协同发展作用显著。

信息技术应用

信息化建设　2014 年，通过落实《甘肃省数字城市建设规划（2012~2016 年）》，围绕城市管理、物流交通、文化旅游、社会服务等领域，加大信息技术推广应用力度，开展行业示范项目建设，提升社会领域信息化应用水平。充分发挥电信运营商的积极作用，加快推进智慧城市试点建设。下发《关于规范和加快三维数字社会管理系统建设的通知》，给予各市州市级平台建设相应资金支持，加快推进"三维数字社会服务管理系统"的推广应用。兰州市三维数字社会服务管理中心正式上线，统揽 47 个部门的"12345 民情通热线"同步开通；嘉峪关、金昌两市完成市级平台建设，张掖市完成凉州区西大街平台建设；白银、平凉等市州服务平台建设正在积极开展积极推进。兰州、嘉峪关、白银、敦煌 4 个市被列为全国首批信息消费试点城市，读者动漫科技"甘肃丝路大遗址移动旅游服务平台"、陇西中天药业"中药材质量追溯系统的示范应用"列为全国电子商务集成创新试点。药材盈全国中药材电子商务平台网上交易已开通运营。协调省发改委、财政厅、农牧厅等部门，按照《甘肃省农村信息公共服务网络工程（二期）实施方案》要求，重点完善省级"12316 三农"综合信息服务平台，强化市级平台，完成 22 个县 1 000 个信息站点建设；与省委组织部远程办、省商务厅合作，共同推进"村级信息服务点"建设工作。

同时，着眼信息化发展趋势，积极推进物联网、云计算、大数据等新一代信息技术的推广应用。支持甘肃广电阿里云计算中心建设，强化积极促进三大运营商在兰州新区云计算数据中心建设，支持移动公司建设中小企业云计算服务平台。认真落实《关于加快物联网发展的意见》，在重点行业和重点民生领域开展物联网应用示范项目，提升物联网公共服务能力，并积极争取工业和信息化部专项资金支持。贯彻落实国务院全国物联网工作会议要求，分别组织相关部门、科研院所、企业召开 4 次物联网发展座谈会，深入了解全省物联网发展现状；对标先进省份，学习借鉴先进经验，会同省政府办公厅、省发改委、省科技厅、西北师范大学等单位，赴江苏省调研物联网发展情况，形成书面调研报告，梳理甘肃省物联网发展的工作重点、相关政策和主要措施。第二十届兰洽会期间，邀请中国航天科技集团公司、中国电子科技集团公司、中国电子信息产业集团有限公司三大军工集团，中国电信、中国移动、中国联通三大运营商以及国内物联网领军企业，举办以"物联时代"为主题的"物联网体验馆"和"平台成就梦想"高峰论坛，制作物联网宣传片，展示宣传目前国内物联网的核心技术和最新产品，营造了物联网发展的良好氛围。组织相关部门召开协调会议，与省安全生产监督管理局联合制定《全省安全生产物联网建设实施方案》。引导电信运营企业、信息服务企业、重点行业协会和部分大型企业在全省工业制造、交通物流、节能环保、安全生产、商贸流通、城市管理、民生服务等领域开展物联网技术应用示范和推广，不断推动全省物联网发展。

两化融合　一是发挥政策引领效应。完成《丝绸之路经济带甘肃黄金段智能物流骨干网建设规划》编制工作，已通过专家评审。确立"地区抓特色、行业抓重点、园区抓集聚、企业抓提升、物流抓平台"的两化融合发展思路，采取"高层引领、政策推动、示范带动、产业支撑、社会联动"五项措施，通过"抓典型、树标杆、分类指导、整体推进"的工作措施。

二是发挥示范带动效应。兰州市国家级信息化和工业化融合试验区，已通过工业和信息化部检查验收。争取工业和信息化部授予金川集团股份有限公司、甘肃祁连山水泥集团股份有限公司、中国石油长庆油田分公司、天水华天电子集团 4 家企业为"国家级两化深度融合示范企业"。积极推动信息化和工业化融合管理体系贯标工作，先后两年向工业和信息化部推荐钢铁、有色、机械、建材、轻工、食品、电子通信等领域的 32 家企业作为贯标工作试点，甘肃银光聚银化工有限公司、金川集团股份有限公司、天水华天微电子股份有限公司 3 家企业被已被列为国家级"两化"管理体系贯标试点。

三是发挥联动效应。积极推进区域、行业、企业三个层面两化融合。区域层面，进一步完善信息基础设施，重点利用信息技术提升产业层次，提高中小企业自主创新能力，推动工业做优做强，带动区域协同发展。在行业和企业层面，推动生产装备智能化、生产过程自动化，加快普及先进过程控制和制造执行系统，实现生产过程的实施检测、故障诊断、质量控制和调度优化，推进企业管理信息系统的综合集成。在重点领域，倡导以信息化推动绿色发展，建立工业主要污染物排放自动连续监测和工业固体废弃物综合利用信息管理体系，加强对能源、资源的实时监测、精确控制和集约利用。同时，通过开展两化融合标准体系宣传推广、组织推荐贯标试点企业和服务机构等工作，推动企业生产管理逐步与两化融合管理体系标准对接。

四是发挥平台支撑作用。省工信委联合甘肃电信举办“互联网+”高峰论坛，与甘肃电信共同推进全省数字企业建设。支持兰州市政府、甘肃移动、IBM 公司建设西北中小企业云服务平台，该平台已在全省推广应用，客户单位超过 1.64 万家，业务使用成员达 36 万人。

五是推动项目建设。在原材料和装备制造等领域，兰州石化公司、中国铝业兰州分公司、方大炭素新材料科技股份有限公司、兰州兰石换热公司等企业，重点推进生产装备智能化和生产过程自动化，实现生产过程的实时监测、故障诊断、质量控制和调度优化。甘肃飞行控制有限责任公司、兰石四方容器有限公司、兰石重型装备股份有限公司，重点推进嵌入式系统、传感器技术、自动控制技术、自动故障诊断技术和人工智能技术在装备制造业的应用。甘肃飞行控制有限责任公司自主研发与引进消化吸收再创新相结合，研发出具有自主知识产权的的变桨电机系列产品，达到国际先进水平。在节能降耗和循环经济方面，重点推进节能减排信息技术的普及和深入应用，加大主要耗能、耗材设备和工艺流程的信息化改造。中国铝业连城分公司“淘汰落后、环保节能”技术改造项目已建成投产。祁连山水泥集团通过实施两化融合促进节能减排，创造直接效益 2.61 亿元。兰州市热力总公司高效煤粉锅炉成功点火运营，彻底解决了传统锅炉污染严重、热电联产电厂供热效率低下、天然气供应严重不足等诸多问题，实现安全环保、节能降耗的目标，为煤粉锅炉大规模推广打下良好基础。在轻工、纺织、食品等行业，兰州分离科学研究所国家食品企业质量安全检测技术示范中心、三毛实业股份有限公司、庄园牧场股份有限公司重点推进生产线信息化改造提升、产品追溯系统，有效提升了消费品产业质量安全水平。

电子商务 截至 2014 年年底，甘肃省已经培育涉及电子商务业务企业 20 000 余家。其中，个人经营 C2C 店铺 4 000 余家，法人自营 B2B 店铺 40 余家，阿里巴巴平台商家 14 000 余家，支持团购的商家 2 800 余家。电子商务、物流配送、连锁经营、特许经营等现代流通模式已经在全省企业和企业间、企业和消费者之间广泛应用。目前，餐饮、电影、摄影等行业众多商家利用“美团网、58 同城”等平台推销产品、推广业务。

甘肃省与淘宝网共建淘宝网“特色中国”甘肃馆通过政府、运营商和淘宝网三方协作，已全面建成正式运营，这标志着全省电子商务实现了从封闭式探索向开放式经营的转变、从“散兵游勇”个体营运发展模式向有序整合发展格局的提升、从扶持企业拓展到发挥特色产业聚集效应的突破。

甘肃慧森集团研发了药材盈中药材交易系统软件，电子商务中心作用显现，在全国设立 400 多个区域性基层产销信息采集站点，对 3 000 多个品种规格中药材进行实时信息采集，制定信息采集标准与规范，形成完整的全国中药材基层信息采集服务体系。

甘肃烽火网络有限公司依靠其创办的《嘉酒视窗》网被评选为“全国 2013~2014 年度电子商务示范企业”，成为甘肃省唯一获此殊荣的电子商务企业。

信息安全 甘肃省推进信息安全保障工程，加强信息安全基础设施建设，推进覆盖全省的信息安全监控和应急响应网络建设。全省涉密信息系统安全监控管理服务项目从地域上已经覆盖到全省 14 个市（州）的 86 个县（区），为全省涉密单位的业务协同和信息共享提供了便利条件，提高了工作效率。其中违规外联监控管理平台，能够实时监控使用普通电话线、ISDN、ADSL、无线网卡、GPRS/CDMA、双网卡、代理服务器等各种方式导致的内外网互联行为。移动存储介质应用监测系统，能够防止非法信息恶意传播，避免涉密信息、科研成果的泄漏；可实时监测各类移动存储介质的交叉混用，管理并审计内部人员对移动存储介质的使用行为。省信息中心建设完成甘肃省数字证书认证 RA 中心，顺利通过国家信息中心合规性检查，并积极配合兰州市数字办三维数字社会服务管理系统和网上办公系统的应用需求，实现了证书发放、证书更新、证书撤销和证书验证。

组织开展 2014 年全省重点领域网络与信息安全检查行动，对 157 家县级以上机关单位的 414 个信息系统，14 个市、州的城市供水供热供气部门以及钢铁、有色、化工、装备制造、军工及民口配套企业的 1 109 个工业控制系统进行了摸底调查，摸清了全省重点领域信息系统软硬件产品国产化率，并向工业和信息化部上报了检查结果。组织相关单位每月汇总信息安全动向，自查信息安全问题，宣传信息安全重要性，有效提升了各部门信息安全意识，促进了各企事业单位信息安全建设。

倍增计划项目　2014 年，国家发展和改革委员会将兰州市列为信息惠民示范城市，甘肃万维公司、兰州北科维拓公司、北京北科慧识公司共同实施的《三维数字社会管理系统在社会管理服务领域应用示范》项目成功入选 2014 年智慧城市十大案例。三维数字社会管理系统系统已在北京市西长安街街道、山东省东营市等 14 个省市推广应用，累计合同金额超过 8 000 万元，已全部完成项目目标和指标。

主要问题

一是产业总体规模偏小，产业配套环境条件弱，产业链延伸不长，主导产品多数是配套产品，处于产业链的中低端，附加值偏低，企业创新能力和研发投入不足。

二是人才和资金短缺，持续创新能力不强，拥有自主品牌、具有较强竞争力的龙头骨干企业较少，市场竞争力弱。

三是各级政府对信息产业政策引导和带动作用不明显，使得发展前景和产品、市场看好的企业外流，同时也带动省内本就匮乏的高素质复合型人才外流。

【统计数据】

表 1　2014 年甘肃省电子信息制造业人员构成情况

企业类别	企业数（家）	年末从业人员总数（人）	其中：工程技术人员（人）
内资企业	19	13 574	2 609
国有企业	2	2 043	239
有限责任公司	13	4 763	472
股份有限公司	2	6 520	1 898
私营企业	2	248	

表 2　2012~2014 年甘肃省电子信息制造业基本情况

项目名称	单位	2012 年	2013 年	2014 年
工业总产值（现行价）	万元	359 508	499 991	738 124
工业销售产值	万元	343 725	460 211	685 911
出口交货值	万元	68 194	169 486	193 548
资产总计	万元	803 044	918 637	1 438 446
负债合计	万元	330 826	464 595	558 100
主营业务收入	万元	318 929	453 205	630 988
税金总额	万元	12 696	15 188	31 016

续表

项目名称	单位	2012 年	2013 年	2014 年
利润总额	万元	25 158	36 294	54 451
应交所得税	万元	2 510	3 581	7 622
从业人员年末人数	人	10 455	10 400	13 574
从业人员工资总额	万元	27 017	33 610	25 876

表 3　2012~2014 年甘肃省主要电子信息产品产销量情况

产品名称	单位	产量			销量		
		2012 年	2013 年	2014 年	2012 年	2013 年	2014 年
集成电路	万块	720 984	915 905	1 156 942	723 301	911 646	1158 463
综合电缆	千米	11 435	17 196	14 841	11 345	16 217	13 706
电真空器件	万只	1.04	2.6	1.8	0.58	2.6	1.7
无线电专用设备	台/套	360	1 006	138	282	1 029	149
波导元器件	件/套	69 291	44 012	63 882	56 626	44 009	61 852
集成电路引线框架	万只		900 000			880 000	

表 4　2014 年甘肃省软件产业人员构成情况

企业类别	企业数（家）	年末从业人员总数（人）	人员构成			
			管理人员（人）	在总人数中所占比例（%）	软件开发研究人员（人）	在总人数中所占比例（%）
内资企业	99	8 812	1 510	17.1	2 616	29.7
国有企业	4	611	46	7.5	86	14.1
股份合作企业	1	56	8	14.3	22	39.3
有限责任公司	54	4 316	917	21.2	1 732	40.1
股份有限公司	5	1 909	273	14.3	156	8.2
私营企业	34	1 850	261	14.1	598	32.3
其他内资企业	1	70	5	7.1	22	31.4
港、澳、台商投资企业	2	45	9	20	8	17.8

表 5 2012~2014 年甘肃省软件产业基本情况

项目名称	单位	2012 年	2013 年	2014 年
软件业务收入	万元	204 525	262 878	272 584
软件业务出口收入	万美元	21	28	30
软件产品销售收入	万元	65 907	88 784	76 668
流动资产平均余额	万元		219 304	422 979
固定资产投资额	万元	8 937	16 567	15 484
资产总计	万元	313 576	438 789	630 881
负债合计	万元	120 352	203 880	338 479
税金总额	万元	12 727	14 975	17 284
利润总额	万元	19 807	22 412	22 767
应交所得税	万元	3 181	2 999	3 346
从业人员年末人数	人	5 937	7 524	8 857
从业人员工资总额	万元	19 318	32 677	36 840

注：表 1~表 5 数据来源于甘肃省工业和信息化委员会。

[撰稿：薛峰 审稿：冯昱]

青 海 省

【综述】

2014 年，青海省信息产业取得较快发展。信息技术得到广泛应用，加快普及双百企业、省级两化融合示范企业首席信息官（CIO）制度。改善基础条件，推进西宁市、格尔木市、德令哈市等国家信息消费试点城市和智慧城市建设，搭建两化融合“信息高速路”，大力培育信息消费增长点，开展示范带动，推进两化融合管理体系贯标试点企业达标活动，实施工业物联网建设，培育智能检测、全产业链追溯等物联网模式。推进智能制造，在重点行业组织实施流程制造关键工序的智能化、关键岗位机器人替代工作，推进民爆与危险化学品、应急储备等领域智能监测体系建设。培育信息产业，研究制定支持电子信息产业发展若干政策措施，以现有电子信息产业改造升级和产业链延伸引进一批项目，带动信息产业聚集发展。

2014 年，青海省纳入统计的电子信息制造业和软件服务业收入 37 亿元（目标任务 32 亿元），同比增长 15.6%；信息消费规模达到 164.34 亿元（目标任务 150 亿元），占年度任务的109.6%，完成年度任务目标。

电子信息制造业

2014 年，青海省纳入统计的电子信息制造业生产企业 17 家，其中，电子元器件生产企业 1 家，工业电子仪器制造企业 1 家，电子材料生产企业 14 家，其他制造企业 1 家。主要产品有发光二级管（LED）、数字千分尺、多晶硅、单晶硅、铝箔（化成箔、腐蚀箔）、电解铜箔、镁合金锭（棒）、镁基锂电池、太阳能电池组件、太阳能控制器、蓝宝石晶体、蓄能电池等光伏产品制造、电子电线电缆。

全省电子信息制造业共有23家，其中，拟建企业6家，主要产品有蓝牙LED动力电池、太阳能薄膜电池、太阳能光伏组件、太阳能光伏玻璃等。

主要指标 主营业务收入42.25亿元，比上年增长66.2%；利润总额-2.88亿元，比上年增长47.2%；税金总额237万元，同比增长74.8%；销售产值43.39亿元，同比增长59.2%。

主要产品 化成箔1 172万平方米，比上年增长30.3%；铜箔19 600吨，比上年增长6.2%；多晶硅7 715.13吨，比上年增长13.8%；单晶硅2 886.78吨，同比增长43.2%；发光二级管（LED）101万只，同比增长119.3%。

固定资产投资 本年累计完成固定资产投资37.9亿元，上年同期32.1亿元，同比增长17.9%；本年新增固定资产7.2亿元，上年同期17.8亿元，同比下降59.7%。

软件和信息服务业

2014年，青海省软件和信息技术服务业克服国民经济发展增速趋缓等不利因素的影响，总体保持平稳发展势头。2014年，青海省20家骨干企业累计实现主营业务收入2.4亿元。

从产业结构来看，截至2014年12月底，软件产品收入达到1 491万元，同比增长121%；信息技术咨询服务收入达到9 597万元，同比增长27%；嵌入式系统软件收入1 298万元，同比下降8%。软件服务业集中于信息技术服务和嵌入式系统软件的格局有所改观，软件产品收入增速明显，但产业整体均衡发展度仍然较低。

从从业人员情况来看，截至2014年12月底，软件服务业从业人员共计1 846人，同比下降8.7%；从业人员工资总额为7 062万元，同比增长17.1%。

科技进步与应用

2014年，青海省不断加大投入、支持和引导企业创新，着力推动电子产品的研发和新信息技术的应用创新，取得一定进展。如：单晶硅、多晶硅产品的创新，光伏产业的技术创新，储能型锂离子电池可靠隔膜、电解质及关键生产设备的研发，一批物联网技术应用和产品的开发，利用北斗卫星产生的车载导航设备等。

2014年，青海省向工业和信息化部申请电子信息产业发展基金项目4项。其中，青海绿草地新能源科技有限公司获得电子信息产业发展基金《储能型锂离子电池高可靠性电解质及关键设备的研发及产业化》项目支持，获得资金300万元；公司与中国铁塔青海公司联合启动《高原基站储动电池的应用与测试》课题项目，有力地支持企业科技研发能力。

信息基础设施建设

截至2014年12月底，全省信息消费规模达到163.17亿元，占全年计划150亿元的108.8%。其中，通信业务收入完成52亿元（受营改增和国资委下调通信行业营销补贴因素影响，通信业务收入减少），占全年计划58亿元的89.7%；电子信息制造和软件产业收入完成37亿元，占全年计划32亿元的115.6%；信息终端产品消费完成13亿元，占全年计划12亿元的108.3%；信息服务消费完成61.17亿元，占全年计划48亿元的127.4%。

2014年，“宽带青海”建设37个项目，总投入为67.94亿元，截至12月底，完成投入68.05亿元，占全年计划的100.15%，各项指标完成情况如下：固定宽带用户达到61.89万户，新增6.99万户；3G/LTE基站规模达到8 056个，新增2 501个；3G/LTE用户达到269.51万户，新增85.31万户。城市宽带用户达到58.75万户，新增7.65万户；农村宽带用户达到4.96万户，新增1.26万户；固定宽带家庭普及率达到27.69%，增加3.24个百分点（其中城市家庭宽带普及率达到59.97%，增加5.97个百分点）；3G/LTE用户普及率达到46.64%，增加14.54个百分点，行政村通宽带比例达到90%。

信息产业基地和园区建设

2014年，青海省在海东工业园区建立信息产业园，规划面积5 000亩，已入驻企业76家，主要为电子信息制造业和软件服务业企业。

信息技术应用

为推动信息技术应用，青海省促进信息消费领导小组印发《关于信息化推进工业经济转型升级和提质增效的实施方案（2014~2018年）》。为促进物联网的发展，印发《关于加快推进物联网发展的实施意见》（青政办［2014］96号文）。为完善青海省信息服务项目管理制度，研究制订《青海省信息服务专项资金管理暂行办法》，以省财政厅、省经信委（青财建字［2014］931号文）印发。为促进两化融合，省经信委、省国资委研究制订《青海省工业企业两化融合发展水平评估办法》（青经信信［2014］23号文）。

青海省以项目来推进信息产业的发展，组织申报2014年物联网发展资金项目8项（总投资2.37亿元）、电子信息产业发展基金项目4项、光伏产业重点项目2项（总投资32.75亿元），共争取项目3项，落实资金900万元。

2014年，省级财政支持信息服务类项目84项，下达资金6 000万元，带动企业投入116.42亿元。此外，征集储备信息化及信息产业重点项目133项，总投资61.92亿元；推荐中小企业发展专项资金项目8项，总投资1.7亿元。

积极推进两化融合，青海省5家两化融合成效显著的企业为“全省两化融合示范企业”，并在全省工业和信息化工作会上以省政府名义给予表彰。组织开展两化融合管理体系贯标试点企业和服务机构申报工作，共向工业和信息化部推荐两化融合管理体系贯标试点企业26家、服务机构8家。目前，青海省2家企业已入选全国首批两化融合管理体系贯标试点企业，并获专项资金支持。按照工业和信息化部要求，组织88家企业完成区域两化融合发展水平评估数据采集、审核和上报工作。面向全省企事业单位，择优推荐8名推进信息化建设成绩显著的人选参评全国首批优秀信息官。

热点

2014年，青海省设立信息产业园及软件园，发挥园区的产业聚集效能，培育产业集群、扩大对外开放合作的重要载体，促进全省信息产业的快速发展，云计算、互联网+等新技术正在广泛应用之中。

主要问题

一是电子信息产业具有资金投入大、技术要求高的特点，青海省因经济基础薄弱，产业发展面临资金、技术、人才等多方面的制约。

二是青海省电子信息产品主要集中在硅材料、箔材料和锂离子电池材料等电子基础材料领域，缺乏完整的产业链，近年来发展迅速的电子元器件、新型显示器件、电子专用设备、集成电路等相对较少，缺乏高附加值产品。

三是青海省电子信息产业企业规模偏小，电子信息材料精深加工等下游配套产业尚未形成，技术研发、装备制造、运营管理、新技术推广应用等对外依存度较高，结构性矛盾突出，产业转型升级任务艰巨。

【统计数据】

表1　2014年青海省规模以上电子信息制造业基本情况

项目名称	单位	2014年	项目名称	单位	2014年
企业数	家	17	利润总额	亿元	–2.88
销售产值	亿元	43.39	税金总额	亿元	0.0 237
主营业务收入	亿元	42.25	全部从业人员平均人数	人	4 636

表2　2014年青海省软件产业基本情况

项目名称	单位	2014年	项目名称	单位	2014年
企业数	家	20	信息技术咨询服务收入	万元	9 597
软件业务收入	亿元	2.4	嵌入式系统软件收入	万元	1 298
软件产品收入	万元	1 491			

［撰稿：李义奇　审稿：张洪溢］

宁夏回族自治区

【综述】

电子信息制造业

2014 年，宁夏回族自治区（以下简称宁夏）电子信息制造业实现平稳较快增长。全区电子信息制造业实现工业总产值 45 亿元，同比增长 9%；实现销售产值 43 亿元，同比增长 8.9%。从主要产品产量看，单晶硅9 604 吨，增长 28.8%；多晶硅 9 484 吨，增长 86.5%。2014 年，全区光伏制造行业完成销售产值 41.5 亿元，占电子信息制造业的 96.5%。单晶硅年产能 1.4 万吨，多晶硅年产能 1.3 万吨。

2014 年，全区光伏制造行业市场探底回升，骨干企业开工率较高，多晶硅、单晶硅逐步实现满负荷生产。新增蓝宝石行业，宁夏佳晶科技有限公司蓝宝石项目投产，宁夏天通银厦科技公司蓝宝石项目开工建设。蓝宝石产业将成为快速发展的新兴产业。由于市场原因，星日电子公司钽电容、铝电容价格倒挂，因此企业停产。晶硅太阳能电池产业由于技术含量高，质量难以掌控，仅有的 1 家工厂已经停产。

在市场方面，宁夏潜力巨大。2014 年，全区引进中国民生投资股份有限公司（中民投），该公司将在 5 年时间内建设 3GW~5GW 光伏发电项目，总投资 300~500 亿元，在盐池县占地 15 万亩，宁夏将成为全球光伏发电市场最大的区域。2014 年 12 月，该公司总投资 17 亿元的光伏发电项目在同心开工。

软件和信息服务业

2014 年，宁夏软件和信息服务业实现平稳较快发展。全区软件服务业累计完成营业收入 150 322.6 万元，同比增长 18.8%，其中，软件业务收入 94 473 万元，同比增长 19.1%。软件产品收入 33 656.5 万元，同比增长 0.8%；信息技术服务收入 48 834.5 万元，同比增长 22.4%；嵌入式系统软件收入 11 982 万元，同比增长 98.8%。全区认定软件企业 115 家，新增 41 家，登记软件产品 642 项，新增 113 项；认定的计算机信息系统集成企业有 21 家，新增 3 家；通过 CMMI 国际认证的企业有 5 家；新三板和天交所上市的企业有 4 家，新增 3 家；软件业务收入超过 3 000 万元的有 13 家，新增 7 家；超过 1 000 万元的有 29 家，新增 5 家。

宁夏软件企业已具备开发基于移动终端、互联网、大数据、云计算的大中小型软件的能力，软件产品已经渗透到煤炭、医保、教育、人口、物流、仪表等领域。宁夏希望信息产业有限公司开发的煤炭行业物联网管理技术在神华乌海能源公司成功运行，并作为内蒙古示范项目参加了工业和信息化部“十二五”成就展，公积金管理平台已经在全区使用，并同新疆住建厅达成合作协议；银川方达电子系统工程有限公司的社保一卡通、居民健康档案等大型信息化项目建设已经在全区主要医院、药房、社区使用，主导建设了全区小微企业互联网金融服务平台；宁夏电通物联网科技公司自主开发的电梯、塔吊、放射源等的安全监管系统已经在全区推广，公司正在联合国外机构研发医用微压力检测芯片；宁夏网虫信息技术股份有限公司的网虫网已经成为地方门户网站，提供网络媒体、信息增值等服务；宁夏菲麦森过程控制有限公司的智能阀嵌入式控制软件在吴忠仪表公司广泛使用；银川天佳能源科技有限公司自主开发了燃气表嵌入式控制软件。

宁夏软件企业在全国影响力逐步扩大。2014 年 6 月，在第 11 届中国（大连）国际软件和信息服务交易会上，宁夏共获得 6 项大奖，宁夏纵横宝盈软件服务有限公司、宁夏天地缘电子商务有限公司、宁夏银江教育产业开发有限公司、宁夏索福特信息技术有限公司等获得新锐人物奖、创新影响力奖、最具竞争力产品奖、影响力奖等奖项。

信息基础设施建设

通信网络实现质的飞跃。中国电信宁夏公司、中国移动宁夏公司、中国联通宁夏公司分别建成大容量、高带宽、广覆盖的骨干传输和宽带接入的通信网络。光缆总长度超过 7 万公里，光纤铺设到了全区各市、县(区)，乡镇和 85%的行政村。政务网实现“全光化”改造，学校、院所、医疗卫生等公益性机构光纤宽带接入，园区、楼宇、酒店等商务场所光纤到楼，新建住宅小区光纤入户，已建区域推进“光进铜退”改造。全面推进“宽带中国”工程，移动光宽带 FTTH 建设已覆盖 245 个小区、14.3 万用户，提供8Mbps、10Mbps、20Mbps 带宽，主流资费降幅最高达到 32%。4G 网络快速推进，已建成 4G 基站接近 4 400 个，实现了 5 个地市城市区域的连片覆盖、道路区域的不间断覆盖。WLAN 公共运营接入点（AP）数达到 3.3 万个。

互联网迅猛发展。宁夏建设物理站址 0.7 万座，通信基站 1.7 万座，通信杆路 7.3 万杆程千米，光纤覆盖用户 102 万户，全区光纤覆盖率达 46%。全区互联网固定宽带接入用户达到 78 万户，全区互联网有线宽带接入端口数量为175.6 万个。

信息产业基地建设

宁夏支持银川经济技术开发区 IBI 孵化中心建设。开发区“IBI”孵化中心，即信息（information）产业孵化中心、生物技术（biotechnology）孵化中心、知识产权（intellectual property）培育孵化中心，将成为实现开发区倍增计划和再造工程的重要载体。截至 2014 年年底，银川市 IBI 育成中心已经完成一期 15 万平方米 14 栋大楼建设，全部投入使用，二期 39 万平方米已全面开工建设。中卫市西部云基地已经开工建设，云创公司云数据中心已完成主体封顶，亚马逊 AWS 云数据中心正进行地基开挖和浇筑。

信息技术应用

电子政务　一是电子政务外网建设全面启动。按照《宁夏回族自治区政务民生信息化建设发展规划的通知》(宁政发［2014］65 号）要求，在已建成全区党政内外网的基础上，整合各类政务网络资源，建设自治区统一的电子政务内网和外网，部门专网承载业务系统根据业务需求逐步迁移，实现自治区、市、县（区）各部门，乡镇和行政村的全覆盖。开展移动电子政务网络建设，全面推进基于移动终端的政务办公和公共服务应用需求。计划于 2015 年 8 月底前建成政务骨干网，与公共云平台和区直各部门、各市县（区）现有网络平移对接，覆盖各级机关事业单位和行政村，2015 年年底前将实现政务外网全部建成和有效运行。

二是电子政务实现初级应用。基于全区党政内网纪检委、组织部、宣传部、保密局、档案局、检察院、政法委、维稳办、编办等 13 个部门开展全区惩防体系信息管理、组织信息管理、机构编制管理、政法委视频会议、维稳信息报送、重大信访信息直报等部门业务应用。基于电子政务外网（专网）自治区政府与各部门以及各市、县（区）之间实现了电子公文交换、视频会议和应急指挥等部分公共应用；自治区政务服务中心建设了面向企业和社会公众的行政审批和公共服务集中受理系统，覆盖 47 个厅局、700 多个业务事项。自治区各部门主要业务应用覆盖率总体为 47%，其中公安、财政、社保、司法、水利、计生、税务、工商等部门达到 80%以上；国土、农牧、教育、交通、高法、高检等部门覆盖率在 40%~60%之间。银川市、平罗县等地区在电子政务、社区服务、城市管理、环境保护等领域信息化建设应用取得良好成效。农村信息化走在全国前列，全区建立了 3 000 多个农村信息服务站，为农民提供农业科技服务、农产品营销、党员干部远程教育等服务；千村电商工程也顺利推进，已引进阿里巴巴集团、京东集团、中国电信宁夏分公司等企业，在宁夏青铜峡市等地开展电商业务试点工作，计划于 2015 年年底前建成 15 个县级农村电子商务服务中心和 1 000 个村级电子商务服务站。

三是基础信息共享库建设有序推进。依托电子政务公共云平台建立跨部门、跨地区的政务民生信息目录和交换体系，在梳理公安厅、卫计委、国土资源厅的全区常住人口信息资源库、全员人口信息资源库和地理空间信息库等的基础上，推进人口、法人、地理空间和宏观经济等重点基础信息共享库体系和专题业务数据库建设，促进公共信息资源共建共享。计划于 2015 年 8 月底实现人口库和地理空间库一期项目主要功能上线运行，法人库和宏观经济库一期项目完成方案编制；12 月底将完成人口库和地理空间库一期项目建设，制定政务信息数据共享标准规范和管理办法，为全区各部门应用系统提供信息共享基础和数据服务。

两化融合　经组织 707 家工业企业进行评估，初步判定处于两化融合卓越水平（创新突破阶段）的企业为

0.57%；处于两化融合高级水平（集成提升阶段）的企业为 13.58%；处于两化融合中级水平（单项覆盖阶段）的企业为 39.18%；处于两化融合初级水平（起步建设阶段）的企业为 46.68%。宁夏工业企业两化融合总体水平仍处于从单项覆盖阶段，且正在向集成提升过渡的阶段。其中，企业数字化研发设计工具使用率达到 51%，企业关键工序数控化率达到 23.5%，实现核心业务信息化全覆盖的企业比例达到 26%。建设了宁夏中小企业信息服务平台，为全区中小企业提供信息服务，全面提升中小企业的综合经济实力和市场竞争能力。

主要问题

一是缺乏核心技术，企业自主创新能力严重不足。宁夏信息产业企业规模普遍较小，绝大部分企业研发实力薄弱，能够带动和促进行业技术进步的研发中心几乎没有，技术和产品创新能力有限，引进、吸收、消化的能力不足，没有形成规范化、科学化的研发流程，缺乏核心技术和产品，长期停留在加工、组装的阶段，导致产业发展只能走低端路线，产品附加值低，无法形成比较完整的产业链和产业协同效应。

二是尖端人才少， 企业高技术人才非常匮乏。宁夏大多数信息产业企业由于管理体制的不健全和资金不足，无法吸引和留住高级人才，尤其是能承担系统分析、高端设计、整体集成的项目领军人物，以及既熟悉信息技术又懂企业管理的优秀企业家。区内院校培养的信息人才数量和质量远不能满足企业的需求，区外人才引进数量少。

三是企业融资难，资金投入严重不足。宁夏电子信息企业贷款难、资金拆借难成为普遍呼声。一方面企业在研发上的资金投入不足，使产品优化升级、更新换代滞后，跟不上时代发展步伐，无法抢先一步占领市场；另一方面由于区市二级财政比较困难，政府在产业引导、基础设施及研发资金配套支持等方面的投入相当有限。

四是政策支持和公共支撑环境亟待改善。在产业配套方面，主要是反映政府对产业、企业支持的力度较小，相关的项目缺乏资金引导；地方配套的原材料供应商少，影响生产周期和价格。在生产要素方面，企业难以获得发展所需要的高级研发和管理人员，产学研的环境还没形成；信息产业信息企业普遍属于中小企业，在获取资金、土地等生产要素方面明显处于不利地位。在市场环境方面，最大的问题是电子信息企业之间存在恶性竞争，政府和行业中介组织出台的市场有序竞争措施效果不明显。

【统计数据】

表 1　2014 年宁夏回族自治区电子信息制造业人员构成情况

企业类别	企业数（家）	年末从业人员总数（人）	人员构成					
			工程技术人员（人）	在总人数中所占比例（%）	管理人员（人）	在总人数中所占比例（%）	研发人员（人）	技术工人（人）
有限责任公司	20	8 594	379	4.4	938	10.9	324	2 256

表 2　2012~2014 年宁夏回族自治区电子信息制造业基本情况

项目名称	单位	2012 年	2013 年	2014 年
工业总产值（现行价）	万元	379 000	426 500	451 200
工业销售产值	万元	230 000	412 600	430 000
出口交货值	万元	2 207	3 300	120 000
流动资产平均余额	万元	70 000	75 000	80 000
固定资产净值平均余额	万元	480 000	475 000	520 000

续表

项目名称	单位	2012 年	2013 年	2014 年
资产总计	万元	550 000	660 054	780 000
负债合计	万元	423 000	493 463	523 541
主营业务收入	万元	232 380	398 700	426 510
税金总额	万元	13 898	15 566	12 220
利润总额	万元	−28 048	1 000	9 620
应交所得税	万元	347	1 044	1 055
从业人员年末人数	人	5 809	5 594	8 594
从业人员工资总额	万元	23 607	25 484	32 120

表 3　2012~2014 年宁夏回族自治区电子信息制造业主要经济效益指标完成情况

项目名称	单位	2012 年	2013 年	2014 年
全员劳动生产率	元/人	652 435	762 424	825 614
产品销售率	%	60.7	96.7	97.9
资产负债率	%	76.9	74.8	68

表 4　2012~2014 年宁夏回族自治区主要电子信息产品产销量情况

产品名称	单位	产量			销量		
		2012 年	2013 年	2014 年	2012 年	2013 年	2014 年
单晶硅棒	千克	6 156 505	7 109 000	9 604 000	6 003 047	6 876 422	9 604 000
多晶硅锭	千克	3 561 581	4 761 000	9 484 000	3 369 657	4 140 103	9 484 000

表 5　2014 年宁夏回族自治区软件产业人员构成情况

企业类别	企业数（家）	年末从业人员总数（人）	人员构成			
			管理人员（人）	在总人数中所占比例（%）	软件开发研究人员（人）	在总人数中所占比例（%）
内资企业	122	3 601	1 042	28.9	2 259	62.7
国有企业	6	312	133	42.6	179	57.4
有限责任公司	109	2 938	806	27.4	1 832	62.4
股份有限公司	7	351	103	29.3	248	70.7
三资企业	1	10	2	18.2	10	90.9

表 6　2012~2014 年宁夏回族自治区软件产业基本情况

项目名称	单位	2012 年	2013 年	2014 年
软件业务收入	万元	64 244.6	79 315.2	94 473
软件业务出口收入	万美元	24	20	20
软件产品销售收入	万元	22 659.8	33 392.7	33 656.5
流动资产平均余额	万元	40 472.6	42 958.2	70 678.9
固定资产投资额	万元	12 976.4	25 404.6	7 123.0
资产合计	万元	94 933.7	108 282.9	140 497.8
负债合计	万元	44 059.4	52 486.6	65 743.3
税金总额	万元	3 306.3	4 872.2	5 321.7
利润总额	万元	6 564.2	6 562.7	13 796.0
应交所得税	万元	817.3	893	1 539.7
从业人员年末人数	人	2 721	3 607	3 611
从业人员工资总额	万元	9 961.1	15 341.4	18 954.4

表 7　2012~2014 年宁夏回族自治区软件产业主要经济效益指标完成情况

项目名称	单位	2012 年	2013 年	2014 年
全员劳动生产率	元/人	91 178	94 442	10.5
流动资产周转率	次	1.34	1.59	1.34
产品销售率	%	100.0	100.0	100.0
总资产贡献率	%	18.6	10.8	13.6
资产保值增值率	%	128.0	120.0	132.0
资产负债率	%	49.0	46.4	46.8

注：表 1~表 7 数据来源于宁夏回族自治区经济和信息化委员会。

[撰稿：赵艳　审稿：俞发军]

新疆维吾尔自治区

【综述】

2014 年，新疆维吾尔自治区（以下简称新疆）电子信息产业实现主营业务收入 262.53 亿元，同比增长 36.1%。其中，电子信息制造业实现主营业务收入 171.46 亿元，同比增长 49.8%；软件及信息技术服务业实现主营业务收入 91.07 亿元，同比增长 16.2%。

电子信息制造业

2014 年，新疆围绕“煤–电–硅（硅砂、工业硅、碳化硅、多晶硅等)”、“煤-电-铝（电子铝箔、电极箔、蓝宝石晶体)”发展战略，利用国内行业发展趋缓调整之际，谋划产业发展布局，积极引导区内企业发挥资源、能源优势，调整产业结构，努力实现资源优势向经济优势的转变。

一是龙头骨干企业带动作用明显。新特能源股份有限公司、新能源股份有限公司、众和股份公司等骨干企业实现主营业务收入 123.4 亿元、利润 2.3 亿元，分别占全区电子信息制造业的 72.0%和 21.0%。

二是项目新增产能助推产业发展。2014 年，新特能源公司年产 1.2 万吨多晶硅项目、新疆大全新能源公司年产 5 000 吨多晶硅项目、石河子市鑫磊光电科技有限公司年产 600 万 mm 蓝宝石晶棒等项目的陆续达产，新增主营业务收入 18.2 亿元，利润 2.05 亿元，分别占全行业的 7%和 18.5%。

三是行业创新动力和活力增强。继上年以来，企业研发投入持续增加，新产品的产值率屡创新高。石河子市鑫磊光电科技有限公司成功研发 220 千克蓝宝石晶体，该项生产技术进入世界先进行列。

随着企业技术进步和新产品的开发生产，全行业利润同比增长 184.33%，好于以往任何时期。

软件和信息服务业

2014 年，新疆软件和信息技术服务业规模以上企业实现主营业务收入 91.07 亿元，同比增长 16.2%。实现软件产品收入 8.9 亿元，同比增长 48%；信息技术服务收入 40.72 亿元，基本与上年持平；嵌入式系统软件收入 1 225.8 万元，同比下降 8.9%；软件外包服务收入9 385 万元，同比下降 14%；全行业实现利润总额 5.4 亿元，同比增长 2%；税金总额 3.44 亿元，同比下降 26.8%；从业人员平均人数 12 856 人，同比增长 7%。

2014 年，新疆新增系统集成企业 94 家，累计计算机信息系统集成企业 502 家；新认定软件产品 121 个，累计认定软件产品 636 个；新认定软件企业 20 家，累计软件企业105 家，创历年新高。

科技进步与应用

一是加快高纯铝结构材料、传感器和 LED 材料等电子新材料的研发。石河子市鑫磊光电科技有限公司研发的 220 千克蓝宝石晶体生长技术，填补了自治区 LED 产业的空白；新特能源、新疆大全多晶硅冷氢化技术得到成熟应用，电子级多晶硅产品覆盖 90%；西部宏远公司突出产品差异性优势，开发出高性能、高频低阻抗电极箔，得到市场认可。

二是多语种软件产业取得长足进步。“维哈柯文软件开发关键技术研究与应用”课题获得国家科学进步二等奖。在国家电子发展基金“维哈柯文语言文字软件开发及产业化”专项支持下，多语种软件产业取得长足进步，攻克了多项技术难题，培养了一支从事多语种技术研发的人才队伍，开发完成了维哈柯汉 LINUX 操作系统、Windows 操作系统、OFFICE 办公软件、维哈柯汉电子词典、维哈柯文信息发布系统、维哈柯文嵌入式操作系统及手机等产品。这一项目产品和成果在新疆电子政务建设、农村信息化、双语教育和电子出版等领域得到推广应用，在天山南北信息化建设中发挥了巨大的作用。

信息基础设施建设

2014 年，新疆行政村实现 99%通电话，开通宽带比例 97%，自然村开通电话比例 98%。截至 2015 年 2 月底，新疆电话用户 2 550 万户，移动互联网用户 1 311.5 万户。光纤到户家庭覆盖总数达 446.4 万户，固定宽带用户 311.6 万户，3G 用户 1 023.3 万户。

信息产业基地和园区建设

2014 年，新疆载体建设成果显著。新疆软件园已经达到入驻条件；乌鲁木齐云计算产业基地、克拉玛依云计算产业园区、新疆信息产业园建设步伐加快，云计算产业基地建设取得进展。其中，新疆软件园与克拉玛依云计算产业园区是自治区级园区。

新疆软件园　新疆软件园占地 218 亩，规划建设面积 40 万平方米。软件园主体工程创智大厦和室内装修工程已经完成。截至 2014 年年底，园区累计入园企业 63 家，累计完成工商税务注册的企业 50 家，累计已选址企业 20 家。

乌鲁木齐云计算产业基地　乌鲁木齐云计算产业基地一期规划用地 246 亩，二期规划用地 10 万平方米。2014 年已经完成《乌鲁木齐云计算产业基地近中远期发展规划》。落户园区的数据中心项目有新疆广电网络“天山媒体云文化科技支撑基地建设项目”，总投资为

10.66 亿元；中科曙光的“新疆云计算中心建设项目”总投资为 2.5 亿元。

克拉玛依云计算产业园区 克拉玛依云计算产业园区近期规划用地 3.5 平方千米，中期规划用地 10.84 平方千米，远期规划用地 20 平方千米，远景规划用地 30 平方千米。园区已经完成“七通一平”的目标。截至 2014 年年底，已有 7 个数据中心落户园区，新疆亿赞普科技有限公司、东软集团（克拉玛依）有限公司、克拉玛依中兴石油科技有限公司、新疆同方信息系统工程有限公司等 30 家企业（项目）落户园区。

新疆信息产业园 新疆信息产业园规划用地 1 500 亩。园区依托昌吉州能源优势、良好的自然生态环境以及相对完善的产业配套设施，将两大高端信息制造产业及五大前沿信息服务产业作为园区定位，积极推动两大制造业的高端转型升级，促进各产业间的协同，打造生态系统，动态优化产业结构，形成园区持续创新转型的机制。园区主要以智能终端、智慧物联、软件产业、信息服务、电子商务、云计算及大数据、移动互联网为重点发展对象，结合本地特色积极扶持本土信息企业发展，充分发挥援疆政策效应，着力打造服务全疆的信息化产业园。

信息技术应用

两化融合 2014 年，共有 110 家企业、9 个工业园区申报新疆两化融合示范企业及两化融合实验区，确定 62 家两化融合示范企业及 5 家两化融合试验区，截至 2014 年年底，新疆两化融合示范企业已达 310 家、两化融合试验区 10 家。着力开展 2014 年度信息化和工业化融合管理体系贯标试点工作，特变电工股份有限公司等 6 家企业及新疆天衡信息系统咨询管理有限公司已分别被工业和信息化部列为 2014 年度国家贯标试点企业和贯标推荐咨询服务机构。

新疆中泰（集团）有限责任公司（以下简称中泰集团）是自治区重点支持的优势资源转换企业，作为自治区一类企业，企业规模较大，地域分布广，产业链长，无论是增强集中管控能力，还是提高整体运营和管理水平，都离不开信息化的全面支撑。中泰集团积极推进信息技术总体规划“1131”战略，经过 5 年的快速发展，完成 30 余家中泰集团统一的信息系统，搭建形成集中统一的覆盖全集团的高速网络基础平台、OA 协作管理平台、SAP-ERP 经营管理平台、MES 生产运行管理平台，并以供应链管理 SCM 和客户关系管理系统 CRM 为基础，向网络化、移动化、云化、智能管理、大物流、全产业链方向发展，实现了信息化从分散建设应用向统一规划、分步建设、集中应用的阶段性跨越。

电子政务 开展 2014 年新疆政府网站发展评估工作，对 41 个厅局、14 个地州（市）、91 个县市（区）门户网站发展水平进行评估，完成 2014 年新疆政府网站发展评估报告。推动新疆企业基础信息资源共享平台建设。企业法人库基础信息实时共享软件已开发完成，实现了在模拟环境下企业法人信息从工商部门采集录入后实时共享至国税部门的实时应用。

热点

立足新疆区位、资源、能源优势，积极开展资源优势转换战略，大力发展铝基、硅基电子材料。随着新一代信息技术的普及，云计算、大数据产业迅速发展，新疆亚欧信息高速公路基础设施建设和通信枢纽建设前期工作取得进展，云计算数据中心产业、各类云应用、大数据产业开始起步。

一是铝基、硅基电子材料发展迅速。随着低电价政策的实施和电解铝产业的发展，新疆电子新材料产业发展迅速。2014 年年底，多晶硅的产能和产量跃居全国第 3 位；电极箔和蓝宝石晶体的产能、产量大幅提升。电子新材料成为电子信息制造业发展的热点。

二是云计算、数据中心建设加速。新疆在用云计算数据中心 16 个，主要分布在乌鲁木齐、克拉玛依、昌吉等地。规模较大的数据中心可容纳机柜 200 个，服务器 1 400 个，已用机架 874 个，已用服务器 3 331 个。规划建设新疆中兴能源数据中心、新疆移动数据中心 2 个超大型云计算数据中心，华为云服务数据中心、自治区重要信息异地灾难备份中心、区域数字网络控制中心等 5 个中小型云计算数据中心。建设后，新建数据中心能容纳 7 865 个机架、23 988 个服务器。

三是云应用得到广泛推广。新疆云计算中心的“天山”政务云、广电网络“天山”媒体云、亿赞普“亚欧跨境电子商务平台”等一批云计算应用项目落地并上线运营。新疆云计算数据中心正式挂牌，运营的“天山”天山政务云通过了国家安全等级保护二级评测，支持 30 多家政府部门的 40 多项业务稳定运行；“天山”媒体云提供的服务设计到政务、金融、保险、房产等方方面面，是方便广大群众的信息服务平台。亚欧跨境电子商务平台截至 2014 年年底已签约商户 10 169 家，其中，上线商户 6 928 家，总交易额已达 2.77 亿元。

四是平安城市建设取得新突破。新疆自治区平安城市建设需求极为迫切，相关信息化建设项目投入较大，成为新疆软件和信息技术服务业的主要增长点，部分软件企业主要业务来源于维稳信息化建设项目，有些甚至占总收入的 50%以上。在平安城市建设、应急指挥、重大安保项目中，基于多语种技术的软件研发产品及解决方案已经得到广泛应用。在石油行业，基于物联网技术的安全可靠系统为克拉玛依油田、吐哈油田、独山子石化、西北石油局等提供了全方位的安全保障服务。

其他

新疆提出的"推进国家网络西向大通道建设"意见被国家采纳。2014 年 5 月，中央制定《关于进一步维护新疆社会稳定和长治久安的意见》，对加快"亚欧信息高速公路基础设施建设和通信枢纽建设"做出重大决策部署。2014 年 9 月，新疆出台《推进新疆丝绸之路经济带核心区建设的实施意见》（新政发［2014］66 号）和《推进新疆丝绸之路经济带核心区建设行动计划（2014~2020 年）》（新政发［2014］112 号），进一步明确了加快信息通道建设的行动目标、责任单位和推进措施。

主要问题

一是产业结构不合理。电子信息产业整体规模小，处在产业价值链的中低端。企业创新能力有待增强，行业整体竞争能力弱、抗风险能力弱。产业主要集中在原材料和终端的应用，缺乏中间的设计制造环节。

二是光伏产业带动性不强。新疆光伏产业中，光伏荒漠电站规模已全国领先，但新疆没有能够将光伏应用的优势转化为光伏制造的优势。没有形成光伏产业的完整产业链。

三是企业自主创新能力弱，产业结构有待优化调整。新疆电子信息产业人才缺乏，企业自主创新能力较弱，核心竞争力不足；多数企业的业务集中在相同领域，同质化发展加剧了市场低水平竞争；企业向网络化、服务化转型缓慢，不能满足新一代信息技术发展的要求。

四是软件业缺乏龙头企业带动，市场开拓能力不强。由于基数小、底子薄，规模最大的企业收入只有 3 亿多元，从全国软件企业排名看，处于中等偏下水平。信息化建设大项目、高端项目主要被内地大企业获得，在国际服务外包市场开拓一直没有大的突破。

【统计数据】

表 1　2014 年新疆维吾尔自治区电子信息制造业人员构成情况

企业类别	企业数（家）	年末从业人员总数（人）	其中：研发人员（人）
内资企业	23	13 194	866

表 2　2012~2014 年新疆维吾尔自治区电子信息制造业基本情况

项目名称	单位	2012 年	2013 年	2014 年
工业总产值（现行价）	万元	675 445	1 344 210.1	1 940 004.5
工业销售产值	万元	634 696	1 222 612.1	1 774 644.6
出口交货值	万元	45 546	41 774.5	39 096
流动资产平均余额	万元	693 479	897 759.3	1 266 844.7
固定资产净值平均余额	万元元	690 862	1 433 629.2	1 533 839.3

续表

项目名称	单位	2012 年	2013 年	2014 年
资产总计	万元	2 125 883	3 109 818.9	3 733 813.4
负债合计	万元	1 270 123	2 088 649.5	2 353 188
主营业务收入	万元	630 168	1 216 666.3	1 714 553
税金总额	万元	2 150	1 241.7	3 289.5
利润总额	万元	22 636	37 102.1	105 491.2
应交所得税	万元	2 193	1 792.4	995.5
从业人员年末人数	人	9 365	10 625	13 194
从业人员工资总额	万元	54 759	57 483.1	57 668.8

表 3　2012~2014 年新疆维吾尔自治区电子信息制造业主要经济效益指标完成情况

项目名称	单位	2012 年	2013 年	2014 年
流动资产周转率	次	0.92	1.04	1.35
产品销售率	%	94.0	91.0	91.5
总资产贡献率	%	0.6	2.6	5.3
资产保值增值率	%	109.8	166.9	191.7
资产负债率	%	59.8	49.1	63.0

表 4　2012~2014 年新疆维吾尔自治区主要电子信息产品产销量情况

产品名称	单位	产量			销量		
		2012 年	2013 年	2014 年	2012 年	2013 年	2014 年
热敏电阻	万只	205	962	1 137	502	1 342	905
硅片	万片	3 116	3 388.7	3 741.74	3 084	3 277.3	3 582.9
多晶硅	吨	3 075	9 405.7	23 630.9	3 075	9 405.7	23 703.0
电子铝箔	吨	20 827	21 073	19 382	19 432	19 914	19 757
电极箔	万平方米	143.4	1 424.9	1 481.7	117.7	1 344.2	1 425.2
碳化硅晶片	万片	1.0	0.9	0.82	0.96	0.89	0.79
碳化硅	吨	38 009	57 089.5	72 446.31	33 014	43 887.6	68 087.9
太阳能组件	千瓦	1 150	3 313	2 609	1 050	3 313	2 617
蓝宝石	千克			66 901.3			38 129.8

表 5 2014 年新疆维吾尔自治区软件产业人员构成情况

企业类别	企业数（家）	年末从业人员总数（人）	人员构成			
			管理人员（人）	在总人数中所占比例（%）	软件开发研究人员（人）	在总人数中所占比例（%）
内资企业	396	12 856	1 637	12.7	2 342	18.2
国有企业	2	563	54	9.6	141	25.0
有限责任公司	359	8 991	1 299	14.4	1 604	17.8
股份有限公司	4	2 846	120	4.2	523	18.4
私营企业	31	456	69	15.1	74	16.2

表 6 2012~2014 年新疆维吾尔自治区软件产业基本情况

项目名称	单位	2012 年	2013 年	2014 年
软件业务收入	万元	410 713	496 519.9	497 827.2
软件产品销售收入	万元	49 536	46 433.1	89 367.7
流动资产平均余额	万元	191 658	320 758.0	534 219.2
固定资产投资额	万元	7 183	24 320.2	21 611.2
资产合计	万元	438 069	776 350.4	843 729.1
负债合计	万元	206 445	417 363.7	486 054.6
税金总额	万元	23 098	46 938.8	34 373.7
利润总额	万元	32 533	53 413.3	54 066.1
应交所得税	万元	4 664	11 913.3	8 110.8
从业人员年末人数	人	9 642	12 337	12 953
从业人员工资总额	万元	48 961	78 275.7	91 901.3

表 7 2012~2014 年新疆维吾尔自治区软件产业主要经济效益指标完成情况

项目名称	单位	2012 年	2013 年	2014 年
流动资产周转率	次	2.82	2.56	1.7
总资产贡献率	%	10.93	13.24	10.8
资产保值增值率	%	158	141	108.8
资产负债率	%	47.12	53.7	57.6

注：表 1~表 7 数据来源于新疆维吾尔自治区经济和信息化委员会。

[供稿：新疆维吾尔自治区经济和信息化委员会]

大 连 市

【综述】

电子信息制造业

2014 年，大连市 192 家规模以上电子信息制造业（主营业务收入 500 万元及以上）实现工业总产值 745.1 亿元，同比下降 8.1%；主营业务收入 761.5 亿元，同比下降 6%；出口交货值 386 亿元，同比下降 10.2%。

重点产品 汽车音响产量 1 134 万台，同比增长 8.8%；程控交换机产量 63 万线，同比增长 8.6%；打印机产量 74.43 万台，同比增长 0.4%。产量下滑的产品有：移动通信基站产量 13.9 万信道，同比下降 6.5%；激光视盘机产量 189 万台，同比下降 6.4%；半导体分立器件产量 111 430 万只，同比下降 15.3%；集成电路产量 17 703 万块，同比下降 8.5%。

国有及国有控股企业 中国华录集团、大连辽无二电器有限公司两家国有及国有控股企业共完成主营业务收入 106.9 亿元，同比下降 5.1%，占全市电子信息制造业的 14%；出口交货值 55.1 亿元，同比下降 22.9%，占全市电子信息制造业的 14.3%。

民营企业 99 家民营企业共实现主营业务收入 203.1 亿元，同比下降 3.3%，占全市电子信息制造业的 26.7%；出口交货值 13.5 亿元，与上年持平，占全市电子信息制造业的 3.5%。

外资及港澳台资企业 92 家外资及港澳台资企业共完成主营业务收入 452.1 亿元，同比下降 7.4%，占全市电子信息制造业的 59.3%；出口交货值 310.3 亿元，同比下降 10%，占全市电子信息制造业的 80.3%。由于大连市劳动力成本优势削弱、税费优惠减少，部分日资劳动密集型企业出现减产、停产和产业转移现象，加上日元持续贬值，日资企业整体收入下滑。63 家日资企业完成主营业务收入 364.7 亿元，同比下降 6.4%；出口交货值 266.8 亿元，同比下降 8.4%。

重点行业和重点企业 大连市电子信息制造业目前已形成数字视听、通信网络、汽车电子、应用电子、电子工业设备和材料、电子元器件六大行业。

2014 年，大连市数字视听行业共有 6 家企业，主要产品有激光投影电视、激光视盘机整机及机芯、智能家居产品、音视频矩阵产品等。2014 年完成主营业务收入 80.5 亿元，占全市电子信息制造业的 10.6%。代表企业有中国华录集团有限公司、大连科迪视频技术有限公司、大连鼎创科技开发有限公司、大连智慧城科技有限公司。

2014 年，大连市通信网络行业共有 7 家企业，主要产品有程控交换机、移动通讯基站、船舶引航系统、对讲机、通信电缆及通信光缆及相关配套产品等。2014 年完成主营业务收入 62.7 亿元，占全市电子信息制造业的 8.2%。代表企业有大连环宇阳光集团、大连通信电缆有限公司、大连海创高科信息技术有限公司、大连贝斯特电子有限公司。大连环宇阳光集团的动态网络主动防御技术、基于移动通信网的信息安全系统平台、LTE 无线通信及调度系统、行业信息综合及研判平台等在研重大项目都有新突破。

2014 年，大连市汽车电子行业共有 9 家企业，主要产品有汽车音响系统、电位器、车载电装部件、超精密车载马达、汽车空调部件等。2014 年完成主营业务收入 138.1 亿元，占全市电子信息制造业的 18.1%。代表企业有大连辽无二电器有限公司、大连阿尔卑斯电子有限公司、日本电产（大连）有限公司、大连现代高技术集团有限公司。

2014 年，大连市应用电子行业共有 43 家企业，主要产品有打印机、微型马达、血压计、通信线缆等。2014 年完成主营业务收入 192.7 亿元，占全市电子信息制造业的 25.3%。代表企业有佳能大连有限公司、东芝大连有限公司、大连中盈科技有限公司、大连艾珂光电技术有限公司。

2014 年，大连市电子工业设备与材料行业共有 68

家企业，主要产品有应急电源设备、节能电源、新能源电池设备等。2014 年完成主营业务收入 126.9 亿元，占全市电子信息制造业的 16.7%。代表企业有国彪电源集团有限公司、大连四达高技术发展有限公司、大连比克动力电池有限公司、大连宏光锂业股份有限公司、大连福思达化学有限公司、大连科利德化工科技开发有限公司、大连佳峰电子有限公司。

2014 年，大连市电子元器件行业共有 60 家企业，主要产品有芯片、半导体分立器件、LED 芯片、LCD/LCM 液晶显示器等。2014 年完成主营业务收入 159.6 亿元，占全市电子信息制造业的 21%。代表企业有英特尔半导体大连有限公司、大连德豪光电科技有限公司、大连宇宙电子有限公司、大连崇达电路有限公司、大连吉星电子有限公司、大连艾科科技开发有限公司、大连龙宁科技有限公司。

信息产业基地建设

大连经济技术开发区电子信息产业示范基地（以下简称示范基地）于 2010 年 12 月被工业和信息化部授予“国家新型工业化产业示范基地”称号。2014 年，大连经济技术开发区规模以上工业实现工业总产值 3 137 亿元，同比下降 1.7%；完成工业固定资产投资 500 亿元，同比增长 31.2%；完成出口交货值 100.8 亿元，同比下降 16.8%。2014 年，开发区电子信息示范产业完成主营业务收入 568 亿元，同比下降 17%。电子信息产品制造企业占规模以上工业产值的比重为 18.8%。

大连市信息产业主要集中在金州新区，目前已形成以半导体晶圆、LED 芯片及外延片、电子元器件、工业电子、办公设备与家电、通讯与电子设备、工业控制软件等门类为核心的产业集群。形成以大连环宇阳光集团等为代表的通信网络设备制造企业，以大连阿尔派电子有限公司、大连阿尔卑斯电子有限公司等为代表的汽车电子产品制造企业；以大连机床集团（数控）、大连光洋科技工程有限公司和久茂自动化（大连）有限公司等为代表的数控机床及智能部件产品制造企业；以大连德豪光电科技有限公司、傅氏国际（大连）双金属线缆有限公司、大连佳林设备制造有限公司、大连光洋科技工程有限公司、大连东方电气制造有限公司、大连机床集团（数控）等为代表的快速增长型的民营企业。形成以大连环宇集团的程控交换机及移动通信基站、佳能办公设备的打印机、罗姆电子的集成电路、欧姆龙的电子血压计及血糖仪、东芝大连的 CT 诊断仪等为代表的特色电子产品，部分产品产量和技术在国际、国内占据领先优势。2014 年，金州新区电子信息产品制造业完成主营业务收入 525.8 亿元。

软件和信息技术服务业

2014 年，大连市软件和信息技术服务业实现销售收入 1 471 亿元，比上年增长 9%；实现出口 46 亿美元，同比增长 6.9%；从业人员 24 万人，企业 2 063 家，其中外资企业接近 700 家，近 70 家世界著名跨国公司在大连市设立全资的研发中心和信息技术服务中心；百人以上规模的企业有 872 家，千人以上规模的企业有 17 家。从业务结构上看，国内市场占 83.1%，出口占 16.9%。软件业务收入中，软件产品收入 580 亿元，占总销售收入的 39.4%；嵌入式系统软件收入 115 亿元，占总销售收入的 7.8%；原统计体系中的系统集成服务、信息技术咨询服务、数据处理与运营服务和集成电路设计统一归类到信息技术服务中，达 776 亿元，占总销售收入的 52.8%。其中，软件产品收入同比增长 9.7%，信息技术服务收入同比增长 9.4%，嵌入式系统软件收入同比增长 4.8%。

2014 年，大连市软件和信息技术服务业完成创建中国软件名城相关申报材料申报，跟进部省市战略合作备忘录签署工作。跟踪 6 个重点项目的建设，涉及企业有大连华信计算机技术股份有限公司、大连泰达慧谷、亚洲渔港供应链管理（大连）有限公司、华宇（大连）信息服务有限公司、大连亿达信息谷。协调解决 2 个“一企一策”企业（大连华信计算机技术股份有限公司、大连博涛多媒体技术股份有限公司）发展问题，大连博涛多媒体技术股份有限公司的风险贷款已列入计划，大连华信计算机技术股份有限公司工业电价获批，云计算公共服务平台正在讨论建设方案。

2014 年，大连市软件和信息技术服务业实施软件创新中心和创新成长计划，优选 11 家企业开展专业领域的技术创新扶持工作，已投入 1 500 万元扶持资金，企业完成专利和版权的登记数量 60 多项，业绩全部保持增长 10%以上。开展以两化融合为重点的优秀工业软件和工业软件应用示范项目选拔推广，树立 11 个优秀工业软件产品和 10 个企业的应用项目。

园区建设 大连软件园作为中国首个服务外包基地城市示范区，于1998年奠基，由亿达（前身为DLSP）建设运营，一期占地面积3平方公里，二期位于旅顺南路软件产业带，包括大连软件园腾飞园区、大连天地软件园、大连软件园信息谷等，是大连市高教科研文化聚集区的核心产业园区。截至2014年年底，大连软件园实现销售收入637亿元，软件和信息服务出口达到22亿美元。大连软件园一期入园企业数量累计746家，包括HP、埃森哲、松下、索尼、日立、NTT、Oracle、AVAYA、NEC、Fidelity、BT等48家世界500强企业，是大连市软件和信息服务业发展的核心区。

大连软件园服务外包产业主要呈现出以下几大显著特色：

一是服务外包总量稳步增长。大连服务外包的区位优势明显，日语人才突出，人文环境优越，服务外包业务获得快速增长。思科公司自2008年进入园区以来发展迅速，从之前的3条业务线增长至9条，由于大连市突出的地理、人文环境及语言优势，特别适合开展亚太区的业务，因此思科在2014年特别将其做亚太区网络产品售后的技术支持业务由北京市转到大连市。辉瑞大连财务共享服务中心的业务近年来有很大拓展，因为其较强的交付能力得到辉瑞总部的认可，目前业务已从亚太拓展到全球，成为全球财务共享服务中心，负责全球所有的关联账款，应付账款，应收付款。

二是服务外包业态不断向高端升级。大连市服务外包业经过多年发展，积累了丰富的经验和实力，向价值链高端转移趋势明显。东软是最早开展服务外包业务的企业，一直专注于两个领域：其一是移动终端、汽车电子、数字家电、IT产品等四个领域；其二是高端研发，即整体工程外包。这两个专注成就了东软在技术和领域经验上的积累，因此东软外包是从产品定义、设计部分开始都由东软完成，比如一款新手机还在概念产品阶段，东软就参与进来，不做“包工头”，做的更多是“设计+建筑”，占据产业链的高端。

三是新兴行业产生众多服务外包机遇。近些年，大数据、云计算、物联网等新兴行业和技术不断崛起，给服务外包产业带来巨大机遇，大连服务外包行业也因此涌现出很多新的商机，拓展出很多新的业务空间。大连闻音科技有限公司是一家专注于车载人机交互系统开发、车联网服务平台运营的高新技术企业，基于自主中文语音识别技术及车联系统服务平台，可为车联网产业链客户提供涵盖汽车整个生命周期的智能化汽车运营方案。大连泰昌科技是中国最大的移动云服务提供商，2014年8月入驻园区，拥有多项专利技术，其所提供的云产品主要服务于多个医疗和商用机构，是云技术高速发展时期从事全新技术支持的典型服务外包机构。

四是服务外包跨界融合趋势明显。近几年，共享服务中心在大连软件园成集聚趋势，辉瑞制药、雅保化工、阿迪达斯等都将其财务共享服务中心放在园区，是典型的制造业与软件业的融合发展模式。聚思鸿是2014年5月进驻园区的财富500强公司，服务于全世界多个区域的分销商、零售商以及原始设备制造商，大连地区的业务由于拓展了苹果公司后台支持及去哪儿网的客户呼叫中心业务而增长迅速。2014年10月，入园的大连君融贷信息技术服务有限公司作为大连地区首家互联网金融企业，其创新的互联网金融模式以及高速成长，获得了资本市场、金融机构及媒体的高度关注。其主要业务为中小企业及个人提供迅捷、低成本的直接融资渠道，同时为广大投资者提供一站式资产配置理财服务。

科技进步与应用

2014年，大连市电子信息制造业完成新产品开发项目220项，重点新产品开发项目8项。其中，大连尚能科技发展有限公司研制的电网友好型双馈风电变流器已完成样机现场测试，现在设备正进行风电场现场运行考核；大连爱德奥科技有限公司研发的4G车载智能监控管理终端项目，产品设计开发工作已全部完成，目前正在进行模具定制及小批量生产前测试；大连海大船舶导航国家工程研究中心有限责任公司承担的船舶交通管理系统（VTS）多信源综合处理与互联国产化项目，现已完成并实现产业化；大连崇达电路有限公司研发的4mil/4mil精细线路印制线路板，产品已经实现产业化；大连泰思曼科技有限公司研发的等离子体浸没离子注入高压大电流平波脉冲发生器项目已完成，产品已投入使用。

2014年，有11个项目列入大连市工业和信息化重点推进项目。其中，由中国华录集团牵头的大连市十万用户级数字家庭应用示范工程，到2014年年底前完成10万用户数字家庭示范应用，并形成“制造+运营+增值服务”协同发展的产业模式；大连现代高技术集团有限公司圆满完成大连地铁清分系统（ACC）工程、大连快轨8号线自动售检票系统（AFC）工程建设，“大连市出租汽车服务管理信息服务管理平台”运行情况良好；iBus系列智能公交车载信息终端开始批量应用；基于互联网和云计算的小额贷款业务管理及行业监管业务平台继续保持规模国内第一；在国内公交车载终端及相关信息系统领域市场占有率达30%以上；大连中盈科技有限公司发展5个ODM厂商，自主研制开发出12针打印机，采用120型打印头、串行点阵击打方式和创新驱动程序，极大地降低了断针率，提高针式打印机的使用寿命。

信息基础设施建设

“宽带大连”工程建设已基本完成大连市城区的光纤化覆盖，具备超过180万个家庭提供光纤宽带网络接入能力，城区住宅楼宇光纤到户（FTTH）覆盖程度在国内城市中处于领先水平。城域网出口带宽扩容到950Gbps。“无线城市”建设已经建成无线覆盖热点区域2 000余个，投入无线接入设备近10万台，覆盖了主要商业街区、公共服务区，提升了信息惠民的服务能力。在200多处中心热点区域，政府与通信运营商开展合作，为公众免费提供Wi-Fi服务。4G基站已建设2 000多处，年内可实现全域城区4G信号全面覆盖，4G用户超过30万户。天途有线的智能互动平台高清互动业务用户已达18万户。

根据《2014年大连市国民经济和社会发展统计公报》数据显示，截至2014年年底，大连市年末固定电话用户239.9万户，下降5.1%；移动电话用户848.6万户，下降6.6%。年末（固定）互联网宽带接入用户132.2万户，增长2.1%。

信息技术应用

2014年，大连市智慧城建设确定8大重点工程，即智慧交通、智慧城管、智慧卫生、智慧教育、智慧社区、智慧口岸、物联网产业促进和北斗应用产业发展工程，目前各相关重点工程都在积极推进当中。智慧交通中的《大连市城市公共交通智能化应用示范工程》项目已完成大连市2 459辆公交车车载终端的安装及改造，其中为696辆公交车新装车载终端设备，为1 763辆公交车改造车载终端设备。在2条公交线路上安装69块智能公交电子站牌，采用LCD结合LED显示车辆到站信息的方式，并整合现有BRT线路的60个电子站牌，为乘客提供候车到站站距提示，使市民能在途中了解各种公交信息。智慧城管已在中山区、西岗区、沙河口区、甘井子区和高新园区主城区实现先期启动，范围内的市政公用、道路交通、市容环境、园林绿化、房屋建筑等方面均作为智慧城管的内容进行管理。智慧卫生已经完成专项规划制定并通过专家评审论证，目前正开展工程立项工作。智慧教育已完成《大连教育信息化发展规划（2015~2020年）》专家评审，在宽带网络校校通方面加大投入力度，10Mbps以上接入学校507所，4Mbps接入的学校357所，大连教育城域网总出口10Gbps接入，实现了全市义务教育阶段所有学校校校通。智慧社区工作建立了民政基础数据库，已累计入库各类信息360余万条，逐步建立民政信息资源目录，通过建立居民经济情况核对分析数据共享标准和共享平台，有效推动了民政数据与其他委办局数据的交换和共享。社会组织法人库建设立项工作有序推进，灾害信息管理系统更加完善。启用城乡最低生活保障管理系统，将大连市低保家庭的救助纳入信息化管理范畴，建立居民经济状况核对信息管理系统、老龄事业管理系统，接入全国优抚信息管理系统。智慧口岸已完成《大连智慧港口建设体系规划》招投标工作，确定大连市物流信息平台规划为大连市政府投资计划项目，已完成招投标工作，目前正在组织编制大连市物流信息平台的规划。物联网产业促进工程目前正在完善修订大连市促进物联网应用和产业发展的具体实施方案。北斗应用产业发展以市政府与中国空间技术研究院签署的战略合作框架为指导，以大连航天北斗科技有限公司为推广平台，已经在海洋与渔业等领域开展卫星导航、遥感、通信技术的推广应用工作。

2014年，大连市启动“全民付”便民缴费终端在社区的推广应用工作，共布放“全民付”终端200余台，共发生交易2 122笔，交易金额126.45万元，覆盖使用人数达到2 000余人。“全民付”智能缴费终端已经得到社区居民的认可，尤其是持卡一组在家门口或者工作点附近就可以实现安全的、简单易操作的各种公共费用支付。

推进服装纺织、轴承、机床、机电设备等一批工业电子商务平台建设，引导鼓励装备制造、消费品生产企业开展电子商务应用，加强品牌建设和市场开拓。中国轴承交易平台正式上线，实现2 000家会员入住，长期买卖活跃用户占比80%以上，每天新增注册用户人数增长率保持在30%以上。平台自主研发的全国第一款手机移动端轴承型号查询工具已在手机微信客户端正式上线使用，目前可查询型号达 15.8 万种，拥有用户 5 000 户。一汽（大连）国际物流有限公司利用信息技术加强与制造企业的个性化优质服务，提高供应链的协同能力，实现了向大众一汽（大连）发动机有限公司和道依茨一汽（大连）柴油机有限公司等企业提供生产零件的供应商要货、仓储、拣选、配送和巡线补货等服务及产成品的下线检验、仓储、包装和运输服务，实现年上线物流日均配送零件 7 000 余种，下线物流年接收发动机 442 008 台，到货及时率 99.7%、客户满意率 99.3%。认真组织国网辽宁省电力有限公司大连供电公司、东北特殊钢集团有限责任公司、中国华录集团有限公司、大连华锐重工集团股份有限公司 4 家企业开展全国国家两化融合管理体系贯标试点工作。

【统计数据】

表 1　2014 年大连市电子信息制造业人员构成情况

企业类别	企业数（家）	年末从业人员总数（人）	其中：研发人员（人）
内资企业	100	31 357	4 665
国有企业	4	9 067	1 606
集体企业	1	3 975	
有限责任公司	31	6 908	1 136
股份有限公司	10	3 281	544
私营企业	54	8 126	1 379
港、澳、台商投资企业	14	6 936	273
三资企业	78	59 028	748

表 2　2012~2014 年大连市电子信息制造业基本情况

项目名称	单位	2012 年	2013 年	2014 年
工业总产值（现行价）	万元	8 095 653	8 109 469	7 450 937
工业销售产值	万元	7 885 098	7 941 585	7 369 275
出口交货值	万元	4 447 037	4 298 888	3 860 113
流动资产平均余额	万元	4 381 027	5 152 356	5 415 346
固定资产净值平均余额	万元	1 672 918	1 689 659	1 581 105
资产总计	万元	8 196 271	9 017 275	9 859 756
负债合计	万元	3 492 587	4 594 305	4 816 186
主营业务收入	万元	8 056 148	8 101 406	7 614 984
税金总额	万元	167 882	136 455	122 949
利润总额	万元	422 418	423 361	412 349
应交所得税	万元	849 862	86 014	82 551
从业人员年末人数	人	110 298	108 189	97 321
从业人员工资总额	万元	569 447	657 189	540 864

表 3　2012~2014 年大连市电子信息制造业三资企业基本情况

项目名称	单位	2012 年	2013 年	2014 年
工业总产值（现行价）	万元	4 319 319	4 194 975	4 619 240
工业销售产值	万元	4 160 499	4 104 645	4 546 194
出口交货值	万元	2 768 780	2 823 193	3 103 493
流动资产平均余额	万元	1 754 941	1 837 967	2 259 522
固定资产净值平均余额	万元	861 571	813 714	1 114 183
资产总计	万元	2 805 056	2 678 555	3 800 066
负债合计	万元	1 286 533	1 056 723	2 460 680
主营业务收入	万元	4 138 455	4 058 537	4 520 502
税金总额	万元	108 806	71 170	56 405
利润总额	万元	121 442	114 307	217 950
应交所得税	万元	39 078	41 805	40 292
从业人员年末人数	人	73 537	67 399	65 964
从业人员工资总额	万元	372 988	414 623	414 437

表 4　2012~2014 年大连市电子信息制造业主要经济效益指标完成情况

项目名称	单位	2012 年	2013 年	2014 年
全员劳动生产率	元/人	162 115	165 459	162 873
流动资产周转率	次	1.84	1.57	1.4
产品销售率	%	97.4	97.9	98.9
总资产贡献率	%	9.1	7.05	6.3
资产保值增值率	%	100.1	105.8	114.1
资产负债率	%	49.4	50.95	48.8

表 5　2012~2014 年大连市电子信息制造业三资企业主要经济效益指标完成情况

项目名称	单位	2012 年	2013 年	2014 年
全员劳动生产率	元/人	135 732	134 362	151 879
流动资产周转率	次	2.36	2.21	2.0
产品销售率	%	96.3	97.8	98.4
总资产贡献率	%	8.8	7.01	7.4
资产保值增值率	%	90.8	95.2	100.8
资产负债率	%	45.9	39.5	35.2

表 6　2012~2014 年大连市主要电子信息产品产销量情况

产品名称	单位	产量			销量		
		2012 年	2013 年	2014 年	2012 年	2013 年	2014 年
程控交换机	万线	216	58	63	216	58	63
移动通信基站	信道	99 570	148 410	138 780	99 570	148 410	138 780
激光视盘机	万台	168	202	189	171	204	188
打印机	万台	65	78	74.43	66	74.6	75.04
半导体分立器件	万只	119 442	131 500	111 430	122 930	124 864	124 787
集成电路	万块	18 903	19 349	17 703	19 404	19 529	17 704
汽车音响	万台	879	1 042	1 134	873	1 046	1 155

表 7　2012~2014 年大连市三资企业主要电子信息产品产销量情况

产品名称	单位	产量			销量		
		2012 年	2013 年	2014 年	2012 年	2013 年	2014 年
打印机	万台	65	65	61.43	66	64	62.24
集成电路	万台	3 458	2 990	17 703	3 458	2 990	17 704
汽车音响	万块	153	237	287	152	235	284

表 8　2014 年大连市软件产业人员构成情况

企业类别	企业数（家）	年末从业人员总数（人）	人员构成			
			管理人员（人）	在总人数中所占比例（%）	软件开发研究人员（人）	在总人数中所占比例（%）
内资企业	1 747	180 653	17 344	9.6	85 900	47.5
国有企业	34	3 633	328	9.0	1 299	35.7
集体企业	3	207	30	14.5	159	76.8
股份合作企业	3	106	16	15.1	60	56.6
有限责任公司	404	40 197	3 131	7.8	19 876	49.4
股份有限公司	128	19 639	2 021	10.3	12 375	63.0
私营企业	1 149	114 285	11 463	10.0	51 338	44.9
其他内资企业	26	2586	355	13.7	793	30.7
港、澳、台商投资企业	37	4031	359	8.9	1 494	37.1
三资企业	279	62 793	3 493	5.6	25 908	41.3

表 9 2012~2014 年大连市软件产业基本情况

项目名称	单位	2012 年	2013 年	2014 年
软件业务收入	万元	10 260 891	13 500 362	14 708 001
软件业务出口收入	万美元	340 185	430 255	462 723
软件产品销售收入	万元	4 004 233	5 154 468	5 797 192
流动资产平均余额	万元	4 097 819	6 793 211	7 749 470
固定资产投资额	万元	221 272	232 926	292 570
资产合计	万元	12 963 672	16 722 760	14 903 541
负债合计	万元	7 320 192	9 919 346	8 494 473
税金总额	万元	431 308	506 225	659 799
利润总额	万元	918 500	964 923	589 212
应交所得税	万元	211 343	128 000	257 613
从业人员年末人数	人	159 800	216 985	247 477
从业人员工资总额	万元	1 435 978	1 099 557	1 591 088

表 10 2012~2014 年大连市软件产业三资企业基本情况

项目名称	单位	2012 年	2013 年	2014 年
软件业务收入	万元	4 768 985	4 637 218	4 621 932
软件业务出口收入	万美元	258 345	250 263	317 773
软件产品销售收入	万元	1 276 794	1 348 638	1 545 202
流动资产平均余额	万元	740 559	926 749	1 008 119
固定资产投资额	万元	42 941	23 724	24 508
资产合计	万元	3 592 516	2 901 128	3 075 523
负债合计	万元	2 118 512	2 178 074	2 404 184
税金总额	万元	157 347	160 405	170 367
利润总额	万元	392 383	330 792	78 660
应交所得税	万元	45 613	19 982	69 532
从业人员年末人数	人	74 575	56 075	62 793
从业人员工资总额	万元	558 722	460 644	469 088

注：表 1~表 10 数据来源于大连市经济和信息化委员会。

[供稿：大连市经济和信息化委员会]

宁 波 市

【综述】

电子信息产品制造业

2014 年，宁波市规模以上电子信息产品制造业企业累计完成工业总产值 1 510.85 亿元、销售产值1 455.26 亿元、出口交货值 710.92 亿元，分别同比增长 3.68%、3.78%、1.99%，生产销售及出口全年趋势性稳步增长；累计产销率 96.32%；内销产值 744.34 亿元，同比增长 5.55%；实现主营业务收入 1 454.34 亿元，同比增长 3.19%；实现利润总额 96.46 亿元，同比增长 51.23%。自 11 月份开始至年末，全市电子信息产品制造业产、销、出口、主营业务收入、利税、利润 6 项指标全线飘红，均实现正增长。

主要指标持续回升，全行业小幅平稳增长 2014 年，宁波市电子信息制造业工业总产值、销售产值和出口交货值分别同比增长 3.68%、3.78%、1.99%，分别比上年全年增速回升 7.13、6.55 和 10.2 个百分点。自 2013 年第四季度工业和信息化部调整电子信息产品制造业产品目录以来，宁波市纳入统计的行业规模以上企业数量减少近 200 家。但全市电子信息产品制造业 2014 年工业总产值占全省电子制造业比重为 24.9%，出口则占全省电子制造业比重为 40.1%；全市电子信息产品制造业 2014 年产值占全市工业总产值比重为 10.96%，实现出口占全市工业的 23.5%。在统计企业数量减少的情况下，各项指标比重基本持平。

分行业来看，2014 年电子信息产品制造业十大分行业中，家电产品、电子测量仪器、电子机电产品、广播电视设备 4 个行业的销售实现较快增长，增速分别是 46.2%、44.83%、9.35%和 7.36%，大大高于全行业平均增速；电子计算机产品、电子专用设备行业、电子元件、电子器件 4 个行业增速持平。通讯设备制造、电子专用材料行业销售增速分别为–9.4%，–3.25%，均低于全行业平均增速。

分企业类型来看，2014 年，大型电子制造业企业产、销及出口增速分别为 10%、9.5%及 0.67%，中型电子制造业企业产、销及出口增速分别为–5.57%、–4.6%及 3.35%，小型电子制造业企业产、销及出口增速分别为–37%、–14%、–21%。显示出大型电子制造业企业对生产销售起显著支撑作用、中型电子制造业企业出口实绩增加对全行业出口起推动作用、小微型电子制造业因企业抗风险能力差仍然举步维艰。

分产品来看，2014 年全行业部分重点产品生产、销售增长较快，其中，新产品 4G 手机、半导体分立器件、半导体发光二极管（LED）、多晶硅电池等重点产品的产销增速提高较快，液晶显示模组产量略增加 0.33%达到 5 504 万套，但产品单价略下降 10 元。

横向对比来看，2014 年全市电子制造业总产值增速仍然低于全省电子制造业平均增速及全市工业增速，但从全年趋势来看差距在缩小。

出口实现正增长，内销增速创新高 2014 年，宁波市规模以上电子产品制造业企业实现出口交货值 710.92 亿元，同比增长 1.99%，出口自 2011 年年底开始 31 个月后在 2014 年下半年首次实现正增长。全市电子信息产品制造业 2014 年外贸依存度（即出口占销售产值比重）达 48.85%，分别比全省电子制造业、全市工业和杭州市电子制造业的外贸依存度高 18.63、26.28 和 20.48 个百分点，过高的外贸依存度决定了宁波市电子制造业更易受全球性市场因素影响。

内销方面，2014 年全市规模以上电子产品制造业企业实现内销产值 744.33 亿元，同比增长 5.55%，增速创 2013 年 4 月以来新高。全年内销增速分别比一、二、三季度提高 2.92、2.84 和 0.8 个百分点，比上年同期增加 2.22 个百分点，内销对 2014 年销售产值的增长贡献率达七成五以上。

行业效益稳步提升，结构性缺陷仍较突出 2014 年，宁波市规模以上电子信息产品制造业亏损企业 114

家，亏损面 13.9%，比全省电子信息产品制造业亏损面低 0.7 个百分点，比全市工业规模以上企业亏损面低 2.7 个百分点；亏损企业亏损额 7.44 亿元，同比下降 9.92%。

2014 年，全行业利润总额 96.46 亿元，同比增长 2.05%，分季度来看，一、二、三、四季度分别实现利税 13.73 亿元、26.81 亿元、24.89 亿元和 31.03 亿元，三季度比二季度少收入 1.92 亿元，四季度比二、三季度分别增加 4.22 亿元和 6.14 亿元。

2014 年，全市电子信息产品制造业从业人员 21.46 万人，比上年下降 2.7%，但应付职工薪酬却增长 9.75%；1~12 月人均应付薪酬 5.03 万元/人，同比增长 12%，大大高于其他生产要素增长水平。全市电子信息产品制造业获得每百元主营业务收入的支出成本高达 87.09 元，比全省电子制造业平均值高出 3.55 元，比杭州市电子制造业同期水平高出 10.07 元，由此可见影响宁波市电子制造业效益增长的结构性缺陷如产品附加值较低、低端粗放型产品较大、全员劳动生产率较低等不利因素仍然较为突出。

企业研发投入不断加大，全行业创新驱动加快 2014 年，在内外经济形势和生产要素成本不断上升态势的倒逼下，宁波市电子信息制造业企业坚持创新发展，牢牢抓住“两化融合”、“机器换人”等一系列改革发展机遇，依托各级扶持政策和创新平台，不断加大创新研发投入力度，行业科技投入持续保持较高增长速度，全年实现科技活动经费支出 32.02 亿元，同比增长 1.64%，科技活动经费支出占主营业务支出的比重达到 2.53%，比上年同期高出 0.1 个百分点。2014 年，全市规模以上电子信息产品制造业完成新产品产值 559.89 亿元，同比增长 15.42%，高出全行业总产值增速 11.74 个百分点，新产品产值率达到 37.06%，同比提高 4 个百分点，比全市工业 1~12 月新产品产值率高出 10.9 个百分点。

优势企业进一步做大做强，转型升级初见成效 2014 年，宁波市电子信息产品制造业企业加快转变发展方式，进一步做大做强。舜宇集团、宁波一舟投资集团 2 家企业入选 2014 年（第 28 届）“中国电子信息百强企业”名单，分列第 70 和 98 位。宁波群志光电继续以近 200 亿元产值列全省电子信息产品制造业企业第一大企业。宁波群志光电等 16 家电子制造企业还入选 2014 年“浙江省电子信息产业百家重点企业”制造业三十强、出口十强、特色优势企业五十强名单。2014 年，139 家重点监测企业中，由中型到大型升级的企业增加了 4 家；25 家年产值超 4 亿元的重点监测企业中，19 家产销出口总体增长较快，4 家产销出口均小幅负增长，2 家产销出口较大幅度负增长，综合总体情况好于上年。

部分骨干企业通过“走出去”战略实现快速发展 2014 年，宁波市电子制造业企业积极实施“走出去”战略，通过直接投资、跨国并购等方式积极参与国际市场竞争，提高了企业核心竞争力和自主发展能力，使企业实现快速发展。2014 年，光伏制造企业东方日升与墨西哥杜兰戈州签署合作意向书，将在该州分期建设 300 兆瓦太阳能光伏电站，总投资额达 5 亿美元，创下了宁波市单笔境外投资新纪录，也是中国对墨西哥最大的投资项目；汽车电子零部件制造企业均胜电子加快全球化步伐，继 2012 年海外并购德国著名汽车电子企业普瑞集团后，又一次开展跨国并购，收购了德国汽车方向盘总成的龙头企业德国群英有限公司，成为宁波市最大的并购项目，此外，该企业还获得北美通用优秀供应商质量奖；国家级高新技术企业舜宇集团致力于光学仪器、光电产品研发设计和生产，从 2008 年销售产值 5.58 亿元到 2014 年销售产值 87.68 亿元，已成为国内最大的手机摄像模组生产企业，已拥有发明专利 38 项、实用新型专利 61 项、外观专利 43 项，在韩国、日本、中国台湾地区建立分公司或设立研发团队办事处，真正以创新驱动方式实现了企业的腾飞。

软件产业和信息服务业

2014 年，宁波市软件和信息技术服务业得到快速健康发展，主要表现在以下几方面：

软件产业继续保持较快发展 全年实现软件业务收入 301.4 亿元，同比增长 28.86%。其中，软件开发收入 40.32 亿元，同比增长 48.03%；信息系统集成收入 52.15 亿元，同比增长 35.37%；信息技术咨询服务收入 14.22 亿元，同比增长 39.91%；数据处理和存储服务收入 55.32 亿元，同比增长 15.12%；嵌入式系统软件收入 131.63 亿元，同比增长 48.03%；集成电路设计收入 7.76 亿元，同比增长 18.26%。截至 2014 年 12 月底，经过认定和年审的软件企业 208 家，系统集成资质企业 54 家（其中，两级资质 2 家，三级资质 20 家），信息系统监理资质企业5 家。新登记软件产品 936 个，12 个软件产品列入《2014 宁波市自主创新产品与优质产品推荐目录》。宁波世贸通网络科技有限公司等 10 家企业分别被评为宁波市服务业十佳“创新之星”和“成长之星”企业，占受表彰企业总数的一半；2 家软件企业成功登陆新三板上市。

企业规模效益平稳增长 重点监控的软件企业实现利润总额 17.15 亿元，同比增长 6.54%；实现税金总额 6.84 亿元，同比增长 10.77%；实现软件业务出口 1.25 亿美元，同比增长 1.59%；企业经济效益、税收贡献和出口保持平稳增长。软件企业的规模继续壮大，收入超千万和上亿的企业数（不含按权数计算的嵌入式软件企业）进一步增加，年度收入千万元以上企业 171 家，总计软件业务收入 82.44 亿元，户均产值 4 820 万元。其中，超亿元企业 23 家，比上年增加 5 家，实现软件业务收入 39.48 亿元，企业规模不断扩大推动了部分行业龙头企业的涌现。

软件企业研发服务能力不断增强 随着宁波市智慧城市建设和两化融合试点工作的推进，宁波市软件企业在各类项目中初露锋芒，正逐渐成为转型升级和信息化建设的重要支撑，同时，也成为产业的新增长点。软件产业中软件开发、系统集成、信息系统咨询服务收入均保持 35%以上的增长速度，是增长最快的业态；在手机智能软件领域，以 TCL 移动通讯、波导软件为代表的手机软件收入已接近 8 亿元，其中 TCL 移动通信科技（宁波）有限公司当年软件收入 4.37 亿元，已成为宁波市最大的软件企业，使宁波市成为全国重要的手机软件开发基地；在机器换人、大中型装备生产线领域，江宸自动化装备的生产线装备以及伊士通技术、宁波弘讯科技股份有限公司为注塑机提供的智能控制系统都为转型升级提供了支撑；在电子商务领域，商帮科技、国技互联等公司为各类企业提供电子商务综合解决方案，2014 年服务收入均过亿元；在物联网领域，2 家企业获得工业和信息化部物联网产业专项资金支持，4 家企业项目列入国家发改委物联网试点；传统软件企业在医疗、石化、电力等领域不断做深做专，以金唐软件、东海蓝帆、理工监测、东蓝数码为代表的软件企业正积极参与宁波市智慧城市建设。

多点发展的产业格局初步形成 高新区和鄞州区是宁波市软件信息服务业发展的核心区域，其他地区结合当地产业特色，错位发展软件产业，“两翼联动、多点跟进”的发展格局业已形成。从业务规模看，2 个地区软件业务收入达 60 亿元以上，2 个地区软件业务收入达 30 亿元以上，4 个地区软件业务收入达 10 亿元以上，其余地区在 3~10 亿元之间；从增长率看，2 个地区增长率在 40%以上，7 个地区增长率在 30%以上，4 个地区增长率在 30%以下。鄞州区和高新区 2014 年软件业务收入分别为 69.9 亿元和 69.5 亿元，分别同比增长 32.58%和 32.03%，占全市总收入的比重达到 23.19%和 23.06%，是两个主要集聚区。余姚市和慈溪市以嵌入式软件推进制造业企业转型升级，嵌入式软件收入均超过 30 亿元，分别达到 37.46 亿元和 32.16 亿元；江东区和海曙区充分发挥区位优势，借助大力发展电子商务契机推进软件信息服务业发展，软件业务收入分别达到 19.77 亿元和 18.08 亿元。

各地积极推进软件产业发展 2014 年，各县市区采取措施扶持软件产业发展，在产业园区建设、研发能力建设、公共平台建设等方面取得了新的成效。

一是建成一批新的产业园区。各地区着力推进软件产业集聚区建设，一批新的软件产业集聚区投入使用，全市已建设软件集聚区面积达到 40 万平方米，软件产业发展的支撑载体得到进一步强化。高新区软件园二期建筑面积 5.1 万平方米完成竣工验收，宁波太平鸟网络科技有限公司、宁波大家好网络科技有限公司等企业已入驻办公。鄞州区科技信息孵化产业园总建筑面积约 12 万平方米即将投入使用；慈溪浙大网新智慧谷建筑面积 11.9 万平方米已建成投入使用，已入驻企业 16 家，园区餐厅、银行、超市等配套服务已到位。江东区 e 淘电商园正式挂牌开园，一期运营面积 1.3 万平方米，是全市第一家由专业电商公司运营的电子商务产业园；镇海区大学科技园汇智大厦建筑面积 1.9 万平方米已开始招商，已有 39 家企业入驻；奉化市整合利用科技创业服务中心厂房等楼宇资源，引进软件开发、信息服务等相关企业，挂牌成立奉化市软件产业孵化器，建筑面积 2.5 万平方米，已有 20 多家企业入驻。全市除一个县市区外，都建立了软件孵化器或集聚区，全市软件园面积达到 40 万平方米。

二是引进一批新的研发机构。各地加强软件和信息技术研发机构的引进，着力提升软件产业技术创新能力，为软件产业发展提供技术和人才支撑。高新区与东软集团（宁波）有限公司共建了宁波（东软熙康）智慧健康云服务研究院，重点研究智慧健康云平台云服务、智慧健康大数据分析等核心技术，已完成智慧健康二期咨询和规划，启动一期健康云运行。慈溪市与中国科学院上海分院签订了战略协议，共建中国科学院慈溪应用技术研究与产业化中心，为软件及信息服务等行业提供技术开发、产业化等服务。镇海区与西安电子科技大学共建了西安电子科技大学宁波信息技术研究院，依托西安电子科技大学的学科优势与人才优势，围绕智慧城市、北斗定位等重点领域，开展技术研究和科技成果转化工作。江东区引进创业团队设立了宁波克诺普信息科技有限公司，公司负责人入选国家“千人计划”，专注于动态个性化信息需求采集、高价值数据分析等核心技术研发和产业化。宁海县引进创业团队设立了宁波云航信息技术有限公司，公司负责人入选国家“千人计划”，主要从事北斗导航软件服务研发。

三是搭建一批新的服务平台。各地顺应软件产业发展趋势，推进公共服务平台建设，提供低成本、简单、便捷的信息技术服务，促进两化融合。高新区支持中之杰、SAP 公司等共同搭建 SAP 中小企业信息化云服务平台，为中小型企业提供前沿的信息化解决方案，已有 112 家企业入驻其中。高新区宁波中科院信研院与甲骨文合作共建的“宁波物联网家电网创新云平台”，为宁波家电企业物联化智能化提供平台支撑，已开始试点应用。江东区推动运用电子商务与服务外包理念的“世贸通”一站式外贸综合服务平台对传统外贸服务行业进行改造升级，建立一个集“找订单”和“做订单”于一体的一站外贸综合服务平台，一批进出口贸易企业已使用平台服务。鄞州区高格软件的中小企业信息管理服务云平台为中小企业提供了智能化的企业管理服务；微动天下的新媒体营销平台为广大企业开拓了微博、微信等新的营销模式，增强了企业线上线下的互动。

信息基础设施建设

2014 年，宁波市以提升信息基础设施服务水平和承载能力为核心，坚持基础先行、适度超前的原则，大力实施宽带中国专项行动、无线城市和三网融合工程，着力构建宽带、泛在、融合、安全的信息通信基础网络。

一是实施宽带中国 2014 专项行动，提高城市宽带网络质量和覆盖范围。截至 2014 年年底，全市光网覆盖能力达 334 万户，已覆盖所有行政村以上住宅区域；城区平均接入能力达 30Mbps，农村平均接入能力达 6Mbps。截至 2014 年年底，互联网宽带接入用户达 285 万户，3G 用户达 446 万户，4G 用户达 137 万户。互联网城域网出口带宽 2 200Gbps，市民上网已实现高速宽带化。

二是以行业应用推广和公共场所免费上网业务为重点，积极加快无线网络建设和模式创新。宁波市是全国 TD-LTE 4G 规模试点城市，已完成一期试点工程，实现乡镇以上城镇区域的 4G 网络全覆盖，现场直播、远程专家医疗会诊、公交车车载视频数据传输等商业应用也已逐步推广。扩大“iNingbo”政府免费 WIFI 热点范围，提高城市信息惠民水平。在海曙区、江东区、江北区、鄞州区、镇海区、北仑区等地全面启动市民免费上网项目，免费上网的公共场所从原来的行政服务中心、医疗机构、图书馆等场所，逐步扩大到公交车站和公交车内，进一步扩大了市民免费无线宽带上网的范围。并进行运营模式创新，通过建设统一接入平台，将热点网络建设和平台运营分离，以商业养公益的方式，形成宁波市免费 WIFI 网络服务体系。全市已累计建设免费 WIFI 热点 300 个，免费 AP 数 3 000 个。目前，海曙、江东、江北三区已超额完成网络覆盖任务。

三是加快推进三网融合试点，积极探索三网融合条件下的建设、服务、监管模式。以实施用户驻地网共建共享为抓手，实现三网融合基础设施共享，积极探索驻地网第三方维护管理机制，努力完善老小区光纤到户改造。宁波华数广电网络有限公司成立，宁波数字电视正式加入华数集团，全面启动“全省一网”工作。中国电信 IPTV 业务及中国移动手机电视业务逐步推进。

信息技术应用

政务信息资源整合 以推进大数据建设应用和产业化发展为目标，以“同城双中心”模式，推进市政务云计算中心建设，促进集约化建设、强化资源整合、促进共建共享。

一是市政务云计算中心基础设施即服务层建设已基本完成。截至 2014 年 7 月，政务云计算中心可提供基础计算资源、存储资源、数据库管理资源、视频软件服务以及地理信息共享服务平台等服务资源，目前已有智慧宁波网站、省网上政务大厅系统、中小企业软件服务平台、宁波市地理信息共享服务平台（政务版）、宁波市规划局门户网站群和 81890 网站群 6 个系统正处于运行测试中。

二是与市级有关部门的开展对接，引导和规范业务系统逐步入驻云计算中心。与质监局的宁波市车用天然气综合监管信息系统、国土资源局的宁波市建设用地全程监管系统、交通委的宁波市智慧交通一期项目和宁波交通指挥中心、规划局的智慧空间等6个市级部门的应用系统进行了技术对接，进一步确保了各应用系统基于政务云计算中心建设框架开展建设。

三是政务云计算中心相关的管理制度和运营机制逐步建立。为使管理机制长效化、制度化，通过市政府下发了《宁波市人民政府关于加快推进市政务云计算中心建设的实施意见》和《宁波市政务云计算中心管理办法》。为简化管理明确流程，制定了《宁波市政务云计算中心服务指南》，逐步实现政务云计算中心管理制度化。

两化融合 编制了《宁波市加快推进信息化与工业化深度融合专项行动实施方案》，加大信息化项目重点扶持提升两化融合示范工程的引领作用，实施企业信息化普及工程，为广大中小企业提供低价（或免费）、正版、高效、便捷的信息化软件和服务；认真组织国家两化融合管理体系贯标工作，在全市选择15家工业企业开展信息化和工业化融合管理体系贯标试点。出台了《宁波市工业企业电商换市三年行动计划（2014~2016)》，引导企业积极应用电子商务手段，创新营销模式，促进传统优势产业与电子商务产业融合发展，带动产业链上下游企业协同创新。按照“一城两区一中心”布局，在宁波江北区、海曙区打造总规划面积达19平方公里的宁波电子商务城，产业集聚效应明显。积极开展跨境电子商务国家试点，已拥有跨境购、世贸通、敦煌网等B2B/B2C电商平台，以及大宗商品交易所、宁波航交所、第四方物流平台、宁波电子口岸等服务平台，第三方支付平台甬易支付上线运营。移动电子商务发展迅猛，中国移动宁波分公司与海曙区、江北区签署战略合作协议，共同推进基于4G高速网络的移动电子商务平台建设。

云服务平台 市政府与全球最大ERP软件企业德国SAP公司共建的“中小企业信息化云服务平台”已成功上线，可为中小企业提供信息化解决方案，200余家中小企业入驻运行。宁波市纺织服装创新云平台和智能家电物联网创新云平台等重大合作项目也取得积极进展。同时，积极开展云工程与云服务产业技术创新综合试点，宁波（东软熙康）智慧健康云服务研究院和宁波市中小企业信息化云服务平台研究院成功被列为省十大云服务与云工程省级重点企业研究院。

智慧城市 2014年，宁波市已被列为首批国家信息消费试点城市、信息惠民国家试点城市、中欧绿色智慧城市合作试点城市，获得了中国智慧城市推进工作十佳城市第2名、第四届中国城市信息化50强第4名和中国智慧治理领军城市等荣誉。

智慧城市重点应用项目建设成效显著。宁波市按照“试点先行、示范带动、稳步推进”的思路，围绕解决经济转型升级、城市管理服务创新、民生改善等重难点问题，全面统筹推进智慧城市重大应用体系建设。

一是省级智慧城市试点项目稳步推进。智慧物流协同平台不断完善。智慧物流项目开展“1+7”智慧物流协同平台建设，其中“1”为宁波智慧物流公共基础平台，已正式启动建设，将为政府、企业和各类智慧物流应用平台提供广泛的公共基础服务和支撑；第四方物流市场综合应用平台、IBM智慧物流云平台项目一期公共云服务平台等7个智慧物流应用平台项目建设全面开展，部分已投入使用，进入宣传推广阶段，广泛服务于平台、企业，实现港口物流在途可视、资源交易、智能订仓、智慧供应链等服务功能。智慧健康应用不断拓展。以卫生专网、区卫信息平台、数据中心、居民健康档案、居民健康卡建设为重点，逐步实现卫生政务电子化、医院服务网络化、公共卫生管理数字化、卫生医疗信息服务一体化，提高医疗保障和健康服务水平，满足市民多样化的医疗卫生服务需求。智慧健康保障数据中心和专网进一步完善，为市级各医疗卫生机构和海曙、江东、江北区提供了基础平台和应用服务；医疗卫生专网已经实现了与11个县（市）区、8家市级医疗机构和5个市级公共卫生机构联网；全市11个县（市）区与市区域卫生信息平台实现了数据交换、信息共享，8家市级医院和疾控、妇幼、血液等公共卫生机构与市区域卫生信息平台实现了系统对接，截至2014年12月，共收集1 200万健康档案信息和9.3亿多条健康档案数据，市公共健康服务平台服务量已日均超过8 000人次，累计服务超过500万人次，实现了预约挂号、诊疗信息和医疗资源查询等服务。智慧健康系统获2014年智慧城市创新应用奖。

二是市级智慧城市试点项目进展良好。智慧交通一期项目建设启动，统筹及整体推进交通动态感知、资源共享、指挥管理、社会服务等功能。“宁波通”出行服务产品成功发布，依托移动智能终端 APP、出行服务网站、短信服务平台、多媒体查询终端，基于智慧交通相关数据的提取和处理等，实时发布道路引导和交通服务信息，帮助公众高效、便捷、舒适地出行。完善公交、定制公交、轨道交通、公共自行车等立体公共交通出行服务体系，其中，公共自行车投放已超过 15 000 辆，租车累计已突破 1 500 万次，成为绿色智慧城市一道靓丽的风景。此外，出租车电召平台、城管停车诱导、交通指挥中心等项目相继开展，将有效地促进节能减排、缓解城市拥堵。以资源整合为抓手、以高效应用为目的，开展面向基础教育的“人人通”空中课堂、面向终身教育的宁波市终身教育公共服务平台和宁波市数字化阅读平台的建设。“人人通空中课堂”正式开通，现为全市初二、初三学生开设个人网络学习空间和名师网上直播互动课程，日均页面浏览量保持在 1 万左右，高峰期日页面浏览量可达 2.5 万次。终身学习网网站收录精品课程 1.8 万余节，涵盖了科学技术、职业技能等 10 个大类，方便老年人、外来务工人员等进行网上学习，接受网上教育。宁波市数字化阅读平台为广大市民特别是高校科研人员提供方便、流畅的数字化图书、文献、期刊等资源的查询和阅读服务。目前数字化学习平台文献数据库容量达到 200TB，注册人数达 85 万，文献年下载量超过 1 500 万篇。

三是社会各领域的智慧城市试点示范效应逐步显现。积极引导各县（市）区结合自身基础和特点，开展智慧城市建设试点探索，为更大范围的推广拓展奠定基础，全年开展了智慧城市创新试点项目申报工作，共认定了区域视频资源整合等 6 个项目为 2014 年第一批宁波市智慧城市建设试点项目，同时，以物联网技术、云计算技术、移动互联网技术、遥感遥测技术等新一代信息技术为重点，共确定 17 个项目为 2014 年度智慧城市应用示范项目，进一步带动社会各领域的信息技术应用。

智慧城市发展环境不断得到优化。体制机制建设是智慧城市建设的重要保障。宁波市在推进智慧城市建设过程中，不断重视发展环境的优化。

一是智慧城市建设相关政策体系不断完善。出台《关于促进宁波信息消费的实施意见》，并正在研究制定《关于加快发展信息经济的实施意见》，建立完善有利于信息消费、信息经济发展的政策环境。

二是加强对智慧城市重大项目的统筹管理和协调推进。以重要领域重大项目建设带动智慧城市整体建设，发挥政府投资的引导作用，2014 年按照“统一规划、整合资源、促进共享和基础先行、民生优先、突出重点”的原则，确定智慧城市项目 13 个，并不断建立健全有利于多种投资建设主体共同推进智慧城市建设的项目管理体系。

三是成功举办了第四届中国（宁波）智慧城市技术与应用产品博览会，共设 2 万平方米展台、1 100 个标摊，设立了智慧交通、智慧教育、智慧医疗、智慧家居、两化融合等 10 大主题展区。参展企业近 300 家，包括 11 家央企、50 余家上市企业、近 1/3 的软件百强企业，参观人数约 5.8 万人，其中专业客商约为 3.5 万人，同期有总投资达 70 亿元的 28 个智慧项目签约，智博会已成为国内智慧城市建设领域规模最大、专业性最强、层次最高的行业盛会。

四是广泛营造智慧城市共建共享氛围。智慧城市科技馆已正式开馆试运营，智慧城市建设应用成果展示厅和宁波市物联网与智慧城市体验馆建设不断完善，展示宣传了宁波市智慧城市的建设成果。同时，通过媒体宣传、科普活动、教育培训等方式，提高各界人士对于智慧城市建设的关注度、认可度与参与度，使建设成果更好地为民共享。

信息安全 以中央、省、市网络与信息安全工作任务引领，结合宁波市实际，创新工作形式，确保各项任务落实。

一是根据中央、省任务，制定下发全市网络与信息安全工作年度要点，并进行落实。为指导全市信息安全工作，明确年度工作目标与任务，起草完成了《宁波市网络与信息安全协调小组 2014 年度工作要点》，并召开专题会议征求各成员单位意见。工作要点从工作机制、重点环节、监管举措、应急处置和培训宣传等六方面对今年全市信息安全工作做出了明确的部署和安排。

启动市电子政务信息安全预警及处置服务平台项目建设。为加强全市电子政务网络及应用系统安全和保障能力，提高安全风险的事前预警和事后处置能力，根据市发展改革委的批复，完成项目的政府采购计划，确定了项目实施主体，制定了实施计划，正式启动建设。

组织开展网络与信息安全培训。2014 年 7 月，会同市公安局举办了为期 3 天的市级党政机关网站安全管理高级研修班，从国家管理、自身管理、社会观察等多角度、全方位深入研讨党政机关网站安全管理工作，有近 200 位市级党政机关网站安全管理人员参加了培训。

2014 年 11 月底，宁波市组织全市信息安全员、信息安全主管部门负责人、重要信息系统运营单位的安全员约 100 人进行了培训。本次培训通过在集中培训、演练和赴上海信息安全应急事务管理中心和上海交大考察学习，增强信息安全管理及技术人员对当前信息安全形势的认识，切实提高信息安全防范意识和技术手段，考察相关安全技术和保障支撑机构运作的成功案例，学习相关单位的网络与信息安全建设的先进经验，拓展视野，提高认识。

有序开展信息安全保护等级评定。按照国家、省市有关规定，积极开展全市基础信息网络与重要信息系统的安全等级定级、评审、备案等工作。全年对 52 家单位的 75 个重要网络与信息系统进行专家定级评审，其中二级为 16 个。

二是根据中央、省网信办任务，组织开展信息安全专项检查。根据中央网信办《关于印发〈2014 年国家网络安全检查工作方案〉的通知》和省网信办《关于印发〈2014 年浙江省网络安全检查工作方案〉的通知》的要求，会同市网信办及相关部门，组织实施本年度的信息安全检查。本次检查采取自查与抽查相结合、以自查为主的方式，对全市党政机关，金融、能源、通信、交通等重点行业，以及城市轨道交通、供水供气供热等市政领域的重要网络与信息系统进行安全检查，检查单位 114 家，涉及网络与信息系统 1 265 个，检查内容涵盖信息安全管理、技术防护、应急工作、安全教育培训和安全问题整改等方面。中旬，在各部门、各行业自查的基础上，又会同市公安局等 6 个部门和机构组成抽查小组，通过检查，全面掌握了当前宁波市重点领域网络与信息系统的总体安全情况及存在问题，并为下阶段进一步提升全市网络与信息安全保障水平提供了参考和依据。

主要问题

一是龙头企业对行业运行指标影响明显。宁波市电子信息产品制造业具有明显的“龙头效应”，在全市 139 家重点监测的企业中，5 家龙头企业产销数据占比较大，对行业影响举足轻重，几家独大的格局容易造成行业运行的不稳定。如 2014 年前三季度，受液晶显示龙头企业增长乏力影响，宁波市部分传统优势行业增速下滑，拖累了全行业平均增速，特别是电子计算机行业工业总产值负增长 10%以上。

二是关键技术攻关缺乏大、精、尖项目支持。宁波市电子信息产品制造业以企业为主导，各类创新载体共同参与的协同创新模式仍未发展成熟，各协同环节仍有待完善，产业缺少大、精、尖项目支持，除部分关键技术已顺利落地并获得国家或本市重大科技计划项目立项外，仍有关键技术由于缺乏创新要素支持，攻关工作相对滞后，从而未能获得相关各级项目立项支持。2014 年，宁波市电子信息制造业在世界 500 强企业和中国百强企业项目引进方面仍未能实现较大突破。

三是产业发展压力仍然较大。电子信息产品制造业全行业经济形势面临的外部发展环境仍然较为严峻，特别是出口低迷，原材料及能源价格、劳动力和管理成本上升等问题使得企业生产能力利用率不高。

四是人才要素制约明显。由于历史原因，宁波市电子信息产品制造业各层次人才紧缺现象较为明显，主要表现在学科带头人和技术领军人物集聚困难，面向中小企业的科技研发、管理以及高素质行业技术工人紧缺等。近年来，宁波市开展的多项人才创业创新重大平台建设为产业发展已充实了技术、管理、市场等多方面的人才，但人才缺口仍然较大。

五是产业发展支撑机制不完善。宁波市电子信息产品制造业中大量企业属于民营投资，资本规模小，获得国家的产业支持难度大，融资能力相对较弱，而现有的产业发展支撑机制还不完善。

【统计数据】

表1 2014年宁波市电子信息制造业人员构成情况

企业类别	企业数（家）	年末从业人员总数（人）	其中：研发人员（人）
内资企业	65	50 766	4 586
国有企业	1	277	47
股份合作企业	1	73	8
有限责任公司	23	29 262	2 210
股份有限公司	16	14 659	1 572
私营企业	21	4 845	574
其他内资企业	3	1 650	175
港、澳、台商投资企业	26	27 465	1 275
三资企业	27	12 367	1 445

表2 2012~2014年宁波市电子信息制造业基本情况

项目名称	单位	2012年	2013年	2014年
工业总产值（现行价）	万元	16 276 713	14 347 203	15 108 525
工业销售产值	万元	15 275 474	13 803 984	14 552 574
出口交货值	万元	6 773 128	6 887 564	7 109 238
流动资产平均余额	万元	1 008 403	8 961 668	8 755 935
固定资产净值平均余额	万元	1 472 494	12 929 985	1 133 785
资产总计	万元	15 110 834	12 823 102	139 323 138
负债合计	万元	9 123 359	7 449 525	7 743 571
主营业务收入	万元	15 300 192	13 866 397	14 543 371
税金总额	万元	290 208	247 031	255 469
利润总额	万元	728 848	637 805	964 578
应交所得税	万元	290 207	199 374	204 891
从业人员年末人数	人	260 128	208 970	90 598
从业人员工资总额	万元	1 045 566	988 772	1 079 278

表 3　2012~2014 年宁波市电子信息制造业主要经济效益指标完成情况

项目名称	单位	2012 年	2013 年	2014 年
全员劳动生产率	元/人	625 719	686 568	678 000
流动资产周转率	次	1.5	1.6	1.56
产品销售率	%	93.9	96.2	96.3
总资产贡献率	%	8.3	8.3	8.3
资产负债率	%	60.4	58.1	55.6

表 4　2012~2014 年宁波市主要电子信息产品产销量情况

产品名称	单位	产量			销量		
		2012 年	2013 年	2014 年	2012 年	2013 年	2014 年
手机	万部	76	587	441.07	67	595	438.07
显示器	万台	4	3	1	4	3	1
其中：液晶显示器	万台	4	3	1	4	3	1
电子元件	万只	862 951	355 503	419 351.1	865 045	366 503	423 364.5
其中：片式元件	万只	160 344	134 569	114 327.1	161 174	145 118	124 292.5
半导体分立器件	万只	4 073 840	3 463 407	4 713 138	3 935 992	3 380 409	4 715 681
单晶硅	千克	105 549	114 593	1 624	89 825	104 527	1 448
太阳能电池	千伏安	289 022	350 081	324 879	305 926	351 588	328 057
液晶显示模组	万套	5 994	5 486	5 504	6 062	5 503	5 487
半导体发光二极管（LED）	万只	105 987	91 059.9	108 714	107 640	78 949.6	95 375

注：表 1~表 4 数据来源于宁波市经济和信息化委员会。

表 5　2014 年宁波市软件产业人员构成情况

企业类别	企业数（家）	年末从业人员总数（人）	人员构成			
			管理人员（人）	在总人数中所占比例（%）	软件开发研究人员（人）	在总人数中所占比例（%）
内资企业	541	84 256	7 197	8.5	8 499	10.1
国有企业	3	371	66	17.8	135	36.4
集体企业	3	251	4	1.6	61	24.3
股份合作企业	2	160	16	10.0	12	7.5
有限责任公司	250	40 029	3 388	8.5	3 652	9.1
股份有限公司	48	7 277	694	9.5	685	9.4

续表

企业类别	企业数（家）	年末从业人员总数（人）	人员构成			
			管理人员（人）	在总人数中所占比例（%）	软件开发研究人员（人）	在总人数中所占比例（%）
私营企业	223	35 089	2 927	8.3	3 717	10.6
其他内资企业	12	1 079	102	9.5	237	22.0
港、澳、台商投资企业	41	12 636	1 215	9.6	1 117	8.8
三资企业	37	9 904	747	7.5	763	7.7

表 6　2012~2014 年宁波市软件产业基本情况

项目名称	单位	2012 年	2013 年	2014 年
软件业务收入	万元	1 787 686	2 338 646	3 014 008
软件业务出口收入	万美元	18 318	25 641	53 388
软件产品销售收入	万元	394 623	454 098	800 177
增加值	万元	594 284	849 826	1 349 527
流动资产平均余额	万元	1 022 494	1 329 242	1 812 847
固定资产投资额	万元	55 496	87 684	109 556
资产合计	万元	2 635 981	3 368 616	4 081 788
负债合计	万元	1 320 917	1 637 937	2 042 521
税金总额	万元	115 586	109 343	254 889
利润总额	万元	172 391	231 000	300 187
应交所得税	万元	28 916	39 349	47 498
从业人员年末人数	人	49 264	68 970	106 796
从业人员工资总额	万元	254 114	345 221	438 785

表 7　2012~2014 年宁波市软件产业三资企业基本情况

项目名称	单位	2012 年	2013 年	2014 年
软件业务收入	万元	174 795	234 225	302 587
软件业务出口收入	万美元	3 653	4 130	5 903
软件产品销售收入	万元	16 373	7 261	41 009
增加值	万元	45 265	56 581	78 916
流动资产平均余额	万元	76 693	104 302	144 879

续表

项目名称	单位	2012 年	2013 年	2014 年
固定资产投资额	万元	1 360	1 822	3 150
资产合计	万元	199 292	245 129	326 448
负债合计	万元	120 864	159 540	206 095
税金总额	万元	7 881	12 292	16 748
利润总额	万元	4 711	6 218	9 470
应交所得税	万元	1 011	1 354	8 492
从业人员年末人数	人	3 513	4 356	9 904
从业人员工资总额	万元	15 218	21 609	25 939

表 8　2012~2014 年宁波市软件产业主要经济效益指标完成情况

项目名称	单位	2012 年	2013 年	2014 年
全员劳动生产率	元/人	12.1	15.1	28.8
流动资产周转率	次	3.73	3.2	1.7
产品销售率	%	46.9	24	27.6
总资产贡献率	%	12.1	18	15.2
资产保值增值率	%	140	199	119
资产负债率	%	50.1	51	63.1

表 9　2012~2014 年宁波市软件产业三资企业主要经济效益指标完成情况

项目名称	单位	2012 年	2013 年	2014 年
全员劳动生产率	万元/人	12.5	28.3	32
流动资产周转率	次	2.44	1.9	2.1
产品销售率	%	33.4	26	24.6
总资产贡献率	%	7.4	15	15.1
资产保值增值率	%	97.9	115	119
资产负债率	%	60.7	54	55.9

注：表 5~表 9 数据来源于宁波市经济和信息化委员会、宁波市统计局。

[撰稿：董其岳　审稿：徐红]

厦　门　市

【综述】

2014 年，厦门市通过打基础、优环境、建平台、抓项目，信息产业实现平稳发展。其中，电子信息制造业实现产值 1 852.62 亿元，同比增长 1.2%；软件和信息服务业实现业务收入 749 亿元，同比增长 24.3%，是厦门市经济指标增速最快的产业之一。厦门市注重以国家战略统筹地方信息化发展，不断深化国家信息消费试点城市、信息惠民试点城市、下一代互联网示范城市创建，再次获选“中国十大智慧城市”和“中国智慧治理领军城市”。

电子信息制造业

2014 年，厦门市电子信息制造业实现工业产值 1 852.62 亿元，同比增长 1.2%，占全市规模工业产值 4 905.44 亿元的 37.8%（按现价比测算），是厦门市产值规模最大的一个行业。联芯、天马二期、电气硝子、三安 LED 产业化、ABB 工业中心、清华紫光等一批大项目生成落地，成为厦门市未来信息产业的新增长点。

软件产业

应用软件产业　围绕智慧城市和两化深度融合应用，厦门市涌现了一批专业从事政务、交通、医疗、教育、公安、城市规划建设管理等领域信息化的软件企业，包括美亚柏科、易联众、精图信息、智业软件、信息港、银江股份、路桥科技等，在各自细分领域都具有较强的竞争优势。按照国家新颁布的软件企业认定标准，348 家软件企业通过年审，新认定软件企业 92 家，累计软件企业 440 家；新登记软件产品 682 个，累计软件产品 4 554 个。

动漫游戏产业　全市动漫游戏企业 101 家，动漫游戏产业销售收入达 80 亿元，同比增长 59%。销售收入超过 10 亿元的企业有 2 家，销售收入过亿元的企业有 8 家。其中，中移动手机动漫基地实现销售收入超过 28 亿元，是上年的 2.7 倍。四三九九销售收入达到 18 亿元。中国移动手机动漫基地在厦门市注册设立“咪咕动漫有限公司”，注册资本 15 000 万元。中国电信动漫运营中心也在厦门市注册设立“天翼爱动漫文化传媒有限公司”，注册资本 6 000 万元，实现公司化运营。

信息产业园区建设

厦门软件园二期企业实现业务收入 402.7 亿元，增长 26.6%，占全行业业务收入的 53.75%。软件园三期起步区 30 万平米建成并投入使用，58 家企业入驻办公，新增核准入园企业 118 家，累计达到 357 家，核准面积超过 220 万平方米。软件园三期软件研发产业基地、中移动手机动漫基地、中电信海峡通信枢纽中心等 3 个重点项目年度完成投资 22.58 亿元。厦门软件园获得“2014 年度中国金软件金服务最信赖的产业园区”奖。

信息基础设施建设

全市固定互联网宽带接入用户超过 146 万户，3G 通信用户达 293 万户，建成 LTE 基站 6 200 个。制定实施《厦门市深入推进三网融合工作方案》，厦门电信、移动、联通、广电 4 家运营商签署《厦门市加快三网融合、促进信息消费战略合作协议》。云计算服务创新试点工作进一步推进，政务云平台部署了 50 个政务部门超过 120 个应用系统，医疗云平台为 260 个医疗卫生单位提供云服务，交通云微信服务平台功能不断完善。

移动互联网产业　厦门市集聚了一批移动互联网行业的龙头企业。包括联想移动等终端制造厂商，三大运营商的动漫基地，美图、美柚等移动社交平台，以及趣游、翔通动漫、同步网络、飞鱼科技、云朵、易名科技等应用开发和内容服务企业。龙头企业快速成长。美图、同步网络、易名科技等企业业务收入成倍增长。厦门飞鱼科技在中国香港特别行政区上市，融资超过 5.7

亿港元。

信息技术应用

以应用为先导，厦门市不断提升城市信息化水平，“多规合一”业务协同平台、“i 厦门”一站式惠民服务平台、智慧社区网格化服务管理平台、交通事故视频远程定责定损平台获全国智慧治理优秀案例，“i 厦门”一站式惠民服务平台还获得全国最佳政务实践典范。两化融合专项行动深入开展，金龙联合等 7 家企业和厦门邑通 1 家服务机构分别入选工业和信息化部两化融合贯标试点企业和服务机构，亚洲流体网入选工业和信息化部互联网与工业融合创新试点企业。3 家企业获评省级两化融合示范企业，26 家企业的 26 个项目入选第一批省级两化融合重点项目库。厦门正航软件科技有限公司、厦门创新软件园管理有限公司、厦门又一城软件科技有限公司、厦门神州鹰软件科技有限公司 4 家软件园企业入围中国中小企业首选服务商名单。

电子商务 据阿里研究院发布的《2013 中国城市电子商务发展指数报告》显示，在全国城市电子商务发展指数排名中，厦门排名第 8 位。近年来，涌现出一批快速成长的电子商务企业和电子商务服务企业。据市商务局统计，全市电子商务销售额达到 138 亿元，同比增长 40%。万翔网络全年交易额超过 29 亿元。名鞋库、乐麦、派倍安等知名电商企业销售收入过亿元。

热点

第七届厦门国际动漫节 厦门市成功举办 2014 年（第七届）厦门国际动漫节，本届动漫节展会面积 2.6 万平方米，展位数 634 个。其中，“金海豚”动画作品大赛收到来自 43 个国家和地区的 3 199 部作品。厦门国际动漫节逐步成为专业人士交流平台、动漫爱好者年度盛会、产业对接载体，推动厦门市动漫产业发展。

大数据研究服务厦门基地 该基地由中国统计信息服务中心与厦门市信息化局共建，将定期举办大数据产业发展论坛，发布大数据研究报告，助力大数据研究在民生、政务等领域的应用。

厦门信息产业和信息化研究院 该研究院由厦门大学、集美大学、华侨大学等高校联合信息集团、美亚柏科、银江股份、易联众等软件和信息服务业龙头企业参与共建将围绕厦门市创建中国软件名城和信息消费示范城市的目标，打造产学研用的交流合作平台。

其他

2014年，厦门市制定实施《关于进一步加快软件和信息服务业发展的若干意见》；制定实施《厦门市信息化和工业化深度融合行动方案（2014~2018 年）》，推进两化融合管理体系贯标、互联网与工业融合创新行动。

[供稿：厦门市经济和信息化局]

青 岛 市

【综述】

青岛市是家电及电子信息、软件和信息服务业国家新型工业化产业示范基地。2014 年，面对经济新常态带来的一系列变化，青岛市电子信息产业认真贯彻“稳中求进”的经济工作总基调，坚持存量调强与增量调优并举以及技术改造、两化融合与品牌培育共进的工作路径，积极转方式、调结构，骨干企业加快转变发展方式，不断优化产品与市场结构，全面深化转型升级，电子信息制造业平稳较快发展，软件和信息服务业高速发展。2014 年，电子信息制造业实现主营业务收入 2 364.08 亿元，同比增长 8.7%；软件产业实现主营业务收入 1 045.06 亿元，同比增长 48.8%。

电子信息制造业

主要经济指标保持较快增长 全市电子信息制造业

按在地原则统计，全年完成工业总产值 2 089.5 亿元，同比增长 14%；实现主营业务收入 2 364.08 亿元，同比增长 8.7%。

电子信息百强企业拉动作用显著　海尔集团、海信集团分列 2014 年（第 28 届）全国电子信息百强企业第四位、第五位。海尔集团、海信集团不断加强产业升级和产品结构调整，加速布局海外市场，主要经济指标保持稳中有升，利润增幅高于收入增幅。

电商渠道对传统销售渠道形成极大冲击　和过去相比，家电零售渠道发生极大变革，受到电商及互联网企业的巨大挑战。以天猫、京东为首的电商渠道对传统渠道形成极大的冲击，改变了过去“渠道为王”的时代，目前电商渠道已经占到家电总销量 5%~6%，其中数码家电和生活家电占比更高。海尔集团、海信集团不断强化创新电商销售渠道，澳柯玛公司成立电商公司，大力发展电商渠道，通过自有电子商务平台及与相关电商合作的营销方式，营业额得到快速增长。

国际化品牌化战略持续升温　欧睿国际发布权威数据显示，海尔大型家用电器 2014 年品牌零售量占全球市场的 10.2%，连续第 6 次蝉联全球第一。海信在南非、埃及、阿尔及利亚等地拥有生产基地，在全球设有 20 余个海外分支机构，产品远销 130 多个国家和地区。2014 年，海信电视国内市场占有率连续 11 年排名第一，海外市场规模大幅增长，占有率已跃居全球第四位。澳柯玛公司与美国 Global Good（比尔·盖茨作为唯一投资人的研发机构）合作研发的新型疫苗冷藏箱项目进展顺利，该项目进入世界卫生组织、联合国儿童福利基金会、全球疫苗援助组织等机构的认证和采购目录，大大提升了澳柯玛公司在生物冷链领域的竞争力和品牌知名度。

外资企业经营状况向好　受全球经济温和回暖等因素影响，青岛市重点外资（合资）企业经营状况有所好转。

软件和信息服务业

软件业务收入高速增长　2014 年，青岛市累计列统软件企业 1 028 家，同比增长 1.19 倍。其中，累计完成国家认定软件企业 548 家；累计完成软件产品登记 2 112 个，其中当年新增登记 225 个。软件业务收入保持高速增长，全年软件和信息技术服务业实现业务收入1 045.06 亿元，首破千亿元，实现新的跨越。

软件产品结构进一步优化　2014 年，青岛市加快产品结构调整步伐，行业分类调整后全市软件行业新三大板块中，软件产品收入 368.2 亿元，增速继续保持领先；信息技术服务发展明显加快，实现收入 354.4 亿元，同比增长 22.5%；嵌入式系统软件实现收入 322.3 亿元，同比增长 15.8%，在全行业所占比例继续优化。同时，依托青岛市较强的工业基础，加大力度开展工业企业剥离软件业务工作，有重点地选择一批制造业、两化融合企业开展列统工作，促进产业规模较快提升。软件百强企业、规划布局内重点软件企业及青岛市软件领军企业（市重点监测软件企业）2014 年累计完成软件业务收入 675.1 亿元，占青岛市软件业务收入的 64.6%，较上年占比有所优化，新列统涉软工业企业的贡献突出，新成长起来的骨干软件企业对行业的影响力正在逐步扩大，逐渐形成“龙头带动、骨干跟进、涉软增加、小微发展”的良好态势。

软件企业品牌优势逐步显现　适应新形势新技术和新市场变化的要求，青岛市以壮大软件产业规模为目标，重点抓好企业市场开拓，扩大全国市场份额，努力做大做强产业，逐步形成品牌优势，推动软件和信息服务业向规模化方向发展。海信网络、软控股份入选中国“交通行业信息服务十大龙头企业”和“制造业信息服务十大龙头企业”，龙泰天翔入选中国“智慧社区优秀解决方案”。海信网络科技的智能公交系统占全国市场份额的 70%，智能交通系统占全国市场份额的 40%；软控股份研发的轮胎生产管控一体化系统占据全国市场份额超过 60%；太阳软件的农村信息化软件占全国市场份额的 60%；鼎信通讯的载波通信芯片占全国市场份额的 50%。

科技进步

2014 年，青岛市电子信息产业新增市级企业技术中心 9 家。截至 2014 年年底，电子信息产业市级以上企业技术中心有 39 家，其中国家认定企业技术中心有 4 家。

电子信息产业实施的市级企业技术创新重点项目有 150 项，研发费预算总额 8.2 亿元，项目突破的技术主要是数据传输技术、云计算及服务支撑平台关键技术、物联网软件技术、人机交换技术、北斗导航技术、移动智能终端技术、集成电路模块等。

信息基础设施建设

2014 年，青岛市互联网用户累计达 697.4 万户，其中，固定互联网宽带接入用户总数达 224.09 万户，固定宽带家庭普及率为 75.55%。年末固定电话用户达 206.6 万户，移动电话发展到 1 301.1 万户，全市固定、移动电话普及率分别为 26.19%和 144.02%。全市有线电视用户达 225.32 万户，数字电视用户达 225.29 万户。

国家示范基地

青岛市积极打造家电及电子信息、软件和信息服务业国家新型工业化产业示范基地，以及国家数字家庭应用示范产业基地。同时，培育 1 个省级、2 个市级家电电子、电子信息示范基地，产业集聚效应显现。

突破一批关键核心技术，提升产业核心竞争力 加强以企业为主体的科技创新体系建设，鼓励企业增加研发投入，进行重点领域和重大项目的创新突破，提高企业自主创新能力。鼓励大企业集团积极承担国家“核高基”、新一代宽带、工业强基等科技重大专项课题，集中力量和资源突破核心关键技术。大力引进和发展自主创新能力强的科研机构和企业技术中心。围绕基础元器件产品升级、关键电子材料生产、新型显示技术研发、集成电路关键技术和设备、光电子与 LED 产业链建设等，实施基础电子产业升级示范工程，推动基础电子产品向价值链高端延伸，提升基础电子产业水平。

壮大骨干企业，培育发展中小企业 重点支持海尔、海信、澳柯玛等大企业集团加大技术改造力度，布局建立新的产业园区，吸引配套企业集聚发展。鼓励和引导企业兼并重组，支持龙头骨干企业开展并购，推动产业链整合，创新管理机制和发展模式，进一步做大做强。重点培育和支持中小企业提高规模化经营能力和水平，向“专精特新”方向发展，成为促进青岛市电子信息制造业发展的中坚力量。

加强重点项目建设，培植行业新的增长点 以项目为载体，通过重点项目建设，不断完善产业链，引导产业集聚发展，打造产业集群和产业示范基地。积极布局发展 3D 打印、北斗导航、大数据等新兴产业，引进国家北斗导航位置服务数据中心第一个分中心、中国 3D 打印创新中心总部、清华大学青岛大数据研究中心等项目，培植行业新的增长点。

优化产业空间布局，加大定向招商力度 完善家电及电子信息、软件和信息服务业国家示范基地，以及“东园西谷北城”等产业载体建设方案，重点实施“千万平方米”软件产业园区工程。2014 年，千万平方米软件产业园区新开工面积 130 万平方米，新竣工面积 118 万平方米；累计开工面积 403 万平方米，竣工面积 263 万平方米。新建园区内已累计入驻企业超过 400 家。

信息技术应用

两化融合行业发展新模式得到培育和发展 培育一批信息化和工业化深度融合示范企业、项目。在此基础上及时总结示范企业的典型经验，培育、创新并推广行业两化融合企业发展模式。家电电子行业培育基于零库存的模块化设计生产模式。海尔、海信等龙头企业开展协同创新示范，实现与经销商、供应商、客户的信息共享和业务集成，在创新设计、敏捷制造和绿色制造等方面提升；与上下游企业充分协同，快速抓取需求、模块化设计生产、即需即供，适应互联网条件下大量的个性化需求。两化融合逐步向综合集成阶段演进，据调查，青岛市企业两化融合处于起步建设阶段的占 17%，处于单项应用阶段的占 41%，进入综合集成阶段的占 29%，进入协同创新阶段的占 13%。

中小企业云服务平台创新信息化公共服务 重点围绕企业管理、电子商务等领域，采用现代信息网络平台技术，建立科学的平台运行和互动服务机制，搭建市级中小企业云服务平台，初步建成市级、区（市）级及镇（街道）级平台互联互通、统分结合、资源共享、协同联动的云服务平台网络体系。平台依托国内知名及本市优秀 IT 服务商，提供基于 PaaS、SaaS、IaaS 的公共服务；通过“线上对接、线下服务”为中小企业提供信息咨询和两化融合解决方案，满足中小微企业多样化、个性化需求。同时，培育一批面向行业，针对行业特点为中小企业信息化提供共性服务的平台，信息化对中小企业发展的促进作用明显。

信息技术与工业各元素融合日益深化 推进计算机辅助设计、辅助工程等信息技术与工业技术融合，建立健全以研发设计数字化为核心的产品创新体系；推进信息技术改造原有装备与生产线或新建高水平生产线，逐步推广数字化车间、智能工厂，实现生产过程自动化、智能化、网络化，引领企业生产模式创新；推进计算机管理信息系统、现代集成制造系统等各类信息技术与企业的管理、经营、决策过程融合，由浅入深、分阶段在企业层面推进两化融合。据调查显示，规模以上工业企业 CAD（计算机辅助设计）等普及率达到 69%，ERP（企业资源计划）上线率达到 65%，SCM（供应链管理）、CRM（客户关系管理）等综合应用率达到 73%。两化融合促进了产业的升级发展，高新技术产业产值占规模以上工业总产值的比重接近 40%，十条工业千亿级产业链产值占规模以上工业的比重超过 75%，带动软件和信息服务业加快发展。

其他

青岛市高度重视电子信息产业的发展，积极贯彻落实国家工业转型升级、强基工程、促进信息消费、北斗导航、集成电路、光伏产业等发展政策，继续组织实施《青岛市委、市政府关于推进青岛国家软件和信息服务业示范基地建设促进软件产业跨越式发展的意见》，对软件业务收入上规模的软件企业给予奖励；继续组织实施《智慧青岛战略发展规划（2013~2020 年）》、《青岛市卫星导航产业发展规划（2013~2020）》，不断培育新兴产业和新的增长点；出台青岛名牌培育计划、企业技术改造贴息资金扶持政策、电子商务示范创建活动等实施意见，进一步优化产业发展环境，促进青岛市电子信息产业持续健康发展。

【统计数据】

表 1　2014 年青岛市电子信息制造业人员构成情况

企业类别	企业数（家）	年末从业人员总数（人）	企业类别	企业数（家）	年末从业人员总数（人）
内资企业	31	94 777	私营企业	9	1 688
国有企业	3	24 393	其他内资企业	2	540
集体企业	1	60 695	港、澳、台商投资企业	6	1 757
有限责任公司	9	2 753	三资企业	59	23 994
股份有限公司	7	4 708			

表 2　2012~2014 年青岛市电子信息制造业基本情况

项目名称	单位	2012 年	2013 年	2014 年
工业总产值（现行价）	万元	17 498 808	18 415 199	20 895 000
工业销售产值	万元	17 406 498	18 327 974	25 245 220
资产总计	万元	11 865 400	15 992 683	32 652 379
负债合计	万元	7 994 286	10 358 806	24 197 106
主营业务收入	万元	20 084 458	21 748 626	23 640 756
利润总额	万元	1 261 130	1 294 840	1 959 167
从业人员年末人数	人	108 254	96 130	120 528
从业人员工资总额	万元	984 468	542 765	1 004 752

表 3　2014 年青岛市软件产业人员构成情况

企业类别	企业数（家）	年末从业人员总数（人）	人员构成			
			管理人员（人）	在总人数中所占比例（%）	软件开发研究人员（人）	在总人数中所占比例（%）
内资企业	987	218 055	24 708	11.3	41 137	18.9
国有企业	10	61 040	3 868	6.3	5 929	9.7
集体企业	2	59 056	3 693	6.3	7 479	12.7
联营企业	1	4	1	25.0	1	25.0
有限责任公司	406	34 639	6 947	20.1	10 326	29.8
股份有限公司	168	28 430	4 084	14.4	7 588	26.7
私营企业	395	31 909	6 064	19.0	9 700	30.4
其他内资企业	5	2 977	51	1.7	114	3.8
港、澳、台商投资企业	6	4 233	527	12.4	931	22.0
三资企业	35	10 500	991	9.4	1 857	17.7

表 4　2012~2014 年青岛市软件产业基本情况

项目名称	单位	2012 年	2013 年	2014 年
软件业务收入	万元	5 301 785	7 021 174	10 450 631
软件业务出口收入	万美元	72 488	45 823	55 442
软件产品销售收入	万元	607 885	1 413 646	3 682 776
流动资产平均余额	万元	3 232 842	22 140 445	16 187 383
固定资产投资额	万元	80 789	134 143	50 542
资产合计	万元	14 759 117	42 564 562	50 410 579
负债合计	万元	9 998 329	29 254 802	34 289 719
税金总额	万元	71 639	690 345	206 568
利润总额	万元	645 845	2 298 976	2 699 524
应交所得税	万元	79 998	260 898	313 283
从业人员年末人数	人	46 288	190 318	232 788
从业人员工资总额	万元	120 717	1 919 275	2 614 196

注：表 1~表 4 数据来源于青岛市经济和信息化委员会。

[供稿：青岛市经济和信息化委员会]

深 圳 市

【综述】

电子信息制造产业

2014 年，深圳市电子信息产业规模以上工业增加值占全市规模以上工业增加值的 58.5%，较上年比重（55.5%）提高 3 个百分点，增速高于全市工业增速（8.4%）5.6 个百分点，对全市工业经济增长的贡献率达 92.9%，是拉动全市工业经济增长的主要力量。受 4G 网络大规模商用的拉动，通讯设备制造业实现 20.6%的高速增长。此外，视听设备制造、电子器件制造均实现两位数的增长。

2014 年，全市规模以上电子信息制造业总产值为 13 829.3 亿元，同比增长 6.16%；行业工业销售产值 13 156.9 亿元，占全市规模以上工业销售产值的 55.1%，同比下降 7 个百分点，其中出口交货值 6 881 亿元。全市手机、程控交换机、通信基站、彩电、计算机等电子信息产品年产量位居全国前列。

根据工业和信息化部发布的 2014 年中国电子信息百强企业名单，共有 14 家深圳企业入选，数量为全国各城市之最。入选百强的深企均是所在领域的领头羊，华为超越爱立信成为全球最大的电信设备供应商，中兴通讯位列全球电信设备前四位，酷派与华为、中兴共同跻身全球手机厂商前十位，创维、康佳成为全球电视十强；比亚迪、华强集团、普联技术、天马微电子等百强深企也分别在移动终端、显示设备、宽带接入等各领域领跑。

2014 年，深圳市电子信息制造企业营业收入为 12 779.3 亿元，同比增长 5.9%；营业成本为 10 374.8 亿元，同比增长 3.9%。

2014 年，深圳市电子信息制造企业利润总额为 729.6 亿元，同比增长 26.5%，全年电子信息制造业交税总额为 324 亿元。

2014 年，深圳市电子信息制造业每百元业务收入中成本为 81.2 元；销售利润率为 5.7%，比上年提高 0.9 个百分点。

软件和信息服务业

基本情况 一是产业规模平稳较快发展。2014 年，深圳市软件产业总体保持平稳较快发展态势，全年完成软件业务收入 3 549.1 亿元，增长 19.4%，产业规模居全国大中城市第 2 位，占全国比重为 9.6%；实现软件出口 204 亿美元，同比增长 8.7%，占全国比重为 41.9%，连续多年居全国首位。软件服务外包合同额 52.5 亿美元，增长 27.3%；软件服务外包执行额 37.7 亿美元，增长 25.4%。

二是企业技术创新水平较高。2014 年，深圳市以电子信息为主的 PCT 国际专利申请量达到 1.16 万件，连续 11 年居全国大中城市首位，占国内申请总量的 48.5%。其中，中兴通讯和华为公司分别凭借 2 309 件、2 094 件专利位居全球 PCT 专利申请第 2 位、第 3 位。全市软件著作权登记量达 23 002 件，增长 50.02%，软件产业创新活跃。

三是产业发展载体不断拓展。深圳市积极实施“一核多园”的产业布局规划，继续加强深圳高新区软件园核心区建设，积极拓展产业载体。2014 年，位于深圳核心高新产业园区，建筑面积超过 60 万平方米的深圳软件产业基地投入使用，进一步拓宽了产业发展载体。同时，近年来，相关区积极发展软件产业，推动区域产业升级，通过新建或改造的方式建设软件产业园区，目前已分别建成包括蛇口网谷、龙岗大运软件小镇、宝安互联网产业基地、龙岗李朗软件园等多个产业园区。

四是产业发展环境不断完善。深圳市加大对产业的财政扶持，通过科技研发、新一代信息技术和互联网产业等产业资金，对技术研发、产品示范应用和产业化项目进行财政扶持。积极搭建产业交流合作平台，组织举办第三届中国电子信息博览会，该展会已成为亚洲规模最大的电子信息综合性博览会。同时，积极组织企业参加北京软博会、大连软交会等全国性重要展会，帮助企业加强技术交流、拓展市场。

主要骨干企业 骨干企业群体持续壮大。全市共有8家软件企业入围全国软件百强企业，其中，华为公司连续多年位居第一；共有58家企业被评为国家规划布局内重点软件企业和集成电路设计企业（比上届大幅增加23家），骨干企业群体成为支撑行业发展的重要力量。同时，深圳市软件和信息服务企业积极利用资本市场做大做强，全市约有100家软件和信息服务企业在国内外上市。

新兴业态成为增长的重要动力。近年来，骨干企业积极布局以云计算、移动互联网、物联网等为代表的新兴业态，实现了转型发展、持续发展，成为支撑全市产业稳定发展的重要力量。2014年，得益于智能手机需求的增长和新兴市场的迅猛发展，华为公司实现全球销售收入2 882亿元，同比增长20.6%；净利润279亿元，同比增长32.7%，保持持续快速增长态势。华为、中兴4G业务发展迅速，两家企业获得的LTE商用合同全球排名前列，并积极研究布局5G业务；腾讯继续加大移动互联网的布局，投资入股了大众点评、京东商城、58同城等知名企业；金证科技、银之杰、方直科技、科陆电子等企业抓住“互联网+”机遇，大力拓展互联网金融、互联网教育、互联网能源等新业务；天源迪科、深讯信息等传统通信类软件企业积极开展基于移动互联网的数据挖掘和精准营销业务，探索大数据商业模式。

信息基础设施建设

基本情况 宽带普及提速加快推进。2014年，深圳市加大通信基础设施建设投入，快速推进宽带网络升级改造，全年投资超过70亿元，同比增长26.6%。出口带宽方面，深圳市城域网出口带宽达到3 560Gbps，比上年同期扩容1 660Gbps，出口能力提升87%。宽带用户发展方面，深圳市互联网宽带接入用户455.7万户，家庭宽带普及率达85.2%，同比增长5.5%。其中，4Mbps及以上宽带用户424.2万户，同比增长7%，用户渗透率达到93%；8Mbps及以上宽带用户279.7万户，同比增长19.4%，用户渗透率达到61.4%。3G/4G用户发展方面，深圳市3G移动电话用户958.9万户，同比增长8.7%；LTE移动电话用户313.6万户，同比净增约310万户；3G/4G移动电话人口普及率达到120%，同比增长34%；移动互联网用户2 157.5万户，同比增长14%。

“全光网城市”建设实现跨越式发展。新建住宅区和住宅建筑内的通信设施严格按照光纤到户两项国家强制标准实施，加快推动既有住宅小区光纤到户改造。深圳市经济贸易和信息化委员会会同深圳市住房建设局及深圳市通信管理局编制并印发了深圳市通信接入基础设施规划规范、工程设计规范、工程施工及验收规范，进一步细化光纤到户国家标准在深实施。截至2014年年底，深圳市长途光缆线路总长度达到3 461千米，同比增长3.4%；本地网中继光缆线路长度2.3万千米，同比增长21%；接入网光缆线路长度17.4万千米，同比增长12.3%；20Mbps及以上宽带接入端口数达到694.3万个，同比增长69.5%；光纤到户（FTTH）覆盖家庭495万户，同比增长116%。

无线城市建设国内领先。成立4G网络建设联席工作会议制度和公共场所无线局域网建设联席会议制度，协调解决深圳市4G网络建设及无线局域建设过程中遇到的各类难题。制定《深圳市加快推进公共场所无线局域网建设行动计划（2014~2016年）》，并已经深圳市政府办公厅印发实施。深圳市经济贸易和信息化委员会会同深圳市公安局编制并印发了《深圳市公益性公共场所无线局域网建设与服务规范（试行）》，指导全市公益性公共场所无线局域网建设。截至2014年年底，深圳市3G基站达到1.8万个，同比增长96.9%；LTE基站超过2万个，同比增长超过300%，实现深圳城区4G网络全覆盖；建成WLAN无线接入点（AP）7.7万个，其中免费无线接入点数量（AP）超过1万个，行政服务办事大厅、市政公园休息区、文体场馆活动区、公立医院候诊区、口岸及交通枢纽候客区等人流较为密集、窗口功能突出的五大类公益性公共场所免费WLAN覆盖率超过90%，全市无线宽带网络覆盖率达89%。

与国内外先进城市和国家对比情况 目前，深圳市在宽带普及、无线宽带、三网融合等方面均处于国内领先水平，但光纤及高带宽用户接入比例较低，落后于国内一些发达城市。根据中国信息通信研究院互联网性能监测和宽带测速平台2014年下半年统计数据显示：在20个重点城市宽带测速排名中，深圳市排在第9位，平均网速为7.1Mbps，上海、南京、成都、北京等市平均网速均超过9Mbps。与国外先进国家相比，深圳市平均网速有较大差距，根据国外权威机构 Akamai 2014 年第四季度互联网报告显示，韩国平均网速达到 22.2Mbps，中国香港特别行政区、日本等地区超过 15Mbps。

加强组织协调，推动解决光纤接入难问题 目前，深圳市光纤接入用户及高带宽用户比例落后于全国平均水平，具体体现在老旧小区光纤接入难、进入难，未能提供良好的高带宽使用基础环境，究其原因主要在于通信管线资源不足、小区物业阻挠、城中村光纤改造成本高。深圳市以创建“宽带中国”示范城市为契机，制定《深圳市加快推进“宽带中国”示范城市建设工作方案(2015~2016 年)》，多措并举推动解决光纤接入难问题，具体工作思路主要体现为发挥政府组织协调和企业市场主体作用：

一是在深圳市信息化工作领导小组下设立“宽带中国”示范城市建设工作协调小组，推动协调解决通信基础设施进入难、接入难等深层次问题，同时全市各区政府（新区管委会）建立相应工作机制，充分发挥街道办、社区在小区进入难方面的协调作用。

二是细化国家标准，明确责任单位。深圳市在严格落实光纤到户两项国家强制性标准的同时，制订了深圳市通信接入基础设施规划规范、设计规范、工程施工及验收规范，应进一步细化光纤入户标准在深实施。同时，明确责任单位职责分工，强化新建楼盘光纤到户配套建设监督，拟由深圳市规划国土部门牵头，对建设用地及建设工程规划许可审批进行前置把关，并在审批时将通信行业主管部门意见作为审批参考内容，深圳市住房建设部门及通信行业主管部门对工程验收严格把关，实施“双备案”制度。

三是深圳市通信管理、住房建设、经贸信息等部门联合开展全市既有住宅建筑普查，制定既有住宅建筑光纤到户改造方案，深圳市经贸信息、财政部门重点安排对既有住宅建筑光纤到户改造等宽带基础设施建设给予财政支持，加快推进光纤到户改造。

四是深圳市国资部门会同深圳市经贸信息部门牵头深圳市信息管线公司落实市、区两级信息管线资源整合，加大全市通信管道建设力度，重点加强城中村通信管道建设力度，深圳市经贸信息部门配合深圳市规划国土部门完成通信管线普查工作，建立通信管线信息动态更新和管理的长效机制，切实支撑光纤宽带网络建设全面普及到楼入户。

五是机关事业单位、公共场馆、旅游景点等所属建筑物及路灯、道路指示牌、公共绿化带等公共设施，在符合安全、环保要求且不影响建筑设施正常使用的情况下，支持电信和广播电视运营企业以共建共享方式进入开展宽带网络建设。

六是深圳市住房建设部门协调建设单位、业主单位、物业服务企业等，向通信运营企业平等开放建筑规划用地红线内已有的通信设备间、电信间、管道和线缆等，为光纤到户改造提供便利条件，不得违规收取费用。

七是深圳市政府将宽带网络建设列为 2015 年民生实事和市重点工作加以考核。深圳市信息化工作领导小组办公室将加大督办力度，督促各通信运营企业加大宽带网络建设投入和优化升级，制定宽带网络建设资金投入年度计划，重点加大对光纤宽带网络建设的投入，加快既有住宅小区光纤到户改造。

信息技术应用

2014 年，围绕打造智慧深圳、加速向信息社会迈进的总体目标，深圳市大力夯实信息化发展基础，全面拓展信息化应用，全面提升信息化水平。

深化电子政务应用 2014 年，深圳市被国家授予首批“信息惠民国家试点城市”。发布《深圳市电子政务总体框架》，明确全市电子政务发展方向和原则，加强电子政务“统建共享”。创新政务信息共享监督考核机制，将“政务信息共享”纳入市政府绩效评估，推动各部门利用信息化和信息共享开展管理和服务创新。全市人口、法人、房屋等基础信息资源库基本建成，为大数据分析和辅助决策提供了依据。全市电子政务应用不断深化，义务教育就读学生信息实现跨部门自动核验，网上报税实现了除需实地核查外的大部分业务的全城通办，老年优待证办理实现主动发放服务，商事主体营业执照、组织机构代码证、税务登记证和刻章许可证办理实现“四证合一”，社会建设“织网工程”、政府网站和网上办事大厅深圳分厅等重要信息化工程顺利推进。

推进信息化与工业化深度融合 2014 年 6 月 11 日，深圳市经济贸易和信息化委员会两化融合工作领导小组成立，旨在加强领导、协调深圳市经贸信息委内部两化融合工作。2014 年 7 月 2 日，印发《深圳市信息化与工业化融合专项行动计划（2014~2018 年）》。2014 年，深圳市共有 10 家企业被认定为国家级、省级两化融合管理体系贯标试点企业，2 家企业被认定为国家级、省级两化融合管理体系贯标咨询服务机构。根据 2014 年广东省经济和信息化委员会开展的区域两化融合发展评估结果，深圳市在全省两化融合区域评估中排名第一。

促进信息消费扩大内需 促进信息消费持续增长，对扩内需、稳增长具有重要作用，是推动深圳产业结构优化升级、经济持续健康发展的重大举措。深圳市出台了《深圳市促进信息消费扩大内需工作方案（2014~2015 年）》（深府办函［2014］149 号）。

2014 年，深圳市信息消费规模 4 811 亿元，同比增长 14%，完成 2015 年目标 5 000 亿元的 96%。其中，通信业务消费达到 360 亿元，同比增长 4%；智能终端产品消费达到 2 038 亿元，同比增长 7%；软件技术服务消费达到 2 413 亿元，同比增长 20%。电子商务交易额超过 1.5 万亿元，同比增长 58%，提前实现深圳市 2015 年 1.2 万亿元的目标。

[供稿：深圳市经济贸易和信息化委员会]

新疆生产建设兵团

【综述】

2014 年，新疆生产建设兵团（以下简称兵团）各领域、各行业信息化建设步伐不断加快，信息技术在工业、农业、社会管理等领域得到进一步发展。兵团电子信息制造业和信息技术服务业呈现出快速增长的良好态势，信息传输、软件和信息技术服务业固定资产投资达到 28 741 万元，较上年增长 244.3%。

信息基础设施建设

新疆三大电信运营商的光纤网络和移动通信网络基本覆盖团场、连队，“连连通电话、通广播电视”、“宽带入户”等惠民工程顺利实施，3G、4G 网络向基层连队延伸。光纤宽带基本覆盖团场、连队、交通沿线和各类工业园区，通信质量明显提高。2014 年年底，城市家庭 4Mbps 和 8Mbps 以上宽带接入率分别为 98% 和 80%以上，团场连队家庭 4Mbps 及以上宽带接入率达到 85%以上，基本实现光纤宽带“连连通”。截至 2014 年年底，连队家庭平均每百户拥有固定电话 52 部、移动电话 206 部，连队家用电脑普及率达到 41 台/百户；城镇家庭平均每百户拥有固定电话 72 部、移动电话 188 部，城镇家用电脑普及率达到 70 台/百户。相对完备的广播电视传输网络已经形成，广播、电视覆盖率分别达到 98.0%和 99.4%。部分边境和偏远团场、连队打电话、看电视难问题得到切实解决。兵团与中国移动、中国联通签署战略合作协议，两家公司承诺未来 5 年将在兵团分别投入 137 亿元和 100 亿元资金，用于完善信息基础设施，支持兵团城镇化、新型工业化、农业现代化和民生领域信息化建设。

信息技术应用

农业领域 信息技术与现代农业走向深度融合，大数据、物联网、云计算等新一代信息技术加速向农业生产、经营、管理、服务领域应用，政策引导、市场运作、多元参与的农业信息化发展机制初步形成。卫星导航自动驾驶系统与精密播种作业已达到全国领先水平，接茬精度可控制在 2~3cm，1000 米播行垂直误差小于 3cm，可使土地利用率提高 0.5%~2%，机采棉采净率提高 2%~3%，残膜回收率提高 8%~10%以上，每亩可为职工增收 60~90 元。兵团高新节水灌溉面积已达 1 300 万亩，分别占总灌溉面积和有效灌溉面积的 62.3%、84.7%。兵团棉花机采模式种植面积达到 738 万亩，预计 2015 年机采面积有望突破 630 万亩，占棉花播种面积的 70%，预计减少拾花工用工量 40 万人，极大地节省了劳动力成本。新疆科神农业装备科技开发有限公司气吸式精量铺膜播种机，实现了一次作业完成九道工序，为兵团棉花生产从亩产 40 千克到 150 千克的跨越发展作出重大贡献。新疆天业（集团）公司通过培训交流，达成国际合作协议 28 项，实现在 13 个国家建立中国节水滴灌示范区，累计推广天业滴灌系统面积达到 3815 公顷，成为中国首个向国外出口成套节水灌溉器材的公司。

工业领域　两化融合逐步走向深入，3D 打印、私有云、大数据等技术在生产装备、研发设计、过程控制、技术改造、业务流程、市场营销、信息管理、决策系统等环节的应用程度不断加强，信息化水平得到进一步提升。新疆天业（集团）有限公司被评为首批 502 家国家两化融合管理体系贯标试点企业。伊犁南岗建材（集团）有限责任公司等 20 家企业被评为“兵团两化融合示范试点企业”。新疆天富热电股份有限公司利用信息技术构建新型智能化供电网络体系，完成 220 千伏骨干网结构建设，解决了输电瓶颈，保障了垦区供电需要。新疆梅花氨基酸有限责任公司通过信息化手段，整合子建设项目与配套项目生产基地，实现了大型化、自动化、集约化以及管理现代化的企业目标。石河子经济技术开发区被国家确定为国家新型工业化（化工）产业示范基地。

服务业领域　软件和信息技术服务业得到快速发展。据不完全统计，2014 年，兵团信息技术服务业营业收入合计达到 5 096.53 万元，从业人员达到 156 人，较上年同期的 3 622.97 万元和 144 人相比有较大水平提高。2014 年，共有 20 个软件产品获国家软件产品认定。新疆博锐众信科技有限公司、新疆惠文网络信息技术有限公司、兵云信息技术有限公司 3 家公司获得软件企业认定。共有 14 家疆内外计算机信息系统集成企业在兵团进行了备案，其中，国家一级资质企业 6 家，国家二级资质企业 2 家，这些企业的加入，使兵团的信息技术能力得到极大加强。兵团先后建立了道路运输安全监控中心，道路运输 GPS 安全监控系统、远程视频监控系统、客运站（物流园区）安全视频监控系统，推进“北斗卫星民用示范项目”，建设了道路运输安全网络化监控检测项目，构建起兵、师、企三级安全监控管理平台，实现了兵团营运车辆联网联控。长途班线、旅游和危货车辆安装 GPS 车载设备，形成“数据共享、分级监管、层层负责”的监管模式，在预防和减少运输行车事故方面发挥了重要作用。兵云信息技术有限公司引入阿里云技术，在八师石河子市建立了兵团工业云平台，已能为 300 家企事业单位提供高性能云计算服务。

社会管理领域　“智慧城市”、“智慧团场”、“智慧社区”建设进程进一步加快，覆盖公共场所重点部位的社会治安综合防控体系深入推进，平安创建活动全面展开。兵团统计局在国家统计专网基础上，依托兵团政务网络平台，建成兵—师—团三级统计信息网络，实现与兵团政务网络的互联互通。兵团卫生局采用“云计算”平台建立兵团区域卫生信息化平台和电子健康档案基础数据资源库，实现公共卫生信息、医疗服务信息、基本药物监测监管和综合卫生管理的综合信息管理。兵团与中国航天科技集团公司签署战略合作协议，协议规定发挥航天科技集团在卫星通信、卫星导航、卫星遥感、云计算以及运营服务领域的技术和产品优势，结合兵团在农业现代化、公共事务管理、反恐维稳、公共安全、交通、应急、水利、环保等领域的实际需求，共同发展卫星应用产业。兵团与中国电子科技集团在北京市签署战略合作框架协议，根据协议，双方将共同推进在公共安全、智慧城市、智慧产业、新能源、新材料、北斗导航和应急通信等产业和应用领域的合作，同时加强人才交流和技术合作，共同促进产学研成果在兵团落地转化。

信息化基础工作

政策研究　2014 年，兵团出台《兵团关于大力推进信息化发展和切实保障信息安全的实施意见》，明确以信息化引领和推进兵团城镇化、新型工业化和农业现代化，保障和改善民生的发展目标、主要任务等重点工程。编制完成《兵团信息化建设管理暂行办法》、《兵团信息化建设项目工程单位资质管理办法》等文件。

信息化培训　两化融合培训工作逐步深入，兵团依托石河子大学召开了两化融合培训班，邀请两化融合方向的专家与各师分管领导和企业代表就如何实施企业信息化、开展两化融合自评估、推进两化融合管理工作进行了探讨。每年两次的全国计算机与软件资格考试和全国信息技术水平考试如期完成，石河子大学、塔里木大学为社会培养了一批实用信息技术人才。各类应试教育、职业教育和继续再教育工作广泛深入开展，促进了兵团全民信息能力的提升。

行业管理　全年开展计算机信息系统集成资质、信息系统集成高级项目经理、信息系统集成项目经理资质延续换证工作的年检换证工作；开展两化融合试点示范企业申报工作，完成 15 家集成企业、3 家监理企业和 5 家软件企业的资质备案工作；审核通过 5 家兵团临时资质企业；完成 2 批次 3 家软件企业的审核公示，4 批次 20 个软件产品的审核公示工作。兵团设立信息化发展专项资金，2014 年共为 19 家企业、团场提供总计 960 万元的资金支持。

【统计数据】

表 1 2013~2014 年新疆生产建设兵团电子信息制造业基本情况

项目名称	单位	2013 年	2014 年
工业总产值（现行价）	千元	589 198.5	918 110.7
应收帐款	千元	110 919.8	202 001.7
产成品存货	千元	106 704.2	95 758.8
应付帐款	千元	340 167.2	331 039.9
主营业务收入	千元	533 535.1	851 863.7
主营业务成本	千元	483 168.1	559 475.1
销售费用	千元	7 040.1	12 394
管理费用	千元	24 616.4	70 414.4
财务费用	千元	48 541.4	71 901.6
利润总额	千元	–24 712.0	152 517.3
应交增值税	千元	–7 285.7	–48 225.7
从业人员年平均人数	人	1 018	1 226

表 2 2013~2014 年新疆生产建设兵团软件产业基本情况

项目名称	单位	2013 年	2014 年
软件业务收入	万元	4 625.1	5 096.5
软件产品销售收入	万元	415.3	416.3
税金总额	万元	72.2	110.2
利润总额	万元	–382.5	–466.2
从业人员年末人数	人	203	156
从业人员工资总额	万元	638.1	746.0

注：表 1~表 2 数据来源于新疆生产建设兵团工业和信息化委员会。

表3 2012~2014年新疆生产建设兵团信息基础设施建设情况

项目名称	单位	2012年		2013年		2014年	
		城镇	连队	城镇	连队	城镇	连队
固定电话	部/百户	78	52	68	48	72	52
移动电话	部/百户	191	187	175	182	188	206
家用电脑	台/百户	73	34	71	29	70	41

注：数据来源于新疆生产建设兵团统计局。

[撰稿：杨紫平 审稿：张远刚]

第6部分 年度专题

集成电路产业进入跨越发展新时代

2014年3月，李克强总理在《政府工作报告》中首次将集成电路发展提升至国家战略高度。2014年6月，《国家集成电路产业发展推进纲要》（以下简称《纲要》）正式发布实施，这是继2000年和2011年先后出台的《鼓励软件产业和集成电路产业发展的若干政策》、《进一步鼓励软件产业和集成电路产业发展的若干政策》后，国家对集成电路发展的又一重要扶持政策，根据《国家集成电路产业发展推进纲要》，到2015年集成电路产业销售收入超过3 500亿元，相比2013年的2 508亿元，增长近千亿元。

《纲要》出台的背景和重要意义

集成电路是当今信息技术产业高速发展的基础和源动力，已经高度渗透与融合到国民经济和社会发展的每个领域，其技术水平和发展规模已成为衡量一个国家产业竞争力和综合国力的重要标志之一。国际金融危机后，发达国家加紧经济结构战略性调整，集成电路产业的战略性、基础性、先导性地位进一步凸显，美国更将其视为未来20年从根本上改造制造业的四大技术领域之首。

加快发展集成电路产业，是推动信息技术产业转型升级的根本要求，是提升国家信息安全水平的基本保障。我国信息技术产业规模多年位居世界第一，2013年产业规模达到12.4万亿元，生产了14.6亿部手机、3.4亿台计算机、1.3亿台彩电，主要以整机制造为主，以集成电路和软件为核心的价值链核心环节缺失，行业平均利润率仅为4.5%，低于工业平均水平1.6个百分点。因此，向以集成电路和软件为核心的价值链核心环节发展，既是产业转型升级的内部动力、也是市场激烈竞争的外部压力。我国集成电路产业还十分弱小，远不能支撑国民经济和社会发展以及国家信息安全、国防安全建设需要。

旺盛的国内市场需求也是发展我国集成电路产业的强大动因。我国拥有全球最大、增长最快的集成电路市场，2013年规模达9 166亿元，占全球市场份额的50%左右。随着我国经济发展方式的转变、产业结构的加快调整，以及新型工业化、信息化、城镇化、农业现代化同步发展，工业化和信息化深度融合，大力推进信息消费，对集成电路的需求将大幅增长，预计到 2015 年市场规模将达 1.2 万亿元。

当前，全球集成电路产业已进入重大调整变革期，给我国集成电路产业发展带来挑战的同时，也为实现赶超提供了难得机遇。在新的历史时期下，《纲要》作为今后一段时期指导我国集成电路产业发展的行动纲领，对加快产业发展具有重要意义。

近些年，在市场拉动和政策支持下，我国集成电路产业快速发展，整体实力显著提升。但是也不容忽视，制约我国集成电路产业做大做强的核心技术缺乏，产品难以满足市场需求等问题依然十分突出。究其原因，一是企业融资瓶颈突出。骨干企业自我造血机能差，国内融资成本高，社会资本也因集成电路产业投入资金额大、回报周期相对较长而缺乏投入意愿。二是持续创新能力不强。领军人才匮乏，企业小散弱；全行业研发投入不足英特尔一家公司的六分之一。三是产业发展与市场需求脱节，“芯片—软件—整机—系统—信息服务”产业链协同格局尚未形成，内需市场优势得不到充分发挥。此外，适应产业特点的政策环境不完善也是导致产业竞争力不强的重要原因。通过《纲要》的实施，就是要破解难题，为产业发展创新良好环境。

《纲要》的主要内容

《纲要》分为四个部分。

第一部分是现状与形势。总结了近年来产业发展取得的成绩，分析了存在的问题及面临的形势。总的结论，当前是我国集成电路产业发展的关键时期，产业发展有基础、有市场、有机遇，也有挑战和困难。

第二部分是总体要求。确立了“使市场在资源配置中起决定性作用，更好发挥政府作用”的一条主线。充分体现了两个突出：一是突出企业的市场主体地位，使其成为创新的主体，产业发展的主动力；二是突出“芯片设计—芯片制造—封装测试—装备与材料”全产业链布局，协同发展，进而构建“芯片—软件—整机—系统—信息服务”生态链。以全球产业发展趋势和国内产业基础为出发点，提出了 2015 年、2020 年和 2030 年三个阶段的产业发展目标：到 2015 年，机制体制创新取得成效，建立与集成电路产业规律相适应的管理决策体系、融资平台和政策环境；到 2020 年，逐步缩小与国际先进水平的差距，基本建成技术先进、安全可靠的集成电路产业体系；到 2030 年，产业总体达到国际先进水平，实现跨越发展。明确了“需求牵引、创新驱动、软硬结合、重点突破、开放发展”五项基本原则。

第三部分是主要任务和发展重点。《纲要》凝练了推进产业发展的四项主要任务，更加突出企业的主体地位，以需求为导向，以技术创新、模式创新和体制机制创新为动力，破解产业发展瓶颈，着力发展集成电路设计业，加速发展集成电路制造业，提升先进封装测试业发展水平，突破集成电路关键装备和材料，推动集成电路产业重点突破和整体提升，实现跨越发展。在设计业方面，围绕产业链开展布局，重点聚焦移动智能、网络通信核心技术和产品，提升信息技术产业核心竞争力；加紧部署云计算、物联网、大数据用关键芯片和软件，创新商业模式，抢占未来产业发展制高点；分领域、分门类，逐步突破智能电网、智能交通、金融电子等行业应用核心芯片与软件。在制造业方面，抓住技术变革的有利时机，突破投融资瓶颈，加快先进生产线建设，提升综合能力，建立可持续的盈利模式，同时兼顾特色工艺发展。在封装测试业方面，提升芯片级封装、圆片级封装、硅通孔、三维封装等先进封装和测试技术层次，扩大规模。在装备和材料业方面，加强装备、材料与工艺的结合，研发光刻机、刻蚀机、离子注入机等关键设备，开发光刻胶、大尺寸硅片等关键材料，快速形成配套能力。

第四部分是保障措施。针对目前产业发展存在的突出问题和瓶颈，特别是融资难、机制障碍等问题，《纲要》提出了八项保障措施。一要加强组织领导。成立国家集成电路产业发展领导小组，负责统筹协调，强化顶层设计，整合调动资源，解决重大问题。二要设立国家产业投资基金。主要吸引大型企业、金融机构以及社会资金，采取市场化运作，重点支持集成电路等产业发展，促进工业转型升级。三要加大金融支持力度。在创新信贷产品和金融服务、支持企业上市和发行融资工具、开发保险产品和服务等方面对产业给予扶持。四要推动落实税收支持政策。保持政策的稳定性，落实国发［2000］18 号文件、国发［2011］4 号文件等政策，加快出台相关实施细则。五要加强安全可靠软硬件的应用，推广使用技术先进、安全可靠的集成电路、基础软件及整机系统。六要强化企业创新能力建设。鼓励企业成立集成电路技术研究机构，支持产业联盟发展，加强知识产权和标准工作。七要加强人才培养和引进力度。加快建设示范性微电子学院，培养高层次、急需紧缺和骨干专业技术人才，加大对引进优秀人才的支持力度。八要继续扩大对外开放。大力吸引境外资金、技术和人才，鼓励境内企业扩大国际合作，整合国际资源，鼓励两岸企业加强技术和产业合作。

《纲要》的几个亮点

我国历来重视集成电路产业发展，2000 年和 2011 年先后出台了《鼓励软件产业和集成电路产业发展的若干政策》、《进一步鼓励软件产业和集成电路产业发展的若干政策》。这两个文件对推动我国集成电路产业发展发挥了重要作用，它们是一脉相承的，其主要内容包括财税政策、投融资政策、研究开发政策、进出口政策、人才政策、知识产权政策、市场政策等。《纲要》在保持现有政策的基础上，重点增加了三个主要内容。

一是加强组织领导，成立国家集成电路产业发展领导小组，负责产业发展推进工作的统筹协调，强化顶层设计，整合调动各方面资源，解决重大问题，根据产业发展情况的变化，实时动态调整产业发展战略，并成立由有关专家组成的咨询委员会。

二是设立国家集成电路产业投资基金。重点吸引大型企业、金融机构以及社会资金对基金进行出资。基金实行市场化、专业化运作，减少政府对资源的直接配置，推动资源配置依据市场规则、市场竞争实现效益最大化和效率最优化。基金围绕产业链布局，重点支持集成电路制造领域，兼顾设计、封装测试、装备、材料环节，推动企业提升产能水平和实行兼并重组、规范企业治理，形成良性自我发展能力。

三是加大金融支持力度。重点在创新信贷产品和金融服务、支持企业上市和发行融资工具、开发保险产品和服务等方面，对集成电路产业给予支持。

为加快落实《纲要》，国家集成电路产业发展咨询委员会（以下简称咨询委员会）于 2014 年 12 月正式成立。咨询委员会主要负责在《纲要》组织实施过程中，对产业发展的重大问题和政策措施开展调查研究，提出咨询意见和建议等。咨询委员会由集成电路、网络与信息安全、通信、软件、产业经济、金融等领域的专家和企业家组成。第一届咨询委员会共有 37 名委员。咨询委员会第一次会议审议并原则通过了咨询委员会工作规则，并就未来市场需求发展趋势、技术演进路线、生态链建设、投资基金运作模式等问题开展研讨。

《纲要》引领我国集成电路产业步入快车道

政府主导下的融资平台相继建立 2014 年 9 月 24 日，国家集成电路产业投资基金正式设立。2014 年年底，由华芯投资引投的国家集成电路产业投资基金完成了1 200 亿元的融资。2014 年，多地相继出台地方版集成电路扶持政策。截至 2014 年年底，北京市集成电路促进基金已经就位，规模约 300 亿元；上海市基金也落地，规模达到 500 亿元；天津、厦门、合肥、成都、西安、杭州等地方政府也在筹备基金政策，各地方政府资金规模都在数十亿元之间。北京市启动最早，于 2013 年 12 月成立北京 IC 产业发展基金（IC 即集成电路），打响地方政府支持集成电路产业发展的第一枪，基金总规模 300 亿元，首期用于支持制造和装备为 60 亿元，设计和封装测试领域为 20 亿元。安徽省提出 2017 年省内集成电路产值达 300 亿元以上，2020 年总产值达 600 亿元，支持合肥等市建立集成电路产业发展基金。

企业整合的加速为我国集成电路产业发展注入了新活力 2014 年 9 月 26 日，国际巨头英特尔公司向紫光集团旗下持有展讯通信和锐迪科 100%股权的控股公司投资90 亿元（约 15 亿美元）；2014 年 12 月 22 日，芯电半导体（上海）有限公司、江苏长电科技股份有限公司、国家集成电路产业投资基金股份有限公司三方签署《共同投资协议》，成立 100%控股公司，拟收购全球第四大集成电路封装测试公司——星科金朋。

细分领域的领军企业加快融资“造血”步伐 纯晶圆代工厂华虹半导体有限公司于 2014 年 10 月在中国香港上市。中芯国际成功完成 6.8 亿美元的再融资，这几乎是亚洲集成电路产业近年来最大规模的融资，所得款项将用于扩大 8 英寸及 12 英寸制造产能相关的资本开支。展讯通信有限公司、锐迪科微电子有限公司、澜起科技集团有限公司相继从纳斯达克私有化退市拟回归估值更高的A 股市场。

2014 年我国集成电路制造业大事

中国移动通信芯片厂商新品频发，不断拉近与国际先进水平距离。华为海思发布了麒麟 620 智能手机芯片，采用全新 ARMv8-A 指令集，基于 28nm 工艺制造。展讯通信也在 4G 芯片领域不断发力，不仅推出了 3 模 LTE 调制解调器 SC9620，支持 3GPP R9 协议 Category 4 级别，而且支持 5 模制式的 SC9830 于 2014 年年底上市。联芯科技也推出了 4G LTE 芯片 LC1860，采用 28nm 工艺，完整覆盖 TD-LTE、LTE FDD、TD-SCDMA、WCDMA 和 GGE 等 5 种模式和 13 个频段。

2014 年 6 月 20 日，我国电力电子行业关键技术在南车株洲电力机车研究所有限公司（简称株洲南车）取得产业化突破，国内首条 8 英寸 IGBT（绝缘栅双极型晶体管）专业芯片生产线投产，这是世界上第二条 8 英寸 IGBT 专业芯片生产线。该项目将实现年产 12 万片 8 英寸 IGBT 芯片，配套生产 100 万只 IGBT 模块，年产值可达约 20 亿元。此条生产线全面建成投产，将大幅提升国内 IGBT 产品的技术水平和生产能力，打破国外高端 IGBT 芯片的市场垄断。

2014 年 8 月 20 日，创维集团联合华为海思发布了采用海思 Hi3751 智能电视 SoC 芯片的 GLED 8200 系列超高清智能电视，标志着国内首款智能电视芯片研发成功并实现量产。

2014 年 8 月 22 日，由北京博雅华录视听技术研究院有限公司和北京大学数字视频编解码技术国家工程实验室合作研制的首款具有自主知识产权的 AVS+高清编码芯片“博华芯 BH1200”在北京发布。这标志着 AVS+标准产业化又向前迈进了重要一步，对推进 AVS+标准在广播电视领域的普及应用具有重要意义。

2014 年 12 月，中国内地规模最大、技术最先进的集成电路晶圆代工企业——中芯国际与高通公司共同宣布，高通的全资子公司 QTI（Qualcomm Technologies, Inc.）与中芯国际合作的 28 纳米骁龙 410 处理器制造成功，这是双方在先进工艺制程和晶圆制造合作上的重要里程碑。

网络安全和信息化上升为国家战略

2014 年 2 月 27 日，中央网络安全和信息化领导小组宣告成立，中共中央总书记、国家主席、中央军委主席习近平亲自担任组长。在领导小组第一次会议上，习近平指出：“没有网络安全，就没有国家安全；没有信息化，就没有现代化。网络安全和信息化对一个国家很多领域都是牵一发而动全身的，要认清我们面临的形势和任务，充分认识做好工作的重要性和紧迫性，因势而谋，应势而动，顺势而为。”领导小组成立以来，信息经济全面发展成为各方关注的热点，网络安全和信息化上升为国家战略。

网络安全和信息化的重要性

网络空间成为国家的主权空间　无处不在的信息网络构成了一个人类活动的新空间即网络空间，并成为陆、海、空、天之后的第五大主权空间。美国 2011 年发布《网络空间国际战略》和《网络空间行动战略》，均将网络空间与海陆天空并列为主权领域，成立了网络军队司令部。全世界已有 30 多个国家制定了网络空间战略及相关政策。网络空间已经成为一个国家主权的构成部分，侵犯一个国家的网络空间，就是侵犯一个国家的主权。

网络主导权决定国家安全　在互联网普及的时代，国际斗争中最常用、最危险的手段，不是军事武力，而是网络渗透和控制。某些国家凭借网络技术优势，可以掌握其他国家的政治、经济和军事绝密情报，可以瘫痪其通信网络、金融信息系统和军事指挥系统，实现不战而屈人之兵。美国曾经用“震网”病毒摧毁伊朗的核设施，实施“棱镜”计划窃听别国情报。西方国家还多次利用互联网煽动东欧、北非的“颜色革命”。事实说明，网络主导权已经成为国家安全的核心内容。掌控不了自己的信息网络，国家安全无从谈起。

网络经济已经成为国际经济竞争的制高点 科学技术是第一生产力，信息技术创新正在向纵深发展，信息通信产业是全球最大的产业，智能工业、电子商务、互联网金融等新兴产业快速崛起，云计算、物联网让所有的商品物品、机器设备都连接到互联网上进行智慧化远程控制，大数据技术让信息资源的经济价值得到充分挖掘。国际经济竞争、综合国力竞争，越来越聚焦在信息网络领域。

2014 年网络安全和信息化相关的主要活动

首届国家网络安全宣传周全民普及 2014 年 8 月，国务院授权重组国家互联网信息办公室，负责全国互联网信息内容管理工作，并负责监督管理执法。2014 年 11 月 24~30 日，中央网络安全和信息化领导小组办公室联合中央机构编制委员会办公室、公安部、工业和信息化部等 8 个部门举办首届国家网络安全宣传周活动。中共中央政治局常委、中央书记处书记、中央网络安全和信息化领导小组副组长刘云山在启动仪式上发表讲话。此次网络安全周的体验展让参观者直观地认识到安全与个人利益密切相关，跟个人生活密切相关。另外，通过媒体、监管部门、金融行业和安全厂商的宣传和互动，从国家层面首次使网络安全意识得到全民性的普及，实现了网络安全宣传从概念到理念的跨越，使公众更加关注网络安全。

大数据安全风起云涌 早在 2011 年，工业和信息化部发布的《物联网“十二五”规划》中，把包括海量数据存储、数据挖掘、图像视频智能分析等信息处理技术作为 4 项关键技术创新工程之一。随着大数据市场的升温，2014 年，国内的阿里、腾讯、百度、360 等科技巨头，以及大型安全厂商纷纷开始大数据安全的布局。阿里的大数据智能分析可以定位疑似风险账户和疑似犯罪分子，支付宝风险系统对海量在线交易进行风险扫描和合理管控；百度云安全可以防护包括十多种黑客渗透攻击和多种 DDoS 攻击；腾讯免费开放 Open Data、云分析、云推送三大产品，把长期积累的丰富安全经验开放给腾讯云服务用户；早在几年前就推出云服务的 360，2014 年更是推出了贴近企业真实需求的个性化云知识库——“私有云”。绿盟、天融信和启明星辰也于 2014 年推出大数据安全分析与挖掘平台，或对数据安全公司进行收购。

投资收购厉兵秣马 启明星辰 2014 年先后收购了四川赛贝卡、书生电子、合众信息；2014 年年初刚刚上市的绿盟科技则收购和投资敏讯科技、亿赛通、深度和安华金和；北信源拟 1 亿元收购中软华泰。阿里收购安全宝部分业务，蚂蚁金服 1 200 万美元投资新加坡移动安全厂商 V-Key；百度也投资了安全宝部分业务；腾讯建立玄武实验室，投资 Keen Teem、知道创宇、翰海源；360 收购网康，入股网御神州。中国电子科技集团拟投资 130 亿元，在成都建设国家示范网络信息安全产业园，并成立中国电科网络信息安全有限公司。各大安全厂商和网络巨头动作频频的投资、收购、入股，预示着安全市场已经开始走出冷战和布局阶段。

国产信息安全软件迎来新的发展机遇 2014 年 5 月 16 日，中国政府采购网公布的《中央国家机关政府采购中心重要通知》称，所有计算机类产品不允许安装 Windows 8 操作系统。7 月，公安部科技信息化局下发通知，称赛门铁克的“数据防泄露”产品存在窃密后门和高危漏洞，要求各级公安机关禁止采购。9 月，银监会正式发布的《应用安全可控信息技术指导意见》中明确指出，从 2015 年起，各银行业金融机构对安全可控信息技术的应用以不低于 15%的比例逐年增加，直至 2019 年掌握银行业信息化的核心知识和关键技术，安全可控信息技术在银行业达到不低于 75%的总体占比。这一系列的举措意味着我国政府和企业开始正视网络信息安全长期依赖国外技术的现象，国产信息安全软件及企业将迎来新的发展机遇。

2014 年网络信息安全大事件

中国互联网出现大面积 DNS 解析故障 2014 年 1 月 21 日，国内通用顶级域的根服务器忽然出现异常，导致中国众多知名网站出现大面积 DNS 解析故障，事故影响到了国内绝大多数 DNS 服务器，近三分之二的 DNS 服务器瘫痪，时间持续数小时之久。事故发生期间，超过 85%的用户遭遇了 DNS 故障，导致网速变慢和打不开网站的情况，部分地区出现断网现象。

小米 800 万用户数据泄露 2014 年 5 月 13 日晚间，

小米论坛用户数据库泄露，涉及用户约 800 万。经乌云漏洞报告平台证实，小米数据库已在网上公开传播下载，与小米官方数据吻合。安全专家分析，小米论坛官方数据库泄露，涉及 800 万使用小米手机、MIUI 系统等小米产品的用户，泄露数据带有大量用户资料，可被用来访问小米云服务并获取更多的私密信息，甚至可通过同步获得通讯录、短信、照片、定位、锁定手机及删除信息等。

阿里云遭互联网史上最大规模 DDoS 攻击 2014 年 12 月 24 日，阿里云计算发表声明称：12 月 20~21 日，部署在阿里云上的一家知名游戏公司遭遇了全球互联网史上最大的一次 DDoS 攻击。第一波 DDoS 攻击从12 月 20 日 19 点左右开始，一直持续到 21 日凌晨，第二天黑客再次组织大规模攻击，共持续了 14 个小时，攻击峰值流量达到每秒 453.8GB。

“心脏出血”严重漏洞事件爆发 市场研究机构 IDC 指出，开源软件的使用范围包括国际空间站、股票交易所等重要机构和设施，开源软件的使用比例超过了 95%。一种名为心脏出血（Heartbleed）和 Shellshock 的全新攻击形式的出现却彻底改变了人们对于开源软件的看法。2014 年 4 月发现的心脏出血（Heartbleed）是一个出现在开源加密库 OpenSSL 的程序漏洞，在整个 IT 行业及更广的周边行业引起了普遍的恐慌。通过这一漏洞，黑客可以读取到包括用户名、密码和信用卡号等隐私信息在内的敏感数据，并已经波及了大量互联网公司，受影响的服务器数量可能多达几十万台，其中已被确认受影响的网站包括 Imgur、OKCupid、Eventbrite 以及 FBI 网站等。

斯诺登曝光美国工业间谍活动，警示云服务和社交监听风险 2014 年，美国中情局前特工爱德华·斯诺登持续不断地向世人揭露美国国家安全局、英国国家通信总局（GCHQ）以及其他政府的监听计划，表明需要关注监听的不仅仅是那些大企业。2014 年 1 月，斯诺登再次曝光以民主堡垒自居的美国通过互联网监听从事工业间谍活动。斯诺登称，美国的工业间谍活动所针对的不仅限于国家安全问题，还包括任何可能对美国有价值的工程和技术资料。此后，他相继爆出了使用云服务、搜索引擎和社交媒体的有关风险，暗示谷歌和脸谱都与政府勾结进行监听和提供“危险”服务。7 月，斯诺登又指责 Dropbox 公司“对隐私怀有敌意”，并是美国政府棱镜窥探计划的帮凶。

2 000 万韩国人信用卡信息被盗 在人口 5 000 万的韩国，至少有 2 000 万人的信用卡信息被盗。如此大规模的泄露源自个人信用评估公司（Korean Credit Bureau）的内部员工监守自盗，该员工从三大韩国银行的内部服务器里调取了用户敏感信息，并转卖给电话营销公司。泄露的个人信息包括用户姓名、身份证号、电话、信用卡号码、信用卡有效期。这是韩国历史上最严重的信息泄露事件。

索尼影业被黑、朝鲜网络瘫痪事件持续发酵 2014 年 11 月 22 日，美国索尼影视娱乐公司受到自称“和平卫士”的黑客组织攻击，导致公司系统被迫关闭。此次攻击造成包括索尼员工信息、公司计划、产品情况、索尼高层往来邮件、名人电子邮件在内的内部敏感详细信息泄露，还有索尼影视未发布的几部影片都被公布到网上供网民下载。黑客使用了一种可以删除服务器数据的超级病毒，这一病毒的爆发甚至可以将整个索尼公司网络瘫痪掉。事件起因于索尼影视娱乐公司发行的以刺杀朝鲜最高领导人金正恩为主题的电影《采访》，由于多方介入和媒体推波助澜，此事发酵成一起国际政治事件。美国联邦调查局声称背后黑手是朝鲜，总统奥巴马也二次发声要打击网络攻击行为。2014 年 12 月 23 日，朝鲜互联网开始出现不稳定状态，使用朝鲜官方域名（.kp）的网站全面陷入瘫痪，9 小时后逐渐恢复正常。26 日凌晨 1 时起，朝鲜官方通讯社朝鲜中央通讯社网站持续 7 小时无法访问；27 日上午，朝中社网站才恢复正常。据朝中社 27 日报道，朝鲜国防委员会政策局发言人当天发表声明，再次否认朝鲜与索尼影像娱乐公司遭到网络攻击案有关，并称近日朝鲜网络一度中断是美国进行网络攻击所致。声明还说，美国在任何情况下，都不能将电影《采访》的放映和传播合理化。

两化融合魅力初显

从党的十六大提出“以信息化带动工业化，以工业化促进信息化”，到十七大提出“大力推进信息化与工业化融合”，再到十七届五中全会、十八大进一步明确要求“推动信息化和工业化深度融合”，进入新世纪以来，我国一直将两化融合作为促进工业由大变强的战略路径。2013年8月，工业和信息化部发布《信息化和工业化深度融合专项行动计划（2013~2018年）》，提出“在有条件的地方开展国家级两化深度融合区域试点。鼓励各地开展省级试点示范，配合开展全国两化融合发展水平测度。支持行业协会和地方继续开展企业两化深度融合水平测度、企业对标和示范推广工作，引导企业参与企业两化融合管理体系建设试点和普及推广。培育第三方服务机构，提高两化融合服务支撑能力。”2013年12月，在全国工业和信息化工作会议上，苗圩部长提出要“推进两化深度融合，提升信息产业支撑能力。两化融合着力点在于营造良好环境，确立标准标杆，汇聚政策资源，激发企业行业的内在动力”。根据近年来的实践探索，工业和信息化部明确提出，要把推广两化融合管理体系作为重要的路径，从2013年9月开始，工业和信息化部着手研究制定企业两化融合管理体系的国家标准，从而进一步推动两化融合向更高阶段跃升。2014年，工业和信息化部在两化融合管理体系建设中的工作重点是在各省市和重点行业选择500家企业开展贯标试点，并在2014年内有一批企业基本达到标准要求，鼓励各地更广泛地发动企业参与贯标达标工作。

两化融合典型案例

在国家一系列政策支持和引导下，2014年，我国信息化和工业化融合硕果累累：新能源汽车推广应用工作不断深入，工业机器人产业规模不断扩大，智能制造、个性化定制、网络众包、云制造等产业新技术、新模式、新业态不断涌现。

海尔推智能制造，用户网上定制冰箱 我国家电行业第一个“互联工厂”在沈阳开始运行。互联工厂，就是欧美竞相发展的工业4.0版本的雏形，它以智能制造满足消费者个性化的需求。消费者可以在网上定制一台冰箱，虽然产品还在生产线上，却能随时了解订单进度。生产完一个定制产品，系统会自动知道下一个定制产品是什么，并自动进行伺服换模，18秒钟之内完成，通过这种方式满足用户个性化定制的需求。在海尔东北基地沈阳工厂的生产线上，有一万多个传感器，通过这些传感器，工厂不仅所有设备都可以相互对话，还实现了设备与产品、与用户的互联互通，用户的信息随时可以到达现场的每一个操作工位，每一个操作工能够随时了解用户的反馈。消费者在网上就可以查到所定制的冰箱到了哪一个工位，有没有出厂，有没有交送到物流的手中等信息。制造原理是把冰箱几百个零部件在生产线上被优化成几十个主要模块，每一段生产线都由全球知名的供应商提供解决方案，然后就是按照用户的订单把这些模块组装起来。

山东两化深度融合，再造产业发展新优势 在山东福阳液压科技有限公司的前置液压油缸生产线上，两台两米多高的重型行走机器人正在有条不紊地工作着。它们不仅生产效率比人工高出一倍，更加精密的操作让废品率几乎为零。高端前置液压油缸是一种质量要求极高的产品，油缸装配间隙不能超过10微米，人工操作很难完成。山东福阳打造的国内首条自动化重型卡车液压油缸生产线，生产的油缸装配间隙最小可达0.001微米，达国际领先水平。产品销量已占到全国的十分之一。

如今，山东这种“机器代人”的生产模式已经在汽车、机械、电子等多个领域逐步实现规模应用，此外山东还将推行生产装备高端替代低端、数控替代机械、成套替代单台、智能替代人工、开放替代封闭等“五个替代”活动，培育建设 500 条“无人生产线”、300 个“数字车间”和 100 个“智能工厂”。

两化融合双轮驱动丽水经济开发区工业升级 一台外形普通的电热水器，因为植入特制的云技术芯片，无论用户身处何方，只要轻点手机，就能控制家里热水器的开关，调节水温。这款“飞天”系列空气能热水器在丽水经济开发区中广欧特斯公司自主研发成功。产品一上市，订单供不应求，短短几天就获得 2 000 多万元的订单。从云技术到云服务的提升，信息化和工业化的加速融合，双轮驱动丽水经济开发区企业加快创新发展。2014 年以来，开发区将工业化、信息化深度融合作为调结构、促转型的有效抓手，引导企业把电子信息技术广泛应用到产品研发、生产、销售和管理领域，突破资源要素制约，降低企业成本、提高生产效率、提升企业核心竞争力，转型升级成效明显。信息技术的全面应用和综合集成，正加速推进丽水经济开发区企业以设计数字化、装备智能化、生产自动化、管理网络化、商务电子化为主要内容的“两化融合”，助推工业创新升级。中广电器有限公司通过信息技术的运用，公司不只是卖产品，还卖服务、卖技术，信息化还提高了产品附加值，也延长了产业链。公司还投资 800 多万元对企业内部管理程序进行信息化改造。2014 年以来，浙江嘉利（丽水）工业有限公司实施“两化融合”战略，通过机器代替人工以及通过生产工艺的信息化流程控制，不仅让成型车间人员减少 40%，还让产品质量大幅度提升，良品率达到 99%以上。两化融合让企业以小投入换来一举多得的效益。浙江维康药业有限公司投入 900 多万元，引进全自动产业化智能滴丸机等智能化设备，替换原有老旧设备，不仅实现了对生产过程的精确管控，不再凭工人经验操作而减少人为差错，还避免了药品生产过程的交叉污染，更实现了节能减排。据初步统计，2014 年节能 545 吨标准煤，节电 130 万千瓦时，为企业新增利润 500 多万元。

2014 年我国区域两化融合发展水平呈四大特点

两化融合发展总指数持续增长 2011~2014 年，我国两化融合发展总指数分别为 52.73、59.07、61.95、66.14，年复合增长率为 7.85%。2013 年比 2012 年增长了 2.88 点，2014 年比 2013 年增长了 4.19 点，2014 年增长幅度比 2013 年增长幅度大。

基础环境发展水平提升受政策因素驱动明显 2014 年两化融合基础环境指数增长 6.84，高于其他两类指数增长幅度。这主要因为 2013 年国家出台了《“宽带中国”战略及实施方案》、《关于促进信息消费扩大内需的若干意见》等文件，工业和信息化部发布了《信息化和工业化深度融合专项行动计划（2013~2018 年）》，组织实施了城市宽带提速、宽带体验提升等专项行动，地方也制定了相应的配套政策措施。在这些政策的强力支持下，2014 年我国 4M 及以上宽带接入用户占比达到 79%，全国平均下载速率半年内从 2.9 兆比特每秒提升到 3.5 兆比特每秒。

两化融合带动电子信息产业发展的能力明显增强 2011~2014 年，电子信息制造业主营业务收入指数分别为 73.11、83.91、91.49、98.20；软件业务收入指数分别为 69.66、80.85、91.91、100.18，电子信息制造业和软件产业持续快速发展，对两化融合应用效益指数增长贡献较大。

东中西部两化融合发展水平差距有小幅缩小 2014 年东部省份的两化融合平均指数是 75.20，西部是 54.78，中部是 63.94，东中、中西、东西部差值分别是 11.26、9.16、20.42。2013 年东中、中西、东西部差值分别是 11.44、10.83、22.27。这表明 2013 年、2014 年我国东中西部两化融合发展水平差距有小幅度的缩小。

从各省的数据来看，2014 年多数省份两化融合发展总指数有不同程度的提升，其中安徽、重庆、贵州、浙江、湖南发展总指数增长最快，四川、吉林、河北、福建、河南、江苏、江西、上海发展总指数增速也超过全国平均水平。在基础环境方面，青海、浙江、河北、江西、贵州增长最快。在工业应用方面，安徽、重庆、贵州、湖南、浙江增长最快。在应用效益方面，湖北、重庆、吉林、辽宁、四川增长最快。

[编辑部整理]

第 7 部分 国际电子信息产业概况①

2014 年世界电子信息产业发展态势与特点

【综述】

2014 年，世界经济持续复苏，金融危机遗留问题给全球经济带来的雾霾仍未完全消散，不均衡性成为全球经济复苏的显著特点。根据国际货币基金组织（IMF）2014 年 10 月发布的《世界经济展望》预测，2014 年全球经济增长率约为 3.3%，较 2014 年 4 月的预测下调了 0.4 个百分点。世界各国的经济复苏步伐越来越呈现出明显的差异，发达经济体尽管经济复苏的障碍正在逐渐消除，但受危机遗留因素的影响，经济增长依然温和且不均衡，预计全年经济增长率为 1.8%。新兴经济体仍是全球经济增长的主要力量，但受人口老龄化、地缘政治紧张局势以及外部环境等因素影响，经济增长率仍低于危机前繁荣时期和危机后复苏时期的水平，预计全年经济增长率为 4.4%。IMF 预计 2015 年世界经济持续恢复，经济增长率将达到 3.8%。

一直以来，信息技术产业以广泛的影响力、巨大的生命力引领全球发展，成为带动全球经济走出金融危机的“火车头”。2014 年以来，美国、日本、欧盟等主要国家和地区都将信息技术产业作为加快经济复苏、重塑国家长期竞争力的先导产业，并先后出台了一系列政策措施推动该产业发展。在世界各国的共同努力下，集成电路、电子元器件、视听、计算机及网络、物联网等重点产业发展迅速，企业布局持续推进，技术创新不断深入。

受全球经济复苏和新兴市场快速增长等积极因素影响，2014 年世界电子信息产品市场依然延续上年的增长态势，产销值增长强劲，产业回升态势显著；发达国家电子信息产品产销全面恢复增长，带动力度不断增强，新兴经济体仍是产业复苏的主导力量；创新浪潮不断涌现，产业转型升级步伐加快，新一轮产业革命蓄势待发；并购重组热潮持续火热，IT 巨头加快产业链整合；贸易保护愈演愈烈，涉华贸易摩擦密集爆发。

一、世界电子产品制造业增长强劲，产业回升态势显著

2014 年，尽管世界经济存在不确定因素，但经济复苏态势明显，以美国为代表的部分发达国家经济增长势

注① 本栏目文章收录在社会科学文献出版社 2015 年 4 月出版的“工业和信息化蓝皮书”《世界信息技术产业发展报告（2014~2015）》中。

头强劲，外部经济环境的不断改善和市场需求的持续上升为世界电子信息产品制造业带来积极影响。2014 年，世界电子产品制造业继续延续上年的增长态势，产销值增速显著。根据《世界电子数据年鉴 2014》（The Yearbook of World Electronics Data 2014）的测算，2014 年世界电子产品产值为 18 206 亿美元，同比增长 3.67%，销售额为 18 466 亿美元，同比增长 3.21%，电子产品产销规模回升态势显著。

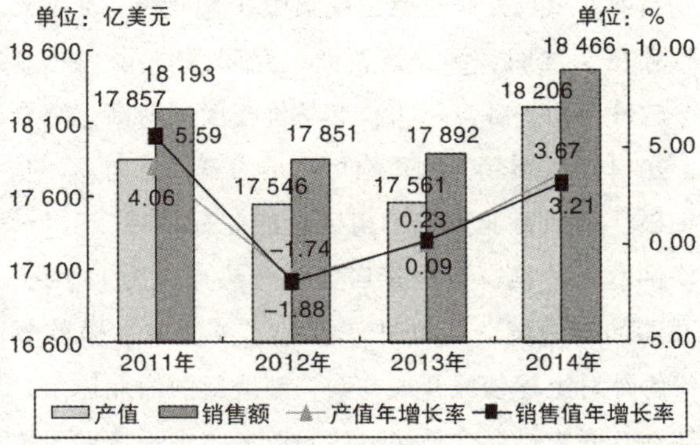

图 1　2011~2014 年世界电子产品产销值及增长率

注：2014 年为预测值

在各类电子产品中，市场份额最大的是电子元器件，其次是电子数据处理设备、无线通信设备以及控制与仪器设备，这四大类产品的市场份额分别为 30.93%、26.95%、17.71%、8.07%。与 2013 年相比，各类产品所占市场份额基本相同，其中增幅最大的是电子元器件，其市场份额比上年增加了 0.53 个百分点；降幅最大的是消费电子产品，其市场份额比上年减少了 0.36 个百分点。

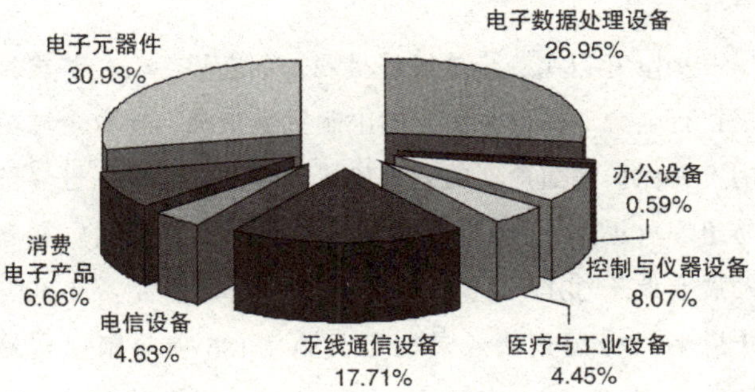

图 2　2014 年各类电子产品市场份额

近年来，以智能终端、物联网、云计算为代表的下一代新兴产业迅猛发展，直接带动了与之相关的无线通信设备、电子元器件等电子产品制造业的发展。2014 年，除办公设备和消费电子产品外，其他电子产品产销值均实现增长，其中电子元器件、无线通信设备的增长最为突出，产值分别增长 5.13%和 5.94%，销售额分别增长 5.00%和4.48%。

二、发达国家带动力度不断增强，新兴经济体仍是产业复苏的主导力量

随着全球经济的逐步好转和各国经济振兴政策的持续推进，2014 年世界大多数国家和地区电子产品产销增长态势显著。除新加坡外，以美国、日本、西欧为代表的发达国家和地区电子信息产品产销全面恢复增长，对全球电子信息产业的带动力度不断增强。新兴国家电子信息产品产销继续保持强劲的增长态势，成为推动产业复苏的主导力量。

在电子产品产值方面，除新加坡外，2014 年世界主要国家和地区电子产品产值普遍恢复增长。中国依然位列产值规模的榜首，2014 年电子产品产值达到 6 474.49 亿美元，同比增长 5.50%，继续保持世界第一大电子产品制造国的地位。巴西成为排名前十位的国家和地区中产值增长最快的国家，2014 年电子产品产值增长率达到 6.08%；韩国紧随其后，增长 6.06%；中国位居第三，增长 5.50%。美国、日本结束了近两年的负增长局面，产值恢复增长，对全球电子产品产业的复苏发挥了重要的拉动作用。

在电子产品市场规模方面，2014 年世界电子产品市场规模全面恢复增长。世界排名前十位的国家均保持增长态势，除法国增速与上年相同外，其他国家增速均超过上年同期水平。美国仍是全球最大的电子产品市场，2014 年电子产品市场规模为 4 180.16 亿美元，增速为 2.02%，增速较上年同期提高了 1.48 个百分点，美国市场的恢复对全球电子产品产业的复苏起到了重要的拉动作用。欧盟经济体电子产品市场复苏态势依旧平缓，德国、英国、法国分别增长 1.80%、1.41%、0.88%。新兴经济体电子产品市场增长最快，成为引领电子产品市场稳步复苏的主导力量。其中，中国成为 2014 年电子产品市场增长的“领头羊”，增长率为 6.55%，增速位居第一；印度为 5.79%，位居第二；墨西哥为 5.78%，位居第三。

三、创新浪潮不断涌现，新一轮产业革命蓄势待发

当前，全球正在出现以信息网络、智能制造、新能

源和新材料为代表的新一轮技术创新浪潮，人类处于技术群体性重大突破的前夜。2014 年，以云计算、物联网、大数据为代表的新一代信息技术继续发挥其在新一轮技术创新中的基础性作用和重要推动力，为知识的快速扩散以及商业模式创新提供了载体和手段，不断催生出 O2O、互联网金融等新业态。2014 年，O2O 和互联网金融发展迅猛，众多互联网企业在上述领域展开激烈竞争：阿里巴巴通过支付宝钱包构建生态系统，实现线下商户网上支付；腾讯通过微信构建微信公众账号平台生态圈，实现会员管理、微信支付以及理财等功能；百度通过百度地图进一步强化本地化服务应用。此外，电子信息产业重点领域技术创新不断推进，集成电路加工工业全面进入 20 纳米时代，新产业、新技术对 PC 产业的拉动力有所增强，电子元器件技术进步显著，视听行业新产品持续推出。

同时，随着电子信息技术转型升级步伐加快，尤其是数字化、网络化、平板化、融合化、服务化趋势的逐步深入，信息产业和行业边界逐渐模糊，新技术与传统产业的融合化发展也为信息产业培育了新的增长点。智能电视、智能手机、平板电脑等产品不断推陈出新，新技术、新产品不断涌现。在 2014 年美国 CES 消费电子展上，可穿戴设备、3D 打印以及超高清电视成为众多厂商的共同选择。包括三星、索尼和 LG 在内的彩电行业龙头企业都推出了各自的超高清 4K 电视机，4K 电视、曲面超高清电视成为日益饱和的彩电行业新亮点。在可穿戴设备方面，三星和高通率先推出了智能手表产品，中兴、索尼、东芝等也先后推出了智能手表和智能手环产品。3D 打印技术近几年被看作是全球最热门的科技之一，2014 年 CES 消费电子展为 3D 打印技术企业及其所推出的产品提供的展览面积达 7 000 平方英尺，据估计，2014 年全球著名 3D 打印技术研发企业的营收将上升至上年水平的 15~20 倍。电子信息产业正在焕发出新的生机，新一轮产业革命蓄势待发。

四、并购重组热潮持续火热，产业链整合加速进行

2014 年以来，全球并购市场呈现出金融危机以来未曾有过的火热局面。据美国彭博（Bloomberg）发布的数据，截至 2014 年 6 月，全球并购交易总额达到 1.5 万亿美元，较上年同期接近翻番，创下 2007 年以来的最高位。值得注意的是，仅科技行业相关的并购交易额就超过 1 000 亿美元，并购交易量比上年增长了 55%，呈现井喷态势，成为自 2000 年以来的最高水平。在 IT 领域，仅联想收购 IBM X86 服务器业务、联想收购摩托罗拉移动、微软收购诺基亚三项并购案总金额就达 124 亿美元，占科技行业并购总额的 10%左右。随着互联网的普及和科技的不断创新，行业巨头加快产业链整合步伐，兼并重组成为 2014 年 IT 业界的一大主旋律。

当前的市场并购重组主要集中在大型的、资本充足的行业巨头之间，涵盖运营商、互联网公司、PC 制造商、软件公司等各方巨头，交易价格屡创新高。综合分析，2014 年的市场并购重组可归结为三大方向：一是寻求突破，瞄准行业热点，拓展新的业务领域，云计算、车联网、大数据、智能家居等行业热点成为 IT 巨头开展并购的新领域，如 IBM、AT&T、英特尔、微软等巨头纷纷针对上述领域开展并购，塑造新的商业体系，抢占移动互联先机；二是深耕核心业务，进一步巩固传统行业优势，如联想公司收购 IBM PC、IBM 服务器等产业，进一步稳固产品核心价值，微软完成对诺基亚的收购，加强 Windows Phone 平台研发；三是加强内部架构业务整合，推动企业转型升级，如索尼公司出售传统 PC 业务，并将常年亏损的电视机业务拆分为独立子公司，惠普公司拆分为“惠普公司”和“惠普企业”两家独立上市公司，IBM 剥离其半导体业务，三星集团加速开展全集团范围内的重组等。

五、贸易保护愈演愈烈，涉华贸易摩擦密集爆发

2014 年以来，全球经济呈现复苏态势，但一些国家仍执行金融危机以来实施的限制贸易措施，导致全球范围贸易保护愈演愈烈的态势依然没有改变。根据世界贸易组织（WTO）、经济合作与发展组织及联合国贸易和发展会议于 2014 年 6 月联合发布的监督报告，自 2008 年以来，20 国集团成员国已实施 1 185 项限制性贸易措施，截至 2014 年 5 月，只有 251 项措施被取消，近1 000 项措施仍在实施，约占 79%。其中，2014 年以来，20 国集团成员国实施了 116 项贸易保护主义措施，贸易保护主义呈上升趋势。制造业是近年来贸易摩擦频发的主要领域，其中尤以光伏电池、太阳能光伏组件、通信设备等产品最为突出，充分体现了各国保护国内产

业、重振经济的主要意图。

2014 年中国依然面临严峻的贸易摩擦形势，一方面，发达国家提出“再工业化”，在高端制造领域与中国的竞争日渐激烈；另一方面，新兴市场出现严重的货币贬值，为了保护本国产业和企业进一步出台和采取贸易限制措施。中国已经成为全球贸易摩擦的第一目标国之一，根据中国商务部数据，2014 年上半年，中国共遭受 18 个国家（地区）发起的贸易救济调查 53 起，涉案金额 52.9 亿美元，分别较上年同期增长 20.4%和 136%。在电子信息领域，以光伏行业最为突出：2014 年，美国对中国光伏产品发起二次“双反”调查，涉案金额高达 21 亿美元；印度首次做出反倾销终裁，澳大利亚做出立案调查决定；而欧盟认为中国违反了上年达成的协议，已有欧盟企业提出了反规避调查申请，产业发展面临严峻的国际环境和贸易风险。

【统计数据】

表 1 2011~2014 年世界电子产品产销值统计

单位：百万美元

产品名称	2011 年		2012 年		2013 年		2014 年		2014 年增长率（%）	
	产值	销售额	产值	销售额	产值	销售额	产值	销售额	产值	销售额
电子数据处理设备	478 997	498 216	481 788	491 644	468 752	487 223	481 236	497 608	2.66	2.13
办公设备	9 539	13 416	8 721	12 368	7 721	11 398	7 371	10 928	–4.53	–4.12
控制与仪器设备	138 230	140 296	138 415	142 231	140 097	144 374	145 494	149 049	3.85	3.24
医疗与工业设备	86 254	79 963	85 965	80 325	86 552	79 860	89 412	82 236	3.30	2.98
无线通信设备	318 326	292 727	329 186	302 707	343 449	313 008	363 836	327 035	5.94	4.48
电信设备	72 600	85 949	71 582	84 492	70 585	83 694	71 496	85 544	1.29	2.21
消费电子产品	158 450	149 883	139 878	135 067	132 163	125 674	128 988	123 014	–2.40	–2.12
电子元器件	523 352	558 861	499 034	536 259	506 789	544 003	532 786	571 177	5.13	5.00
总计	1 785 749	1 819 311	1 754 569	1 785 093	1 756 109	1 789 235	1 820 619	1 846 591	3.67	3.21

表 2 2014 年世界电子产品产值排名前十的国家和地区

单位：百万美元

国家和地区	2011 年	2012 年		2013 年		2014 年	
	产值	产值	增长率（%）	产值	增长率（%）	产值	增长率（%）
中国	552 140	584 485	5.86	613 700	5.00	647 449	5.50
美国	245 651	237 512	–3.31	232 956	–1.92	235 591	1.13
日本	189 138	170 276	–9.97	134 358	–21.09	139 443	3.78
韩国	105 761	102 134	–3.43	111 214	8.89	117 952	6.06
中国台湾地区	67 030	64 756	–3.39	68 732	6.14	72 149	4.97
德国	71 299	62 496	–12.35	63 019	0.84	63 981	1.53
马来西亚	61 717	59 004	–4.40	59 357	0.60	61 402	3.45
新加坡	60 769	58 173	–4.27	56 775	–2.40	56 769	–0.01
墨西哥	51 710	51 976	0.51	51 153	–1.58	53 306	4.21
巴西	42 328	37 624	–11.11	37 499	–0.33	39 778	6.08

表 3　2014 年世界电子产品市场规模排名前十的国家

单位：百万美元

国家	2011 年	2012 年		2013 年		2014 年	
	市场规模	市场规模	增长率（%）	市场规模	增长率（%）	市场规模	增长率（%）
美国	407 098	407 501	0.10	409 721	0.54	418 016	2.02
中国	350 003	369 697	5.63	391 007	5.76	416 611	6.55
日本	177 200	170 690	−3.67	148 094	−13.24	150 522	1.64
德国	89 550	75 859	−15.29	75 402	−0.60	76 758	1.80
巴西	58 803	54 226	−7.78	54 104	−0.22	54 420	0.58
韩国	51 634	50 590	−2.02	52 346	3.47	54 286	3.71
英国	46 695	43 813	−6.17	42 941	−1.99	43 545	1.41
墨西哥	39 966	40 627	1.65	42 540	4.71	44 997	5.78
印度	38 284	37 339	−2.47	36 891	−1.20	39 028	5.79
法国	45 169	38 208	−15.41	38 544	0.88	38 882	0.88

注：表 1~表 3 数据来源于《The Yearbook of World Electronics Data 2014》。2014 年为预测值。

2014 年美国电子信息产业发展情况

【综述】

美国经济近几年来保持了平稳增长的态势，2010~2014 年 GDP 增速在 1.8%~2.6%波动，2014 年美国经济持续增长，实际 GDP 增长达到 2.6%。对美国电子信息产业来说，2014 年电子产品产值快速增长，产业整体企稳回升，发展态势良好；细分行业发展格局稳定，无线通信与雷达设备产值及规模较大；产业创新不断发展，新技术处于孕育突破中；各大跨国企业积极布局新业务，融合创新快速发展。

一、电子产品市场平稳增长，产业回升态势显著

根据《世界电子数据年鉴 2014》（The Yearbook of World Electronics Data 2014）统计，2014 年，美国电子产品产值为 2 355.91 亿美元，增速达到 1.1%，增加 3 个

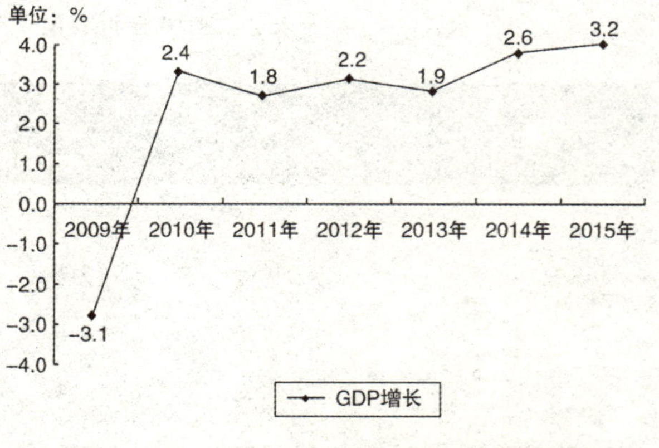

图 1　2009~2015 年美国 GDP 增长情况

注：2014~2015 年为预测值

数据来源：国际货币基金组织

百分点，相较于前几年的负增长，2014 年美国电子产品产值增长率上升幅度较大。2014 年美国电子产品市场总额为 4 180.16 亿美元，较上年增速 2%，增加 1.5 个百分点，增幅较大。

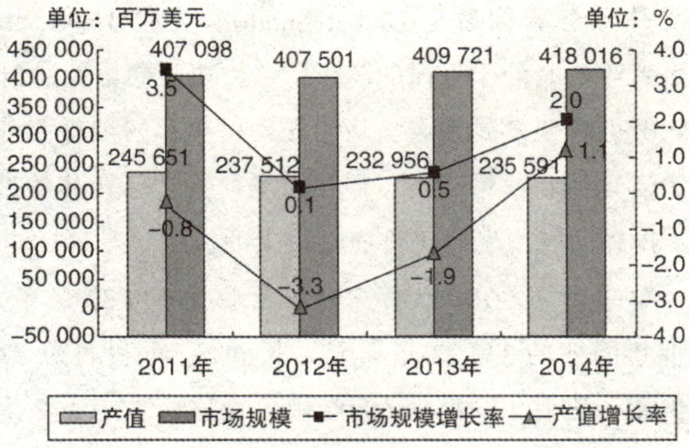

图2 2011~2014年美国电子产品产值与市场规模情况

注：2014年为预测值

2014年，在美国和欧盟一些国家经济复苏的驱动下，美国电子产品市场复苏态势明显，国内外市场的大幅好转带来了旺盛的市场需求，拉动美国电子产品市场规模和产值的大幅增长，随着财政紧缩状况逐渐好转，产业未来发展趋势向好。

二、细分行业发展格局稳定，无线通信与雷达设备规模居首

2014年，从美国电子产品细分行业产值来看，无线通信与雷达设备产值占电子产品总产值的比例仍居首位，产值为735亿美元，占产值总额的33.2%，占比较上年增加了3.2个百分点；第二是电子元器件，产值为446.29亿美元，占产值总额的20.2%，比上年略有下降；第三是控制与仪器设备，产值为416.45亿美元，占产值总额的18.8%，较上年的17.4%增加了1.4个百分点。电子数据处理设备产值持续下降，由2012年的319亿美元降至2013年的257.5亿美元，2014年为236.9亿美元，占产值总额的10.7%，占比较上年降低了1.9%。电

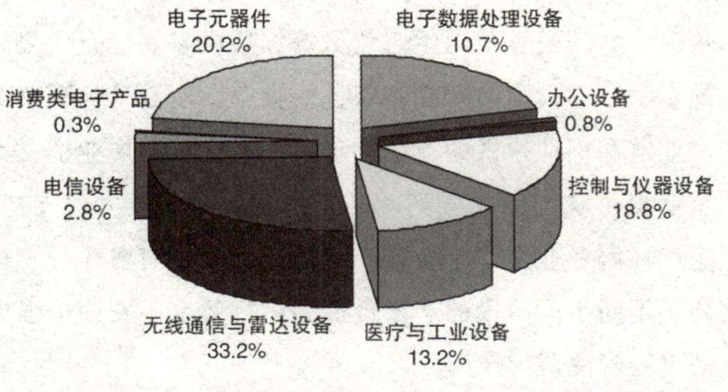

图3 2014年美国各类电子产品产值份额情况

注：2014年为预测值

信设备和办公设备有0.2个百分点的上下浮动，而医疗与工业设备和消费类电子产品产值所占比例则保持稳定，分别占13.2%和0.3%。

2014年，从美国电子产品细分行业市场规模来看，除消费类电子产品市场规模较上年有小幅下滑，由7.4%降至6.6%，其他细分行业市场规模均实现了增长。其中，无线通信与雷达设备市场规模所占电子产品市场规模总额的比重居于首位，市场规模为1 191.6亿美元，占市场总额的28.5%，较上年增加了0.8个百分点；第二是电子数据处理设备，市场规模为1 072.27亿美元，市场份额由24.8%上升至25.7%；第三是电子元器件，市场规模为771.6亿美元，占市场总额的18.5%，较上年同期增加了1.2个百分点，是各行业中增长幅度最大的。

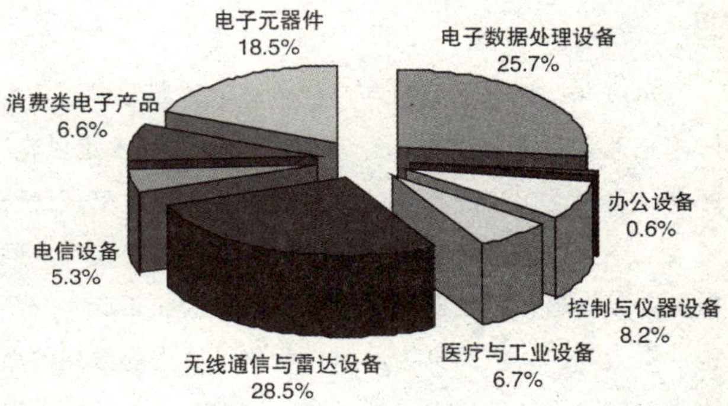

图4 2014年美国各类电子产品市场份额情况

注：2014年为预测值

三、产业创新持续推进，新技术发展步伐加快

美国是当今电子信息产业第一强国，2014年美国政府积极推进电子信息产业发展，致力于完善21世纪创新所需的信息科技生态系统。从产业规模看，美国电子信息产业经受2009年急速下滑和2011年小幅回落后，发展逐渐趋稳，2014年产业规模和产值均达到近年来最高水平。从产品创新来看，2014年美国消费电子产业新兴产品类别，如3D打印机、智能手表、超高清电视、保健电子设备等销售收入超过60亿美元，同比增长约107%，产业的收入重头依然是智能手机和平板电脑。

2014年美国电子信息产业五大技术发展较快：一是物联网，2014年美国传感器在电子设备中得到更大规模的应用；二是无人驾驶汽车，包括以传感器和摄像机为

基础的两类智能系统；三是数字医疗保健设备，美国致力于实现更加无线化的连接；四是未来机器人，美国电子工业专注于精准的工程设计和疑难问题的解决；五是新视频技术，美国致力于开创视频内容时代，用新设备接收经过新渠道发送的新内容。这些技术发展将影响美国甚至世界未来电子信息产业的发展。但从总体上看，美国电子信息产业各领域技术演进方向明确，途径未发生根本性变化，无论是处理技术、传输技术、存储技术、传感技术、软件技术、显示技术还是原材料、元器件，近年内都难以产生革命性的突破。电子信息技术的主要领域将继续向高性能、高分辨率、低能耗、高可靠性、小型化、嵌入式、节能、集成、泛在等方向发展。

四、大企业加快融合创新，积极布局新业务

2014 年美国电子信息产业的主题是转型发展，各大跨国企业积极谋求突破和创新发展，信息技术集成化、融合化、多样化演进趋势日益突出，产业发展呈现融合特性，产业内部子行业间、电子信息产业与其他产业间的融合、渗透、深化促使美国电子信息产业正进入一个领域更为宽广、增长更为迅速、竞争程度更为激烈的新战略发展阶段。2014 年惠普、微软、IBM、英特尔等电子信息产业巨擘的发展有喜有悲，但是其发展战略显示出一个共性特征，即维持核心优势的同时注重软硬件的融合创新，并积极布局云计算、新能源等新型业务板块。

2014 年微软的营收较 2012~2013 年保持稳定增长，但是销售毛利率和净利率呈现小幅下滑。2014 年微软一直坚守的 Windows 发展面临危机，在市场份额停滞的桌面系统上面临苹果 OS 操作系统的争夺，且 SaaS 和移动办公（iPad 等）的发展进一步削弱了其影响力，为此微软探索互联网发展策略，打破坚守 Windows 领域优先开发的战略思路，软硬件齐发力。软件方面，微软力争统一多屏设备操作系统，在操作系统方面进行频繁的创新布局。

2014 年 IBM 发展遭遇瓶颈，在连续七个季度营收同比下滑后，1 月 23 日 IBM 将 X86 服务器业务以 23 亿美元的价格出售给联想集团，此外，2014 年 IBM 剥离半导体业务，同意向 GlobalFoundries 支付 15 亿美元，让后者收购其处于亏损的芯片厂。为扭转颓势，2014 年 IBM 努力转变发展重点，从原先赖以生存的硬件服务转型为云计算和数据分析，但在市场向云计算转移的过程中，IBM 的转型发展仍将面临较大的挑战。

苹果公司 2014 年第三财季营收为 374.32 亿美元，比上年同期的 353.23 亿美元增长 6%；净利润为 77.48 亿美元，比上年同期的 69.00 亿美元增长 12%。苹果依靠其独特的产品优势维持着良好的发展势头，为赢得持续发展，苹果布局商用市场，并不断加强产品创新和硬件、软件整合。

2014 年英特尔开始扭转 2012~2013 年的营收颓势，2014 年前三个季度营收均保持增长，但英特尔面临严峻的芯片困境，移动和通讯集团第三财季营业亏损 10 亿美元，营收从上年同期的 3.53 亿美元骤降至 100 万美元。为了突破移动芯片领域的困境，英特尔合并了移动部门与 PC 部门，全力开发融合型产品。同时，英特尔扩大创新触角，切入能源物联网，发布“智慧能源”战略，并与中国“智慧能源产业技术创新战略联盟”签订了战略合作协议。此外，英特尔加强对中国的技术投资，2014 年 12 月宣布将投资 16 亿美元，全面升级英特尔成都工厂的晶圆预处理、封装及测试业务。

综上所述，美国 2014 年电子信息大企业依然技术创新不断，以服务为核心的发展趋势明显。一是综合化的、以用户体验为中心的服务已经成为企业的核心竞争优势。企业通过技术创新、管理升级、品牌升级和商业模式创新，加速形成全面的竞争优势。二是企业业务整合加速，通过业务整合提高规模效益，使产品线之间进行互补，为客户提供一站式服务，这将是未来几年电子信息产业发展的重要内容，企业并购的目的不仅仅是为了扩大业务规模，而是利用专利打击竞争对手或反制竞争对手。三是竞争向生态竞争等深层次发展。企业之间的竞争已不仅限于产品和服务的竞争，而是延伸到整个产业链和商业模式的竞争，形成一个完整的产业链，为企业提供从产品立项到产品营销与服务的全方位支持。生产性服务业贯穿于生产、流通、分配、消费环节，提高了不同生产阶段的产出价值和运行效率，发挥出强大的市场资源调配作用。

2014 年日本电子信息产业发展情况

【综述】

电子信息产业是日本重要的产业之一，尽管 2014 年产值有所下滑，但巨额产值仍使得日本保持了全球第三大电子信息产业国的地位。受政策及企业业务调整等因素影响，2014 年日本电子信息产业进口持续增长，出口初现回暖迹象，主要电子信息制造企业的业绩持续改善，但整个电子信息制造业压力依然较大。随着“无限期量化宽松”的货币政策、增加财政支出政策及旨在刺激民间投资的“经济增长战略”刺激效应的逐步减弱，日本 GDP 小幅下滑的可能性加大，日本电子信息产业整体下行的态势仍将持续，未来 2~3 年内未见明显改善迹象。

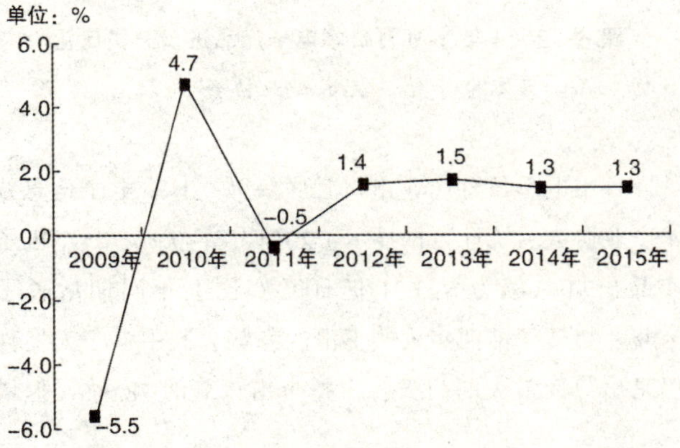

图 1　2009~2015 年日本 GDP 变化情况

注：2014~2015 年为预测值

数据来源：世界银行集团

一、实力依然较强，产值下滑趋势得到缓解

2014 年，日本继续保持全球第三大电子信息产业国的地位，电子产品产值在全球仅次于中国和美国，排在第三位。但日本电子产品产值在全球的比重自 2010 年以来不断下降，2014 年产值约占全球的 7.7%，日本作为全球信息产业大国的国际竞争力有所下降。

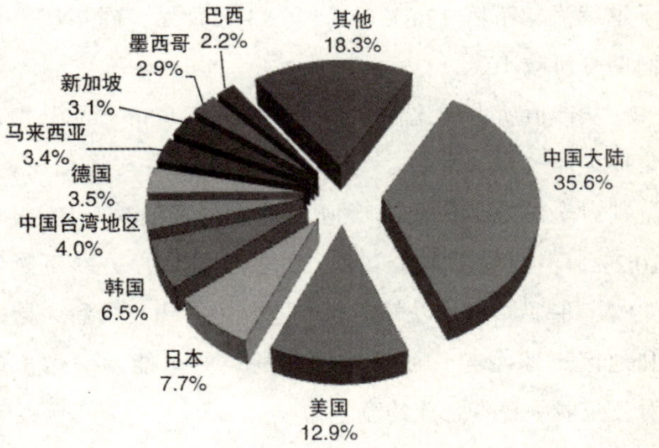

图 2　2014 年世界主要国家和地区电子产品产值占全球比重

数据来源：《The Yearbook of World Electronics Data 2014》

日本电子产品产值自 2011 年以来持续大幅下滑，2010~2013 年分别为 153 317 亿日元、130 385 亿日元、118 163 亿日元和 113 541 亿日元，2013 年下半年日本电子产品产值受政策等因素影响，产值下滑趋势得到缓解，2014 年保持小幅增长态势，预计全年的产值为 116 152 亿日元。

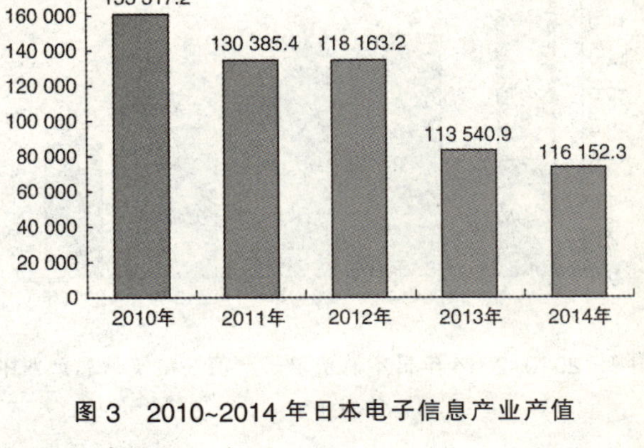

图 3　2010~2014 年日本电子信息产业产值

注：2014 年为预测值

数据来源：日本电子信息技术产业协会

二、电子元器件保持增长，消费电子持续下滑

电子元器件仍是日本电子产品中所占比例最大的产品，并且继续保持增长态势，2014 年 1~9 月电子元器件的产值为 54 216.72 亿日元，同比增长 5.7%；工业电子装备产值为 27 630.22 亿日元，同比下降 0.6%；消费电子继续大幅下降 12.8%至 5 146.83 亿日元，降幅比上年同期有所减小。

从产值所占的比例来看，排名前四位的产品分别是集成电路、电子元件、计算机及相关设备与通信设备，分别占全国电子产品总产值的 41.7%、20.6%、10.6%和 10.2%。消费电子继续下滑，由上年同期的 7.3%下降到 5.9%，主要原因是以韩国和中国台湾为代表的新兴国家和地区迅速崛起，而日本国内的企业未能及时做出应对，减弱了日本企业的竞争力。

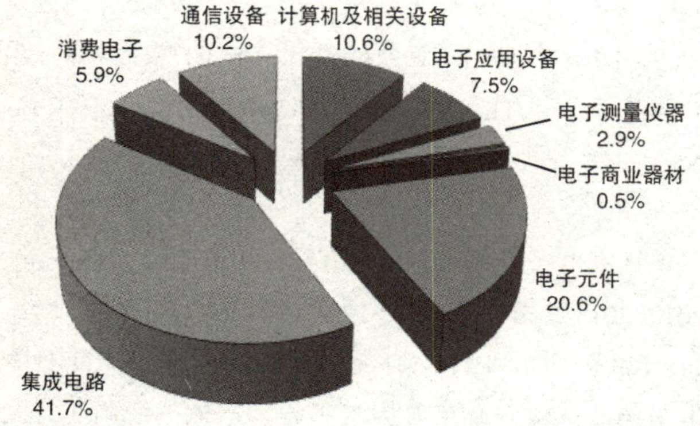

图 4　2014 年 1~9 月日本电子产品产值所占比重

数据来源：日本电子信息技术产业协会

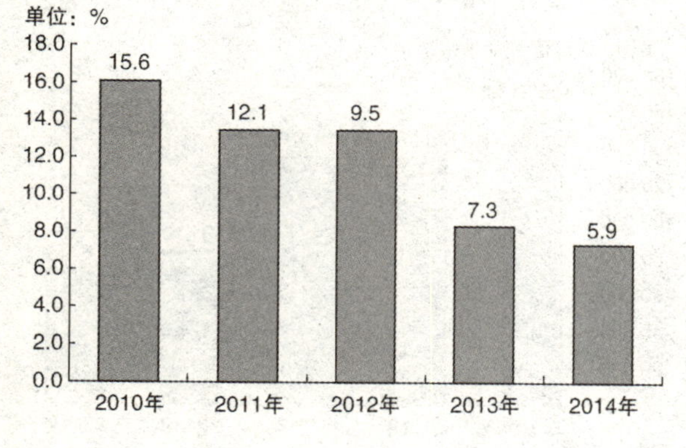

图 5　2010~2014 年日本消费电子产值在电子信息产业中的比重

注：2014 年数据为预测值

数据来源：日本电子信息技术产业协会

三、进口持续增长，出口触底初现回暖迹象

2014 年以来，日本电子信息产业进口持续增长。日本电子信息技术产业协会的统计数据显示，2014 年 1~9 月，日本电子产品进口总额为 77 619.11 亿日元，比上年同期的 70 627.03 亿日元增长 9.9%，其中消费电子、工业电子装备和电子元器件分别增长 7.5%、6.2%和 14.5%。从进口产品类别来看，集成电路、计算机及相关设备、通信设备、电子零配件是进口数量最多的产品，占据进口总额的 81.9%。

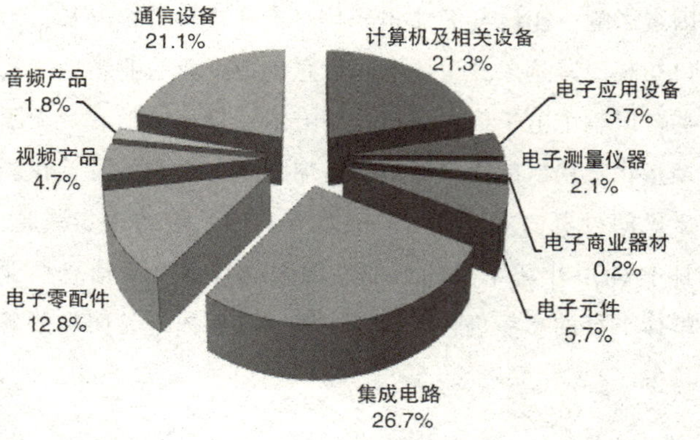

图 6　2014 年 1~9 月日本电子产品进口分类比重

数据来源：日本电子信息技术产业协会

日本电子信息产业出口触底反弹。日本电子信息技术产业协会的统计数据显示，2014 年 1~9 月，日本电子产品出口总额为 67 601 亿日元，比上年同期增长了 0.4%，扭转了前两年大幅下滑的态势，其中电子元器件仍是出口额最大的门类，占整个出口额的 78.6%，但增

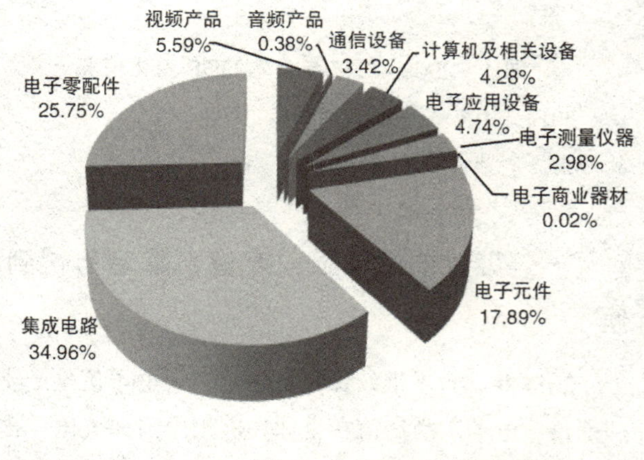

图 7　2014 年 1~9 月日本电子产品出口分类比重

数据来源：日本电子信息技术产业协会

速只有 0.8%；工业电子装备占整个出口额的 15.4%，同比增长 5.7%；消费电子的下滑幅度仍然较大，同比下降 14.6%。从出口产品类别来看，集成电路、电子零配件、电子元件是出口数量最多的产品，占出口总额的 78.6%。

四、企业业绩有所改善，核心零部件优势依然明显

2014 年，受企业业务整合、出售不盈利业务以及日本量化宽松与提高消费税等因素影响，日本电子信息企业业绩得到一定程度的改善。从日本各大企业公布的财务报告来看，日元贬值帮助日本企业在未增加较大研发投入的情况下，快速实现了收益的增加；同时，出售不盈利业务、调整产品组合等措施也促进了企业业绩的增长。松下、索尼、夏普等企业的营业收入均出现不同程度的改善。松下自开年以来，销售额同比增长超过 100 个百分点，净利润同比增长超过 30 个百分点，索尼得益于电视游戏机 Play Station 4 的热销以及影视业务，净利润更是成倍增长，夏普、东芝等企业的亏损程度不断缩小。然而，日本电子信息企业在消费电子等领域仍然处于亏损状态，业绩并没有得到有效改观。索尼公司的情况较有代表性，该公司第二财季（2014 年 7~9 月）的数据显示，移动通信业务的亏损足以抵消电视游戏机业务的利润，业务调整的压力进一步加大，因此索尼在年初宣布放弃 PC 业务后，下半年又准备调整智能手机等业务。日立、东芝等公司将业务重心继续向智能电网、电梯等基础设备等领域转移。松下的汽车电子、住宅相关业务成长迅速，但家电业务的收入已经大幅缩减至 20%左右。

日本在核心零部件等方面的优势依然明显。目前，夏普、JDI 的液晶面板，松下的锂离子电池，索尼的摄像头，旭硝子的玻璃面板，索尼的光学配件等众多零配件已经占据了全球智能手机、超大屏幕电视、平板电脑、电动汽车等领域的大部分市场份额，成为拉动日本电子信息产业的有生力量。

【统计数据】

表 1　2013 年和 2014 年 1~9 月日本电子产品产值情况

单位：亿日元

产品名称	2013 年 1~9 月	2014 年 1~9 月	同比增长（%）
消费电子	5 902.33	5 146.83	−12.80
工业电子装备	27 797.00	27 630.22	−0.60
电子元器件	51 293.02	54 216.72	5.70
合计	84 992.35	86 993.77	2.30

表 2　2013 年和 2014 年 1~9 月日本电子产品进口情况

单位：亿日元

产品名称	2013 年 1~9 月	2014 年 1~9 月	同比增长（%）
消费电子	4 685.94	5 037.39	7.50
工业电子装备	35 326.62	37 516.87	6.20
电子元器件	30 621.70	35 061.85	14.50
合计	70 634.26	77 616.11	9.90

表 3　2013 年和 2014 年 1~9 月日本电子产品出口情况

单位：亿日元

产品名称	2013 年 1~9 月	2014 年 1~9 月	同比增长（%）
消费电子	4 724.02	4 034.31	−14.60

续表

产品名称	2013 年 1~9 月	2014 年 1~9 月	同比增长（%）
工业电子装备	9 873.20	10 435.97	5.70
电子元器件	52 709.31	53 130.98	0.80
合计	67 306.53	67 601.26	0.40

注：表 1~表 3 数据来源于日本电子信息技术产业协会。

2014 年欧盟电子信息产业发展情况

【综述】

2014 年，欧盟国家经济复苏依然略显乏力，据欧盟委员会 2014 年 11 月发布的数据，2014 年欧盟的 GDP 增速预计将仅为 0.8%。受此带动，其电子信息产业呈现微幅回暖态势，根据《世界电子数据年鉴 2014》（The Yearbook of World Electronics Data 2014）的统计数据，2014 年，除塞浦路斯、拉脱维亚、卢森堡、马耳他四国外的欧盟 24 国（以下简称欧盟 24 国）电子产品产值为 2 319.87 亿美元。

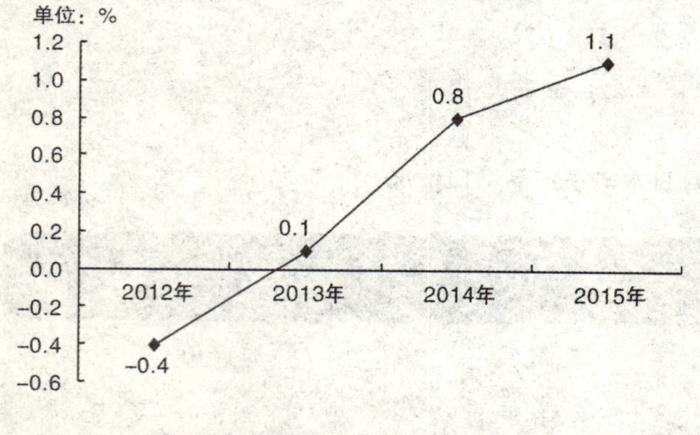

图 1　2012~2015 年欧盟 GDP 增长情况

注：2014~2015 年为预测值

数据来源：欧盟委员会

一、电子产品产值小幅缩水，销售规模稳步增长

根据《世界电子数据年鉴 2014》的统计数据，2014 年，欧盟 24 国电子产品产值为 2 319.87 亿美元，较上年的 2 323.89 亿美元下降 0.17%。其中，芬兰、法国、匈牙利、爱尔兰、斯洛伐克 5 国的电子产品产值均有不同幅度的下降，尤其是斯洛伐克的电子产品产值较上年大幅下降 28.5%，而欧盟其他 19 国电子产品的产值均有所增长。

在市场规模方面，2014 年欧盟 24 国电子产品销售值达到 3 307.77 亿美元，较上年的 3 264.16 亿美元增长 1.34%。其中，除罗马尼亚、斯洛伐克的市场规模的增长率为负外，其他国家电子产品销售值均有所增长。市场规模增长最快的国家是保加利亚，其电子产品销售值为 19.55 亿美元，较上年增长了 4.49%。

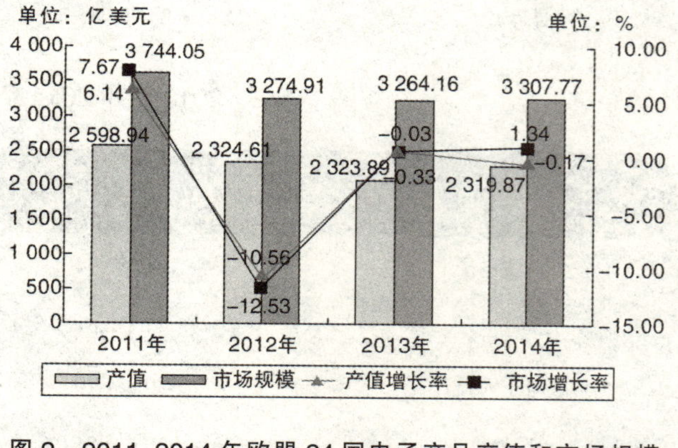

图 2　2011~2014 年欧盟 24 国电子产品产值和市场规模

注：2014 年为预测值

从各个国家电子产品产值具体情况来看，2014 年，德国产值达到 639.81 亿美元，居首位，较上年增长 1.53%，占欧盟 24 国总产值的 27.58%；法国产值为

286.62 亿美元，居第二位，占欧盟 24 国总产值的 12.36%；英国产值为 235.11 亿美元，占欧盟 24 国总产值的 10.13%，仅次于德国、法国居第三位，意大利位列第四，匈牙利、捷克、波兰、瑞典、荷兰、爱尔兰分别列第五到第十位。

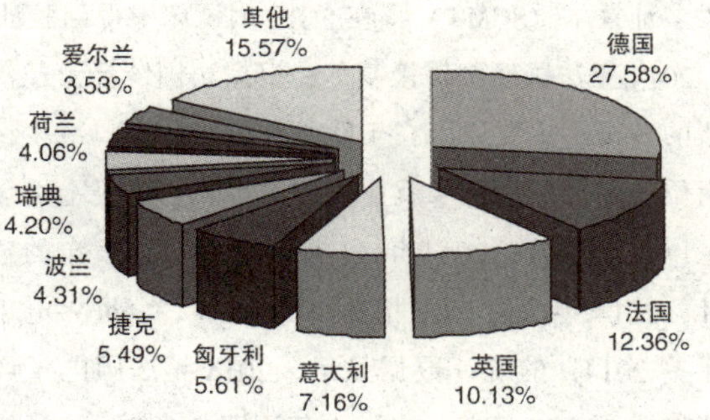

图 3　2014 年欧盟主要国家电子产品产值占比情况

注：2014 年为预测值

二、细分领域产销值保持稳定，电子数据处理设备仍为市场热点

欧盟 24 国电子产品细分领域产销值情况与 2013 年相比，各细分领域的产值占比和市场份额占比情况均变化不大。

从电子产品产值来看，2014 年控制与仪器设备、电子元器件及无线通信与雷达设备共占比 62.36%。其中，控制与仪器设备产值达到 547.95 亿美元，占整个电子信息产业产值的 23.62%；电子元器件产值达到 514.53 亿美元，占比 22.18%；无线通信与雷达设备产值为 384.21 亿美元，占比 16.56%。

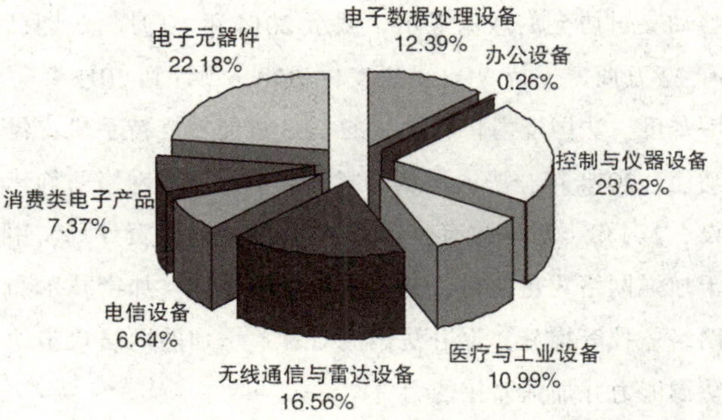

图 4　2014 年欧盟 24 国各类电子产品产值份额

注：2014 年为预测值

从电子产品的市场份额来看，2014 年电子数据处理设备、电子元器件及无线通信与雷达设备共占比 67.3%。其中，电子数据处理设备市场销售额达 986.76 亿美元，占整个电子产品销售额的 29.83%；电子元器件销售额为 741.85 亿美元，占比 22.43%；无线通信与雷达设备销售额为 497.60 亿美元，占比 15.04%。

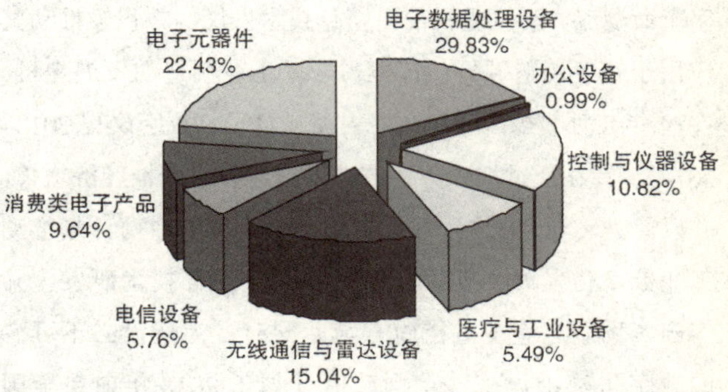

图 5　2014 年欧盟 24 国各类电子产品市场份额

注：2014 年为预测值

三、主要成员国经济持续复苏，带动产业发展呈回暖态势

从国家来看，以德国、英国为代表的欧盟核心成员国经济持续复苏，电子产品产值及市场规模较上年都有一定程度的提升；虽然法国经济回暖步伐相对于德国和英国仍显得缓慢，但是其电子信息产业市场规模较上年也有所增加。

在经历 2013 年的经济低速运行之后，2014 年德国经济在世界经济趋暖、国内消费需求增强和出口持续复苏的拉动下开始上行。作为欧盟经济的龙头，德国为整个欧盟经济的恢复发挥了良好的带动作用。2014 年 11 月欧盟委员会发布数据预计，2014 年德国 GDP 增幅将为

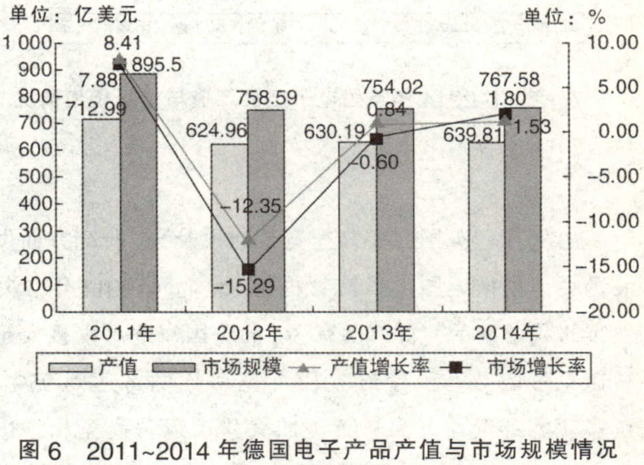

图 6　2011~2014 年德国电子产品产值与市场规模情况

注：2014 年为预测值

1.3%。《世界电子数据年鉴 2014》的统计数据显示，2014 年德国电子产品产值将达 639.81 亿美元，较上年增长 1.53%；市场销售值为 767.58 亿美元，较上年增长 1.8%。

德国作为全球领先的工业制造强国，2014 年紧跟数字革命潮流，高度重视前沿信息技术发展，并积极推动其应用于工业制造领域，以抢占未来工业制造的发展先机。2014 年 8 月，德国联邦政府内阁通过了《数字议程 2014~2017》，旨在通过加强数字技术设施建设，助推经济增长，并以此为工业 4.0 体系建设提供动力。德国政府计划推动工业数字化发展，支持云计算和大数据等技术研发，并实施资助新兴企业等措施。与此同时，为建设必不可少的数字化基础设施，德国政府计划于 2018 年前在全国普及高速宽带。此外，为确保数据安全，德国政府还将加强数据保护，提高政府机构对网络攻击的防御能力。

2014 年英国经济回暖势头稳定，根据 2014 年 11 月英国央行发布的数据预计，2014 年英国 GDP 增速将为 3.5%，其增长主要来源于房地产价格上涨及消费信贷大量涌入。《世界电子数据年鉴 2014》的统计数据显示，2014 年英国电子产品产值将达 235.11 亿美元，较上年增长 1.91%；市场销售值为 435.45 亿美元，较上年增长 1.41%。

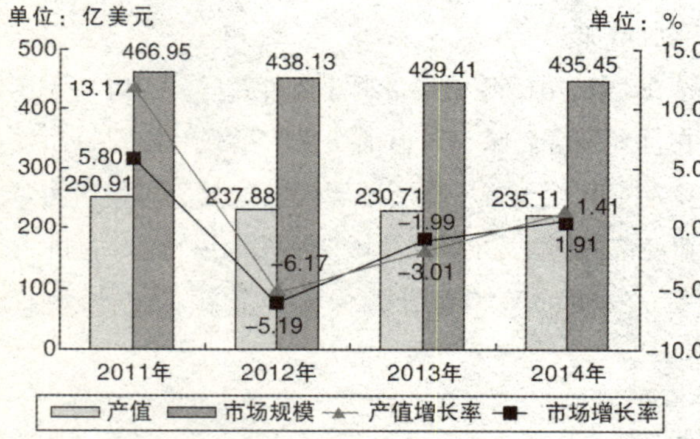

图 7　2011~2014 年英国电子产品产值与市场规模情况

注：2014 年为预测值

2014 年，英国在超高速宽带建设及 5G 研究方面发展迅猛。根据英国电信监管机构 Ofcom 于 2014 年 3 月发布的数据显示，目前已有 3/4 的英国家庭可以接入超高速宽带服务，预计到 2017 年这一比例将达到 95%；在移动宽带覆盖方面，英国四大移动运营商竞相推出 4G 服务，预计 2015 年将覆盖 98%的英国人口。5G 研究方面，2014 年 11 月，英国萨里大学 5G 创新中心（5GIC）启动了全球首个 5G 通信技术测试床，第一阶段的测试床将聚焦于建设并验证在超密集网络（UDN）环境下的云化无线接入网络，向用户展示前所未有的网络容量，随着测试床不断完善，各种 5G 备选波形包括稀疏码多址技术（SCMA）将在 5GIC 测试床中得到验证。

2014 年法国经济缓慢复苏，根据法国统计及经济研究所的分析，主要原因在于欧元升值导致出口减少、工作岗位的增加只消化了就业人口的增长、工资上涨缓慢不足以拉动消费。2014 年 11 月欧盟委员会发布的数据预计，2014 年法国 GDP 增速将为 0.3%。《世界电子数据年鉴 2014》的统计数据显示，2014 年法国电子产品产值将达 286.62 亿美元，较上年下降 0.12%；市场销售值为 388.82 亿美元，较上年增长 0.88%。

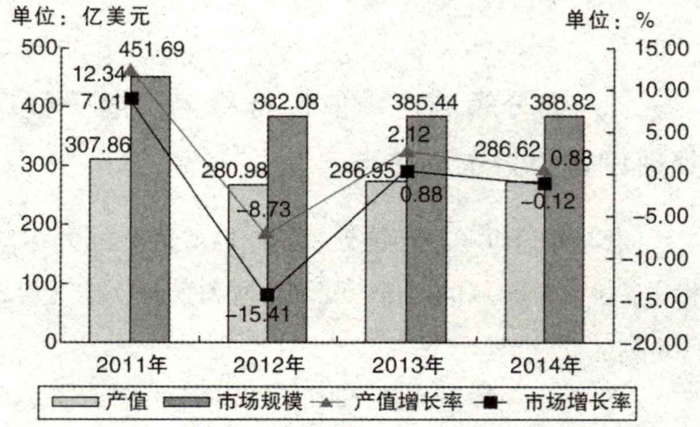

图 8　2011~2014 年法国电子产品产值和市场情况

注：2014 年为预测值

2014 年，法国快速推广 NFC 支付，目前法国市场上已推出了 48 款带有 NFC 功能的智能手机。法国手机移动支付协会的数据显示，截至 2014 年 10 月，法国已有 22 万商家支持 NFC 手机支付功能，预计到 2015 年第一季度，法国境内将有 33%的 POS 机能够支持手机支付功能。2014 年，法国还从国家层面重点加强网络防御建设，2 月份，法国政府公布了 10 亿欧元的投资计划，用于加强网络攻击防御，通过推广保密电话、加密技术和网络监控等措施，提升法国应对日益增加的网络攻击的防御能力并加强监控能力。

四、新兴领域发展成效显著，部分项目建设初具规模

2014 年，欧盟在新兴领域全面发力，在 5G、智能

电网、大数据、民用机器人等诸多领域加快部署，部分建设取得了初步成效。

在 5G 领域，2014 年欧盟委员会与“5G 公私合作”(5G PPP) 联盟积极开展合作，目前研发项目预算高达 42 亿欧元。5G PPP 联盟由爱立信、阿尔卡特朗讯、诺基亚通信、Orange 及卫星运营商 SES 创立，会聚了电信业、IT 业以及科研院所等多方参与者。2014 年 6 月，欧盟还与韩国达成协议，联手开发 5G 网络，双方将成立联合项目组，共同开发 5G 网络系统、制定标准并为适应新技术做好无线电频率的准备工作。

在智能电网领域，欧盟委员会的统计数据显示，截至 2014 年 11 月，欧盟用于智能电网建设的资金总额已达到 60 亿欧元，投资涵盖 281 个研发项目和 90 个智能电表试点项目。其中，智能网络管理占到最大份额，约为 26%；集成分布式能源、电网应用以及聚合、智能消费者与智能家庭等领域也成为关注重点。预计到 2020 年，欧盟有望部署约 2.5 亿块智能电表，总投资额将达到 500 亿欧元。

在大数据领域，2014 年 10 月欧盟宣布将从 2015 年正式启动公私合作发展大数据。欧盟委员会将利用“地平线 2020”科研规划向此项合作进行超过 5 亿欧元的投资，私营行业合作伙伴的投资将超过 20 亿欧元。发展大数据有望帮助欧洲供应商在全球数据市场占据多达 30%的份额，在 2020 年前在欧洲创造约 10 万个与数据相关的工作岗位，并帮助欧洲减少约 10%的能源消耗。

在民用机器人领域，2014 年 6 月，欧盟委员会与欧洲机器人协会宣布启动“火花”计划：到 2020 年，将投入 28 亿欧元用于研发民用机器人。根据合作协议，欧盟委员会和欧洲机器人协会将为“火花”计划分别出资 7 亿欧元和 21 亿欧元，约有 200 余家公司、1.2 万名研发人员参与该计划。“火花”计划的研发内容非常广泛，机器人在制造业、农业、医疗、交通运输、安全等领域的应用都被纳入其中。

【统计数据】

表 1 2014 年欧盟主要国家电子产品产值排名

单位：亿美元

2014 年产值排名	国家	2014 年电子产品产值	同比增长（%）	占欧盟 24 国总产值的比重（%）
1	德国	639.81	1.53	27.58
2	法国	286.62	–0.12	12.36
3	英国	235.11	1.91	10.13
4	意大利	166.03	1.55	7.16
5	匈牙利	130.11	–2.03	5.61
6	捷克	127.38	1.73	5.49
7	波兰	100.01	1.81	4.31
8	瑞典	97.44	0.20	4.20
9	荷兰	94.16	0.73	4.06
10	爱尔兰	81.87	–0.41	3.53

表 2 2014 年欧盟 24 国各类电子产品产值和市场情况

单位：亿美元

产品名称	产值	占比（%）	销售值	占比（%）
电子数据处理设备	287.44	12.39	986.76	29.83
办公设备	5.95	0.26	32.71	0.99
控制与仪器设备	547.95	23.62	357.79	10.82

续表

产品名称	产值	占比（%）	销售值	占比（%）
医疗与工业设备	254.94	10.99	181.75	5.49
无线通信与雷达设备	384.21	16.56	497.60	15.04
电信设备	154.05	6.64	190.38	5.76
消费类电子产品	170.88	7.37	319.00	9.64
电子元器件	514.53	22.18	741.85	22.43

注：表 1~表 2 数据来源于《The Yearbook of World Electronics Data 2014》。2014 年为预测值。

2014 年韩国电子信息产业发展情况

【综述】

2014 年，韩国电子信息产业稳步增长，但规模增速继续放缓。多类电子产品产值和市场规模实现增长，电子元器件依旧是韩国电子信息产业发展的中坚力量。韩国在半导体、移动通信和消费电子产品领域居于领先地位，拥有半导体、显示等领域的关键技术。韩国不断加大信息技术领域的研发投入力度，并制定了七项推动系统芯片发展的计划。

一、产业规模增速放缓，电子元器件成为产业发展的中坚力量

随着全球经济缓慢复苏，韩国电子产品产值和市场规模均实现增长。根据《世界电子数据年鉴 2014》（The Yearbook of World Electronics Data 2014）的数据，2014 年，韩国电子产品产值为 1 179.52 亿美元，较上年增长 6.06%；韩国电子产品的销售额为 542.86 亿美元，较上年增长 3.71%。

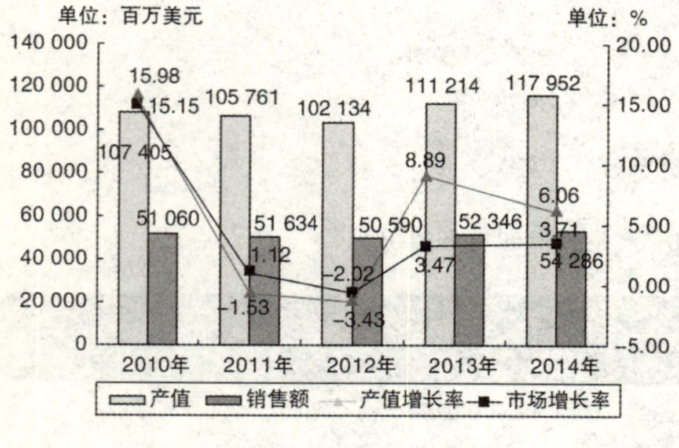

图 1　2010~2014 年韩国电子产品产值与销售情况

注：2014 年为预测值

2014 年，多类电子产品产值实现增长，控制与仪器设备增长 12%；由于智能手机出口强劲，带动无线通信设备增长 7.00%；随着全球半导体市场的复苏，韩国电子元器件产值实现了 7.22%的增长；计算机产值微增 1.4%；办公设备产值与上年持平；电信设备和消费电子产品产值较上年有所下滑。

电子元器件和无线通信设备产值共占韩国电子产品产值的比重为 80.64%，是韩国电子信息产业的中坚力量。

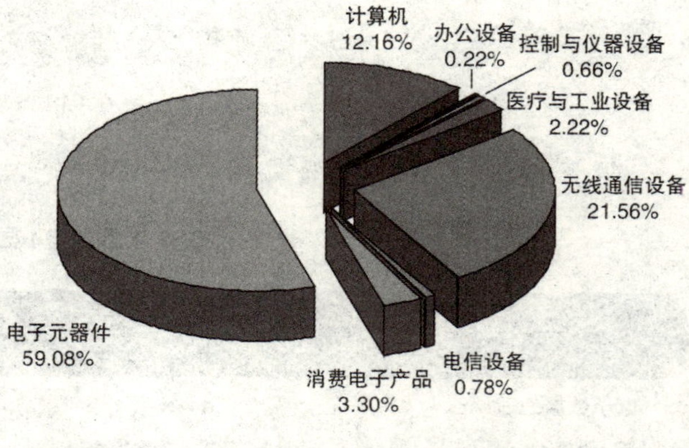

图 2　2014 年韩国各类电子产品产值份额

注：2014 年为预测值

2014 年，韩国电子产品销售额达到 542 亿美元，同比增长 3.71%。除办公设备和消费电子产品销售额同比下降外，其余产品销售额均有不同程度的增长，其中，计算机、无线通信设备和电子元器件销售额增长相对较快，分别增长 2.31%、3.91%和 4.83%。

电子元器件依旧占据了韩国电子产品市场规模的半壁江山，占韩国市场份额的 54.53%。

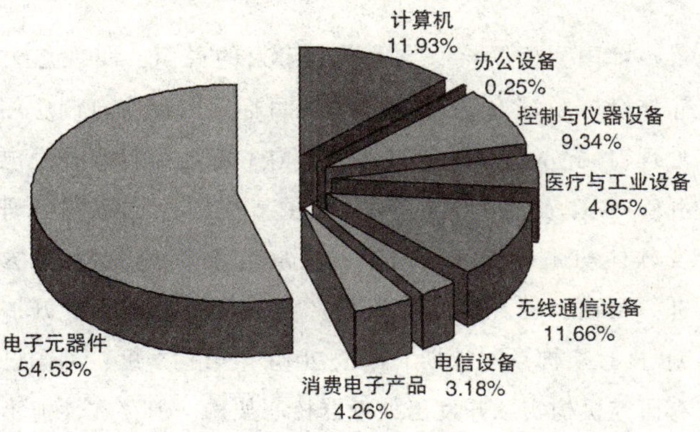

图 3　2014 年韩国各类电子产品市场份额

注：2014 年为预测值

二、韩国是全球第四大电子产品制造国，半导体、电视和手机销量位居全球前列

韩国是世界上第四大电子产品制造国，在半导体、移动通信和消费电子产品领域居于领先地位，三星电子、LG、SK 海力士等公司拥有半导体、显示等关键技术。

在半导体领域，韩国三星电子和 SK 海力士营业收入分别位居第二和第六。据 IC Insight 的数据预测，2014 年，三星电子半导体市场营收 372.59 亿美元，同比增长 8%；SK 海力士半导体市场营收 158.38 亿美元，同比增长 22%。其中，在存储芯片领域，据 DRAMexchange 数据显示，2014 年前三个季度，三星电子实现销售收入 127.84 亿美元，占全球市场份额的 38.97%；SK 海力士实现销售收入 89.65 亿美元，占全球市场份额的 27.33%。两家合计占比 66.30%，主导了全球 DRAM 市场。

在电视领域，三星和 LG 电子的全球市场份额位居前两名。2014 年上半年，三星电视占全球市场份额达 30.7%，创历史新高。排名第二的 LG 电子的全球市场占有率为 16.7%，三星电子和 LG 电子在全球市场中的份额之和达 47.4%，占据全球电视市场的近半壁江山。DisplaySearch 公布的数据显示，2014 年第三季度全球 4K 电视的出货量超过 300 万台，2014 年的总出货量达到 640 万台，其中，三星的市场份额占到 36%，LG 的市场份额占到 15%，两家合计超过全球 4K 电视市场份额的 50%。三星电子在平板电视、LCD 电视、LED 电视、超高清电视市场的份额均位居全球第一，这主要归功于三星曲面超高清电视和 60 英寸电视等高端产品的热销。三星电子在售价 1 500 美元以上的高端电视产品市场中的份额已经超过 50%。

在智能手机领域，韩国三星的全球市场份额长期位居第一，尽管 2014 年第三季度出货量大幅下滑，但三星依然稳居榜首。IDC 的数据显示，2014 年前三个季度，三星智能手机出货量为 2.37 亿部，较上年同期增长 2.27%，全球市场份额为 26.2%；LG 智能手机出货量为 4 360 万部，较上年同期增长 21.1%，全球市场份额为 4.82%。

三、DRAM 技术优势突出，积极推动 5G 技术研发

韩国 DRAM 产品技术工艺水平一直领跑全球，是目前全球产量最高、技术最先进的国家。据 DRAMexchange 的数据显示，三星、SK 海力士两家韩国厂商的 DRAM 全球市占率接近 70%，影响力不容低估。在 25nm DRAM 领域，由于工微缩逼近物理极限，各大厂商均在寻求技术突破。三星经过一年多的努力，终于在 2014 年下半年良品率迈入成熟阶段，预计年末良品率高达 70%，2015 年三星正式进入 20nm 时代，是开发进度最快的 DRAM 厂商。SK 海力士位居其后，2013 年末正式导入量产 25nm，生产初期也面临良品率不高的问题，但经过半年的努力终于获得突破性改善，SK 海力士从 2014 年第四季度至 2015 年第一季度将产能大幅转进 25nm 制程，21nm 工艺预计 2015 年年中导入量产行列。两大韩国厂商在 25nm DRAM 良品率渐趋稳定，技术研发能力位居世界领先行列。

韩国力推 5G 技术应用。韩国相关部门与企业合作，在 5G 研发与技术标准上投资近 1.6 万亿韩元，政府还鼓励中小企业参与 5G 的研发和制定以及与 5G 相关的发展蓝图。在国际上，韩国与欧盟合作，共同开发下一代超高速移动宽带 5G，两家已宣布了合作研发 5G 的协议，双方同意：到 2015 年制定出 5G 建设的时

间表；确保可用于支持新网络的无线频率；开发相关的标准，保证移动互联网用户可实现更好的互联，将鼓励私人部门参与标准化的制定；促进可用于物联网的可连接装置的发展。欧盟5G基础设施协会成员阿尔卡特-朗讯、德国电信、Telefonica和Orange将与韩国5G论坛合作。政府在5G标准化方面，力推与美国、中国、欧洲和其他国家的合作，希望在标准制定中避免出现过度的专利争端。

四、加大科学技术基础研发力度，启动应用处理器核心架构自制计划

韩国政府加大了科学技术基础研发力度，鼓励产学研用各方在基础技术上的投入。韩国政府部门称，2015年将投入1.04亿韩元用于科学技术基础研发，同比增长4.2%，规模首次突破1亿韩元。另外，韩国政府还将在未来发展动力创造、软件、信息及服务业、物联网及3D打印技术、创业及中小中坚企业领域分别投入1.7亿韩元、2 974亿韩元、2 354亿韩元、453亿韩元和1.3亿韩元的预算。韩国政府还公布了“第三个中小企业技术革新五年计划”，计划到2018年推动中小企业技术水平显著提升，并将出口规模提升至1 400亿美元。2014年初，韩国政府发布了《2014信息通信、放送技术振兴实施规划》，拟投入11.764亿美元促进全息照片、数字内容2.0、智能型软件、物联网平台、大数据云服务、第五代移动通信、智能网络、感性终端技术、智能型ICT融合模块和应对网络攻击技术十大技术的发展。规划内容包括：ICT领域的战略技术开发、标准化、人才培养和基础环境建设等方面，具体投入情况是：战略技术开发将投入7.499亿美元、推进先导型标准化将投入0.278亿美元、创意融合及人才培养将投入1.004亿美元、ICT研究基础环境建设将投入2.983亿美元等。

韩国为摆脱核心技术受制于人的局面，实现2025年居全球系统IC产业第二位的目标，已订立自制应用处理器（Application Processor，AP）核心架构、开发电源管理IC（Power Management IC，PMIC），以及整合研发软体与系统单晶片（SystemonChip，SoC）等七大方针。目前，已经由官方机构产业通商资源部主导开展AP核心架构自制计划。截至2014年第一季度，韩国已有研究机构实际开发出处理器核心架构，但存在性能不足、难以商用化等问题。韩国已制定了系统的应用处理器核心架构自制计划，在短期策略方面，计划先挑选出较适合的已开发AP核心架构，于2014年年中至2019年年中投入350亿韩元，推动既有AP核心架构商用化，主要锁定中端市场的入门机种；在中长期策略方面，计划在2017~2022年将既有AP核心架构的性能提升至接近高端的水平，如果进展顺利，将于2020~2025年开发出特有高性能处理器核心架构。

【统计数据】

表1　2014年韩国各类电子产品产值、增长率及其全球占比

单位：百万美元

项目名称	2014年产值	2013年产值	增长率（%）	占全球比重（%）
计算机	14 348	14 150	1.40	2.98
办公设备	265	265	0.00	3.60
控制与仪器设备	784	700	12.00	0.54
医疗与工业设备	2 622	2 445	7.24	2.93
无线通信设备	25 434	23 770	7.00	6.99
电信设备	916	935	-2.03	1.28
消费电子产品	3 897	3 958	-1.54	3.02
电子元器件	69 685	64 991	7.22	13.08

表 2　2014 年韩国各类电子产品市场销售额、增长率及其全球占比

单位：百万美元

项目名称	2014 年销售额	2013 年销售额	增长率（%）	全球占比（%）
计算机	6 476	6 330	2.31	1.30
办公设备	136	143	–4.90	1.24
控制与仪器设备	5 069	4 912	3.20	3.40
医疗与工业设备	2 633	2 577	2.17	3.20
无线通信设备	6 329	6 091	3.91	1.94
电信设备	1 729	1 698	1.83	2.02
消费电子产品	2 314	2 360	–1.95	1.88
电子元器件	29 600	28 235	4.83	5.18

注：表 1~表 2 数据来源于《The Yearbook of World Electronics Data 2014》。2014 年为预测值。

2014 年印度电子信息产业发展情况

【综述】

随着 2012 年印度一系列促进本国电子信息制造业发展的政策措施的实施，印度电子信息产业增速达到 14.3%，然而，随着刺激经济的政策效用减弱，2013 年印度电子信息产业增速降至 6.7%。2014 年，印度政府着重在集成电路、关键元器件、平板电视生产线等基础设施建设领域加大投资力度，加之国内市场需求的释放以及欧美市场逐步回暖对印度出口的刺激，2014 年印度电子信息产业发展势头良好，预计增长 7.4%，较上年增速提高了 0.7 个百分点，电子信息产业产值预计达到65 098 亿卢比。

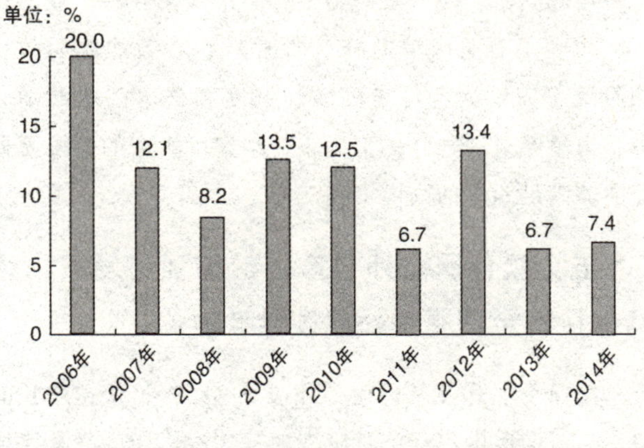

图 1　2006~2014 年印度电子信息产业增速变化情况

注：2014 年为预测值

数据来源：《The Yearbook of World Electronics Data 2014》

一、产业发展概述

2014 年，印度政府为了确保印度电子信息产业能够平稳较快发展，颁布了一系列促进本国电子信息产业发展的政策措施，包括降低市场准入门槛、调整产业激励方案、打造电子信息产业集群、鼓励产业链向高端延伸，同时进一步维持印度在世界软件服务业出口外包领域的领先地位，加大对软件企业的政策扶持力度。

除了软件外包市场外，印度电子信息产业中无线通信领域引领了产业增长。由于印度地区手持终端的价格不断下降、一系列无线通信解决方案的提出、无线网络在边远地区的全覆盖，以及无线通信运营商加大了市场进入力度，印度无线通信终端的持有量逐步提高，加之印度人口数量庞大，终端的年增长量非常大。

二、国内消费电子市场需求强劲，成为拉动电子信息产业发展的主要动力

作为新兴经济体，印度具有资源丰富、人力成本低等优势，经济发展快速，人们生活水平逐年提高，消费者有了更高的可支配收入和更强的消费承受能力，加之近些年智能设备的兴起，相关设计更加美观，软件应用更贴近日常生活，如中国的华为、中兴、小米等公司都将印度作为很重要的市场。因此，消费电子在印度市场的需求量逐年提高，这在很大程度上推动了印度消费电子市场的发展。

到 2014 年，传统的阴极射线管（CRT）电视已经退出家电市场，各电视机生产厂商已经基本停产 CRT 电视，CRT 电视的仅有库存主要集中销往边远山区。根据印度的《信息技术年度报告（2013~2014）》，由于液晶电视的价格不断下降和普及率的提高，液晶电视市场发展得最为迅速，成为消费电子中贡献率最高的领域，2013 年市场规模突破 1 400 万台，同比增长 8%。其中，采用最新技术的 LED 背光源液晶电视从 2012 年的 550 万台增加至 2014 年的 700 万台。

随着人们对生活品质的不断追求，印度家庭影院市场继续保持快速增长势头，自 2011 年至今，年复合增长率达到 20%，从 2011 年的 40 万台增长至 2014 年的 80 万台。与此相关的是，数字机顶盒产业不断扩大，印度加大了数字电视网络的建设力度，促进了数字电视市场的发展，印度各大厂商纷纷扩大产能，以满足市场需求。2014 年，印度有线电视机基础用户预计超过 180 万户，整个数字电视的市场规模（包括数字电视制造以及运营）预计超过 4 900 亿卢比，同比增长 20%。

三、平板电脑产业快速增长，成为拉动计算机产业发展的新引擎

2014 年，印度政府继续加大采购力度，包含了教育、医疗、电信、电子政务等多个领域，拉动了印度相关硬件产业的发展。2014 年，印度个人计算机、平板电脑、打印机、复印机等多项硬件产品实现了快速增长。平板电脑占印度个人计算机销售市场的 60%左右，成为计算机市场新的增长动力。随着技术进步，硬件价格将逐年下降，台式机、笔记本电脑和平板电脑的平均价格将持续下降。

在整个计算机产业方面，预计 2014 年计算机产量突破 1 300 万台，产值超过 2 649 亿卢比，同比增长 8.7%。平板电脑的便携性和实用性使其自 2010 年 11 月在印度首发以来，受到消费者的一致认可，市场份额增长迅速，年均增速超过 20%。

四、电子元器件产业自主能力弱，制约产业发展

近些年，在印度计算机及通信产业快速发展的有力带动下，电子元器件的需求量出现爆发式增长，印度的电子元器件主要包括显示器件、二极管、电阻器、电容器、开关、继电器、连接器等。在细分市场方面，印度的机电元器件占据了 26%的市场份额，被动元器件约占 20%的市场份额。随着印度国内照明、汽车电子、新能源等产业的快速发展，这些领域的产品推动了电子元器件制造业的发展，2014 年，LED 领域的元器件市场产值大约为 2 亿美元，同比增长 50%。印度政府将国防、航空航天、核电作为战略性产业来发展，推动了一些核心元器件的发展，这些元器件主要用于卫星通信、雷达、红外探测、灾难管理、火控系统等，提升了印度的国防能力。

印度电子元器件的主要进口地区包括中国大陆、中国台湾地区、韩国、日本和一些欧洲国家，进口产品中所占份额较高的是技术含量较高、精密度较高的产品，如集成电路、片式元器件、印制电路板等。印度显示产业虽然发展迅速，但几乎没有自己的液晶面板元器件和面板生产线，只有小尺寸终端组装线，液晶显示器件、面板几乎全部是从中国大陆、中国台湾地区和韩国进口。

与此同时，印度政府为了刺激本国元器件产业的发展，出台了有关政策措施，如加大 LED 节能照明领域的投资、完善元器件专利转让制度和技术创新鼓励政策，力争经过 3~5 年的努力，使得印度生产的电子元器件能够满足 60%的国内市场需求。

五、软件服务外包产业继续强势发展，依然保持着全球服务外包领导者地位

2014 年，印度软件服务外包业继续保持快速增长的势头，对印度国民经济贡献率超过 50%。印度一直保持着世界软件服务外包采购首选地的地位，世界上已经有超过 100 个国家或地区采购过印度的软件服务，印度在全球 75 个金融中心都已开展业务。

印度软件服务外包产业发展是全球经济化深入发展、信息技术进步与对外开放的结果。从主要发展历程来看，印度软件服务外包业起步于 20 世纪 70 年代中期的软件开发，当时主要采取海外派驻员工现场交付的服务模式，当前发展的主要特征为：完全出口导向、创始人具有美国教育背景、几乎没有外国资本、政府和国有企业参与，服务内容以系统维护和应用编程等低附加值业务为主。截至 2014 年 3 月，印度软件服务外包产业拥有企业 16 000 多家，其中软件公司 3 000 多家，总收入 46 014 亿卢比，占 GDP 的比重达到 8.1%，约占全国出口的 25%，直接带动就业 310 万人，间接创造的就业岗位则高达 1 000 万个。这不仅带动了以班加罗尔等一线城市为中心的区域经济增长，还不断向二、三线城市，以及小城镇和农村地区扩散，其发展成果将逐步惠及更广泛的人群。

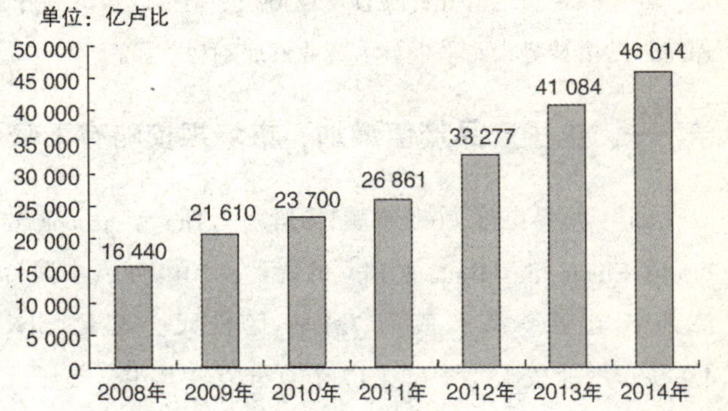

图 2　2008~2014 年印度软件产品出口情况

数据来源：印度《信息技术年度报告（2013~2014）》

据印度软件和服务业企业行业协会的统计，2014 年，印度软件服务外包高技能从业人员超过百万人，其中，研究生超过 50%，博士达到 6%，其他专业人才结构也很丰富。此外，印度国内交通运输、房地产、餐饮、家政等领域将信息服务直接外包，增加的就业岗位超过 20 万个。

【统计数据】

表 1　2009~2014 年印度电子信息产业各细分行业产值情况

单位：百万卢比

项目名称	2009 年	2010 年	2011 年	2012 年	2013 年	2014 年
计算机	151 200	155 400	166 410	214 520	243 622	264 895
工业电子	93 000	107 300	116 780	129 565	145 750	159 325
通信设备	315 000	379 000	426 000	512 000	549 000	588 292
消费电子	162 000	171 400	168 150	166 000	151 200	158 359
电子元件	85 900	92 100	94 850	89 460	96 020	102 057
总计	807 100	905 200	972 190	1 111 545	1 185 592	1 272 928

注：数据来源于《The Yearbook of World Electronics Data 2014》。

2014 年中国台湾地区电子信息产业发展情况

【综述】

2013 年以来，随着半导体领域强势回暖，国际市场景气复苏，以出口导向为主的中国台湾地区电子信息产业发展势头强劲，产值逐年攀升，电子元器件依旧是中国台湾地区电子信息产业发展的关键，其产值约占到中国台湾地区电子产品产值的 3/4；IC 产业继续保持回暖态势，年产值增长率均达到 15%以上的水平；代工企业受益于需求拉动，营业收入同比上升；LED 产业得益于地区政策的利好，保持强劲增长势头；平板显示产业发展趋稳。

一、电子产品产值增加，市场规模略有下降

据《世界电子数据年鉴 2014》（The Yearbook of World Electronics Data 2014）的统计，2014 年，中国台湾地区电子产品产值为 721.49 亿美元，同比增长 4.97%，增速较上年下降 1.17 个百分点。其中，电子元器件居于首位，产值为 540.86 亿美元，占产值总额的 74.96%；第二是无线通信与雷达设备，产值为 72.37 亿美元，占产值总额的 10.03%；第三是医疗与工业设备，产值为 41.62 亿美元，占产值总额的 5.77%。

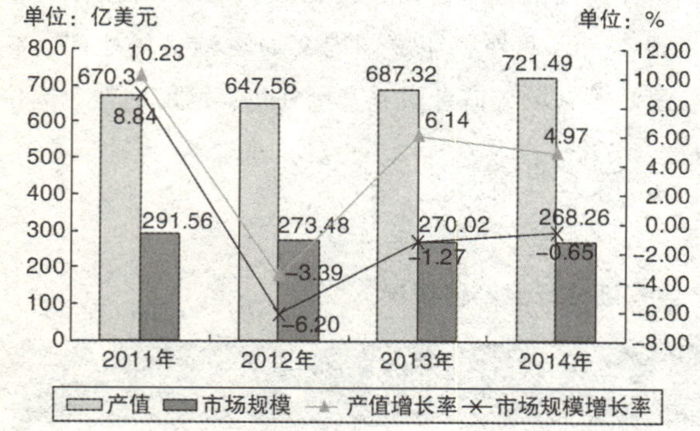

图 1　2011~2014 年中国台湾地区电子产品产值及市场规模情况

注：2014 年为预测值

图 2　2014 年中国台湾地区各类电子产品产值份额情况

注：2014 年为预测值

2014 年，中国台湾地区电子产品市场总额为 268.26 亿美元，同比下降 0.65%，较上年的下降幅度回升了 0.62 个百分点。其中，电子元器件居于首位，市场额为 143.70 亿美元，占市场总额的 53.57%；第二是电子数据处理设备，市场额为 52.02 亿美元，占市场总额的 19.39%；第三是控制与仪器设备，市场额为 27.95 亿美元，占市场总额的 10.42%。

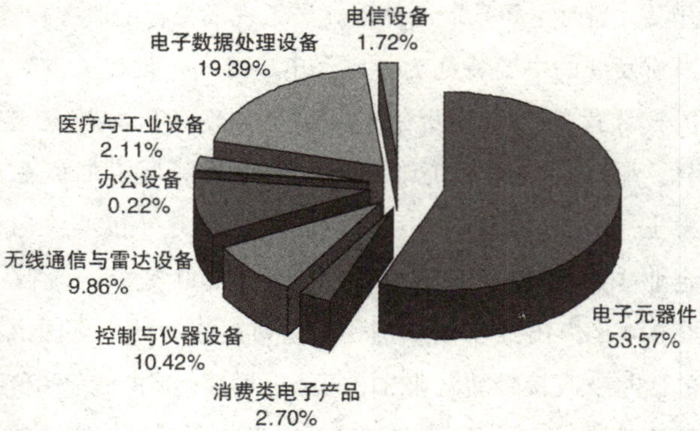

图 3　2014 年中国台湾地区各类电子产品市场份额情况

注：2014 年为预测值

二、IC 产业保持回暖态势，年产值不断攀升

中国台湾地区的 IC 产业受国际形势的影响颇大。自 2011 年以来，受日本大地震的影响，日本很多科技企业面临停产危机，直接影响全球电子产品产业链的供应，中国台湾地区的 IC 产业受到严重波及，2011 年 IC 产业产值增长率直接下降到-11.70%。2012~2013 年，随着日本震后经济复苏，智能手机及平板电脑产品热销，国际金价走跌、新台币表现强劲，中国台湾地区的 IC 产业发展大幅回暖，产值增长率分别为 4.6%和 15.6%。2014 年，中国台湾地区的 IC 产业发展继续保持回暖态势，预计全年产值将突破新台币 2 万亿元大关，达到新台币 21 983 亿元，较上年增长 16.4%。

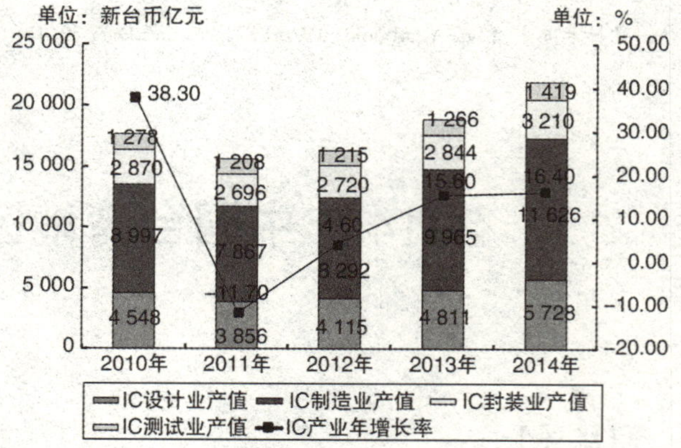

图 4　2010~2014 年中国台湾地区 IC 产业产值情况

注：2014 年第四季度为预测值

数据来源：中国台湾工业技术研究院 IEK

从分季度的产业发展情况来看，2014 年中国台湾地区 IC 产业呈现出第一季度触底、第二季度达高峰、第三季度继续攀升的大好局面。根据中国台湾工业技术研究院 IEK 的统计，2014 年前三个季度中国台湾地区 IC 产业产值（含设计、制造、封装、测试）分别为新台币 4 736 亿元、5 512 亿元、5 883 亿元，前三个季度总产值达新台币 16 131 亿元，同比增长 15.77%。预计 2014 年第四季度中国台湾地区 IC 产业产值为新台币 5 852 亿元。

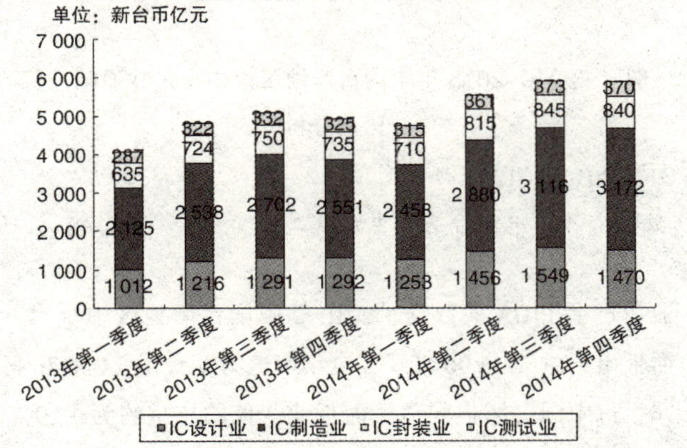

图 5　2013~2014 年各季度中国台湾地区 IC 产业产值情况

注：2014 年第四季度为预测值

数据来源：中国台湾工业技术研究院 IEK

在 IC 设计业方面，随着中国台湾地区电源管理芯片、传感器企业对智能手机的大幅进军以及对可穿戴产品市场的逐步渗透，2014 年前三个季度中国台湾地区 IC 设计业产值为新台币 4 258 亿元，同比增长 21%；在 IC 制造业方面，得益于代工需求旺盛，使得 2014 年前三个季度的产值为新台币 8 454 亿元，同比增长 14.79%；在 IC 封装业和测试业方面，随着全球 PC 市场的下跌幅度逐渐缩小，智能手机和平板电脑的市场需求从高价位向中低价位转变，使得出货量不断增加，从而拉动封测业的发展。2014 年前三个季度封装业和测试业营业收入与 2011 年相比继续有所增长，产值分别为新台币 2 370 亿元和 1 049 亿元，同比增长 12.38%和 11.48%。

三、代工产业快速增长，需求拉动作用明显

2014 年，中国台湾地区芯片代工产业经历了第一季度传统淡季、第二季度迅速反弹、第三季度芯片代工产业产值再创新高，实现了快速增长。根据 DIGITIMES Research 提供的数据显示，中国台湾地区前三大代工厂（即台湾积体电路制造股份有限公司、联华电子股份有限公司和世界先进积体电路股份有限公司，分别简称台积电、联华电子和世界先进）2014 年前三个季度营业收入分别为 57.6 亿美元、61.2 亿美元和 74.7 亿美元，环比增长 6.25%和 22.06%。

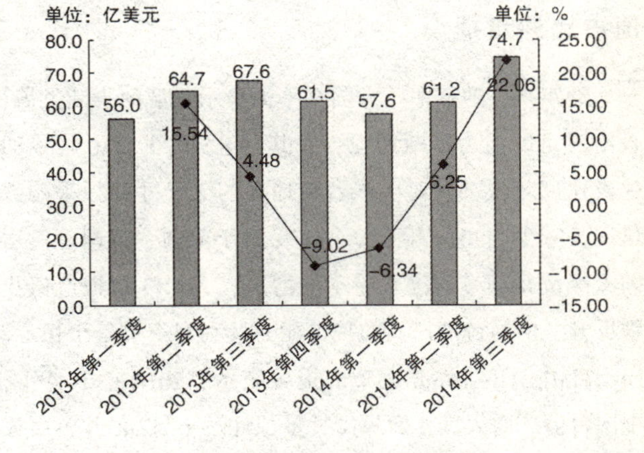

图 6　2013~2014 年各季度中国台湾地区前三大代工厂合计营业收入情况

数据来源：DIGITIMES Research

中国台湾地区芯片代工产业的大幅增长主要得益于全球主要芯片供应商——英特尔（Intel）、德州仪器（TI）、超微（AMD）等回补库存的需求不断升温；智能手机等终端市场需求强劲，出货量不断增加，这一形势不仅拉动了 28 纳米及其以下的先进制程的强劲需求，还带动了电源管理芯片与先进封装的 LCD 驱动芯片等半导体器件需求的增长；芯片代工企业的产能也持续扩充。

四、LED 产业保持强劲增长，政策扶植效果显著

根据中国台湾光电科技工业协进会（PIDA）提供的数据显示，2014 年全球主要 LED 生产国家和地区的产值都将较上年有所增长，其中中国台湾地区将是全球 LED 产值最高的地区，有望突破 50 亿美元大关，达到 53 亿美元；韩国则以 47.99 亿美元位居第二；日本以 46.25 亿美元列第三位。中国台湾地区 LED 产业保持强劲增长的原因主要受益于 LED 照明市场渗透率的提升。

2014 年，中国台湾地区对 LED 产业的扶植力度逐步加大，截至 2014 年 9 月，中国台湾地区有 51 万盏路灯进行了淘汰置换或者正在更换成 LED 产品，占总路灯

数的三成，每年可节省2.3亿度电。此外，中国台湾地区还计划对民众购买LED灯泡进行相应的补贴。这些政策极大地促进了中国台湾地区LED产业的发展，效果显著。

五、大尺寸面板产值稳定，小尺寸面板产值占比逐步提高

近年来，随着中国大陆在平板显示领域的不断发展，自给自足的能力不断增强，尤其是8.5代线、10代线的建设速度较快，其对中国台湾地区的大尺寸面板采购数量逐步减少。2014年上半年，受益于美国、英国等发达国家经济复苏带动终端需求的增加，大尺寸面板产值止跌反升，中国台湾厂商的接单能力及利润率也趋于稳定。DIGITIMES Research发布的报告表示，2014年下半年，中国台湾厂商大尺寸面板出货量预计达1.347亿片，面板产值将有较为明显的回升，较上半年增长3.8%。预计全年大尺寸面板产值将会与上年持平或微幅衰退。

在中小尺寸面板领域，由于市场对于小尺寸、高分辨率的需求不断提高，中国台湾地区的技术优势显现，中小尺寸面板的出货量不断增加，占全年面板行业总产值的比重也呈现出上升趋势。根据中国台湾光电科技工业协进会PIDA的数据，2010年中国台湾地区中小尺寸面板出货量为13.96亿片，全年产值为新台币2 040.76亿元，占中国台湾地区整体面板业产值的比重约为17.9%。2013年，中国台湾地区中小尺寸面板出货量为16.66亿片，产值比重则上升至25.3%。预计2014~2015年中国台湾地区中小尺寸面板产值占比仍将持续上升，达26%~27%。

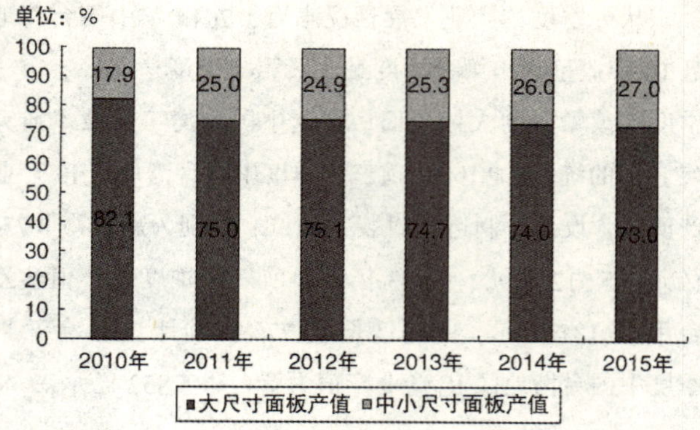

图7　2010~2015年中国台湾地区大中小尺寸面板产值比重分析

注：2014~2015年为预测值

数据来源：中国台湾光电科技工业协进会（PIDA）

2014年世界集成电路产业发展回顾与展望

【综述】

2014年，全球电子整机产品市场依旧保持了增长的态势，尤其是移动互联网、新一代移动通信、物联网等领域的发展为电子整机产品提供了巨大的市场。电子整机市场的兴旺，为全球集成电路产业的发展提供了强有力的需求。根据WSTS统计，2014年，全球集成电路市场在上年5%增长的基础上继续稳步增长，预计年度市场总额将达到3 330亿美元，年度增长幅度为9%。中长期预测显示，全球集成电路市场在2015年将继续保持增长态势但增速将会回落，2~3年后全球市场将出现持平甚至负增长的现象。

在产业发展的同时，技术也在不断进步。2014年，集成电路加工工艺已经全面进入20纳米时代，并正在向20纳米以下的16/14纳米阶段进发。无论是处理器还是存储器与系统芯片，各类芯片产品在新工艺的支持下性能不断提高、功耗再度下降，从而更充分地满足了当前以移动终端为主流的整机市场需求，带动了市场规模继续扩大。

一、2014年集成电路产业发展态势

（一）全球集成电路市场增长强劲，未来仍将保持增长态势

受益于移动终端与新一代移动通信等领域强劲的需

求，2014 年全球集成电路市场在 2013 年较高增速的基础上继续保持高速增长。

自开年以来，全球半导体市场步步攀升，截至 2014 年第三季度，每个季度均处于增长状态。根据 WSTS 统计，2014 年第一季度全球半导体销售额为 785 亿美元，刷新了第一季度销售额的历史纪录；第二季度全球半导体销售额为 827 亿美元，较第一季度增长 5.4%；第三季度全球半导体销售额高达 870 亿美元，较上季度增长 5.7%。连续三个季度全球半导体市场情况良好并以较高的速度增长。据预算，第四季度全球半导体的市场销售额继续保持增长，但增速趋缓。

据 WSTS 于 2014 年 12 月初发布的报告预测，2014 年全球半导体产业的市场规模将达到 3 330 亿美元，年度增长率为 9%。从产品门类角度来看，存储器产品的增长最为迅猛，其次为分立器件与模拟器件。从区域角度来看，美国半导体市场一直处于平缓增长态势，日本半导体市场处于下滑状态，欧洲半导体市场小幅增长，而亚太地区半导体市场仍旧一直保持高速增长态势。

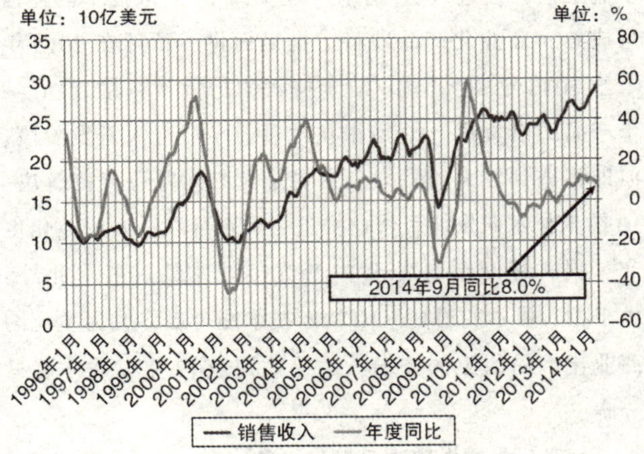

图 1　全球半导体产业销售规模增长情况

数据来源：WSTS，2014 年 11 月

（二）全球领先企业排名稳定，代工厂与存储器企业营收大增

2014 年，全球半导体领先企业营业收入仍保持高速增长，据 IC Insights 于 2014 年 11 月下旬的预估，2014 年全球前 20 大半导体厂总营收将达 2 596 亿美元，较上一年度增长 9%。

2014 年前 6 大厂排名继续维持不变，英特尔稳居龙头地位；三星仍居第二位；台积电继续保持排名第三。而在第 7 至第 20 名的 14 家厂商中，有多达 10 家厂商排名有所变动但升降幅度不大，排名变动均在 2 个位次之内。全球前 20 大半导体厂商中 2014 年有 3 家厂商营收增长率在 20%以上，其中，台积电与联发科+晨星年度增长率分别为 26%与 25%，存储器厂家 SK 海力士年度增长率 22%，增幅居第三位。

（三）产业投资继续加大，企业大规模并购频繁

基于对未来几年半导体市场的良好预期以及潜在需求增加的判断，本年度多家大型企业加大了投资力度。2014 年，全球半导体整体投资额较 2013 年有大幅增加。根据 Gartner 公司 2014 年 10 月的测算，2014 年全球半导体资本支出总金额预计突破 645 亿美元，较上年的 578 亿美元增长 11.6%。由于半导体存储器平均售价上扬，加之消费产品需求增加，2014 年全球半导体设备支出资本将增长 17.1%。另据统计数据显示，2014 年代工厂的支出仍将超越 IDM 制造商。其中，代工厂支出预计年均增长 4.5%，相比之下 IDM 整体支出减少 0.3%。

2014 年的集成电路行业企业并购事件不断发生，截至 2014 年 11 月，全球半导体公司已经完成了 23 笔收购交易。数亿美元的并购为数不少，涉及金额更大的收购与兼并事件也在年内频频出现。8 月，德国芯片制造商英飞凌宣布以 30 亿美元现金并购美国国际整流器公司（International Rectifier）。10 月，美国高通以 25 亿美元收购了英国 GPS 蓝牙芯片巨头 CSR。年内最为引人注目的事件是半导体代工厂商格罗方德对 IBM 公司半导体业务的兼并。10 月，两家公司宣布，IBM 将在未来三年内向格罗方德支付 15 亿美元现金，以剥离芯片业务。除了世界巨头纷纷开展并购整合外，中国的产业整合也开始加速，2014 年 7 月紫光集团完成了对锐迪科微电子 9 亿美元的收购交易。9 月，英特尔向紫光集团旗下持有展讯通信和锐迪科微电子的控股公司投资人民币 90 亿元（约 15 亿美元），并获得了 20%的股权。

（四）集成电路工艺缓慢前行，EUV 技术向实用化迈进

2014 年，半导体加工工艺已经全面进入 20 纳米阶段，无论是 IDM 企业还是代工企业，主流产品均开始从 28 纳米向 20 纳米工艺转移。英特尔的桌面处理器已经全部采用 22 纳米工艺生产，其基于 14 纳米工艺的 Broadwell 处理器将正式上市，更多款的 Broadwell 处理器也将在未来几个月内陆续推出。存储器方面，三星和

SK 海力士基于 20 纳米工艺的 4Gb DRAM 均已开始大规模量产。代工方面，台积电正在全力提升 20 纳米工艺产能，同时加紧研发 16 纳米 FinFET 工艺，并于 11 月中旬开始 16 纳米 FinFET Plus 工艺的风险性试产。而三星半导体也加紧了其 14 纳米 FinFET 工艺的试产进程。

2014 年，极紫外光刻（EUV）技术取得了大幅度的进展，ASML 的 EUV 设备在年内取得了较大的进展。7 月底，英特尔和台积电分别成功利用 ASML 的曝光设备，在 24 小时内完成逾 600 片晶片的曝光。截至 11 月，ASML 公司的第三代 EUV 设备已出货 6 台，预计 2014 年底至 2015 年初将再出货 5 台。ASML 第四代的 EUV 设备目前正在组装中，预计 2015 年可出货。如果未来一段时间内 EUV 技术得到进一步完善，2016 年后 EUV 有望进入量产，这将对全球半导体业产生巨大影响。

（五）FinFET 技术竞争激烈，立体封装技术进入规模化应用

2014 年，在英特尔于两年前采用 FinFET 技术生产处理器芯片后，全球大型集成电路制造商也追随这一技术路线并展开了激烈的竞争。台积电与三星虽在 FinFET 技术上还落后于英特尔，但这两家公司间的竞争十分激烈。2014 年，台积电在 14/16 纳米 FinFET 技术商业化量产的竞赛上已经赶上了三星。台积电已经在 16 纳米 FinFET 试产线制造出了 ARM 核心网络处理器样品并开始风险性量产，该公司宣称新工艺将在 2015 年 7 月左右开始大规模量产。

2014 年，硅通孔（TSV）封装技术愈发受到产业重视，多家企业开始采用此项技术量产芯片。8 月份，三星开始量产基于 TSV 3D 堆叠技术的 DDR4 DRAM 内存模块。同月，英特尔发布了为半导体代工业务客户提供的一项名为“嵌入式多裸片互连桥接”（EMIB）的 2.5D 封装技术。三维立体封装技术目前主要应用在存储器芯片上，但是随着技术的不断进步，其他多种类的芯片也将采用这种新的封装方式来实现。

二、未来发展趋势

（一）全球产业继续保持波动式增长

未来几年内，随着电子整机产品的更新换代，以及物联网、云计算等领域的发展，尤其是新一代移动通信的大规模部署、移动互联网与移动终端持续旺盛的需求，全球半导体产业将继续保持增长的大趋势。但考虑到大型半导体公司新增生产线以及库存的影响，加之整机产品更新换代周期等因素，预计全球半导体产业的增速将会出现回落。

（二）全球产业格局将发生微妙变化

前几年，受惠于智能移动终端的爆炸式增长，移动芯片企业发展迅猛，高通公司成为全球第四大半导体企业并保持至今，台积电等代工企业也受益匪浅。未来数年，全球产业格局将发生微妙的变化，传统的 IDM 将开放加工能力进入代工行业以求保持领先地位，代工企业将继续加强自身技术水平并加紧追赶产能，移动芯片业务将集中于少数领先企业并继续高速发展。从区域上看，美国企业仍将保持领先，欧洲企业逐步复苏，日本企业继续苦苦挣扎，中国大陆的企业将有大幅度的跨越，亚洲其他国家和地区的企业稳步发展。

（三）集成电路工艺技术发展将面临极大的挑战

未来几年，集成电路工艺技术仍将沿着摩尔定律的方向前进，但所遇到的困难将极其巨大。当前集成电路主流工艺已经进入 20 纳米阶段，14/16 纳米技术已经接近成熟，商业化产品即将大批量面世，预计在 2015 年末至 2016 年初，14/16 纳米技术的出货量将接近 20 纳米产品的出货量。10 纳米技术目前已经进入研发阶段，但即将遇到较大的阻力，主要是光刻问题还有待解决。10 纳米技术研发能否快速推进，是否可以进入商业化生产，很大程度上取决于 EUV 光刻技术的进展。此外，由于相对成本的增高，10 纳米技术能否最终成为主流的商业化产品的工艺技术，还要等到 2017 年以后才能见分晓。

（四）集成电路产品继续推陈出新

集成电路产品方面，桌面处理器仍在向前发展，英特尔仍在按计划推出其新一代 Broadwell 系列产品，而更先进的下一代 Skylake 系列产品已经基本定型并将于 2015 年下半年推出。移动应用处理器已经完成了多核化的进程，4 核、8 核等已经成为主流产品，现在正在向 64 位处理与 SOC 集成化的方向发展。存储器方面，大容量、TSV 封装、DDR4 是发展方向，预计未来几年，单封装芯片的容量将再度翻番。专用电路方面，应用于物联网、汽车电子、医疗电子、工业控制、金融电子等领域的产品将得以全面发展，产品性能进一步提高，产品门类更加丰富。

【统计数据】

表 1　2014 年全球半导体产业排名前 20 强

单位：百万美元

2014 年预计排名	2013 年排名	企业名称	2013 年收入	2014 年预计收入	预计增长率(%)
1	1	英特尔	48 321	51 368	6
2	2	三星	34 378	37 259	8
3	3	台积电	19 935	25 088	26
4	4	高通	17 211	19 100	11
5	5	美光+尔必达	14 294	16 614	16
6	6	SK 海力士	12 970	15 838	22
7	8	德仪	11 474	12 179	6
8	7	东芝	11 958	11 216	–6
9	9	博通	8 219	8 360	2
10	10	意法	8 014	7 374	–8
11	11	瑞萨	7 975	7 372	–8
12	12	联发科+晨星	5 723	7 142	25
13	14	英飞凌	5 260	6 151	17
14	16	恩智浦	4 815	5 625	17
15	13	AMD	5 299	5 512	4
16	17	索尼	4 739	5 192	10
17	15	安华高+LSI	4 979	5 087	2
18	19	飞思卡尔	3 977	4 548	14
19	20	联电	3 940	4 300	9
20	21	英伟达	3 898	4 237	9
	全球 20 强		237 379	259 562	9

注：数据来源于 IC Insights，2014 年 11 月。

2014 年世界电子元器件产业发展回顾与展望

【综述】

2014 年，电子元器件仍然保持 2010 年以来全球电子第一大细分行业的地位，在 2013 年增长的基础上实现了 5%的加速增长，彻底走出了 2012 年的低谷，产值达到了 5 328 亿美元，占全球电子行业产值的 29%。电子元器件行业在2014年的增长主要得益于新兴经济体的持续强势成长以及亚太各国和地区产业的复苏，中国大陆对全球元器件产业和市场增长的贡献率分别为27%和55%，是全球增长的主体力量。电子元器件的技术进步在2014年也非常显著，LED照明产业快速发展；大尺寸、高分辨率、可弯曲显示的OLED显示面板面世；OLED照明技术投入量产；MEMS延续了上年的高速增长态势，工艺优化和小型化是当前MEMS技术进步的推动力。

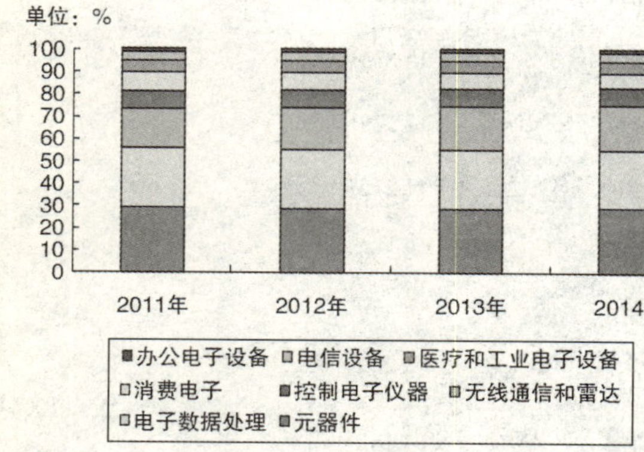

图1 2011~2014年全球电子元器件各细分行业的产值占电子行业的比例

数据来源：《The Yearbook of World Electronics Data 2014》

展望未来几年，在一些发达国家摆脱颓势、新兴经济体持续强势增长的大环境下，元器件产业有望继续保持较高的增长势头。在移动终端和物联网的推动下，新型元器件向智能化、低能耗和小型化方向发展，电子元器件产业正在迎来发展的新机遇。

一、2014年电子元器件产业发展态势

（一）新兴市场需求持续强劲，亚太传统经济体遏止颓势

2013年以来，全球电子元器件市场规模连续上升。2014年，全球电子元器件市场规模为5 712亿美元，实现5%的增长，进一步摆脱了2012年的低谷。从地区来看，中东欧（包括俄罗斯）和西欧的市场规模分别是228亿美元和575亿美元，分别下降2.7%和增长1.8%；亚洲太平洋地区（不包括中国）的市场规模是2 566亿美元，增长3.3%。

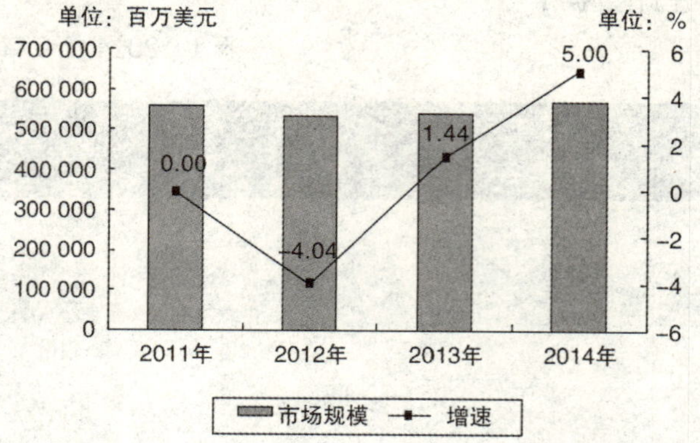

图2 2011~2014年全球电子元器件市场规模及增速

数据来源：《The Yearbook of World Electronics Data 2014》

2014年全球电子元器件市场的增长主要得益于两个方面：一方面，中国、墨西哥和巴西等新兴经济体的需求持续增长，三国电子元器件市场规模分别增长8.4%、7.9%和4.4%，增量（172亿美元）占全球增量（245.7亿美元）的70%；另一方面，日本市场复苏，此前日本电子元器件市场规模连年下滑，2013年的负增量接近于该年全球市场的净增量，2014年日本市场增速为6%，暂时摆脱颓势，形成日本市场大起大落的不稳定局面。中国大陆继续保持全球第一大电子元器件市场的地位，市场规模为1 946亿美元，占全球市场规模的34%；市场增量为150.2亿美元，占全球市场新增量的61%，成为拉动全球市场增长的主要力量。

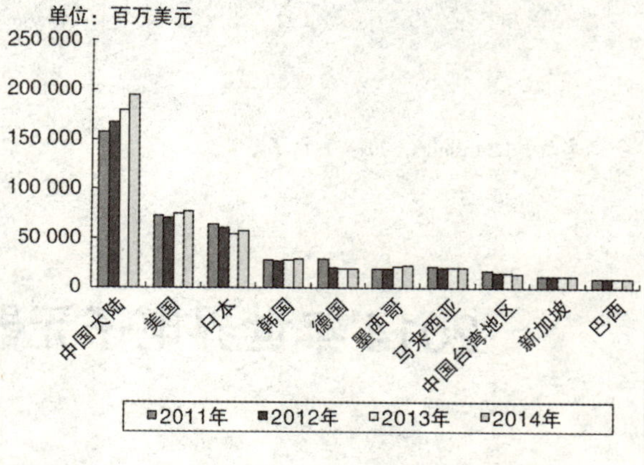

图3 2011~2014年主要国家和地区电子元器件市场规模

数据来源：《The Yearbook of World Electronics Data 2014》

（二）全球产业进一步发展，中国贡献主要增长力

2014 年，全球电子元器件产业规模达到 5 327 亿美元，继续保持了 2013 年以来的增长态势且增速达到 5%。从地区来看，中东欧（包括俄罗斯）和西欧分别实现产值 64 亿美元和 482 亿美元，增长率分别为–0.8%和 0.8%，基本与上年持平；亚洲太平洋地区（不包括中国）实现产值 3 547 亿美元，增长率达到 5.3%，与全球产业增长速度保持一致。

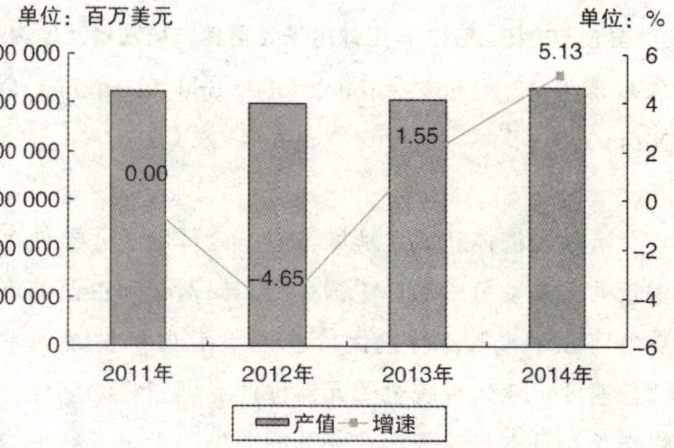

图 4　2011~2014 年全球电子元器件产业规模及增速

数据来源：《The Yearbook of World Electronics Data 2014》

全球电子元器件产业增长主要得益于中国的稳定增长和亚太各国及地区电子元器件产业的复苏。中国大陆保持了高速增长的态势，增速达到 6.6%；中国台湾地区实现增速 8.6%，较上年的 12%增速有所放缓，但仍然排名全球增速第一；马来西亚后来居上，增长速度为 7.5%。在亚太其他各国和地区电子元器件产业复苏的冲击下，中国大陆和台湾地区的增量（113.71 亿美元）仍然占全球产业增量（259.97 亿美元）的近半数。中国大陆从 2011 年超过日本后，一直保持全球第一大电子元器件生产国的地位，产值占全球的 21.5%，较 2013 年（21.2%）有所上升，2014 年增量（71 亿美元）占全球增量的 27.3%。日本、美国、德国、法国和新加坡等传统电子元器件产业大国产值连续多年下降的趋势得到遏制。2014 年日本电子元器件产业的产值实现增量 33 亿美元，排在中国台湾地区之后，但总量仍然比 2011 年下降了 21.8%。美国、德国、法国和新加坡电子元器件产业的产值也都未能恢复到 2011 年的水平。发达国家电子元器件产业摆脱颓势实现增长，反映了全球电子元器件产业小幅波动的特点，受此前多年产值连续下滑的影响，各国依然难以恢复到 3 年前的产值水平。

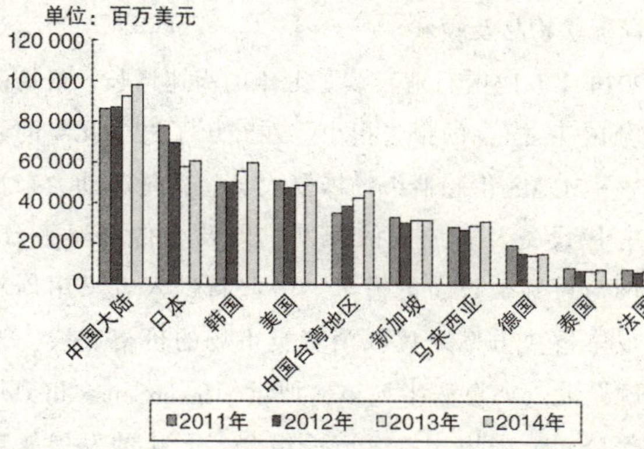

图 5　2011~2014 年主要国家和地区电子元器件产业规模

数据来源：《The Yearbook of World Electronics Data 2014》

（三）照明和显示技术进步显著，MEMS 传感器面临小型化挑战

2014 年是 LED 产业变革的重要年份，LED 照明渗透率不断提升，LED 行业在年内一片兴旺。价格下降快速推动了 LED 照明光源及灯具的普及，2014 年整个 LED 照明供应链体系整合加速，从上游的蓝宝石衬底、外延芯片，到中游的封装、下游的应用厂，行业集中度越来越高。倒装（Flip Chip）LED 成为产业发展的主轴。倒装型 LED 较一般型 LED 具有体积小、散热佳、亮度高、不需金属导线等优势，因此在终端产品（如照明、LED 电视、闪光灯、车灯等）中已加入倒装型 LED 设计。

可弯曲屏幕一直是各大硬件厂商竞相研制的新技术，与现有的显示屏相比，可弯曲屏幕透光率更高、功耗更低、性能更稳定，更轻更薄，而且可弯曲扭折。2014 年 7 月，LG 公司成功研发了一款 18 英寸 OLED 显示面板，可以直接卷成一个直径 3cm 的“卷轴”。新显示屏可弯曲幅度更大，同时厚度也更轻薄，目前该显示屏最大支持 1200×810 分辨率。除了 18 英寸显示屏外，LG 公司也正在研发全透明的 OLED 面板。

OLED 照明具有现行照明产品所没有的轻、薄、整面光源等特色，环境负担小，光线不含紫外线，是继 LED 照明之后最被看好的新一代照明产品。2014 年日本次世代化学材料评价技术研究组合（CEREBA）率先研发出可弯曲OLED照明的量产技术，在透明的树脂薄膜上形成发光层，使用CEREBA技术所生产的OLED照明产品可弯曲又薄，故可应用在家具、汽车、航空器等各种不同形状物品及领域。

2014年MEMS行业延续了上年的高速增长。市场研究机构IC Insights的报告指出，在经历了过去几年的衰退之后，MEMS传感器市场恢复成长，其复苏动力来自于新一代设备及新应用的开发，以及多传感器平台、物联网与可穿戴设备的需求。一些新进入者采用创新的低成本解决方案来挑战消费类市场的价格底线，迫使传统企业（如意法半导体、博世、InvenSense和德州仪器等公司）采用MEMS产品组合多元化的发展战略来应对。MEMS的智能化趋势显著，软件开始成为传感模块的一个重要组成部分，尤其是组合传感器，以实现各种复杂的传感功能。当前MEMS技术面临的挑战主要在于小型化，几家MEMS公司都采用新的制造和封装方法来实现小型和低成本的目标。意法半导体和博世采用TSV技术，mCube采用3D MEMS工艺，Maxim采用专有的表面工艺和金-硅共晶键合的晶圆级封装技术缩小30%的面积。由于小型化、无线通信和低功耗技术的驱动，医疗有望成为增长最快的MEMS市场。也给化学MEMS、红外传感器和新型磁传感器等其他MEMS器件带来了新机遇。

二、未来发展趋势

（一）产业迎来增长期，新兴经济体和亚太地区依然是市场增长主体

在全球物联网和移动终端大发展的带动下，预计全球电子元器件市场在未来几年会继续保持近5%的增长态势，到2017年达6 547亿美元的规模。传统的电子元件产业，如电阻器、电容器、电感器、继电器、连接器、印制电路板、放大器和扬声器等，多年来发展保持相对稳定；电子元器件产业的增长将主要来自半导体分立器件和传感器领域。物联网的发展对传感器的需求持续增长，发展潜力巨大的移动通信产业将极大地推动智能化、低能耗和小型化的MEMS传感器的发展；LED显示在大屏幕和智能手机显示两大方向发展。此外，在光伏方面，HIS Technology最新报告显示，2014年，光伏产业新增装机量达到20%，预计未来光伏组件等仍将保持增长的趋势。

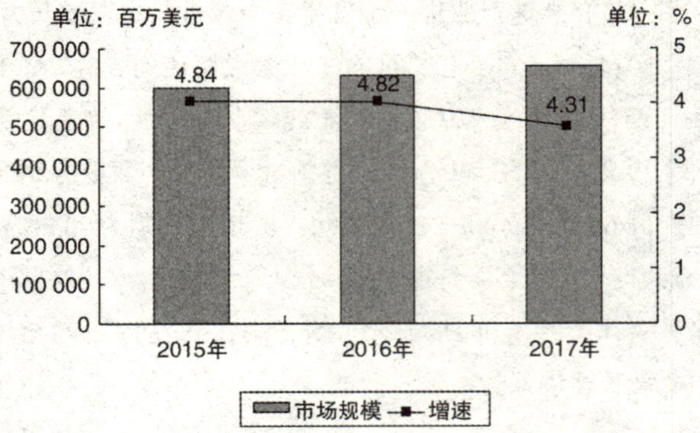

图6 2015~2017年全球电子元器件市场规模及增速

数据来源：《The Yearbook of World Electronics Data 2014》

新兴经济体和亚太地区依然是全球电子元器件市场增长的主要动力。预计中国大陆、墨西哥和巴西的市场规模将在未来三年分别保持5.8%、6.7%和5.1%的平均增长速度；亚太传统电子元器件产业国家将继续保持小幅增长，日本将成为产业复苏的典型，未来三年平均增速有望与韩国（4%）持平。中国大陆将继续保持高于全球平均值的增速，其全球最大的电子元器件市场地位不可撼动，市场份额预计将从2014年的34%增长至2016年的35%，市场规模将超过美国、日本、韩国、德国和新加坡等传统电子元器件大国的市场规模总和。

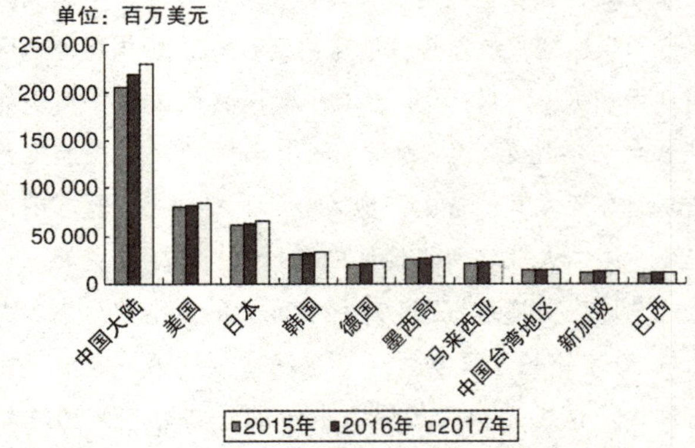

图7 2015~2017年主要国家和地区元器件市场规模

数据来源：《The Yearbook of World Electronics Data 2014》

（二）电子元器件技术向智能化、低能耗和小型化方向发展

在物联网和移动产业的推动下，新型的电子元器件

产业将获得长足发展。具备了智能化、低能耗和小型化特点的 MEMS 产品将大量应用于移动终端和物联网设备中。显示技术向高清晰和大尺寸的方向快速发展，可弯曲显示技术将成为未来显示技术发展的重要方向。物联网和移动终端不仅带动了新型电子元器件的智能化需求，还推动了新兴产业的智能化进程。以 LED 照明为例，伴随着智慧城市的建设，智能控制的照明系统应运而生，价格的下降让 LED 更多地走进家庭照明，以手机、平板等移动终端实现远程控制的场景必将走进日常生活中。

为节省成本，低能耗的标准将在未来新型产品中得到普及，与此同时集成化的要求使得小型化成为新产品不可避免的技术挑战。以 MEMS 为例，小型化和低成本要求更新生产工艺甚至实现技术突破，而技术的进步会影响产业的布局，由于小型化、无线通信和低功耗技术的驱动，医疗有望成为增长最快的 MEMS 市场。

2014 年世界视听产业发展回顾与展望

【综述】

2014 年，全球视听产业处于结构调整期，产业规模下降速度有所放缓。以电视市场为例，继 2011 年达到顶峰后开始下滑，2012 和 2013 年分别下降了 6%和 3%，但降幅有所收窄。数字视听产业正加速从成本导向型向创新驱动型升级，生产与服务融合、软件与硬件融合的趋势愈加明显。

一、2014 年视听产业发展态势

（一）产业依旧面临下滑态势，但整体降幅有所收窄

2014 年，全球消费电子产业的产值下滑速度较上年有所放缓。据《世界电子数据年鉴 2014》（The Yearbook of World Electronics Data 2014）的统计，2014 年，消费电子产品产值预计为 1 289.88 亿美元，比上年的 1 321.63 亿美元小幅下滑 2.4%。从市场情况来看，2014 年，消费电子产品销售额为 1 230.14 亿美元，同比下降 2.12%。中国是世界最大的消费电子产品生产国，占全球产值比重的 39%，其后是墨西哥、日本和马来西亚；美国是世界上最大的消费电子产品市场，其全球市场占有率为 22.49%，其后是中国、日本和德国。

视听产业降幅不断收窄。据《世界电子数据年鉴 2014》（The Yearbook of World Electronics Data 2014）的统计，2014 年视听产品产值 1 079.31 亿美元，较上年下降 3.25%，占消费电子产品产值的比重为 83.68%（上年比重为 84.41%）。视听产业下滑是造成消费电子产品产值下滑的主要因素。

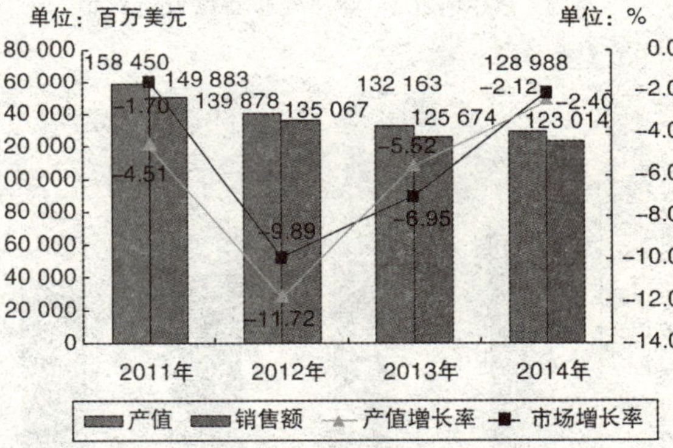

图 1　2011~2014 年消费电子产品产值与销售情况

注：2014 年为预测值

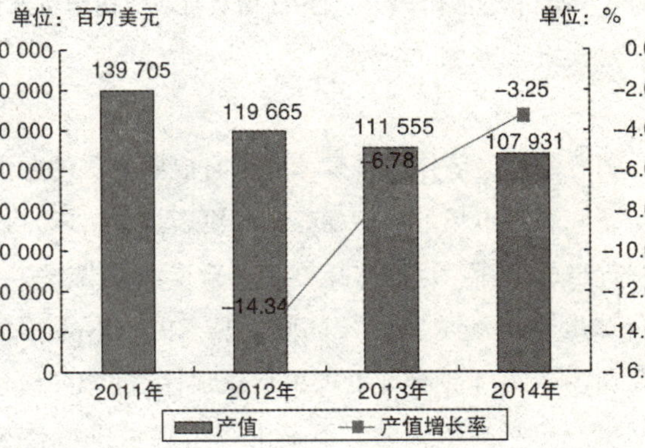

图 2　2011~2014 年视听产品产值情况

注：2014 年为预测值

（二）细分领域发展现状不同，彩电产业重回增长区间

据《世界电子数据年鉴 2014》的统计，2014 年，全球视频设备产值 759.75 亿美元，同比下降 1.03%；音频设备产值 241.02 亿美元，同比增长 1.19%；彩电产量 2.15 亿台，同比增长 3.26%；DVD 播放机产量 8 496.3 万部，同比下降 9.84%；数码相机产量 2 531.8 万部，同比下降 10.02%。

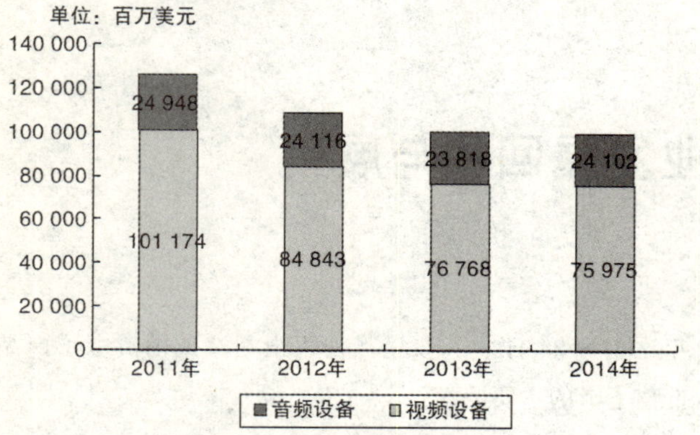

图 3　2011~2014 年视频和音频设备产值

注：2014 年为预测值

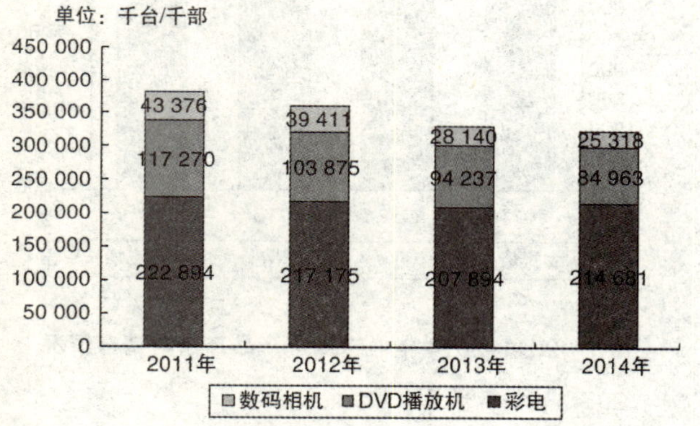

图 4　2011~2014 年彩电、DVD 播放机和数码相机产量

注：2014 年为预测值

随着发达经济体缓慢复苏，来自成熟地区的向大尺寸更新和新兴市场（如印度等）的更新换代需求，以及电视价格的下降、尺寸选择更多及新技术层出不穷，促使全球电视市场重回增长区间。据 NPD DisplaySearch 研究预测，2014 年全球电视出货量预计增长 1%，其中液晶电视市场需求强劲，液晶电视出货量将增长 5%。因为电视厂商相继停止生产 PDP 电视和 CRT 电视，将精力主要集中在液晶电视上，部分液晶电视出货量的增长是由 PDP 电视和 CRT 电视出货量的下滑所致。

主要厂商对液晶电视的出货情况持乐观积极的态度，增加了年初设定的出货计划。2014 年第三季度，三星电子和 LG 电子将 2014 年度液晶电视出货计划分别上调至 4 800 万台及 3 400 万台。据 NPD DisplaySearch 的数据，预计 2014 年，全球前 15 大液晶电视品牌的液晶电视出货量将超过 1.9 亿台。中国大陆电视厂商也积极备货以迎接第四季度旺季的来临及中国农历新年的需求。排名前 15 位的电视品牌分别为三星、LG 电子、TCL、海信、创维、长虹、海尔、索尼、康佳、Vizio、夏普、松下、东芝、AOC/TP Vision 和船井电机。其中，韩国三星和 LG 占比在 40%以上，领跑电视产业。

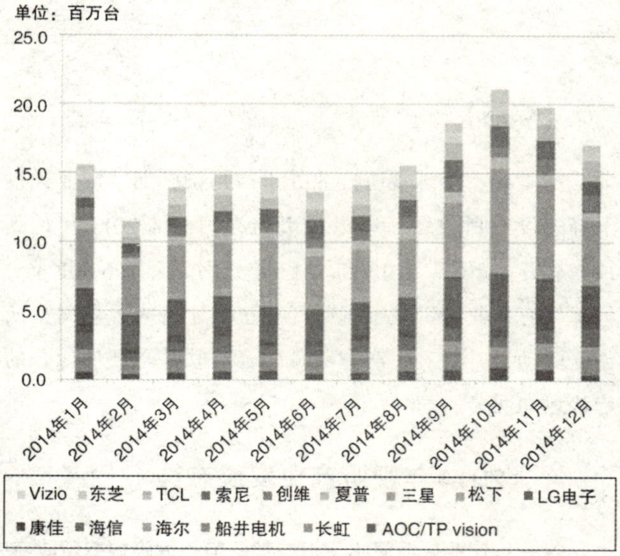

图 5　2014 年全球排名前 15 位电视品牌生产计划

数据来源：NPD DisplaySearch

（三）新产品、新技术的渗透率进一步提升，4K 液晶电视受到消费者青睐

随着 3D 显示、LED 背光源等技术的日趋成熟，超高清、广色域、曲面、OLED 等作为新兴显示技术方向，不断拉动产品升级，成为新的增长点。各家企业纷纷围绕超高清、曲面显示技术以及 OLED 显示技术等要素宣传，并以此来塑造品牌高端化形象。

其中，4K（超高清）液晶电视受到消费者青睐。在全球各地的电视品牌厂商的强力推广下，4K 液晶电视强势进入市场，成为高端液晶电视标配，从 2014 年开始 4K 电视内容也越来越丰富。NPD DisplaySearch 的数据显示，2014 年前三个季度 4K 电视出货量达 640 万台。

除 4K 电视出货形势较好外，曲面电视也加速渗透进入市场。据 NPD DisplaySearch 的预测，2014 年曲面电视出货量将达到 80 万台；OLED 电视出货量预计最高将达到 10 万台。

（四）中国是彩电生产大国，韩国品牌 4K 电视占全球市场份额最大

从全球彩电产量来看，据《世界电子数据年鉴 2014》的统计，2014 年全球彩电产量 2.14 亿台，其中，中国大陆彩电产量排名首位，占比 38.37%；墨西哥位居其次，占比 15.17%。

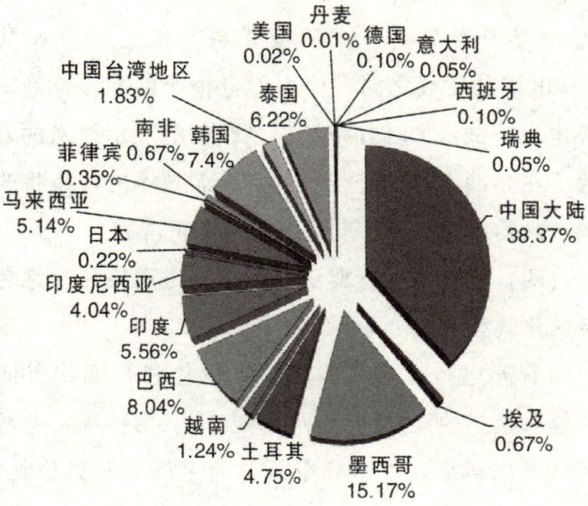

图 6　2014 年各地区彩电产量比重

注：2014 年为预测值

DisplaySearch 的数据显示，截至 2014 年第三季度，三星电子与 LG 电子的 4K 电视市场占有率已经超过 50%。

DisplaySearch 的数据显示，2014 年第二季度，三星电视的全球市场占有率达 31.8%，创历史新高，连续 34 个季度蝉联榜首。同时，三星曲面 UHD TV、60 英寸以上超大屏电视等广受消费者欢迎，在高端电视市场（1 500 美元以上）三星电视占有率超过 50%。

从全球各地区 4K 电视出货量来看，中国是 4K 电视消费需求的主战场，占到了第三季度全球出货量的 60% 以上。但就 4K 电视各地区出货量的变化而言，中国 4K 电视出货量占比有所下降。

二、未来发展趋势

未来几年，随着发达经济体温和复苏，美国经济

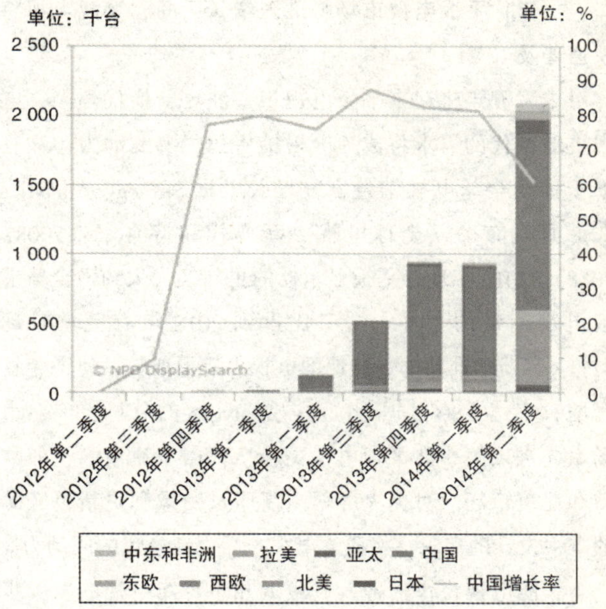

图 7　2012~2014 年各季度主要地区 4K 电视出货量

数据来源：NPD DisplaySearch

逐步恢复增长，世界视听产业将迎来新的发展空间。成熟市场和新兴市场产品的更新换代需求将被激发，大尺寸、超高清电视、智能电视等产品的市场份额将持续增加。

（一）产业降幅逐渐收窄，但总体依旧呈现低迷态势

预计 2014~2017 年，消费电子产业降幅逐渐收窄，2017 年将实现销售额 1 200.36 亿美元，较 2014 年有所下滑。尽管彩电行业未来几年发展前景较为乐观，但难掩除彩电外行业总体低迷的态势。

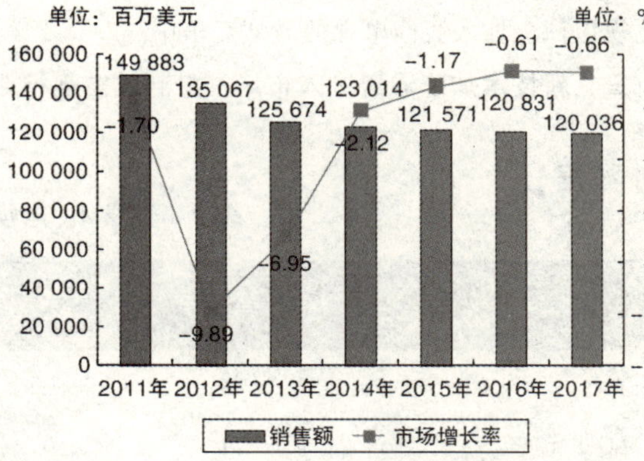

图 8　2011~2017 年世界消费电子产业销售额变化趋势

注：2014~2017 年为预测值

数据来源：《The Yearbook of World Electronics Data 2014》

（二）平板电视市场将进入增长区间，智能电视将快速普及

未来五年将迎来平板电视第一波更新换代浪潮，电视更新换代的需求将成为电视销售的主要驱动力，这有助于推动全球电视销量恢复增长。据 Strategy Analytics 在 8 月发布的《全球电视更新换代和持有率：2008~2018》，2013 年现存平板显示器的更新换代大约占全球平板电视销量的 23%，这一比重到 2018 年有望增长到 67%，有助于推动这一时期的电视出货量增长，使得年复合增长率达 3.8%。据 Strategy Analytics 的分析，成熟市场率先进入第一波平板电视更新换代的主流浪潮，如欧洲和北美市场。对更大屏幕、高质量图像和更新更轻薄的电视设计的需求，将成为电视产品更新换代的驱动力。

智能电视将快速普及。最近几年智能电视的发展步伐明显加速，呈现出快速普及趋势。各大彩电厂商也纷纷加大在智能电视领域的投入力度，争相推出各自的智能电视新品，并积极投身于软件应用市场的开发和整合。随着谷歌、苹果、联想等 IT 巨头加入彩电业，打破了国际上传统的以面板等硬件资源为主的垄断态势，彩电产业的传统巨头（如三星、LG、索尼等）品牌面临挑战。为了搭上智能电视发展的高速列车，各大彩电厂商纷纷打破传统以画质为卖点的单一形式，陆续推出一系列主打智能体验的电视产品，如三星开展了以语音控制、手势控制、面部识别功能等为卖点的智能电视产品；LG 关注多屏互动，通过智能技术设备和视频资源的通力合作，实现互联网电视与不同终端介质间的跨屏联通；松下也推出了融入 Smart TV 概念的产品。中国众多电视厂商也加入智能电视的激烈竞争中。

（三）新技术加速渗透进入市场，将刺激电视行业重新洗牌

电视巨头针对显示技术的暗战已初见端倪。激光显示技术产品也正在不断入驻市场。激光显示技术在全球范围的发展基本上处在同一水平，LG 电子最先推出激光电视，索尼也在 2014 年 CES 上展出了新品。随着技术和市场的不断成熟，激光电视将凭借低成本优势加速进入市场。而三星也转向利用量子点技术生产电视显示屏，并计划将其应用到下一代电视机产品中。4K、OLED、量子点、激光显示技术等促使彩电市场的产品不断更新。在新技术应用的冲击下，等离子电视已经走向没落，OLED 电视由于成本压力和低良品率问题增长缓慢，目前三星暂停了 OLED 研发计划，LG 电子为了不走等离子的老路，正积极联系其他彩电企业共谋 OLED 电视的发展之路。中国彩电企业创维、长虹、康佳等也正在试水 OLED 市场，紧跟新型显示技术的发展趋势，在高端产品上进行布局。新老技术的替换将改变电视产品的市场比例，刺激电视行业重洗牌。

（四）传统电视行业正在积极推进网络化、绿色化和智能化转型

随着彩电行业向网络化、绿色化和智能化方向发展，越来越多的互联网企业跨界加入，为传统彩电行业带来变革的机遇，推动彩电行业向全产业链竞争延伸。IT 企业的跨界进入，压缩了产品毛利，对传统彩电企业的销量和利润影响很大。传统的液晶电视产品必将面临来自于新一代显示技术、人机交互界面、操作简便性等多方面的冲击，正在经历电视制造和互联网服务相互渗透、融合的新阶段。互联网企业不仅使彩电行业的价格竞争更加激烈，而且对传统彩电企业的盈利模式产生冲击，促使其逐步走向制造与服务相融合的新运营模式。

【统计数据】

表 1　全球 4K 电视市场份额排前 5 名的品牌

单位：%

品牌	2014 年第一季度	2014 年第二季度	2014 年第三季度
三星	22	43	36
LG 电子	11	12	15
海信	16	7	10
索尼	10	10	9
长虹	6	5	6

注：数据来源于 DisplaySearch。

2014 年计算机及网络产业发展回顾与展望

【综述】

2014 年，全球 PC 产业延续了上年的下行态势，但降幅有所缩小，预计 2015 年将出现回暖迹象。服务器市场持续低迷，产品格局正面临调整，x86 架构服务器市场格局随着联想收购 IBM 低端服务器业务而开始出现调整，IBM 则加大高端服务器推广力度，新一轮的竞争即将展开。高性能计算技术增速放缓，全球超级计算机前五强竞争格局保持稳定。随着互联网等相关产业的发展，以太网交换机与路由器市场增速稳定，100G 光纤设备有望迎来高速增长期。

一、2014 年计算机产业发展态势

（一）PC 市场仍呈下行态势，新技术正加速应用

2014 年，受经济形势影响以及平板电脑等移动终端的冲击，欧美等成熟市场的 PC 销量不断萎缩，亚太、非洲等新兴市场的需求也在持续下降，全球 PC 市场持续低迷。市场研究机构 Gartner 的数据显示，2014 年前三个季度，全球 PC 市场的出货量仅 2.32 亿台，比上年同期的 2.35 亿台下降 1.61%，前三个季度出货量除第二季度出现 0.1%的同比增长外，第一、第三季度均为负增长。

联想仍是全球最大的 PC 厂商，2014 年前三个季度出货量为 4 313 万台，占全部市场份额的 18.61%，惠普、戴尔、宏碁、华硕分别排在第二至五位。除宏碁外，五大 PC 厂商总的出货量都有不同程度的增长，在整个 PC 市场的份额已经从上年同期的 58.62%增长到 63.65%，PC 制造业进一步集中。

Windows 仍是 PC 市场的主流操作系统，占据着 PC 市场 91.48%的份额，苹果 Mac 操作系统的市场份额仍保持在 7.27%左右。Windows XP 已经从年初的 29.3%迅速降至 11 月的 13.57%，Windows 7 从年初的 47.46%增至 11 月的 56.41%，Windows8.1 则从年初的 3.92%增至 11 月的 12.10%，其他版本操作系统的市场份额与上年基本持平。

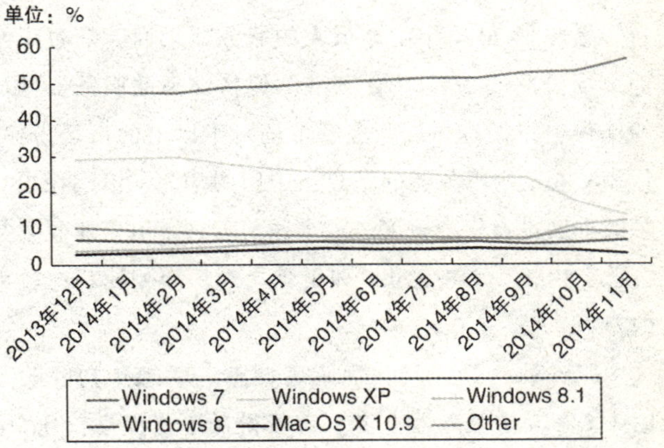

图 1　PC 操作系统市场份额走势

数据来源：Net Applications，2014 年 12 月

2014 年，四核与八核处理器已经成为 PC 设备的基本配置，SSD 硬盘进一步扩大使用范围，超级本、轻薄笔记本电脑，Chromebook 等产品不断扩大市场份额，市场研究机构 Gartner 预计 2014 年全球超级本出货量将由 2013 年的 2 152 万台增至 3 225 万台，2015 年将继续增至 5 503 万台。联想、惠普等各大 PC 厂商不断推出笔记本电脑与平板电脑的融合产品，PC 与智能设备的界限更加模糊，语音技术、手势操作技术、体感技术在 PC 上的应用水平不断提高。此外，随着集成电路规模的不断扩大，多样化的计算技术、传感技术、显示技术等领域不断创新，智能化的计算设备体积变得越来越小，集成度更高的智能设备与可穿戴设备正成为计算机领域的热点，为计算机产业发展带来了新的动力。

（二）服务器市场持续低迷，产品格局面临调整

2014 年，全球服务器市场延续了上年的萎靡状态。依靠 x86 产品的销量增长，2014 年全球服务器整体出货量继续保持低速增长，但随着 x86 架构服务器价格的不断降低，服务器营业收入持续下滑。据相关研究机构统计，2014 年前三个季度，全球服务器市场出货量仅有 1%的微量增长，收入继续下滑，预计这一态势将延续到2015 年。

从地区看，全球服务器市场总体上仍呈现相对低迷的状态，唯一亮点是亚太地区，市场研究机构 Gartner

与IDC的统计数据均显示，该地区2014年前三个季度继续保持高速增长，尤其是中国，服务器出货量与销售收入的增幅均超过20个百分点，主要是因为联想收购IBM x86架构服务器业务，提高了中国服务器市场的竞争力，国内市场需求不断提高带动了销售量增长。北美、欧洲等地则持续低迷，出货量与上年同期基本持平，营业收入继续下降。

惠普是2014年全球最大的服务器厂商，超过了全部市场份额的1/4。IBM则继续保持在高端服务器领域的优势，占据着高端服务器市场一半以上的市场份额。依靠x86架构服务器的销售，中国的华为、浪潮在出货量的季度排行榜中一度进入全球前五名，但营业收入与惠普、IBM、戴尔、思科和甲骨文等厂商相比仍有较大的差距。

服务器产品格局正面临着调整。联想年初收购了IBM x86架构服务器业务，市场份额不断提高，x86架构服务器市场结构逐步调整。惠普的低功耗x86架构服务器在社交服务、移动应用、云与大数据等领域广泛使用，成为备受关注的产品。IBM出售x86架构服务器业务后，联合谷歌、英伟达、三星等成立了OpenPOWER基金会，加大了POWER架构服务器的开放力度，加速了在高端、智能计算等领域的布局。思科、甲骨文等厂商也在加强其高端服务器的技术与市场力量，将软件与服务作为高端服务器最重要的发展要素之一。

（三）高性能计算技术增速放缓，天河二号第四次荣登榜首

2014年，全球高性能计算的计算能力增速趋缓。11月的全球超级计算机500强排行榜显示，其总的计算能力为每秒309千万亿次，比上年同期的每秒250千万亿次增长23.6%，远低于前几年成倍的增速。由国防科学技术大学研制，位于广东国家超算中心的天河二号以每秒33.86千万亿次的浮点运算速度第四次位居榜首，排在第二到第五位的分别是泰坦、红杉、京和米拉。超级计算机500强排行榜前五位从2013年6月起没有任何变化，前九位则与2014年6月的排行榜相同。

美国仍是高性能计算技术实力最强的国家，但在超级计算机500强排行榜中数量从上年的265个降到231个。同期，中国由63个降到61个，继续排在第二名的位置。欧洲的超级计算机总数已经从上年的116个增到130个，其中，英国、法国、德国在超级计算机500强

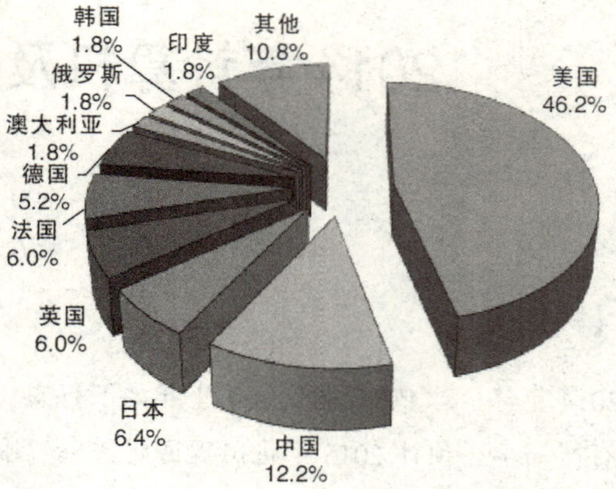

图2 超级计算机500强国家与地区装机数量分布

数据来源：http://www.top500.org，2014年11月

排行榜中的数量分别为30个、30个和26个。

惠普是超级计算机最大的供应商，在超级计算机500强中有179个为惠普制造，但较上年同期的197个有所下降；IBM的份额继续下滑，由上年同期的164个下降到153个；克雷则由上年同期的42个增到62个，戴尔、富士通等供应商的市场份额相对稳定。英特尔处理器仍在超级计算机中广泛使用，超级计算机500强中有429个使用了英特尔的处理器，39个使用了IBM的处理器，AMD处理器的使用量下降到28个。

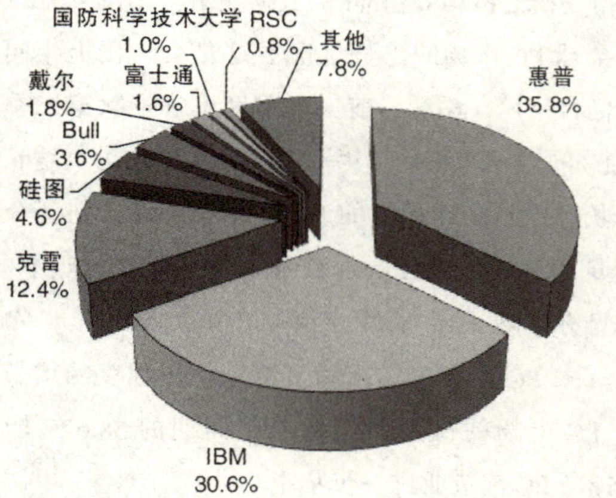

图3 超级计算机500强供应商分布

数据来源：http://www.top500.org，2014年11月

（四）以太网交换机与路由器市场增速稳定

受数据中心、大数据、物联网、云计算等快速发展的影响，2014年以太网交换机与路由器市场继续保持稳

定增长。10GB/s 和 40GB/s 设备仍是以太网交换机市场收入增长的主要推动力，同比增幅超过 10 个百分点。市场研究机构 IDC 的数据显示，2014 年前三个季度，全球 2~3 层以太网交换机营业收入达到 168.9 亿美元，较上年同期的 162.4 亿美元增长 4%，预计这一态势将持续到 2015 年。

全球以太网交换机的区域增长并不均衡，亚太地区的中国与印度市场需求强劲，销售收入的季度增幅在 20%以上，其中中国第二季度同比增长 40.2%，但东南亚市场相对疲软，日本地区出现了负增长。欧洲地区整体增速缓慢，其中西欧延续了自 2010 年以来的增长势头，预计全年增幅超过 10%，但中欧与东欧市场受乌克兰政治局势等因素的影响，收入下滑幅度同样超过 10%。北美地区同比小幅下滑，阿根廷、秘鲁和巴西等则带动了拉丁美洲整体销售收入的增长。

全球路由器市场的销售收入与上年基本持平，2014 年第一季度同比增长 2.3%，第二季度则同比下降 4.0%，第三季度继续下滑 2.7%，市场研究机构 IDC 预计下半年将出现小幅增长的态势。不同地区的路由器市场也出现了分化的情况，日本、美国市场下滑明显，前三个季度的同比下降幅度超过 5%，西欧市场同比下降约 3%，中东和非洲地区同比增长 4%左右，亚太地区基本和上年同期持平。

2014 年，思科仍然是以太网市场的“领头羊”，市场研究机构 IDC 的数据显示，在 2~3 层以太网交换机领域，思科始终保持着 60%以上的市场份额，万兆位以太网的市场份额更是接近 70%。惠普在以太网交换机市场位列第二，市场份额超过 10%，较上年有所提高，阿尔卡特·朗讯、华为和瞻博分列第三到第五的位置，市场份额均没有超过 5 个百分点。思科也是全球最大的路由器厂商，阿尔卡特·朗讯、华为和瞻博紧随其后，分别位列销售排行的第二到第四位，这四大厂商的销售收入占据了整个路由器市场的 90%左右。

二、未来发展趋势

（一）新技术推动 PC 产业缓慢增长，市场集中度将进一步提高

2014 年，PC 市场仍呈下行态势，但超级本、异形本等轻薄型设备出货量的增长延缓了 PC 市场整体下滑的趋势，市场研究机构 Gartner 在 2014 年 8 月发布的报告中预测全年的 PC 出货量约为 3.08 亿台，2015 年出货量将小幅回升到 3.17 亿台，预计未来 2~3 年，轻薄型笔记本产品继续增长，而台式机则继续下滑，全球 PC 市场出货量将保持微量增长。

可穿戴设备、智能家居等仍将是电子信息产业未来几年的关注重点，这一领域与计算机融合发展的可能性不断加大。已经应用于 PC 设备上的体感技术、语音技术、智能识别技术等在低功耗、小型化方面不断改进，其应用领域也会随之扩大，但未来 2~3 年内出现标志性产品的可能性不大。轻薄、低功耗、高性能的笔记本电脑产品以及笔记本电脑与平板电脑的融合产品仍将是 PC 领域的主要发展方向。

PC 产业市场集中度将进一步提高。PC 行业的低利润率造成的盈利压力，使得许多企业不得不放弃 PC 业务，PC 企业的并购重组将会变得更加频繁，大型 PC 企业将会在全球范围内继续扩张，并购当地的 PC 企业，并且大型 PC 厂商之间也存在合并的可能。在 PC 企业并购重组的过程中，中国的联想和中国台湾地区的宏碁、华硕较为活跃，未来几年，PC 企业向中国集中的可能性较大。PC 企业走向集中的同时，PC 制造业也在向劳动力成本更低的地区转移。随着发达国家再工业化战略的实施以及东南亚国家投资环境的改善，中国计算机制造业向东南亚国家转移的趋势已经凸显。

（二）技术进步难抑市场下滑，服务器市场格局面临调整

服务器市场低迷的态势在 2~3 年内仍将继续，主要是因为占据主流市场的 x86 架构服务器的利润率仍在大幅下降，造成了整个服务器市场销量上涨但收入下滑的局面，同时，高端服务器市场虽然利润率较高，但整体销量在快速下滑，其收入在整个服务器市场中所占份额不断降低。

低功耗与高性能仍是未来服务器发展的主要方向。惠普将低功耗处理器应用于 x86 架构服务器，获得了市场的认可，ARM 芯片厂商在架构和性能方面的不断改进和提升，也间接促进了 x86 架构服务器整体技术的发展。IBM 等企业的大型机在软硬件两方面都加大了研发力度，提高性能的同时降低能耗成为研发重点。

未来几年，x86 架构服务器产业重心开始向亚洲等劳动力成本低的地区转移。浪潮、联想、华为等企业在

服务器领域不断发力，已经成为亚太等地区的主力产品，随着联想并购 IBM x86 架构服务器业务的完成，中国在 x86 服务器市场的份额将会大幅增长。美国作为实力最强的国家依然牢牢控制着高端服务器从设计、生产制造到操作系统与软件应用系统的各个环节，尤其在大型机等领域更是控制着全球 98%以上的市场，这一领域短时间内很难出现变化。随着 IBM POWER 架构处理器的开放以及 OpenPOWER 基金会规模的不断扩张，POWER 架构处理器冲击 x86 架构服务器市场的可能性初显。

（三）以太网设备市场稳定，100Gbps 光纤设备迎来高速增长期

预计未来 2~3 年内，100Gbps 光纤设备将迎来快速增长期，40Gbps 光纤设备与 10Gbps 光纤设备的市场增幅将大幅缩减。得益于云计算、互联网的快速发展，未来几年，以太网设备市场将继续保持平稳增长态势。光纤设备在数据中心、超级计算机、IPv6 网络等领域已经普遍使用，市场研究机构 Infonetics 的数据显示，2014 年，尽管 40Gbps 光纤设备仍是数据中心市场的主流，但其出货量的增幅已经低于 100Gbps 光纤设备，预计从 2015 年开始，100Gbps 光纤设备将成为电信与数据中心等各领域的主流产品，在 2~3 年内将迎来高速增长，而 40Gbps 光纤设备的市场份额则会持续下降。思科、华为、阿尔卡特·朗讯等硬件厂商与 Ciena、Infinera 等系统集成商仍是这一领域的主导者，企业之间的竞争与合作并存。

目前网络流量每年的增幅已经超过 30%，海量数据的产生使得市场上对网络带宽的需求变得越来越高，200Gbps/400Gbps 光纤设备已经成为各大科研院所与企业研发的重点，各标准化组织正在推进 400Gbps 标准化工作，思科等主要网络设备厂商已经能够提供 400Gbps 传输设备，部分地区已经开始了 400Gbps 技术的测试。

【统计数据】

表 1　2014 年前三个季度全球 PC 市场五大厂商出货量排名

单位：万台

厂商	2013 年前三个季度出货量	2013 年前三个季度市场份额（%）	2014 年前三个季度出货量	2014 年前三个季度市场份额（%）	出货量同比增长（%）
联想	3 850	16.35	4 313	18.61	12.03
惠普	3 782	16.06	3 986	17.20	5.39
戴尔	2 703	11.48	2 983	12.87	10.36
宏碁	1 981	8.41	1 836	7.92	-7.32
华硕	1 487	6.32	1 630	7.03	9.62
其他	9 745	41.38	8 423	36.35	-13.57
所有厂商	23 549	100	23 171	100	-1.61

注：数据来源于 Gartner。

表 2　超级计算机 500 强排行榜前十名

排名	名称	安装地点	制造商	处理器数（个）	运算速度（十亿次/秒）
1	天河二号	国家超算中心，中国广州	国防科学技术大学	3 120 000	33 862 700
2	泰坦（Titan）	美国能源部橡树岭实验室	克雷	560 640	17 590 000
3	红杉（Sequoia）	劳伦斯-利弗莫尔国家实验室，美国	IBM	1 572 864	17 173 224
4	京	理化高级研究所（AICS），日本神户	富士通	705 024	10 510 000
5	米拉（Mira）	伊利诺斯州阿贡国家实验室，美国	IBM	786 432	8 586 612
6	Piz Daint	国家计算中心，瑞士	克雷	115 984	6 271 000

续表

排名	名称	安装地点	制造商	处理器数（个）	运算速度（十亿次/秒）
7	Stampede	奥斯汀得克萨斯高级计算中心，美国	戴尔	462 462	5 168 110
8	JUQUEEN	尤利西斯超级计算中心，德国	IBM	458 752	5 008 857
9	Vulcan	美国能源部	IBM	393 216	4 293 306
10	CS-Storm	美国政府	克雷	72 800	3 577 000

注：数据来源于 http://www.top500.org，2014 年 11 月。

2014 年世界物联网产业发展回顾与展望

【综述】

物联网是未来十年内最具代表性和影响力的信息技术之一，物联网通过感知技术、系统集成和数据化处理分析，能够广泛地应用到工业、农业、社会生活中，提高生产效率和人民生活水平。2014 年，国际物联网进入快速发展阶段，国际竞争日益激烈，新技术和集成应用加速发展，各国加速战略布局，推动产业不断向前发展。

一、2014 年物联网产业发展态势

（一）国际竞争日益激烈，产业组织方式发生变革

2014 年，在美、日、欧等国家或地区发展战略的支持下，发达国家加快推进物联网核心技术研发和应用，目前物联网产业体系已基本涵盖从基础材料生产、芯片制造、元器件生产、终端设备制造到系统集成再到网络运营和应用服务等各环节。传感技术、无线通信技术及系统集成和处理技术快速发展；2014 年，谷歌眼镜、三星智能手表、索尼智能手环等智能穿戴产品不断发展创新；物流仓储、身份识别、移动支付等方面的应用快速拓展；阿姆斯特丹、维也纳、巴塞罗那等地的智慧城市建设日益推进。物联网的快速发展正在带动生产方式向智能化方向转变，加速重构产业组织方式。物联网成为全球各大跨国公司争相布局发展的重要领域。

（二）发展环境持续优化，市场需求不断释放

世界主要国家都把物联网作为危机后国家战略的重要组成部分，物联网发展的政策环境、社会环境等持续优化。需求拉动是物联网发展的首要驱动力，物联网的潜力、动力还远远没有发挥出来，目前存在较大部分的碎片化应用，在工业、农业、交通、物流、环保等领域的应用需求将持续推动物联网的普及。就目前而言，许多物联网相关技术仍在开发测试阶段，离不同系统之间融合、物与物之间的普遍连接的远期目标还存在一定差距。按照目前对物联网的需求，在近年内将需要数以亿计的传感器和电子标签，这将大大推动物联网的发展。未来，物联网发展的市场需求将不断释放，智能家居、可穿戴设备、工业物联网的应用等均成为各国争相发展的热点领域。

（三）新技术和集成应用快速发展，应用范围加速拓展

物联网技术涉及信息感知、传输、处理和共性基础等多个领域和环节，不同领域和环节的这些技术相互影响、相互促进。其中，感知技术向着小型化、低功耗和网络化的方向发展，传输技术向着多网络融合方向发展，处理技术则在大数据和云计算的支撑下向智能化方向发展。物联网技术创新将催生更多的新产品、新应用。物联网的应用

范围不断扩大，并向传统产业广泛渗透，不断突破企业规模和组织界限。2014年，欧盟投入560万欧元用于研发自动停车系统，该项目已在德国斯图加特艾希特汀金机场成功进行了测试，预计数年内正式启用。美国利用大数据构建智慧城市，芝加哥正在试点智慧城市建设；2014年，英国、德国在汉诺威举行的技术贸易大会上公开表态将投入4 500万英镑建设物联网，希望将英国工业的创新性与德国精细的制造业完美融合，走在以新技术为基础的“工业革命”时代最前端。

（四）资源环境约束更趋强化，催生节能环保新模式

随着工业化快速推进，资源环境对经济发展的约束更加凸显，物联网向传统产业的广泛渗透不断突破企业规模和组织界限，为物联网发展提供了新机遇。物联网在工业领域的应用，将不断提高能源资源的利用效率，对资源利用进行优化配置。物联网的全面深入应用不断催生资源利用和节能环保的新模式，包括合同能源管理、碳交易等新机制，能够推进产生更加便捷的运输方式，减少能源消耗以及降低极端天气出现次数。英国2014年提出，物联网是具有巨大变革潜力的发展方向，能促进生产力发展，物联网的投入将会取得更利于全人类的环境友好型效果。2014年，德国与英国合作共同发展物联网，将物联网作为节能环保和资源利用的新手段，积极布局发展。

二、2014年物联网技术发展态势

（一）物联网技术整体向着规模化、协同化和智能化方向发展

2014年，随着世界各国对物联网技术、标准和应用的不断推进，物联网技术上在各行业领域中的规模将逐步扩大，尤其是一些政府推动的国家性项目，如韩国物联网先导应用工程等，将吸引大批有实力的企业进入物联网领域，大大推进物联网技术应用进程，为扩大物联网规模发挥巨大的作用。同时，随着产业和标准的不断完善，物联网将朝协同化方向发展，形成不同物体间、不同企业间、不同行业乃至不同地区或国家间的物联网信息的互联互通互操作，最终形成可服务于不同行业和领域的全球化物联网应用体系。物联网将从目前简单的物体识别和信息采集，走向真正意义上的物联网——实时感知网络交互和应用平台可控可用，实现信息在真实世界和虚拟空间之间的智能化流动。

（二）大数据在物联网信息处理中的作用将逐渐显现

物联网快速发展的同时也制造了海量数据，而传统的数据库和基础架构根本无法及时处理、管理和分析如此庞大的数据集，由此物联网数据处理将与大数据、云计算等技术有效融合。同时，物联网产生的大数据相比于一般的大数据有不同的特点，物联网的数据是异构的、多样性的、有噪声的，其增长率非常高，从而增加了数据处理分析的难度。此外，物联网的数据有明显的颗粒性，其数据通常带有时间、位置、环境和行为等信息，物联网数据也是社交数据，但这又不是人与人的交往信息，而是物与物、物与人的社会合作信息。因此，只有将物联网的数据与通过社交媒体所获得的数据以及政府发布的信息相结合，才能方便系统地做出更科学的决策。颗粒化、非结构化的数据特性使得物联网数据处理起来非常复杂，然而它们对系统做出正确的决策至关重要。由此，解析非结构信息是未来物联网大数据处理技术不可忽视的重要环节。2014年，大数据快速发展，对物联网的作用日益重要，通过统一物联网架构设计，将非结构化的数据变得结构化，将不同系统之间不同结构的数据尽可能地统一是物联网数据处理技术的发展方向。

（三）RFID向多样化、网络化和系统化方向演进

随着技术的不断发展和应用的推广普及，RFID逐渐向着多样化、网络化、兼容、大容量的方向演进。一是产品多样化。为了适应未来用户个性化需求，芯片频率、容量、天线、封装材料等将组合形成产品化系列，与其他高科技产品融合，如与传感器、全球定位系统(GPS)、生物识别结合，由单一识别向多功能识别发展。二是系统网络化。当RFID系统应用普及到一定程度时，每件产品将通过电子标签被赋予身份标识，与互联网、电子商务结合将是必然趋势，也将改变人们传统的生活、工作和学习方式。三是系统要具有兼容性。随着标准的统一，系统的兼容性将会得到更好的发挥，产品的替代性更强。四是要含有更大内存，可以存储更多的产品信息。

（四）物联网技术成果的应用不断加快

MEMS、M2M等物联网技术的应用将加快，据预测，MEMS产业的应用在2016年将达到1 000亿美元，到2020年将达到2 000亿美元，其应用领域主要在汽车电子和智能手机方面，其中智能手机中 MEMS 的销售额将达到 30%，年均复合增长率达到 38%，智能手机将成为 MEMS 的主要应用市场，苹果、谷歌等大企业均加速了在 MEMS 技术研发方面的投入力度。M2M 的应用将主要在公共安全、交通、工业、城市管理等领域，英国电信、德国 T-Mobile、日本 NTT-DoCoMo 和韩国 SK 等电信运营商着力推动 M2M 发展，也极大地促进了应用技术研发，目前 M2M 在欧盟、美国、韩国、日本等主要发达国家已经实现大规模应用。

三、未来发展趋势

（一）产业规模将继续保持增长势头

物联网产业发展速度迅猛，据 IDC 预测，2020 年全球物联网市场规模将突破 3 万亿美元，数以万亿计的新设备将接入网络，物联网将进入规模化发展阶段。Gartner 也预计物联网将会成为未来的主流市场，制造业将成为物联网的重要应用领域。随着产业规模的快速增长，产业体系逐渐形成，以传感器与 RFID 制造为主的物联网感知制造业、以 M2M 芯片与终端及运营为主的物联网通信业、以系统集成和高端软件为主的物联网服务业等已现雏形。未来，在传感技术、云计算和移动互联网发展的推动下，物联网发展将延续持续增长势头，给生产、生活、社会管理等带来深刻变化。根据有关资料统计，未来几年，全球物联网市场规模将出现快速增长，年增长率达到 25%。按照这个速度，到 2022 年物联网技术将推动全球企业的利润总和增长 21%。

（二）物联网应用快速发展

目前，物联网传感技术、系统集成和处理技术等快速发展；智能家居、可穿戴设备等新产品不断涌现，生产方式向智能化方向发展；物联网应用快速拓展，不断加速重构生产组织体系、推动生产方式变革，物联网日益成为企业增强市场控制力、提高产品附加值、获取竞争优势的重要手段。经济、社会管理等方面的需求推动物联网不断发展，医疗、环境监测、油气管道、智能电网、可穿戴设备等领域的创新应用将成为新热点，有望在未来创造更多的市场需求。根据派克研究的最新报告显示，智慧城市发展迅速，2013 年其市场规模已达到 63 亿美元，预计到 2020 年，智慧城市的市场价值将超过 3 倍，达到每年增长约 20.2 亿美元的速度。

（三）物联网综合性技术平台将出现

物联网产业链条长，是一个跨行业、跨领域、跨应用的综合性领域，物联网综合性技术平台将成为物联网发展的重要支撑。这一平台将汇聚上下游企业，生产制造商、设备提供商、系统集成商、网络运营商、应用服务商等将共同协作，推动共性技术服务平台的发展成熟。这一平台将支持不同设备接口、不同互联协议，可集成多种服务，为用户提供技术、产品方面的综合服务，其中嵌入式设备、移动设备、互联网服务平台将成为主流。物联网的创新主要是应用集成创新，因此集成各方力量提供综合性服务的技术平台将成为未来的发展趋势。

[供稿：工业和信息化部电子科学技术情报研究所]

第8部分 附录

附录1 环境建设

2014年电子信息产业政策法规环境建设

2014年是全面深化改革的开局之年，是以全面依法治国为主题的中共十八届四中全会召开之年，电子信息产业政策法规工作坚持以党的十八大和十八届三中、四中全会精神为指导，牢牢把握深化改革这条主线和新型工业化这个主题，突出抓好“两个改”（全面深化改革和行政审批改革），切实推进“两个重”（重大问题研究和重点领域立法），行业发展政策和法制环境进一步优化。

政策环境

加快推进工业强基 2014年2月14日，工业和信息化部发布《关于加快推进工业强基的指导意见》（工信部规［2014］67号，以下简称《指导意见》），提出加快推进工业强基，提升关键基础材料、核心基础零部件（元器件）、先进基础工艺、产业技术基础（简称工业“四基”）发展水平，夯实工业发展基础，推进工业大国向工业强国转变。

《指导意见》指出，要以提高工业核心竞争力为主攻方向，加强顶层设计，完善政策措施，着力解决工业基础领域的关键问题，加快推动创新成果产业化，积极构建生产和应用良性互动机制，夯实工业发展基础。

《指导意见》提出了关键基础材料、核心基础零部件（元器件）、先进基础工艺、产业技术基础的发展重点，明确了推进工业强基的六大任务：实施工业强基工程，持续提升产业链整体水平；加强基础领域研发创新，促进科技成果产业化；推动产用互动，加快推广应用；提高产品质量，强化品牌建设；深化军民结合，促进军民基础产业互动发展；优化产业结构，促进产业集约集聚。

深化涉企收费制度改革，减轻企业负担 根据国务院有关要求，会同有关部门以建立和实施涉企收费目录清单制度为切入点，研究起草了《关于进一步加强涉企收费管理减轻企业负担的通知》（以下简称《通知》），经国务院批准后以国办发［2014］30号文件发布。《通知》按照市场在资源配置中起决定性作用和更好发挥政府作用的要求，通过建立和实施涉企收费目录清单制度，规范涉企收费，杜绝企业的不合理负担。《通知》要求，进一步提高涉企收费政策的透明度，对按照法律、行政法规和国家有关政策规定设定的涉企行政事业性收费、政府基金和实施政府定价或指导价的服务性收费，实行目录清单管理，不断完善公示制度。清单之内的涉企收费，逐步减少项目数量；清单之外的涉企收费，一律不得实施。《通知》提出，要全面深化涉企收费制度改革，核心是按照"正税清费"原则，进一步清理、整合规范现行涉企行政事业性收费和政府性基金项目。同时，建立支持小微企业的长效机制，全面落实已出台的各项收费减免措施，将暂免小微企业管理类、登记类和证照类行政事业性收费改为长期措施。

印发《新型显示产业创新发展行动计划》 根据《国务院关于加快培育和发展战略性新兴产业的决定》、《国务院关于促进信息消费扩大内需的若干意见》，为引导产业健康有序发展，国家发展和改革委员会、工业和信息化部编制了《2014~2016年新型显示产业创新发展行动计划》（发改高技［2014］2299号，以下简称《行动计划》）。

《行动计划》总体思路是突出市场作用、引导集聚融合、加强技术创新、提升开放水平。总体目标为：到2016年，产能利用率保持合理水平，产品结构不断优化，行业资源环境效率显著提高，按面积计算出货量达到世界第二，全球市场占有率超过20%，产业总体规模超过3 000亿元。重点任务：一是加强规划布局，引导集聚发展；二是实施技术创新，加快前瞻布局；三是完善产业配套，提升供给水平；四是创新监管方式，完善产业环境；五是加强国际合作，实现融合发展。

印发《中小企业发展专项资金管理暂行办法》 为促进中小企业特别是小型微型企业健康发展，规范和加强中小企业发展专项资金的使用和管理，财政部会同工业和信息化部、科技部、商务部制定了《中小企业发展专项资金管理暂行办法》（财企［2014］38号，以下简称《暂行办法》）。

《暂行办法》明确，整合后的专项资金支持和鼓励科技型中小企业研究开发具有良好市场前景的前沿核心关键技术，支持中小企业围绕电子信息、光机电一体化、资源与环境、新能源与高效节能、新材料、生物医药、现代农业及高技术服务等领域开展科技创新活动。

《暂行办法》规定，对担保机构开展的中小企业特别是小微企业融资担保业务，按照不超过年平均在保余额2%的比例给予补助；对再担保机构开展的中小企业融资再担保业务，按照不超过年平均在保余额0.5%的比例给予补助。

《暂行办法》规定，专项资金对中小企业公共服务平台和服务机构给予支持。对服务平台或机构实施的服务场地改造、软硬件设备及服务设施购置等提升服务能力的建设项目，按照不超过项目总投资额30%的比例给予补助。专项资金对服务平台或机构开展的中小企业服务，综合考虑其服务中小企业数量、收费标准、客户总体满意度等因素，按照不超过年度实际运营成本40%的比例给予奖励。

专项资金运用无偿资助方式，对科技型中小企业创新项目按照不超过相关研发支出40%的比例给予资助。每个创新项目资助额度最高不超过300万元。同时，引导基金运用阶段参股、风险补助和投资保障等方式，对创业投资机构及初创期科技型中小企业给予支持。

推进IPv6在LTE网络中部署应用 工业和信息化部、国家发展和改革委员会联合印发了《关于全面推进IPv6在LTE网络中部署应用的实施意见》（以下简称《实施意见》）。《实施意见》提出坚持市场主导与政府推动相结合的原则，以推进IPv6在LTE网络中的部署和应用为出发点，以强化LTE移动终端支持IPv6、带动移动互联网应用和信源支持IPv6为主攻方向，启动"中国LTEv6工程"，推动产业链打通LTE网络中IPv6端到端应用的各环节，在发展模式、推进机制、技术方案、产业支持和政策配套等方面形成可推广、可复制的经验，进一步提升宽带网络基础设施的水平。

《实施意见》提出四项引导目标：一是新建LTE网络全面支持并开启IPv6，LTE语音解决方案全面使用IPv6，推动CDN（内容分发网络）支持移动IPv6业务，提升IPv6业务访问的服务质量；二是提升国产LTE基带芯片、自主操作系统和移动终端支持IPv6的能力，推动在国内有一定影响力的国产手机品牌全面支持IPv6；三是推动国内用户使用量大、覆盖面广的典型移动互联网应用支持IPv6，到2016年末，下载量超过50万的IPv6移动互联网应用达到50款以上，基于IPv6的业务创新能力显著提升，IPv6信源不断丰富；四是到2016年末，通过LTE网络建设带动发展3 000万以上IPv6用户，率先实现IPv6在移动互联网中的规模应用，并促进固定互联网对IPv6的支持。

《实施意见》提出四大重点任务。一是加强网络和应用基础设施建设，提升IPv6业务承载能力。重点推进

LTE核心网、接入网及移动终端支持IPv6，形成端到端IPv6承载支持能力；进一步提升CDN、DNS（域名系统）等应用服务基础设施对IPv6的支持程度，推动CDN在LTE网络中的部署应用，增强CDN对IPv6内容的快速分发能力，提升基于LTE网络的移动互联网业务服务质量。支持在下一代互联网示范城市试点示范。二是推进应用创新发展，丰富IPv6应用信源。加快推动基于IPv6的移动互联网商用进程，促进新型业务研发、现网试验和在线应用。加大力度推动视频、社交、电子商务等用户使用量大、覆盖范围广的移动互联网应用开展IPv6升级改造；支持中小微型互联网服务提供商开展基于IPv6的业务创新，激发和培育IPv6业务创新氛围，不断丰富IPv6信源；支持主流的移动应用商店开展IPv6升级改造，为IPv6移动互联网应用提供公共服务平台。三是完善产业配套支撑，提升IPv6发展能力。积极推动LTE芯片、终端、网络和应用等产业链各环节协同发展，完善LTE网络环境下的IPv6支持度评测标准体系，研究制定LTE设备IPv6测试规范，建设LTE网络IPv6支持度信息采集和数据分析评测平台，为"中国LTEv6工程"后续实施提供技术支撑。四是加强产业协同配合，确保IPv6用户体验。推动网络、终端、DNS、数据中心、内容源等各业务环节实现联动，共同采取措施保证IPv6用户优先访问IPv6资源，提升IPv6业务质量。

推进体制改革和企业社会责任建设

加强领导，完善制度 印发《中共工业和信息化部党组关于成立全面深化改革领导小组的通知》（工信部党〔2014〕4号），成立了以工业和信息化部党组书记、部长任组长的部全面深化改革领导小组及其办公室，全体部党组成员、总师和有关综合司局主要负责同志任领导小组成员。明确了政策法规司承担部改革领导小组办公室日常工作，并确定了改革工作会议制度、改革联络员制度、信息报送制度等。

加强统筹，明确责任 工业和信息化部党组出台了《关于学习贯彻落实十八届三中全会精神的意见》，就抓好三中全会精神的学习贯彻、处理好政府与市场的关系、深化工业和信息化关键领域改革、推动财税金融及投融资等相关领域改革、切实加强对改革的领导等五个方面的内容提出了要求。印发了《工业和信息化部2014年全面深化改革工作要点》（工信厅政〔2014〕48号），提出了加快转变政府职能、引导和鼓励民间资本进入电信和国防科技工业领域、强化企业在技术创新中的主体地位、推动军民融合深度发展、深化电信市场监管改革、推进工业通信业对外开放等六个方面共21项重点改革任务，并明确了工作成果、完成时间和责任司局；对中央部署的各项改革工作任务，及时细化分解到相关司局，明确工作要求和完成时限，落实工作责任。

加强研究，把握重点 将《工业和信息化领域市场化改革若干问题研究》确定为2014年度部重大研究课题，组织力量深入研究创新行业管理方式、鼓励企业创新发展、通信业改革与发展、国有经济和国防科技工业改革与发展等工业和信息化领域市场化改革重点问题。初步建立第三方改革评估机制，对部2014年全面深化改革工作要点确定改革任务细化分解为41项具体改革举措，全面客观梳理进展情况，及时反馈存在问题，并为2015年工业和信息化领域深化改革工作提供参考。

《电子信息行业社会责任指南》行业标准立项 根据《工业和信息化部办公厅关于印发2014年第二批行业标准制修订计划的通知》的要求，中国电子标准化协会社会责任委员会以《中国电子信息行业社会责任指南》等成果为基础，研究提出电子信息行业社会责任标准体系框架，先后组织召开了标准起草工作组成立大会和两次工作组会议，讨论确定了标准架构、体例及相关责任议题。

发布2014年中国电子信息行业社会责任发展指数 开展2014年电子信息行业社会责任发展指数研究。选取电子百强、知名外资电子信息企业和社责委会员企业等作为研究样本，从责任管理、市场责任、社会责任和环境责任四方面全面评价其社会责任管理现状和信息披露水平，提出优化电子信息行业企业社会责任改善的对策和建议，并发布企业社会责任发展指数前50强排名。

启动中国电子信息行业社会责任实践基地建设 为加快推进电子信息行业社会责任试点建设，引导企业积极开展和支持履行社会责任实践项目和活动，启动"中国电子信息行业社会责任实践基地"的建设。实践基地是中国电子信息行业社会责任实践创新和试点示范工作的实践载体，为开展行业社会责任服务体系建设（如：行业标准的研究、制定、宣贯和实施，行业社会责任信息发布、监测和评估）、探索实践行业重点和热点责任议题解决方案（如电子废弃物污染控制和综合回收利用行业解决方案研究等）及推动行业社会责任国内外交流合作提供平台和服务。

发掘推广电子信息企业社会责任典型实践案例　围绕两化融合和创新发展，针对电子信息制造企业、互联网企业和系统集成企业等开展案例征集和研究分析工作；组织编制《电子信息行业企业社会责任典型实践案例集》，为政府部门制定社会责任政策提供参考，为企业管理者决策和管理提供借鉴，并将优秀案例推荐给商学院作为教学与研究案例。

完善法制建设

立法工作总体情况　一是推进法律和行政法规立法工作。推动《无线电管理条例（修订）》列入国务院立法计划一档项目，形成了较成熟的《条例（修订草案）》，并配合国务院法制办完成立法调研和部门协调工作；推动《电信法》列入到国务院 2014 年立法计划，组织做好相关跟踪研究；配合全国人大做好《中小企业促进法》修改草案大纲等相关工作。二是开展规章清理和规章立法工作。结合行政审批制度改革工作，出台了《工业和信息化部关于废止和修改部分规章的决定》，废止了《民用爆破器材生产流通管理暂行规定》、《互联网电子公告服务管理规定》等两部规章，修改了《电信服务质量监督管理暂行办法》等五部规章，协调国家发展和改革委员会废止了《食盐专营许可证管理办法》。出台了《通信建设工程项目招标投标管理办法》等规章，组织开展了通信短信息服务、民用爆炸物品安全生产许可、互联网域名、无线电频率使用许可等规章审查。三是开展相关法律问题研究。根据有关要求，研究提出部关于全面推进依法治国有关问题的意见；研究形成了关于完善外商投资有关问题研究；开展工业产品质量管理标准体系和立法研究等相关法制问题研究。

废止和修改部分规章　根据《国务院关于取消和下放一批行政审批项目的决定》（国发［2013］44 号）等文件有关“各部门要做好取消和下放管理层级行政审批项目的落实和衔接工作，加快相关制度建设”的要求，组织对国务院 2002~2013 年下放和取消的 9 批行政审批项目涉及工业和信息化部单独制定或者牵头制定的规章进行了清理。2014 年 9 月 23 日，工业和信息化部公布了《工业和信息化部关于废止和修改部分规章的决定》（工业和信息化部令第 28 号）。

此次规章清理采用了一揽子修改或者废止有关规章的方式。一是根据国务院取消和下放行政审批项目的情况，有针对性地修改相关规章中所涉及的条款和制度；二是对围绕实施某一项行政审批项目所制定的规章，在国务院取消该审批项目后原则上废止相关规章；三是对需要全面修订的规章，按照规章立法程序开展修订工作，不列入此次一揽子清理的范围。

经过此次规章清理，废止了《民用爆破器材生产流通管理暂行规定》、《互联网电子公告服务管理规定》等 2 部规章，修改了《电信服务质量监督管理暂行办法》等 5 部规章的部分条款。同时，根据《工业和信息化部关于废止和修改部分规章的决定》（工业和信息化部令第 28 号），对 2009 年 3 月 1 日中华人民共和国工业和信息化部令第 2 号公布的《工业和信息化部行政许可实施办法》进行了修正。

深化行政审批制度改革　一是推进简政放权，减少审批事项。2014 年，报送国务院审改办计划取消和下放行政审批事项共 29 项，约占原有审批事项总数的 51.8%；已经国务院审议通过取消和下放的 22 项，约占总数的 39.3%。其中，根据《国务院关于取消和下放一批行政审批项目的决定》（国发［2014］5 号），计算机信息系统集成企业资质认定、计算机信息系统集成项目经理人员资质评定、信息系统工程监理单位资质认证和监理工程师资格认定三项行政审批事项取消。二是清理非行政许可审批事项。按照“取消是原则、调整是例外、例外必从严”的原则，对 5 项非行政许可审批事项进行了清理，提出 4 项取消、1 项调整为政府内部审批事项的清理意见，经部党组审议通过后报送国务院。三是推进工商登记前置改后置审批。经梳理并经中央编办核实，涉及的 6 项工商登记前置审批事项，其中 5 项经国务院常务会议审议改为后置审批，1 项保留。四是探索和加强后续监管措施。制定部实施行政审批事项目录清单，在部门户网站公示审批条件和程序，接受社会监督。推行建立网上行政审批服务大厅，进一步简化手续，优化程序。对下放到地方的行政审批事项，通过制定方案、提出要求、加强沟通，确保衔接到位。开展创新行业管理方式研究，探索简政放权后加强事中事后监管模式。

[撰稿：孙华庆　郭秀明　审稿：范斌]

关于开展创建“宽带中国”示范城市（城市群）工作的通知

工信厅联通［2014］5号

各省、自治区、直辖市通信管理局，各省、自治区、直辖市及计划单列市、新疆生产建设兵团工业和信息化主管部门、发展改革委：

为落实《国务院关于印发“宽带中国”战略及实施方案的通知》（国发［2013］31号），加快提升城市宽带发展水平，推动我国城镇化和信息化同步发展，促进经济转型和信息消费，工业和信息化部、发展改革委决定联合开展创建“宽带中国”示范城市（城市群）工作。现将《创建“宽带中国”示范城市（城市群）工作管理办法》印发给你们，请按要求和程序组织做好本地区“宽带中国”示范城市（城市群）创建工作。

工业和信息化部办公厅

国家发展和改革委员会办公厅

2014年1月8日

创建“宽带中国”示范城市（城市群）工作管理办法

第一条　为落实《国务院关于印发“宽带中国”战略及实施方案的通知》（国发［2013］31号），加快提升城市宽带发展水平，推动我国城镇化和信息化同步发展，促进经济转型和信息消费，特开展创建“宽带中国”示范城市（城市群）工作。

第二条　“宽带中国”示范城市（城市群）是指具有良好的宽带发展基础，通过创建示范实现本地区宽带发展水平大幅提升，其整体宽带发展水平及发展模式对于全国同类地区具有较大的示范和引领作用的城市（城市群）。

第三条　工业和信息化部、国家发展改革委负责创建“宽带中国”示范城市（城市群）的组织管理工作。各省（自治区、直辖市）通信管理局、工业和信息化主管部门、发展改革委负责指导本地区的创建示范工作。

鼓励各地在创建示范组织工作中，积极发挥各级相关行业协会、学会、联盟等社会组织的支持作用。

第四条　创建对象范围：地级及以上城市、直辖市下辖区县以及省直管县可以申报创建“宽带中国”示范城市（直辖市可以整体申报，但不得与下辖区县同时申报）；中央或省级政府正式批复的城市群可以创建“宽带中国”示范城市群。

第五条　“宽带中国”示范城市（城市群）创建期为3年。

第六条　申报创建“宽带中国”示范城市（城市群）应具有良好的宽带发展基础，下述指标中应至少满足其中4项要求：

（一）城市家庭20Mbps及以上宽带接入能力达到85%；

（二）农村家庭4Mbps及以上宽带接入能力达到90%；

（三）固定宽带家庭普及率达到55%；

（四）3G/LTE移动电话人口普及率达到40%；

（五）4Mbps及以上宽带用户渗透率达到80%；

（六）8Mbps及以上宽带用户渗透率达到35%。

第七条　创建“宽带中国”示范城市（城市群）由符合上述基本条件要求的城市（城市群）人民政府提出

申报（城市群由相关城市人民政府联合申报或由省级政府指定的相关部门负责申报、直辖市由其指定的相关部门负责申报），由所在省（自治区、直辖市）通信管理局牵头汇总材料，并联合工业和信息化主管部门、发展改革委向工业和信息化部、国家发展改革委进行申报。

第八条 城市（城市群）人民政府结合本地区实际情况，编制“宽带中国”示范城市（城市群）创建方案。创建方案须满足如下要求：

（一）建立工作机制。创建“宽带中国”示范城市（城市群）应建立完备的推进宽带发展工作的组织决策和协调机制，细化具体工作任务及责任部门。

（二）明确创建目标。创建“宽带中国”示范城市（城市群）应结合《“宽带中国”战略及实施方案》的任务要求及2020年发展目标，制订本地区未来三年的具体工作目标，其中“第六条”所要求的6项指标，均应在创建期末达到全国领先水平。

（三）创新发展思路。创建“宽带中国”示范城市（城市群）应能紧密结合本地区经济社会发展需求，注重发挥宽带在推进经济转型、促进信息消费、服务社会民生等方面的作用，加强宽带与下一代互联网、第四代移动通信等有关工作的统筹衔接，探索具有地方特色的宽带发展模式，对全国同类地区产生较大的示范和引领作用。

（四）加大政策保障。创建“宽带中国”示范城市（城市群）所采取的政策措施应能充分体现宽带网络作为战略性公共基础设施的定位，应将宽带发展纳入当地城乡规划、土地利用总体规划，且在推进网络建设、用户普及、应用发展等方面有具体的保障措施。

第九条 申报创建“宽带中国”示范城市（城市群）需提交以下材料（相关模板可在工业和信息化部官方网站下载）：

（一）城市（城市群）宽带发展现状；

（二）“宽带中国”示范城市（城市群）创建方案；

（三）申报创建“宽带中国”示范城市群须提供中央或省级政府对城市群批复的规划等文件；

（四）其他补充材料。

第十条 “宽带中国”示范城市（城市群）按年度接受申报。相关省（自治区、直辖市）通信管理局应于每年2月15日至3月15日期间，将“宽带中国”示范城市（城市群）创建方案等申报材料报送工业和信息化部；“宽带中国”示范城市（城市群）申报材料中提供的各项指标数据应使用上年度9月份以后的统计数据。

第十一条 工业和信息化部、国家发展改革委组织专家对创建“宽带中国”示范城市（城市群）申报材料进行评审并组织实地抽查后，确定年度“宽带中国”示范城市（城市群）名单并在工业和信息化部、国家发展改革委官方网站上公布。

第十二条 工业和信息化部、国家发展改革委在官方网站上适时更新“宽带中国”示范城市（城市群）名单，并公开“宽带中国”示范城市（城市群）的创建方案要点。

第十三条 “宽带中国”示范城市（城市群）在创建期内，应于每年3月底前通过所在省（自治区、直辖市）通信管理局，向工业和信息化部报送上一年度工作进展情况。创建期结束后，工业和信息化部将联合国家发展改革委组织对“宽带中国”示范城市（城市群）的创建工作进行总结。

第十四条 工业和信息化部、国家发展改革委将在信息通信新技术新业务试点、示范项目等方面，优先对“宽带中国”示范城市（城市群）进行支持。

第十五条 根据我国宽带发展情况，工业和信息化部、国家发展改革委适时对创建“宽带中国”示范城市（城市群）工作的基础条件和指标进行更新调整。如遇调整，工业和信息化部、国家发展改革委将依据更新后的基础条件和指标，组织对之前确定的“宽带中国”示范城市（城市群）的宽带发展水平进行评估。

第十六条 本办法由工业和信息化部、国家发展改革委负责解释。

第十七条 本办法自颁布之日起施行。

附：申报材料模板（略）

关于加快我国彩电行业品牌建设的指导意见

工信部电子［2014］69号

各省、自治区、直辖市及计划单列市、新疆生产建设兵团工业和信息化主管部门，相关行业协会、企事业单位：

为深入实施彩电行业品牌发展战略，提升品牌价值和效应，培育拥有国际知名品牌和竞争力的彩电企业，促进彩电产业加快转型升级，依据《关于加快我国工业企业品牌建设的指导意见》（工信部联科［2011］347号）和《电子信息制造业“十二五”发展规划》，结合我国彩电行业实际，提出以下指导意见。

一、加快我国彩电行业品牌建设的重要意义

经过改革开放30多年的发展，我国已成为全球最大的彩电生产国、消费国和出口国，建立了较为完善的研发、制造、销售和售后服务体系，自主品牌产品在国内市场占据优势地位，自主品牌在国际市场的占有率和影响力逐步扩大，多家企业跻身于全球十大彩电制造企业行列。但是，我国彩电企业产品同质化现象仍然比较突出，自主品牌价值和附加值较低，出口以加工制造为主，行业利润薄，亟需提升品牌价值。

当前，彩电行业正在面临新的重大变革。产业升级加速，网络化、智能化、产品与服务一体化趋势明显。基于互联网的商业模式和业务形态变化正在深刻影响着产业生态环境和市场格局，制造商与品牌商一体的传统模式受到挑战，品牌、创新能力和产业链整合能力成为彩电产业核心竞争力的关键要素。加快彩电行业品牌建设，围绕品牌建设优化配置资源，有利于产业转型升级，实现发展方式由规模扩张向质量品牌效益的转变；有利于提升企业的核心竞争力，进一步巩固国内市场优势地位和提升国际市场竞争力；有利于行业管理水平的提高，实现行业整体发展水平的提升。

二、总体要求

（一）指导思想与基本原则

以科学发展观为指导，把握国家实施信息消费战略的重大机遇，以持续提升品牌价值和创新能力、增强国际竞争力为主线，坚持企业主体与政府引导相结合，坚持市场导向与政策支持相结合，坚持品牌建设与创新驱动相结合，坚持行业自律与社会监督相结合，积极营造有利于彩电行业公平竞争的品牌建设环境，积极推动企业从规模成本优势向品牌效益优势转型，实现我国由彩电大国向彩电强国的转变。

（二）主要目标

我国彩电行业品牌培育意识和建设能力显著增强，品牌发展环境进一步改善，自主品牌价值明显提升。到2015年，行业主要企业90%以上制定实施明确的品牌战略和目标。自主品牌国内市场优势地位进一步巩固，国际市场占有率持续扩大，自主品牌产品出口不低于出口总量的40%。品牌集中度进一步提高，培育形成3至5个拥有较强创新能力和国际影响力的自主品牌。

三、主要任务

（一）实施以品牌引领转型升级的发展战略，增强品牌意识。深刻认识品牌培育对于企业发展、产业转型升级的重要意义，引导彩电行业将品牌建设作为产业结构调整和发展方式转变的重要内容，树立品牌意识，实施品牌战略，强化品牌发展意识，深化品牌竞争意识，巩固品牌保护意识，使培育和爱护自主品牌成为共同意识和自觉行动。

（二）充分发挥企业主体作用，完善品牌建设机制。发挥企业在品牌建设中的主体作用，制定科学的品牌发展规划，建立完善的品牌运营体系，加大品牌建设投入

力度。加强政策扶持，引导产业资源向优势品牌企业集聚，支持行业协会、产业联盟及第三方社会组织为企业品牌建设做好行业自律、行业维权、技术服务支持、国际交流合作等公共服务，充分发挥新闻媒体的舆论引导作用，形成“企业主体、政府引导、多方支持”的品牌建设机制。

（三）增强企业核心竞争力，提升品牌价值。实施创新驱动发展战略，加大关键技术研究、产品研发以及工业设计等方面的投入力度，增强对面板、芯片等产业链核心基础环节的控制力，提升企业核心竞争力。推动产业链垂直整合和强强合作，促进彩电制造业与运营服务业融合发展，打造具有全产业链竞争优势的领军企业。抓住信息消费发展机遇，加快开发网络化、智能化彩电产品，加强技术集成和商业模式创新，通过增强产品供给能力提升品牌附加值，引领新的消费热点。

（四）规范市场秩序，优化品牌成长环境。鼓励市场竞争，规范品牌管理活动，加强品牌管理人才培养。加强对自主品牌的舆论宣传，支持第三方机构开展品牌评价活动，引导消费者树立重视品牌、支持自主品牌的消费理念。加大知识产权保护力度，鼓励通过各种途径进行举报，打击侵犯注册商标专用权等假冒伪劣违法行为，维护品牌合法权益，营造公平规范的市场竞争环境。

（五）提高品牌经营能力，强化品牌优势。立足我国彩电产业基础和优势，推动企业强化品牌定位，加强市场研究，实施差异化的品牌战略，增强参与全球市场竞争的能力。促进企业品牌经营管理水平的提高，推广先进的品牌管理机制和品牌培育方法，建设品牌管理人才队伍，增强企业营销策划、传播宣传、危机应对等方面的能力，塑造企业品牌文化和社会形象。引导企业把握行业发展趋势，充分发挥电子商务、网络营销的作用，开拓创新品牌推广新渠道。

（六）完善质量、服务和诚信体系，保障品牌信誉。落实企业质量主体责任，推广先进质量管理方法，加强标准体系建设和贯彻实施，完善质量检测条件，提升彩电行业整体质量水平。加强诚信体系建设，开展企业自我声明活动，引导企业自觉承诺并履行质量责任，杜绝虚假宣传行为，自觉接受社会监督。完善售后服务体系建设，加快售后服务向售前服务、应用服务延伸，提高服务水平和附加值。大力营造重视质量、讲求诚信、珍视信誉的行业氛围，增强广大消费者对自主品牌产品的信心。

四、政策措施和组织实施

（一）落实和完善相关政策。充分发挥政策引导作用，推动中央和地方各项政策资源和财政资金围绕企业品牌战略进行优化配置，加大对关键共性技术的支持力度，加大对拥有优势品牌、具备较强国际竞争力的彩电企业的支持力度，加大对产业链质量整体提升的支持力度，进一步发挥政策效应，提高资金使用效益。

（二）加大对优势品牌培育的支持力度。从技术创新、人才培养及市场拓展等方面，支持拥有核心技术、市场占有率高和盈利能力强的自主品牌企业快速发展，鼓励龙头企业开展兼并重组，拓展和延伸产业链，培育具有全产业链竞争优势的龙头企业。

（三）支持企业国际化发展。引导企业联合建设海外营销渠道和售后服务网络，参加国际展览展销活动，积极开拓国际市场。积极探索利用多、双边平台，推动企业推广自主标准、技术、品牌，扩大影响力。鼓励企业在海外注册商标、申请专利保护，共同应对贸易纠纷。支持企业开展海外并购，设立海外研发中心和生产基地。

（四）充分发挥行业组织作用。积极支持行业协会、联盟、标准化组织、质量检测机构等第三方机构利用信息化手段建立产品质量与自主品牌信息平台，开展产品质量控制与品牌评价、市场推广、信息咨询、人才培训、国际交流合作等方面的活动，充分发挥其组织、协调、监督作用，鼓励企业发布社会责任报告，推进企业社会责任建设，加强行业自律，维护行业信誉，鼓励公平竞争。

（五）加强组织实施。工业和信息化部会同地方工业和信息化主管部门及第三方机构，加强协调配合，切实做好品牌建设的组织和实施工作，积极探索适合我国彩电行业特点的品牌建设模式，加快推广先进经验，扎实推进品牌建设工作。

工业和信息化部

2014年2月26日

关于加快我国手机行业品牌建设的指导意见

工信部电子［2014］82 号

各省、自治区、直辖市及计划单列市、新疆生产建设兵团工业和信息化主管部门，相关行业协会、企事业单位：

为推动我国由手机制造大国向手机品牌强国转变，依据《关于加快我国工业企业品牌建设的指导意见》（工信部联科［2011］347 号）和《电子信息制造业“十二五”发展规划》，结合我国手机行业实际，提出以下意见：

一、充分认识手机行业品牌建设的重要意义

品牌是企业在市场竞争中的重要战略资源，是企业产品定义和设计能力、技术和商业模式创新能力、产业链整合能力、市场营销能力的综合体现。我国手机产销量均居全球首位，市场份额不断提升，产业体系日趋完备。自主品牌手机企业快速成长，市场竞争力明显提升，多家企业产销量跻身全球前列。但品牌影响力不强、附加值不高等问题制约着我国手机企业的进一步发展，加快提升产品品牌形象和价值正在成为行业的新追求。

当前，全球手机产业正在加快转型，移动互联网的商业模式和业务形态创新正在深刻影响竞争格局，手机的创新速度和应用多元化特征使其成为信息通信技术融合的重要载体、互联网业务的关键入口和重要的创新平台。手机行业的竞争由主要依靠产品性价比扩展到对全产业链的整合和掌控，行业资源进一步向优势品牌聚集。加快手机行业品牌建设，有利于促进我国手机行业发展方式由规模扩张向规模和品牌效益并举发展，进一步实现转型升级的新突破；有利于优化产业资源配置，改善行业生态环境，进一步形成可持续发展能力；有利于促进企业提升产品质量，强化应用创新，进一步满足消费者需求，夯实拉动信息消费的产业基础。

各级行业主管部门、相关行业协会、企事业单位应从战略高度充分认识加快手机行业品牌建设的重要性和紧迫性，进一步加大工作力度，把手机品牌建设工作作为促进产业转型升级和发展方式转变、拉动居民信息消费的重要措施和长期任务抓好抓实。

二、指导思想、总体目标和基本原则

（一）指导思想

以科学发展观为指导，以企业为主体，以持续提升自主品牌建设能力、完善产业生态环境为主线，以健全公共服务体系、引导行业要素资源向优势品牌集聚为重点，推动形成适应行业发展规律的品牌建设体系，促进我国由手机制造大国向品牌强国转变。

（二）总体目标

建设企业主体、政策引导、多方参与、协调联动的手机品牌建设体系，形成有利于优势品牌成长、特色品牌发展的政策环境。手机产品的质量效益和市场表现进一步提升，在高端市场实现突破。手机企业品牌意识、产品定义和设计能力、技术和商业模式创新能力、产业链整合能力、市场营销能力显著增强，逐步形成品牌影响力和盈利能力达到全球领先水平的手机企业。

（三）基本原则

坚持企业主体与政策引导相结合。以企业为主体加强品牌建设，政府着力优化政策环境，加强公共服务，充分发挥行业协会、产业联盟、检测机构等行业组织的作用，合力推进手机品牌建设工作。

坚持资源整合与重点推进相结合。充分发挥市场在资源配置中的决定性作用，鼓励社会资源向品牌基础好、市场份额高、“走出去”能力强的企业集聚，鼓励差异化的品牌定位。

坚持创新驱动与质量效益相结合。引导产业链上下游加强协同创新，促进产业链创新能力和质量效益的整

体提升，提高消费者满意度。

坚持社会监督与行业自律相结合。加强市场监管，维护品牌所有者合法权益。支持行业协会、产业联盟、检测机构等行业组织在标准建设、检测认证、人才培养、行业自律等方面发挥积极作用，引导企业强化社会责任。

三、主要任务

（一）以企业为主体加强品牌建设，以创新促进品牌成长。鼓励企业在品牌建设中发挥主体作用，学习借鉴国际先进的品牌建设方法和品牌管理机制，研究制定科学的品牌发展规划，实施明确的品牌发展战略，建立健全品牌经营管理体系。加大先进产品设计资源投入，提高手机产品定义和工业设计能力。鼓励企业把握产业发展趋势，突破核心关键技术，开拓创新品牌推广渠道，增强品牌竞争实力。实施差异化品牌战略，提高在细分市场的竞争力。

（二）更好地发挥政府的支持引导作用，完善手机品牌建设政策环境。各级行业主管部门要推动制定相应的政策和激励措施，加强对品牌手机企业的政策扶持力度，鼓励行业和社会资源向品牌企业聚集，支持优势品牌、特色品牌发展，使培育和推广品牌成为行业企业的共同意识和自觉行动。工业和信息化部支持地方开展手机品牌建设的试点示范。

（三）加强行业公共服务和支撑，形成品牌建设合力。鼓励行业协会、产业联盟、检测机构等行业组织结合手机企业需求，组织开展人才培训、品牌评估方法研究与推广、品牌宣传和交流活动，借鉴和总结国际知名手机品牌及其他行业优秀品牌的建设和发展经验开展咨询服务，搭建手机工业设计资源库、品牌专家库、海外市场拓展平台等公共服务设施，加强质量标准体系建设，完善质量和可靠性检测条件，提升手机产品质量水平。

（四）加强产业链合作，夯实手机品牌建设的产业基础。推动手机制造企业、芯片企业、软件企业、互联网企业、运营商、科研院所等产业链上下游相关环节加强合作，促进产业链融合创新、互动发展，提升产业链整体实力。

（五）充分利用运营商和行业用户等市场资源，加快手机品牌发展。支持运营商强化与自主品牌手机企业的合作，加强对优势品牌和高端机型的宣传推广，在4G发展中做好与产业的衔接互动，支持手机企业做好产品规划布局；支持手机企业与公安、市政、教育、医疗等部门开展合作，大力拓展面向不同行业、不同地区的细分市场，开展差异化品牌建设；鼓励消费者参与手机品牌建设和评价工作。

（六）规范市场秩序，加强行业自律。各级行业主管部门应加强协调力度，加强知识产权保护，鼓励消费者对仿造、假冒手机产品进行举报，加大对仿造、假冒等侵权行为的打击，维护品牌企业的合法权益，维护市场和出口秩序。积极发挥行业组织的作用，鼓励企业发布社会责任报告，推进企业社会责任建设，加强行业自律，提升自主品牌形象。

（七）完善质量和服务体系建设，提升消费者满意度。手机企业应落实质量主体责任，推广先进质量管理方法，完善售后服务体系建设，加快售后服务向售前服务、应用服务延伸，提高服务水平，及时响应和解决消费者诉求，提升消费者的满意度。

（八）大力拓展海外市场，提升自主品牌国际影响力。支持品牌手机企业实施国际化战略，通过“走出去”开拓国际市场，建立全球品牌营销体系，开展全球品牌宣传推广。积极探索利用多边和双边平台支持企业推广自主标准、技术和品牌，扩大品牌影响力。鼓励具备实力的企业抓住产业结构调整的机遇，加强国际技术和产业合作，开展国际并购，提升品牌实力。

四、保障措施

工业和信息化部会同地方行业主管部门、相关行业协会和企事业单位，做好品牌建设的组织和实施工作，加强协调配合，推进品牌建设工作有序开展。相关地方行业主管部门建立长效工作机制，细化工作措施，形成工作合力，推动政策资源和财政资金围绕品牌企业进行优化配置，加快形成与手机产业发展及市场规律相匹配的品牌建设政策支撑体系，开创手机行业品牌建设工作新局面。

工业和信息化部

2014年2月26日

关于印发《中小企业发展专项资金管理暂行办法》的通知

财企〔2014〕38 号

各省、自治区、直辖市、计划单列市财政厅（局）、中小企业主管部门、科技厅（委、局）、商务主管部门，新疆生产建设兵团财务局、工业和信息化委员会、科技局、商务局，有关中央所属单位：

为促进中小企业特别是小型微型企业健康发展，规范和加强中小企业发展专项资金的使用和管理，财政部会同工业和信息化部、科技部、商务部制定了《中小企业发展专项资金管理暂行办法》。现印发给你们，请遵照执行。

财政部　工业和信息化部　科技部　商务部

2014 年 4 月 11 日

附件：

中小企业发展专项资金管理暂行办法

第一章　总　则

第一条　为了规范中小企业发展专项资金的管理和使用，提高资金使用效益，根据《中华人民共和国预算法》、《中华人民共和国中小企业促进法》等有关规定，制定本办法。

第二条　本办法所称中小企业发展专项资金（以下简称专项资金），是指中央财政预算安排，用于支持中小企业特别是小微企业科技创新、改善中小企业融资环境、完善中小企业服务体系、加强国际合作等方面的资金。

第三条　专项资金的宗旨是，贯彻落实国家宏观政策和扶持中小企业发展战略，弥补市场失灵，促进公平竞争，激发中小企业和非公有制经济活力和创造力，促进扩大就业和改善民生。

第四条　专项资金的使用和管理遵循公开透明、突出重点、统筹管理、加强监督的原则，确保资金使用规范、安全和高效，并向中西部地区倾斜。

第五条　专项资金综合运用无偿资助、股权投资、业务补助或奖励、代偿补偿、购买服务等支持方式，采取市场化手段，引入竞争性分配办法，鼓励创业投资机构、担保机构、公共服务机构等支持中小企业，充分发挥财政资金的引导和促进作用。

第六条　专项资金建立部门共管、专家评审、项目公示、追踪问效的全过程协作管理机制，加强绩效评价及结果运用，实现资金分配的激励和约束。

第七条　专项资金由财政部会同工业和信息化部、科技部、商务部（以下统称相关部门）按照职责分工共同管理。

财政部负责专项资金的预算管理和资金拨付，会同相关部门制定资金分配方案，并对资金的使用和管理情况等开展绩效评价和监督检查。

相关部门会同财政部开展专项资金项目管理工作，确定年度支持重点，组织项目申报和评审，并对项目实施情况进行跟踪服务和监督检查。

第二章 支持科技创新

第八条 发挥财政资金对中小企业科技创新活动的引导作用，支持和鼓励科技型中小企业研究开发具有良好市场前景的前沿核心关键技术，借助创业投资机制促进中小企业科技创新，推动实施国家创新驱动战略。

第九条 专项资金安排专门支出支持中小企业围绕电子信息、光机电一体化、资源与环境、新能源与高效节能、新材料、生物医药、现代农业及高技术服务等领域开展科技创新活动（国际科研合作项目除外）。

第十条 专项资金运用无偿资助方式，对科技型中小企业创新项目按照不超过相关研发支出40%的比例给予资助。每个创新项目资助额度最高不超过300万元。

第十一条 专项资金安排专门支出设立科技型中小企业创业投资引导基金（以下简称引导基金），用于引导创业投资企业、创业投资管理企业、具有投资功能的中小企业服务机构等（以下统称创业投资机构）投资于初创期科技型中小企业。

第十二条 引导基金运用阶段参股、风险补助和投资保障等方式，对创业投资机构及初创期科技型中小企业给予支持。

第十三条 阶段参股是指引导基金向创业投资企业进行股权投资，参股比例最高不超过创业投资企业募集资金总额的25%，且不做第一大出资人，不参与创业投资企业的日常经营和管理。

引导基金参股期内，创业投资企业投资于初创期科技型中小企业的累积金额不低于引导基金出资额的2倍。

第十四条 引导基金参股股权经相关部门和财政部审核后，可按照以下方式退出：

（一）在约定期限内按照约定价格退出。引导基金参股4年内退出的，转让价格为引导基金原始投资额；参股4年以上6年以内退出的，转让价格为引导基金原始投资额及从第5年起按照转让时中国人民银行公布的1年期贷款基准利率计算的利息之和；参股满6年仍未退出的，将与其他出资人同股同权在存续期满后清算退出。

（二）先于保障出资人退出。引导基金参股前，确定一个或多个出资人作为引导基金参股本金回收的保障人（以下简称保障出资人）。引导基金参股后，创业投资企业如发生收益或清算分配，引导基金将先于保障出资人获得分配直至收回引导基金原始投资额及从第5年起按照当时中国人民银行公布的1年期贷款基准利率计算的利息之和，从而实现退出。

第十五条 引导基金股权投资收入上缴中央国库，纳入中央公共财政预算管理。

第十六条 风险补助是指引导基金对创业投资机构投资于年销售收入不超过2 000万元的初创期科技型中小企业的投资项目给予一定比例的投资奖励和损失补偿。

（一）投资奖励：引导基金对投资项目，按照不超过实际投资额5%的比例给予奖励，每个投资项目奖励额度最高不超过100万元，每家创业投资机构年度累计奖励额度最高不超过500万元。

（二）损失补偿：引导基金对创业投资机构已获得投资奖励支持的投资项目，按照不超过投资退出时实际损失额50%的比例给予补偿，每个投资项目损失补偿额度最高不超过200万元。

第十七条 投资保障是指创业投资机构将正在进行高新技术研发、有投资潜力的，且年销售收入不超过2 000万元的初创期科技型中小企业确定为“辅导企业”，引导基金对“辅导企业”给予投资前保障或投资后保障。

（一）投资前保障：引导基金给予每个项目投资前资助额度最高不超过100万元，用于补助“辅导企业”高新技术研发的费用支出。

（二）投资后保障：创业投资机构对“辅导企业”实施投资后，引导基金给予每个项目投资后资助额度最高不超过200万元，用于补助“辅导企业”高新技术产品产业化的费用支出。

第三章 改善融资环境

第十八条 发挥财政资金对信用担保机构等中小企业融资服务机构的激励作用，引导其提升业务能力、规范经营行为、加快扩大中小企业融资服务规模，缓解中小企业融资难问题。

第十九条 专项资金安排专门支出支持中小企业信用担保机构（以下简称担保机构）、中小企业信用再担保机构（以下简称再担保机构）增强资本实力、扩大中小企业融资担保和再担保业务规模。

第二十条 专项资金运用业务补助、增量业务奖励、资本投入、代偿补偿、创新奖励等方式，对担保机构、再担保机构给予支持。

（一）业务补助：专项资金对担保机构开展的中小企业特别是小微企业融资担保业务，按照不超过年平均在保余额 2%的比例给予补助；对再担保机构开展的中小企业融资再担保业务，按照不超过年平均在保余额 0.5%的比例给予补助。

（二）增量业务奖励：专项资金对担保机构，按照不超过当年小微企业融资担保业务增长额 3%的比例给予奖励；对再担保机构，按照不超过当年小微企业融资再担保业务增长额 1%的比例给予奖励。

（三）资本投入：专项资金对中西部地区省级财政直接或间接出资新设或增资的担保机构、再担保机构，按照不超过省级财政出资额 30%的比例给予资本投入支持，并委托地方出资单位代为履行出资人职责。

（四）代偿补偿：中央和地方共同出资，设立代偿补偿资金账户，委托省级再担保机构实行专户管理，专项资金出资比例不超过 60%。

当省级再担保机构对担保机构开展的小微企业融资担保业务按照代偿额 50%以上的比例（含）给予补偿时，代偿补偿资金按照不超过代偿额 30%的比例对担保机构给予补偿。该代偿业务的追偿所得，按照代偿补偿比例缴回代偿补偿资金账户。

（五）创新奖励：专项资金对积极探索创新小微企业融资担保业务且推广效用显著的担保机构，给予最高不超过 100 万元的奖励。

第二十一条　经省级以上财政部门通过竞争性方式选定为从事政府采购信用担保业务的担保机构，可按本办法规定申请专项资金资助。

第二十二条　担保机构、再担保机构可以同时申请以上不限于一项支持方式的资助，但单个担保机构当年获得专项资金的资助额度最高不超过 2 000 万元，单个再担保机构当年获得专项资金的资助额度最高不超过 3 000 万元（资本投入方式除外）。

单个代偿补偿资金账户当年获得专项资金的出资额度最高不超过 3 亿元。

第四章　完善服务体系

第二十三条　发挥财政资金在构建完善多元化、多层次中小企业公共服务体系方面的激励作用，加快改善中小企业服务环境、提升服务水平，促进中小企业公平参与市场竞争。

第二十四条　专项资金安排专门支出支持各类中小企业公共服务平台和服务机构的建设和运行，增强服务能力、降低服务成本、增加服务种类、提高服务质量，为中小企业提供全方位专业化优质服务。重点支持以下内容：

（一）科技服务。包括技术咨询、研发设计、检验检测、技术转移、技术工程化、技术培训、科技企业孵化等服务。

（二）商贸服务。包括产品认证、市场宣传推介、品牌建设、电子商务、商业特许经营、商标注册等服务，以及参加各类重点展会、创新营销和商业模式、扩大信用销售、发展专业市场和特色商业街、推广现代流通方式等事项。

（三）综合性服务。包括中小企业运行监测、政策宣传、违法违规行为发布、风险预警、数据共享、产供销等信息服务，及管理咨询、创业辅导、创业基地、技术改造、产业升级、人才培训、财务会计、知识产权、工业设计、质量认证、仓储物流、法律咨询、投融资辅导、职业经理人建设等服务。

（四）其他促进中小企业发展的服务。

第二十五条　专项资金运用无偿资助、业务奖励、政府购买服务等方式，对中小企业公共服务平台和服务机构给予支持。

（一）无偿资助。专项资金对服务平台或机构实施的服务场地改造、软硬件设备及服务设施购置等提升服务能力的建设项目，按照不超过项目总投资额 30%的比例给予补助。每个建设项目补助额度最高不超过 500 万元。

专项资金对中小企业参加的重点展会，给予减收或免收展位费、布展费、展品运输费等费用补贴。

（二）业务奖励。专项资金对服务平台或机构开展的中小企业服务，综合考虑其服务中小企业数量、收费标准、客户总体满意度等因素，按照不超过年度实际运营成本 40%的比例给予奖励。每个项目奖励额度最高不超过 500 万元。

专项资金对保险机构面向中小企业开展的内贸信用险业务给予奖励支持。

（三）政府购买服务。专项资金向服务平台或机构购买中小企业发展迫切需要、市场供给严重不足的公共性服务。

第五章 促进国际合作

第二十六条 发挥中央财政资金在中小企业国际合作中的统筹和协调作用，鼓励加快引进国际先进技术，避免盲目重复引进及恶性竞争。

第二十七条 专项资金安排专门支出支持国内中小企业与欧盟企业、研究单位等（以下简称欧方合作机构）在节能减排相关领域开展科研合作。

（一）促进国内中小企业与欧方合作机构联合研究开发国际尖端节能减排技术。重点支持有利于国内中小企业追踪国际技术发展方向，掌握关键核心技术，填补国内技术空白的研发项目。

（二）引导国内中小企业转化中欧节能减排先进技术合作成果。重点支持国内中小企业应用中欧联合研发成果，开展技术延伸研究及小试、中试等活动，推动技术成果产业化的研发项目。

（三）鼓励国内中小企业从欧方合作机构引进消化吸收国际先进节能减排技术。重点支持国内中小企业引进适合我国国情的先进技术，进行消化吸收再创新或本土化改造，提升我国技术研发水平与推广应用能力的研发项目。

（四）推动国内中小企业与欧方合作机构加强节能减排技术交流与合作。重点支持国内中小企业参加欧方合作机构组织的与节能减排技术相关的国际会议、访问等交流项目。

第二十八条 专项资金运用无偿资助方式，对科研合作项目给予支持。研发项目按照不超过项目投资额40%的比例给予资助，每个项目资助额度最高不超过300万元。

交流项目按照不超过实际发生的国际差旅费（仅包括国际交通费、会议费）50%的比例给予资助，每个项目资助额度最高不超过30万元。

第六章 资金管理和工作组织

第二十九条 财政部综合考虑本年度专项资金预算规模、相关部门提出的年度工作计划、上年度预算执行情况、以前年度绩效评价结果等因素，确定各类支持方向的年度预算规模。

第三十条 相关部门分别会同财政部组织开展项目申报工作，在每年3月底前下发工作通知，明确专项资金支持重点、申报条件等事项。

各省、自治区、直辖市、计划单列市及新疆生产建设兵团中小企业主管部门、科技主管部门、商务主管部门（以下统称省级有关主管部门）会同同级财政部门，中央所属单位，按照本办法等规定，在工作通知下发40日内组织项目申报。

第三十一条 省级有关主管部门、财政部门应加强项目的筛选和核实工作，可通过政府购买服务方式引入第三方评估机制，确保申报材料真实可靠，提升项目层次和质量。

第三十二条 省级有关主管部门会同同级财政部门对本地区申请项目进行公示后上报相关部门和财政部。

第三十三条 相关部门会同财政部通过政府购买服务等方式建立项目储备、申报、跟踪管理系统，建立专家评审制度，组织专家对地方和中央所属单位的申请项目进行评审论证。

第三十四条 相关部门建立健全专家库，确保入库专家与评审专家在数量上保持合理比例，加强对入库专家能力、职业道德等素质的前置审核工作，建立比例淘汰机制。

第三十五条 相关部门严格实行专家随机抽取制度和回避制度，在评审过程中建立专家交叉评审、集中评审等相互监督机制，研究建立评审专家责任追究机制，强化对评审专家的责任约束。

第三十六条 相关部门建立健全与评审专家的联系沟通机制，避免部门人员擅自对评审专家施加影响。

第三十七条 相关部门会同财政部根据专家评审意见提出项目立项计划，并向社会公示，公示期不少于10个工作日。

第三十八条 对项目公示期内提出异议的项目，相关部门会同财政部及时组织调查核实。

项目公示期结束后，相关部门将公示期内没有异议的项目和经调查核实没有问题的项目列为立项项目，向财政部提出资金安排建议。

第三十九条 财政部根据当年预算安排情况，对资金安排建议进行审定，在全国人民代表大会批准预算后90日内将项目支出预算指标下达到省级财政部门和中央所属单位。专项资金的支付，按照财政国库管理制度的有关规定执行。

第七章 绩效评价

第四十条 财政部会同相关部门建立专项资金绩效

评价制度，明确评价原则、组织实施、评价依据、评价内容、指标体系、分值权重、评分标准等内容。

第四十一条　财政部通过政府购买服务等方式，对专项资金分配使用、项目实施及效果等实施评价，在充分听取相关部门意见后形成绩效评价结果，并将其作为专项资金以后年度支持方向预算安排的重要依据。

第四十二条　财政部会同相关部门根据绩效评价结果，及时完善资金使用、项目组织等管理制度，不断改进专项资金管理机制。

第八章　监督检查

第四十三条　各级财政部门定期或不定期对专项资金使用情况进行监督检查，必要时可委托社会中介机构进行审计或评估。各级中小企业主管部门、科技主管部门和商务主管部门定期或不定期对项目实施情况进行监督检查。

第四十四条　专项资金应当用于规定的支持方向和重点。对违反规定使用、骗取资金的行为，该项目单位三年内不得申请专项资金扶持，并依照《财政违法行为处罚处分条例》等国家有关规定进行处理。

第九章　附　则

第四十五条　本办法由财政部会同相关部门负责解释。

第四十六条　本办法自发布之日起施行。《财政部 工业和信息化部关于印发〈中小企业发展专项资金管理办法〉的通知》（财企［2012］96号）、《财政部 工业和信息化部关于印发〈中小企业信用担保资金管理办法〉的通知》（财企［2012］97号）、《财政部关于印发〈地方特色产业中小企业发展资金管理办法〉的通知》（财企［2013］67号）、《财政部关于印发〈西藏及四川云南甘肃青海四省藏区中小企业发展创业资金管理暂行办法〉的通知》（财企［2010］241号）、《财政部 科技部关于印发〈科技型中小企业技术创新基金财务管理暂行办法〉的通知》（财企［2005］22号）、《财政部 科技部关于印发〈科技型中小企业创业投资引导基金管理暂行办法〉的通知》（财企［2007］128号）、《财政部 科技部关于印发〈中欧中小企业节能减排科研合作资金管理暂行办法〉的通知》（财企［2011］226号）同时废止。

关于印发打击治理移动互联网恶意程序专项行动工作方案的通知

工信部联保［2014］153号

各省、自治区、直辖市通信管理局、公安厅（局）、工商行政管理局：

为了维护网络和信息安全，净化移动互联网环境，保护用户合法权益，工业和信息化部、公安部、工商总局决定自2014年4月至9月，在全国范围内联合开展打击治理移动互联网恶意程序专项行动。现将《打击治理移动互联网恶意程序专项行动工作方案》印发给你们，请认真贯彻落实。

工业和信息化部　公安部　工商总局

2014年4月15日

附件：

打击治理移动互联网恶意程序专项行动工作方案

移动互联网的迅速发展极大地促进了经济社会的发展和进步。但与此同时，具有恶意扣费、资费消耗、信息窃取、诱骗欺诈等恶意行为的移动互联网恶意程序（以下简称恶意程序），危害网络和信息安全，严重损害人民群众利益。为遏制利用恶意程序从事违法犯罪活动的蔓延势头，维护人民群众合法权益，创造安全的移动互联网信息消费环境，工业和信息化部、公安部、工商总局决定，自 2014 年 4 月至 9 月，在全国范围联合开展打击治理移动互联网恶意程序专项行动（以下简称专项行动）。

一、指导思想

以党的十八大和十八届三中全会精神为指引，按照依法治理、标本兼治的工作思路，充分发挥通信、公安、工商等部门的职能作用和行业自律、社会监督的作用，加强移动应用程序制作、传播、使用环节的安全管理，依法打击利用恶意程序从事违法犯罪活动，维护人民群众合法权益，保障网络与信息安全。

二、工作目标

发现处置一批感染规模较大、危害严重的恶意程序；督促应用商店建立健全移动应用程序安全管理机制；查处一批利用恶意程序从事违法犯罪的案件；打击利用恶意程序非法牟利行为；提高用户安全防护意识；推动建立恶意程序治理的长效机制。

三、组织领导

成立打击治理移动互联网恶意程序专项行动领导小组，领导小组组长由工业和信息化部主管副部长担任，工业和信息化部、公安部、工商总局相关司局领导担任副组长。工业和信息化部负责牵头开展专项行动，公安部负责依法打击利用恶意程序从事违法犯罪的活动，工商总局负责依法查处销售非法植入恶意程序的不合格商品违法行为。打击治理移动互联网恶意程序专项行动领导小组下设办公室（以下简称专项办），负责统筹协调、信息汇总、信息报送等。专项办设在工业和信息化部通信保障局，专项办主任由工业和信息化部通信保障局主管领导担任，工业和信息化部、公安部、工商总局相关司局的处级负责同志担任办公室成员。

四、时间安排

为保证专项行动有计划、有步骤的实施，整个行动分三个阶段进行：

第一阶段：部署准备阶段（本通知下发之日起至 5 月 31 日）。组织各相关单位、企业进行宣传和部署，明确工作要求，开展自查自纠。认真梳理排查，明确工作对象，制定本行政辖区、本部门专项行动实施方案，并报专项办。

第二阶段：集中打击治理阶段（6 月 1 日至 8 月 31 日）。根据行动方案工作目标和工作措施要求，开展实施专项行动，同时做好专项行动新闻宣传工作。

第三阶段：巩固总结阶段（9 月 1 日至 9 月 30 日）。做好专项行动总结工作，推动建立长效机制。

五、工作措施

（一）加强移动智能终端生产企业预装应用程序管理，确保获证终端符合安全管理要求。进一步落实《关于加强移动智能终端进网管理的通知》要求，强化移动智能终端进网安全检测和预装应用程序管理；组织开展移动智能终端证后监督检查，重点对获证终端预装应用程序符合通信行业标准情况及与进网/备案一致性进行检测、核查，对于不符合要求的依法予以处理。

（二）加强对应用商店的监督检查，落实应用商店安全责任。督促和检查应用商店建立开发者真实身份信息验证、应用程序安全检测、安全审核、社会监督举报、恶意程序下架等制度，完善处置响应与反馈流程；组织专业检测机构对应用商店中的应用程序开展安全抽查，并通知相关应用商店下架恶意程序，对不履行安全责任的应用商店依法予以处理。指导行业协会探索开展应用商店信誉评估机制，宣传引导用户从信誉良好的应用商店下载安装应用程序；建立恶意程序黑名单共享机制。

（三）开展应用程序开发者第三方签名认证试点，探索应用程序开发源头管理机制。指导行业协会组织移动应用程序开发者、应用商店、电子认证服务机构、移动智能终端生产企业等开展技术验证和试点工作，探索建立应用程序开发者第三方签名认证体系的可行性，实现应用程序的防篡改和可溯源；推广移动应用程序开发者白名单机制。

（四）加大恶意程序监测处置力度，切断恶意程序利益链条。督促基础电信运营企业完善恶意程序监测与处置技术手段，落实网络安全责任；监督指导相关单位认真执行《移动互联网恶意程序监测与处置机制》，加大对恶意程序控制服务器和传播服务器所使用恶意域名和IP地址的监测与处置力度；结合用户举报、安全抽查、网络监测等工作，组织专业机构对恶意程序黑色地下产业链进行深入分析，挖掘线索，对利用恶意程序损害用户权益的恶意程序开发商、移动智能终端生产企业、经销商、信息服务提供者等责任主体，依法进行处理。

（五）加强部门协同，形成打击合力。各部门要加强沟通、密切协作，着力形成打击整治工作合力。通信主管部门组织发现和依照有关通信行业标准认定恶意程序，并将有关违法犯罪线索提交工商部门或者公安部门。工商部门加强移动智能终端销售市场监督检查，受理和处理消费者投诉，按照职责依法查处销售非法植入恶意程序的不合格商品违法行为，对涉嫌犯罪的及时移交公安部门。公安部门根据通信主管部门、工商部门提供的线索或自身掌握的情况，对涉嫌利用恶意程序从事违法犯罪活动开展立案侦查和依法打击。

（六）开展网络安全宣传教育活动，提高用户安全防护意识。指导基础电信运营企业、相关互联网企业、移动智能终端生产企业、行业协会等综合利用多种方式和多种渠道，加大对移动互联网安全的宣传力度，普及网络安全知识，提高用户的安全防护意识，引导用户安装手机安全软件，从正规渠道购买移动智能终端和下载应用程序；建立健全恶意程序举报处理机制，充分发挥社会监督作用。

六、工作要求

（一）高度重视，精心组织。各相关单位要充分认识移动恶意应用程序对网络安全和用户利益的危害性，明确专项行动的主管领导、牵头部门和责任人、联系人，加强工作监督检查，确保各项任务落到实处、取得实效。

（二）协同配合，健全机制。各地通信主管部门会同当地公安、工商部门组织开展本行政辖区专项工作，并制定具体实施方案。各部门间要健全完善信息沟通、协作配合机制。公安、工商部门要积极配合，及时将专项行动有关情况反馈通信主管部门。通信主管部门要及时将有关工作开展情况汇总上报专项办。

（三）加强宣传，扩大影响。各单位要加强专项行动中的典型、重大恶意程序事件跟踪、处置的宣传报道，及时向社会公众反映专项行动取得的成果，进一步营造强大的社会舆论声势，有力震慑利用恶意程序的违法犯罪活动。

（四）认真总结，完善措施。各单位要对本次专项行动开展情况及时进行认真总结，针对专项行动中反映的问题分析研究，提出对策建议，推动建立恶意程序治理的长效机制。

关于实施“宽带中国”2014专项行动的意见

工业和信息化部　国家发展和改革委员会　教育部
科学技术部　财政部　国土资源部　环境保护部　住房和城乡建设部
交通运输部　农业部　国家卫生和计划生育委员会
国务院国有资产监督管理委员会　国家税务总局　国家新闻出版广电总局

工信部联通［2014］190号

各省、自治区、直辖市通信管理局，各省、自治区、直辖市及计划单列市、新疆生产建设兵团工业和信息化主管部门、发展改革委、教育厅（委、局）、科技厅（委、局）、财政厅（局）、国土资源厅（局）、环境保护厅（局）、住房城乡建设厅（委、局）、交通运输厅（委、局）、农业厅（局、委）、卫生计生主管部门、国家税务局、地方税务局、新闻出版广电局：

为加快落实《“宽带中国”战略及实施方案》（国发［2013］31号），进一步加强信息基础设施建设、促进信息消费，现就实施“宽带中国”2014专项行动提出以下意见：

一、指导思想

以党的十八届三中全会全面深化改革的精神为指导，以打造新时期我国经济社会发展的战略性公共基础设施为总体目标，以“坚持市场主导、发挥政府引导、促进部省联动、加强示范引领”为核心思路，充分激发各地各企业积极性，优化宽带发展环境，完善宽带网络覆盖，深化宽带应用普及，提升用户上网体验，持续增强宽带支撑国家经济社会发展、服务百姓民生的基础作用。

二、主要原则

（一）坚持企业主导与政府推动相结合。坚持企业在宽带建设与发展中的主体地位，主要通过市场竞争促进提升城市地区宽带发展水平；坚持发挥政府在优化宽带发展环境、促进市场公平竞争方面的作用，加大对农村地区和中西部宽带发展的投入和支持，推动缩小城乡和区域宽带发展差距。

（二）注重引导示范与整体推进相衔接。在全面推进宽带发展的同时，支持和引导具有较好宽带发展条件的地区创建“宽带中国”示范城市（城市群），探索有地方特色的宽带发展经验和模式，通过示范引领促进全国宽带整体发展水平提升。

（三）加快TD-LTE建设与加强共建共享同步。大力支持加快TD-LTE网络建设和发展，同步深入推进电信基础设施共建共享，努力建成覆盖完善、质量稳定、资源节约的TD-LTE网络。

（四）推进建设扩容与提高运行效率并重。在不断完善网络覆盖和加强网站扩容的同时，促进网络、网站应用各环节协同贯通，持续改善互联网互联互通，提高光纤宽带实装率和无线宽带利用水平，提升宽带网络整体运行效率。

（五）加强网络建设与发展宽带应用协同。在加强宽带网络建设的同时，支持宽带应用创新发展模式，促进信息资源开放共享，拓展宽带行业应用领域，推动宽带应用服务经济民生、促进信息消费，实现宽带产业健康持续发展。

（六）加快宽带发展与加强安全保障并举。在大力促进宽带发展的同时，切实加强通信网络安全防护和网络安全环境治理，为用户打造安全可信的宽带上网环境。

三、引导目标

2014年主要引导目标是：宽带网络能力持续增强，新增FTTH覆盖家庭3000万户，新建TD-LTE基站30万个，新增1.38万个行政村通宽带。惠民普及规模不断扩大，发展固定宽带接入用户2500万户，发展TD-LTE用户3000万户。宽带接入水平进一步提升，使用8Mbps及以上接入速率的固定宽带接入用户占比达到30%，其中东部地区力争达到40%，鼓励有条件的地区推广50Mbps、100Mbps等高带宽接入服务。创建示范效果初步显现，推动创建20个以上“宽带中国”示范城市（城市群）。

四、工作任务

（一）组织创建宽带示范，引领全国宽带发展。创建“宽带中国”示范城市（城市群），推动具有良好宽带基础的地区，通过“建立工作机制、明确创建目标、创新发展思路、加大政策保障”等开展创建工作，探索有地方特色的宽带发展模式，引领带动全国宽带发展。

（二）深入推进光纤到户，提升城市宽带能力。全面贯彻落实《住宅区和住宅建筑内光纤到户通信设施工程设计规范》和《住宅区和住宅建筑内光纤到户通信设施工程施工及验收规范》两项国家标准，推动各地完善光纤到户验收备案工作机制，在加大光纤覆盖的同时，重视利用VDSL等多种技术解决老旧小区宽带改造问题，不断提升城市宽带接入能力和城域网传输交换能力。引导各地充分利用现有有线电视网络基础，加大有线电视网络升级改造力度，加快推进下一代广播电视网建设，不断优化网络性能。

（三）大力发展TD-LTE，建设高速无线网络。引导各地加大对TD-LTE建设和发展的支持力度，推动基础电信企业加快TD-LTE网络建设进度，年底前实现300个以上城市网络覆盖。引导基础电信企业加大市场推广力度，推动实施4G用户异网漫游，切实保障网络质量和服务水平，为广大用户提供高速、便捷、实惠的4G无线宽带服务。

（四）加大政策支持力度，提高农村普及水平。持续实施“通信村村通”工程，在推进行政村通宽带过程中，优先考虑完善集中连片特困地区已通电行政村互联网覆盖、推进农村学校宽带接入，加大对农业农村信息服务的支持力度，支持中西部和偏远地区经济社会发展。推动完善电信普遍服务补偿机制，加强公共财政对农村宽带发展的支持。

（五）继续深化共建共享，促进设施集约发展。不断加大电信基础设施共建共享工作力度，持续拓展共建共享领域和范围，积极研究探索共建共享新技术、新机制，大力促进资源节约，不断提高共建共享工作成效。

（六）深入推进互联互通，提高网间通信质量。推进实施“东扩西增、全方位、立体化”的网间互联架构优化方案，做好新增7个互联网骨干直联点建设；健全和完善技术手段，加强互联网互联互通监测，提高网间通信质量。

（七）优化宽带网络性能，改善用户上网体验。引导和支持互联网企业通过扩容网站服务能力、增加网站接入带宽、优化网站设计、部署内容分发网络等措施，提升网站和应用服务能力，改善用户上网体验。继续组织开展宽带网络优化示范项目。加强高性能宽带技术、产品与系统研发，推动突破宽带网络关键核心技术。加强宽带产品质量测试能力建设，保证宽带产品质量。

（八）加大升级改造力度，加快IPv6商用进程。以LTE发展为契机，组织实施“中国LTEv6工程”（支持IPv6的LTE网络部署与应用工程），打通终端、网络、应用端到端关键环节，推动典型移动互联网应用IPv6改造，加快移动互联网IPv6商用化进程。继续推动IPv6网络和网站改造，鼓励IPv6业务创新，推动加快IPv6商用部署进程。

（九）鼓励宽带应用创新，增强发展内生动力。鼓励和支持各类企业创新宽带应用，搭建超高速宽带应用实验平台，积极推广各地各企业宽带应用创新发展模式。拓展宽带网络在农业各领域的应用，推动信息进村入户和农业物联网发展；积极推动宽带在教育、医疗、养老、交通出行、创新社会管理等领域应用，提升行业信息化应用水平，优化信息消费环境。

（十）加强安全风险管控，保障用户信息安全。指导督促基础电信企业落实网络与信息安全“三同步”要求，同步建设网络与信息安全技术保障手段，定期开展自查整改和风险评估，提升网络安全防护水平和网络与信息安全保障能力。加快移动互联网恶意程序监测和处置、异常流量监控等技术手段建设，研究制定移动互联网应用程序安全管理机制，推动营造安全可靠的上网环境。

五、保障措施

（一）各地要进一步加强组织领导，完善工作机制，落实责任分工，不断优化宽带发展制度环境，切实推动本地区宽带发展。

（二）积极推动完善电信普遍服务补偿机制，进一步支持农村宽带发展。工业和信息化部会同国资委，不断完善电信基础设施共建共享管理机制，指导基础电信企业进一步深化电信基础设施共建共享。

（三）发展改革委、科技部、财政部、国土资源部、住房城乡建设部、环境保护部、税务总局、新闻出版广电总局等部委进一步贯彻落实《“宽带中国”战略及实施方案》支持宽带建设发展的各项政策措施，教育部、交通运输部、农业部、卫生计生委等部委积极推广宽带在教育、交通、农业、卫生等领域的普及应用。

（四）各地电信监管部门要加强对本地区宽带发展工作的总体协调，进一步加强市场监管，深入优化互联网互联互通，规范各类宽带接入商的服务要求，保障用户权益；加强网络与信息安全监督和管理，切实保障网络与信息安全；加大对宽带相关知识宣传力度，进一步普及上网技能。

（五）各地电信监管、工业和信息化部门及相关政府部门，要积极研究出台支持本地区宽带发展的支持政策，落实“宽带中国”战略，促进本地区信息消费。

（六）各地住房城乡建设、电信监管部门，要采取有效措施持续推进光纤到户国家标准的贯彻落实，各地电信监管部门要积极推进完善光纤到户验收备案工作机制；住房城乡建设部、工业和信息化部适时组织调研、经验交流和监督检查，加强对各地相关工作的督导。

（七）各地国土资源部门要将宽带网络建设纳入土地利用总体规划统筹安排。各地住房城乡建设部门在具体组织编制城乡规划时，要统筹通信工程规划，合理确定通信管道和相关设施规划内容与要求，采取措施切实落实宽带网络设施建设通行权，减免光缆敷设赔补费用，进一步规范通信建设秩序。各地环境保护部门要加快对基站环评审批进度及简化审批手续等，积极推动无线宽带建设。

（八）各地发展改革、科技、工业和信息化部门要综合利用本地各项支持政策，按照国家战略部署，加大对高性能宽带技术、产品、系统研发及产业化的支持，推动宽带相关产品的产业化和应用。

（九）各地教育、交通运输、农业、卫生计生部门要联合当地电信监管部门，积极探索多种举措带动本地区各领域信息化应用水平提升，充分发挥宽带对各行业发展的支撑服务作用。

（十）各相关企业要切实发挥信息化主力军作用，进一步加强宽带网络建设和网站升级改造，切实履行网络与信息安全责任，加大宽带应用产品开发和推广力度，有效服务地区经济发展和社会民生。

（十一）各研究机构、协会、学会、联盟等社会组织要充分发挥决策建议、沟通协调、行业自律等作用，促进宽带健康发展。

（十二）各地电信监管部门和相关企业要及时发现研究专项行动实施过程中存在的问题，定期向工业和信息化部报送专项行动重要进展情况。工业和信息化部将进一步完善宽带发展标准体系，及时将专项行动进展情况向有关部门和社会进行通报。

工业和信息化部
国家发展和改革委员会
教育部
科学技术部
财政部
国土资源部
环境保护部
住房和城乡建设部
交通运输部
农业部
国家卫生和计划生育委员会
国务院国有资产监督管理委员会
国家税务总局
国家新闻出版广电总局

2014 年 4 月 30 日

关于印发《工业和信息化部2014年物联网工作要点》的通知

工信厅科［2014］87号

各省、自治区、直辖市及计划单列市、新疆生产建设兵团工业和信息化主管部门、无锡国家传感网创新示范区，有关企业：

为贯彻落实《国务院关于推进物联网有序健康发展的指导意见》（国发［2013］7号）和全国物联网工作电视电话会议精神，扎实组织实施物联网发展专项行动计划，我部研究制定了《工业和信息化部2014年物联网工作要点》。现印发你们，请按照工作要点的部署安排，结合自身实际，切实做好相关工作，推动我国物联网产业快速有序健康发展。

工业和信息化部办公厅

2014年5月21日

附件：

工业和信息化部2014年物联网工作要点

为贯彻落实全国物联网工作电视电话会议精神，做好十个物联网发展专项行动计划的组织实施，推动物联网有序健康发展，制定工业和信息化部2014年物联网工作要点。

一、工作思路

紧密结合国民经济和社会发展的重大需求，突出物联网对稳增长、扩内需、调结构、惠民生的重要作用，坚持市场导向与政府引导相结合，坚持“创新驱动、应用牵引、有序推进、协同发展”的思路，加强统筹规划和行业指导，突破核心关键技术，推进应用示范，培育龙头骨干企业，促进产业发展，强化安全保障，推进我国物联网有序健康发展。

坚持创新驱动。坚持立足现有技术优势，强化创新基础，提高创新层次，加快推进关键技术研发及产业化。拓宽发展思路，创新商业模式，发展新兴服务业。强化创新能力建设，完善公共服务平台，建立以企业为主体、产学研用相结合的技术创新体系。

坚持应用牵引。面向经济社会发展和维护国家安全的重大需求，聚焦重点领域和关键环节，统筹部署、循序渐进，大力开展物联网应用，以重大示范应用为先导，带动物联网关键技术突破和产业规模化发展，通过应用示范提升社会管理水平、提高安全生产能力、促进产业转型升级。

坚持有序推进。明确当前的重点任务，根据实际需求、产业基础和信息化条件，突出区域特色，有重点、有步骤地推进物联网技术研发、产业发展和应用推广。加强资源整合，提高资源利用效率，避免重复建设。

坚持协同发展。建立健全物联网发展统筹协调机制，充分发挥部物联网工作协调小组作用，协同制定政策措施，形成资源共享、协同推进的工作格局和各环节相互支撑、相互促进的协同发展效应。

二、重点工作

（一）加强顶层设计和统筹协调

1. 加强物联网工作统筹协调

发挥部际联席会议领导决策作用，组织实施专项行动计划，加强重点环节的监督管理。发挥专家咨询委员会支撑作用，为政府决策和部际联席会议运行提供重要支撑。健全部门、行业之间的协调机制，完善各部门与军队信息化主管部门的协调机制，促进军民融合，统筹信息安全保障及无线频率资源分配利用相关工作。

2. 加强对地方和行业物联网发展的指导

及时研究解决物联网发展中的重大问题。引导和督促地方根据自身条件合理确定物联网发展定位，有序推进物联网发展。鼓励地方政府出台扶持物联网技术研发、产业化及应用推广的政策。结合地方典型应用需求，安排国家物联网应用示范工程。

（二）突破核心关键技术

3. 推进传感器及芯片技术、传输、信息处理技术研发

研究智能传感器设计、智能传感器制造、智能传感器封装与集成、多传感器集成与数据融合及智能传感器可靠性领域的高性能、低成本、智能化传感器及芯片技术。研究面向服务的物联网传输体系架构、物联网通信技术及物联网组网领域的物联网智能传输技术。研究物联网感知数据与知识表达、智能决策、物联网跨平台和能力开放处理及物联网开放式公共数据服务应用领域的物联网智能信息处理技术。

4. 支持物联网标识体系及关键技术研发

开展物联网标识技术、解析体系与标准框架研究。重点研究支持多应用的自主化标识管理平台和网关技术，研究支持多协议、多标识转换的通用网关，研究支持多种接入方式、统一地址转换、统一采集模块数据接口、数据映射关系管理等关键技术。研究物联网标识扩展与安全机制。

5. 开展物联网技术典型应用与验证示范

建立集成感知、传输、智能信息处理等物联网关键技术的示范系统，结合新一代移动通信、云计算、下一代互联网、卫星通信等技术，对物联网关键感知、智能传输、智能信息处理、安全技术等进行验证示范，集中实现核心技术的突破，通过示范带动产业的发展。

6. 构建科学合理的标准体系

建立健全物联网标准体系。开展安全、标识、数据、测试等领域共性技术标准以及感知、网络传输、信息处理领域关键技术标准的研制工作。加强国际标准化工作，提交国际提案，增强国际影响力和竞争力。启动标准验证与服务平台建设并开展标准验证和服务。进一步完善物联网标准化工作机制。

（三）开展重点领域应用示范

7. 推动工业生产与经营管理智能化应用

面向两化融合以及传统产业转型升级需求，以流程工业和装备工业为重点，在煤炭、石化、冶金、汽车、大型装备工业中各选择1~2家重点企业开展面向生产过程、供应链管理、节能减排、电力需求侧管理的物联网应用示范，支持基于物联网技术的全自动服装生产线研发和产业化应用，推动传统产业的生产制造与经营管理向智能化、精细化、网络化转变，提升生产和经营效率。

8. 开展农业、商贸流通、节能环保、安全生产等重要领域和交通、能源、水利等重要基础设施领域应用示范

选择1~2家大型制造企业，开展企业物流作业管理物联网应用示范。在全国民用爆炸物品生产企业推广生产环境实时监控和智能处置应用，建立民爆行业生产经营动态监控信息平台。开展1~2个具有自主知识产权的车联网新技术应用示范，包括导航定位、紧急救援、防碰撞、节能减排、非法车辆查缉、打击涉车犯罪等，开展车辆识别及电动自行车智能管理物联网应用示范及推广。开展基于物联网的铅资源循环利用体系、工业包装循环共用系统技术研发和应用示范。会同相关部门在精细农业和农资服务、污染源监控和生态环境监测、能源管理智能化和精细化、水利信息采集和信息处理等领域开展应用示范。

9. 推进公共安全、医疗卫生、城市管理、民生服务领域应用示范

加快实施国家重点食品质量安全追溯物联网应用示范工程，深化婴幼儿乳粉及酒类应用，建立健全肉类等重要商品追溯体系。选择1~2个城市实施城市基础设施管理物联网应用示范，实现对地下管网、立交桥、井盖设施、无线基站、城市内涝、供排水设施、地下空间安全等状态信息的实时采集、在线监控、集中管理和信息共享。在大中城市选择重点社区，开展智能家居示范应

用。会同相关部门开展医院智能管理和社区医疗健康服务应用示范。

10. 依托无锡国家传感网创新示范区开展应用示范

按照《无锡国家传感网创新示范区发展规划纲要(2012~2020 年)》明确的重点任务，积极组织实施《无锡国家传感网创新示范区建设三年（2013~2015）行动计划》，着力推进智能制造、智能农业、智能交通、智能医疗、智能环保等应用示范工程，发挥先行先试作用，为全国物联网发展积累经验。

11. 推动电信运营等企业开展物联网应用服务

支持电信运营、信息服务、系统集成等企业开展 3~5 个物联网典型应用示范工程的运营和推广，充分利用现有公共通信和网络基础设施开展物联网应用服务，重视信息资源的智能分析和综合利用，促进信息系统间的互联互通、资源共享和业务协同，加强对物联网建设项目的投资效益分析和风险评估。

（四）促进产业协调发展

12. 培育和扶持物联网骨干企业

鼓励物联网骨干企业通过承担债务、出资购买、控股等形式进行企业兼并，壮大物联网企业规模，提高产业集中度。在传感器、核心芯片、无线射频识别(RFID)、传感器网络、信息通信网、嵌入式软件、系统集成等领域打造一批品牌企业。提出物联网优秀企业评定办法，并组织实施。支持物联网骨干企业参与国际竞争，搭建物联网国际信息咨询平台，提出物联网信息咨询平台建设方案并进行搭建和试运行。

13. 引导和促进中小企业发展

营造企业发展环境，采取灵活多样的模式，做好中小物联网企业的孵化、扶持和服务工作。引导中小企业集聚发展，加强集聚区域软硬环境和条件建设，维护良好的市场竞争环境，搭建企业与企业、企业与科研院所、中介机构之间的合作平台，促进集群的专业化分工合作。引导、培育和支持一批电子信息行业中小企业加入物联网产业链，为大型企业提供配套服务，参与研发、设计、生产、制造等环节。

14. 培育物联网产业聚集区

结合现有开发区、园区的分布，以及物联网产业发展的基础和优势，按照产业关联度和区域特征，在东、中、西部地区，以重点城市或城市群为依托，在全国范围内打造一批具有鲜明特色、可复制性强、技术扩散性强的物联网产业聚集区。加强对产业聚集区的管理，优化产业聚集区发展环境。加强对无锡示范区建设和发展的指导，制定出台具体政策措施，在规划实施、项目安排、政策优惠、金融服务、人才建设等方面给予积极支持。

15. 建设和完善公共服务平台

针对物联网产业公共服务体系做好统筹协调工作，充分利用和整合各区域、各行业已有的物联网相关产业公共服务资源，引导多种投资参与物联网公共服务能力建设，形成资源共享、优势互补的公共服务平台体系。根据产业共性需求，加强和完善公共服务平台建设，提供检验测试、市场推广、企业孵化、信息咨询等服务内容，做好公共服务平台的管理工作，探索运营机制，提升服务水平。

16. 组织商业模式研究创新和推广

对物联网专项支持的项目或通过其他途径获得的项目进行分析总结，形成物联网商业模式分析报告。建设国家优秀物联网商业模式及解决方案案例库，滚动更新，并对外发布，以指导产业发展。研究支持产业联盟工作的办法，以各地物联网产业联盟为抓手，建立以企业为主体、市场为导向、产学研用相结合的物联网商业模式创新体系。组织开展物联网商业模式创新交流工作。推广公共事业领域物联网商业模式，发展物联网专业服务，拓展物联网增值服务。

（五）推进安全保障体系建设

17. 建立健全物联网安全保障体系

推进物联网关键安全技术研发与产业化。加强物联网安全标准制订与实施工作。完成物联网信息安全技术研究并进行物联网信息安全技术检测评估平台建设方案论证，支持 2~3 家国家级科研机构以产学研用联合的方式开展平台建设。建立健全物联网信息安全相关制度、标准、规范，完成预警与态势通报机制、信息共享与分析机制建立与基础环境建设。

18. 开展物联网应用安全风险管理建设试点

形成物联网应用全生命周期安全风险管理试点建设方案并分两批选择重点领域开展试点工作。针对国家公共安全与基础设施等重点领域的物联网应用，加强对系统解决方案、核心设备与运营服务的风险评估，研究制定“可发现、可防御、可替换”的物联网安全保障长效机制。

（六）营造良好发展环境

19. 加强各部门工作衔接

做好规划政策衔接，开展规划协调和评估，定期协调调整。加强各部门间有关物联网产业发展、技术研发、应用推广、标准制定和安全保障措施的衔接和协调，按季度就重大问题开展政策协调。做好专项资金衔接，加强各类财政资金和各部委应用示范工程立项的协调沟通。加强对地方有关物联网研发、产业化和应用推广工作的指导，引导地方发展。做好国家重大科技项目的统筹，促进军民物联网技术的融合互动。

20. 完善产业发展政策

加强对物联网产业界限研究，制定物联网产品目录。研究提出物联网运行监测指标体系和监测方案。研究、评估制约物联网应用的行业壁垒，消除不合理规定，在部分领域适当放宽对物联网相关业务的市场准入条件。建立物联网应用方案案例库，开展优秀应用成果推广推介，支持重点领域相关企业推广、应用物联网产品和解决方案。加大标准组织的协调和管理力度，加强基础和应用技术标准的衔接配合，加大对物联网技术、产品和解决方案的知识产权保护力度。

21. 加大财税和金融支持力度

在国家重大科技专项“核心电子器件、高端通用芯片及基础软件产品”和“新一代宽带无线移动通信网”中加大对物联网技术研发和产业化的支持，继续做好物联网发展专项资金的组织实施。利用好其他各类财政资金，重点支持关键技术研发和产业化。推动落实相关税收优惠，畅通投融资渠道。

22. 加快完善法律法规

针对相关立法中影响物联网发展的条款，提出修改建议。组织开展物联网相关数据安全保护法律法规研究，研究物联网环境下个人信息保护办法，起草相关草案。开展物联网相关技术的知识产权评议，分析国内外知识产权态势，对我国物联网重点技术和应用进行知识产权问题排查和风险评估，制定知识产权评议指南和操作流程，发布物联网知识产权态势分析年度报告。

23. 加强专业人才培养

创新人才培养模式，充分发挥人才培养基地作用，加快培养高端技术技能人才、工程人才和经营管理人才。加强师资队伍建设，建立校外实训基地，拓展校外实践基地，提升物联网人才培养能力。依托国家重大专项、科技计划、示范工程和重点企业，培养物联网高层次人才和领军人才。进一步完善人才的市场机制，吸引物联网产业发展所需的高层次人才和紧缺人才回国和来华创办物联网企业、从事教学和科研等活动，完善物联网人才发展环境。

关于组织实施“宽带乡村”试点工程（一期）的通知

发改办高技［2014］1293号

内蒙古自治区、四川省、贵州省、云南省、陕西省、甘肃省发展改革委、财政厅、通信管理局：

为贯彻落实《“十二五”国家战略性新兴产业发展规划》（国发［2012］28号）和《关于印发“宽带中国”战略及实施方案的通知》（国发［2013］31号），加快推动农村地区宽带发展与普及，经研究，2014年国家发展改革委、财政部、工业和信息化部（以下称“三部门”）将联合组织实施“宽带乡村”试点工程（一期）。现就有关事项通知如下：

一、总体思路

围绕转变经济发展方式和全面建成小康社会的总体要求，将宽带建设定位为战略性公共基础设施，更好地发挥政府的引领作用，统筹有线、无线技术手段，突出因地制宜和均衡发展，推动宽带进乡入村，提升应用普及水平，全面支撑经济社会发展。

二、试点工程目标

结合“宽带中国”战略实施时间表，选择相关试点省或自治区，每省或自治区选择 20 个县（区、旗），推进农村地区宽带发展，到 2015 年，实现 95%以上行政村通光缆，农村宽带接入能力达到 4M，并具备平滑升级更高速率能力，农村家庭宽带普及率达到 30%。

三、支持重点

（一）乡镇到行政村光缆、传送设备、杆路等建设；

（二）行政村内接入光缆或铜缆覆盖；

（三）行政村内 OLT、MDU（内置 DSL 或 LAN）设备建设；

（四）行政村内无线基站设备（可选 3G 或 4G 技术设备、大功率室外型 WLAN 设备等）建设；

（五）行政村内无线基站配套建设，包括传输设备、铁塔、电源、空调等设备设施。

四、申报条件

（一）选择开展建设的 20 个县（区、旗）现有基础设施应符合：

1、乡镇通光缆比例达到 100%；

2、行政村通 4M 及以上速率宽带的比例低于 50%。

（二）优先选择 2013 年农村居民人均纯收入在 5 000~8 000 元之间的县、区、旗或县级市（以各省区统计局公布的数据为准）。

五、方案要求

请你们对工程目标和申报条件进行认真研究，从探索农村宽带发展模式出发，结合本地区实际情况选择集中连片的县、区或县级市，制定宽带乡村工程实施方案（编制要点见附件），方案实施期为 2014 至 2016 年。

（一）方案应以完善宽带信息基础设施和发展农村宽带用户为核心目标，注重统筹协调多方力量，因地制宜，创新方法，将基础设施建设与用户培育发展有机结合。

（二）方案中 20 个县（区、旗）统一建设实施，同一省（区）由一家企业承担实施。

（三）相关省（区）以适当方式对外公布工程建设支持标准和指标要求，按照“公开、公正、公平”的原则，优选确定具备实施资质的企业。

（四）鼓励地方政府为推动农村地区宽带建设与应用给予资金支持。对于配套措施明确的方案给予优先考虑。

六、组织申报

（一）请相关地方发展改革委、财政厅、通信管理局联合组织申报，于 2014 年 6 月 16 日前将申报方案一式七份及电子版报送三部门。三部门将组织方案评审，择优确定可开展工作的省区，以及相应的资金支持标准及具体建设指标要求。

（二）请获得批准实施的相关地方发展改革委、财政厅、通信管理局，帮助协调项目承担单位落实项目建设资金、环保、土地、规划、节能等相关建设条件。请获批地区工程实施单位通过中央企业或省级发展改革部门、财政厅、通信管理局联合向三部门报送资金申请报告。

（三）工程实施过程中，三部门将组织检查评估，对实施较好的地区进行宣传。请相关地方在工作中注重经验总结，积极推广好的经验做法，切实推动农村地区宽带发展。

特此通知。

国家发展改革委办公厅
财 政 部 办 公 厅
工业和信息化部办公厅
2014 年 6 月 10 日

国家集成电路产业发展推进纲要

集成电路产业是信息技术产业的核心，是支撑经济社会发展和保障国家安全的战略性、基础性和先导性产业，当前和今后一段时期是我国集成电路产业发展的重要战略机遇期和攻坚期，为加快推进我国集成电路产业发展，特制定本纲要。

一、现状与形势

近年来，在市场拉动和政策支持下，我国集成电路产业快速发展，整体实力显著提升，集成电路设计、制造能力与国际先进水平差距不断缩小，封装测试技术逐步接近国际先进水平，部分关键装备和材料被国内外生产线采用，涌现出一批具备一定国际竞争力的骨干企业，产业集聚效应日趋明显。但是，集成电路产业仍然存在芯片制造企业融资难、持续创新能力薄弱、产业发展与市场需求脱节、产业链各环节缺乏协同、适应产业特点的政策环境不完善等突出问题，产业发展水平与先进国家（地区）相比依然存在较大差距，集成电路产品大量依赖进口，难以对构建国家产业核心竞争力、保障信息安全等形成有力支撑。

当前，全球集成电路产业正进入重大调整变革期。一方面，全球市场格局加快调整，投资规模迅速攀升，市场份额加速向优势企业集中。另一方面，移动智能终端及芯片呈爆发式增长，云计算、物联网、大数据等新业态快速发展，集成电路技术演进出现新趋势；我国拥有全球规模最大的集成电路市场，市场需求将继续保持快速增长。新形势下，我国集成电路产业发展既面临巨大的挑战，也迎来难得的机遇，应充分发挥市场优势，营造良好发展环境，激发企业活力和创造力，带动产业链协同可持续发展，加快追赶和超越的步伐，努力实现集成电路产业跨越式发展。

二、总体要求

（一）指导思想

以邓小平理论、“三个代表”重要思想、科学发展观为指导，深入学习领会党的十八大和十八届二中、三中全会精神，贯彻落实党中央和国务院的各项决策部署，使市场在资源配置中起决定性作用，更好发挥政府作用，突出企业主体地位，以需求为导向，以整机和系统为牵引、设计为龙头、制造为基础、装备和材料为支撑，以技术创新、模式创新和体制机制创新为动力，破解产业发展瓶颈，推动集成电路产业重点突破和整体提升，实现跨越发展，为经济发展方式转变、国家安全保障、综合国力提升提供有力支撑。

（二）基本原则

需求牵引。依托市场优势，面向量大面广的重点整机和信息消费需求，提升企业的市场适应能力和有效供给水平，构建“芯片—软件—整机—系统—信息服务”产业链。

创新驱动。强化企业技术创新主体地位，加大研发力度，结合国家科技重大专项实施，突破一批集成电路关键技术，协同推进机制创新和商业模式创新。

软硬结合。强化集成电路设计与软件开发的协同创新，以硬件性能的提升带动软件发展，以软件的优化升级促进硬件技术进步，推动信息技术产业发展水平整体提升。

重点突破。强化市场需求与技术开发的结合，实现涉及国家安全及市场潜力大、产业基础好的关键领域快速发展。

开放发展。充分利用全球资源，推进产业链各环节开放式创新发展，加强国际交流合作，提升在全球产业竞争格局中的地位和影响力。

（三）发展目标

到 2015 年，集成电路产业发展体制机制创新取得明显成效，建立与产业发展规律相适应的融资平台和政策环境。集成电路产业销售收入超过 3 500 亿元。移动智能终端、网络通信等部分重点领域集成电路设计技术接近国际一流水平。32/28 纳米（nm）制造工艺实现规模量产，中高端封装测试销售收入占封装测试业总收入比例达到30%以上，65~45nm关键设备和12英寸硅片等关键材料在生产线上得到应用。

到2020年，集成电路产业与国际先进水平的差距逐步缩小，全行业销售收入年均增速超过20%，企业可持续发展能力大幅增强。移动智能终端、网络通信、云计算、物联网、大数据等重点领域集成电路设计技术达到国际领先水平，产业生态体系初步形成。16/14nm制造工艺实现规模量产，封装测试技术达到国际领先水平，关键装备和材料进入国际采购体系，基本建成技术先进、安全可靠的集成电路产业体系。

到2030年，集成电路产业链主要环节达到国际先进水平，一批企业进入国际第一梯队，实现跨越发展。

三、主要任务和发展重点

（一）着力发展集成电路设计业。围绕重点领域产业链，强化集成电路设计、软件开发、系统集成、内容与服务协同创新，以设计业的快速增长带动制造业的发展。近期聚焦移动智能终端和网络通信领域，开发量大面广的移动智能终端芯片、数字电视芯片、网络通信芯片、智能穿戴设备芯片及操作系统，提升信息技术产业整体竞争力。发挥市场机制作用，引导和推动集成电路设计企业兼并重组。加快云计算、物联网、大数据等新兴领域核心技术研发，开发基于新业态、新应用的信息处理、传感器、新型存储等关键芯片及云操作系统等基础软件，抢占未来产业发展制高点。分领域、分门类逐步突破智能卡、智能电网、智能交通、卫星导航、工业控制、金融电子、汽车电子、医疗电子等关键集成电路及嵌入式软件，提高对信息化与工业化深度融合的支撑能力。

（二）加速发展集成电路制造业。抓住技术变革的有利时机，突破投融资瓶颈，持续推动先进生产线建设。加快45/40nm芯片产能扩充，加紧32/28nm芯片生产线建设，迅速形成规模生产能力。加快立体工艺开发，推动22/20nm、16/14nm芯片生产线建设。大力发展模拟及数模混合电路、微机电系统（MEMS）、高压电路、射频电路等特色专用工艺生产线。增强芯片制造综合能力，以工艺能力提升带动设计水平提升，以生产线建设带动关键装备和材料配套发展。

（三）提升先进封装测试业发展水平。大力推动国内封装测试企业兼并重组，提高产业集中度。适应集成电路设计与制造工艺节点的演进升级需求，开展芯片级封装（CSP）、圆片级封装（WLP）、硅通孔（TSV）、三维封装等先进封装和测试技术的开发及产业化。

（四）突破集成电路关键装备和材料。加强集成电路装备、材料与工艺结合，研发光刻机、刻蚀机、离子注入机等关键设备，开发光刻胶、大尺寸硅片等关键材料，加强集成电路制造企业和装备、材料企业的协作，加快产业化进程，增强产业配套能力。

四、保障措施

（一）加强组织领导。成立国家集成电路产业发展领导小组，负责集成电路产业发展推进工作的统筹协调，强化顶层设计，整合调动各方面资源，解决重大问题。成立咨询委员会，对产业发展的重大问题和政策措施开展调查研究，进行论证评估，提供咨询建议。

（二）设立国家产业投资基金。国家产业投资基金（以下简称基金）主要吸引大型企业、金融机构以及社会资金，重点支持集成电路等产业发展，促进工业转型升级。基金实行市场化运作，重点支持集成电路制造领域，兼顾设计、封装测试、装备、材料环节，推动企业提升产能水平和实行兼并重组、规范企业治理，形成良性自我发展能力。支持设立地方性集成电路产业投资基金。鼓励社会各类风险投资和股权投资基金进入集成电路领域。

（三）加大金融支持力度。积极发挥政策性和商业性金融的互补优势，支持中国进出口银行在业务范围内加大对集成电路企业服务力度，鼓励和引导国家开发银行及商业银行继续加大对集成电路产业的信贷支持力度，创新符合集成电路产业需求特点的信贷产品和业务。支持集成电路企业在境内外上市融资、发行各类债务融资工具以及依托全国中小企业股份转让系统加快发展。鼓励发展贷款保证保险和信用保险业务，探索开发适合集成电路产业发展的保险产品和服务。

（四）落实税收支持政策。进一步加大力度贯彻落实《国务院关于印发鼓励软件产业和集成电路产业发展若干政策的通知》（国发［2000］18号）和《国务院关于印发进一步鼓励软件产业和集成电路产业发展若干政策的通知》（国发［2011］4号），加快制定和完善相关实施细则和配套措施，保持政策稳定性，落实集成电路封装、测试、专用材料和设备企业所得税优惠政策。落实并完善支持集成电路企业兼并重组的企业所得税、增值税、营业税等税收政策。对符合条件的集成电路重大技术装备和产品关键零部件及原材料继续实施进口免税政策，以及有关科技重大专项所需国内不能生产的关键设备、零部件、原材料进口免税政策，适时调整免税进口商品清单或目录。

（五）加强安全可靠软硬件的推广应用。组织实施安全可靠关键软硬件应用推广计划，以重点突破、分业部署、分步实施为原则，推广使用技术先进、安全可靠的集成电路、基础软件及整机系统。国家扩大内需的各项惠民工程和财政资金支持的重大信息化项目的政府采购部分，应当采购基于安全可靠软硬件的产品。鼓励基础电信和互联网企业采购基于安全可靠软硬件的整机和系统。充分利用扩大信息消费的政策措施，推动基于安全可靠软硬件的各类终端开发应用。面向移动互联网、云计算、物联网、大数据等新兴应用领域，加快构建标准体系，支撑安全可靠软硬件开发与应用。

（六）强化企业创新能力建设。推动形成产业链上下游协同创新体系，支持产业联盟发展。鼓励企业成立集成电路技术研究机构，联合科研院所、高校开展竞争前共性关键技术研发，引进海外高层次人才，增强产业可持续发展能力。加强集成电路知识产权的运用和保护，建立国家重大项目知识产权风险管理体系，引导建立知识产权战略联盟，积极探索与知识产权相关的直接融资方式和资产管理制度。在集成电路重大创新领域加快形成标准，充分发挥技术标准的作用。

（七）加大人才培养和引进力度。建立健全集成电路人才培养体系，支持微电子学科发展，通过高校与集成电路企业联合培养人才等方式，加快建设和发展示范性微电子学院和微电子职业培训机构。依托专业技术人才知识更新工程广泛开展继续教育活动，采取多种形式大力培养培训集成电路领域高层次、急需紧缺和骨干专业技术人才。有针对性地开展出国（境）培训项目，推动国家软件与集成电路人才国际培训基地建设。通过现有渠道加强对软件和集成电路人才引进的经费保障。在“千人计划”中进一步加大对引进集成电路领域优秀人才的支持力度，研究出台针对优秀企业家和高素质技术、管理团队的优先引进政策。支持集成电路企业加强与境外研发机构的合作。完善鼓励创新创造的分配激励机制，落实科技人员科研成果转化的股权、期权激励和奖励等收益分配政策。

（八）继续扩大对外开放。进一步优化环境，大力吸引国（境）外资金、技术和人才，鼓励国际集成电路企业在国内建设研发、生产和运营中心。鼓励境内集成电路企业扩大国际合作，整合国际资源，拓展国际市场。发挥两岸经济合作机制作用，鼓励两岸集成电路企业加强技术和产业合作。

2014~2016年新型显示产业创新发展行动计划

新型显示是信息产业重要的战略性和基础性产业。加快新型显示产业发展对促进产业结构优化调整，实施创新驱动发展战略，推动经济提质增效升级具有重要意义。近年来，通过《2010~2012年平板显示产业发展规划》实施，我国显示产业实现跨越式发展，成为全球显示产业的重要力量。未来几年，全球显示产业格局和竞争态势将发生深刻变化。一方面，随着我国面板产能逐步释放，全球显示产业竞争日趋激烈；另一方面，新型显示技术发展日新月异，孕育重大突破和变革。我国新型显示产业已进入发展的攻坚期和深水区，需着力解决投资主体相对分散与产业资源集聚、依靠成熟技术满足当前需求与前瞻性技术布局、产业规模迅速扩张与质量效益提升之间的不协调、不平衡问题。

根据《国务院关于加快培育和发展战略性新兴产业的决定》、《国务院关于促进信息消费扩大内需的若干意见》，为引导产业健康有序发展，特编制《2014~2016年新型显示产业创新发展行动计划》。

一、总体要求

（一）发展思路

紧紧围绕使市场在资源配置中起决定性作用，更好发挥政府宏观调控作用，把握新型显示产业发展机遇，强化产业有序布局，资源集聚，提升发展质量和效益，推动新型显示成为新一代信息技术产业创新发展的重要支撑。突出市场作用。营造良好政策环境，规范市场秩序，强化监督管理，提升资源配置水平和效率，避免重复投资和无序竞争。

引导集聚融合。依托已有产业基础，加强科学规划，完善现有产业集聚区布局和配套产业链建设，推动垂直整合和横向合作，打造具备国际竞争力的产业集群。

加强技术创新。完善企业为主体、产学研相结合的技术创新体系，突破关键技术瓶颈，布局前沿显示技术，加强知识产权保护和人才培养，形成核心竞争力。

提升开放水平。深化双边、多边、区域合作机制，实施更加积极主动的开放战略，鼓励企业“走出去”，充分利用国际国内两种资源、两个市场，提高国际合作质量与水平。

（二）发展目标

到2016年，产能利用率保持合理水平，产品结构不断优化，行业资源环境效率显著提高，按面积计算出货量达到世界第二，全球市场占有率超过20%，产业总体规模超过3 000亿元。

——显著增强创新能力。全面掌握低温多晶硅（LTPS）/氧化物（Oxide）液晶显示器（LCD）和有源矩阵有机发光二极管（AMOLED）技术，导入量产后年产能分别达到500万平方米、40万平方米。在全息、激光、柔性等显示技术，以及新型显示材料领域取得部分技术突破。专利累计申请总量达到20 000项，海外专利占比10%，基本完成专利布局。

——明显提升发展质量。建成以骨干面板企业为核心、配套产业链相对完备的新型显示产业集群。力争有2家骨干面板企业销售收入超过300亿元、生产规模和市场竞争力进入全球前6位。产业垂直整合和横向合作取得实质性进展，经济效益显著增强，资源利用水平明显提升，形成内生增长机制。

——基本建成配套体系。支持内外资企业互利合作，依托国际资源，共建产业链配套体系，初步实现上游装备、材料的规模化生产能力。装备种类覆盖率超过40%，材料种类覆盖率超过80%。中小尺寸薄膜晶体管液晶显示（TFT-LCD）面板制造关键材料配套率达到60%，大尺寸TFT-LCD以及AMOLED面板制造关键材料配套率达到30%。

二、重点任务

（一）加强规划布局，引导集聚发展

引导产业区域集中发展和投资主体集聚，重点支持有条件、有基础的企业在北京、长三角、珠三角等产业聚集地发展，形成具备较强竞争力的区域产业集群。根据市场容量合理确定产能发展目标，防范盲目建设和低水平重复建设。鼓励骨干企业通过投资、兼并等方式整合已有产业资源，引导投资主体进一步集中。实施差异化财税政策，从普惠向集约支持转变。鼓励具有自主高世代背板生产技术的企业和在AMOLED领域有产业化基础的企业在集聚区内建设新型显示面板项目，其他地区可根据自身产业基础配合产业集聚区发展配套产业。

（二）实施技术创新，加快前瞻布局

支持骨干企业创新能力建设，积极开展关键核心技术联合研发、专利运营、标准制订等工作，建立重点企业专利成果共享机制。以专项资金为引导，吸引社会资金共同投入，组建国家级新型显示技术创新平台。推动企业加速掌握LTPS和Oxide背板规模生产技术，推动TFT-LCD向高分辨率、低功耗、窄边框等方向发展，实现产品结构调整。突破AMOLED背板、蒸镀和封装等关键工艺技术，实现AMOLED面板量产和柔性显示等新型应用。强化前瞻技术研究，布局全息、激光等显示技术以及碳基、量子点等新型显示材料领域。

（三）完善产业配套，提升供给水平

进一步完善新型显示产业链，提高关键材料及设备的配套水平，加快形成自主发展能力。支持企业突破高世代玻璃基板和掩成膜、激光退火等关键设备。坚持面板企业与配套企业并重发展，鼓励面板企业与配套企业通过多种合作方式，结合AMOLED等新一代显示技术工艺研发，共同开发关键设备和材料。发挥骨干面板企业对产业链带动作用，引导面板企业加强横向合作，对上游产品实现互信互认，鼓励面板企业加大本地材料和设备的采购力度。

专栏 1 技术跃升行动

AMOLED 制备技术	提升小尺寸 LTPS-AMOLED 产品性能，实现 5 寸以上产品量产，开发适用于大尺寸 AMOLED 器件的高迁移率、高稳定性 Oxide 背板，实现 55 寸以上产品小批量生产，推动高性能发光材料、精细金属掩模板（FMM: FineMetal Mask）、发光器件结构等关键技术攻关，掌握长寿命、高效率 AMOLED 器件生产工艺，促进成膜工艺、紫外固化工艺等共性技术的探索与验证，完成低水氧透过率、高均匀性、长寿命封装材料和技术的开发与应用
前瞻显示技术	推动柔性基板、低温半导体背板、薄膜封装、柔性器件等核心技术的开发，完成量产技术储备，开发 10 寸以上柔性显示器件。开展激光光源性能提升、激光干涉噪音抑制、激光显示总体集成等核心技术攻关，实现激光显示的规模化应用。通过碳材料、量子点在触控、显示等方面的应用探索，攻克主要技术难点和工艺细节，掌握相关知识产权，完成技术储备，制定发展路线图
高性能 TFTLCD 制备技术	推动准分子激光晶化、离子注入、退火等关键技术开发，掌握高性能、高均匀性 LTPS 背板工艺技术，实现 400PPI 以上高分辨率产品的规模量产。解决大尺寸 Oxide 背板均匀性问题，实现 55 寸以上高性能、低成本产品的小批量生产。完成高开口率新型像素设计、高效补偿和驱动技术的开发，结合背光源效能提高和新型低阻材料应用，提升高分辨率、低功耗、超窄边框等性能，实现 4K2K 超高分辨率产品稳定量产，完成 8K4K 显示技术储备

专栏 2 产业链提升行动

关键材料及设备	玻璃基板	推动 AMOLED 及高世代 TFT-LCD 玻璃基板的研发和产业化，实现大尺寸玻璃基板的生产。开发 0.4mm 及以下厚度的玻璃基板产品，研发高耐热性能玻璃基板产品
	有机发光材料	推动 AMOLED 高性能、长寿命有机发光、电子传输和空穴注入材料的研发和产业化。标准亮度下，蓝光主体材料 T95 寿命大于 200 小时；电子传输材料驱动电压低于 4.5 V
	液晶	推动高世代线 TFT-LCD 面板制备所需的高性能混合液晶材料的研发和产业化，形成年产 IPS、VA、PSVA 型液晶 100 吨以上的生产能力
	驱动芯片	推动满足超高分辨率、窄边框、低通道数、新接口技术要求的驱动芯片研发及产业化
	高纯气体及化学品	推动高纯度（99.999%以上）氨气、硅烷、氯气、四氟化钛气体及显影液、蚀刻液、酸性化学试剂等电子化学品的研发和产业化
	靶材	推动高纯度钼（Mo）、铝（Al）、钛（Ti）、铜（Cu）等金属靶、氧化铟锡（ITO）靶材、氧化铟镓锌（IGZO）靶材的研发和产业化
	金属掩模板	推动 6 代以上透过式掩模板及 5.5 代以上 FMM 产品的研发和产业化
	OLED 设备	推动 5.5 代及以上 AMOLED 成膜用蒸镀设备、PECVD（等离子体增强化学气相沉积）设备、Sputter（磁控溅射）设备、准分子激光退火设备的研发和产业化
	设计系统	推动 EDA 工具、CIM 自动化系统的研发，拓展其在显示产品生产制造中的应用

（四）创新监管方式，完善产业环境

依托重大工程，充分调动高校、科研院所的智力资源和研究平台，与企业联合培养新型显示领域专业人才。加强知识产权工作，加快新型显示技术专利布局，在企业并购、合作研发和人才引进中开展知识产权分析评议工作，做好知识产权的创造、保护和使用。完善监督机制，创新监管方式，进一步简政放权，由地方投资主管部门按照规划布局对新型显示项目进行属地化备案管理，未经备案的项目，土地、规划、环保、财政、海关等部门不予办理相关手续。加强反垄断执法，预防和制止企业达成垄断协议、实施滥用市场支配地位等垄断行为，维护市场公平竞争。

（五）加强国际合作，实现融合发展

鼓励国内新型显示企业、科研机构与国外先进企业、研究单位积极开展多种形式的国际合作，支持国内企业并购、参股国外先进企业。支持国内外企业在华合资、合作建立新型显示研发中心，共同开展下一代显示技术的开发。支持国外上游关键装备与材料企业，根据我国新型显示产业规划布局投资建厂。支持海外高层次人才来华创业。依托两岸新型显示产业合作机制，促进互信合作，实现优势互补，开展深层次的技术研发交流，在横向联合、垂直整合、产品采购方面实现融合协调发展，共同开拓国际市场。

三、保障措施

（一）加强统筹协调力度

加强中央对地方新型显示产业发展的指导，支持产业集聚区因地制宜出台配套政策。对于地方投资和建设的重大项目，中央给予必要的指导。健全中央部门、地方政府、行业组织和企业之间的协调机制，建立中央与地方、政府与企业间定期会商制度，加强政策间的协调配合和针对性。

（二）发挥政府资金效用

加强国家科技重大专项、战略性新兴产业专项、电子信息产业振兴和技术改造专项、工业转型升级资金等专项资金的衔接，按照产业规划布局和发展需求统筹支持方向，重点支持公共服务创新平台、共性技术联合研发、前瞻性技术、重大工程建设及企业兼并重组。发挥政府资金的引领作用，支持地方政府探索设立新型显示产业投资基金，引导社会资金以多种方式投资新型显示产业。

（三）落实税收政策支持

着力提升新型显示项目的质量效益，加强税收优惠政策的针对性，动态跟踪拟新开工建设的面板项目，并对享受关税、增值税等优惠政策的面板项目实行清单管理，以避免盲目和重复建设。继续落实新型显示企业研发费用加计扣除政策，修订新型显示器件生产企业进口物资及重大装备税收优惠政策目录。发挥关税杠杆调节作用，适时调整进出口关税税率。

（四）完善金融服务支撑

加强财政政策和金融政策的协调配合，引导金融机构加大对平板显示企业的支持力度。鼓励银行业金融机构建立适应新型显示产业特点的信贷管理和贷款评审制度，创新符合产业特点的信贷产品和金融服务。充分发挥金融调控功能，根据规划引导金融机构有重点地加大对布局内重大项目的信贷投放。支持符合条件的新型显示企业在境内外上市融资、发行各类债务融资工具。

（五）建立运行监测体系

建立产业运行信息定期收集平台，构建环保节能评价体系，充分发挥行业协会、产业联盟在数据统计、信息服务方面的作用，汇总国内外行业发展动向，跟踪研究知识产权状况，分析地区资源环境承载能力。加强行业运行质量分析、预测和信息引导，完善产业数据、知识产权和环境保护预警机制。

各地可根据本地实际情况和《2014~2016 年新型显示产业创新发展行动计划》精神，落实中央重大决策，综合运用产业、财税、金融等手段，创造良好产业发展环境，促进新型显示产业健康有序发展。

关于印发重点实验室管理暂行办法的通知

工信部科［2014］515 号

各省、自治区、直辖市及计划单列市、新疆生产建设兵团工业和信息化主管部门，有关行业协会，部直属相关单位，部属高校：

为深入贯彻实施创新驱动发展战略，进一步完善工业和信息化技术创新体系，加强产业共性技术研发平台建设，我们制定了《工业和信息化部重点实验室管理暂行办法》。现印发你们，请认真贯彻执行。

工业和信息化部

2014 年 11 月 25 日

工业和信息化部重点实验室管理暂行办法

第一章 总 则

第一条 为规范和加强工业和信息化部重点实验室(以下简称重点实验室)的建设与管理，制定本办法。

第二条 重点实验室是工业和信息化领域技术创新体系的重要组成部分，是开展高水平研发活动、聚集和培养优秀科技人才、进行高层次学术交流和促进科技成果转化的重要基地，也是制造业创新体系的重要支撑。

第三条 重点实验室的主要任务是围绕工业和信息化领域科技发展战略目标和重大工程建设，开展基础研究和应用基础、重大关键技术、产业共性技术的创新性研究，探索人才培育、技术产业化的创新模式，解决工业和信息化领域行业发展中的技术难题，提高工业和信息化领域创新能力，完善制造业创新体系，支撑工业转型升级，推动信息化和工业化深度融合。

第四条 重点实验室主要依托高等学校、科研院所或具有行业优势的企业进行建设与管理，具有相对独立的人事权和财务权。

第二章 管理职责

第五条 工业和信息化部是重点实验室的归口管理部门，主要职责是：

（一）制定重点实验室发展规划、指南及相关管理规定；

（二）指导重点实验室的运行和管理，组织开展重点实验室认定，发布年度重点实验室认定通知；

（三）组织对重点实验室的评估管理工作；

（四）聘任重点实验室主任及其学术委员会主任。

第六条 各省、自治区、直辖市及计划单列市、新疆生产建设兵团工业和信息化主管部门、有关行业协会作为重点实验室认定工作的组织申报部门，负责本地区、本行业所属重点实验室的申报审核及相关管理工作。

第七条 依托单位是重点实验室的建设和运行管理的具体负责单位，主要职责是：

（一）确定重点实验室的发展目标、任务和研究重点，指导重点实验室的建设与管理；

（二）聘任重点实验室副主任，组建重点实验室学术委员会；

（三）为重点实验室提供相应的后勤保障以及运行经费等条件；

（四）对重点实验室进行年度考核，协助工业和信息化部做好对重点实验室的评估等工作。

第三章 申请与条件

第八条 申请重点实验室应具备以下基本条件：

（一）依托单位须在中华人民共和国境内注册、具有独立法人资格。其中企业应在国内建有生产、科研基地。

（二）有明确的建设发展规划，研究方向符合产业技术发展战略目标，有比较充足的科研经费，管理制度健全，运行良好。

（三）具备良好的实验场所（实验室面积不低于3 000平方米，并相对集中），拥有国内先进水平的科学研究试验设备、仪器装备及配套设施等（仪器设备原值一般不低于2 000万元）。

（四）拥有学术水平高、组织能力强、在本研究领域有较高知名度的学术带头人；有一支科研能力强、年龄与知识结构较为合理的研究队伍；有良好的科研传统和学术氛围。

（五）学术水平和科研能力在国内或行业内领先，取得过高水平的科研成果，有培养高层次人才的能力，具备承担国家、部（省）重大科技项目的条件。高等学校类的依托单位应有与重点实验室研究方向相关的硕士、博士学位点；企业类的依托单位应具有跟踪国际新技术、支撑开发产品领先技术的能力。

（六）依托单位对重点实验室的科研成果具有较强的转化及应用推广能力。

第九条　具备重点实验室基本条件并符合认定通知要求的实验室，其依托单位可向组织申报部门提出认定申请。一个依托单位可以申请不同方向的多个重点实验室。

第十条　由组织申报部门负责组织具备条件的单位填写《工业和信息化部重点实验室申请书》（具体内容见附件），审核后报工业和信息化部。工业和信息化部直属单位、部属高校可直接向工业和信息化部提出认定申请。

第十一条　鼓励由行业优势企业、科研院所、高等学校、社会投资机构联合申请重点实验室。

第四章　认定与授牌

第十二条　重点实验室采用认定方式确定，认定工作依照“自愿申请，择优认定”的原则进行。工业和信息化部每年集中认定一次。

第十三条　工业和信息化部组织专家对依托单位提交的《工业和信息化部重点实验室申请书》进行书面评审或答辩评审。根据专家组评审意见，视情况开展现场核查，研究确定重点实验室认定建议名单，按程序予以公示。

第十四条　对公示中无异议或异议不成立的实验室，经部长办公会审定，正式认定为重点实验室，并颁发证牌。重点实验室统一命名为“XXXX工业和信息化部重点实验室（依托单位）”，英文名称为“Key Laboratory of XXXX（依托单位的英文名称），Ministry of Industry and Information Technology”。其中，XXXX为重点实验室研究方向。

第五章　运行与管理

第十五条　重点实验室实行“开放、交流、合作、竞争”的运行机制。

第十六条　重点实验室主任实行聘任制。由依托单位推荐，组织申报部门出具意见，并由工业和信息化部聘任。重点实验室主任应在本领域内具有较高的学术水平，较强的组织能力和管理能力，负责重点实验室的日常工作，年龄一般不超过60周岁。

第十七条　重点实验室主任任期5年，连任不超过两届。每年在重点实验室工作时间一般不少于8个月。

第十八条　重点实验室学术委员会是重点实验室的学术指导机构，主要任务是审议实验室的目标、任务和研究方向，审议实验室的重大学术活动、年度工作，审批开放研究课题。学术委员会会议每年至少召开一次，每次实到人数不少于三分之二。重点实验室主任要在会议上向重点实验室学术委员会作实验室工作报告。

第十九条　重点实验室学术委员会主任经依托单位推荐由工业和信息化部聘任。重点实验室学术委员会主任一般应由非依托单位人员担任，且不得由本重点实验室主任兼任。

第二十条　重点实验室学术委员会应由相同或相关专业领域的专家组成，人数不少于7人，其中依托单位的学术委员不得超过总数的三分之一。一位专家不得同时担任三个以上重点实验室的学术委员会委员。学术委员任期5年，由依托单位聘任，并报工业和信息化部备案。每次换届更换人数不少于总数的三分之一，两次不出席重点实验室学术委员会会议的应予以更换。

第二十一条　重点实验室要加大对外开放的力度，努力实现科技资源共享，促进国际国内学术交流，鼓励科研人员通过合作等形式积极开展科研活动。

第二十二条　重点实验室应实行固定研究人员与流动研究人员相结合的制度（固定研究人员所占比例不得少于50%），积极吸引国内外有成就的科技人员和出国留学人员、进修人员进入重点实验室工作。重点实验室要重视高层次人才引进，积极聘请承担国家重大科研项目的人员进入重点实验室。重点实验室人员实行聘任制。骨干固定研究人员由重点实验室主任聘任；其余固定研究人员和流动研究人员由骨干固定研究人员聘任，重点实验室主任核准。

第二十三条　重点实验室要建立健全规章制度，注重仪器设备的管理，逐步提高实验室的开放程度，提高实验室设备的利用率和使用效益。

第二十四条　重点实验室应多渠道筹措研究与管理经费。重点实验室的经常费用由实验室、依托单位自筹，鼓励依托科研院所和高等学校建设的重点实验室与企业合作开展研究，吸引社会力量投资重点实验室建设。

第二十五条　确因学科发展，变更需要重点实验室名称或主要研究方向的情况，须由实验室主任提出书面申请，经学术委员会或组织专家进行论证，提出论证报告，由依托单位报组织申报部门，经组织申报部门审核后，以正式公文报工业和信息化部，由工业和信息化部认定。

第六章 考核与评估

第二十六条 依托单位应对重点实验室进行年度考核，考核情况应报工业和信息化部备案。

第二十七条 工业和信息化部对重点实验室每五年进行一次定期评估。评估主要对重点实验室前五年的整体运行状况进行综合评价，指标包括：研究水平与贡献、队伍建设与人才培养、开放交流与运行管理等。

第二十八条 重点实验室应于考核评估当年4月20日前将评估材料报工业和信息化部。工业和信息化部组织专家或委托有关单位对重点实验室上报的评估材料及相关情况进行核查，形成评估报告。

第二十九条 重点实验室评估结果有以下情况之一的为不合格：

（一）评估专家组认定评估材料不合格；

（二）无特殊原因，逾期一个月不上报评估材料；

（三）上报材料内容严重不实或者数据存在虚假；

（四）有重大违规、违法行为。

第三十条 工业和信息化部根据评估报告，结合年度考核情况，确定重点实验室评估结果并向社会公布；评估不合格的重点实验室撤销其重点实验室资格。

第三十一条 工业和信息化部将对重点实验室及依托单位在申请我部负责的有关重大科技专项和科研项目中，给予优先支持。对运行良好的重点实验室，将优先推荐申报国家重点实验室。

第七章 附 则

第三十二条 本办法自颁布之日起实施。

第三十三条 本办法由工业和信息化部负责解释。

附件：工业和信息化部重点实验室申请书（略）

关于印发《信息化和工业化融合管理体系评定管理办法（试行）》的通知

工信部信［2014］564号

各省、自治区、直辖市及计划单列市，新疆生产建设兵团、副省级省会城市、黑龙江农垦总局工业和信息化主管部门，有关中央企业，有关行业协会，有关企业：

根据《工业和信息化部关于印发信息化和工业化深度融合专项行动计划（2013~2018年）的通知》（工信部信［2013］317号）以及我部两化融合管理体系工作部署，我部组织相关单位研究制定了《信息化和工业化融合管理体系评定管理办法（试行）》，现予以发布。为确保两化融合管理体系评定工作顺利开展，提出如下要求：

一、部机关各相关司局、各地工业和信息化主管部门要切实加强对归口管理试点企业贯标和评定工作的支持力度，同时全面推动非试点企业贯标达标，推广普及两化融合管理体系。

二、两化融合管理体系评定工作委员会要全面负责管理、协调两化融合管理体系评定工作，规范评定秩序，确保评定质量。

三、评定机构和评定人员要严格遵守评定管理办法和评定工作委员会的工作要求，恪守职业操守，确保评定活动公平公正。

四、各单位要严格遵守国家有关中介服务收费的管理规定。各地工业和信息化主管部门要加强管理和监督。

工业和信息化部

2014年12月15日

附件：

信息化和工业化融合管理体系评定管理办法（试行）

1 适用范围

1.1 本办法用于规范对企业按照《信息化和工业化融合管理体系要求（试行）》（工信部公告 [2014] 3 号）建立的两化融合管理体系开展的评定活动。

1.2 本办法明确了对两化融合管理体系建立、运行及其绩效的评定和监督要求，强化评定过程管理。

1.3 两化融合管理体系评定工作应遵循“自愿、独立、公开、公正”的原则。

2 评定管理组织

2.1 设立两化融合管理体系评定专家委员会（简称评定专家委员会），对两化融合管理体系评定工作提供指导和咨询，作出专家结论。评定专家委员会设在中国两化融合咨询服务联盟。

2.2 设立两化融合管理体系评定工作委员会（简称评定工作委员会），全面负责管理、协调两化融合管理体系评定工作，制订完善评定工作细则、流程和方法，管理评定机构及评定人员等。评定工作委员会设在中国两化融合咨询服务联盟，接受联盟指导委员会和联盟理事会的指导，其日常工作由联盟秘书处承担。

3 评定机构要求

3.1 评定工作委员会委托符合条件的第三方评定机构从事两化融合管理体系评定活动。

3.2 评定机构应建立并有效运行评定工作体系，完善评定监督和责任机制，以确保从事的两化融合管理体系评定活动符合本办法的规定。

3.3 坚持咨询与评定分离原则，禁止评定机构为其利益相关方提供评定服务。

3.4 评定机构应具备的基本条件如下：

1）有固定的办工场所和必要的设施；

2）有 10 名以上符合条件的两化融合管理体系专职评定人员。

3.5 评定机构至少应公开以下信息：

1）可开展评定的主要业务范围；

2）评定机构授予、保持、变更、暂停或撤销评定及其证书等环节的程序和规定；

3）对所作出评定结论的申诉程序；

4）评定机构以往开展的评定业务；

5）评定机构的信用等级；

6）评定机构聘用的评定人员及其信用等级。

3.6 对于违反本办法、相关法律法规、相关职业道德以及不遵守评定工作委员会管理要求的评定机构，评定工作委员会有权暂停或撤销其从事两化融合管理体系评定活动的委托。被撤销委托的机构，5 年内不得重新申请。

4 评定人员要求

4.1 评定工作委员会委托符合条件的评定人员具体承担两化融合管理体系评定工作。

4.2 评定人员须遵守相关的法律、法规和规章，按照所执业评定机构确定的工作程序和作业指导从事评定活动，对评估审核报告的真实性承担相应责任。

4.3 评定人员不得同时在 2 个或者 2 个以上评定机构执业。

4.4 评定人员的基本条件如下：

1）每 3 年至少参加 1 次评定工作委员会组织的专业培训；

2）通过评定工作委员会组织的专业考试，且每年至少参加 1 次两化融合管理体系评估审核工作，否则每年均需重新通过专业考试；

3）拥有 3 年及以上从事企业管理、信息化、自动化、管理体系等相关工作的经验，或具有等同于相关领域 3 年工作经验的专业水平。

4.5 对于违反本办法、相关法律法规、相关职业道德以及不遵守评定工作委员会管理要求的评定人员，评定工作委员会有权暂停或撤销其从事两化融合管理体系评定活动的委托。被撤销委托的人员，5 年内不得重新申请。

5 评定管理平台

5.1 依托两化融合管理体系评定管理平台（gltxpd.

cspiii.com）（简称评定管理平台），对两化融合管理体系评定工作进行全流程管理与监督。

5.2 评定机构和评定人员需在评定管理平台进行注册，公开相关信息。

6 评定程序

6.1 初次评定

6.1.1 受理评定申请

6.1.1.1 申请两化融合管理体系评定的企业（简称申请企业）需在评定管理平台进行注册，选择评定机构，并提交评定申请材料。评定申请材料包括：

1）两化融合管理体系评定申请表；

2）企业营业执照等法律地位证明文件的复印件；

3）组织机构代码证书的复印件；

4）两化融合管理体系管理手册及必要的程序文件等；

5）申请两化融合管理体系评定的范围和边界所涉及的业务流程、组织结构、技术、数据等的清单；

6）两化融合管理体系已有效运行的证明文件；

7）两化融合发展水平评估报告；

8）其他与评定有关的必要文件。

6.1.1.2 评定机构对申请企业提交的申请材料进行评审，确认申请企业从事的活动符合相关法律法规规定，建立和实施了两化融合管理体系，且已有效运行；并根据申请企业申请的评定范围、完成评估审核所需时间及其他影响评定活动的因素，综合确定是否受理评定申请。

6.1.1.3 对于申请材料不满足6.1.1.1中要求的，评定机构可通知申请企业补充和完善，或者不受理评定申请。

6.1.1.4 对于拟受理的评定申请，评定机构应与申请企业签定书面的评定合同，并提交至评定管理平台。

6.1.2 制定评估审核计划

6.1.2.1 评定机构在实施评估审核前，应形成书面的评估审核计划，由申请企业确认，并提交至评定管理平台。评估审核计划的内容至少包括：评估审核计划名称和编号、评估审核目的、评估审核范围、评估审核任务、评估审核时间、评估审核组成员、评估审核组组长、评估审核日程安排等。

6.1.2.2 评估审核时间应合理充分，以确保评估审核的完整有效。

6.1.2.3 评估审核组应根据两化融合管理体系评估审核范围所覆盖的专业领域选择具备相关能力的评定人员和技术专家。每个评估审核组应至少包含一名专职评定人员，评估审核组中的评定人员承担评估审核责任。

6.1.2.4 现场评估审核应安排在评估审核范围覆盖的业务活动处于正常运行阶段，以使现场评估审核活动能够观察到业务活动的运行情况。

6.1.3 实施评估审核

6.1.3.1 开展第一阶段评估审核

6.1.3.1.1 第一阶段评估审核的主要目的是判断申请企业是否建立和实施了符合《信息化和工业化融合管理体系要求》的管理制度，重点评估审核申请企业两化融合管理体系与标准的符合性。

6.1.3.1.2 第一阶段评估审核应至少包含以下内容：

1）评估审核申请企业的两化融合管理体系相关文件是否符合《信息化和工业化融合管理体系要求》，并初步确认申请企业的实际运行情况是否与其两化融合管理体系相关文件相一致；

2）评估审核申请企业理解和实施《信息化和工业化融合管理体系要求》标准的情况，特别是对两化融合管理体系的要素、过程、目标、运行机制及其关键绩效的识别情况；

3）评估审核申请企业是否围绕与企业战略相匹配的可持续竞争优势的需求，确定了信息化环境下新型能力的要求，并确定了两化融合目标；

4）确认两化融合管理体系覆盖的范围，以及该范围是否与申请企业对打造信息化环境下新型能力的要求相一致；

5）确认申请企业的两化融合管理体系是否已实施运行、是否实施了内部审核与管理评审；

6）结合两化融合目标，并围绕所涉及的业务流程、组织结构、技术及数据四个基本要素，以及管理职责、基础保障、实施过程、评测与改进四个管理域，识别对两化融合目标实现具有重要影响的关键点，作为策划第二阶段评估审核的重要输入；

7）结合识别的第二阶段重要评估审核点，审核第二阶段评估审核所需资源的配置情况，与申请企业相关人员进行讨论，确定第二阶段评估审核实施的可行性，并商定第二阶段评估审核的详细安排。

6.1.3.1.3 第一阶段的评估审核活动，原则上应在申请企业现场进行。

6.1.3.1.4 评定人员应该将第一阶段评估审核情况形成文件，告知申请企业，并将文件及相关材料提交至评定管理平台。第一阶段评估审核和第二阶段评估审核应安排适宜的间隔时间，使申请企业有充分的时间解决第一阶段评估审核中发现的问题。

6.1.3.2 开展第二阶段评估审核

6.1.3.2.1 第二阶段评估审核的主要目的是围绕申请企业所打造的信息化环境下的新型能力，判断申请企业两化融合管理体系运行的符合性和有效性。

6.1.3.2.2 第二阶段评估审核至少应覆盖以下内容：

1）围绕所打造的信息化环境下的新型能力，申请企业实际运行情况与两化融合管理体系标准或其他规范性文件的所有要求的符合情况及证据；

2）依据两化融合管理体系的关键绩效目标和指标，对绩效进行的监视、测量、报告和评审，以及所获取的信息化环境下的新型能力的情况；

3）申请企业两化融合管理过程的执行控制情况；

4）申请企业两化融合管理体系的内部审核和管理评审情况；

5）规范性要求、方针、绩效目标和指标、适用的法律要求、职责、人员能力、运作、程序、绩效数据和内部审核发现及结论之间的联系。

6.1.3.2.3 第二阶段评估审核应在申请企业现场进行。

6.1.3.3 发生以下情况时，评估审核组应中止评估审核，并向评定机构报告：

1）申请企业对评估审核活动不予配合，评估审核活动无法进行；

2）申请企业的两化融合管理体系有重大缺陷，不符合《信息化和工业化融合管理体系要求》标准的要求；

3）两化融合管理体系文件不符合申请企业实际运行情况；

4）发现申请企业存在严重违法违规的行为；

5）其他导致评估审核程序无法完成的情况。

6.1.4 形成评估审核报告

6.1.4.1 第二阶段评估审核结束后，评估审核组应对第一阶段和第二阶段的评估审核活动形成书面的评估审核报告。评估审核报告由评估审核组组长组织编写并签字确认。评估审核报告应准确、简明和清晰地描述评估审核活动的主要内容，至少包括：

1）评定机构；

2）申请企业的名称和地址及其管理者代表；

3）评估审核类型（例如初次、监督或再评定）；

4）评估审核准则；

5）评估审核目的；

6）评估审核范围；

7）评估审核组组长、评估审核组成员及任何与评估审核组同行的人员；

8）评估审核活动的实施日期和地点；

9）与评估审核类型的要求一致的评估审核证据、评估审核发现和评估审核结论；

10）已识别出的不符合项和任何未解决的问题。

6.1.4.2 评估审核报告应附必要的用于证明相关事实的证据或记录，并提交至评定管理平台。

6.1.4.3 评定机构应将评估审核报告的副本送交申请企业。

6.1.4.4 对中止评估审核的项目，评估审核组应将已开展的工作情况形成报告，评定机构应将此报告及中止评估审核的原因提交申请企业，并通过评定管理平台提交至评定工作委员会。

6.1.5 不符合项的纠正和纠正措施验证

6.1.5.1 对评估审核中发现的不符合项，评定机构应要求申请企业在规定期限内分析原因并采取措施进行纠正，并说明为消除不符合项所采取的纠正和纠正措施。

6.1.5.2 对申请企业已对不符合项完成的纠正，评定机构应采取适当方式对申请企业所采取的纠正和纠正措施的有效性进行验证。

6.1.6 给出评定结论

6.1.6.1 评定机构根据评估审核报告及相关验证结果，结合其他相关信息进行综合评价，给出评定结论，并通过评定管理平台提交至评定工作委员会。

6.1.6.2 评估审核组成员不得参与给出所评估审核项目的评定结论。

6.1.6.3 评定机构在给出评定结论前应确认：

1）评估审核报告及相关验证结果能够满足评定的需要；

2）对于所有反映以下问题的不符合项，评定机构已评审、接受并证实了纠正和纠正措施的有效性：

a）未能满足两化融合管理体系标准的一项或多项要求；

b）对两化融合目标的实现具有重要影响的关键点的监视和测量未有效运行，或者对这些关键点的报告或评审记录不完整或无效；

c）在持续改进两化融合管理体系的有效性方面存在缺陷，实现两化融合目标有重大疑问。

3）对于任何其他不符合项，评定机构已评审并接受了申请企业计划采取的纠正和纠正措施。

6.1.6.4　在满足 6.1.6.3 条的要求的基础上，评定机构有充分的客观证据证明申请企业满足下列要求的，给出该申请企业符合评定要求的评定结论：

1）申请企业的两化融合管理体系符合标准要求且运行有效；

2）评定范围覆盖的业务活动符合相关法律法规要求；

3）申请企业按照评定合同规定履行了相关义务。

申请企业不满足上述要求的，给出该申请企业不符合评定要求的评定结论，以书面的形式告知申请企业并说明原因。

6.1.7　评定决定

6.1.7.1　评定工作委员会对评定过程中所提交的文件和记录进行合规性审查，确认相关材料完整、齐全、合理。对于材料不符合要求的，由评定机构补充完善。

6.1.7.2　必要时，评定工作委员会组织专家对评定机构的评定结论进行复核，未能通过复核的，予以驳回。

6.1.7.3　对于评定机构评定合格，且通过评定工作委员会审查或复核的企业，在评定管理平台进行为期 15 个工作日的公示。

6.1.7.4　对于公示后无异议的企业，由评定机构颁发两化融合管理体系评定证书（简称评定证书）。

6.2　监督审核

6.2.1　评定机构应对颁发评定证书的企业（简称获证企业）进行有效的跟踪监督，确保其两化融合管理体系持续符合评定要求。

6.2.2　评定机构应在初次评定的第二阶段评估审核后至少 12 个月内进行一次监督审核。此后，每次监督审核的时间间隔不超过 12 个月。

6.2.3　在达到监督审核期限而有证据表明获证企业暂不具备实施监督审核的条件时，可以适当延长监督审核期限，但最长间隔不能超过 15 个月。

6.2.4　监督审核应至少包含以下内容：

1）上次评估审核以来两化融合管理体系覆盖的范围及运行体系的资源是否有变更；

2）对上次评估审核中确定的不符合项采取的纠正和纠正措施是否继续有效；

3）内部审核和管理评审是否规范和有效；

4）是否针对内部审核和管理评审发现的问题策划并实施了持续改进；

5）两化融合目标及分解目标是否实现，未实现的原因；

6）两化融合管理体系覆盖的业务活动涉及法律法规规定的，是否持续符合相关规定；

7）获证企业对评定证书和标志的使用是否符合相关规定。

6.2.5　评估审核组根据监督审核情况形成书面的监督审核报告，并提交至评定管理平台。监督审核报告至少应按 6.2.4 列明的评估审核要求逐项描述评估审核证据、评估审核发现和评估审核结论等，并提出是否继续保持评定证书的推荐性意见。

6.2.6　评定机构根据监督审核报告和掌握的其他相关信息，给出继续保持或暂停、撤销评定证书的结论，并通过评定管理平台提交至评定工作委员会。

6.3　再评定

6.3.1　获证企业应在证书期满前 3 个月内提出再评定申请，不提出再评定申请或再评定不合格的，其两化融合管理体系评定证书到期自动失效。

6.3.2　再评定的评估审核程序与 6.1 中规定的程序一致。若再评定的范围保持不变，且获证企业的两化融合管理体系及获证企业的内部或外部环境无重大变更时，再评定可省略第一阶段评估审核。

7　评定证书

7.1　评定证书的有效期

评定证书自颁发之日起有效期为 3 年。

7.2　评定证书要求

评定证书应至少包含以下信息：

1）企业名称、地址；

2）授予、变更评定的日期；

3）评定有效期；

4）证书编号；

5）两化融合管理体系评定范围；

6）两化融合管理体系符合《信息化和工业化融合管理体系要求》标准的表述，包括版次和（或）修订号；

7）评定工作委员会的标志和评定机构的名称、签印、地址、标志；

8）关于证书信息查询方式的说明："本证书信息可在两化融合管理体系评定管理平台（http://gltxpd.cspiii.com）查询"。

7.3　评定证书的暂停

7.3.1　获证企业发生以下情况时，评定机构应在获得相关信息并调查核实后15个工作日内向评定工作委员会申请暂停其评定证书，评定工作委员会应在收到申请15个工作日内作出答复：

1）两化融合管理体系持续或严重不满足评定要求，包括对两化融合管理体系运行有效性的要求；

2）没有按照本办法规定的频次实施监督审核；

3）不承担、履行评定合同约定的监督审核过程中的责任和义务；

4）不履行评定合同约定的信息通报义务；

5）主动请求暂停；

6）获证企业被有关行政监管部门责令停业整顿；

7）其他需要暂停评定证书的情况。

7.3.2　评定证书暂停期不应超过6个月。

7.3.3　暂停评定证书时，应及时在评定管理平台上公布相关信息；评定机构应采取有效监督措施避免无效评定证书被继续使用。

7.3.4　暂停评定证书的信息应明确暂停的起止日期，声明在暂停期间获证企业不得以任何方式使用评定证书或引用评定信息。

7.4　评定证书的撤销

7.4.1　获证企业发生以下情况时，评定机构应在获得相关信息并调查核实后15个工作日内向评定工作委员会申请撤销其评定证书，评定工作委员会应在收到申请15个工作日内作出答复：

1）被注销或吊销《企业法人营业执照》；

2）拒绝配合评定工作委员会开展监督工作，或者对有关事项的询问和调查提供了虚假材料或信息；

3）有严重违反法律法规的行为或者业务活动不符合法定要求并造成严重影响；

4）暂停评定证书的期限已满但导致暂停的问题未得到解决或纠正；

5）没有运行两化融合管理体系或者已不具备运行的条件；

6）不按相关规定正确使用和宣传评定信息，评定机构已要求其纠正但超过6个月仍未纠正，或者造成严重影响或后果；

7）其他需要撤销评定证书的情况。

7.4.2　撤销评定证书前，应告知有关企业，听取企业的陈述和申辩。

7.4.3　撤销评定证书后，应及时在评定管理平台上公布相关信息；评定机构应收回撤销的评定证书，若无法收回，应及时在相关媒体上公布或声明，并采取有效监督措施避免无效评定证书被继续使用。

7.5　评定证书的变更

评定证书有效期内，获证企业发生下列（但不限于）变化时，应及时通报评定机构，评定机构根据实际情况决定是否需要重新评估审核，并根据评估审核结果作出变更证书或撤销证书的决定：

1）企业名称；

2）联系地址和场所；

3）获得评定的两化融合管理体系覆盖的运行范围；

4）两化融合管理体系及其过程的重大变更。

7.6　评定证书的使用

获证企业应在评定范围内正确使用评定证书和评定标志，标志或所附文字不应使人对评定对象和发证机构产生歧义。评定机构应对获证企业使用评定证书、评定标志等评定信息的情况实施有效跟踪调查，对误用和未按规定使用评定证书和评定标志的，应要求获证企业采取有效的纠正措施。

8　监督与管理

8.1　信息保留与公开

8.1.1　依托评定管理平台对两化融合管理体系评定全流程相关资料和信息进行管理。对于不涉及企业与评定机构商业秘密的信息，按需对社会进行公开，并接受各方监督。

8.1.2　评定机构应对评定活动全过程进行记录并妥善保存，记录应当真实、准确。

8.2　申诉、投诉、举报及处理

8.2.1 企业对评定结果有异议，可向评定机构提出申诉，评定机构应接受企业申诉，在1个月内将处理结果形成书面通知送交企业，并将企业申诉材料及其处理结果提交至评定管理平台。

8.2.2 企业对评定机构作出的申诉处理结果仍有异议，可通过评定管理平台向评定工作委员会投诉。

8.2.3 企业认为评定机构未遵守评定相关法规、规章或本办法并导致自身合法权益受到侵害，可通过评定管理平台向评定工作委员会投诉。

8.2.4 任何个人或机构可通过评定管理平台向评定工作委员会举报评定机构或评定人员的不当行为，并提供相关证据。

8.2.5 对于确认受理的投诉或举报，评定工作委员会组织专家进行处理。

8.3 评定机构与评定人员信用等级管理

8.3.1 评定工作委员会依托评定管理平台对评定机构进行信用评价，授予A、B、C三个不同的信用等级，并进行动态管理。

8.3.2 评定工作委员会依托评定管理平台对评定人员进行信用评价，授予A、B、C三个不同的信用等级，并进行动态管理。

8.4 抽查与复核

8.4.1 评定工作委员会组织专家开展必要的抽查与复核活动，确保评定机构评定活动的有效性。抽查主要包括现场见证与确认审核等形式。

8.4.2 评定机构的信用等级是评定工作委员会开展抽查与复核活动的重要依据。抽查与复核的结果是评定机构和评定人员信用等级调整的重要因素。

9 其他

9.1 本办法提及《信息化和工业化融合管理体系要求》标准时，均指评定活动发生时该标准的有效版本。

9.2 对非企业法人组织建立的两化融合管理体系，可参考本办法开展评定。对军工、涉及国家秘密等特殊企业的评定，可在遵守国家相关规定基础上执行本办法。

10 附则

10.1 本办法由工业和信息化部负责解释。

10.2 本办法自2014年12月15日起实施。

关于向民间资本开放宽带接入市场的通告

工信部通［2014］577号

为贯彻落实党的十八大和十八届三中、四中全会精神，按照国务院《关于印发“宽带中国”战略及实施方案的通知》、《关于促进信息消费扩大内需的若干意见》和《关于鼓励和引导民间投资健康发展的若干意见》的有关要求，充分发挥民间资本灵活、创新的优势，工业和信息化部决定鼓励民间资本以多种模式进入宽带接入市场，促进宽带网络基础设施发展和业务服务水平提升。有关事项通告如下：

一、鼓励民营企业参与宽带接入网络设施建设和运营。支持民营企业开展宽带接入网业务试点（《试点方案》见附件），试点企业可以建设宽带接入网业务所需的基础网络设施，以自有品牌为用户提供宽带上网服务。

二、鼓励民营企业参与宽带接入网络的投资并与基础电信企业开展合作。支持民营企业以资本合作、业务代理、网络代维等多种形式和基础电信企业开展合作、分享收益，并以基础电信企业品牌为用户提供宽带上网服务。

三、鼓励民营企业提供宽带转售服务。支持拥有因特网接入服务（ISP）业务经营许可证的民营企业，从基础电信企业租用接入网络资源，以自有品牌为用户提供宽带上网服务。

四、基础电信企业要按照公平合理、平等协商的原则，积极与民营企业进行合作，在合作过程中要严格遵守国家法律法规、相关行业制度及以下规定：

（一）基础电信企业不得与民营企业签订含有排他性条款的协议。

（二）基础电信企业在向民营企业提供相关宽带网络资源时，其服务质量应不低于自身业务服务质量，相应价格应与民营企业平等协商确定。

（三）针对本意见第二条，基础电信企业应积极探索与民营企业互利共赢的合作发展模式，集团公司要加强对其所属公司的管理，切实保障用户合法权益，逐步建立统一规范的制度体系。及时总结经验和问题，定期向电信管理机构报送与民营企业合作的有关情况。

（四）针对本意见第三条，基础电信企业应积极向民营企业开放宽带接入网存量资源，向社会公开合作接洽部门和合作事项。集团公司要积极探索推进宽带转售工作，逐步建立相应的业务合作流程和管理办法，有序组织实施。对于发现再次转租转售宽带资源的情况，应立即责成合作企业停止转租转售行为，并妥善处理已发展用户的善后工作。

五、民营企业在参与宽带接入网络建设运营及宽带转售的过程中，应严格遵守国家相关法律法规、电信行业管理要求及以下规定：

（一）在建设宽带接入网络设施时，应当严格遵守光纤到户国家标准和有关通信工程建设的规定。同时应遵守基础设施共建共享、通信设施保护等政策规定，禁止和房地产商、物业管理公司或业主委员会等第三方签署含有排他性条款的协议，保障用户的自由选择权。

（二）上联互联网骨干网必须经由基础电信企业的城域网接入，不同地市的业务节点不得直连，其接入网络建设范围和连接（汇聚）节点位置要向电信管理机构报告。

（三）以自有品牌开展用户宽带上网服务的，应设有专门的客服部门和客服人员，按照服务规范及相关要求建立健全服务质量管理体系。必须与用户签订服务协议。协议中要明确约定接入速率、资费以及企业提前终止经营时预付费返还、争议解决的处理方式等，切实保障用户的合法权益。

（四）开展宽带转售服务的民营企业，要与基础电信企业签订合作协议，明确双方在服务质量保障、用户权益和用户信息安全保护等方面的责任划分，租用的接入网络资源严禁再次转租转售。在开展业务前，向电信管理机构报告，并定期报送宽带转售服务发展情况。

六、电信管理机构要组织好本地开放宽带接入市场相关工作，探索完善事中事后的监管政策，加强对宽带接入市场不正当竞争行为的监管，保障用户的自由选择权和企业公平接入，推动资源共享，培育和维护公平、公正的市场环境。

附件：宽带接入网业务开放试点方案（略）

工业和信息化部

2014 年 12 月 25 日

关于进一步优化光伏企业兼并重组市场环境的意见

工信部电子［2014］591 号

各省、自治区、直辖市及计划单列市、新疆生产建设兵团工业和信息化主管部门：

光伏产业是基于半导体技术和新能源需求而兴起的朝阳产业，也是我国战略性新兴产业的重要组成部分。光伏企业通过兼并重组做优做强，是光伏产业加快转型升级、提高产业集中度和核心竞争力的重要途径，对加快光伏产业结构调整和转型升级、推动产业持续健康发展具有重要意义。为贯彻落实党中央和国务院的决策部署，根据《国务院关于促进光伏产业健康发展的若干意见》（国发［2013］24 号，以下简称国发 24 号文）要求，按照《国务院关于进一步优化企业兼并重组市场环境的意见》（国发［2014］14 号，以下简称国发 14 号文）有关精神，为进一步优化光伏企业兼并重组的市场环境，现提出以下意见：

一、指导思想、基本原则和目标

（一）指导思想

以邓小平理论和“三个代表”重要思想、科学发展观为指导，深入贯彻党的十八大和十八届三中、四中全会精神，落实国发 24 号文关于加快推动光伏企业兼并重组工作的部署，利用全球产业调整机遇，采取综合政策措施，优化光伏企业兼并重组市场环境，引导我国光伏产业加快转型升级，促进光伏产业持续健康发展。

（二）基本原则

——市场运作，政策引导。充分发挥市场在资源配置中的决定性作用，坚持市场化方式运作实施，并通过相关政策措施的有效引导，推动完善光伏企业兼并重组服务管理体系，营造有利于兼并重组工作的政策与市场环境。

——规范发展，扶优扶强。强化政策规划导向，结合《光伏制造行业规范条件》等的实施，坚持扶优扶强，推动土地、金融等资源向优势企业集中，支持企业通过兼并重组做优做强。

——企业为主，多方支持。充分发挥光伏企业在兼并重组工作中的主体作用，尊重企业意愿，引导企业自愿、自主开展或参与兼并重组。政府有关部门、科研机构、行业组织、金融及证券机构等通过各种途径予以配合和支持。

——统筹协调，综合施策。政府有关部门加强沟通协作，完善产业、投资、财税、金融、商务等政策体系，妥善解决企业兼并重组中资产债务处理、职工安置及相关税收管理等问题，推动兼并重组工作高效、有序、平稳开展。

（三）工作目标

立足产业发展特点和现状，以提升行业集中度、培育优势骨干企业、增强产业核心竞争力、优化产业区域布局为总体目标。到 2017 年底，形成一批具有较强国际竞争力的骨干光伏企业，前 5 家多晶硅企业产量占全国 80%以上，前 10 家电池组件企业产量占全国 70%以上，形成多家具有全球视野和领先实力的光伏发电集成开发及应用企业。

二、加强国家光伏产业政策引导

（一）鼓励骨干光伏企业实施兼并重组。严格实施《光伏制造行业规范条件》，规范光伏行业发展秩序，提高产业发展水平，引导落后产能逐步退出。鼓励符合规范条件的骨干光伏企业充分发挥资金、技术、品牌等优势，对运营状况欠佳但有一定技术实力的光伏企业实施兼并重组。支持骨干光伏企业开展跨国并购，在全球范围内优化资源配置，提高国际化经营能力和水平。

（二）引导上下游企业加强合作。鼓励光伏产业链上下游企业通过战略联盟、签订长单、技术合作、互相参股等方式，确立长期稳定的合作关系，完善产业链结构，重点推动多晶硅企业和电池及组件企业、上游制造企业和下游发电企业等建立深度合作关系。支持运营状况良好、技术实力领先的骨干光伏企业对上下游环节企业实施兼并重组，完善产业链结构，提高全产业链盈利能力。鼓励电力、化工等关联行业骨干企业与光伏企业实施兼并重组。

三、完善光伏企业兼并重组体制机制

（一）消除兼并重组制度性障碍。清理市场分割、地区封锁等限制，建立统一的光伏市场体系。完善市场运行机制，充分发挥市场对于资源配置的决定性作用，营造有利于光伏企业兼并重组的市场环境。进一步减少光伏企业跨所有制兼并重组障碍，鼓励国有企业、民营企业、外资企业等通过并购、参股等多种方式相互开展兼并重组。支持光伏企业以资本、技术、品牌为基础开展联合技术攻关、建立区域性业务合作关系或组成战略合作联盟等。

（二）优化光伏企业兼并重组审批流程。梳理光伏企业兼并重组涉及的并购重组审核核准等审批事项，缩小审批范围，优化审批流程，提高光伏企业海外并购便利化水平。取消上市公司收购报告书事前审核，强化事后问责；取消上市公司重大资产购买、出售、置换行为审批（构成借壳上市的除外）。对符合条件企业的兼并重组实行快速审核或豁免审核。光伏企业兼并重组涉及的生产许可、工商登记、资产权属证明等变更手续，相关条件未有重大变化的，可按历史继承方式从简从快办理。

四、完善落实财政税收优惠政策

（一）加强财政资金支持。统筹资源支持光伏企业通过兼并重组加快结构优化和转型升级。通过技术改造专项资金加大对兼并重组企业技术改造项目的支持力度，推动企业持续提高工艺技术水平及产品质量。地方政府统筹资金解决本地区光伏企业兼并重组中的突出问题。

（二）落实并完善相关税收政策。贯彻落实国发 14 号文精神，对符合条件的光伏企业兼并重组，按照现行税收政策规定享受税收优惠政策。企业通过合并、分立、出售、置换等方式，转让全部或者部分实物资产以及与其相关联的债权、债务和劳动力的，不属于增值税和营业税征收范围，不应视同销售而征收增值税和营业税。落实兼并重组企业所得税特殊性税务处理政策、非货币性资产投资交易的企业所得税及企业改制重组的土地增值税等相关政策。

五、充分发挥金融和资本市场作用

（一）加强金融信贷支持服务。加强产业、财政、金融等部门沟通协作，推动产业、财政政策和金融政策协同配合。鼓励银行业金融机构创新适合光伏企业需求特点的金融产品和服务方式，支持技术含量高、发展前景好、拥有自主知识产权的光伏企业通过兼并重组发展壮大。充分发挥国家各相关银行的引导作用，鼓励商业银行完善并购贷款制度，对兼并重组企业实行综合授信，可以收购标的的资产或股权作担保。支持商业银行完善对光伏企业兼并重组的信贷授信、管理培训等金融服务。

（二）拓展兼并重组融资渠道。允许符合条件的光伏企业发行优先股、定向发行可转换债券作为兼并重组支付方式。对上市公司发行股份实施兼并事项，不设发行数量下限，兼并非关联企业不再强制要求作出业绩承诺。非上市公众公司兼并重组，不实施全面要约收购制度。鼓励证券公司、资产管理公司、股权投资基金及产业投资基金等向光伏企业提供直接投资、委托贷款、过桥融资等多种融资服务。

六、加强综合政策及服务体系保障

（一）落实和完善土地使用优惠政策。政府土地储备机构有偿收回光伏企业因兼并重组而退出的土地，按规定支付给企业的土地补偿费可以用于企业安置职工、偿还债务等支出。兼并重组涉及的划拨土地，符合《划拨用地目录》的，可继续以划拨方式使用。光伏企业兼并重组中涉及土地转让、改变用途的，城乡规划、国土管理部门等在依法依规前提下加快办理相关规划和用地手续。

（二）完善企业债务处理和职工安置政策。严格按照有关法律规定和政策，妥善处置企业兼并重组的债权债务关系，确保债权人的合法利益。支持资产管理公司、股权投资基金、产业投资资金等参与被兼并企业的债务处置。落实完善兼并重组职工安置政策，稳妥解决职工再就业、社会保险关系接续和转移、结算拖欠职工工资等问题。指导地方将企业兼并重组职工安置工作与保障职工权益统筹考虑，认真落实《关于失业保险支持企业稳定岗位有关问题的通知》（人社部发［2014］76 号），对采取有效措施稳定职工队伍的企业，给予稳定岗位补贴，所需资金从失业保险基金中列支。

（三）进一步加强公共服务体系建设。完善企业兼并重组公共信息服务平台，充分发挥行业协会等作用，加强兼并重组信息交流。加大区域发展指导，避免企业区域性过度集中和恶性竞争，避免并购竞争激烈导致收购成本过度提高。完善光伏企业兼并重组信息服务，加强相关信息披露，推动企业兼并重组信息服务专业化、规范化发展。

（四）建立完善兼并重组组织协调机制。充分发挥企业兼并重组工作部际协调小组的作用，统筹协调有关重大事项。各部门加强沟通协作，形成合力，提高光伏企业兼并重组工作效率，推动兼并重组工作有效开展。各地区要根据本地实际情况，建立健全协调机制和服务体系，积极协调解决本地区光伏企业兼并重组重要问题，可根据本意见和本地情况制定优化光伏企业兼并重组市场环境的具体方案，促进光伏企业兼并重组工作有序开展。有关重大事项及时报送工业和信息化部。

工业和信息化部

2014 年 12 月 30 日

2014年信息产业科技工作综述

技术创新

加快建设产业技术创新体系 组织开展2014年国家技术创新示范企业认定工作，认定72家国家技术创新示范企业，截至2014年底，国家技术创新示范企业共有283家。技术创新示范企业两级认定体系已经初步形成。各地通过培育和认定技术创新示范企业和企业技术中心，积极推进企业技术创新能力建设。推动部属高校等单位加强产学研联合。组织开展部属协同创新中心培育认定工作。

推进科技成果产业化 与财政部联合组织实施2014年重大科技成果转化项目，共安排项目195个，安排补助资金9.74亿元，并对已经完成的项目做好验收管理和项目成果宣传。

增强科技创新能力 对工业和信息化部部属高校9个国家重点实验室、25个重点实验室（教育部）的发展按目标要求加强管理，制定了《工业和信息化部重点实验室管理暂行办法》，启动部重点实验室认定工作。组织推荐直属单位和部属高校申报各类国家科技项目。

高技术与物联网

深化科技体制改革 制定了《深化科技体制改革2014年工作要点部内分工》，明确了部内任务分工和时间进度安排。积极参与《关于改进加强中央财政科研项目和资金管理的若干意见》（国发［2014］11号）等文件编制工作，完善项目与资金管理体制机制，突出企业技术创新主体地位，按照研发任务类型确定实施方式。加快组建科技项目管理专业科技机构，加强与相关部门沟通交流，了解专业机构组建要求和思路，研究提出了专业机构组建方案建议。

组织实施国家科技重大专项 组织开展新一代宽带无线移动通信网重大专项2015年课题立项工作，重点支持LTE芯片、仪表、混合组网以及5G标准评估环境、网络架构、下一代无线局域网、频率等。部署面向4G未来演进的技术及策略研究，与欧盟、韩国建立了政府间对话渠道，推动国内外产业界间建立5G合作机制。组织产学研用各方联合研究解决TD-LTE商用中存在的技术问题，组织开展多频多模手机终端集成芯片等产业链瓶颈环节的试验和联合攻关，部分芯片企业实现量产，全球150余家企业推出了近700款TD-LTE智能手机。

推进物联网健康有序发展 组织召开全国物联网工作会议，国务院副总理马凯同志出席会议并作重要讲话，对今后一段时间内推进物联网发展工作明确了重点和要求。组织实施2014年物联网发展专项资金，重点支持了芯片、智能传感器等关键技术研发，以及智能工业制造、交通物流等重点领域物联网系统研制共100个项目。

参展第十六届深圳高交会 第十六届深圳高交会于2014年11月16~21日在深圳举办。工业和信息化部作为高交会主办单位之一，成功举办了“新能源汽车及车联网专题馆”和“新能源汽车及车联网产业发展论坛”两项活动。专题馆围绕“绿色智能，畅行中国”主题，汇集产业龙头企业，集中展示新能源汽车整车、关键零部件及车联网技术应用。通过参加此次高交会，集中宣传了新能源汽车及车联网产业的创新成果，明确了对推动新能源汽车及车联网产业发展的支持力度。专题馆荣获组委会颁发的“优秀组织奖”和“优秀展示奖”，19项参展产品获得“优秀产品奖”。

行业标准

完成技术标准体系建设方案编制工作 完成19个行业和3个综合性领域《技术标准体系建设方案》编制

工作，明确了未来 2~3 年标准制定的重点领域和项目。标准制定工作转入“方案落地、分类管理”新阶段，着力推动体系建设方案中重点项目的落实，并按照“重点领域标准，基础通用和公益类标准，一般标准”3 个层次编制行业标准制修订计划。

持续开展标准制修订工作 下达 4 批共 2 016 项行业标准制修订计划，安排了 422 项重点项目，占项目总数的 20.93%，超过年初确定的重点项目 18%的关键业绩指标的目标；向国家标准委申报了 117 项国家标准计划项目建议；批准公布 4 批 2 723 项行业标准，完成 1 130 项行业标准复审工作，废止了 86 项行业标准。

稳步推进两化融合标准体系建设 正在加紧研制《信息化和工业化融合管理体系要求》、《基础和术语》、《实施指南》等两化融合国家标准。对两化融合管理体系国际标准化工作的实施路径和进度安排进行了细化，明确了时间节点、具体工作目标和任务。结合德国工业 4.0 开展了《信息化和工业化融合标准研究》和《两化融合国际标准化推进路径研究》专题研究工作。

扎实推进重点领域综合标准化工作 继续坚持运用综合标准化的方式整体推进产业发展重点领域标准化工作，已编制完成并印发《电动自行车用锂离子电池综合标准化技术体系》，起草完成了云计算、太阳光伏、物联网、三网融合等重点领域综合标准化技术体系或综合标准体系建设指南，结合两化融合和德国工业 4.0 的学习研究，启动了《智能制造综合标准化技术体系》的研究和编制工作。

强化国际标准化工作 全面分析了各行业国际标准转化情况，鼓励采用有利于中国产业发展的国际标准，提升国内标准水平，实现与国际接轨。以国际标准提案为核心，支持和鼓励国内企事业单位实质性参与国际标准化工作，继续对由中国企业主导制定的国际标准项目给予经费支持，补助国际标准项目 107 项，其中 25 项被批准成为国际标准。

创新标准宣贯模式 启动了民生密切相关标准的宣贯工作，改变了以企业为主的传统标准宣贯模式，而是以消费者为对象，选择消费者关心的细节问题，采用通俗易懂、活泼生动的形式进行宣贯。通过消费者标准意识的提升，形成倒逼机制，促使企业提高宣传标准、实施标准的主动性。

知识产权

提升工业企业知识产权运用能力 积极实施工业企业知识产权运用能力培育工程，推动 1 425 家企业建立知识产权管理制度，试点企业建立知识产权管理制度的比例达到 85%以上。支持 8 个省市开展知识产权运用特色培育，培育省级知识产权运用示范企业 365 家。组织工业企业知识产权运用能力务实培训 10 场次，面向千余家企业宣贯《工业企业知识产权管理指南》，引导试点企业加强知识产权管理。按照“双打”办公室季度行动方案和专项部署，完成对非法农资生产、网络侵权售假等领域突出问题的专项整治。

强化行业知识产权服务支撑能力 实施“重点产业关键技术领域知识产权风险评估与预警工程”，在信息通信、新能源汽车等领域初步建立了行业主管部门指导、行业协会牵头组织、专业机构支撑服务、企业参与的行业知识产权风险研判与预警机制。完成工业知识产权数据资源平台建设，组织开展纠纷事件调查、试点企业知识产权动态信息跟踪与数据分析等服务，初步建立了面向行业、面向企业的知识产权服务体系。

国际电联对口管理

主导制定国际标准实现新突破、取得新进展 2014 年，中国向 ITU-T 提交 971 篇国际标准文稿，主导完成 39 项国际标准，牵头新立项 43 个标准项目。中国参与国际电联标准化工作取得显著成绩。在云计算安全、有线电视、物联网等领域，ITU 发布由中国主导制定的云计算安全第一项国际标准、同轴电缆物理层和 MAC 层接入技术和物联网系列标准。在光通信、多媒体、未来网络等领域，由中国继续主导国际标准制定工作，对提升中国企业实力，“走出去”拓展国际市场发挥了较好作用。

完成 ITU-T 国内对口组组长单位和组长换届工作 2014 年 8 月，启动了 ITU-T 国内对口组换届工作。经有关单位推荐、广泛征求意见、综合平衡、初选结果公示等环节，2014 年底，研究确定了新一届国际电联标准化事务国内对口组组长单位及组长，为今后开展 ITU-T 国内对口研究工作打下了坚实的基础。

加强了 ITU-T 国内对口研究的管理和规范 启动了《中国向 ITU-T 提交文稿审查细则》的编制工作，以进一步规范向 ITU–T 提交国际标准文稿程序，提高文稿质量，提升参与 ITU–T 标准化工作水平。试行了对口组考核制度和对口组成员的申诉反馈机制，充分调动成员单位的积极性与主动性，推动国内对口研究工作有序开展。

组织开展了参与 ITU–T 标准化工作的效果评估 在分析 ITU–T 各研究组活动情况、在各研究组中的参与水平以及 ITU–T 已发布标准在国内产业化应用的情况的基础上，为参与 ITU–T 标准化工作提出建议，不断完善信息通信领域国际标准化战略。

技术性贸易壁垒措施

稳妥开展技术性贸易壁垒措施相关工作 初步建立了工业和信息化部内技术性贸易壁垒措施通报和评议工作通报体系。参加世界贸易组织技术性贸易壁垒措施（WTO/TBT）例会，积极回应外方对工业和通信业相关政策的关注，同时对外方影响中国贸易的政策措施表达关切，切实维护中国产业和企业的利益。2014 年着重就《便携式电子产品用锂离子电池和电池组安全要求》国家标准与外方展开磋商。

[供稿：工业和信息化部科技司]

2014 年度电子信息产业获国家科学技术奖励情况

【获国家自然科学奖情况】

序号	编号/获奖等级	项目名称/主要完成单位	主要完成人
1	Z–10701–1–01 国家自然科学奖 一等奖	网络计算的模式及基础理论研究 清华大学，中南大学	张尧学，周悦芝，林　闯，任丰原，王国军

【获国家技术发明奖情况】

序号	编号/获奖等级	项目名称/主要完成单位	主要完成人
1	F–30901–2–02 国家技术发明奖 二等奖	汽车电子嵌入式平台技术及应用 浙江大学，中国第一汽车集团公司，浙江吉利汽车研究院有限公司	吴朝晖，李　骏，吴成明，杨国青，陈文强，李　红
2	F–30901–2–03 国家技术发明奖 二等奖	可视素材内容驱动的虚拟场景生成技术及应用 北京航空航天大学	陈小武，赵沁平，王莉莉，周　忠，邹冬青，白相志
3	F–30901–2–04 国家技术发明奖 二等奖	主动对象海量存储系统及关键技术 华中科技大学，中兴通讯股份有限公司，杭州海康威视数字技术股份有限公司	冯　丹，王　芳，施　展，童　薇，叶郁文，熊　晖

续表

序号	编号/获奖等级	项目名称/主要完成单位	主要完成人
4	F-30902-2-01 国家技术发明奖二等奖	机载高精度位置姿态测量系统关键技术及应用 北京航空航天大学，中测新图（北京）遥感技术有限责任公司，北京自动化控制设备研究所	房建成，宋凝芳，钟麦英，李建利，李英成，尚克军
5	F-30902-2-02 国家技术发明奖二等奖	低热阻高光效蓝宝石基 GaN LED 材料外延及芯片技术 中国科学院半导体研究所，扬州中科半导体照明有限公司，湘能华磊光电股份有限公司	李晋闽，王国宏，王军喜，伊晓燕，刘志强，戚运东
6	F-30902-2-03 国家技术发明奖二等奖	地、空协同时频电磁探地系统关键技术及应用 吉林大学	林　君，嵇艳鞠，王言章，周逢道，刘长胜，于生宝
7	F-30902-2-04 国家技术发明奖二等奖	高光束质量超高斯平顶钕玻璃激光器关键技术及应用 中国科学院光电研究院，中国电子科技集团公司第三十四研究所，中国电子科技集团公司第二十三研究所，北京国科世纪激光技术有限公司，四川大学	樊仲维，邱基斯，伍浩成，陈光辉，张国新，张　彬
8	F-30902-2-05 国家技术发明奖二等奖	调控光线行为的三维自由光学曲面构建及其在半导体照明中的应用 清华大学，东莞勤上光电股份有限公司	罗　毅，钱可元，韩彦军，李旭亮，李洪涛，祝炳忠

【获国家科学技术进步奖情况】

序号	编号/获奖等级	项目名称/主要完成单位	主要完成人
1	国家科学技术进步奖特等奖	天河一号高效能计算机系统 国防科技大学等	
2	J-220-1-01 国家科学技术进步奖一等奖	高端容错计算机系统关键技术与应用 浪潮集团有限公司，中国人民解放军国防科学技术大学，中国建设银行股份有限公司	王恩东，胡雷钧，张　东，张　峻，黄家明，夏　军，林楷智，尹宏伟，王守昊，林磊明，乔　鑫，陈彦灵，吴　楠，乔英良，陈继承
3	J-206-1-01 国家科学技术进步奖一等奖	国家电网智能电网创新工程 国家电网公司	
4	J-206-2-01 国家科学技术进步奖二等奖	无线通信终端核心芯片关键技术及产业化平台 展讯通信（上海）有限公司	

续表

序号	编号/获奖等级	项目名称/主要完成单位	主要完成人
5	J-216-2-01 国家科学技术进步奖二等奖	半导体器件后封装核心装备关键技术与应用 广东工业大学，固高科技（深圳）有限公司，深圳市大族激光科技股份有限公司，广州半导体器件有限公司	陈　新，吴　宏，高　健，高云峰，杨志军，刘冠峰，吴小洪，李克天，陈克胜，程逸良
6	J-219-2-01 国家科学技术进步奖二等奖	高密度互连混合集成印制电路关键技术及产业化 电子科技大学，珠海方正科技多层电路板有限公司	张怀武，何　为，胡永栓，王守绪，苏新虹，唐晓莉，周国云，陶志华，钟智勇，朱兴华
7	J-219-2-02 国家科学技术进步奖二等奖	服务三农的安全可信金融电子交易关键技术和应用 东南大学，江苏东大集成电路系统工程技术有限公司	时龙兴，杨　军，李　杰，王　超，卜爱国，曹　鹏，胡　晨，田有东，单伟伟，刘新宁
8	J-220-2-01 国家科学技术进步奖二等奖	虚拟机运行支撑关键技术与应用 上海交通大学，曙光信息产业股份有限公司，中兴通讯股份有限公司，华为技术有限公司，万达信息股份有限公司，复旦大学	管海兵，邵宗有，董振江，顾炯炯，陈海波，戚正伟，李光亚，梁阿磊
9	J-220-2-02 国家科学技术进步奖二等奖	铝电解槽高效节能控制技术及推广应用 中南大学，中国铝业公司，北方工业大学，湖南中大业翔科技有限公司，西南科技大学，北京航空航天大学，郑州发祥电力有限公司	李　劼，阳春华，宋　威，丁凤其，邹　忠，吕晓军，冀树军，闫太网，张红亮，赖延清
10	J-220-2-03 国家科学技术进步奖二等奖	复杂装备跨生命周期数据管理平台关键技术 清华大学，湖南三一智能控制设备有限公司	王建民，孙家广，周　翔，张　力，刘英博，闻立杰，王朝坤，莫欣农，刘永红，张钰旻
11	J-220-2-04 国家科学技术进步奖二等奖	维哈柯文软件开发关键技术研究与应用 新疆大学，中国科学院新疆理化技术研究所，新疆西北星信息技术有限责任公司，工业和信息化部电子工业标准化研究院	蒋同海，吾守尔·斯拉木，李　晓，吐尔根·依布拉音，周　喜，努尔麦麦提·尤鲁瓦斯，张　岩，王　磊，代　红，董　军
12	J-236-2-03 国家科学技术进步奖二等奖	下一代网络与业务国家试验床创新技术研究及应用 中国人民解放军信息工程大学，中国人民解放军国防科学技术大学，浙江大学，清华大学，浙江工商大学，中兴通讯股份有限公司，工业和信息化部电信研究院	汪斌强，刘勤让，伊　鹏，张风雨，于　婧，黄万伟，王　晶，申　涓，陈一骄，扈红超
13	J-240-2-02 国家科学技术进步奖二等奖	电子商务与电子支付综合服务平台及产业应用 中国银联股份有限公司	柴洪峰，鲁志军，何　朔，才　华，何东杰，孙　权，华锦芝，于　镳，祖立军，程志强

[供稿：工业和信息化部科技司]

2014 年批准发布的信息产业各类标准情况

2014 年批准发布的信息产业各类标准情况

2014 年批准发布的电子行业标准 36 项，国家标准 90 项，详见表 1、表 2。

2014 年标准工作重点

完善技术标准体系建设，夯实标准化工作 为进一步贯彻落实全国工业和信息化工作会议精神，提高标准制定工作与产业发展的契合度，扎实推进技术标准体系建设工作，加强重点领域标准研究。深入开展对各行业重点领域的产业和技术发展研究、技术标准体系研究以及重大、关键技术标准的预先研究，做好标准的总体规划和顶层设计，夯实标准制定的基础，确保标准制定工作有序、高效开展。2014 年完成了工业和信息化部《软件和信息技术服务业技术标准体系建设方案》、《节能与综合利用领域技术标准体系建设方案》、《电子信息领域“十二五”技术标准体系建设方案》、《安全生产领域“十二五”技术标准体系建设方案》、《装备工业“十二五”技术标准体系建设方案》等 5 项标准体系建设方案工作。

加强标准管理，支撑产业发展 强化传统产业改造提升标准制定。按照调整优化结构、增强产业配套能力、淘汰落后产能的要求，继续开展标龄满 5 年的行业标准复审工作，并进一步健全标委会的组织结构，对 17 个标委会进行换届工作。积极探索综合标准化工作模式，深化综合标准化试点，推进云计算、物联网、电动汽车、半导体照明、锂离子电池、太阳能光伏、移动智能终端等领域综合标准化工作，加强顶层设计，建立和完善标准体系，发挥标准的整体作用，进一步加强标准与产业发展的贴合度。

推进国际标准化，提高国际话语权 CESI（中国电子标准化研究院）作为电子信息技术领域国际标准化的总归口单位，在承担国际标准组织归口管理工作的同时，注重对业内相关国际知名联盟/论坛的跟踪研究，并本着开放、平等、互利的原则，与 IEEE-SA（国际电气电子工程师协会-标准协会）、JEDEC（美国固态技术协会）、ETSI（欧洲电信标准协会）、SEMI（国际半导体行业协会）、OASIS（结构化信息促进会）、ZIGBEE 联盟等多个国际知名联盟、论坛建立了合作伙伴关系。同时推进自主技术标准国际化，并会同有关部门建立联合工作机制，加大国际标准化推进力度，以国际标准提案为核心，以战略性新兴产业为突破口，充分发挥企业主体作用，加强国际标准动态研究，积极参与重要国际标准制定，促进新一代信息技术、云计算、物联网等领域的自主技术成为国际标准，不断提升国际标准制定的话语权。

完善工作体系机制，营造良好环境 完善标准制修订机制，深化综合标准化试点，探索建立综合标准化工作机制。抓好标准制定过程中技术创新、知识产权处置、试验验证、产业化和应用推广的统筹协调。按照《电子行业标准制修订管理实施细则》的要求，加强标准制修订各节点的控制与监督，对计划项目实施动态管理，使标准制定与产业发展紧密结合，急用先行，随时申报，按季度集中处理立项和报批工作，提高标准立项的集中性、计划的连续性和标准发布的时效性。加强对标准化工作的指导与管理，分行业完善行业标准制定管理实施细则，进一步规范标准制修订工作程序与要求，确保标准制定公开、公平、公正，充分发挥标准在行业管理中的引导和规范作用。

做好标准化培训，完善人才队伍建设 学习《深化标准化工作改革方案》、“互联网+”行动计划、《中国制造 2025》、《标准化法》修订稿等文件对标准化工作的要求，加强对行业标准化机构的分类指导，规范运行、提升能力、强化管理，打造适应产业发展需要的标准化技术机构。组织开展标准化培训工作，宣贯工业和信息化部相关标准化政策，对《电子行业标准制修订管理实施细则》中各阶段要求进行解读，编写平台使用手册方便各级用户使用，开展平台使用培训工作，充分发挥平台作用。支持地方行业主管部门、行业协会和标准化技术组织结合地方和行业特点，加大标准化培训工作力度，提升企业标准化人员素质。依托行业协会、标准化技术组织加强与国际标准化组织合作，引导企业加大资金投入，着力培养一批国际标准化高端人才。

【统计数据】

表 1　2014 年批准发布的电子行业标准

序号	标准号	标准名称	实施日期
1	SJ/T 11465-2014	网络电视机的网络应用技术要求	2014-7-1
2	SJ/T 11466-2014	红外遥控接收放大器	2014-7-1
3	SJ/T 11364-2014	电子电气产品有害物质限制使用标识要求	2015-1-1
4	SJ/T 11246-2014	真空开关管用陶瓷管壳	2015-4-1
5	SJ/T 11469-2014	压电陶瓷材料性能测试方法 切变压电应变常数 d15 的准静态测试	2015-4-1
6	SJ/T 11470-2014	发光二极管外延片	2015-4-1
7	SJ/T 11471-2014	发光二极管外延片测试方法	2015-4-1
8	SJ/T 11472-2014	镀锡铜包铝线	2015-4-1
9	SJ/T 11473-2014	交联聚乙烯绝缘铜膜屏蔽控制电线和电缆	2015-4-1
10	SJ/T 1563-2014	实心聚四氟乙烯绝缘同轴射频电缆	2015-4-1
11	SJ/T 11474-2014	射频连接器用柔性防护帽规范	2015-4-1
12	SJ/T 2217-2014	硅光电晶体管技术规范	2015-4-1
13	SJ/T 11475-2014	紫外光固化光纤涂料	2015-4-1
14	SJ/T 11476.2-2014	光纤预制棒用材料 第 2 部分：四氯化锗	2015-4-1
15	SJ/T 11476.3-2014	光纤预制棒用材料 第 3 部分：石英套管	2015-4-1
16	SJ/T 10642-2014	TJC 型条形连接器通用规范	2015-4-1
17	SJ/T 10643-2014	TJC1 型条形连接器详细规范	2015-4-1
18	SJ/T 10644-2014	TJC2 型条形连接器详细规范	2015-4-1
19	SJ/T 10645-2014	TJC3 型条形连接器详细规范	2015-4-1
20	SJ/T 10646-2014	TJC4 型条形连接器详细规范	2015-4-1
21	SJ/T 10647-2014	TJC6 型条形连接器详细规范	2015-4-1
22	SJ/T 11477-2014	IP 核交付项规范	2015-4-1
23	SJ/T 11478-2014	IP 核质量评测	2015-4-1
24	SJ/T 11479-2014	IP 文档结构指南	2015-4-1

续表

序号	标准号	标准名称	实施日期
25	SJ/T 11480-2014	防静电无尘擦拭布通用规范	2015-4-1
26	SJ/T 11460.2-2014	液晶显示用背光组件 第2部分：CCFL背光组件空白详细规范	2015-4-1
27	SJ/T 11460.3.1-2014	液晶显示用背光组件 第3-1部分：便携式显示用LED背光组件空白详细规范	2015-4-1
28	SJ/T 11459.7.1-2014	液晶显示器件 第7-1部分：无源液晶显示器件外形和窗口优选尺寸系列	2015-4-1
29	SJ/T 11050-2014	多层印制板用环氧玻纤布粘接片预浸料	2015-4-1
30	SJ/T 11481-2014	多层印制板用氰酸酯改性环氧玻纤布粘结片预浸料	2015-4-1
31	SJ/T 11482-2014	电子设备用压敏电阻器 MYP型片式压敏电阻器详细规范 评定水平E	2015-4-1
32	SJ/T 11278.4.1-2014	电子设备用压敏电阻器 第4部分：空白详细规范 片式压敏电阻器 评定水平E	2015-4-1
33	SJ/T 11278.4.2-2014	电子设备用压敏电阻器 第4部分：分规范 片式压敏电阻器	2015-4-1
34	SJ/T 11483-2014	锂离子电池用电解铜箔	2015-4-1
35	SJ/T 11467-2014	电子电气产品中有害物质的风险评估指南	2015-4-1
36	SJ/T 11468-2014	电子电气产品有害物质限制使用 术语	2015-4-1

表2　2014年批准发布的电子行业国家标准

序号	标准号	标准名称	实施日期
1	GB/T 30246.5-2014	家庭网络 第5部分：终端设备规范 家用和类似用途电器	2015-2-1
2	GB/T 30847.1-2014	系统与软件工程 可信计算平台可信性度量 第1部分：概述与词汇	2015-2-1
3	GB/T 30847.2-2014	系统与软件工程 可信计算平台可信性度量 第2部分：信任链	2015-2-1
4	GB/T 30848-2014	信息技术 通用多八位编码字符集 锡伯文、满文字型 正黑体	2015-2-1
5	GB/T 30849-2014	信息技术 通用多八位编码字符集 锡伯文、满文字型 正白体	2015-2-1
6	GB/T 30850.1-2014	电子政务标准化指南 第1部分：总则	2015-2-1
7	GB/T 30850.2-2014	电子政务标准化指南 第2部分：工程管理	2015-2-1
8	GB/T 30850.3-2014	电子政务标准化指南 第3部分：网络建设	2015-2-1
9	GB/T 30850.5-2014	电子政务标准化指南 第5部分：支撑技术	2015-2-1
10	GB/T 30851-2014	信息技术 传统蒙古文排序	2015-2-1
11	GB/T 30962-2014	识别卡 集成电路卡 大容量卡	2014-12-1
12	GB/T 30961-2014	嵌入式软件质量度量	2014-12-1
13	GB/T 4313-2014	信息技术 办公设备 针式打印机用编织打印色带通用规范	2014-12-1
14	GB/T 17173.3-2014	信息技术 开放系统互连 分布式事务处理 第3部分：协议规范	2014-12-1
15	GB/T 26237.10-2014	信息技术 生物特征识别数据交换格式 第10部分：手型轮廓数据	2014-12-1

续表

序号	标准号	标准名称	实施日期
16	GB/T 26937.9-2014	信息技术 生物特征识别数据交换格式 第 9 部分：血管图像数据	2014-12-1
17	GB/T 30854-2014	LED 发光用氮化镓基外延	2015-4-1
18	GB/T 30855-2014	LED 外延芯片用磷化镓衬底	2015-4-1
19	GB/T 30856-2014	LED 外延芯片用砷化镓衬底	2015-4-1
20	GB/T 30857-2014	蓝宝石衬底片厚度及厚度变化测试方法	2015-4-1
21	GB/T 30858-2014	蓝宝石单晶衬底抛光片	2015-4-1
22	GB/T 30859-2014	太阳能电池用硅片翘曲度和波纹度测试方法	2015-4-1
23	GB/T 30860-2014	太阳能电池用硅片表面粗糙度及切割线痕测试方法	2015-4-1
24	GB/T 30861-2014	太阳能电池用锗衬底片	2015-4-1
25	GB/T 30866-2014	碳化硅单晶片直径测试方法	2015-2-1
26	GB/T 30867-2014	碳化硅单晶片厚度和总厚度变化测试方法	2015-2-1
27	GB/T 30868-2014	碳化硅单晶片微管密度的测定 化学腐蚀法	2015-2-1
28	GB/T 30869-2014	太阳能电池用硅片厚度及总厚度变化测试方法	2015-2-1
29	GB/Z 18914-2014	信息技术 软件工程 CASE 工具的采用指南	2015-2-1
30	GB/T 25000.62-2014	软件工程 软件产品质量要求与评价（SQuaRE） 易用性测试报告行业通用格式（CIF）	2015-2-1
31	GB 25902.5-2014	信息技术 通用多八位编码字符集 西双版纳新傣文 32 点阵字型 第 5 部分：法杭体	2015-7-1
32	GB 25902.6-2014	信息技术 通用多八位编码字符集 西双版纳新傣文 32 点阵字型 第 6 部分：温暖菲大黑体	2015-7-1
33	GB 25902.7-2014	信息技术 通用多八位编码字符集 西双版纳新傣文 32 点阵字型 第 7 部分：勒达毕体	2015-7-1
34	GB/T 26237.8-2014	信息技术 生物特征识别数据交换格式 第 8 部分：指纹型骨架数据	2015-2-1
35	GB/T 29261.5-2014	信息技术 自动识别和数据采集技术 词汇 第 5 部分：定位系统	2015-2-1
36	GB/T 29271.3-2014	识别卡 集成电路卡编程接口 第 3 部分：应用接口	2015-2-1
37	GB/T 28826.2-2014	信息技术 公用生物特征识别交换格式框架 第 2 部分：生物特征识别注册机构操作规程	2015-2-1
38	GB 30874-2014	信息技术 通用多八位编码字符集 八思巴文名义字符与变形显现字符 16 点阵字型 忽必烈体	2015-7-1
39	GB 30875-2014	信息技术 通用多八位编码字符集 八思巴文名义字符与变形显现字符 32 点阵字型 忽必烈体	2015-7-1
40	GB 30876-2014	信息技术 通用多八位编码字符集 蒙古文名义字符与变形显现字符 32 点阵字型 孝经体	2015-7-1
41	GB 30877-2014	信息技术 通用多八位编码字符集 蒙古文名义字符与变形显现字符 48 点阵字型 孝经体	2015-7-1
42	GB 30878-2014	信息技术 通用多八位编码字符集（基本多文种平面） 汉字 17×18 点阵字型	2015-7-1
43	GB 30879.1-2014	信息技术 通用多八位编码字符集（基本多文种平面） 汉字 22 点阵字型 第 1 部分：宋体	2015-7-1
44	GB 30879.2-2014	信息技术 通用多八位编码字符集（基本多文种平面） 汉字 22 点阵字型 第 2 部分：黑体	2015-7-1
45	GB/T 30880-2014	信息技术 通用逻辑（CL）：基于逻辑的语言族框架	2015-2-1
46	GB/T 30881-2014	信息技术 元数据注册系统（MDR）模块	2015-2-1

续表

序号	标准号	标准名称	实施日期
47	GB/T 30882.1-2014	信息技术 应用软件系统技术要求 第1部分：基于B/S体系结构的应用软件系统基本要求	2015-2-1
48	GB/T 30883-2014	信息技术 数据集成中间件	2015-2-1
49	GB/T 30971-2014	软件工程 用于互联网的推荐实践 网站工程、网站管理和网站生存周期	2015-2-1
50	GB/T 30972-2014	系统与软件工程 软件工程环境服务	2015-2-1
51	GB/T 30973-2014	信息技术 软件状态转换的人际通信表示	2015-2-1
52	GB/T 30975-2014	信息技术 基于计算机的软件系统的性能测量与评级	2015-2-1
53	GB/T 30994-2014	关系数据库管理系统检测规范	2015-2-1
54	GB/T 30995.1-2014	信息技术 家用电子系统（HES） 产品互操作性指南 第1部分：导言	2015-2-1
55	GB/T 30996.1-2014	信息技术 实时定位系统 第1部分：应用程序接口	2015-2-1
56	GB/T 30997-2014	编程语言 C 支持嵌入式处理器的扩展	2015-2-1
57	GB/T 30998-2014	信息技术 软件安全保障规范	2015-2-1
58	GB/T 30999-2014	系统和软件工程 生存周期管理 过程描述指南	2015-2-1
59	GB/T 31167-2014	信息安全技术 云计算服务安全指南	2015-4-1
60	GB/T 31168-2014	信息安全技术 云计算服务安全能力要求	2015-4-1
61	GB/T 31100.201-2014	信息技术 家用电子系统（HES）体系结构 第2-1部分：导言和设备模块化	2015-2-1
62	GB/T 31101-2014	信息技术 自动识别和数据采集技术 实时定位系统性能测试方法	2015-2-1
63	GB/Z 31102-2014	软件工程 软件工程知识体系指南	2015-2-1
64	GB/Z 31103-2014	系统工程 GB/T 22032（系统生存周期过程）应用指南	2015-2-1
65	GB/T 19668.1-2014	信息技术服务 监理 第1部分：总则	2015-4-1
66	GB/T 26237.4-2014	信息技术 生物特征识别数据交换格式 第4部分：指纹图像数据	2015-5-1
67	GB/T 26237.5-2014	信息技术 生物特征识别数据交换格式 第5部分：人脸图像数据	2015-5-1
68	GB/T 26237.6-2014	信息技术 生物特征识别数据交换格式 第6部分：虹膜图像数据	2015-5-1
69	GB/T 30269.301-2014	信息技术 传感器网络 第301部分：通信与信息交换：低速无线传感器网络网络层和应用支持子层规范	2015-4-1
70	GB/T 30269.501-2014	信息技术 传感器网络 第501部分：标识：传感节点标识符编制规则	2015-4-1
71	GB/T 30269.701-2014	信息技术 传感器网络 第701部分：传感器接口：信号接口	2015-4-1
72	GB/T 31240-2014	信息技术 用户建筑群布缆的路径和空间	2015-5-1
73	GB 31241-2014	便携式电子产品用锂离子电池和电池组 安全要求	2015-8-1
74	GB/T 18867-2014	电子工业用气体 六氟化硫	2015-7-1
75	GB/T 18994-2014	电子工业用气体 高纯氯	2015-7-1
76	GB/T 14602-2014	电子工业用气体 氯化氢	2015-7-1

续表

序号	标准号	标准名称	实施日期
77	GB/T 15629.3-2014	信息技术 系统间远程通信和信息交换 局域网和城域网 特定要求 第 3 部分：带碰撞检测的载波侦听多址访问（CSMA/CD）的访问方法和物理层规范	2015-6-1
78	GB/T 31058-2014	电子工业用气体 四氟化硅	2015-7-1
79	GB/T 31092-2014	蓝宝石单晶晶锭	2015-9-1
80	GB/T 31093-2014	蓝宝石晶锭应力测试方法	2015-9-1
81	GB/T 12963-2014	电子级多晶硅	2015-9-1
82	GB/T 13389-2014	掺硼掺磷掺砷硅单晶电阻率与掺杂剂浓度换算规程	2015-9-1
83	GB/T 30652-2014	硅外延用三氯氢硅	2015-9-1
84	GB/T 30653-2014	Ⅲ族氮化物外延片结晶质量测试方法	2015-9-1
85	GB/T 30654-2014	Ⅲ族氮化物外延片晶格常数测试方法	2015-9-1
86	GB/T 30655-2014	氮化物 LED 外延片内量子效率测试方法	2015-9-1
87	GB/T 30656-2014	碳化硅单晶抛光片	2015-9-1
88	GB/T 31351-2014	碳化硅单晶抛光片微管密度无损检测方法	2015-9-1
89	GB/T 31352-2014	蓝宝石衬底片翘曲度测试方法	2015-9-1
90	GB/T 31353-2014	蓝宝石衬底片弯曲度测试方法	2015-9-1

[供稿：工业和信息化部电子工业标准化研究院]

2014 年电子信息技术国内授权专利情况

【综述】

2014 年，中国国家知识产权局专利局授权的中国申请人所持有的电子信息技术类发明专利共 51 471 件，2013 年授权专利为 51 334 件，2014 年相比于 2013 年仅增加了 137 件。虽然工业和信息化部科技司每年公布的电子信息技术领域专利态势显示，2010 年以后电子信息技术领域发明专利申请持续保持着 25%左右的年平均增长率，但从 2013 年、2014 年的发明专利授权来看，发明专利授权量则呈现趋稳的趋势。

在 2014 年授权的电子信息类发明专利中，测量测试类专利 11 096 件，基本电气元件类专利 8 497 件，计算机软硬件类专利 6 914 件，电通信类专利 14 821 件，其他类型的发明专利 10 143 件。从技术领域的分布来看，2014 年获得授权的发明专利在各个领域的增长趋势基本相同，维持着相对稳定的授权量。测量测试、基本电气元件、计算机软硬件三个领域的授权发明专利 2014 年出现下降，相比 2013 年，三个领域下降的数量分别为 83 件、456 件、478 件，仅有电通信和其他类别的授权发明专利增长，两个领域增长的数量分别为 603 件、551 件。但无论下降或增长，除测量测试领域下降 0.7%外，其他专业领域正负增长率均在 5%左右。

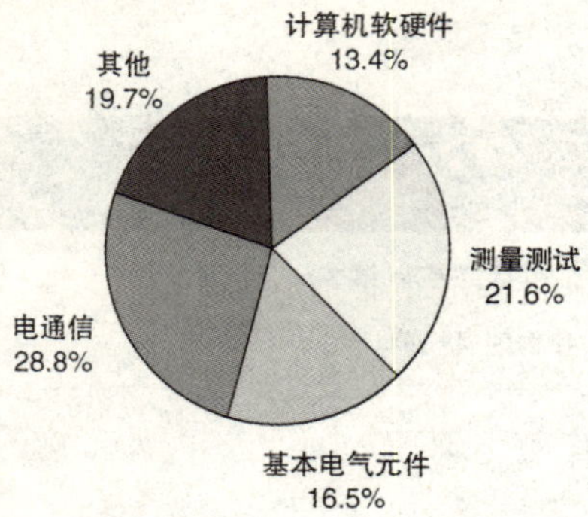

图1　2014年国内授权的电子类发明专利专业分类分布情况

图1是2014年电子信息类授权发明专利中5个专业领域的占比情况。图1表明，2014年授权的电子类发明专利中，电通信类的发明专利授权量占比仍在各专业领域排名第一，所占比例为28.8%，相比于2013年，电通信类的发明专利授权量占比增长了1.1个百分点。测量测试类的发明专利2014年授权量占比在各专业领域中排名第二，所占比例为21.6%，相对于2013年，测量测试类的发明专利授权量占比微弱下降，为0.2个百分点，排名无变化。在各专业领域中2014年发明专利授权量占比排名第三位的仍然是其他类，所占比例为19.7%，与2013年的占比相比，增长了1个百分点。基本电气元件类的发明专利2014年所占比例为16.5%，相对于2013年，基本电气元件类的发明专利授权量占比下降了0.9个百分点，排名仍为第四位。最后是计算机软硬件类，2014年发明专利授权量比例为13.4%，相对于2013年，所占比例减少了1个百分点。2014年各专业领域发明专利授权量的分布相对于2013年更加均衡，而且各个专业领域所占比例变化都很小，保持在1个百分点之内。

图2表明，测量测试类发明专利的授权数量在2014

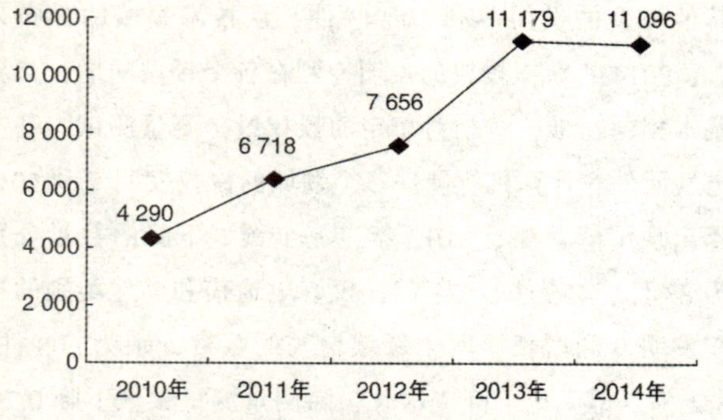

图2　2010~2014年国内测量测试类发明专利授权情况

年与2013年基本持平，相对于2013年授权量下降了0.7%，在各专业类别领域中，年度增长率位列第三。2010~2014年，测量测试类发明专利授权量年平均增长率为26.8%，在各专业类别领域中名列第二。但相比于2009~2013年5年期间的年平均增长率36.7%，测量测试类发明专利授权量年平均增长率下跌了约10个百分点，这是继2013年以来持续下跌10个百分点，该专业领域的授权发明专利成长率进一步趋向稳定。

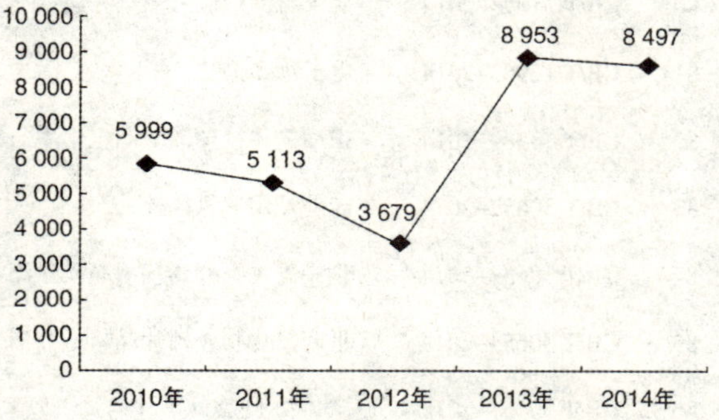

图3　2010~2014年国内基本电气元件类发明专利授权情况

从图3可以看出，基本电气元件类发明专利的授权数量经历了2013年的成倍增长之后，2014年的年度增长率为-5.1%，位列第四。从2010~2014年间，其发明专利授权量年平均增长率为9.1%，在各专业领域中位列第四位，但相比于2009~2013年5年期间的年平均增长率24.0%，下降了14.9个百分点，是5年期间增长率下降幅度最大的专业领域。

图4表明，计算机软硬件类发明专利的授权量在2014年的年度负增长幅度在各专业领域中最大，为-6.5%。在2010~2014年间，计算机软硬件类发明专

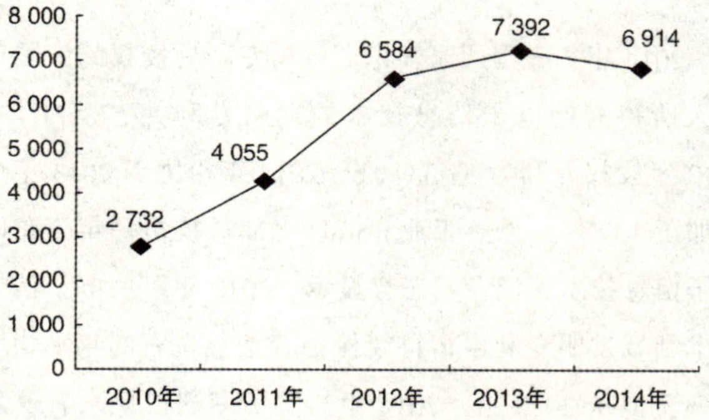

图4　2010~2014年国内计算机软硬件类发明专利授权情况

利的授权量 5 年期间年平均增长率为 26.1%，相比于 2009~2013 年 5 年期间的年平均增长率 31%，下降了约 4.9 个百分点，保持着较平稳的 5 年平均增长速度。

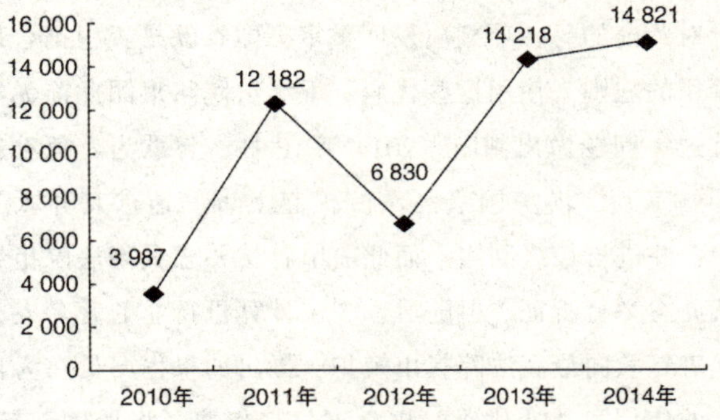

图 5　2010~2014 年国内电通信类发明专利授权情况

从图 5 可以看出，电通信类发明专利的授权量在 2013 年大幅增长 1 倍之后，2014 年授权量仅增长 4.2%，但年度增长率仍排名各专业领域第二位。2010~2014 年间，电通信领域发明专利授权量 5 年期间年平均增长率为 38.9%，相比于 2009~2013 年 5 年期间的年平均增长率 12.3%，提升了约 26.6 个百分点，电通信领域作为电子信息产业中专利相对更为密集的领域，获得有价值的专利已经成为不少企业掌握市场竞争主动权的重要途径，因此电通信领域发明专利授权数量将会呈现持续快速的增长。

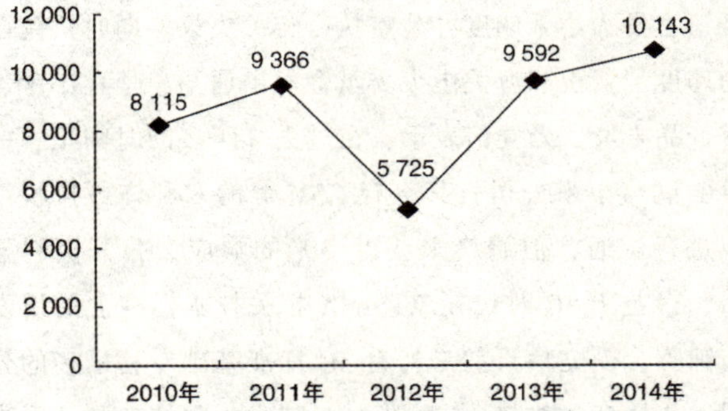

图 6　2010~2014 年国内其他类发明专利授权情况

图 6 表明，其他类发明专利的授权量在 2014 年的年度增长率为 5.7%，在各专业领域中排名第一位。2010~2014 年，其他类发明专利授权量 5 年期间的年均增长率为 5.7%，相比于 2009~2013 年 5 年期间的年平均增长率 8.9%，下降了约 3.2 个百分点。

总体而言，2010~2014 年电子技术发明专利授权量 5 年的年平均增长率为 19.6%，与 2009~2013 年电子信息技术发明专利授权量 5 年的年平均增长率 18.1%相比，增长了 1.5 个百分点。在五个专业领域中，仅有电通信类的 5 年平均增长率持续增长，并保持大幅度增长的速度。其他四个专业类别的 5 年平均增长率均呈现下降趋势。从总的发展趋势而言，2010 年之后电子信息技术领域的专利申请保持快速增长趋势，因此近几年内专利授权量仍将会呈现趋稳发展的态势。

2014 年电子信息产业知识产权诉讼案例

Pragmatus Mobile 公司诉中兴、诺基亚等侵犯专利“337 调查”案　2014 年 1 月 19 日，美国国际贸易委员会（ITC）宣布，对中兴、诺基亚、三星和索尼在美销售的手机和平板电脑发起“337 调查”。ITC 当天发表声明称，位于美国弗吉尼亚州的 Pragmatus Mobile 公司于 2013 年 12 月 18 日向其提出申诉，指控美国进口及在美国市场销售的手机和平板电脑侵犯了该公司专利，要求美国国际贸易委员会启动“337 调查”，发布有限排除令和禁止令。

中兴通讯获美“337 调查”终裁三连胜　2014 年 3 月 3 日，ITC 已就美国专利经营公司 TPL 诉中兴通讯专利侵权一案，作出终审裁定：中兴通讯不侵犯原告 TPL 芯片设计技术专利权，未违反“337 条款”。

2014 年 3 月 19 日，ITC 就美国闪点专利经营公司（Flashpoint Technology，Inc）诉中兴通讯专利侵权一案，作出终审裁定：中兴通讯不侵犯原告 Flashpoint 图像处理相关技术专利权，未违反“337 条款”。ITC 本次终裁依然维持了 2013 年 10 月的初裁结果。本案原告闪点公司原为一家从事数码相机技术研发的公司，近年来转变为专利经营公司，主要靠专利许可、诉讼赔偿来实现营收。2012 年 5 月，闪点在 ITC 发起对包括中兴通讯在内，涉及中国大陆、中国台湾以及韩国共 8 家企业的调查。

截至 2014 年 3 月，中兴通讯在短短三个月内连续赢得三起被称为“最严厉贸易限制措施”的美国“337 调查”终裁胜诉。2013 年年底，ITC 对拥有近 20 000 件专利，号称美“专利大鳄”的 InterDigital 一案作出终审裁定，中兴通讯没有侵犯 InterDigital 的各项专利权。

巴斯夫诉优美科侵犯锂电池专利案　2014 年 4 月 7

日，巴斯夫向ITC和特拉华州威尔明顿（Wilmington，Delaware）地方法院提起诉讼，指控比利时优美科公司侵犯了其两项锂电池专利权。根据巴斯夫提交给法院的文件，优美科在美国出售锂电池技术以及锂金属氧化物阴极材料（lithium metal oxide cathode material）所涉及的两项专利由芝加哥大学阿尔贡（Argonne）实验室开发并在2009年独家授权给巴斯夫。此外，优美科还曾威胁将起诉一家考虑用巴斯夫锂电池替换优美科锂电池的客户，对此巴斯夫也已发起控诉。而优美科则声称，巴斯夫的指控证据不足，该公司已聘请Fish & Richardson P.C.事务所为其辩护，以证明该公司锂电池技术的合法性。

美国ITC对多国集成电路设备发起“337调查” 2014年5月12日，美国得克萨斯州的飞思卡尔半导体公司提出申诉，指控美国进口及在美国市场销售的涉案集成电路设备及相关产品侵犯了该公司专利，要求美国国际贸易委员会启动“337调查”，禁止涉案产品进口到美国或在美国销售。ITC根据飞思卡尔申诉宣布，对多国企业在美销售的部分集成电路设备及相关产品发起“337调查”。ITC当天发表声明说，涉案产品是部分集成电路设备以及装有相关集成电路的无线通信设备、电视机、光盘播放器、平板电脑等电子产品，涉及中国、美国、日本、马来西亚和墨西哥等国的32家企业。

英伟达诉三星专利侵权“337调查”案 2014年9月初，英伟达以侵害自身图形处理技术专利起诉三星及高通公司，同时要求禁止三星畅销产品进入美国，其中包括Galaxy Note 4、Galaxy S5以及Galaxy S4等。三星随后提出反诉。三星称，英伟达与其11家合作企业侵害了其四项专利，涉及芯片结构、存储器阵列及其他芯片相关的技术，同时要求ITC永久禁止英伟达几十款产品在美国销售。ITC 2014年12月23日表示，其将深入调查三星对英伟达的专利侵权控诉。如果三星诉讼成功的话，三星将阻止英伟达大量产品进入美国，这些产品几乎触及到英伟达每一项业务，这可能对英伟达的财政带来一场灾难。

甲骨文与谷歌Java专利侵权案 甲骨文与谷歌的Java专利侵权案始于2010年。2014年5月10日，甲骨文获得了一项关键的胜利。美国上诉法院判决称，甲骨文有权根据版权法来保护其软件，可以就谷歌在Android系统中对Java的使用主张版权。此前，下级法院曾驳回了甲骨文指控谷歌在未得到授权的情况下就使用了Java代码的起诉。甲骨文此前指控谷歌在未得到授权的情况下就使用了Java的代码。此外，上诉法院还要求对此前的另一项判决发回重审，即谷歌是否根据合理使用的规则来使用这些代码。下级法院陪审团此前无法就这一问题做出判断。2014年10月，谷歌为避免重新开庭审判，向美国最高法院提起上诉，请求其介入其中，并进行最终判决。而此前甲骨文要求最高法院拒绝就此案举行听证。但随后，多位计算机行业的著名人士代表谷歌向最高法院提出辩护，提出如果程序员在为自己的应用写API代码时担心支付授权费，将扼杀创新，应用兼容将更加困难。甲骨文与谷歌Java专利侵权案被称作“知识产权案件的世界大赛”，并受到了软件行业的密切关注。

爱立信诉小米侵犯专利案 2014年12月11日，因涉嫌侵犯爱立信所拥有的ARM、EDGE、3G等相关技术等8项专利，小米在印度被爱立信诉至印度德里高等法院。善于“专利维权”的爱立信第一时间向印度德里高等法院提出“临时禁令”并获得同意，禁令内容包括“禁止小米在印度市场销售、推广、制造及进口涉嫌侵犯爱立信专利的相关产品，并要求小米和其印度当地的电子商务合作伙伴Flipkart，暂时停止销售爱立信起诉的涉案专利产品。”此外，法院还要求小米和Flipkart提交在印度境内涉案产品的销售数量以及销售总金额，并派遣官员去小米印度办公室执行相关决议。同时法院已向印度消费税和海关中央委员会发出通知，禁止小米侵权产品入境。爱立信表示，在过去3年多的时间里，一直尝试与小米公司就其符合GSM等的专利许可授权事宜进行沟通，但始终未获得小米的响应。公开资料显示，得益于3G时代在WCDMA相关技术标准上的研发与铺陈，爱立信目前是持有3G标准基础专利最多的公司，并持有25%与4G标准LTE技术相关的专利，系当前4G专利技术第一阵营的领头羊。事实上，爱立信拥有3.3万项专利，其中400项在印度获准。该公司是2G/3G/4G移动通信技术标准基础专利（SEP）的最大持有者，这些技术主要用于智能手机和平板电脑。

小i机器人诉苹果Siri发明专利侵权案再度开庭 2014年10月21日，上海智臻网络科技有限公司（小i机器人）诉苹果电脑贸易（上海）有限公司、苹果公司发明专利侵权一案进行了第四次开庭。2013 年 9 月，国家知识产权局对于苹果公司提起的本专利的无效申请作出了决定，维持了本案专利的全部权利要求有效。上次庭审后北京市第一中级人民法院又作出了维持国家知识产权局决定的判决，肯定了本专利的稳定性。在此次庭审中，合议庭继续就涉案专利所引用的技术问题继续进行法庭调查，以便确定专利权利要求的保护范围。

苹果被判侵犯移动通信技术有限责任公司专利 2014 年 11 月，联邦陪审团宣布苹果 iPhone 等设备使用的寻呼机技术的六项专利构成侵权。美国得克萨斯东区地方法院要求苹果向侵权案中的原告移动通信技术有限责任公司（LLC）总共支付 2 360 万美元的费用。移动通信技术有限责任公司表示，苹果的好几款具有无线短消息服务的产品侵犯了其寻呼机技术专利，包括 iPhone、iPad、iPod touch 和 AirPort 的 Wi-Fi 产品系列。据称这项专利侵权案里所涉及的几项专利于 20 世纪 90 年代晚期被颁发给移动通信技术有限责任公司，其中没有任何一项专利刚到期或者即将到期。20 世纪 90 年代移动通信公司因其 SkyTel 双向寻呼系统而被认为是无限短消息领域的先驱，这家公司目前是美国无线知识产权的授权机构。考虑到这一案件涉及的专利与短消息的传输和存储相关，移动通信技术有限责任公司很可能会陆续向其他提供相似短消息服务的科技公司，例如谷歌、微软和 Facebook 提出侵权诉讼。

苹果诉国家知识产权局复审委外观设计专利申请驳回复审案 2014 年，北京市高级人民法院二审判决驳回国家知识产权局复审委上诉，撤销复审委员会的复审决定，维持原判。2010 年 7 月 26 日，苹果公司向中国国家知识产权局提出名称为“便携式显示设备（带图形用户界面）”的外观设计专利申请（以下简称涉案申请）。国家知识产权局原审查部门以涉案申请系《专利审查指南》所规定的“产品通电后显示的图案”，不属于授予外观设计专利权的客体为由，对涉案申请予以驳回。苹果公司不服，向专利复审委员会提出复审请求。专利复审委员会对驳回决定予以维持。苹果公司不服，提起行政诉讼。北京市第一中级人民法院认为，虽然涉案申请还包括在产品通电状态下才能显示的图形用户界面，但其仍是对便携式显示设备在产品整体外观方面所进行的设计，亦能满足外观设计专利在工业应用和美感方面的要求，可以成为中国外观设计专利权的保护客体。据此判决撤销专利复审委员会的复审决定，专利复审委员会不服，提起上诉。北京市高级人民法院二审判决驳回上诉、维持原判。本案是涉及图形用户界面这一新类型客体能否作为外观设计专利申请对象的专利授权行政案件。法院在本案中明确了图形用户界面可以成为外观设计授权客体的法律依据，以及该类外观设计申请所需满足的条件。

【统计数据】

表 1 2010~2014 年国内授权的电子类发明专利总体分布情况

产品分类	2010 年	2011 年	2012 年	2013 年	2014 年	合计
测量测试	4 290	6 718	7 656	11 179	11 096	40 939
基本电气元件	5 999	5 113	3 679	8 953	8 497	32 241
计算机软硬件	2 732	4 055	6 584	7 392	6 914	27 677
电通信	3 987	12 182	6 830	14 218	14 821	52 038
其他	8 115	9 366	5 725	9 592	10 143	42 941
合计	25 123	37 434	30 474	51 334	51 471	195 836

注：表 1 中的合计数据均采用各专业领域简单累加的数据，未去重。

[撰稿：夏芸 审稿：赵天武]

2014 年电子信息行业质量工作综述

工业质量品牌建设工作影响力持续增强

召开全国工业品牌培育工作座谈会。电子信息行业制定了质量品牌工作计划，密切结合地区和行业特点，会同上海市等地区开展“江南智造”等活动，取得了良好效果。各界对工业质量品牌建设工作的关注度持续提高，使用百度搜索“工业质量品牌”的结果已经达到 1 亿多条。

质量品牌创新专项行动任务圆满完成

在“推进品牌创新发展”方面，指导 1 492 家企业品牌培育试点，402 家企业实现管理体系有效运行，地方和行业推荐了 120 多家品牌培育示范企业；指导品牌专家组核准了 28 家品牌专业人才培训机构，培养品牌经理 1 113 名；核定了首批 22 个产业集群区域品牌建设试点单位，组织专业力量指导开展试点工作。在“推动质量管理创新”方面，确定了 30 项 2014 年全国性质量标杆，在全国举办了五期标杆经验专题研讨会，780 多家企业参与研讨。指导专业机构建设“质量标杆服务平台”和“质量标杆微信平台”，为 27 个省市 4 万余人次提供服务。在“塑造质量品牌形象”方面，指导专业机构举办了第二届全国品牌故事演讲比赛，制定了《中国工业企业品牌创新成果发布活动评价标准》，发布了 2013 年工业企业品牌竞争力评价结果，获得了良好社会反响。在“提升知识产权运用能力”方面，实施了“工业企业知识产权运用能力培育工程”，培育试点企业1 425 家，在重点行业培育了 357 家知识产权运用示范企业；开展了“重点产业关键技术领域知识产权风险评估与预警工程”，在新一代移动通信、电子信息等重点发展领域发布知识产权态势；建设了工业行业知识产权数据资源服务平台，为行业组织、企业、专业服务机构提供知识产权信息检索和咨询服务。

工业质量品牌常规工作扎实推进

指导地方和行业组织 1 000 余家企业参加“质量信誉承诺”活动。指导电子五所、电子四院建设了自我声明信息服务平台；指导行业协会和质量协会为企业培训质量管理人员 50 多万人次，组织 7.2 万余人参加 TQM 全国统考；支持质量协会开展了质量管理小组、质量信得过班组和消费品工业质量管理现状调查等活动；继续开展了工业产品质量控制和技术评价实验室认定工作；支持 30 多个行业协会、专业协会开展“质量兴业”活动，通过质量诊断、质量对标和质量攻关等工作提升产品质量。

质量品牌工作管理与服务能力双提升

在专业研究方面，启动了“品牌培育管理体系”国家标准立项，成为国际性的品牌管理创新成果。组织研究了质量可靠性整体解决方案、企业质量和效益提升模式等方法，对工业企业有重要指导意义；在活动形式方面，“质量标杆移植推广”、“两个服务平台建设”（质量标杆视频及微信平台）以及河南省试点开展的“企业诊断服务”等创新性活动也取得了良好效果。

[供稿：工业和信息化部科技司]

2014 年中国电子信息产业国际合作与产品进出口贸易情况综述

【综述】

2014 年，中国电子信息产品进出口总额 13 237 亿美元，同比下降 0.5%，增速低于全国外贸进出口 3.9 个百分点。其中，出口 7 897 亿美元，同比增长 1.2%，占全国外贸出口比重为 33.5%；进口 5 340 亿美元，同比下降 2.8%，占全国外贸进口比重为 27.1%。贸易顺差 2 557 亿美元，同比增长 10.7%，占全国外贸顺差的 66%。12 月当月，电子信息产品进出口均呈增长态势，出口额 807 亿美元，同比增长 12.6%；进口额 532 亿美元，同比增长 8.7%。

主要产品进出口下降明显 出口方面，电子器件降幅较大，出口额 1 318 亿美元，同比下降 17.9%。其余类别均呈增长态势：计算机（2 267 亿美元，1.0%）、通信设备（1 976 亿美元，11.5%）、家用电子电器（1 064 亿美元，3.5%）、电子元件（785 亿美元，9.2%）、电子仪器设备（333 亿美元，9.0%）、广播电视设备（85 亿美元，15.3%）和电子材料（70 亿美元，18.9%）。主要产品出口下降较为明显，出口额排前三位的产品依次是：手机（1 154 亿美元，21.3%）、笔记本电脑（758 亿美元，−31.6%）、集成电路（609 亿美元，−30.6%）。

进口方面，主要类别进口额及增速：电子器件（2 930 亿美元，−5.6%）、计算机（610 亿美元，1.8%）、电子元件（517 亿美元，−0.6%）、电子仪器设备（487 亿美元，12.3%）、通信设备（460 亿美元，−5.6%）、家用电子电器（208 亿美元，−8.6%）、电子材料（81 亿美元，5.8%）、广播电视设备（46 亿美元，3.4%）。主要产品进口呈下降态势，进口额排前三位的产品依次是：集成电路（2 176 亿美元，−5.9%）、液晶显示板（438 亿美元，−11.7%）、手持式无线电话用零件（308 亿美元，−8.5%）。

一般贸易占比提升 出口方面，一般贸易（1 784 亿美元，17.8%），增速高于平均水平 16.6 个百分点，所占比重达到 22.6%，比上年同期提高 3.2 个百分点；加工贸易出口额 5 087 亿美元，同比增长 1.4%。其中，进料加工贸易出口额 4 783 亿美元，同比增长 2.1%；来料加工装配贸易出口额 304 亿美元，同比下降 9.0%。

进口方面，一般贸易进口额 1 378 亿美元，同比增长 13.4%，增速高于平均水平 16.2 个百分点；加工贸易进口额 2 679 亿美元，同比增长 0.7%。其中，进料加工贸易进口额 2 324 亿美元，与上年持平；来料加工装配贸易进口额 355 亿美元，同比增长 5.4%。

民营企业进出口增速下行 出口方面，内资企业出口额 2 136 亿美元，同比下降 0.4%。其中，民营企业（1 528 亿美元，−4.0%）下降尤为突出；国有企业（451 亿美元，7.2%）和集体企业（155 亿美元，18.6%）保持增长。三资企业出口额 5 761 亿美元，同比增长 1.7%。其中，外商独资企业出口额 4 328 亿美元，同比增长 2.4%；中外合资企业出口额 1 386 亿美元，同比增长 0.9%；中外合作企业出口额 47 亿美元，同比下降 26.1%。

进口方面，内资企业进口额 1 521 亿美元，同比下降 9.8%。其中，民营企业进口额 1 176 亿美元，同比下降 10.3%；国有企业进口额 297 亿美元，同比下降 11.1%；集体企业进口额 48 亿美元，同比增长 17.1%。三资企业进口额 3 818 美元，同比增长 0.3%。其中，外商独资企业进口额 2 814 亿美元，同比增长 0.9%；中外合资企业进口额 996 亿美元，同比下降 1.4%；中外合作企业进口额 8 亿美元，同比下降 14.0%。

对主要贸易伙伴进出口增速出现分化 出口方面，从主要贸易来看，对中国香港特别行政区（2 093 亿美元，-12.8%）出口持续大幅下降，对美国（1 485 亿美元，7.2%）、日本（503亿美元，1.0%）、韩国（421 亿美元，6.9%）、荷兰（359 亿美元，3.8%）出口延续增长，对欧洲市场（1 364 亿美元，7%）出口延续增长。

进口方面，复进口 1 166 亿美元，同比下降 9.6%。其他五大进口来源地分别是：中国台湾地区（1 062 亿美元，-3.1%）、韩国（1 037 亿美元，1.4%）、日本（545 亿美元，-0.2%）、马来西亚（355 亿美元，-8.0%）和美国（260 亿美元，-1.8%）。

西部地区进出口增势迅猛 出口方面，排名前五位的省市分别是：广东省（3 232 亿美元、-5.9%）、江苏省（1 439 亿美元、2.0%）、上海市（934 亿美元、-1.0%）、重庆市（310 亿美元、24.1%）和浙江省（276 亿美元、9.0%）。内蒙古自治区、宁夏回族自治区、贵州省等地出口增长较快，均超过 100%。

进口方面，排名前五位的省市分别是：广东省（2 088 亿美元、-12.7%）、江苏省（912 亿美元、-2.6%）、上海市（713 亿美元、-1.0%）、山东省（203 亿美元、17.3%）和天津市（197 亿美元、-12.0%）。宁夏回族自治区、贵州省、广西壮族自治区等地进口增长较快，增速均超过100%。

软件产品进出口情况

软件出口持续低迷。1~12 月，软件业实现出口 545 亿美元，同比增长 15.5%，增速比上年下降 3.5 个百分点。其中，外包服务出口增长 14.9%，嵌入式系统软件出口增长11.1%。

开展合作与交流

2014 年，工业和信息化部务实推动和广泛开展工业和通信业对外合作与交流，多双边合作呈现新亮点。

中国-美国 召开中美商贸联委会信息产业工作组会议，就移动通信转售业务试点、电信业务分类目录修订等议题进行了交流。举行中美商贸联委会第五次产业和竞争力对话及第二次中美中小企业政策对话会议。举行第五次中美通信与信息政策磋商会议，就宽带发展、云计算等方面的政策进行了深入交流。

中国-俄罗斯 与俄罗斯工业和贸易部举行中俄电子工业领域合作交流会议，就两国电子工业领域发展现状、合作机遇及挑战进行了交流。与俄罗斯联邦通信与大众传媒部举行中俄总理定期会晤委员会通信与信息技术分委会第十三次会议。总结评议了分委会下设电信组、无线电频率组、信息技术和网络安全组合作进展情况，确定了下一步工作计划。

中国-欧盟 举行第五次中欧中小企业政策对话会议，就中小企业最新政策、中小企业国际化发展实践、欧洲企业在中国、中欧中小企业合作等交换了意见。举行第五次中欧信息技术、电信和信息化对话会议，就 ICT 政策发展、ICT 管理、宽带、5G、网络安全、物联网、电子商务、智慧城市、医疗电子、云计算等议题交换了意见。举行中欧绿色智慧城市合作试点交流会，举行中欧工业对话磋商机制第四次全体会议，与德国联邦经济和能源部签署关于工业和信息及通信技术领域合作的联合声明，与意大利经济发展部举行中意工业、通信业和信息化合作机制联委会第一次会议。中德开展工业 4.0 战略合作。

中国-巴西 召开中国-巴西高层协调合作委员会工业和信息产业分委会第四次会议，就能源与可持续发展、装备制造、工业园区、半导体、物联网、互联网产业合作等议题交换了意见。

中国-委内瑞拉 与委科技和创新部、工业部共同召开中委高委会第十三次会议科技、工业和航天分委会会议，双方就计算机、家电、手机、汽车、通信、卫星等领域的合作交换了意见。

中国-古巴 与古工业部、通信部签署工业、信息产业领域合作谅解备忘录。

中国-韩国 与韩国产业通商资源部签署两部间产业合作谅解备忘录，举行第二次中韩信息通信合作部级战略对话，就 5G、软件、网络安全、宽带合作等进行了交流，签署了两部间网络安全合作谅解备忘录、软件合作谅解备忘录。举行了首次中韩产业合作部级对话，就平板显示、汽车、节能、新材料等产业合作议题进行了交流。

中国-日本 与日中经济协会访华代表团举行交流活动，就产业结构升级、产能过剩解决方案、技术创新与知识产权保护、信息通信产业发展战略、工业节能环保、高端装备制造业发展战略等议题进行了交流。

中国-东盟 展开有关宽带通信、网络安全、物联网、智慧城市以及电信互联互通等中国-东盟信息通信项目的合作。

中国–印度　与印度通信与信息技术部签署信息通信技术领域合作谅解备忘录。

中国–新加坡　举行中新信息通信联合工作组会议，就电信监管、宽带发展、智慧城市等议题进行了交流。

中国–澳大利亚　举行中澳信息通信合作研讨会，就宽带、云计算、企业合作等议题交换了意见。

多边领域　参加第六届世界电信发展大会、APEC 第 49 次电信工作组会议，出席国际电联 2014 年理事会、国际电联全球监管机构专题研讨会、信息社会世界峰会十年审议高级别活动、APEC 第 21 次中小企业部长会议，参加亚太电信组织部长级会议，出席国际电联第 19 届全权代表大会，中国推荐的国际电信联盟副秘书长赵厚麟当选新一任秘书长，中国连任理事国。出席第十次 APEC 电信部长会议。

[撰稿：甄芳洁　审稿：赵文智]

2014 年中国电子信息产品进出口情况

【综述】

2014 年，中国电子信息产品进出口整体平稳运行，增速较上年小幅下滑。全年电子信息产品进出口总额 13 237.4 亿美元，同比下降 0.5%；进出口总额占全国外贸进出口总额的 30.8%，比上年下降 1.2 个百分点。其中，电子信息产品出口总额 7 897.3 亿美元，同比增长 1.16%，占全国外贸出口额的 33.7%；进口总额 5 340.1 亿美元，同比下降 2.8%，占全国外贸进口额的 27.2%。

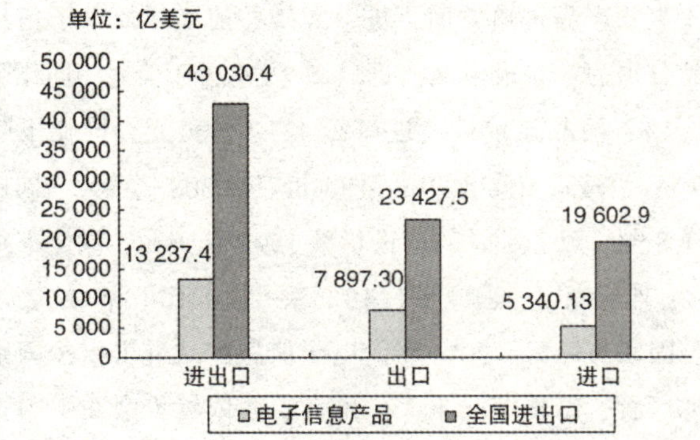

图 1　2014 年电子信息产品与全国进出口情况对比图

从月度走势看，除 3、4 月份增速下降较快外，其他月份电子信息产品进出口增速较为稳定，进出口总体变化不大。

单月进出口额方面，2 月份，进出口总额 780 亿美元，为年内最低，进出口额最高出现在 12 月份，为 1 339 亿美元。单月进出口额总体维持在 1 000 亿美元左右，进出口额增速最高的为 12 月份的 11.0%，最低是 3 月份的 –21.7%。出口方面，单月出口额最高为 12 月份，出口总额为 807 亿美元，最低为 2 月份的 447 亿美元；进口方面，单月进口额最高为 12 月份的 532 亿美元，最低为 2 月份的 33 亿美元。

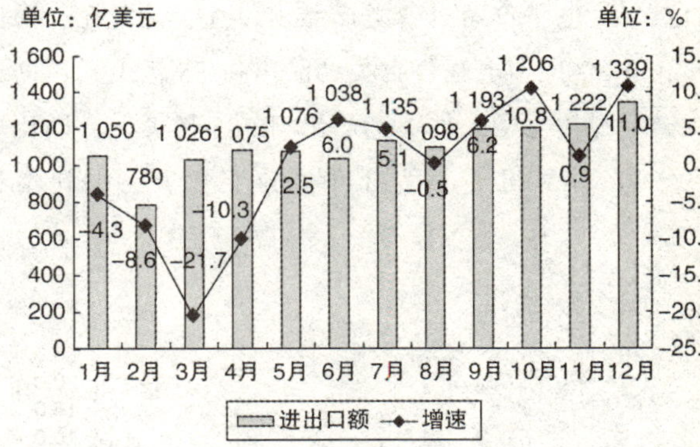

图 2　2014 年电子信息产品单月进出口额及增速

单月进出口增速方面，出口增速最高的月份出现在 2 月，同比增长 18.1%，最低的是 1 月的 –6.4%；进口增速最高的月份是 12 月，同比增长 8.8%，最低的是 3 月份的 –25.8%。

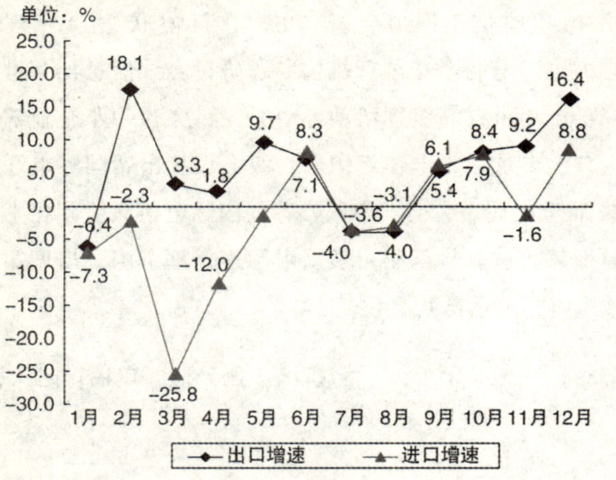

图 3　2014 年电子信息产品进出口月增幅情况

综合来看，面对国际市场需求不振、国内经济下行压力较大的严峻形势，2014 年电子信息产品进出口额出现了小幅下降，但出口总额仍保持了小幅增长，电子信息产品出口额占全国外贸出口额的 33.7%。

电子信息产品进出口结构与特点

主要产品　2014 年，各大类电子信息产品进出口总体以增长为主，但增幅下降，且主要产品进出口下降明显。

出口方面，电子器件类产品出口 1 318 亿美元，同比下降 17.9%；家用电子电器类产品出口 1 064 亿美元，同比增长 3.5%；通信设备类产品出口 1 976 亿美元，同比增长 11.5%；电子材料类产品出口 70 亿美元，同比增长18.9%；电子仪器设备类产品出口 333 亿美元，同比增长9.0%；广播电视设备类产品出口 85 亿美元，同比增长15.3%；电子元件类产品出口 785 亿美元，同比增长9.2%；计算机类产品出口 2267 亿美元，同比增长 1.0%。

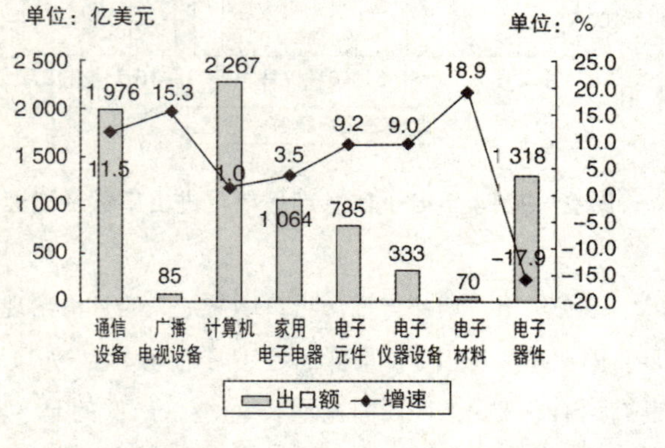

图 4　2014 年电子信息主要产品出口及增速情况

出口主要产品方面，出口额排在前 5 位的电子信息产品分别为：手持（车载）无线电话，出口额 1 154 亿美元，同比增长 21.3%；便携式电脑，出口额 758 亿美元，同比下降 31.6%；集成电路，出口额 609 亿美元，同比下降 30.6%；平板电脑，出口额 329 亿美元；液晶显示板，出口额 318 亿美元，同比下降 11.4%。

进口方面，通信设备进口 460 亿美元，同比下降 5.6%；广播电视设备进口 46 亿美元，同比增长 3.4%；计算机进口 610 亿美元，同比增长 1.8%；家用电子电器进口 208 亿美元，同比下降 8.6%；电子元件进口 517 亿美元，同比下降 0.6%；电子仪器设备进口 487 亿美元，同比增长 12.3%；电子材料进口 81 亿美元，同比增长5.8%；电子器件进口 2 930 亿美元，同比下降 5.6%。

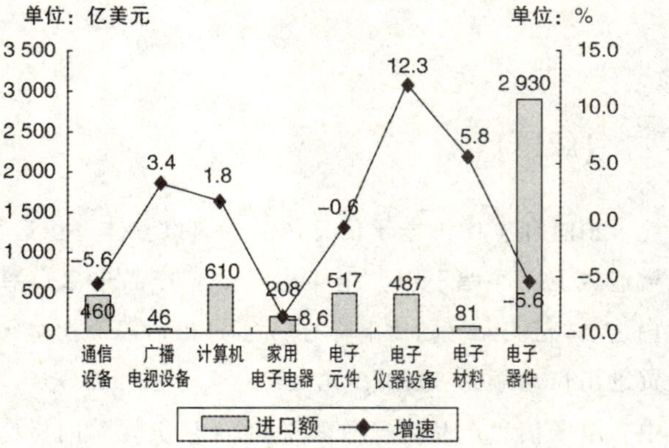

图 5　2014 年电子信息主要产品进口及增速情况

主要产品进口方面，进口额排在前 5 位的电子信息产品分别为：集成电路，进口额 2 176.2 亿美元，同比下降 5.9%；液晶显示板，进口额 437.7 亿美元，同比下降 11.7%；手持式无线电话用零件，进口额 308 亿美元，同比下降 8.5%；硬盘驱动器，进口额 159.2 亿美元，同比下降 1.2%；印刷电路，进口额 134.3 亿美元，同比下降 1.6%。

国家与地区　2014 年，电子信息产品进出口按国别和地区看，结构变化不大，出口市场依然集中在中国香港特别行政区、美国、日本、韩国等发达国家或地区，进口则主要来自亚洲的韩国、日本和中国台湾地区。

中国电子信息产品出口主要国家和地区市场同比以增长为主。2014 年，出口国家和地区中，中国香港特别行政区排在第一位，出口额为 2 093.3 亿美元，同比下降 12.8%，占电子信息产品出口总额的 26.5%；美国居第二位，出口额为 1 485.1 亿美元，同比增长 7.2%，占电子信息产品出口总额的 18.8%；日本居第三位，出口额为 502.5 亿美元，同比增长 1.0%，占电子信息产品出口总额的 6.4%；其余依次是韩国、荷兰、德国、中国台湾地区、新加坡、英国、墨西哥。出口前十名国家和地区中，出口中国香港特别行政区同比下降 12.8%，其余出口国家和地区同比出现不同程度增长。

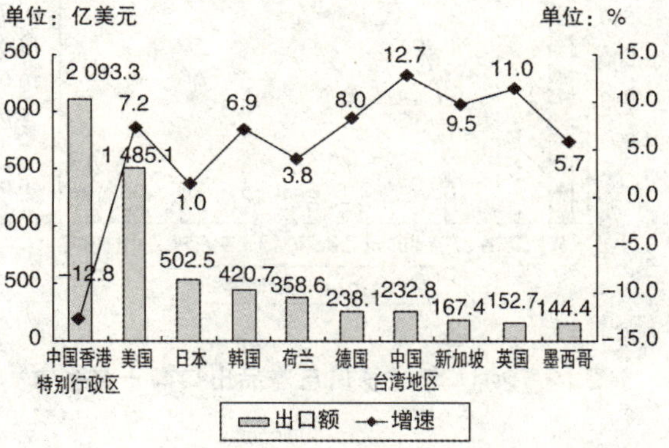

图 6　2014 年电子信息产品出口前十名国家和地区

从主要进口来源地看，国货复进口 1 165.5 亿美元，同比下降 9.7%；自中国台湾地区进口 1 062.1 亿美元，同比下降 3.2%；自韩国进口 1 036.6 亿美元，同比增长 1.4%。进口排在第四位到第十位的国家和地区分别是日本、马来西亚、美国、德国、菲律宾、泰国、新加坡。进口排在前十位的国家和地区总额达到 4 967.6 亿美元，占电子信息产品进口额的93.0%。

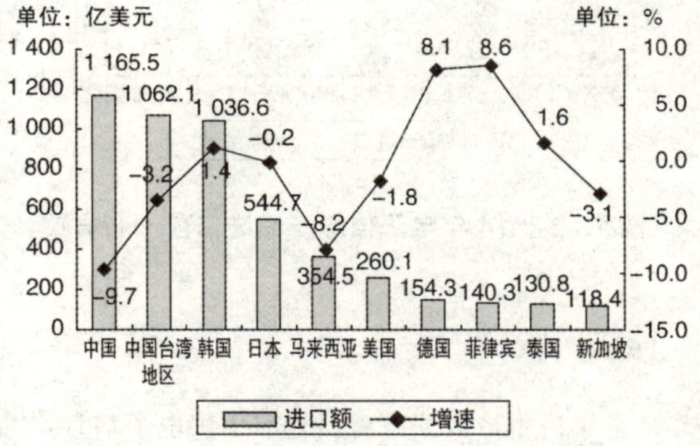

图 7　2014 年电子信息产品进口前十名国家和地区

贸易方式　加工贸易仍是主要贸易方式，一般贸易比重进一步提高。

2014 年，电子信息产品出口贸易方式结构继续优化。电子信息产品出口中，一般贸易出口 1 784.0 亿美元，同比增长 17.8%，占出口额的 22.6%，比上年提高 3.2 个百分点；进料加工贸易出口 4 782.6 亿美元，同比增长 2.1%，占出口额的 60.6%；来料加工装配贸易出口 304.3 亿美元，同比下降 8.9%，占出口额的 3.9%；进料加工贸易、来料加工装配贸易占出口总额的 64.4%，是电子信息产品出口的主要贸易方式。保税区仓储转口货物出口 802.9 亿美元，同比下降 29.4%，占出口额的 10.2%；保税仓库进出境货物出口 162.7 亿美元，同比增长 55.6%。

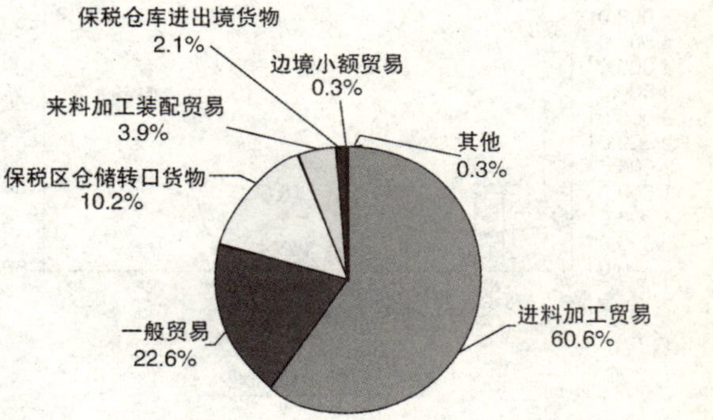

图 8　2014 年电子信息产品出口主要贸易方式占比情况

进口方面，进料加工贸易进口 2 324.4 亿美元，同比增长 0.04%，占比 43.5%；一般贸易进口 1 378.4 亿美元，同比增长 13.7%，占比 25.8%；来料加工装配贸易进口 354.6 亿美元，同比增长 5.5%，占比 6.6%。其他主要贸易方式分别为保税区仓储转口货物、保税仓库进出境货物、出口加工区进口设备、外商投资企业作为投资进口的设备物品等。

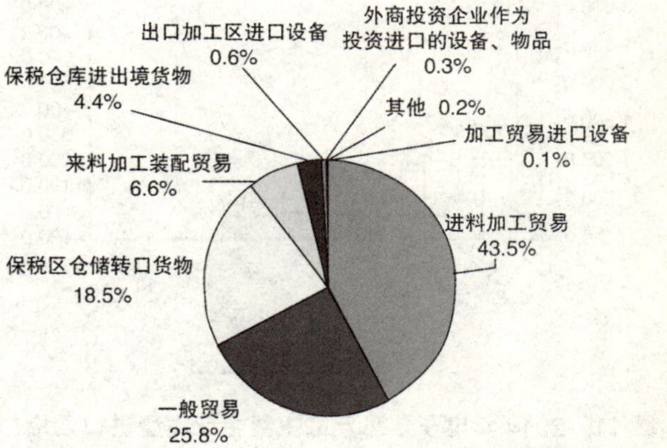

图 9　2014 年电子信息产品进口主要贸易方式占比情况

企业性质　个体工商户、集体企业、国有企业出口增速较快，私人企业出口增速下降。

2014 年，外商独资企业出口 4 328.0 亿美元，同比增长 2.5%，占电子信息产品出口总额的 54.8%；私人企业出口 1 527.5 亿美元，同比下降 4.0%，占出口总额的 19.3%；中外合资企业出口 1 385.7 亿美元，同比增长 0.9%，占出口总额的 17.5%；国有企业出口 451.4 亿美元，同比增长 7.2%，占出口总额的 5.7%；集体企业出口 155.4 亿美元，同比增长 18.6%，占出口总额的 2.0%；中外合作企业出口 46.6 亿美元，同比下降 26.1%，占出口总额的比重约 0.6%。

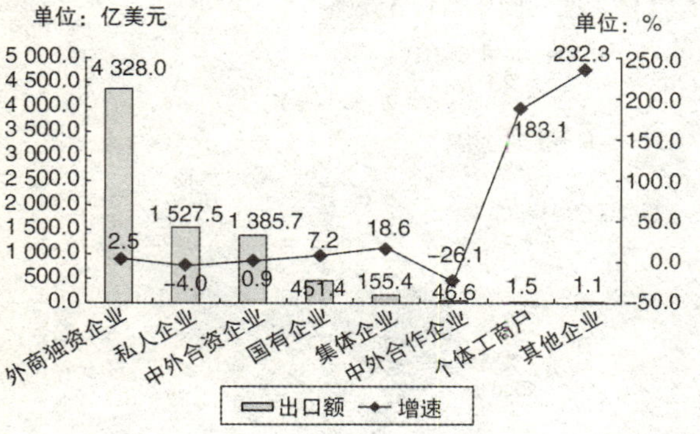

图 10　2014 年电子信息产品主要企业类型出口及增速

进口方面，外商独资企业进口额为 2 813.5 亿美元，同比增长 0.9%；中外合资企业进口额 995.7 亿美元，同比下降 1.5%；私营企业进口额 1 175.7 亿美元，同比下降 10.3%。外商独资、中外合资和中外合作企业进口额合计占电子信息产品进口总额的 71.5%，成为电子信息产品进口的主力军。

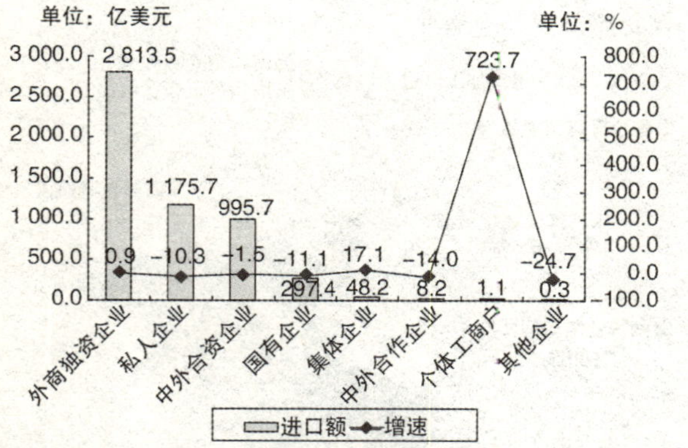

图 11　2014 年电子信息产品主要企业类型进口及增速

按省市统计　电子信息产品出口主要集中在广东、江苏和上海三省市，部分中西部省市出口增长较快。

2014 年，电子信息产品出口额前 5 位的省市分别为：广东省 3 232 亿美元，同比下降 5.9%；江苏省 1 439 亿美元，同比增长 2.0%；上海市 934 亿美元，同比下降 1.0%；重庆市 310 亿美元，同比增长 24.1%；浙江省 276 亿美元，同比增长 9.1%。广东省和上海市出口增速出现小幅下降，中西部一些省市电子信息产品出口增势突出，重庆市、山东省、四川省同比分别增长 24.1%、17.8%和 10.8%。

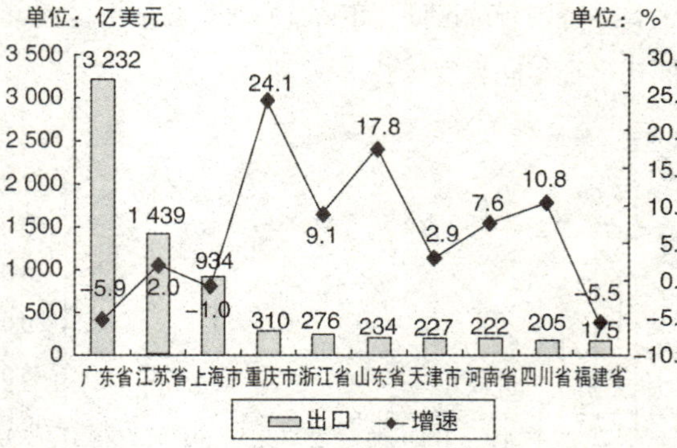

图 12　2014 年电子信息产品出口前十名省市

进口方面，主要省市进口额较上年出现下降。广东省进口 2 088 亿美元，同比下降 12.7%；江苏省进口 912 亿美元，同比下降 2.6%；上海进口 713 亿美元，同比下降 1.1%；天津市进口 197 亿美元，同比下降 12.0%；北京市进口 163 亿美元，同比下降 7.0%。

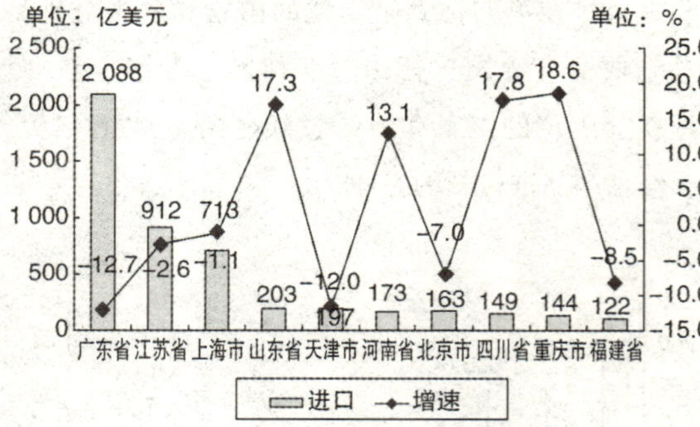

图 13　2014 年电子信息产品进口前十名省市

存在问题

从全年进出口数据来看，当前中国电子信息产品进出口依然存在一些深层次的问题，贸易结构仍不尽合理，电子信息产业仍处于转型升级的关键阶段。主要表现在：

一是进出口贸易不平衡加剧，出口方式仍以加工贸易为主。2014 年电子信息产品出口 7 897.3 亿美元，进口 5 340.1 亿美元，实现贸易顺差 2 557.2 亿美元，顺差较去年扩大 245.6 亿美元。加工贸易依然占据出口近七成份额，一般贸易仅占二成。

二是出口产品附加值和技术含量偏低。由于核心技术相对缺乏，大部分电子信息产品出口企业以加工贸易方式出口，产品附加值、技术含量普遍偏低。同时，中国电子信息产品由于相对缺乏自主知识产权，出口面临高额专利费用的压力越来越大。

三是中国电子信息产品出口依存度高，出口市场集中，行业发展受外围市场影响明显。2014 年中国电子信息产品出口占进出口总额的 59.7%，且出口到美国、日本、韩国和中国香港特别行政区等国家和地区的电子信息产品占出口总额的 60.0%，电子信息产品出口主要集中在这些国家和地区，再加上贸易壁垒层出不穷，这些将给中国电子信息产品出口长期增长带来挑战。

四是出口企业结构不均衡。中国三资企业的电子信息产品出口占主导地位，2014 年，外商独资企业的出口占全部出口比重为 54.8%，中外合资企业出口占比为 17.5%，三资企业出口占全部出口的比重达到了 72.9%。

【统计数据】

表 1　2014 年通信设备产品进口情况

产品名称	单位	进口量	进口额（万美元）	增长率（%）
电话机合计	万台	67.7	5 069.4	–67.0
其中：无绳电话	万台	30.7	1 398.1	31.4
多功能一体机	万台	162.3	13 373.6	7.9
各种程控交换机	万台	24 992.9	191 951.1	14.1
其中：移动通信交换机	万台		955.8	–16.4
以太网交换机	万台	140.6	90 210.8	–5.3
IP 电话信号转换设备	万台	260.9	26 998.0	1.9
手持（车载）无线电话	万台	1 012.5	162 927.3	5.3
手持式无线电话用零件	万千克	4 403.5	3 079 969.7	–8.5
移动通信基地站	万台	1.5	2 855.0	–10.1
光通信设备	万台	69.7	4 697.8	–21.2
其中：光端机及脉冲编码调制设备	万台	1.8	688.8	–0.2
波分复用光传输设备	万台	67.9	4 009.0	–23.9

表 2　2014 年通信设备产品出口情况

产品名称	单位	出口量	出口额（万美元）	增长率（%）
电话机合计	万台	8 673.5	134 049.2	–12.2
其中：无绳电话	万台	4 213.7	77 166.5	–14.9
多功能一体机	万台	2 551.9	305 156.9	–24.8
各种程控交换机	万台	32 232.1	714 957.3	32.8
其中：移动通信交换机	万台	1.5	28 296.4	–11.6

续表

产品名称	单位	出口量	出口额（万美元）	增长率（%）
以太网交换机	万台	3 090.3	360 139.8	5.5
IP电话信号转换设备	万台	1 879.9	93 185.7	-7.3
手持（车载）无线电话	万台	131 199.9	11 535 536.3	21.3
手持式无线电话用零件	万千克	7 091.7	3 105 291.6	-12.6
移动通信基地站	万台	79.6	349 955.4	4.5
光通信设备	万台	736.8	152 508.8	-8.8
其中：光端机及脉冲编码调制设备	万台	348.7	35 239.0	9.6
波分复用光传输设备	万台	388.1	117 269.8	-13.2

表3　2014年广播电视设备产品进口情况

产品名称	单位	进口量	进口额（万美元）	增长率（%）
广播电视用无线电广播、电视发射设备	万台		175.3	-41.7
电视卫星地面站设备	万台		620.1	95.6
电视摄像机	万台	1.1	2 800.9	57.0
非特种用途的取像模块	万千克	59.0	203 534.0	14.4
其他电视摄像机等及数字照相机的零件	万千克	308.4	180 187.2	3.8
等离子显像组件及其零件	万千克	1 710.3	28 554.6	-39.4

表4　2014年广播电视设备产品出口情况

产品名称	单位	出口量	出口额（万美元）	增长率（%）
广播电视用无线电广播、电视发射设备	万台	2.1	2 360.0	5.6
电视卫星地面站设备	万台	0.1	11.1	-99.0
电视摄像机	万台	15.4	1 963.4	218.1
非特种用途的取像模块	万千克	60.6	292 706.1	48.6
其他电视摄像机等及数字照相机的零件	万千克	1 168.6	107 733.7	-5.0
等离子显像组件及其零件	万千克	2 344.6	39 087.0	-21.9

表5　2014年电子计算机产品进口情况

产品名称	单位	进口量	进口额（万美元）	增长率（%）
微型计算机	万台	22.9	24 963.5	–8.6
便携式电脑	万台	100.6	17 578.5	–76.6
平板电脑	万台	194.9	43 663.0	
计算器	万台	847.9	3 672.8	27.7
打印机	万台	626.1	89 178.0	7.0
其中：针式	万台	79.7	13 079.5	–3.9
激光	万台	405.2	53 484.3	7.8
喷墨	万台	94.7	8 765.5	20.6
热敏	万台	38.5	9 874.0	5.1
扫描仪	万台	68.9	15 558.2	16.3
数字化仪	万台	1.0	4 306.4	387.5
硬盘驱动器	万台	27 062.3	1 592 090.9	–1.2
软盘驱动器	万台	0.3	35.6	–41.9
光盘驱动器	万台	8 653.0	124 212.3	–28.1
显示器	万台	49.1	10 237.9	–24.8
其中：液晶显示器	万台	49.1	10 098.0	–24.9
阴极射线管显示器	万台	0.0	64.9	4.6
自动柜员机	万台	4.5	49 891.9	–10.6
不间断供电电源	万台	69.5	12 629.4	–2.3
集线器	万台	19.3	2 522.6	29.6
路由器	万台	208.0	26 770.0	–10.7
调制解调器	万台	97.5	3 311.5	51.8
其他数字照相机	万台	749.9	167 510.3	–20.6

表6　2014年电子计算机产品出口情况

产品名称	单位	出口量	出口额（万美元）	增长率（%）
微型计算机	万台	967.1	612 949.0	–11.8
便携式电脑	万台	14 921.3	7 578 718.4	–31.6
平板电脑	万台	18 485.6	3 286 690.4	
计算器	万台	29 164.1	63 782.8	–3.4
打印机	万台	2 111.2	355 855.0	–11.5

续表

产品名称	单位	出口量	出口额（万美元）	增长率（%）
其中：针式	万台	103.9	15 635.6	1.6
激光	万台	1 211.3	249 830.4	-12.5
喷墨	万台	175.9	25 802.8	-37.7
热敏	万台	540.6	51 909.8	19.4
扫描仪	万台	440.5	44 910.5	-3.1
数字化仪	万台	16.8	5 133.2	1 439.9
硬盘驱动器	万台	26 638.4	1 433 342.0	-1.3
软盘驱动器	万台	20.5	130.1	-17.1
光盘驱动器	万台	9 777.8	124 414.3	-18.4
显示器	万台	4 319.4	409 577.9	-15.8
其中：液晶显示器	万台	4 315.3	408 293.5	-15.8
阴极射线管显示器	万台	0.6	40.3	10.2
自动柜员机	万台	21.8	89 901.6	5.4
不间断供电电源	万台	1 849.1	125 789.4	1.3
集线器	万台	1 111.2	5 971.9	-22.2
路由器	万台	10 790.7	330 848.3	-4.4
调制解调器	万台	5 840.5	226 357.1	3.3
其他数字照相机	万台	4 001.8	315 837.0	-23.2

表 7　2014 年家用电子电器产品进口情况

产品名称	单位	进口量	进口额（万美元）	增长率（%）
彩色电视机	万台	6.1	1 853.4	-40.0
其中：显像管彩电	万台		0.2	-30.7
液晶彩电	万台	6.1	1 787.8	-40.9
等离子彩电	万台		10.3	-59.0
家用型视频摄录一体机	万台	13.6	3 445.8	-36.0
激光视盘放像机	万台	16.4	1 002.0	-45.5
其中：VCD 机	万台	1.5	20.7	
DVD 机	万台	11.2	758.3	-36.3
激光唱机	万台	6.7	1 334.2	-18.5
收录放音组合机	万台	62.2	5 173.1	6.4

续表

产品名称	单位	进口量	进口额（万美元）	增长率（%）
汽车用收音及收录放组合机	万台	92.5	30 471.6	42.1
彩色投影机	万台	3.7	3 959.1	–0.5
微波炉	万台	1.5	572.1	–26.2
激光视盘机的机芯	万个	557.6	35 750.8	5.4

表8 2014年家用电子电器产品出口情况

产品名称	单位	出口量	出口额（万美元）	增长率（%）
彩色电视机	万台	7 405.7	1 355 316.5	22.6
其中：显像管彩电	万台	502.6	64 345.2	80.5
液晶彩电	万台	6 870.6	1 283 277.3	20.5
等离子彩电	万台	24.8	7 236.5	81.1
家用型视频摄录一体机	万台	1 046.6	86 256.5	–2.7
激光视盘放像机	万台	8 267.4	296 904.2	–10.3
其中：VCD机	万台	3.8	107.9	9.2
DVD机	万台	8 238.1	294 536.4	–10.4
激光唱机	万台	642.8	19 294.6	3.3
收录放音组合机	万台	13 967.4	261 705.0	28.0
汽车用收音及收录放组合机	万台	2 147.6	167 654.8	–14.5
彩色投影机	万台	528.8	202 310.9	4.1
微波炉	万台	5 763.7	281 497.6	7.9
激光视盘机的机芯	万个	1 016.1	66 301.6	–17.4

表9 2014年电子元器件产品进口情况

产品名称	单位	进口量	进口额（万美元）	增长率（%）
电容器	万（千克/千个）	7 677.2	1 111 830.4	2.9
电阻器	万（千克/千个）	1 848.3	209 337.2	–0.4
印刷电路	万（千克/千个）	4 060 001.4	1 343 492.0	–1.6
智能卡	万个	346 456.9	63 565.2	14.4
集成电路	万个	28 565 406.8	21 761 936.7	–5.9
其中：处理器及控制器	万个	8 563 100.9	10 522 365.5	–8.8
存储器	万个	2 949 252.5	5 428 087.7	17.6

续表

产品名称	单位	进口量	进口额（万美元）	增长率（%）
放大器	万个	2 225 301.9	899 607.8	-54.1
其他集成电路	万个	14 827 751.6	4 911 875.7	-2.2
彩色显像管	万只	21.2	470.8	-37.3
晶体管	万个	33 445 554.3	1 251 761.3	6.4
彩色电视机零件	万千克	1 626.4	61 352.1	57.3
黑白电视机零件	万千克	29.5	198.6	-36.0
光缆	万千克	395.8	19 369.5	11.2
电声器件	万个	369 613.5	361 372.1	-1.6
液晶显示板	万个	297 819.3	4 377 438.1	-11.7
固态非易失性存储器件（闪速存储器）	万个	38 797.6	176 652.1	6.5
静止变流器	万个	212 325.9	718 020.8	10.2
其中：稳压电源	万个	2 909.5	64 290.1	-8.1

表 10　2014 年电子元器件产品出口情况

产品名称	单位	出口量	出口额（万美元）	增长率（%）
电容器	万（千克/千个）	8 743.4	735 524.8	3.2
电阻器	万（千克/千个）	3 470.1	164 542.3	7.6
印刷电路	万（千克/千个）	3 162 079.1	1 384 281.6	3.7
智能卡	万个	662 481.2	130 922.6	32.3
集成电路	万个	15 351 786.1	6 086 469.3	-30.6
其中：处理器及控制器	万个	5 767 695.9	2 692 111.6	-28.1
存储器	万个	1 494 490.2	1 756 630.4	-0.7
放大器	万个	392 499.7	237 029.4	-83.8
其他集成电路	万个	7 697 100.3	1 400 698.0	-21.7
彩色显像管	万只	500.4	15 599.2	-21.8
晶体管	万个	33 594 641.0	806 943.0	-5.3
彩色电视机零件	万千克	18 874.8	237 704.6	6.4
黑白电视机零件	万千克	4 754.5	15 044.9	1.6
光缆	万千克	11 990.2	122 703.3	18.8
电声器件	万个	628 786.0	1 298 745.4	12.0
液晶显示板	万个	245 079.8	3 178 536.4	-11.4

续表

产品名称	单位	出口量	出口额（万美元）	增长率（%）
固态非易失性存储器件（闪速存储器）	万个	107 928.2	327 849.5	–0.9
静止变流器	万个	533 086.9	1 740 405.7	7.4
其中：稳压电源	万个	26 835.4	288 927.0	–2.1

表11 2014年电子专用设备产品进口情况

产品名称	单位	进口量	进口额（万美元）	增长率（%）
自动插件机	万台	0.1	7 420.2	51.3
自动贴片机	万台	1.0	166 726.5	28.2
离子注入机	万台		17 411.7	3.6

表12 2014年电子专用设备产品出口情况

产品名称	单位	出口量	出口额（万美元）	增长率（%）
自动插件机	万台		490.2	142.8
自动贴片机	万台	0.1	9 343.3	–0.9
离子注入机	万台		86.6	21.6

表 13　2014 年按贸易方式

贸易方式	进口总计	通信设备	广播电视设备	计算机
进料加工贸易	23 243 615.06	2 731 287.12	298 587.41	1 971 836.54
一般贸易	13 784 261.37	1 226 051.15	87 751.97	1 659 019.25
保税区仓储转口货物	9 866 233.91	249 965.22	37 871.70	1 862 016.75
来料加工装配贸易	3 546 328.73	108 537.33	17 543.86	258 445.64
保税仓库进出境货物	2 362 301.34	275 937.30	18 916.77	323 559.67
出口加工区进口设备	307 626.48	2 204.30	104.33	9 341.43
外商投资企业作为投资进口的设备、物品	178 160.04	281.31	17.22	3 155.56
其他	71 266.72	7 330.89	605.22	12 479.12
加工贸易进口设备	32 957.96	7.79		59.34
出料加工贸易	4 237.71			0.01
租赁贸易	1 808.12			8.56
国家间、国际组织无偿援助和赠送的物资	1 731.94			
免税品	422.88	8.42	0.35	6.80
边境小额贸易	216.48			
其他捐赠物资	71.69	5.32		1.17
免税外汇商品	49.89			
易货贸易	16.86		8.38	5.36

表 14　2014 年按贸易方式

贸易方式	出口总计	通信设备	广播电视设备	计算机
进料加工贸易	47 826 322.3	13 292 842.4	594 285.5	17 578 079.3
一般贸易	17 840 082.9	5 404 327.0	167 954.6	1 365 475.5
保税区仓储转口货物	8 029 837.2	558 197.2	34 979.3	2 048 306.0
来料加工装配贸易	3 042 496.0	269 500.9	21 855.0	1 004 136.5
保税仓库进出境货物	1 627 407.7	122 877.1	22 815.5	637 281.4
边境小额贸易	263 125.7	57 477.7	946.3	9 404.0
其他	228 144.3	51 282.7	4 346.3	12 891.4
对外承包工程出口货物	103 760.2	5 526.8	861.2	15 266.3
国家间、国际组织无偿援助和赠送的物资	8 791.3	2 737.1	263.8	3 202.2
出料加工贸易	2 870.1			

划分的电子信息产品进口情况

单位：万美元

家用电子电器	电子元件	电子器件	电子材料	电子仪器设备
958 454.50	2 589 272.51	13 743 330.47	366 790.54	584 055.98
619 943.56	1 154 940.20	5 878 368.16	210 031.81	2 948 155.27
318 667.30	810 101.98	5 853 389.15	105 840.20	628 381.61
146 709.19	304 014.32	2 596 471.00	87 222.52	27 384.87
33 147.37	305 375.08	1 216 500.53	33 067.85	155 796.78
2 180.97	4 566.12	1 114.91	321.31	287 793.12
632.58	407.84	123.98	17.91	173 523.63
3 125.60	5 210.21	13 492.86	3 109.90	25 912.93
0.73	1.02	1.64		32 887.43
		1 288.82	2 948.87	
	0.30			1 799.25
17.43				1 714.51
203.76	133.25			70.29
	0.03			216.44
		0.50		64.70
49.62	0.01			0.25
3.07				0.06

划分的电子信息产品出口情况

单位：万美元

家用电子电器	电子元件	电子器件	电子材料	电子仪器设备
6 175 752.0	2 987 329.8	5 564 353.4	204 395.4	1 429 284.5
3 355 982.5	3 589 827.3	2 284 363.3	401 421.8	1 270 730.9
528 445.4	620 929.0	3 926 098.6	24 189.2	288 692.5
311 280.5	182 749.5	997 249.0	59 860.7	195 863.9
128 766.8	327 089.6	281 764.7	4 425.2	102 387.4
70 187.4	35 598.9	81 646.5	584.6	7 280.4
56 248.8	54 336.1	30 023.7	1 598.4	17 417.0
8 434.3	50 711.3	8 494.2	130.8	14 335.4
632.7	799.4	296.4	0.9	859.0
		1 304.8	1 565.2	

续表

贸易方式	出口总计	通信设备	广播电视设备	计算机
租赁贸易	87.5	0.1	6.0	33.4
其他捐赠物资	80.1		7.6	0.5

表 15　2014 年按企业不同经济类型

经济类型	进口总计	通信设备	广播电视设备	计算机
外商独资企业	28 135 158.1	1 932 280.2	236 066.5	3 581 021.5
私人企业	11 757 121.2	906 697.9	46 369.5	1 403 206.2
中外合资企业	9 956 860.5	1 510 694.2	153 752.6	543 331.6
国有企业	2 974 076.9	198 193.3	22 896.8	507 652.9
集体企业	481 794.3	49 466.7	1 789.3	58 721.0
中外合作企业	82 498.6	3 718.4	532.2	3 827.7
其他企业	10 822.4	67.4		385.1
个体工商户	2 975.3	498.0	0.4	1 789.2

表 16　2014 年按企业不同经济类型

经济类型	出口总计	通信设备	广播电视设备	计算机
外商独资企业	43 279 544.0	8 032 512.6	464 498.8	18 275 453.4
私人企业	15 275 410.1	2 876 702.8	141 205.0	1 694 622.3
中外合资企业	13 857 331.0	6 968 110.1	207 242.1	1 478 211.0
国有企业	4 514 346.3	838 797.0	28 350.4	950 987.1
集体企业	1 553 679.0	1 012 934.9	5 701.1	80 560.9
中外合作企业	466 375.7	30 765.1	1 068.9	189 384.0
个体工商户	15 389.3	58.7	124.6	54.6
其他企业	10 929.9	4 887.7	130.2	4 803.0

单位：万美元

家用电子电器	电子元件	电子器件	电子材料	电子仪器设备
0.6	25.5			22.0
64.2		5.7		2.0

划分的电子信息产品进口情况

单位：万美元

家用电子电器	电子元件	电子器件	电子材料	电子仪器设备
1 050 889.5	3 132 482.6	16 014 618.3	531 874.3	1 655 925.3
432 522.5	1 068 723.8	6 772 393.2	122 075.0	1 005 133.1
487 900.5	751 217.7	4 946 347.3	91 243.9	1 472 372.6
100 991.9	170 616.0	1 225 625.2	59 027.9	689 072.9
8 800.2	32 418.9	292 824.7	2 900.0	34 873.6
1 928.1	18 224.7	42 871.3	2 223.7	9 172.4
4.9	220.5	9 288.7	6.1	849.7
98.1	118.9	113.2	0.1	357.5

划分的电子信息产品出口情况

单位：万美元

家用电子电器	电子元件	电子器件	电子材料	电子仪器设备
4 038 930.8	3 543 461.6	6 889 331.1	248 589.4	1 786 766.4
2 977 826.2	2 588 455.8	3 790 880.0	277 569.1	928 148.8
2 463 662.8	939 789.7	1 488 646.2	83 046.0	228 623.3
891 116.2	571 690.2	919 475.0	80 859.8	233 070.7
198 291.1	145 476.6	39 360.4	6 753.2	64 600.8
62 319.6	58 683.9	37 738.1	1 320.9	85 095.3
3 425.6	1 564.4	9 868.4	34.0	259.1
222.9	274.3	301.3		310.7

表 17　2014 年省、自治区、直辖市

省、自治区、直辖市名称	进口总计	通信设备	广播电视设备	计算机
广东省	20 881 164.8	2 194 437.8	213 285.6	2 789 450.5
江苏省	9 119 247.6	319 324.4	59 776.8	734 922.0
上海市	7 130 391.7	375 340.9	34 157.0	958 651.6
山东省	2 026 375.4	312 853.5	33 986.8	162 275.6
天津市	1 968 532.8	416 390.6	27 765.4	75 964.3
河南省	1 732 922.5	334 658.2	96.5	2 387.4
北京市	1 630 762.5	311 163.8	69 469.6	263 823.7
四川省	1 493 375.4	25 711.8	1 797.8	123 847.0
重庆市	1 435 085.7	8 987.9	344.6	493 018.2
福建省	1 216 060.1	93 944.0	9 881.1	171 911.2
陕西省	928 010.5	4 343.6	100.2	11 798.1
浙江省	724 301.1	28 271.3	2 051.9	32 552.6
湖北省	493 403.1	15 052.1	312.0	22 293.0
辽宁省	476 832.0	16 223.1	918.9	53 522.6
吉林省	420 567.7	43 733.8	5 601.7	49 154.1
江西省	401 702.3	2 679.3	291.1	6 613.0
安徽省	364 044.3	1 160.5	91.8	78 822.5
广西壮族自治区	284 184.0	9 866.5	644.7	47 085.1
湖南省	200 203.8	7 910.5	317.1	5 977.3
山西省	187 039.0	58 920.9	158.9	2 933.8
河北省	122 238.1	18 439.1	163.9	3 747.2
云南省	31 906.9	702.3	0.9	1 859.4
宁夏回族自治区	28 886.6	115.4	0.9	1 198.1
内蒙古自治区	28 152.9	189.5		674.5
贵州省	16 641.9	251.4		855.4
甘肃省	15 661.1	80.0	19.9	80.0
海南省	14 468.3	63.1	23.3	1 829.1
黑龙江省	14 253.3	415.6	143.0	1 212.8
新疆维吾尔自治区	11 026.5	276.8	6.0	1 443.7
青海省	3 690.2	52.3		31.8
西藏自治区	175.3	56.1		

电子信息产品进口情况

单位：万美元

家用电子电器	电子元件	电子器件	电子材料	电子仪器设备
633 826.7	2 398 149.2	11 329 495.2	125 370.3	1 197 149.6
417 182.5	795 722.4	5 840 630.9	257 502.4	694 186.1
391 382.9	599 239.3	3 859 057.5	152 355.4	760 207.2
55 492.8	220 308.3	1 062 614.8	25 138.1	153 705.4
55 983.0	300 470.5	945 695.9	36 003.3	110 259.9
213 553.6	98 176.3	995 881.0	1 557.0	86 612.5
95 915.7	80 364.5	397 204.1	23 356.6	389 464.6
49 749.6	91 702.8	1 105 016.3	6 795.1	88 754.9
9 900.9	58 621.6	719 960.9	592.6	143 659.0
16 495.8	83 447.6	767 071.1	15 724.5	57 584.9
2 653.7	13 444.8	586 369.6	23 325.0	285 975.5
11 205.9	57 057.3	466 858.2	53 676.6	72 627.4
4 312.0	27 252.8	307 201.9	11 814.9	105 164.6
42 212.0	94 549.8	112 675.5	13 035.5	143 694.6
31 960.0	39 076.0	22 153.0	1 328.8	227 560.3
685.9	62 429.5	307 768.0	8 758.0	12 477.6
8 281.7	11 713.3	135 627.2	5 576.3	122 771.2
1 458.7	87 414.3	103 194.3	753.2	33 767.2
6 472.7	22 770.7	76 486.3	1 305.5	78 963.7
30 758.0	14 280.6	61 580.5	17.6	18 388.7
1378.4	13 947.3	27 102.0	33 227.7	24 232.4
231.6	348.2	22 346.1	8.5	6 410.0
275.9	888.3	21 597.0	1 723.5	3 087.5
79.3	605.1	5 023.0	3 517.5	18 064.0
35.2	207.3	12 761.2	469.6	2 061.8
125.4	9.8	10 484.5	37.9	4 823.5
780.0	288.5	257.8	2 782.9	8 443.7
605.1	1 161.4	1 592.3	364.3	8 758.8
131.7	366.0	369.8	2 048.6	6 383.9
9.1	9.2	6.4	1 183.9	2 397.6
				119.2

表18　2014年省、自治区、直辖市

省、自治区、直辖市名称	出口总计	通信设备	广播电视设备	计算机
广东省	32 318 072.6	10 133 484.2	471 168.8	6 872 716.5
江苏省	14 386 591.7	1 876 018.1	85 147.1	4 641 106.0
上海市	9 340 954.6	1 838 950.7	69 101.6	4 042 619.4
重庆市	3 096 892.1	121 377.8	345.0	2 807 189.4
浙江省	2 762 394.0	204 669.7	22 644.8	188 412.8
山东省	2 344 187.7	677 160.9	51 905.8	758 176.9
天津市	2 265 137.3	983 986.7	90 216.4	236 250.5
河南省	2 223 979.9	2 143 256.5	1 048.5	5 911.4
四川省	2 048 136.6	66 426.3	959.5	1 449 562.6
福建省	1 746 899.6	169 290.7	17 156.4	352 444.3
北京市	1 398 965.6	831 634.9	2 594.7	107 239.4
陕西省	803 101.9	11 660.9	105.3	238 597.9
安徽省	733 191.5	4 497.3	292.3	297 917.6
江西省	688 986.6	28 687.1	22 492.6	121 046.3
辽宁省	591 223.3	25 390.5	3 953.3	96 020.7
湖北省	561 845.0	70 588.0	148.2	314 801.9
山西省	373 252.0	357 174.7	3 455.6	204.5
广西壮族自治区	360 808.8	79 249.0	2 593.4	92 860.1
湖南省	287 731.9	79 608.2	720.3	22 737.0
河北省	251 499.7	31 133.8	207.3	8 477.7
云南省	119 991.3	20 493.0	933.7	2 430.9
新疆维吾尔自治区	69 008.4	1 311.0	450.0	2 170.4
内蒙古自治区	30 610.4	68.6	120.2	451.8
海南省	30 501.2	71.6	36.3	7.6
黑龙江省	29 613.5	1 506.6	156.3	3 354.5
贵州省	29 470.3	2 911.8	80.4	1 942.8
吉林省	28 578.3	2 776.5	174.8	8 377.4
宁夏回族自治区	27 000.8	186.1	25.7	107.8
甘肃省	18 906.6	1 030.4	23.9	135.7
西藏自治区	4 334.6	111.0	62.8	797.4
青海省	1 137.6	56.3		7.2

电子信息产品出口情况

单位：万美元

家用电子电器	电子元件	电子器件	电子材料	电子仪器设备
5 587 509.1	4 093 004.2	3 248 130.4	61 167.6	1 850 892.0
1 775 878.4	1 158 364.2	4 187 415.1	171 690.2	490 972.6
624 666.6	380 329.4	2 058 423.7	46 829.0	280 034.3
60 064.7	30 620.0	58 376.3	10 503.1	8 415.7
817 454.7	795 109.0	509 325.2	38 701.4	186 076.4
312 965.1	238 292.8	169 456.8	29 801.5	106 427.8
291 849.6	220 318.9	395 283.5	12 272.4	34 959.4
10 787.8	20 482.1	20 620.2	15 332.7	6 540.5
25 066.5	41 410.9	426 635.9	18 840.2	19 234.7
428 814.9	165 623.0	489 700.3	40 069.6	83 800.3
51 951.5	79 995.4	255 219.0	14 063.1	56 267.7
10 643.8	26 908.3	456 811.8	45 062.1	13 311.9
191 256.6	54 787.8	147 346.9	4 184.7	32 908.3
45 310.3	136 177.6	282 984.2	33 173.4	19 115.1
263 421.8	80 865.9	64 325.1	14 724.8	42 521.4
26 628.8	78 774.9	59 075.9	3 563.4	8 264.0
3 871.9	5 800.3	831.5	658.3	1 255.2
15 651.8	105 069.0	19 963.7	5 374.8	40 047.2
15 807.8	51 424.2	64 629.5	33 563.9	19 241.1
25 799.7	29 028.2	140 824.9	5 262.1	10 766.2
3 904.6	13 143.4	25 496.1	50 839.8	2 749.8
29 748.0	11 685.6	11 175.3	9 442.8	3 025.4
1 894.0	4 118.4	1 091.1	22 459.8	406.5
12.2	8 076.5	22 189.3	2.4	105.3
8 445.2	9 663.9	822.9	680.3	4 983.8
1 400.6	3 675.0	13 037.0	5 346.6	1 076.1
3 036.4	2 855.9	8 672.9	530.1	2 154.2
596.3	1 486.0	21 415.2	2 907.6	276.3
560.8	910.1	15 178.0	886.9	180.8
696.6	1 227.8	620.2		818.7
99.1	168.1	522.4	237.9	46.8

表 19　2014 年按国家或地区统计的

国家或地区名称	进口总计	通信设备	广播电视设备	计算机
中国	11 655 349	2 355 949.1	172 200.78	2 269 895.5
中国台湾地区	10 621 480	275 471.13	21 945.23	394 354.03
韩国	10 365 941	935 033.45	81 695.05	665 622.56
日本	5 447 379.5	302 327.25	90 171.1	527 993.92
马来西亚	3 545 251.8	96 524.19	2 720.99	311 408.63
美国	2 601 337.2	89 770.53	6 975.36	165 603.65
德国	1 543 478.1	46 277.04	9 249.19	132 984.08
菲律宾	1 403 452.7	58 344.45	9 564.56	486 338.49
泰国	1 308 350.4	50 204.19	7 992.04	598 510.31
新加坡	1 184 018.2	15 950.83	3 990.72	167 478.86
越南	899 254.93	83 031.59	41 105.96	86 688.44
哥斯达黎加	390 318.91	71.89	181.28	630.5
墨西哥	372 919.82	32 039.67	442.76	55 568.08
法国	204 125.39	20 919.77	435.86	23 368.02
中国香港特别行政区	173 393.5	66 246.87	489.55	10 208.01
印度尼西亚	131 863.3	1 399.33	269.96	24 128.93
意大利	128 678.05	6 354.71	1 954.64	11 012.4
英国	121 424.89	9 505.7	1 457.35	8 895.39
荷兰	115 777.78	3 187.11	311.33	6 554.87
以色列	115 121.25	9 403.1	201.73	4 809.33
奥地利	99 472.47	5 410.53	51.05	3 711.1
加拿大	89 411.63	6 857.2	2 354.5	4 185.24
瑞士	89 149	2 562.02	37.86	5 749.04
匈牙利	87 184.25	1 677.37	1 065.22	36 774.37
比利时	68 960.87	42 808.46	329.04	1 679.64
捷克	68 170.39	6 754.03	1 620.43	4 140.24
马耳他	52 491.31	26.2	8.04	257.5
爱尔兰	51 307.3	495.59	62.57	29 425.56
瑞典	48 971.23	12 446.97	188.9	5 142.65
挪威	48 231.6	13 504.97	592.15	11 788.83
印度	46 009.03	8 697.95	29.1	3 107.8
芬兰	38 923.93	12 586.02	29.51	2 751.82

电子信息产品进口情况

单位：万美元

家用电子电器	电子元件	电子器件	电子材料	电子仪器设备
688 211.91	1 588 556	3 978 392.2	41 555.78	560 587.52
163 542.91	706 437.26	8 610 002.2	189 653.93	260 073.07
342 990.14	680 774.68	6 991 561.8	182 609.84	485 653.91
183 122.95	826 111.63	2 148 275.9	185 497.59	1 183 879.1
16 986.01	204 284.79	2 797 181.7	4 867.23	111 278.26
62 347.27	155 632.1	1 393 358.2	81 487.97	646 162.16
84 922.02	171 999.46	295 030.07	85 732.53	717 283.71
22 400.15	95 228.55	698 950.81	305.08	32 320.62
82 722.99	117 586.06	410 416.2	200.27	40 718.3
106 299.23	91 070	639 816	5 502.36	153 910.17
184 471.72	162 102.27	314 101.98	9.26	27 743.71
0.84	18 098.14	370 689.16	8.73	638.37
8 884.36	39 320.94	189 652.43	3.79	47 007.78
9 545.21	24 776.52	50 287.62	1 259.64	73 532.75
2 205.09	12 140.38	51 899.65	235.45	29 968.5
9 946.54	64 959.27	17 837.6	470.93	12 850.74
7 232.75	16 494.08	34 701.03	1 227.86	49 700.58
5 050.77	17 774.46	17 455.52	2 009.13	59 276.57
5 775.22	2 805.9	10 777.19	93.64	86 272.51
1 072.65	8 935.1	60 281.34	4 479.51	25 938.48
5 534.27	13 697.71	42 118.05	1 867.66	27 082.09
4 230.54	3 425.03	52 300.24	387.79	15 671.09
4 085.47	21 345.79	9 313.47	496.41	45 558.94
7 649.01	9 721.16	4 992.15	100.43	25 204.56
3 023.53	1 191.93	9 719.68	225.89	9 982.7
15 398.73	28 490.7	2 685.55	170.68	8 910.03
81.31	7 782.12	44 210.88		125.26
5 931.99	1 785.84	2 579.81	94.86	10 931.07
4 893.33	5 820.14	1 877.96	238.67	18 362.61
3 280.6	1 617.36	1 324.13	4 245.42	11 878.15
2 411.14	10 033.81	7 454.05	6 693.28	7 581.9
597.81	3 279.26	479.92	638.09	18 561.51

续表

国家或地区名称	进口总计	通信设备	广播电视设备	计算机
丹麦	32 142.19	3 688.31	254.6	5 214.05
波兰	29 178.34	11 728.95	52.26	2 949.15
西班牙	27 867.12	864.94	30.32	6 531.03
葡萄牙	23 932.07	592.5	251.97	735.82
罗马尼亚	20 762.8	4 378.3	5.37	5 145.34
斯洛伐克	19 994.38	451.64	270.15	1 311.29
摩洛哥	19 841.58	18.62	24.89	2.6
澳大利亚	17 862.43	2 680.68	125.72	2 336.14
巴西	11 562.1	579.6	70.02	583.51
波多黎各	11 282.75	380.09	1.31	9 336.62

表 20　2014 年按国家或地区统计的

国家或地区名称	出口总计	通信设备	广播电视设备	计算机
中国香港特别行政区	20 933 350.3	5 799 018.3	242 198.3	4 693 009.4
美国	14 850 937.6	3 537 961.2	146 235.7	6 326 811.7
日本	5 025 180.9	1 025 903.7	40 532.3	1 395 546.1
韩国	4 207 059.9	1 969 288.2	69 430.3	454 070.0
荷兰	3 586 406.7	772 381.7	29 006.0	2 017 180.1
德国	2 380 712.1	327 398.0	18 873.2	1 074 065.1
中国台湾地区	2 328 274.3	232 848.5	8 178.3	283 711.6
新加坡	1 674 397.3	207 059.7	12 215.3	561 279.9
英国	1 526 654.5	321 596.8	14 237.7	593 145.4
墨西哥	1 444 265.8	313 353.3	9 380.3	404 654.8
印度	1 396 363.6	343 034.3	16 151.6	358 069.1
越南	1 294 761.7	433 979.7	60 306.3	130 760.7
马来西亚	1 197 051.2	152 491.0	11 658.4	146 589.8
阿联酋	1 048 335.1	326 457.4	5 105.0	386 658.6
俄罗斯联邦	956 347.4	325 683.7	6 950.6	215 632.4
巴西	953 859.9	186 254.4	30 257.6	136 875.4
澳大利亚	922 484.5	158 244.9	6 575.3	405 959.6
泰国	860 389.4	152 103.2	18 176.2	218 378.2
加拿大	706 880.2	187 209.9	10 493.7	236 434.1

单位：万美元

家用电子电器	电子元件	电子器件	电子材料	电子仪器设备
1 806.67	5 099.17	1 672.35	633.89	13 773.16
1 249.37	5 634.39	3 409.88	125.24	4 029.09
5 452.53	6 124.6	820.02	147.21	7 896.47
7 057.46	5 312.35	9 154.58	7.32	820.08
1 683.57	4 478.74	38.68		5 032.8
5 390.23	4 944.23	1 253.57		6 373.27
13.41	483.31	19 202.5	1.66	94.59
1 350.94	1 117.18	1 671.44	645.03	7 935.3
4 819.03	3 689.76	216.96	143.96	1 459.26
2.03	56.85	150.65	1 293	62.21

电子信息产品出口情况

单位：万美元

家用电子电器	电子元件	电子器件	电子材料	电子仪器设备
1 186 365.2	2 696 793.2	5 319 556.6	88 871.1	907 538.3
2 501 864.0	996 624.2	754 647.5	33 487.0	553 306.4
956 880.4	406 922.7	902 994.0	75 772.7	220 629.1
173 310.7	377 310.1	928 532.6	89 195.2	145 922.9
396 597.7	128 119.9	151 426.9	10 321.9	81 372.4
369 942.6	238 395.9	201 219.0	22 401.7	128 416.7
122 974.4	201 947.4	1 197 200.9	176 782.8	104 630.4
103 211.4	149 959.6	556 566.0	3 307.8	80 797.6
286 195.3	115 859.3	119 298.0	11 604.3	64 717.8
214 508.8	113 500.6	323 494.6	5 887.8	59 485.6
249 989.3	160 008.7	190 337.3	19 379.7	59 393.6
89 436.2	214 438.9	286 465.9	4 250.5	75 123.7
116 082.8	165 509.2	510 527.0	30 969.7	63 223.3
192 296.8	72 241.5	29 342.8	8 866.5	27 366.5
232 680.9	72 826.6	56 756.8	5 267.5	40 548.9
233 829.0	117 519.5	203 614.3	5 821.1	39 688.7
189 402.0	84 562.4	53 386.6	3 119.7	21 234.0
164 975.6	130 667.8	116 693.4	18 004.8	41 390.3
154 547.0	57 382.9	35 736.9	708.1	24 367.6

续表

国家或地区名称	出口总计	通信设备	广播电视设备	计算机
法国	704 232.4	165 078.6	7 117.1	214 696.8
印度尼西亚	665 984.7	193 768.5	8 125.9	111 857.6
意大利	594 166.8	135 916.2	3 410.8	199 108.4
捷克	575 831.6	110 943.5	1 173.0	313 146.5
波兰	538 873.3	82 175.3	2 203.8	157 872.2
土耳其	500 514.9	104 865.2	3 652.0	144 674.0
菲律宾	427 907.8	70 256.8	3 308.6	77 892.4
匈牙利	419 536.7	210 152.7	2 819.7	48 337.6
西班牙	376 545.3	139 945.4	2 678.5	69 483.6
南非	325 730.7	77 412.5	3 931.0	73 095.1
伊朗	307 258.1	75 857.8	2 982.6	24 077.5
沙特阿拉伯	279 615.2	78 451.6	1 318.3	31 426.8
阿根廷	223 662.2	69 507.5	1 031.5	31 420.3
智利	218 073.6	57 370.8	1 583.0	48 065.4
巴基斯坦	217 031.7	81 609.2	628.2	18 141.3
哥伦比亚	206 232.1	64 085.7	1 262.7	69 094.2
比利时	202 182.4	24 312.2	2 805.8	61 661.4
尼日利亚	197 594.6	32 614.8	2 619.0	11 493.2
芬兰	197 346.8	41 022.2	1 960.6	104 768.1
斯洛伐克	185 503.6	16 163.1	4 988.6	47 906.3
卢森堡	185 102.9	81 428.7	7.9	101 989.0
瑞典	173 733.8	62 966.2	2 110.0	37 423.4
埃及	151 319.1	37 795.4	3 510.1	9 730.3

注：表 1~表 20 数据均根据海关总署有关数据整理。由于四舍五入，各项值累加与合计值有可能存在误差。表 19、表 20 均仅取排前 42 名的国家或地区。

单位：万美元

家用电子电器	电子元件	电子器件	电子材料	电子仪器设备
149 246.5	59 688.2	74 784.4	706.7	32 914.2
124 714.2	98 904.1	87 079.8	6 566.6	34 968.1
117 678.5	74 861.1	26 005.1	3 146.2	34 040.7
77 765.8	26 626.8	24 293.9	533.8	21 348.2
96 031.0	36 654.9	135 938.6	2 779.5	25 217.9
92 414.4	49 830.4	75 049.7	4 131.5	25 897.6
64 658.1	67 409.9	93 920.0	30 926.1	19 535.9
43 682.4	28 849.9	58 135.5	213.0	27 345.9
87 717.1	42 400.6	13 942.2	2 435.0	17 943.0
96 264.0	24 777.1	30 673.2	774.3	18 803.6
80 049.8	69 316.4	34 568.7	3 613.9	16 791.5
119 213.1	25 292.4	10 355.5	969.6	12 588.0
73 584.0	17 101.0	23 847.6	850.9	6 319.4
62 137.7	16 039.5	26 337.2	291.4	6 248.7
41 696.3	27 559.5	34 488.1	1 557.8	11 351.3
41 364.5	15 846.2	6 641.7	354.4	7 582.7
43 799.2	34 574.8	24 557.2	582.0	9 889.8
79 040.0	37 028.7	14 131.6	727.4	19 939.9
17 034.4	14 541.1	6 996.8	440.4	10 583.2
19 864.1	15 276.6	68 054.3	195.2	13 055.7
971.8	270.9	59.2	5.1	370.4
33 368.3	19 905.1	5 940.5	60.9	11 959.4
36 499.9	18 333.4	34 480.6	1 103.3	9 866.3

[撰稿：苏永强　审稿：朱春霞]

附录 2　重要文献

推进两化深度融合　促进结构优化升级
实现新常态下工业通信业平稳健康发展

——工业和信息化部部长苗圩在全国工业和信息化工作会议上的报告（节选）

（2014 年 12 月 22 日）

一、2014 年重点工作

（一）工业通信业运行基本平稳

面对下行压力加大的严峻形势，积极培育消费热点，增加有效供给。大力发展新型智能终端、节能高效家电等热点产品，积极引导移动互联网、电子商务等信息消费创新发展。预计 2014 年信息消费规模达到 2.8 万亿元，同比增长 25%，电子商务交易额超过 12 万亿元，同比增长 20%。继续实施质量品牌创新专项行动，质量信誉承诺、质量标杆等活动深入开展，推动了重点行业质量提高、服务升级、品牌塑造。采取有力措施保障基本药物的生产供应。积极稳定有效投资，制定实施企业投资项目核准实施办法。发挥技术改造的引领作用，推动完善了技术装备进口税收优惠等政策措施，开展加速折旧试点，鼓励企业加大技改投入。1~11 月工业投资同比增长13%，技改投资占比达 40.1%。推动建立全国性和省市涉企收费清单制度，开展了专项督查，企业减负工作取得重大进展。启动工业运行质量评价。各地通过重大项目带动、供需产销衔接、强化企业服务、要素协调保障、激发民企活力等措施，全力以赴稳增长、遏下滑，做了大量工作。预计全年，全国规模以上工业增加值增长 8.3%左右，单位工业增加值能耗和用水量分别降低 7%和 5.8%，电信业、软件和信息技术服务业、互联网行业收入分别增长 4%、20%和 50%。

（二）产业结构调整步伐加快

大力发展先进制造、新材料、节能环保、生物医药和新一代信息技术，战略性新兴产业发展势头良好。推动建立了首台（套）重大技术装备保险补偿机制，出台了加快新能源汽车推广应用的一系列政策措施。1~11 月，高技术制造业增加值同比增长 12.2%，新能源汽车生产 5.67 万辆，同比增长 5 倍。软件和信息技术服务、工业设计、现代物流等生产性服务业继续快速发展，促进了工业结构升级。统筹淘汰落后产能和压缩过剩产能，严控新上增量，制定实施产能置换实施办法，钢铁、船舶、煤化工等重点行业产能基本纳入行业准入和规范管理范围。推动出台进一步优化企业兼并重组市场环境的意见，稀土、光伏、婴幼儿配方乳粉等行业兼并重组进程明显加快，汽车、水泥等行业集中度有所提高，高技术领域重大并购重组不断涌现。狠抓节能减排和大气污染治理，开展工业绿色发展专项行动，实施电机能效提升计划，重点区域、行业清洁生产和能源资源综合利用水平明显提升。继续开展产业转移系列对接活动，联合印发了重点产业布局调整和产业转移的指导意见。积极落实中央关于“一带一路”、京津冀协同发展、长江经济带和支持新疆、西藏等地区发展的决策部署，在产业扶持和定点扶贫方面做了大量工作。

（三）创新驱动发展取得新进步

继续实施国家科技重大专项，在超级计算机、百万千瓦级核电装备、大型飞机等方面取得了新的重大突破，完成航空发动机及燃气轮机专项论证工作。组织智能制造装备等专项工程，推动了高技术船舶、汽车发动机关键部件、高精度冷轧板、碳纤维、文物保护装备等重点领域的研发和产业化。开展工业强基专项行动，加快促进四基发展及示范应用，突破了轨道交通等部分基础领域的瓶颈制约。支持TD-LTE关键技术后续研发，加强产业链薄弱环节。突出抓好以企业为主体的技术创新体系建设，新认定72家国家技术创新示范企业，重点支持了195个重大科技成果转化项目，启动部级重点实验室认定工作，产学研用对接有序开展。全年发布2 723项行业标准，混凝土用钢纤维等25项国际提案成为国际标准。继续实施知识产权运用能力培育工程。部属高校创新能力得到新的提升，获得一大批科技重大奖项，其中国家级技术发明一等奖2项。深化国防科技工业改革全面启动，军民融合深度发展取得新进展。

（四）两化深度融合深入推进，互联网管理得到加强

扎实推进两化融合专项行动，企业两化融合管理体系认定和推广全面展开，装备、石化、汽车、民爆、轻工等重点领域智能化改造积极推进，中小企业两化融合能力稳步提升。物联网、云计算、大数据与制造业融合创新广泛开展，一批工业云服务平台、产业联盟成立并运行，企业、行业、区域综合集成应用典型不断涌现。实施宽带中国专项行动，三网融合深入推进，7个新增国家级互联网骨干直联点建成开通，网络升级和行业转型成效显著。预计全年，新增光纤到户覆盖家庭达到7 000万户，4G用户突破9 000万，IPTV用户达到3 340万，8M及以上宽带用户比例达到38.9%。基础电信企业非话业务收入占总收入比重达到57.9%，11家互联网企业进入全球市值排名前30名。通信村村通工程实施十年来，全国通宽带乡镇和行政村比例从90%、70%分别跃升至100%、93.5%。积极适应管理体制的变化，以互联网为核心加强行业管理和网络信息安全保障，重点在基础资源、网站备案、电话用户实名登记、用户个人信息保护、移动智能终端、手机应用商店等方面，依法加强监管，健全部省联动机制，加强行风建设，市场秩序得到进一步规范。深入开展打击治理移动互联网恶意程序、垃圾短信治理、打击伪基站等专项行动。加快网络安全体系化建设，安全可靠软硬件推广应用进展顺利。网络运行安全管理和保障水平稳步提升，出色完成反恐维稳、重大活动及突发公共事件应急通信、无线电和网络信息安全保障任务。

2014年还完成了几项全局性、创新性、战略性的重点工作。一是深入推进简政放权，强化事中事后监管。已上报国务院拟取消和下放29项行政审批事项，占原有审批事项的51.8%，实现三年任务、两年完成。保留的审批事项逐步实现网上运行，5项工商登记前置审批事项改为后置审批。二是深化电信改革取得突破性成果。已批复42家民营企业开展移动通信转售业务，宽带接入网业务开放试点启动开展，电信业务资费全面实行市场调节价，LTE混合组网试验在56个城市稳步推进，移动用户号码携带试验范围扩大到5个省份，铁塔公司成功组建。三是对外开放合作迈出新步伐。利用多双边机制，支持企业对外投资和跨国并购，取得长足进展。工业4.0、节能环保、航空航天、电动汽车、新一代移动通信、大数据、智慧城市等领域的国际合作深入开展。上海自贸区增值电信业务7项向外资开放，其中5项放开股比限制。成功举办第21次APEC中小企业部长会议。中国连任国际电联理事国，赵厚麟高票当选秘书长。四是小微企业扶持力度空前加大。国务院常务会议7次专题研究扶持小微企业工作，在加大财税支持、缓解融资成本高、鼓励创业创新、支持公共服务平台建设等方面密集出台政策措施，针对性强、含金量高。工业和信息化部积极发挥牵头作用，加强协调推动，狠抓政策落实，小微企业发展环境明显改善。五是推动设立了国家集成电路产业投资基金。国务院发布实施集成电路产业发展推进纲要，以政府引导、市场运作的方式设立了产业投资基金，体现了国家意志与市场机制的有机结合，既破解了芯片制造业融资瓶颈，又创新了中央财政资金对产业发展的支持方式。六是制造强国战略提上日程。落实国务院部署，会同工程院等部门编制了《中国制造2025》，首次描绘制造强国的发展愿景和实施路径。发布实施后，将成为指导中国工业做大做强的纲领性文件。

二、当前的形势和要求

（一）全面把握工业发展面临的新挑战新机遇

中央经济工作会议明确指出，中国已经进入经济发展新常态，在诸多方面发生了趋势性的变化。新常态的特征在工业领域的体现尤为明显。从增长速度看，随着传统产业和房地产投资的相对饱和，加之外贸出口需求的放缓，中国工业增速已经从两位数回落到个位数。从产业结构看，传统产业产能大幅超出需求，产品价格水平持续走低，企业经营困难加大，投资意愿和能力不足，化解过剩产能、企业兼并重组势在必行。与此同时，新一代信息技术加速与传统产业融合，新技术、新产品、新业态、新模式不断涌现，生产的网络化、智能化、绿色化特征日趋明显。从发展动力看，生产成本持续上升，资源环境约束不断强化，要素的规模驱动力减弱，必须更多依靠人力资本质量和技术进步，着力提升创新能力，通过供给创新激活消费需求，形成新的增长点。总体来看，中国经济发展进入新常态后，工业增长正从高速转向中高速，经济结构正从增量扩能为主转向调整存量、做优增量并举，发展方式正从规模速度型转向质量效率型，发展动力正从要素驱动转向创新驱动。这构成了中国工业发展的大背景、大逻辑。

2015 年世界经济仍处于国际金融危机后的深度调整期，增速可能会略有回升，但总体复苏疲弱态势难有明显改观，“低增长、不平衡、多风险”为其主要特征。在全球需求结构变化、国际分工体系调整、贸易保护主义强化的情况下，出口需求很难高速增长。国内经济受“三期叠加”的影响，投资增速持续放缓，消费需求难有大的提升，下行压力可能进一步显现，一些深层次结构性矛盾可能进一步暴露。新常态也带来了新机遇。随着改革开放的全面深化、依法治国方略的全面实施，取消下放行政审批、减轻税费负担、降低融资成本、强化创新支持等一大批支持实体经济发展的重大改革举措相继出台，一个更加宽松公平、鼓励竞争，更有利于企业创新和工业健康发展的环境开始形成。发达国家和政府经济困顿也为国内企业走出去，开展国际并购、吸引海外人才提供了难得机遇。大宗商品价格走低，则提供了以较低的价格获取能源资源、降低企业成本的大好机会。

中央经济工作会议强调，要坚持稳中求进的工作总基调，坚持以提高经济发展质量和效益为中心，主动适应经济发展新常态，继续实施积极的财政政策和稳健的货币政策，推进“四化同步”发展，逐步增强战略性新兴产业和服务业的支撑作用，着力推动传统产业向中高端迈进。工业和信息化系统要进一步增强使命感，深刻领会中央精神，提高对新常态的认识，坚持发展，积极作为。主动适应新常态，要科学看待增长速度的回落。增速回落是中国经济发展阶段性特征的必然反映，是不以人的意志为转移的，要遵循市场规律，顺势而为，掌握工作主动权。只要波动在合理范围内，就要保持战略上的平常心，但同时也要树立底线思维，未雨绸缪，确保工业运行在合理区间、行稳致远。主动适应新常态，要加快产业结构调整。新常态表面是增长速度的换档，本质则是增长动力的转换。要利用好中国的制度优势和市场优势，着力突破关键核心技术，大力推进产业化创新，在“四化同步”发展中培育新的增长点，尽快使新兴产业成为推动发展的主导力量。要着力压缩落后产能、化解过剩产能，为新兴产业的发展腾出空间、赢得时间。加快用新一代信息技术改造提升传统产业，促进产品创新、管理创新和商业模式创新。主动适应新常态，要全面深化改革和扩大开放。要摒弃依靠行政命令、用超越法律的手段抓企业、上项目的观念，以改革创新理念推动发展。进一步简政放权，更多运用市场机制和法治方式，强化产业政策与财政政策、金融政策、创新政策和外贸政策的协同，营造良好的政策环境和制度环境。坚决贯彻落实国家对外开放新的战略部署，提升重点产业开放水平，大力支持企业走出去，开展对外投资和转移过剩产能，有针对性地引进新技术和领军人才，构建中国产业开放发展的新格局。

（二）准确把握两化融合发展的新形势新要求

当前，新一轮科技革命和产业变革蓄势待发，智能制造、网络制造、绿色制造、服务型制造等日益成为生产方式变革的重要方向，跨领域、协同化、网络化的创新平台正在重组制造业创新体系。以德国工业 4.0、美国先进制造伙伴计划为代表，发达国家正积极谋划部署，对高端制造业进行再调整再布局，根本出发点都是为了打造国家制造业竞争新优势。经过改革开放 30 多年的积累和发展，中国制造业和信息通信业已经具备了支撑推进两化深度融合的能力和条件，不少战略性新兴产业处在同发达国家相近或同一条起跑线上，有的方面处于国际领先地位。在这种条件下，东部地区趁势加快转变发展方式，中西部地区也可以抓住难得机会，加快转型升级实现跨越式发展，中国完全能够搭上新一轮工业革命的快车。

新一代信息通信技术和工业融合发展呈现新趋势。集成电路、人工智能、移动互联、大数据、新型传感器、3D 打印等新技术的持续演进，推动着制造业的智能化。推进两化深度融合，现阶段集中体现在信息技术在制造业的集成应用，特别是智能制造、工业互联网、自主可控的信息技术和产品，以及衍生催生的新业务、新业态和新模式。特别是当前，中国工业发展已经到了爬坡过坎的重要关口，新常态倒逼工业必须加快转型升级。推进两化深度融合、加快发展智能制造已成为突破发展瓶颈、提升国际竞争力和应对经济下行压力的关键选项。

要以智能制造为主攻方向，大力发展新一代信息技术、高端装备制造等新兴产业，全面提升制造业产品、装备、生产、管理和服务的智能化水平，实现两个IT（Industry Technology & Information Technology，工业技术&信息技术）融合和倍增发展，促进产业结构向中高端迈进。要以工业互联网和自主可控的软硬件产品为重要支撑，培育新型生产方式和商业模式，加快生产型制造向服务型制造转变，加快信息网络公共基础设施建设，支持生产性服务业发展壮大，增强自主可控信息技术产业支撑能力和安全保障能力，推动两化融合向更深更广的方向发展。要以推广应用标准体系为主要抓手，坚持标准先行，着力建设和推广企业两化融合管理体系，在重点领域开展标准宣贯和示范应用，促进企业在产品和服务全生命周期、生产管理全过程应用信息技术，增强企业核心竞争力。要以健全融合机制为重要保障，统筹部内资源，加强部际协调，健全部省联动和政企联动机制，推动制定特殊的融合政策，加快培育复合型、融合型人才，不断完善推进两化深度融合的体制机制。实际工作中，鼓励各地先行先试，探索总结好的经验和做法；支持重点行业率先突破，发挥示范带动作用；充分发挥企业的应用主体作用，充分发挥社会中介组织的服务、沟通、咨询和评估的作用，调动各方面的积极性，形成多方参与、协力推进的工作格局。

当前，信息通信业呈现出以移动互联网为主导的发展趋势，网络和终端更加智能化，应用和服务更加规模化，跨界融合速度不断加快，新业态、新模式层出不穷。但同时也要看到，网络基础设施建设相对滞后，城乡水平差距较大，市场秩序有待规范，网络与信息安全形势愈发严峻，行业管理难以适应互联网迅猛发展的形势。要坚持积极利用、科学发展、依法管理、确保安全的方针，加快建设新一代信息基础设施，加强互联网技术创新和业态创新，推动互联网与经济社会各领域深度融合。大力推进互联网领域法治化进程，健全体制机制，着力提升监管能力，切实规范市场竞争秩序，保护用户合法权益，保障网络与信息安全，让互联网更好地造福全体国民。

三、2015年重点工作任务

2015年工作总的要求

全面贯彻党的十八大和十八届三中、四中全会及中央经济工作会议精神，立足制造强国、网络强国战略全局，坚持稳中求进工作总基调，以提高发展质量和效益为中心，主动适应经济发展新常态，保持工业经济运行在合理区间，把转方式调结构放到更加重要位置，继续实施转型升级“6+1”专项行动①，更加注重全面深化改革，更加注重创新驱动发展，更加注重大力推进两化深度融合，更加注重强化互联网行业管理，促进工业通信业持续健康发展。

2015年主要预期目标

规模以上工业增加值增长8%左右，单位工业增加值能耗和用水量分别降低4%和5.6%。电信业、软件和信息技术服务业、互联网行业收入分别增长4%、15%、45%左右。信息消费规模达到3.2万亿元，同比增长15%左右。

重点抓好七个方面工作。

（一）更加注重释放内需潜力，促进工业经济平稳运行

（1）落实中央扩大消费政策措施，培育新的消费增长点。要主动适应城乡消费需求新变化、新特点，增强有效供给能力。持续加强质量品牌建设，推广质量诚信体系、先进质量管理方法，加强工业品牌培育。鼓励引导企业创新产品和商业模式，突出抓好食品药品质量安全，积极营造安心放心的消费环境。大力促进绿色消费，继续实施节能产品惠民工程，抓好绿色建材、高性能钢筋、新型铝合金、高效节能电机、1.6升及以下排量节能汽车推广，加快老旧汽车淘汰更新，对认定的再制造产品给予以旧换新政策支持。进一步壮大信息消费，协调推动落实和完善配套政策措施，抓住4G、北斗导航发展机遇，支持各类智能终端产品关键技术研发和产业化。推动基于数字家庭技术的影音娱乐、智能家电、健康保健、居家养老等产品的推广应用。积极发展

注① 转型升级“6+1”专项行动包括工业强基专项行动、智能制造试点示范专项行动、推进军民融合深度发展专项行动、工业绿色发展专项行动、宽带中国2015专项行动、扶助小微企业专项行动和改进作风年活动。

移动互联网、移动智能终端操作系统、IPTV、手机电视、智能语音等新型消费，抓好信息消费试点城市和智慧城市建设。

(2) 努力扩大有效投资。认真落实政府核准的投资项目目录（2014年本），深化投资管理方式改革，简化手续、优化程序、完善服务，激发社会投资特别是民间投资活力。争取扩大各级技术改造等资金规模，优化资金使用方式，探索利用产业投资基金等手段，提高投资效率。对涉及自主创新、结构调整、基础设施建设的重大项目，部里和各地要积极争取，抓好对接实施。

(3) 促进产业转移和重大布局优化，培育新的产业增长极。围绕实施“一带一路”、京津冀协同发展、长江经济带战略，研究制定相关发展规划和产业指导目录，支持布局一批重大工业项目，共建产业园区，适时启动产业转移合作示范园区建设。推进西北5省区和中西部9省区产业转移与产业合作，发布重点区域产业转移指南。继续落实区域发展总体战略，支持各地差异化发展。制造业体系比较完整、经济比较发达的地区要着力推动创新发展，在转方式调结构方面走在全国前列。重化工业比重较大的地区要加大产业整合力度，坚定不移化解产能过剩，培育新的支柱产业。生态功能地区要着力保护好生态，因地制宜发展优势特色产业。抓好国家新型工业化产业示范基地创建和中国软件名城建设。支持民族地区经济社会发展，继续开展产业援疆援藏援青工作，重点实施一批纺织服装、天然饮用水、盐湖化工等合作项目。

(4) 提高工业运行监测分析和要素保障能力。建立全国互联互通的工业经济运行监测网络平台体系。高度重视工业经济下行压力，密切跟踪分析行业发展苗头性、倾向性问题，协调推动落实和完善相关财税金融政策。做好工业运行质量评价发布，完善工业化发展水平指标体系，加强工业领域电力需求侧管理。落实国务院加快应急产业发展的意见，发布重点产品和服务目录，启动一批示范基地建设。各地要强化政策储备、要素保障和应急协调，做好对企业的服务，确保工业经济在合理区间运行。

(二) 坚持优化增量和调整存量并举，推进产业结构向中高端迈进

(1) 实施制造强国战略。尽快完成《中国制造2025》编制、报批，推动成立国家制造强国建设领导小组和战略咨询委员会，启动重点领域专项规划和指导意见、重大工程和行动计划编制工作。

(2) 加快战略性新兴产业发展。继续抓好战略性新兴产业重大工程实施，落实高技术船舶、民机科研计划和增材制造推进计划，编制发布高端装备制造业重点技术与产品目录。出台新建纯电动乘用车生产企业准入管理规定和汽车动力蓄电池行业规范条件，发布2016~2020年新能源汽车补贴政策，建立新能源汽车推广监管机制，研究制定乘用车企业平均燃料消耗量管理办法。实施生物医药和高性能医疗诊断设备重大工程。制定促进新材料产业健康发展的指导意见，支持产业链上下游协同合作，加快新材料技术成果产业化和规模应用。落实国家集成电路产业发展推进纲要和相关政策，建立与国家集成电路产业投资基金协同运作机制。推进集成电路、基础软件、工业软件、新型显示、新型智能终端、TD-LTE、太阳能光伏等关键技术和产品的研发与产业化。推动出台大数据应用与发展指导性意见，在重点地区和行业开展应用试点。

(3) 完善传统产业优化升级的政策措施。实施重大技术装备、高端材料及新材料、电子信息产业创新发展、节能减排和绿色发展、食品药品安全保障5大技术改造工程，推广固定资产加速折旧等支持政策。发布钢铁工业转型发展计划（2015~2025)，优化乙烯、PX等重点石化产业布局。推进重大技术装备自主化，完善与金融机构共同推进重大技术装备的合作机制。实施海洋工程装备等行业规范条件，全面启动首台（套）保险补偿机制试点，编制发布首台（套）重大技术装备推广应用指导目录。推动建立新材料首批次应用风险补偿机制。大力发展安全产业，推广安全生产新技术、新装备。加强烟草行业管理，协调推进控烟履约工作。

(4) 继续化解过剩产能和淘汰落后产能。指导各地严格执行产能置换办法，严控严重过剩行业新增产能。

(5) 推进工业节能减排和大气污染防治。实施工业绿色发展专项行动。组织实施煤炭清洁高效利用行动计划，落实能效“领跑者”制度。强化节能监察，在水泥、平板玻璃等行业执行强制性能耗限额标准。落实大气污染防治行动计划，继续提升京津冀清洁生产水平。

(6) 推进国防科技工业发展和军民融合深度发展。把推动军民融合深度发展摆在更加重要位置，抓紧研究解决面临的突出矛盾和问题。实施推进军民融合深度发展专项行动，完善促进国防科技工业军民融合深度发展的政策措施，积极引导优势民营企业进入武器科研生产和维修领域，研究制定重要领域军民互动共享的措施意见，完善军民融合公共服务体系。

（三）以智能制造为主攻方向，大力推动两化深度融合

（1）加快推进智能制造生产模式。大力发展智能制造技术和装备，研究论证国家级智能制造重大工程，实施智能制造试点示范专项行动。充分发挥智能制造装备发展专项和国家科技重大专项作用，组织一批重大科技项目。选择汽车、机械加工、钢铁、石化、民爆、纺织、轻工、电子信息等领域开展智能制造应用试点示范，组织实施流程制造关键工序智能化、关键岗位机器人替代工程。加快可穿戴设备等智能产品发展。开展两化融合及智能制造示范城市（区）试点建设，探索智能工厂示范应用，推广成功经验和模式。

（2）大力发展工业互联网。研究出台互联网与工业融合创新指导意见，绘制工业互联网发展路线图。继续实施物联网发展专项行动计划，在石化、冶金、食品、药品、大型装备、安全生产等领域开展试点示范，培育智能检测、全产业链追溯等工业互联网新模式。研究制订鼓励车联网发展的政策措施，制定车联网创新发展行动计划。围绕下一代互联网推广应用，制订工业互联网整体网络架构方案，开展工业互联网IPv6地址资源管理示范工程，规划电信网码号和互联网地址资源。

（3）加快培育发展新业态和新模式。研究制订服务型制造发展的指导意见，支持企业积极发展在线监控诊断、融资租赁、全生命周期管理等新业务。鼓励有条件的大型企业设立设计中心，建设一批国家级工业设计中心。继续推进民爆、危险与监控化学品、应急药品储备、农药等领域智能监测监管体系建设。组织开展工业电子商务区域和企业试点示范，优化电子商务创新发展环境。制订工业云、工业大数据创新发展指导意见，开展工业云试点，鼓励电信企业、互联网企业为工业云提供存储和分析服务，加快工业大数据开发利用。建立健全推进两化融合的服务体系，继续实施中小企业信息化推进工程，加快建设面向中小企业的云服务中心。

（4）建设和推广企业两化融合管理体系。推进两化融合管理体系标准的研制、发布和国际化。做好两化融合管理体系贯标和认定试点工作，选择一批地区、行业贯标示范企业开展应用推广，完善两化融合管理体系认定管理办法和第三方服务体系。推广普及企业首席信息官制度。

（5）强化推进两化融合的政策保障。推动出台支持两化融合的财税、金融以及产用结合等方面的特殊政策和急需标准，推进网络通信设备与工业设备互联互通。围绕工业控制系统信息安全风险评估、仿真测试等方面，健全工作体系和工作机制，提升技术保障能力。组织实施智能制造领军人才计划，支持部属高校开展学科体系和人才培养体系建设。加强与发达国家在两化融合领域的国际交流与合作。

（四）深入推进创新驱动发展，建设国家制造业创新体系

（1）加快建立以企业为主体的产学研用协同创新体系。抓住深化科技体制改革的机遇，充分发挥市场机制作用，引导各类创新资源向企业集聚，加强产学研用合作平台建设，鼓励企业参与国家科研项目和创新工程。围绕工业机器人、新能源汽车、新材料等战略性领域发展需求，推进国家制造业创新中心建设，继续抓好企业技术中心、重点实验室、技术创新示范企业等创新主体建设。

（2）加强关键核心技术攻关。参与国家重大科技项目论证，推动部署一批体现国家战略意图、促进两化深度融合的重大工程。继续实施高档数控机床与基础制造装备等国家科技重大专项，推动航空发动机及燃气轮机、新材料专项尽快实施，加快航空安全管控工程和中俄航空重大合作项目论证和启动工作。适应科技专项资金管理方式改革要求，加快组建专业机构具体承担科技项目实施和资金分配，把工作重心从以往直接管项目、管资金转变为定方向、定原则，强化监督指导。

（3）实施工业强基专项行动。进一步加强工业强基战略研究，制定引导目录，发布重点产品和技术发展路线图。深入开展工业强基工程，实施重点突破、应用示范、平台支撑3个计划，着力突破重点领域关键基础材料、核心基础零部件、先进基础工艺。创建一批产业技术基础平台，完善产业技术基础公共服务体系。实施工业质量品牌推进行动计划，支持建设工业产品质量控制和技术评价实验室。

（4）大力推进科技成果产业化。抓紧研究制定促进科技成果转化和产业化的指导意见，建立技术成果转化长效机制，推动健全技术转移和产业化服务体系，努力把创新成果变成实实在在的产业活动。组织实施重大科技成果转化项目，鼓励地方前瞻布局和抓实一批重点创新成果产业化项目。

(5) 积极构建技术标准体系，提升知识产权运用和保护能力。落实技术标准体系建设方案，加强智能制造、移动互联网等产业发展重点领域综合标准化工作。推动基础通用标准、检测方法标准与国际接轨，提高国际标准制定中的话语权和主导权。研究制订深化实施知识产权战略的指导意见，实施工业企业知识产权运用能力培育等工程，推动建立工业知识产权协同运用机制。

(五) 进一步减轻企业负担，加大对小微企业的支持

(1) 巩固和扩大企业减负工作成果。推动尽快公布全国和各省市行政审批前置服务收费清单，进一步清理取消没有法律法规依据的涉企收费项目，建设全国涉企收费项目库并公开接受社会监督。

(2) 营造有利于大众创业、万众创新的政策环境。发挥国务院促进中小企业发展工作领导小组办公室作用，抓好已出台政策措施落实的督促检查、效果评估，加强政策协同配合，做好政策储备，研究进一步加大税收政策扶持力度和覆盖面。

(3) 着力解决小微企业的突出困难和问题。实施扶助小微企业专项行动。加快完善细化小微企业划型标准，密切关注新设立小微企业发展动态，引导各级地方政府和支持政策更好地聚焦小微企业。

(4) 促进中小企业转型升级。优化中小企业发展专项资金支持重点、方式和范围，加快推进设立国家中小企业发展基金。

(5) 加强和改善中小企业公共服务。加快公共服务平台网络建设，发挥国家中小企业公共服务示范平台的作用，鼓励各类社会优质服务资源向中小企业倾斜。继续实施国家中小企业银河培训工程和中小企业领军人才培训计划。

(六) 加快建设宽带网络基础设施，强化互联网行业管理和网络信息安全保障

(1) 加快建设宽带网络基础设施。实施宽带中国2015专项行动，创建宽带中国示范城市，完善宽带发展评价体系，抓好光纤到户国标落地实施，利用多种技术手段，加快老旧小区改造。落实电信普遍服务补偿机制，深入实施通信村村通工程，加大公共财政对农村和中西部地区宽带发展的支持。推动加快TD-LTE网络建设和4G业务发展，4G用户力争突破2.5亿，有序推进LTE混合组网试验，研究发放LTE FDD牌照，并核配相应频率资源，加快布局5G研发。加快下一代互联网商用部署，实施中国LTEv6工程。落实三网融合推广阶段工作方案，在全国范围内全面推进三网融合，做好双向进入业务许可的受理审批。加强城市通信基础设施规划建设管理，深化共建共享，指导支持中国铁塔公司发展。

(2) 完善互联网行业管理制度体系。推动出台互联网行业管理和产业发展方面指导性文件，出台新版电信业务分类目录及域名和IP地址等管理办法，制定互联网接入服务管理办法，完善网络备案管理制度，强化网络实名管理。加强新业务备案管理，完善互联网市场竞争规则，出台监管配套实施细则，健全企业纠纷争议及不正当竞争处理机制。完善用户个人信息保护相关制度和标准体系。优化互联网络架构，充分发挥新增骨干直联点作用，加快监测系统建设，持续推动网间互联带宽扩容，完善互联价格形成机制，规范网间互联方式。积极参与国际互联网治理。

(3) 提升网络信息安全保障能力。配合出台国家网络信息安全审查制度，组织开展工业和信息化领域信息安全产品审查。发展信息安全技术和产业，提高专业化信息安全服务能力。加快安全可靠信息系统能力建设，进一步推动安全可靠软硬件和服务在政务、金融等重点领域的应用，完善认定电子签名法律效力的机制。落实电信和互联网行业网络安全工作的指导意见，实施网络安全示范工程。深化基础电信企业网络与信息安全责任考核，开展互联网新技术新业务安全评估专项检查。巩固提升电话用户实名登记成效，深入开展电话黑卡治理专项行动。加强网络与信息安全技术手段体系化建设，为反恐维稳和应急处置提供有力支撑。

(七) 深入推进改革开放，加强行业管理和规划指导

(1) 推进重点领域和关键环节改革。进一步落实民间资本进入电信领域各项改革举措，继续抓好移动通信转售业务试点，研究推动移动通信转售业务正式商用，开展宽带接入业务开放试点。继续做好上海自贸区电信业务开放试点工作，及时总结可推广、可复制的经验向其他自贸区推广。

(2) 更大力度地扩大工业和信息化领域对外开放。发挥多双边合作机制作用，配合做好对外投资管理、指导和服务，推动钢铁、水泥、平板玻璃、电解铝、汽车、民用飞机、电子信息产品以及高铁、工程机械、通信等成套设备走向世界，重点支持中小企业产品和服务走出去。

(3) 深入推进依法行政。各级主管部门都要秉承法无授权不可为、法定职责必须为的原则，继续推进简政放权、放管结合，探索推行清单管理制度，最大限度地减少行政审批，着力加强事中事后管理。

(4) 扎实抓好工业通信业“十三五”规划编制工作。组织开展“十二五”规划实施情况的全面评估和总结，针对存在的问题采取有力措施，确保规划目标任务全面完成。尽快拿出 2020 年工业化基本实现的指标体系。做好“十三五”规划与国家总体规划的衔接，协调制造强国和网络强国建设的总体思路、主要目标及重大项目、重大工程和重大政策纳入国家总体规划。加强制造业创新体系建设等重大课题研究，尽快确定规划编制体系，启动专项规划编制工作，加强对地方规划编制的指导。

在地方两化融合管理体系标准贯标工作座谈会上的讲话

工业和信息化部副部长　杨学山

(2014 年 9 月 25 日)

两化融合管理体系标准建设和推广是 2013 年明确的工作，是 2014 年全系统两化融合最重要的工作，是工业和信息化部两化深度融合五年行动计划里面列在第一位的首要工作。苗圩部长担任该项工作领导小组组长，各地经信委一把手要亲自抓这项工作。2014 年 7 月 31 日，苗圩部长在全系统的座谈会上明确要求 2014 年底前 200 家企业通过认定。现在距离 2014 年底只有 3 个月的时间，时间紧，任务重，需要全系统全力推进。这里讲几点意见：

一、建立以贯标企业为主体，全国工信系统和第三方咨询服务机构创新服务的工作体系

两化融合管理体系标准的贯标工作有三类主体，第一类是 502 家试点企业，特别是其中 2014 年要达标的 200 家；第二类是 80 家推荐的服务机构；第三类是政府机构，工业和信息化部及各省、市、县级工信主管部门，这类主体现在合计比企业类主体还多。现阶段的试点工作主要在部级和省级开展，力争通过试点，把地市、县市带动和培养起来，为以后面向几十万甚至更多的企业推广做准备。这三类主体之间的关系一定要理清楚，第一位是企业，企业是真正的主体，另外两类是为企业服务，尤其是服务机构一定要摆正自己的位置。服务机构要为企业服务，而不是命令、指挥企业。政府机关是管理体系标准的组织制定方，同时是贯标工作的指导者和引导者，其本质还是服务，因为贯标工作的根本目的就是服务企业，在贯标的过程中，找到企业在新的历史阶段发展的新方法、新模式、新方向。

在具体工作中，我们要认识到这项工作是一个开创性的工作，要引导企业适应转变，走新型工业化发展道路。两化融合与传统 IT 技术及其应用的思路有很大的区别和转变，指导两化融合管理体系贯标工作，首先要理解工业企业两化融合与企业信息技术应用和企业信息化推进的区别。主要的区别是两化融合不是以信息技术如何应用为主，而是要把企业的战略目标实施，提升企业竞争力，解决企业的关键问题作为主线来推进。我们

要在理论和实践两方面实现从企业信息技术应用到两化融合的转变，尽管这个转变有一定难度，但势在必行。管理体系的贯标和推广工作中，理解九项基本原则比理解后面的输入与输出、四个基本要素和四个管理域重要得多。输入与输出、四个基本要素、四个管理域，都是围绕九条基本原则展开的。贯标工作如何开展，对于政府机构，核心的问题就是如何引导管理体系的贯标工作朝着正确的方向进行，为企业转型升级、提升核心竞争力、解决当前面临的重大的问题发挥实效。要安排和明确任务，按照贯标工作的本质和目的，来检查督促工作的开展。

二、创新工作方式和思路，建设完善全国统一的协同工作平台

推进两化融合管理体系贯标工作，要用两化融合的思路来创新我们的工作方式。两化融合咨询服务平台（www.cspiii.com）是工业和信息化部推进两化融合相关工作的主要载体和重要抓手，平台内容应该准确全面，并提升时效性。不能按照旧有的工作模式，仅仅作为文件、要求和各方动态的发布平台，要从提供服务的角度，从各个地方的经信委、贯标服务机构和贯标企业的需求角度，来建设全面支撑贯标工作的便捷、高效的协同工作平台，要把网络平台的建设运营作为贯标工作最主要内容之一。

（一）贯标工作要充分依托平台开展

平台网站由联合工作组统一建设，建议地方不要再建自己的实体平台，而是要在统一平台上做好虚拟分平台的管理工作。各地主要通过平台来开展工作，要有专门的人员负责管理和维护各自的虚拟分平台。同时，建议可采用外包等方式完善平台网站的基础条件，避免出现诸如服务器能力不足、带宽不够等问题。内容上，在不涉及商业秘密和国家机密的前提下，要将502家企业的相关资料、问题、方法都上传到平台，每天总结提炼，使企业、服务机构、主管部门都能方便、顺利地浏览查阅，提出问题和解决问题，当然也要注意保障信息安全。每一个试点企业和服务机构都要在平台上有自己的网站（页），并安排专人负责管理和维护。

（二）要充分发挥平台沟通交流的作用

各个企业、服务机构、地方经信系统在实践中遇到的各种问题，都可以到平台上来反映，依托平台发动和组织各方来回答。两化融合管理体系贯标是一项全新的工作，真正能够理解管理体系的专业人才是有限的，没有一个开放便捷的交流平台，贯标工作就无法很好地开展。企业、服务机构、政府部门解决问题的水平和质量，可以作为验收标准的一个参考。从工具、方法、管理甚至包括具体问题，都由大家集思广益，从而建立起系统、全面、实时、客观反映地方经信系统、贯标试点企业、第三方服务机构贯标工作的进展情况、问题困难、实施效果、典型经验等全国统一的贯标协同工作平台。

三、明确贯标目的和重点企业，全力推进本质贯标和认定工作

两化融合管理体系贯标工作的目的在于帮助企业解决当前面临的关键问题，实现其战略目标。如何做好管理体系标准的贯标工作，通过试点工作完善标准本身并推动下一步的推广工作，是急需明确的问题。对具体企业而言，贯标工作就是通过总结经验，明确如何通过标准体系，解决企业面临的问题，并和企业确定的长期战略目标一致。不是信息技术应用经验的总结，而是两化融合的经验总结。我们现在往往把信息技术应用的经验替代为两化融合的经验，要把这两者区分好。对服务机构来说，我们必须使服务机构在贯标过程中为企业实现目标提供价值，提供价值最少有两点，一是让企业的工作量减少，二是把贯标工作本身结合企业的实际理解透彻。对于作为管理部门的政府机构，同样需要通过贯标工作，提高对两化融合本身的认识。两化融合是工业转型升级应对当前面临十分严峻的局面所做的战略性举措，是从党中央国务院到工业和信息化部明确的战略任务。这个任务不完成、不实现，转型升级应对面临的现实困难就少了一个重要的抓手。所以各级工业和信息化主管部门一定要担当责任，不能使两化融合管理体系标准的贯标工作形式化。

同时，必须要在2014年国庆节前把200余家有条件首批通过认定的贯标重点企业确定下来。名单确定后，要尽快确定对应的咨询服务机构，并将所有的信息在平台网站上反映出来，确保各级政府、企业和服务机构都能够查询和浏览，包括各省及整体的进展情况和各个服务机构之间的对比情况等。各个地方要对各自省里面的试点企业排序，把情况和判断登载到平台网站和各自政府信息网站上去，这就是工作汇报，也可以用于总结和评比。

对于服务机构，必须明确它是提供服务的一方，咨询机构在服务过程中不能增加企业的负担。为避免服务机构无序竞争，要加强市场规范，明确目标，以避免产生服务机构乱收费、对管理体系理解不到位和咨询服务质量不够高等问题对贯标工作的不利影响，必要时可撤销有问题服务机构的资格。要利用现阶段的贯标过程使服务机构快速成长起来，为后续更多的、基础相对薄弱的企业开展贯标工作奠定基础。

贯标工作是工业和信息化部的重点工作，是苗圩部长一直亲自主抓和关注的工作，这件事情务必要跟地方工业和信息化主管部门的一把手报告。试点工作基本结束以后，苗圩部长将会召开相关会议，由各地一把手来亲自汇报各自的贯标情况。

当今创新的新特征和新路径

工业和信息化部总经济师　周子学

时代发展到今天，创新仍是永恒的主题，但创新亦出现了一些新变化、新特征。习近平总书记说：“唯改革者进，唯创新者强，唯改革创新者胜。”中央经济工作会议也指出：经济增长将更多依靠人力资本质量和技术进步，必须让创新成为驱动发展新的引擎。未来中国经济发展将从要素驱动、投资驱动向创新驱动发展，这是中国的战略选择和转型升级的必经之路。李克强总理在政府工作报告中提到了“创客”这个网络新词，网络新著《创客：新工业革命》中提到：“所谓创客，就是那些有创新想法，并乐于将其付诸实践的人，他们往往依托网络想象创新、实现创新，是一群‘玩’创新的新型人群”。在当前经济下行、亟需转方式、调结构的背景之下，“创客”应运而生，这种由个体迸发的创新精神，能够汇聚成经济转型升级的巨大动力，尤其是推动中国工业转型升级，化解众多“难以为继”，需要中国把握好创新驱动力。

创新的本质是突破，即突破旧的思维定势，旧的常规戒律；创新的核心是“新”，它或是内容的完善，或是过程的改变，或是结构的再造等等。从现代意义上，真正将创新与经济增长有机联系起来的理论探讨，是始于20世纪初熊彼特的创新理论，即经济增长的根本动力和原因是来自企业家从内部革新经济结构的“创新”活动。包括引进新产品、引用新技术、开辟新市场、控制原材料的新供应来源、实现企业本身的新组织五种情况。熊彼特之后，创新理论又经历了以卢卡斯为代表的内生经济增长理论，以及以格鲁斯曼为代表的内生创新经济增长理论等一系列理论创新与发展，在工业时代技术创新是经济发展的主要内生变量。到了互联网时代，创新的环境发生了变化，创新不仅是单纯的技术创新，而且还包括基于信息资源与互联网资源整合的新的创新模式。经济学界需要构建互联网时代的内生创新理论。

一、当今创新的新特征

创新是人类进步的阶梯，每次进步都体现了创新。人类发展至今始终伴随着创新的发展。在不同时代，创新具有不同的特征。

回顾工业时代，随着电的发明以及电力技术的发展，电能迅速推广应用于照明、电讯、城市交通运输、加工工业和日常生活等各个领域。经历了漫长的时间，直到爱迪生在曼哈顿建立了一个小型电网，从此电就成了网络。电网的出现使得创新呈现出由“点”及“面”的突破。这个网络至今人类还在依赖它，已成为人类生活的基础，同时在生产领域亦由点及面地推动了持久深刻的结构性变革。

与电网相类似，互联网是电子信息技术构架的基础设施。但互联网作为弱电网，其特征跟强电又有所区别，强电是解决人类体力不足的问题，而互联网更多是解决人的智力延伸的问题。百十年来，信息技术的创新突破也是从“点”到“面”，比如从原材料的突破、软件的突破直至网络的形成并迅速普及，从而使得创新呈现出许多新变化。一大批基于互联网技术的新模式企业应运而生，它们以与传统企业不同的方式为顾客提供和创造价值，甚至获得了远高于传统企业的丰厚利润及蓬勃发展。如：实现纵向整合的苹果公司、三星公司，构建开放式平台的 BAT 等互联网巨头，打造产业生态圈的小米等等。若干个分类，创新已从工业时代的单一模式走向了产业链式、平台式、生态式等多种模式。

（一）产业链式创新

产业链式创新是指通过产业链上下游或者产业链同一层面的整合而形成的创新模式，其发起者通常已经在原行业占据领先。产业链式创新是当今创新非常鲜明的特点，无论是从传统产业还是新兴产业发展的角度，产业链式创新都是重要的创新模式。近年来，产业链式创新也愈来愈受到国家高度重视。产业链式创新包括横向创新、纵向创新以及横向纵向混合创新。

（二）平台式创新

平台式创新与网络紧密相关，主要借助于先进的信息技术手段以及全球化网络平台，并对互联网资源进行整合。通过平台式创新，企业可以在较短时间内以低成本整合各种技术资源。最初，互联网是作为一种通讯的特殊手段、特殊方式，主要为美国军方所需，逐渐演变成拥有海量信息汇集的信息海洋，最后变成了人们工作和生活都非常依赖的平台。因此，平台式创新成了今天创新非常鲜明的特征。通过平台搭建，企业对市场和技术变化的反应更为敏感，创新的内容和形式快速变化。传统产业利用互联网创新已成为当今重要趋势。

（三）生态式创新

生态式创新是在产业链创新和平台式创新的基础上延伸出来的创新模式。生态链是比产业链更大的概念，既包括产业链上下游，或是横向的与本产业紧密相关的企业，还包括市场环境等。生态式创新是指通过整合生态链中的供给方和需求方，以及市场环境（包括软环境和硬环境），使之共同进行创新的有机创新整体。

生态式创新在信息产业中表现的最为突出。例如，小米为让设计更具个性，让客户充分参与，通过互联网及现场活动征集各种各样有趣的设计，围绕客户从产品品牌、商业形态、客户交互体验等方面构建完善的生态链。

二、分工和整合是创新的新路径

无论是产业链式创新、平台式创新还是生态式创新，均是通过不断地分工和整合去实现。整合是创新的鲜明特征，分工理论则更为古老，每一次分工都带来一次社会进步，而分工有一个切入点，一旦寻找到这个切入点，就可以携自己的优势去整合他人。因此，由分工理论入手，然后挖掘自己的核心技术，再基于此实现整合，具体包括纵向整合、横向整合，或是互联网上平台式整合，甚至生态链整合等等，从而做到“第一”。而这种“第一”可能会通过另一家企业再分工又成为一个新的切入点来打破，这就是一个历史过程。所以有人说，互联网企业只有第一，没有第二。

因此，只要找到了自己的分工模式，就可凭借核心技术去整合别人，否则就会被其他企业所整合。当然，如果被整合，仍要坚持自己的比较优势，如传统意义上的质量、品牌、效率等。例如小米对富士康的整合，富士康在制造领域独占鳌头，它在这个“小生态”里不断整合别人，而在大的生态链中被小米或其他企业整合。被人整合说明你有价值，整合别人说明你有能力。

具体实现途径包括以下几点：

一是不断深化分工。要敏锐发现其他企业的细分方向，主攻某一领域，从关键环节寻找突破。

二是积极参与国际产业资源的整合。企业必须兼顾国内外市场，实现国际产业资源的整合，从海外市场获得必需的原材料、资产、技术和能力。

三是进行跨界整合。企业为在竞争日益激烈的市场中立于不败之地，应在延伸产业链之外，谋划跨界整合。例如紫光收购展讯和锐迪科。

四是强化资本市场对创新的支持。尤其是要大力发展私募股权投资，探索金融模式创新，如互联网金融模式，使之成为支持中小企业和创新性企业融资的有效途径。

当今时代，只要有更好的（也是更便宜的）方法，去抓住和掌握消费者，就掌握了核心优势，就可以去整合产业链，成为第一。整合尚未结束，整合尚无止境，任一产业链环节的整合均有可能成功，就看能否挖掘自身优势并找到分工的切入点。不断整合是新兴产业的发展规律。只有整合，才能创造未来。

在中国电子信息行业联合会成立大会上的讲话

工业和信息化部部长　苗圩

（2014 年 6 月 28 日）

一、改革开放以来中国电子信息产业取得辉煌成就

信息技术是当今世界经济社会发展的重要驱动力，电子信息产业是国民经济的战略性、基础性和先导性支柱产业，对于促进社会就业、拉动经济增长、调整产业结构、转变发展方式和维护国家安全具有十分重要的作用。改革开放以来，中国电子信息产业实现了持续快速发展，特别是进入 21 世纪以来，产业规模、产业结构、技术水平得到大幅提升。1980 年，中国电子信息产业总产值仅为 100.3 亿元。在市场拉动和政策支持下，2000 年总产值突破 1 万亿元，2012 年突破 10 万亿元。2013 年，电子信息产业销售收入达 12.4 万亿元，进出口总额达 1.33 万亿美元，占全国外贸进出口总额的 32.0%。中国已成为全球最大的电子信息产品制造基地，在通信、高性能计算机、数字电视等领域也取得一系列重大技术突破。

中国电子信息产业的蓬勃发展，得益于探索出了一条适合产业发展规律的政府引导、市场驱动、开放发展的道路。一是得益于国家战略。国家在不同历史时期出台发展战略、规划和产业政策，相继实施了“彩电国产化一条龙”、数字程控交换机国产化、“908”和“909”工程，推进国民经济信息化，鼓励软件和集成电路产业发展，促进两化深度融合，对产业健康发展起到了重要的推进作用。二是得益于市场化改革。电子工业是中国较早进行市场化改革的领域之一。通过实行企业股份制改造，建立现代企业制度，企业主体地位的确立和市场体系逐渐成熟，一批综合实力较强的本土大企业和具有独特优势的中小企业迅速崛起，成为产业发展的中坚力量。三是得益于对外开放。对外开放在不同时期缓解了中国电子信息产业发展的资金、技术和需求瓶颈，有力地推动了中国电子工业融入国际产业分工体系。全球主要跨国信息技术企业已全部在华投资，中国电子信息企业“走出去”步伐加快，中国电子信息产业已成为全球信息产业重要组成部分。四是得益于创新驱动。中国高度重视先进信息技术的引进、消化、吸收、再创新，对科技创新的投入逐年增加，从集中投向科研院所扩大到创新型企业，电子信息企业的创新和技术储备能力稳步增强，一批自主知识产权技术成为国际标准。五是得益于产用结合。国家信息化建设和传统产业信息技术改造，为电子信息产业提供了广阔市场。中国坚持挖掘内需市场潜力，电子信息产业发展空间不断拓宽。

尽管中国电子信息产业已取得长足发展，但与世界先进水平相比仍有较大差距，在发展中还存在一些困难和问题，主要表现在以下几方面：关键核心技术受制于人，产业总体上仍处价值链中低端，代工制造和加工贸易所占比重较高，研发投入强度与发达国家相比尚有差距，资源配置较为分散，产业政策环境亟待完善，内需带动机制尚未健全。这些问题和矛盾制约了中国电子信息产业由大变强，需要着力解决。

二、全面把握当前新形势新要求

电子信息产业具有集聚创新资源与要素的特征，是实现信息化和推动经济发展的重要支撑，是国防现代化的有力保障，已成为全球经济、政治、文化、社会特别是科技和军事竞争的焦点。进入新世纪以来，电子信息产业发展逐渐呈现几个趋势，需要高度关注。

第一，电子信息产业仍是全球竞争的战略重点。总体来看，电子信息产业仍是当前全球创新最活跃、带动性最强、渗透性最广的领域。新一代信息技术正在步入加速成长期，带动产业格局深刻变革。金融危机以来，不仅美国、日本、欧盟等主要发达国家和地区纷纷将发展电子信息产业提升到国家战略高度，抢占未来技术和产业竞争制高点，

巴西、俄罗斯、印度等国也着力发展电子信息产业，增长尤为迅速，竞争在全球范围内更加激烈。

第二，融合创新推动产业格局发生重大变革。信息产业各行业边界逐渐模糊，信息通信技术在各类终端产品中应用日益广泛，大数据、云计算、物联网、移动互联网等新兴领域蓬勃发展。价值链重点环节发生转移，组装制造环节附加值日趋减少，国际领先企业纷纷立足内容及服务环节加快产业链整合，以争夺产业链主导权。制造业、软件业、运营业与内容服务业加速融合，新技术、新产品、新模式不断涌现，对传统产业体系带来猛烈冲击，推动产业格局发生重大变革。

第三，工业转型升级对产业发展提出更高要求。在实现由传统工业化道路向新型工业化道路转变、促进工业结构整体优化升级的进程中，信息技术及产品在工业各领域及生产各环节持续深化应用，综合集成度不断提升，与汽车、船舶、机械装备、新型材料等产品加速融合，为产业发展创造了广阔的市场空间。同时，随着节能环保、高端装备制造、新能源汽车等战略性新兴产业的崛起，信息技术在经济和社会各领域将得到更为深入的应用，形成一批辐射范围广、带动作用强的产业新增长点。

信息技术与传统技术相结合，能够产生更强的关联和带动效应，使得传统产业的生产方式与组织形态发生变革，不断创造新的经济增长点，衍生新的产业形态，有效地提高经济增长的质量和效益。近两年，产业界、学术界都在讨论“第三次工业革命”。各方见仁见智、观点不一，但不同之中也有相同，就是普遍认为信息技术应用将给产业带来革命性影响，以信息技术为支撑的互联网加速向传统产业渗透，正在颠覆原有的发展模式。2014 年 3 月，习近平总书记到欧洲出访，德国总理默克尔提到了要打造“德国工业 4.0”，核心就是通过信息技术大力发展智能制造和智能生产模式，利用信息技术把产品、机器、资源、人有机结合在一起，推进制造业向智能化转型。这同中国提出的工业化和信息化深度融合可以说异曲同工。电子信息产业是两化融合的基础和纽带，只有加强信息技术全方位、多层次、广覆盖的应用，才能加快实现两化深度融合，走出科技含量高、经济效益好、资源消耗低、环境污染少、人力资源优势得到充分发挥的新型工业化道路。

第四，国内外市场环境机遇与挑战并存。国际市场规模稳步扩大，新产品、新应用不断涌现，产业发展空间更为广阔；国家信息化建设全面深化，城镇化进程持续加速，市场化程度不断提升，居民收入增长、内需扩大、消费结构升级和市场机制完善，为产业发展提供新动力、新方向。同时，产业发展也面临严峻挑战，生产成本持续上升，资源和环境承载力不断下降，周边国家和地区同质竞争日益激烈，国际贸易保护势力抬头，以知识产权、低碳环保、产品安全为代表的技术性贸易限制措施被广泛使用，对中国电子信息产业持续稳定发展造成一定的压力。

面对新形势新任务，全行业要进一步统一思想、凝聚共识，加快推进电子信息产业提质增效升级，努力实现产业由大变强，为经济长期健康可持续发展、推进两化深度融合和保障国家信息安全提供更坚实的支撑。这需要企业、协会、政府多方面的努力。工业和信息化部作为行业主管部门，将深入贯彻落实科学发展观，进一步发挥市场配置资源的决定性作用，更好发挥政府作用，以转型升级为主线，坚持创新引领、应用驱动、融合发展，进一步加大工作力度，努力为产业发展创造良好环境，将重点抓好以下工作。一是健全政策体系。加大力度落实《国务院关于印发进一步鼓励软件产业和集成电路产业发展若干政策的通知》（国发〔2011〕4 号）、国家集成电路产业推进纲要、促进信息消费扩大内需若干意见等政策，加强行业指导和组织协调，出台完善促进信息技术推广应用的政策措施。二是增强产业创新能力。加快实施 01、02、03 三个国家科技重大专项，尽快设立国家集成电路产业投资基金，统筹使用电子发展基金、技术改造专项资金、工业强基专项资金等，加大企业创新活动的支持，努力突破重点领域核心关键技术。三是优化产业组织结构。积极推动企业兼并重组取得显著进展，鼓励龙头骨干企业开展海外兼并重组和技术收购，形成大中小企业优势互补、协调发展的产业组织体系。支持产业联盟发展，围绕新兴领域加强产业创新联盟建设。四是实施知识产权战略和标准战略。引导企业将技术创新、知识产权保护、标准制定相结合，促进企业提高创造、保护、运用和管理知识产权的水平，继续以企业为主体制定标准，提高标准化工作水平。五是促进区域协调发展。加强规划、资源和市场的对接，发挥优势地区辐射带动作用，统筹重大项目合理布局，引导产业有序转移，提高新型工业化产业示范基地和产业园区建设水平。

三、发挥联合会桥梁纽带作用，为电子信息产业由大变强做出积极贡献

中国电子信息行业联合会的正式成立是全行业的大事，也是中国电子信息产业史上的重要里程碑。

第一，组建联合会是深化行政体制改革、加快政府职能转变的重大举措。党的十八届三中全会，提出了以职能转变为核心，继续简政放权、推进机构改革的总体思路。对于那些政府不该管、管不了、也管不好的事情，要坚决放手，将有关职能转移给社会组织，依托行业协会实现行业自律。当前，工业和信息化部很多行业管理基础工作已依托机械、纺织等十大工业行业协会陆续开展，但电子信息领域还没有一个与十大工业行业协会地位相当、作用相似，能够起到牵头抓总、统筹协调作用的综合性社团组织。组建电子信息行业联合会，就是为了实现这个目标，填补这个空缺，进一步落实深化行政体制改革，促进政府职能转变的要求。

第二，组建联合会是提升电子信息产业发展水平、加快国际化发展的必然要求。近年来，云计算、物联网等新兴领域发展迅速，世界各主要国家纷纷通过组建行业协会、建立智库等方式开展战略规划研究，明确产业布局，抢占发展的制高点。此外，电子信息行业发展的国际化进程日益加快，行业协会成为各国在全球市场上代表本国产业发声、扩大对外交流、处理国际贸易争端的主要力量。组建电子信息行业联合会，有利于推进上述工作，加快中国电子信息企业“走出去”的步伐。

第三，组建联合会是整合协会资源、提升社会组织服务产业发展能力的客观需要。行业协会是行业发展与管理体系的重要组成部分。在行业管理中，政府是主管部门，企业是市场主体，行业协会是衔接政府和企业的桥梁和纽带，各方共同构成行业健康发展的有机整体。与快速发展的电子信息技术和产业需求相比，现有协会功能还需进一步加强。组建一家综合协调能力强、层次高的联合会，能够集中各协会的力量，资源共享，优势互补，增强为全行业支撑服务的能力。

联合会筹备工作小组为联合会运行和发展打下了良好的基础。这里就联合会的下一步工作提几点建议和希望：

第一，要加强协调，找准定位。联合会是电子信息行业协会的协会，是电子信息行业企事业单位的大家庭，是全体会员之家，服务是协会的立会之本。要把为行业、企业、会员做好服务工作作为天职，以需求为导向，以高质量为标准，以满意为尺度，不断拓展服务领域，提升服务水平。同时，要在政府与电子信息行业企事业单位之间发挥好桥梁纽带作用，要认真贯彻并积极宣传中央制定的各项方针政策，代表电子信息各领域承担好相应的管理、服务职能，加强重大问题的研究，为政府决策提供支撑。要为全行业的发展提供信息发布、统计分析等综合性的服务。在电子信息类各协会之间发挥统筹协调作用，促进沟通合作和资源共享，建立产业链上下游各环节之间的互动合作机制，形成推动产业发展的合力。

第二，要加强研究，支撑行业。联合会作为整个电子信息行业的综合性协会，要密切关注世界信息技术发展的最新动向，研究电子信息行业全局性、战略性、前瞻性重大问题，积极为行业发展树立风向标。面对工业化和信息化融合发展的趋势，要在电子信息产业新兴技术、新兴产业、交叉融合性业务等方面，着力加强战略、政策、规划等方面的研究，真正起到牵头抓总的作用，办一些单个协会办不了的事情，更好地实现资源共享，优势互补，增强为全行业服务的能力。

第三，要健全制度，规范办会。坚持依法、科学、民主办会既是对行业协会的根本要求，也是其他国家级协会多年来行之有效的基本经验。要遵守国家法律法规，落实和执行好联合会的章程，健全法人治理结构，加强内部管理，形成科学民主决策、从严依章办事、高效严谨务实的运作机制。充分尊重理事单位和会员的民主权利，充分发挥各方面的积极性，广纳谏言，群策群力，形成层层关心、集体办会的浓厚氛围。要更加注重探索按市场化原则规范经营协会的思路、体制和措施，延揽各类优秀人才，打造高效服务团队，创新工作模式，探寻业务增长点，努力实现协会自立、自养、自主、自强，力争把协会建成政社分开、权责明确、依法自治的现代社会组织。

作为行业管理部门，工业和信息化部将加强业务指导，积极创造条件，支持联合会的发展壮大。工业和信息化部将进一步委托联合会承担部分行业管理基础性工作，健全购买服务制度，建立健全有效的联系沟通机制，完善政策征询、信息交流等工作制度。也希望有关部门和社会各界对联合会多关心、多支持、多帮助。希望广大会员团结协作，相互支持，积极参与联合会的活动和工作，实现共同发展。

附录3 大事记

1月

7日 国务院副总理马凯到中国工程院考察，对“制造强国战略研究”项目给予充分肯定，要求由工业和信息化部牵头研究制定“中国制造2025”发展规划。

8日 由中国电子工业标准化技术协会等主办的第六届电子信息产业标准推动会暨中电标协信息技术服务分会成立大会在北京召开。工业和信息化部副部长杨学山出席会议并讲话。

8日 工业和信息化部、国家发展和改革委员会联合印发《创建“宽带中国”示范城市（城市群）工作管理办法》，指出工业和信息化部、国家发展和改革委员会负责创建“宽带中国”示范城市（城市群）的组织管理工作，“宽带中国”示范城市（城市群）创建期为3年。

9日 中国电子信息博览会（CITE）组委会在美国拉斯维加斯CES 2014展期间召开新闻推介会，宣传推广第二届中国电子信息博览会（CITE 2014）。这是CITE进行的首次跨国推介。

9日 《2013年中国信息化发展水平评估报告》正式发布。报告显示，全国信息化指数从2010年的52.94提升到2012年的74.84，年均增长18.9%；各省市信息化指数呈现显著阶梯状。工业和信息化部副部长杨学山出席发布会并致辞。

9日 工业和信息化部、国家发展和改革委员会、中央机构编制委员会办公室等12个部委联合发布《关于加快实施信息惠民工程有关工作的通知》，指出信息惠民工程实施的重点是解决社保、医疗、教育、养老、就业、公共安全、食品药品安全、社区服务、家庭服务等九大领域的突出问题。

14日 工业和信息化部部长苗圩会见意大利经济发展部部长弗拉维奥·扎诺纳托，就意大利企业在华发展、加强两部间交流、在相关领域开展互利合作等交换意见，并签署《中华人民共和国工业和信息化部与意大利共和国经济发展部关于工业、通信业和信息化领域合作谅解备忘录》。

14日 工业和信息化部部长苗圩会见美国苹果公司首席执行官蒂姆·库克，就中国信息通信业发展以及苹果公司在华合作等交换意见。

14日 工业和信息化部发布《信息化和工业化融合管理体系 要求》（试行）。

14日 部省共同推进安徽语音产业发展领导小组会议在安徽合肥召开。工业和信息化部副部长杨学山出席会议并讲话。

15日 工业和信息化部电子信息司和国家新闻出版广电总局科技司联合成立智能电视标准联合工作组。联合工作组设立领导小组和推进工作组。

15日 浪潮集团在北京市举行“K迁工程”发布会。“K迁工程”将全面加速天梭K1取代IOH（IBM、Oracle和HP）小型机的进程。这是浪潮集团完成主机核心技术突破、研制成功天梭K1后，全面推进国产主机应用、打破美国对主机产业和市场全面垄断的信号。

16日 《2013年中国信息化与工业化融合发展水平评估报告》正式发布。报告显示，2012年中国两化融合发展指数为61.95，增长2.88。其中，2012年基础环境指数为64.87，增长6.51；2012年工业应用指数为57.34，增长1.21；2012年应用效益指数为68.27，增长2.62。

21日 工业和信息化部部长苗圩会见厄瓜多尔副总统豪尔赫·格拉斯·埃斯皮内尔，就两国产业发展政策及进一步加强工业和信息通信领域交流与合作交换意见。

22日 由世界银行、国家发展和改革委员会联合主办的农村信息化可持续发展模式研讨及经验交流会在北京召开。会上，国家信息中心发布《中国农村信息化案例研究报告》。这是“中国农村信息化需求调查”联合课题组继2012年发布《中国农村信息化需求调查报告》后推出的又一份研究成果。

23日 联想集团宣布以23亿美元价格收购IBM X86服务器业务，同时，将有7 500名IBM员工进入联想集团。此次并购将为联想集团带来每年50亿美元的营业收入增量。

28日 国务院印发《国务院决定取消和下放管理层级的行政审批项目目录》。其中，取消由工业和信息化部审批的“计算机信息系统集成企业资质认定”、“计算机信息系统集成项目经理人员资质评定”和“信息系统工程监理单位资质认证和监理工程师资格认定”。

28日 工业和信息化部公布第五批“国家新型工业化产业示范基地”名单。北京雁栖经济开发区、天津滨海高新区软件园、上海浦东康桥工业区等36个地方区域入选。其中，电子信息、软件和信息服务领域共有9个示范基地。

28日 工业和信息化部副部长杨学山会见美国微软公司全球资深副总裁、大中华区首席执行官贺乐赋，就微软公司将终止Windows XP无偿技术服务问题交换意见。

2月

12日 商务部发布数据显示，2013年，中国服务贸易呈稳中有升的发展态势，进出口总额达5 396.4亿美元，比上年增长14.7%，创历史新高。其中，计算机和信息服务进出口增幅为17%。服务出口中，高附加值服务出口继续稳步增长，其中，计算机和信息服务出口增长6.8%；服务进口继续保持平稳较快增势，其中，计算机和信息服务进口增速为55.9%。

13日 工业和信息化部部长苗圩会见美国国际商业机器公司（IBM）董事长、总裁兼首席执行官罗睿兰，就进一步加强双方在相关领域的合作交换意见。

14日 工业和信息化部发布《关于加快推进工业强基的指导意见》，提出加快推进工业强基，提升关键基础材料、核心基础零部件（元器件）、先进基础工艺、产业技术基础（简称工业“四基”）发展水平，夯实工业发展基础，推进工业大国向工业强国转变。

18日 全国物联网工作电视电话会议在北京召开。中共中央政治局委员、国务院副总理马凯出席会议并讲话。他强调，要扎实推进物联网有序健康发展，努力打造具有国际竞争力的物联网产业体系。

20日 中国内地晶圆代工企业中芯国际集成电路制造有限公司与封装企业江苏长电科技股份有限公司联合宣布，双方共同投资建立一家具有12英寸凸块加工（Bumping）及配套测试能力的合资公司，总投资1.5亿美元，其中，中芯国际占股51%，长电科技占股49%，计划建成后每月产能5万片。

21日 工业和信息化部副部长杨学山会见印度新任驻华大使康特，就进一步加强双方在信息通信领域的合作交换意见。

24日 工业和信息化部印发《关于开展2014年工业强基专项行动的通知》。

26日 工业和信息化部发布《关于加快我国彩电行业品牌建设的指导意见》和《关于加快我国手机行业品牌建设的指导意见》，旨在引导手机和彩电行业加快品牌建设，促进行业由规模扩张向规模和品牌效益并举发展。

27 日　中央网络安全和信息化领导小组宣告成立，在北京召开第一次会议。中共中央总书记、国家主席、中央军委主席、中央网络安全和信息化领导小组组长习近平主持会议并讲话。中共中央政治局常委、中央网络安全和信息化领导小组副组长李克强、刘云山出席会议。会议审议通过《中央网络安全和信息化领导小组工作规则》、《中央网络安全和信息化领导小组办公室工作细则》、《中央网络安全和信息化领导小组2014 年重点工作》。

28 日　工业和信息化部副部长杨学山会见美国AMD 公司全球高级副总裁哈利·沃林和拉詹·奈克，就该公司在华业务发展与合作等交换意见。

3 月

4 日　《2013 年家电网购分析报告》正式发布。报告显示，2013 年中国 B2C 家电网购市场规模（含手机、平板电脑）达到 1 332 亿元。在家电网购渠道方面，京东、天猫、苏宁易购依然占据绝对优势，三者的销售额之和占整体家电网购的 90%以上。

4~6 日　由国际经济技术合作中心、中国贸促会电子信息行业分会主办的 2014 中国国际云计算技术和应用展览会暨论坛（Cloud China 2014）在北京召开。本届展会的主题为“促进云计算行业应用落地、优化信息消费环境、推动智慧城市建设”。工业和信息化部总经济师周子学出席论坛并致辞。

5 日　第十二届全国人民代表大会第二次会议在北京开幕。国务院总理李克强代表国务院向大会作政府工作报告。他强调，促进信息化与工业化深度融合，推动企业加快技术改造、提升精准管理水平，完善设备加速折旧等政策，增强传统产业竞争力；设立新兴产业创业创新平台，在新一代移动通信、集成电路、大数据、先进制造、新能源、新材料等方面赶超先进，引领未来产业发展。

12 日　工业和信息化部发布《关于开展信息化和工业化融合 2014 专项行动的通知》。

18 日　工业和信息化部与国家新闻出版广电总局联合发布《广播电视先进视频编解码（AVS+）技术应用实施指南》，明确分类、分步骤推进 AVS+在卫星、有线、地面数字电视及互联网电视和 IPTV 等领域应用的时间表。

18 日　第三次中印战略经济对话在北京举行。工业和信息化部副部长杨学山出席对话，并就“电子信息制造业及软件领域合作”议题进行专题发言。在对话闭幕式上，杨学山副部长与印度驻华大使康特共同签署《中华人民共和国工业和信息化部与印度共和国通信与信息技术部关于信息通信技术领域合作的谅解备忘录》。

21 日　工业和信息化部组织召开“宽带中国”2014 专项行动动员部署电视电话会议。工业和信息化部部长苗圩对“宽带中国”2014 专项行动各项工作进行全面部署。

25 日　工业和信息化部发布《关于做好取消计算机信息系统集成企业资质认定等行政审批事项相关工作的通知》，指出工业和信息化部自 2014 年 2 月 15 日起，停止计算机信息系统集成企业资质认定、计算机信息系统集成项目经理人员资质评定、信息系统工程监理单位资质认证和监理工程师资格认定行政审批，相关资质认定工作由中国电子信息行业联合会负责实施。

27 日　工业和信息化部发布《关于开展“宽带中国”2014 专项行动的通知》。

27 日　国产智能穿戴设备平台在北京发布。该平台采用北京君正公司面向物联网、可穿戴设备领域研制的 CPU；操作系统采用北京元心科技开发的“元心系统”，其基于开源内核研发，主要应用于移动智能终端。基于该平台的首款产品——Tick 智能手表同时发布。

27 日　工业和信息化部副部长杨学山会见中国台湾地区华聚产业共同标准推动基金会董事长陈瑞隆，就进一步推动两岸在 LED、光伏和集成电路领域开展技术研发、标准制定、产业链和国际营销合作等交换意见。

28日 工业和信息化部部长苗圩在柏林与德国联邦经济和能源部国务秘书艾莉丝·格莱希共同签署《中华人民共和国工业和信息化部与德国联邦经济和能源部关于工业和信息及通讯技术领域合作的联合声明》。国家主席习近平和德国总理默克尔共同出席签字仪式。

4月

1日 由中国电子学会主办的2014（第五届）中国物联网大会暨国际物联网博览会在北京召开。工业和信息化部总经济师周子学出席大会并致辞。

1日 工业和信息化部副部长杨学山会见美国戴尔公司副董事长兼全球运营总裁杰夫·克拉克，就该公司在华业务发展与合作等交换意见。

3日 中国电子信息产业集团有限公司旗下中电长城网际系统应用有限公司和北京可信华泰信息技术有限公司在北京正式发布“白细胞”操作系统免疫平台，标志着中国自主创新的基于可信技术的新一代网络安全技术实现产业化。工业和信息化部副部长杨学山出席会议并讲话。

8日 工业和信息化部副部长杨学山会见美国奥尔布莱特石桥集团联席董事长、美国前商务部部长卡洛斯·古铁雷斯和美国西部数据公司总裁兼首席执行官密里根，就中美经贸关系及西部数据公司在华合作等交换意见。

10日 工业和信息化部、住房和城乡建设部决定开展2014年光纤到户国家标准贯彻实施情况监督检查工作，并就此下发通知提出明确要求。

10~12日 由工业和信息化部、深圳市人民政府共同主办的亚洲最大的综合性电子信息博览会——第二届中国电子信息博览会（CITE 2014）在深圳举行。本届博览会的主题为“促进信息消费，引领转型升级”。工业和信息化部副部长刘利华出席开幕典礼并致辞。

11日 由工业和信息化部电子信息司和科技司联合主办的电子信息产业专利态势发布会暨知识产权高峰论坛在深圳召开。会议发布2013年信息技术领域专利态势报告，截至2013年6月30日，信息技术领域发明和实用新型专利申请已经达到209.9万件，占全国申请总量的34%。

11日 由中国电子学会通信学分会和中国卫星导航定位协会移动互联专委会共同主办的中国车联网产业高峰论坛在深圳召开。论坛的主题为“创新以发展、整合求共赢”。工业和信息化部总经济师周子学出席论坛并发表题为“互联网冷思维”的主旨演讲。

12日 由中国电子学会主办的第二届中国ICT科技评价促进产业发展大会暨2014中国电子信息技术年会机器人论坛在深圳召开。工业和信息化部总经济师周子学出席会议并致辞。

16日 中关村可信计算产业联盟在北京正式成立。该联盟由中国电子信息产业集团有限公司、中国信息安全研究院、北京工业大学等60家单位发起成立，涉及国内可信计算产业链的各个环节，覆盖产学研用各界。工业和信息化部副部长杨学山出席会议并讲话。

17日 2014年全国软件和信息技术服务业工作座谈会在浙江杭州召开。工业和信息化部副部长杨学山出席会议并讲话。

18日 杭州市中国软件名城创建试点工作总结座谈会暨高水平建设杭州市中国软件名城动员会在杭州召开。工业和信息化部正式授予杭州市“中国软件名城”称号。杭州市由此成为国家第8个获此称号的城市。工业和信息化部副部长杨学山出席会议并讲话。

20日 由中国互联网协会、中国互联网络信息中心等单位主办的中国全功能接入国际互联网20周年纪念会在北京召开。工业和信息化部副部长尚冰出席会议并讲话。

21日 工业和信息化部召开两化融合管理体系工

作领导小组第二次会议。会议指出2014年两化融合管理体系的工作重点主要是在各省市和重点行业选择500家企业开展贯标试点。工业和信息化部部长苗圩主持会议。工业和信息化部副部长杨学山出席会议。

24日 全国信息技术标准化技术委员会第三届委员会第三次全体会议在北京召开。会议宣布成立信标委面向服务的体系结构、信息技术与可持续发展、信息技术服务等3个分技术委员会。工业和信息化部副部长杨学山出席会议并讲话。

24日 工业和信息化部部长苗圩会见中国台湾地区贸易中心董事长王志刚一行，就加强两岸在集成电路、节能环保等领域合作交换意见。

25日 国家发展和改革委员会、工业和信息化部联合发布《关于组织实施新型平板显示和宽带网络设备研发及产业化专项有关事项的通知》，提出在新型平板显示领域和宽带网络设备领域专项支持的重点。

26日 中国首席信息官联盟第一次工作会议暨互联网创新与信息化论坛在北京召开。工业和信息化部副部长、中国首席信息官联盟专家委员会主任杨学山出席会议并作主题报告。

29日 第五次中欧信息技术、电信和信息化对话会议在江苏扬州召开。会议由工业和信息化部副部长杨学山与欧盟通信网络内容和技术总司副总司长佐兰·斯坦奇奇共同主持。双方就ICT政策发展、ICT管理、宽带、移动5G、网络安全、物联网、电子商务、智慧城市、医疗电子、云计算等议题交换意见。

30日 工业和信息化部、国家发展和改革委员会、教育部、科学技术部等14个部门联合发布《关于实施"宽带中国"2014专项行动的意见》，指出2014年主要引导目标是：新增FTTH覆盖家庭3 000万户，新建TD-LTE基站30万个，新增1.38万个行政村通宽带；发展固定宽带接入用户2 500万户，发展TD-LTE用户3 000万户；使用8Mbps及以上接入速率的固定宽带接入用户占比达到30%，其中东部地区力争达到40%，鼓励有条件的地区推广50Mbps、100Mbps等高带宽接入服务；推动创建20个以上"宽带中国"示范城市（城市群）。

5月

4日 工业和信息化部印发《2014年信息化和工业化融合管理体系贯标工作方案》和《2014年信息化和工业化融合管理体系贯标试点企业名单》，遴选502家企业作为2014年两化融合管理体系贯标试点企业，开展贯标试点工作。

5日 中澳（大利亚）信息通信合作研讨会在澳大利亚悉尼举行。会议由工业和信息化部总经济师周子学与澳方共同主持。代表团一行还出席2014年澳大利亚信息及通信技术博览会开幕式并参观部分中外展台。

7日 由工业和信息化部、科学技术部、中国科学院、中国工程院主办的2014智能制造国际会议在北京召开。本次会议的主题为"创新驱动、智造未来"。工业和信息化部部长苗圩出席会议并作主题演讲，提出要着力建设和推广企业两化融合管理体系标准、推动信息网络技术与制造业深度融合、加强两化融合支撑能力建设。

8日 中国电子科技集团公司第38研究所在北京发布中国首台太赫兹安检仪，填补了中国安检产业的空白。该安检仪全名为"博微太赫兹人体安检仪"，采用了太赫兹技术。

14日 由湖南华曙高科技有限责任公司自主研发的世界上最快的工业级3D打印机——FARSOON 402正式面世，其激光扫描速度达到12.7m/s。这标志着中国企业自主研发的工业级3D打印技术已进入全球领先行列。

16日 集成电路先导技术研究院合作意向书签约仪式在北京举行。中芯国际集成电路制造有限公司与武汉新芯集成电路制造有限公司、清华大学、北京大学、复旦大学、中国科学院微电子研究所共同打造国内最先进的集成电路工艺技术研发机构。工业和信息化部副部长杨学山出席签约仪式。

16 日 由工业和信息化部主办的 2014 年世界电信和信息社会日大会在北京召开。本届大会的主题为“宽带促进可持续发展”。工业和信息化部总工程师张峰出席会议并讲话。

19 日 2014 年两化融合管理体系企业宣贯大会在北京召开。工业和信息化部副部长、企业两化融合管理体系领导小组副组长杨学山出席大会并讲话。

20 日 工业和信息化部副部长杨学山会见软件联盟全球总裁兼首席执行官艾斯比奈尔，就信息技术发展、物联网等议题交换意见。

22 日 中国自营电子商务企业京东商城正式在美国纳斯达克挂牌上市，并且刷新了中国互联网公司境外上市的融资记录。

26 日 第三届中英高峰论坛在深圳召开。工业和信息化部副部长杨学山出席并致辞，在会议期间还与英国商务、创新与技能国务大臣文斯·凯布尔博士就进一步加强中英在智慧城市领域的合作交换意见，并共同见证中英双方有关合作协议的签署。

29~31 日 由工业和信息化部、国家发展和改革委员会、科学技术部、国家外国专家局、北京市人民政府共同主办的第十八届中国国际软件博览会在北京召开。本届博览会的主题为“软件引领信息消费，助力经济转型升级”，突出信息消费主题和软件的可视化、可感知、可互动体验。工业和信息化部部长苗圩、副部长杨学山出席开幕式并参观展览。2014 中国软件和信息技术服务业发展高峰论坛同期举行，工业和信息化部总经济师周子学出席论坛并发表演讲。

6 月

10~12 日 工业和信息化部副部长杨学山出席在瑞士日内瓦举行的信息社会世界峰会十年审议高级别活动，并在大会的高级别会议上作政策性发言，从“出台国家战略，加快基础设施建设”、“缩小数字鸿沟，促进普遍接入”等方面，介绍中国在促进信息社会发展方面所做的工作和取得的成绩。

12 日 工业和信息化部发布 2014 年（第十三届）中国软件业务收入前百家企业名单。本届软件百家企业实现软件业务收入 4 751 亿元，实现利润 899 亿元。华为技术有限公司、中兴通讯股份有限公司、海尔集团公司分别以实现软件业务收入 1 216.3 亿元、462.8 亿元、401.3 亿元名列前三位。工业和信息化部总经济师周子学出席发布会并解读相关产业发展政策。

20 日 中国首条 8 英寸 IGBT（绝缘栅双极型晶体管）专业芯片生产线在南车株洲电力机车研究所有限公司投产，这是世界上第二条 8 英寸 IGBT 专业芯片生产线。这条投资近 15 亿元的 8 英寸 IGBT 生产线首期将实现年产 12 万片 8 英寸 IGBT 芯片，配套生产 100 万只 IGBT 模块，年产值可达约 20 亿元。

23 日 工业和信息化部副部长刘利华与俄罗斯工业和贸易部副部长斯柳萨里共同主持召开中俄电子工业领域合作交流会议。

24 日 国务院正式批准发布实施由工业和信息化部、国家发展和改革委员会、科学技术部等部门编制的《国家集成电路产业发展推进纲要》。工业和信息化部副部长杨学山出席发布会并介绍相关情况。

27 日 中国光伏行业协会成立大会在北京召开。该协会是根据《国务院关于促进光伏产业健康发展的若干意见》，由国内光伏产业上下游企事业单位自愿发起成立。全国政协副主席马培华、工业和信息化部副部长杨学山出席成立大会并讲话，同时为中国光伏行业协会揭牌。

28 日 中国电子信息行业联合会在北京召开成立大会和第一届理事会。工业和信息化部部长苗圩出席并讲话，同时为中国电子信息行业联合会揭牌。

30 日 地方经信系统两化融合管理体系贯标专题培训会在北京召开。工业和信息化部副部长、两化融合管理体系工作领导小组副组长杨学山出席大会并讲话。

30 日 南京国家级互联网骨干直联点开通运行。同日，成都国家级互联网骨干直联点全面开通。

6 月 《2013~2014 年中国工业和信息化发展蓝皮书》系列丛书由人民出版社正式出版发行。该丛书对 2013 年中国在工业和信息化发展方面的成就与问题进行回顾总结，并对装备制造业、电子信息制造业和软件产业等细分行业进行专题分析。工业和信息化部部长苗圩作序。

7 月

1 日 工业和信息化部副部长杨学山会见美国奥尔布莱特石桥集团联席董事长、美国前商务部部长卡洛斯·古铁雷斯和高通公司首席执行官史蒂夫·莫伦科夫，就中美经贸关系发展、高通公司在华发展及合作等进行交流。

1~4 日 中国电子信息行业第 34 次质量管理小组暨质量信得过班组代表会议在河北石家庄召开。本次会议评选出电子信息行业优秀质量管理小组一等奖 186 个、二等奖 15 个，优秀质量信得过班组 18 个和 7 个杯赛会场的前十名。

3 日 工业和信息化部部长苗圩与韩国产业通商资源部长官尹相直在韩国总统府青瓦台共同签署两部间产业合作谅解备忘录，合作领域涉及工业政策、IT 制造等多个方面。国家主席习近平和韩国总统朴槿惠共同出席签字仪式。

6 日 由工业和信息化部、甘肃省人民政府共同主办的甘肃承接产业转移系列对接活动在兰州举行。本届对接活动的主题为“承接东中部产业转移，加快向西开放，促进区域合作，建设丝绸之路经济带”。陕西省、甘肃省、宁夏回族自治区、青海省、新疆维吾尔自治区等西北五省区工业和信息化主管部门共同签署《承接产业转移战略合作框架协议》，建立了五省区承接产业转移长期战略合作关系和协调机制。

7 日 工业和信息化部副部长杨学山会见德国经济和能源部国务秘书斯特凡·卡普费雷尔，就双边经济关系、信息及通信技术以及中德标准化合作等交换意见。

8 日 工业和信息化部部长苗圩会见西门子工业业务领域首席执行官鲁思沃，并出席“未来制造业”交流活动。双方就全球经济和工业发展情况、加强西门子在两化融合等领域与中方的合作以及“制造业未来（工业 4.0)”等交换意见。

11 日 工业和信息化部在江西吉安召开 2014 年全国电子信息行业座谈会暨第 28 届中国电子信息百强企业发布会。本届电子信息百强企业仍以国家统计局批准的 2013 年全国电子信息产业统计年报数据为基础，根据企业规模、效益、研发及社会责任等指标进行加权评定。本届电子信息百强企业共实现主营业务收入 2.2 万亿元，实现利润总额 1 194 亿元。华为技术有限公司、联想控股股份有限公司、中国电子信息产业集团有限公司分列前三位。工业和信息化部副部长杨学山出席会议并讲话。

13 日 中国信息化百人会和德勤公司共同举办的研讨会在北京召开。研讨会的主题为“信息科技发展趋势与领先实践”。工业和信息化部副部长、中国信息化百人会学术委员会主席杨学山出席并针对信息科技发展趋势发表讲话。

15 日 国家知识产权局、教育部、科学技术部、工业和信息化部等 8 部门联合印发《关于深入实施国家知识产权战略、加强和改进知识产权管理的若干意见》。

16 日 由中国电子技术标准化研究院主办的新一代信息技术产业标准化论坛在北京召开。会上，中国电子技术标准化研究院信息技术与可持续发展联合实验室揭牌。同时，主办方还发布新一代信息技术产业标准化系列白皮书。工业和信息化部副部长杨学山出席论坛并讲话。

18 日 紫光集团有限公司和锐迪科微电子公司联合宣布，紫光集团通过下属海外分支机构对锐迪科微电子总价值约 9.07 亿美元的并购交易已经完成。紫光集团将成为国内第一家未来市值过千亿元的芯片公司。

22 日 工业和信息化部副部长刘利华在古巴哈瓦那与古巴工业部长萨尔瓦多·帕尔多·克鲁斯、通信部长迈米尔·梅萨·拉莫斯分别签署了双方关于工业、信息产业领域的合作谅解备忘录。国家主席习近平和古巴国务委员会主席劳尔·卡斯特罗共同出席签字仪式。

22~23 日 工业和信息化部在山东济南召开全国工业和信息化系统技术改造暨国家新型工业化产业示范基地创建工作会议。会议还举行第五批国家新型工业化产业示范基地授牌仪式和中国工业强基信息网启动仪式。工业和信息化部副部长苏波出席会议并讲话。

23 日 工业和信息化部副部长杨学山会见美国半导体协会总裁兼首席执行官布莱恩·图希，就中国近期出台的《国家集成电路产业发展推进纲要》、中美半导体产业合作等进行交流。

28 日 国务院印发《关于加快发展生产性服务业促进产业结构调整升级的指导意见》，这是国务院首次对生产性服务业发展做出的全面部署。意见明确，现阶段中国生产性服务业要重点发展研发设计、第三方物流、融资租赁、信息技术服务、节能环保服务、检验检测认证、电子商务、商务咨询、服务外包、售后服务、人力资源服务和品牌建设，并提出发展的主要任务。

30 日 中国互联网与工业融合创新联盟在北京正式成立。该联盟由工业和信息化部电信研究院、工业和信息化部电子科学技术情报研究所等 6 家单位联合发起成立。工业和信息化部副部长、联盟指导委员会主任杨学山出席成立大会并讲话。

8 月

1 日 中国电子信息产业集团有限公司在深圳召开国际总部正式运营启动会。中国电子国际总部以中国中电国际信息服务有限公司为载体，由集团公司所属的中国电子进出口总公司、中国电子器材总公司、深圳桑达电子集团有限公司、深圳市爱华电子有限公司 4 家核心企业组成。

1~5 日 工业和信息化部在北京召开两化融合管理体系贯标咨询服务机构培训会，对来自全国的 101 家贯标咨询服务机构进行培训，并组织 505 人规模的考试。

6 日 由中国电子学会、中国机械工程学会、中国航空学会等 7 个单位联合主办的第十届国际可靠性、维修性、安全性会议在广州召开。此次会议的主题为“产品更可靠，生活更安全”，是亚太地区最大规模、最高级别的可靠性、维修性、安全性领域的学术会议。工业和信息化部副部长杨学山出席会议并致辞。

7 日 国家互联网信息办公室召开新闻发布会，发布《即时通信工具公众信息服务发展管理暂行规定》，内容共十条，对即时通信工具服务提供者和使用者的行为进行规范，对通过即时通信工具从事公众信息服务活动提出明确管理要求。

12 日 四川电子信息产业合作发展洽谈会在成都举行，共签约投资合作项目 51 个，总投资额 929 亿元。其中，正式合同项目 46 个，投资额 277 亿元。会上举行重大项目签约仪式，中国电子信息产业集团投资 280 亿元在双流县建设的 8.5 代面板生产线项目等 8 个重大项目进行现场签约，投资总额达 583 亿元。工业和信息化部总经济师周子学出席会议并讲话。

12 日 《2014 上半年家电网购分析报告》正式发布。报告显示，2014 上半年，中国 B2C 家电网购市场（含移动终端）规模达 830 亿元，同比增长 56.6%。电商渠道已经成为消费者购买家电的主力渠道。

14 日 北京中科红旗软件技术有限公司被五甲万京信息产业集团成功收购，交易价格为 3 862 万元。收购后，五甲万京将继续承担红旗 Linux 相关产品的研发、销售、技术服务支持和品牌推广等工作。

19 日　工业和信息化部电子科学技术委员会 2014 年会在北京召开。会议部署了国家集成电路产业发展推进研究、天空地一体化信息网络发展思路深化研究等 2014 年度电子科技委重点研究课题。工业和信息化部副部长杨学山、总经济师周子学出席会议并讲话。

20 日　创维集团联合海思半导体有限公司发布采用海思 Hi3751 智能电视 SOC 芯片的 GLED 8200 系列超高清智能电视，标志着国内首款智能电视芯片研发成功并实现量产。

20 日　重庆国家级互联网骨干直联点正式开通，将进一步增强重庆乃至整个西部地区宽带网络基础设施支撑能力。

21 日　由 TD 产业联盟主办的 2014 LTE 网络创新研讨会在北京召开。会议指出，2014 年 1~7 月，上市的 4G 机型已达 423 款，手机销售已经超过 5 000 万部，7 月份上市的 4G 终端新型机的数量已经超过 3G，并首次出现 8 款支持 CDMA 2000 的 4G 手机；截至 6 月底，中国的 4G 用户数已超过 1 390 万，4G 已成为中国信息消费增长的催化剂。

21~22 日　由中国电子工业标准化技术协会、中国通信标准化协会和华聚产业共同标准推动基金会共同主办的第十一届海峡两岸信息产业和技术标准论坛在陕西西安召开。大会公布《LED 视觉作业台灯》、《电子纸显示器件光学性能测试方法》、《晶体硅光伏组件用减反射镀膜玻璃规范》等半导体照明、平板显示技术及太阳能光伏 3 个领域的 10 项共通标准，签署《海峡两岸推动锂离子电池共通标准合作备忘录》等 4 个备忘录。陕西省省长娄勤俭致辞，工业和信息化部副部长毛伟明作主题演讲，工业和信息化部总经济师周子学作专题演讲。

22 日　由北京博雅华录视听技术研究院有限公司和北京大学数字视频编解码技术国家工程实验室合作研制的首款具有自主知识产权的 AVS+高清编码芯片“博华芯 BH1200”在北京发布。BH1200 于 2014 年 3 月流片成功，2014 年 6 月正式量产商用。

22 日　工业和信息化部副部长杨学山会见美国美满电子科技（Marvell）公司首席技术官吴子宁，就该公司在华发展及合作等交换意见。

26 日　工业和信息化部印发《关于开展 2014 年工业强基示范应用工作的通知》，提出 2014 年工业强基示范应用 20 个重点方向，包括高纯靶材在新型显示器件中的示范应用、新型片式元件在智能手机中的示范应用、工业集成控制先进技术示范应用等。

26 日　中国电子信息行业联合会在北京召开信息系统集成资质工作委员会成立暨首次工作会议。该委员会接受工业和信息化部软件服务业司对资质认定工作的指导和监管，全面负责领导、协调和管理资质认定工作，下设信息系统集成资质工作办公室，负责具体工作的组织实施。电子联合会常务副会长曲维枝担任资质工作委员会主任。

26 日　厦门市人民政府与中国电子信息产业集团有限公司签署战略合作协议，双方将共同推进厦门国家信息消费示范城市建设。

26~28 日　由中国互联网协会主办的 2014（第十三届）中国互联网大会在北京召开。本届大会的主题为“创造无限机会——打造新时代经济引擎”，讨论议题涵盖移动互联网、互联网金融、可穿戴设备、智能电视、智能交通、大数据、云计算、电子商务等 20 余个热门领域。工业和信息化部部长苗圩出席开幕式并讲话，副部长尚冰出席开幕式并发表主旨报告。

27 日　国家发展和改革委员会、工业和信息化部、科学技术部等 8 个部门联合印发《关于促进智慧城市健康发展的指导意见》。意见指出，智慧城市是运用物联网、云计算、大数据、空间地理信息集成等新一代信息技术，促进城市规划、建设、管理和服务智慧化的新理念和新模式。要推动构建普惠化公共服务体系，加快实施信息惠民工程。

28~29 日　西安、武汉国家级互联网骨干直联点相继开通，将进一步增强中西部地区宽带网络基础设施的支撑能力。

9月

2日 由中国提出的《物联网参考体系结构》国际标准工作项目正式获得国际标准化组织/国际电工委员会第一联合技术委员会（ISO/IEC JTC1）批准，国际标准项目号为ISO/IEC 30141。

3~4日 无锡国家传感网创新示范区部际建设协调领导小组第三次会议在江苏无锡召开。工业和信息化部部长、部际建设协调领导小组组长苗圩出席会议并讲话。

5日 工业和信息化部副部长杨学山会见哥斯达黎加外贸部部长亚历山大·莫拉，就进一步加强两国信息通信领域合作交换意见。

11日 郑州国家级互联网骨干直联点正式开通运行，将增强中部地区乃至全国网络基础设施服务能力。

12~14日 由工业和信息化部、国家新闻出版广电总局、中国科学院等8个部门联合主办的第四届中国（宁波）智慧城市技术与应用产品博览会在浙江宁波召开。本届博览会的主题为“荟萃智慧应用，建设智慧城市”，共设智能通讯网络系统、智慧交通、智慧教育、智慧医疗、智慧家居、两化融合、互联网金融、智慧能源、食品安全、软件与智能化展区十大主题展区。工业和信息化部副部长杨学山宣布博览会开幕并在同期举办的智慧城市发展高峰论坛上致辞。

12~15日 第十届中国（南京）国际软件产品和信息服务交易博览会在江苏南京召开。本届软博会的主题为“软件与信息消费”。2014中国软件产业发展暨企业创新高峰会同期举办，主题为“软件定义世界，创新引领未来”。展会期间还举行了“中国软件杯”大学生软件设计大赛总决赛及颁奖仪式。工业和信息化部副部长毛伟明出席并致辞。

16日 由武汉华星光电技术有限公司投资160亿元建设的第6代LTPS（低温多晶硅）显示面板生产线项目（t3项目）在武汉光谷开工建设，预计将于2016年底实现量产。这是国内首条采用第6代LTPS显示技术的生产线。

19日 工业和信息化部在北京召开国家信息消费试点市（县、区）工作座谈会。工业和信息化部副部长杨学山出席会议并讲话。

23日 工业和信息化部微博、微信“工信微报”同时开通上线。“工信微报”微博微信发布信息主要聚焦于工业、通信业和信息化领域，涉及发布解读重大政策、报道权威数据和资讯、提供实用知识和服务等内容。

23日 《工业和信息化部关于废止和修改部分规章的决定》正式公布，决定废止《互联网电子公告服务管理规定》等2件规章、修改《工业和信息化部行政许可实施办法》等5件规章的部分条款。

23~27日 由工业和信息化部、中国国际贸易促进委员会共同主办的2014年中国国际信息通信展览会在北京召开。工业和信息化部部长苗圩出席开幕式并致辞。开幕式由工业和信息化部副部长尚冰主持。中共中央政治局委员、国务院副总理马凯参观了展览会。

24日 在工业和信息化部、财政部的指导下，国开金融有限责任公司、中国烟草总公司、北京亦庄国际投资发展有限公司、中国移动通信集团公司、上海国盛（集团）有限公司、中国电子科技集团公司、北京紫光通信科技集团有限公司、华芯投资管理有限责任公司等金融机构、企业集团共同签署《国家集成电路产业投资基金股份有限公司发起人协议》和《国家集成电路产业投资基金股份有限公司章程》，标志着国家集成电路产业投资基金正式设立。

24日 2014年两化融合管理体系典型企业现场交流会在北京召开。全国21个央企集团、60家央企的分管领导和相关工作负责人等参加会议。

24日 工业和信息化部副部长杨学山会见美国超

威半导体公司（AMD）全球高级副总裁兼首席战略官南瑞杰，就加强中美企业在集成电路芯片领域的合作进行交流。

25日 地方工业和信息化系统两化融合管理体系贯标工作座谈会在北京召开。工业和信息化部副部长、两化融合管理体系工作领导小组副组长杨学山出席会议并讲话。

25日 工业和信息化部副部长杨学山会见美国微软公司全球首席执行官萨提亚·纳德拉，就微软公司在华发展及合作进行交流。

25~27日 由工业和信息化部、国家发展和改革委员会、新华通讯社等6个部门联合主办的第五届中国国际物联网（传感网）博览会在江苏无锡召开。本届博览会的主题为“体验助推应用，应用引领发展”。开幕式当天，新华社发布《2013~2014中国物联网发展年度报告》。工业和信息化部副部长毛伟明出席开幕式并致辞。

26日 工业和信息化部、国家发展和改革委员会联合发布公告，确定北京市、天津市、上海市、长株潭城市群等39个城市（城市群）为2014年度“宽带中国”示范城市（城市群）。

26日 英特尔公司和清华控股旗下紫光集团有限公司共同宣布，双方已签署一系列协议，旨在通过联合开发基于英特尔架构和通信技术的手机解决方案，在中国和全球市场推广英特尔架构移动设备产品和应用。同时，英特尔将向紫光旗下持有展讯通信和锐迪科微电子的控股公司投资人民币90亿元（约合15亿美元），并获得20%的股权。根据协议，展讯通信将联合开发和销售一系列基于英特尔架构的系统芯片（SoC）产品。首批基于英特尔架构的系统芯片产品将于2015年下半年上市，并由两家公司共同销售。

29日 国家工商行政管理总局、工业和信息化部联合发布《关于加强境内网络交易网站监管工作协作、积极促进电子商务发展的意见》。

10月

10日 国务院总理李克强和德国总理安格拉·默克尔在德国柏林共同主持召开第三轮中德政府磋商。两国政府共同发布《中德合作行动纲要》，其中提出由工业和信息化部、科学技术部与德国联邦经济和能源部、联邦教研部组织建立工业4.0对话。在两国总理的见证下，工业和信息化部部长苗圩与德国联邦副总理兼联邦经济和能源部部长西格玛尔·加布里尔共同签署《关于中国作为2015年汉诺威消费电子、信息及通信博览会（CeBIT）合作伙伴国的联合声明》。

10日 由工业和信息化部、福建省人民政府联合主办的第四届数字家庭技术创新与产业应用年会在福建厦门召开。本届年会的主题为“创新引领发展，应用普惠民生”，主要围绕数字家庭创新发展和信息消费进行探讨。年会上正式启动福建（厦门）国家数字家庭应用示范产业基地创建工作。工业和信息化部副部长杨学山出席会议并讲话。

13日 国家发展和改革委员会、工业和信息化部联合印发《2014~2016年新型显示产业创新发展行动计划》。

13日 工业和信息化部副部长杨学山会见北美致公协会副主席徐益平一行，就中国软件和集成电路产业发展、加强中美企业在相关领域合作等进行交流。

15日 工业和信息化部、国家发展和改革委员会联合发布《关于全面推进IPv6在LTE网络中部署应用的实施意见》。

20日 YunOS 3.0新品发布暨OS产业研讨会在北京召开。会上，阿里巴巴集团正式发布国产操作系统YunOS 3.0。作为“Powered by YunOS”联盟的重要合作方，中国电子信息产业集团有限公司正式发布首款搭载YunOS 3.0的旗舰手机——飞利浦智能手机极光I966。工业和信息化部副部长杨学山出席会议并参加研讨。

22日 由中国等国家成员体推动立项并重点参与的

两项云计算国际标准——ISO/IEC 17788:2014《信息技术 云计算 概述和词汇》和ISO/IEC 17789:2014《信息技术 云计算 参考架构》正式发布。这是国际标准化组织（ISO）、国际电工委员会（IEC）与国际电信联盟（ITU）三大国际标准化组织首次在云计算领域联合制定标准。

22日 工业和信息化部部长苗圩陪同国务院副总理马凯会见美国苹果公司首席执行官蒂姆·库克，就加强信息通信领域合作、保护用户信息安全等交换意见。马凯副总理表示，中国政府欢迎苹果公司进一步加强与中国信息通信企业的合作，在研发、生产、服务等领域协同创新发展，实现互利共赢。

22日 工业和信息化部副部长杨学山会见美国高通公司总裁迪里克·艾波力，就集成电路产业发展和合作进行交流。

23日 国际电信联盟第19次全权代表大会举行下届秘书长选举，156个成员国参与投票，中国推荐的现任国际电信联盟副秘书长赵厚麟作为唯一候选人当选新一任秘书长。

23日 2014年两化融合管理体系贯标试点企业现场交流会（第二场）在江苏徐州召开。本次大会主要面向装备、电子信息、通信等行业试点企业。徐州徐工信息技术服务股份有限公司成为工业和信息化部首批推荐的“两化融合管理体系贯标咨询服务机构”。工业和信息化部副部长、两化融合管理体系工作领导小组副组长杨学山出席会议并讲话。

25日 中国电子信息行业联合会在北京召开电子信息产业经济运行发布暨行业协会工作座谈会。联合会常务副会长曲维枝出席并致辞。工业和信息化部总经济师、联合会秘书长周子学出席并发布2014年前三季度电子信息行业经济运行情况报告。

26日 邮政储蓄系统逻辑集中工程全面切换上线仪式在北京举行。邮储银行选择以小型机集群替代大型机构建核心系统的技术路线并取得成功，是该技术在国内同业的首次成功尝试。工业和信息化部副部长杨学山出席上线仪式并讲话。

27日 国际电信联盟第19次全权代表大会举行下届理事国选举，有60个国家竞争48个理事国席位，168个成员国参与投票，中国以142票成功连任理事国，得票数在所属的亚洲和大洋洲区中居第一位。工业和信息化部部长、中国代表团团长苗圩出席大会并讲话。

27日 2014年两化融合管理体系贯标试点企业现场交流会（第三场）在广东广州召开。原材料、消费品等行业贯标试点企业代表等参加会议。

27日 工业和信息化部副部长杨学山会见美国AMD公司全球总裁兼首席执行官苏姿丰，就加强中美企业在集成电路领域合作进行交流。

28日 工业和信息化部部长苗圩在韩国首尔会见韩国未来创造科学部部长崔阳熙，并与其共同出席第二次中韩信息通信合作部级战略对话。会后，苗圩部长和崔阳熙部长共同签署两部间网络安全合作谅解备忘录、软件合作谅解备忘录和会议纪要。

28日 工业和信息化部部长苗圩在韩国首尔会见韩国产业通商资源部部长尹相直，并与其共同出席首次中韩产业合作部级对话，就平板显示、汽车等产业合作议题进行交流讨论。会后，苗圩部长和尹相直部长共同签署会议纪要。

28日 在工业和信息化部的指导下，中国POWER技术产业生态联盟成立暨合作推进会议在江苏苏州召开。会议宣布成立中国POWER技术产业生态联盟，并围绕POWER产业生态建设与IBM公司达成一系列合作意向及协议。工业和信息化部副部长杨学山出席会议并讲话。

28日 国际标准化组织/国际电工委员会第一联合技术委员会（ISO/IEC JTC1）正式批准中国提出的《传感器网络测试框架》国际标准工作项目，项目号为ISO/IEC 19637。该标准是继《物联网参考体系结构》（ISO/

IEC 30141）国际标准之后，由中国提出并获得立项的又一项 JTC1/WG7 标准。

28~30 日 由中国半导体行业协会、中国电子器材总公司、上海市经济和信息化委员会共同主办的第十二届中国国际半导体博览会暨高峰论坛在上海召开。本届展会的主题为“应用驱动，快速发展”. 通过国家“极大规模集成电路制造装备及成套工艺”重大成果展区（02 专项展区）、制造展区、设计展区、封装测试展区、IC 应用及电商展区、材料分立器件六大展区集中展示年度新品。本届高峰论坛探讨了如何加快推进中国集成电路产业的发展。

29 日 国务院总理李克强主持召开国务院常务会议，部署推进消费扩大和升级，促进经济提质增效。会议要求重点推进六大领域消费，其中之一是扩大移动互联网、物联网等信息消费，提升宽带速度，支持网购发展和农村电商配送。

29 日 工业和信息化部电子科学技术情报研究所举行两化融合管理体系工作平台启动仪式暨贯标网络交流会。工业和信息化部副部长杨学山出席会议并启动两化融合管理体系工作平台。

31 日 由工业和信息化部与河南、河北、山西、内蒙古、安徽、江西、湖北、湖南、陕西等 9 省（区）共同主办的 2014 中国（郑州）产业转移系列对接活动开幕式暨产业转移系列合作签约仪式在河南郑州举行。本届活动的主题为“开放、合作、发展、共赢”，共安排 4 项综合活动和 15 项专题活动。开幕式上还举行产业转移系列合作重点项目签约仪式，签约项目 643 项，总投资 3 548 亿元。工业和信息化部部长苗圩出席开幕式并致辞。

11 月

3 日 工业和信息化部副部长杨学山陪同国务院副总理马凯会见韩国三星集团副会长李在镕。马凯副总理表示，中韩双方在电子信息等领域合作空间很大，应不断拓宽合作的深度和广度，实现互利共赢发展。

4 日 工业和信息化部副部长杨学山会见美国博通（Broadcom）公司总裁兼首席执行官斯科特·麦克格雷格，就集成电路产业发展与合作进行交流。

6 日 由工业和信息化部软件与集成电路促进中心主办的 2014 中国集成电路产业促进大会在湖北武汉召开。本届大会的主题为“推动整机与芯片联动，打造集成电路大产业链”。工业和信息化部副部长杨学山出席大会并致辞。

6~8 日 由工业和信息化部、科学技术部、国家发展和改革委员会等 9 个部门共同主办的第十一届“中国光谷”国际光电子博览会暨第十届中国·湖北产学研合作项目洽谈会在湖北武汉举行。工业和信息化部副部长杨学山出席开幕式。

11 日 工业和信息化部部长苗圩会见俄罗斯工业和贸易部部长曼图罗夫，就进一步加强中俄在航空、电子等领域的合作交换意见，并就拓宽合作领域、深化两部间的全面合作达成共识。

13 日 工业和信息化部印发《集成电路设计企业名单（第十二批）》，认定北京双竞科技有限公司等 67 家企业为集成电路设计企业，并核发《集成电路设计企业认定证书》。

13 日 工业和信息化部副部长刘利华会见德国下萨克森州州长斯特凡·魏尔。双方就加强中德工业、通信业和信息化领域深入合作，中国作为 2015 年汉诺威消费电子、信息及通信博览会（CeBIT）合作伙伴国等交换意见。

14 日 工业和信息化部印发《企业首席信息官制度建设指南》，提出企业应当设置首席信息官职位。

14 日 工业和信息化部发布 18 项网络与信息安全标准，由人民邮电出版社出版发行。

15 日 国务院总理李克强主持召开国务院常务会议，确定促进云计算创新发展措施，培育壮大新业态新产业。

16~21日 由商务部、科学技术部、工业和信息化部、国家发展和改革委员会等部门共同主办的第十六届中国国际高新技术成果交易会（以下简称高交会）在深圳举行。本届高交会的主题为“坚持创新驱动，加快绿色发展”。工业和信息化部专设“新能源汽车及车联网专题馆”，主题为“绿色智能，畅行中国”。国务院副总理刘延东出席高交会并参观工业和信息化部专题馆。

18日 工业和信息化部、住房和城乡建设部联合发布《关于2014年光纤到户国家标准贯彻实施工作监督检查情况的通报》。

19日 中国电子技术标准化研究院在深圳举行国家电子标准化工程实验室大厦奠基仪式。工业和信息化部副部长杨学山出席奠基仪式并讲话。

19日 第十三届中日韩三国IT局长OSS会议在湖北武汉召开。工业和信息化部软件服务业司司长陈伟和日本经济产业省商务信息政策局副局长大桥秀行、韩国未来创造科学部软件政策局局长徐锡珍出席会议，并分别代表三国软件产业主管部门发言。会议签署《第十三届中日韩三国IT局长OSS会议会议纪要》。

19~21日 由国家互联网信息办公室和浙江省人民政府共同主办的首届世界互联网大会在浙江乌镇召开。这是中国举办的规模最大、层次最高的互联网大会，大会将永久会址确定在乌镇。本届大会的主题为“互联互通、共享共治”。中共中央政治局委员、国务院副总理马凯在开幕式上宣读了中共中央总书记、国家主席、中央军委主席习近平向大会致的贺词并致辞。

21~23日 由安徽省人民政府、中国国际贸易促进委员会共同主办的第八届中国（合肥）国际家用电器暨消费电子博览会在合肥召开。本届博览会的主题为“创造改变生活”，集中展示家用电器及消费电子新材料、新技术。工业和信息化部在博览会上发布2014年中国节能家电“能效之星”产品目录。工业和信息化部副部长杨学山出席发布会。

24~30日 由中央网络安全和信息化领导小组办公室、中央机构编制委员会办公室、教育部、工业和信息化部等8个部门联合主办的首届国家网络安全宣传周在北京举行。这是中国第一次举办全国范围的网络安全主题宣传活动。本次活动的主题为“共建网络安全，共享网络文明”。中共中央政治局常委、中央书记处书记、中央网络安全和信息化领导小组副组长刘云山在启动仪式上发表讲话，并参观了网络安全公众体验展。

26日 国务院总理李克强主持召开国务院常务会议，部署加快发展软件和信息技术等领域的服务外包，打造外贸竞争新优势。

26日 移动智能终端技术创新与产业联盟在北京正式成立。该联盟由工业和信息化部电信研究院联合国内移动智能终端制造企业、互联网企业、元器件厂商等20余家单位共同发起。工业和信息化部副部长杨学山出席会议并讲话。

28日 沈阳国家级互联网骨干直联点正式开通运行，将增强东北地区乃至全国网络基础设施服务能力。至此，中国互联网形成北京、上海、广州、南京、成都、重庆、西安、武汉、郑州、沈阳十大互联枢纽。

12月

1日 工业控制系统信息安全技术国家工程实验室在北京举行揭牌仪式。该实验室由中国电子信息产业集团有限公司第六研究所承担建设，是第一家由企业承担建立的国家级信息安全技术实验室，旨在为解决工业控制系统信息安全问题提供技术支撑。

5日 2014年中国信息产业经济年会在北京召开。本届年会的主题为“新常态经济与产业增长新动力”。工业和信息化部副部长杨学山出席年会并讲话。

9日 由中国电子信息行业联合会主办的首届中国

电子信息行业质量高峰论坛在北京召开。工业和信息化部副部长杨学山，全国政协委员、中国电子信息行业联合会会长王旭东出席会议并致辞。工业和信息化部总经济师、中国电子信息行业联合会秘书长周子学作主题报告。

11 日 首届中国开源云计算大会在北京召开。工业和信息化部副部长杨学山出席会议并致辞。

12 日 由中国电子信息行业联合会和中国电子工业标准化技术协会联合主办的第三届中国电子信息行业社会责任年会在北京召开。会上，中国电子科技集团公司和三星（中国）投资有限公司成为中国电子信息行业首批社会责任实践基地企业。工业和信息化部总经济师、中国电子信息行业联合会秘书长周子学出席会议并讲话。

15 日 工业和信息化部发布《信息化和工业化融合管理体系评定管理办法（试行）》。

18 日 中芯国际集成电路制造有限公司与美国高通公司共同宣布，双方合作的 28 纳米 Qualcomm 骁龙 410 处理器成功制造。中芯国际成为中国内地第一家在最先进工艺节点上生产高性能、低功耗手机处理器的晶圆代工企业。

22 日 工业和信息化部在北京召开全国工业和信息化工作会议。工业和信息化部部长苗圩作题为“推进两化深度融合，促进结构优化升级，实现新常态下工业通信业平稳健康发展”的工作报告。工业和信息化部党组成员、总师以及来自国家国防科技工业局、国家烟草专卖局、地方工业和信息化主管部门、各地通信管理局、部直属单位、部属高校、部机关各司局、中央有关部门和行业协会的负责同志在主会场参加会议。

22 日 中芯国际全资子公司芯电半导体（上海）有限公司、江苏长电科技股份有限公司、国家集成电路产业投资基金股份有限公司签署《共同投资协议》，分别出资 1 亿美元、2.6 亿美元、1.5 亿美元，成立 100%控股公司。此次共同投资的终极目标是帮助长电科技收购新加坡上市的全球第四大集成电路封装测试公司——星科金朋。这标志着国家半导体大基金首批投资正式落地。

24 日 由工业和信息化部指导，中国光伏行业协会在北京召开光伏行业发展座谈会。工业和信息化部副部长、中国光伏行业协会名誉理事长杨学山出席会议并讲话。

25 日 工业和信息化部发布《关于实施地面数字电视接收机标识的通告》。

25 日 工业和信息化部发布《关于向民间资本开放宽带接入市场的通告》，提出鼓励民间资本以多种模式进入宽带接入市场。

25 日 国家集成电路产业发展咨询委员会正式成立，由集成电路、网络与信息安全、通信、软件、产业经济、金融等领域的专家和企业家组成，主要负责在《国家集成电路产业发展推进纲要》组织实施过程中，对产业发展的重大问题和政策措施开展调查研究，提出咨询意见和建议等。

29 日 大连市和沈阳市中国软件名城创建试点工作座谈会暨签署部省市合作备忘录会议分别在大连和沈阳召开。会议签署《部省市协同开展中国软件名城创建工作合作备忘录》，正式启动大连市和沈阳市中国软件名城创建试点工作。工业和信息化部副部长杨学山出席会议并讲话。

30 日 工业和信息化部印发《关于进一步优化光伏企业兼并重组市场环境的意见》。

[编辑部整理]